海口年鉴

HAIKOU YEARBOOK

2016

海 口 市 人 民 政 府　主办
海口市地方史志办公室　编

南海出版公司

2016年·海口

图书在版编目（CIP）数据

海口年鉴. 2016 / 海口市地方史志办公室编. --海口：南海出版公司，2016.11
ISBN 978-7-5442-8584-1

Ⅰ. ①海… Ⅱ. ①海… Ⅲ. ①海口市—2016—年鉴
Ⅳ. ①Z526.61

中国版本图书馆 CIP 数据核字（2016）第 274768 号

HAIKOU NIANJIAN（2016）
海口年鉴（2016）

编　　者	海口市地方史志办公室
地　　址	海口市长滨路海口行政中心 5 号楼一楼
电　　话	0898-68721208
编者信箱	hksszb@haikou.gov.cn
责任编辑	曾科文　孙翠萍
封面设计	韩　林
出版发行	南海出版公司　电话：（0898）66722926（出版）　65350227（发行）
社　　址	海南省海口市海秀中路 51 号星华大厦五楼　邮编：570206
电子信箱	nhpublishing@163.com
印　　刷	海口景达鑫彩色印刷有限公司
开　　本	889mm×1194mm　1/16
印　　张	41
字　　数	1480 千
版　　次	2016 年 11 月第 1 版　2016 年 11 月第 1 次印刷
书　　号	ISBN 978-7-5442-8584-1
定　　价	280.00 元

海口市区图
审图号：琼S（2016）056号
N
W
E
S
琼州海峡
海口湾
新埠岛
海甸岛
美兰区
龙华区
秀英区
琼山区
港澳工业开发区
海口保税区
狮子岭开发区
南渡江
省政府
省委、省人大、省政协
市政府
海口市行政中心
美兰区政府
龙华区政府
秀英区政府
琼山区政府
世纪大桥
海口火车站
图例
省级行政中心
地级行政中心
区政府驻地
镇级政府驻地
汽车站
港口
学校
旅游景点
企事业单位
地区界
高铁及车站
铁路及车站
高速公路
城市主干道
城市次干道
一般街道
河流、水库
公园、绿地
国家测绘地理信息局海南测绘资料信息中心 编制 2016年

编辑说明

一、《海口年鉴》是海口市人民政府主办、海口市地方史志办公室主编的年度资料性文献。1995年创刊，每年出版1部，本年鉴是第22部。其宗旨是全面、系统地记述海口市自然、政治、经济、文化、社会等方面的基本情况，为各级党政机关、研究部门、社会各界人士及中外投资者了解、认识和研究海口提供准确、翔实的信息资料，并为海口市的未来发展积累经验。

二、本年鉴以邓小平理论、“三个代表”重要思想、科学发展观为指导，深入贯彻习近平总书记系列重要讲话精神，遵循实事求是的原则，科学、客观地反映实际情况。

三、《海口年鉴》按分类法编辑，主体内容分为类目、分目、条目，在个别分目中增加子分目层次。以不同字体、字号及版式设计区别不同层次。条目的标题统一用黑体字加“【】”号表示。

四、《海口年鉴（2016）》着重反映2015年海口市的基本情况。全书设35个类目：（1）要闻·大事，（2）特载，（3）特辑，（4）总述，（5）组织机构及负责人名录，（6）创新发展，（7）中国共产党海口市委员会，（8）海口市人民代表大会，（9）海口市人民政府，（10）政协海口市委员会，（11）纪检监察，（12）民主党派和工商联，（13）群众团体，（14）政法，（15）军事，（16）城乡建设与管理，（17）工业，（18）农业，（19）交通运输业，（20）邮电·信息，（21）商贸服务业，（22）旅游业，（23）非公经济，（24）金融，（25）财政税务，（26）经济监督管理，（27）教育·科技，（28）文化传媒，（29）卫生·体育，（30）社会民生，（31）保税区·开发区·农场，（32）市辖区，（33）人物，（34）附录，（35）统计资料。

五、本年鉴配备目录和索引双重检索系统。索引采用主题分类法，款目按汉语拼音字母顺序（同音字按声调）排列。

六、本年鉴稿件由各行业主管部门和各区编撰人员提供，并经单位领导审核。统计数据采用法定计量单位。全市重要数据一律以市统计局提供的“社会经济统计资料”的数字为准。

七、本年鉴的编纂出版工作得到海口市党政领导和有关部门及社会各界的大力支持，谨此致谢。书中如有疏漏、差错之处，恳请批评指正。

海口市地方史志办公室

2016年9月

《海口年鉴》编纂委员会

《海口年鉴》编辑部

2016年《海口年鉴》撰稿人名单

于　明	王　茅	王　健	王　媛	王　宇	王之杰	王仁祯	王少玲
王东龙	王定平	王庭军	王思纯	王润鹏	王淑扬	王飘飘	邓中华
韦国全	付　良	冯　宁	冯锦川	叶　超	叶建君	叶建君	邝小英
邝红梅	龙颖琪	刘　扬	刘学祝	吉　喆	吉潇潇	孙　军	曲　琳
朱万宪	朱子斐	朱海莉	阮召伍	严宇霞	何荣真	劳家丰	吴　秦
吴　燕	吴玉转	吴佩婷	吴奕琏	吴健宇	吴淑平	宋文军	张　伟
张　恒	张　珲	张文国	张此明	张肖明	张晓芳	张德利	李　岩
李　岩	李　茜	李　倩	李　艳	李　锋	李　蔚	李之乔	李仕平
李伟军	李建明	李泊宏	李海珉	杜　嘉	杨　栋	杨瑞金	沈音钊
肖文文	肖颂华	苏先智	苏岐勇	邱昌吉	邱海珊	邵国海	陆勇荣
陈　羽	陈　岸	陈　亮	陈　娜	陈　雯	陈少阳	陈文丰	陈文军
陈文军	陈文佳	陈文婷	陈丝丝	陈在民	陈有敏	陈丽雅	陈佳琳
陈建军	陈思卉	陈树福	陈晓龄	陈德壮	麦春鸣	周　卉	周　吉
周　荣	周　琦	周强强	孟国杰	林　乔	林　凡	林　仍	林　涛
林方兴	林方泉	林立恒	林怀宇	林佩羽	林贻巍	林晓梅	林道文
竺玉贞	罗文势	罗昌华	郑馨凝	姜黎立	柳家盛	洪章海	胡忠辉
贺　昊	赵　欣	赵华锋	赵利军	钟大鹏	钟文婷	钟生兵	项　卫
唐　磊	唐甸德	夏　昊	夏培丽	徐　毅	翁旋奇	翁敦伟	谈学文
钱　娇	顾少兴	高树范	梁安瑞	梁丽芳	梁定军	梁鸿鹏	梁碧华
梅攀峰	符骏斌	黄　勇	黄　蕾	黄永良	黄丽颖	黄育春	黄燕慈
龚晓明	彭正军	彭禄红	曾定良	温莉华	程友章	谢荣文	韩艾苓
韩朋立	詹琼琳	雷　蕾	廖虹虹	熊　文	蔡　菁	潘　雨	潘乃明
潘汉新	潘家虹	黎　鸣	黎莹莹	黎鹏霄			

目 录

组织机构及负责人名录

创新发展

海口市人民代表大会

民主党派和工商联

群众团体

政 法

军　事

城乡建设与管理

工 业

农　业

商贸服务业

财政税务

经济监督管理

教育·科技

文化传媒

卫生·体育

社会民生

保税区·开发区·农场

市辖区

人 物

附 录

统计资料

索　引

CONTENTS

INDUSTRY

AGRICULTURE

TRANSPORTATION

POST AND TELECOM, INFORMATION

COMMERCIAL TRADE, TOURISM

TOURISM

PRIVATE ECONOMY

FINANCIAL AND INSURANCE

FINANCE AND TAXATION

SUPERVISION AND ADMINISTRATION OF ECONOMIC ACTIVITIES

2015海口

· 总面积：2304.84 平方公里
· 建成区面积：151.6 平方公里
· 常住人口：222.3 万人
· 户籍人口：164.8 万人
· 地区生产总值：1161.96 亿元
· 第一产业增加值：57.09 亿元
· 第二产业增加值：223.67 亿元
· 工业增加值：135.11 亿元
· 第三产业增加值：881.21 亿元
· 第一、第二、第三产业构成：4.9:19.3:75.8
· 人均地区生产总值：52534 元
· 工业总产值：537.67 亿元
· 农业总产值：93.2 亿元
· 地方一般公共预算收入：111.50 亿元
· 地方一般公共预算支出：170.93 亿元
· 全社会固定资产投资：1012.05 亿元
· 社会消费品零售总额：595.53 亿元
· 房地产开发投资总额：456.39 亿元
· 房屋施工面积：2569.23 万平方米
· 房屋竣工面积：216.46 万平方米
· 外贸进出口总额：43.40 亿美元
· 实际利用外资：2.91 亿美元
· 旅客运输量：7079 万人次
· 货物运输量：11307.8 万吨
· 港口货物吞吐量：8209.9 万吨
· 机场旅客吞吐量：1616.7 万人次
· 邮电业务总量：87.36 亿元
· 接待过夜旅游者：1225.2 万人次
· 旅游业总收入：160.06 亿元
· 本外币年末存款余额：3962.82 亿元
· 本外币年末贷款余额：3656.03 亿元
· 证券交易总额：18371 亿元
· 保险费收入：61.68 亿元
· 城镇常住居民人均可支配收入：28535 元
· 农村常住居民人均可支配收入：11635 元
· 城镇居民人均消费性支出：21809 元
· 农村居民人均生活消费性支出：8428 元
· 居民消费价格总指数：101.2
· 城镇登记失业率：0.9%
· 城镇常住居民人均住房面积：30.1 平方米
· 农村常住居民人均住房面积：32.2 平方米
· 中小学校专任教师：1.78 万人
· 中小学在校学生数：28.18 万人
· 卫生机构总数：1097 个
· 卫生机构床位数：1.54 万张
· 卫生技术人员：2.61 万人
· 森林覆盖率：38.38%
· 建成区绿化覆盖率：42.9%
· 绿地率：38%
· 人均公共绿地面积：12.8 平方米
· 用电总量：65.02 亿千瓦时
· 供水总量：2.21 亿吨
· 天然气供气总量：1.67 亿立方米

（杜惠珍）

2015 年 12 月 3 日，全国政协副主席马培华（右三）在海口调研 21 世纪海上丝绸之路战略支点作用情况。（市委办 供稿）

2015 年 5 月 5 日，海南省委书记、省人大常委会主任罗保铭在海口市领导干部大会上讲话。（王媛 摄）

2015 年 10 月 16 日，海南省委书记、省人大常委会主任罗保铭（右二）率省四套班子领导在桂林洋经济开发区参加海口“双创”暨秋季群众性义务植树活动。（郭运勇　摄）

2015 年 8 月 17 日，海南省委副书记、省长刘赐贵（左四）等省市领导调研海口国家高新区美安科技新城。（市国家高新区　供稿）

2015 年 5 月 20 日，海南省委常委、海口市委书记孙新阳（中）等市领导调研灵山片区棚改项目。（琼山区 供稿）

2015 年 11 月 6 日，海南省委常委、海口市委书记孙新阳（中）到秀英区堂善村调研。（秀英区 供稿）

❶ 2015 年 9 月 12 日，海口市人大常委会主任陈宏芬（中）参加“双创”义务劳动。

（市人大办 供稿）

❷ 2015 年 2 月 18 日（除夕），海口市委副书记、市长倪强（中）调研海口节日市场供给情况。

（黄一冰 摄）

❸ 2015 年 10 月 4 日，海口市政协主席韩美（左）到美兰区人民街道指导防风防汛工作。

（毛爱民 摄）

2015年8月20日，中共海口市第十二届委员会第九次全体会议召开。（李汉仁 摄）

2015年12月31日，中共海口市第十二届委员会第十次全会暨市委理论研讨会、全市经济工作会议召开。（市委办 供稿）

2015 年 2 月 3 日，海口市第十五届人民代表大会第六次会议开幕。（黄一冰 摄）

2015 年 2 月 2 日，中国人民政治协商会议海口市第十三届委员会第五次会议开幕。（韩林 摄）

2015年2月26日，中共海口市第十二届纪律检查委员会第五次全体会议暨海口市政府第三次廉政工作会议召开。

（市纪委 供稿）

2015年5月5日，海口市召开全市领导干部大会，海南省委常委、组织部部长李秀领（右三）主持会议，代表省委宣布海南省委常委孙新阳（左三）同志任海口市委书记，不再担任省委秘书长、省直属机关工委书记职务，省委书记罗保铭（中）出席大会并讲话。

（李汉仁 摄）

2015年3月2日，2015年海口市委政法工作会议召开。

（市委政法委 供稿）

2015年4月10日，海口市宣传思想文化工作会议召开。（李汉仁 摄）

2015年7月20日，海口警备区召开大会，会上宣布海南省委常委、海口市委书记孙新阳（左三）任海口警备区党委第一书记。（李汉仁 摄）

2015年7月13日，海口市理论中心组践行“三严三实”倡导“四种“精神争创一流业绩学习研讨会召开。（李汉仁 摄）

2015 年 5 月 27 日，海口市委中心组（扩大）“三严三实”专题学习报告会召开。（李汉仁 摄）

2015 年 8 月 16 日，第十一届中国国际会展文化节在海口开幕。（黄一冰 摄）

2015 年 10 月 17 日，2015 中国国际商标品牌节在海口开幕。（市工商局 供稿）

❶ 2015年11月18日，第二届东亚峰会清洁能源论坛在海口开幕。（黄一冰 摄）

❷ 2015年11月20日，2015中英建筑论坛在海口开幕。（蒋团冀 摄）

❸ 2015年12月1日，世界游艇盛典在海口举行。（黄一冰 摄）

❹ 2015年11月22日，海南医疗健康论坛大会在海口召开。（李汉仁 摄）

2015年1月3日，铺前大桥开工建设。铺前大桥位于海南省东北端——东寨港，是连接海口和文昌两市的跨海大桥，大桥自文昌铺前镇，途经北港岛，止于海口市演丰镇塔市，接海口市规划建设的江东大道。全长5.7公里。（李汉仁 摄）

2015年1月14日，2015年海口重点项目推进现场会举行。（李汉仁 摄）

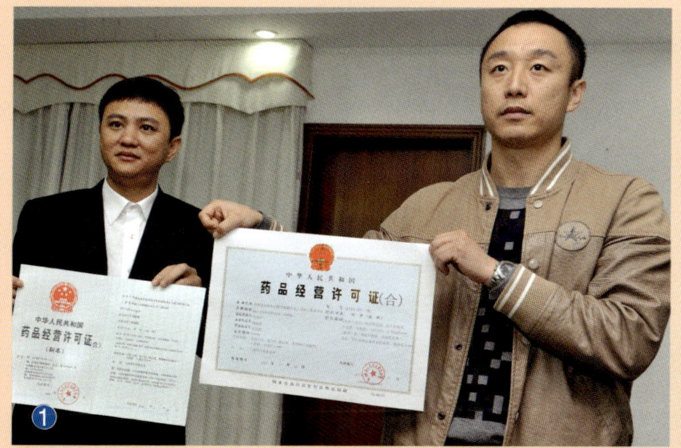

❶ 2015年1月22日，海口市食品药品监督管理局在市政务中心举行“多证合一、多环节合一”发证仪式，向首家企业颁发《药品经营许可证（合）》。（黄一冰 摄）

❷ 2015年5月20日，海口市工商局为市场主体发出第一张“三证合一”营业执照。（吴馥蕾 摄）

❸ 2015年9月1日，海口市“三证合一、一照一码”试点登记制度改革新版营业执照颁发仪式暨新闻发布会举行。（吴馥蕾 摄）

❹ 2015年10月8日，海南省税务系统金税三期工程正式上线启动仪式在海口市龙华区国税局举行。（市国税局 供稿）

❺ 2015年10月8日，海口市国税局通过金税三期系统为纳税人开出第一张完税凭证。（市国税局 供稿）

❻ 2015年10月8日，海口市国税局滨海办税服务厅首次通过金税三期系统为纳税人发售增值税专用发票。（市国税局 供稿）

2015 年 12 月 25 日，海口港新海港区开港暨新海港二期工程开工仪式在新海港区举行。

2015 年 4 月 21 日，海南省检、地、企签署合作协议，保障进口离岛免税商品质量安全。（王珊 摄）

2015 年 6 月 11 日，海口港区汽车整车进口口岸通过国家验收情况通报会举行。（谢询 摄）

2015 年 7 月 1 日，海口市联合打击食品药品违法犯罪协调办公室在市食品药品稽查支队揭牌成立，推行“食药+公安”的联打办案新模式。（市食药监局 供稿）

2015 年 10 月 22 日，海口市与海南银行座谈会召开。（黄一冰 摄）

2015 年 11 月 19 日，海口通过海岸带综合管理认证，成为中国 6 个首批通过该认证的平行示范区之一。（市海洋和渔业局 供稿）

1 2015 年 12 月 11 日，海口国家高新区与浙江康迪车业有限公司签署项目合作协议。（海口国家高新区 供稿）

2 2015 年 12 月 23 日，海口国家高新区与光启科学有限公司签署项目合作协议。（海口国家高新区 供稿）

3 2015 年 12 月 28 日，海口市公共资源交易中心（海口市政府采购中心）举行挂牌仪式。（林廷彬 摄）

4 2015 年 12 月 30 日，桂林洋国家热带农业公园项目举行开工仪式。（桂林洋开发区 供稿）

❶2015年1月1日，2015又邀请您到海南琼北过大年首场推介会在厦门举行。

（市文体局 供稿）

❷2015年1月11日，海口富力马拉松赛开赛。

（市文体局 供稿）

❸2015年2月16日，第十届海口万春会新春大会开幕。（黄一冰 摄）

❹2015年2月28日，电影《新青春之歌》在雷琼海口火山群世界地质公园开拍。

（黄一冰 摄）

❶ 2015年4月29日，海南解放65周年巨变图片展在海南省博物馆开幕。（市文体局 供稿）

❷ 2015年5月9日，海口市第十四届少儿“蒲公英”美术类参赛选手现场作画。（邱天伟 摄）

❸ 2015年5月16日，海口市第十四届少儿“蒲公英”音乐类比赛参赛选手进行演唱表演。（邱天伟 摄）

❹ 2015年5月23日，由海口市委宣传部主办、海南纪实摄影协会承办的“海口好照片”摄影大赛开镜。（黄一冰 摄）

❶海口市文联在中国文联、中国文艺志愿者协会和海南省文联主办的“到人民中去”活动中被评为先进集体。图为2015年5月22日，文艺志愿者在走进海南临高革命老区文艺晚会上领奖情景。（王宁 摄）

❷2015年5月23日，原创千人互动欢跳“广场舞”在万绿园举行。（邱天伟 摄）

❸2015年5月29日，“走进羊山·感受秀英生态美”文艺晚会在石山镇举行，秀英旅游月活动全面启动。（秀英区 供稿）

❹在海口备战2015“哥德堡杯”世界青少年足球锦标赛的琼中女子足球队。摄于2015年6月29日。（黄一冰 摄）

❶ 2015年7月6日，海口复兴城·中国香街——中国商旅文产业发展创新街区授牌仪式举行。（市旅发委 供稿）

❷ 2015年7月5日，在海口市群众艺术馆举办的每年一次的公益培训成果汇报演出中，来自旗袍表演队的模特秀“华彩旗韵”。（邱天伟 摄）

❸ 2015年7月6日，海南校园青少年足球公开赛开赛，海南省委常委、海口市委书记孙新阳（前）为赛事开球。（李汉仁 摄）

❹ 2015年8月1~10日，2015年海口市体育嘉年华“青少年街头体育季”系列活动举行。图为滑板活动。（市文体局 供稿）

❺ 2015年8月1~10日，2015年海口市体育嘉年华“青少年街头体育季”系列活动（彩跑、三人足球、三人篮球、街舞、滑板、体育游园）在海口世纪公园举行。（市文体局 供稿）

❶ 2015 年 9 月 4 日，南北互联网+旅游——中秋国庆黄金周旅游接洽会在海口召开。

（市旅发委 供稿）

❷ 2015 年 9 月 8 日，海口市“道德模范故事会”巡演走进美兰区人民街道办银甸社区。图为社区表演队表演歌伴舞《海口是我家》。（市群艺馆 供稿）

❸ 2015 年 10 月 2 日，第三届海口国际青年艺术节在中山路骑楼老街开幕。（李汉仁 摄）

❹ 2015 年 11 月 28 日，国际沙滩马拉松赛在海口假日海滩举行。（李汉仁 摄）

❶ 2015 年 11 月 28 日，2015 年海南国际旅游岛欢乐节开幕式在海南国际会展中心举行。（市旅发委 供稿）

❷ 2015 年 12 月 9 日，海口建市 89 周年纪念日当天，《海口晚报》更名《海口日报》暨“海口发布”正式上线仪式在海口日报社举行。（黄一冰 摄）

❸ 2015 年 12 月 10 日，2015 年中国休闲旅游与度假村发展高峰论坛在海口召开。（市旅发委 供稿）

①2015年1月2日，海口在65家农贸市场、超市、平价专区和农副产品平价商店亮牌销售平价蔬菜。

（市商务局 供稿）

②2015年1月13日，位于秀英区西秀镇的西环高铁海口段施工难度最大的双线特大桥转体对接成功。

（黄一冰 摄）

③2015年1月21日，见·识香港展览在海口开幕。

（市外事侨务办 供稿）

❶ 2015年1月30日，海南首个阳光服务基地在秀英区揭牌。（秀英区 供稿）

❷ 至2015年底，海口具有接待能力的特色乡村旅游点27个。图为海口旅游名村山尾村。摄于2015年5月3日。（李汉仁 摄）

❸ 2015年2月6日，秀英区举办富硒三薯推介会，通过电子农务平台向全国推销永兴镇富硒农特产品。（秀英区 供稿）

❹ 2015年6月16日，海南省安监局、海口市安监局在明珠广场联合举办“加强安全法治 保障生产安全”为主题的安全生产咨询日活动。（韩龙帆 摄）

❶ 2015年6月18日，海口海事局组织举行海口港消防、溢油综合演习。

（海口海事局 供稿）

❷ 2015年7月24日，海口市人民政府与中国（海南）改革发展研究院举行《战略合作框架协议》签约仪式。（李汉仁 摄）

❸ 2015年8月24日，海口法院系统首家城市管理巡回法庭在龙华区法院挂牌成立。

（市中级法院 供稿）

❹ 2015年8月30日，海口市道德模范先进事迹大型巡回图片展在海南省博物馆启动。

（黄一冰 摄）

2015 年 8 月 21 日，海口市港湾实验小学（含幼儿园）交付使用。（冯晓春 摄）

2015 年 9 月 1 日，新建成的海口市西湖实验学校开学。（市教育局 供稿）

2015 年 9 月 6 日，海南省社科联向海口市图书馆（左二）颁发海南省社会科学普及示范基地牌匾。（市图书馆 供稿）

2015 年 9 月 20 日，海口市 2015 年传统文化公益论坛暨全国第十三个公民道德宣传日活动开幕。（黄一冰 摄）

❶ 2015年9月21日，海口市与韩国釜山海云台区缔结为友好城市。（郭朕甫 摄）

❷ 2015年9月23日，海口市与蒙古乌兰巴托市缔结为友好城市。（郭朕甫 摄）

❸ 2015年9月24日，海口市创业节启动仪式暨2015年海口市创业大赛决赛在海南工商职业学院举行。（市人社局 供稿）

❹ 2015年9月，颜春岭垃圾场渗滤液处理厂改建工程建成。图为渗滤液处理厂工作间。（市环卫局 供稿）

❺ 2015年10月19日，"生态城市与可持续发展"经验交流会在海口举行。该会由海口市与世界自然保护联盟（IUCN）共同主办。（王会林 摄）

❶2015年10月20日，中国香港海口联谊会成立暨首届会董就职典礼举行。（谢江波 摄）

❷2015年11月8日，2015年海南省暨海口市119消防宣传月启动。（孙键 摄）

❸2015年12月6日，海口市首个区级志愿服务中心在秀英区正式成立揭牌。（秀英区 供稿）

❹2015年12月8日，第八届“海口—东盟国家”驻广州总领事访问海口。（蒋团冀 摄）

❺2015年12月30日，2015年海口市棚户区（城中村）改造项目推介会举行。（市房屋征收局 供稿）

❻2015年12月30日，海南环岛高铁正式开通。（李汉仁 摄）

2015 年 7 月 31 日，海口市创建全国文明城市 、国家卫生城市工作动员大会召开。 （市双创办 供稿）

2015 年 8 月 15 日，海口市双创工作指挥部挂牌。 （市双创办 供稿）

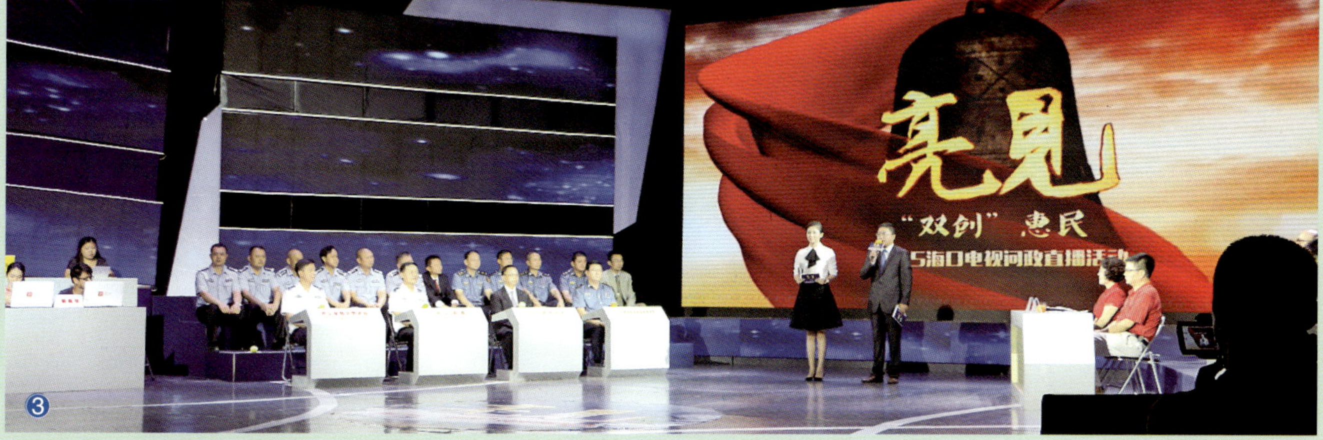

❶ 2015年8月19日，海口电视台"双创"频道开播启动仪式。（市双创办 供稿）

❷ 2015年11月9日，海口广播电台"双创"频率开播启动仪式举行。（市双创办 供稿）

❸ 2015年9月20日，海口广播、电视、网络并机直播问政节目《亮见》"双创"惠民，在海口广播电视台演播室举行。（市双创办 供稿）

见证“双创”

❶2015年10月17日，海南省政协主席于迅（中）、海口市政协主席韩美（左）带领省、市政协班子成员及政协机关全体干部职工到琼山区凤翔社区永春花园整治环境卫生。（毛爱民 摄）

❷2015年12月14日，海南省委常委、宣传部部长许俊（中），省委常委、海口市委书记孙新阳（左），海口市委副书记、市长倪强（右）等市领导调研海口“双创”工作。（市双创办 供稿）

❸2015年8月8日，海南省委常委、海口市委书记孙新阳（中）等市领导及志愿者走上街头宣传文明交通出行。（黄一冰 摄）

2015年9月26日，海口市人大常委会主任陈宏芬（右二）及省市区三级人大代表调研“双创”工作。（王振华 摄）

2015年8月1日，海口市委副书记、市长倪强（前）在海甸岛人民大道拦海村参加“双创”义务劳动。（黄一冰 摄）

2015年9月13日，海口市政协主席韩美（右）与外国友人共同参加“双创”义务劳动。（市外事办 供稿）

2015年8月8日，海口市委常委、市委统战部部长王云霞（右）及“双创”志愿者在金龙路侨中隧道路口疏导交通。（市委统战部 供稿）

2015年8月2日，海口市委常委、市委组织部部长杜立文（中）参加“双创”义务劳动。（市委组织部 供稿）

2015年9月12日，海口市委常委、市委宣传部部长、市“双创”工作指挥部指挥长吴川祝（右）参加“双创”义务劳动。（市双创办 供稿）

2015年8月29日，恒大地产集团海南有限公司员工参加海口“双创”义务劳动。（黄一冰 摄）

2015年8月28日，海警一支队官兵参加海口“双创”义务劳动。（海警一支队 供稿）

2015年9月2日，海马汽车集团万人参加海口“双创”工作誓师大会举行。（刘伟 摄）

❶ 2015年9月7日，“告别陋习 我与‘双创’”活动在府城中学举行。

（黄一冰 摄）

❷ 2015年9月16日晚，“琼台一家亲‘双创’见真情”暨庆祝中华人民共和国成立66周年助力“双创”喜迎中秋台商联谊会在海口举行。

（市委统战部 供稿）

❸ 2015年9月22日晚，“全城热舞 聚力双创”2015首届广场舞大赛在龙华区海南银行大厦广场拉开序幕。

（黄一冰 摄）

❶ 2015年9月24日，海口市人大代表检查督促商家做好"门前三包"。
（黄一冰 摄）

❷ 2015年9月28日，为海口"双创"助力大型交响合唱晚会举行。
（市委统战部 供稿）

❸ 2015年10月27日，我们的节日——海口市海南八音"双创杯"大奖赛举行。
（王宁 摄）

2015年10月28日，海口市“双创”工作指挥部举办2015年食品安全法专题讲座。（吴昊 摄）

2015年12月5日，“邻里守望、姐妹相助”巾帼助力“双创”宣传志愿服务活动启动。（黄一冰 摄）

2015年11月1日，2015海口市“双创”杯摄影大赛开拍。（黄一冰 摄）

见证"双创"——成果

❶"双创"环境卫生整治后，秀英大道海玻市场周边环境面貌焕然一新。摄于2015年12月。（黄一冰 摄）

❷海口市首个启动的小街小巷改造项目，——长流镇长康路步行街，经改造后，环境整洁美丽。摄于2015年12月。（黄一冰 摄）

❸"双创"环境卫生整治后的秀英区西秀镇文章村休闲广场。摄于2015年12月。（黄一冰 摄）

❹"双创"还湖于民，取缔广场路占道经营的花卉市场，建起广场路带状公园。（黄一冰 摄）

❶“双创”实施小街小巷改造项目，旧城区古巷旧貌换新颜。摄于2015年12月。（周 旭 摄）

❷“双创”实施道路绿化景观提升工程，靓丽的海口道路。摄于2015年12月。（李汉仁 摄）

❸“双创”实施天桥绿化美化工程，海口新港天桥种上了三角梅，天桥变成“花桥”。摄于2015年12月。（黄一冰 摄）

❹“双创”实施农贸市场升级改造工程，海口国贸标准化菜市场购物环境变好。（黄一冰 摄）

❺“双创”实施“彩化”园林工程，绿化带增种三角梅。图为海口长堤路海甸溪畔种上三角梅，一路椰荫花红水碧。摄于2015年12月。（黄一冰 摄）

❻“双创”后的府城忠介路新貌。（陈黄阶 摄）

❶ 2015年5月11日，海南省委副书记、省长刘赐贵（中）到海南易建科技股份有限公司调研。

（李英挺 摄）

❷ 2015年9月22日，海南省委常委、海口市委书记孙新阳（中）到石山互联网农业小镇美社村调研，海口市委常委秘书长林海宁（中排右二）、副市长蒙国海（中排右一）陪同。（秀英区 供稿）

❸ 2015年6月11日，海南省委常委、海口市委书记孙新阳（右）在海口会见阿里巴巴集团战略发展部资深总监陶雪飞（左）一行。

❹ 2015年5月18日，石山互联网农业小镇研讨会召开。

（秀英区 供稿）

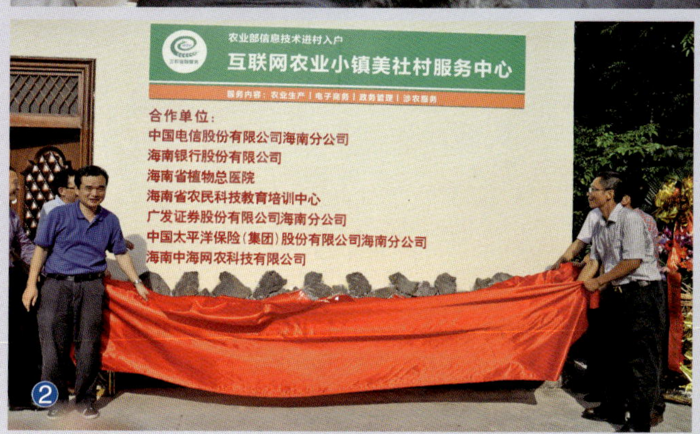

❶ 2015年5月18日，海南互联网农业小镇建设研讨活动举行。（秀英区 供稿）

❷ 2015年8月6日，互联网农业小镇美社村服务中心揭牌。（秀英区 供稿）

❸ 2015年10月19日，由海南省工商局主办、海口市工商局承办的“互联网经济与海南国际旅游岛特色产品商标论坛”在海南会展中心举行。（吴馥蕾 摄）

❹ 2015年12月16日，以“网络造梦、海创圆梦”为主题的2015年海南省“互联网+”创新创业节，在海口复兴城互联网创新创业园开幕。（刘麦 摄）

❺ 2015年12月14日，正式落户石山镇的海南一带一路农展馆招商推介会举行。（秀英区 供稿）

❻ 2015年12月25日，海口南海云及大数据服务中心正式运营，海口市委副书记、市长倪强（中），海口市副市长鞠磊（右）等领导参加启动仪式。

画笔下的三角梅

①《春日在天涯》
（国画。李秀峰 作）

②《春花红似火》
（国画。邓子芳 作）

③《三角梅下老爸茶》
（国画。乔德龙 作）

④《春华三月沐椰风》
（油画。丁孟芳 作）

⑤《四月天》
（综合材料。王书杰 作）

⑥《椰树下的三角梅》
（油画。王 锐 作）

⑦《三角梅》
（油画。王昌楷 作）

⑧《争艳》
（油画。梁 峰 作）

❶海口东西湖。

（李幸璜 摄）

❷滨江路美祥人行天桥。

（韩婉莉 摄）

海秀快速路与龙昆路交叉段。 (李幸璜 摄)

白沙门渡海纪念广场。 (陈元才 摄)

城乡风貌

①海口三园合一——万绿园（后）、世纪公园（中）、滨海公园（前）景观。（李汉仁 摄）

②秀英港。（黄定仪 摄）

③“威马逊”台风后修复的万绿园段护坡和护栏。（张 峰 摄）

④滨海大道西海岸段。（李汉仁 摄）

⑤海上看海口（李幸璜 摄）

城乡风貌

❶ 海口观澜湖。
（李汉仁 摄

❷ 海口火车站。
（秀英区 供稿

❸ 秀英区永兴镇
塘村。
（李运斌 摄

❹ 海口港新海港区
（李幸璜 摄

耆年硕德，孙中山题。位于秀英区美梅村。　　　　（秀英区　供稿）

罗京盘，位于秀英区永兴镇。　　　　（秀英区　供稿）

要闻·大事

海口十大新闻

1. 海口启动“双创”模式，背水一战争取3年捧回两块牌子。

2015年7月31日，海口市召开创建全国文明城市和国家卫生城市动员大会，宣布启动“双创”模式，号召全市上下要把“三严三实”贯穿“双创”的全过程，持续发扬“四种”精神，以背水一战的决心、志在必得的勇气，全力以赴打一场“双创”攻坚战，重点抓好城乡环境卫生、道路交通秩序、日常市容市貌、生态环境、公共安全秩序、城乡公共卫生六大治理，重点完善5方面城市功能，即加快完善交通基础设施、加快完善城区公共服务设施、启动城市风貌景观提升工程、优化环卫设施规划布点、完善园林绿化基础设施，力争3年捧回全国文明城市和国家卫生城市“两块牌子”。

2. 2015海口经济大逆转，推进项目建设表现优异荣获七项大奖。

2015年，罕见的一季度固定资产投资大幅下滑，海口陷入“四月之困”。“双创”启动后，海口以项目保增长、以“双创”抓管理、以铁腕转作风，使经济发生大逆转，到年终各项经济指数大幅飘红，67个省重点项目提前完成投资计划，累计完成投资518.55亿元，占年度计划158.28%，同比增长25.98%，超额完成97.98亿元，为海口市基础设施完善、产业基础夯实、城市综合竞争力提升、“双创”顺利推进提供了强有力的支撑。由于表现优异，海口取得囊括全省投资项目“百日大会战”综合奖特等奖、重点项目上台阶奖等7项大奖的历史性突破。

3. 打违3年攻坚首战告捷，海口大幅超额完成拆违任务。

2015年，尤其是启动“双创”之后，海口市按照省委、省政府“三年攻坚行动”的统一部署和确定的工作目标，以“双创”模式、“双创”精神、“双创”动力推进打违工作，拆除违法建筑4613宗、366.36万平方米，大幅超额完成240万平方米的年任务量。一年来，海口建立市、区、镇（街）、村（居）四级巡查防控机制，卫星遥感和无人机与四级巡防网络无缝对接，每天巡查并执行“零报告”，成立快速处置队伍，对市民举报的违建做到半小时内赶往现场防控。海口还通过分类处置逐步实现违建“零”增长。对公职人员参与违建及防违控违不力的单位进行问责。

4. 抢抓国家新政重大机遇，海口启动29个棚改项目。

2015年，海口抢抓国家新政重大机遇，全市在建棚改项目29个，涉及3.24万户，约12万人。在棚改中，海口坚持全面规划、合理布局、节约用地、综合开发的原则，致力建设人居优良、功能完善、设施齐全、生活便利、环境优美的新型社区，真正让广大群众“住有所居，居有所乐”。随着一个个破旧落后的棚户区在人们的视线中渐行渐远，海口城市功能、城市价值也在棚改中再一次提升，城市框架迅速拉开，功能品位和形象显著提升，为海口促进经济社会协调发展打下坚实基础。

5.“十二五”完美收官，“十三五”规划建议出台，五大发展理念描绘海口蓝图。

“十二五”的5年中，海口统筹推进稳增长、促改革、调结构、惠民生等各项工作，经济持续健康快速发展、省会城市首位度进一步提升、交通总枢纽地位更加凸显，产业优化升级亮点纷呈，年地区生产总值、固定资产投资均突破千亿元大关，地方一般公共预算收入突破百亿元。“十二五”完美收官，为“十三五”发展奠定坚实的基础。

2015年12月31日，市委十二届十次全会审议并通过《中共海口市委关于制定国民经济和社会发展第十三个五年规划的建议》，确立“十三五”时期海口市发展的指导思想和经济社会发展的主要目标，要求牢固树立五大发展理念，奋力把“十三五”蓝图化为现实，率先在全省全面建成小康社会。

6. 市委出台《关于深化重点领域改革的决定》，权责下放力度空前。

2015年8月20日，市委十二届九次全会审议并通过《中共海口市委关于深化重点领域改革的决定》，这是海口市认真贯彻落实省委六届八次全会精神，进一步深化重点领域改革，为推动科学发展、绿色发展、跨越发展而出台的重大决定，符合发展需要，指明了海口深化改革的方向。全会还审议通过《海口市“多规合一”改革实施方案》《海口市进一步深化市、区、镇（街道）行政管理体制改革实施方案》《海口市城市管理综合执法改革实施方案》3个配套方案，其中，向区、镇（街）下放47项行政管理权项，178项行政处罚权，权责下放力度空前。此外，海口市还在全省率先推行“三证合一、一照一码”企业注册登记工作。

7. 海口：以生态领规划，推动“多规合一”和海澄文一体化。

2015年6月，中央同意海南开展省域“多规合一”改革试点。8月20日，市委十二届九次全会出台《海口市“多规合一”改革实施方案》，从发展战略、优化空间布局、坚持生态保护等8个方面明确工作任务，提出要明确一个战略、绘制一张蓝图、建设一个平台、建立一套机制，实现规划的协调性、指导性、权威性、公开性，要扎实推进“多规合一”改革各项任务，探索建立一套可示范、可推广、可持续的“海口‘多规合一’改革经验”。“多规合一”方案“明确生态红线要求，提出管控具体内容”，构建“海澄文”都市群，将助推省会经济圈建设。

8.《亮见》为“双创”发声，动真格问责不担当不作为。

2015年，由市纪委监察局主办，海口广播电视台承办的2015海口电视问政节目《亮见》推出“双创惠民”主题，从《交通整治》《城市管理和卫生》《省市重点项目》《干部作风》等方面为“双创”发声，曝光不担当、不作为、乱作为等作风问题。节目播出后，共有100多名责任人受到严肃问责，在海口掀起行政问责的风暴，促进了干部队伍作风建设。人民日报、中央电视台、新华社《瞭望》周刊、海南日报等媒体先后报道《亮见》，为该节目点赞。12月，《亮见》获由国家新闻出版广电总局、《中国广播影视》杂志社颁发的“TV地标”大奖。

9. 海口“双创”带来“三个转变”。

《人民日报》点赞：“‘双创’刷新一座城”，海口主流媒体助力“双创”。

2015年12月15日，《人民日报》刊发报道《海口“双创”刷新一座城》，称赞海口创建“全国文明城市、国家卫生城市”4个月，实现“市容市貌、群众态度、干部作风”三个转变。报道指出，海口把密切联系群众贯穿“双创”全过程，使百姓在“双创”中得到实实在在的利益，让“双创”成为名副其实的造福百姓的民生工程。

海口市开展“双创”以来，一系列力度空前的舆论宣传，唤起社会各界知晓、支持、参与“双创”的热情。海口广播电视台开设“双创”电视频道和广播频率，全天候宣传“双创”工作。《海口晚报》更名《海口日报》，开设“双创”专版、专栏，使市民真切感受到“双创”的浓厚氛围。

10. 善举遍城有温度，中国好人榜入选名单首次在海口发布。

2015年，海口打造有温度的城市，呈现英雄辈出、正气张扬、守望相助、善举遍城的良好局面。12月30日，中国好人榜12月入选名单发布仪式暨全国道德模范与身边好人现场交流会在海口举行，海口退休医生吴永赞等3人分别获得12月份中国好人榜助人为乐好人、见义勇为好人、诚实守信好人荣誉称号。此外，海口涌现出赵红亮、刘汉惜等9名全国道德模范提名奖获得者以及500多名省市级道德模范和身边好人。

大事记

1月

1日

△即日起，海口、三亚、洋浦的月最低工资标准从1120元提高到1270元，新标准提高了13.4%。

5日

△《海口市纪委监察局“一案双查”工作暂行办法》开始实施。

6日

△海口市政府与北京首创集团举行座谈，并签订战略合作框架协议，双方将致力于海口城镇化建设、棚户区改造、城市轨道交通、环保产业、基础设施等领域的合作，打造互利共赢新局面。市委副书记、市长倪强，首创集团总经理王灏分别代表双方在协议书上签字。

7日

△龙华区出台并试行《海口市龙华区龙桥镇镇村（居）民建房审批管理细则》《海口市龙华区龙桥镇镇村（居）民建房审批管理试点工作实施方案》《海口市龙华区镇村（居）民建房报建须知》3项政策，在全市率先试行镇村（居）民建房审批管理制度。

△万全万特制药（海南）有限公司经过多年研究出用于治疗肌萎缩性脊髓侧索硬化症（俗称渐冻症）首选用药。该药品完成国家药监部门受理并获批，落户海口生产，填补海南无治疗“罕见病”的医疗空白。

9日

△市委副书记、市长倪强主持召开“菜篮子”工程建设第一次联席会议，审议并通过《海口市人民政府关于推进我市“菜篮子”工程建设工作的实施意见》。

△海口骑楼老街博爱北、水巷口街景街廓整治工程完工，并举办开街仪式。至此，包括第一期工程中山路

的整治，骑楼老街3条街区修复完成。

△琼山区田心生态农庄举行“中国最美休闲农庄”揭牌仪式。国家农业部开展2014年中国最美休闲乡村和中国美丽田园推介活动，认定100个村为2014年中国最美休闲乡村，海口市琼山区田心村榜上有名，是海南省唯一一个现代型的最美休闲乡村。

11日

△由富力地产公司主办的“2015富力海口马拉松暨首届商学院马拉松赛”在万绿园南门鸣枪开跑，共吸引来自15个国家和地区的7000多名跑友。本赛事以“健康海岛、快乐奔跑”为主题，是海口有史以来规模最大、参与人数最多的公路马拉松赛。来自天津的陈山林率先冲过终点，获得男子组冠军，历时2小时25分20秒；来自贵州六盘水市的女选手郑文荣，以2小时55分24秒的成绩夺得女子组桂冠。

14日

△市委市政府在观澜湖度假区兰桂坊举行2015年海口市重点项目推进现场会。2015年，海口市共安排省重点项目68个，年度投资计划352亿元，较上年增长22%。项目涉及新型工业、商业物流、教育医疗、文化博览、城市更新改造、新型城镇化、农业现代化、生态环保等领域。

15日

△海口市召开“城市管理六大专项整治工作”现场会议。海口将从2015年年初至2017年年底，用3年时间深入开展城市管理，突出抓好大气污染、水域、道路交通秩序、市政市容、农村环境卫生、农贸市场和大型商场环境六大整治工作，实现海口市城市面貌和品位的改善提升。

16日

△《海口市人民政府关于推进我市“菜篮子”工程建设工作的意见》印发，提出进一步加快“菜篮子”工程建设十大举措，力争满足城乡居民对“菜篮子”产品日益提高的消费需求。该《意见》最大的亮点是建立海口市“菜篮子”工程建设联席会议制度，加强对这项工作的领导。

19日

△省委副书记、代省长刘赐贵到海口市对省会城市建设管理工作进行实地考察调研，并召开座谈会，就修改完善《政府工作报告(征求意见稿》和做好下一步的政府工作，向海口、琼海、文昌、澄迈、定安、屯昌等北部地区市县和三沙市，以及上述市县的省人大代表、政协委员征求意见建议。

22日

△市委副书记、市长倪强主持召开十五届市政府第37次常务会议，传达学习十八届中央纪委五次全会精神，讨论《2015年政府工作报告（征求意见稿）》，审议并原则通过《海口市气象灾害防御管理办法（草案）》。

△海口市食品药品监督管理局在市政务中心举行“多证合一、多环节合一”发证仪式，向首家企业颁发《药品经营许可证(合)》。

23日

△海口市行政审批制度改革再推新举措：41家市级职能单位相继对外公布共309份第一批监管清单，以改变过去的重审批轻监管现象，由事前审批更多地转为事中事后监管。

27日

△市委副书记、市长倪强主持召开十五届市政府第38次常务会议，审议并原则通过《海口市2015年政府投资项目计划》《海口市2015年为民办实事事项》，会议还研究完善《海口市2014年国民经济和社会发展计划草案的报告》《2014年海口市和市本级预算执行情况及2015年海口市和市本级预算草案的报告》。

29日

△十五届市政府第7次全体（扩大）会议召开。会议审议通过将提交市“两会”的《2015年政府工作报告（送审稿）》《关于海口市2014年国民经济和社会发展计划执行情况与2015年国民经济和社会发展计划草案的报告（送审稿）》《2014年海口市和市本级预算执行情况及2015年海口市和市本级预算草案的报告（送审稿）》。

2月

2~4日

△政协海口市十三届五次会议在海南国际会展中心召开。会议审议通过《政协海口市第十三届委员会第五次会议关于常务委员会工作报告的决议》、政协海口市第十三届委员会提案法制委员会《关于市政协十三届五次会议提案审查情况的报告》及《政协海口市第十三届委员会第五次会议政治决议》。

3~5日

△海口市第十五届人民代表大会第六次会议在海南国际会展中心召开。会议听取市十五届人大六次会议议案审查委员会关于代表提出的议案以及建议、批评和意见的处理意见报告；表决通过《海口市第十五届人民代表大会第六次会议关于海口市人民政府工作报告的决议》《海口市第十五届人民代表大会第六次会议关于海口市2014年国民经济和社会发展计划执行情况与2015年国民经济和社会发展计划的决议》《海口市第十五届人民代表大会第六次会议关于2014年海口市和市本级预算执行情况及2015年海口市和市本级预算的决议》《海口市第十五届人民代表大会第六次会议关于海口市人民代表大会常务委员会工作报告的决议》《海口市第十五届人民代表大会第六次会议关于海口市中级人民法院工作报告的决议》《海口市第十五届人民代表大会第六次会议关于海口市人民检察院工作报告的决议》。会议进行了选举，王小峰当选为海口市第十五届人民代

表大会常务委员会秘书长；龙翔春、陆礼宽、周健、曾照宇、潘洪当选为海口市第十五届人民代表大会常务委员会委员；李思阳当选为海口市人民检察院检察长，报请省人民代表大会常务委员会批准。

△“夕阳话语乐新春”暨计划生育家庭养老照护新模式试点启动活动在海口玉沙京华城举行。

△市委副书记、市长、市规划委员会主任倪强主持召开海口市城市规划委员会第16次会议，审议并原则通过《海口港秀英片区控制性详细规划(修改)》《海口市灵山东片区控制性详细规划》《海口大英山新城市中心区控制性详细规划深化调整(修改)》3个城市片区控制性详细规划。

7日

△中国互联网新闻中心在北京主办“2014城市推进医疗卫生改革典范案例推选成果暨第二届中国医改政府支持榜发布仪式”。海口市荣登2014年中国医改政府支持榜，荣膺全国医改便民（惠民）示范市。

8日

△海南省人民政府、北京师范大学在海口签署教育领域合作框架协议。签约仪式上，副省长王路与北京师范大学党委书记刘川生签署《海南省人民政府 北京师范大学教育领域合作框架协议》；海口市市长倪强与北京师范大学党委副书记刘利分别签署《海口市人民政府 北京师范大学教育领域合作框架协议》《海口市人民政府 北京师范大学合作办学协议》《海口市人民政府 北京师范大学设立北师大培训海口基地协议》。

16日

△2015第十届海口万春会开幕。本届万春会以“温暖、祥和、传福、和谐”为主要元素，打造五大“暖”工程，营造“全民万春会·温暖幸福年”的热烈氛围。

17日

△省委副书记、省长刘赐贵到海口市调研，走访海口街头、公交总站、港口码头、项目工地以及蔬菜供应基地，深入检查海口春节准备工作，并代表省委、省政府，代表省委书记罗保铭，向节日期间坚守工作岗位的各条战线劳动者致以节日的问候。

22日

△副省长何西庆，市委常委、公安局长宋顺勇，副市长孙世文、任清华一行到海口秀英港检查春运期间客运情况，并慰问坚守在春运一线的工作人员。

25日

△《海口晚报》报道：2015年春节黄金周期间，海口市实现消费总额约17.28亿元，同比增长10.1%。春节长假7天，海口共接待游客100.54万人次，同比增长13%。其中，过夜游客32.4万人次，同比增长33.39%；实现旅游总收入13.24亿元，同比增长32.27%；旅游饭店客房7天平均出租率64.11%。

26日

△市长倪强主持召开十五届市政府第39次常务会议，审议并原则通过《海口市政府项目拍卖整改工作原则》。

3月

10日

△海口市召开第四届社会科学优秀成果表彰奖励大会，表彰奖励评选出的50项社科优秀成果。

11日

△《海口晚报》报道：海口市国家税务局依法通知出入境管理机关，对香港某公司法定代表人阻止出境。这是海口国税首次对欠税人采取阻止出境措施。

12~15日

△第三届世界女子高尔夫锦标赛在观澜湖·海口国际高尔夫度假区黑石球场举行。比赛总奖金60万美元，有108名选手参赛。

13日

△“2015海南文化产业博览会暨首届海峡两岸(海南)文化艺术博览会”在海南国际会议展览中心开幕。

15日

△《海口晚报》报道：在法国巴黎举行的2014年度SKYTRAX颁奖盛典上，海口美兰国际机场被SKYTRAX机构授予中国区最佳机场员工奖，成为国内首家获此奖项的机场。

18日

△海口海关、湛江海关、南宁海关，海南港航控股有限公司、国投裕廊洋浦港口有限公司、湛江港（集团）股份有限公司、广西北部湾国际港务集团有限公司在海口市召开深化合作2015年协调会议，共同探索4种创新海关监管新模式，实行“三地七方联动”措施，共促环北部湾地区经济一体化健康发展。

20日

△即日起，海南离岛免税购物新一轮政策调整正式实行。离岛免税品类由21大类增至38大类，增加零售包装的婴儿配方奶粉、浓缩咖啡等17种与百姓生活密切相关的消费品，并放宽香水、化妆品等10种热销商品的单次购物数量限制。

23日

△市委副书记、市长倪强主持召开十五届市政府第八次全体（扩大）会议，审议《海口市2015年政府主要工作任务责任分解表》，把2015年的政府工作具体化为层层签订的责任状。

25日

△《海口晚报》报道：海口市在省政府重点项目考核中获得上台阶奖。这是海口市连续3年获得上台阶奖。

4月

12日

△省公路管理局将海口市城市主

城区7段总里程68.48千米的省养公路移交海口市市政管理局管养。

14日

△国家财政部、住房和城乡建设部公示2015年全国10个地下综合管廊试点城市名单，海口市成功进入试点城市名单。

15日

△即日起，海口市户籍居民以及符合公安部出入境管理局规定条件、可在海口市办理大陆居民往来台湾通行证及签注申请的异地户籍人员，可以申办个人赴台湾旅游证件。

20日

△省委副书记、省长刘赐贵率第一检查组在海口实地检查调研重点项目建设情况。刘赐贵一行先后检查流水坡旧城改造、丁村现代物流园、长影环球100文化主题公园暨生态修复项目，实地查看工程进度，现场协调解决建设中的问题。

23日

△市委副书记、市长倪强主持召开十五届市政府第40次常务会议，审议并原则通过《海口市人民政府2015年度制度建设（立法）计划（草案）》《海口市行政审批制度改革第三批便民服务措施》《关于进一步规范购房入户条件的实施意见》《海口市人民政府关于废止〈海口市城市户外设置物管理办法〉的决定（草案）》。会议还研究其他事项。

26日

△海口启动博义、盐灶、八灶片区棚改项目。该项目不仅是海南省重点工程，也是海口任务最重、最复杂的重点棚改项目。

5月

1日

△海口实施基本蔬菜品种目标价格管理机制，12种基本蔬菜品种以淡旺两季进行基本控价，确保市民常年享受平价菜优惠。

△海南工商12315远程视频消费投诉系统开始全面启动。海口市工商局在万绿园、白沙门公园、假日海滩、火山口公园、红树林公园以及明珠商场、家乐福、天茂商场、生生百货、大润发等16个景区、大型商场和超市，设立12315远程视频消费投诉点。

4日

△全国人大常委会委员、教科文卫委员会副主任吴恒率领调研组，到海口市开展深化医疗卫生体制改革工作调研。

5日

△海口市召开领导干部大会，省委常委、组织部长李秀领主持会议，代表省委宣布孙新阳同志任海口市委书记，不再担任省委秘书长、省直属机关工委书记职务。省委书记罗保铭出席大会并讲话。

11日

△海南省委副书记、省长刘赐贵调研海口互联网企业发展情况。刘赐贵先后实地走访考察了天涯社区网络科技股份有限公司、海南易建科技股份有限公司、海南酷秀投资股份有限公司等互联网代表企业，深入了解企业的创新发展和运营情况，并与企业负责人和工程技术人员座谈，听取加快互联网企业发展的意见建议。

△海口综合保税区的海口港区汽车整车进口口岸正式通过由海关总署、国家质检总局、国家发改委、工信部、商务部等部委组成的国务院联合验收组验收。

14日

△省食药监局将海口市秀英区食药监局定为试点改革单位，推行“三证合一”法人承诺制行政审批改革工作，主要针对餐饮、流通以及酒类备案。

15日

△海口安基实业发展有限公司在澳大利亚证交所正式挂牌交易，成为海口综合保税区内首家在境外上市的企业，也是海南省首家在澳大利亚上市的公司。

16日

△海口市开展全市市政道路占用挖掘排查工作。

17日

△市委、市政府召开2015年政金企座谈会。会上，22家金融机构与32家企业就66个项目现场签订合作协议，签约额698亿元。

19日

△演丰互联网产业小镇建设正式启动。这是海口借助优势环境资源，打造优势产业的又一探索。

△秀英区石山镇互联网农业小镇项目启动，为海南省首个互联网农业小镇。

20日

△海口市工商局在市政府服务中心注册大厅举行第一张“三证合一”营业执照首发仪式，标志着海口市以在市政府服务中心申请新注册登记的企业法人作为试点服务对象，正式启动工商营业执照、组织机构代码证、税务登记证“三证合一”以及刻章许可证“四证”并联登记制度改革试点工作。

21日

△省委常委、常务副省长毛超峰到海口工业企业调研，深入生产车间一线和建设工地，了解企业经营情况和存在困难，现场研究解决办法。市委副书记、市长倪强参加调研。

22日

△海口市召开停车场综合整治工作推进会，公布第一批100家违规停车场名单和第一批1000个免费临时停车位地点名单。

24日

△海口国家高新区管委会与海南拍拍看网络科技有限公司在海口签署《关于支持拍拍看公司进一步发展互联网产业的协议》。至此，一家从事防伪技术智能移动端应用领域的互联网企业落户海口。22日，省委书记罗保铭获悉海南拍拍看网络科技有限

公司即将外迁的情况，指示省委常委、海口市委书记孙新阳极力挽留该企业。省委常委、海口市委书记孙新阳，市长倪强亲自到机场与改变行程从岛外飞回海口的公司董事长陈明接洽商谈。从洽谈到签约，仅两天时间，体现出政府雷厉风行的工作作风和“马上就办”精神。

25日

△省委副书记、省长刘赐贵赴海口药谷调研医药产业发展情况，刘赐贵一行先后考察齐鲁制药（海南）有限公司、海灵化学制药有限公司、皇隆制药股份有限公司，详细了解企业的研发、生产和运营情况，并在皇隆制药主持召开来自34家医药企业、行业协会、省直与海口市有关部门参加的全省医药产业发展座谈会。

△海口市首条心理危机干预公益热线——4009550809开通。心理公益热线由海口市委宣传部、海口市文明办主办，海南天一心理咨询有限公司承办。

31日

△由海口市城市管理六大办牵头，市文明办、团市委、市市政市容委、市交警支队、《海口晚报》、海口广播电视台共同承办的海口市整治不文明行动正式拉开帷幕，从即日起至年底，海口市针对十类不文明行为开展专门整治。

6月

1日

△省委副书记、省长刘赐贵在海口调研金融机构，并召开全省现代金融服务业座谈会。

△即日起，海口市所有48家公立医院、镇卫生院和政府办的社区卫生服务机构，全面实施先看病后付费诊疗模式，居民可凭有效证件享受这一便捷就医方式。

2日

△市委副书记、市长倪强主持召开十五届市政府第41次常务会议，研究海口市中央投资项目的整改建设情况。会议审议并原则通过《中央投资未开工项目整改情况报告》《海口市房屋租赁管理条例》（修订草案）、《关于建议对新埠岛供水工程项目涉及相关部门工作人员进行问责的报告》《关于对司马坡岛文体运动基地高尔夫球场违规建设问题相关责任人处理建议》。

3日

△省委副书记、省长刘赐贵在海口调研海南会展业发展情况，并与相关企业、单位举行座谈。

△海口市旅游发展委员会与海南酷秀旅游开发有限公司签订《海口旅游“互联网+”融合发展合作协议》，约定在信息化项目合作、营销推广、产品消费及诚信政府建设等10个领域展开深度合作，推进海口“互联网+旅游”产业的融合式发展。

7日

△在波兰举行的2015年世界青年举重锦标赛男子56公斤级比赛中，海口市小将蒙成以抓举126公斤、挺举150公斤、总成绩276公斤获得抓举第二名，挺举和总成绩冠军。

9日

△市工商局实行小额贷款公司直接申办工商登记注册，无须再提交省金融办出具的前置批文。同时，小额贷款公司的设立由前置审批制改为报备制。

11日

△海南省唯一的汽车整车进口口岸——海口港区汽车整车进口口岸基础设施和监管设施通过海关总署、国家质检总局、国家发展和改革委员会、工业和信息化部、商务部等组成的联合验收组的正式验收，标志着海南已可开展汽车整车进口业务。

12日

△由省委宣传部指导，省文体厅、海口市政府、北京电影学院主办的“21世纪海上丝绸之路”电影合作与发展高峰论坛在海口举行，拉开了“2015海南（21世纪海上丝绸之路）电影节暨第四届海口金岛音乐节”的帷幕。

13日

△“2015海南（21世纪海上丝绸之路）电影节颁奖盛典暨第四届海口金岛音乐节”举行。陶红凭其在《天使－生命处方》中的精湛表演（饰演从年轻到老年的医学女专家陈菊梅一角）获得最佳女主角奖，吴京以票房累累的《战狼》一片获最佳导演奖，而最佳电影则由八一厂的《天河》夺得，中国演员牛犇、中国香港导演梁家仁获颁终身成就奖，男主角奖空缺。

15日

△海口市下发通知，要求各级各部门大力倡导“5+2、白加黑”“钉钉子”“马上就办”和“拍拍看”四种精神，并将之贯穿于“三严三实”专题教育全过程，内化于心、落实于行，为实现海口科学发展、绿色发展和打造海南“首善之城”提供坚强有力的作风保障。

△市委副书记、市长倪强在市政府会见来访的英国驻广州总领事卢墨雪先生（Mr. Matthew Rous）一行，双方就加强海口与英国在各领域交流与合作交换意见。

△省生育服务证制度改革试点工作在美兰区正式启动，同时启用省卫生计生便民服务系统。

19日

△海口琼山中学女子沙滩排球队在巴西的阿拉卡茹举办的“2015世界中学生沙滩排球锦标赛”中获女子校队冠军。该校男子代表队在本次比赛中获第八名。

27日

△生态文明贵阳国际论坛2015年年会“蓝色国土 生态海南”主宾省专场活动在贵阳国际生态会议中心举行。会上，海口市签约项目8个，协议投资额196.53亿元。

29日

△市委副书记、市长倪强主持召

开十五届市政府第42次常务会议。会议审议并原则通过《关于推进简政放权职能转变工作情况》《海口市促进互联网产业发展若干意见（审议稿）》《海口市扶持和服务金融业发展的若干意见（审议稿）》《海口市人民政府关于废止保留调整政府规范性文件的决定（草案）》，会议还研究如何加快推进棚改等事项。

30日

△省委副书记、省长刘赐贵在省委常委、海口市委书记孙新阳，市长倪强陪同下在海口调研城市规划建设和管理工作。

7月

1日

△创业家协会“亚洲校园”年会在海口观澜湖开幕。有来自15个国家和地区的近百名创业家出席年会。

△海口—郑州K457/458次跨海旅客列车正式开行，标志着海南省会与河南省会首次打通铁路直达运输的通道。

2日

△海口市与澄迈县工作座谈会举行。会上，双方就涉及两地的项目建设、推进“三港合一”、建立自由贸易区等问题提出建议，并就如何更好地促进两地共融发展展开交流和讨论。双方商定，将加快区域互联互通，包括路网畅通、公共服务设施联通、政策沟通等，特别是将搭建区域交流合作平台，建立定期交流的长效机制，及时解决存在的问题，不断提升区域交流合作水平。

5日

△海南省确定22个乡镇农村居民建房报建试点，海口演丰镇、云龙镇、龙桥镇、石山镇4镇被列入。

6日

△海口观澜湖度假区举行国家4A级景区挂牌仪式。这是继海口假日海滩旅游区、雷琼海口火山群世界地质公园、海南热带野生动植物园3个4A景区后，海口又增加的一个4A级景区。

△海口复兴城中国香街举行“中国商旅文产业发展创新街区”称号授牌仪式。在5月21日四川省成都市举办的首届2015中国（成都）商旅文产业融合发展经验交流会上，中国香街获评“中国商旅文产业发展创新街区”称号。同时，位于复兴城中国香街的椰城首条互联网商业街正式开街。

10日

△市委副书记、市长倪强主持召开十五届市政府第43次常务会议，审议并原则通过《海口市民政局关于提高我市城乡居民最低生活保障标准的请示》《海口市公共用地地下空间开发利用管理办法（草案）》，会议还研究其他事项。

21日

△海口市政府发布并实施《海口市“门前三包”责任制管理办法》，明确具体的责任主体，规定对不履行责任的个体商户、经营管理单位、企事业单位及各级政府相关职能部门的处罚措施。

22日

△海口市公安部门采取“突出重点、以点带面、全面铺开”的整治方法，开展为期半年的电动自行车乱象整治。

24日

△海口市人民政府与中国（海南）改革发展研究院签署《战略合作框架协议》。根据《协议》，双方将在多个领域展开合作：一是全面深化改革与经济转型升级的政策和战略研究；二是“多规合一”背景下的经济社会布局研究；三是打造21世纪海上丝绸之路战略支点城市与全方位对外开放的政策和战略研究；四是率先打造国际旅游岛升级版的战略路径、政策体制与制度创新研究；五是重大决策的前期调研论证；六是中高级管理人才培养与领导干部领导力和执行力培训；七是改革发展政策与政策决策效果评估调研基地建设。

25日

△海口市与定安县座谈会举行。会上，双方就南渡江定城段拦河水闸（坝）工程、南渡江流域环境综合治理、定海大桥配套路网建设及开通海口到定安旅游一日游班车等问题，展开交流和讨论。双方商定，将加快区域间的互联互通，搭建区域交流合作平台，及时解决存在的问题，进一步深化两地合作，更好地促进两地共融发展。

31日

△海口市举行创建全国文明城市和国家卫生城市动员大会，号召全市上下迅速行动起来，举全市之力、集全民之智，打一场“双创”攻坚战，力争用3年时间捧回全国文明城市和国家卫生城市两块金字招牌。

8月

1日

△《海口市防控和处置违法建筑若干规定》正式施行。

2日

△海口市召开落实“门前三包”责任制动员大会，标志着海口市“双创”模式后的第一个战役正式开启。

5日

△即日起，海口公安交警以史上最严的处罚措施，整治“三车”乱象，净化道路交通环境。对未取得驾驶证和未悬挂号牌两项违法行为，将合并处以1600元罚款，并处15日以下行政拘留。

6日

△海南首个互联网农业小镇村级运营服务中心在秀英区石山镇美社村挂牌。美社村运营服务中心的正式启动，标志着海南互联网小镇的建设进入一个新的阶段。

7日

△在北京举办的海南省互联网产业招商座谈会上，海口市政府代表

团一举签下7个项目共128亿元的大单。

12日

△海口市首个计划生育家庭养老照护服务项目在龙华区滨海新村社区正式揭牌。该项目由政府买单，受益对象为社区全体计划生育特殊家庭老人。

15日

△海口市"双创"工作指挥部在龙华路原市交警支队办公大楼揭牌成立。

17日

△省委副书记、省长刘赐贵到海口美安科技新城、澄迈生态软件园进行调研，现场召开企业座谈会和产业园区发展座谈会，实地听取企业和园区负责人的意见，重点研究在产业园区最大限度取消和简化行政审批工作，并要求在美安科技新城、生态软件园、乐城医疗旅游先行区开展试点。

18日

△市人大常委会在4个区、高校及律师事务所设立8个基层立法联系点，分别是：秀英区海秀镇人民政府、龙华区大同街道办事处、美兰区海甸街道办事处、琼山区云龙镇人民政府、海南大学法学院行政法教研室、海南大学政治与公共管理学院行政管理系、海南信达律师事务所、海南法立信律师事务所。

19日

△海口广播电视台《双创频道》正式开播，每天实现《直播海口双创》《双创夜新闻》《双创进行时》《双创三人行》《海口新时空》《热带播报》六档节目滚动播出，每天直播时间18个小时，用新闻的力量全力助推海口"双创"。

20日

△中共海口市第十二届委员会第九次全体（扩大）会议召开。全会审议并通过《中共海口市委关于深化重点领域改革的决定》及《海口市"多规合一"改革实施方案》《海口市进一步深化市、区、镇（街道）行政管理体制改革实施方案》《海口市城市管理综合执法改革实施方案》3个配套的改革实施方案。会议还审议通过《中共海口市委十二届九次全体会议决议》。

21日

△中国社科院城市与竞争力研究中心发布《2014年宜居城市竞争力前200名城市》。珠海、香港、海口、厦门、深圳、三亚、舟山、无锡、杭州、苏州位居前十，海口、三亚分别名列第三、第六位。

24日

△海南省首个城市管理巡回法庭在海口市龙华区法院成立。城市管理巡回法庭内设审查合议庭和执行合议庭，负责对龙华区城管部门申请法院强制执行的市容环境卫生管理类案件、占道经营案件、违法违章建筑类案件、违反规定设置户外广告和门店招牌类案件，以及法律法规规定的其他城市管理类非诉讼案件进行合法性审查。

25日

△市委副书记、市长倪强主持召开十五届市政府第45次常务会议。会议审议并原则通过《海口综合保税区管理委员会关于加快推进融资租赁业发展的措施》《海口12345市政府热线管理办法》。会议还审议通过海口市民政局《关于设立"海口慈善日"的建议（草案)》，并要求修改后形成议案提请市人大常委会进行审议。

9月

1日

△即日起，海口市实施企业注册登记"三证合一、一照一码"登记新模式，结束了企业登记"东边买马，西边配鞍"历史，标志着海口市提前1个月实现国家工商总局提出的10月1日起实施企业"三证合一、一照一码"登记工作的改革目标。

8日

△在2015年厦洽会海南省招商活动合作项目集体签约仪式上，海口签约项目34个共420.87亿元。签约项目包括旅游产业、热带特色高效农业、互联网产业、会展业、现代物流和其他产业六大类。

12日

△海口—厦门集装箱班轮快线首航正式启动。该航线由海口港、厦门港、厦门港务海运有限公司两地三方共同开辟，航线首航由"拓远号"集装箱船舶执行。

15日

△海口市政府召开投资项目"百日大会战"动员大会，全力冲刺2015年各项任务目标，并为2016年"十三五"开局打好基础。

18日

△海口市与屯昌县战略合作座谈会召开。会上，双方就推动两地资源互补和共享，在经济建设、社会管理、人才技术交流、农业、旅游、商贸、教育等方面建立长期友好合作关系，展开交流互动。海口市人民政府和屯昌县人民政府签订战略合作协议。

23日

△工信部发布通告，在前期开放试点基础上，继续扩大试点范围，将海口、三亚、儋州等44个城市纳入宽带接入网业务试点城市范围。

24日

△海口分别与韩国釜山海云台和蒙古乌兰巴托市结好，海口国际友城（包括友好交流城市）增至30个，遍布五大洲26个国家。

30日

△市委副书记、市长倪强主持召开十五届市政府第46次常务会议，审议并原则通过《海口市人民政府关于进一步下放行政管理事项的决定（草案)》《海口市环卫综合一体化PPP项目实施方案（琼山区试点)》《关于组建海口投资管理有限公司的

请示》《海口市白沙门污水处理厂污泥处理处置协议》等事项。会议还研究其他事项。

10月

1日

△“海口·定安一日游”旅游线路在海口万绿园正式启动，该线路是琼北区域内首个跨市县的固定线路。该线路从海口万绿园出发，依次经过海瑞纪念园、冯小刚电影公社、海南热带飞禽世界、天下第一宫（文笔峰玉蟾宫）、万嘉果热带植物园、复兴城中国香街。

2日

△第三届海口国际青年艺术节在中山路骑楼老街开幕。来自18个国家和地区的近百位艺术家汇聚海口与观众分享一场全方位的艺术盛宴。本届艺术节历时19天，共有6大板块，涵盖舞蹈、音乐、视觉展览、艺术家工作坊、艺术教育工作坊、地缘文化、电影放映等。

14日

△海口市庆祝第46届世界标准日暨城市公共信息导向系统建设启动仪式举行。海口将在滨海大道沿线、机场、火车站、火山口公园、侨中初中部、市直机关单位等交通枢纽、旅游景点、公共服务机构开展首批城市公共信息导向系统建设试点工作。

16日

△市委副书记、市长倪强主持召开十五届市政府第47次常务会议暨前三季度经济形势分析会，传达落实全省三季度经济形势分析会精神，总结全市前三季度经济工作，分析当前经济运行情况。会议审议并原则通过《海口市电动自行车管理办法》（修正案草案）、《关于全面推进城市管理综合执法工作的决定》两个促进“双创”工作开展的法规，要求修改完善后提交市人大审议。会议还审议并原则通过《海口市人民政府关于规范重大决策重大项目安排和大额度资金使用决策议事规划》。

20日

△市委副书记、市长倪强主持召开十五届市政府第48次常务会议，审议并原则通过《海口市促进互联网产业发展若干措施的实施细则》《关于筹建海口市公共资源交易中心（海口市政府采购中心）工作实施方案》《海口市“天网”二期项目PPP模式实施方案》《关于组建海口市菜篮子集团有限公司（暂定名）的请示》《关于设立海口市城乡发展基金的请示》等政策文件。会议还研究其他事项。

23日

△在第一届全国青年运动会男子举重56公斤级比赛上，海口选手蒙成以283公斤的总成绩夺冠。这是海口代表团在青运会上的首枚金牌。

24日

△海口市新农村合作医疗参合金征缴工作开始。海口首次采用健康卡进行征缴，这也是省内首个在全市范围内开展这项工作的市县。

△首届全国（2015）节目交易会在海口召开。来自全国各地的120多家电视台、240多位电视行业从业人员参加交易会。

25日

△海口市龙华区新坡镇成立全市首个“乡贤协调会”。新坡镇文山村、仁里村也同步成立“村务协调会”。

26日

△海口市龙华区食品药品监督管理局发出全国首张新食品经营许可证。第一个领到新证的是海南和谐家政服务有限公司法人代表吴贤刚。

29日

△海口广州两市加强合作事项对接座谈会在海口举行。两市就加强电子商务、人才培训、产业和园区运营管理等合作事项达成30多项细化合作措施。

11月

3日

△海口市市政市容委、琼山区政府与北京环卫集团在海口市举行环卫综合一体化PPP项目（琼山区试点）签约仪式。本次合作将有效解决困扰海口市多年的环卫作业机械化程度低、垃圾处理不达标等问题，提升本市环境卫生管理水平，促进“双创”目标的实现。

10日

△海南股权交易海口国家高新区分中心在海口国家高新区狮子岭工业园区正式揭牌，16家企业集体举行挂牌仪式，海口国家高新区管委会、海南股权交易中心、海南海控资本创业有限公司三方签署战略合作仪式。

△省国税局与海口联合农商银行携手合作的“税银互动—快鱼税融”签约仪式在海口举行，进一步扩大税务机关与金融机构的税银互动合作，也为小微企业构建更好的融资平台，使小微企业通过诚信纳税来换取低成本的融资机会，培育小微企业的诚信纳税和依法经营意识，实现税、银、企三方共赢。

11日

△海口市交通运输和港航管理局与马来西亚巴生港务局签署合作谅解备忘录，双方正式缔结友好港。这是巴生港与中国沿海港口签订的第8个友好港口，也是海口市落实“一带一路”战略首个签约的“海上丝绸之路”沿线国际友好港。

△“双十一”期间，全市淘宝交易额2.5亿元。其中，海口商家参与天猫商城网店数146个，销售额1395.45万元；淘宝网参与网店4335个，销售额772.54万元。

12日

△市委副书记、市长倪强主持召开十五届海口市政府第49次常务会议，审议通过稳增长、谋发展的政策措施。会议审议并原则通过《海口市

促进电子商务发展扶持措施》《关于促进我市房地产业稳增长的实施意见》《海口市政府购买服务管理暂行办法》《海口市2016年省重点项目投资计划》《海口市现代服务业综合试点海南广告园区政策补助资金使用办法》。

13日

△2015中国（海南）国际海洋产业博览会（以下简称海博会）在国际会展中心开幕。本届海博会展出面积1.38万平方米，折合标准展位800多个。组委会邀请专业观众6000多名、专业买家500多名到会进行交流洽谈。

15日

△“中国狮子联会海南会员管理委员会创区暨新服务队成立授证庆典大会”在海口举行，中国狮子联会第11个管理会正式落户海口。副省长何西庆，市委常委、副市长巴特尔等出席庆典。

16日

△国家发改委、住房城乡建设部等11个部门联合印发《关于公布第二批国家新型城镇化综合试点地区名单的通知》，海南省琼海市、文昌市和海口市演丰镇名列其中。

18日

△海口市南渡江引水工程、海口美兰国际机场二期扩建工程奠基开工。

△第二届东亚峰会清洁能源论坛在海口市召开。

△在海口市政务服务大厅市食药监局窗口，市食品药品监督管理局工作人员为南国食品、喜力酿酒等12家食品生产企业颁发海南省首批新版食品生产许可证。

20日

△零点，新建海南西环铁路东西环联络线建成贯通。至此，经过两年多连续日夜施工的新建海南西环铁路全线345千米路基、152座桥梁、13座隧道、16个车站、684千米（单线）正线铺轨、接触网工程、通信工程、信号工程全部建成。

△2015中英建筑论坛在海口开幕。围绕“环境改善，让城市更美好”主题，与会者展开对话讨论。英中贸易协会总裁傅仲森，海口市市长倪强出席论坛开幕式。

21日

△海口海汉足球队在海口举行的2015中国足球协会业余联赛全国总决赛中，获得亚军，晋级2016年中国足球乙级联赛。这是海南省自建省以来男子成年足球队参加全国性足球比赛取得的最好成绩。

22日

△以“发展·创新”为主题的2015海南医疗健康论坛在海口开幕，新规划的海口国家高新区美安科技新城“新药谷”同时揭牌，首批15个产业合作项目当天签约入驻。

△7时43分13秒，在广东省湛江市徐闻县附近发生约3.9级地震，震源深度18.5千米。海口市主城区有明显震感。

24日

△省政府公布第三批省级文物保护单位，确定108处不可移动文物为海南省第三批省级文物保护单位，其中海口市共有43处。

26日

△海口地下综合管廊试点项目现场推进会在长秀大道举行，标志着海口市地下综合管廊试点项目全面动工。副省长王路宣布海口市地下综合管廊试点项目全面开工，市委副书记、市长倪强，中铁四局集团有限公司董事长、党委书记张河川出席现场推进会。

△海口市通过省卫计委消除疟疾工作评估。2009～2015年，海口市连续6年无本地感染疟疾病例报告。

27日

△省科技厅在海口骑楼老街为“三人咖啡”项目举行海南省众创空间认定和揭牌仪式。“三人咖啡”众创空间成为海南省首家省级众创空间。

△新海港汽车客货滚装码头试运行演练。“五指山”轮运载着320名旅客和59辆汽车驶离新海港汽车客货滚装码头2#泊位，驶向海安老港。经过3个小时的海上航行，于15时到达抵海安老港。经过2个小时的停泊后，又于17时从海安老港起航，运载163名旅客、66辆汽车驶回新海港。

28日

△以“狂欢海南韵动天涯”为主题的2015（第十六届）海南国际旅游岛欢乐节开幕式在海南国际会展中心举行。来自15个国家、国内16个省区市的300多名嘉宾，3000多名市民游客参加开幕式。

△海口市首架保税SPV租赁进口的空客A330飞机抵达海口美兰国际机场，交付海南航空公司使用，标志着海口保税融资租赁业实现零的突破。该飞机价值1.67亿美元，由海口渤海租赁四号公司通过银行融资购买，出租给海南航空公司。

12月

2日

△海口国家高新区按照“极简审批”承诺，1日内核发市公安局开发区分局项目“建筑工程施工许可证”。这一审批速度比全省投资项目“百日大会战”期间3天审批期限还要快。该项目也成为省政府批准《美安科技新城行政审批制度改革试点实施方案》以来，海南省首个实行极简审批的项目。

5日

△美兰区数字化城管指挥监督中心在水岸阳光小区开始运转，这是海口首家投入使用的区级数字化城管指挥监督中心。

△第四届中国南方（海口）国际合唱艺术周开幕。来自台湾、辽宁、广州、安徽、贵州、浙江、甘肃、山东、重庆、福建及海南海口、三亚、琼中等近40余个合唱团及近2000名

艺术家参加本届合唱艺术周活动。

7日

△国务院侨办授予龙华区滨海街道滨海新村社区居委会全国社区侨务工作明星社区称号。这是迄今为止全省首家获此殊荣的社区居委会。

8日

△市委副书记、市长倪强主持召开十五届市政府第50次常务会议，审议并原则通过《海口市农贸市场建设改造工作实施方案》《海口市公共租赁住房保障管理办法》《海口市公共租赁住房 经济适用住房 限价商品住房保障标准》《海口市餐厨废弃物管理暂行办法》《海口市城市管理综合行政执法条例（草案）》《海口市爱国卫生管理办法（草案）》等一批事关民生和“双创”的政策文件。会议要求，对《海口市城市管理综合行政执法条例（草案）》《海口市爱国卫生管理办法（草案）》做进一步修改完善后提交市人大常委会审议。会议还研究一批项目的合作框架协议，为2016年开好局储备项目。

9日

△《海口晚报》更名《海口日报》暨“海口发布”正式上线仪式在海口日报社举行。省委常委、市委书记孙新阳，市委副书记、市长倪强，市政协主席韩美等市四套班子领导出席仪式，并与海口日报社党委书记、社长刘志力共同为《海口日报》揭牌。

11日

△海口市人民政府和农发行海南省分行、海马集团、乐视体育文化产业发展有限公司、浙江康迪车业有限公司举行合作协议签约仪式。省委常委、市委书记孙新阳，市委副书记、市长倪强出席签约仪式。签约仪式上，倪强分别与农发行海南分行行长黄进强、海马投资集团有限公司副董事长胡群、乐视体育文化产业发展（北京）有限公司首席执行官雷振剑签署战略合作协议，海口国家高新区党工委书记顾刚与浙江康迪车业有限公司董事长胡晓明签署双方合作框架协议。

△秀英区石山镇首批共为6户村民颁发乡村建设规划许可证。石山镇被列为海南省22个农村居民建设报建试点乡镇之一。

15日

△第18届中国（海南）国际热带农产品冬季交易会闭幕。本届冬交会12日在海南国际会展中心开幕。在历时4天的冬交会上，全省共完成冬季瓜菜等农产品订单4019份，金额394亿元；现场20个重点订单进行集体签约，签约额45.8亿元。超30万人次观展。

16日

△全国人大常委会委员、全国人大农业与农村委员会副主任委员陈光国一行16人，前往海口市云龙镇办内种养专业合作社进行调研。

22日

△海口观澜湖华谊冯小刚电影公社南洋街举行盛大开街仪式，正式对外开放。随后，在电影公社现场还举行老北京街的奠基仪式。

24日

△海口首家橄榄乡村主题公园冯塘绿园正式面向游客开放。

25日

△投资22亿元的海南省、海口市共建重点项目——海南省肿瘤医院在海口市西海岸长流起步区正式落成开业。这是海南省目前唯一的三级甲等肿瘤专科医院，结束海南没有肿瘤专科医院的历史。

△南海云及大数据服务中心项目启动。“南海云”是由海口市政府、中国电信海南分公司和阿里云计算公司三方强强联合共同打造的大型政务云项目。

△海口国家高新区与光启科学有限公司签约仪式在第二行政办公区举行，双方将在临近空间基地、空间科学体验中心、光子示范工程等方面展开合作，旨在打造国内首家以临近空间飞行器为主题的高新科技空间产业园区。

△海口港新海港区开港仪式暨新海港区二期开工仪式举行，标志着新海港正式开港运营。

26日

△海口港马村港区三期工程开工仪式在澄迈县马村港举行。

29日

△海口市公共资源交易中心（海口市政府采购中心）挂牌成立。

30日

△海南环岛高铁建成开通庆功表彰大会在海口火车站站前广场举行。省委书记罗保铭、中国铁路总公司副总经理李文新致辞，省长刘赐贵宣布省委省政府关于表彰西环高铁建设先进集体和先进个人的决定。大会由省委常委、常务副省长毛超峰主持。上午9时44分，随着西环高铁“和谐号”动车组D7261次首发列车驶出海口火车站，海南环岛高铁西段正式开通运营。

△海口市举办海口市棚户区（城中村）改造项目招商推介会，重点推介未来3年海口市将要实施的50余个棚户区（城中村）改造项目，共有25家央企及国内著名企业签约。

△“全国道德模范与身边好人（海南海口）现场交流会暨十二月360好人榜揭牌仪式” 在海口市举行。在本月发布的110位中国好人中，海口82岁的退休老医生吴永赞、省武警总队的警官詹永胜、乐东创新妇女哈密瓜种植专业合作社理事长石世婕榜上有名，分别获助人为乐好人、见义勇为好人、诚实守信好人荣誉称号。

△海口市不动产登记局在海口市国土资源局挂牌成立，全市不动产统一登记工作全面启动。

31日

△海口市菜篮子产业集团有限公司成立，为海口首家公益性国有独资公司。

（杜惠珍）

在市委十二届十次全会暨市委理论研讨会、全市经济工作会议上的总结讲话

孙新阳

（2015 年 12 月 31 日）

同志们：

在 2015 年最后一天，我们挤出时间，集中发力，召开市委十二届十次全会暨市委理论研讨会、全市经济工作会议，时间很紧，内容很实，信息量很大，务实高效、成果丰富，即将胜利闭幕。这次会议是我市全面建成小康社会决战决胜时期召开的一次重要会议，是贯彻党的十八届五中全会、中央经济工作会议和省委六届九次全会、全省经济工作会议精神的重要会议，是统一全市思想、凝聚各方共识，谋求经济社会新发展的一次动员会。

同志们认为，市委常委会工作报告全面客观总结了今年以来各领域所做的工作和所取得的突出成效，体现了市委常委会善谋全局抓大事、直面问题破难题的勇者担当和执政智慧。

同志们认为，“十三五”规划建议紧紧围绕“四个全面”战略布局，全面贯彻“五大发展理念”，紧密结合海口实际，立意高、目标清、落脚准、措施实，擘画了海口未来五年发展的美好愿景，勾勒了率先在全省全面建成小康社会的路线图。

市委理论研讨会紧扣“三严三实”主题，结合海口“双创”实践，交流了从严从实推动创文创卫的工作体会，议出了城市治理管理的真知灼见，达成了建设幸福美丽海口的广泛共识，进一步坚定了运用“双创”模式、“双创”经验，统筹推进全市各项工作的信心和决心。

全市经济工作会议贯彻落实中央经济工作会议和全省经济工作会议精神，回顾总结了我市今年经济工作，认真分析了当前经济形势，提出明年经济工作的总体要求和主要任务。总的来说，2015 年我们的工作亮点纷呈、成果丰硕，成绩是大家的，在座的各位功不可没。说老实话，这一年，四套班子成员和各级各部门贯彻市委市政府决策部署坚决有力、行动迅速，“5+2、白加黑”，任劳任怨、兢兢业业。在此，我代表市委、市政府向大家表示衷心的感谢！

2016 年是“十三五”开局之年，起跑决定后势，开局关系全局，做好明年经济工作意义重大。这里我再强调三点：一是切实把思想和行动统一到中央和省委对经济工作的重大判断和决策部署上来，进一步坚定新常态下海口发展的信心。要深刻认识和理解新常态，把握经济发展特点和运行趋势，特别是对经济下行压力还在加大的严峻形势要有充分的估计，把各方面的有利条件和不利因素分析得更透彻一些，把发展思路、工作举措、实施步骤考虑得更周全一些，把重点项目、重大改革、民生实事等安排得更具体、更到位一些，只要是有质量和效益的增长，能够快还是要快一些，不把困难和压力往后推。要看到，2015 年海口经济走势逆势上扬、逐季走高、稳中有进、稳中向好，GDP、固定资产投资、财政收入等主要经济指标占全省的比重进一步提升；“多规合一”、行政管理体制、城市综合执法等改革正陆续落地，固本强基、激发活力的效应逐步显现；棚户区改造、基础设施和公共服务设施建设力度不断加大，一大批利当前、惠长远的重大项目投入使用或加快建设；随着“双创”工作的深入推进，城市管理、社会治理、民生保障水平都有了很大提升。特别是广大党员干部大力发扬“5+2、白加黑”“钉钉子”“马上就办”“拍拍看”精神，形成了攻坚克难推动各项工作的强劲动力，并推动社会风气全面好转，椰城呈现出一派英雄辈出、善举遍城、正气张扬的新气象。这些都为我们做好明年的经济工作奠定了基础、增添了底气。我们要保持战略定力，增强发展信心。第二，结合海口市情，从需求和供给两侧同时发力，积极推进结构性改革。要及时、准确捕捉国家财政政策更加积极有力、货币政策更加灵活适度以及加大对实体经济的融资支持等政策信号，争取更多财政、信贷资金和社会投资，增强有效投资对经济增长的拉动作用。紧扣打造“21世纪海上丝绸之路”战略支点城市，加快交通枢纽工程和对外开放平台建设，推进新型城镇化和棚户区改造，围绕我们的产业选择，加紧策划、包装、储备一大批重大项目，提高投资质量效益，并通过投资结构的优化，带动产业结构的优化升级。要高度重视供给侧结构性改革，把实施创新驱动发展战略摆在更加突出的位置，加大人才引进和培养力度，促进大众创业、万众创新；要以“多规合一”改革为牵引，推进行政审批制度、国有企业、财政税收等重点改革，激活市场活力，催生新的发展动能。特别是城市管理综合执法改革，近日，党中央、国务院印发了《关于深入推进城市执法体制改革改进城市管理工作的指导意见》，从理顺管理体制、强化队伍建设、提高执法水平、完善城市管理、创新治理方式、健全法律法规、加强司法衔接、完善保障机制等方面，系统提出了改革的主要任务和具体措施，这是新中国成立以来中央层面首次对管理执法工作做出专项部署，请大家特别是市区相关部门抓紧学习和研究，进一步深化我市综合执法改革，力争创造出在全国都叫得响的经验；要把发展壮大实体经济和培育有核心竞争力的企业作为制定政策的出发点，大力营造良好的营商环境，帮助企业降低制度性交易成本及融资、物流等生产成本，促进生产要素向海口集聚、优化配置，促进全要素生产率提升。第三，以决战决胜“双创”来促进全市各项工作的全面提速提质。明年是“双创”决战年，能否成功拿下“全国文明城市”和“国家卫生城市”两块牌子，关键在此一役。省委罗书记在全省经济工作会议上再度对海口的“双创”工作给予了高度肯定，说咱们的“双创”为海南国际旅游岛形象加分，这对我们是巨大的鼓舞和鞭策。各级各部门一定要把“双创”这一民生工程、发展工程抓紧抓好，始终保持精神不变、意志不退、力度不减，特别是要聚焦基础设施、公共服务、市容市貌、环境卫生等领域的薄弱环节，集中资源和力量打好歼灭战。同时，要更加重视城市工作，海口是全省唯一的大城市，要在全省更加响亮地发出海口声音，使海口成为全省经济增长强大的第一引擎。省里确定明年2月下旬召开全省城镇工作会议，随后我市也要召开相应的会议，请大家提前研究、好好梳理一下海口的城市工作，包括城市规划的制定，城市建设规模、节奏和空间布局，环境污染、交通拥堵等“城市病”的治理，城市基础数据平台的搭建，城市管理体制改革，城市历史文脉的延续，城市精神的打造，以及争取更多资源支持省会做大做强，等等，全面提升城市工作水平。

同志们，海口的发展是一场接力赛，历史的接力棒传到了我们手里，我们要以对历史和人民高度负责的态度，以时不我待、只争朝夕的紧迫感和使命感，以一心为民、“功成不必在我”的精神境界，跑好手中这一棒。这次会议对海口当前和今后一个时期的发展作了系统谋划和全面部署，各级各部门务必以高度统一的思想、高度自觉的行动，狠抓会议精神的落实。下面，我讲几点意见：

一、深刻把握发展新形势，牢固树立五大发展理念，引领并开辟海口发展新境界

今后五年，是我们一鼓作气向全面建成小康社会终点冲刺的历史时刻。党的十八届五中全会指出，我国经济发展长期向好的基本面没有变，经济韧性好、潜力足、回旋空间大的基本特质没有变，经济持续健康增长的良好支撑基础和条件没有变，经济结构调整优化的前进态势没有变，良好发展态势可以保持。同时指出，我国发展重要战略机遇期，正由原来加快发展速度的机遇转变为加快经济发展方式转变的机遇，由原来规模快速扩张的机遇转变为提高发展质量和效益的机遇，并针对发展中的突出矛盾和问题，提出了创新、协调、绿色、开放、共享五大发展理念，强调要以新的发展理念引领发展。这五大发展理念，创新是核心，是发展的动力所在；协调是关键，是补齐短板、实现小康的重点所在；绿色是基础，绿色化的新型发展才是出路；开放是保障，要打好开放型经济这手牌；共享是根本，让人民共建共享，才能汇聚起推进发展的磅礴之力。五大发展理念的确立，是关系发展全局的深刻变革，集中反映了我们党对经济社会发展规律认识的深化，极大丰富了马克思主义发展观，为夺取全面建成小康社会决战阶段的伟大胜利，不断开拓发展新境界，提供了强大思想武器。省委六届九次全会号召全省上下全力以赴、苦干担当、改革创新，以五大发展理念引领海南绿色崛起、加快国际旅游岛建设，为全面建成小康社会不懈奋斗。

从海口来看，我们的发展思路、发展战略、发展定位、发展路径与五大发展理念高度契合，许多发展举措都可以在五大发展理念中找到依据和蓝本，践行五大发展理念具有一定的天然适应性和先行优势。创新发展方面，海口是全省的科技、教育、人才高地，在全省具有明显的比较优势；协调发展方面，海口农村人口较少，城镇化率较高，相较其他省会城市，构建城乡一体化发展格局更容易破题；绿色发展方面，天赐的生态环境优势无与伦比，而且没有产能过剩、环境污染严重等历史包袱，完全可以轻装上阵；开放发展方面，我们面临着“一带一路”、环南海经济合作圈、海南国际旅游岛建设等重大战略机遇，具有空港海港交通物流枢纽优势；共享发展方面，海口人口规模相对较小，可集中财力在基本公共服务均等化方面走在前列。一如我们正如火如荼开展的“双创”工作，就是践行五大发展理念的生动实践，这是一项由表及里、标本兼治、城乡并重、硬件软件同步提升，集城市设计、城市风貌、城市管理、社会治理、城市文明建设以及惠民利民、改善民生于一体的系统工程，无论是创建理念、工作思路还是具体举措，都处处体现破旧革新、统筹协调、绿色低碳、开放包容、共建共享。

同时，我们要清醒地认识到，与五大发展理念、与全面建成小康社会的新要求相比，仍存在不少问题和薄弱环节：一是发展动力不足。创新能力不强，科技发展水平不高，各类人才短缺，全社会创业创新氛围不够浓厚；产业规模不大、核心竞争力不强，带动辐射能力强的优质企业、龙头企业不多。二是发展不平衡。城市内部、城乡之间二元结构问题突出；治理管理相对滞后，法治化程度、管理水平、市民素质、文明程度有待提高；城乡基础设施和公共设施水平整体较低，历史欠账较多；城乡居民收入差距较大，一些地方农民收入偏低，甲子镇农民年均收入仅3000多元，石山镇守着那么好的资源，农民年均收入也才5000多元。三是生态保护压力加大。资源约束趋紧，水污染整治难度大，人民群众对清新空气、干净饮水、安全食品、优美环境的要求越来越强烈，我们的工作仍有很大差距。四是对外开放水平不高。引进来、走出去的深度广度不够，区域合作水平较低，对外开放的亮点不多，开放型经济发展水平总体不高。五是公共服务和公共产品供给不足。仍存在就业难、上学难、看病难、出行难、菜价高等问题，人民对美好生活的向往与公共服务供给不足的矛盾突出。我们要切实转变发展理念，正视上述的矛盾和问题，下大气力加以解决。

各级领导干部要以高度的政治自觉带头树立和践行五大发展理念，认真学习、深刻领会，切实增强理解力和执行力，真正做到入脑入心、进计划进规划、指导实践融入实践，把五大发展理念这一党的最新理论成果贯彻落实到海口经济社会发展的全过程和各个领域。

二、干在实处、走在前列，奋力把“十三五”蓝图化为现实，率先在全省全面建成小康社会

市委“十三五”规划建议确立了率先在全省全面建成小康社会的奋斗目标，并提出推动经济实现中高速增长，城乡居民收入达到全国中上水平，若干领域改革走在全省全国前列，基本公共服务率先实现城乡一体化，生态环境质量始终保持一流水平，建成全国文明城市和国家卫生城市，打造现代化热带滨海花园城市等任务，这是我们对省委和全市人民作出的庄严承诺。各级各部门一定要牢记使命、凝心聚力、攻坚克难、顽强拼搏，创造出无愧于省会尊严和荣誉的一流业绩。著名建筑学家、教育学家梁思成曾经对他的学生说：“学什么东西都要眼高手高。”海口是全省唯一的大城市，不仅各项工作要在全省争第一，还要与其他省会城市比高低，要跳出海南看海口，甚至是跳出全国，从“一带一路”战略角度看海口。选择和谁在一起很重要，与聪明的人在一起，你就会更加睿智，与高尚的人在一起，你才不会卑俗。我们一定要有站在巨人中间的勇气，这绝对不是附庸风雅，不是一种攀附，而是真诚地向巨人致敬、向巨人学习。我想，海口的干部一定要有这样的意识，这样的气魄，这样的信心和决心。

要以问题为导向，补齐拉长短板，推动“十三五”蓝图落地生根。越在薄弱环节上多用力，着力解决突出问题和明显短板，越能起到“四两拨千斤”的良好效果。我们“双创”就是坚持问题导向，严格对照两个测评体系，找问题、找差距，缺啥补啥，像背街小巷的修补、停车场的规范管理和建设、违法建筑的整治、文化基础设施的加强、城市风貌景观的提升，等等，有力地弥补了海口城市功能的缺失和管理服务的不足。“十三五”时期，我们要聚焦前面提到的发展动力不足、发展不平衡、生态保护压力加大、对外开放水平不高、公共服务和公共产品供给不足等突出问题，全力做好补齐短板这篇大文章。比如，产业发展，要立足我们的资源禀赋、地理区位、生产要素等条件，推动高新技术产业和低碳制造业跨越发展、旅游业转型升级、热带特色高效农业和互联网产业快速发展、医疗健康产业培育壮大、区域性金融中心和区域性商贸物流中心进一步巩固提升，各级各部门一定要将这一系列战略部署具体细化到行动计划上、年度安排上，特别是要落实到一个个具体项目上，转化为现实生产力。又如，城市治理管理，这既是“双创”要解决的突出问题，也是全面建成小康社会的一个重大课题。要坚持“三个不动摇”，即三年实现城市管理和城市风貌两个大变样的目标不动摇，以人为本、为民惠民的情怀不动摇，资源下沉、夯实基础的管理体制改革方向不动摇，继续加大城乡基础设施和公共设施建设力度，坚守生态底线，推进水环境治理和花园城市建设，提升城市管理科学化水平，构建起城市治理管理的常态长效机制。再如，对外开放，要紧密对接全省打造“21世纪海上丝绸之路”战略支点和“多规合一”的难得机遇，加快推进海港、空港及临港临空产业园建设，放大综保区、高新区政策叠加优势，特别是要主动担当、积极协调、科学谋划、加速推进“海澄文”一体化。还如，民生社会事业，要进一步提升就业、教育、医疗、社保、公交等民生保障水平，抓好“菜篮子”，扎实推进健康海口、平安海口、爱心海口建设，让全市人民更多更好地共享海口改革发展成果。特别是文化体育事业的发展，海口是国家历史文化名城，全省唯一，我们要有历史的觉悟、历史的担当，着眼长远，从现在做起，认真谋划好历史文化的保护、传承和文体事业发展。要给予海口艺术团、琼剧团更多的支持，这两支队伍不能削弱，更不能垮掉，要擦亮海口文艺金字招牌。琼山区的琼台复兴计划很有意义，要精心筹划，还有五公祠等文物保护单位，要尽快落实资金，加快修缮，这些是海口也是海南历史文化标志，如果损毁了，我们就是历史的罪人。

“十三五”规划制定后，重在落实，贵在行动。不落实，再美好的蓝图只是纸上谈兵，再伟大的目标只是镜花水月。这里，我提三点要求：一是出台政策要切实可行。未来五年，海口面临着“一带一路”“多规合一”、棚改新政等诸多机遇，要善于因势而动、顺势而为、乘势而上，紧跟形势变化和发展需要，掌好把舵，调整政策，及时指导。作决策、出政策一定要眼睛向下，甘当小学生，深入开展实地调研，问计于民、问政于民，特别是多同真正明了实情的各方面人士沟通讨论，通过“交换、比较、反复”，确保出台的政策有较强的前瞻性、针对性和可操作性。二是工作措施要落细落小。“天下大事必做于细”，我到海口报到的第二天，在市委常委扩大会议上，强调城市管理无小事，给大家推荐了《天大的小事》一书。在“双创”过程中，我也多次强调，即使破了一块路面砖、坏了一盏路灯、丢了一个井盖都要及时发现、及时补上。莎士比亚有句名言“一马失社稷”，讲的就是少了一枚马掌钉，损了一匹战马，败了一场战役，毁了一个王朝。细节决定成败，各级领导干部要一招不让抓落实，工作不能大而化之，决不能当“传声筒”“二传手”，重点工作要亲自抓在手上并强化执行与督办。要切实将落细落小、精益求精的理念贯穿于落实“十三五”蓝图的全过程，以庖丁解牛的劲头破解难题，以精雕细刻的执着推动工作，从每一个“小”处着手，用一个个“细小”的完美，铸就海口新的辉煌。三是成绩成效要真实可靠。在确定明年经济增长指标和“十三五”规划目标时，我们不片面追求 GDP 增长速度，而是追求没有水分、可持续的增长，更加注重为结构调整、提高发展质量和效益腾出空间。在“双创”工作中，我们针对小街小巷改造过于追求开工率，部分主干道建设和风貌提升工程急于抢工期等问题，及时整改，要求以质量效益为先，干一件成一件，坚决杜绝虎头蛇尾、劳民伤财。各级领导干部一定要牢固树立正确的政绩观，不好大喜功，不搞形式主义，沉下心来、扑下身子带领广大群众脚踏实地干，交出一份经得起历史检验的合格成绩单。创建全国文明城市“国检”时，我一再交待，也在“双创”领导小组会议上多次明确提出，我们有什么问题可以集中人力物力财力积极解决，但海口绝不弄虚作假。做事跟做人一样，都要诚恳实在。老实人看似笨一点，其实是真聪明、大智慧。毛泽东同志在《整顿党的作风》一文中指出，“在世界上要办成几件事，没有老实态度是根本不行的。”我们打造幸福美丽海口，需要一大批“实心眼”的干部，脚踏实地、埋头干事、兢兢业业，舍得下苦力气，不事张扬、不计名利。“实心眼”的干部，一定把百姓的冷暖和群众的疾苦放在心上，一旦认准了目标就坚持到底，矢志不渝。鲁迅也曾经说过，“世界正是由愚人造成的。”天下最成功的人，就是老实人。

三、着力打造一支忠诚干净担当的高素质干部队伍，营造人心思进、人心思干、风清气正的良好政治生态

“事业兴衰，唯在用人；用人之要，重在导向。”习总书记指出，用一贤人则群贤毕至，见贤思齐就蔚然成风。选什么人就是风向标，有什么样的干部作风，乃至就有什么样的党风。我在上次市委全会上强调，要坚持正确的用人导向，凭实绩用干部，强化正向激励，用更大的力度从基层一线选拔干部。没有基层党员干部的积极性和执行力，再好的政策措施也会落空。要重视基层，着力从一线培养干部、考察干部、使用干部，继续选派优秀市直机关干部到镇（街）工作，把基层一线优秀干部提拔、交流到市直部门任职，让那些想干事、肯干事、能干事的干部有更好的用武之地，通过多岗位的历练，切实提高海口干部队伍的整体能力素质。要善者择善、简能任之，选准配好各级各部门领导班子特别是党政一把手，当前尤其要配强镇（街）主官，赋予他们充分的管人用人权，用好人选好人，用能人带能人，锻造出一流的干部队伍。其实，是不是好干部，最简单的一条，就看分管领导、主管部门是不是争着、抢着要他。我们要给敢担当的人撑腰、让敢担当的人有位，建立激励敢于担当的选人用人机制，重用那些在困难矛盾面前敢于负责、解决问题有思路有办法、敢为人先开拓奋进的人，重用那些在推进“双创”、重点项目建设、征地拆迁、打违控违等一线工作中表现突出的干部；要健全完善容错机制和考评机制，让敢担当者“无牵挂”“吃得香”，努力营造担当可贵、担当光荣的从政环境。

要持续推进干部作风转变。今年以来，我们大力倡导“5+2、白加黑”“钉钉子”“马上就办”“拍拍看”精神，各项工作全面提速，干部作风极大转变。美兰区，5 个小时完成了美兰机场 3000 多亩的征地协议签订，4 个小时完成白沙坊棚改 96%的意向签约，50 分钟完成了灵山棚改 199 户的签约；秀英区，仅用 40 天就提交了东西环高铁海口联络线项目的工作面，2 个月解决了省儿童医院征地问题；高新区实施极简审批，1 天时间核发建筑工程施工许可证，光启临近空间、康迪电动汽车、林安物流等项目迅速落地；市国土局用不到两周时间，解决了海马公司十几年的土地遗留问题；市金融办与市财政、商务等相关部门仅用一天半时间就完善了酷秀公司 2000 万元的贷款手续；中山路骑楼老街半个月就将五金店、灯具店全部迁出，业态调整取得实质性进展。实践证明，没有过硬的作风就没有过硬的工作。在座的各位身担要职，是主持海口一方工作的“关键少数”，是干好“十三五”、实现全面小康的中坚力量。领导干部要以身作则、率先垂范，带着群众干、干给群众看；要科学配置人财物资源，解决好工作忙闲不均、效率不高等问题。海口的党员干部要培植“大海胸襟、椰树风骨、三角梅品格”的

特质。海口因海而生、因海而兴，“大海胸襟”就是海纳百川、开放包容，上善若水、厚德载物。椰树是我们的省树市树，“椰树风骨”就是信念坚定、直挺向上，扎根大地、深入群众，坚韧不拔、“任尔东西南北风”“咬定青山不放松”。三角梅是我们的省花，省会配省花，要把三角梅这篇文章做大做好。三角梅热情洋溢、活力四射，朴实无华，这与我们倡导的礼贤下士、放下身段的“拍拍看”精神特别吻合。前两天，一位“候鸟老人”在琼山过冬，突发心脏病去世了，他的女婿为给岳父办死亡证明，跑了四个单位还下跪。这反映的是什么问题？我觉得就是我们有的干部对群众冷漠。冷漠是最可怕的事情，是万恶之源。1986年获得诺贝尔和平奖的以色列作家埃利·威塞尔有句名言：“冷漠是恶的集中体现。爱的反面不是恨，是冷漠；美的反面不是丑，是冷漠；信仰的反面不是异端，是冷漠；生命的反面不是死亡，是冷漠。”海口干部要杜绝冷漠，要像三角梅一样扎根泥土之中，质朴平实，为群众所喜爱。古人说：“大人不华，君子务实。”真正的大家都是非常朴实、非常低调的人。我们不能端着个架子，高高在上，要时刻把群众放在心上，把为群众服务的责任扛起来。海口的干部要把“大海胸襟、椰树风骨、三角梅品格”这一特质和风采淋漓尽致地展现出来，忠实践行“三严三实”，持续发扬“四种精神”，以优良的党风促政风带民风。

要坚持从严管理干部。各级领导干部要严守政治纪律和政治规矩，严格遵守廉洁自律准则、纪律处分条例，切实增强政权意识、党员意识，清醒认识领导干部岗位对党的事业和地区发展的特殊重要性，自觉按党员领导干部的标准要求自己、磨练自己、提高自己，职位越高、岗位越关键，越要夙兴夜寐工作，越要按规则正确用权、谨慎用权、干净用权，越要像珍惜生命一样珍惜名节和操守。要拿起纪律这把戒尺，从严从实推动工作落实。今年“双创”工作取得了突出成效，但问责的力度也前所未有，近五个月累计问责152人次，《亮见》曝光问题的129名责任人也受到了严肃问责。从内心来讲，问责这么多干部，我有时也于心不忍，被问责的干部大多在一线工作，在一定程度上可能对大家工作积极性有所伤害。但是纪律就是纪律，是不可逾越的底线、不可触摸的高压线，违纪就要付出代价，没有任何情面可讲。要坚决守住纪律底线，始终“惴惴如临深渊，矜矜如履薄冰，栗栗如不满日”，时常自重自省自警自律、慎言慎行慎独慎微，努力造就一支具有铁一般信仰、铁一般信念、铁一般纪律、铁一般担当的干部队伍。

元旦、春节将至，这期间还有省、市两级“两会”以及首届国际旅游岛三角梅花展、全国旅游工作会议等，各项工作纷千头万绪，相关部门要抓好节日期间市场供应、交通运输、安全生产和维稳工作，确保春节前一系列重大会议、重大活动的顺利举办，确保广大市民过上一个欢乐祥和的节日。

再过几个小时，新年的钟声即将敲响，在此，给大家送上新年的祝福，祝愿大家新年新气象，工作顺利，身体健康，家庭幸福！

同志们，“十三五”帷幕正徐徐拉开，决战决胜全面小康社会的号角已经吹响，光荣使命催人奋进。让我们紧密团结在以习近平同志为总书记的党中央周围，在省委、省政府的正确领导下，振奋精神、锐意进取、扎实工作，向着率先全面建成小康社会的宏伟目标阔步前进，为海口和全省更好发展再立新功！

政府工作报告

——2016年1月20日在海口市第十五届人民代表大会第七次会议上

海口市人民政府市长　倪强

各位代表：

现在，我代表市人民政府向大会报告工作，请连同《海口市国民经济和社会发展第十三个五年规划纲要(草案)》一并审议，并请市政协委员和其他列席人员提出意见。

一、2015年及“十二五”工作回顾

刚刚过去的2015年，是我市经济社会发展进程中很不平凡的一年。面对复杂多变的宏观形势，在省委、省政府和市委的坚强领导下，在市人大、市政协的监督与支持下，我们认真学习贯彻落实党的十八大、十八届三中、四中、五中全会和习近平总书记系列重要讲话精神，坚持稳中求进的总基调，主动适应新常态，着力稳增长、促改革、调结构、惠民生、强管理，认真践行“三严三实”，大力弘扬“四种精神”，全面开启“双创”模式，主动履职担当，苦干实干快干，实现了稳增长和抓“双创”两促进、双丰收。

全年地区生产总值1161亿元，增长7.5%；全社会固定资产投资1012亿元，增长23.2%；地方一般公共预算收入111.5亿元，增长10%；

2016年1月20日，海口市十五届人大七次会议开幕，海口市长倪强做政府工作报告。（黄一冰 摄）

社会消费品零售总额595.5亿元，增长6.6%；城镇和农村常住居民人均可支配收入分别为28535元和11635元，分别增长7.6%和9.5%；居民消费价格指数涨幅1.2%、城镇登记失业率0.9%，远低于控制目标。市十五届人大六次会议确定的主要目标胜利完成！

一年来，主要抓了以下七个方面的工作：

（一）综合施策实现经济逆势上扬

准确把握经济运行动态，加大精准调控力度，经济逐季向好、稳中趋快。

狠抓重点项目扩大投资。67个省重点项目完成投资452亿元，占年度计划的138%，呈现出开工多、进度快、投资大的特点。新海港区一期开港，海秀快速路建设全线提速，垃圾综合处理二期稳步推进，美兰机场二期、地下综合管廊、新海港区二期、马村港区三期等开工建设。棚改全面提速，优化拆迁补偿政策，全面推行货币化安置，完成投资130亿元、改造1.2万户、惠及4万人，超额完成任务。全力以赴开展“投资项目百日大会战”，237个项目开工率98.3%，完成计划投资额的181%、占全省的一半以上。在全省“百日大会战”考核评比中，我市揽获7项大奖，取得历史性突破。其中综合特等奖、重点项目上台阶奖是全省唯一，招商签约、棚改、信息基础设施建设、项目储备和专项建设基金项目5个单项大奖也极有分量。

积极扩大消费。实现旅游总收入160亿元、增长12.7%；“冬交会”签约订单35.2亿元、增长33.8%；全年网签销售商品房383万平方米、增长29.8%，创历年最高。离岛免税销售增长36%。实施宽带网络提速降费，开展“互联网+”消费活动，电子商务交易额增长13%。万达、远大、吾悦等商业综合体进入投资高峰期，城市商圈进一步提升。

强化经济运行调节。建立经济运行月度分析制度，及时出台推进重点项目、加快产业发展、扶持中小企业等一系列措施，坚持每季有主题、每月有部署、每周有安排有督查有通报。抢抓政策机遇，打通安置房与商品房通道，实现投资和消费双拉动。争取中央、省级资金130多亿元，落实积极的财政政策。搭建政银企对接平台，推动金融机构与企业达成698亿元融资授信，帮助中小微企业解决担保贷款18亿元。推行“政保贷”“助保贷”改革，累计注入政府风险补偿金2.4亿元、撬动社会资本25亿元。全市金融机构贷款余额比年初增长26%。

（二）全面开启“双创”模式

用“愚公移山”之志攻坚克难，举全市之力推进“双创”工作。坚持高位推进、高速运转，坚持问题导向、创建惠民，坚持营造氛围、突出内涵，坚持严管重罚、强势问责，坚持着眼长效、创新机制，坚持省市联动、全民参与，汇聚省直部门、中央驻琼机构、驻市军警、省属院校、社会团体、广大企业和市民等方方面面的力量，形成了全社会同心协力促“双创”的工作大格局，迅速实现了市容市貌、群众态度、干部作风“三大转变”。先后打响了小街小巷改造、交通秩序整治等九大战役，全市落实“门前三包”主体责任单位（业主）4.3万家，签约率100%；完成91条道路和12个小游园绿化；拆除占道疏导点115个，取缔马路市场66个；完成858条小街小巷改造、52条道路修复，启动46家农贸市场环境秩序整治和改造升级；集中整治停车场1079家，划设临时停车泊位3500个；查处交通违法39万件。实施“三园合一”，重点推进美兰机场互通、火山口大道等绿化景观提升工程，完成了滨海大道海岸线灾后修复等一批重点项目。大力培育和践行社会主义核心价值观，全民公益和志愿服务渐成常态，凡人善举层出不穷，崇德向上蔚然成风，全国道德模范提名奖9人，省道德模范29人，涌现出洪庆芝、蔡建家、黄良辉等一批先进典型。中央文明办调研组充分肯定了我市创建工作成果，《人民日报》、中央电视台、《海南日报》、海南广播电视总台等主流媒体均做了深度报道。

以“三严三实”为核心要求的“双创”模式，是我市历史上范围空前、力度空前的社会总动员，释放出磅礴正能量，不仅大大提升了城市管理治理水平，而且强力助推了各项事业的大发展。市民游客纷纷点赞，普遍认为海口形成了前所未有的人心思进、人心思干的良好氛围。

（三）加快产业转型升级

落实省委、省政府关于发展“十二大产业”、“六类园区”和“百个特色产业小镇”部署，出台互联网、金融、旅游、电商、房地产等产业引导政策，促进产业提质增效。

现代服务业快速发展。第三产业增加值增长8.3%，对经济增长贡献率达83.6%。旅游、会展、文体等产业进一步融合。冯小刚电影公社南洋街开街，中山路骑楼老街业态调整完毕，丽星邮轮以海口为母港开通国际航线。全市接待国内外过夜游客1225万人次、增长8.4%。全年举办规模会展活动223场，获评“中国会展名城”。金融业增加值增长21%，飞机保税融资租赁业务实现零的突破，海南银行落户海口，华夏银行海口分行开业，7家企业在“新三板”挂牌。新增注册互联网企业974家，60多家企业入驻复兴城互联网创新创业园，165家企业入驻江东电商产业园，阿里巴巴、乐视体育等落户海口，南海云及大数据服务中心当年建成运行，互联网产业聚集效应初显。林安智慧物流园开工建设，喜盈门综合物流商贸项目完工。

热带特色农业稳步发展。桂林洋国家热带农业公园开工建设，海口农副产品交易配送中心建成，罗牛山10万头现代化养猪基地完工，6家农业生产基地获评首批省级现代农业示范基地（园区）。改造标准化菜田1.5万亩，新增叶菜3000亩，全年蔬菜、冬季瓜菜、热带花卉种植面积分别为42.5万亩、20万亩和6.7万亩。新建畜禽标准化生态养殖小区21个，水产养殖产量增长14.3%。5个农产品获省名牌产品，7个农产品获省著名商标，新认证11个无公害农产品，云龙淮山、永兴荔枝获“国家地理标志产品”。

新兴工业进一步发展。康迪10万辆电动汽车、光启科学临近空间产业园等项目落地，先声药业、威特电气等项目开工建设。新增高新技术企业18家，总量占全省75%。与海马集团签约设立10亿元产业基金。落实工业企业扶持资金1.3亿元。美安科技新城基础设施累计完成投资近40亿元，“新药谷”加快建设，医药行业总产值增长21.5%、占全省97%。海口高新区工业总产值增长23%。

特色产业小镇建设积极推进。按照“一镇一品、各具特色”的原则，完成10个特色产业小镇发展规划，石山镇互联网农业小镇建设成效明显，演丰镇成为全省唯一的国家新型城镇化综合试点镇。2个村庄、18家“农家乐”分别被评为中国乡村旅游“示范村”和“金牌农家乐”。

（四）全力推进改革开放

快速推进三大重点改革。开启“多规合一”改革，完成《“多规合一”总体规划》、《“海澄文”一体化基础设施规划》编制，明确城市规模边界、生态保护红线、资源利用上限和环境质量底线，实现了目标、坐标、指标“一张蓝图”全方位统筹，推动解决了一批项目建设的历史遗留问题。深入推进城市管理综合执法改革，加大联合执法力度。深化行政审批制度改革，在上年审批时间压缩70%的基础上，再压缩审批时间19%、削减审批总环节17%。美安科技新城“极简审批”获得中央改革办和省委、省政府的充分肯定。市区镇（街）行政管理体制改革成效显著，坚持基层导向，着力推动人、财、物向基层倾斜，精简下放市级行政编制170名、事业编制765名，分别占编制总量的10%和11.6%，定额补助各区1亿元，解决了村（居）“两委”工作经费不足和基层干部待遇偏低问题，村（居）运转保障经费跃居全省前列。

统筹推进其他领域改革。投融资体制改革成果丰硕，成立海口投资管理有限公司，设立城乡发展股权投资基金、首期到位40亿元。PPP项目储备44个、投资额716亿元，入选全国第二批PPP示范项目数量全省第一，南渡江引水和琼山、龙华环卫一体化等PPP项目正式实施。深化商事制度改革，实施“三证合一、一照一码”，新增市场主体4.2万户、增长35.2%，注册资金增长21.4%。设立市公共资源交易中心。财政、不动产登记、国资国企、机关事业单位养老保险、储备粮管理等领域改革取得新进展。

加大对外开放力度。海陆空立体大通道基本形成，美兰机场旅客吞吐量突破1600万人次，港口过海旅客1330万人次、高铁接送旅客1150万人次，海陆空三大交通枢纽全年客流量超过4000万人次。与蒙古乌兰巴托、韩国釜山海云台结为友城，与马来西亚巴生港缔结友好港。海口港被列为国家“一带一路”15个沿海港口之一，“海口—厦门”等集装箱航线开通。汽车整车进口口岸投入运营。海航集团进入世界500强，海马汽车、立昇净水布局海外。成功举办“中国海南21世纪海上丝绸之路”电影节、世界自然保护联盟第87届全球理事会、中国国际商标品牌节等一批重要国际国内活动。先后组织参加央企战略合作座谈会、“厦洽会”等经贸招商活动，签约金额820亿元。

（五）生态环境持续改善

坚持生态立市，坚持以生态领规划，坚持城市开发边界避让生态红线。加强大气环境治理，责令83家违法排放企业停产，淘汰黄标车1.7万辆，新投放环保公交车217辆，清洁能源公交车比例提高至93%，空气质量在全国74个重点城市中稳居第一。开展全市18个水体治理，完成白沙门污水处理厂（一期）升级改造，南渡江龙塘段、永庄水库等饮用水源地水质达标率100%。全面开展海岸带保护与开发专项检查，组织拆除违章建筑20宗。深入实施“绿化宝岛大行动”，植树造林3.6万亩。加强农业面源污染、违规采砂等专项整治，大力开展东寨港红树林保护区周边环境治理。保持“打违”高压态势，集中清理领导干部和公职人员及其直系亲属参与违法建筑的行为，向社会公布市长受理短信和微信举报号码，全市拆除违建366.4万平方米、防违控违67.3万平方米。

（六）全力保障改善民生

全年民生支出128.4亿元、增长25.2%，占地方公共财政支出的75.1%、同比提高5.1个百分点。

全面完成民生实事。新增中小学学位5050个。新开通和调整优化公交线路12条，海甸岛环岛路贯通，海甸五西路、海彤路改造完工。完成道路积水点改造8处。建成街心小游园8个。出台城市水体保护蓝线规划。确认及办理困难群众户口登记2000人。解决房地产办证历史遗留问题1203户、20.7万平方米。改造农村危房4300户、新建防洪楼11栋、建成7个镇农村生活垃圾收运体系，新增农村有线电视用户6512户、农村广播站300个。27个村（居）社区活动中心、11间农村老年人日间照料中心投入使用。完成菜篮子公司筹建，持续扩大叶菜种植，优化流通体系，设置17个连锁超市销售专区、25个社区销售点和50家农副产品平价商店（专区），延长平价菜供应3个半月，多措并举保供稳价。涉及海口的省政府为民办实事事项全部完成。

加快发展社会事业。新增城镇就业5.7万人。城乡居民养老保险参保31.2万人，参保率97.6%。城乡居民养老保险基础养老金标准提高到145元，城市低保、农村低保标准分别提高到520元和460元。城镇居民医保参保56.5万人，完成年度任务的111%。145个贫困村全部脱掉“贫困帽”。完善农村安全饮水工程99处，受益人口11.4万人。配售配租保障性住房2370套。省肿瘤医院、海南新现代妇女儿童医院投入运营。所有公立医疗机构实施“先看病、后付费”，镇级医院全面推行“限费医疗”。实施单独两孩政策，出生人口性别比控制在目标范围内。为6447对怀孕夫妇开展国家免费孕前优生健康检查和地中海贫血筛查诊断。为困难群众和农民工提供法律援助9024件，挽回经济利益1.8亿元。新建35个行政村文化活动室。《海口晚报》更名《海口日报》，“海口发布”正式上线。海口代表团在第一届全国青运会夺得1金3银，并获体育道德风尚奖。

狠抓社会综合治理。积极构建立体化治安防控体系，深入开展“雷鸣行动”“飓风禁毒”等专项行动，严厉打击各类违法犯罪活动。调处各类矛盾纠纷8100多宗，成功率97.5%。强化食品药品监管和质量技术监督，安全生产形势保持总体稳定。防灾减灾体系不断完善，连续三年被评为全国地级市防震减灾工作综合考核先进单位。军民融合发展，国防动员、人民防空、优抚安置扎实推进，有望连续第八次获得“全国双拥模范城”荣誉称号。统计、气象、保密、档案、史志、民族宗教、外事侨务、对台事务等工作取得新进展，工会、青少年、妇女儿童、老龄、残疾人、慈善等事业取得新进步。

（七）政府效能明显提升

认真贯彻中央、省委省政府要求和市委部署，切实加强政府自身建设。深入开展“三严三实”专题教育，严格执行中央八项规定、国务院“约法三章”、省委省政府二十条规定和市委二十一条规定。全年查处“庸懒散奢贪”“四风”问题117起468人，“三公”经费下降17%。及时向人大和政协报告工作、通报情况，广泛听取各民主党派、工商联、无党派人士的意见建议。提请市人大常委会审议法规议案3件，制定政府规章4件、废止1件，获省依法行政考核“七连冠”。办理人大代表建议288件、政协委员提案368件，办结率均为100%。积极推进法治政府建设，加强审计监督，规范完善重大决策、重大项目安排、大额度资金使用决策议事规则，8家单位开展权力清单和责任清单试点。深入开展“学乐东，见行动”活动，发扬“四种精神”，着力抓好“天大的小事”，打造新型问政平台《亮见》，进一步推动作风转变，行政效能不断提升。

各位代表！2015年各项目标任务的胜利完成，确保了“十二五”圆满收官。五年来，我们在省委、省政府和市委的坚强领导下，在市人大、市政协的监督支持下，成功应对经济下行压力，成功战胜“威马逊”“海鸥”等自然灾害，成功克服电力短缺、持续高温等不利影响，爬坡过坎，砥砺奋进，经济社会发展取得了重大成就。

过去的五年，经济发展迈上新台阶，省会城市首位度进一步提升。地区生产总值、全社会固定资产投资双双突破千亿大关，地方一般公共预算收入跨上百亿台阶，农村常住居民人均可支配收入过万元，人均地区生产总值、城镇和农村常住居民人均可支配收入高于全国平均水平。与“十一五”末相比，地区生产总值增长58.2%、地方一般公共预算收入增长121%、全社会固定资产投资总额、社会消费品零售总额分别增长189%、76%，城镇和农村常住居民人均可支配收入分别增长72.5%、82.5%。2015年地区生产总值、全口径一般公共财政收入、全社会固定资产投资分别占全省比重31.4%、28.8%和30.2%，比“十一五”末分别提升1.7、4.4和3.9百分点。

过去的五年，基础设施投入持续加大，城乡面貌明显改善。完成基础设施投资985.4亿元，是“十一五”的1.9倍。城市建成区扩大到151.6平方千米，累计完成棚户区改造2.5万户、惠及8.7万人。秀英港区搬迁加快，环岛高铁在海口闭环，美兰机场一期扩建完成，定海大桥、新东大桥完工，铺前大桥开工建设，12米以上市政道路达796千米，初步搭建了海陆空互联互通的总枢纽交通体系。累计建成农村公路4200千米，农村生产生活条件逐步改善。

过去的五年，重点领域改革深入推进，对外开放程度不断提高。纵深推进强区扩权，开展计划单列镇试点，深化新一轮市区财政体制调整。多轮清理市级行政审批事项，精简事项713项、降幅在70%以上。完成社区网格化管理体制改革。国资国企、教育文化、事业单位等重点领域改革都取得了新进展。国际旅游岛优惠政策进一步落地，保税贸易快速发展。内外贸海运航线30条，国内外航空航线200条、通达102个城市。主动融入“一带一路”、泛珠区域和北部湾合作，成功举办一批国际性会议和赛事活动，国际友城达30个，海口知名度和影响力不断提升。

过去的五年，生态文明建设富有成效，生态环境质量保持优良。强化生态立法保护，东寨港红树林湿地保护范围从5万亩扩大到12万亩。绿化覆盖率、森林覆盖率分别达43%和38%。实施水环境治理、大气治理、农村生活垃圾无害化处理等重大环保工程，城市污水集中处理率达92%，全市集中式饮用水源地达标率100%，城市生活垃圾无害化处理率100%，空气质量优良率保持在98%以上。坚决杜绝低水平、消耗资源、重复建设的项目进入，完成“十二五”节能减排目标。

过去的五年，社会事业快速发展，人民生活水平稳步提高。坚持兜底线、补短板，民生支出五年累计475亿元，是“十一五”的2.8倍。农村贫困人口减少1.4万人。累计新增就业25.9万人，农村富余劳动力转移就业5.9万人。城镇保障性住房覆盖面达到38%。城乡社保制度全覆盖，企业退休人员养老金和城乡居民养老保险基础养老金标准不断提高。实施医药卫生体制改革，药品零差率销售、病种限价等工作深入推进。坚持教育优先发展，实施第一轮学前教育三年行动计划，大力整合城区麻雀学校，完成“校安工程”301个，累计增加学位2.8万个，龙华区、美兰区、琼山区通过义务教育发展基本均衡县（市、区）国家验收。

各位代表！回顾“十二五”的历程，我们深切地感受到，这五年，全市经济社会发展跃上新台阶，城乡面貌发生显著变化，人民群众获得感明显增强。这些成绩的取得，得益于省委、省政府和市委的坚强领导，得益于市人大、市政协及各位代表、各位委员的监督支持，得益于历届“四套班子”打下的坚实基础，也是全市上下团结一心、拼搏实干的结果。五年来，全市广大干部以发展大局为重，以人民福祉为重，敢于担当，尽心尽力，用自己的辛苦指数换来了群众的幸福指数、企业的满意指数和海口的发展指数！在此，我谨代表市人民政府，向全市人民，向人大代表、政协委员、各民主党派、工商联和社会各界人士，向驻市部队、武警官兵和公安司法干警，表示崇高的敬意和衷心的感谢！

“十二五”发展成就令人振奋。同时，也要清醒地看到海口经济社会发展还存在不少问题：实体经济不够发达，产业科技含量不高，创新驱动能力不强；投资结构不尽合理，生产性项目比重不高；基础设施和公共服务欠账较多，民生事业还有不少短板；城市治理管理有待进一步加强，城乡发展不够平衡；人才资源比较匮乏，创新创业氛围不够浓厚；对外开放水平不高，体制机制活力有待进一步释放；一些部门忙闲不均，个别干部对群众态度冷漠，不作为、乱作为、不善为和“庸懒散奢贪”等现象仍不同程度存在。对这些问题，我们将高度重视，认真解决。

二、“十三五”发展总体思路和目标任务

“十三五”时期，是海口全面建成小康社会的决胜阶段。从全国看，我国经济韧性好、潜力足、回旋空间大、经济长期向好的基本面没有改变。从全省看，面临国家“一带一路”“海洋强国”“创新驱动”“互联网+”等发展战略机遇，海南国际旅游岛建设发展前景广阔。从自身看，“多规合一”试点全面实施，“海澄文”一体化综合经济圈启动建设，经济综合实力和抗风险能力不断提高，城市基础设施日臻完善，区位、政策、生态等优势进一步彰显。特别是全面开启“双创”模式后，全市上下政通人和、务实担当，广大干部精神焕发、劲头十足。总的来看，未来五年，海口处于发展的重要机遇期、上升期，完全有条件、有能力实现更好、更快的发展！这既是我们肩负的历史使命，又是全市人民的共同期盼！

“十三五”发展的指导思想是：高举中国特色社会主义伟大旗帜，全面贯彻党的十八大、十八届三中、四中、五中全会精神，以马克思列宁主义、毛泽东思想、邓小平理论、“三个代表”重要思想、科学发展观为指导，深入贯彻习近平总书记系列重要讲话精神，紧紧围绕“四个全面”战略布局，牢牢把握发展第一要务，全面贯彻“创新、协调、绿色、开放、共享”的发展理念，抢抓“一带一路”战略重大机遇，加快形成引领经济新常态的体制机制和发展方式，充分发挥生态环境、经济特区、国际旅游岛优势，以生态领规划、以项目保增长、以棚改促建设、以“双创”抓管理、以真心惠民生、以铁腕转作风，统筹推进经济建设、政治建设、文化建设、社会建设、生态文明建设和党的建设，努力打造“21世纪海上丝绸之路”战略支点城市、大南海开发区域中心城市、全国生态文明示范城市和海南“首善之城”，率先在全省全面建成小康社会，当好海南争创中国特色社会主义实践范例、谱写美丽中国海南篇章的排头兵。

今后五年经济社会发展主要目标是：经济保持中高速增长。地区生产总值年均增长8%，到2020年人均地区生产总值进入中高收入阶段；地方一般公共预算收入年均增长8%；全社会固定资产投资至少翻一番，生产性项目投资占比50%以上。户籍人口城镇化率达到51%。现代服务业支撑作用进一步增强，高新技术产业和低碳制造业比重进一步提高，农业现代化取得突出进展，形成具有地方特色、具有较强竞争力的现代产业体系。人民生活水平和质量普遍提高。城乡居民收入增长与经济发展同步，力争达到全国中上水平。物价水平保持在合理区间，基本公共服务均等化水平走在全省前列，率先实现城乡公共服务一体化。城市文明程度和市民素质显著提高。社会主义核心价值观深入人心，建成全国文明城市和国家卫生城市，力争成为全国首批健康城市。生态环境质量始终保持一流水平。生态文明制度更加健全，资源环境容量与综合承载能力明显增强，生态环境质量始终走在全国前列。改革开放和依法治市取得新进展。若干领域改革取得重要突破，开放型经济加快发展。政府职能进一步转变，社会治理体系和治理能力法治化、现代化水平明显提高。

各位代表！今后五年，我们坚持稳中求进的总基调，重点把握好以下五个方面：

（一）坚持创新发展，提升发展质量和效益，着力构建创新引领的经济体系和发展模式

实施“人才强市”战略，推进大众创业、万众创新。积极申报海口国家级新区，加快推进“海澄文”一体化综合经济圈建设，力争到2020年三市县地区生产总值占全省50%以上、旅游收入占全省25%以上。推动供给侧改革，紧紧围绕全省十二大重点产业，加快产业转型升级，加快发展旅游、金融保险、文化体育、医疗健康、互联网、商贸物流等现代服务业，促进热带特色现代农业规模化、标准化、绿色化、品牌化，推动高新技术产业和低碳制造业发展。着重建设“六类园区”，发展“飞地经济”。

（二）坚持协调发展，强化统筹兼顾，注重发展的整体性和均衡性，在加强薄弱领域中增强发展后劲

坚持经济社会发展与城市建设管理并重，统筹推进“五网”基础设施建设，同步推进旧城改造与新区建设，实现城市风貌、城市管理大变样。坚持城乡一体化发展，深化户籍制度改革，加快构建“主城区—特色产业小镇—建制镇—美丽乡村”四级城镇空间结构。坚持陆海统筹发展，提升海洋经济发展水平，积极发展海洋交通运输业、海洋旅游业、海洋新兴产业，着力打造南海资源开发和服务保障基地。坚持经济建设和国防建设融合发展，深入开展“双拥共建”活动，加强应急专业和保障力量建设，增强军地联合应对处置各类突发事件的能力。

（三）坚持绿色发展，精心呵护得天独厚的生态环境，形成人与自然和谐发展现代化建设新格局

落实生态空间布局，设定并严守资源消耗上限、环境质量底线、生态保护红线，对重大生态责任事故“一票否决”。实施治污工程，开展排水管网雨污分流改造，加强大气、水、土壤及固体废弃物污染防治和农业面源污染治理。建设热带滨海花园城市，做好顶层设计，抓好城乡造林绿化，深入实施“300米见绿、500米见园”工程、“增荫添彩”工程、园林精品工程和立体绿化工程，提高城市“绿视率”“花视率”。建立绿色低碳循环发展产业体系，实施能耗强度和总量双控，大力推广清洁能源和新能源应用，倡导绿色出行，大力发展城市公共交通。集约节约利用资源，实行最严格的水资源管理和节约用地制度，提高重点开发区域单位土地投资强度和产出效率。

（四）坚持开放发展，全力提升对外开放水平，建设“21世纪海上丝绸之路”战略支点城市

拓宽开放视野，积极融入“中国—中南半岛经济走廊”建设，主动参与环南海经济合作圈建设。全面提升交通内外互联互通水平，强化区域交通枢纽地位，积极推进海口—湛江的高速铁路融入国家高铁网，努力将海口港打造成区域性综合枢纽，将美兰机场打造成连接内陆与东南亚及洲际的国际航空转运枢纽。规划建设大容量快速公交和城市轨道交通系统，实现港口、高速公路、铁路、机场、城市公交的无缝对接。在产业园区复制和推广自贸区政策，加快开放型经济发展。扩大经贸文化交流与合作，密切与东盟各国在港口物流、产业合作等领域的往来，打造面向东盟国家的区域性总部基地。搭建对外经贸文化交流平台，探索与海上丝绸之路沿线国家互办文化年、旅游年。

（五）坚持共享发展，把发展成果更好体现在增进民生福祉上，着力打造全市人民的幸福家园

提升基本公共服务均等化水平，增加公共产品和公共服务供给。实施脱贫攻坚，力争2017年底现行标准下贫困人口全部脱贫。大力发展教育事业，全面推进各级各类教育协调发展，提高教育质量。鼓励支持社会资本兴办教育，加快桂林洋教育产业园建设。加强公共卫生和人口计生工作，推进“健康海口”建设，深化医药卫生体制改革，完善基层医疗服务模式，坚持计划生育基本国策。实施积极就业政策，构建和谐劳动关系，合理调整收入分配。实施全民参保计划，积极落实基本养老、基本医疗保险、失业保险、生育保险、工伤保险省级统筹。完善以政府为主提供基本住房保障、以市场为主满足多层次需求的住房供应体系。落实征地留用地政策。完善社会救助体系，健全城乡居民最低生活保障制度。大力实施“菜篮子”工程，让人民群众吃上“便宜菜”“放心粮”。

三、2016年工作安排

2016年是“十三五”和全面建成小康社会决胜阶段的开局之年，是全面深化改革的攻坚之年，是“双创”工作的决战之年，做好今年工作至关重要。

今年主要预期目标是：地区生产总值增长8%~8.5%；地方一般公共预算收入增长9%；全社会固定资产投资增长30%左右；社会消费品零售总额增长8%；城镇和农村常住居民人均可支配收入分别增长8%、9%；居民消费价格指数涨幅控制在3.5%以内；城镇登记失业率控制在3%以内；完成省下达的年度节能减排任务。

各位代表，今年的目标是积极向上、自我加压、难度很大的目标。需要大力弘扬“四种精神”，需要坚持“双创”模式和动力，需要继续落实“百日大会战”的联动和督办机制。抓好今年的工作，要突出阶段主题，明确每月重点，建立长效机制，着重做好以下九个方面工作：

（一）开展“双创”决战年活动，全面加强城市工作

全市上下必须凝心聚力，必须精神不变、意志不退、力度不减，坚决打赢“双创”攻坚战，决战2016、决胜2017。

强化整治巩固成果。城市管理与建设同等重要，建设要在管理中实施，管理要在建设中推进。依法持续开展城乡环境、道路交通、市容市貌、环境卫生、安全秩序、公共卫生等“六大治理”，巩固和深化“门前三包”责任制。健全覆盖城乡的网格化管理体系，加强“数字城管”建设。强化“三无”小区管理，推动各类住宅小区成立业主委员会。推进城市综合执法改革，打破部门行政执法职能分割，下沉执法资源和权限，实

施以区、镇（街）为主的多部门综合执法。

深化创建提升素质。继续加强社会主义核心价值观宣传教育，深化文明村镇、文明家庭、文明单位、文明校园等创建工作，带动社会文明程度整体提升，引导群众从“要我创建”真正转变为“我要创建”。加快“诚信海口”“公益海口”建设，建立健全社会诚信体系，推进公益工作和志愿服务常态化、制度化。坚持弘扬传统美德，彰扬善行义举，在全社会唱响主旋律、弘扬正能量。

提升城市景观风貌。加快城市主要门户和进出通道、重要公共开放空间等主要节点的绿化、亮化、美化、彩化。全面开展高铁海口段和绕城高速沿线环境整治。探索推行园林建养PPP模式，加快推进“三园合一”和主要干道景观提升工程，推进海绵城市建设。完成美舍河带状公园、15座人行天桥立体绿化工程，举办首届海南国际旅游岛三角梅花展，推进现代化热带滨海花园城市建设。

完善提升城市功能。进一步完善城区路网，继续打通断头路，完成改造主次干道路61条、小街小巷1576条。加快公交行业改革，推进停车场、公交场站建设，抓紧大容量公交系统项目前期工作。新建5家农贸市场。启动垃圾分类，新建8座小型生活垃圾收集站，完成餐厨垃圾处置和建筑垃圾再利用项目建设，确保垃圾综合处理二期投产运行。推进美兰、秀英环卫一体化PPP项目。继续加大道路积水点改造，健全城市救灾减灾体系。加快省儿童医院等民生项目建设，启动市级图书馆、美术馆“两馆”建设，抓紧区级文化馆、村级文化室建设，完善一批居民小区文体设施。

海口是海南唯一的大城市。只要坚决贯彻中央城市工作会议“五个统筹”精神，以“双创”为动力，举轻若重，落细落小，久久为功，建设幸福美丽、和谐宜居海口的目标就一定能实现。

（二）加大有效投资力度，确保经济健康快速增长

全面实施“三个千亿”计划。坚定不移优化投资结构、扩大投资规模，确保全市83个省重点项目完成年度投资450亿元。一是突出抓好生产性项目。着力引进一批投资额在5亿、10亿、20亿、数十亿元以上的生产性项目落地，力争生产性项目投资占重点项目比重50%以上。二是加快“五网”建设。推进新海港区二期、马村港区三期、江东大道二期、定海大桥海口段连接线等项目建设。实现全市光纤宽带用户占比达到65%，90%的重点公共场所WiFi覆盖，建成区4G信号全覆盖。完成龙泉、江东等变电站建设，将燃气管道向镇墟延伸。建成地下综合管廊10千米、新建15.5千米，加快推进南渡江左岸片区农田排涝等工程建设。海秀快速路7月30日前主桥通车、9月30日前全面竣工。三是全力推进棚改工作。落实“棚户区改造三年滚动”计划，坚持棚改与改善群众生活、调整产业结构、加快城市更新、消化房产存量相结合，引进社会资本参与棚改，继续推行货币化安置，加快14个在建项目、新启动14个项目，不折不扣完成省政府下达的任务。

努力扩大消费需求。继续开展旅游、房地产、热带特色农产品“三大促销”，力争旅游总收入增长12%以上、网签销售商品房380万平方米以上。抢抓离岛免税政策放宽机遇，确保离岛免税消费高速增长。进一步放大整车进口口岸政策效应，推进进口商品直销中心和跨境电商平台建设，做大线上销售业务。顺应个性化、多样化、体验式消费需求，扩大文体娱乐、养生健康、信息等各类新兴消费。培育消费热点，改善消费环境，加快王府井奥特莱斯等大型商贸项目建设，深入推进电子商务发展。

（三）大力发展实体经济，努力提高有效供给

实施精准产业政策。针对旅游文体、金融会展、互联网、交通物流、医疗健康、特色农业、低碳制造等重点产业，研究制定更积极、更精准的政策。鼓励大企业在海口注册公司或设立总部机构，积极培育发展总部经济、楼宇经济。对符合产业导向的重点项目加强资源倾斜，实施“一企一策”。清理整合原有产业引导资金，优化使用方向，加强投入绩效评估。引进社会资本设立产业投资基金，支持符合政策导向的企业申请国家和省里的资金。落实降低实体经济企业成本行动，清理和规范涉企收费，切实减轻企业综合性成本负担。

加快发展现代服务业。落实“国际旅游岛+”部署，培育壮大邮轮游艇、特色街区、低空飞行等旅游新业态，启动5A景区创建，加快冯小刚电影公社老北京街、长影环球100、热带野生动植物园等项目建设，确保观澜湖水世界投入运营，推动“旅游城市”向“城市旅游”转变。支持金融业务创新，大力发展普惠金融，努力打造金融机构集聚区。加快文体产业发展，促进国家足球训练基地落地，推进五源河文体中心、永兴体育小镇等项目建设，培育发展帆板帆船、马拉松等品牌体育赛事，加快骑楼、琼山府城历史街区和海瑞墓、五公祠等文化古迹保护修缮。打造一批知名会展品牌，力争全年会展综合收入增长10%。落实“互联网+”行动，继续引进一批互联网龙头企业，支持本土互联网企业做大做强，积极培育软件、游戏动漫、服务外包等产业，充分发挥南海云及大数据服务中心平台功能，做大互联网产业规模。加快现代物流业发展，启动综合服务、生产服务、商贸服务等物流园区规划布局，依托椰海大道打造商业物流走廊，推进美安物流园等项目建设。加大房地产结构调整力度，优化空间布局，努力扩大有效需求。

大力发展医疗健康产业。充分利用高端医疗资源集聚和城市配套齐全等综合优势，全力打响海口医疗健康品牌。支持社会资本与国内外知名医疗机构创办综合性医院，年内力争1~2家高端医疗机构入驻。推广“医养”结合模式，鼓励医疗与养老机构建立业务合作机制。积极发展健康检测、调理康复等健康管理服务产业。支持发展商业健康保险，落实买商业

健康保险抵个人所得税试点政策。推进房地产、旅游等产业与医疗健康产业融合发展。支持引进一批高端医疗人才和学科带头人，支持高校和职业学校开设健康服务专业，加快培养医护、康复等专业人才。研究推进国际健康生态城项目建设。

做实做优低碳制造业。力争康迪10万辆电动汽车2月份开工，光启科学临近空间产业园年底完成基建工程，先声药业等项目竣工投产，确保“新药谷”医药健康产业园取得实质性突破。推进中心城区工业企业向园区聚集，进一步放大产业聚集效应。实施创新驱动战略，加快以企业为主体的科技创新体系建设，开展产学研合作，建立科技研发中心。力争新增高新技术企业6家以上，全年规模以上工业增加值增长7%。

加快热带特色农业转型升级。按照“三区一中心”定位加快桂林洋国家热带农业公园建设，确保一期年底开园。依托罗牛山农产品加工园发展精深加工，提升农产品附加值。创建一批省级现代农业示范基地，推进羊山石斛、文山沉香、大力洋果蔬、三江莲雾等产业园建设。继续抓好冬季瓜菜、常年蔬菜基地建设，新认定无公害农产品基地3000亩，打造10个省级知名品牌。规范一批标准化畜禽养殖小区，大力发展循环农业。进一步优化种养结构，积极培育新型经营主体，大力发展涉农电商，支持开展“科技下乡”。

大力发展海洋经济。坚持陆海统筹，加快南海资源开发和服务保障基地建设，力争在海洋港口运输、海洋生物制药、海洋服务业等方面引进一批重大项目。支持丽星邮轮以海口为母港开辟新航线，加快南海明珠国际邮轮中心建设，推进如意岛等生态岛屿建设。积极引进海洋研究机构、重点实验室落户。

（四）打响脱贫攻坚战，统筹城乡建设

精准脱贫攻坚是重大政治任务，是重大民生工程、德政工程。决不能让一名贫困群众掉队，全面小康属于所有海口人民。

实施精准脱贫攻坚。实施“两年脱贫、三年巩固提高”计划，以“三严三实”作风为保障，提前实现贫困人口全部脱贫。一是精准确定对象。准确掌握贫困户的基本情况、动态信息，建档立卡。注重引导贫困群众转变观念，充分调动扶贫对象的积极性、主动性，激发内生动力。二是精准滴灌施策。综合采取产业发展、乡村旅游、电子商务、劳务输出、教育文化、卫生健康、科技人才、基础设施建设、生态补偿、社保政策兜底等“十大措施”，因人因户制宜，定向施策脱贫。三是精准制定政策。用好用足中央、省级政策，结合市情完善扶贫政策。加大扶贫投入，捆绑使用涉农资金、扶贫资金，免费开展创业和实用技能培训，给予生产贷款贴息，着重改善生产生活条件，增强自我“造血”功能。四是精准考核验收。出台扶贫开发工作考核办法，逐户定时间、定任务、定措施、定人员、定成果，严格评估验收，严格脱贫销号退出，切实做好脱贫巩固工作。五是精准落实责任。严格落实一把手责任制，市、区、镇、村四级主要领导一起抓，脱贫责任落实到具体人，一对一挂钩结对扶贫，层层压紧压实责任。广泛动员社会力量参与，构建政府、市场、社会协同推进的大扶贫格局。

加快新型城镇化。推进石山、新坡、云龙、大致坡等10个特色产业小镇建设，强化镇域产业支撑。启动实施镇墟基础设施建设三年行动计划，完善环卫、排污、公共服务等配套设施，建设宜居小镇。结合全省“千个美丽村庄”建设，整合资源资金，集中建设一批生产发展、村容整洁、设施齐全、乡风文明的农村新社区。加快建设小微水利、农村公路、电力通讯等基础设施，实施自然村“村村通”工程，新建364座分散式和10座集中式供水工程，加快南渡江引水、桂林洋防潮堤加固等工程建设。积极推行农村“一池三改”。依法依规推进农村土地有序流转，解决部分农村土地撂荒问题，发展壮大村集体经济。继续推进文明生态村建设。

（五）进一步深化改革，激发内生动力活力

全面实施“多规合一”改革。坚持“一张蓝图干到底”，建立“多规合一”编、审、管、控体制机制，探索推进“多规合一”综合执法改革和城市管理综合执法改革“合二为一”。完成数据库和应用平台搭建，促进行政审批制度改革。根据《“多规合一”总体规划》，强化城市设计，全面启动主城区控制性详规、镇域控规和村庄规划修编。

纵深推进行政管理体制改革。理顺市、区两级政府之间的权责划分，优化部门内设机构设置及业务流程，加快推进事业单位分类改革。推广“极简审批”试点经验，将权力清单和责任清单编制扩展到所有行政部门。推进新版行政审批系统上线，力争“一张审批网”市、区、镇、村四级覆盖率60%以上、网上审批比例80%以上。坚持固本强基，坚决推进资金下沉、权项下放、人员下派，实施市级部门瘦身、减编、下沉，做实做强区级和镇（街）级，解决全市230个村（居）办公活动场所问题。

统筹推进财政、投融资等领域改革。合理划分市、区事权和支出责任，推进专项资金整合统筹，抓好支出绩效考核，强化政府债务管理。落实国税地税征管体制改革。深化投融资改革，积极推广政府和社会资本合作模式。完善国有资产管理体制，深入推进国企改革试点。积极配合全省农垦管理体制改革，落实农场属地化管理。实行居住证制度，稳步实施户籍制度改革。推进农业农村、不动产登记等领域改革。

（六）落实“一带一路”战略，扩大对外开放

充分发挥中心城市辐射带动作用。按照“大发展、大开放、大合作、大生态”理念，加快“海澄文”一体化综合经济圈建设，务实推进资源利用、产业发展、基础设施、生态环保、公共服务、配套政策“六个一体化”。推进绕城高速二期、海文高速与绕城高速连接线建设，提前谋划城际轨道交通、琼北滨海旅游公路等项目。积极推动“海澄文”基础设施

一体化投融资平台建设，探索三地互建“飞地园区”。推进美安科技新城与老城经济开发区的基础设施互联、产业发展互补。启动美兰临空产业园、马村临港产业园建设。

加快构建海陆空立体大通道。继续深化“三地七港”合作，争取省里支持海口港整合全省“四方五港”资源。培育和加密沿海港口及东南亚航线，增强海口港国际中转服务功能。提高美兰机场航空运输中转能力，打造连接内陆与东南亚及洲际的国际航空转运枢纽。做好新海港区、美兰机场、高铁海口东站三大“零换乘”枢纽前期工作。

积极扩大对外合作交流。加大与“21世纪海上丝绸之路”沿线国家的经贸、文化和人文交流，加强友城合作。服务保障和利用好博鳌亚洲论坛年会、全国旅游工作会议，继续举办“海口—东盟国家驻广州总领馆对话会”。推进与泛珠三角、北部湾等区域合作。加快发展保税贸易、跨境电子商务，设立国际大宗商品交易展示平台。支持企业实施“走出去”战略。办好中国（海南）海上丝绸之路文化产业博览会等知名会展。切实加大招商引资力度，建立招商常态机制，紧扣高端制造、科技研发型等生产性项目开展定向招商，真正引进一批投资强度大、税收贡献高、就业容量大的项目。全面落实与省属国有企业战略合作协议，继续深化与本土企业合作。

（七）开展专项整治行动，巩固提升生态优势

大力整治违法建筑。保持“零容忍”高压态势，进一步强化区、镇、村三级打违主体责任，坚决杜绝出现新的违建，完成存量违建处置。加强源头防范，全面开展城乡居民宅基地确权颁证，实施农村建房报建管理。

深入开展水体、大气、土壤等专项整治。继续整治市区内河（湖）水污染，开展河、湖、沟清淤疏浚，重点治理18个水体。完成永庄水库饮用水源地一级保护区征地和隔离防护工程。新建扩建桂林洋、江东等污水处理厂。全面实施大气污染治理，确保空气质量在全国74个重点城市中继续保持第一。重拳打击违法排污等行为，加强耕地修复与治理。深入开展东寨港红树林退塘还林，启动和加快三江、玉龙泉、沙坡—白水塘等湿地公园建设。

建立健全生态保护体制机制。探索区域环保治理联防联控，积极推行环境污染第三方治理，建立多元化资金投入机制。争取将东寨港红树林保护纳入国家生态补偿转移支付范围。加强生态环保宣传教育，推进生态环境监测网络建设。严格落实节能减排，大力发展循环经济，推行清洁生产，实现各类资源节约高效利用。

（八）保障改善民生，加快社会事业建设

坚持“可持续、保基本”原则，增投入、补短板，兜底线、织密网，压缩一般性开支，确保民生投入。

办好十件民生实事。精准减贫4532人，巩固减贫4485人；建设农村公路200千米；增加中小学学位6000个以上；建设行政村文化室40个；改造升级农贸市场46家；新开通和优化公交线路12条以上，建设智能公交示范工程（一期）；建设10个小游园和街边绿地；改造公厕36座；实施市政道路照明拓展工程；改建残疾人就业服务中心。

完善社会保障体系。积极开发公益性岗位，确保城镇“零就业”家庭和失地农户至少有一名适龄劳动力实现就业。加强就业技能培训，年内培训农村劳动力3000人，实现新增城镇就业4.5万人。开展全面参保登记，推进社保征缴扩面，全面推行社会保障卡应用。整合城乡居民基本医疗保险制度，完善居民大病保险政策。巩固城乡居民基本养老保险制度整合成果，推进社会化养老服务试点。推动公共租赁住房、廉租住房和“双困房”并轨运行。充分发挥菜篮子公司作用，新建1~2家大型农产品批发市场，畅通流通体系，努力保供稳价。落实国家储备粮增储计划。完善社会救助和保障标准与物价上涨挂钩的联动机制。

发展社会事业。继续抓好公办幼儿园、北师大合作办学、“10+2”工程和教育信息化等项目建设，确保五源河学校建成招生。加快发展职业教育，支持和规范民办教育发展。秀英区通过义务教育发展基本均衡县（市、区）国家验收。深化医药卫生体制改革，强化镇村卫生一体化管理，探索推进分级诊疗制度，提高城乡医疗资源利用率。实施一对夫妇可生育两个孩子政策。继续实施文化惠民工程，开展群众性文艺活动，打造一批文艺精品。保护和传承琼剧等非物质文化遗产。

强化社会治理。推进“平安海口”建设，完善立体化社会治安防控体系。完善重大决策社会稳定风险评估机制和社会预警体系，提高应急管理水平。强化产品质量和食品药品安全监管，落实安全生产责任，预防和遏制重特大安全事故。巩固和创新“法律六进”活动，扎实开展宪法和法律宣传教育，加强社区矫正工作。深化信访工作改革，推进法治、阳光、责任信访。坚持军民融合发展，支持军队和国防建设。继续做好统计、气象、档案、史志、保密、外事侨务、对台、民族宗教等各项工作，充分发挥工会、共青团、妇联、残联等人民团体桥梁纽带作用。

（九）加强政府自身建设，优化发展环境

坚守政治纪律，严守法纪规矩，努力建设廉洁高效法治诚信政府，营造风清气正的经济社会发展环境。

打造法治廉洁政务环境。自觉接受人大及其常委会工作监督、法律监督和政协民主监督，广泛听取民主党派、人民团体和各界人士的意见建议，主动接受司法监督和社会公众监督。严格落实党风廉政建设责任制，坚决履行和压实主体责任，坚持“一岗双责”，持续加强和改进作风。严格按照法定权限和程序履行政府职能，严格落实行政执法责任制和执法过错责任追究制。严控“三公”经费，完成公车制度改革。强化对行政审批、招投标、土地出让、政府采购等重点领域和关键环节的监督。坚决整肃庸政懒政怠政，营造敢于担当、

主动作为的干事创业氛围。

打造高效便捷服务环境。开展“行政效能提升年”活动，建立健全政策落实的责任机制、奖勤罚懒的激励机制和常态化的督查问责机制，从严查处各类“中梗阻”行为。推广“双随机”等监管方式，严格窗口单位管理，强化网上政务服务中心和实体服务大厅建设，为项目建设和群众办事创业提供便捷高效服务。继续开展重点项目“服务月”“督查月”等系列活动，实行重点项目跟踪联系协调制度，解决项目建设困难，完善项目落地配套条件。

打造吸引人才社会环境。落实“人才强市”战略，研究出台鼓励人才引进、培养、使用的政策措施，努力造就结构好、能力强、素质高的人才队伍。着力解决人才后顾之忧，在住房保障、户籍迁移、家属就业、子女入学等方面提供全方位服务。推进创业孵化基地、青年创业服务中心等平台建设，鼓励风投、创投等基金入驻，支持创新创业。

各位代表！海口正站在一个新的历史起点上，任务艰巨，使命光荣。让我们更加紧密地团结在以习近平同志为总书记的党中央周围，在省委、省政府和市委的正确领导下，认真践行“三严三实”，弘扬“四种精神”和“三种特质”，以一天也不耽误的实干，用“双创”模式和动力，推动全市经济社会各项事业发展，为实现“十三五”良好开局，为海南科学发展、绿色崛起，扛起省会城市的担当，做出新的更大的贡献！

2015年海口市国民经济和社会发展统计公报

2016年1月19日

2015年，是“十二五”规划的收官之年，也是全面深化改革的一年。在市委、市政府的正确领导下，以科学发展观为指导，坚持稳中求进的工作总基调，积极应对复杂严峻的国内外环境，深入贯彻落实中央、省一系列重大决策部署，全面深化改革、扩大开放，加快经济提质增效升级。全市经济保持平稳发展态势，结构调整步伐加快，民生保障水平提高，社会事业全面发展，生态环境继续改善，经济文化建设成效显著，为“十二五”画上圆满句号，为全面建成小康社会和“十三五”良好开局奠定坚实基础。

一、综合

（一）总体经济

初步核算，2015年全市实现地区生产总值1161.28亿元，按可比价格计算，比上年增长7.5%。其中，第一产业增加值58.12亿元，增长1.2%；第二产业增加值223.67亿元，增长5.8%；第三产业增加值879.49亿元，增长8.3%。人均地区生产总值52501元，比上年增长6.4%。

产业结构继续调整。第一产业和第二产业比重下降，第三产业比重继续提高。三次产业比例由2014年的5.2：19.9：74.9调整为2015年的5.0：19.3：75.7。

“十二五”期间，全市地区生产总值年均增长9.6%，基本完成“十二五”规划目标，其中三次产业年均分别增长3.4%、8.6%和10.4%。三次产业结构由2010年的7.5：23.8：68.7调整为2015年的5.0：19.3：75.7。

（二）财政

全年全市全口径一般公共预算收入290.49亿元，比上年增长8.5%。其中，地方一般公共预算收入111.50亿元，增长10.0%。在地方税收收入中，增值税14.71亿元，增长30.2%；营业税23.66亿元，增长10.7%；企业所得税14.08亿元，增长1.1%；个人所得税4.09亿元，增长19.3%。全年地方一般公共预算支出171.13亿元，比上年实际增长16.9%。全年财政民生支出128.43亿元，增长25.2%，占地方公共财政预算支出的75.1%，比2014年提高5.1百分点。其中，教育支出33.65亿元，比上年增长26.7%；文化体育与传媒支出2.77亿元，增长26.9%；社会保障和就业支出21.21亿元，增长1.3%；医疗卫生与计划生育支出19.09亿元，增长15.7%；住房保障支出8.31亿元，增长17.0%。

“十二五”期间，全市全口径一般公共预算收入累计达到1171.9亿元，地方一般公共预算收入累计达到359亿元，地方一般公共预算支出累计达到661.3亿元，分别是“十一五”时期的2.4倍、2.1倍和2.3倍，年均增速分别达到14.4%、17.0%和16.7%。

（三）固定资产投资

2015年，全市完成固定资产投资1012.05亿元，比上年增长23.2%，其中，新建投资879.29亿元，增长23.1%；扩建投资23.2亿元，增长17倍；改建投资7.34亿元，增长3.27倍。全年施工项目730个，增长3.8%，其中本年新开工项目241个，增长19.3%。分产业看，第一产业投资19.37亿元，增长2.6%；第二产业投资26.34亿元，下降34.8%；第三产业投资966.34亿元，增长26.8%。分区看，秀英区完成固定资产投资306.5亿元，增长28.1%；龙华区完成固定资产投资246.2亿元，增长

33.8%；琼山区完成固定资产投资79.24亿元，增长40.8%；美兰区完成固定资产投资294.62亿元，增长18.4%。

全市民间固定资产投资继续加快增长。随着我市进一步优化投资发展环境，拓宽投资领域，民间投资已成为全市固定资产投资增长的重要推手。2015年，全市民间固定资产投资796.42亿元，比上年增长32.3%，增幅比全市固定资产投资快9.1百分点，占全市固定资产投资总额的比重为78.7%。

强力推进重点项目建设。全市67个省重点项目累计完成投资452亿元，占年度计划的138%。新海港一期、西环高铁海口段、马村港区二期等项目竣工，海秀快速路、万达城市综合体等项目进入投资高峰期，美兰机场二期扩建、新海港二期、南渡江引水工程、地下综合管廊等项目开工建设。

“十二五”期间，全市固定资产累计完成投资3397.89亿元，是“十一五”时期的2.86倍，年均增长23.7%，比“十二五”规划目标高出4.7百分点，比“十一五”时期高出2.1百分点。

表1　2015年财政收支完成情况

指标名称	绝对数（亿元）	比上年增长（%）
全口径公共财政预算收入	290.49	8.5
中央公共财政预算收入	94.57	1.4
省公共财政预算收入	84.42	13.5
地方公共财政预算收入	111.50	10.0
1. 地方税收收入	88.91	12.3
营业税	23.66	10.7
国内增值税	14.71	30.2
企业所得税	14.08	1.1
个人所得税	4.09	19.3
城市维护建设税	4.93	9.6
房产税	3.42	18.1
契税	4.93	5.4
2. 地方非税收入	22.59	2.0
行政事业性收费收入	4.53	-35.6
罚没收入	3.05	1.2
地方政府性基金预算收入	63.47	-12.6
地方公共财政预算支出	171.13	16.9
一般公共服务	20.38	16.0
公共安全	12.51	-3.1
教育	33.65	26.7
科学技术	0.64	-38.5
文化体育与传媒	2.77	26.9
社会保障和就业	21.21	1.3
医疗卫生	19.09	15.7
节能环保	4.99	81.8
城乡社区事务	21.29	57.7
农林水事务	14.55	-9.8
交通运输	2.30	-69.4
商业服务业等事务	2.60	-11.7
国土资源气象等事务	1.58	191.3
住房保障支出	8.31	17.0
粮油物资储备事务	0.26	-31.4
其他支出	1.22	-62.1
地方政府性基金预算支出	73.97	-14.3

（四）深化改革

以“多规合一”深化行政审批制度改革，探索“以规划代立项”，在美安科技新城实施极简审批。以市区镇（街）行政管理体制改革为着力点，进一步下放权项、下沉资源，做实做强区级和镇（街）级，促进职权清晰、责任明确、权责对等。政务窗口共受理办件24.46万件，办结24.27万件，提前办结率98.91%，群众满意度99.26%。工商登记改革激发活力，全市新登记企业1.64万户，比上年增长11.3%；注册资本718.81亿元，增长24.0%；新登记个体户2.55万户，增长56.8%。加快公立医院改革，启动公立医院取消药品加成改革；“先看病后付费”诊疗服务模式试点扩大到所有公立医院、政府举办的镇卫生院（含分院）和政府举办的社区卫生服务机构。

二、居民生活和民生事业

（一）居民生活

城乡居民生活水平不断提高。全市常住居民人均可支配收入24442元，比上年增长8%，扣除价格因素，实际增长6.7%。

全市城镇常住居民人均可支配收入28535元，比上年增长7.6%，扣除价格因素，实际增长6.3%，增幅比上年降低2百分点。农村常住居民人均可支配收入11635元，比上年增长9.5%，扣除价格因素，实际增长

表2 2015年分产业（行业）固定资产投资及其增长速度

产业（行业）名称	投资额（亿元）	比上年增长（%）
固定资产投资	1012.05	23.2
第一产业	19.37	2.6
第二产业	26.34	-34.8
制造业	17.05	-47.7
电力、燃气及水的生产和供应业	6.38	45.9
建筑业	2.92	-14.8
第三产业	966.34	26.8
交通运输、仓储和邮政业	148.38	12.6
信息传输、计算机服务和软件业	31.00	60.1
批发和零售业	22.00	-6.5
住宿和餐饮业	53.04	76.2
金融业	1.75	114.2
房地产业	534.76	46.3
租赁和商务服务业	1.25	-62.9
科学研究技术服务和地质勘查业	3.04	69.1
水利环境和公共设施管理业	79.35	-13.6
教育	20.49	-17.2
卫生、社会保障和社会福利业	18.06	42.4
文化、体育和娱乐业	43.89	-16.6
公共管理和社会组织	9.18	119.0

表3 2015年居民消费价格指数（CPI）

指标名称	2015年
居民消费价格指数	101.2
#非食品价格指数	99.9
服务项目价格指数	101.4
扣除鲜菜鲜果指数	101.2
消费品价格指数	101.1
一、食品	103.3
1. 粮食	101.9
2. 油脂	92.9
3. 肉禽及其制品	105.2
4. 蛋	98.8
5. 水产品	106.2
6. 菜	100.2
7. 干鲜瓜果	104.9
二、烟酒	101.9
1. 烟草	102.0
2. 酒	101.6
三、衣着	104.9
1. 服装	105.1
四、家庭设备用品及维修服务	100.7
1. 耐用消费品	99.2
五、医疗保健和个人用品	102.3
1. 医疗保健	103.8
六、交通和通信	95.3
1. 交通	93.8
2. 通信	99.1
七、娱乐教育文化用品及服务	102.4
1. 文娱用耐用消费品及服务	100.1
2. 教育	105.6
八、居住	98.7
1. 建房及装修材料	96.9
2. 水、电、燃料	95.9

8.2%，增幅比上年降低2.9百分点。

“十二五”期间，城镇常住居民人均可支配收入年均增长11.5%，比“十一五”时期提高0.1百分点；农村常住居民人均可支配收入年均增长12.8%，比“十一五”时期提高2.8百分点。

（二）就业

就业形势基本稳定，全年全市城镇新增就业56659人，完成年任务的103.02%，其中城镇登记失业人员再就业10543人。新增公益性岗位55个，并计划征集100个“双创”公益性岗位。就业困难对象实现再就业943人，“零就业”家庭实现动态清零。城镇登记失业率0.9%。转移农村富余劳动力就业8730人，完成年任务8000人的109.12%。发放创业小额贷款5214万元，帮扶615人创业，带动1713人就业，共组织12356人参加职业技能培训或创业培训。

（三）物价

积极推进平价惠民工作。2015年我市共有农副产品平价商店（含平价专区）50家，覆盖海口市主要辖区。物价总体水平在可控范围内。全市居民消费价格总指数（CPI）为101.2%，价格水平上涨1.2 %。分类别看，食品价格上涨3.3%，烟酒价格上涨1.9%，衣着价格上涨4.9%，家庭设备用品及维修服务价格上涨0.7%，医疗保健及个人用品价格上涨2.3%，娱乐教育文化用品及服务价格上涨2.4%，居住价格下降1.3%，交通和通信价格下降4.7%。

（四）安居工程建设

调整城镇居民住房保障准入标准，规范住房保障管理。制定《海口市公共租赁住房经济适用住房限价商品住房保障标准》和《海口市公共租赁住房保障管理办法》，进一步扩大保障对象范围，将公共租赁住房、廉租住房和双困房等并轨运行管理并统称公共租赁住房，不断完善我市住房保障工作管理体系。

大力推进棚户区改造工作。2015年，本市按棚户区安置房实物补偿及货币安置补偿等2种方式相结合组织实施城市棚户区改造安置工作。全市已完成棚户区改造安置房开工建设及货币安置补偿共9240套（户），其中：城市棚户区改造安置房1128套、城市棚户改造货币化安置补偿7822户，垦区棚户区改造安置房开工290套（户），完成省下达年度计划任务的100%。

全面完成农村危房改造。2015年全市农村危房改造4300户已全面开工，开工面积39.13万平方米，到年底全市农村危房改造省下达的任务已全面完工。全市农村危房改造共投入资金11481万元，其中中央财政安排3225万元、省财政安排3225万元、市财政配套4095万元。

（五）扶贫

全年顺利完成2900人的贫困人口脱贫目标。安排中央财政专项扶贫资金1121万元，扶持717户农户发展特色产业；投入242万元专项扶贫资金实施2个贫困村整村推进扶贫开发；以整村推进、美丽乡村和文明生态村为抓手，加强贫困地区基础设施建设；安排扶贫培训资金30万元，抓好雨露计划中专培训、劳动力转移就业等扶贫技能培训。

（六）教育

教育事业健康发展。2015年，全市共有小学163所，在校生18.12万人；小学招生3.46万人，毕业生2.55万人；小学学龄儿童净入学率达98%；小学六年巩固率为84%，比上年提高0.05百分点；专任教师9724人，学历合格率（高中及以上学历）99.9%，较上年略有提高；全市共有初中学校76所，在校生7.46万人；初中招生2.48万人，毕业生2.44万人。初中阶段适龄少年净入学率为100%，全市初中专任教师5634人，初中专任教师学历合格率（专科及以上学历）达99.8%，比上年略有提高。2015年，全市普通中小学校舍建筑面积295.36万平方米，比上年增加15.97万平方米；小学学校每百人配置计算机8.2台，小学在校生生均配置图书15.1册；小学体育运动场（馆）面积达标校数100所，占小学总校数的61.3%；建立校园网的小学68所，占41.7%；普通初中学校每百人配置计算机9.3台，普通初中学校生均配置图书29.5册；初中体育运动场（馆）面积达标校49所，占初中总校数的64.5%，建立校园网的初中学校34所，占44.7%。

高中阶段教育加快发展，中等职业教育规模继续扩大。2015年，全市有普通高中27所，在校生4.21万人，招生1.42万人，毕业生1.45万人；普通高中专任教师3370人，专任教师学历合格率（本科及以上学历）达98.5%。全市有各类中等职业教育学校54所，在校7.65万人，招生2.81万人，毕业生2.61万人，教职工4176人，其中专任教师2597人。

教育经费投入大幅增加，保障工作顺利实施。2015年，财政性教育经费投入33.65亿元，增长26.7%。农村义务教育经费保障机制资金6757.2万元，城市义务教育阶段免杂费补助资金10135.8万元，进城务工农民工随迁子女接受义务教育补助资金4626万元。

（七）医疗卫生

医疗卫生投入快速增长，医疗卫生人员队伍壮大，医疗卫生综合服务能力不断提升。2015年，全市医疗卫生支出为19.09亿元，比上年增长15.7%，占地方公共财政预算支出的11.2%。全市卫生人员总数为30797人，其中卫生技术人员25816人。卫生技术人员中执业医师8298人、注册护士12987人，平均每万人拥有医生37.6人。与上年相比，卫生人员增长23.7%、卫生技术人员增长28.7%、执业医生增长24%、注册护士增长37.6%、平均每万人拥有医生增长25.3%。卫生机构逐步完善，医疗卫生设施规模扩大。全市卫生机构总数923个（不含村卫生室，下同）。其中，医院106个、卫生院27个、妇幼保健院（所、站）6个、门诊部88个、专科疾病防治院（所、站）7个、疾病预防控制中心（防疫站）7个、社区卫生服务中心（站）109家、诊所和卫生所及诊疗室573个。全市卫生机构床位15378张。其中：医院床位13780张，占总床位的89.6%；卫生院床位689张，占总床位的4.5%；社区卫生服务中心909张，占总床位的5.9%；每万人拥有医院、卫生院床位数65.6张。与上年相比，全市卫生机构床位数增长20.9%，其中，医院、卫生院床位数增长23.5%；每万人拥有医院、卫生院床位数增长21.5%。

农村医疗条件增强，新型农村合作医疗保险全面推进。全市共设乡村卫生室228个，乡村医生和卫生员341人，比上年增加34人，增长11%。全市参加新农合人口60.68万人，参合率达到99.84%，比上年提高0.11百分点；年人均筹资资金470元，比上年提高74元；全年共计125.58万人次享受到新农合补偿，补偿金额为24876.28万元。

扩大实施“先看病后付费”诊疗服务模式，全年市属公立医院累计垫付住院费用共计10321.08万元，累计受益人群18766人；镇卫生院累计垫付住院费用共计399.84万元，累计受益人群2504人。

（八）社会保障、救助和福利

保障能力不断增强。全市2015年末参加城镇基本养老保险人数53.17万人，比上年增加2.70万人。其中参保职工43.18万人，参保离退休人员9.99万人。全市企业参加基本养老保险离退休人员为8.31万人，全部实现养老金按时足额发放。全市参加城镇职工基本医疗保险人数40.59万人，其中职工参保31.87万人，退休人员参保8.72万人。城镇居民基本医疗保险参保人数56.49万人。

年末全市领取失业保险金人数5790人，比上年减少1284人。全市纳入城市最低生活保障的居民7057人，比上年减少1933人；纳入农村最低生活保障的居民28780人，比上年减少3230人，农村“五保”供养对象3732人。城镇最低生活保障和农村最低生活保障对象全年累计支出低保资金分别为2846.43万元和7971.95万元。现有收养性社会福利单位2个，床位数540张，收养62人；农村五保供养服务机构31个，床位数1774张，集中供养率达19.77%。社会福利企业8个，安置残疾人员369人。

三、国民经济各行业

（一）农业

农业生产平稳恢复。全年农林牧渔业完成总产值94.75亿元，比上年增长1.2%。其中，种植业产值42.35亿元，增长2.2%，粮食总产量16.53万吨，蔬菜产量54.08万吨，增长0.4%。林业产值5.2亿元，增长3.7%，其中橡胶受2014年超强台风“威马逊”影响大幅减少，收获面积仅5.68万亩，比上年减少15.59万亩，产量1622.28吨，减产80.8%。牧业产值31.72亿元，下降4.2%；渔业产值9.86亿元，增长9.6%。有效灌溉面积27.5万亩，旱涝保收面积14.3万亩。

（二）工业和建筑业

工业生产平稳，医药、烟草两大行业发展较好。2015年，全市规模以上工业完成总产值501.86亿元，比上年增长0.4%。实现规模以上工业增加值124.52亿元，增长3.7%。

医药、烟草、机电三大主导行业实现总产值233.9亿元，比上年增长14.2%。其中，医药行业实现总产值141.9亿元，增长21.5%；烟草行业实现总产值28.8亿元，增长5.0%；机电行业实现总产值63.2亿元，增长4.1%。三大支柱行业总产值占全市规模以上总产值46.6%，拉动全市规模以上工业经济增长5.7百分点。

产值超亿元的企业有71家，完成产值占规模以上工业总产值的92.3%；工业企业产值超十亿元的有14家，完成产值占规模以上工业总产值的60.5%。

“十二五”期间，全市工业增加值年均增长7.2%，比“十一五”时期减缓2.6百分点。

建筑业平稳发展。全年全市建筑业实现增加值88.9亿元，比上年增长8.9%。全市资质以上建筑业企业完成建筑业总产值179.8亿元，下降3.6%。其中建筑工程产值151.06亿元，下降3.9%；安装工程产值18.96亿元，增长13.1%。当年建筑企业新签合同价款210.46亿元，建筑业期末从业人员50443人，全员劳动生产率344058元/人。

“十二五”期间，全市建筑业增加值年均增长12%，比“十一五”时期增加1.1百分点。

表4　2015年主要农产品产量及增长速度

产品名称	单位	产量	比上年增长（%）
粮食	万吨	16.53	-1.5
早稻	万吨	7.71	-12.2
晚稻	万吨	6.14	23.7
油料	万吨	0.73	15.2
花生	万吨	0.62	23.7
糖蔗	万吨	5.74	-12.2
水果	万吨	20.75	-24.6
蔬菜	万吨	54.08	0.4
橡胶	万吨	0.16	-80.8
胡椒	万吨	0.31	-17.8

表5　2015年主要工业产品产量及增长速度

产品名称	单位	产量	比上年增长（%）
饲料	万吨	84.44	-6.0
罐头	万吨	24.26	-1.4
软饮料	万吨	52.15	4.8
中成药	吨	1143	7.0
饮料酒	亿升	7.28	-13.4
变压器	万千伏安	1109.56	12.7
电力电缆	万千米	16.16	7.2
太阳能电池	万千瓦	81.71	19.2
乳制品	吨	4206	-11.6
印制电路板	万平方米	7.46	-35.4
卷烟	亿支	122.50	持平
光缆	万芯千米	252.36	-32.9
汽车	万辆	6.98	-22.5
发动机	万千瓦	514.39	-29.0

（三）旅游业和房地产业

海口旅游业坚持以商务旅游和休闲旅游为主攻方向，牵头发起琼北区域旅游合作，旅游转型升级已初见成效，改变了海南旅游的格局，进入了从“南热北冷”到“南热北暖”的全新发展阶段。继续按照“巩固成熟市场，开辟冷市场，捂热小市场，渗透和开拓境外市场”原则，紧紧围绕产品包装、市场开发和营销渠道“三位一体”开展旅游营销，共完成27场次。其中，国内16场次，境外11场次。先后推出“不是夸海口，来了不想走”“海口与婺源交换春天”“海口邀约赶海去”三个细分客源市场的营销主题。

2015年全市共接待国内外过夜游客1225.2万人次，同比增长8.4%。其中接待入境游客12.2万人次，同比下降10.9%；接待国内过夜游客1213.01万人次，同比增长8.6%；人均逗留天数1.43天/人，同比延长0.03天/人。实现旅游总收入160.06亿元，同比增长12.7%。其中，旅游外汇收入4084.27万美元，同比增长8.8%。全市A级旅游景区共9家，其中4A景区有4家；星级酒店44家，其中五星级酒店7家。

房地产开发较快增长。全年全市房地产业实现增加值90.49亿元，比上年增长8.2%。全市房地产开发投资456.39亿元，比上年增长52.7%，增速比上年提高36.1百分点。从商品房建设用途看，住宅投资276.14亿元，增长33.8%，占全部房地产开发投资的60.5%；商业营业用房投资48.4亿元，增长47.6%，占全部房地产开发投资的10.6%。房屋施工面积2569.23万平方米，增长14.3%；房屋竣工面积216.45万平方米，下降45%；商品房销售面积373.35万平方米，增长10.8%。

表6 2015年海口市旅游接待情况

指标名称	单位	绝对数
接待入境旅游人数	人次	121975
外国人	人次	60350
港澳同胞	人次	19710
台湾同胞	人次	41915
接待入境旅游人天数	人天	208738
外国人	人天	119598
港澳同胞	人天	30496
台湾同胞	人天	58644
旅游外汇收入	万美元	4084.27
国内旅游		
接待国内游客	万人次	1213.01
旅游收入	亿元	157.54
旅游总收入	亿元	160.06

表7 2015年客货运输量完成情况

运输方式	旅客		货物	
	运输量（万人次）	周转量（亿人公里）	运输量（万吨）	周转量（亿吨公里）
合计	7079	514	11308	708
公路	2170	31	3558	17
民航	2310	444	30	8
铁路	1670	36	791	15
水路	929	3	6929	668

（四）交通运输和邮电业

港口完成货物吞吐量7798.73万吨，比上年增长2.9%。其中外贸货物吞吐量128.9万吨，下降7.1%。集装箱吞吐量126.63万标箱，下降6%。

“十二五”期间，货物运输周转量年均增长4.7%，旅客运输周转量年均增长10.9%，分别比“十一五”时期减缓3.1和6.7百分点。

年末全市民用汽车拥有量53.4万辆，比上年增长15.8%，其中私人汽车47万辆，增长18%。全年新注册汽车8.8万辆，报废14597辆。

全年全市完成邮电业务总量86亿元，比上年增长28.6%。其中，邮政业务总量4.34亿元，增长41.1%；电信业务总量83.02亿元，增长30.5%。年末全市电话用户总数达到548万户，新增48万户，其中：固定电话用户72万户，减少3万户；移动电话用户数达到476万户，新增51万户。全市互联网用户61.5万户，新增4.5万户。全年共发送短消息33.8亿条，下降8.9%。

（五）国内贸易和会展业

全年全市社会消费品零售总额595.53亿元，比上年增长6.6%。分地域看，城镇社会消费品零售额531.09亿元，增长6.9%；乡村社会消费品零售额64.45亿元，增长4.5%。

在限额以上商品零售类值看，化妆品类比上年增长25.2%、烟酒类增长18.0%、粮油食品类增长1.6%、金银珠宝类增长13.2%、服装鞋帽针纺织品类增长14.0%、汽车类增长1.2%；家用电器和音响器材类下降0.3%、石油及制品类下降15.6%、文化办公用品类下降4.2%。

“十二五”期间，全市累计实现社会消费品零售总额2450.3亿元，相当于“十一五”时期的2.04倍，年均增长12.0%，比“十一五”时期减缓6.5百分点。

会展经济快速发展。全年共举办上规模会展活动223场，其中上规模会议162场，比上年增长3.8%，上千人会议7场；展览活动61个，增长17.3%，展览面积65.8万平方米，增长9.7%，1万平方米以上的展览活动24个。成功举办了“一会两展三节”六大品牌会展活动，专业展规模明显扩大。作为国内规格最高、规模最大、影响最广的商标品牌盛会—2015中国国际商标品牌节在海口成功举办，进一步推动了海口的商标品牌建设，促进了经济发展。2015中国（海南）海上丝绸之路文化产业博览会、2015年中国（海南）动漫游戏博览会、2015中国（海南）国际海洋产业博览会、2015中国造纸装备博览会暨2015全国纸张订货会等展会规模均在1万平方米以上。2015东亚峰会清洁能源论坛、中英建筑论坛、2015年中国生物材料大会、中国植物病理学会2015年（第十一届）学术年会等一些学术性专业会议陆续落户海口举办。世界黄氏宗亲总会第十二届第二次恳亲大会，来自国内外近6000人参会，进一步宣传了海口。海口连续第四年荣获被誉为中国会展业“奥斯卡”的中国会展“金海豚”大奖—中国品牌会展城市奖。

（六）银行、证券期货和保险业

金融服务功能不断增强。2015年，全市金融业实现增加值137.77亿元，比上年增长21.3%，对全市经济增长的贡献率为30.2%，占全市经济总量的11.9%。12月末，全市金融机构本外币各项存款余额4069.71亿元，比年初增加719.87亿元，增长21.5%。其中，住户存款余额1277.95亿元，增加98.16亿元，增长8.3%。年末全市金融机构本外币各项贷款余额4596.9亿元，比年初增加947.63亿元，增长26%。其中，中长期贷款余额3344.94亿元，增加616.59亿元，增长22.6%；短期贷款余额831.28亿元，增加246.11亿元，增长42.1%。

证券市场交易较为活跃。全年证券公司总交易金额18371亿元，比上年增长249.8%。其中股票交易额15765亿元，增长287.6%；债券交易额1673亿元，增长8.1%；基金交易额522亿元，增长367.6%。年末证券账户开户59万户。

保险业持续较快发展。保费收入69.28亿元，比上年增长23.7%。其中，财产险保费收入27.68亿元，增长3.9%；人身险保费收入41.6亿元，增长41.7%。支付各项赔款与给付23.77亿元，比上年下降5.4%。

四、对外贸易和对外开放

（一）对外贸易

据海口海关统计，2015年全市进出口总额270.49亿元，比上年增长29.4%。其中，出口59.77亿元，下降21.1%；进口210.72亿元，增长58.0%。

（二）对外开放

全年全市协议合同外资金额12.70亿美元，增长600.5%；实际利用外商直接投资2.91亿美元，下降11.7%。其中，新设第三产业外商投资企业31家，投资总额共12.42亿美元；新设第二产业外商投资企业1家，投资总额共0.25亿美元；新设第一产业外商投资企业3家，投资总额共0.03亿美元。

五、科学技术、文化和体育

（一）科技

2015年，通过扶持各类项目支持一批高新技术企业展开技术攻关，推动了产业发展。预计到2015年底全市高新技术企业总数达127家，占全省总数的75%。全市申请专利2018件，比上年增长32.4%；获得授权专利1207件，增长23.9%。开展企业专利“消零”行动，协助企业获得各种专利授权，2015年完成6家规模以上工业企业消除“零专利”工作任务，目标完成率为150%。健全完善政产学研科技创新体系，全年新增市级企业技术研发中心2家和市级创新型企业2家。截至目前，我市有市级及以上重点实验室55家，市级及以上技术研发中心53家，国家级创新型企业49家（含试点企业6家），市级创新型企业39家。

（二）文化

公共文化服务繁荣发展。2015年，全市共有博物馆2个，公共图书馆2个，群众艺术馆、文化馆3个，文化站22个。年末广播人口综合覆盖率为100%，电视人口综合覆盖率为100%，公共图书馆藏书量42.51万册。

优秀文艺作品再创佳绩。2015年海口市精品文艺演出已成功开展，成功举办第二届海南省艺术节。琼剧《浴血英魂》、艺术团作品《守望》共斩获“文华奖”12个奖项，《浴血英魂》获得了艺术节最高奖项“文华大奖”。市艺术团创作的舞蹈节目《快乐黎山》《拜扣与帕曼》《舞动的节奏》在第十届全国少数民族传统体育运动会上，全部获得“作品一等奖”，填补了民运会海南代表团没有一等奖的空白。

（三）体育

体育事业蓬勃发展。2015年，成功开展第六届环海南岛国际大帆船赛（海口赛段）、世界女子高尔夫锦标赛、第十届环海南岛国际公路自行车赛（海口赛段）、海口国际沙滩马拉松赛、国际旅游岛帆板大奖赛五大赛事。全年先后举办了869场次群众性体育活动。2015年，参加全国级比赛共获得前八名49个，其中金牌5枚、银牌8枚、铜牌10枚；参加省级比赛获得前八名301个，其中金牌93枚、银牌65枚、铜牌53枚。国际竞技获得好成绩，我市运动员蒙成代表中国队参加了世界青年举重锦标赛（波兰）的男子举重56千克级比赛，并以抓举126千克，挺举150千克，总成绩276千克的成绩夺得该项目金牌。这是海南大力士最近3年来取得的第3枚世青赛总成绩金牌，为国家和我市争得了荣誉。

六、节能减排、城乡建设、生态环境和环境保护

（一）节能减排

推进污水处理厂及管网建设，完成海口威立雅白沙门污水处理厂升级改造，完善我市减排基础设施能力建

设，全市水污染排放总量进一步减少。加大黄标车的淘汰力度，2015年淘汰黄标车16994辆，其中，淘汰2005年底前注册营运的黄标车3857辆，大气污染物排放总量得到有效控制，大气环境质量继续保持优良水平。现有城镇污水处理设施9个，比上年增加1个；年末城镇污水处理厂日处理能力达59.07万立方米，比上年提高0.5%；城镇生活污水集中处理率达到92%，比上年提高7百分点。城镇生活垃圾无害化处理率为100%，农村生活垃圾处理率为80%。

（二）城乡建设

公用事业服务建设步伐加快。全年新辟公交线路5条，优化公交线路8条，新增更新公交车237辆，其中新增更新环保公交车217辆。年末全市共有公交线路96条，公交车1699辆；全年等量更新投入使用出租车648辆，年末共有各类出租车2947辆。完成东环铁路新海口站公交枢纽站、文华东路公交首末站，用地面积22.95亩，可提供89个公交车停车位。

全市共有自来水厂3座，综合生产能力54万吨/日，地下补压井生产能力20万吨/日，全市总供水能力合计74万吨/日。全年供水总量22085万吨，其中生活用水11091万吨。天然气供气总量16667万立方米，其中家庭用气3557万立方米，全市天然气用气普及率70%。全社会用电量65.02亿千瓦时，增长7.8%，其中居民用电12.39亿千瓦时，增长14.3%；工业用电16.09亿千瓦时，增长0.1%。

（三）生态环境

全年完成造林绿化面积36286亩，占年度计划的121%。2015年，全市新增绿地面积106公顷，建成区绿化覆盖率43%，绿地率为38%。

（四）环境保护

环境空气质量保持优良。2015年空气质量在全国74个重点城市中排名第一。空气质量一级优天数269天，二级良天数76天，空气质量优良率95.3%。水环境质量总体良好，城市集中式饮用水源地水质达标率、国家重点监控断面水质达标率、近岸海域海水水质达标率均为100%。声环境质量符合国家标准，四类噪声功能区昼间等效声级均达到相应指标要求，昼间区域噪声55.0分贝；昼间交通噪声68.3分贝。

城区地表水体水质有所提升。南渡江龙塘段、永庄水库等城市集中式饮用水源地水质达标率100%；国控的水质监测断面水质达标率100%；近岸海域海水水质达标率100%。

新建并投入运行的污水处理厂1座，新增日污水处理能力0.32万吨。集中转运生活垃圾共计78.29万吨，垃圾焚烧量45.17万吨，填埋垃圾量33.12万吨，发电量1.6亿千瓦，飞灰处理量1.32万吨，渗滤液处理量18.08万吨。

七、安全生产

2015年，全市共发生各类生产经营性安全事故102起，死亡38人，受伤22人，直接经济损失1531.1万元。与去年同期相比，事故起数增加22起，上升27.5%；死亡人数减少3人，下降7.3%；受伤人数减少8人，下降26.7%；直接经济损失增加152.2万元，上升11%，四项指标呈“两升两降”趋势。

八、人口

人口保持平稳增长。年末全市常住人口222.3万人。从区域年末常住人口分布看，秀英区37.7万人、龙华区65.54万人、琼山区50.18万人、美兰区68.88万人。

注释：

1. 本公报数据为初步统计数，最终核实数以中国统计出版社出版的《海口统计年鉴·2016》公布的数据为准。

2. 地区生产总值和各产业增加值绝对数按现行价格计算，增长速度按可比价格计算。

3. 根据《国民经济行业分类》(GB/T4754-2011)对三次产业划分进行了修订，将“农、林、牧、渔业”中的“农、林、牧、渔服务业”，“采矿业”中的“开采辅助活动”，“制造业”中的“金属制品、机械和设备修理业”等三个大类划到第三产业。

4. 农产品生产者价格是指农产品生产者直接出售其产品时的价格。

资料来源：

本公报中财政数据来自市财政局，金融机构存贷款数据来自人行海口中心支行，价格、居民收入数据来自海口调查队，货物、旅客运输及周转量数据来自市交通港航局、粤海铁公司、南航海南公司、海航公司，港口吞吐量数据来自港航控股公司，邮电通信数据来自市邮政管理局、移动海南公司、电信海南公司、联通海南公司，重点项目数据来自市房屋征收局，星级宾馆酒店等旅游数据来自市旅游委，对外经济数据来自市商务局，进出口数据来自海口海关，安居工程数据来自市住建局，城乡垃圾处理数据来自市环卫局，城市造林和绿化覆盖率数据来自市林业局和园林局，教育数据来自市教育局，医疗卫生数据来自市卫生局，社会救助数据来自市民政局，社会保险、就业数据来自市人社局，扶贫数据来自市扶贫办，科技数据来自市科工信局，文化体育数据来自市文体局，环境保护数据来自市环保局，城镇污水处理数据来自市水务局，安全生产数据来自市安监局，其他数据均来自市统计局。

关于海口市2015年国民经济和社会发展计划执行情况与2016年国民经济和社会发展计划草案的报告

——2016年1月20日在海口市第十五届人民代表大会第七次会议上

海口市发展和改革委员会

各位代表:

受市人民政府委托，现将海口市2015年国民经济和社会发展计划执行情况与2016年国民经济和社会发展计划草案提请大会审议，并请市政协委员和其他列席人员提出意见。

一、2015年计划执行情况

2015年是我市经济社会发展史上具有里程碑意义的一年。面对复杂多变的宏观形势，在市委、市政府的正确领导下，在市人大、市政协的大力支持下，全市上下积极践行“三严三实”，大力弘扬“四种精神 ”和“三种特质”，坚持以生态领规划、以项目保增长、以棚改促建设、以“双创”抓管理、以真心惠民生、以铁腕转作风，爬坡过坎、砥砺奋进，经济运行呈现“稳中趋快、稳中向好”的良好态势，社会发展和谐稳定，实现“十二五”胜利收官。

——全市生产总值1161.28亿元，增长7.5%。其中，第一产业增长1.2%，第二产业增长5.8%，第三产业增长8.3%。

——固定资产投资1012.05亿元，增长23.2%。

——社会消费品零售总额595.53亿元，增长6.6%。

——地方一般公共预算收入111.5亿元，增长10%。

——旅游总收入160.06亿元，增长12.7%。

——居民消费价格指数101.2%，较年度控制目标低2.8百分点。

——常住居民人均可支配收入24442元，增长8%；城镇常住居民人均可支配收入28535元，增长7.6%；农村常住居民人均可支配收入11635元，增长9.5%。

——城镇登记失业率0.9%，控制在3%的年度目标内。

从指标完成情况看，2015年固定资产投资、地方一般公共预算收入、旅游总收入、物价、就业等指标超额完成年度目标任务。受大环境影响，全市生产总值、社会消费品零售总额、城镇居民收入、农民人均收入、工业总产值等指标未能完成年度目标任务。到“十二五”末，全市生产总值、固定资产投资、地方一般公共预算收入、旅游总收入等主要指标均超额完成“十二五”规划目标，分别是“十二五”规划目标的1.16倍、1.13倍、1.12倍和1.33倍，为“十三五”发展打下坚实基础。

从发展质量看，一是省会经济的首位度提升。2015年主要经济指标在全省占比是“十二五”期间最高的一年，地区生产总值占全省31.4%，全口径一般公共财政收入占全省28.8%，固定资产投资占全省30.2%，工业增加值占全省27.9%，金融机构各项存款和贷款余额占全省53.3%和69.1%。二是项目建设取得历史性的突破。在全省“百日大会战”考核评比中，我市获得了全省唯一的综合特等奖、重点项目上台阶奖，以及招商签约、棚改、信息基础设施建设、项目储备和专项建设基金项目等7个大奖，全市上下的共同努力得到了省委省政府的高度肯定。

(一)狠抓项目建设，有效投资是稳增长的主要动力

坚持把项目建设作为“促投资、调结构、稳增长”的主要抓手，在“重点项目服务月”“重点项目督查月”和“投资项目百日大会战”等活动的拉动下，固定资产投资突破1000亿元，“十二五”累计完成3397.9亿元，比“十二五”规划目标多397.9亿元，连续8年保持20%以上增长速度，在消费增长放缓、出口占比小的情况下，投资拉动成为经济增长主要动力。从项目类别看，67个省重点项目完成年度投资452亿元，占年度计划138%。美兰机场二期、南渡江引水工程、地下综合管廊项目等重大项目开工建设，海秀快速路项目全线提速。棚户区(城中村)改造提速，启动新海村、博义盐灶、红城湖等14个连片棚改项目，惠及1.2万户、4万人，超额完成任务。237个“百日大会战”项目开工率98.3%，完成投资168.4亿元，占计划投资额的181%。从资金来源看，民间投资成为推动全市固定资产投资增长的主要动力。民间投资完成796.42亿元，占固定资产投资比重的78.7%。

(二)大力开展综合营销，消费规模稳步扩大

尽管受宏观经济形势和“网购”分流等因素影响，但在城市综合营销

等活动的带动下，社会消费品零售总额仍完成595.53亿元，增长6.6%。旅游、房地产和农副产品三大促销成效明显，旅游总收入160.06亿元，增长12.7%，占全省28%；“冬交会”海口签约订单35.2亿元，增长33.8%；全年网签销售商品房383.46万平方米，增长29.83%。一批助推服务消费、绿色消费、健康消费、农村消费的项目加快推进。其中，丹娜国际游艇都会一期、冯小刚电影公社南洋街开业运营，远大购物广场、万达城市综合体、吾悦国际广场等重大商贸项目和长影环球100等重大旅游项目加快建设，启动农贸市场升级改造32家。

（三）扎实推进产业转型，发展基础日益牢固

坚持在做大总量中不断优化结构，先后出台金融、互联网、电子商务、旅游和房地产等系列产业引导政策，夯实实体经济发展基础，对冲经济下行压力。

现代农业规模化经营水平提升。农业增加值58.12亿元，农业总产值94.75亿元，分别增长1.2%和1.2%。建设蔬菜大棚3160亩，冬季瓜菜种植面积达20万亩，新建畜禽标准化生态养殖小区21个，建成罗牛山10万头现代化养猪基地，新增花卉种植面积1500多亩，开工建设桂林洋国家热带农业公园、石斛基地等项目。云龙淮山、永兴荔枝获“国家地理标志产品”称号。

新型工业发展态势良好。工业增加值135.4亿元，增长4%，占全省27.9%。工业总产值538.09亿元，增长0.8%。落实工业企业扶持资金1.3亿元，全市高新技术企业127家，占全省3/4，规模以上高新技术工业产值占全市规模以上工业总产值50%以上。有序推进美安生态科技新城、云龙产业园基础设施建设，光启临近空间产业园和康迪电动汽车项目成功落户，为“十三五”高新技术产业发展奠定良好基础。从重点监测的主要行业看，体现我市新型工业发展的医药制造业产值增长21.5%，是工业增长的重要支柱。机电设备金属制品业产值小幅增长，食品及农副产品加工业基本与上年持平，但受市场因素等影响，运输设备制造业和光伏产业产值有所下降。

现代服务业主体作用趋强。第三产业增加值879.49亿元，增长8.3%，占GDP比重较上年提升了0.8百分点。金融业拉动1.28百分点；海南银行在海口挂牌成立，新入驻华夏银行海口分行，新增新三版挂牌交易企业7家、海南股权交易中心和上海股权托管交易中心挂牌交易企业22家；综保区飞机融资租赁取得重要突破，推动金融机构与企业签订合作协议698亿元。旅游吸引力进一步提升，推进骑楼老街业态调整，加快火山口地质公园、观澜湖景区等一批景区优化升级，接待国内外过夜游客1225.2万人次，高于“十二五”规划目标；美兰机场旅客吞吐量突破1600万人次，增长16.7%。会展业产业链条逐步完善，拥有会展企业和配套企业65家，涵盖会展产业链各环节；全年举办规模会展活动223场，展览面积60.1万平方米，连续4年荣获中国会展“金海豚”大奖。互联网产业加快发展，打造复兴城、演丰镇两个互联网产业聚集区，启动演丰、石山、红旗等10个“互联网+”产业小镇建设；阿里巴巴等互联网龙头企业进驻海口，南海云及大数据服务中心运行。引进广州风信子、外来客、洋盒子等知名跨境电商品牌，江东电子商务产业园入驻企业165家。房地产业转型升级明显，商业营业用房投资增长47.6%，高于住宅投资增幅13.8百分点。

特色产业小镇建设加快推进。启动10个特色产业小镇建设。演丰镇成为国家新型城镇化综合试点。石山镇“互联网+农业”成效明显，永兴镇与乐视体育联手打造体育产业，其余各镇也都大力扶持主导特色产业发展。

（四）全面深化重点改革，发展潜力进一步增强

始终把改革作为发展的根本动力，坚持用改革破除束缚发展的体制机制障碍，促进特区省会治理体系和治理能力现代化。一是“多规合一”试点改革取得新进展。已形成《海口市“多规合一”总体规划》和《“海澄文”一体化基础设施规划》等初步成果，明确了城市规模边界、生态保护红线、资源利用上限、环境质量底线，实现了“一张蓝图”上目标、坐标、指标全方位统筹，推动解决了一批项目建设历史遗留问题。二是市区镇（街）行政管理体制改革顺利推进。下放经济建设与管理等六个方面行政管理权项。同时配套向各区下沉行政事业编制935名，其中约400名事业编制用于增强镇（街道）一级力量。三是行政审批改革深入推进。率先在全省启动“三项清单”的制定和推行“三证合一、一照一码”。在上年审批时间压缩70%的基础上，再压缩审批时间19%，削减审批总环节17%。新增市场主体4.2万户，增长35.2%，注册资金增长21.4%。四是城市管理综合执法改革加快推进。出台《海口市城市管理综合执法改革实施方案》，将市容环境卫生、市政管理等8个方面综合执法权全部下放到区（开发区），使区级具备履行城市管理主体责任的能力。探索开展“公安+城管”联合执法模式，组建城市警察支队，强化城市管理综合执法能力。五是投融资体制改革加快。实现由地方政府主管的投资项目领域全部向社会资本开放。推行政府和社会资本合作（PPP）模式，组建PPP管理中心和投资管理有限公司，设立城乡统筹发展基金，建立PPP项目库，吸引社会资本进入基础设施建设和公共服务领域。争取农发行海南分行授信600亿元额度，与海马集团共同设立10亿元产业基金。涵盖交通、环保、能源、文教等44个项目纳入项目库管理，总投资额约716亿元，综合环卫一体化项目成为我省首个成功签约落地的PPP项目。同时，设立市公共资源交易中心，实施机关事业单位养老保险制度改革，财税、医疗卫生、不动产登记、国企国资等改革取得新

进展。

（五）主动对接“一带一路”，开放步伐不断加快

一是招商引资取得新成果。组织参加了2015厦门国际投资贸易洽谈会、海南与央企战略合作座谈会等经贸招商活动，共签约52个项目，总协议投资金额为820.07亿元，涵盖了旅游、热带特色高效农业、互联网、会展和物流等产业。同时，强化招商引资项目的跟踪服务，完成省商务厅下达的2012年—2015年海口市与省外企业签约的135个招商项目落地率（或开工率）指标任务。二是区域合作进一步拓展。与厦门开通集装箱海上快线，与泉州签订物流《合作框架协议》，开拓海南至东南亚国家的综合集装箱物流市场。海口海关全面融入“泛珠”四省海关区域通关一体化。积极推动海澄文一体化综合经济圈建设，深化与澄迈、文昌、屯昌等琼北市县合作，定海大桥、铺前大桥等交通互联互通工程稳步推进。三是对外开放取得新成绩。国际友好城市增至30个。海口港被列为国家“一带一路”15个沿海港口之一，并与马来西亚巴生港缔结友好港，成为我市首个签约的“海上丝绸之路”沿线国际友好港。汽车整车进口口岸通过国家验收并投入运营。海航进入世界500强，海马汽车、立昇净水加快布局海外。成功举办“21世纪海上丝绸之路”电影节、世界自然保护联盟(IUCN)第87届全球理事会、中国国际商标品牌节等一批重大国际国内活动，海口市的知名度和美誉度进一步提升。

（六）“双创”初战告捷，城市品位进一步提升

坚持把“双创”（创建全国文明城市和创建国家卫生城市）作为打造城市升级版，提升城市竞争力和软实力，增进人民福祉的重要抓手。打响“门前三包”整治、交通秩序整治、环境卫生整治、小街小巷提升、市政道路维修、农贸市场升级、打击违法建筑等系列战役。全市落实“门前三包”主体责任单位（业主）4.3万家，签约率100%。实施城市园林绿化景观优化工程，“三园合一”等景观提升工程加快建设，全面提升城市主要道路及重要节点园林绿化景观。划设临时停车泊位3500个。投入4亿多元改造的858条小街小巷全部完工。完成8个积水点改造。旧城区雨污分流管网改造加快建设。全市防违控违67.3万平方米，拆违366.4万平方米。深化“平安海口”建设，命案破案率96.7%，“两抢一盗”案件下降9.4%。中央电视台、《人民日报》《海南日报》、海南广播电视总台等主流媒体对我市“双创”工作均做了深度报道。

巩固提升生态优势。先后制定《生态城市建设规划》《水系规划》《循环经济发展规划》等10多项规划。否决不符合环保要求的项目8个，责令违法排放企业停产83家，拆除无牌无证小砖厂21家，淘汰黄标车1.7万辆。开展水污染三年整治行动，启动18个水体治理，稳步推进垃圾综合处理二期建设，强化对水源保护区、自然保护区、重要湿地、森林等禁止开发区域的生态保护。深入推进“绿化宝岛大行动”，造林绿化面积3.6万亩，城市建成区绿化覆盖率达43%，高于全国平均水平。推进海岸线整治，加强对建筑工地、道路扬尘、露天堆场、焚烧垃圾等污染源防治。城市集中式饮用水源地水质达标率、国家重点监控断面水质达标率、近岸海域海水水质达标率均为100%。环境空气质量在全国74个重点城市中稳居第一。

（七）持续改善社会民生，群众幸福感不断增强

民生各项指标向好。民生支出128.43亿元，增长25.2%，占地方公共财政预算支出75.1%。全面完成承诺的为民办实事事项。农村居民收入增速快于城市居民收入；居民消费价格指数、城镇登记失业率均控制在年度目标以内；全年城镇新增就业人数56659人、农村富余劳动力转移就业人数8730人，均超额完成年度目标任务。根据中国社会科学院发布的《2015年公共服务蓝皮书》，海口公共服务满意度在38个城市中名列第5。

民生事业稳步推进。坚持教育优先发展，建立留守儿童档案，实施第二轮学前教育三年行动计划，启动增加教育学位项目，改扩建、新建学校10所，新增义务教育学位5050个，继续实施农村薄弱学校改造计划。创业引导成效明显，发放创业小额担保贷款5214万元，帮扶615人创业，带动1713人就业；高新区创业孵化中心已建成为我省首个省级综合性孵化器，在孵企业110多家；2015年海南创新创业大赛三个组的一等奖获得企业均出自高新区孵化器。卫生医疗保障更加健全，全市所有公立医疗机构全面实施“先看病后付费”诊疗服务模式，133家一级医疗机构全面推行社区医生签约服务，基本实现城市社区卫生服务全覆盖，全市镇级医院全面推行“限费医疗”改革，职工医保的门诊特殊疾病病种由原来的14种扩大到24种，并提高定额标准；省儿童医院、市妇幼保健院医疗保障大楼加快建设，省肿瘤医院开诊。社会保障能力不断提升，城市低保月平均保障标准从450元提高到520元，农村低保月平均保障标准从360元提高到460元，增幅分别达15.6%和27.8%；企业退休人员基本养老金月人均增加181.29元，达到1957元/月；城乡居民基础养老金标准统一提高至每人每月145元。帮扶农村农民发展，发放农民小额贷款9.7亿元，完成省下达任务201.12%，农民小额贷款贴息234.5万元；4300户农村危房改造全部竣工；完成2900人的年减贫任务；建设农村饮水安全工程99处，受益群众11.4万人；改造农村农户公厕8000户。保持市场物价稳定，组建菜篮子集团，持续扩大叶菜种植，优化流通体系，共设有农副产品平价商店（含平价专区）50家，对大白菜等12种蔬菜实行平价销售，延长平价菜供应3个半月，多措并举保供稳价。

在总结成绩的同时，也要清醒地看到，全市经济社会发展仍存在一些

困难和问题：产业内部结构不尽合理，实体经济规模偏小，创新驱动能力不强，转型升级步伐有待加快，城乡之间发展不平衡问题依然突出，城市管理和社会治理能力有待提高等等。这些问题需要在今后的工作中认真研究并加以解决。

二、2016年经济社会发展预期目标和工作措施建议

2016年是“十三五”的开局之年，也是步入全面建成小康社会决胜阶段的关键一年，更是我市“双创”工作的决战之年。国际方面，世界经济在深度调整中曲折复苏，但不稳定不确定因素仍然较多。国内方面，主动适应新常态，宏观政策面总体相对宽松，结构性改革深入推进，经济运行稳中有进。省内和海口自身方面，面临着国家实施“一带一路”“多规合一”试点等战略机遇，海澄文一体化综合经济圈加快推进，海口独特的地理区位、资源禀赋、生态环境和后发优势，且经过多年的努力和积累，综合经济发展基础进一步夯实，作为全省政治、经济、文化中心以及交通总枢纽，发展的基本面是好的，海口总体上面临十分有利的省内外发展环境，有条件实现经济社会更稳、更好地发展。

结合中央、省经济工作会议精神和海口发展实际，根据市委、市政府对2016年经济工作总体要求，建议2016年全市经济社会发展主要预期目标如下：

——全市生产总值增长8%～8.5%。

——固定资产投资增长30%左右。

——社会消费品零售总额增长8%。

——地方一般公共预算收入增长9%。

——旅游总收入增长12%。

——常住居民人均可支配收入增长8%以上，城镇常住居民人均可支配收入增长8%，农村常住居民人均可支配收入增长9%。

——城镇登记失业率控制在3%以内。

——居民消费价格涨幅控制在3.5%以内。

为实现2016年预期目标，建议重点抓好以下工作：

（一）扩大有效投资，以大投资促大发展

全面实施产业发展、基础设施、棚户区改造等“三个千亿”投资牵引计划，扩大有效投资规模，发挥投资对稳增长调结构的关键作用。一是大力抓好生产性项目建设。强化项目服务，对有长期税源、就业容量大、综合效益好的生产性项目，一事一议、特事特办，全力争取生产性项目占重点项目比重达50%以上。将生产性项目引进作为各产业园区的重要任务，力争引入一批投资额达5亿元、10亿元、20亿元、数十亿元以上的项目。确保威特电气、先声药业、林安智慧物流园、椰树8万吨椰汁等一批重点生产性项目年内投产运营。二是加快实施“五网”基础设施建设。路网方面，推进新海港区二期、马村港区三期、美兰机场二期、大英山片区路网、江东大道二期、定海大桥海口段连接线等项目建设。确保海秀快速路7月30日前主桥通车，9月30日全面竣工。光网方面，要实现全市90%重点公共场所WiFi覆盖，建成区4G信号全覆盖。电网方面，加快推进龙泉、江东两个220千伏变电站和铁桥、东营两个110千伏变电站建设。气网方面，按照“气化海南”工程部署，逐步将燃气管道向镇墟延伸。水网方面，新建江东污水处理厂，启动美舍河等水污染综合治理，加快南渡江引水工程建设，确保地下综合管廊试点工程、南渡江左岸片区农田排涝工程按时完工。三是大力推进棚户区（城中村）改造。落实《海口市2016年棚户区（城中村）改造年度计划》，全面推行货币化安置模式，加快新海村、博义盐灶、红城湖片区等14个在建棚改项目，启动龙岐、夏瑶二期和白沙坊二期等14个棚改项目。同时积极与国家开发银行、农发行等金融机构对接，拓宽融资渠道，做好棚改资金保障工作。四是完善政府投资项目管理机制。加强政府投资项目储备，制定三年滚动投资计划，未纳入三年滚动投资计划的，不安排下达年度投资计划。完善项目入库机制，申报或安排政府投资的项目原则上从储备库中选取，入库项目要完成可行性研究报告审批，落实规划、用地、用林等要素保障，并按季审核调整和充实完善项目信息；计划当年和下一年度开工的项目，要完成初步设计审批，切实形成接续不断、滚动实施的储备机制和良性循环。五是贯彻落实国家、省关于在公共服务领域推广政府和社会资本合作模式的鼓励政策，逐步提高公共服务领域采用PPP模式的比例，在能源、交通运输、水务、环境保护、教育、文体、医疗卫生等公共领域，鼓励采用PPP模式，吸引社会资本参与建设。六是加强招商项目储备，按照“建设一批、洽谈一批、储备一批”的思路，围绕国内外产业结构和布局调整，把握500强企业、央企等龙头企业的投资热点和资本流向，对互联网、低碳制造、生物制药、新能源、新材料、高新技术、食品加工、文化体育等重点产业进行项目策划，包装一批符合我市产业定位、有利于经济结构调整、科技含量高、辐射能力强的项目，不断充实、更新项目库。

（二）推动产业升级，壮大实体经济

抓住国家推动供给侧结构性改革机遇，实施精准产业政策，重点抓好“十二大”产业发展，进一步壮大实体经济。

一是扎实推进热带特色农业转型升级。加快桂林洋国家热带农业公园、海南（演丰）现代农业产业园、海口文山沉香文化产业园、三江莲雾产业园等项目建设，大力发展涉农电商和“互联网＋农业”，积极引导“科技下乡”，打造10个知名农产品品牌，推动农业向标准化、品牌化、科技化、产业化转型发展。

二是加快壮大新型工业。鼓励和引导中心城区工业企业“退二进三”“退城入园”，进一步放大园区产业聚集效应。积极发展生物医药、低碳制造等战略性新兴产业，开工建设康迪电动汽车、光启临近空间总部基地等项目。进一步创新招商机制，整合综合保税区、高新区等园区资源，大力开展招商引资。通过开展医疗健康论坛招商和定点招商方式，引进一批医疗器械项目入驻美安新药谷，通过美安总部经济区的建设吸引互联网企业及研发企业入驻。通过总结极简审批试点工作经验，进一步完善极简审批手续，并在美安生态科技新城全面铺开，为企业提供更加高效、完备的服务体系。加强创新能力建设，新增高新技术企业6家、培育创新型企业2家、建设科技创新服务平台2家。

三是加快发展现代服务业。落实“互联网+”行动计划，加快石山等10个“互联网+”产业小镇建设，提升镇域经济发展水平。支持本土互联网企业做大，继续深化与阿里巴巴、乐视体育等互联网龙头企业的战略合作。加快复兴城互联网创新创业园、江东电子商务产业园、高新区孵化器等建设，积极培育软件开发、游戏动漫等产业。促进“旅游城市”向“城市旅游”转变，力争实现5A级景区“零突破”，加快骑楼、琼山府城历史街区保护修缮，启动海瑞墓、五公祠、丘濬墓人文景点改造升级，推动冯小刚电影公社老北京街、热带野生动植物园和五源河文体中心等项目建设，促进国家足球训练基地落地。培育一批会展龙头企业，打造一批知名会展品牌，促进旅游与文化、体育、会展、康体养生、房地产等行业的深度融合。加大政策扶持力度，优化现代金融业发展环境，争取更多金融机构落户海口，积极引导金融资源向重点领域、重点产业和重大项目倾斜；鼓励创新金融向美安聚集，为产业发展提供金融服务支撑，将美安打造成为全省创新金融聚集区。优化房地产开发结构，加大产权酒店等旅游地产比重。

四是大力发展医疗健康产业。充分利用海口集中全省最优质的医疗健康资源优势和城市功能完善、生态环境良好条件，大力引入医疗技术人才，引进美容、体检在内的高端医疗机构进驻，支持面向中小企业医药创新共性需求的公共服务平台建设，支持全面推广医养综合体模式，落实买商业健康保险可抵个人所得税试点政策，支持美安生态科技新城与博鳌乐城国际医疗旅游先行区开展合作，支持医疗机构与博鳌乐城国际医疗旅游先行区的医养企业互补发展，在美安生态科技新城打造高端医疗机构的聚集区，发展国际一流的医疗健康、养生养老产业。

五是大力发展海洋经济。加强海洋产业基础设施建设，加快南海明珠国际邮轮中心建设，推进如意岛等生态岛屿建设，为南海旅游资源开发服务提供保障基地。积极引进海洋研究机构、重点实验室落户美安生态科技新城，大力推进美安海洋产业园建设。依托国家“一带一路”战略，围绕海洋旅游业、海洋生物医药、海洋物流运输、海洋现代服务业、海洋高新技术产业、“互联网+海洋”等领域，积极谋划一批项目，进一步推动我市海洋经济产业向更深层次转型升级。

（三）扩大改革开放，激活发展活力

坚持问题导向、需求导向、市场导向和小康导向，进一步落实好市委市政府确定的重点领域改革任务，全面深化各领域的改革，在增动力激活力上下功夫。一是深化“多规合一”改革。完成规划信息平台搭建，推动城市规划委员会正式运作，推进“多规合一”综合执法改革和城市管理综合执法改革相结合的综合执法改革，打破部门行政执法职能分割。二是深化行政审批制度改革。总结推广美安生态科技新城“极简审批”试点经验，最大限度取消和简化行政审批事项、最大幅度便民服务。进一步完善市、区、镇、村四级联动的政务服务网络，提高网上审批比例。将权力清单和责任清单编制扩展到所有政府部门，进一步简政放权。三是深化行政管理体制改革。继续推进资金下沉、权项下放、人员下派，市级机关进一步调整编制和职责下沉。加快推进事业单位分类改革。四是深化财税体制改革。合理划分市、区事权与支出责任，努力实现事权与财权合理匹配。充分发挥财政资金的撬动功能，积极引导社会资本参与项目建设。强化预算执行约束，加强财政支出绩效评价管理。强化政府债务管理，防范债务风险。同时，统筹推进户籍制度、农业农村、不动产登记、国有企业、农垦等领域改革。

进一步扩大开放。主动融入国家“一带一路”建设，加强与东盟及东南亚等国家在旅游、港口物流、海洋渔业、热带现代农业、医药等方面的交流与合作。推动同泛珠三角、港澳台合作，促进区域内生产要素高效配置，发挥海口比较优势。加快海澄文一体化综合经济圈发展，推动海口国家级新区筹建，探索海澄文三地互建“飞地园区”，推进美安生态科技新城与老城经济开发区互联互补发展，提升海口经济综合实力。加快构建海陆空立体大通道，谋划好新海港区、美兰机场、高铁海口东站三大“零换乘”交通枢纽，开辟更多国际国内航线，将美兰机场打造成国际航空转运枢纽。培育和加密国内沿线港口及东南亚的航线，增强海口港国际中转服务功能，打造环北部湾区域性航运枢纽和物流中心。实施“人才强市”战略，继续组织实施“柔性引才”“海外引才”、省会经济圈“合作引才”，加快人才队伍建设，推动人才队伍量的扩张和质的提升。

（四）积极培育新型消费，提升消费拉动

一是加快培育新型消费热点，推动商、旅、文、体等融合发展，鼓励个性化、多样化消费，加大促进信息消费力度。加强商银合作，拓展城乡金融便民服务网络，扩大信用消费。积极引导民间资本进入养老、医疗、旅游等消费领域。发挥我市扶持促进电商政策效应，促进电子商务发展。二是大力促进旅游、房地产、农产品消费，抢抓“一带一路”机遇，强化政企联合，继续开拓旅游市场，加大韩国、中国香港及中国台湾促销力度。持续发力“互联网+”消费活动，深挖消费潜力。扩大房地产消费，发挥生态环境优势，加大岛内外促销，加大结构调整力度，打通供需通道，稳定房地产市场。积极推进“菜篮子”流通优化建设工作。加强城市商贸基础设施建设，优化特色商业网点布局。鼓励重点商贸流通企业发展营销网络，支持大型超市与农业龙头企业搭建产销对接平台。三是扩大进口商品消费，放大整车进口口岸政策效应，推进进口商品直销中心建设，做大综合保税区国际商品展示交易业务。

（五）决战决胜“双创”，提升城市管理水平

深入贯彻落实中央城市工作会议精神，加强顶层设计，完善城市治理体系，提高城市治理能力。一是创新融资方式，引进市场运作机制，逐步推行市政、环卫、园林管养市场化，多方筹集“双创”建设资金，确保完成各项“双创”建设任务。二是全面对标国家迎检测评指标体系，继续实施“门前三包”责任制，持续开展道路交通、市容市貌、环境卫生等专项整治，加快城区路网、地下综合管廊、农贸市场、道路积水点、环卫基础设施、城市防洪防涝、消防设施等建设和改造。改造秀英大道、金垦路等城区主干道路61条、小街小巷1576条，新建8座小型生活垃圾收集站，新建和改造农贸市场51家。规划建设1-2个市民休闲文化广场。统筹建设和改造21个街道文化站和182个社区文化中心。三是加强城市文化基础设施建设。把图书馆、美术馆建设列入“十三五”重点项目，加快推进力度，确保“双创”目标达标。四是继续抓好城市主要门户和进出通道等重要节点的绿化、亮化、美化、彩化工程建设，加快推进“三园合一”和主要干道景观提升工程建设，完成15个公共绿地、15座天桥改造，办好2016年首届国际旅游岛三角梅花展，建设花园城市。五是继续对违法建筑保持“零容忍”的高压态势，完成存量违建处置。加强源头防范，全面开展城乡居民宅基地确权颁证。六是继续加大镇域基础设施和公共设施建设。强化基础设施配套，全面推进演丰、石山、云龙等10个特色产业小镇和永兴体育小镇建设。围绕改善人居环境、完善公共服务设施，集中建设一批生产发展、村容整洁、设施齐全、乡村文明的农村新社区。力争用2年时间全面解决1040个自然村、22.3万人的安全饮水问题，2~3年时间实现自然村乡村公路“村村通”，3年时间全面完成镇墟基础设施配套和农村垃圾收运体系建设。

（六）推进社会事业发展，保障和改善民生

坚持“可持续、保基本”原则，增投入、补短板，兜底线、织密网，围绕群众最急需的、最迫切需要解决的问题，办好为民办实事事项。一是稳定就业。落实城镇零就业家庭等就业困难群体就业援助工作机制。组织开展“创业促就业”系列活动，积极推动大众创业。二是精准脱贫。实施“两年脱贫、三年巩固提高”计划，综合运用产业、基础设施、旅游、电商、教育文化、卫生健康、科技、务工、生态补偿、社保政策兜底等脱贫方式，因人因户施策，提前实现贫困人口全部脱贫。三是加强社会保障。进一步巩固完善基本药物制度和基层运行新机制。采取政府购买服务形式，推进社区卫生服务机构运行机制综合改革。做好新农合农民参合征缴工作，保证参合率达到97%以上。进一步做好大病医疗保险工作。实施一对夫妇可生育两个孩子政策。四是优先发展教育。实施第二轮学前教育三年行动计划，扩大公办学前教育资源的覆盖面。全面完成港湾学校（含幼儿园）、五源河学校（含幼儿园）等项目，积极推进我市增加学位新建、改扩建“10+2”项目（新建、改扩建10所公办学校，海航集团新建2所学校）建设，不断增加义务教育学位供给。加快教育信息化建设。五是稳控物价。推动菜篮子集团公司规范运作，完善“菜篮子”的监测、储备、投放、调运“四位一体”的市场供应保障体系。六是继续实施文化惠民工程，打造一批文艺精品。

（七）贯彻绿色发展理念，加大生态环境保护力度

一是加强生态环境治理。突出抓好大气、水、土壤等污染防治工作，继续推进机动车排气及扬尘防治等系列工程，持续整治市区内河（湖）水污染，加强耕地修复与治理，建设绿色环保型工业园区，推广新能源、新技术在城市建设中的使用，建立污染防治长效机制，实现我市环境质量的进一步改善提升。二是开展生态修复和湿地保护。深入开展东寨港自然保护区周边退塘还林，扩大保护区内红树林种植面积，加快红树林修复及水质水面污染治理力度。启动和加快三江、玉龙泉、沙坡–白水塘等湿地公园建设。三是强化污染物总量减排。大力推进结构减排、工程减排、管理减排，健全减排体系建设，确保完成年度减排目标。四是加强环境监管执法。开展打击环境违法行为专项行动，保持环境执法高压态势，严厉打击环境违法行为。

我们坚信，在市委、市政府的坚强领导下，在市人大、市政协的支持帮助下，只要大力弘扬“四种”精神，以大海胸襟、椰树风骨、三角梅品格开拓创新，担当苦干，紧紧依靠全市人民共同努力，就一定能够完成2016年经济社会发展目标，实现“十三五”良好开局，为率先在全省全面建成小康社会打下坚实基础。

附表一

海口市2015年主要经济社会发展指标情况

指标名称	单位	2015年完成数		2015年预期目标		“十二五”预期目标	
		绝对值	增长率	绝对值	增长率	2015年绝对值	年均增长率
一、全市生产总值	亿元	1161.28	7.5%	1114	8.5%左右	1000以上	10%
第一产业	亿元	58.12	1.2%	59	5%	–	–
第二产业	亿元	223.67	5.8%	232	8%	–	–
工业	亿元	135.11	4%	145	7.5%	–	–
第三产业	亿元	879.49	8.3%	823	9%	–	–
二、工业总产值	亿元	538.09	0.8%	551	4%	–	–
三、固定资产投资	亿元	1012.05	23.2%	953	16%左右	累计3000以上	19%
四、社会消费品零售总额	亿元	595.53	6.6%	626	12%左右	–	–
五、地方一般公共预算收入	亿元	111.5	10%	110	10%左右	100以上	15%
六、出口总值	亿美元	9.63	–21.8%	13.6	10%	–	–
七、旅游总收入	亿元	160.06	12.7%	159	12%	120以上	13%
接待国内外过夜游客	万人次	1225.2	8.4%			1200以上	12%
八、常住居民人均可支配收入	元	24442	8%	24782	9.5%以上	–	–
城镇常住居民人均可支配收入	元	28535	7.6%	29050	9.5%左右	30800	13%
农村常住居民人均可支配收入	元	11635	9.5%	11693	10%左右	11800（人均纯收入）	13%
九、城镇登记失业率	%	0.9%		3%以下		3.5%以下	
十、居民消费价格总指数	%	101.2%		104%以内		–	

注：1. 全市生产总值的预期目标绝对值未考虑价格因素。

2. 社会消费品零售总额2014年基数已调整为558.47亿元，2015年预期绝对值目标根据12%增长率目标相应的由606亿元调整为626亿元。

3. 根据《新预算法》要求，为与国家、省名称保持一致，原地方公共财政预算收入改称为地方一般公共预算收入。

附表二

海口市2016年主要经济社会发展预期指标

指标名称	单位	2016年预期目标	
		绝对值	增长率
一、全市生产总值	亿元	1243～1248	8%～8.5%
第一产业	亿元	60～61	4 %～5%
第二产业	亿元	233.～234	7%～7.5%
工业	亿元	135.5～136	4.5%～5%
第三产业	亿元	950～953	8.7～9.2%
二、工业总产值	亿元	560	4%
三、固定资产投资	亿元	1316	30%左右
四、社会消费品零售总额	亿元	643	8%
五、地方一般公共预算收入	亿元	122	9%
六、出口总值	亿美元	10.3	6.5%
七、旅游总收入	亿元	179	12%
八、常住居民人均可支配收入	元	26397	8%以上
城镇常住居民人均可支配收入	元	30818	8%
农村常住居民人均可支配收入	元	12682	9%
九、城镇登记失业率	%	3%以下	
十、万元GDP能耗	吨标煤	以省核定和下达为准	
二氧化碳排放总量	万吨		
化学需氧量排放总量	万吨		
二氧化硫排放总量	万吨		
氨氮排放总量	万吨		
氮氧化物排放总量	万吨		
十一、居民消费价格总指数	%	103.5%以内	

注：1. 全市生产总值的绝对值未考虑价格因素。
2. 2016年预期目标绝对值根据2015年最终确定数作相应调整。

关于2015年海口市和市本级预算执行情况及2016年海口市和市本级预算草案的报告

——2016年1月20日在海口市第十五届人民代表大会第七次会议上

海口市财政局

各位代表：

受市政府委托，现将2015年海口市和市本级预算执行情况及2016年海口市和市本级预算草案报告如下，请予审议，并请市政协委员和其他列席人员提出意见。

一、2015年海口市和市本级预算执行情况及“十二五”财政发展回顾

过去的一年，面对新常态下经济下行压力加大和财政收入增速放缓的严峻形势，在市委、市政府正确领导下，财政部门认真学习贯彻党的十八大和十八届三中、四中、五中全会精神，把抓收支、谋创新、推改革、促发展、强监管作为财政工作主线，认真践行“三严三实”，大力弘扬“四种精神”，积极做大经济蛋糕，加快构建现代财政管理体系，为海口的发展和治理提供了坚实的资金保障。

（一）2015年预算执行总体情况

我市已建立由一般公共预算、政府性基金预算、社会保险基金预算和国有资本经营预算四本预算构成的完整政府预算体系，2015年预算执行情况良好，实现全年收支平衡。

全市地方一般公共预算总收入221.42亿元（完成数，实际数待决算后略有调整，下同），增长20.4%，完成预算的127.9%（完成数较决算数和调整预算数增加了置换债券收入）。其中：全市地方一般公共预算收入完成111.5亿元，同口径较上年增长10%，完成预算的100%；省级补助收入57.22亿元；省级转贷地方一般债券收入31.54亿元（其中新增债3.1亿元，置换债28.44亿元）；调入资金4.94亿元；上年结余结转收入16.22亿元。全市地方一般公共预算总支出210.27亿元，增长25.4%，完成预算的124.4%。其中：全市地方一般公共预算支出171.13亿元，同口径增长10.7%，完成预算的108.1%；上解省支出8.85亿元；地方政府债券还本支出30.29亿元（其中新增债1.85亿元，置换债28.44亿元）。收支相抵，年终结余结转11.15亿元。

市本级地方一般公共预算总收入197.21亿元，增长21.1%，完成预算的128.8%（完成数较决算数和调整预算数增加了置换债券收入）。其中：市本级地方一般公共预算收入完成68.97亿元，同口径较上年增长10.4%，完成预算的100.3%；省级补助收入57.22亿元；省级转贷地方一般债券收入31.54亿元（其中新增债3.1亿元，置换债28.44亿元）；调入资金0.29亿元；区级上解收入23.55亿元；上年结余结转收入15.64亿元。市本级地方一般公共预算总支出186.84亿元，增长27%，完成预算的124.9%。其中：市本级地方一般公共预算支出86.36亿元，同口径下降4.2%，完成预算的88.9%；补助区级支出61.34亿元；上解省支出8.85亿元；地方债券还本支出30.29亿元。收支相抵，年终结余结转10.37亿元。

全市政府性基金总收入118.62亿元，增长26.1%，完成预算的100.9%（完成数较决算数和调整预算数增加了置换债券收入）。其中：全市地方政府性基金收入63.47亿元，同口径下降12.6%，完成预算的69.7%；省级补助收入12.73亿元；省级转贷地方专项债券收入31.31亿元（其中新增债2.3亿元，置换债29.01亿元）；上年结余结转11.11亿元。全市政府性基金总支出103.04亿元，增长24.2%，完成预算的99%。其中：全市地方政府性基金支出67.65亿元，同口径下降14%，完成预算的66.9%；补助区级支出6.38亿元；地方政府债券还本支出29.01亿元。收支相抵，年终结余结转15.58亿元。

全市社会保险基金预算总收入45.72亿元，完成预算的91.8%。全市社会保险基金预算总支出42.67亿元，完成预算的99.8%。本年收支相抵结余3.05亿元，加上历年结余，年末滚存结余25.58亿元。

全市国有资本经营预算收入1,562万元，完成预算的142.5%。全市国有资本经营预算支出1,562万元，完成预算的142.5%。

（二）2015年财政运行主要成效

1. 开源节流，全年收支情况良好。（1）加强税收和非税收入征管。今年以来，面对严峻的宏观经济形势和经济下行压力，市委、市政府主动作为，迎难而上，以“双创”为动力，以实干惠民生，大力推进项目建设，着力优化产业结构，深化重点领域改革，积极开展招商引资，持续保障改善民生，全市主要经济指标逆势上扬，经济运行总体呈现稳中加快、稳中趋好的态势，带动财政收入实现稳增长。全市财税部门坚持“依法、规范、挖潜”的6字原则，在提高征管

能力、严防偷税漏税和挖掘税收潜力的同时，进一步规范非税收入管理，确保全年收入目标得以顺利完成。

（2）积极争取上级资金支持。2015年上级财政对我市的支持力度是历年以来最大的，全年共争取上级资金132.8亿元。其中：获得上级补助收入69.95亿元（含地方一般公共预算和政府性基金），较上年增加4.9亿元，增长7.5%；获得省转贷地方置换债券57.45亿元（占全省各市县比例39.1%），通过置换债务本金，极大程度上缓解了我市债务压力，配合市财力安排的偿还债务利息支出，确保我市完成了全年偿债任务；获得省转贷地方新增债券5.4亿元（占全省各市县比例11.5 %），有力支持了我市政府投资项目建设。

（3）加大对区级补助力度。在积极争取上级资金的同时，市级财政继续加大对各区的补助和支持力度。2015年市本级通过转移支付方式共向区级下沉财力66.52亿元（含地方一般公共预算和政府性基金），较上年增加15.1亿元，增长29.4%。其中：财力性转移支付增加9.89亿元（包括补助四个区“双创”经费4亿元），增长36.8%；专项转移支付增加5.22亿元，增长21.2%。通过加大财力下沉力度，进一步增强了各区实力，促进我市区域经济协调发展。

（4）狠抓支出进度，贯彻厉行节约。创新预算支出管理模式，各部门“一把手”签署预算支出责任书，直接对市领导负责，预算执行进度明显加快，有力地推进了市委、市政府各项重要工作；在用好财政收入增量的同时，加大盘活存量力度，制定《海口市市本级盘活财政存量资金工作实施方案》，指导各部门、各区盘活存量资金，全年共盘活资金超10亿元，调整用于“双创”、保障民生等方面，在很大程度上缓解了财政收支压力；大力贯彻厉行节约，进一步压缩行政运行成本，全市“三公”经费支出1.39亿元，下降17.1%。

2. 改革创新，以现代财政管理体系服务大局。深入贯彻中央关于推进财税改革有关精神，从我市实际出发，千方百计培育财源、涵养财源、壮大财源，创新财政支持方式，扎实推进投融资体制改革，放大财政杠杆作用，努力实现资金、资源、资产三大统筹，初步构建政府现代财政管理体系，不断增强经济发展内生动力，以实际行动努力完成省对我市提出的“三个千亿”的投资目标要求。

扶持十二大重点产业，释放政策红利。紧紧围绕全省十二大重点产业发展方向，认真梳理财政扶持产业发展政策，配合出台了我市互联网产业、金融业、电子商务等若干产业扶持政策，充分发挥政策的引导和激励作用，着力转方式、调结构，开创大众创业、万众创新的新局面。全年直接兑现各类财政扶持产业发展资金4.5亿元，有力支持了旅游、工业、高新技术等重点产业发展。全年旅游总收入159亿元，增长12%；高新技术企业新增18家，总数占全省75%；全市规模以上工业总产值中，高新技术工业企业总产值约占半数以上，工业结构进一步优化；互联网产业蓬勃发展，逐渐融入海口公共服务各个领域，打造复兴城、演丰镇两个互联网产业聚集区，启动互联网小镇建设。

筹建PPP管理中心，积极推广运用PPP模式。市委、市政府高度重视政府投资和社会资本的衔接，在全省率先成立了PPP管理中心，积极推进项目建设，建立起涵盖交通、环保、能源、文教等领域，投资总额达716亿元的PPP项目库，南渡江引水工程等3个项目被纳入财政部第二批示范项目。目前南渡江引水工程项目与环卫一体化项目（琼山区试点）均已签约并组织实施，海口“天网”二期、桂林洋热带农业公园等项目也在紧锣密鼓推进中，未来社会资本将进入到更广泛的基础设施建设和公共服务领域。

发起城乡统筹发展基金，成立海口投资管理有限公司。市政府出资40亿元，和国开行、浦发行、建行信托公司等金融机构发起设立400亿元的海口市城乡统筹发展基金。基金首期计划发行80亿元（现已到位40亿元），下设棚户区改造和基础设施建设两个子基金，未来将有力撬动数千亿元的社会投资，充分激发市场主体的潜力和活力，促进海口经济持续发展。

整合优化国有资产，加强政府资源配置。以整合优化全市国有资产，提高投融资能力，理顺职责关系为重点，组建市地下管廊公司、菜篮子集团等2家国有控股公司，从事授权范围内的国有资产经营和资本运作，为加快地下综合管廊建设、促进菜篮子生产和流通等重大惠民项目搭建了融资平台。管廊公司前期注资工作已完成，中央和省将在三年内给予我市24亿元专项补助，加快推进地下管廊城市建设；通过组建菜篮子集团，持续扩大叶菜种植面积，优化流通体系，将逐步解决百姓“菜篮子”问题。

挖掘财政、金融、保险“三桶金”，放大财政杠杆效应。积极为中小微企业减轻融资负担，扩大“政保贷”规模，政策合作金融机构已增至8家，财政投入2.4亿元，撬动社会资本25亿元，全年帮助204家小微企业获得银行授信额度近13亿元；帮助农民解决融资难问题，拨付财政贴息163万元，撬动银行为农民发放小额贷款9460万元；拨付财政补贴1873万元，实现受理农业保险案件9000余起，帮助农民获得农保赔款4854万元，切实维护了受损农民利益。

3. 以民为重，持续关心和解决民生问题。财政部门始终将民生投入作为支出的重中之重，2015年，全市民生支出累计完成128.43亿元，同比增长25.2%，占地方一般公共预算支出的75.1%。财政资金取之于民，用之于民，确保了各项民生实事的完成。

加大“三农”投入力度，促进农业增效和农民增收。农林水支出14.55亿元。基本完成全市农村土地确权外业测量工作，流转土地3711亩；改造标准化菜田1.5万亩，新增叶菜3000亩；145个贫困村全部脱贫；罗牛山10万头现代化养猪场完工；6家农业产业园获评省级首批现代农业示范基地（园区）；农牧产品抽样检查合格率达98%。主要措施：推动农业产业化发展。通过扶持农业专项资金和政策性补贴，大力扶持农业龙头企业，着力发展蔬菜大棚生产，新建肉蛋鸡、黑山羊等标准化畜禽养殖小区21个；新认证无公害农产品11个，云龙淮山、永兴荔枝获“国家地理标志产品”；拨付9800万元，加快推进全市农村综合改革示范试点工作，将农业产业发展和新型城镇化建设有机结合。落实扶贫惠农政策。拨付各级资金1.48亿元，加强农村基础设施建设，加快村级公益事业发展，大力推进特色风情小镇和美丽乡村建设；充分发挥补贴资金的政策引导和激励作用，落实各项惠农补贴6365万元，农资综合直补和粮食直补面积34.58万亩，良种补贴面积52.62万亩；全年培训农民1.5万多人（次），为现代农业发展提供有力的知识和科技支撑。

推动教育均衡发展，全面落实教育惠民。教育支出33.65亿元。进一步完善教育资金保障机制，为教育发展提供软硬件支持，新建、改扩建学校10所，新增学位5050个；琼山区顺利通过义务教育发展基本均衡区的国家评估认定。主要措施：致力改善办学条件。拨付4.66亿元，全面改善我市学校基本办学条件，完成30所公办乡镇幼儿园建设及教学设施的购置，助推我市公办幼儿园全覆盖；五源河学校项目和特殊教育学校职业教育实训楼等加快推进；拨付2582万元，以棚户区改造为契机，继续整合城区“麻雀学校”，全面完成校安工程，进一步优化我市学校布局。推进各类教育发展。拨付3426万元，扩大职业教育免学费范围，向超过2500名大学生发放助学贷款，帮助贫困学生顺利完成学业；累计拨付各级教育资金2.5亿元，分别按700元/生.年、900元/生.年和1200元/生.年标准，保障小学、初高中公用经费，免除义务教育阶段22万多名中小学生学杂费、课本费和作业本费；加快中小学校教育信息化建设步伐，全面铺开首批140所学校“千兆进校园”工程。

强化社会公共服务，提升城乡保障水平。社会保障和就业支出21.21亿元。基本实现城乡居民社保体系全覆盖，11家农村老年人日间照料中心和27个村（居）社区活动中心投入使用；城乡居民养老保险参保31.23万人，参保率97.6%；全市城镇新增就业5.7万人，超额完成全年计划。主要措施：发挥社会救助托底作用。落实各级资金1.3亿元，将城市低保标准从450元/人.月提高到520元/人.月，农村低保标准从360元/人.月提高到460元/人.月，扎实做好农村五保供养；为全市约3.6万名80岁以上高龄老年人发放补贴6090万元；发放临时救助资金1288万元，实现对困难群体的兜底保障救助。拓展城乡社会保障惠及面。拨付4810万元，将城乡居民养老保险基础养老金标准提高至145元；发放就业社保补贴、公益性岗位（含社保）补贴等各项补贴1500万元，受益2.6万人（次）；帮助落实创业小额贷款5214万元，帮扶600多人创业，带动1700多人就业；拨付1127万元，落实退役士兵安置服务和改革举措；拨付配套资金5031万元，4300户农村危房改造任务全部完成。

推进全民卫生医疗建设，加强基本公共卫生服务。医疗卫生支出19.09亿元。完善覆盖城乡基本医疗卫生制度；城镇居民医保参保56.5万人，完成年度任务的111%；在全市范围内提高基本药物使用率；“先看病后付费”诊疗新机制在公立医院中全面铺开；逐步取消药品加成，让利百姓。主要措施：完善和巩固基本医药制度改革。拨付4631万元，巩固并完善基本药物制度，在全市27家镇卫生院、228家行政村卫生室和108家社区卫生服务机构实施基本药物制度，实现基层全覆盖；拨付配套资金2113万元，免费提供13项基本公共卫生服务。加快建设覆盖城乡的医疗体系。拨付7625万元，将新型农村合作医疗和城镇居民基本医疗财政补助标准提高到380元/人.年；拨付1277万元，广泛开展妇科疾病普查、艾滋病防治、免费婚前检查等卫生专项工作，进一步健全疾病预防控制、医疗救治和保健体系。

4. 凝心聚力，“双创”攻坚取得阶段性胜利。坚定必胜信心，全面开启“双创”模式。在市委、市政府领导下，财政部门统筹兼顾，合理调度，为“双创”工作做好资金保障，确保“双创”始终处于高位推进，将参与“双创”常态化，将保障“双创”制度化，将推进“双创”规范化，全面提升城市规划、建设水平和城市品位，扛起全省唯一一座大城市和“首善之城”的责任担当，造福全市乃至全省人民。

全市落实“门前三包”主体责任单位（业主）4.3万家，签订率100%；累计拆除违法建筑366.4万平方米；启动46家农贸市场升级改造；8个街边小游园绿化工程全部完成；植树造林3.6万亩；城市集中式饮用水源地水质达标率、国家重点监控断面水质达标率100%，空气质量在全国74个重点城市中排名第一。主要措施：多途径统筹调剂资金，确保各项“双创”工作顺利开展。狠抓城市综合管理治理。拨付4.8亿元，完成858条小街小巷改造、52条道路修复；拨付1.52亿元，全力加快棚户区改造步伐，超额完成省下达我市棚户区改造任务；拨付7100万元，加大打击违法违规建筑力度，启动建设城市管理信息监控系统；拨付9953万元，重点解决交通不文明问题，加强道路设施管理。拨付1.1亿元，做好市政道路、桥梁等维护管养工作，完成8个积水点改造，解决群众出行问题。加强生态环境整治。拨付9681万元，提升园林绿化管理，扎实推进“绿化宝岛大行动”，完成91条道路和12个小游园绿化工作；拨付6874万元，加强饮用水源地保护，大力整治水污染；投入1.57亿元，开展垃圾清运、分类回收，实现城市

特

载

垃圾综合治理；拨付1.53亿元，处理污水1.83万立方米，供水出厂水质合格率100%，管网水综合合格率达99.6%以上。中央文明办调研组对我市创建工作成果给予了充分肯定；中央电视台、《人民日报》《海南日报》、海南广播电视总台等主流媒体均对我市“双创”工作进行了深度报道。

5. 监管并举，促进财政运行规范公开。一是强化财政监督检查，突出重点，抓好整改落实。全年开展教育系统、会计监督、存量资产管理、预决算公开及其他群众举报等重点专项检查，查处违规金额4945万元；对国资委重点监管的18家企业进行会计信息质量监督检查，查处违规金额1.8亿元，进一步强化我市国有企业财政资金管理。二是建立国库集中支付用款计划考核机制，推动预算单位准确编制用款计划，推广公务卡结算制度，加强预算执行动态监控机制建设。三是全面推进财政信息公开，规范理财用财行为。除涉密部门外，全市各预算部门均按时按要求公开了预决算信息，公开内容得到进一步延伸，自觉接受公众监督，打造阳光财政、透明财政。

（三）“十二五”财政发展回顾

过去的五年，财政部门紧密围绕市委、市政府中心工作，秉承“为国理财、为民服务”的宗旨，一手抓收入征管，一手抓支出管理，财政收入快速增长，财政支出结构更趋合理，财政管理更加规范，财政改革扎实稳步推进，财政事业实现了跨越式发展，财政实力明显增强，为推动社会经济发展做出了积极的贡献。

财政收支方面：“十二五”以来，全市财政收入持续高速增长，财政支出结构不断优化。在坚定不移地实施积极财政政策、放大财政杠杆效应的同时，严格控制一般性支出，牢固树立理财观念和过“紧日子”的思想，在稳增长、调结构、促改革、惠民生等各个方面成效显著。全市地方一般公共预算收入规模由2010年的50.37亿元增加到2015年的111.5亿元，增长了1.21倍，年均增长17.2%；支出总量由2010年的79.84亿元增加到2015年的171.13亿元，增长了1.14倍，年均增长16.5%，财政服务经济社会发展和保障民生的能力大幅提升。

财政改革和管理方面：一是预算改革取得新进展。实现了一般公共预算、政府性基金预算、社保基金预算和国有资本经营预算“四位一体”的完整预算体系，将政府收支全部列入预算，实现了全口径的预算管理；推进项目库为基础的预算编制改革，预算执行进度加快，预算公开和绩效评价得到加强。二是政府债务管理取得新成效。认真开展债务清理甄别工作，实现政府债务归口财政管理，采取得力举措积极化解存量债务，不断推进债务公开。三是财政撬动经济发展方式取得新飞跃。主动转变政府职能，鼓励政府购买服务；规范产业扶持政策，优化财政扶持方式；创新投融资模式，开展“拨改投”“政保贷”，推广PPP模式，发起政府投资基金，最大限度撬动金融和社会资本。四是财政管理和队伍建设取得新成效。大力推行国库集中支付，清查国有资产，规范政府采购，建立覆盖市、区、镇三级财政信息网络；不断完善财政职能，成立财政监督检查局、PPP管理中心，健全选贤用人考核机制，严控廉政风险，提升财政队伍整体素质。

尽管“十二五”期间我市财政工作圆满完成各项任务，取得了显著的成效，但我们也清醒地看到，财政运行中仍存在一些矛盾和问题，如：我市进入偿债高峰期，债务规模相对较大；财政收入增幅放缓和各类刚性支出不断增加的矛盾加剧；部门预算执行进度还有待加快；财政资金使用效益依然有待提升等等。我们将在今后的工作中高度重视这些矛盾和问题，通过深化改革、创新机制、加强管理，逐步加以解决。

二、2016年财政主要目标和工作任务

（一）2016年财政主要目标

2016年，全市地方一般公共预算收入增长预期目标确定为9%，预计完成121.66亿元；全市国有土地出让金收入预期目标确定为80亿元。

地方一般公共预算收入方面。从全国和全省来看，“新常态”下，我国经济正处在新旧动能转换的艰难进程中，财政收入回落到个位数增长已成为常态；随着国际旅游岛建设的深入推进，全省经济结构布局不断优化，基础设施建设和固定资产投资规模不断扩大，有利于经济持续发展，但“营改增”继续扩围、房地产低迷以及中央节能减排目标将对我省经济增长势头造成一定影响。从我市来看，未来人员调资、公车改革等刚性支出和各项民生类支出需求在增加，城市建设和治理的力度在加大，需要一定的财政收入增长。当前我市正处于爬坡过坎的关键机遇期，国家和省赋予海口“一带一路”“多规合一”“海澄文”一体化等重大发展机遇，随着区域经济布局不断提升、重大项目的加快推进和产业结构调整优化，将为经济发展注入强劲动力和活力，可支撑我市地方一般公共预算收入实现9%的增长目标。

国有土地出让金收入方面。我市尚处在偿债高峰期，为统筹资金足额化解到期债务，满足政府投资基金、棚户区改造以及市政维护等方面不断增加的支出需求，需要一定的土地出让金收入。从近两年来土地出让金收入完成情况看，全市土地收储形势向好，同时，“双创”和棚户区改造将在拓展旅游市场、带动房地产业发展等方面为我市带来积极影响。综上考虑，2016年国有土地出让金收入目标预计完成80亿元。

（二）2016年财政工作任务

2016年是“十三五”开局之年，也是“双创”攻坚战最关键的一年，我们要在新常态下，适应新形势，把握新机遇，充分把握和领会中央政策精神，找准海口改革和发展方向，紧紧围绕市委、市政府中心工作，发挥积极财政政策的扶持和撬动作用，为供给侧改革提供动力，更加切实有效

地履行财政职能。

1. 强化预算收支管理，促进财政资源合理配置。收入方面：准确判断收入形势，加强税源普查和分析，整合财政、审计、国地税各方力量，以查促征，加大欠税清缴力度，做到依法征收、应收尽收，规范非税收入征收及管理；引导和激励各部门积极争取上级资金，确保我市转移性收入逐年增长。

支出方面：做好财政加减法，应保尽保，应压尽压；着眼当期与长远，统筹兼顾，突出重点。确保"三公"经费等一般性支出只减不增，优先保障各部门机构正常运转和人员刚性支出；始终把民生作为财政支出的重要内容；全力支持"双创""多规合一"和行政管理体制改革等市委、市政府中心工作和重点领域改革。

预算管理方面：加强政府性基金、国有资本经营预算与一般公共预算之间的政府预算综合统筹和管理，盘活实体账户存量资金和土地存量资产；完善预算执行进度考核通报制度，将预算安排与执行情况挂钩；编制补充预算，启动中期财政规划试点，创新财政投融资管理模式，审慎稳妥化解收支矛盾，实现预算长期平衡；强化预算监督和绩效评价，严格控制预算追加。

2. 完善现代财政机制，加强财政宏观调控。充分发挥财政职能，落实积极财政政策，积极推进财政改革，增强新理念，拓展新思路，促进财政体制创新、政策创新，着力发挥财政"四两拨千斤"作用，建立并完善撬动经济发展的财税、金融政策体系。主要抓好以下几方面工作：

一是创新财政投融资机制。充分发挥PPP管理中心职能，积极推广PPP模式，搭建起政府、企业、社会资本沟通对接的桥梁；大力发展海口市基金平台，统筹资源、资金、资产三大资源，促进投资主体多元化，激发市场活力，增强发展内生动力。二是促进产业提质增效。整合政府和社会资源，统筹安排财政资金，综合运用结构性减税、股权投资、融资担保、财政贴息等方式，积极发展十二个重点产业，促进产业结构优化升级，夯实经济发展基础。三是助力中小微企业发展。扩大"政保贷"合作力度和覆盖范围，加强中小微企业信用担保体系建设，提升产业和信贷投向契合度，降低中小微企业融资门槛。四是整合优化国有资产。积极推进市属国有企业的改革，支持国有控股公司盘活存量资产，用好增量资产，加快资源整合、兼并重组、创新发展、做大做强，形成"政府主导、市场运作、社会参与"的多元化投融资管理体制。

3. 持续发力改善民生，全力支持"双创"。坚持社会保障政策托底，守住基本公共服务的底线，坚持问题导向，着力通过财政扶持和引领作用，解决群众最关心的利益问题，以"小财政办大民生"，努力完成省市民生实事。坚决做好全市"双创"财力后盾，全力确保"双创"资金及时、足额落实到位，以"双创"促改革、谋发展、惠民生，刷新整座城市。

4. 深化落实各项改革，提升财政管理水平。一是加强预算衔接统筹。做好政府性基金预算、国有资本经营预算与一般公共预算的有机衔接，做好当期财政预算、中期财政规划与"十三五"规划的有机衔接，提升预算综合统筹能力。二是规范地方债务管理。将地方债务纳入全口径预算管理，积极争取置换债券额度，统筹安排偿债资金，在债务限额内化解存量债务，确保我市债务风险长期可控；大力争取新增债券额度，扩大当期投资规模；完善债务公开制度，形成政府性债务"借、用、还"一体化长效管理机制。三是全面强化财政监管。定期开展严肃财经纪律专项检查，对财政资金的安排、使用实施全程监督，加强绩效评价；建立健全预算支出责任追究制度；深化固化国库集中支付改革，加快财政信息化建设步伐，确保财政资金支付安全高效。四是加强财政队伍建设。加强财政领导班子建设，提升财政干部队伍理论和业务水平，进一步转变作风，持续发扬"四种精神"，防范廉政风险，弘扬财政文化，建设高素质财政队伍。

三、2016年海口市和市本级预算安排

（一）全市和市本级财政收支目标

全市地方一般公共预算总收入187.41亿元。其中：全市地方一般公共预算收入121.66亿元，同口径增长9%；省级补助收入51.03亿元；调入资金3.57亿元；上年结余结转收入11.15亿元。全市地方一般公共预算总支出182.66亿元。其中：全市地方一般公共预算支出167亿元，同口径下降2.4%；上解省支出11.76亿元；地方政府一般债券还本支出3.9亿元。收支相抵，年终结余结转4.75亿元。（详见附表6）

市本级地方一般公共预算总收入166.33亿元。其中：市本级地方一般公共预算收入75.29亿元，同口径增长9%；省级补助收入51.03亿元；调入资金3.57亿元；区级上解收入26.07亿元；上年结余结转收入10.37亿元。市本级地方一般公共预算总支出162.37亿元。其中：市本级地方一般公共预算支出94.65亿元，同口径增长9.6%；补助区级支出52.06亿元；上解省支出11.76亿元；地方一般债券还本支出3.9亿元。收支相抵，年终结余结转3.96亿元。（详见附表7）

全市政府性基金总收入96.08亿元。其中：全市地方政府性基金收入75.75亿元，同口径增长19.5%；省级补助收入5亿元，上年结余结转收入15.33亿元。全市政府性基金总支出89.95亿元。其中：全市地方政府性基金支出81.95亿元，同口径增长21.1%；调出资金3亿元；补助区级支出5亿元。收支相抵，年终结余结转6.13亿元。（详见附表8）

全市社会保险基金预算总收入53.47亿元，增长17.0%。全市社会保险基金预算总支出46.38亿元，增

长8.7%。本年收支相抵结余7.09亿元，加上历年结余，年末滚存结余32.67亿元。（详见附表9）

全市国有资本经营预算收入2亿元，增长18.85倍。全市国有资本经营预算支出2亿元，增长18.85倍。（详见附表10）

（二）重点支出安排情况

2016年，财政部门坚决贯彻保运转、保民生、保重点、保改革，压一般的基本原则，在保障基本运转的前提下，集中财力保障市委、市政府中心工作，进一步优化经济结构，持续保障和改善民生，扎实推进“双创”工作。全市民生支出预算安排122.63亿元，占地方一般公共预算支出的73.4%。

1. 优先保障基本运转支出需要

始终将“保工资、保运转、保稳定”放在首要位置，确保政府充分履行经济建设和社会管理职能，提升公共服务保障能力。安排22.5亿元，保障市级行政事业单位正常高效运转和人员工资及时发放；安排1亿元，推进我市公车改革方案早日落地，规范政府公务出行；安排2.3亿元，落实全国性增资以及追加正常调资、抚恤金、公安干警值勤岗位津贴等相关支出，兑现市本级职工住房补贴，解决调资和养老保险改革后人员“增不抵缴”问题。落实市委、市政府相关改革精神，安排4.3亿元，保障村（居）组织基础设施建设，解决全市230个村（居）办公活动场所问题；安排1.72亿元，解决全市村（社区）“两委”干部工作经费不足和待遇偏低的问题，进一步加强基层服务型党组织建设；按照“财随事走”的原则，安排补助各区4.5亿元，推进行政管理体制改革，充分激发基层活力。

2. 汇聚产业力量助推实体经济

围绕十二大重点产业发展布局，安排产业扶持资金6.3亿元，主要包括：扶持工业发展8000万元，航空公司和旅行社奖励1.67亿元，扶持发展新能源汽车9500万元，扶持互联网产业5000万元，扶持道路运输航运业4200万元，扶持电子商务发展3000万元等。未来将通过产业基金等方式，转变财政支持方式，加大招商引资力度，引导社会资源的优化配置，通过对具有发展潜力的处于创业初期或成长阶段的企业以股权投资等方式进行支持，并为企业提供多重增值服务，助推优质企业加速成长，努力培育支撑经济持续稳定增长的新业态、新产业、新主体，深化企业间与产业间交流合作，实现优势互补，提升经济韧性，夯实海口经济发展基础，加快建设“一带一路”战略支点城市。

3. 吸引社会资本撬动经济持续发展

坚定不移实施积极财政政策，通过财政杠杆作用，大力吸引社会资本，扩大当期投资规模，全面推进“双创”、棚改攻坚和基础设施建设等，促进地区经济社会持续发展。

一是用好PPP模式，做好PPP宣传和推广，广泛吸引社会资本，最大限度发挥各方资金优势，将琼山环卫一体化试点向全市推广，加快推进“天网”二期、污水处理厂、桂林洋热带农业公园以及其他各类政府投资项目建设。安排0.85亿元，完成管廊公司注资工作，结合上级补助，全力加快地下综合管廊城市建设。二是用好国开发展基金、农发重点基金，做好我市政府投资基金各项相关工作，视基金实际发行和使用情况，将投资收益及回购款分年度纳入预算；采用政府购买服务的方式，解决棚户区改造七期项目经费，通过跨年度预算保障政府购买服务经费。三是安排市级资金0.5亿元，并争取省级补助0.5亿元，通过“政保贷”，扩大中小微企业融资规模和金融服务覆盖范围，力争在全省形成可复制可推广的成功经验。

4. 着力改善和增进民生福祉

（1）加快高效特色农业发展进程。农林水支出预算安排12.11亿元。加快“菜篮子”建设步伐。安排6000万元，继续加快农业产业园建设和设施农业发展，不断壮大龙头企业与农民合作社发展规模；安排3539万元，加快新一轮蔬菜大棚建设，加大蔬菜基地改造和菜农补贴力度，促进“菜篮子”优化流通，从源头解决百姓“菜篮子”问题；安排1696万元，加强农、畜产品和饲料质量监管，让百姓吃的安全、放心。大力改善农村生产生活条件。安排5566万元，继续加大全市农田水利建设投入力度，确保农业生产和农民饮水安全；安排配套资金3000万元，调动农民积极性，推进美丽乡村建设；安排1000万元，大力创建生态文明村，进一步提高我市生态文明村数量。积极落实农民增收。安排3000万元，加快推进兰花产业园建设，扶持石斛产业发展，以农业产业发展带动农民增收；安排1032万元，开展农民培训，提高农民专业技术水平和适应市场的能力，继续扩大农业保险补贴范围；安排2000万元，通过精准扶贫，提高扶贫工作的针对性和有效性，力争贫困人口早日脱贫。

（2）支持教育事业进步。教育支出预算安排31.12亿元。推进教育资源均等化。安排5.02亿元，做好秀英区义务教育均衡发展国家验收工作，推动义务教育均衡发展；改善教学环境，推进教育信息化建设，继续抓好公办幼儿园、校安工程、“10+2”项目、北师大合作项目建设，进一步增加学位供给；安排9793万元，保障市属学校正常运转和更新教学设备需要，大力支持教育发展；安排2633万元，保障全市高中学校公用经费；安排8480万元，保障义务教育阶段中小学校公用经费，免除义务教育阶段学生学杂费、课本费和作业本费。加大各类教育投入。安排4500万元，补助职业教育学生免费入学；安排各类职教和高校学生奖助学金1870万元，资助贫困生顺利完成学业，让更多的困难学生享受教育的普惠；安排2000万元，保障公办幼儿园运转，并为3-6岁在园幼儿发放学前助学券；通过安排补贴资金2500万元，实现义务教育阶段中小学生免费乘坐公交车。

(3) 完善社会保障体系。社会保障和就业支出预算安排21.62亿元。健全社会保险体系。安排8500万元，保障基层社区居委会运转，创建服务型社区；安排1.52亿元，落实事业单位退休人员岗位绩效生活补贴、归侨退休人员和离休干部遗属生活补助；安排1100万元，进一步促进就业创业，将城镇登记失业率控制在3%以内。完善生活保障体系。安排4685万元，为城乡居民提供生活保障，扎实做好农村五保供养；安排7282万元，为全市高龄老人发放长寿补贴，为孤儿和社会流浪精神病人提供救助，促进社会稳定与和谐；安排3774万元，大力建设农村老年人日间照料中心，改善我市养老床位不足的局面；安排3119万元，关爱残疾人，为残疾人提供社会救助；安排1467万元，做好退役士兵安置、培训和再就业工作。搭建保障住房安居体系。安排配套资金4095万元，结合上级补助资金，努力完成2016年我市农村危房改造任务；推动廉租住房、公共租赁房和“双困房”并轨，确保住房保障成果真正惠及广大的住房困难群体。

(4) 推进医疗卫生改革。医疗卫生支出预算安排19.13亿元。扩大医疗补助救助范围。安排8087万元，落实新型农村合作医疗和城镇居民基本医疗财政补助，实现农民参合率97%以上、城镇居民医保参保率98%以上的目标；安排8200万元，发放离休干部医疗补助和计划生育奖励金；安排1000万元，实施城乡居民重特大疾病医疗救助。推进基本公共卫生服务均衡化。安排4738万元，将国家基本药物制度改革成果落到实处，取消药品加成，扩大公立医院“先看病后付费”服务范围；安排配套资金2441万元，为全市人民做好13项基本公共卫生服务；安排1910万元，做好病媒生物防制，确保我市公共环境卫生达标，顺利通过省和国家验收。

5. 全力以赴打好“双创”攻坚战。加大全口径预算统筹力度，全力以赴支持“双创”各项工作，以“双创”完善城市功能，以“双创”优化卫生环境，以“双创”改善城市面貌。加大城市治理力度。安排9438万元，狠抓城市管理，下大力气打击违法建筑蔓延，加强“数字”城管建设；安排1.45亿元，做好市政道路、排水设施等精细化管理养护工作，提高城市公共服务质量；安排8472万元，做好交通配套公共设施更新维护工作，着力提升交通安全，优化交通秩序。安排7204万元，进一步扶持公交企业，发展公交事业，提倡低碳出行。加强精神文明建设。安排905万元，丰富群众生活，开展万春会、公益电影放映、精品文艺演出等缤纷多样文化交流活动，支持承办环岛国际大帆船赛、环岛国际公路自行车赛、国际沙滩马拉松赛等重大体育赛事，提高海口的城市知名度和影响力；安排1108万元，加大新闻媒体对“双创”和精神文明建设的宣传力度，鼓励媒体为民发声，传递社会正能量。加大生态环保投入。安排1.8亿元，大力开展污水处理和污泥处置工作；安排1.23亿元，稳步推进垃圾清运、分类和无害化处理，建成一批环保公厕；安排9786万元，抓好园林绿化、改造和基础设施建设，推进现代滨海花园城市建设。

我们坚信，在市委、市政府的坚强领导下，在市人大、市政协监督支持下，全市各级财政部门认真践行“三严三实”，弘扬“四种精神”和“三种特质”，坚定信心，抢抓机遇，担当实干，必将圆满完成2016年各项财政工作任务，为“十三五”全面建成小康社会奠定坚实基础!

2015年海口市环境状况公报

海口市生态环境保护局

2016年6月5日

一、环境空气质量

(一) 城市环境空气质量

2015年海口市环境空气质量总体优良。有效监测天数为355天，其中，环境空气质量指数（AQI）一级优天数为272天，二级良天数为77天，超二级天数为6天，环境空气质量优良率（AQI≤100的天数）为98.3%，优于2014年的98.1%。全市二氧化硫（SO2）、二氧化氮（NO_2）、可吸入颗粒物（PM10）和细颗粒物（PM2.5）平均浓度分别为6μg/m³、14μg/m³、40 μg/m³和22μg/m³，一氧化碳（CO）24小时平均第95百分位数是0.9mg/m³，臭氧（O_3）日最大8小时平均第90百分位数是103μg/m³。在环保部公布的实施新空气质量标准的京津冀、长三角、珠三角区域及直辖市、省会城市和计划单列市等74个城市中，海口市2015年环境空气质量名列第一。

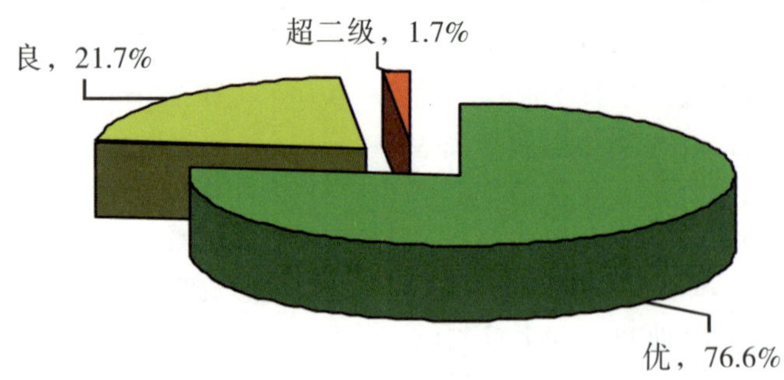

2015 年海口市空气质量级别分布示意图

（二）主要旅游景区空气负离子浓度

雷琼海口火山群世界地质公园空气质量优良，空气负离子年均浓度为1200个/cm³，符合世界卫生组织规定的清新空气1000-1500个/cm³的标准，对人体健康有利。

二、水环境质量

2015年海口市水环境质量状况总体良好。城市集中式生活饮用水水源地、国控断面、近岸海域水质达标率均为100%，17条河流水质达标率为64.7%，典型乡镇和农村集中式饮用水源地水质总体保持稳定，但市区内部分水体仍存在黑臭。

（一）集中式生活饮用水水源地

1. 城市集中式生活饮用水水源地

全市城市集中式生活饮用水水源地分为两类：一是地表水集中式生活饮用水水源地，监测点位为龙塘水厂和永庄水库；二是地下水集中式生活饮用水水源地，监测点位为秀英水厂。2015年，龙塘水厂、永庄水库109项地表水源水质指标和秀英水厂39项地下水源水质指标分别达到《地表水环境质量标准》（GB 3838-2002）Ⅲ类标准和《地下水质量标准》（GB/T 14848-93）Ⅲ类标准，达标率为100%，符合国家饮用水水源地水质标准，全市城市集中式生活饮用水水源地水质保持稳定。

2. 典型乡镇和农村集中式饮用水水源地

全市典型乡镇和农村集中式饮用水水源地分布在19个乡镇，包括5个地表水型水源地和14个地下水型水源地。2015年，5个地表水水源地水质均达到《地表水环境质量标准》（GB 3838-2002）Ⅲ类标准；14个地下水类型水源地水质基本达到《地下水质量标准》（GB/T 14848-93）Ⅲ类标准，全市典型乡镇和农村集中式饮用水水源地水质总体保持稳定。

（二）地表水

1. 国控断面

全市3个国控断面（儒房渡口、后黎村和龙塘）水质均达到《地表水环境质量标准》（GB 3838-2002）Ⅲ类标准，达标率为100%，全市国控断面水质保持稳定。

2. 主要河流

全市17条河流中，有11条河流水质达标，其中南渡江、白石溪、昌旺溪、铁炉溪、三十六曲溪、演州河、演丰东河、演丰西河等8条河流水质达到或优于《地表水环境质量标准》（GB 3838-2002）Ⅲ类标准；鸭程溪、罗雅河、荣山河、芙蓉河、美舍河、五源河等6条河流水质不达标。与2014年相比，全市河流水质基本持平。

3. 湖库

全市水库例行监测点位共3个，分别为云龙水库、沙坡水库和工业水库。2015年，云龙水库和沙坡水库水质符合所属环境功能区标准，工业水库水质未达标。全市湖泊例行监测点位共4个，分别为东西湖、红城湖、金牛岭人工湖和海大人工湖。2015年，4个湖泊水质均未达标。与2014年相比，主要湖库水质基本持平。

（三）近岸海域

全市近岸海域监测点位共13个，分别为三联村、假日海滩、秀英港、寰岛海滩、粤海铁路南港、天尾角、海口倾废区、东寨港红树林、桂林洋、海口湾、铺前湾、荣山寮和海口湾度假旅游区。2015年近岸海域各点位水质均达到《海水水质标准》（GB 3097-1997）规定的相应环境功能区标准，达标率为100%，全市近岸海域水质保持稳定。

三、声环境质量

海口市昼间区域环境噪声总体水平等级为二级（较好）；昼间道路交通噪声强度等级为二级（较好），昼间功能区噪声符合《声环境质量标准》。

（一）区域环境噪声

全市昼间区域环境噪声平均等效声级为55.0分贝，比2014年上升0.1分贝，总体水平等级为二级（较好）。

（二）城市道路交通噪声

全市昼间交通噪声平均等效声级为68.3分贝，比2014年上升0.3分贝，强度等级为二级（较好）。

（三）城市功能区声环境

全市4类功能区声环境昼间平均等效声级符合《声环境质量标准》（GB 3096-2008）。

四、辐射环境质量

全市辐射环境质量处于正常水平。各个监测点位的γ辐射空气吸收剂量率、沉降物、地表水、饮用水中的总α、总β水平，土壤放射性核素铀-238、钍-232、镭-226和钾-40含量以及城市电磁辐射水平均保持相对稳定，未发现异常情况。中波发射台和输变电系统设施的监测结果表明，各个监测点位的电磁场的场强保持相对稳定，未发现异常情况。与2014年相比，全市辐射环境质量无明显变化。

2015 年海口市海洋环境状况公报

海口市海洋和渔业局

2016 年 6 月

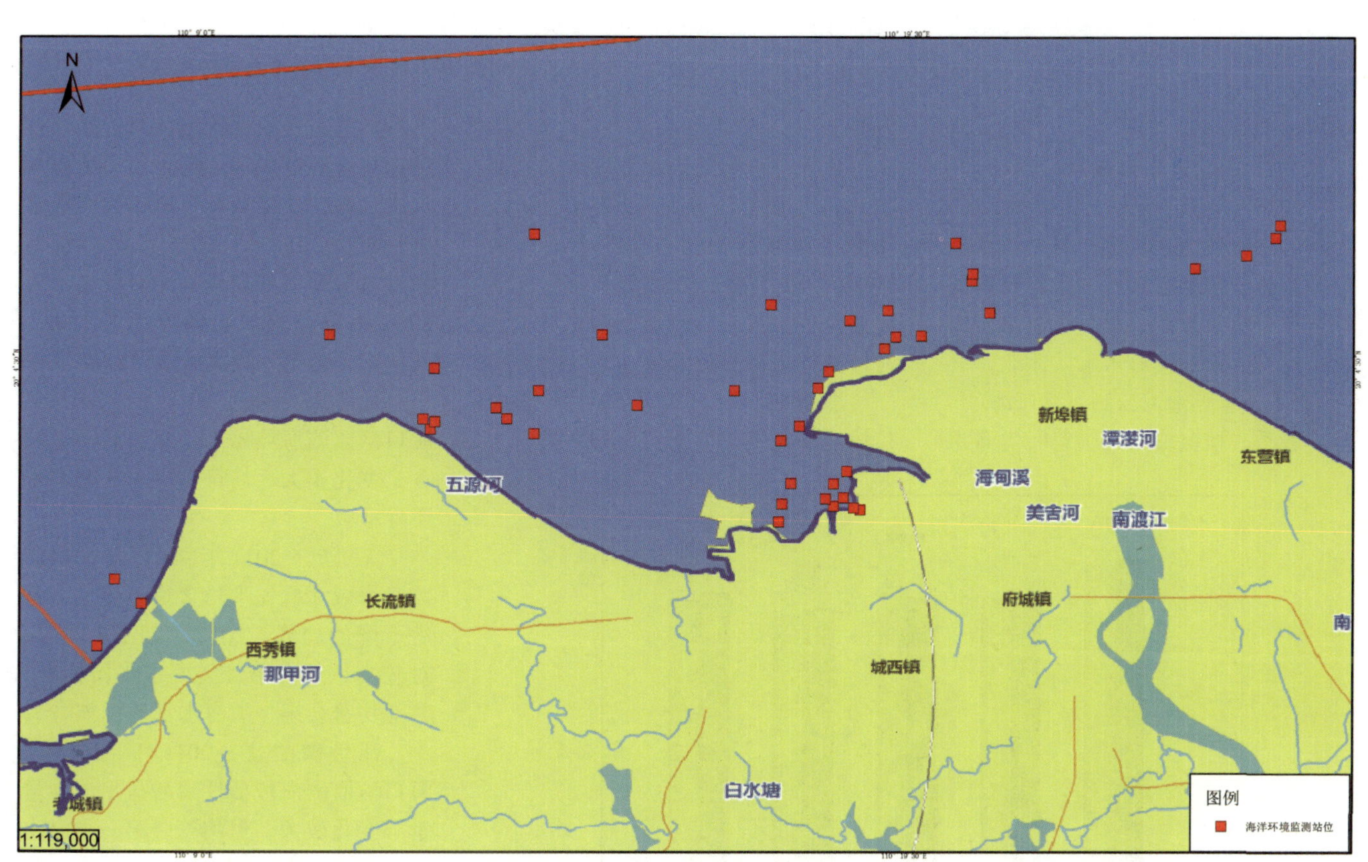

海口市管辖海域监测站位示意图

1. 概述

2015 年，海口市海洋和渔业局切实履行海洋环境监督管理职责，组织实施了海口市所辖海域的海洋环境监测监视工作，开展了海水质量、海洋沉积物质量、海水增养殖区和海水浴场等主要海洋功能区环境状况监测，加强了涉海工程用海区、主要入海污染源及海洋环境灾害的监测与调查，有效开展海洋灾害、损害监测等任务，较全面掌握了海口市近岸海域海洋环境质量状况。

2015 年，海口市近岸海域海洋环境质量状况保持良好，水质优于或符合第二类海水水质标准，沉积物质量符合第一类海洋沉积物标准；陆源入海排污口超标排放现象依然存在，主要超标因子为总磷；龙昆沟入海排污口的邻近海域环境质量较差，与 2014 年相比未见改善；东寨港海水增养殖区环境质量能满足养殖需要；海口假日海滩海水浴场适宜和较适宜游泳天数的比例为 84%，天气不佳是不适宜游泳的主要原因；海洋工程用海区邻近海域环境状况总体良好，用海活动对邻近海域的水环境影响较小；全年监测到赤潮 1 次，面积约为 1.0 平方公里；风暴潮、海浪等海洋灾害造成的经济损失与 2014 年相比明显减小；海口市西海岸镇海村一带的砂质海岸侵蚀范围及速率与往年相比有所减缓。

2. 海洋环境质量状况

2.1 海水环境质量状况

2015 年度，海口市对所辖海域开展了春季、夏季、秋季和冬季四个航次近岸海水水质监测，春季和夏季两个航次重点监测海域（海口湾）海水水质监测。结果表明，2015 年海口市管辖海域海水水质总体良好，除龙昆沟入海口及其邻近海域外，海口所辖海域海水优于或符合第二类海水

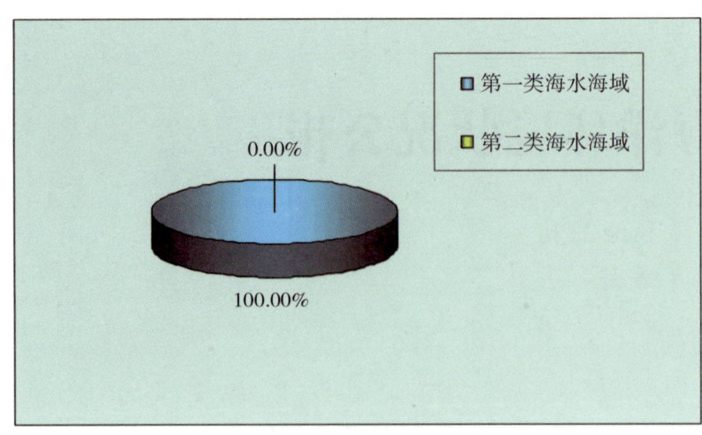

2015 年春季海口湾水质状况分布图

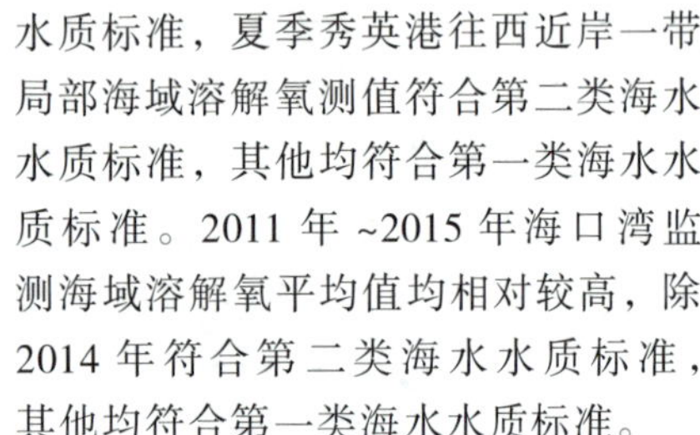

2015 年夏季海口湾水质状况分布图

水质标准。

2.1.1 海口近岸海域

2015 年春季、夏季、秋季和冬季，海口近岸海域海水中无机氮、活性磷酸盐、化学需氧量和石油类等要素的综合评价结果显示，海口近岸水质优良，均符合第一类海水水质标准。

2.1.2 重点港湾监测（海口湾）

春季，监测海域均为第一类海水海域。

夏季，监测到第一类海水海域面积约占监测总面积的 92.23%，第二类海水海域面积约占监测总面积的 7.77%，未达第二类海水水质标准的要素是溶解氧。（以上监测海域未含海口湾排污口邻近海域）。

溶解氧：2015 年春季、夏季海口湾溶解氧平均值均符合第一类海水水质标准，夏季秀英港往西近岸一带局部海域溶解氧测值符合第二类海水水质标准，其他均符合第一类海水水质标准。2011 年 ~2015 年海口湾监测海域溶解氧平均值均相对较高，除 2014 年符合第二类海水水质标准，其他均符合第一类海水水质标准。

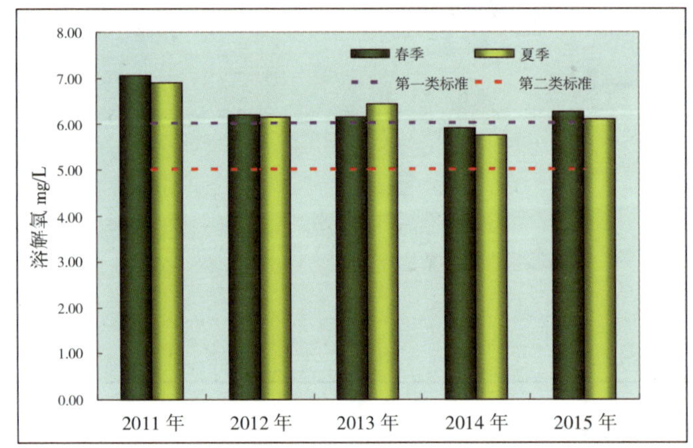

2011 年 ~2015 年海口湾溶解氧含量变化状况

化学需氧量：2011 年 ~2015 年海口湾监测海域海水化学需氧量平均含量变化不大，均符合第一类海水水质标准。

无机氮：2011 年 ~2015 年海口湾监测海域无机氮平均含量整体呈上升后下降的趋势，2012 年和 2013 年相对较高，符合第二类海水水质标准，其他均符合第一类海水水质标准。

活性磷酸盐：2011 年 ~2015 年海口湾监测海域活性磷酸盐平均含量季节变化较大，但均符合第一类海水水质标准，2015 年春季、夏季均相对较低。

石油类：海口湾监测海域石油类

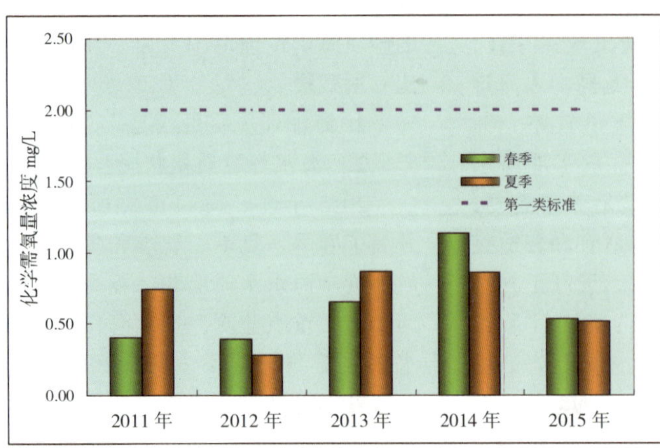

2011 年 ~2015 年海口湾化学需氧量浓度变化状况

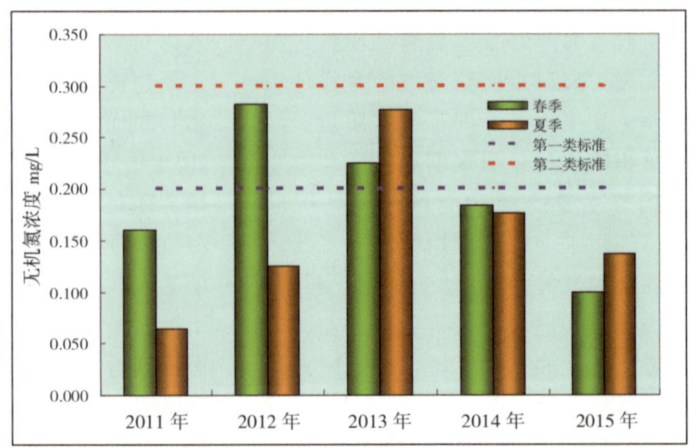

2011 年 ~2015 年海口湾无机氮浓度变化状况

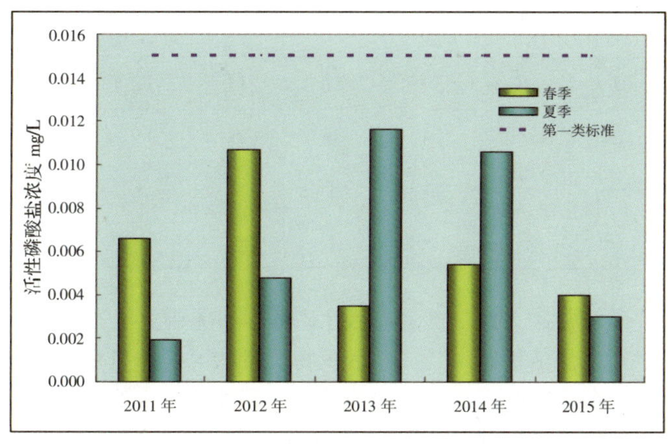

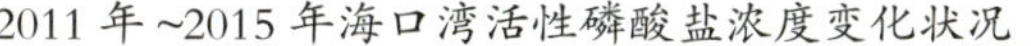
2011 年~2015 年海口湾活性磷酸盐浓度变化状况

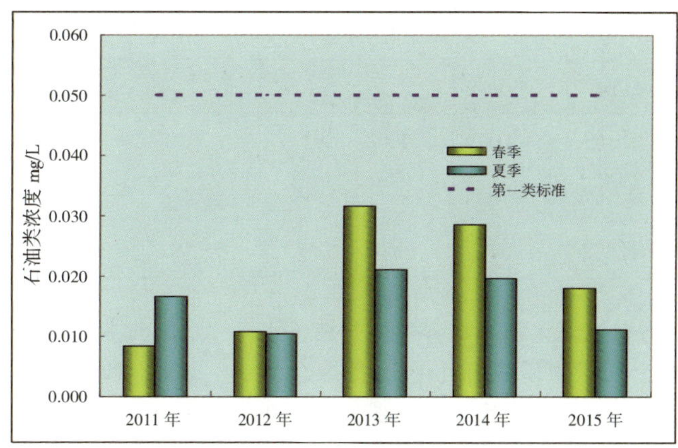

2011 年~2015 年海口湾石油类浓度变化状况

2015 年海口市主要陆源排污口排污状况统计表

排污口名称	类型	所在地	排污口邻近主要海洋功能区类型	海洋功能区水质要求	评价标准	年超标排放次数	主要超标污染物
龙昆沟排污口★	市政	海口市	风景旅游区	不劣于第三类	二级	1	总磷
福昌河入海口	市政	海口市	风景旅游区	不劣于第三类	二级	1	总磷
演丰西河入海口	市政	海口市	养殖区	不劣于第二类	一级	0	–
秀英工业排污口	工业	海口市	港口区	不劣于第三类	二级	1	总磷
美舍河入海口	市政	海口市	港口区	不劣于第三类	二级	1	总磷

备注：“—”表示无。

平均含量 2013 年 ~2015 年比前两年较高，但均符合第一类海水水质标准。

2.2 沉积物质量状况

2015 年对海口湾（以上监测海域未含海口湾排污口邻近海域)沉积物质量状况进行监测，结果表明，海口湾海洋沉积物质量状况总体良好，所有站位的总汞、砷、锌、镉、铅、铜、铬、有机碳、石油类、滴滴涕、多氯联苯含量均符合第一类海洋沉积物质量标准。

3. 主要入海污染状况

3.1 部分江河入海口环境状况

2015 年，对海口市五源河入海口进行了水质监测。结果表明，五源河入海口附近海域的水质状况良好，所有监测要素 pH、溶解氧、粪大肠菌群、化学需氧量、溶解氧、无机氮、活性磷酸盐含量均符合第一类海水水质标准，满足所在海洋功能区的要求。

3.2 陆源入海排污口排污状况

3.2.1 排污口基本现状

2015 年海口市主要对龙昆沟排污口、秀英工业排污口、福昌河、演丰西河和美舍河入海口等 5 个入海排污口进行监测，其中，除秀英工业排污口外，其余 4 个均为市政排污口。

3.2.2 陆源入海排污口超标排放情况

2015 年 3 月、5 月、7 月、8 月、10 月和 11 月对海口市所辖的 5 个入海排污口状况进行了 6 个航次的监测。结果表明，龙昆沟排污口、福昌河入海口、秀英工业排污口和美舍河入海口均出现 1 次超标排放，污染要素为总磷；演丰西河入海口全年各次监测均达标排放，满足其邻近海域海洋功能区水质要求。

3.3 入海排污口邻近海域环境质量状况

2015 年 5 月和 8 月对海口市龙昆沟入海排污口、海口市秀英工业排污口、白沙门污水处理厂深海排污口的邻近海域开展了海洋环境监测。

海口市龙昆沟入海排污口邻近海域 5 月、8 月监测结果表明，该海域水质劣于第四类海水水质标准，主要污染要素为化学需氧量、生化需氧量和活性磷酸盐；沉积物质量劣于第三类海洋沉积物质量标准，主要污染要素为石油类、硫化物和有机碳。龙昆沟入海排污口邻近海域环境质量状况较差，与 2014 年相比未见改善，不能满足所在海洋功能区的要求。

海口市秀英工业排污口邻近海域 5 月、8 月监测结果表明，该海域粪大肠菌群符合第四类海水水质标准，其余监测要素均符合第一类或第二类海水水质标准，主要污染要素为粪大肠菌群。

白沙门污水处理厂深海排污口邻近海域 5 月、8 月监测结果表明，该海域水质状况总体良好，监测要素均符合第一类或第二类海水水质标准。

4. 主要海洋功能区环境状况

4.1 海水增养殖区环境状况

2015 年，海口市海洋和渔业局

海口市沿岸各月出现各级别浪高日数统计表

月份	1	2	3	4	5	6	7	8	9	10	11	12	合计
>2米（天）	10	1	2	—	—	4	2	—	4	6	6	19	54
>3米（天）	—	—	1	—	—	2	—	—	1	1	—	3	8
>4米（天）	—	—	—	—	—	1	—	—	—	1	—	—	2

对海口东寨港海水增养殖区开展了水质、沉积物质量和生物质量综合监测，并对我市灵山、塔市部分高位虾池进行了水质监测。

水质状况　实施监测的海口东寨港海水增养殖区水质状况一般，影响水质的主要指标是活性磷酸盐、无机氮等。监测时段内，个别站位活性磷酸盐含量劣于第三类海水水质标准。

海口市灵山、塔市部分高位虾池水质状况总体较差，基本为四类或劣四类水质，主要污染物是化学需氧量、活性磷酸盐、无机氮等。

沉积物质量状况　海口东寨港海水增养殖区沉积物质量良好，监测指标均符合第一类海洋沉积物质量标准。

生物质量状况　海口东寨港海水增养殖区生物质量良好，除了铅含量符合第二类海洋生物质量标准，其余监测指标均符合第一类海洋生物质量标准。

综合环境质量等级　综合评价结果表明，海口东寨港海水增养殖区综合环境质量等级为“优良”，海水增养殖区环境质量状况满足增养殖功能要求。

4.2 海水浴场环境质量状况

2015年，在游泳季节对海口市假日海滩海水浴场开展每日环境状况监测，并及时发布浴场水质状况、游泳健康指数、游泳适宜度和最佳游泳时段等信息。

海口假日海滩海水浴场监测时段，浴场水质状况为优、良和差的天数比例分别为69%、19%和12%，与2014年相比，水质等级为优的天数比例增加67%。游泳健康指数为79，健康指数为优、良和差的天数比例分别为64%、24%和12%。适宜和较适宜游泳天数的比例为84%，不适宜游泳天数的比例为16%，天气不佳是不适宜游泳的主要原因。

5. 海洋灾害与损害

5.1 海浪

2015年度海口市沿岸出现波高（有效波高，下同）大于2米的日数共54天，波高大于3米的日数8天，巨浪（有效波高大于4米的海浪）日数2天。

海口市沿岸出现3米以上大浪的因素为热带气旋和冷空气。2015年

1508号强热带风暴“鲸鱼”路径图

1522号强台风“彩虹”路径图

度因热带气旋产生浪高大于3米的日数为4天，因冷空气产生的3米以上大浪日数为4天。本年度的巨浪由1508号强热带风暴“鲸鱼”和0522号强台风“彩虹”引发。

1508号强热带风暴“鲸鱼”于6月22日18时50分前后在海南省万宁市和乐镇一带沿海登陆，登陆时中心附近最大风力10级（25米/秒），受其影响，6月23日海口市沿岸出现4米以上的巨浪1天。

由于“鲸鱼”强度较弱，登陆点距海口较远，因此对海口未造成明显经济损失。

1522号强台风“彩虹”于10月4日14时左右在广东省湛江市坡头区沿海登陆，登陆时中心附近最大风力15级（50米/秒），受其影响，10月4日海口市沿岸出现4米以上的巨浪1天。

5.2 风暴潮

2015年，海口市沿岸出现1次明显的风暴潮过程，由1522号强台风“彩虹”引发。

1522号强台风“彩虹”引发的风暴增水造成海口秀英验潮站出现超过当地警戒潮位值的高潮位。

据验潮站资料显示，秀英验潮站10月4日出现最大增水值81厘米，最高潮位321厘米(当地基面，下同)，超当地警戒潮位31厘米。

受“彩虹”引发的风暴潮和近岸浪的共同作用，海口市海洋渔业经济总损失3031.6万元，主要是养殖损失。

5.3 天文大潮

2015年，海口市一带沿岸未出现超过当地警戒潮位的天文大潮过程。

5.4 海岸侵蚀

2015年，海南岛受热带气旋影响较往年偏少，海岸侵蚀速率有所减缓，但由于部分岸段地质环境脆弱，海岸侵蚀仍然存在。海口市西海岸镇海村一带的砂质海岸，2014–2015年有0.558千米的海岸受到侵蚀，最大侵蚀速度4.5米/年，平均侵蚀速度2.6米/年，较往年相比，该岸段侵蚀范围及速率有所减缓。

5.5 赤潮

2015年海口市监测到赤潮1次。3月4日至3月9日海口湾美源游艇码头近岸海域发生了由赤潮异弯藻和反曲原甲藻引发的赤潮，期间赤潮生物的最大密度分别为4.27×107个/升和1.24×106个/升，赤潮面积约为1.0平方公里。赤潮未造成毒害事件。

6. 工程用海区海洋环境状况

2015年，海口市海洋和渔业局对美丽沙项目、美源游艇会码头、金沙湾项目、新埠岛北岸、如意岛项目、南海明珠项目等6个涉海工程的邻近海域开展海洋环境监测。监测结果显示，用海工程项目对其邻近海域的水环境影响较小，美丽沙项目、美源游艇会码头监测海域海水水质基本满足所属海洋功能区的环境保护要求；其他项目监测海域海水水质满足所属海洋功能区的环境保护要求。

6.1 美丽沙项目

美丽沙用海工程项目邻近海域监测结果显示，监测的绝大多数要素符合第一类海水水质标准，个别站位的无机氮和溶解氧测值超过到第二类海水水质标准，基本满足旅游休闲娱乐区的水环境保护要求。

6.2 美源游艇会码头

美源游艇会码头邻近海域监测结果显示，监测的绝大多数要素符合第一或第二类海水水质标准，个别站位的溶解氧测值超过第二类海水水质标准，基本满足旅游休闲娱乐区的水环境保护要求。

6.3 金沙湾项目

金沙湾项目邻近海域监测结果显示，监测的要素均符合第一类海水水质标准，满足旅游休闲娱乐区的水环境保护要求。

6.4 新埠岛北岸

新埠岛北岸用海项目邻近海域监测结果显示，除了个别站位溶解氧符合第二类海水水质标准，其余监测的要素均符合第一类海水水质标准，满足旅游休闲娱乐区的水环境保护要求。

6.5 如意岛项目

如意岛项目邻近海域监测结果显示，监测的所有要素均符合第一类海水水质标准，满足旅游休闲娱乐区的水环境保护要求。

6.6 南海明珠项目

南海明珠项目邻近海域监测结果显示，监测的所有要素均符合第一类海水水质标准，满足旅游休闲娱乐区的水环境保护要求。

7. 海洋管理与监督

7.1 海洋监督执法管理

2015年，海口市海洋和渔业局加强海洋管控力度，扎实开展海洋监督执法管理工作，加强海域使用动态监管，严厉打击非法采砂等违法行为，有效维护了海洋环境秩序的稳定。全年共组织开展海洋执法检查65次，跟踪检查涉海项目8个，用海项目检查覆盖率达100%；立案查处非法采砂案11宗，结案11宗，收缴罚款60万元；对如意岛区域建设用海、海口丹娜国际游艇都会用海、海口港新海港区客货滚装码头等一批在建海洋工程项目开展动态监视监测。

7.2 水产品质量安全监督管理

2015年，海口市组织开展了水产品质量安全快速检测、鲶鱼养殖整治、水产品质量安全专项整治、无公害水产品产地认定以及产品认证专项检查等各项任务，加大了对水产品安全的监管力度。全年多次对我市部分罗非鱼、对虾和罗非鱼苗等51个样品进行氯霉素、孔雀石绿、硝基呋喃方面的快速检测，并对水产种苗企业进行水产苗种质量安全监督抽检，合格率均为100%，进一步更新完善了我市水产品质量安全监管水产养殖场和苗种场数据库。

严格要求各水产品养殖企业与相关政府主管部门签订《2015年海口市水产品安全责任书》，安全责任落实到位；同时，制定了《供港水产品质量突发事件应急预案》，为我市供港水产品质量突发事件的应急处置提供了依据。

7.3 海洋宣传

2015年6月，海口市海洋和渔业局、海南省海洋生物保护协会在西

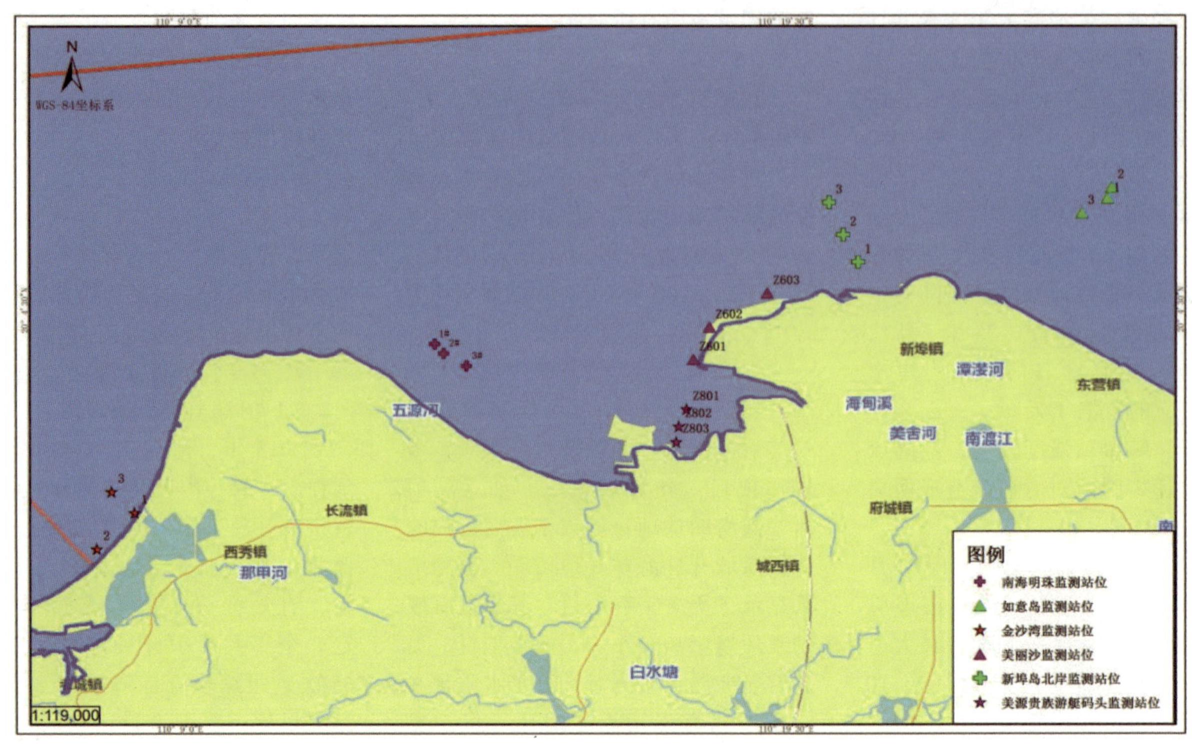

海口市部分用海项目监测站位图

海岸海南新国宾馆沙滩举办“2015年世界海洋日净滩徒步公益行”活动。来自国家海洋局、海南省委、省政府及市委的领导和社会各界共323名志愿者参加活动。活动现场，领导们与志愿者们齐声朗诵“爱护海洋生物、保护生态环境”海洋生物保护倡议书，让海洋环保意识深入民间，倡议市民和群众自觉参与到保护环境的队列中来，为建设我们美好的蓝色家园共同努力。

7.4 渔业生产监督管理

2015年，海口市加强对渔业生产的监督管理，严格落实渔业安全生产责任制。全年出海开展渔业执法行动110次，出动执法人员600人次，共检查渔船1800艘次，查处违规渔船400艘次；重点加强对我市渔船伏季休渔管理，通过北斗系统、渔信通监控指挥平台发布通知信息及执法船海上现场监管，并向渔民发放《致全市渔民的一封信》2600份，确保1587艘应休渔船按时全部进港休渔，做到“船进港、网封存、人上岸”。

严格执行渔业无线电台24小时值守制度和渔业互保工作。渔业电台共发布预警信息29万条，处理报警电话34宗，及时为渔民排忧解难；办理渔民意外伤害险2115份，参保渔民4906名，参保（财产险）渔船49艘，收取保费294.13万元，接受渔民保险理赔报案19宗，办结14宗，理赔金额36.34万元，有效提高渔业生产监管工作成效。

2015年6月6日，世界海洋日暨全国海洋宣传日净滩徒步公益行活动在海口西海岸举行。（郑丹琴　摄）

回眸“十二五”

【“十二五”时期发展概况】 “十二五”时期，海口市积极应对发展环境的复杂变化和经济下行的严峻挑战，适应经济发展新常态，深入实施海南国际旅游岛建设战略，推动科学发展、绿色崛起，成功抗击“威马逊”超强台风等自然灾害，围绕稳增长、调结构、促改革、惠民生，统筹推进经济、政治、文化、社会和生态文明建设，国民经济和社会发展取得巨大成就。2015年，全市地区生产总值1161.96亿元，较“十一五”末增长59.7%，按可比价计算，“十二五”期间年均增长9.6%；人均地区生产总值5.25万元，是“十一五”末的1.68倍，“十二五”期间年均增长6.4%；全市地方一般公共预算收入111.5亿元，较“十一五”末增长121%，年均增长17.1%；全社会固定资产投资1012.05亿元，“十二五”时期累计完成3397.89亿元，是“十一五”时期的2.86倍，年均增长23.7%；城镇常住居民人均可支配收入2.85万元，是“十一五”末的1.71倍，“十二五”时期年均增长11.5%，比“十一五”时期提高0.1百分点；农村常住居民人均可支配收入1.16万元，是“十一五”末的1.87倍，“十二五”时期年均增长12.8%，比“十一五”时期提高2.8百分点。

【产业结构优化】 “十二五”时期，海口市基本形成以现代服务业为主导的产业体系，三次产业结构由2010年的7.5：23.8：68.7调整为2015年的4.9：19.3：75.8，现代服务业持续较快发展。服务业比重进一步上升，2015年服务业增加值占全市生产总值的比重提高7.0百分点。旅游业转型升级取得成效，观澜湖综合度假区、红树林生态旅游区、骑楼老街改造修复等项目投入营业，长影环球100、五公祠修缮等项目启动建设，有高星级酒店21家。会展业步入快速发展通道，海南国际会展中心建成使用，连续3年荣获中国品牌会展城市奖。金融业创新发展活力增强，步入良性发展轨道，2015年金融业增加值占全市生产总值比重提高2.5百分点。商贸流通业蓬勃发展，启动万达、远大、吾悦、喜盈门和林安物流园等大型城市商业综合体建设。工业结构进一步优化。全省低碳制造业主要集中在海口，高新技术产业增加值占全省八成。培育引进英利光伏新能源、立昇超滤膜生产基地、康迪10万辆纯电动汽车、光启临近空间产业园等一批新兴产业项目落地投产，引领海口市战略性新兴产业的发展。食品饮料及农副产品加工、医药行业产值超百亿元，罗牛山农产品加工园、椰树8万吨椰汁等项目建成投产。互联网产业蓬勃发展，启动演丰、石山等“互联网+”产业小镇建设。与阿里巴巴正式签订战略合作协议，在云计算、大数据等5个领域展开合作。农业现代化步伐加快。花卉、瓜菜、水果、畜牧等热带高效农业发展势头良好，桂林洋国家热带农业公园开工建设。“十二五”期间，海口市加强农业结构调整，热带农业向特色化、专业化、规模化、品牌化发展。同时，以园区化为方向加快推进现代农业发展，建成三江、云龙莲雾产业园，博盈兰花产业园，罗牛山农产品加工产业园等一批现代农业产业园。农业品牌化工作加快推进。全市无公害农产品基地认定面积3333.33公顷，“三品一标”（无公害产品、绿色食品、有机食品，农产品地理标志）认证111个；涉农知名商标109件，其中国家地理标志农产品保护和证明商标2件，中国驰名商标5件，省著名商标64件，省名牌产品32件，知名农业品牌持有量约占全省的40%。

【城市建设力度加大】 “十二五”时期，海口市城市功能进一步完善，马村港二期、青少年活动中心、世纪公园、海南省肿瘤医院等一批基础设施项目等相继建成并投入使用；梳理城市道路阻梗问题，打通城市主要断头路，完善城市路网结构；完善城市快速路路网规划，推动海秀快速路建设；实施城市积水点改造和防潮防洪堤建设，提高城市防灾减灾能力；加大城市绿化美化力度，城市绿化面积23.2公顷；开展美舍河、金牛湖、红城湖等水环境综合整治，改善城市内河湖沟环境。2015年启动南渡江引水工程、城市地下综合管廊建设。城市更新加快，城市新区建设和旧城改造取得进展，新型城镇化建设步伐加快。西海岸南片区（一期）、美丽沙、大英山、金沙湾等新片区开发建设加快，陆续推进南海明珠人工岛、如意岛等海域开发项目，大规模启动城市棚户区（城中村）改造，“十二五”期间，棚户区（城中村）改造2.49万户，惠及8.7万人。滨涯村、灵山镇、五源河等片区改造项目加快推进。演丰、云龙等统筹城乡示范镇建设取得积极成效。城市治理水平显著提升。实施“五大工程”和水环境整治，启动“城市管理年”活动，大规模开展城市环境集中整治，特别是2015年海口市委、市政府举全市之力开展创建全国文明城市与创建国家卫生城市活动，打响“双创”攻坚战，城市面貌发生前所未有的变化。

【生态文明建设成效显著】“十二五”时期，海口市始终坚持“生态立市”发展战略不动摇，坚守生态底线，在生态文明建设方面取得斐然成绩。强化立法保护，先后颁布《加强东寨港红树林湿地保护管理决定》《城市绿线管理办法》《公园条例》等4件地方性法规规章文件。建设绿色廊道，建设“两横两纵”、200多平方千米的绿色廊道。提高准入门槛，坚决杜绝低水平、消耗资源、重复建设的项目进入，实行环保一票否决制。加强综合治理，实施“绿化宝岛大行动”、水环境治理、大气治理等一批重大环境保护工程，加大海岸线整治力度，推进海绵城市建设，建成“户分类、村收集、镇转运、市处理”的农村垃圾收运体系。城市集中式饮用水源地水质达标率、国家重点监控断面水质达标率、近岸海域海水水质达标率均为100%，空气质量优良率保持在98%，居全国74个重点城市首位，顺利通过国家环保模范城市新标准考核，绿化覆盖率43%，森林覆盖率38%。

【对外开放程度不断提高】“十二五”时期，海口市完善海陆空对外交通体系。秀英港搬迁加快推进，马村港二期中心港区、新海客滚码头一期开港运营；西环高铁海口段建成并运行；美兰机场一期扩建、新东大桥、海榆中线拓宽、海屯高速建成完工，铺前大桥、定海大桥加快建设，启动美兰机场二期建设，基本形成以海口为中心、辐射全岛、畅通便捷的立体交通网。加快国际旅游岛优惠政策落地。离岛免税政策落地，完成美兰机场离岛免税店扩建，进一步调整离岛旅客免税购物政策，离岛免税政策效应不断放大。加强口岸建设，秀英港通过国家核心口岸能力建设验收，邮轮边境游异地办证政策落地。加快海口邮轮母港建设，新开通海口至西沙旅游航线。发展保税贸易。综合保税区国际商品展示交易中心建成开业，海口港（秀英港区）被列为国家汽车整车进口口岸，进口汽车贸易、保税融资租赁、进口商品展示等各项新型业务取得重要突破。实施本土企业“走出去”战略，开拓海外市场。海航集团依托国家“一带一路”战略，积极参与全球资源配置和产业整合，跻身世界500强。海马汽车实现整车和成套散件出口，建立海外营销体系和国际化品牌形象。立昇公司技术入股俄罗斯企业，实现从产品输出向技术输出的跨越。以齐鲁制药为代表的一批医药企业通过欧盟、FDA认证，开拓国际市场。深化人文交流，提升国际化水平。与世界26个国家30个城市缔结为友好城市，成功举办世界基因产业大会、2014年世界城市和地方政府联合组织（UCLG）世界理事会、亚洲市长论坛（AMF）第四次全体会议、世界自然保护联盟（IUCN）第87届全球理事会和男子高尔夫世界杯等具有国际影响力的赛会，海口国际化水平进一步提升。与此同时，积极对内深化区域合作，加强招商引资，成功举办泛珠三角区域合作论坛、泛珠区域省会城市市长论坛，签署琼桂粤“三地七港”环北部湾合作备忘录，发起成立省会经济圈。

【社会事业稳步发展】“十二五”时期，海口市坚持“小财政、大民生”理念，大力推进基本公共服务均等化，民生支出累计475亿元，是“十一五”时期的2.77倍。5年共建设城镇保障性住房5.6万套，保障覆盖面38%；城镇新增就业25.9万人，农村富余劳动力转移就业5.9万人。城乡社保制度基本全覆盖，不断提高企业退休人员养老金和城乡居民养老保险基础养老金标准。开展城乡医院对口帮扶试点，全面实施先诊疗后付费、取消药品加成、限费医疗等改革措施。坚持教育优先发展，完成301个“校安工程”，实施第一轮学前教育三年行动计划，龙华区、美兰区、琼山区通过义务教育发展基本均衡县（市、区）国家验收，实行指标到校招生改革，多方解决“上学难”问题。成功抗击“威马逊”超强台风等自然灾害。抓好百姓“菜篮子”工程，多措并举做好保供稳价，筹建国有“菜篮子”集团有限公司，强化政府调控能力和手段。

【重点领域改革深入推进】“十二五”时期，海口市按照全省的统一部署，启动“多规合一”改革，编制“多规合一”总体规划、生态红线划定方案、“海澄文”一体化基础设施规划，初步搭建各类规划相衔接的信息平台，并推进以编、审、管、监“四分离”为目标的规划管理体制改革。推行简政放权，行政审批服务事项由原来的1019项缩减至306项，核减率70%。清理行政审批中介机构185家，分三批推出123项审批便民服务举措，发布8+1试点单位的权力清单和责任清单，同时探索“以规划代立项”，在美安科技新城实施“极简审批”。继续推进强区扩权，先后向区级下放67项市级行政审批服务事项，所有城市管理方面的执法权下放各区，明确规定不少于三分之二的人员编制和经费向镇（街）下沉；探索开展“公安+城管”联合执法模式，设立城市警察支队，公安和城管交叉任职。深化商事制度改革，实施“三证合一、一照一码”。设立市公共资源交易中心，规范公共资源交易行为。深化投融资体制改革，推进政府与社会资本合作，组建PPP管理中心。组建海口投资管理有限公司，与国开行海南分行联合设立规模400亿元的城乡发展股权投资基金，2015年首期到位40亿元。

（李　锋）

海口市“双创”工作

【“双创”工作概况】2015年，海口市把创建全国文明城市与创建国家卫生城市工作作为落实中央“四个全面”战略布局、践行“三严三实”、促进城市管理、提升城市品质的重要载体，当作近3年事关海口发展全局、影响重大、带动发展的历史性工程。7月31日召开海口“双创”工作动员会，全面进入“双创”模式。年内主要开展“门前三包”整治、交通秩序整治、环境卫生整治、除“四害”、小街小巷改造提升、市政道路维修、农贸市场改造升级、打击违法建筑等系列工作，整治各类突出的城市管理乱象，提升城市基础设施建设水平，逐步完善城市功能。全年用于“双创”的专项资金7.3亿元，撬动社会资金达数十亿元。“双创”工作使海口实现市容市貌、群众观念、干部作风“三大转变”。在中央文明办组织的全国文明城市测评中，海口市在参评的9个省会城市中排名第二；海南省文明办组织的文明大行动测评，海口排名第一；创建国家卫生城市以754.6分的成绩顺利通过省爱卫会的暗访检查，取得历史性的突破。

【高位推动“双创”高效运转】2015年，海口市委在“双创”工作中确立“高位推动、上下合力、强化各级主体责任”的工作思路，成立由市四套班子4位主要领导任组长、6位市委常委任副组长的市“双创”工作领导小组。市“双创”工作领导小组全年共召开16次领导小组会，听取汇报，研究解决“双创”工作突出问题，部署阶段性“双创”工作。领导小组下设市“双创”工作指挥部，由1名市委副书记任指挥长，2名副指挥长中1名由市委常委担任，并设立8个小组，从全市各单位共抽调150人集中办公，统一协调、组织、指挥开展全市创建工作。各区、开发区、农场相应成立“双创”工作领导小组和指挥部或办公室，党政“一把手”均为第一责任人。镇（街）、村（居）相应成立“双创”工作组织领导机构，形成市、区、镇（街）、村（居）“双创”工作组织四级领导体制，做到“横到边、纵到底”，无遗漏、无盲点、无缝隙。建立市级领导挂点和机关单位包点的责任制度，覆盖全市21个街道、建城区内5个镇。扎实做好顶层设计，完善工作机制，出台《2015年海口市“双创”工作实施方案》《海口市“双创”组织机构及职责分工》等文件。市四套班子领导成员，坚持每周深入挂点单位调研、暗访和指导，帮助基层解决实际问题；所有市领导深入一线巡查，各区各部门、各包点单位和街道、社区所有干部全员参与“双创”，日夜巡查劝导。

【宣传营造“双创”氛围】2015年，海口市以弘扬社会主义核心价值观为主题，突出内涵，宣传引导，营造“双创”宣传氛围。省内各类媒体介入、配合宣传海口“双创”工作。8～12月，各类LED屏、社区宣传栏、微信微博、微博微影等多种媒介均投入到“双创”宣传中，公益广告基本覆盖全市各个主次干道、各大商业广场和城区建筑工地，总面积累计9万多平方米。海口广播电视台开播全天候“双创”电视、广播频道，《海口日报》开辟“双创”专版刊发“双创”稿件1400多篇、图片700多张、相关版面260多个，电视《海口新闻》播发730多篇稿件，《直播12345》跟踪报道办件90多件，公益广告宣传共播出5200多次。《海南日报》刊发“双创”报道400多篇，《海南新闻联播》播发90余篇，南海网发布报道620余篇，中国文明网地方传真海南版刊发报道96条。8月25日，《人民日报》头版刊发报道，赞扬海口“双创硬碰硬整治城市秩序、实打实加强基础建设”的情况，12月8日第15版以半版刊登《海口“亮见”向不作为亮剑》的报道，12月12日第7版图片报道《海口：一座来了就不想走的城市》，15日第13版以通讯《海口“双创”刷新一座城》报道4个月的创建。9月28日中央电视台《新闻直播间》对海口电视问政节目《亮见》进行报道。《海南日报》11月9日在头版头条以“天涯专论”的方式刊发《标注百年椰城的文明新坐标——论海口市创建“全国文明城市”“国家卫生城市”活动》的长篇评论文章，充分肯定海口市“双创”工作。为突出宣传“双创”工作的价值内涵和人文精神，海口开展“道德模范”“身边好人”“最美人物”评选活动和全民公益行动、志愿服务活动，大力宣传身边的最美人物、弘扬看得见的最美精神。

【多方联动构建“双创”大格局】2015年，海口市“双创”工作坚持省市联动，军民共建，全力构建“双创”大格局。各省级机关单位、驻市军警部队、广大企业和社会各行各业主动参与配合海口市“双创”工作。省委办公厅下发《深化省市共建推进“双创”工作的通知》，加大省市共建协调推进力度，进一步完善工作机制。省委宣传部、省文明办、省卫计委、省爱卫办等省直部门，对照创建任务清单进行细化，定责任、分阶段督促完成，并在文明生态村创建、文化产业发展、公共文化服务、健康卫生等领域，从政策、资金、项目等方面给予倾斜；省直机关工委积极组织协调省直机关单位参与“双创”活动，省工商联组织召开“双创”工作座谈会，倡议以认建、认养、认种方式积极助力“双创”。省妇联组织策划“巾帼助力双创论坛”，探索发挥女性力量助力“双创”的方法途径。电信、移动、联通、有线等大型运营商和供电、供水、供气等企业，配合海口市小街小巷的管线改造升级。海南省属院校召开“双创”工作推进大会，数万师生志愿者走上“双创”一线。驻市军警部队与挂点镇（街）沟通联系，出动现役官兵、民兵1万余人次对重点区域进行清理，形成军民合力共建格局。驻市省级机关、部队军警和社会各界共有250多个单位和团体加入到为“双创”服务行列。来自各领域数万志愿者，自发走上“双创”一线。海口有注册志愿者25万多人，全年志愿服务总时长200万小时，远超《全国文明城市测评体系》要求。各方联动成海口市“双创”工作常态，是海口市史上力度最大的一次社会总动员，是海口市“双创”工作的鲜明特点。

【创新长效机制保障“双创”持续推进】2015年，海口市坚持着眼长效，创新机制，确保“双创”工作持续推进。市委从推动市、区、镇（街）行政管理体制和城市综合执法体制改革入手，实施《海口市城市管理综合执法改革实施方案》《海口市进一步深化市、区、镇（街道）行政管理体制改革实施方案》，深化行政执法体制改革，压缩市级机关10%的编制下放基层，共下发编制935名，市、区一线执法队伍分别增加500名协警和1200名城管协管员。把人员编制、财力等管理权项等向下倾斜，充分发挥区、镇（街）的作用，有效开展综合执法和“双创”工作，在全国率先设立城市管理警察支队，推行“公安+城管”综合执法模式；实行公安+城管、交通、工商、食药监等多部门融合的联合执法。同时，建立“双创”工作保障机制，确保“双创”工作推进，海口市镇村经费居全省前列，政府用于“双创”的专项资金7.3亿元，筹措社会资金达数十亿元。创新体制机制，加强了基层行政能力，改变以往基层任务多、自主权少的现象，使以往运动式、突击式、粗放式的低效低能工作方式，开始向制度化、常态化、精细化转变；以行业主管部门负责“条”、各区负责“块”的“条块互补”工作机制全面启动，有效地疏通“双创”工作的执行渠道，消除“中梗阻”和“各管各”的现象。2015年中国第四次省会城市公共治理指数报告显示，在30个省会城市参与调查中，海口市排名第9，首次进入前10名。

【构建“督考合一”机制助推“双创”】2015年，海口市委围绕“双创”任务目标，9月14日出台《海口市“门前三包”责任制管理督查考评实施方案》，11月3日出台《海口市“双创”工作考评与奖励暂行办法》等一系列督查考评工作文件，建立快捷高效的“督考合一”工作机制助推“双创”工作。将所有“双创”工作、专项工作均纳入督考范围，所有责任单位和责任人列为督考对象。市“双创”工作指挥部联合媒体开设考评发布台和“双创”红黑榜，公布每月考评排名结果，曝光存在突出问题，扩大督办的影响力，截至12月底，共开展专项督查48期，下发督办通知3598宗次。市、区纪委和组织部对受到群众投诉、“顶风”违纪违规、工作不严不实的单位和个人分别约谈、诫勉甚至问责，约谈市、区13个单位。19家考评排名靠后的市直部门、区、镇（街道）等单位的主要领导，在考评反馈会上作公开检讨。打造新型问政品牌栏目《亮见》，不断加强监督问责，围绕市委、市政府中心工作持续问政不担当、不作为的相关部门和责任人，4期节目共问责处理131名相关责任人，曝光的21个问题全部得到解决。“双创”工作开展5个月来，市、区累计问责229人次。与此同时，注重奖惩并重，对16家考评排名靠前的单位予以资金奖励，共发放奖金54万元；一批埋头苦干、认真履职的同志被提拔、被交流，受到组织的重用。通过联合督办、专项督查、领导约谈等强力的督导方式，既推动“双创”工作，也促进干部作风转变，成为海口市“双创”的突出亮点。

【“双创”成绩单】2015年，海口市委市政府坚持问题导向，坚守惠民底线，紧扣《全国文明城市测评体系》《全国未成年人思想道德建设工作测评体系》和《国家卫生城市标准(2014版)》要求，从严从实，落细落小，切实解决好群众最关心、最直接、最现实的利益问题。5个月来，海口市开展“门前三包”整治、交通秩序整治、环境卫生整治、除“四害”、小街小巷改造提升、市政道路维修、农贸市场改造升级、打击违法建筑等系列攻坚战，强力整治各类突出的城市管理乱象，提升城市基础设施建设水平，逐步完善城市功能，为民惠民利民，让群众享受到整洁、有序、卫生、文明的生活环境。全市4.3万家“门前三包”责任主体单位（业主）100%签订责任书；拆除各类占道疏导点115个，取缔马路市场66个；完成91条道路和12个小游园绿化；改造858条小街小巷，完成车行道修复7.5万平方米、人行道修复5.2万平方米，排水井盖提升、修复4000座；查处交通违法39万件，集中整治停车场1079家，划设临时停车泊位3500个；启动46家农贸市场环境秩序整治和改造升级；重点推进美兰机场互通、火山口大道等“七路两互通一节点”绿化景观提升，完成世纪公园、万绿园、滨海大道海岸线灾后修复等一批重点工程；违法建筑查处量、打违控违面积均居全省第一；推进12个连片棚改项目，投资100多亿元，涉及棚户区居民2.38万户，超额完成省下达的年度计划任务；145个贫困村全部脱贫。在整治过程中，各级党委政府始终关注民生，2015年投向民生支出的资金占财政支出的75%，陆续新建、改扩建10所学校，新增教育学位5050个，推行先看病后付费诊疗模式和“限费医疗”改革等。同时因地制宜引导分流本市困难居民的就业，通过开发公益性岗位、鼓励企业安排就业等方式，对因“双创”出现就业困难、家庭困难的小摊小贩、残疾人等给予人性化关怀。

（杨瑞金 冯锦川）

海口市开展“三严三实”专题教育

【海口市开展“三严三实”专题教育概况】 2015年5月18日，海南省委常委、海口市委书记孙新阳为全市1010名处级以上领导干部上专题党课，从10个方面梳理海口市部分党员领导干部“不严不实”问题：“信仰缺失、精神迷茫；学风不浓、学用脱节；不敢担当、为官不为；迷恋特权、弄权贪腐；组织涣散、纪律松弛；疏于管理、治队不严；搞小圈子、团团伙伙；谋事不实、弄虚作假；创业不实、花拳绣腿；做人不实、口是心非”，在全省19个市县率先开展专题教育。随即，市人大党组、市政府党组、市政协党组，全市91个单位迅速行动，第一时间传达学习中央、省委和市委关于“三严三实”专题教育的部署要求，着手谋划本系统本单位“三严三实”专题教育工作。在这次作风建设的热潮中，全市上下把思想和行动高度统一到中央和省委的决策部署上来，巩固拓展党的群众路线教育实践活动成果，认真扎实开展好“三严三实”专题教育，下定决心大力营造讲规矩、守纪律、树正气、重实干、以上率下、以身作则、风清气正的良好政治生态。在新常态下，海口市党员干部以深入推进“三严三实”专题教育为契机，从具体事、小事上“严”起来、“实”起来，认真践行“5+2、白加黑”“钉钉子”“马上就办”和“拍拍看”精神，努力在实现海口跨越发展征程中有新作为、做出新成绩。

【“三严三实”专题教育学习研讨】 2015年，海口市委理论中心组带头开展“三严三实”专题理论学习研讨，采取领导班子成员领学、个人自学相结合的方式进行。重点围绕中央规定的“严于修身、严以律己、严以用权”三个专题，组织海口市委理论中心组成员开展4次专题学习研讨。5月27日，海口市委邀请省委党校党委书记、常务副校长彭京宜教授作“习近平治国理政新思维——学习‘四个全面’”专题辅导报告，全市37名市级领导干部、1010名处级干部参加。6月25日，邀请中国政法大学应松年教授作“推进依法行政，建设法治政府”专题辅导报告，全市37名市级领导干部、1010名处级干部参加。在海口市委带领下，海口市人大常委会党组、海口市政府党组、海口市政协党组和4个区、市直各单位党委（党组）认真开展专题学习研讨，全市各单位积极创新学习方式，丰富学习内容，开展“三严三实”主题党日教育，让“三严三实”的具体要求入脑入心。

【开展正反面典型教育】 2015年5月“三严三实”专题教育启动以来，海口市委注重以先进典型为标杆，利用身边正面典型对全市党员干部进行示范教育。省委常委、海口市委书记孙新阳先后7次对媒体报道的好人好事进行批示，要求全市上下要大力宣传和弘扬凡人善举精神，传递正能量，弘扬好风气，让海口成为一座有爱心、有温度的城市。7月13日，海口市委邀请全国优秀县委书记、乐东县委书记林北川到海口市为市四套领导班子成员传授真抓实干、转变作风的“乐东经验”，把学习乐东经验和优秀共产党员洪庆芝同志先进事迹结合起来。大力弘扬“5+2、白加黑”“钉钉子”“马上就办”和“拍拍看”四种精神，并将之作为践行“三严三实”的有力抓手，引领全市党员干部真抓实干，攻坚克难，使之转化为推动工作的强大动力。8月21日，海口市委组织全市35名市级领导干部

2015年5月18日，海口市“三严三实”专题党课开课，海南省委常委、海口市委书记孙新阳（右）为全市千名处级以上领导干部上党课。（李汉仁 摄）

和各区、市直各单位党政主要领导到海口监狱开展警示教育，通过采取撞响警世钟、参观警示图片展览、观看警示教育片等方式，使领导干部受警醒、明底线、知敬畏。海口市委组织部在全市广大干部中组织开展“以反面典型为戒，严守党的政治纪律和政治规矩”专题培训，共专题授课41场次、参加专题授课1.03万人次，组织警示教育117场次、参加警示教育9064人次，开展专题研讨433场次、参与学习研讨1.04万人次。

【开展“不严不实”问题整改】 2015年7月，根据省委组织部《关于在“三严三实”专题教育期间认真查摆整改“不严不实”问题的通知》要求，海口市委组织部及时下发通知，统筹协调开展全市“三严三实”专题教育单位，重点从市委书记孙新阳在党课上点出的10个“不严不实”方面查找自身存在的问题，经过三轮“不严不实”问题的查摆，相应建立起问题台账，并督促各市委常委班子成员把问题台账转变为整改清单，对于前一阶段查找出来的“不严不实”问题逐项进行整改。截至12月底，全市处级以上干部共查摆出“不严不实”问题7930条，完成整改6125条。

【基层干部损害群众利益问题专项整治】 2015年10月下旬，根据中央组织部《关于深化县级“三严三实”专题教育着力解决基层干部不作为乱作为等损害群众利益问题的通知》精神，海口市委组织部及时转发中组部文件，要求各区、市直各单位在“三严三实”专题教育中着力解决基层干部不作为、乱作为等损害群众利益问题。建立损害群众利益问题专项整治联动机制，由海口市委组织部牵头，会同纪检、检察、信访等部门，共查找出问题72件，全部完成整改，问责不作为、乱作为的党员干部152人次，以整改实效取信于民。

【海口市开展“三严三实”专题教育见成效】 2015年，按照海南省委常委、海口市委书记孙新阳倡导要求的工作精神和服务理念，海口市委组织部将“三严三实”要求具体化、海口化，在全市上下大力倡导“5+2、白加黑”“钉钉子”“马上就办”和“拍拍看”精神，用党员干部“辛苦指数”换取企业“满意指数”和群众“幸福指数”。（1）助推“双创”工作。自7月31日海口市启动创建全国文明城市和国家卫生城市以来，全市上下以“严实”的作风、超常规的举措，以愚公移山之志推进“双创”工作，聚焦城市管理顽疾，打响市容市貌、交通秩序、打违控违、市政道路维修、农贸市场升级、“三无小区”和“六小门店”整治等系列战役。经过5个月的攻坚克难，全市党员干部用“严实”的作风和辛勤的汗水“唤醒”海口这座城市，初步实现三个转变，即市容环境卫生的转变、群众态度的转变、干部作风的转变。（2）助推经济提质增效。启动“三严三实”专题教育以来，全市上下形成了风清气正、众志成城、同心同德、积极向上的政治生态和社会氛围。良好的作风保障，不仅使市容市貌焕然一新，经济发展也交出一份满意答卷。全年全市完成固定资产投资1012.05亿元，比上年增长23.2%。其中，新建投资879.29亿元，增长23.1%；扩建投资23.21亿元，增长15.88倍；改建投资7.34亿元，增长227%。（3）助推民生持续改善。在专题教育中，全市各单位持续巩固和扩大党的群众路线教育实践活动成果，全力以赴抓好各项民生任务的落实，群众生活水平有较大幅度的提升。全年全市民生支出累计完成128.43亿元，增长25.2%，占地方一般公共预算支出的75.1%。海口市委市政府承诺的24件民生实事进展顺利，教育、医疗、养老等与市民生活息息相关的民生问题逐步得到解决。

（王飘飘）

（编辑：杜惠珍）

海口概况

【建置沿革】西汉武帝元封元年（前110年），海南岛置珠崖、儋耳二郡，领16县，海口地属珠崖郡玳瑁县。两郡裁撤后海南建置时设时废，至梁朝大同年间（535年～545年）在儋耳郡废地置崖州，海口地属崖州。唐贞观元年（627年）属琼山县。宋神宗熙宁四年（1071年）称海口浦，意为南渡江入海口处的一块浦滩之地，“海口”一名始于此。明洪武三年（1374年）称海口都。元明清三代至民国初期，海口未有建制，地属琼山县。1912年，海口地属琼山县，称海口所。1926年12月9日，海口从琼山县分出设市（县级），称海口市政厅，属广东省。1929年8月，改为市政局。1931年2月，复隶琼山县，海口为琼山县第十一区。1942年初，日军改海口为市，设“海口市政府”。1945年8月，日军战败投降，海口市自行废止，重隶琼山县，设海口八乡镇联防办事处。1949年，成立国民政府海南特区行政长官公署，设海口市市政筹备处。1950年4月23日，海口解放，市政筹备处消亡。1950年6月1日，成立海口市人民政府，为广东省辖市（地级）。1958年12月，琼山县并入海口市；1959年10月，琼山县恢复，海口改为县级市。1975年11月22日，升为广东省地级市；1983年降为县级市。1986年5月31日，国务院批准升为广东省辖地级市。1988年4月13日，设立海南省，海口市定为海南省省会。1990年11月，经民政部批准，设立振东、新华、秀英3个市辖区（县级）。2002年10月16日，经国务院批准，撤销琼山市和海口市秀英区、新华区、振东区，以原琼山市和海口市原秀英区、新华区、振东区的行政区域组成新海口市，设立秀英、龙华、琼山、美兰4区个市辖区（县级），海口市的发展翻开了新的一页。

【位置面积】海口市位于东经110° 07′ 22″～110° 42′ 32″，北纬19° 31′ 32″～20° 04′ 52″。地处海南岛北部，东邻文昌市，南接定安县，西连澄迈县，北临琼州海峡与广东省隔海相望。东起大致坡镇老村，西至西秀镇拔南村，两端相距60.6千米；南起大坡镇五车上村，北至大海，两端相距62.5千米。总面积3134.84平方千米。其中陆地面积2304.84平方千米，占73.52%；海域面积830平方千米，占26.48%。

【行政区划】海口市分设秀英、龙华、琼山、美兰4个区，共22个镇、21个街道办事处、183个社区、248个行政村、2203个自然村。其中，秀英区辖秀英、海秀2个街道办事处，长流、西秀、海秀、石山、永兴、东山6个镇，共24个社区居民委员会、70个村民委员会；龙华区辖中山、滨海、大同、金贸、金宇、海垦6个街道办事处，城西、龙桥、龙泉、新坡、遵谭5个镇，共72个社区居民委员会、54个村民委员会；琼山区辖国兴、府城、滨江和凤翔4个街道办事处，龙塘、云龙、红旗、旧州、三门坡、甲子、大坡7个镇，红明、东昌、岭脚、中税4个农场和新民林场，共34个社区居民委员会、71个村民委员会；美兰区辖白龙、白沙、博爱、海甸、蓝天、海府路、人民路、新埠、和平南9个街道办事处，灵山、美兰、三江、大致坡4个镇，共53个社区居民委员会、53个村民委员会，海口市三江农场位于辖区内。

【自然环境】海口市地形略呈长心形，地势平缓，海南岛最长的河流——南渡江从中部穿过。西北部和东南部较高，中部南渡江沿岸低平，北部多为沿海小平原。全市除石山镇境内的马鞍岭（海拔222.2米）、旧州镇境内的旧州岭（199.9米）、甲子镇境内的日晒岭（171米）、永兴镇境内的雷虎岭（168.3米）等38个山丘较高外，绝大部分为海拔100米以下的台地和平原。马鞍岭为全市最高点。

地质　海口市地质构造上属于雷琼拗陷区。中新世及上新世海南岛王五－文教大断裂以北发生断陷，形成琼北断陷盆地，堆积了巨厚的新生代（第三纪）地层，至全新世（第四纪），并有多次地震和海底火山活动，有多期火山岩穿插分布于第三纪和第四纪沉积物之中，出露于地表组成火山熔岩台地，分布面积广。上新世晚期，海岛北部地壳上升，其间也有几次火山喷发，中全新世以后，北部和东北部地壳缓慢下降，接受沉积。海口市位于琼北新生代断陷盆地中，由新生代琼北断陷盆地（为主）与琼东北隆起（东南部）构成，位于区域性近东西向、近南北向、北东向和北西向断裂的交接复合部位。地层构造属新生代以后海相、海陆交替相地层。其岩浆有侵入岩和火山岩侵入岩零星外露，火山岩大面积分布。

地貌　地表主要为第四纪基性火山岩和第四系松散沉积物，呈较大面积分布，滨海以滨海台阶式地貌为主，西部以典型的火山地貌为主。全市地貌基本分为北部滨海平原区，中部沿江阶地区，东部、南部台地区，西部熔岩台地区。

土壤　主要土壤类型有玄武岩砖红壤、火山灰幼龄砖红壤、沙页岩砖红壤、带状潮沙泥、滨海沙土。土壤土种共8个土类，12个亚类，43个土属，110个土种。

气候　海口市地处低纬度热带北缘，属于热带海洋气候。春季温暖少雨多旱，夏季高温多雨，秋季湿凉多台风暴雨，冬季干旱时有冷气流侵袭带有阵寒。全年日照时间长，辐射能量大，年平均日照时数2000小时以上，太阳辐射量可达11～12万卡；年平均气温23.8℃，最高平均气温28℃左右，最低平均气温18℃左右；年平均降水量1816毫米，平均日降雨量在0.1毫米以上雨日150天以上；年平均蒸发量1834毫米，平均相对湿度85%。常年以东北风和东南风为主，年平均风速3.4米/秒。

水文　海口自产水资源总量19.07亿立方米，水资源总量折合地表径流深为830毫米。海南岛最长的河流南渡江穿过海口市中部入海。南渡江主流在市区长75千米，流域面积1300平方千米，年径流量60.99亿立方米。海口市主要河流有17条。其中，南渡江水系7条，南渡江干流从海口市西南部东山镇流入境内，穿过中部，于北部入海，入海口段从西向东主要分流有海甸溪、横沟河、潭览河、迈雅河和道孟溪。支流有铁炉溪、三十六曲溪、鸭尾溪、昌旺溪（南面溪）、美舍河和响水河；独流入海的有9条，分别为演洲河、五源河、荣山河、演丰东河、演丰西河、罗雅河、芙蓉河、龙昆沟和秀英沟，另外有白石溪流从文昌市境内出海。境内有凤潭、铁炉、东湖、风圮、云龙、丁荣、岭北、玉凤、沙坡等水库，总库容量1.5亿立方米。海口市地处南渡江下游河口河网地带和休眠火山口地带，潜水、承压水分布广泛。潜水含水层以南渡江三角洲潜水和玄武岩孔隙裂隙潜水为主，分布范围分别近800平方千米、400平方千米，水位单位涌水量分别可达14.6升/秒、30升/秒。地下承压水处于雷琼盆地，含水总厚度达200米～350米，老海口、秀英两段可采量共27万立方米/昼夜。地下热矿泉水处于琼北自流水盆地东北部新生代厚层，分布面积约200平方千米。

海域　海口市北面临海，海域面积830平方千米，海岸线长136.23千米。海水平均水温25℃，最高34℃，最低17.2℃。透明度1米，最大达2米。浅海盐度29.6%～31.8%。大部分海底平缓，以软泥为主，泥沙次之；靠近沙滩海岸一带海底以细沙为主。近海水质富含有机物质和无机盐。60米～100米等深线以内的海域面积约200平方千米，10米等深线以内的浅海、滩涂面积上百平方千米。大部分海岸坡度平缓，岸线开阔连绵，沙岸带沙细洁白，有假日海滩、西秀海滩、粤海铁路通道南站码头海滩、白沙门海滩、东寨港海滨海滩、桂林洋海滩等海滨风景区和游乐区。港湾与近海还有少许岛礁和潮滩。近海海水清澈，常年风轻浪平，有多处为适宜的傍岸泳区。

【自然资源】植物　处在全国橡胶、胡椒等热带经济作物产区，拥有林地9.58万公顷，约占土地面积的42%。地上有野生植物1980种，其中海南特有的40多种，被列为国家一级保护的有苏铁、坡垒、海南黄花梨3种，国家二级保护的有黄檀、粗榧、土沉香、见血封喉等10多种。乔、灌木180多种，其中80多种属经济价值较高的树种，诸如橡胶、椰子、棕榈、龙眼、荔枝、菠罗密、咖啡、黄皮、莲雾、胡椒、槟榔等。药用植物1200多种，其中较著名的有巴戟、益智、砂仁等。海洋植物资源主要有海藻类和红树林等。

动物　境内有野生陆栖脊椎动物199种，其中红胸角雉、山鹧鸪、海南虎鳽（jian）等5种为海南特有种；列入国家一、二类重点保护名录的有蟒蛇、唐鱼、海南山鹧鸪等13种。海洋资源相当丰富，有830平方千米的海域，上百平方千米的海湾滩涂，有利于发展海洋捕捞及海水养殖。海洋渔业资源主要有鱼类、虾类、蟹类、贝类等。其中鱼类有100多种，常见且质优的鱼类有马鲛鱼、黄花鱼、西刀鱼、石斑鱼、海鲤鱼等；虾类有斑节对虾、沙虾、青虾等；蟹类有锯缘青蟹、小蟹、花蟹、膏蟹、梭子蟹等；贝类有泥蚶、毛蚶、牡蛎、鲍鱼等。此外还有海蜇、沙虫、海马等海洋生物。

矿产　境内已探明矿产资源20种，其中能源矿产有石油、天然气、褐煤、低热值油页岩（油炭质页岩）、泥炭等5种；金属矿产有铝土矿、钴土矿、褐铁矿等3种；非金属矿产有高岭土、耐火黏土、砖瓦黏土、硅藻土、膨润土、沸石、浮石、建筑用玄武岩、建筑用砂等9种；水气矿产有饮用天然矿泉水、热矿水、地下水等3种。具备明显优势和开发潜力的矿产资源主要有饮用天然矿泉水、地热水、地下水，以及建筑大宗用的河砂、玄武岩石材、砖瓦黏土等；比较重要的矿产资源有钴土矿、铝土矿、褐煤、低热值油炭质页岩、高岭土、耐火黏土等。地热资源丰富，地热田控制面积约4平方千米，分布在350～700米深度内，水温39.5℃～49℃，矿化度1克/升～2.3克/升。

【旅游资源】海口市傍江临海，环境优美，拥有集自然风光、热带生物、文化古迹和民族风情于一体的热带海岛资源、自然旅游资源、人文旅游资源和社会旅游资源，是一个休闲城市、港湾城市、生态宜居城市、温泉海岸城市、历史文化名城。全长136.23千米的海岸线，沙滩宽阔且坡度小，沙细洁白，多数沙滩岸边绿树成荫，临沙岸海面风平浪静，海水清澈，是迷人海滨浴场和海上运动的理想之地。在东寨港红树林风景区，区内有明万历三十三年（1605年）琼州大地震时陷下海底的72个村庄遗址，称为“海底村庄”；港区内生长成片的红树林，被列为国家级自然保护区，划小船游弋其中，观树、观鱼、观鸟，趣味盎然。海口市拥有被联合国评为世界自然遗产的火山群世界地质公园，是中国为数不多的休眠火山，也是世界上保存完好的火山之一。老城内有5条骑楼建筑老街，形成独特的骑楼文化，2009年被评为中国历史文化名街。会展业、游轮游艇业、高尔夫球业三大引擎将助推海口未来旅游发展。

海口较为知名的历史古迹景点有：始建于洪武年间（1368年～1398年）的古代军事遗址——明代海南卫所在地城门楼的府城鼓楼，为纪念明代琼籍名贤王佐而建于1567年的西天庙，为纪念为维护祖国统一、促进民族团结的历史名人冼英而始建于1602年的新坡冼太夫人庙，为纪念明代琼籍清官海瑞而始建于1589年的海瑞墓园，为传播文化、培养海南子弟而始建于1710年的琼台书院，为纪念被贬谪来海南岛、传播文化推动海南文化发展和交流的唐代名臣李德裕和宋代名臣李纲、李光、胡铨、赵鼎而始建于1889年的“五公祠”，为抵御外侮而于1891年建成、与天津大沽口、上海吴淞口、广州虎门炮台并称中国清末四大炮台的秀英炮台等历史古迹；有始建于1919年的中共琼崖党、政、军主要领导人冯白驹出生地的冯白驹故居，有1926年6月召开的中共琼崖第一次代表大会旧址，为纪念中国民主革命先行者孙中山而始建于1926年的中山纪念堂，为纪念长期坚持琼岛革命斗争和英勇渡海作战解放海南牺牲的2万名多烈士而建于1951年的海南革命烈士纪念碑，为纪念第二次国共合作时期琼崖红军改编为抗日独立队而始建于1952年的云龙改编旧址，为纪念解放海南渡海作战英雄烈士而建于1957年的金牛岭烈士陵园，为纪念土地革命战争时期赴琼指导武装斗争而英勇就义的中共广东省军委书记李硕勋而建于1986年的李硕勋烈士纪念亭等革命纪念地。此外还有琼州大地震遗址（海底村庄）、雷琼世界地质公园海口园区、东山热带动植物园、东寨港红树林国家自然保护区、西海岸带状公园、万绿园等。2007年3月，国务院批复同意将海口市列为国家历史文化名城。

【人口】2015年底，海口市常住人口222.3万人，比上年增加2.23万人，增长1.01%。其中，秀英区37.7万人，龙华区65.54万人，琼山区50.18万人，美兰区68.88万人。全市户籍人口164.80万人，其中城镇人口74.02万人，占44.92%；乡村人口90.78万人，占55.08%。

【语言】海口市使用语言包括海南话、普通话、白话、军话、客家话、闽南话与四川、河南、湖南及其他地方话种和各少数民族话种等语种。主要方言为海南话，其中长流地区讲长流村话，东南部的龙塘、龙桥、石山、永兴、遵谭、云龙等镇及镇辖的部分村庄讲临高羊山土语。

【民族】2015年，海口市常住人口中，有汉族、黎族、苗族、回族、满族、瑶族、蒙古族、朝鲜族、土家族、布依族、傣族、侗族、壮族等48个民族，其中汉族人口占98.6%，少数民族人口占1.4%。

【宗教】海口市的主要宗教有佛教、基督教、天主教、伊斯兰教、道教。各宗教分别成立爱国宗教团体，设有宗教活动场所，宗教活动正常开展。2015年，全市有信教群众6.4万人，经批准登记的宗教活动场所27处。

【民俗】海口市经历近千年的发展，在不同历史时期文化熏陶和特定社会环境的共同催化下，逐渐形成自身的一些民风习俗。海南建省后海口市迅速发展，移民日益增多，海口传统文化风俗与外来文化相互渗透与融合。琼剧为海口市主要地方剧种，椰雕、贝雕是海口市的主要地方传统手工艺品。海口原居民民风淳朴，保留了较多的民间习俗。除夕吃围炉，年初一吃斋。农历正月初九是“老爸”生日，生日过后海口各村（坊）便陆续开始抬神公游村“行符”（海口俗话），驱走村中鬼邪。“行符”日在振东街、水巷口、大兴东街、振龙坊、人和坊、永兴街、盐灶村等多数是固定的，但个别村如白沙坊则由村中父老烧香点烛拜神，请求神灵择定日期举行。“行符”活动为2天，第一天晚上为“放灯”，第二天为正式“行符”日。农历正月十五日元宵节，海口人俗称小年，市民集聚府城、万绿园等地，相互送花、换花，传递友情，互祝好运，逐渐成为元宵换花节。农历二月初九至十二日，海口市有闹“军坡”、赶“庙会”的传统，祭祀南北朝时期南方女英雄冼太夫人冼英。传统的祭祀也逐步演变成为每年于3月在龙华区新坡镇主会场举办的一年一度的海南冼夫人文化节。海口地区“公期”“婆期”较为繁多，一年四季几乎月月有。公婆期是公祖、婆祖神灵或历史人物的出生纪念日，由于各乡村供奉的神主不同，故其公婆期也不同，每到公期、婆期，以一乡或一村庆祝，家家设宴，款待亲友；晚上还有戏班来演戏，谓“公祖婆祖戏”。海口人有喝“老爸茶”（又称大众茶）的习俗，这种花费10元左右，冲上一壶茶，配上一些小点心，边饮茶边叙情谊、谈家常、交流信息商情的大众茶在海口市随处可见。

【土特产品】海口市有丰富的海产、果类、禽类等地方特产，比较著名的有永兴荔枝、永兴黄皮、永兴菠罗蜜、演丰咸水鸭、曲口海鲜、石山壅羊等。

永兴荔枝　永兴镇种植荔枝已有近2000年的历史，种植面积居全省之冠，被誉为“荔枝之乡”。其品种颗大肉美。清代以前曾有一些优良品种当作“贡品”，有“晋举”之称。

演丰咸水鸭　以当地麻鸭、红鸭、白鸭为主要品种，放养于淡水和海水交界处红树林边的滩涂地，以玉米、稻谷及滩涂上的小贝壳、小鱼虾为主食，饲养期120天以上，体重约2.5千克，肉质介于人工饲养与野鸭之间，皮下脂肪层薄而肉质坚实，肉色由鲜红变黝黑，口味香浓，滑而不腻。

曲口海鲜　因产地在东寨港曲口湾而得名。曲口湾出产的海鲜久负盛名，其中青蟹、血蚶、蚝、对虾为最好，味道鲜美，营养丰富，药用价值高，食法特别。

石山壅羊　又称黑山羊。饲养壅羊在海口羊山地区历史悠久。《琼州府志》载：“壅羊是以小羊为栏栅畜之，足不履地，采草木以饲之，肥而多脂，味极美。”壅羊肉质细嫩，皮薄肉厚，骨质酥软，多脂少膻味，肉汁乳白，味美独特。

【市树】市树——椰子树。1987年7月，海口市第九届人民代表大会第一次会议根据市民呼吁和代表建议，做出以椰子树为市树的决议。椰子树象征着海口市人民坚毅、自信、奋进、求实、奉献的高尚品质，认同椰风海韵、阳光沙滩是热带海岛滨海城市——海口的地方特色。

（杜惠珍）

国民经济和社会发展

【国民经济和社会发展概况】2015年，海口市委、市政府坚持稳中求进的总基调，主动适应新常态，着力稳增长、促改革、调结构、惠民生、强管理，经济运行呈现“稳中趋快、稳中向好”的良好态势，社会发展和谐稳定，实现“十二五”胜利收官。全市实现地区生产总值1161.96亿元，按可比价格计算，比上年增长7.5%。其中，第一产业增加值57.09亿元，增长1.4%；第二产业增加值223.67亿元，增长5.8%；第三产业增加值881.21亿元，增长8.3%。人均地区生产总值5.25万元，增长6.2%。三次产业比例由2014年的5.2：19.9：74.9调整为2015年的4.9：19.3：75.8。全口径公共财政预算收入290.63亿元，增长8.41%。其中，地方一般公共预算收入111.50亿元，增长11.1%。地方一般公共预算支出170.93亿元，增长13.26%。

【工业生产平稳】2015年，海口市新型工业发展态势良好。体现海口市新型工业发展的医药制造业产值增长21.5%，是工业增长的重要支柱。机电设备金属制品业产值小幅增长，食品及农副产品加工业基本与上年持平，但受市场因素等影响，运输设备制造业和光伏产业产值有所下降。“新药谷”加快建设，康迪10万辆电动汽车、光启科学临近空间产业园等项目落地，先声药业、威特电气等项目开工建设。全市高新技术企业127家，占全省3/4，规模以上高新技术工业产值占全市规模以上工业总产值50%以上。落实工业企业扶持资金1.3亿元，与海马集团设立10亿元产业基金。全市完成工业增加值135.4亿元，增长4%，占全省27.9%。工业总产值537.67亿元，增长0.8%。规模以上工业完成总产值501.43亿元，增长0.4%；实现规模以上工业增加值124.52亿元，增长3.7%。

【热带特色农业稳步发展】2015年，海口市全面深化农村改革，转变农业生产发展方式，加快农业结构调整，优化农业产业布局，推进规模化、标准化、品牌化，促进农业增效和农民增收。新建蔬菜大棚210.67公顷，冬季瓜菜种植面积1.36万公顷，新建畜禽标准化生态养殖小区21个，建成罗牛山10万头现代化养猪基地，新增花卉种植面积100多公顷，开工建设桂林洋国家热带农业公园、石斛基地等项目，海口农副产品交易配送中心建成，6家农业生产基地获评首批省级现代农业示范基地（园区）。新增省著名商标、省名牌产品、省名牌农产品18个，新认证11个无公害农产品，云龙淮山、永兴荔枝获“国家地理标志产品”称号。全年农林牧渔业完成总产值93.2亿元，增长1.2%。其中，种植业产值41.35亿元，增长2.2%；粮食总产量16.53万吨，下降1.5%；蔬菜产量56.61万吨，增长5.09%。林业产值5.31亿元，增长3.7%。其中橡胶受2014年超强台风“威马逊”影响大幅减少，收获面积仅3018公顷，减少1.12万公顷，产量1740吨，减产79.45%。牧业产值30.78亿元，下降5.87%；渔业产值10.2亿元，增长9.6%。

【现代服务业快速发展】2015年，海口市第三产业增加值增长8.3%，对经济增长贡献率83.6%。旅游业坚持以商务旅游和休闲旅游为主攻方向，牵头发起琼北区域旅游合作，旅游转型升级初见成效。推进建设旅游项目15项，完成投资额17.8亿元；冯小刚电影公社南洋街开街，中山路骑楼老街业态调整完毕，“丽星”邮轮以海口为母港开通国际航线；建成海口湾、新埠岛两个游艇专用码头，全国首家游艇交易所坐落海口。全市接待国内外过夜游客1225万人次、增长8.4%，旅游总收入160.06亿元、增长12.7%。会展业产业链条逐步完善，拥有会展企业和配套企业65家，涵盖会展产业链各环节；全年举办规模会展活动223场，展览面积60.1万平方米，连续4年荣获中国会展“金海豚”大奖。互联网产业加快发展，打造复兴城、演丰镇两个互联网产业聚集区，启动演丰、石山、红旗等10个“互联网+”产业小镇建设；阿里巴巴等互联网龙头企业进驻海口，南海云及大数据服务中心运行。

引进广州风信子、外来客、洋盒子等知名跨境电商品牌，江东电子商务产业园入驻企业165家。房地产业转型升级明显，商业营业用房投资增长47.6%，高于住宅投资增幅13.8百分点。推进特色产业小镇建设，石山镇“互联网+农业”开局良好，永兴镇与乐视体育联手打造体育产业，演丰镇被列为国家新型城镇化综合试点。海南银行在海口挂牌成立，新入驻华夏银行海口分行，新增新三版挂牌交易企业7家、海南股权交易中心和上海股权托管交易中心挂牌交易企业22家；综保区飞机融资租赁取得重要突破，推动金融机构与企业签订合作协议698亿元。年末，全市金融机构本外币各项存款余额3962.82亿元，增长23.3%；金融机构本外币各项贷款余额3656.03亿元，增长0.2%。全年证券公司总交易金额1.84万亿元，增长249.8%。保费收入61.68亿元，增长28.37%；支付各项赔款与给付16.37亿元，下降2.85%。交通运输完成旅客运输量7079万人次，增长2.63%；旅客周转量514亿人千米，增长10.17%；货物运输量1.13亿吨，下降8.41%；货物周转量708.73亿吨千米，下降24.4%。完成邮电业务总量70.57亿元，增长6.42%。年末全市电话用户总数548万户，新增48万户。

【对外开放力度加大】2015年，海口市不断深化合作与开放，提高对外开放能力，切实增强发展后劲。年内海口市国际友城增至30个。海口港被列为国家“一带一路”15个沿海港口之一，并与马来西亚巴生港缔结友好港，成为海口市首个签约的“海上丝绸之路”沿线国际友好港。汽车整车进口口岸投入运营。海航集团进入世界500强，海马汽车、立昇净水布局海外。成功举办“21世纪海上丝绸之路”电影节、世界自然保护联盟(IUCN)第87届全球理事会、中国国际商标品牌节等一批重大国际国内活动，海口市的知名度和美誉度进一步提升。与厦门开通集装箱海上快线，与泉州签订物流《合作框架协议》，开拓海南至东南亚国家的综合集装箱物流市场。海口海关全面融入“泛珠”四省海关区域通关一体化。推动海澄文一体化综合经济圈建设，深化与澄迈、文昌、屯昌等琼北市县合作，定海大桥、铺前大桥等交通互联互通工程稳步推进。组织参加2015厦门国际投资贸易洽谈会、海南与央企战略合作座谈会等经贸招商活动，共签约52个项目，总协议投资金额为820.07亿元，涵盖旅游、热带特色高效农业、互联网、会展和物流等产业。全年全市协议合同外资金额12.70亿美元，增长600.5%；实际利用外商直接投资2.91亿美元，下降11.7%。

【改革开放全力推进】2015年，海口市深化重点领域改革，启动“多规合一”试点，完成《“多规合一”总体规划》《“多规合一”生态红线划定方案》《海澄文基础设施一体化》编制，实现“一张蓝图”上目标、坐标、指标全方位统筹，推动解决一批项目建设历史遗留问题。深入推进城市管理综合执法改革，推行“公安+城管”模式，加大联合执法力度。推进行政审批制度改革，美安科技新城试点推进“六个试行”的“极简审批”，获得中央改革办和省委省政府的充分肯定。市区镇（街）行政管理体制改革成效显著，编制和经费向镇（街）下沉，下放经济建设与管理等6个方面行政管理权项。大力推进行政审批制度改革，率先在全省完成取消全市非行政许可审批事项工作，率先在全省启动权责清单制定和推行“三证合一、一照一码”。在上年审批时间压缩70%的基础上，再压缩审批时间19%，削减审批总环节17%。投融资体制改革加快，推行政府和社会资本合作（PPP）模式，组建PPP管理中心和投资管理有限公司，设立城乡统筹发展基金，建立PPP项目库，吸引社会资本进入基础设施建设和公共服务领域。

【城市管理水平提升】2015年，海口市把“双创”（创建全国文明城市和创建国家卫生城市）作为打造城市升级版，提升城市竞争力和软实力，增进人民福祉的重要抓手。坚持高位推进，高效运转，开展“门前三包”整治、交通秩序整治、环境卫生整治、除“四害”、小街小巷改造提升、市政道路维修、农贸市场改造升级、打击违法建筑等系列工作，实现市容市貌、群众态度、干部作风“三大转变”。全市落实“门前三包”主体责任单位（业主）4.3万家，签约率100%；完成91条道路和12个小游园绿化；拆除占道疏导点115个，取缔马路市场66个；完成858条小街小巷改造、52条道路修复，8个积水点改造。启动46家农贸市场环境秩序整治和改造升级；集中整治停车场1079家，划设临时停车泊位3500个；查处交通违法39万件。启动城市园林绿化景观优化工程，推进“三园合一”，完成世纪公园、万绿园、滨海大道海岸线灾后修复等一批重点工程。巩固提升生态优势，深入落实省委省政府“六项整治”部署。先后制定《生态城市建设规划》《水系规划》《循环经济发展规划》等10多项规划。责令违法排放企业停产83家，拆除无牌无证小砖厂21家；淘汰黄标车1.7万辆，新投放环保公交车217辆，清洁能源公交车比例提高至93%；启动18个水体治理，完成白沙门污水处理厂（一期）升级改造，稳步推进垃圾综合处理二期建设，强化对水源保护区、自然保护区、重要湿地、森林等禁止开发区域的生态保护。全面开展海岸带保护与开发专项检查，加大农业面源污染、违规采砂等整治力度。保持“打违”高压态势，全市防违控违67.3万平方米，拆违366.4万平方米。深入推进“绿化宝岛大行动”，造林绿化面积2400公顷，城市建成区绿化覆盖率43%，高于全国平均水平。城市集中式饮用水源地水质达标率、国家重点监控断面水质达标率、近岸海域海水水质达标率均为100%，空气质量在全国74个重点城市中稳居第一。

【全力保障改善民生】2015年，海口市民生支出128.4亿元，增长25.2%，占地方公共财政支出的75.1%，同比提高5.1百分点。城镇常住居民人均可支配收入2.85万元，增长7.6%；农村常住居民人均可支配收入1.16万元，增长9.5%。全面完成承诺的为民办实事事项。调整城镇居民住房保障准入标准，规范住房保障管理。制定《海口市公共租赁住房经济适用住房限价商品住房保障标准》和《海口市公共租赁住房保障管理办法》，进一步扩大保障对象范围。大力推进棚户区改造工作，启动新海村、博义盐灶、八灶、滨江西路南段等12个连片棚户区（城中村）改造，涉及棚户区居民2.38万户、8.58万人；完成城市棚户区改造1.14万户（套），完成省下达给海口市城市棚户区改造任务8950户（套）的127%。全面完成4300户农村危房改造任务。解决房地产办证历史遗留问题1203户、20.7万平方米。积极推动大众创业、万众创新，城镇新增就业5.67万人，农村富余劳动力转移就业人数8730人；“零就业”家庭实现动态清零，城镇登记失业率0.9%。发放创业小额贷款5214万元，帮扶615人创业，带动1713人就业。社会保障能力不断提升，城市低保、农村低保月平均保障标准分别提高到520元和460元，增幅分别为15.6%和27.8%；企业退休人员基本养老金月人均增加181.29元，达到1957元/月；城乡居民基础养老金标准统一提高至每人每月145元。帮扶农村农民发展，发放农民小额贷款9.7亿元，农民小额贷款贴息234.5万元；完成2900人的年减贫任务，145个贫困村全部脱贫；建设农村饮水安全工程99处，受益群众11.4万人；改造农村农户公厕8000户。建成12间日间照料中心、18家农村幸福院。筹建菜篮子公司，持续扩大叶菜种植，优化流通体系，设置17个连锁超市销售专区、25个社区销售点和50家农副产品平价商店（专区），延长平价菜供应3个半月，多措并举保供稳价。全市居民消费价格总指数（CPI）为101.2%，价格水平上涨1.2%。

【社会事业加快发展】2015年，海口市坚持教育优先发展，建立留守儿童档案，实施第二轮学前教育三年行动计划，启动增加教育学位项目，改扩建、新建学校10所，新增义务教育学位5050个，继续实施农村薄弱学校改造计划。琼山区顺利通过义务教育发展基本均衡区的国家评估认定。全市有学校（幼儿园）970所，在校生37.17万人，教职工总人数3.30万人。实施单独两孩政策，出生人口性别比115.7。省肿瘤医院、海南新现代妇女儿童医院投入运营。所有公立医疗机构实施“先看病、后付费”诊疗服务模式，镇级医院全面推行“限费医疗”改革；职工医保的门诊特殊疾病病种由原来的14种扩大到24种，并提高定额标准。全市有卫生机构1097个，卫生机构床位1.54万张，卫生人员3.14万人。大力实施创新驱动战略，加快创新型城市建设，全市科技经费投入3984.8万元；有高新技术企业127家，市级以上的工程（技术）研究中心55家、重点实验室52家、创新型（试点）企业49家；各企事业单位申报海口市各类科技计划项目129项；新建电子农务新技术新品种示范基地11个。全市专利申请总量2308件，专利授权总量1388件；受理申请技术合同登记236件，合同成交金额1.49亿元，有4家企业专利权人获第十七届中国专利奖。公共文化服务繁荣发展。全市共有博物馆2个，公共图书馆2个，群众艺术馆、文化馆3个，文化站22个。年末广播人口综合覆盖率100%，电视人口综合覆盖率100%，公共图书馆藏书量42.51万册。新建35个行政村文化活动室。《海口晚报》更名为《海口日报》，“海口发布”正式上线。琼剧《浴血英魂》、艺术团作品《守望》共获“文华奖”12个奖项，其中《浴血英魂》获得艺术节最高奖项“文华大奖”。市艺术团创作的舞蹈节目《快乐黎山》《拜扣与帕曼》《舞动的节奏》在第十届全国少数民族传统体育运动会上，全部获得“作品一等奖”，填补民运会海南代表团没有一等奖的空白。体育事业蓬勃发展。成功开展第六届环海南岛国际大帆船赛（海口赛段）、世界女子高尔夫锦标赛、第十届环海南岛国际公路自行车赛（海口赛段）、海口国际沙滩马拉松赛、国际旅游岛帆板大奖赛五大赛事。全年先后举办869场次群众性体育活动。参加全国级比赛获得前八名49个，其中金牌5枚、银牌8枚、铜牌10枚；参加省级比赛获得前八名301个，其中金牌93枚、银牌65枚、铜牌53枚。国际竞技获得好成绩，运动员蒙成代表中国队参加世界青年举重锦标赛（波兰）的男子举重56公斤级比赛，并以抓举126公斤，挺举150公斤，总成绩276公斤的成绩夺得该项目金牌。

（杜惠珍）

重点项目建设

【重点项目建设概况】2015年，海口市为贯彻落实省委省政府对抓项目、促投资、稳增长的决策部署，全市上下发扬“四种”精神，积极推进项目建设，创新“六个一”责任模式，通过开展“重点项目服务月”“重点项目督查月”以及投资项目“百日大会战”等一系列活动，较好完成省政府年度目标任务，67个省重点项目，年度计划投资327.6亿元，实际完成投资452.59亿元，超年度计划投资124.99亿元，连续第4年获得省政府重点项目“上台阶”奖。2015年重点项目安排产业类项目多、投资大、带动辐射能力强，项目占比超过50%。此外，社会民生项目比重较往年加大，着重考虑直接关系市民百姓生活的防灾减灾、菜篮子、交通出行、棚户区改造、生态环保等项目。

【重点项目投资计划编制】 2015年9月，海口市开始编制2016年度重点项目投资计划。2016年，海口市计划安排省重点项目86个，年度计划投资463.28亿元，较2015年增长41%。这批重点项目主要集中在旅游产业、热带特色高效农业、互联网产业、医疗健康产业、现代物流业、医药产业、低碳制造业、房地产业、科教文体产业和基础设施、社会民生等11大方面。

【重点项目分类完成投资情况】 2015年，落地海口的省重点项目67个（含子项目102个），年度投资计划327.6亿元。截至12月底，累计完成年度投资452.59亿元，占年度计划的138%，超计划投资124.99亿元，较好地完成省重点项目推进工作目标，获得省政府重点项目“上台阶”奖。（1）重大基础设施加快完善。海甸岛环岛路二期B段、海甸五西路应急改造、海彤路、惠农路、桂林洋兴洋三横路等道路竣工通车；海口美兰国际机场航站楼扩建项目、海口新海滚装码头一期工程完工运营；美兰国际机场二期、江东大道二期、新海港二期项目等一批重大基础设施项目相继开工，这批项目建成使用将进一步提升海口市城市基础设施功能，极大缓解交通压力，方便市民出行。(2) 城镇化建设强力推进。2015年，海口市完成城市棚户区改造1.14万户的目标，占省里下达8950户任务目标的127%，其中滨涯村棚改、流水坡片区棚改项目安置房已基本完工，演丰镇墟、流水坡二期、滨江西路南段、博义盐灶、白沙坊一期、新海村等6个棚户区改造项目基本完成征收，红城湖片区、下洋瓦灶片区、新琼片区、中山北片区等正在进行征收工作。（3）社会民生项目加快进展。省肿瘤医院、海南省食品检验检测中心、省博物馆二期等项目建成；五源河学校、天网二期、南渡江引水

2015年11月10日，海南省副省长王路（右）调研海口市美兰区白沙坊棚改项目。（美兰区 供稿）

工程等一批重点项目相继开工建设，市民关注的入学、就医环境、食品安全、社会治安、安全饮水等民生问题进一步得到极大改善。（4）产业项目加速推进。积极推动海口新坡洋蔬菜基地、海口罗牛山十万头养猪基地、海南金盛达建材商城、海口丁村现代物流园等项目完工，稳步推进美安科技新城、海口林安智慧物流园、美安综合物流园等园区基础设施建设项目取得实质性进展。（5）旅游吸引物建设取得进展。海口观澜湖华谊冯小刚电影公社南阳街景点对外开放，海口丹娜游艇都会酒店对外营业，海口恒大文化旅游城项目商业街、国际会议中心完工，大英山日月广场项目即将建成；五源河文体中心、长影环球100、五源河休闲度假区等项目加快推进，旅游吸引物和相关配套设施品质得到提升。

【重点项目推进保障】 2015年，海口市于春节前召开2015年重点项目推进工作动员大会。会上，市政府要求各责任单位、市直部门领导班子要深入项目现场一线走访企业，了解项目情况，协助项目业主，结合项目推进的实际情况，制定项目倒排工期及投资计划，明确全年投资目标，并将项目进度、投资计划分解到月，配套预防滞后推进工作措施。各项目形成切实可行的《重点项目年度推进工作方案》，为项目进展夯实基础。市长与各副市长、各区长，副市长与各职能部门负责人、项目业主层层签订责任状，为项目全年投资确定投资目标，明确建设进度。创新实行市区两级“双六个一”责任模式，构建指标层层分解、责任层层落实、压力层层传递、活力层层激发的工作格局。由往年各辖区政府和开发区管委会仅负责重点项目征地拆迁，转变为全程参与项目选址到竣工的每个环节，委派专人下沉到项目一线研究制定工作措施，采取一站式服务，点对点跟踪落实市政府决策事项。同时，各区加大对重点项目可能存在的维稳风险进行排查和评估，做出预案和预警，及时化解项目选址、征地拆迁及历史遗留等焦点问题，保障推动重点项目的原动力不减弱。

【重点项目协调服务】 （1）组织开展“重点项目服务月”“重点项目督查月”活动。2015年，海口市分别于4月和7月在全市范围内开展“重点项目服务月”和“重点项目督查月”活动，解决影响项目建设的各种问题，确保出现问题、落实问题、督办问题的无缝对接，为重点项目建设清除障

碍。(2)积极落实重点项目要素，有序推动重点项目进展。在重点项目要素条件配给落实方面，市国土部门积极开展重点项目批次农地转用申报材料组织工作和重点项目土地征收的权属调查、方案报批工作，市林业部门稳步开展重点项目建设占用林地的指标申请和材料申报工作，辖区政府开展重点项目房屋征收方案编制和申报工作，市发改、财政部门积极制定重点项目征地拆迁、前期工作、开工建设以及配套设施建设的资金保障方案。全市上下形成合力，全力解决制约重点项目用地、农地转用、土规调整、占林需求，供电、用水等制约项目进展的瓶颈问题，确保重点项目按节点计划有序推进。(3)积极谋划“百日大会战”活动，加快推进项目建设。海口市于9月20日开展投资项目“百日大会战”活动，积极主动协调各项目业主做好项目推进相关服务工作，为长影环球100生态修复、灵山镇片区旧城改造、万达商业综合体、美丽沙综合体、海南国际汽车园、海口鸿洲江山等项目开通“绿色通道”，进入联合审批窗口，为确保项目在3个工作日完成审批提供保障。在“百日大会战”活动期间，组织召开倪强市长重点项目第三次并联审批会议，主要解决江东大道二期、椰海大道C段、和风家园项目征地问题，海口如意岛项目三期海域使用权证办理问题，丁村现代物流园山高变电站建设问题，金龙城市广场涉及国贸片区农贸市场选址建设问题，重点项目占用林地指标问题，同时对海秀快速路建设提速提出具体要求。通过“百日大会战”活动，海口市32个新开工项目中除海口罗牛山爱华城市广场、海口红树林湿地森林小镇、海口广东大厦、海口英利多晶硅太阳能电池、海口宏达商城5个项目因控规、土规调整、投资模式调整等客观原因影响年内无法开工外，海口美兰国际机场二期扩建、南渡江引水工程、江东大道二期、省儿童医院、省结核病医院、天网二期、海口林安物流等27个新开工项目在12月底前全部实现开工，确保全年目标任务完成。

【重点项目建设督查】2015年，海口市围绕年度目标任务，分别于4月7日和7月7日在全市范围内开展“重点项目服务月”和“重点项目督查月”活动，解决影响项目建设的各种问题。活动期内完成项目问题排查处理、项目要素条件配给，通过各种服务活动累计召开重点项目现场会、专题会158次，处理问题350件次；召开项目督办会8次，全市重点项目并联审批会3次，下发督查建议书和督办函102件；各责任单位召开协调会125次，落实项目推进事项375件次；各部门办理重点项目联审联批84件，办结率85%，审批时间压缩40%，协调解决项目用水、用电、规划、用地、资金、行政审批等存在问题。确保出现问题、落实问题、督办问题的无缝对接，为重点项目建设清除障碍。启动“百日大会战”问责工作，强化督查力度，工作排名向市四套班子领导和社会通报。“百日大会战”指挥部办公室制定《投资项目“百日大会战”考核奖惩办法》，对动作不力、执行不力的单位和个人给予问责处罚，必要时向市委建议对相关责任人员进行调整。强化督查通报，每月16日和30日前，市政府督查室在报纸、电视台和政务微信群等平台上，排名通报各区、各责任单位项目推进情况，同时抄报市四套班子领导阅。通过海口市纪委监察局主办，海口广播电视台协办的海口电视直播问政栏目《亮见》，曝光个别重点项目中存在的不作为、慢作为的行为，对省市重点项目推进过程中存在不担当、不作为、慢作为等问题的12名相关责任人进行问责处理，干部作风明显转变，有力推动重点项目建设。

(高树范　陈文军　周　荣　叶建君)

海南省市重点项目秀英区万达广场建设现场一片繁忙。摄于2015年11月8日。
(秀英区　供稿)

固定资产投资

【固定资产投资概况】2015年，海口市完成全社会固定资产投资1012.05亿元，较上年增长22.7%，占全省比重为30.16%，较上年提高3.16百分点，投资额在全省占比进一步扩大。增速比全省快12.8百分点，全省排名第一，跑赢全国增速。从区域看，秀英区、龙华区、美兰区、琼山区、海口综合保税区完成投资较上年保持增长，海口桂林洋经济开发区、海口高新区完成投资较上年有所下降。秀英区完成投资274.80亿元，增长14.86%；龙华区完成投资235.50亿元，增长27.99%；美兰区完成投资272.36亿元，增长9.49%；琼山区完成投资78.56亿元，增长39.61%；海口综合保税区完成投资14.03亿元，增长123.05%；海口桂林洋经济开发区完成投资22.38亿元，下降29.09%；海口高新区完成投资28.92亿元，下降35.88%（以上7个区的固定资产投资累计额不包含海航飞机购置投资额）。

【产业投资】2015年，海口市第一产业投资占比1.91%，第二产业投资占比2.6%，第三产业投资占比95.48%，分别与2014年的2.3%、4.91%，92.79%相比，第三产业投资占比增加，第一、二产业投资占比下降。第三产业投资增加主要集中在房地产业、交通运输、仓储和邮政业、住宿和餐饮业等行业，投资进展情况较好的有美兰机场建设、灵山片区棚改、滨涯村棚改、演丰保障性安居工程二期、现代美居生活物流园、南海明珠邮轮港旅游综合开发人工岛等重大项目。受到海南（演丰）现代农业产业园、罗牛山十万头现代化猪场等项目进入投资末期，文山沉香文化产业园、海口花卉苗木产业园项目等项目投资速度放缓，京兴林木种苗示范园区、石斛健康产业园等项目刚启动的影响，第一产业投资占比下降。由于缺乏重大项目拉动投资，导致第二产业投资增长后劲不足，投资占比较上年下降。

【基础设施投资】2015年，海口市电力、燃气及水的生产和供应业投资6.38亿元，增长45.9%；交通运输、仓储和邮政业投资148.38亿元，增长12.6%；水利环境和公共设施管理业投资79.35亿元，下降13.6%。

【社会事业投资】2015年，海口市教育投资20.49亿元，下降17.2%；卫生、社会保障和社会福利业投资18.06亿元，增长42.4%；文化、体育和娱乐业投资43.90亿元，下降16.6%；公共管理和社会组织投资9.18亿元，增长119%。

【投资资金来源】2015年，海口市社会投资完成900.02亿元，增长30%，占固定资产投资完成额的89%；政府投资完成112.02亿元，下降14%，占固定资产投资完成额的11%。社会投资为政府投资的8倍，政府投资在固定资产投资完成额中的占比从2012年的23.7%下降到11%，撬动社会投资作用显著。

【重大投资项目】2015年，海口市计划总投资10亿元以上项目有101个，完成投资644.28亿元，占全市固定资产投资比重63.7%。如海秀快速路、南海明珠邮轮港旅游综合开发人工岛、保利秀英港、东海岸如意岛、海南现代美居生活物流园、新海物流园基础设施工程、长影海南生态文化产业园、远大购物广场、恒大海口文化旅游城、灵山片区棚改、滨涯村棚改、演丰保障性安居工程二期等项目均完成超过10亿元。计划总投资在亿元以上项目有458个，完成投资933.63亿元，占全市固定资产投资的92%。

（李　岩）

精神文明建设

【社会主义核心价值观宣传】2015年，海口市围绕社会主义核心价值观、“四个全面”“两个一百年”、2015年博鳌亚洲论坛、海口城市建设等内容，打造主题公园、主题广场、主题社区、主题乡村、主题校区、主题医院、主题单位、主题街道、主题景区、主题酒店10个类别主题典型重点建设。龙华区苍东村、玉沙社区获得中宣部向全国推荐的100个基层思想政治工作创新典型。在中宣部召开的全国基层思想政治工作创新经验交流会议上，海口市以苍东村打造社会主义核心价值观主题乡村为例子，作为15个典型代表现场进行基层思想政治工作创新经验介绍，受到中宣部思想政治研究所、全国思想政治研究会领导的肯定并在全国推广。充分利用电视媒体、互联网、移动客户端、户外大型LED显示屏、公交车、车站、码头、商业广场、办公区、行政服务大厅、宾馆、景区、电影、中小学校等相关媒体和人群聚集地开展“梦娃”动画视频推广展播。在《海口日报》、海口广播电台、海口网等媒体进行“中国梦”主题新创作歌曲播放，并要求全市文化单位把歌曲纳入“深入生活、扎根人民”主题实践活动，纳入各级文化部门组织开展的群众性文艺演出、比赛演唱曲目，纳入基层文艺骨干培训课程并组织教唱学唱。在万春会、冼夫人文化节、换花节等活动也融入社会主义核心价值观。以春节为契机，充分运用古体诗词、对联、小传等传统文化样式，运用“图说我们的价值观”等宣传载体，在商场、“年货一条街”、酒店、宾馆、文体活动、景区、主要街道、街景、公园、车站、码头、机场等场所和开展的节庆活动中制作、悬挂、张贴社会主义核心价值观灯笼8000只、对联6000副、年画4000幅等多形式、多渠道开展社会主义核心价值观宣传。发动企业参与社会主义核心价值观建设的宣传，全市有20家企业在135条道路灯杆上发布公益广告1.2万杆。在开展社会主义核心价值观宣传活动中，全市共发布各类公益广告候车亭广告牌36面、大型立柱广告牌33面、大型LED显示屏18块、灯杆刀旗2148杆，建筑工地围档制作面积2万多平方米，2900多辆出租车LED显示屏和400辆公交车车载电视滚动播放标语口号。

【中国好人榜12月入选名单发布仪式在海口举行】2015年12月30日，“全国道德模范与身边好人（海南海

2015年1月30日，海南省委常委、宣传部部长许俊（右）带领海南省各市县宣传部部长，参观学习海口市社会主义核心价值观主题宣传工作，海口市委常委、宣传部部长吴川祝（中）陪同。（黄一冰 摄）

口）现场交流会暨十二月360好人榜揭牌仪式” 在海口市举行。由中央文明办主办，中国文明网、海南省文明办、中共海口市委、海口市人民政府共同承办，中共海口市委宣传部、海口市文明办、海口广播电视台、《海口日报》、海口网协办。中央文明办霍增龙，新华网副总裁刘加文，光明网总经理陈建栋，海南省委常委、宣传部部长、省文明委主任许俊，省委常委、海口市委书记孙新阳等海口市四套班子领导出席，历届各级道德模范和身边好人、机关干部、部队官兵、学生、企业等代表共500多人参加活动。活动现场，许俊、孙新阳和第三届全国道德模范李郁林一起揭晓中国好人榜12月入选名单。在本月发布的110位中国好人中，海口82岁的退休老医生吴永赞、省武警总队的警官詹永胜、乐东创新妇女哈密瓜种植专业合作社理事长石世婕榜上有名，分别获助人为乐好人、见义勇为好人、诚实守信好人荣誉称号。评选表彰第五届海口市道德模范29名，道德模范提名奖23名。

【开展道德模范和“身边好人”学习宣传活动】2015年，海口开展“道德模范在身边”道德模范宣讲进学校、进部队、进机关、进单位等基层宣讲活动22场。举办“德耀椰城”道德模范先进事迹图片巡展，分别在市博物馆、图书馆、人大会堂、群艺馆、青少年活动中心、道德讲堂6个场馆长期展出，在公园、社区、广场等公共场所进行全市巡展。举办“道德模范故事会”进社区基层巡演活动10场；在海口文明网、海口网、海口市政府门户网展播道德模范先进事迹。设计制作道德模范公益广告14幅，并在《海口晚报》、建筑围挡、候车亭、广告牌、宣传栏等新闻媒体和社会媒体上刊播、张贴。通过海口文明网和“文明海口”微信公众平台推出“海口好人”专栏。

【开展公益讲座】2015年，海口市举办弘扬中华优秀传统文化，培育社会主义核心价值观大型公益讲座。结合9月20日全国第13个公民道德宣传日，举办大型中华优秀传统文化公益论坛，叶剑英之女叶向真出席，参与群众1500人。依托海口市道德讲堂总堂，联合海口广播电台“文明海口”栏目，举办线上线下公益讲座，全年共举办31场，听众50万人次。

【学雷锋志愿服务活动】2015年初，海口市委宣传部发动全市市民在“志愿海南”平台注册成为志愿者。截至12月31日，注册志愿者人数超25万人，占建成区常住人口比例超14%。组织开展志愿服务活动。1月29日举办“2015年志愿服务年”启动年，开展关爱他人、关爱社会、关爱自然系列志愿服务活动。3月5日，在海口市福利院，海口承办海南省“践行核心价值观·志愿服务我先行”党团员志愿服务活动启动仪式，各区设分会场，活动当天参与活动志愿者人数超过1000人。8月8日，组织3000余名党员志愿者，在国兴大道、秀英大道等交通繁忙道路，开展省市联动“文明交通”劝导志愿服务活动。常态化开展文明交通志愿服务活动，联合海南省心海义工协会、义家亲志愿者协会，每周五、周六早、晚交通繁忙时段，在交通繁忙路口开展文明交通劝导志愿服务活动。加强志愿服务基地建设。2015年，全市新建有队伍、有场所、有经费、有活动的社区志愿服务工作站12个。4月，新建美兰区龙峰实验小学、秀英区秀华小学、龙华区苍西小学、琼山区琼山四小4个关爱社区儿童志愿服务基地，每周六、周日，为学校所在社区外来务工人员子女、留守儿童等家庭经济困难儿童提供课业辅导、兴趣开发、人格培育等志愿服务。开通海口市未成年人心理咨询热线，举行启动仪式，向社会公布。

【推进文明建设制度建设】2015年，海口市委宣传部根据《全国文明城市测评体系》和《全国未成年人思想道德建设工作测评体系》，研究制定《海口市全国文明城市测评体系责任分工及操作手册》《海口市全国未成年人思想道德建设工作测评体系责任分工及操作手册》《海口市创建全国文明城市实地考察重点点位、重点区域、重点行业、重要路段工作任务分解表》《创建全国文明城市窗口行业考核内容》《海口市创建全国文明城市各单位任务清单》《海口市创建全国文明城市 创建国家卫生城市操作手册［街镇、社区（村）］》《海口市窗口单位创建全国文明城市工作实施方案》等一系列工作标准和规范文件，进一步明确工作任务职责，指导全市做好创建全国文明城市工作。同时，针对工作中的重点难点问题，组织召开重点工作推进会，召集市发改委、市工商局、市旅游委等部分文明委成员单位研究讨论征信体系建设和文明旅游等工作。推进诚信制度化建设，明确由市发改委（市金融办）牵头，抓好诚信制度化建设，加强征信体系建设；推进旅游法治建设，由市旅发委牵头，结合国家旅游局出台的《关于强化旅游行业文明旅游工作的指导意见》抓好落实；推进志愿服务制度化，将在职党员到社区报到开展志愿服务、社区志愿服务、青年志愿服务等资源统筹到全民公益活动中，从方案制定、体制机制建设到项目策划等方面形成全市一盘棋。

【未成年人思想道德建设】 2015年，海口市开展“做一个有道德的人”主题实践活动。清明期间，组织全市中小学校举办“网上祭英烈”签名寄语活动，全市参加活动的中小学生200多万人次。“六一”期间，组织开展“六一”儿童节“学习雷锋，做美德少年”签名寄语活动，在海口文明网开设网上签名寄语专栏，在市第二十五小海甸分校举办现场签名寄语活动，通过线上线下活动，引导全市广大未成年人坚持学习和弘扬雷锋精神，教育和鼓励未成年人争做美德少年。端午节期间，组织开展海口市中小学校中华经典诵读比赛活动，市九中、白龙小学、十一小学、海南侨中等分别荣获一、二、三等奖。“七一”前夕，开展“童心向党”歌咏活动，录制并选送相关节目上报中央文明办。全年举办“未成年人道德讲坛”30场。“十一”期间举办“向国旗敬礼”征文、随手拍等系列征集活动。

【“我们的节日”主题活动】 2015年春节元宵节期间，海口市组织开展全国社区网络春晚节目录制，走访慰问道德模范、留守儿童、孤寡老人，举办元宵换花节、万春会等活动；利用清明节开展主题教育活动。组织开展海口市纪念王海萍、梁惠贞烈士活动，市四套班子、海口警备区、部队官兵、烈士家属、中小学生、市区机关干部和当地群众共500人参与祭奠。组织开展缅怀革命先烈、网上祭先烈等活动，全市共开展祭扫活动100多次，参与网上祭英烈活动的中小学生200多万人次。端午节期间，组织基层干部群众开展龙舟赛、拔河赛、包粽子赛、登山赛等活动，组织开展“我们的节日·端午”中小学生中华经典诵读活动。中秋节期间，开展中秋文艺晚会20场次，深入老龄公寓、福得院、社区开展为孤寡、空巢老人志愿服务活动30次。重阳节期间，开展重阳节“感恩父母和谐家庭”活动系列活动。举办“中国道路”征文活动、传统文化讲座活动、文艺演出活动、老龄健身操展演活动等9大项内容，参与老人5000多人次。

【文明生态村建设】 2015年，海口市委宣传部组织召开全市涉农部门主要负责人会议，对全年联手扶贫、建设文明生态村工作进行部署，要求各涉农部门要利用本部门的资源向年内计划创建村庄倾斜，形成创建合力，确保完成目标。出台《海口市贫困村庄建设文明生态村考核办法》，指导各帮扶单位和创建村庄开展文明生态村创建。扎实推进71个新创建村庄建设的基础上，推进39个贫困村庄的脱贫和文明生态村建设。年底，145个贫困村100%脱贫。全市累计建成文明生态村1717个，占自然村总数80%。开展村规民约征集和创新发展乡贤文化活动。指导全市文明生态村将社会主义核心价值观内容融入本村村规民约，并将村规民约摆放在村集体活动场所的醒目位置，使村规民约成为村民规范修身、立业、齐家、交友等行为的共同准则。通过基层推荐、媒体挖掘等方式，在《海口晚报》推出《创新发展乡贤文化》栏目，全年共在媒体上推出《“乡贤”传帮带，村民奔“小康”》等多篇报道，在社会上引起了较好反响。同时，依托冼夫人文化庙，弘扬海口乡贤文化。海口市冼夫人文化学会依托全市180多座奉祀冼夫人的庙宇，展示冼夫人的生平事迹，将冼夫人爱国爱民的精神以及中国传统的孝文化与社会主义核心价值观融合起来，引导群众爱国、敬业、友善。

（邓中华）

（编辑：杜惠珍）

组织机构及负责人名录

中共海口市委员会

书　记　陈　辞（2月止）孙新阳（5月任）
副书记　倪　强　刘庆声（11月止）
　　吴川祝（11月任）
常　委　王云霞（女，11月止）
　　袁光平　宋顺勇（11月止）
　　杜立文（11月止）
　　李　湖
　　王艳萍（女，12月任）
　　林海宁　彭　军　巴特尔
　　李向明（11月任）
秘书长　林海宁
副秘书长　刘志力（常务）　刘川海
　　陈　芳（女，兼）
　　王旭明

海口市人民代表大会常务委员会

主　任　陈宏芬
副主任　钟万荣　陈毓芬　程国林
　　陈一华　郑国建
秘书长　王小峰
副秘书长　谢汉金　高仕光　王孔家
　　陈业胜

海口市人民政府

市　长　倪　强
副市长　袁光平　巴特尔（7月任）
　　蒙国海　朱永盛　鞠　磊
　　孙世文　任清华
　　李　杰（8月免）
秘书长　龙卫东（12月止）
　　田丽霞（女，12月任）
副秘书长　王善来　肖成武（兼）
　　林道坚（12月止）
　　王和娇（女，兼）
　　符　勇（10月止）
　　吴大海（11月任）
　　邓立松（8月任）
　　佟吉强　吴　优（12月止）
　　蔡　俏　李　革（12月任）
　　李文珏（10月止）
　　温海鸿（挂职）
　　黎　雅（女，挂职）
　　余立强（12月挂职）

政协海口市委员会

主　席　韩　美（女）
副主席　蒙晓灵（女）　丁　竹（女）
　　林甫肄　林道本　林　杰
　　叶　霞（女）
秘书长　韩云秋（女）
副秘书长　罗志勇　单保申　戴国镇
　　詹尊南（8月任）
　　卢　萍（10月任）

中共海口市纪律检查委员会（监察局）

书　记　李　湖
副书记、局长　杨卫国
副书记　曾照宇　林耀平
常　委　王　克　左　娟（女）
　　林道诗　冯　军（女）
常委、副局长　杨　柏

法院、检察院

海口市中级人民法院
院长　吴剑平
海口市人民检察院
检察长　苟守吉（3月止）
　　李思阳（3月任）

市委部门

市委办公厅
主　任　林海宁
市委组织部
部　长　杜立文
市委宣传部
部　长　吴川祝
市委统一战线工作部
部　长　王云霞（女）
市委政法委员会

书　记　刘庆声（11月止）
　　　　吴川祝（12月任）

市委直属机关工作委员会
书　记　林海宁

市机构编制委员会办公室
主　任　庄儒勇

市委台湾工作办公室
主　任　张东鹏

市委群工部（市信访局）
部　长　刘庆声（兼）
局　长　王和娇（女）

市委党校
校　长　刘庆声

市委党史研究室
主　任　符　中

市机关事务管理局
局　长　王旭明（兼）

市委政策研究室
主　任　陈　芳（女）

市委农村工作领导小组办公室（市统筹城乡协调办公室、市扶贫开发办公室、市老区建设促进会办公室）
主　任　巴特尔（兼）

市委老干部局
局　长　王　海

市社会管理综合治理委员会办公室
主　任　冯少雄

市人大常委会各工作委员会（部门）

市人大常委会办公厅
主　任　王小峰

法制工委
主　任　符史山

财经工委
主　任　欧阳飞

内务司法工委
主　任　邓爱军

华侨外事民宗工委
主　任　王爱松

教科文卫工委
主　任　郭俊山

农村工委
主　任　王小军

城建与环资工委
主　任　符儒明

选举任免联络室
主　任　黎永伟

市依法治市办
专职副主任　陆礼宽

市政府部门

市政府办公厅
主　任　龙卫东（12月止）
　　　　田丽霞（女，12月任）

市发展和改革委员会
主　任　黄　舸

市科学技术工业信息化局
局　长　徐　伟

市财政局
局　长　文　斌

市人力资源和社会保障局
局　长　朱韶雄

市教育局
局　长　厉　春

市文化广电出版体育局
局　长　徐　涛

市卫生局
局　长　曾昭长

市食品药品监督管理局
局　长　符之冠（2月止）
　　　　符　勇（12月任）

市公安局
局　长　宋顺勇（11月止）
　　　　李向明（11月任）

市司法局
局　长　淡利锋

市民政局
局　长　陈益君

市农业局
局　长　林　劲（8月免）
　　　　李世高（8月任）

市林业局
局　长　李世高（8月止）
　　　　冯　勇（11月任）

市海洋和渔业管理局
局　长　文日坤

市水务局
局　长　冯本彦（12月止）

市国土资源管理局
局　长　盛　林

市环境保护局
局　长　陈　超

市规划局
局　长　刘涌涛

市住房和城乡建设局
局　长　李运文（8月止）

市市政市容管理委员会
主　任　冯鸿浩

市市政管理局
局　长　龙舒华

市环境卫生管理局
局　长　裴克波

市园林管理局
局　长　刘名松

市民防局
局　长　张伟斌

市交通运输港航局
局　长　刘　文（8月止）
　　　　林　健（11月任）

市商务局
局　长　符明全（12月止）
　　　　林道坚（12月任）

市旅游发展委员会
主　任　林一民

市外事侨务办公室
主　任　韩　斌

市法制局
局　长　冯　明（12月止）

市审计局
局　长　孙　芬（12月止）
　　　　冯　明（12月任）

市人口与计划生育委员会
主　任　王业天

市统计局
局　长　郑　峰

市安全生产监督管理局
局　长　林　明

市政府国有资产监督管理委员会
主　任　邓传明（11月止）

市政府服务中心
常务副主任　肖成武

市政府研究室
主　任　符　勇

市供销合作社
主　任　温　文

市粮食局

局　长　张　鸥（女）
市会展局
局　长　吴家宏
市房屋征收局（市重点委）
局　长　陈昊旻（12月止）
冯本彦（12月任）
海口国家高新技术产业开发区
主　任　朱东海
海口综合保税区
主　任　刘辉平
海口桂林洋经济开发区
主　任　夏琛舸
市民族宗教事务局
局　长　杜欣能
市地方史志办公室
主　任　欧少珍（女）
市档案局（馆）
局（馆）长　张小敏
市物价局
局　长　吴健林
市文物局
局　长　王大新
市爱国卫生运动委员会办公室
主　任　周文雄
市口岸管理办公室
主　任　饶平如（女）
海南东寨港国家级自然保护区管理局
局　长　辜绳福

政协海口市委专门委员会和工作机构

市政协办公厅
主　任　韩云秋（女）
提案法制委员会
主　任　黄新春
经济委员会
副主任　黄慈龙
教文卫委员会
主　任　陈文说
港澳台侨委员会
主　任　潘朝辉
督查研究室
主　任　李　明

民主党派、工商联

民革海口市委员会
主　委　丁　竹（女）
民盟海口市委员会
主　委　厉　春
民建海口市委员会
主　委　叶　霞（女）
民进海口市委员会
主　委　刘心红（女）
农工党海口市委员会
主　委　张玉霞（女）
致公党海口市委员会
主　委　（缺）
九三学社海口市委员会
主　委　覃碧霞（女）
台盟海口市委员会
主　委　符之冠
市工商业联合会（总商会）
主　席　叶　茂

群众团体

市总工会
主　席　程国林
共青团海口市委员会
书　记　周　健
市妇联
主　席　董孟清（女）
市科协
主　席　高树生
市文联
主　席　陈素珍（女）
市侨联
主　席　黄宏雁
市社科联
党组书记　董光海
市残联
理事长　蔡志森
市台联
会　长　符之冠
市红十字会
会　长　巴特尔（兼）

驻市部、省属单位

市国家税务局
局　长　王辉若
市地方税务局
局　长　林　川
市工商行政管理局
局　长　邢　帆
市电信局（中国电信海口分公司）
局　长　徐　磊
市邮政管理局
局　长　殷　雨
海口质量技术监督局
局　长　高　平
市气象局
局　长　潘家利
国家统计局海口调查队
队　长　林志岩
市烟草专卖局（公司）
局　长　王斌斌
海口海关
关　长　吕伟红
海南出入境检验检疫局
局　长　钱葆龙
中国人民银行海口中心支行
行　长　吴盼文
中国船级社海南分社
总经理　靳克军
海口海事局
局　长　周荣忠
海南证监局
局　长　周四波
海南保监局
局　长　王小平

企　业

海南港航控股有限公司
董事长　林　毅
海口市公共交通集团有限公司
董事长　林　健（9月止）
海口市水务集团有限公司
董事长　龙翔春
海口市城市建设投资有限公司
董事长　韩东光

海口市城建集团有限公司
董事长　麦卫斌
海口旅游文化投资控股集团有限公司
董事长　顾　建
海口市国有资产经营有限公司
董事长　徐海波
海口市燃气集团公司
董事长　孙南峰
海口保税区开发建设总公司
董事长　章　黔
海口市担保投资有限公司
董事长　王治平
海口市统筹城乡发展（集团）有限公司
董事长　黄鸿儒（9月止）
　　　　谢辉文（9月任）
海口投资管理有限公司
总经理　丛劲松
海南电网公司海口供电局
局　长　詹晓晖
粤海铁路有限责任公司
董事长　武　勇
海口美兰机场
董事长　王　贞
海南航空股份有限公司
董事长　辛　笛
中国邮政集团公司海口市分公司
总经理　陈忠成
中国移动通信集团海南有限公司海口分公司
总经理　李正勇
中国联合网络通信有限公司海口市分公司
总经理　梁　炎

新闻和文化系统

海口广播电视台
台　长　王忠云
海口日报社
社　长　刘志力
海口图书馆
馆　长　张文国
海口市群众艺术馆
馆　长　吴圣彪
市电影公司
总经理　符永涛（12月止）

驻市军警部队

海口警备区
司令员　彭　军
政　委　涂永革
武警海口市支队
支队长　何诗礼
政　委　杨国春（8月止）
　　　　刘祖文（8月任）
省海警总队海警第一支队
支队长　詹达东
政　委　王春野
海口市公安消防支队
支队长　余德炎
政　委　李善汉
武警海口边防支队
支队长　杨楚升
政　委　云倩偌

“一带一路”战略支点城市建设

【“一带一路”战略支点城市建设概况】 2015年3月28日，国家发改委、外交部和商务部联合发布《推动共建丝绸之路经济带和21世纪海上丝绸之路的愿景与行动》，提出要加强海口等15个沿海城市港口建设。海南省作为中国最南端的省份和管辖海域面积最大的省份，具有生态环境、经济特区和国际旅游岛3大独特优势，围绕南海资源开发服务保障基地和海上救援基地两大定位，致力打造“21世纪海上丝绸之路”的重要战略支点。海口市作为省会城市，主动融入国家发展战略，努力打造“21世纪海上丝绸之路”重要支点城市。

【参与“21世纪海上丝绸之路”战略三大优势】 至2015年，海口市有国际友城（含友好交流城市）30个，遍布世界五大洲的26个国家，其中马来西亚马六甲市等20多个国际友城位于“一带一路”沿线。从2006年开始，海口市以每年1～2对的速度发展国际友好城市，友城数量不断递增，区域分布日趋合理，交流合作关系日益密切。海口是世界城市和地方政府联合组织（UCLG）世界执行局和世界理事会成员，是亚洲市长论坛（AMF）轮值主席城市，也是世界大都市协会成员城市，通过这些组织宣传推介海口，实现“让世界更多了解海口、让海口更好走向世界”，美丽海口、热情海口、和谐海口的城市形象走进五大洲的1000多个城市。海口是海南省著名侨乡，旅居海外华侨华人、港澳同胞50多万人，其中约85%集中在东南亚地区。海口市充分利用外事侨务资源优势，发挥海口—东盟对话会、海口市海外智囊团、世界城市和地方政府联合组织（UCLG）、亚洲市长论坛（AMF）、国际友城等平台作用，促进与沿线国家在经贸、文化、旅游、人才等领域的交流与合作，积极融入海口市“一带一路”发展战略。

【基础设施互联互通】 “十二五”时期，海口围绕“打造面向东南亚的航运枢纽、物流中心”目标，以国际旅游岛建设为总抓手，加快基础设施互联互通项目建设，全方位完善交通体系，打造“一带一路”互联互通的重要枢纽。（1）高速铁路建设成效显著。全球首条环岛高速铁路建成开通，实现海口美兰和三亚凤凰两个国际机场的“无缝”衔接和“零”换乘，促进人流、物流、资金流、信息流有效汇聚，带动产业的发展。同时，全力推进海口—湛江高速铁路建设，实现海南高铁与国家高铁网互联互通。（2）港口建设步伐加快。海口港作为全国25个主要枢纽港之一，属国家一类开放口岸，被列为国家“一带一路”15个沿海港口之一，并与马来西亚巴生港缔结友好港，成为海口市首个签约的“海上丝绸之路”沿线国际友好港。至2015年12月，海口港新海港区滚装码头一期开港。海口港马村港区扩建二期工程进度加快，三期散货、集装箱码头工程顺利推进。同时，把海口作为环北部湾的中转港、枢纽港来进行布线，南北干线、环北部湾的支线对接起来。海口港集装箱内贸航线开通28条支干线，覆盖华南、东北、华东、华北等地区的沿海主要港口及长江水系的主要港口；外贸航线通过中国香港地区支线覆盖全球，通过胡志明市直达航线辐射东南亚。与厦门开通集装箱海上快线，与泉州签订物流《合作框架协议》，开拓海南至东南亚国家的综合集装箱物流市场。（3）空港建设掀起新高潮。注册地为海口的海南航空是全国四大民航之一，海口与国际航空合作不断深化，新增俄罗斯、新加坡等15个国际航班及地区航班。海口美兰国际机场开设200多条国内外航线，通航城市102个。2015年，海口市加快美兰机场二期扩建，设计容量3500万人次，提高国际国内航空运输中转联动能力，致力于把美兰机场打造成为连接内陆与东南亚及洲际的国际航空转运枢纽。

【投资贸易合作加强】 ⑴构建与东盟国家对话机制，深化区域交流合作。海口与东盟国家地缘相近、人缘相亲、商脉相连，区域间合作空间巨大。为促进海口与东盟的交流与合作，自2008年起，每年定期举办的“海口—东盟国家总领馆对话会”，建立交流对话机制，寻求区域间合作共赢。至2015年，“海口—东盟国家总领馆对话会”连续举办8届，密切了海口与东盟各国在旅游、港口物流业、产业转移和现代高效农业等领域的往来。（2）落实国际旅游岛优惠政策，深化开发开放新机制。“十二五”时期，海口市加快海口邮轮母港建设。2015年，开通海口至越南邮轮航线。离岛免税政策落地，海口美兰国际机场免税店营业并几次扩建，离岛免税政策效应进一步放大。研究制定《海口发展游艇经济与邮轮旅游口岸工作协调机制》，构建海口市口岸查验单位协调合作新机制。积极发展休闲商务、会展业，引进更多有国际国内影响力的大型展览、节庆、会议落地海口举办。（3）实施本土企业“走出去”战略，积极开拓海外市场。海口市本土企业积极抢抓国家实施“一带一路”战略的机遇，加快“走出去”步伐。一汽海马汽车有限公司与中东、中南美、东欧、亚洲和非洲等10余个地区的国家代理商确立合作关系，并实现了整车和成套散件出口，初步建立海外营销体系和国际化品牌形象。作为世界500强的海航集团拥有航空、实业、旅游、金融、物流五大支柱产业，业务遍及28个国家和地区。海航依托国家“一带一路”战略，积极参与全球资源配置和产业整合，树立中国企业国际化的典范。其海外业务涵盖航空、酒店、金融、地产、旅行社等众多领域，并在“一带一路”沿线重点区域布局航空、飞机租赁、集装箱租赁、地面服务、酒店、商业地产等产业。海南本土企业立昇公司以技术入股的方式参与俄罗斯净水项目，实现从产品出口到技术出口的跨越。（4）以综合保税区建设为基础，推进贸易水平的提升。海口综保区自封关运行以来，大宗商品交易从无到有，逐年快速发展。2015年，海口综保区实现贸易额616.77亿元，增长5.3%。园区进出口贸易辐射更多的国家和地区，从2013年前的20多个国家和地区，增加到2015年的50多个国家和地区。综合保税区国际商品展示交易中心建成开业，海口港（秀英港区）被列为国家汽车整车进口口岸。（5）以创新合作机制为重要内容，加强区域经济合作。设立省会经济圈论坛，完善省会经济圈合作机制。推进琼北旅游合作共赢，海南旅游由“南热北冷”变为“南热北暖”。建设海口江东—文昌铺前旅游公路，推进省会经济圈基础设施共建共享，产业合作分工共赢，发挥海口省会经济圈中心城市辐射带动作用。积极融入泛珠三角区域，成功举办泛珠三角区域合作论坛和泛珠区域省会城市市长论坛，并多次参加泛珠区域一体化系列活动。海口海关全面融入“泛珠”四省海关区域通关一体化。加强琼桂粤区域港口通关合作，签署“三地七港”环北部湾合作备忘录，推进通关一体化。

【海口入榜“中国一带一路最具竞争力城市排行榜”前10位】2015年7月，中国城市竞争力研究会发布“2015中国城市分类优势排行榜”。根据各项指标综合排名，“2015中国一带一路最具竞争力城市排行榜”前10位的城市分别是西安、乌鲁木齐、兰州、长春、郑州、连云港、广州、福州、北海和海口。本次发布的榜单是中国城市竞争力研究会依据其自主创立的GN评价指标体系，组织上百名专家、学者对全国300多个城市进行分析比较后的最新研究成果。海口是“一带一路”战略重要节点城市，获评为十大城市主要优势为“海上丝绸之路南大门”，海口港是海上丝绸之路的“南大门”。围绕海南旅游特区和自由贸易园区建设“双轮驱动”的决策部署，海口按照国家“一带一路”建设总体布局，以畅通海上通道为目标，大力建设海口港，推进基础设施的互联互通。

【“一带一路”农展馆落户海口】2015年中国（海南）国际热带农产品冬季交易会期间，针对“一带一路”馆持续火爆的情况，冬交会组委会决定与参展的客商开展长期的合作，建设“一带一路”农展馆，打造一个“永不落幕”的展销平台。海口是“一带一路”战略布局的一个重要战略支点城市，而石山镇则是海南省首个互联网农业小镇，区位优势和政策优势突出。为更有效地利用互联网平台“互联互通”的特性，搭建起一个内容丰富、功能完善的线上展销平台，冬交会组委会将“一带一路”农展馆选址在石山镇。12月15日，海南“一带一路”农展馆招商推介会在海南国际会展中心召开。“一带一路”农展馆规划占地面积8.13公顷，一期规划建设8万平方米，位于火山口地质公园正对面。农展馆设有主馆区，主馆区设立64个国家的封闭展区和18个省份的独立展区，馆区配套建设冷链物流区、仓储区、金融服务区、餐饮住宿区等。在线下实体展区推出的同时，将同步推出海南“一带一路”网上农展馆。秀英区委区政府已完成“一带一路”农展馆的选址等前期工作，并拟定运营模式与框架合作方案。同时，秀英区正与来自世界各地的各方客商洽谈合作事宜，以期尽早实现运营，实现“把世界带进村里，把村子推向世界”的目标。

（李　锋）

城乡统筹发展

【城乡统筹工作概况】2015年，海口市以促进城乡统筹协调发展为工作重点，扎实推进统筹城乡综合配套改革，尤其是深入推进云龙、演丰两个统筹城乡示范镇建设，以统筹城乡示范镇建设为抓手，改革创新体制机制，着力破解制约试点镇建设发展的体制机制障碍，在规划编制、产业发展、镇墟建设、公共服务均等化先行先试，有效激发镇域发展活力，进一步强化统筹工作机制。

【云龙镇镇域经济全面提升】2015年，全镇生产总值38.1亿元，比上年增长10%。其中农业总产值4.63

亿元，增长9.4%；工业总产值32.99亿元（其中规模以上工业总产值30.1亿元），增长3.8%；第三产业总产值0.48亿元，增长26.3%。固定资产投资7.06亿元。农民人均收入1.17万元，增长22%。（1）巩固农业基础，做优一产。理清农业发展思路，深入挖掘富锗、富硒资源，申报原产地商标、全面实施农业品牌化战略。构建龙头企业+专业合作社+家庭农场（职业农民）的现代化农业经营体系，成立“云农会”，规范淮山协会、花卉苗木协会、萝卜协会、泡椒协会等农民组织的发展。编制完成《云龙镇2015年农业发展实施方案》和《云龙镇“十三五”农业发展规划》，为下一步的农业发展做好产业规划。（2）服务两大园区（云龙产业园、美兰机场临空经济园），发展二产。保障园区用地需求，配合高新区启动横四路、横五路等路网建设，化解原云龙股份公司108.73公顷涉及农民土地款遗留问题，配合区政府偿还资金2.5亿元。（3）挖掘“三色”资源，做活三产。依托交通区位、自然景观资源、生态环境资源，推动两个商业新街区和慢行绿道建设，加快申报三十六曲溪国家级湿地公园进度，打造云龙“三色”（“古色”历史文化、“红色”革命文化和“绿色”生态文化）旅游名片，逐步形成“农文旅”相融合的新型商业业态。

【云龙镇打造互联网小镇】2015年，云龙镇加强信息基础建设，探索搭建“云农会”综合管理平台，发展仓储物流和现代农业，打造“互联网+农文旅”小镇。与移动、电信等公司建立长期战略合作伙伴关系，年内移动公司和电信公司完成投资4480万元，加强4G无线互联网接入能力和重点区域的百兆光纤互联网接入能力。与龙头企业合作，在全省率先实现镇墟WiFi的全覆盖。打造云龙特色农产品视频监控项目，对生产流通进行安全视频监控，建立农产品安全回溯体系，保障产品品质。

【云龙镇公共服务呈现新常态】2015年，云龙镇加大公共服务投入，民生保障能力进一步提升。（1）科教文卫各项工作有效完成。卫生方面，协调设立海口市第三人民医院云龙分院，投入250万元，配备24小时救护车和医护人员。支持镇卫生院10万元，用于办公场所绿化亮化，改善办公条件。教育方面，争取500多万元用于云龙中心小学标准化建设；开展金秋助学活动，共筹集24.3万元，捐助学子86名。文化方面，投入134万元，完成大后坡等28个村庄的生态文明村建设；整合资金129万元，建设云裕村委会和坡导村标准文化室，丰富和活跃群众的农村文化生活；投入6万多元，对镇综合文化场地进行修缮，提升服务群众水平。科技方面，推进科技兴农惠农工作，完成35盏太阳能灭虫灯安装维护，绿色防控防治农作物面积666.67公顷，减少30%农药使用量。（2）完善社会保障体系。社会救助体系进一步完善，完成低保保障金发放273.8万元，惠及338户次851人次；完成新型农村基本养老保险征收、城镇居民养老保险征收、城镇居民基本医疗收缴、新农合参合的各项指标要求；推行网格化管理，建立居家养老服务中心，服务86户社区孤寡、独居、五保户等困难老人。在劳动就业体系方面，组织培训农民400多人次，完成农村富余劳动力转移就业340人，新增城镇就业710人，完成小额担保贷款40万元；成功举办琼山区富余农村劳动力转移招聘会，现场帮助解决就业岗位125个。（3）改善镇村基础设施。投入462.1万元改造危房210户，投入改厕资金15.3万元，改厕200户；构建镇村垃圾收集转运系统治理垃圾围村难题，争取省市区资金约500万元，在100个村民小组全面实施农村垃圾收集转运工程，基本实现垃圾日产日清；通过与企业项目的共享共建，有效地拉动云龙镇域基础设施投资，投入200多万元修建海榆东线路灯太阳能路灯110多盏，投入910万元完成10千米的乡村道路硬化工程；城管中队与镇规划所将农村建房报建、违法建筑知识宣传，依法拆违与有效控违相结合，构建打控一体的长效监管体系，全年依法拆除违章建筑4.2万平方米。

【云龙镇镇容现新面貌】2015年，云龙镇通过开展“双创”、街景立面改造和美丽乡村建设等工作，城镇档次迅速提升。探索城乡清洁和城市管理的长效体制机制。通过政府购买服务的方式，探索将环卫工作外包给农村保洁专业合作社，在镇市政服务中心的监管下进行市场化运作，有力地改善镇村卫生环境。在城市管理中，协调设立交警云龙中队，争取3名下派交警驻镇，向金鹰公司购买服务配备9名协警和2部拖车，并训练一支30人的冯白驹民兵应急连民兵队伍，有效建立“镇干部+公安+交警+城管+协警+民兵”的“六位一体”长效管理体系。强化执法力度，严格规范沿街铺面的“门前三包”工作，重点整治占道经营、乱停乱放等城市顽疾，成立联合督导组。联合市交警支队规范道路标线标牌，投入48万元增设交通护栏和两个主要路口的交通信号灯系统等硬件设施，打造交通文明示范镇。专项整治“脏乱差”难点重点部位，投入40万元对“脏乱差”的农贸市场进行硬化改造，投入9万元规范设立水果一条街和杂货一条街，投入20多万元硬化市政破损路面2300平方米。投入560多万元对海榆东线云龙段8.6千米沿途进行绿化升级改造建设，翻修镇墟花池，改造升级三角公园，打造文化广场，制作城市小品，提升城镇品位。结合“双创”工作和云龙镇的红色文化，对云龙—灵山交界处、横五路口和镇中心三角池等6处景观节点进行改造，并在镇墟选择11处居民楼外墙进行彩绘。以三十六曲溪乡村公园为切入点，启动连片打造计划，在2016年底前实现全镇文明生态村创建全覆盖。

【演丰镇筹备新型城镇化试点】2015年，演丰镇作为国家第二批新型城镇化综合试点单位积极做好各项准备工作，编制《海口市美兰区演丰镇国家新型城镇化综合试点工作实施方案》，并上报市政府。

【演丰镇镇域经济发展】2015年，演丰镇发展以休闲农业、都市农业为主的现代农业，引进嘉翔、三清山等知名企业，建设现代农业产业园、生态示范农场，依托红树林发展旅游业等。计划投资65亿元发展苏民片区世界农庄项目，成立项目指挥部，完成项目片区控制性规划，做好项目前期相关工作。推进红树林旅游景区项目建设，26个泊位的游船码头改造完成；建成红树林栈道2千米，规划将珍稀的红树林从核心区和缓冲区引出来，在实验区适当建设一些旅游、科研项目。配套美兰机场临空产业园、桂林洋大学城、城镇居民、旅游业的生活服务业。引导群众改变传统单一劳动方式，以农业生产用地流转、应聘产业工人、返租公司建成的相关农业设施、经营农家乐和家庭旅馆等多种模式广泛参与项目建设。开展土地“三过”清理工作。全镇土地“三过”清理143宗、面积560.33公顷，租金增值幅度307.4%。基本完成农村土地承包经营权发放工作。按照时间节点要求，完成全镇12个村委会159个村民小组的土地测量和制证发证工作，实测面积3198.35公顷，涉及农户3903户。其中，签订家庭承包合同3473份，测量家庭承包土地面积1385.70公顷。全镇确权确股323户，面积97.73公顷。其他形式承包108.58公顷，集体土地1647公顷，全镇制证发证3580本，发证率100%。

【演丰示范镇项目建设推进顺利】2015年，省、市、区在演丰镇的重点项目有11个。演丰镇以项目建设为突破口，重点抓好省、市、区重点项目建设；强化工作机制，做好跟踪服务，推动重点项目建设和土地征（租）工作。

（1）演丰镇（墟）旧改项目。改造范围总面积36.78公顷，涉征建筑面积约17万平方米，涉及改造户数1570户4700人。2015年4月21日启动征收，截至12月底，共征收现场编号622个，占总现场编号（828个）的75.12%，征收1178户，占总户数（1570户）的75.03%；征收房屋11.65万平方米，征收土地11.59公顷，征收金额7.20亿元（其中一期安置房建设金额3.17亿元）。建成占地面积7.58万平方米的一期保障性住房496套。

（2）机场二期扩建工程项目（演丰片区）。项目涉及演丰镇239.17公顷征地，其中农村建设用地29.73公顷，农用地212.22公顷，涉及10个村民小组，其中8个村民小组504户1717人需要搬迁。自2015年7月23日下午5时发布征地通告后的5小时内，212.22公顷农用地的征收工作全部完成签约，创下“美兰征地速度”。至年底，全部完成项目建设范围212.22公顷、安置地32.82公顷、企业留用地43.55公顷、迁坟地7.22公顷农用地的协议签订任务。在青苗及附着物的补偿、搬迁方面，完成项目建设范围444户466个编号约195.5公顷、安置地涉征范围51户50个编号26.4公顷、企业留用地57户57个编号27.66公顷青苗及附着物补偿协议签订工作（合计签订552户573个编号249.56公顷的青苗及附着物补偿协议），拨付补偿款512户569个编号8963.90万元（其中项目建设范围拨付406户464个编号5676.66万元，安置地拨付50户49个编号1521.95万元，企业留用地拨付56户56个编号1765.29万元）。协助项目业主单位完成约120公顷土地的清表工作。

（3）铺前大桥项目（演丰片区）。项目涉及演丰片区桥位征地10.19公顷，其中北港2.55公顷，塔市7.64公顷；抛泥一区征地25.52公顷全部位于北港。至年底，完成大桥桥位和抛泥区征地全部协议签订，正在进行青苗清点和赔付工作。

（4）江东大道二期项目。主要涉及演丰镇塔市村委会的8个村民小组，共379户1046人，征地总面积5.56公顷。10月底前完成全部征地协议签订工作。至年底，正在进行青苗清点和赔付工作。

（5）演丰观光农业养生度假项目。该项目由海南嘉翔体育休闲有限公司投资建设，总投资额68亿元，总用地929.72公顷，涉及苏民村委

演丰示范镇红树林商业街，摄于2015年12月。

会23个自然村。至年底，演丰镇政府与嘉翔休闲体育有限公司完成框架协议签订，完成约266.67公顷土地的租赁合作以及地上附属物补偿工作。

(6) 互联网小镇项目。2015年5月19日，海口市“互联网产业小镇”项目落地演丰镇并启动。以天涯社区为龙头进行建设，最终将演丰打造为一个乐业、乐习、乐活、乐游、乐创的布局高水准信息智能化新型生态产业小镇。7月10日，天涯社区成为首个入驻演丰互联网产业小镇的互联网企业。小镇计划通过5年建设开发完成，到2020年全部建成。整体分为四个阶段进行：小镇起步建设阶段（2015年）；小镇一期建设阶段(2016–2017年)；小镇二期建设阶段(2018–2019年)；小镇三期建设阶段(2020年)。

【演丰镇生态修复和环境综合整治】 2015年，演丰镇坚持“生态优先、统筹考虑、适度开放、确保底线”的原则，重点整治景区核心区域，打造精美旅游景区。完成演丰西河的整治工作，疏浚河道1200米，新建堤防2434米，恢复连片红树林6.67公顷；完成红树林节能新型电动游船的改造及垃圾回收中转站的建设；建设演丰污水处理厂并在起步区沿路铺设6千米中水管道。投入约800万元统一规划建设15个木结构铺面、凉亭（10个摊位）、休闲广场、停车场、民宅立面改造、种植观赏花卉等，对4个片区的景观环境进行提升；打造鹅卵石游步道，摊位统一进驻凉亭（摊位）集中售卖，形成乡村旅游商品售卖休闲点。投入378万元对红林路约2千米、长宁头至连理枝路段约1.5千米沿线道路进行绿化、美化。

（陈　羽）

改革和创新城市社区管理

【社区改创工作概况】 2015年，海口市继续推动改革和创新城市社区管理体制工作深入开展，围绕“双创”中心工作，贯彻落实市委十二届九次全会深化市、区、镇（街道）行政管理体制改革精神，以理顺体制、强化基层、夯实基础为重点，推进管理重心下移、服务窗口前移，提高城市社区管理科学化水平，建立健全党委领导、街道负责、社会协同、公众参与的城市社区管理新模式，积极构建以“网格化管理、信息化支撑、扁平化推进、精细化服务”为核心的“四化”新体系。在现有的行政区划框架上，全市主城区有28个镇（街）176个村（居）纳入网格化管理，共划分1228个网格，配备1482名网格员，城区网格化管理实现全覆盖，人、房、事、物、组织全部纳入网格管理范畴，社会服务进小区、进楼栋、进家庭，形成以网格化管理为基础的全方位、动态式、便捷高效服务的新格局。

【网格管理员队伍建设】 2015年，海口市改创办联合市委政研室、市委党校等部门，以调查问卷、现场走访和座谈会相结合的方式，全面评估社区网格员承接职能部门下沉社区的139项工作任务，将网格员主要工作职责具体明确为5大职责，进一步理顺网格员与居委会的关系。在队伍建设方面，市网格管理中心共完成全市网格员和社区“两委”成员第三阶段“双熟悉”工作的培训、协助社保卡发放业务的培训、社区微信服务号的培训、网格城管通系统业务培训、社会治安综合信息系统以及开展“双创”工作后进行的网格员协助开展“门前三包”上图入库培训、全市综合交通大调查等各类培训工作，共210个班次1.2万人次参加。

【社区管理综合信息平台建设项目启动】 2015年，海口市综合信息平台建设项目整合现有综治、公安、计生、卫生、教育、民政、社保、残联等各类数据资源，建立以街道综合数据库为支撑、渠道界面统一、覆盖社区各类业务的综合信息平台。10月，市民政局、市政府服务中心及市信息中心分别作为单独业主完成项目招投标工作，至年底，各项目均已进入施工阶段。

【人口和房屋基础数据采集】 2015年，依托协助发放社保卡等多项门边服务事项，网格员继续完善全市网格化管理区域内的28个街（镇）、160

2015年6月2日，海口网格员协助发放社保卡动员大会暨业务培训班召开。

（市改创办 供稿）

个居（村）共1228个网格的信息录入工作。至年底，全市共登记录入82.21万个房名房址、133.09万人口基础数据信息。

【扩展“门边”服务事项】 2015年，海口市在原有的5大类11小项门边服务的基础上，联合市人社局推出“社保卡”上门服务。至年底，采集22.93万份社保卡申请表信息，采集成功率96.6%；发卡7.26万份，发卡进度40.9%。通过本次社保卡发放，网格员新增录入18.23万人次的人员数据，进一步充实和完善人房信息数据。推出“海口社区”微信公众号，为群众提供社区、社保、居住等查询及居住登记、社保服务、计生服务、市容服务等多种服务。

【完善网格办件上报工作机制】 2015年，海口市为完善网格办件上报工作机制，进一步落实扁平化服务，继续以“制度建设、系统升级、办件质量”为工作重心，在统一“社服通”上报口径基础上，针对城市管理类的办件，新增网格城管通系统，在网格员收集信息、发现问题上报后，能够及时、迅速、快捷地进行处置，真正体现扁平化。至年底，通过海口12345市政府热线网格员上报办件7455件，派发3608件，累计办结3892件；通过网格城管通系统上报办件总数4449件，有效办件总数3652件，职能局结案2773件，有效办件结案率75.93%。

【完善社区志愿服务体系】 2015年，为充分发挥社区网格员志愿者在“双创”工作中的作用，市民政局、市文明办、团市委、各区社区网格管理中心等单位积极参与社区志愿服务，创立具有特色社区志愿服务品牌，并结合社区“双创”工作的要求，开展为老服务、青少年帮教服务等活动。同时通过实行社区志愿者注册登记制度，将全市1400多名网格员纳入海口市志愿者管理体系，充分发挥网格员的带动示范作用，利用和居民打交道做服务的机会，加大宣传，积极引导社区企业、居民认知社区志愿者的重要意义，逐步让更多热心社会服务和公益事业的个人或团体参与进来，不断壮大社区志愿者的力量。至年底，全市共成立社区志愿服务站点215个，每个站点都有社区志愿服务队入驻；建立志愿者QQ群、微信群，招募社区志愿者近10万余人，共开展各类志愿服务活动1200余场次，服务当地居民2.65万人次。

【社区办公场地建设】 2015年，依据新颁布实施的《海口市社区居民委员会服务场所建设保障办法》，海口市各区委区政府积极统筹规划建设镇街和居委会服务设施，逐步改善镇街与居委会办公条件。全市共投入4850万元用于办公场所的改造，其中44个社区办公场所新建或改造项目已完成并投入使用，33个社区办公场地新建或改造项目启动。至年底，全市纳入网格化管理的174个社区已有90个社区实现办公场地达标，合格率50%。

（林贻巍）

体制改革

【体制改革概况】 2015年，海口市按照中央、省委和市委关于全面深化改革重要精神和工作部署，突出问题导向，统筹协调推进重点领域改革，“多规合一”改革、城市管理综合执法改革、行政审批制度改革、市区镇（街）行政管理体制改革、投融资体制改革、工商制度改革、社会保障制度改革、医药卫生体制改革、教育体制改革等重点领域改革取得新突破。

【“多规合一”改革】 2015年，海口市进一步优化城市空间，积极推进“多规合一”规划编制工作，开启“多规合一”改革。根据海南省委、省政府《关于编制 < 海南省总体规划 > 推进全省“多规合一”工作的实施方案》和海口市委、市政府印发《海口市“多规合一”工作实施方案》的工作要求，海口完成《“多规合一”总体规划》《“多规合一”生态红线划定方案》《“海澄文”基础设施一体化》编制，完成第一阶段的总体发展战略部分，并转入全市“一张图”的叠加、分析及各类空间边界划定研究阶段。

【投融资体制改革】 2015年，海口市深入贯彻落实国家、省关于投融资体制改革精神，大力推广运用政府和社会资本合作模式（以下简称PPP），提高公共产品及服务的质量和效率，成立PPP管理中心（设在市财政局），制定出台PPP工作规程、操作方案。印发PPP入库项目名录，全年市PPP项目库共有43个项目，归属14个行业主管部门，总投资额593亿元，主要分布在供水、垃圾处理、污水处理、地下综合管廊、交通、医疗、园区、旅游、殡仪和网络信息等社会公共领域。项目库分为三个级别：一级项目库是完成发改部门立项批复手续，且行业主管部门有较强意愿推进或省市政府重点项目，有14个项目，投资额为98.08亿元；二级项目库是报发改部门立项的项目，有8个项目，投资额35.99亿元；三级项目库是未报发改部门立项但适合推行PPP的项目，有21个，投资额458.8亿元。

【创新开放型经济体制机制】 2015年6月，海口港区汽车整车口岸获国务院验收通过并投入使用，截至12月底，通过口岸进口汽车两个批次共14台。高新区创业孵化中心于5月正式挂牌运营，一期建筑面积5800平方米，完善孵化器配套服务设施，为企业入驻提供全面保障，截至12月底有在孵企业41家，涉及领域包括新能源、新材料、电子信息和生命健康等。

【教育体制改革】 2015年，海口市推进大教育内涵式发展，完成《海口市教育事业“十三五”发展规划》，总结海口教育事业“十二五”发展成果与经验教训，为海口教育下阶段发展指明方向。继续完善教师评价办法和职称制度改革，积极探索校长交流轮岗、教师分流转岗和退出机制。加快海口市中小学校教育信息化发展步伐，积极推动海口教育信息化“三通两平台”建设，完成城区学校最后一千米光纤进校园项目实施的准备工作；首批140所学校“千兆进校园”工程已进入招标阶段。在海南华侨中学初中部、海口市滨海九小；演丰中学、演丰中心小学、演海小学（教学点）、北港小学（教学点）进行中小学信息化同步课堂优先试点项目工作。积极促进教育与国际接轨，引进国内外知名大学合作办学。与北师大合作办学等多个项目落地，北师大附属学校海口分校、教师培训基地、农村学校管理改进与质量提升工程等项目前期工作进展顺利；鼓励海南侨中、海口一中、二十五小等学校开展教育国际交流活动，年内，海南侨中的中美班、中英班等中外合作办学项目正有序开展；海口旅职校与新西兰北方理工大学签约合作办学。

【社会保障制度改革】 2015年，海口市制定《海口市城乡居民基本养老保险工作实施方案》，将原来按户籍划分的新农保和城镇居民养老保险2个制度进行合并，实施统一的城乡居民基本养老保险制度，解决原来险种过多和城乡差别的问题，广大农民和城镇非从业人员在城乡居民养老保险的缴费档次、待遇标准及公共服务等方面均实现了统一。

【工商制度改革】 2015年，海口市出台《海口市“三证合一”“四证”并联登记制度改革试点工作实施办法（试行）》《海口市“三证合一、一照一码”登记制度改革工作实施方案》等方案，正式启动工商营业执照、组织机构代码证、税务登记证“三证合一”以及刻章许可证“四证”并联登记制度改革，开展“三证合一、一照一码”登记工作，企业登记注册更加便利。

【国资国企改革】 2015年，海口市以政府重点任务为导向，坚持以国资监管的创新，推动企业的改革发展，以重点改革任务为牵引，形成有效的工作机制，明确分工、责任到人、及时督办，重点做好“一二三四”工作，即：一混改一个担保监管企业，开放担保公司对外合作通道，吸引社会资本组建金控集团，在重点监管企业层面试点混合所有制改革。二升级两个国有资本投资、运营公司，扎实推动城投、国资为载体转型升级成立国有资本投资、运营公司。三完善城投、市政设计院、中旅社三个试点，城投公司以寰城公司对外招商合作试水混合所有制，吸引战略投资者加快站前广场项目建设；市政设计院以虚拟股权激励为发展方向，提升企业整体效益，3年后进行综合评估，进一步修正方案，强化激励效果；完善中旅社员工持股试点工作方案，对丰富竞争领域非优势企业创新发展进行有益探索。四创新分类监管、分类考核、薪酬、监事会4个制度，进一步整合企业内部各种监督力量，提高监事会监督能力，修订监事会考核激励办法，提高监事会工作积极性和责任性，以监事会为平台推进监事会监督信息公开及企业财务信息公开，试点企业业务板块管理审计及绩效评价，深化监事会监督评价的有效性。

【医药卫生体制改革】 2015年，海口市扩大实施“先看病后付费”诊疗服务模式，市政府印发《海口市人民政府办公厅关于在公立医疗机构全面推行先看病后付费诊疗服务模式的通知》，在所有公立医院、政府举办的镇卫生院（含分院）和政府举办的社区卫生服务机构的住院病房实施先看病后付费诊疗服务模式。制定《2015年海口市城乡医院对口支援工作实施方案》《海口市医疗急救对口支援工作实施方案》，安排12批229名医护人员下乡开展对口帮扶工作。9家市属医疗机构下基层开展巡回义诊活动。同时安排市属二级以上医院的急诊科及重症医学科医护人员，到市120急救中心开展院前急救培训工作。市第三人民医院与云龙镇卫生院成立海口市第三人民医院云龙分院，安排25名医护人员开展传、帮、带，共同建立妇产科病房、内、儿科病房及云龙急救分站，已诊疗8725人次，接收住院患者近20名，处理院前急救50人次。市第四人民医院与新坡镇卫生院组成医疗联合体，派遣46名医护人员共建内科住院部病床22张，收治病人251人。医疗联合体的服务模式对帮助基层医疗机构提高医疗服务水平取得积极的推动作用，较好缓解了农民看病难、看病贵问题。

（周　卉）

行政审批改革

【行政审批改革概况】 2015年2月，海口市行政审批制度改革工作领导小组办公室（以下简称市审改办）由市效能办移交市政府服务中心。海口市行政审批改革始终围绕“为民、利民、惠民、便民”，持续推进，逐年深化，至年底，多项改革成果让市民办事更简便：精简七成审批事项，行政审批服务事项由1019项缩减为306项，减少70%；优化审批流程，全市各部门优化后的平均审批服务环节为2.7个，比优化前平均减少1.6个环节，减少审批服务环节37%；审批材料降四成，全市45个部门所有行政审批服务事项受理时，原共需要提供申报材料5030份，精简后需要提供申报材料3038份，精简1992份，精简率40%；市级所有部门，3个开发区、4个区的区级所有部门、所有镇街的所有事项全部可在网上申报。

【行政审批制度改革工作取得显著成效】 2015年，海口市不断创新工作方式和方法，大力推进行政审批制度改革，提高行政审批效率；加强政务体系建设，完善便民服务功能，取得良好成效：提前近半年率先在全省完成取消全市非行政许可审批事项工作，取消10项非行政许可审批事项，将32项非行政许可审批事项因实际工作需要调整为公共服务事项或内部审批事项；承接省下放的行政审批事项21项；在城乡规划与建设、城市管理等方面向区级下放37项行政管理权项；推出第三批16项便民措施，至此，海口市累计三批次推出123项便民措施，由市政府统一推出便民措施力度大、措施多、含金量高，居省会城市之首；在省内各市县中率先启动权责清单制定工作，确定8家试点单位编制首批权力清单和责任清单；推进海口市筹建公共资源交易平台的建设工作，2015年底挂牌运营，率先在全省各市县中实现资源整合；印发《海口市市级参与行政审批中介机构脱钩和取消指定中介机构服务目录》；加快推进商事制度改革，提前1个月实施企业“三证合一、一照一码”登记工作；市属30家三集中改革单位审批办全部挂牌设立，27个市级单位审批办（含垂管单位）共78人进驻中心。

【非行政许可审批事项取消和调整】 根据2015年4月22日发布的《国务院关于清理国务院部门非行政许可审批事项的通知》的有关精神，海口市全面清理市级非行政许可审批事项（不含垂直管理单位）。清理原则为：面向公民、法人或其他组织的非行政许可审批事项一律取消；凡地方政府之间能够协商处理的，或者由地方政府管理更方便有效的，或者不适应经济社会发展要求的，予以取消或下放；确因工作实际需要保留的，实施部门要报送市审改办审核，并报市政府批准后，统一调整为政府内部审批事项或公共服务事项；实施各部门要根据精简效能的原则，对政府内部审批事项和公共服务事项加强规范管理。6月29日，十五届市政府第42次常务会议审议通过《海口市人民政府关于取消和调整非行政许可审批事项的决定》，决定取消非行政许可审批事项10项，调整管理方式的非行政许可审批事项32项，并于7月20日以市政府令（第102号）的形式予以发布，自8月20日起施行。清理后，海口市告别审批“灰色地带”，原予以保留和搁置的总共42项非行政许可审批事项全部予以取消或调整实施方式。其中，取消市规划局、市农业局、市国土资源局、市人力资源和社会保障局、市地税局、市物价局6家单位的非行政许可审批事项10项；将市住建局、市国土资源局、市档案局、市民族宗教事务局、市住建局、市物价局、市人力资源和社会保障局、市地税局、市民政局、海口质量技术监督局、市工商局、市财政局、市公安局交通警察支队、市外事侨务办12家单位的29项非行政许可审批事项调整为公共服务事项；将市人社局、市档案局等单位的3项非行政许可审批事项调整为内部审批事项。

【行政管理事项下放】 2015年9月30日，十五届市政府第46次常务会议审议通过《海口市人民政府关于进一步下放行政管理事项的决定》，决定依法将涉及经济建设与管理、城乡规划与建设、土地管理、城市管理、环保与安监管理、民政计生管理六大类37项行政管理事项下放给各区、各开发区。10月19日，以市政府令（第103号）的形式予以发布，自11月20日起施行。城乡规划与建设类：临时建设工程规划许可、建设工程规划许可（主城区私宅类）、民用建筑人防工程建设管理许可（私人住宅地上4层以下项目的规划报建审批、施工设计方案审查、竣工验收、易地建设审批）均下放到区；主城区内建筑面积5万平方米及以下的房屋建筑工程和红线宽度20米及以下的市政道路工程，其建设工程施工许可、建设项目招标备案、质量安全监督、建设工程竣工验收备案均下放到区。土地管理类：临时用地许可、矿产资源补偿费征收、国土资源执法监督权均下放到区。城市管理类：下放到区的事项有：在城市道路红线范围内和公共场地临时堆放物料审批，关闭、闲置或者拆除城市生活垃圾处理设施、场所审批，生活垃圾经营性清扫、收集、运输服务许可，城市建筑垃圾处置核准、城市道路占用、挖掘许可（红线宽度20米以上的市政道路），辖区内电动自行车占道停放管理、市级城管执法的全部行政处罚权。此外，总建筑面积5万平方米及以下的房屋建筑工程、红线宽度20米及以下市政道路的建设项目附属绿化工程设计许可、城镇各类建设项目附属绿化工程验收也都下放到区。民政计生管理类：社区网格员管理权、副处级以上干部申请生育第二孩的审批下放到区，景山学校海甸分校下放到美兰区管理。环保与安监管理类：公共场所卫生许可（三星级以上星级宾馆、酒店）、经营旅馆业备案和管理、危险化学品经营许可（汽油加油站以外）等均下放到区。经济建设与管理类：价格监督检查权、水库降等和报废审批（小二型水库）、水利基建项目初步设计文件审批等下放到区。

【第三批便民服务措施推出】 在2014年出台第一、第二批共107项的便民措施的基础上，海口市于2015年5月5日印发《海口市行政审批制度改革第三批便民服务措施》，推出第三批便民措施16项，涵盖“三证合一、模拟驾考、权力清单”等内容，涉及改革的深水区，含金量较高。

【权责清单制定工作启动】 2015年6月3日，海口市率先在海南省各市县中启动权责清单制定工作，印发《我市制定首批权力清单负面清单和责任清单工作方案的通知》，确定以市市政市容委、市规划局、市发改委、市国土局、市教育局、市卫生局、市水务局和市环保局8家单位为试点，编制海口市首批权力清单和责任清单。

2015年海口市行政审批制度改革第三批便民服务措施（16项）

序号	责任单位	具体便民措施
1	市工商局、市质监局、市国税局、市地税局	实行工商营业执照、组织机构代码证和税务登记证“三证合一”登记制度。
2	全市各职能部门	制定并推出海口市首批权力清单。按照“全面清权、依法确权、科学配权、压缩限权、公开示权、监督制权”的原则，对海口市各职能部门的行政权力进行全面清理和规范，依法公开权力运行流程，让权力在阳光下运行，并在海南省人民政府网站http://www.hainan.gov.cn上公开权力清单。
3	市审改办、市法制局、市各职能部门	取消海口市所有非行政许可审批事项。按照“部门先行清理、集中核定报审、政府研究决定、统一公布施行”的程序，全面清理并取消所有非行政许可审批事项。
4	市科工信局（减负办）、市财政局、市物价局、市直各部门、各区人民政府	编制行政事业收费目录和编码。结合海口市实际情况，对海口市保留的行政事业收费（营业性收费除外）编制目录，实施目录规范化管理，没有列入目录的一律不准收费。
5	市公安局交警支队	开通交警车驾管业务网上服务项目。将业务办理指南、收费标准、注意事项和相关法律依据等内容上网公开，引导群众办理业务；将业务表格上网供群众下载；公开考试流程和考场示意图，方便群众了解考试流程。
6	市公安局交警支队	通过诱导屏开通路况导示功能，分色、分级清晰显示交通拥堵、交通管制、道路施工、交通事故等实时路况信息，方便市内群众合理规划出行线路。
7	市公安局交警支队	开通手机短信提示服务。公安交警部门通过手机短信服务平台，将机动车违法情况、驾驶证记分信息、驾驶证期满换证、车辆年检、车辆报废等交通管理业务信息，以免费短信形式发送给车主、驾驶员，提示车主、驾驶员按时办理相关业务。
8	市住建局	住建局房产窗口“一般抵押权登记（注销登记）”事项办结时限由原来10个工作日缩短至5个工作日。
9	市住建局、市规划局、市水务局、市园林局、市消防支队、市民防局、市气象局、市政府服务中心	推动重点、民生及其他需要的项目进行联合图审，增加具备各专业资质的（其中民防部门的人防施工图审中介机构应具备国家人防办颁发的人防工程图审资质和执业范围包含海口市的条件）施工图审中介机构，优化施工图审批和图审流程，将建设、规划、水务、园林、消防、人防、地震、气象等专业图审统一纳入工程施工图审中介机构实施联合图审。
10	市政府服务中心	建立海口市中介服务信息平台，完善参与行政审批服务中介机构信用体系，为项目业主自行选择中介服务机构提供信息支撑。
11	市相关职能局、市政府服务中心	规范窗口受理行为，严格执行一次性告知制度，制定《海口市政务服务窗口受理程序规定》（暂定），重点对“不予受理”“补正资料”等行为进行规范，完善行政审批监督管理系统功能，规范窗口受理、职能局预审等行为，从源头上解决一次性告知问题。
12	市政府服务中心	启动整合优化各职能部门的投诉举报平台功能，逐步建设统一便民高效的消费投诉、经济违法行为举报和行政效能投诉平台的工作，实现统一接听、按责转办、限时办结，统一督办，统一考核。
13	市政府服务中心	将在《直播12345》广播栏目成功运作的基础上启动升级版电视版《直播12345》栏目的各项准备工作，充分发挥电视、广播媒体和政府部门的力量，更好地为市民百姓服务。
14	市政府服务中心、区级政府服务中心	实现“再生育审批”四级上下联动审批工作，缩短办件时限，提高审批效率，使广大群众在家门口真正享受到快捷的、方便的政府服务。
15	市政府服务中心	进一步完善和规范服务大厅管理。在大厅和停车场增设监控摄像头，在大厅受理窗口增设身份证识别仪；更新设置楼层指引标示牌；设置“失物招领处”。
16	市民政局、市政府服务中心	街道、建筑物、住宅小区等名称变更业务进驻政务中心窗口，为市民提供规范高效服务。

8 家试点单位参照行政许可、行政处罚、行政强制、行政征收、行政给付、行政检查、行政确认、行政奖励、行政裁决和其他类别的分类方式编制首批 1032 项权力清单和责任清单。

（张肖明）

【极简审批改革试点启动】根据中央深化行政审批制度改革要求和海南省委《关于深化改革重点攻坚加快发展的决定》，为实现最大限度地简化审批，营造良好的投资环境，2015 年 8 月初，海口国家高新区管委会正式启动极简审批方案的编制工作。11 月 23 日，海南省政府审议通过《美安科技新城行政审批制度改革试点实施方案》。实施方案旨在通过实施“规划代立项”、以区域评估取代单个项目评估、优化项目服务、推行承诺制度、建立“准入清单”、打造一站式服务平台和网上信息平台、加强事中事后监管、实行联合验收、建立诚信档案、实施退出机制等十项改革措施，切实做到最大限度简化行政审批，将项目审批时限压缩 70%以上。经市政府批准，将准入清单核准后的华研鱼胶原蛋白产业化基地项目、郎腾血液透析耗材生产基地、威特电气产业园、海口市生物资源利用示范中心项目、林安物流、海口市公安局开发区分局业务技术用房等 6 个新入园企业作为最大限度简化行政审批改革试点项目。海口国家高新区管委会按照“马上就办、马上就批、马上就来、立等可取”的审批承诺，在推进项目建设的过程中通过技术交底、事中监管、全程代办等形式，试行简化行政审批改革方案，并取得良好的效果，试点项目全部按计划动工建设。12 月 2 日，海口国家高新区按照“极简审批”承诺，一天时间内核发市公安局开发区分局项目“建筑工程施工许可证”，快于全省投资项目“百日大会战”期间 3 天审批期限，该项目也成为省政府批准《美安科技新城行政审批制度改革试点实施方案》以来海南省首个实行极简审批的项目。

（王　媛）

【海口市公共资源交易中心（海口市政府采购中心）成立】为推进构建公开公正、阳光高效的公共资源交易服务平台，海口市将原海口市政府采购中心、海口市建设工程招标投标服务中心 2 个机构整合为海口市公共资源交易中心（海口市政府采购中心），2015 年 12 月 28 日，在海口市海甸岛五西路 28 号建安大厦（原海口市建设工程招投标服务中心）正式挂牌运行。新成立的市公共资源交易中心隶属于市政府服务中心，为副处级公益一类事业单位，下设办公室、建设工程交易部、政府采购交易部、综合交易部、信息网络部，主要负责市本级的工程建设、政府采购、国有及国有控股产权交易等八类公共资源交易事项；采用“一委（公共资源交易管理委员会）一中心（公共资源交易中心）”的管理模式，按照“统一交易平台、统一交易流程、统一信息发布、统一专家管理、统一交易规则”的“五统一”标准建设。

（张肖明）

“菜篮子”工程建设

【“菜篮子”工程建设概况】2015 年，海口市委、市政府把稳定菜价作为推动民生工作重要抓手，市领导多次走访海口市蔬菜生产基地、批发市场、农贸市场和平价商店，对海口蔬菜生产、流通销售各环节开展深入调研。1 月 16 日，市政府以 2015 年 1 号文件印发《关于推进我市“菜篮子”工程建设工作的意见》，提出进一步加快“菜篮子”工程建设十大举措。建立海口市“菜篮子”工程联席会议制度，召开 6 次联席会议，议定 16 项“菜篮子”工程建设相关方案和意见，并及时研究协调解决“菜篮子”各项方案、意见实施过程中存在的问题，帮助企业解决实际困难。采取有效措施，致力于蔬菜保供稳价、减轻群众生活压力，有效保持市场价格总水平基本稳定。

（吴　燕）

【海口市“菜篮子”流通优化建设】2015 年 8 月，《海口市“菜篮子”流通优化建设工程细化实施方案（试行）》开始实施，在“菜篮子”基地蔬菜充足供应、稳定供应、均衡供应的情况下，在全市范围内设置海口市“菜篮子”蔬菜销售摊位（专区、点），以及电子商务方式销售“菜篮子”蔬菜，充分发挥蔬菜加工配送体系作用。至年底，“菜篮子”流通销售体系逐步完善，在 5 家农贸市场设置 25 个“菜篮子”蔬菜销售摊位，在 17 个超市门店、25 个社区点设置“菜篮子”蔬菜销售专区，农产品流通企业诗风绿公司参与前期“菜篮子”蔬菜配送工作，实现 16 个品种的“菜篮子”蔬菜日配送（销售）量 2 万千克。蔬菜销售摊位销售的“菜篮子”蔬菜价格一直保持稳定且处于低于市场价 10%的水平，尤其在 10 月 4 日台风“彩虹”过后菜价上涨压力较大期间，能够持续供应给市民较为平价的蔬菜，对流通环节优化起到一定的示范引导作用。

（周　琦）

【“菜篮子”产品应急调控目录机制建立】2015 年，海口市出台《海口市平抑蔬菜价格异常波动应急调控预案》，重点将菜心、地瓜叶、空心菜、油麦菜、上海青、生菜、大白菜、小白菜、圆白菜、菠菜、芥菜、油菜 12 种叶菜列入重要“菜篮子”产品调控目录。异常波动按照对市场影响的范围划分为一般（IV 级）、较重（III 级）、严重（II 级）、特别严重（I 级）四级预警。其中，IV 级市场异常波动（蓝色预警）：遇到台风、暴雨、连续阴雨、干旱天气等情况，可能导致 12 种叶菜平均价格上涨；III 级市场异常波动（黄色预警）：当 12 种叶菜平均价格小幅波动，价格一周内增幅达到20%～30%的情况；II级市场异常波动（橙色预警）：当12种叶菜平均价格出现异常波动，短期增幅达30%以上至100%并持续一周，或3个（含）以上主要蔬菜品种价格涨幅达50%以上并持续一周；I级市场异常波动（红色预警）：当12种叶菜平均价格发生急剧波动，短期增幅达100%以上并持续一周，导致市场供应极度紧张，造成大面积脱销等情况。市场蔬菜价格异常波动发生后，根据波动情况确定发布预警级别，做好相应应急响应工作。

【“菜篮子”电子档案管理及GPS定位监管项目（一期）建设】 2015年2月，海口市物价局完成“菜篮子”电子档案管理及GPS定位监管项目（一期）建设，主要建设内容：电子档案管理系统、实时视频监控系统、基于地理位置信息的定位监管系统、中心大屏显示系统、菜篮子基地显示系统、监控及监管数据存储系统，实现对马坡洋、桂林洋、苍东村、石塔村等主要蔬菜生产基地的坐标、面积定位监管，对常年蔬菜基地的生产种植信息建立电子档案。

【海口“菜篮子”工程监管及价格信息平台建设】 2015年11月，海口市物价局开始建设“菜篮子”工程监管及价格信息平台，至12月下旬基本建成整体上线试运行。该平台项目系统包含中心管理平台、信息采集子系统APP、微信应用、数据共享平台、应用支撑基础平台等，共56个功能模块；监测品种包括蔬菜、蛋、肉、粮、油、水果等农副产品的价格；监管指标包括田头价、出栏价、批发价、零售价等主要价格，其中零售价里包含农贸市场价、平价商店价、商超价、公益性农贸市场价等。项目建成，实现对蔬菜品种生产、流通、消费等各个环节的信息进行及时、有效的监控、监测、预警和发布。

（吴　燕）

【基本蔬菜品种目标价格管理机制实施】 2015年5月1日，《海口市基本蔬菜品种目标价格管理实施办法（试行）》开始实施，确定地瓜叶、空心菜、菜心、茄子、圆白菜、上海青、生菜、小白菜、白萝卜、冬瓜、土豆、苦瓜12种蔬菜作为实施目标价格管理的基本蔬菜品种。以近3年基本蔬菜品种的销售价格水平为参考，结合年度CPI蔬菜类上涨指数及历年执行平价菜销售调控情况，分淡季（5～10月）、旺季（11月至次年4月）确定基准价格。基本蔬菜品种的平均零售价格涨幅，正常气候条件下不超过基准价格的30%，台风、旱涝、长期低温阴雨等重大灾害天气期间不超过基准价格的50%，并以此确定12个蔬菜品种的目标价格。《实施办法》规定，在5～10月蔬菜生产淡季期间，12个基本蔬菜品种目标价格每年基准价每500克（1市斤）为：小白菜3.75元、空心菜3.80元、菜心4.80元、上海青3.68元、圆白菜3.00元、地瓜叶3.90元、生菜4.70元、白萝卜2.60元、茄子3.20元、冬瓜2.00元、土豆3.30元、苦瓜3.80元。

【扶持土地流转种植叶菜】 2015年，海口市加快土地流转，出台《海口市扶持常年蔬菜基地土地承包权流转指导意见》优惠政策，由市财政支付土地流转租金，通过流转整合土地，低价出租给涉农企业、农民专业合作社或种植大户发展规模化叶菜种植。全年政府补贴流转土地租金2200万元，拉动社会投入基地建设1600万元，流转土地247.46公顷，由16家企业、合作社和个人承包创建20个叶菜生产基地，累计种植叶菜面积403.03公顷，产量2650.9吨。种植叶菜品种以菜心、芥菜、黑叶白、空心菜、小白菜为主，产品供应本地市场。

【实施夏秋季叶菜种植补贴】 每年5～10月，由于受高温、暴雨、台风等恶劣天气影响，海口本地叶菜种植困难，供应量少，价格涨幅较大。为保障本地叶菜生产，确保淡季蔬菜供足价稳，2015年3月20日，海口市政府办公厅印发《海口市夏秋季露地种植叶菜补贴实施方案》，明确每年投入资金对5～10月露地种植叶菜给予200元/亩的补贴，以调动企业和菜农发展叶菜种植积极性。年内，分两次发放补贴面积2955.87公顷，总补贴资金886.76万元，其中：秀英区1830.96公顷，补贴549.29万元；龙华区682.48公顷，补贴204.74万元；琼山区142.78公顷，补贴42.83万元；美兰区221.35公顷，补贴66.4万元；桂林洋农场78.3公顷　，补贴23.49万元。5～10月，海口市叶菜种植面积4640公顷（其中大棚653.33公顷），产量5.77万吨，同比分别增长16%和18%。

【扶持建设蔬菜大棚】 2015年3月20日，海口市政府办公厅印发《海口市2015年蔬菜大棚建设项目实施方案》，大力推进常年蔬菜基地设施大棚建设，提高冬春季保温防虫、夏秋季降温防风防雨防虫的功能，提升海口市常年蔬菜基地，尤其是叶菜基地的生产水平，平菜价、保供给、促增收。计划扶持建设蔬菜大棚226.67公顷，经各区申报和建设过程中结合实际进行调整，实际下达建设计划任务共32个基地面积210.67公顷，投入7998.5万元。其中秀英区71.33公顷，龙华区90公顷，琼山区31.33公顷，美兰区18公顷。至年底，进场施工建设的有26个基地186公顷，动工建设面积169.87公顷，其中建成大棚93.3公顷，完成大棚骨架35.73公顷，完成大棚基础13.53公顷。有6个基地24.67公顷尚未进场施工建设。

【蔬菜种植贷款贴息】 2015年3月20日，海口市政府办公厅印发《海口市蔬菜种植贷款贴息实施方案》，对农民单个贷款30万元以上、合作社和家庭农场贷款100万元以上、涉农企业贷款300万元以上所产生的利息进行补贴，以减少蔬菜生产者的成本压力，提高积极性。贷款贴息期限自2015年4月1日起2年内从相关金融机构贷款所产生的利息，利息补贴为贷款发放后2年以内的利息。年内暂无单位申请贷款贴息。

（杜惠珍）

【政府平价蔬菜价格调控】 2015年，海口市为应对菜价过快上涨，缓解蔬菜价格过快上涨对群众生活造成的影响，由市物价局牵头组织实施政府平价蔬菜销售措施，先后实施两次平价蔬菜调控措施。第一次是1月2日至3月31日，第二次从9月15日起至10月31日，对大白菜、小白菜、莲花白、上海青、菜心等8种蔬菜实行定点平价销售。11月、12月又分别两次延长平价蔬菜销售期限。并且从12月1日起，平价蔬菜品种从8种增加至12种，日供应量由150吨增加至300吨。由于市物价局及时调控稳定市场菜价，整体蔬菜价格比实施蔬菜价格调控措施前下降20%～40%，阶段性效果明显。

【淡季蔬菜种植关键技术攻关】 为破解海口市夏秋淡季蔬菜生产供应的难题，更好地满足广大市民的需求，海口市稳定“菜篮子”价格领导小组办公室与海南大学合作，共同策划实施“海口夏秋淡季蔬菜种植关键技术攻关与示范项目”。该项目从2014年开始启动，2015年完成第一期项目的总体研究目标，2015年11月19日通过由海南省农业科学院、海南省农业学校、海南华合会计师事务所等单位组成的专家组的验收。该项目设计并建设设施大棚3.33公顷，包括标准大棚及C7042、C3342、C4840共4种高、中低档造价大棚，在试验过程中得出4种大棚的主要参数及优缺点，并筛选出一套经济适用简单且抗风能力强、降温效果好的设施。科研攻关组引进移栽大白菜品种60份，青梗菜（小白菜）品种26份，菜心品种47份、芥蓝品种6个、芥菜品种5个、空心菜品种3个，其他叶菜资源30多份，瓜果菜资源100多份，这些品种产量高、生长期短、耐高温等，是适合海口市夏秋淡季种植的优良品种，经移栽试验后初步分析统计，每亩可增产15%以上。同时，形成一套适合夏秋蔬菜生产的且可推广的设施生产模式。

【市场菜价】 2015年，海口市蔬菜价格呈先降后稳再波动上升走势。监测的农贸市场15种蔬菜价格10升4降1平，平均零售价格为每斤（下同）3.26元，比上年上涨1.88%。但部分叶菜价格与上年比有所回落，如市民比较喜爱的地瓜叶、空心菜、菠菜和菜心平均零售价格分别为3.18元、3.21元、4.87元和4.01元，分别比上年下降11.17%、4.18%、0.61%和0.5%。

上半年，海口市场蔬菜价格呈两头高中间低走势。1月蔬菜平均零售价格3.27元，环比下降4.39%；2～5月蔬菜价格在3元范围内波动；6月蔬菜平均零售价格3.35元，环比上涨8.77%。主要原因：（1）受2014年底蔬菜价格持续上涨影响，市政府从2015年1月2日至3月底开展平价菜销售调控。随着政府平价菜投放市场，市场蔬菜价格出现明显回落。（2）1～4月海口天气状况整体较好，有利本地蔬菜生产、摘采等，本地蔬菜大量上市，导致蔬菜价格回落。（3）5月海口市蔬菜生产进入淡季，加上高温暴雨频繁，对本地蔬菜生产，特别是对叶菜影响较大，导致个别叶菜涨幅较大。但由于岛外蔬菜量大且价低，整体蔬菜价格上涨不大。（4）6月受高温暴雨和强热带风暴“鲸鱼”影响，海口市蔬菜价格有所上涨，特别是叶菜价格上涨明显。

下半年，海口市场蔬菜价格呈先降后波动上升走势。7月菜价小降；8～9月菜价持续上涨，蔬菜价格平均零售价格分别为3.35元、3.55元，环比分别上涨2.76%、5.97%。菜价上涨主要原因：（1）海口受高温、雷雨天气影响，对蔬菜生产、摘采有一定的影响。（2）9月中旬岛外云南、广西蔬菜生产地区出现暴雨天气，导致产地批发价格上涨，加上蔬菜进岛运输难度增加，高温天气蔬菜不易储存，耗损较大等因素影响，带动蔬菜价格上涨。（3）“马路市场”摊位较多，所销售的蔬菜价格也较低，随着农贸市场日趋规范，取缔路边摊位，一定程度上也抬高农贸市场蔬菜价格。10～11月蔬菜价格持续下降，平均零售价格分别为3.45元、3.21元，环比分别下降2.82%、6.96%，主要原因：虽然10月上中旬海口受台风“彩虹”及冷空气影响，频繁出现极端天气，导致蔬菜价格明显上涨，但10月下旬至11月中旬海口市天气较好，本地蔬菜上市增多，蔬菜价格明显下降；11月下旬后，暴雨、冷空气等较频繁，对本地蔬菜产生、摘采、存储等有所影响，导致蔬菜价格出现反弹，但因海口继续实施平价菜销售，下旬蔬菜价格上涨有限，幅度较小。12月蔬菜价格明显上涨，平均零售价格3.54元，环比上涨10.28%。主要原因是11月下旬以来海口受频繁冷空气影响，造成本地蔬菜生产受到较大影响，蔬菜生长缓慢，产量明显减少，同时生产周期推迟，叶菜从正常的22日左右生产周期延迟到1个月左右上市，导致本地叶菜大幅上涨。

【“菜篮子”建设工作调研】 2015年10月9～31日，由海口市物价局牵头，市农业局、市商务局、各区农林局等部门组成的调研组，对全市4个区蔬菜基地建设及市场供应等生产流通领域现状进行全面核查，进一步摸清海口市“菜篮子”生产、流通的现状，研究分析存在的问题，为政府下一步决策提供参考。11月28日至12月11日，市委宣传部牵头，市政府职能部门配合保障，省内各大新闻媒体、蔬菜批发市场、零售市场和消费者等社会各界代表参与，开展开门听证、联合调查工作。调查期间深入本市、省内部分市县以及省外云南等地田头地块和批零市场，调查蔬菜整个产业链上各环节成本利润情况，通过开座谈会、走访、实际调查等形式，对蔬菜价格形成机制进行全面调查分析，让广大市民和媒体客观、全面、真实地了解海口市“菜篮子”建设现状，支持和帮助政府抓好“菜篮子”工作。

（吴　燕）

【海口市菜篮子产业集团有限责任公司成立】2015年12月31日成立，国有独资有限责任公司。采取母子公司两级扁平架构体系，根据业务需要可设置三级子公司。母公司为政府独资持有，在发展战略、结构优化、资源配置、投融资资本运作、财务管控、制定菜篮子产品服务标准等方面发挥主导作用；子公司负责一级批发市场项目建设，农贸市场、生鲜超市、蔬菜直销店、社区便利超市、流动菜车等各类公益性菜篮子末端销售网点的建设运营，菜篮子物流配送体系建设运营，常年蔬菜基地建设管理，各类生产主体的整合，电子商务业务建设运营，菜篮子信息系统项目营运等具体的生产经营活动。公司实行董事长领导下的总经理负责制，按《公司法》设置董事会、监事会、经营班子。股东根据市委市政府的决定对董事长、总经理、副总经理、财务总监、监事会主席进行任命。董事长、总经理、副总经理、财务总监、监事会主席列入市委比照管理职务序列。公司设9个内部管理部门，包括办公室、财务部、审计部、市场服务部、基地服务部、配送服务部、资产管理部、投资管理部、安全委员会，并配置相关的从业人员，其中各部门2～3人，总计控制在25人内。部门管理人员及工作人员以社会公开招聘为主，行政企事业单位选调为辅。

（周　琦）

“互联网+”建设

【“互联网+”建设概况】2015年，海口市把互联网产业作为当前及今后一段时间的重点产业和主攻方向来抓。5月11日，成立由市委书记孙新阳和市长倪强任双组长的海口市“互联网+”产业发展工作领导小组，高位推动、强力推进，全面组织、协调、指导全市互联网及相关产业加快发展。5月19日，海口市秀英区石山镇与美兰区演丰镇率先在全省启动互联网小镇建设。8月12日，演丰互联网产业小镇、复兴城互联网创新创业园、凯立互联网大厦、海南省创业村科技产业园和骑楼老街众创社区正式挂牌互联网产业创新创业基地。10月10日，海口市与阿里巴巴集团正式签订《海口市人民政府与阿里巴巴（中国）有限公司战略合作协议》。10月30日，市科学技术工业信息化局与阿里云公司、海南电信正式签订《南海云及大数据中心项目建设三方协议》，建设符合国家统一标准的南海云及大数据平台，实现数据统一与集中，为大数据应用提供全面支持。12月16日，2015年海南“互联网+”创新创业节在海口复兴城互联网创新创业园开幕。年内，海口市编制《海口市“十三五”信息化发展规划》《海口市“十三五”互联网产业发展规划》，组织实施“四网（水网、电网、气网、光网）合一”综合规划编制工作。

【促进互联网产业发展政策出台】2015年7月2日，海口市政府印发《海口市促进互联网产业发展若干措施》，推出6条含金量颇高的措施，助推互联网产业发展。为使《措施》落实到位并易于执行，10月20日，市政府第48次常务会议审议并原则通过《海口市促进互联网产业发展若干措施的实施细则》，10月26日颁布实施，用于指导企业申报《措施》的相关扶持资金。《细则》共15条，明确申报企业必须具备的基本条件及所需提供的基本材料，对每一项资助资金申报材料予以细化，并制定相应的申请表格，具体列明资格申请条件和需提供的材料。每一条款要求的具体化，也使审核工作更具操作性。《细则》提出，市级财政每年预留不少于5000万元的专项资金，用于兑现《措施》第二至第六条各项优惠扶持政策和互联网产业的其他扶持。政策出台后，吸引新增注册互联网企业974家。10月21日开始，海口市组织全市互联网企业按照政策申报扶持资金，至年底有80多家新注册的互联网企业提交申请。

2015年5月11日，海南省委副书记、省长刘赐贵（中）考察海口互联网企业。

（李英挺 摄）

【推进“智慧城市”建设】自2011年10月海口市提出“加快推进城市信息化建设，探索建设智慧型海口”以来，多家大公司大企业表达参加海口市智慧城市建设的意愿。2015年5月29日，市长倪强率海口市政府学习考察团前往杭州对阿里巴巴集团的云服务、电子商务和其他互联网应用情况进行考察。6月11日，阿里巴巴集团战略发展部资深总监陶雪飞率队到海口市考察。市各有关部门开展前期准备工作，并多次与阿里巴巴集团磋商探讨合作领域及合作方式。10月10日，海口市与阿里巴巴集团正式签订《海口市人民政府与阿里巴巴（中国）有限公司战略合作协议》，双方拟在云计算大数据、互联网公共服务、互联网创新产业园建设、信用体系建设、互联网农产品等多领域展开密切合作。其中，市科工信局负责云计算大数据方面的合作，项目于2015年年底完成硬件建设；阿里创客空间已入驻复兴城互联网创新创业园；市公安局、市人社局、市教育局等部门负责互联网公共服务方面的合作；市发改委负责信用体系建设方面的合作；市农业局负责互联网农产品方面的合作，已开展前期工作。此外，海口市还初步确定中兴、神州数码、微软、信威、光启等知名互联网企业参与海口智慧城市建设。

【南海云及大数据平台项目建设推进】2015年10月10日，海口市政府与阿里巴巴集团签订《海口市人民政府与阿里巴巴（中国）有限公司战略合作协议》，与阿里巴巴选择的基础平台合作伙伴在海口市共同建设符合国家统一标准的南海云及大数据平台，实现数据统一与集中，为海口市的政务服务、公共数据开放以及数据开放后带动的大数据示范应用、创新创业产业发展提供全面支持。10月30日，市科学技术工业信息化局与阿里云公司、海南电信签订《南海云及大数据中心项目建设三方协议》。中国南海云及大数据服务中心由中国电信股份有限公司海南分公司和阿里云计算有限公司共同建设，用于承载海口市政府各部门的业务应用和数据，并提供数据共享服务。中国电信股份有限公司海南分公司为海口市政府提供数据中心、云产品软件、云操作系统、服务器设备、网络设备等必需的软硬件设备，并负责云平台和大数据服务中心的建设及整体运维。由海口市政府向中国电信股份有限公司海南分公司以购买服务的方式使用该平台。

【布局互联网产业发展空间】2015年，海口市重点打造演丰互联网产业小镇、复兴城互联网创新创业园、美安科技新城、石山互联网农业小镇、江东电子商务产业园5个互联网产业集聚地，正式挂牌6个“互联网产业创新创业园”，分别是演丰互联网产业小镇、复兴城互联网创新创业园、凯立互联网大厦、海南省创业村科技产业园、骑楼老街众创社区和玉螺众创空间。其中天涯社区入驻演丰互联网产业小镇，复兴城互联网创新创业园于12月16日启动开园仪式，入驻复兴城的岛内外优秀互联网企业已超过50家，主要有阿里巴巴、微软创新中心、光谷咖啡、车库咖啡、酷秀、浪花、合观众筹、百果园、超级船东、UCAR、大巴123、爱扑网、新浪网、凤凰网等。

【演丰互联网产业小镇建设】2015年5月19日，海口市美兰区演丰镇启动互联网小镇建设。定位为“互联网+产业”，通过打造国际化的互联网产业集聚区，建成全球互联网人才向往的创业圣地。演丰互联网产业小镇初步规划在演丰镇4.5平方千米范围布局“一带五区”，支撑产业发展、旅游度假、居住配套三大功能。“一带五区”包括互联网+产业园区、互联网+孵化区、互联网+配套服务区、互联网+“云”社区、互联网+文化旅游区和互联网+生态旅游带。2015年作为小镇的起步阶段，起步区位于演丰镇政府服务中心，并带动辐射周边的红树林商业街及周边地块。起步区主要包括天涯社区办公区，年底入驻员工百人；天涯众创空间，作为中小微企业和创业者的孵化基地，为入驻企业提供导师、课程和资金等支持；天涯客栈和关天茶舍是融入天涯社区文化元素的商业配套设施。7月10日，天涯社区成为首个入驻演丰互联网产业小镇的互联网企业。

【石山镇互联网农业小镇建设】2015年5月19日，海口市秀英区石山镇启动互联网小镇建设。建设结合石山地区优势、产业和空间布局，通过构建优美的生态环境、丰富的互联网+农业+旅游产业体系、完善的基础设施，塑造火山文化品牌，将石山镇建设成生态、富裕、宜居、乐游的互联网农业小镇和火山风情旅游名镇。努力打造“互联网+火山特色热带高效精品农业”“互联网+火山风情旅游”和“互联网+创业创新”示范基

2015年5月4日，海南省委常委、海口市委书记孙新阳（中）在海口观澜湖接见来自全国各地的网络大咖。（黄一冰 摄）

地。通过棚改和旅游化改造，充分发挥火山资源独一无二的优势，打造生态完善、功能完备、文化独特的旅游目的地，让游客了解火山文化，感知小镇风貌，体验小镇生活，树立海口旅游特色品牌，打造海口旅游一张靓丽名片，带动琼北一带的旅游效应。定位“互联网＋农业”，通过“互联网＋”进入农产品行业，带动农业的生产、经营、管理以及服务环节。8月6日，海南首个互联网农业小镇村级运营服务中心在秀英区石山镇美社村挂牌，标志着海南互联网小镇的建设进入一个新的阶段。积极推进村级服务中心建设和互联网交易平台建设工程。12个村级服务中心已建成6个并投入运营，其余6个村级服务中心正在加快建设中，镇级运营＋村级服务的运营模式初步形成。“海岛生活”互联网交易平台和“火山公社”公益微信平台通过完善与宣传，网上交易形成规模，促进农村电子商务发展。与腾讯公司合作开发“石山互联网农业小镇公众平台”；与海航集团达成协议，将海航旗下最大的农业网络门户“供销大集”纳入电商平台。继续推进14个高效农业产业园的落地和建设，与安徽朗坤集团合作开展智慧农业建设工作，石斛产业园、石山黑豆等智慧农业项目建成。石山互联网综合管控数据平台投入运行。完善溯源管理系统，与海南拍拍看网络开发公司以及安徽郎坤集团合作开发农副产品防伪标识系统、溯源管理方案，植物医院建成并投入运营，并搭建农副产品检测检验系统。升级改造35千米旅游慢道，完成镇级运营中心、旅游服务中心和6个村级服务中心建设，美社村、三卿村、昌道村等火山古村落的民宿建设抓紧推进。积极推动“一带一路”农展馆项目落地，农展馆选址等前期工作完成。

2015年6月3日，《海口旅游“互联网＋”融合发展合作协议》签订。

（市旅游委　供稿）

【推动“互联网＋旅游”融合发展】 2015年6月3日，海口市旅游发展委员会与海南酷秀旅游开发有限公司签订《海口旅游“互联网＋”融合发展合作协议》，约定未来的3年时间里，海口旅游委将与酷秀在旅游宣传推广、旅游数据信息化建设、服务应用平台的构建、海口旅游咨询服务中心的运营维护、海口假日旅游产品的保障、节庆活动策划营销、旅游人才的培训、区域旅游合作、旅游国际交流、旅游诚信平台建设等10个领域展开合作，推进海口“互联网＋旅游”产业的融合式发展。

【海南“互联网＋”创新创业节开幕】 2015年12月16日，2015年海南“互联网＋”创新创业节在海口复兴城互联网创新创业园开幕。同时，复兴城互联网创新创业园正式开园。作为开幕式活动重要版块之一——新浪海南路演中心正式开园，“海南创客联盟会”宣布成立。此次创业节由省工业和信息化厅、海口市政府、澄迈县政府主办。系列活动持续至12月31日。此次创业节以“网络造梦，海创圆梦”为主题，突出海南“互联网＋”产业特色和海南创新创业文化特色。共举办8场主要活动和20场企业专题活动，举办创新集市展、创业项目路演活动、创新创业主体论坛、厅长与大学生面对面等活动。其中，系列活动主要亮点有：创新集市展邀请60家创新创业企业对其新技术、新产品、新商业模式进行集中展示，让普通百姓亲密体验“互联网＋”的各种创新技术；项目路演连续举办两周，从全国“互联网＋”创新创业项目中甄选一批项目团队进行同台路演，对优胜团队给予政府股权投资支持；16日下午的主题论坛，省内1500名创业者和国内知名互联网创业家同台对话。

（符骏斌）

（编辑：杜惠珍）

中国共产党海口市委员会

市委综述

【市委常委会工作概况】2015年，海口市委常委会深入贯彻落实党的十八大、十八届四中、五中全会、习近平总书记系列重要讲话精神，以及省委六届七次、八次、九次全会精神，深入学习贯彻党的十八届四中、五中全会精神，认真落实市委《关于贯彻落实党的十八届四中全会和省委六届七次全会精神全面推进依法治市的实施意见》，坚持不懈推进科学立法、严格执法、公正司法、全民守法。推动法治政府建设，连续7年在全省依法行政工作考核中获得第一名。在全市处级以上领导干部中开展“三严三实”专题教育，作为持续深入推进作风建设的重要举措，作为严肃党内政治生活、严明党的政治纪律和政治规矩的重要抓手。以开展“三严三实”专题教育为契机，在全市上下大力倡导“5+2、白加黑”“钉钉子”“马上就办”和“拍拍看”四种精神，着力抓好“天大的小事”，致力于用党员干部“辛苦指数”换取企业“满意指数”和群众“幸福指数”；践行“一线工作法”，靠前指挥，深入一线作决策、抓落实、办实事、解难题、促发展。提出“紧紧围绕‘四个全面’战略布局，抢抓国家‘一带一路’战略、棚户区改造新政、全省‘多规合一’重大机遇，充分发挥生态环境、经济特区、国际旅游岛优势，以生态领规划、以项目保增长、以棚改促建设、以‘双创’抓管理、以真心惠民生、以铁腕转作风，统筹推进经济、政治、文化、社会、生态文明和党的建设，努力打造‘21世纪海上丝绸之路’战略支点城市、大南海开发的区域中心城市和海南‘首善之城’”发展思路和目标。通过《关于深化重点领域改革的决定》及三个配套的改革实施方案，对海口市“多规合一”、市区镇（街）行政管理体制、城市管理综合执法改革进行具体部署。举全市之力推进“双创”工作，下大力提升城市治理管理水平，初步实现城市面貌由“脏乱差”向整洁、有序、干净转变，群众态度由观望等待向主动参与转变，干部作风由慢作为、不作为向主动身体力行“四种精神”转变。推动各项工作干在实处、走在前列，为“十二五”画上圆满句号，为率先在全省全面建成小康社会和“十三五”良好开局奠定坚实基础。

【民主政治建设】2015年，海口市委支持人大常委会依法履职。充分发挥地方立法在“双创”工作以及改革发展任务中的保障和推动作用，出台《深入推进创建全国文明城市和国家卫生城市的决议》《全面推进城市管理综合执法工作的决定》《选举任命的国家机关工作人员向宪法宣誓办法》《房屋租赁管理条例》《电动自行车管理办法》等地方性法规和决议、决定。在4个区、高校及律师事务所设立8个基层立法联系点。开展《野生动物保护法》和《海口市龙塘饮用水源环境保护管理规定》等6部法律法规实施情况执法检查。

推动政协开展工作。召开全市政协工作座谈会，广泛开展协商议政，支持市政协组织开展“走访服务委员企业”等形式多样的委员界别活动。督促政府和相关部门认真办理政协提案。市政协提出的21条创新城市管理体制机制的建议、破解“双创”工作中11个共性难题的对策和建议，以及“推动海澄文一体化”“推进多规合一”“加快海绵城市建设”等意见，为市委科学决策提供有益参考。

重视统战工作。召开市委统战工作座谈会，强调发挥统一战线独特优势和作用。适时调整市委常委联系各民主党派、有关团体的责任分工，加大对党外干部选拔任用、到基层挂职锻炼的力度，以“三类人群”为新的着力点，做好团结党外知识分子工作。支持中国香港海口联谊会成立，强化港澳台侨的海外统战工作。加强和改进工会、共青团、妇联工作，充分发挥群团组织在社会治理中的作用。坚持党管武装，肩负好贯彻南海海防战略和当好后勤保障基地的使命，争创双拥模范城“八连冠”。

【加强和改善党的领导】市委常委会自身建设。2015年，海口市委常委会严守政治纪律和政治规矩，坚持集中学习和个人自学相结合，落实市委中心组学习制度，着力提升思想政治水平，特别是观大势、谋大事的能力。落实民主集中制，严格按照“集体领导、民主集中、个别酝酿、会议决定”的原则，研究议定“三重一大”事项，先后召开27次常委会，对改革发展重大事项作出科学决策。制定出台《推进领导干部能上能下实施细则》《市管领导班子“三重一大”事项决策后评估暂行办法》《组织人事部门对领导干部进行提醒函询和诫勉实施细则》等制度，进一步强化政治、组织、财经、生活等各方面纪律的刚性约束。在常委会的带动下，各级各部门都开设“椰城交流”微信工作平台。

*从严管党治党。*2015年，海口市委常委会坚决执行党的政治路线和干部路线，强化市委常委会、全委会在干部选拔任用中的领导和把关作用，贯彻《干部任用条例》和中央、省委关于干部工作的一系列新部署，做好动议、民主推荐、考察和讨论决定各个环节的工作。至年底，市委共选拔任用琼山区委、秀英区委、市农业局、市林业局、市审计局、市商务局等“一把手”的市管干部175人次。贯彻执行领导干部个人有关事项报告制度，坚持“凡提必核”，对84名拟提拔任用的市管干部考察对象重点抽查核实，对不如实填报个人有关事项的，批评教育并要求补充说明19人，取消或暂缓任用11人。对8名市管干部进行经济责任审计，通报审计结果，并对部分任期内存在问题较多的领导干部进行提醒谈话。不断加强和改进干部教育培训工作，举办各类培训班992期，直接培训市管处级干部8000多人次，科级及以下干部9万多人次。

*基层党组织建设。*2015年，海口市委常委会推进组织体系、骨干队伍、活动载体、工作制度、场所阵地建设和软弱涣散基层党组织的整顿转化，并着力推动人、财、物向基层党组织倾斜。大幅度提升基层工作经费和基层干部补贴标准，村“两委”班子、社区“两委”班子年工作经费分别从9.7万元、11.4万元提高到30~40万元。新建村居组织活动场所27个，安排4.3亿元计划在2016年底前全面解决全市230个村居活动场所“无、危、小”问题。探索构建具有海口特色的“一核两委一会”乡村治理结构，推进基层民主协商，新坡镇、大致坡镇先后成立乡贤协商会。选派33名机关优秀干部，分别到25个软弱涣散基层党组织村和11个“十三五”建档立卡贫困村任第一书记。推行星级管理办法和实施村干部绩效考核工作，改变以往“干好干坏一个样、干与不干一个样”的状况。

*党风廉政建设和反腐败。*2015年，海口市委常委会严格履行“两个责任”，执行“签字背书”、责任报告、述责述廉、社会评议等各项制度，落实“一案双查”，严肃查处市粮食局、市社保局、琼山区商务局等主体责任落实不力的典型问题。全市各级约谈党政主要负责人149名，提醒教育干部165名，问责党员干部334名，问责人数比上年增长209%。深入落实中央八项规定、省委省政府二十条规定和市委二十一条规定，持续整治“庸懒散奢贪”等作风问题，坚决防止“四风”反弹。学习贯彻廉洁自律准则和修订后的纪律处分条例、巡视工作条例，组织编撰《党员领导干部违纪违法典型案例剖析读本》，拍摄警示系列片《警钟》，开展廉政文化进机关、廉政电影进农村、廉洁文化进家庭等活动。查处琼山区委原书记王飞、市林业局原局长林劲、琼山区纪委原书记孙道静等人的严重违纪问题，以及市粮食系统腐败案件。全年，市纪检监察机关共立案325件。

【深化重点领域改革】2015年8月20日，中共海口市第十二届委员会第九次全体（扩大）会议审议通过《中共海口市委关于深化重点领域改革的决定》及《海口市“多规合一”改革实施方案》《海口市进一步深化市、区、镇（街道）行政管理体制改革实施方案》《海口市城市管理综合执法改革实施方案》3个配套的改革实施方案，明确提出，要进一步深化市、区、镇（街道）行政管理体制改革，扎实推进“多规合一”改革，深化行政审批制度改革，深入推进城市管理综合执法改革。以“多规合一”改革为重点，着力构建科学发展的空间格局，整体提升城市管理治理水平。初步搭建各类规划相衔接的信息平台，确保“一张蓝图”上目标、坐标、指标全方位实现统筹、协调、合一；编制《海口市“多规合一”总规规划》《海口市生态红线划定方案》《“海澄文”基础设施一体化规划》，坚持开发边界给生态红线让路，优先保障重大基础设施和公共服务设施用地，构建“城外田园空间+城市海绵系统+滨海滨江自然岸段”的生态空间格局，明确生态保护红线、资源消耗上限、环境质量底线。建立“多规合一”的编审管理体制和行政审批机制，探索“以规划代立项”，在美安生态科技新城实施极简审批。深入推进城市管理综合执法改革，围绕“双创”突出问题，整合城市综合执法资源，加大联合执法力度，推行“公安+城管”模式，增强基层执法力量；在琼山区试点环卫综合一体化，积极推进环卫、园林等城市养护作业市场化改革。以市区镇（街）行政管理体制改革为着力点，不断夯实基层基础。下放城乡规划与建设、城市管理、民政计生管理等6个方面37项行政管理事项，所有城市管理方面的执法权下放各区。与之相匹配，向4个区下放行政事业编制935名，其中行政编制170名、事业编制765名，保障下放权项有机构、有人员承接。给各区定额补助1亿元，并明确规定不少于2/3的人员编制和经费向镇（街）下沉。稳妥推进市、区两级政府机构改革和演丰、云龙2个经济发达镇行政管理体制改革试点，制定市政府职能转变和机构改革方案，整合市政府采购中心、市建设工程招标服务中心，设立市公共资源交易中心和市安全生产执法监察大队。再次组织开展压缩行政审批总时间15%的提速专项工作，压缩总审批时间19%，削减审批总环节17%。率先在全省推行“三证合一、一照一码”。

【倡导“四种精神”】2015年6月15

日，海口市下发通知，要求各级各部门大力倡导“5+2、白加黑”“钉钉子”“马上就办”和“拍拍看”四种精神，并将之贯穿于“三严三实”专题教育全过程。“四种精神”的实质内涵：“5+2、白加黑”精神是指要只争朝夕、忘我工作、爱岗敬业、勤政履职、艰苦奋斗、甘于奉献；“钉钉子”精神是指要紧盯目标、持续用力、踏石留印、抓铁有痕，攻坚克难、滴水石穿；“马上就办”精神是指要紧抓快办、雷厉风行、文不过夜、事不过天，真抓实干、务实高效；“拍拍看”精神是指要放下身段、礼贤下士、小处着手、注重细节、用心用情、主动服务。海口市领导干部用实际行动体现“四种精神”：从点赞政府热线10分钟帮乘客找到财物，批示帮助遭遇车祸的高三学生，3次对“老人乘公交遭到辱骂”事件做出批示，回复天涯网友来信等这些涉及普通市民生活的天大小事都得到及时妥善地解决；仅用3天时间留住“拍拍看”公司，用一天半时间完成酷秀公司的贷款手续；调整海秀快速路推进小组，不到1个月搬开“拦路虎”，实现全线动工；创造5个小时完成集中签约的“美兰机场速度”，50分钟签约199户灵山镇棚改征收工作的“灵山速度”。市委主要领导先后14次利用工作日夜间及周末、节假日暗访重点路段、老旧小区、后进区域及农贸市场，召开23次专题会议对互联网产业发展、重点项目建设、棚户区改造等方面做出具体部署，努力做到文不过夜、事不过天，让“马上就办”和“真心惠民”的执政理念深入人心。《瞭望》新闻周刊刊发《海口转作风进行时》的专题报道，称赞海口干部作风转变使城市活力被激发。

【培植干部“三种特质”】2015年12月31日，海口市委十二届十次全会上提出海口的党员干部要培植“大海胸襟、椰树风骨、三角梅品格”的特质。海口因海而生、因海而兴，“大海胸襟”就是海纳百川、开放包容，上善若水、厚德载物。椰树是省树市树，“椰树风骨”就是信念坚定、直挺而上，扎根大地、深入群众，坚韧不拔、“任尔东南西北风”“咬定青山不放松”。三角梅是省花，省会配省花，“三角梅品质”就是热情洋溢、活力四射，朴实无华、礼贤下士。

【市委十二届九次全会】2015年8月20日，在海口行政中心召开市委十二届九次全会，由市委常委会主持。包括38位委员在内共238人参加会议。会议进一步明确在新的起点上推动海口科学发展的思路和目标任务，提出“紧紧围绕‘四个全面’战略布局，抢抓国家‘一带一路’战略、棚户区改造新政、全省‘多规合一’重大机遇，充分发挥生态环境、经济特区、国际旅游岛优势，以生态领规划、以项目保增长、以棚改促建设、以‘双创’抓管理、以真心惠民生、以铁腕转作风，统筹推进经济、政治、文化、社会、生态文明和党的建设，努力打造‘21世纪海上丝绸之路’战略支点城市、大南海开发的区域中心城市和海南‘首善之城’”这一发展思路和目标。会议审议并通过《关于深化重点领域改革的决定》及3个配套的改革实施方案，对海口市“多规合一”、市区镇（街）行政管理体制、城市管理综合执法改革进行具体部署。

【市委十二届十次全会】2015年12月31日，在海口行政中心召开市委十二届十次全会暨市委理论研讨会、全市经济工作会议，由市委常委会主持。包括35位委员在内共236人参加会议。全会听取和讨论孙新阳代表市委常委会作的工作报告，审议通过《中共海口市委关于制定国民经济和社会发展第十三个五年规划的建议》，与会同志对2015年海口市干部选拔任用工作进行民主评议，传达全省经济工作会议精神。全会期间套开市委理论研讨会和全市经济工作会议，倪强总结2015年海口市经济工作，并部署2016年经济工作。全会上，徐涛、谭忠庭、淡利锋、符革、冯明5名同志分别向市委全会公开述责述廉述作风，并接受市委委员现场质询和评议；表决通过《中共海口市纪律检查委员会关于王飞严重违纪问题的审查报告》等事项。全会确立“十三五”时期海口市发展的指导思想：高举中国特色社会主义伟大旗帜，全面贯彻党的十八大和十八届三中、四中、五中全会精神，以马克思列宁主义、毛泽东思想、邓小平理论、“三个代表”重要思想、科学发展观为指导，深入贯彻习近平总书记系列重要讲话精神，紧紧围绕“四个全面”战略布局，牢牢把握发展第一要务，全面贯彻“创新、协调、绿色、开放、共享”的发展理念，充分发挥生态环境、经济特区、国际旅游岛优势，以生态领规划、以项目保增长、以棚改促建设、以“双创”抓管理、以真心惠民生、以铁腕转作风，统筹推进经济建设、政治建设、文化建设、社会建设、生态文明建设和党的建设，努力打造“21世纪海上丝绸之路”战略支点城市、大南海开发区域中心城市、全国生态文明示范城市和海南“首善之城”，率先在全省全面建成小康社会，当好海南争创中国特色社会主义实践范例、谱写美丽中国海南篇章的排头兵。全会提出今后5年海口市经济社会发展的主要目标是：经济保持中高速增长，全市地区生产总值占全省的比重进一步提升；人民生活水平和质量普遍提高，城乡居民收入增长与经济增长同步，力争达到全国中上水平，基本公共服务均等化水平走在全省前列，率先实现城乡公共服务一体化；城市文明程度和市民素质显著提高，城市风貌、城市管理实现大变样，建成全国文明城市和国家卫生城市，力争成为全国首批健康城市；生态环境质量始终保持一流水平，花园城市和生态文明城市魅力彰显；改革开放和民主法治取得新进展，若干领域改革走在全省全国前列，治理体系和治理能力现代化水平明显提高。

（韦国全）

市委办公厅工作

【市委办公厅工作概况】2015年，海口市委办公厅全面贯彻党的十八届四中、五中全会、省委六届七次、八次全会及市委十二届八次、九次、十次全会精神，践行“三严三实”，推进全厅上下服务提速。共起草撰写重要文件、专题文章、采访提纲、上报材料等文稿260多篇，办理市委书记批示件335件，起草、审核、印发市委有关文件462件，办理来文3926件。获评“2013-2014年度全省党委系统信息工作优秀单位”称号。

【推动省市联动进行“双创”】2015年，海口市委办公厅为推动省市联动助力全市“双创”的牵头协调工作，牵头制定“双创”总体联动方案，成立市委办公厅推动省市联动创建工作领导小组，协调海南省委办公厅印发《关于深化省市共建推进海口创建全国文明城市和国家卫生城市的通知》。联动创建工作领导小组各工作组共拜访34家中央驻琼单位、20家省属国有企业、11所驻海口的院校和科研单位，动员近2000多名省市干部职工和1万多名社会各界人士参与创建，携手交行、光大、保监等单位发起志愿服务、结对共建和出资帮扶，推动部分省市单位完善单位及住宅区基础设施和改善环境卫生。协调落实各拜访单位工作机构、人员、职能和责任，沟通市“双创”部门和基层单位任务安排，建立联系互助方式，推动联动创建服务形成长效机制。共收集、汇总34家中央驻琼单位、20多家省属国有企业、79家省级单位、31家省属院校“双创”工作分管领导、联络人员、办公场所、生活居所等调查表，建立工作台账，形成了高效的联络制度。设立市委办公厅工作微信群，建立联动开展台账，互通联系省里单位情况、经验、存在问题、意见建议等情况。全年共发布“双创”微信动态微文约300篇。

【省市联动创建工作领导小组成立】2015年，海口市委办公厅为推动省市联动助力全市“双创”，整合市直机关工委、团市委单位资源而成立。组长由市委常委、秘书长、办公厅主任林海宁担任，下设省市联动“双创”工作办公室和省直机关联络组、高校联络组、中央驻琼单位联络组、国有企业联络组、宣传教育组、督促检查组、效能建设指导组8个省市联动创建工作机构，各工作组组长分别由相关单位负责人担任，每组有组员3人，各工作组有明确的任务和完成时限，各司其职。

【文稿服务】2015年，海口市委办公厅组织起草并出台《市委关于深化重点领域改革的决定》等重要文件，拟定市委常委会2015年的11个调研课题，并推动形成调研报告，其中《“十三五”规划建议研究》转化为市委文件。全年共起草撰写重要文件、专题文章、采访提纲、上报材料等文稿260多篇，修改审核新闻稿件300多篇，各类调研、会议纪要61篇，整理录音讲话文稿35篇；编印《内部通报》23期，《调查与研究》4期，《2015年海口市政策文件汇编》1册。

【办文办会】2015年，海口市委办公厅建立周末、节假日值班制度，确保党委政令畅通。共起草、审核、印发市委有关文件462件，办理来文3926件，其中省级文件445件，市级文件3396件，第一时间办理市委领导批示件576件，圆满完成市委十二届九次、十次全会的文件核校、印制、分发工作。有序开展党内规范性文件备案61件，制定海口市党内规范性文件24件并报送省委办公厅备案，及时率、完备率100%。共主办协办全市性大型会议17次，市委常委会议27次，书记专题会议28次，其他各类会议103次。安排市委主要领导调研51次、暗访13次，协调部署其他重要公务活动46次。

【督导督查】2015年，海口市委督查室搭建市、区党委督查系统联动工作平台，对领导批示或调研交办事项、重要会议议定事项进行立项和台账管理，持续跟进督查。全年对中央、省委、市委决策部署贯彻落实情况，中央、省委、市委领导同志批示办理事项，以及省市重点工作、重点项目、社会热点、民生问题等情况进行督查落实，共办理市委书记批示件335件，办结308件，办结率92%，其余27件正在办理；编发报送《市委书记批办件督查情况》15期；《海口督查专报》48期，其中上报省委专刊24期。

【机要保密】2015年，成立海口市电子政务内网管理中心，隶属海口市委机要局（海口市密码管理局），负责党委系统信息化规划、建设与管理。完善机要保障制度，维护党政核心密码装备与通信网络，优质高效完成各项密码通信和信息技术服务。机要工作被省评为先进典型。营造保密工作无小事的氛围，制定海口市2015年保密工作要点及目标管理标准，严格全市涉密网络建设审批工作，加强对涉密项目采购管理的指导，全年组织学习培训4期2124人次，抽查检查3批次336台涉密计算机，开展全市单位自查普查、验收评估工作4次，共产生密件629件，无泄露国家秘密事件发生。

【农村工作】2015年，海口市委农办开展各类“三农”情况主题调研，举办农村工作专题讲座，有序推进百个统筹城乡示范项目，完工项目23个。专项督导南渡江土地整治正在实施的14个重大工程项目，推动6个项目竣工验收，2个项目自验通过。全年形成《涉及海口农垦体制改革情况》等专题调研课题报告5篇，刊发《镇域经济发展信息》4期，牵头完成云龙镇坡导村文化室建设及多能村水塔建设2项“为民办实事”事项。

【机关后勤保障】2015年，海口市机关事务管理局进行机关事务内部机构和职能整合，制定实施《关于市直机关保卫大队机构编制方案》，组建直管安保队伍。有序推行后勤管理服务工作按专业分解专项外包的改革，完善设施设备、水电、消防等管理规章制度，排查安全隐患。设立办公区食堂公共监管账户，在制度建设、服务理念、进出料监测、卫生标准、防病防疫等方面不断强化监督。升级改造办公视频会议室，全年提供各类重大会议服务1976场，接待11.88万人次。开展办公区及所辖6个生活院区环境卫生整治活动，对办公区树木挂牌登记。跟进公务用车改革，抓好公务用车科学安排，协调办公区上下班通勤车调度，全年安全保障出车5182车次，保障“双创”工作开展、领导调研活动、干部职工上下班等用车任务。推进办公用房清理整改工作，深入清理违规改造办公用房、不及时清退办公用房等问题，共腾退办公用房1.5万平方米。下发执行《海口市2015年公共机构节约能源资源工作安排》等文件，组织开展“地球一小时”和节能宣传周活动，积极创建节约型机关、节水型机关示范单位，公共机构节能工作取得新成效。

【信息服务】2015年，海口市委办公厅共编辑使用信息3000余条，被中办采用信息11条，省办采用信息61条；编印《省会头条》96期、《海口要情》40期、《每日舆情》200期；举办信息工作培训班1期256人，送培训下单位17次。信息采用量稳居全省各市（县）之首，省领导在重要信息刊物上批示17（件）次。

（林道文）

组织工作

【组织工作概况】2015年，海口市委组织部突出全面从严治党主线，加强思想理论建设，从严管理监督干部，持续深入改进作风，强化基层基础工作，落实管党治党责任，选干部配班子、抓基层打基础、引智力聚人才，进一步提升组织工作和组织部门自身建设科学化水平。全年完成77个处级领导班子和885名处级干部2014年年度考核，以及48名处级领导干部的试用期满考核；共举办各类培训992期，培训处级干部8974人次、科级及以下干部9.34万人次；选拔任用处级干部175人次，其中提拔重用73人次，平级调整102人次；开展柔性引才项目6个，柔性引进专家人才32人，组织9名海外人才申报“椰城海高计划”。全市共有基层党组织3331个，党员7.35万名，其中发展新党员962名。

【干部教育培训】2015年，海口市共组织举办各类培训992期，培训处级干部8974人次、科级及以下干部9.34万人次。5月18日，开展“三严三实”专题党课，省委常委、市委书记孙新阳为全市处级以上领导干部、镇（街）党政主要负责人以及村（社区）党组织书记1000余人上专题党课。5月27日，举办“市委中心组（扩大）‘三严三实’专题学习报告会”，邀请省委党校常务副校长彭京宜为全市厅、处级干部1000余人作“习近平同志治国理政新思维——学习‘四个全面’”专题报告。9月，组织全市干部以专题授课、赴海口监狱开展反面典型警示教育、学习研讨三种形式，开展“以反面典型为戒，严守党的政治纪律和政治规矩”专题培训。11月13日，举办“海口市领导干部学习贯彻党的十八届五中全会精神专题培训班”，孙新阳主持开班典礼，邀请彭京宜为全市厅、处级干部900余人作专题授课。全年共选派89名领导干部参加上级各类培训，其中厅级领导干部13人，处级领导干部17人，科级领导干部（乡镇领导干部）59人。建立中共琼崖一大旧址、海南陆军预备役步兵师高射炮兵第一团等9个干部教育培训体验基地。

【干部选拔任用】2015年，海口市选拔任用秀英区委、琼山区委、市农业局、市林业局、市交通运输和港航管理局、市审计局、市水务局、市生态环境保护局、市商务局等主要领导在内的市管干部175人次，其中提拔重用73人次（女干部16人、党外干部5人、少数民族干部3人），平级调整102人次。交流调整15名党政主要领导。对84名选拔任用人选听取纪检监察机关意见，取消考察对象资格1名；对10名选拔担任重要领导职务的干部征求全委会成员意见；在媒体或单位系统内进行任前公示71人次；提交干部监督纪实系统147人次。推动干部能上能下常态化，调整不适宜担任现职领导干部25名。先后向市委推荐选拔重用27名在基层表现突出的镇（街）主要领导到市直单位和区党政领导班子任职。围绕“双创”、重点项目建设、棚户区改造等重点工作，统筹选派省直和市直机关单位21名处级干部到市、区城市管理综合执法一线挂职锻炼。选派100名市直机关优秀中青年科级干部到镇（街道）一线挂职锻炼。全年省委和省直单位先后从海口市选拔厅级干部17名、处级领导干部11名。

【团级军转干部安置】2015年，按照“公开、平等、竞争、择优”和“成绩排序、双向选择、组织决定”要求，海口市委组织部妥善安置13名正团、14名副团军转干部到海口市工作，并及时做好2014年军转干部办理报到、入编、户口迁移等相关手续。

【党群系统公务员招录、登记、调动】2015年，海口市委组织部做好海口市党群系统公务员（参照公务员法管理工作人员）录用转正任职定级备案及登记手续，录用转正任职50人，登记50人；军转干部登记为公务员（参照公务员法管理工作人员）4人。办理7名党群系统科级及以下干部市外调动手续。全年招录市党群口公务员5名（共青团海口市委、秀英区乡镇、美兰机区要局、龙华区乡镇、美兰区乡镇各1名）。

【选聘生期满考核录用】2015年9～10月，海口市委组织部根据省委组织部《关于做好2011年度选聘到村任职高校毕业生聘用期满考核录用有关工作的通知》要求，抽调人员成立考核组到4个区对40名选聘生进行考核。经考核，40名选聘生全部录用为镇（街）公务员，办理录用转正和公务员登记手续。

【处级干部日常管理】2015年，海口市委组织部共办理72名处级干部退休手续、65名处级干部调动手续、112个单位（含下属单位）781人次处级干部工资审批手续；起草处级干部任免文件337份，安排处级干部任前谈话129人，组织报到100人。按照省检察院《关于印发<海南省检察机关检察官职务套改工作实施方案>的通知》和省高院《关于印发<海南省法院法官职务套改工作实施方案>的通知》精神，海口市委组织部依照干部管理权限和套改标准，分别对海口市人民检察院36名人员和海口市中级人民法院30名人员的职务套改情况进行审核。

【干部出国（境）管理】2015年，海口市委组织部办理干部因公（私）出国（境）248人，其中厅级以上干部6人；办理市管干部出入境登记备案135人，取消调出海口市市管干部备案16人。研究出台《海口市国家工作人员因私出国（境）审批管理暂行办法》，进一步规范市管干部出国（境）审批程序。统一办理海口市退（离）休满3年的343名处级干部因私出国（境）撤销备案手续。对各区、市直单位开展违规办理和持有因私出国（境）证件专项治理工作情况进行抽查。8月，中组部“四项工作”检查组对海口市违规办理和持有因私出国（境）证件专项治理工作进行检查并给予肯定。

【构建从严管理干部长效机制】2015年7月，海口市委组织部出台《海口市挂职锻炼干部管理暂行办法》。11月，中共海口市委办公厅印发《海口市推进领导干部能上能下实施细则（试行）》《中共海口市委组织部关于组织人事部门对领导干部进行提醒、函询和诫勉的实施细则》和《海口市市管领导班子“三重一大”事项决策后评估暂行办法》三项制度，从制度层面上构建从严管理干部的长效机制。

【干部选拔任用监督】2015年，海口市委组织部编印《海口市级科级干部选拔任用工作手册》，发给全市各相关单位党组（党委）学习。对全市9家单位的科级竞岗工作方案进行审核批复；对34家单位科级干部个别提拔任用工作和美兰区竞争性选拔科级领导干部工作进行指导。将开展“一报告两评议”的范围扩大到全市有干部任免权的党委（党组），对满意度明显偏低、与上年相比下滑较多的单位党委（党组）负责人进行谈话。审核各区、市直各单位报告的干部选拔任用工作有关事项9项23人，其中审核不同意上会研究2人。全年对6名拟提拔副处级以上人选在公示期间的举报问题进行调查核实，核查结果不影响任职。8月，派出8个检查组，对全市92家有用人权的单位开展选人用人情况检查，对各区、市直各单位在2014年1月1日至2015年7月31日期间，学习贯彻新修订的《干部任用条例》，科级干部选拔任用工作，是否存在“三超两乱”“裸官”“近亲繁殖”现象，干部档案“三龄两历一身份”等方面进行全覆盖、全方位的监督检查。年内，对4名科级干部开展“带病提拔”集中倒查工作，对16名离任的党委（党组、工委）书记开展离任检查，派员参加8家单位主要领导干部任期或任中经济责任审计进点见面会。全年收到来电来信网络举报60件，接待来访5人次，其中反映选人用人方面问题的举报9件，占全部信访件的13.85%，经核查5件不属实，4件为留存件。

【领导干部报告个人有关事项抽查核实】2015年4月，海口市委组织部牵头召开海口市领导干部报告个人有关事项抽查核实联系工作机制第二次工作会议，制定《海口市拟提拔干部考察对象个人有关事项报告抽查核实操作规程》《领导干部个人有关事项报告抽查核实工作互助合作流程图》，形成干部管理机构和监督机构共同协作、相互配合的运行机制。海口市委组织部严格按照中组部确定的10%年随机抽查核实比例，确定随机抽查核实对象99名，经比对核实应查询的5项内容信息，对其中不如实填报的21名领导干部进行提醒约谈，做到“凡提必核”、有问题必查，对5批91名拟提拔的处级干部考察对象开展重点抽查核实，对不如实报告的11名干部暂缓提拔使用程序，占抽查人数的12.1%。

【超职数配备干部整改消化】2015年，海口市委组织部牵头各区、市直各单位梳理超职数配备干部整改消化情况，通过办理退休、调整任职、调动工作、空缺职数自然抵消等方式，整改消化超配干部146名。在整改消化期间开展职数预审工作，各区和市直各单位的职数预审工作由海口市委组织部干部监督处统一开展预审后报省委组织部干部监督处备案。

【基层党建工作运行机制创新】2015年，海口市委组织部推动基层党建工作机制创新，构建服务型党组织建设制度和从严管理考核制度体系。建立村（社区）班子及成员季度绩效考核制度，出台《海口市村（社区）“两委”班子及成员绩效考核暂行办法》，将考核结果与补贴报酬的发放直接挂钩，确定村（社区）“两委”干部补贴总额60%为基本补贴，按月发放；40%为绩效补贴，根据考核结果按季度发放。在全市农村（社区）基层党组织和党员中推行星级管理模式，按照五星、四星、三星、二星、一星5个等级，基层党组织每年年底从“领导班子、党员队伍、工作机制、工作业绩、群众反映”等5个方面进行考评，党员从“带头学习提高、带头争创佳绩、带头服务群众、带头遵纪守法、带头弘扬正气”等5个方面进行考评。规范村级组织权力运行，组织力量对村（社区）“两委”班子的权力进行梳理、归纳、审核，全面理清村级组织权力相关内容，分门别类登记造册，编制权力清单。对照现有党务、村务和财务方面的制度规定，明确各项权力的承办主体、运行程序和办理要求，绘制权力运行流程图，固化权力运行边界，确定权力运行轨道，确保基层组织的权力始终在法治轨道上运行。

【基层党组织经费保障】2015年，海口市委组织部深入区、镇（街）、村（社区）进行调研，学习借鉴浙江省和乐东县的经验做法，推动市委加大基层组织建设力度。提升基层组织工作经费标准。按照辖区常住人口数量，村“两委”班子每年工作经费从9.7万元提高到30万元～40万元，社区“两委”班子每年工作经费从11.4万元提高到30万元～40万元。工作经费标准调整后，全市443个村（社区）“两委”班子每年需资金1.37亿元，增加9100万元，增长197.83%。大幅度提升村（社区）“两委”班了成员和村（居）民小组长补贴标准，村党组织书记的生活补贴标准提高到2750元/月，提高1408元/月，提高105%；社区党组织书记的生活补贴标准提高到3500元/月，提高500元/月，提高17%；村“两委”班子成员生活补贴平均水平从1171元/月提高到1941元/月，提高66%；社区“两委”班子成员生活补贴平均水平从2493元/月提高到2993元/月，提高20%。全市村（社区）“两委”班子成员和村（居）民小组长补贴每年需资金1.6亿元，增加6000万元，增长60%。海口基层干部补贴待遇水平位居全省前茅。

【村级组织活动场所建设】2015年，海口市委组织部推动《海口市社区居民委员会服务场所建设保障办法》落地实施，会同海口市民政局将建设27个村级组织活动场所列为市政府承诺为民办实事事项，协调市财政投入2700万元用于建设27个村级组织活动场所。

【整顿软弱涣散基层党组织】2015年，海口市委组织部按照“一个组织一个方案、一个问题一条措施”原则，量身定制“一村一策”整顿方案，落实《海口市整顿软弱涣散基层党组织问责暂行办法》，通过采取派驻工作队、选派“第一书记”、调整充实党组织班子成员、谈心谈话等措施抓好整顿转化。全市共选派整顿软弱涣散基层党组织专项工作组126个，安排62名处级党员领导干部直接联系软弱涣散村（社区）党组织，选派33名机关党员干部到软弱涣散村和贫困村担任“第一书记”。全市83个软弱涣散基层党组织基本完成整顿转化。

【党员队伍建设】2015年，海口市共有基层党组织3331个，其中党委157个、党总支部183个、党支部2991个；党员7.35万名，其中新发展党员962名。

【基层党组织结对共建和联于扶贫】2015年，海口市委组织部动员组织市级领导和市（区）两级机关、企事业单位党组织与全市所有的农村（社区）党组织及145个贫困自然村结成对子，开展结对共建和联手扶贫活动。全市结对单位共落实帮扶资金3.13亿元，开展劳动技能培训2.12万人次，组织志愿者开展志愿服务2032场次，受益群众7.12万人次。全市145个贫困自然村全部实现脱贫目标。

【在职党员到社区开展志愿服务】2015年，海口市委组织部组织市、区机关企事业单位在职党员利用周末、节假日到社区开展各种志愿服务群众活动。全市机关、企事业单位有1.76万名在职党员到社区报到，报到率100%，开展各类志愿服务活动4520多场次，为群众办好事实事6783件，帮助群众实现微小心愿1.54万个。

【非公经济组织和社会组织党建】2015年，海口市新成立非公有制经济组织党组织51个（单独建党支部19个，联合建党支部32个），覆盖非公有制经济组织326家；新建社会组织党组织3个，覆盖社会组织3家。至12月底，海口市符合开展党建工作条件的非公有制经济组织2290家，成立党组织341个，覆盖非公有制经济组织767家，组织覆盖率33.5%；符合开展党建工作条件的社会组织186家，成立党组织27个，覆盖社会组织27家，组织覆盖率14.5%。海南万恒物业服务有限公司党支部、海南海药股份有限公司党总支、海南中和集团有限公司党委被省非公党工委评为“先进基层党组织”，高萍、陈世来、吴之海被省非公党工委评为“优秀党务工作者”，温东征、郭蓉、苏波清被省非公党工委评为“优秀共产党员”。

【其他领域党建】2015年8月5日，海口市委组织部专门召开国企党建工作座谈会，21个单位118人参加。座谈会提出要坚持党的建设与国有企业改革同步谋划、党的组织及工作机构同步设置，实现体制对接、机制对接、制度对接、工作对接，确保党的领导、党的建设在国有企业改革中得到体现和加强。年内，在学校党组织中开展“小手拉大手、共建文明城”

“万师进万家、万家大签名、万人大扫除”等活动，促进全社会精神文明建设。

【党建工作巡回检查】2015年，海口市委党建工作巡回检查办公室成立2个党建工作巡查组，于4月中旬至5月上旬，对4个区委、43个镇（街）党（工）委书记在抓基层党建工作中履行第一责任人职责、软弱涣散基层党组织集中整顿、村级组织活动场所建设、结对共建和联手扶贫、服务型党组织经费落实、教育实践活动“回头看”等6个方面的整改落实情况进行巡查。巡查过程中，共召开47场汇报会和45场座谈会，查阅47个党（工）委台账和41个村（居）委台账；向各被巡查单位反馈个性、共性问题共20个，并要求各区、镇（街）党（工）委细化整改清单，加大督查指导力度，不断推动整改责任落实。9月中旬至10月底，海口市成立10个巡查组，深入4个区、43个镇（街）以及80个市直机关（企事业）单位，以基层党组织和共产党员带头参加“双创”工作为主题，围绕基层党组织和共产党员在“双创”工作中发挥战斗堡垒作用和先锋模范作用的情况以及选派机关优秀干部到村任“第一书记”落实情况、集中组建非公有制经济组织党组织、创建非公有制经济组织党建示范点、非公有制经济组织党组织和共产党员积极参与“双创”活动的情况进行专项巡查，共发现各区存在21个问题、有关市直单位存在33个问题。对存在问题迅速反馈各区委组织部、相关市直单位，并对整改工作进行部署，督促整改落实。

【人才工作】2015年，海口市文化、卫生、教育等系统以需求为导向，实施“柔性引才”项目6个、柔性引进岛外专家32名。至年底，全市有国家突出的中青年专家、国务院特殊津贴专家、省级优秀专家等人才201名。1月，市委组织部联合市外事侨务办公室下发《关于组织开展海口市引进海外高层次人才申报工作的通知》，正式启动引进海外高层次人才申报工作，最终确定引进医疗、制药、教育、航空等专业的海外专家学者8名，并兑现落实海外高层次人才引进政策。11月，市委组织部指导海口国家高新技术产业开发区举办首届海南医疗健康产业论坛，参会企业325家，参加人数482人。论坛邀请中国工程院院士、中南大学临床病理学研究所周宏灏，CFDA南方医药经济研究所副所长陶剑虹、中国科学技术发展战略研究院王宏广等13位业内顶级专家和国家相关部门的领导为海南医疗健康产业献计献策，并促成15个项目的合作，总投资6.7亿元。指导海口国家高新区开展人才服务管理改革试点政策调研，形成《关于推进海口国家高新区人才服务管理改革试点工作企业调研数据分析报告》，同时与市人才办、市公安局、市教育局、市人社局等部门进行探讨，并赴玉溪、贵阳、成都等地进行考察交流学习，撰写《关于推进海口国家高新区人才服务管理改革试点工作的若干意见（初稿)》。

【公务员信息库建设】2015年，海口市委组织部深入4个区、市公安局等30多个单位现场指导公务员信息库建设工作，集中会审9817名公务员7.2万条信息，维护更新900多名市管干部职务信息，维护信息1万余项。

【组织工作调研】2015年4月，由海口市委组织部牵头，市人社局、市财政局、海口高新区管委会、团市委等单位组成“海口市人才创业创新”课题调研组，赴广州、深圳、北京、天津等地开展人才创业创新实地考察调研，形成《海口市人才创业创新调研报告》。6月，市委组织部联合市编委办、市人社局、市财政局、市住建局等单位组成调研组，深入基层开展“加强乡镇干部队伍建设”专题调研，召开区级座谈会2个、镇级座谈会4个，广泛听取意见和建议；发放调查问卷400份，收回399份，梳理分析当前镇干部队伍建设存在的突出问题。7月，与市纪委、市委政研室、市财政局、市民政局、市农业局以及区、镇（街道）、村（社区）等单位相关负责同志组成考察组赴浙江省学习考察基层党建工作，撰写《关于赴浙江省学习考察基层党建情况的报告》。全年市、区组织人事部门完成组织工作调研课题12个，撰写课题研究报告12篇。

【党建网络建设】2015年，海口党建网站和秀英区、琼山区、美兰区3个区级党建网站均完成改版，加入全国党建联盟。龙华区党建网站完成网站的建设工作并通过网站安全测试，向电信部门提交相关备案资料。市委组织部对海口党建网站主栏目进行调整改版，增添“重要言论”和“老干部工作”等主栏目，开设“三严三实”专题教育和“双创”工作专栏，并对栏目顺序进行调整优化。及时更新网站信息，全年共发布各类信息1076条。8月，创建海口党建微信公众号（公众账号名称：海口党建，微信号：haikoudj），设置“组工动态、三严三实和双创工作”3个主栏目，以图文并茂的方式，重点报道海口党建工作信息，至12月底，推送各类信息389条。

【党员现代远程教育】2015年，海口市委组织部利用党员现代远程教育平台开展学习活动，共组织乡镇（街道、农场）党（工）委的党员、干部和群众收看、学习144万人次，内容涉及中国梦、社会主义核心价值观、农村基层组织建设、经济发展、农村卫生、法制教育、廉政教育等。7月10~20日，全市以党支部为单位通过电视、网站、光盘等形式组织党员5.8万人次集中收看《筑梦中国》并开展学习讨论。全年开展远程教育专项全覆盖巡查2次，培训终端站点管理员900多人次。全市订阅共产党员微信、易信的党员人数1.4万人，占全市党员的 20%。市委组织部与市广播电视台新闻中心共同策划，以党的群众路线教育实践活动及“双创”工作中涌现出的 10 个先进典型为主角，联合拍摄系列报道《中国梦——我与海口的故事》专题片，在海口广播电视台新时空栏目播出 10 期。

【干部档案管理】2015 年，海口市委组织部审核接收市管干部人事档案 93 卷，转出干部人事档案 13 卷，收集归档处分决定、干部任免审批表、学历学籍材料、工资审批表等散件材料 6237 份，办理市管干部档案查借阅业务 655 人次。截至 7 月 27 日，完成全市 956 卷在职市管干部人事档案初审、复审工作，对 702 名干部信息已认定且符合政策规定的，及时填写干部人事档案专项审核工作专用《干部任免审批表》。

【大组工网建设】2015 年 4 月 15 日，海口市委组织部大组工网分级保护顺利通过国家保密科技测评中心海南分中心的现场测评。12 月 17 日，4 个区大组工网分级保护建设全部通过国家保密科技测评中心海南分中心现场测评。

（王飘飘）

宣传工作

【宣传工作概况】2015 年，海口市委宣传部深化理论武装工程，推进学习型党组织建设；坚持正确的舆论导向，为推进海口经济社会全面发展营造良好氛围；加大对外宣传工作力度，推动海南国际旅游岛建设；开展创建全国文明城市和文明素质提升工程，不断提高海口城市文明程度；深化文化体制改革，促进海口文化产业快速发展和繁荣；开展群众性文化和重大文化活动，丰富市民文化生活；大力建设海口公共文化服务设施，推进海口文化惠民工程。成立海口市思想政治工作研究会，创建海口市交警大队、美兰区龙岐社区、龙华区玉沙社区、苍东村等 8 个市级思想政治工作示范基地，会员单位玉沙社区、苍东村、海口经济学院被推荐为全国思想政治工作创新典型。组织学习培训班 3 批次 500 人次。共刊发“双创”稿件 1495 篇，图片 1022 张。海口市在新一轮创建全国文明城市测评中取得历史性突破，首次在参评城市中获第二名；获“全国文化体制改革工作先进地区”称号，在海南文明大行动测评中获第一名。

【理论宣传】2015 年，海口市委宣传部抓好各级党委（党组）中心组理论学习，结合“三严三实”专题教育，开展形式多样、内容丰富的学习活动，市本级全年组织 16 次集中学习。先后邀请南海研究院院长吴士存、中国政法大学应松年教授和省委党校常务副校长彭京宜分别作“‘一带一路’建设与海南海口机遇”“推进依法行政，建设法治政府”“习近平同志治国理政新思维——学习‘四个全面’的战略布局”“党的十八届五中全会精神解读”等专题辅导报告。举办 2015 年市委理论研讨会，收到 11 篇市委常委重点调研课题和 83 篇理论研讨文章，并汇编成册和刻录光盘发放给市领导干部学习。开展“七个一”（编制一份《习近平谈治国理政二百问》，举办一期理论骨干理论学习培训班，组织一次十八届五中全会、习近平总书记系列重要讲话和“双创”知识竞赛，举办一次理论学习座谈会，开展一次全体党员参加的开卷考试，组织撰写一批学习习总书记系列重要讲话的理论文章，推荐一批宣讲家网站专家解读的 PPT 和视频资料）学习活动，推进《习近平谈治国理政》和习近平总书记系列重要讲话的学习，以学习型党组织建设为抓手，推动市党员干部的理论学习，评选表彰 15 个学习型党组织建设先进单位。举办分管领导、基层理论骨干、宣讲骨干学习培训班 3 批次，共培训 500 人次。开展《天大的小事》读书学习宣传活动，编发《社会主义核心价值观宣传读本》《习近平谈治国理政二百问》等学习材料 2.5 万多册。开展理论宣传普及，组建理论教育宣讲团、“双创”知识宣讲团进机关、进社区、进农村、进学校、进企业宣讲。开展以党的十八届四中、五中全会为主题的宣讲 200 多场，以习近平总书记系列重要讲话精神和“双创”知识、社会主义核心价值观为主要内容的“百课下基层”宣讲活动 104 场。

【新闻宣传】2015 年，海口市委宣传部累计协调媒体采访报道重要会议活动 200 多次，精心组织党的十八届四中、五中全会精神，省委六届八次、九次全会精神，市委十二届九次、十次全会精神，“三严三实”专题教育，全国、省、市“两会”，抗日战争胜利 70 周年和海南解放 65 周年纪念活动等重大主题宣传；着力开展“双创”工作、投资项目“百日大会战”、违法建筑综合整治等系列主题宣传。通过开设专题专栏、系列报道，刊发社评、台评等方式宣传报道“5+2、白加黑”“钉钉子”“马上就办”“拍拍看”四种精神和“大海胸襟、椰树风骨、三角梅品格”三种特质，“四种”精神和“三种”特质成为报纸、电视时政报道内容的关键词、高频词。协调组织中央省市媒体全面宣传海口“双创”，形成强大舆论声势。海口日报社成立“双创”报道领导小组和“双创”专题报道部，通过报纸、网络、微博、微信等多种媒体形式，全力做好“双创”动态报道、深度报道和互动报道，共刊发“双创”稿件 1495 篇，图片 1022 张，相关版面 499 个；海口网及“无线海口”手机客户端推送“双创”稿件 3050 条，发布图片 6860 张，制作“海口文明双创总动员”等 13 个专题，开设“最美海口，你来找茬”等专栏 4 个，微博推送超过 1500 条“双创”新闻，微信每天推送 2 条“双创”新闻；海口广播电视台开设“双创”电视频道和广播频率，新办

《双创进行时》《直播海口双创》《双创夜新闻》《双创三人行》《聚力双创系列节目》《亮见》等电视栏目和《文明海口》《有话要说——直击双创》《文明健康素养》等广播栏目，并在《海口新时空》《热带播报》《椰城纠风热线》《直播12345》等电视广播栏目中加大“双创”内容的比重，全天候报道进展聚焦难点；省级媒体开设专栏、专题，重要时间节点刊（播）发“双创”重磅报道，推出评论；《人民日报》两次报道，点赞海口“双创”刷新一座城。

【典型人物宣传】2015年，海口市组织媒体挖掘、宣传海口好故事、好典型，开展2015海口十大新闻人物评选，充分发挥先进典型示范引领作用，推动社会主义核心价值观成为引导海口市广大干部群众前进的强大精神动力。《海口晚报》率先挖掘报道洪庆芝事迹后，多家媒体跟进宣传，洪庆芝被评为“感动海南”人物。组织宣传薛小兰常年免费为环卫工提供热茶水事迹，中央电视台等中央、省、市媒体广泛关注报道，带动送姜汤等暖心志愿服务活动的开展。

【舆论监督】2015年，海南省、海口市媒体开设《曝光台》《亮见》《椰城纠风热线》《直播12345》《“双创”红黑榜》等一批舆论监督栏目、专栏，通过曝光促进一批热点、民生问题的解决。海口广播电视台《亮见》栏目深入曝光不担当、不作为、乱作为等作风问题，在海口掀起行政问责的风暴，4期节目播出后共有129名责任人受到严肃问责，促进了干部队伍作风建设。

【市报市台建设】2015年，海口市委宣传部建立市属媒体参与省重要会议、活动报道机制，畅通市报市台采访报道省委、省政府重要会议、活动渠道。12月9日，《海口晚报》更名为《海口日报》，同时扩版、改版、全彩印刷，从形式到内容焕然一新。海口广播电视台优化电视频道、广播频率，8月19日推出“双创”频道，11月9日推出FM101.8海口新闻双创频率，同时制作播出《亮见》《双创进行时》等一批节目。海口广播电视台荣膺“TV地标”2015中国电视媒体综合实力大型调研年度最具创新影响力城市台，《亮见》栏目获“TV地标”大奖。

【文化宣传】2015年，海口市以“中国梦”为主题，以传统节日为依托，组织开展海口市第十届万春会、元宵换花节、2015年中国（海口）第十四届冼夫人文化节、海南欢乐节等系列活动和文化、科技、卫生“三下乡”大型集中服务活动。在春节期间举办精品演出共37场，演出融会歌舞、非遗、语言、戏曲等多种形式，共吸引近百万人次观看。举办2015年“共筑中国梦”海口市群众书法大赛、2015年迎新春“喜气洋羊”歌舞晚会、2015年海口国标舞迎春联欢会、“我们的节日·海口2015元宵戏曲”晚会、2015年海口市原创广场舞大赛、2015年冼太夫人颂楹联书法作品展、“我们的节日——端午诗歌朗诵会”活动、海口市中小学生主体教育读书活动演讲比赛、海口市第十四届少儿“蒲公英”音乐、舞蹈、美术比赛及美术比赛优秀作品展。举办第五届中国少年儿童艺术节海南赛区选拔赛，并选拔出19个节目赴上海参加全国总决赛，取得特等奖1名、金奖6名、银奖8名、铜奖4名。

文艺影视作品不断出新。电影《绝不姑息》拍摄完成。著名作家张品成长篇小说《水巷口》出版，长篇小说《王坪往事》和女作家三三长篇小说《我和铁车》入选国家新闻出版广电总局2015年向全国青少年推荐百种优秀图书。以中国梦为主题的海口作协作品集《梦之色彩》出版发行。联合拍摄的电视剧《超级梦想家》，电影《青柠的味道》《爱情面向大海》等进入实际筹拍阶段。成功举办海南“21世纪海上丝绸之路电影节暨海口第四届金岛音乐节”。

举办纪念活动。组织举办纪念海南解放65周年——海口老干部书画摄影作品展、“纪念海南解放65周年”合唱专场音乐会 、“美丽家园”纪念海南解放65周年美术作品展等活动，创作演出新编琼剧剧目《闪亮师魂》、新编古装琼剧《浴血英魂》。《浴血英魂》是国家艺术基金2014年度舞台艺术创作资助的项目，是海南省唯一入选国家艺术基金的项目。海口市作为全国纪念抗战胜利70周年46个重点城市之一，策划、组织、开展纪念抗战胜利70周年系列活动24场，其中中宣部批准10场作为全国纪念抗战胜利70周年重要活动。省、市四套班子在云龙红军改编旧址举行纪念抗战胜利70周年献花篮仪式。海南抗战历史展作为云龙红军改编旧址永久性展览，全年全市党员干部群众有12万多人次参观展览。

开展非物质文化遗产保护与传承工作。市委宣传部拍摄非遗文化电视专题记录宣传片，编撰出版《海口市非物质文化遗产丛书》，将海口市纳入国家级、省级、市级非物质文化遗产代表性项目分册编撰成书。4月，组织市琼剧艺术演艺公司赴香港进行《林秋娘》《五女拜寿》等4部大型琼剧演出，近万香港市民观看。组织市群艺馆、市非物质文化遗产保护中心、市琼剧演艺有限公司（海口市琼剧团）举办2015海口市迎新春琼剧演唱会，在大致坡镇中国戏剧家基地文化广场为广大观众送上新年祝福；在观澜湖华谊冯小刚电影公社举行全国第十个“文化遗产日”系列宣传活动。

【国防教育】2015年，海口市协调驻市部队和市属媒体办好国防教育专版（专栏），至12月底，海口日报社《南海军旅》刊出12期、海口电视台《椰城军旅》播出48期，海口广播电台《南海国防时空》播出180期，海口网《海口国防教育网》不断更新完善。联合市文体局、市民政局等单位，开展海口市抗战纪念设施、遗址和爱国主义教育基地排查登记、保护工作，组织召开研究历史纪念设施管理使用专题会议，明确云龙改编旧址、冯白驹故居、李向群烈士纪念广场等的归属管理问题，进一步做好海口市历史纪念设施的分级分类管理和修缮保护工作。琼崖红军云龙改编旧址、秀英古炮台、市民兵训练基地获省级国防教育基地称号，琼崖红军云龙改编旧址被评为国家级国防教育基地。举办“中国保利献礼海南国防兵器展”，18.2 万人次参观。在旧州炮团举办全市国防教育工作会议，并对国防教育成员单位工作人员 120 人进行军事培训。

【对外宣传】2015 年，海口市以幸福城市、生态城市为主题，参与中央电视台《中国经济生活大调查》活动。2 月 28 日，组织拍摄的专题片《经济带上新商机何处寻（海口部分）》在央视财经频道《中国财经报道》播出；3 月 2 日，中央电视台财经频道发布《中国经济生活大调查》国民大数据，海口市位列幸福感城市第三名；3 月 9 日，中央电视台财经频道播出发奖晚会，副市长孙世文领奖。借助博鳌亚洲论坛年会等重要活动时机，开展海口幸福感城市宣传报道。媒体有关“幸福海口”的新闻报道 800 余篇，关于“幸福海口”的微博微信 700 余条。其中，人民网海南视窗策划的微信版《不是夸海口，来了不想走》，得到众多网民认同，被大量转发，24 小时之内阅读量达 7 万多次。开展贵阳、厦门文明观摩行动，市属媒体推出《贵阳厦门文明观摩行》特别报道，为海口“双创”提供借鉴。开展“一带一路”大型采访活动、2015 行走中国·海上丝绸之路华文媒体海口行活动、“百日大会战”环岛大型直播活动。协助中央电视台财经频道、新闻频道等拍摄采访报道海口，开展城市间对等采访、“海口好照片”2015 年聚焦海口全国摄影大展等，提升海口的知名度和美誉度。配合中央电视台体育频道国际版《城市之间》做好相关工作，协助瑞士、法国、哈萨克斯坦、匈牙利和阿尔及利亚国家电视台记者完成红树林和火山口的外景拍摄。6 月 20 日，组织城市之间参赛选手及国家电视台记者 80 余人在骑楼老街开展集体采访交流活动。《人民日报》在头版等重要版面刊发《海口 天蓝海蓝城更靓》《海口“双创”刷新一座城》《以愚公移山之志打造幸福美丽海口》（孙新阳书记署名文章）等文章。与中国新闻社、中国日报社、香港文汇报、香港大公报合作推出海口专版。针对工作重点和社会热点，举办 54 场次新闻发布会。

【网络舆情监管】2015 年，海口市成立互联网信息办公室，与省网信办建立舆情互通工作机制，及时通报海口发生的重要舆情事件。开展网络舆情收集、研判、报送工作，扩展网络舆情监测范围，重点加大对突发事件和网络舆情的监测力度。在加强舆情监控智能系统建设同时，利用已有的 RTX 通信系统、海口记者圈信息发布微信群、市相关部门主要领导微信群、海口市属媒体微信群、六大专项整治宣传微信群、新闻网络微信群等多种舆情收集渠道，全方位、不间断搜集传统媒体、网络媒体及社会反映的各类舆情，特别是负面舆情。对于汇集的各类舆情，重要舆情每天以短信、微信的形式发送给市委、市政府领导，一般舆情则编印成《舆情信息》。截至 12 月底，共发送重要舆情 720 条，编印《舆情信息》238 期。年内，妥善有效处置新埠岛南渡江垃圾污染、出租车燃料附加费、地沟油和潲水油、二十五小学生疑似食物中毒、41 路 21 路公交车停运、富力马拉松赛、春节菜价问题、白沙门公园过度商业开发、侨中里垃圾、秀英区石山镇群体件事件等多起涉及民生的舆情事件。

【网络宣传】2015 年，海口市以市属网络媒体海口网作为网上宣传主阵地，同时与人民网海南视窗、新华网海南频道、中新网海南频道、南海网、海南在线、蓝网等海口地区主要新闻网站和门户网站开展合作，围绕经济发展、城乡统筹、社会管理、“三严三实”、重点项目、环境整治、文明城市创建、整治违法建筑、“双创”工作等市委市政府中心工作，通过网站专题报道、深度报道、发布帖子等形式进行正面宣传报道。5 月 14 日，与人民网海南视窗共同举办 2015 年“大 V 海口行”活动，21 名知名大 V 赴海口采访，累计发布微博 86 条次、微信及移动客户端 8 条次。6 月 24 日，与南海网共同举办 2015 全国网络媒体海口行活动，全国 60 家重点新闻网站采访美兰机场免税店、日月广场、骑楼老街、秀英港、高新区、综合保税区，对海口努力打造“21 世纪海上丝绸之路”重要支点城市、全力做足做好“互联网 +”产业发展大文章进行报道。召开“互联网 + 海口 =?”为主题的圆桌会议，对如何提振海口城市形象，完善城市管理，打造旅游市场的独特吸引力，提升旅游服务质量等问题进行深入的探讨，并提出许多有价值的意见和建议。

【海口网建设】2015 年，海口市推动“海口发布”政务微博、微信落地海口网，在赴南京、宁波考察学习的基础上，市委宣传部制定、完善《海口市政务微博微信群操作流程》《海口市政务微博微信管理办法》。督促和指导海口网发展和壮大网络评论员队伍以及编制《舆情周报》和《舆情月报》，提高舆情监测能力。指导海口网利用其新媒体的优势，在开设专题宣传的同时，将每日热点进行筛选，通过微博、微信和《无线海口》手机客户端等开展相关宣传，如“幸福海口系列之我们的哥的姐可棒啦”“为了这个城市的幸福，海口警察也是蛮拼的”“救助学子肖中斌系列”“海口中小学划片”等。海口网获“全国最具本土传播力品牌奖”“全国网络问政杰出贡献品牌奖”，上榜“全国地方城市网站传播力榜单”。

（邓中华）

统战工作

【统战工作概况】2015年，海口市委统战部支持民主党派和党外人士开展参政议政活动，整理提交各类提案、议案和建议意见300多件。支持政协海口市第十三届委员会届中调整工作，调整委员、常委42名。组织统一战线成员为因车祸受伤的肖中斌、高位截肢小女孩廖玉婷以及残疾人基金会捐款46.55万元。全年被省委统战部采用信息133条，在全省市县排名第一。出台的《建立海口市党外干部预防腐败监督机制》被评为2015年度全省统战工作实践创新成果优秀奖；《多措并举做好港澳台海外青年统战工作》获2015年度全省统战理论研究优秀成果二等奖。海口市委统战部获海南省委统战部信息宣传工作先进单位。

【多党合作及无党派人士工作】2015年4月16日，海口市委统战部举办统一战线恳谈会，各民主党派、市工商联、侨联、台联和特邀代表共150余人参加。先后举办两期共180人次参与的民主党派骨干培训班。针对市政协委员空缺及部分委员岗位变动、到会率低的问题，及时增补42名(其中常委10名)。会同组织部门派17名科级党外干部到镇、街基层一线进行挂职。支持民主党派积极参政议政，人大、政协“两会”期间共提交提案、议案和建议300多件，其中民建2件被定为市长督办案，民盟4件、致公党1件被列为主席督办案，民进2件被列为省政协主席督办提案。结合纪念海南解放65周年，组织市8个民主党派和3个人民团体100多名统战成员到临高角“热血丰碑”雕像前缅怀革命先烈，参观解放海南登陆纪念馆、临高角百年灯塔，瞻仰四十军、四十三军烈士纪念碑。组织召开统一战线庆祝抗日战争胜利70周年座谈会。9月6日，组织8个民主党派、3个人民团体、4个区委统战部和市委统战部机关干部共85人到海南省廉政教育基地（海口监狱）接受廉政教育。

2015年6月24日，海口市委统战工作座谈会召开，海南省委常委、海口市委书记孙新阳（右五）等领导出席会议。（市委统战部 供稿）

【港澳台统战工作及联谊】2015年4月4日，香港海南社团总会会长张泰超率团到海口访问，海口市市长倪强在海南迎宾馆会见香港海南社团总会访琼团一行。香港海南社团总会访琼团一行还参观海口市桂林洋开发区罗牛山农产品加工产园。海南省委统战部部长王勇、巡视员陈琼月，海口市委常委、统战部部长王云霞参加会见。推动两岸交流，与市台办组织多批考察交流团赴台进行走访交流，邀请省台办刘耿主任到市作台湾形势分析报告会，组织8家台资企业到美兰区演丰示范镇考察，帮助港商、台企、侨眷解决实际困难和问题。年内，市委统战部举办海口市台商迎春联谊会和中秋联谊会。9月16日，与市台办、市台协举行“琼台一家

2015年4月4日，海口市委副书记、市长倪强（中右）在海南迎宾馆会见香港海南社团总会访琼团一行。（市委统战部 供稿）

亲，‘双创’见真情”暨庆祝中华人民共和国成立66周年助力“双创”喜迎中秋台商联谊会。10月29日，在第二行政办公区组织召开海口市党外知识分子联谊会、海口欧美同学会、海口市高新技术人才联谊会（简称“三会”）成立筹备会议，市委常委、统战部部长王云霞主持会议。

【中国香港海口联谊会成立】2015年10月20日晚，中国香港海口联谊会成立暨第一届会董就职典礼在香港港丽酒店举行。香港特区行政长官梁振英，中央政府驻港联络办副主任林武，海南省委常委、海口市委书记孙新阳，海南省委统战部常务副部长王琼珠及社会各界代表人士出席典礼。海口、儋州、万宁、琼海等部分海口市县领导及香港友好社团领袖、海内外海南社团侨领、旅港乡亲1200余人参加典礼。中国香港海口联谊会的成立旨在凝聚爱国爱港爱琼的力量，维护香港繁荣稳定，支持香港特区政府依法施政，搭建香港和海口多元交流的桥梁，推动海南投资发展，促进琼港合作双赢；积极团结社会各阶层人士更好地服务海口经济社会发展。

【非公经济领域统战工作】2015年，海口市委统战部对市工商联（总商会）领导班子进行调整，成立19家非公企业党支部，按照“六有”标准抓好非公党建示范点工作。在工商联（总商会）成立女企业家工作委员会。分别召开两次非公经济企业座谈会，帮助75家中小微企业解决生产经营发展中的瓶颈问题。组织非公经济企业家到市4个区重点项目考察调研，了解区域经济状况，寻找发展商机，形成调研报告。先后深入非公经济企业调研30余次，解决困难40余件。

【民族宗教工作】2015年，海口市委统战部邀请知名专家讲授《宗教如何与社会主义相适应》等讲座，培训34名五大宗教堂点负责人，同时深入宗教场所，帮助解决有关问题10余件，化解有关矛盾。组织人员到西南宗教工作先进地区学习考察。

（邵国海）

市直属机关工委工作

【直属机关工委工作概况】2015年，海口市直属机关工委贯彻落实《中国共产党党和国家机关基层组织工作条例》，加强机关党的思想、组织、作风、制度和反腐倡廉建设。举办2期党务干部培训班，培训入党积极分子（发展对象）近200人。在海口市“双创”工作中，先后组织市直机关广大党员开展“机关在职党员进社区（农村）开展志愿服务月活动”“文明卫生从我做起”主题实践活动、“我们的节日·中秋”党员志愿服务活动，参加人数1万多人次。统计2000年以来工委表彰的先进基层党组织和优秀共产党员、优秀党务工作者等党内表彰情况。配合市委组织部拍摄6部市直机关优秀党员的专题片，广泛宣传优秀共产党员先进事迹。为纪念中国共产党成立94周年，在市直属机关中表彰39个先进基层党组织、56名优秀共产党员和51名优秀党务工作者。至年底，市直机关有中共党员1.3万名。

【机关基层党建】2015年，海口市直属机关工委加大学习贯彻《中国共产党党和国家机关基层组织工作条例》力度，年初组织学习贯彻《条例》动员会，年中开展学习贯彻《条例》知识测试，年末进行考核。首次在年初印发《关于做好2015年市直属机关基层党组织换届工作的通知》，督促指导所属24个机关基层党组织按期进行换届。发挥机关党建分片协作组作用，把分片协作组工作纳入年度党建工作考核。10月，在基层党组织申报的基础上，经各党建分片协作组认真评选，市直机关工委表彰45个最佳党日活动、5个最佳协作组活动以及45个优秀策划人。

【市直机关党员发展】2015年，海口市直属机关工委完善党员发展工作流程，严格按程序发展党员。在接受预备党员环节，首次实行票决制，改变过去举手表决的方式。把发展党员工作的5大环节、25个步骤中的文书材料制作统一范文，推进发展党员工作制度化、规范化，提高发展党员工作的水平。全年共培训入党积极分子（发展对象）近200人，新入党员5人。至年底，市直机关有中共党员1.3万名，其中女党员4000余名，少数民族党员300余名，大专及以上学历的党员1.01万名。

【党务干部培训】2015年，海口市直属机关工委分别于5月11～17日、25～31日在井冈山革命传统教育研究院举办2期党务干部培训班。培训采用课堂理论讲座与现场教学、体验式教学、情景教学等新型培训方式，参训人员116人。9月15～17日，在市直属机关各级党组织中开展“以反面典型为戒，严守党的政治纪律和政治规矩”专题教育活动，联合市委组织部、市委党校举办4期专题轮训暨基层党组织书记培训班，每期培训约800人，共3200多人参训。全年在机关干部理论培训、党务干部培训、入党积极分子培训时融入理想信念教育，接受理想信念教育培训的机关党员达5700多人（次）。9月23日举办1期市直机关干部理论培训班，开设《社会主义核心价值观——中国传统文化与现代官德修养》《习近平治国理政新思维——谈谈“四个全面”》2个专题。

【市直属机关党风廉政建设】2015年3月初，海口市直属机关工委成立学习贯彻《中国共产党党和国家机关基层组织工作条例》工作领导小组，5月开展“机关基层组织工作条例”知识测试，年底把贯彻《中国共产党党和国家机关基层组织工作条例》列入年度党建工作一同考核。6～7月，市直机关各单位结合“三严三实”专题教育和各自的实际情况，突出开展好“七个一”活动，即研读一批读物、开展一次讨论交流、编辑一期宣传栏、重温一次入党誓词、观看一部警示教育片、接受一次廉政和警示现场教育、开展一次公开承诺；组织开展“守纪律、讲规矩”主题教育活动。7月底下发《关于报送“守纪律讲规矩”主题教育活动情况的通知》，市直机关70多个单位4000多人参加主题教育活动。9月，在市直机关基层党组织中开展“以反面典型为戒严守党的政治纪律和政治规矩”专题教育。全年建成6个市直属机关廉政文化示范点。

【机关作风建设】2015年7月，海口市直属机关工委与市效能办、市作风办、市电视台人员组成检查组，对市机关及下属单位机关作风情况进行明察暗访，共走访第二行政办公区各单位和海口综合保税区、海口高新区、海口桂林洋经济开发区等60多个市区单位，发现违规人员22名，上报市纪委并由市纪委对违规情况进行通报曝光。受理市纪委转来的群众来信来访9件，上级交办线索2件，已办结11件，办结率100%。其中初核了结7件；立案2件，办结2件，给予开除党籍处分2人。

【“一张纸献爱心行动”启动】2015年10月22日，在第二行政办公区4号楼举行海口市直属机关“一张纸献爱心行动”启动仪式。“一张纸献爱心行动”是由海口市直属机关工委联合市文明办、市民政局、市教育局、团市委、市慈善总会6家单位共同开展，是海南省“一张纸献爱心行动”的试点市。

【结对共建和联手扶贫工作检查】2015年4月，海口市直属机关工委抽查64个贫困村和13个农村党建示范点结对共建、联手扶贫和在职党员进社区（农村）工作。9月，市直属机关工委、市扶贫办结合“双创”工作，对145个“结对共建、联手扶贫”工作单位和13个农村党建示范点扶贫工作和在职党员开展志愿服务活动进行全面检查。11月，在市委组织统筹下，对“十二五”期间基层党组织结对共建和联手扶贫工作检查验收。

【机关劳模和先进工作者推选】2015年，海口市直属机关工委完成市直属机关2015年海口市劳动模范和先进工作者推荐评选工作，在30多名候选人中评出1名市级劳动模范和5名市级先进工作者。共推荐海南省第三届“人民满意公务员集体”1个和2个备选集体，“人民满意公务员”2个。

（翁敦伟）

机构编制

【机构编制工作概况】2015年，海口市编委办重点推进行政管理体制改革、事业单位分类改革，加强机构编制监督和信息化建设，完成市、区、镇（街）行政管理体制改革任务，将市级37项行政权项下放各区履行，累计向各区下沉行政事业编制935名（行政编制170名、事业编制765名）；开展经济发达镇行政管理体制改革课题研究，指导美兰、琼山、秀英区推进演丰、云龙、石山经济发达镇行政管理体制改革及出台具体行政管理体制调整方案。全年发表工作信息86篇，其中中央编办网站刊登37篇、省编办网站刊登20篇，列全省编制系统第一。

【政府职能转变和机构改革】2015年6月，省委、省政府正式批复《海口市人民政府职能转变和机构改革方案》，9月24日，海口市正式启动政府职能转变和机构改革工作，重新核定并印发31个市政府工作部门的“三定”规定，将市监察局与市纪律检查委员会机关、市信访局与市群众工作部合署办公，列入市政府工作部门序列，不计入政府机构个数。9月，市政府办公厅挂“应急管理办公室”“海防和口岸办公室”牌子，市发展和改革委员会挂“市国民经济动员会办公室”牌子，市科学技术工业信息化局挂“市知识产权局”“科技信息动员办公室”牌子，市卫生局挂“市卫生应急办公室”“市突发公共卫生应急事件指挥中心”牌子，市政市容管理委员会挂“市城市管理行政执法局”牌子，市交通运输和港航管理局挂“市交通战备办公室”牌子，市民防局挂“市人民防空办公室”“地震局”牌子，市国土局地籍管理处加挂“市不动产登记局”牌子。将市物价局调整为市发改委内设机构，秀英、龙华、琼山、美兰4个区的物价监督检查分局38名行政编制和4名机关工勤事业编制连人带编下放至各区；市民宗局调整为市政府办公厅内设机构；市扶贫办与市委农村工作领导小组办公室整合；撤销市口岸管理办，设立市海防和口岸办公室，在市政府办公厅挂牌，实行“一个机构两块牌子”管理。11月，海口市编办会同市政府服务中心（市审改办）、市法制局等部门完成第一批8家试点单位（规划、卫生、教育、发改、水务、国土、环保、市政市容委）权力清单、责任清单审核。

【行政权项下放改革】2015年10月19日，海口市颁布第103号人民政府令，将37项市一级行政管理事项下放至各区。其中市发改委1项、市物价局1项、市水务局3项、市规划局2项、市住建局6项、市民防局1项、市交通运输港航局1项、市国土资源局3项、市市政市容委10项、市公安局交警支队1项、市环保局2项、市安监局1项、市旅发委1项、市卫生局1项、市民政局1项、市人口计生委1项、市教育局1项。

【行政机构体制改革】2015年2月，海口市调整市公安局禁毒支队下设的

一、二大队职责，增设易制毒化学品管理机构及市公安监所管理医院；市交警支队增设泊车管理科；美兰大队增设九中队（桂林洋中队）。10月，增设市公安局城市警察支队和教育培训处。6月，市编办印发4个区改革方案并指导各区组织实施；指导各区做好市级下放的权项承接及新设立的区生态环境保护局、区物价监督检查局等机构的调整。

【党群机构编制改革】2015年1月，海口市直机关工委增设结对帮扶处。12月，市委宣传部加挂海口市互联网信息办公室牌子，市委农村工作领导小组办公室与市扶贫工作办公室完成整合。

【事业单位分类改革】2015年，海口市编办率先在海南省完成事业单位分类改革工作。全年纳入分类改革范围的事业单位218家（另有22家不纳入分类范围），划分为行政类事业单位5家，公益一类的事业单位165家，公益二类的事业单位32家，划分为生产经营类的事业单位2家，暂未明确类别的事业单位14家。4月，市编办印发《关于尽快推进生产经营类事业单位改制工作的函》，督促有关部门加快推进生产经营类事业单位改制。8月，市委市政府决定将各区环境保护局作为区政府工作部门，收回各区环保局事业编制（参公），重新核定行政编制。

【事业单位机构改革】2015年9月，根据《海口市控编减编工作实施方案》，将市农业系统所属事业单位从8个减至6个、体育系统事业单位从4家减为3家、老干部系统事业单位从5家减为4家，并完成市卫生系统的市人民医院等8家单位的机构编制方案核定工作。全年净精简市本级使用的事业编制64名，实现核定的各类编制数及在编人员不超过省级核定下达的编制基数。从1月开始，海口市编办开展行政执法体制改革。4月，市编办印发《关于开展综合执法改革调研的预通知》，向市市政市容委等单位征求改革的意见建议，配合市市政市容委起草《海口市城市管理综合执法改革实施方案》，经市委十二届九次全会审议通过，于8月30日印发实施。11月，将城管执法权下放到各区，市城管执法支队更名为市城管督察支队；撤销市城管执法培训中心，设立市数字化城市管理指挥监督中心。

【部分事业单位机构调整】2015年1月，海口市委讲师团整建制从市委党校划归市委宣传部管理，作为市委宣传部下属事业单位；市永庄水库管理所加挂市永庄水库饮用水水源地保护站牌子；市高级技工学校更名为海南省海口技师学院，加挂“市高级技工学校”牌子。9月，各区房屋征收局加挂“区重点项目推进管理委员会”和“区棚户区（城中村）改造办公室”的牌子，为区人民政府直属的正科级事业单位；区城市管理行政执法机构的名称统一为“区城市管理综合行政执法大队”（正科级事业单位），镇（街道）设行政执法队伍（副科级事业单位）；区市政维修管理机构的名称统一为“区市政维修管理中心”（正科级事业单位）。同月，市委机要局增设市电子政务内网管理中心。10月，整合市政府采购中心、市建设工程招投标服务中心2家事业单位，设立市公共资源交易中心挂“市政府采购中心”牌子，为市政府服务中心下属副处级事业单位。11月，组建市不动产登记中心，为市国土局下属正科级事业单位。

【教育系统事业机构编制管理】2015年6月，海口市设立市五源河学校、港湾小学、五源河幼儿园和港湾幼儿园4所学校（幼儿园），均为市教育局下属的正科级事业单位。9月，海口市编办为全市2011~2014年新建、改扩建25家幼儿园下达专项编制45名；将市机关幼儿园、市卫生幼儿园、市中心幼儿园、市金贸幼儿园统一划归市教育局管理，为下一步创新公办幼儿园管理体制、统一经费渠道奠定基础。

【事业单位法人制度改革】2015年1月，海口市编办印发《海口市机构编制委员会办公室关于改革事业单位法人年检和开办资金登记制度有关事宜的通知》，年检制度改革为年度报告公示制度、开办资金验资制度改革为确认登记制度的改革工作。全年完成全市法人年度报告审核事业单位229家，年审率100%，年审合格率100%，并按要求进行网上公示。完成市直属事业单位登记5家、变更登记158家、注销登记1家，100%实现网上登记管理。

【机构编制监督核查】2015年，海口市编委办印发《关于对各区开展控编减编专项督查的通知》，组织4个区编办参加海南省控编减编专项督查工作会议，指导和监督区级机构设置、人员编制管理情况，实现中央和海南省要求海口党政群机关行政编制、事业编制、机关工勤编制均在海南省核定的基数范围内使用及财政供养人员相对于2012年基数“只减不增”的两项目标。跟踪检查2014年下半年及2015年设置和调整的市属学校、市公共安全联动指挥中心、市居民家庭经济状况核对中心等17家单位编制情况。

【党政机关中文域名和网络挂标】2015年，海口市本级行政和事业单位319家的中文域名续费率均达100%。全年党政机关事业单位网站开办标识申请批准343个，全市党政机关事业单位网站挂标率95%，列海南省第一。

（黎　鸣）

对台工作

2015年4月29日，海南省台办主任刘耿（右二）到海口市台资企业——全兴工业（海南）有限公司调研。 （苏先智 摄）

【对台工作概况】2015年，海口市委台办慰问台胞、台属16人次，帮助台胞、台属出具证明等相关资料21份，走访台资企业49家，建档入库的台资企业136家，协助组织党政代表团赴台交流6批71人次，对台宣传网站“南海明珠—海口”累计更新信息1290多条。

【服务台胞、台属】2015年，海口市委台办开展第一代老台胞、台胞遗孀及特困台胞慰问活动，慰问台胞、台属16人次，发放慰问金1.6万元。全年帮助台胞、台属出具证明等相关资料21份。

【服务台企】2015年，海口市委台办累计走访台资企业49家，建档入库的台资企业136家。省委台办、省人大侨工委、市人大侨工委分别对海口市台资企业进行专题调研，形成调研报告3篇。举办“双创”工作台商动员会，号召海口市台资企业参与“双创”工作。

【党政代表团赴台交流】2015年，海口市委台办协助组织党政代表团赴台交流6批71人次，内容涵盖农业、城市管理、社区建设等多个领域。12月，市委常委、统战部部长王云霞以城乡建设为考察主题，走访、考察台湾南部，进一步拓宽海口市与台湾南部各县、市交流渠道，为巩固和发展琼台合作奠定基础。

【台湾参访团来琼交流】2015年，海口市委台办共接待来琼台湾地区参访团11个209人次，体现出领域宽、层次广等特点。主要参访团有花莲县县长傅崐萁参访团、屏东县参访团、屏东科技大学参访团等。参访团来海口市交流考察，促进琼台经济、文化的密切交流。市委台办精心挑选能够展示海口悠久绵长的历史文化的景点、妙趣横生的民俗风情的特色村庄以及经济实力强劲的大型企业作为参观点，带领台胞进行实地参访。

【维护台商合法权益】2015年，海口市委台办共接到台商投诉案件8宗，受理8宗，受理率100%，其中5宗已办结，剩余2宗转相关职能部门协调处理，1宗正在进行司法程序。

【联谊活动】2015年，海口市委台办与市台资企业协会共同举办迎春联谊会、端午节联谊会，与市委统战部联合举办“琼台一家亲，‘双创’见真情”中秋节联谊会。通过举办联谊活动，增进政府与台商相互了解，建立深厚友谊，助力海口招商引资工作。

【涉台网站与新闻媒体宣传】2015

2015年3月20日，海口市台办主要负责人（右）为市台资企业协会会长颁发市台协第二届会长证书。 （苏先智 摄）

年，海口市委台办对台宣传网站“南海明珠—海口”累计更新信息1290多条，向华夏经纬网、琼台姊妹岛等涉台网站投稿13篇。邀请台湾旺旺中时媒体集团记者来海口市采风，并在台湾网站重点报道海口市“双创”活动成果，提升海口城市知名度。

（苏先智）

群众信访

【信访工作概况】2015年，海口市信访形势呈现出“三下降一好转”（信访总量、到市群体访、重信重访下降，秩序持续好转），信访总量（含网络问政）8271件（人）次，比上年下降7.8%；到市群体访2371人次，下降5.1%；重信重访量1350件(人)次，下降33%。预防和处理进京非访、信访积案化解、信访督查督办、网络问政4项工作在全省做经验介绍，来访接待、网上信访、调查研究3项工作得到省联席办的通报表扬。共规范使用信访专项救助资金36万元，解决特殊疑难信访问题10件。

【来信来访】2015年，海口市各级领导干部共接访群众1125批3273人次，受理问题726件，解决599件，办结率82.5%。有效化解东林小区项目搁置、灵山镇东营沙滩地征地补偿问题等一大批群众反映强烈的民生诉求及历史遗留、久拖不决的信访积案。推行“第三方”介入信访工作的新机制，聘请律师参与信访接待值班。律师参与接访共149件1078人次，其中息访96件，进入诉讼程序32件，转其他部门处理21件。

【网络问政】2015年，海口网络问政平台共受理电子信件4040件，有效信件3638件，办结3262件，办结率90%。其中省长信箱686件，办结610件，办结率89%；市长信箱2093件，有效信件1705件，办结1551件，办结率91%；部门信箱803件，有效信件789件，办结694件，办结率88%；南海网－民心直通车－市县领导网友留言板、人民网地方领导留言板等其他渠道受理电子信件458件，办结407件，办结率89%。建立网络问政工作微信交流群，全市有96个问政单位加入。信件落实网民满意率94%以上。全年编写《问政海口信息摘报》249期。

【信访督查督办】2015年，海口市委群工部（市信访局）对2015年前中央巡视组交办件、全国信访信息系统涉及海口信访件、省委省政府和相关部门交办件及市级信访部门受理信访件进行认真梳理，从中筛选出涉及土地征用、房地产市场管理、城镇拆迁、企业改制等方面的疑难信访案件199件，在全市开展处级领导干部包案化解信访积案活动。5月，中央联席办、国家信访局督查组到海口市实地督导检查时，对海口市信访督查督办工作表示肯定，特别是对琼山区国兴街道林鸿祥反映道客村五里拆迁中存在程序违法、安置补偿不合理和野蛮拆迁信访事项的圆满解决给予高度评价。至年底，199件包案中已办结103件，占包案总量的51.76%。

（陈　亮）

党校工作

【党校工作概况】2015年，海口市委党校完成干部培训、理论研究等工作任务。全年累计举办各类培训班10期，培训各类干部4251人次；主办哲学社会科学综合性理论刊物《海口学刊》（季刊），出刊4期，刊登领导讲话、理论研究文章、调查报告等30.4万字，发行数量3536册；开展课题研究16个，其中获国家行政学院立项课题1个，省社科规划课题3个，省委党校立项课题1个，市社科联立项课题3个，校级课题立项8项，累计获得课题立项资助经费18万元。在省内外各类刊物上公开发表理论文章70篇，完成调研报告10篇。获得全省党校精品课评选活动的组织奖。

【干部培训】2015年，海口市委党校增强干部教育培训工作的针对性和实效性，共举办专题培训班10期，培训各类干部4251人次。其中，海口市检察院学习贯彻十八届四中全会及习近平总书记系列讲话精神全员轮训班3期，培训487人次，培训6天；海口市处级干部“以反面典型为戒，严守党的政治纪律和政治规矩”专题讲座1期，培训728人次，培训半天；海口市直机关全体干部“以反面典型为戒，严守党的政治纪律和政治规矩”专题轮训暨基层党组织书记培训班4期，培训2093人次，培训2天；海口市龙华区“加强党员能力建设，推进双创工作”专题培训班1期，培训60人次，培训1.5天；海口市学习贯彻党的十八届五中全会精神专题培训班1期，培训883人次，培训半天。

【党校科研成果】2015年，海口市委党校承担省、市、校科研课题研究共16个，其中获国家行政学院立项课题1个，省社科规划课题3个，省委党校立项课题1个，市社科联立项课题3个，校级课题立项8项，累计获得课题立项资助经费18万元。在省内外各类刊物上公开发表理论文章70篇，其中在《学习时报》《今日海南》《新东方》等重要社科期刊发表10篇，在《海南日报》发表4篇、《海口日（晚）报》发表8篇，有些文章被中央党校网站、《求是》杂志网站、中国人大复印报刊资料等媒体转载。完成高质量的调研报告10篇。参加市委市政府“十三五”规划《建议》及《纲要稿》征求意见；参与“双创”指挥部专家组等多种形式的咨政活动10多次；参加市委组织部“提高党委（工委）书记抓党建述职评议考核工作实效性调查研究”和“龙华区基层党组织和党员在‘双创’

2015年海口市委党校省部级、地市级课题统计表

序号	所申报的课题属性及题目	立项时间和级别	负责人	成员	结项日期
1	申报2015年度全国行政学院科研合作基金课题：《关于建立领导班子有限选择制的思考》。	2015年7月8日被国家行政学院科研部批准立项，课题级别为省部级。	欧阳卉然	张妙玲	2015年底前未结项
2	申报2015年度海南省哲学社会科学规划课题：《海南建省以来哲学社会科学发展情况调查研究》。	2015年4月16日被海南省社科联批准立项，课题级别为省部级。	鲁　兵		2015年8月前结项
3	申报2015年度海南省哲学社会科学规划课题：《基于RMP分析的海南寻根旅游开发研究》。	2015年4月16日被海南省社科联批准立项，课题级别为省部级。	张　扬		2015年12月前结项
4	申报2015年度海南省哲学社会科学规划课题：《互联网思维推动国际旅游岛会展业转型发展研究》。	2015年4月16日被海南省社科联批准立项，课题级别为省部级。	丁　毅		2015年12月前结项
5	申报2015年度海南省党校系统科研合作课题：《海口市镇域经济发展问题与对策研究》。	2015年5月29日被海南省委党校批准立项，课题级别为省部级。	陈纯英	赖祖盛	2015年11月底前结项
6	申报2015年度海口市哲学社会科学规划课题：《海口公共文化服务体系建设研究》。	2015年5月12日被海口市社科联批准立项，课题级别为地市级。	张妙玲	钟荟翠	2015年10月前结项
7	申报2015年度海口市哲学社会科学规划课题：《统筹城乡发展条件下海口农村集体经济组织产权制度改革研究》。	2015年5月12日被海口市社科联批准立项，课题级别为地市级。	陈纯英		2015年10月前结项

中发挥作用”，市委改创办“海口市社区网格员工作职责研究”、市委农委办“推进农村综合改革实施方案”、市政府研究室“促进海口市养老产业发展研究”、市政协“深化海口市行政管理体制改革研究”等10多个专题调查研究。其中，李珂教授、张扬副教授撰写《挖掘海洋文化魅力，谱写海上丝绸之路海口新篇章》研究报告受到市委的重视，得到市委领导签批，成为领导决策的参考。编辑出版《海口学科》4期、《领导参阅》10期，共刊登各类文章90多篇、40多万字。

（韩丈芩）

党史研究

【口述史料征集】 2015年，海口市委党史研究室先后对离退休老干部进行8人次的口述采访，形成口述文章6篇，内容涉及20世纪60～70年代海口粮油、钢铁等系统的历史。

【党史编修】 2015年，海口市委党史研究室对《中国共产党海口历史（第二卷）》第五稿进一步进行修改、补充，并邀请有关专家对书稿进行审核。全书约47万字。

【党史宣传】 2015年，海口市委党史研究室与海口广播电视台联合拍摄6集抗日战争革命历史纪录片——《琼岛抗战血与火》，参与央视纪录片频道和全国70家电视台的抗战纪录片《血铸河山》的展播活动。出版《海口党史》（季刊）4期，每期发行3500本。

【资料汇编】 2015年，海口市委党史研究室出版《海口党委工作纪事（2014）》，从不同侧面反映全市各单位在建设海南首善之城的新成绩、新经验，全书近90万字。

【海口抗战历史图片展】 2015年，为纪念抗战胜利70周年，海口市委党史研究室广泛征集抗战资料，精心编排，共制作成海口抗战历史图片32块展板，先后在市政府第二办公区和万绿园进行布展。之后在布展资料的基础上继续征集图片，汇编成《海口抗战图册》，省委常委、市委书记孙新阳为该书作序，11月初由中共党史出版社出版，光明网和中国社会科学网等媒体予以报道。

（吴　秦）

老干部工作

【老干部工作概况】 2015年，海口市委老干部局围绕落实老干部的政治、生活待遇主线，着力解决新形势下老干部工作面临的重点难点问题，推进离退休干部思想政治建设和党支部建设。全市有离休干部368名，平均年龄86.6岁，进入“双高”期。海口市关工委被评为“全国关心下一代工作先进集体”，海口市教育局关工委被教育部关工委推荐评为“全国关心下一代工作先进集体”。

【老干部生活待遇】2015年，海口市委老干部局主动与人社、财政、保健等部门协调，确保“三个机制”（离休费保障机制、医疗费保障机制、财政支持机制）运行良好。春节期间，市主要领导带队分组走访慰问10名正厅级离退休干部，发放全市离休干部慰问金及困难离休干部（包括厅级离休干部遗孀）补助金约40万元，受理申请生活完全不能自理护理费的老干部28人，批准26人。协助市卫生局接收琼山区3名原琼山医院和府城医院离休干部。组织全市110名离休干部分3批到澄迈盈滨半岛开展健康休养活动；20名厅级老干部在海口、琼海参观考察和健康休养，考察省市重点项目建设情况、社会新农村建设建设情况和“双创”工作成果。做好纪念海南解放65周年活动开展形式多样的走访慰问活动，给全市368名老干部（含渡海作战、琼崖纵队的老干部）发放慰问金共18.4万元，上门走访慰问全市高龄、患病住院、生活困难的24名参加渡海作战及琼崖纵队老干部。结合抗战胜利70周年纪念活动开展慰问活动，给全市105名抗战老战士发放抗战纪念章及每人5000元的慰问金，上门慰问15名抗战老战士，给有需求的59名抗战老战士发放轮椅和助听器。全年接待老干部来信来访25人次，为老干部解决实际困难107件（次）。

【老干部政治待遇】2015年，海口市各区、各单位将中央和省市领导最新有关重要讲话精神汇编成册并购买理论书籍发放到老干部手中，进一步加强老干部政治理论学习。市委老干部局组织举办第11期全市离退休干部党支部书记培训班，学习依法治国、新常态下党建工作的专题辅导课，并配合省委老干部局在海口做好老干部先进事迹报告会相关工作。推荐7名老干部参加海口电视台、南海网“纪念海南解放65周年”专访活动。组织海口市老干部参加全省离退休“双先”表彰大会，海口市有3个离退休集体、5名离退休个人分别获得全省离退休干部先进集体和先进个人称号。在离退休干部中建立老干部“温馨之家”微信群，及时向老干部发送党和国家重要政策、理论知识、天气预报和养生知识等。全市各单位落实老干部学习、阅文、通报情况等制度，通过辅导上门、理论宣讲、专题报告、座谈研讨等方式，组织老干部深入学习“十三五”规划和中央、省市领导重要讲话和重要会议精神等。市委组织部、市委老干部局坚持为老干部送报、送书、送学，从市管党费中为厅级老干部征订《人民日报》，免费为全市离休干部征订《中国老年报》和有关健康书籍。举办全市老干部理论学习专题讲座，发动全市离退休老干部参与“我为海南、海口点赞”征文评选活动。各单位组织老干部348人次参加迎春团拜会、全市各级换届会议、市区建设征求意见会、情况通报会以及推选党代表等各种重要会议。组织部分厅级离退休干部在省内和到重点建设项目参观考察，举办1次全市经济与社会发展情况通报会，激发老干部参政议政的热情。

【老干部义诊活动】2015年7月中下旬，海口市委老干部局联合市农工党海口市委分别在海口市4个区中老干部人群比较集中的社区或老干部活动中心开展老干部义诊活动，邀请海口市人民医院、海口市中医院的心血管内科、神经内外科等有关老年病科的中、西医专家到社区为老干部提供医疗诊断咨询、食疗养生、日常保健、紧急自我救护常识等，联合市医疗保健局现场发放编印的《老年人科学饮食与心理保健》一书，有500多名老干部受益。

【关工委工作】2015年，海口市关工委组织“五老”（老干部、老专家、老教师、老模范、老战士）队伍配合有关部门就地就近对青少年进行社会主义核心价值观、革命传统、环境保护、法制等一系列教育。召开2015年帮扶品学兼优贫困学生助学金发放会，为128名贫困生发放助学金38.4万元。牵头汇同4个区关工委以纪念抗战胜利70周年纪念活动为契机，深入开展“铭记抗战史，圆我中国梦”主题教育读书活动。全年共进行报告会、文艺演出、座谈会等210场，受教育中小学生近20万人次。

（劳家丰　韩朋立）

政策研究

【政策研究工作概况】2015年，海口市委政策研究室共起草和修改文稿260多篇、150多万字，特别是为主参谋提炼的培植“大海胸襟、椰树风骨、三角梅品格”海口干部三种特质的建议，得到市委和市委主要领导的充分认可，并写入市委十二届十次全会报告，成为市委重要的决策部署；撰写的在市十五届人大七次会议闭幕式上的讲话——《有志者事竟成》等数篇重要文稿受到市委主要领导的高度肯定，较好地发挥了以文辅政、市委参谋助手的作用。

【“菜篮子”专项工作调研】2015年，海口市委政策研究室针对近年来海口市民反映菜价贵的问题，牵头与市商务局、市物价局、市财政局等单位联合开展调研，完成《海口市“菜篮子”（蔬菜）工程建设情况报告》，为市委、市政府决策提供重要参考。

【重点课题调研】2015年，海口市委书记牵头的重点课题《“十三五”规划建议研究》转化成市委文件。海口市委政策研究室完成的《“一带一路”战略背景下的高新区产业定位研究》《加快电子商务发展，培育新的经济增长点》《持续推进省市联动助推双创再取新绩》等课题研究报告有力的服务市委决策，成为市委决策部署相关工作的重要参考。

【市委各类文件起草】2015年，海口市委政策研究室起草市委十二届九次、十次全会文件15件。组织起草2015年市委常委会工作要点、市委上半年工作总结、市委全年工作总结、全市改革工作总结、市委常委会班子年度述职报告、2016年重点改革工作方案等。

【各类汇报材料起草】2015年，海口市委政策研究室起草向上级汇报的各类材料有：关于贯彻落实省长刘赐贵调研海口互联网企业重要指示精神的报告、中共海口市委关于贯彻落实省委书记罗保铭对海口恭和苑项目重要批示精神情况的报告、关于《中共海南省委关于编制海南省国民经济和社会发展“十三五”规划的原则意见(征求意见稿)》的反馈意见、中共海口市委关于市委十二届九次全会情况的报告、关于深入学习贯彻党的十八届五中全会精神情况的报告、海口市创建国家卫生城市工作情况报告、海口市“菜篮子”（蔬菜）工程建设情况报告、关于“海澄文基础设施一体化”工作情况的报告等。

（韦国全）

（编辑：吴钟宝）

海口市人民代表大会

市人大综述

【市人大工作概况】2015年，海口市人大常委会围绕全市工作大局，依靠广大代表，依法履行职责，顺利完成市十五届人大六次会议确定的各项目标任务。全年共召开人大常委会会议11次；审议法规草案5件，做出决定、决议8项；听取和审议专项工作报告5项；组织开展执法检查5项，加强计划预算监督和规范性文件备案审查；任免国家机关工作人员108人次。各工委开展监督调研和跟踪监督9项。

【人大立法】2015年，海口市人大常委会审议通过法规3件，初次审议法规草案2件，开展立法调研9项。4月16日，审议通过《海口市防控和处置违法建筑若干规定》，明确相关部门在防控和处置违法建筑工作中的责任和义务，规范执法手段和程序，解决存量违法建筑的“出口”问题，加大对新增违法建筑的防控处置力度，保障城乡规划有效实施。8月27日，审议并修订通过《海口市房屋租赁管理条例》，在部门职责、房屋租赁信息系统建设、房屋租赁规范、房屋租赁备案以及房屋租赁监督管理等方面作更加具体、更具有可操作性的规定。11月4日，审议并通过《关于修改<海口市电动自行车管理办法>的决定》，对电动自行车目录管理、登记上牌、日常监管、安全教育和违法处理等内容进行补充完善，加强和改进电动自行车的管理与服务，有效推动海口城市交通管理水平的提升。12月18日，对《海口市城市管理综合执法条例（草案）》《海口市爱国卫生管理办法（草案）》进行初次审议；对《海口桂林洋经济开发区管理条例》《海口市政府债务管理办法》等9个项目进行立法调研。

【人大执法检查】2015年，海口市人大常委会组织开展5项执法检查。4月20日，组织开展《中华人民共和国矿产资源法》《海南省矿产资源管理条例》执法检查暨2015年海口环保世纪行活动。5月29日至6月5日，组织开展对海口市贯彻实施《中华人民共和国水污染防治法》《海口市龙塘饮用水源环境保护管理规定》执法检查，督促市政府着手实施六项举措强化水域环境整治，确保饮用水源安全。9月15～16日，对海口市贯彻实施《中华人民共和国野生动物保护法》《海南省实施<中华人民共和国野生动物保护法>实施办法》进行执法检查，督促加大野生动物保护力度，壮大驯养繁殖产业、抓好疫源疫病监测防控等工作。11月17～23日，组织开展《海口市病媒生物预防控制管理办法》执法检查，对全市33个重点场所进行检查。12月7日，组织开展对海口市贯彻实施《海口市城市容貌管理若干规定》执法检查，督促政府严格对照法规规定和“双创”标准，整治占道经营，科学编制户外广告、景观照明、停车场等专项规划，加快建筑垃圾资源化再利用项目建设。

【人大审议报告】2015年，海口市人大常委会听取和审议5项专项工作报告。6月25日，听取和审议市人民政府《关于海口市“菜篮子”工程建设情况专项工作报告》，督促政府采取措施，稳定农产品价格，丰富菜篮子供应，保证农副产品有效供给。8月27日，听取和审议市人民政府《关于促进海口市学前教育发展专项工作报告》，提出扩大学前教育资源、加强幼儿教师队伍建设、加大学前教育投入等，推进海口市学前教育不断发展。11月4日，听取和审议市人民政府《关于公安机关执法规范化建设情况专项工作报告》，促进海口市公安机关增强执法规范化建设、提高执法能力和办案信息化水平。12月18日，听取市中级人民法院《关于行政审判工作情况工作报告》和市人民检察院《关于民事行政检察监督工作情况专项工作报告》，推动法、检两院依法独立公正行使审判权和检察权。听取和审议计划、财政等报告：8月27日，听取审议《关于海口市2015年上半年国民经济和社会发展计划执行情况报告》《关于海口市2014年市本级财政决算及2015年上半年财政预算执行情况的报告及审计报告》等；11月4日，听取《关于2015年海口市和市本级公共财政与政府性基金预算调整方案（草案）的报告》，审查和批准市政府关于2015年财政预算调整方案，支持5.4亿元省转贷海口市地方政府债券，主要用于公路建设发展、农村环境综合治理以及文化、医疗卫生等。

【人大人事任免】 2015年，海口市人大常委会依法行使人事任免权，做好拟任材料初核，任免议案撰写，法律知识考核，供职发言，颁发任命书，向宪法宣誓，发布新闻公告等任免环节，共任免国家机关工作人员108人次（任命66人，免职42人）。

2015年海口市十五届人大常委会人事任免一览表

时　间	次　别	任或免	姓　名	职　务
1.22	26次	接受辞去	方中里	市第十五届人民代表大会财政经济委员会主任委员职务
		接受辞去	苟守吉	市人民检察院检察长职务
4.16	27次	任命	熊鹤祥	市中级人民法院立案庭副庭长
		免去	田　萍	市中级人民法院立案庭副庭长职务
		免去	王晋湘	市中级人民法院审判员职务
		免去	林道科	市中级人民法院审判员职务
		免去	黄　河	市人民检察院检察员职务
		免去	张全忠	市人民检察院检察员职务
		免去	李远航	市人民检察院检察员职务
6.4	28次	接受辞去	王　飞	海南省第五届人民代表大会代表职务
6.25	29次	任命	郑忠东	市中级人民法院审判员
		任命	李丽欢	市中级人民法院审判员
		任命	章　蕾	市中级人民法院审判员
		免去	叶能强	市中级人民法院审判委员会委员、审判员职务
		免去	冯达升	市中级人民法院审判员职务
		任命	冯明岗	海口海事法院审判委员会委员、洋浦法庭庭长
		任命	王　茂	海口海事法院审判委员会委员、海商庭庭长
		任命	陈　明	海口海事法院审判委员会委员
		任命	蔡斌航	海口海事法院审判委员会委员
		任命	王　安	海口海事法院海事庭庭长
		任命	陈映红	海口海事法院三亚法庭副庭长
		任命	胡春妮	海口海事法院立案庭副庭长
		免去	冯明岗	海口海事法院海事庭庭长职务
		免去	王　茂	海口海事法院三亚法庭庭长职务
		免去	陈　明	海口海事法院洋浦法庭庭长职务
		免去	陈映红	海口海事法院海商庭副庭长职务
		免去	胡春妮	海口海事法院海事庭副庭长职务
		免去	陈世富	市人大常委会选举任免联络工作室主任职务
		接受辞去	陈　辞	海南省第五届人民代表大会代表职务
		任命	陈全能	市人大常委会代表资格审查委员会副主任委员
		任命	曾照宇	市人大常委会代表资格审查委员会委员
		任命	张扬鸿	市人大常委会代表资格审查委员会委员
8.27	30次	决定任命	李世高	市农业局局长
		决定免去	李　杰	市人民政府副市长职务
		决定免去	林　劲	市农业局局长职务

续表

时 间	次 别	任或免	姓 名	职 务
8.27	30 次	决定免去	李运文	市住房和城乡建设局局长职务
		决定免去	李世高	市林业局局长职务
		决定免去	刘 文	市交通运输和港航管理局局长职务
		任命	马传煌	市中级人民法院刑事审判第一庭庭长
		任命	王法坚	市中级人民法院审判员
		任命	王春芬	市中级人民法院审判员
		任命	刘大海	市中级人民法院审判员
		任命	刘华琪	市中级人民法院审判员
		任命	孙 晓	市中级人民法院审判员
		任命	麦丹碧	市中级人民法院审判员
		任命	杨 珊	市中级人民法院审判员
		任命	杨 曦	市中级人民法院审判员
		任命	吴 茜	市中级人民法院审判员
		任命	何 芳	市中级人民法院审判员
		任命	陈 铭	市中级人民法院审判员
		任命	陈立夫	市中级人民法院审判员
		任命	尚宏涛	市中级人民法院审判员
		任命	周 玲	市中级人民法院审判员
		任命	赵 曼	市中级人民法院审判员
		任命	钟 山	市中级人民法院审判员
		任命	袁 文	市中级人民法院审判员
		任命	袁 蓉	市中级人民法院审判员
		任命	曹永明	市中级人民法院审判员
		任命	彭彩燕	市中级人民法院审判员
		任命	韩 芬	市中级人民法院审判员
		任命	程少辉	市中级人民法院审判员
		免去	陈 伟	市中级人民法院刑事审判第一庭庭长职务
		免去	马传煌	市中级人民法院刑事审判第二庭庭长职务
		任命	周桂芳	市人民检察院检察员
		批准辞去	张 晖	市秀英区人民检察院检察长职务
		免去	周 力	市人民检察院检察委员会委员、检察员职务
		接受辞去	孙道静	市第十五届人民代表大会代表职务
11.4	32 次	决定任命	李向明	市公安局局长
		决定任命	林 健	市交通运输和港航管理局局长
		决定任命	冯 勇	市林业局局长
		决定免去	宋顺勇	市公安局局长职务
		决定免去	邓传明	市政府国有资产监督管理委员会主任职务
		任命	王再燕	市中级人民法院审判监督庭庭长

续表

时　间	次　别	任或免	姓　名	职　务
11.4	32次	免去	何苏芹	市中级人民法院审判监督庭庭长、审判委员会委员职务
		免去	吴多明	市中级人民法院审判员职务
		任命	曾德星	市人民检察院检察委员会委员
		任命	王明柱	市人民检察院检察员
		任命	邢慧雯	市人民检察院检察员
		任命	吴壮宇	市人民检察院检察员
		任命	张　芸	市人民检察院检察员
		任命	陈　胜	市人民检察院检察员
		任命	曾　乐	市人民检察院检察员
		免去	周地胜	市人民检察院检察员职务
		免去	张纳军	市人民检察院检察员职务
		任命	王　媛	海口海事法院审判员
		任命	白文英	海口海事法院审判员
		任命	姜　凌	海口海事法院审判员
		任命	莫家盛	海口海事法院审判员
		任命	雷　鸣	海口海事法院审判员
		任命	张医芳	海口海事法院审判员
		任命	黄　斯	海口海事法院审判员
		任命	王　艳	海口海事法院审判员
		任命	王海皎	海口海事法院审判员
		任命	焦　南	海口海事法院审判员
		任命	吴永林	海口海事法院审判员
		免去	王　茂	海口海事法院审判委员会委员、海商庭庭长、审判员职务
		接受辞去	徐清武	市十五届人民代表大会代表职务
12.18	33次	决定任命	田丽霞	市人民政府秘书长
		决定任命	冯　明	市审计局局长
		决定免去	龙卫东	市人民政府秘书长职务
		决定免去	冯　明	市法制局局长职务
		决定免去	孙　芬	市审计局局长职务
		批准	傅　铮	市秀英区人民检察院检察长
		免去	吴英波	市人民检察院检察员职务
		免去	潘彩亚	海事法院立案庭庭长职务
12.25	34次	任命	黎永伟	市人大常委会选举任免联络工作室主任
		补选	周公卒	海南省五届人大代表
		接受辞去	陈世富	市第十五届人民代表大会常务委员会委员职务

【代表议案办理】2015年，海口市十五届人大六次会议期间，代表提交议案2件。对谢汉金、陈世富等15名代表联名提出的《关于要求制定<海口市镇级人民代表大会及主席团工作规定>的议案》，主任会议认为，1997年11月24日海南省人大常委会颁布实施的《海南省乡镇人民代表大会工作条例》，已不能满足现实工作需要，省人大常委会也将适时对该条例进行修订，决定在省五届人大四次会议期间，将该议案以海口代表团名义提出建议。对何子平、黄鸿儒等12名代表联名提出的《关于制定<雷琼世界地质公园海口园区保护条例>的议案》，市人大常委会将该项目列为2016年市人大常委会立法调研项目，待条件成熟时再转为审议项目。提交议案的代表对办理工作表示满意。

【代表建议督办】2015年，海口市十五届人大六次会议期间，代表会议期间及会后提出建议294件。截至12月，294件代表建议全部办理答复代表。从办理结果来看，代表建议所提问题得到解决或基本解决的（A类）136件，占46.26%；计划逐步解决（B类）148件，占50.34%；因地方财政困难或受客观条件限制暂时难以解决的（C类）10件，占3.4%。对办理工作态度满意的有281件，占95.58%，基本满意的有13件，占4.42%。对办理结果满意的有257件，占87.41%，基本满意的有36件，占12.24%。1件不满意，占0.34%。人大常委会主任会议成员领衔督办12件重点建议，解决或基本解决9件，占总数的75%。人大常委会对需市政府所属部门和单位办理的149件市十五届人大五次会议提出的代表建议进行“回头看”，经督促重新研究办理，落实或基本落实91件，占“回头看”建议总数的61.07%，代表对办理工作态度满意或基本满意率100%，对办理结果满意或基本满意率99.33%。人大常委会首次启动建议办理绩效评估工作，对承办建议涉及“双创”内容的市市政市容委、市卫生局、市园林局、市环卫局、市食药监局等5个单位的建议办理工作进行评估，进一步有效落实代表建议。

2015年4月14日，市人大常委会农村工委进行菜篮子工程调研。（王振华 摄）

2015年海口市十五届人大五次会议代表建议、批评和意见办理情况

主办单位	主办件数	答复率%（指书面答复）	办结率%（含已收到代表反馈意见）	落实率%（以主办件为基数）				代表满意率%（以收到代表反馈意见为基数）							
								工作态度				办理结果			
市交通港航局	31	100%	100%	计划逐步解决	28	件	90%	满意	28	件	90%	满意	23	件	74%
				暂时难以解决	3	件	10%	基本满意	3	件	10%	基本满意	8	件	26%
市水务局	30	100%	100%	已经解决或基本解决	21	件	70%	满意	30	件	100%	满意	30	件	100%
				计划逐步解决	9	件	30%								
秀英区政府	12	100%	100%	已经解决或基本解决	11	件	92%	满意	11	件	92%	满意	10	件	83%
				计划逐步解决	1	件	8%	基本满意	1	件	8%	基本满意	2	件	17%
市发改委	15	100%	100%	已经解决或基本解决	15	件	100%	满意	15	件	100%	满意	15	件	100%
市国土资源局	17	100%	100%	已经解决或基本解决	2	件	12%	满意	15	件	88%	满意	13	件	76%
				计划逐步解决	15	件	88%	基本满意	2	件	12%	基本满意	4	件	24%
琼山区政府	11	100%	100%	已经解决或基本解决	5	件	45%	满意	11	件	100%	满意	10	件	91%
				计划逐步解决	6	件	55%					基本满意	1	件	9%
市教育局	18	100%	100%	已经解决或基本解决	7	件	39%	满意	17	件	94%	满意	15	件	83%
				计划逐步解决	11	件	61%	基本满意	1	件	6%	基本满意	3	件	17%
市环卫局	5	100%	100%	已经解决或基本解决	4	件	80%	满意	5	件	100%	满意	5	件	100%
				暂时难以解决	1	件	20%								
美兰区政府	13	100%	100%	已经解决或基本解决	5	件	39%	满意	13	件	100%	满意	12	件	92%
				计划逐步解决	6	件	46%					基本满意	1	件	8%
				暂时难以解决	2	件	15%								
市公安局	20	100%	100%	已经解决或基本解决	15	件	75%	满意	19	件	95%	满意	16	件	80%
				计划逐步解决	5	件	25%	基本满意	1	件	5%	基本满意	4	件	20%

续表

主办单位	主办件数	答复率%（指书面答复）	办结率%（含已收到代表反馈意见）	落实率%（以主办件为基数）				代表满意率%（以收到代表反馈意见为基数）							
								工作态度				办理结果			
市商务局	1	100%	100%	计划逐步解决	1	件	100%	满意	1	件	100%	满意	1	件	100%
市卫生局	8	100%	100%	已经解决或基本解决	8	件	100%	满意	8	件	100%	满意	8	件	100%
市规划局	12	100%	100%	已经解决或基本解决	5	件	42%	满意	11	件	92%	满意	10	件	83%
				计划逐步解决	7	件	58%	基本满意	1	件	8%	基本满意	2	件	17%
市住建局	1	100%	100%	计划逐步解决	1	件	100%	满意	1	件	100%	满意	1	件	100%
市政市容委	11	100%	100%	已经解决或基本解决	2	件	18%	满意	11	件	100%	满意	10	件	91%
				计划逐步解决	9	件	82%					基本满意	1	件	9%
市财政局	12	100%	100%	已经解决或基本解决	3	件	25%	满意	12	件	100%	满意	10	件	83%
				计划逐步解决	9	件	75%					基本满意	2	件	17%
市海洋渔业局	5	100%	100%	已经解决或基本解决	2	件	40%	满意	5	件	100%	满意	5	件	100%
				计划逐步解决	3	件	60%								
市民政局	8	100%	100%	已经解决或基本解决	3	件	38%	满意	8	件	100%	满意	7	件	88%
				计划逐步解决	5	件	62%					基本满意	1	件	12%
市文体局	4	100%	100%	已经解决或基本解决	2	件	50%	满意	3	件	75%	满意	3	件	75%
				计划逐步解决	1	件	25%	基本满意	1	件	25%	基本满意	1	件	25%
				暂时难以解决	1	件	25%								
市委组织部	3	100%	100%	已经解决或基本解决	3	件	100%	满意	3	件	100%	满意	3	件	100%
市编委办	5	100%	100%	已经解决或基本解决	5	件	100%	满意	5	件	100%	满意	5	件	100%
市人社局	5	100%	100%	已经解决或基本解决	2	件	40%	满意	5	件	100%	满意	5	件	100%
				计划逐步解决	2	件	40%								
				暂时难以解决	1	件	20%								

续表

主办单位	主办件数	答复率%（指书面答复）	办结率%（含已收到代表反馈意见）	落实率%（以主办件为基数）				代表满意率%（以收到代表反馈意见为基数）							
								工作态度				办理结果			
市农业局	11	100%	100%	已经解决或基本解决	2	件	18%	满意	10	件	91%	满意	10	件	91%
				计划逐步解决	9	件	82%	基本满意	1	件	9%	基本满意	1	件	9%
市环保局	1	100%	100%	计划逐步解决	1	件	100%	满意	1	件	100%	满意	1	件	100%
龙华区政府	6	100%	100%	已经解决或基本解决	4	件	66%	满意	6	件	100%	满意	6	件	100%
				计划逐步解决	1	件	17%								
				暂时难以解决	1	件	17%								
市委农办	1	100%	100%	计划逐步解决	1	件	100%	满意	1	件	100%	满意	1	件	100%
市审计局	1	100%	100%	计划逐步解决	1	件	100%	满意	1	件	100%	满意	1	件	100%
市园林局	4	100%	100%	计划逐步解决	4	件	100%	满意	4	件	100%	满意	4	件	100%
海口供电局	3	100%	100%	已经解决或基本解决	1	件	33%	满意	3	件	100%	满意	2	件	67%
				计划逐步解决	2	件	67%					不满意	1	件	33%
海口市改创办	2	100%	100%	已经解决或基本解决	1	件	50%	满意	2	件	100%	满意	1	件	50%
				计划逐步解决	1	件	50%					基本满意	1	件	50%
市旅发委	2	100%	100%	计划逐步解决	2	件	100%	满意	2	件	100%	满意	2	件	100%
市计生委	2	100%	100%	已经解决或基本解决	2	件	100%	满意	2	件	100%	满意	2	件	100%
市政管理局	2	100%	100%	已经解决或基本解决	1	件	50%	满意	2	件	100%	满意	2	件	100%
				计划逐步解决	1	件	50%								
市中院	5	100%	100%	已经解决或基本解决	5	件	100%	满意	5	件	100%	满意	5	件	100%
市人大	1	100%	100%	已经解决或基本解决	1	件	100%	满意	1	件	100%	满意	1	件	100%
市林业局	1	100%	100%	已经解决或基本解决	1	件	100%	满意	1	件	100%	满意	1	件	100%
市国资委	1	100%	100%	暂时难以解决	1	件	100%	满意	1	件	100%	基本满意	1	件	100%

续表

主办单位	主办件数	答复率%（指书面答复）	办结率%（含已收到代表反馈意见）	落实率%（以主办件为基数）				代表满意率%（以收到代表反馈意见为基数）							
								工作态度				办理结果			
市物价局	2	100%	100%	计划逐步解决	2	件	100%	满意	2	件	100%	满意	2	件	100%
市食药监局	4	100%	100%	已经解决或基本解决	3	件	75%	满意	2	件	50%	满意	1	件	25%
				计划逐步解决	1	件	25%	基本满意	2	件	50%	基本满意	3	件	75%
市妇联	1	100%	100%	计划逐步解决	1	件	100%	满意	1	件	100%	满意	1	件	100%
海口旅游文化投资控股集团有限公司	1	100%	100%	计划逐步解决	1	件	100%	满意	1	件	100%	满意	1	件	100%
罗牛山股份有限公司	1	100%	100%	已经解决或基本解决	1	件	100%	满意	1	件	100%	满意	1	件	100%
市城建集团	1	100%	100%	已经解决或基木解决	1	件	100%	满意	1	件	100%	满意	1	件	100%
市城市发展有限公司	2	100%	100%	已经解决或基木解决	2	件	100%	满意	2	件	100%	满意	2	件	100%
市政府服务中心	1	100%	100%	计划逐步解决	1	件	100%	满意	1	件	100%	满意	1	件	100%
合计（按代表建议数）	294	100%	100%	已经解决或基本解决	136	件	46.3%	工作态度满意	281	件	95.6%	办理结果满意	257	件	87.4%
				计划逐步解决	148	件	50.3%	工作态度基本满意	13	件	4.4%	办理结果基本满意	36	件	12.2%
				暂时难以解决	10	件	3.4%					办理结果不满意	1	件	0.3%

说明：市十五届人大六次会议开会和闭会期间共收到代表建议294件，经责任分解，由45个单位主办或联合主办。

市人大及其常委会会议

【市十五届人大六次会议】2015年2月3～5日在海南国际会议展览中心举行。出席会议代表292名。会议审议并表决通过《政府工作报告》《关于海口市2014年国民经济和社会发展计划执行情况与2015年国民经济和社会发展计划草案的报告》《关于2014年海口市和市本级预算执行情况及2015年海口市和市本级预算草案的报告》《海口市人民代表大会常务委员会工作报告》《海口市中级人民法院工作报告》《海口市人民检察院工作报告》。会议补选王小峰为市十五届人大常委会秘书长，龙翔春、陆礼宽、周健、曾照宇、潘洪为市十五届人大常委会委员，李思阳为市人民检察院检察长；通过市十五届人大财政经济委员会主任委员、委员人选。

【市人大常委会会议】2015年，海口市人大常委会共召开9次常委会会议。（1）1月22日召开第二十六次会议，听取和审议《海口市人民代表大会常务委员会工作报告（送审稿）》《海口海事法院工作报告》《海口市人民代表大会法制委员会工作报告》《海口市人民代表大会财政经济委员会工作报告》等。表决通过《海口市人民代表大会常务委员会关于<海口海事法院工作报告>的决议》《关于海口市第十五届人民代表大会第五次会议代表议案以及建议、批评和意见办理情况的报告》《海口市第十五届人民代表大会常务委员会代表资格审查委员会关于个别代表的代表资格的报告》；表决通过将《海口市人民代表大会常务委员会工作报告（送审稿）》、海口市第十五届人民代表大会第六次会议列席人员范围、会议议程、会议日程、表决议案办法、选举办法、海口市第十五届人民代表大会财政经济委员会组成人员人选办法、主席团和秘书长名单、主席团常务主席名单、副秘书长名单、新闻发言人名单及代表议案审查委员会主任、副主任、委员名单和总监票人、监票人名单等草案提交市十五届人大六次会议审议；表决通过有关人事事项。（2）4月16日召开第二十七次会议，传达学习十二届全国人大三次会议主要精神。会议审议并表决通过《海口市防控和处置违法建筑若干规定》《关于废止〈海口市人民代表大会常务委员会主任会议议事规则〉的决定》及有关人事事项。举行海口市第十五届人民代表大会第六次会议期间代表提交议案、建议、批评和意见交办仪式，将291件议案、建议分别交由市人民政府、市人大常委会机关、市中级人民法院办理。（3）6月4日召开第二十八次会议，审议有关人事议案并表决通过有关决定。（4）6月25日召开第二十九次会议，听取和审议《海口市人民政府关于提请审议〈海口市房屋租赁管理条例（修订草案）〉的议案》，表决通过《海口市人民政府关于我市“菜篮子”工程建设情况专项工作的报告》《海口市人大常委会执法检查组关于开展〈中华人民共和国水污染防治法〉和〈海口市龙塘饮用水源环境保护管理规定〉执法检查的情况报告》《海口市人民代表大会常务委员会关于调整海口市第十五届人民代表大会常务委员会代表资格审查委员会个别副主任委员、委员的决定》《海口市第十五届人民代表大会常务委员会代表资格审查委员会关于个别代表的代表资格审查报告》和相关的人事事项等。（5）8月27日召开第三十次会议，审议并表决通过《海口市房屋租赁管理条例（修订草案）》；听取和审议《关于海口市2015年上半年国民经济和社会发展计划执行情况的报告》《关于2014年海口市市本级财政决算及2015年上半年财政预算执行情况的报告》《关于2014年度海口市市本级预算执行情况及其他财政收支的审议工作报告》，表决通过关于批准2014年市本级财政决算的决议；审议并表决通过《海口市第十五届人民代表大会常务委员会代表资格审查委员会关于个别代表的代表资格的报告》《市政府关于促进学前教育发展工作情况的专项报告》以及相关报告的审议意见和人事事项。（6）9月24日召开第三十一次会议，审议并表决通过《海口市人民代表大会常务委员会关于深入推进创建全国文明城市和国家卫生城市的决议》；传达张德江委员长在第二十一次全国地方立法研讨会上的讲话精神。（7）11月

2015年2月4日，海口市人大常委会主任陈宏芬在海口市十五届人大六次会议上作报告。
（黄一冰 摄）

4日召开第三十二次会议，审议并通过《海口市电动自行车管理办法（修正案草案）》；表决通过《海口市人民代表大会常务委员会关于批准2015年海口市和市本级公共财政与政府性基金预算调整方案的决议》《海口市人民政府关于我市公安机关执法规范化建设情况的报告》《海口市人大常委会执法检查组检查我市贯彻实施<野生动物保护法>情况的报告》的审议意见、《海口市第十五届人民代表大会常务委员会代表资格审查委员会关于个别代表的代表资格的审查报告》《关于补选市十五届人大财政经济委员会个别委员的议案》以及有关人事事项。（8）12月18日召开第三十三次会议，表决通过《关于召开海口市第十五届人民代表大会第七次会议的决定》，根据决定，海口市第十五届人民代表大会第七次会议定于2016年1月20日至22日举行；审议并表决通过《海口市人民代表大会常务委员会关于全面推进城市管理综合执法工作的决定》《海口市人民代表大会及其常务委员会选举、任命的国家机关工作人员向宪法宣誓办法》、关于《海口市中级人民法院行政审判专项工作报告》的审议意见、关于《海口市人民检察院民事行政检察专项工作报告》的审议意见；听取和审议《海口市城市管理综合行政执法条例（草案）》《海口市爱国卫生管理办法（草案）》。表决通过有关人事议案。（9）12月25日召开第三十四次会议，审议并通过有关人事事项。

专门委员会工作

【法制委员会工作】2015年，海口市第十五届人大法制委员会共完成5件法规案和1件法规性决定案的调研、起草、论证、修改、审议等工作，其中《海口市防控和处置违法建筑若干规定》《海口市房屋租赁管理条例》《海口市电动自行车管理办法（修正）》3件法规案经市人大常委会通过并报省人大常委会审查批准后公布施行，《海口市人大常委会关于全面推进城市管理综合执法工作的决定》公布施行，《海口市爱国卫生管理办法》《海口市城市管理综合行政执法条例》提请市人大常委会进行初次审议。会同法制工作委员会起草《海口市人大常委会立法评估工作规程》，规范、细化立法评估内容与评估流程；委托对《雷琼世界地质公园海口园区保护条例》进行立法前评估，将其列入常委会2016年立法计划调研项目；会同法制工作委员会制定《海口市人大常委会基层立法联系点工作规程》，并在市部分镇和街道、高校及律师事务所设立8个基层立法联系点；完成专项报告《海口市地方立法科学化现状调查及对策分析》《用好用足地方立法权，为海口“双创”工作提供有力的法制保障》。

【财政经济委员会工作】2015年，海口市第十五届人大财政经济委员会听取《关于海口市2014年国民经济和社会发展计划执行情况与2015年国民经济和社会发展计划草案的报告》和《关于2014年海口市和市本级预算执行情况及2015年海口市和市本级预算草案的报告》，为市十五届人大七次会议提供审查报告；开展“十二五”规划完成情况和“十三五”规划纲要（草案）编制情况的调研，为市十五届人大七次会议审议通过《海口市第十三个五年规划纲要（草案）》打好基础；加强对政府全口径预算的审查工作，确保全口径预算首次顺利在七次代表大会上审议；对2015年海口市和市本级公共财政与政府性基金预算调整方案（草案）进行审查；对《关于海口市2015年上半年国民经济和社会发展计划执行情况的报告》《关于2014年海口市市本级财政决算及2015年上半年财政预算执行情况的报告》进行审查并提出审查报告；督促市政府及其部门整改落实《关于2014年度海口市本级预算执行情况及其他财政收支的审计工作报告》中披露出的存在问题；完成《海口市电梯安全管理若干规定》《海口市政府债务管理条例》《海口桂林洋经济开发区管理条例》的立法调研工作。

视察与调研

【人大代表视察】2015年9月24日，海口市人大常委会组织104名省、市、区三级人大代表分4个小组分别视察秀英、龙华、琼山、美兰区“门前三包”责任制落实情况。为发挥人大代表参与“双创”的积极性，10～12月，市人大常委会将市人大代表分成8个代表小组，由市人大常委会主任会议成员和各区人大常委会主任担任召集人，共362人次每周分批对占道经营、“六小”行业、农贸市场、“三无小区”、城乡环境卫生、电动自行车、违法建筑等情况开展视察，现场提出整改建议，现场督促落实。12月8～10日，市人大常委会组织驻市的全国、省和部分市人大代表共103人开展集中视察活动，视察代表分为4个小组，采取听取汇报、召开座谈会、实地走访及现场查看等方式，深入了解“双创”工作中基础设施建设情况、省市重点项目建设和推进情况、市政府2015年为民办实事落实情况以及道路交通秩序整治等工作情况。

【专题调研】2015年，海口市人大常委会主要调研课题有：（1）开展海口市“十二五”规划完成和“十三五”规划纲要编制情况调研，提出“调整结构，培育新的经济增长点；研究对策，积极应对经济下行压力；加快改革，充分激发经济社会发展的活力；多规合一，全面优化空间布局；创新发展，实施科教强市和人才强市战略；协调发展，实现城乡面貌大变样；绿色发展，构建美好家园；开放发展，积极参与海上丝绸之路建设；共享发展，全面推进社会建设；统筹兼顾，科学合理设定‘十三五’

2015年7月22日，海口市人大常委会副主任郑国建（左一）调研海口市台资企业发展情况。（陈娜 摄）

规划指标”等建议。（2）开展海口市贯彻实施《中华人民共和国人民防空法》及《海南省实施〈中华人民共和国人民防空法〉办法》情况调研，提出“加快人防建设步伐，促进地下空间开发利用；加强对现有人防工程的安全检查与监督管理；严格执法，确保人防工程质量”等建议。（3）开展海口市台资企业发展情况调研，提出“高度重视台资企业发展；优化投资软环境；加大对台招商引资力度；强化台资企业合法权益保障工作”等建议。（4）开展海口地区少数民族流动人口服务管理情况调研，提出“提高思想认识，加强宣传引导；建立联席会议制度和预警机制；依法管理和强化服务工作相结合”等建议。（5）开展闭会期间代表小组活动调研，提出“加强学习培训，增强制度自信；建立工作制度，严格活动规范；创新方式方法，提高活动质量；重组专业小组，充分发挥作用；加强沟通协调，搞好服务保障”等建议。（6）开展东寨港红树林湿地保护管理情况调研，提出“建立机制，理顺关系，制定政策，加快转产就业和安置工作进程；保护优先，合理开发，强化管理，注重科研；严格执行规划，加快土地处置；继续开展生态环境保护宣传教育，营造良好的保护氛围”等建议。（7）开展海口市简政放权工作情况调研，提出“深化改革、重点攻坚，认真抓好简政放权工作；合理配置市、区政府的行政职能和管理权项；系统全面推进工作创新”等建议。

（陈　娜）

（编辑：陈清海）

海口市人民政府

市政府主要会议

【市政府十五届第七次全体（扩大）会议】2015年1月29日在市第二行政办公区7号楼第二会议室召开，会议由市委副书记、市长倪强主持。共75人参会。会议审议并表决通过《2015年政府工作报告（送审稿）》《关于海口市2014年国民经济和社会发展计划执行情况与2015年国民经济和社会发展计划草案的报告（送审稿）》《2014年海口市和市本级预算执行情况及2015年海口市和市本级预算草案的报告（送审稿）》。

【市政府十五届第八次全体（扩大）会议】2015年3月23日在市第二行政办公区综合楼3楼多功能厅召开，会议由海口市委副书记、市长倪强主持。共99人参会。会议审议《海口市2015年政府主要工作任务责任分解表》。会上，倪强与各副市长、4个区现场签订2015年工作目标责任书；常务副市长袁光平与部门代表（市发改委）签订2015年市本级部门预算支出责任书；各副市长与分管口部门代表现场签订2015年党风廉政建设责任书、2015年部门工作目标责任书；各副市长与项目责任单位现场签订2015年政府投资项目工作目标责任书及推进省重点项目建设责任书。

【市政府十五届常务会议】2015年，海口市政府在海口行政中心7号楼第三会议室召开第十五届第37～49次常务会议，会议由市长倪强主持。

第37次会议　1月22日召开。副市长袁光平、蒙国海、朱永盛、鞠磊、李杰、孙世文、任清华、巴特尔，海口警备区政委涂永革出席会议。会议讨论《2015年政府工作报告（征求意见稿）》，审议并原则通过《海口市气象灾害防御管理办法（草案）》。

第38次会议　1月27日召开。副市长袁光平、蒙国海、朱永盛、鞠磊、李杰、任清华、巴特尔，海口警备区政委涂永革出席会议，市政协副主席林道本列席会议。会议审议并原则通过《海口市2015年政府投资项目计划》《海口市2015年为民办实事事项》，研究完善《海口市2014年国民经济和社会发展计划草案的报告》《2014年海口市和市本级预算执行情况及2015年海口市和市本级预算草案的报告》。

第39次会议　2月26日召开。副市长袁光平、蒙国海、朱永盛、鞠磊、李杰、孙世文、任清华、巴特尔，海口警备区政委涂永革出席会议。会议审议并原则通过《海口市政府项目拍卖整改工作原则》。

第40次会议　4月23日召开。副市长袁光平、蒙国海、李杰、孙世文、任清华、巴特尔，海口警备区政委涂永革出席会议，市政协副主席叶霞列席会议。会议审议并原则通过《海口市人民政府2015年度制度建设（立法）计划（草案）》《海口市行政审批制度改革第三批便民服务措施》《关于进一步规范购房入户条件的实施意见》《海口市人民政府关于废止〈海口市城市户外设置物管理办法〉的决定（草案）》，讨论并原则同意市公安局《关于台风“威马逊”灾后交通设备设施抢修重建项目资金支付问题的请示》。

第41次会议　6月2日召开。副市长袁光平、蒙国海、鞠磊、李杰、巴特尔，海口警备区政委涂永革参加会议，市政协副主席林甫肄列席会议。会议研究海口市中央投资项目的整改建设等情况，审议并原则通过《中央投资未开工项目整改情况报告》《海口市房屋租赁管理条例（修订草案）》，要求有关部门根据各方面的意见尽快修改后提交市人大常委会审议。会议还审议并通过市监察局起草的《关于建议对新埠岛供水工程项目涉及相关部门工作人员进行问责的报告》《关于对司马坡岛文体运动基地高尔夫球场违规建设问题相关责任人处理建议》。

第42次会议　6月29日召开。副市长袁光平、蒙国海、朱永盛、鞠磊、巴特尔，海口警备区政委涂永革出席会议，市政协副主席林道本列席会议。会议审议并原则通过《关于推进简政放权职能转变工作情况》《海口市促进互联网产业发展若干意见（审议稿）》《海口市扶持和服务金融业发展的若干意见（审议稿）》《海口市人民政府关于废止保留调整政府规范性文件的决定（草案）》，研究如何加快推进棚改等事项。

第43次会议　7月10日召开。副市长袁光平、巴特尔、蒙国海、朱永盛、鞠磊、孙世文、任清华出席会议，市政协副主席蒙晓灵列席会议。会议审议并原则通过《海口市民政局关于提高我市城乡居民最低生活保障标准的请示》《海口市主城区个人住宅规划建设管理办法》《海口市公共用地地下空间开发利用管理办法（草案）》，研究其他事项。

第44次会议　8月19日召开。副市长袁光平、巴特尔、蒙国海、朱永盛、鞠磊、孙世文、任清华，海口警备区政委涂永革出席会议。会议传达全省深入推进“多规合一”工作电视电话会议精神，并进一步细化和部署刘赐贵省长对各市县“多规合一”工作提出的十点要求。会议审议并原则通过《海口市人民政府 海航集团有限公司合作协议》《南渡江引水工程PPP招标实施方案及招标文件的报告》，审议《“天网”二期项目有关事项》。

第45次会议　8月25日召开。副市长袁光平、巴特尔、蒙国海、鞠磊、孙世文、任清华出席会议，市政协副主席丁竹列席会议。会议审议并原则通过《海口综合保税区管理委员会关于加快推进融资租赁业发展的措施》《海口12345市政府热线管理办法》。审议通过海口市民政局《关于设立“海口慈善日”的建议（草案）》，并要求修改后形成议案提请市人大常委会进行审议。

第46次会议　9月30日召开。副市长袁光平、巴特尔、朱永盛、鞠磊、孙世文、任清华出席会议，市政协副主席叶霞列席会议。会议审议并原则通过《海口市人民政府关于进一步下放行政管理事项的决定（草案）》《海口市环卫综合一体化PPP项目实施方案（琼山区试点）》《海口市人民政府与阿里巴巴（中国）有限公司战略合作协议》《关于组建海口投资管理有限公司的请示》《海口市白沙门污水处理厂污泥处理处置协议》《海口市快速路网骨干工程海秀快速路（一期）融资建设、移交及回购合同补充协议（三）》，研究其他事项。

第47次会议　10月20日召开。副市长袁光平、朱永盛、鞠磊、孙世文、任清华参加会议，市政协党组成员温精华列席会议。会议审议并原则通过《海口市促进互联网产业发展若干措施的实施细则》《关于筹建海口市公共资源交易中心（海口市政府采购中心）工作实施方案》《海口市“天网”二期项目PPP模式实施方案》《关于组建海口市菜篮子集团有限公司的请示》《关于设立海口市城乡发展基金的请示》《海口市五源河森林湿地综合整治项目合作协议》，研究其他事项。

第48次会议　11月12日召开。副市长袁光平、蒙国海、鞠磊、孙世文、任清华出席会议，市政协副主席蒙晓灵列席会议。会议审议通过稳增长、谋发展的政策措施，研究2015年稳增长的措施，审议并原则通过《海口市促进电子商务发展扶持若干措施（试行）》《关于促进我市房地产业稳增长的实施意见》《海口市政府购买服务管理暂行办法》《海口市2016年省重点项目投资计划》《海口市现代服务业综合试点海南广告园区政策补助资金使用办法》，审议并原则同意市财政局原先报市政府审定后提请市人大常委会审议的《2015年海口市和市本级公共财政与政府性基金预算调整方案（草案）》，研究2016年谋发展事项。

第49次会议　12月8日召开。副市长袁光平、巴特尔、朱永盛、鞠磊、孙世文、任清华参加会议。会议审议并原则通过《海南省海口市人民政府 中国农业发展银行海南省分行战略合作框架协议》《海口市城市管理综合行政执法条例（草案）》《海口市爱国卫生管理办法（草案）》《海口市农贸市场建设改造工作实施方案》《海口市公共租赁住房保障管理办法》《海口市公共租赁住房 经济适用住房 限价商品住房保障标准（草案）》《关于合作发展海口市体育产业的战略合作协议》《海口市园林管理局 海南文昌碧桂园房地产开发有限公司合作框架协议书》《海口市餐厨废弃物管理暂行办法》《海口市餐厨垃圾和粪渣无害化处理PPP项目实施方案》《海口市人民政府海马投资集团有限公司战略合作框架协议书》《海口临近空间产业园项目合作框架协议》《海口国家高新技术产业开发区年产10万辆电动汽车项目合作框架协议》等一批事关民生和“双创”的政策文件。会议要求，对《海口市城市管理综合行政执法条例（草案）》《海口市爱国卫生管理办法（草案）》做进一步修改完善后提交市人大常委会审议。

市政府办公厅工作

【市政府办工作概况】2015年，海口市政府办公厅优化公文办理机制，完善公文运转标准程序，减少流转环节，提高办理时效，全年收文1.59万件，发文1761件。协调举办展会169场（次），协调召开市政府全体会议2次、市政府常务会议13次等会议140多次。针对市委市政府中心工作协调组织市政府领导深入开展调研，提出一系列事关全市的战略性、前瞻性的意见建议和政策措施。全面推进政府信息公开，按照公开为原则、不公开为例外的要求，扩大政务信息公开，保障公众知情权和话语权，在市政府门户网站公开信息4.01万条。责任分解承办的696件省市人大代表建议、政协委员提案，办理满意率和基本满意率100%。报道市政府常务会议14次、调研重大活动40次，协调召开政府新闻发布会28场次，在中央和省市党报党刊刊播正面报道600多篇（条）。办结市长信箱和群众来信306件。

【政务督查】2015年，海口市政府办公厅把抓落实放在更加突出的位置，加强市政府文件、会议议定事项、市委和市政府领导批示及交办事项的督办落实，加大对省市为民办实事的跟踪督办力度，着力抓好稳增长、促改革、调结构、惠民生政策措施和重点项目的督查督办，确保经济发展各项指标、深化改革各项任务、民生保障各项政策的顺利实施。分解立项和挂牌督办2015年省委省政府10项为民办实事事项、海口市牵头的省重点工作、市委市政府10类24项为民办实事事项、《政府工作报告》中确立的170项重点工作。跟进督办市政府常务会议议定事项、市政府专题会议议定事项和书记市长312件批示件、25件交办件。完善市政府部门绩效考核评估办法，全面审核55家单位年度职能目标，抓好日常督办。编印《督查通报》，每月向市政府领导报告督查情况，提出工作建议。开展“重点项目督查月”、政府投资项目“百日大会战”专项督查活动，跟进督办省为民办实事事项5项、市为民办实事事项7项提前完成任务。

【政务公开】2015年，海口市政府办公厅及时公开《2014年海口市政府信息公开年度报告》，印发《海口市2015年政府信息公开工作要点》，组织举办政府信息公开工作培训班。落实《政府信息公开条例》和省政府信息公开工作要求，在市政府门户网站公开信息4.01万条，其中，发布政府职能相关政府信息15类3736条，行政法规、规章和规范性文件类108条；国民经济和社会发展规划、专项规划、区域规划类13条；国民经济和社会发展统计信息类76条；财政预算、决算数据类235条；公务接待支出、车辆购置及运行支出、出国（境）经费支出等数据类235条；行政事业性收费的项目、依据、标准类27条；政府集中采购项目的目录、标准及实施信息类607条；行政许可的事项、依据、条件、数量、程序、期限以及申请行政许可需要提交的全部资料目录及办理情况信息类968条；重大建设项目的批准和实施情况信息类45条；扶贫、教育、医疗、社会保障、促进就业等方面的政策、措施及其实施情况类777条；突发公共事件应急预案、预警信息及应对情况信息类12条；环境保护、征地拆迁、公共卫生、安全生产、食品药品、产品质量和价格的监督检查情况信息类116条；政府信息公开指南类87条；回应社会关切，在重大突发事件中发布权威的政府信息类9条。正式开发运营海口市党政微博微信平台“海口发布”，公开政府信息426条，其中政务微博公开政府信息289条，政务微信公开政府信息137条。在市图书馆、市档案局等公共场所建成全市政务信息资源共享交换平台，免费向市民开放。主导编印《海口市人民政府公报》12期，公开市政府、市政府办公厅颁发的法规规章、制度、决定、决议以及有关人事任免事项，扩大公众知情权和参与权。

【重点项目协调推进】2015年，海口市政府办公厅围绕“稳增长、促改革、调结构、惠民生”总基调，发挥桥梁纽带作用，统筹协调推进重点项目建设。主要统筹协调事项：协调相关部门就统筹城乡发展、加快经济转变方式、“双创”工作模式等进行深入研究，推进南渡江流域土地整治、10个特色小镇建设、灵山镇等棚户区改造、美兰机场二期扩建和南渡江引水工程按时开工等重点项目建设和3个重点领域改革的稳步推进。

【综合协调服务】2015年，海口市政府办公厅统筹安排市领导深入基层调研、参加重要活动、出席重要会议，协调推动政策落地，印发《海口市人民政府办公厅关于印发我市行政审批制度改革第三批便民服务措施的通知》及《海口市人民政府关于取消和调整非行政许可审批事项的决定》《海口市人民政府关于进一步下放行政管理事项的决定》等一批规范性政策性文件，推进16项便民服务措施落地，依法下放行政管理事项37项，取消非行政许可审批事项10项，调整管理方式的非行政许可审批事项32项。印发《〈海口市“多规合一”改革实施方案〉等3项任务细化分解表的通知》，推进重点领域改革。协调举办2015年第八届环海南岛国际公路自行车赛、世界女子高尔夫锦标赛、海口国际沙滩马拉松赛和富力马拉松赛、环海南岛国际大帆船赛等重大体育比赛和“2015年中国文化产业博览会”等展会169场（次）。协调做好国务院教育督导委员会专项督查、省海岸带保护与开发专项检查与整改。协调市领导参加厦门经贸洽谈会等重要政务、商务活动，推进海口市与兄弟城市的政务、商贸往来，促进一批投资项目落地。

【调查研究】2015年，海口市政府办公厅围绕政府工作重点、社会关注焦点、基层反映热点、群众反映难点问题，协调市领导深入一线、深入基层开展调查研究，使政府出台的各项政策措施更加接地气、惠民生、促发展。实施“重点项目推进月”“互联网+”“投资项目百日大会战”“双创”模式等系列调研活动，统筹安排市政府领导围绕重点项目、互联网小镇等项目建设，就统筹城乡发展、保障改善民生、“多规合一”、培育十二大产业、城市综合管理、扶贫解困、“十三五”规划等问题进行深入调查研究，推动《海口市促进互联网产业发展若干措施的实施细则》等政策出台。落实《海口市人民政府办公厅领导干部调查研究制度》，结合工作实际，领导班子深入一线开展调查研究，掌握一手资料，为市政府领导提供一批了解情况有广度、分析问题有深度、对策措施有力度的调研报告，提出一些新的工作思路和工作举措；对一些事关全局的战略性、前瞻性问题超前进行研究和预测，形成比较成熟的意见和建议，确保调研成果来源实践，服务群众。深入市政府领导扶贫联系点调查研究，广泛听取意见建议，协调制定发展规划、调整农业产业结构、落实项目经费、改善生产生活设施，扶贫帮困取得明显成效，9个扶贫联系点全部脱贫。

【公文办理】2015年，海口市政府办公厅严格落实《党政机关公文处理工作条例》，修改完善《海口市人民政府办公厅公文办理规程》。完善公文运转标准程序，提高办理时效。明确收文分工，实行“对口收办”，减少流转环节，3个工作日内办结率为65%，7个工作日内办结率为80%。全年收文1.59万件，办结率91.73%。加强公文督办，及时编发超时公文催办短信，制发超时公文未办提示，督促加快公文流转。严格公文制发审核把关，从严控制发文数量和规格，全年发文1761件，同比有较大幅度上升。落实规范性文件制发程序，原则上未经法制部门审核不提交市政府常务会议审议，协调举办1期规范性文件报备业务培训班。加强公文处理工作培训指导，定期编发公文处理情况通报，举办公文基础知识、公文写作能力专题讲座15场次。

【会务工作】2015年，海口市政府办公厅制定并印发《海口市人民政府办公厅关于规范市政府会议请假制度的通知》《海口市人民政府办公厅关于规范会议工作有关事项的通知》等一系列制度性通知，协调规范市政府各类会议的组织程序，提高议事效率。完善市政府常务会议议题调度机制，加强会议材料审核，对市政府全体（扩大）会议、市政府常务会议等高规格会议，做好会议决策前的各项准备工作，从源头上确保会议效率。加强以市政府名义召开会议的计划管理，推行“多会合一”。合理设计会议议程，严格控制会议数量、规模、时间和参会人员。会后及时撰写会议纪要，分解任务，明确责任分工，确保决策落地。全年协调召开市政府全体会议2次、市政府常务会议13次、市长碰头会议23次，市政府专题会议60次及其他各类会议40余次。

【建议提案办理】2015年，海口市政府办公厅对政府系统承办的人大代表建议和政协提案，建立责任分解、定期调度、绩效评估、全程监督的办理机制。季度向市政府报告，推动解决重点、难点、焦点、热点问题，提高建议提案落实率和代表委员满意率。责任分解承办的696件省市人大代表建议、政协委员提案，交由各责任单位办理，办复率100%。要求承办单位做到办前联系沟通、办中征求意见、办后跟踪回访，建议办理满意率和基本满意率均100%。海口市政府办公厅适时向市人大、政协汇报督办情况，接受监督、赢得理解和支持。

【新闻报道】2015年，海口市政府办公厅规范涉及市政府和市政府领导的新闻报道，协调做好市政府重要会议、重大活动的新闻报道，全年报道市政府常务会议14次，调研重大活动40次，协调召开政府新闻发布会28场次，在中央和省市党报党刊刊播正面报道600多篇（条）。继续坚持走出去、请进来宣传推介海口，主动协调市委宣传部与厦门、贵阳兄弟城市进行互动交流采访。在《海南日报》《海口晚报》等省市主流媒体征集2015年度为民办实事事项意见建议140多条。及时与省有关平面媒体进行沟通协调，妥善处理“僵尸网站”等舆情。

【能源安全协调管理】2015年，海口市编制《海口市电力专项规划》《海口市加油气站布点专项规划》，协调推进新建住宅小区电力抄表到户、电力供应紧张季节有序用电工作，印发《海口市2015年有序用电方案》《海口市人民政府办公厅关于加强节约用电的通知》，协调推进输电变线路工程建设、工业企业用电和重大活动电力保障问题，为全市经济社会发展提供可靠的电力保障。

【值班工作】2015年，海口市政府办公厅严格执行应急值守工作规定，坚持24小时不间断值班，受理群众来电，耐心解答问题。做好重大节假日、重要时段的值班工作，确保联络畅通，重要紧急信息及时报送市政府领导。全年上传下达信息2026件次，零失误。专人值守市长信箱和承办群众来信，及时分办195件网络问政信件、326件群众来信，办结群众来信306件。

（肖文文）

人事工作

【人事工作概况】2015年，海口市人社部门推进事业单位聘用制度和岗位管理制度，规范事业单位人事管理，强化公开招聘计划报备制度，规范公开招聘程序；妥善处理专业技术岗位评聘矛盾问题，规范专业技术岗位内部等级任职条件。健全公务员考试录用和公开选调制度，坚持凡进必考，依法、公平、科学考录，坚持基层导向政策，优化公务员来源和经历结构，全年完成41家单位、61名公务员的公开招录。抓好公务员“四类”培训，加强乡镇、街道等基层公务员培训，继续开展公务员网络在线学习培训，培训人数8386人。更新维护2015年度公务员统计和公务员管理信息系统。推进机关事业单位工资收入分配制度改革，完善企业工资指导线和工资集体协商制度，形成823个通用性、可比性较强的工种（岗位）工资指导价位。完成85名营级以下军转干部安置。

【公务员招录与选调】2015年，海口市人社部门完成41家单位、61名公务员的公开招录工作，审查3家单位面向全省公开选调5名公务员的工作方案，向省人社厅申报市房屋征收局作为“参照公务员法管理”的事业单位并获批。探索完善艰苦边远地区基层公务员招录工作。全年办理公务员调动80人、公务员转正定级和登记221人，办理政府任免手续23批次、135人。

【公务员培训】2015年，海口市人社

部门继续组织实施公务员网络在线学习培训，全市参训人数8386人，参训率99.1%，完成率96.2%。组织市行政机关143名新录用公务员参加初任培训；组织270人参加行政机关科级干部任职培训班。

【公务员考核与奖惩】2015年，海口市有113人获得年度考核嘉奖，19人记三等功。审核推荐全国交通运输、财政、国土资源系统等省部级先进个人和集体8个，推荐海南省第三届“人民满意的公务员”2名、“人民满意的公务员集体”1个。

【军转干部安置】2015年，海口市完成85名营级以下军转干部安置工作。发放338名企业军转干部慰问金28.46万元，267名困难企业军转干部生活补助523.7万元。缴纳45名困难企业军转干部五项保险费73.4万元。安置78名随军家属就业，支付2128名未就业随军家属社会保险补贴280万元；办理随军家属档案管理进中心134人，退出42人，共存随军家属档案1780份。接收56名自主择业军队转业干部的关系和档案，并为他们开具办理落户证明和办理社保卡相关事宜。至年底，市自主择业办档案室共存有1099名自主择业军队转业干部档案，共缴纳自主择业军队转业干部的医疗保险费795.09万元。

【工资福利】2015年，海口市人社局完成市企业工种（岗位）工资水平普查和抽样调查工作，形成823个通用性、可比性较强的工种（岗位）工资指导价位并向社会发布。完成市机关事业单位工作人员基本工资和津贴补贴调整及机关事业单位养老保险制度改革工作。启动海口市机关建立公务员职务与职级并行工作和国有企业负责人薪酬制度改革工作。

【事业单位人员管理】2015年，海口市共有19家事业单位、250个岗位的公开招聘，共对209家事业单位2706个岗位进行动态调整，对209家事业单位办理聘用合同变更备案手续，涉及备案人数1.58万人。编印《海口市事业单位公开招聘工作手册》，规范事业单位公开招聘程序。

【专业技术人员管理】2015年，海口市共有2.19万人参加专业技术人员在线学习。新增认定海南民生管道燃气公司、海口市120急救中心分别为海口市建设工程、医疗卫生系列专业技术人员继续教育基地。集中解决海口市22家工业企业64名专业技术人才落户所需的专业技术资格认证问题。推荐3名技术人员为“2015年百千万人才工程”国家级人选。

（冯　宁）

外事工作

【外事工作概况】2015年，海口市外事侨务办积极服务中央总体外交，进一步扩大海口对外交往，促进对外交流与合作，外事工作成效显著。圆满完成出席博鳌亚洲论坛2015年年会的其中两个政要团接待工作。接待43个外国来访团组200多人次。先后与韩国釜山海云台区、蒙古乌兰巴托市结为友好交流城市，国际友城增至30个。审核、审批公务出访总团组数32批77人次。市外事侨务办被中共海南省委办公厅、海南省人民政府办公厅评为“博鳌亚洲论坛2015年年会海南省服务保障工作先进集体”。

【外事接待】2015年，海口市外事侨务办按照外交部、省外事侨务办的安排，接待出席2015年博鳌亚洲论坛年会的荷兰首相马克·吕特代表团和卡塔尔第一副首相艾哈迈德·本·阿卜杜拉·马哈茂德代表团两个政要团。接待任务包括政要团成员出席论坛年会开幕式、习近平主席国宴、与习近平主席双边会见和与其他外国政要及中外企业代表会见等活动。全年共接待43个外国来访团组200多人次。

【国外重要代表团来访接待】接待各国使领馆代表团：2015年1月5日，印度驻广州总领事高志远（Mr. K. Nagaraj Naidu）来访，就推动建立海口—帕纳吉友好城市关系进行会谈；3月12日，来琼参加2015年世界女子高尔夫锦标赛的外国嘉宾芬兰驻华大使古泽森（Jari Gustafsson）、泰国驻广州总领事梅碧珍（Suphatra Srimaitreephithak）和马来西亚驻广州总领事木山利先生（Muzambli Markam）来访，探讨与海口在友城、经贸和旅游等领域的交流与合作；6月12～14日，越南、马来西亚、泰国、土耳其、斯里兰卡、巴西、印尼、伊朗、古巴、阿根廷、印度等国的驻华使领馆官员前来参加海南“21世纪海上丝绸之路”电影节暨第四届海口金岛音乐节，推进文化领域交流；6月15日，市长倪强会见来访的英国驻广州总领事卢墨雪先生（Mr. Matthew Rous）一行，双方就进一步加强海口与英国在各领域交流与合作交换意见；7月8日，副市长孙世文会见菲律宾驻广州总领事拉里·德哈达，此行是拉里·德哈达先生离任前对海口的告别拜访；8月26日，副市长孙世文会见韩国驻广州总领事黄淳泽一行，双方就海口与韩国在旅游、经贸和友城等领域交流与合作进行探讨；12月3日，副市长孙世文会见波兰驻广州总领事约恩娜·思珂切克女士，双方一致同意建立联络沟通机制，为双方企业考察投资搭建一个平台；12月8日，海南省省长刘赐贵和海口市委书记孙新阳会见参加第八届“海口—东盟国家驻广州总领馆交流对话会”的东盟驻广州总领事代表团。接待国外商务考察合作团和友好交流访问团：7月27日，市长倪强会见来访的世界自然保护联盟（IUCN）主席章新胜一行，双方就该组织将于10月17～21日在海口市举办全球理事会一事交换意见；7月30日，市委书记孙新阳会见前来海口参观考察的韩国21世纪韩中交流协会

2015年7月30日，海南省委常委、海口市委书记孙新阳（右）会见前来海口参观考察的韩国21世纪中韩2015年交流协会会长金汉圭。（谢江波 摄）

2015年11月9日，海南省委常委、海口市委书记孙新阳（右）会见澳大利亚威秀集团罗伯特·科比。（蒋团冀 摄）

2015年11月19日，海口市委副书记、市长倪强（右）会见英中贸易协会（CBBC）总裁傅仲森。（蒋团冀 摄）

会长金汉圭，就农业、教育、养老等领域的交流与合作交换意见；11月9日，市委书记孙新阳会见前来参加观澜湖新城“海口狂野水世界”项目开工仪式的澳大利亚威秀有限公司联席执行董事长及联席首席执行官罗伯特·科比一行；11月19日，市长倪强会见前来参加在海口举办的“中英建筑论坛”英中贸易协会（CBBC）总裁傅仲森一行；11月28日，常务副市长袁光平在海口与韩国济州道知事元喜龙餐叙，双方就加强旅游、足球、文化等方面的交流合作展开探讨；12月14日，市长倪强会见到访的西门子执行副总裁雅祺山及其合作伙伴（中国铁建海南指挥部、中国中车集团株洲电力机车公司）一行12人，双方就海口市交通运输及其他领域的合作进行交流探讨。

【重大对外交流活动】2015年6月，海口市外事侨务办配合有关部门，邀请马来西亚、泰国、土耳其、巴西等8个国家驻广州总领馆总领事及官员出席在海口举办的2015海南“21世纪海上丝绸之路”电影节暨第四届海口金岛音乐节的一系列活动，加深驻广州总领馆总领事及官员对海南文化的了解，支持海口市“21世纪海上丝绸之路”战略支点城市建设。10月19日，海口市与世界自然保护联盟（IUCN）共同举办以“生态城市和可持续发展”为主题的经验交流会。11月20日，与英中贸易协会（CBBC）联合在海口举办“中英建筑论坛”。12月8日，第八届“海口—东盟国家驻广州总领馆交流对话会”在海口香格里拉大酒店举行，新加坡、泰国、越南、老挝、马来西亚、印尼、菲律宾驻广州总领事和柬埔寨驻广州副领事出席会议并与来自海口地区的50多家企业进行互动交流。

【涉外签证审批】2015年，海口市外事侨务办邀请来自美国、英国、波兰等38个国家的人员来海口市进行教育、经贸、文化等活动，共签发被授权单位邀请函37份、53人次，支持市高新技术设备出口、药物研发和海外旅游市场的成功拓展。

【引智项目申报】2015 年，海口市获国家外专局立项批准引智项目有 4 个，同意资助外国专家 8 人次。4 个引智项目分别是海南兰地高科公司申报项目《液态蛋酵素分离提取技术引进与应用》、海口市人民医院申报的《引进以色列创伤专家和技术构建区域性创面修复中心》《对诊治小儿睡眠呼吸暂停综合征的技术引进》和海南聚兰花卉有限公司申报项目《海口热带兰优良品种繁育与生产示范》。10 月底，海南双成药业股份有限公司、海南天涯社区等 7 个单位申报 2016 年引智项目计划，拟聘专家 65 人次，申请经费 267.6 万元。

【出国（境）培训】2015 年，海口市外事侨务办共审核报批、选派 27 人次参加 17 个出国（境）培训团组赴国（境）外培训。其中，选派 14 名骨干人员参加省外侨办组织的“城市服务与管理”（赴新加坡）、“新乡村运动”（赴韩国）、“一村一品”（赴日本）、“海岸环境保护与低碳旅游”（赴丹麦）、“精致农业与农产品”（赴中国台湾）、“生态风情小镇规划与建设”（赴英国）、“外事侨务干部素养与执行力提升”（赴加拿大）等专题培训。

【海外高层次人才引进】2015 年 7 月 7 日，海口市外事侨务办与市人才办在海口市第二行政办公区举办引进海外高层次人才申报介绍会，有 9 人申报。这是海口市首次针对引进海外高层次人才的申报工作。会后，9 名申报人员作为首批“椰城海高计划”候选人呈报市人才办评审。11 月，市外事侨务办组织开展 2015 年度柔性引进海外高层次人才实施项目申报工作，海南天涯在线、海口市人民医院、海南海灵化学制药有限公司等 8 家申报单位柔性引进 8 名专家，服务海口市互联网、医药、医疗、教育等领域，开展决策咨询、课题研究、教育、医疗服务等活动，市人才办审批拨付经费 24 万元。

【外国专家管理与服务】2015 年，海口市外事侨务办先后受理《外国专家证》及外国专家来华工作许可证的申办件 27 个，协助有关单位引进国外专家 13 人。4 月以来，先后邀请 Glyn David、David Tottman、Elisabeth Alsop、Elisabeth Kinderlen、Nick Kong、Kay、Matt 等外国友人前来海口市讲学，主题涵盖外国人看“一带一路”、教你学打高尔夫、从家庭教育看中美文化差异、外国友人志愿推广员如何致力推介海口、在海口创业故事、借鉴国际经验助推海口“双创”等。2 月 6 日晚，举办首次骑楼英语沙龙活动，有 30 多名来自各行各业的英语爱好者和旅居及工作在海口的外国友人参加。截至 12 月 31 日，英语沙龙举办 14 期。“海口骑楼英语沙龙”是为整合资源搭建起海口地区外国友人、留学归国人员、英语爱好者交流沟通的平台，地址在海口市博爱路老街水巷口泰和丰三楼骑楼侨文化展示厅。

【外国友人体验海口活动】2015 年 9 月 13 日，海口市外事侨务办分别在“双创”包点社区——滨江街道博桂、东门社区举行外国友人体验海口系列活动之“海口‘双创’活动——外国友人与我同行”。来自 20 多个国家和地区的近百名外国友人在参观五公祠后，参加社区义务劳动以及“‘双创’活动——我知晓、我参与、我奉献”签名活动。11 月 20 日，组织海口地区的 10 多名外国友人志愿者在城西路等主要干道进行交通文明疏导活动，引导市民参与“双创”的自觉性与积极性。开展“双创”活动以来，得到外国友人的支持并收到建议意见 10 多条。

【公务出访管理】2015 年，海口市外事侨务办共审核、审批公务出访总团组数 32 批 77 人次，较上年 38 批、79 人次相比分别下降 15.79%和 2.53%。拒批、劝退及未成行出访团组 13 批、18 人次，较上年的 11 批、16 人次相比，分别增长 18.18%和 12.5%。

【友好城市工作】2015 年，海口市与韩国釜山海云台区、蒙古乌兰巴托结为友好交流城市。截至 12 月 31 日，海口市已与 26 个国家 30 个城市结好。年内，开展形式多样的友好活

2015 年 12 月 8 日，海口市委副书记、市长倪强（右）会见新加坡驻广州总领事罗德伟。
（蒋团冀　摄）

海口市人民政府

动，加强与已建友城在经贸、文化和教育等领域的交流和合作。1月5日，印度驻广州总领事高志远（Mr. K. Nagaraj Naidu）先生来访，就推动建立海口—帕纳吉友好城市关系与海口市进行会谈。2月13～15日，美国凤凰城举办中国展览周，海口市与美国友城斯科茨代尔市联合设展，海口参展的有画册《梦海口》、城市宣传片《Haikou，Hi Cool!》和《约定海口》、椰雕礼盒《好事成双》、海口书签、海口城市徽标、旅游宣传册等。2月28日，海口经济学院首批6名交换生抵达新西兰北方理工学院（在友城旺阿雷市），开始为期半年的交流学习培训。年内，新西兰北方理工学院为推动与海口经济学院互换留学生项目及开拓观澜湖、海口旅游职业学校合作项目3次到访海口市。5月27日至6月2日，海口市友城美国斯科茨代尔市高中学生代表团一行13人应邀到海口市进行为期一周的游学交流访问。期间，代表团到海南华侨中学、海南中学，与两校高中学生在课堂上积极交流中美教育理念，参观海口市各大旅游景点及周末英语沙龙。8月29～30日，市长倪强借率团出访伊朗参加第五届亚洲市长论坛（AFM）执行局会议之机，访问友城伊朗加兹温市，并与市长马肃得签署双方加强在经济、文化、旅游等领域发展及联合举办海上丝绸之路市长论坛的备忘录。9月16～25日，市外事侨务办主任韩斌率团出访韩国、蒙古，其间代表海口市分别与韩国釜山海云台区及蒙古乌兰巴托市结为友好交流城市；10月31日至11月2日，市外事侨务办派员出访澳大利亚参加“第十三届世界海南乡团联谊会”，其间应达尔文市市长卡特里娜的邀请访问达尔文市，共同庆祝海口市与达尔文市结好25周年。10月，派员参加在中国浙江义乌举行的“第十七届中日韩友好城市大会”。11月，澳大利亚达尔文中学一行4人前来海口市与市侨中、市一中学生交流。10月22～23日，市外事侨务办派员参加由中国人民对外友好协会与美国国际姐妹城协会在美国芝加哥共同举办“2015中美友城大会”。

2015年海口市国际友好城市一览表

序号	友城名称	所在国家	结好时间	关系类别
1	达尔文市	澳大利亚	1990年9月5日	友好城市
2	柏斯市	英国	1992年2月3日	友好城市
3	圣纳泽尔市	法国	1992年6月27日	友好城市
4	俄克拉荷马市	美国	1992年11月20日	友好城市
5	桑给巴尔市	坦桑尼亚	1997年10月30日	友好城市
6	东海市	韩国	2006年4月1日	友好交流城市
7	格丁尼亚市	波兰	2006年4月24日	友好城市
8	维多利亚市	塞舌尔	2007年7月25日	友好城市
9	弗拉基米尔市	俄罗斯	2007年9月26日	友好交流城市
10	法鲁市	葡萄牙	2008年5月12日	友好交流城市
11	伊利乔夫斯克市	乌克兰	2008年9月19日	友好交流城市
12	库里蒂巴市	巴西	2008年9月22日	友好交流城市
13	法尤姆	埃及	2008年11月13日	友好交流城市
14	大雅台市	菲律宾	2009年11月21日	友好交流城市
15	檀香山	美国	2009年12月21日	友好交流城市
16	斯科茨代尔市	美国	2010年3月22日	友好交流城市
17	甲美市	泰国	2010年4月7日	友好交流城市
18	纳奈莫市	加拿大	2010年9月20日	友好交流城市
19	安塔利亚市	土耳其	2010年11月22日	友好交流城市

续表

序号	友城名称	所在国家	结好时间	关系类别
20	比萨省	意大利	2010 年 11 月 25 日	友好交流城市
21	阿雅克肖市	法国	2011 年 7 月 8 日	友好交流城市
22	罗斯托克市	德国	2011 年 12 月 15 日	友好交流城市
23	马六甲市	马来西亚	2012 年 8 月 16 日	友好交流城市
24	莫丁市	以色列	2013 年 5 月 23 日	友好交流城市
25	奥兰岛	芬兰	2013 年 6 月 12 日	友好交流城市
26	旺阿雷市	新西兰	2014 年 6 月 11 日	友好交流城市
27	沃特福德市	爱尔兰	2014 年 6 月 20 日	友好交流城市
28	加兹温市	伊朗	2014 年 10 月 12 日	友好交流城市
29	海云台	韩国	2015 年 9 月 21 日	友好交流城市
30	乌兰巴托市	蒙古	2015 年 9 月 23 日	友好交流城市

侨务工作

【侨务工作概况】2015 年，海口市外事侨务办开展侨务公共外交，不断扩大海外联谊，主动服务侨资企业，着力解决涉侨民生问题，先后接待海外华侨华人社团 40 多个 800 多人次，推动“世界华侨华人交流中心”（海口国家侨务交流示范区）项目建设，成立第三届“海口市海外智囊团”，为 830 多名符合条件的归侨退休职工办理生活补贴，为 318 名符合条件的无固定收入困难归侨发放生活补贴。海口市龙华区滨海新村社区被国侨办授予“全国社区侨务工作明星社区”。

【海外联谊】2015 年，海口市外事侨务办开展侨务公共外交工作，拓宽海外联谊渠道。（1）侨务接待。先后接待中国香港、澳门地区及新加坡、马来西亚、泰国、日本、荷兰、法国、美国等 40 多个海外华侨华人社团、考察团 800 多人次。主要团组有：国务院港澳办和香港中联办联合组织的香港公务员工会骨干团、新加坡海南协会代表团、泰国海南会馆代表团、省政协第六届三次会议的港澳地区委员代表团、澳门琼州联谊会代表团、省驻香港海外高层次人才联络站组织的全球创新创业投资项目考察团、泰国九属会馆荣誉首长会代表团、香港福建同乡会代表团、香港海南协会会长代表团、邵方逸华女士、曾荫权夫妇及香港邵逸夫基金会代表团和海外华文媒体高层人士赴海口代表团等；接待“海口市海外智囊团”成员马来西亚东岭集团主席陈群川，香港侨界社团联会永远名誉会长、海南通澳集团总裁钟保家，美国硅谷盛德国际律师事务所合伙人林亚波，深圳海南商会会长符雄和执行副会长吴再，博鳌亚洲论坛秘书长周文重，博鳌亚洲论坛研究院执行院长姚望，中远集团博鳌公司总经理陈丕森，菲律宾知名华商、上好佳（国际）公司董事长施恭旗及其子施学理（上好佳中国公司董事长），澳门万国控股集团主席刘雅煌，知名学者、新加坡国立大学东亚研究所所长郑永年教授，法国华人进出口商会名誉会长蒋景深，泰国韩氏祖祠理事长韩基定，港区省级政协委员联谊会秘书长黄华康，香港海南社团总会常务副会长、香港南洋国际物流集团有限公司总裁蔡敏，荷中友协鹿特丹分会副会长黄敦品先生，日本海南总商会会长符明潮和捷丰集团主席、香港上海浦东联会会长姚征先生及夫人汪伊芬等。（2）侨务出访。1 月，市外事侨务办主任韩斌率团赴泰国出席泰国华人青年商会第八届执行委员会就职典礼，拜访泰国前副总理、泰中友协会长功·塔帕朗西。7 月 26 日，应泰国海南会馆的邀请，市外事侨务办派员赴泰国参加泰国海南会馆第三十三届理事长陈文秋就职典礼。9 月，海口市高新区副主任李冬青率团赴印尼巴厘岛参加“第十三届世界华商大会”；市外事侨务办应邀派员赴澳门参加澳门海南同乡总会成立 21 周年暨第九届理监事就职典礼活动；应香港海南协会的邀请，市外事侨务办副主任吴陟赴香港出席“香港海南协会第五届就职典礼”。10 月，市委书记孙新阳率团赴香港参加中国香港海口联谊会成立大会。在港期间，孙新阳拜会中联办副主任林武、香港特首梁振英，出席中国香港海口联谊会的成立大会和首届会董就职典礼，走访香港海南社团总会；市外事侨务办主任韩斌随省政府侨务联谊代表团赴悉尼参加“第十四届世界海南乡团联谊大会”开幕式。

【海外华裔青少年中国寻根之旅】2015 年 7 月，由国务院侨办文化司与省外事侨务办联合举办的“2015

年海外华裔青少年‘中国寻根之旅’夏令营—海南营暨北京集结营”暨“第十八届世界海南青少年夏令营”在海口开营。营员们在海南和北京学习中国历史文化知识及中国传统才艺课程，并与国内青少年学生联谊交流。12月，“2015年海外华裔青少年‘中国寻根之旅’冬令营—海南营”暨“第十九届世界海南青少年冬令营”在海口开营，来自马来西亚、新加坡、美国等国家的海外华裔青少年及海南大学生志愿者80余人开启寻根之旅。

2015年10月19日，海南省人大常委会委员、华侨外事工委主任王绥雄（右三）带队调研海口市台资企业——金德丰农业开发公司，海口市副市长孙世文（右二）陪同。（苏先智 摄）

【海外智囊团】2015年，海口市海外智囊团成员来访海口20多人次，提出意见和建议15条，内容涵盖互联网和高新技术、生物制药、医疗健康、经贸合作、低碳环保、国际交流、旅游、教育文化、“一带一路”和“双创”等领域。主要来访智囊团成员有：1月12日、6月10日的知名琼籍侨领、马来西亚东岭集团主席陈群川；2月11日的泰国艺宝集团董事长吴多祯；3月26日的怡海集团董事长王琳达和上好佳中国公司董事长施学理；3月29～30日，前来参加“华商领袖与华人智库圆桌会”的澳门万国控股集团主席刘雅煌和知名学者、新加坡国立大学东亚研究所所长郑永年教授；6月11日的港区省级政协委员联谊会秘书长黄华康；12月16日的捷丰集团主席、香港上海浦东联会会长姚征先生及夫人汪伊芬。12月24日，第三届“海口市海外智囊团” 成立。新一届海外智囊团成员从上届的53人增至60人（其中续聘上届成员29人，新聘成员31人），来自23个国家和地区，专业领域涵盖制造业、互联网、金融、商贸、房地产、教育文化、医疗健康、休闲旅游等。

2015年6月10日，海南省委常委、海口市委书记孙新阳（右）会见“海口市海外智囊团”主要成员、马来西亚东岭集团主席陈群川。（谢江波 摄）

【服务侨资企业】2015年，海口市外事侨务办慰问海南荣丰华文文化有限公司、骏文湖生态农业开发公司员工，调研海口观澜湖南洋街建设、红旗镇“世界华侨华人交流中心”（海口国家侨务交流示范区）项目；走访观澜湖集团、美联置业、海南荣丰华文文化有限公司等。协调各有关方面，推动“世界华侨华人交流中心”（海口国家侨务交流示范区）、中泰文化旅游度假区和海口观澜湖新城、海口观澜湖南洋街等项目建设。协助推进骏豪集团和广西龙象谷公司、澳大利亚威秀公司合作建设“海口狂野水世界”项目。12月8日，组织海口地区的50多家企业参加在海口香格里拉大酒店举行的第八届“海口－东盟国家驻广州总领馆交流对话会”。12月20日，组织市侨资企业参加在海口观澜湖旅游度假酒店举行的2015年“世界华商海口会议”。

【侨法宣传】2015年，海口市外事侨务办先后3次更新海口市各区“侨友活动中心”和万绿园、假日海滩、火山口世界地质公园等旅游景点的侨法宣传栏内容。4月29日，在龙华区玉沙村和琼山区云龙镇云阁村开展

"关爱工程－送温暖医疗"义诊活动暨侨法宣传活动。11月30日，配合和协助省外侨办开展"侨爱工程—送温暖医疗队"暨侨法宣传活动，深入龙华区滨海新村社区和市三江农场，开展送医送药、侨法宣传和为侨办实事等活动。

【涉侨民生服务】2015年，海口市外事侨务办继续组织实施"关爱工程"和"侨爱工程"，解决涉侨民生问题。依法为8名报考全国普通高等院校和16名报考高级中学的学生出具"三侨生"身份证明，为19名海外侨胞、归侨侨眷出具身份证明。为93名侨界学子发放"潘先钾、黄玉珍"基金奖（助）学金，推荐4名特困侨界高考毕业生申报省外侨办的助学金。为830名符合条件的归侨退休职工办理生活补贴，为318名符合条件的无固定收入困难归侨发放生活补贴。实施侨居工程，下拨2万元为4户困难归侨侨眷改造危房。春节前夕，市、区侨务部门共筹集资金约15万元，慰问救济离（退）休归侨知名人士、困难归侨侨眷近1000人。

【侨务信访】2015年，海口市外事侨务办依法依规协调处理侨商、归侨侨眷和海外华侨、港澳同胞来信来访85件（次），其中来信13件，来访72人（次），办结85件（次），办结率100%。主要有归侨王录文、侨胞张王春花以及香港同胞张佳等的信访件。

（罗文势）

行政服务

【行政服务工作概况】2015年，海口市行政服务工作秉承"服务群众没有最好，只有更好"的服务理念，创新服务机制，改进服务方式，不断提升服务质量和效能。有39个职能单位进驻海口市政府服务中心，工作人员198名，行政许可和服务项目306项，受理办件24.44万件。海口市政府服务中心在2015年全市党风政风行风建设社会评价中满意度位列市政府直属社会管理和综合协调部门类第一名，被评为"海南省投资项目'百日大会战'先进集体"。

【政务大厅服务运行与管理】2015年11月3日，海口市人民政府办公厅发布施行《海口市政务服务管理与考核办法》。海口市政府服务中心建立每日巡查制度，发现和纠正违纪行为134宗；开展"黑镜头"监督行动，拍摄2期内部效能视频，发现与纠正问题49宗；处理信访办件94宗，投诉办件65宗，有效投诉25宗。开展自海口市政府服务中心成立10年来的首次"十佳文明服务标兵"评选活动。

【窗口办件受理】2015年，海口市政府服务中心受理办件24.44万件，比上年减少3.35万件，办结24.27万件，办结率99%。其中提前办结率97.91%，下降1.78百分点；群众满意度99.26%，提高0.79百分点。

【网上服务报批系统建设】2015年，海口市政府服务中心推进办事服务全流程的网上覆盖程度，在提供办事指南、表格下载、网上申请3项功能的基础上增加网上咨询和结果反馈2项功能，实现海口市网上办事5项服务全流程网上覆盖。全年网上申报办件5744件，正式受理3962件。网上办事大厅自2014年开通以来，注册用户2755人，表格下载50.4万件次。

【行政审批服务监管】2015年5月，海口市审改办制定《2015年行政审批制度改革工作考核评分细则》和《海口市行政审批制度改革工作绩效考核办法》，考评内容涉及行政审批依据文件清理、事项清理、规范行政事业收费、事项受理办理、下放承接事项、三集中两到位、事项进驻、网上审批、创新审批方式、证照文集中制发、使用专用章、牵头或协助工作、中介机构监管、信息公开等方面内容。11月17日至12月20日，组织对全市49家市级单位（含3个开发区）、4个区级服务中心及43个镇（街）服务中心、86个村（居）进行审改工作年度考核。

【12345热线】2015年，12345海口市政府服务热线共接听市民电话24万件，受理咨询、求助、投诉、建议等各类型办件17.2万件，办结16.4万件，办结率95.1%。"直播12345"广播栏目督办办件1228件，办结1053件，办结率85.7%；邀请市、区40个职能单位做客直播间，受理市民述求223件，办结171件；户外直播受理市民诉求共46件，办结38件，办结率82.6%。

【"直播12345"电视版栏目开播】2015年11月2日，由海口市政府服务中心和海口广播电视台联合推出的电视版《直播12345》栏目在海口电视台正式开播。栏目所受理的办件都是市民反映到12345市政府热线上，与生活密切相关的问题。通过市民的

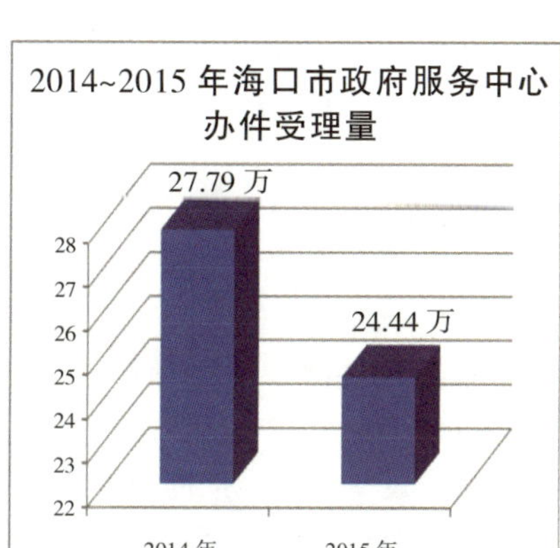

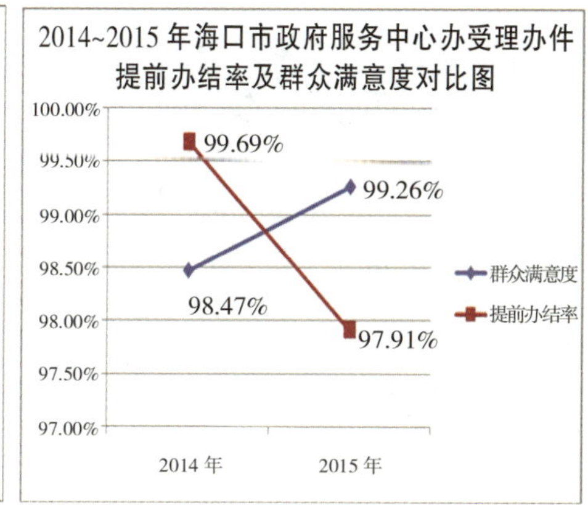

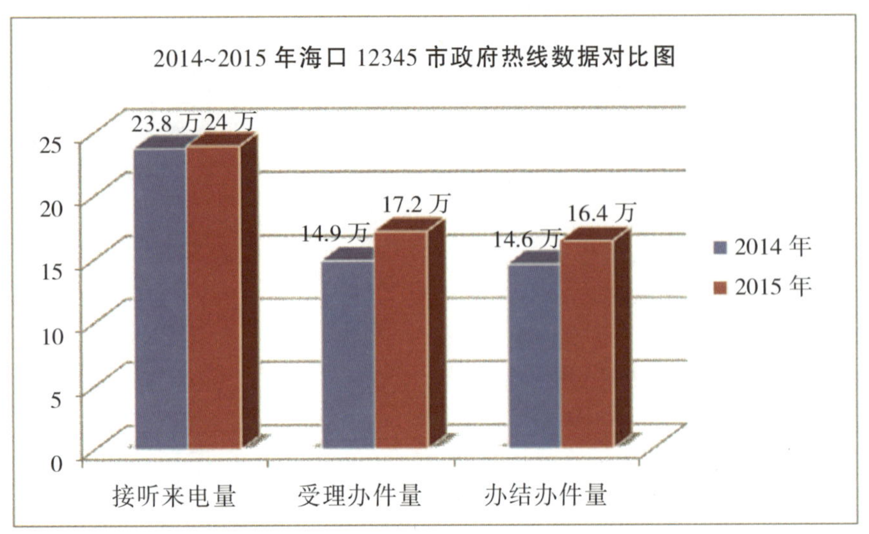

2015 年 11 月 2 日，电视版《直播 12345》栏目在海口电视台开播。

（《直播 12345》栏目组 摄）

投诉，在节目现场即刻联系政府职能部门与相关单位，寻求解决群众的困难和诉求最行之有效的方案。截至年底，《直播 12345》电视版栏目共受理市民投诉办件 160 件。

（张肖明）

调查研究

【政府研究工作概况】2015 年，海口市政府研究室按照“高要求、高标准、高质量、强参谋”的要求，开展调查研究，提供优质文稿服务，发挥以文辅政的职能作用，较好地完成各项工作任务。全年完成调查研究报告 8 篇，近 12 万字；撰写大型综合材料及文稿 170 篇，近 73 万字；编印《2015 年海口经济蓝皮书》约 30 万字；编发《海口政务信息》111 期，约 30 万字；向海南省政府办公厅上报政务信息 195 条，完成国务院办公厅、省政府办公厅约稿任务 30 条。新增《专报信息》专刊。获“2015 年度全省政务信息工作先进单位”。

【重点课题调研】2015 年，海口市政府研究室先后完成《海口市经济稳定增长因素与动力机制研究》《海口市叶菜价格形成机制及调控对策研究》《打造海口 21 世纪海上丝绸之路战略支点城市建设研究》《推进养老产业发展的研究报告》等重点课题研究调研报告。结合外出学习考察，完成《沿海主要城市参与“一带一路”建设情况》《南宁创建国家卫生城市的做法与经验》《赴上海、福建自贸区和郑州航空港实验区等地的学习考察》等考察报告。全年共完成 8 项、近 12 万字重点调研和考察报告。

【文稿起草】2015 年，海口市政府研究室撰写大型综合材料及文稿 170 篇，近 73 万字。撰写《海口市城市规划建设管理情况汇报》《海口市投资项目“百日大会战”工作情况汇报》《海口市“多规合一”改革工作情况汇报》《加强重点项目建设确保经济平稳增长—在省重点项目推进会上的发言》《抢抓“一带一路”战略重要机遇—为旅游特区建设扛起省会城市的担当》等综合文稿 80 多篇，近 40 多万字。先后完成 2015 年海口市一季度、上半年、前三季度经济形势分析报告和全年经济形势分析报告，2015 年工作总结和 2016 年经济工作初步设想等 30 余篇、近 18 万字经济分析报告。完成 2015《政府工作报告》，全文 1.3 万字。起草经济社会发展、城市管理建设、灾后重建工作、“菜篮子”工程、生态建设等方面的汇报材料，共 32 篇，近 20 万字。完成市政府常务会、重点项目推进会、灾后重建部署会、安全生产工作会等领导重大会议、专题会议、碰头会议文稿 60 多篇，近 23 万字。完成各种大型论坛、招商推介会、投资说明会、招待会致辞 20 多篇，近 2 万字。

【信息编报】2015 年，海口市政府研究室共编发《政务信息》111 期，向海南省办公厅上报政务信息 195 条，完成国务院办公厅、省政府办公厅的约稿任务 30 条。政务信息采用率排名全省市县第一。新增《专报信息》专刊，主要选编各省市在各方面的先进经验和做法，供市领导决策参考，全年共编发 204 期。

【《海口经济蓝皮书》】即《海口发展形势与预测》。由海口市政府研究室主编。1999年开编，每年一本，至2015年已编印17本。全书约30万字，通过全面、深入、翔实的回顾与评价，对海口市宏观经济环境和影响经济运行的主要因素进行分析、研究、预测，提出发展对策和建议。该书具有前瞻性和权威性，受到社会各界的普遍关注和高度评价，成为社会各界对海口经济形势进行分析的重要平台，也是外地了解海口的重要皮书之一。

（赵利军 邝小英）

（编辑：吴钟宝）

政协海口市委员会

市政协综述

【市政协工作概况】2015年，海口市政协切实履行政治协商、民主监督、参政议政职能，充分发挥政协协商民主重要渠道和专门机构作用，共召开全体委员会议1次、常委会议5次、主席会议9次，组织课题调研7项、专题视察4项、协商议政12次、专项监督4次、界别委员活动25次，提出提案立案396件，编送《社情民意专报》39期，委员参加各类活动5000余人次，牵头推动8个镇（街）“双创”工作。《发展混合所有制经济，深化海口国资国企改革》《加快镇域经济发展，推进新型城镇化》调研报告分别获海南省政协2015年优秀调研报告评选二等奖和三等奖。

2015年12月17日，海口市政协主席韩美（左一）率全国、省、市三级政协委员视察海口市棚户区改造工作。（毛爱民 摄）

【政治协商】（1）重大问题协商议政。2015年，海口市政协举行十三届五次全会议政大会，围绕海口推进“四个全面”战略布局，就优化投资结构、扩大消费需求、发展生态循环经济、壮大现代服务业、加快城乡建设、扩大就业渠道、保障和改善民生、维护社会和谐稳定等重大问题协商议政，提交议政发言材料47份。开展“季协商”座谈会，与政府有关部门专题协商“加强城市管理”“科学编制‘十三五’规划”等重点工作，就“推动‘海澄文’一体化”“推进‘多规合一’”“加快海绵城市建设”“建设旅游特区”“发展物联网产业”“推进棚户区改造”“优化城乡公共服务资源配置”“编制生态文明城市规划”提出25条意见建议，被吸收到海口市“十三五”规划原则意见之中。（2）难点工作咨政建言。市政协委员针对“精简行政审批前置条件”专题议政，提出“加强信息互联互通，减少重复提供申报材料”“取消民资建筑项目‘工程招标’审

2015年10月28日，海口市政协工作座谈会召开。（毛爱民 摄）

批”“简化房地产企业资质年检前置条件”“精简房屋专项维修资金使用审批条件”等20多条意见建议。针对“南渡江水环境保护”专题协商，提出“制定长远规划，建立保护、开发、建设长效机制”“加强南渡江流域薄弱环节环境监管”“开展跨行政区域联合保护行动”等8方面对策建议。针对监督评议“我市食品药品监管工作”，提出“充实基层监管力量”“完善基层执法装备”“加大联合执法力度”“建设监管信息平台”“推行网格化监管”等10方面建议。（3）重点工作献计献策。市政协重点课题调研成果创新城市管理体制机制、培育消费新热点、旅游特区建设、“互联网+健康产业”发展、提升海口城市品位、海口“餐桌上的物价”等被转化为海口市有关重大决策。

【民主监督】（1）专题视察民生问题。2015年，海口市政协委员专题视察“我市中小学校教育经费使用”“教师保障性住房建设”“公立医院取消药品加成改革试点”“农村生态环境污染治理”等工作，视察评议“我市房地产办证难”“新建小区配套设施滞后”等民生热点问题。全国、省、市三级政协委员联合视察为民办实事、棚户区改造等重大民生项目，推动相关工作深入开展。（2）重点督办民生提案。挑选25件涉及就业、教育、医疗、物价、社保、住房、交通、食品药品安全和环境保护等难点问题提案，由市政府分管副市长、政协主席会议成员重点督办，并及时将提案办理落实情况在《海口日报》上公示，接受群众和委员监督评议，促进一大批民生难点问题得到妥善解决。（3）试点选派民主监督员。市政协挑选42名委员分派到14个政府部门、司法机关担任民主监督员。在2015年全国和全省政协经验交流会上，海口市“推行民主监督员制度，强化政协履职能力”工作经验，得到与会领导充分肯定和各大媒体深度报道。

2015年8月7日，海口市政协主席韩美（左三）走访委员企业海南双成药业股份有限公司。（毛爱民 摄）

【专题调研】2015年，市政协组织7项重点课题调研。（1）创新城市管理体制机制。5月23日至7月6日，组织“创新海口市城市管理体制机制比较研究”课题调研，专题研究推进海口市城市管理体制机制创新，完成《创新城市管理体制机制研究报告》。其中“理顺城市管理体制”“组建城市管理委员会”“建立城管和公安部门长期合作的联动机制”“下放城市管理事权激发基层工作活力”“推进城市管理市场化运作”等21条建议被吸纳到市委十二届九次全会出台的相关政策文件中，为启动海口市创建全国文明城市和创建国家卫生城市提供科学依据。（2）发展“互联网+健康产业”。5月27日至9月21日，组织“实施‘互联网+健康产业’战略，构建海口大健康生态圈”专题调研，建议海口市借助已有良好互联网产业基础，依据互联网、物联网、大数据等新技术，构建大健康生态圈，开启海口创建全国文明城市、国家卫生城市和健康城市“三创”局面。（3）加快海口旅游特区建设。4月22日至7月9日，组织“经济新常态下海口加快旅游特区建设”专题调研，为海口市“十三五”旅游产业发展路径、发展政策、保障机制提出意见建议。（4）调研海口市主要食品价格波动。4月22日至5月18日，配合省政协“餐桌上的物价”课题调研，完成海口子课题“海口市主要食品价格波动”专题调研，报送省政协并在省政协常委会上作交流发言。（5）创造和培育消费热点。4月2日至8月6日，组织“创造和培育消费热点，拉动海口经济增长”专题调研，针对性提出海口市实现消费需求、消费热点与经济增长之间的良性循环消费的意见和建议。（6）推进海口创建全国文明城市。5月25日至7月14日，组织“创建全国文明城市，提升海口城市品位”专题调研，为海口市创建全国文明城市和创建国家卫生城市提供决策参考依据。（7）研究“双创”工作中的共性问题。8月17日至9月18日，组织“双创”工作的中共性问题专题调研，查找海口市在“双创”工作中11个方面的共性问题，剖析原因，提出意见建议，为推进海口市“双创”工作深入开展提供参考。

【提案办理】2015年，海口市政协提出提案401件（大会期间提案390件，平时提案11件），立案396件。所立案件中，委员提案295件；各民主党派和工商联提案61件；人民团体提案26件；政协专门委员会提案14件。立案件按类别分，经济建设类170件，占43%；政治建设类54

件，占 14%；文化建设类 37 件，占 9%；社会建设类108 件，占 27%；生态文明建设类 27 件，占 7%。立案办件由市党群口、市人民政府、市政协机关、市中级人民法院、市人民检察院等 69 个单位承办。遴选重点提案中的 25 件作为市政府副市长督办案和市政协主席会议成员督办案。12 月，办复提案 396 件，办复率 100%。提案所提问题已经解决或基本解决占 42%，正在解决和列入计划解决占 56%，所提问题和建议因条件限制暂不能采纳，个别承办单位暂时没作答复而作说明和解释占 2%。提案委员反馈意见满意和基本满意率 97%。

【反映社情民意】2015 年，海口市全面开展“走网格、访民情、办实事”活动，由原 32 个网格增加到 64 个网格，市政协每个委员都参与走网格活动，协助党委政府准确了解掌握各界群众所急、所难、所盼及所求。全年报送《社情民意专报》39 期，市政府领导 30 多人次作出批示，许多群众诉求得到及时解决。其中，反映“义龙后路没有路灯问题”，市政管理部门给义龙后路装上路灯，解决长期困扰市民出行难问题；反映“西海豪园小区门前道路垃圾长期没有清理问题”，有关单位及时组织力量将该路段生活垃圾、建筑垃圾和园林垃圾进行彻底清理；“关于解决网格员高温津贴建议”，市财政局调整下拨 42.63 万元发放网格员高温补贴。

【团结联谊】2015 年，海口市政协坚持政协党组成员联系民主党派制度，走访各民主党派、工商联、有关人民团体 50 多人次，主动邀请民主党派、工商联、有关人民团体和无党派人士参加政协视察、调研、协商、监督等活动，进一步密切与各党派团体团结合作。

【创新协商民主形式】2015 年 5 月，海口市政协出台《关于建立民主监督员制度的意见》，制定《关于选派政协委员担任民主监督员试行办法》和《选派委员担任民主监督员的试点工作方案》，对民主监督员监督内容、履职方式、工作要求等作出明确规定，使委员民主监督从“自选动作”变为“规定动作”。学习借鉴全国政协“双周协商”做法，探索建立“季协商”制度，对“季协商座谈会”议题选择、会前调研、会议组织、成果运用等环节作出明确规定。7～9 月，市政协主席会议成员利用双休日时间开展“走访服务委员企业”活动，共走访 78 家委员企业，收集到企业 59

2015 年海口市政协十三届五次会议委员提案办理情况

（统计截止日期：2015 年 12 月 31 日）

序号	承办单位	主办件数	答复率%（指书面答复）	办结率%（收到委员反馈意见）	落实率%（以主办件为基数）	委员满意率%（以收到委员反馈意见为基数）	
						办理过程	办理结果
1	市纪委（监察局）	1	100%	100%	已经解决或基本解决 1 件 100%	满意 1 件 100%	满意 1 件 100%
2	市委组织部	5	100%	100%	正在解决或列入计划解决 5 件 100%	满意 5 件 100%	满意 5 件 100%
3	市委宣传部	6	100%	100%	正在解决或列入计划解决 6 件 100%	满意 6 件 100%	满意 6 件 100%
4	市编委办	4	100%	100%	正在解决或列入计划解决 4 件 100%	满意 4 件 100%	满意 4 件 100%
5	市委台湾工作办	1	100%	100%	已经解决或基本解决 1 件 100%	满意 1 件 100%	满意 1 件 100%
6	市直属机关事务管理局	1	100%	100%	已经解决或基本解决 1 件 100%	满意 1 件 100%	满意 1 件 100%
7	市委农村工作领导小组办	2	100%	100%	已经解决或基本解决 2 件 100%	满意 2 件 100%	满意 2 件 100%
8	市改革和创新城市社区管理体制领导小组办	7	100%	100%	已经解决或基本解决 7 件 100%	满意 7 件 100%	满意 7 件 100%
9	市发改委	12	100%	100%	已经解决或基本解决 12 件 100%	满意 12 件 100%	满意 12 件 100%

续表

序号	承办单位	主办件数	答复率%（指书面答复）	办结率%（收到委员反馈意见）	落实率%（以主办件为基数）	委员满意率%（以收到委员反馈意见为基数）	
						办理过程	办理结果
10	市科工信局	13	100%	100%	已经解决或基本解决 13 件 100%	满意 12 件 92% 基本满意 1 件 8%	满意 10 件 77% 基本满意 3 件 23%
11	市财政局	7	100%	100%	已经解决或基本解决 5 件 71% 正在解决或列入计划解决 2 件 29%	满意 6 件 86% 基本满意 1 件 14%	满意 6 件 86% 基本满意 1 件 14%
12	市人社局	11	100%	100%	已经解决或基本解决 11 件 100%	满意 11 件 100%	满意 10 件 90% 基本满意 1 件10%
13	市教育局	33	100%	100%	已经解决或基本解决 30 件 90% 正在解决或列入计划解决 3 件 10%	满意 30 件 90% 基本满意 3 件 10%	满意 25 件 76% 基本满意 8 件 24%
14	市文化广电出版体育局	23	100%	100%	已经解决或基本解决 17 件 74% 正在解决或列入计划解决 6 件 26%	满意 13 件 57% 基本满意 10 件 43%	满意 12 件 52% 基本满意 11 件 48%
15	市卫生局	17	100%	100%	已经解决或基本解决 17 件 100%	满意 17 件 100%	满意 17 件 100%
16	市爱卫办	1	100%	100%	正在解决或列入计划解决 1 件 100%	基本满意 1 件 100%	基本满意 1 件 100%
17	市公安局	30	100%	100%	正在解决或列入计划解决 30 件 100%	满意 20 件 67% 基本满意 10 件 33%	满意 19 件 63% 基本满意 11 件 37%
18	市公安消防支队	1	100%	100%	正在解决或列入计划解决 1 件 100%	满意 1 件 100%	满意 1 件 100%
19	市司法局	6	100%	100%	正在解决或列入计划解决 6 件 100%	满意 5 件 83% 基本满意 1 件 17%	满意 4 件 67% 基本满意 2 件 33%
20	市民政局	12	100%	100%	正在解决或列入计划解决 12 件 100%	满意 9 件 75% 基本满意 3 件 257%	满意 10 件 83% 基本满意 2 件 17%
21	市农业局	10	100%	100%	已经解决或基本解决 9 件 90% 正在解决或列入计划解决 1 件 10%	满意 5 件 50% 基本满意 5 件 50%	满意 5 件 50% 基本满意 5 件50%
22	市林业局	2	100%	100%	已经解决或基本解决 2 件 100%	满意 2 件 100%	满意 2 件 100%
23	市海洋和渔业局	3	100%	100%	已经解决或基本解决 3 件 100%	满意 3 件 100%	满意 3 件 100%
24	市水务局	6	100%	100%	已经解决或基本解决 6 件 100%	满意 5 件 83% 基本满意 1 件17%	满意 5 件 83% 基本满意 1 件17%

续表

序号	承办单位	主办件数	答复率%（指书面答复）	办结率%（收到委员反馈意见）	落实率%（以主办件为基数）	委员满意率%（以收到委员反馈意见为基数）	
						办理过程	办理结果
25	市国土资源局	3	100%	100%	已经解决或基本解决3件100%	满意3件100%	满意3件100%
26	市规划局	26	100%	100%	正在解决或列入计划解决26件100%	满意24件92% 基本满意2件8%	满意21件81% 基本满意5件19%
27	市环保局	5	100%	100%	已经解决或基本解决5件100%	满意5件100%	满意4件80% 基本满意1件20%
28	市住建局	9	100%	100%	已经解决或基本解决9件100%	满意9件100%	满意9件100%
29	市市政市容委	7	100%	100%	已经解决或基本解决7件100%	满意5件71% 基本满意2件29%	满意4件57% 基本满意3件43%
30	市园林局	5	100%	100%	已经解决或基本解决3件60% 正在解决或列入计划解决2件40%	满意4件80% 基本满意1件20%	满意4件80% 基本满意1件20%
31	市环卫局	7	100%	100%	已经解决或基本解决2件29% 正在解决或列入计划解决5件71%	满意7件100%	满意6件86% 基本满意1件14%
32	市政管理局	2	100%	100%	正在解决或列入计划解决2件100%	满意2件100%	满意2件100%
33	市民防局	3	100%	100%	已经解决或基本解决3件100%	满意3件100%	满意2件67% 基本满意1件33%
34	市交通港航局	22	100%	100%	已经解决或基本解决22件100%	满意16件73% 基本满意6件27%	满意14件64% 基本满意8件36%
35	市商务局	6	100%	100%	已经解决或基本解决6件100%	满意5件83% 基本满意1件17%	满意4件67% 基本满意2件33%
36	市旅发委	14	100%	100%	已经解决或基本解决14件100%	满意14件100%	满意14件100%
37	市外事侨务办	1	100%	100%	已经解决或基本解决1件100%	满意1件100%	满意1件100%
38	市法制局	5	100%	100%	正在解决或列入计划解决5件100%	满意4件80% 基本满意1件20%	满意4件80% 基本满意1件20%
39	市人口和计生委	1	100%	100%	正在解决或列入计划解决1件100%	满意1件100%	满意1件100%
40	市国资委	3	100%	100%	已经解决或基本解决3件100%	满意3件100%	满意2件67% 基本满意1件33%
41	市政府服务中心	6	100%	100%	已经解决或基本解决6件100%	满意6件100%	满意6件100%
42	市行政审批制度工作领导小组办	1	100%	100%	正在解决或列入计划解决1件100%	满意1件100%	满意1件100%

续表

序号	承办单位	主办件数	答复率%（指书面答复）	办结率%（收到委员反馈意见）	落实率%（以主办件为基数）	委员满意率%（以收到委员反馈意见为基数）	
						办理过程	办理结果
43	市会展局（市贸促会）	1	100%	100%	已经解决或基本解决1件100%	满意1件100%	满意1件100%
44	海口国家高新区管委会	4	100%	100%	正在解决或列入计划解决4件100%	满意3件75% 基本满意1件25%	满意3件75% 基本满意1件25%
45	市重点项目推进管委会	4	100%	100%	已经解决或基本解决4件100%	满意4件100%	满意4件100%
46	桂林洋经济开发区	1	100%	100%	正在解决或列入计划解决1件100%	满意1件100%	满意1件100%
47	市中级人民法院	2	100%	100%	正在解决或列入计划解决2件100%	满意2件100%	满意2件100%
48	市人民检察院	3	100%	100%	正在解决或列入计划解决3件100%	满意3件100%	满意2件67% 基本满意1件33%
49	秀英区政府	9	100%	100%	已经解决或基本解决9件100%	满意9件100%	满意7件78% 基本满意2件22%
50	龙华区政府	8	100%	100%	已经解决或基本解决8件100%	满意8件100%	满意6件75% 基本满意2件25%
51	琼山区政府	7	100%	100%	已经解决或基本解决7件100%	满意7件100%	满意5件71% 基本满意2件29%
52	美兰区政府	12	100%	100%	已经解决或基本解决12件100%	满意12件100%	满意9件75% 基本满意3件25%
53	市总工会	1	100%	100%	已经解决或基本解决1件100%	满意1件100%	满意1件100%
54	团市委	4	100%	100%	正在解决或列入计划解决4件100%	满意4件100%	满意4件100%
55	市科协	1	100%	100%	正在解决或列入计划解决1件100%	满意1件100%	满意1件100%
56	市残联	1	100%	100%	已经解决或基本解决1件100%	满意1件100%	满意1件100%
57	市供电局	1	100%	100%	正在解决或列入计划解决1件100%	满意1件100%	基本满意1件100%
58	海口质监局	1	100%	100%	正在解决或列入计划解决1件100%	基本满意1件100%	基本满意1件100%
59	市气象局	2	100%	100%	正在解决或列入计划解决2件100%	满意1件50% 基本满意1件50%	满意1件50% 基本满意1件50%
60	市食品药品监督管理局	8	100%	100%	已经解决或基本解决8件100%	满意8件100%	满意8件100%
61	市城建集团有限公司	1	100%	100%	已经解决或基本解决1件100%	满意1件100%	基本满意1件100%
62	海口骑楼指挥部	4	100%	100%	正在解决或列入计划解决4件100%	满意4件100%	满意4件100%
63	市住房公积金中心	1	100%	100%	已经解决或基本解决1件100%	满意1件100%	满意1件100%

条意见和建议，协调有关部门，帮助委员企业解决或基本解决27个实际困难和问题，报告所提可行性意见建议，市政府专门研究部署采纳落实。首次商请市政府领导领衔督办重点提案，得到市政府领导高度重视和大力支持。市政府领导分别对7个政协重点提案进行专门督办，开创政协提案办理工作先河。

市政协重要会议

【市政协十三届五次会议】2015年2月2~4日，政协海口市第十三届委员会第五次会议在海南国际会展中心召开。省委常委、市委书记陈辞，市人大常委会主任陈宏芬，市委副书记、市长倪强，市委副书记刘庆声，市领导王云霞、袁光平、宋顺勇、吴川祝、李湖、林海宁、巴特尔、陈毓芬、程国林、陈一华、郑国建、蒙国海、朱永盛、鞠磊、李杰、任清华、吴剑平、李思阳，海口高新区、综合保税区领导温精华、方中里、刘辉平、朱东海，市政协离任历届主席林栋、陈斌、郑绍儒、黄行光，市政协离任历届副主席，驻市省政协委员、市直有关单位领导和界别群众代表，政协委员，受邀单位负责人共389人出席会议。丁竹主持会议，韩美代表市政协十三届常委会作工作报告，蒙晓灵代表市政协十三届常委会作提案工作报告。会议听取并讨论市政府工作报告及其他工作报告。会议期间，举行分组讨论和大会议政发言，委员提交议政发言材料47份。会议审议通过政治决议、关于常委会工作报告的决议和十三届五次会议提案审查情况的报告。会议增选方东兴、厉春、李勇、陈斌、罗志军5人为市政协十三届常务委员会委员。

【市政协常委会会议】2015年，海口市政协召开市政协十三届常务委员会议5次。（1）1月15日召开第十九次常委会议。会议民主评议市政协十三届四次会议提案办理情况；协商通过关于召开市政协十三届五次会议的决定、关于召开市政协十三届五次会议议程（草案）、日程、市政协十三届常委会报告（草案）及市政协十三届常委会关于市政协十三届四次会议以来提案工作情况的报告（草案）、市政协十三届会议报告报告人名单及市政协十三届常委会关于市政协十三届四次会议以来提案工作情况的报告报告人名单、市政协十三届五次会议各次全体会议执行主席和主持人名单、市政协十三届五次会议秘书长、副秘书长名单、市政协十三届五次会议选举办法（草案）、市政协十三届五次会议总监票人、监票人名单（草案）、市政协关于授权主席会议审议市政协十三届十九次常委会议未尽事宜的决定、市政协优秀政协委员（2012~2014年度）名单、增补11位市政协十三届委员会委员等人事事项。（2）2月4日召开第二十次常委会议。会议听取各小组召集人汇报本小组讨论各项决议（草案）等情况和酝酿候选人名单（草案）情况；审议通过政协海口市第十三届委员会第五次会议选举办法、市政协第十三届委员会常务委员会候选人名单、政协海口市第十三届委员会第五次会议总监票人、监票人名单、政协海口市第十三届委员会第五次会议关于常委会工作报告的决议（草案）、政协海口市第十三届委员会第五次会议提案审查情况的报告（草案）和政协海口市第十三届委员会第五次会议政治决议（草案）。（3）4月15日召开第二十一次常委会议。会议学习贯彻《中共中央关于加强社会主义协商民主建设的意见》、全国政协十二届三次会议以及省政协六届三次会议精神；审议通过市政协2015年工作要点及主要工作安排和“季协商”座谈会工作计划、集中交办市政协十三届五次会议提案、市市政市容委（市城管局）、市政管理局、市环卫局、市园林局负责人通报工作，与市政协常委及有关委员就“海口城市管理”进行专题协商。（4）7月30日召开第二十二次常委会议。会议传达学习贯彻落实全国地方政协工作会议精神，审议通过政协海口市委员会选派政协委员担任民主监督员试行办法，政协海口市委员会选派政协委员担任民主监督试点工作方案，增补温精华、侯亨浪为政协海口市第十三届委员会委员。（5）11月19日召开第二十三次常委会议。会议传达学习中共第十八届中央委员会第五次全会精神；传达学习全省政协工作会议、全省市县政协工作经验交流会、全市政协工作座谈会和

2015年2月2日，政协海口市第十三届委员会第五次会议召开，市政协主席韩美代表政协海口市第十三届常委会向大会作工作报告。（毛爱民 摄）

省委书记罗保铭、省政协主席于迅，省委常委、市委书记孙新阳重要讲话精神；市政协常委、委员围绕海口市“扎实推进‘双创’，建设美好家园”主题建言献策；市“双创”指挥部领导与主席会议成员、常委、委员互动交流。

【市政协主席会议】2015年，海口市政协共召开市政协十三届主席会议9次。(1) 1月5日召开第二十九次主席会议。会议听取各委室处2015年工作计划（列表）书面汇报；研究市政协常委会工作报告（讨论稿）及提案工作报告（讨论稿）；听取议政组汇报市政协十三届五次会议大会发言的人选确定及发言材料准备情况；审议市政协优秀政协委员（2012~2014年度）初步建议人选名单；通报市领导对市政协提案、社情民意、各类报告批示反馈情况（书面）；听取会务组汇报市政协十三届五次会议经费预算情况；通报市政协机关2014年度财务开支及2015年经费预算情况；审议市政协十三届五次会议有关文件草案、市政协十三届十九次常委会议方案及人事事项（届中调整市政协常委、委员事项）。(2) 2月4日召开第三十次主席会议。会议审议政协海口市第十三届委员会第五次会议选举办法（草案）、增选政协海口市第十三届委员会常务委员候选人名单（草案）、政协海口市第十三届委员会第五次会议总监票人、监票人名单（草案）、政协海口市第十三届委员会第五次会议关于常务委员会工作报告的决议（草案）、政协海口市第十三届委员会提案法制委员会关于市政协十三届五次会议提案审查情况的报告（草案）、政协海口市第十三届委员会第五次会议政治决议（草案）。(3) 3月26日召开第三十一次主席会议。会议传达学习贯彻落实全国政协十二届三次会议精神；审议并通过市政协2015年工作要点及主要工作安排；审议并确定市政协2015年拟提交市政府领导和主席会议成员督办重点提案；审议并通过市政协2015年“季协商”工作计划、市政协2015年全面开展“走网格、访民情、办实事”活动方案、市政协机关各委室处2014年目标化管理年终考评结果（草案）；审议并原则通过《委员在五次全会上对政协工作的意见建议汇总及采纳落实责任分解表》；审议并通过专项列支委员履职活动经费，按有关规定办理；审议市政协第十三届二十一次常委会议方案，决定4月中旬召开市政协十三届二十一次常委会议暨2015年第二季度“季协商”座谈会。(4) 3月31日召开第三十二次主席会议。会议根据《中共海口市纪委关于给予王铁云行政开除处分的函》要求，专题研究王铁云严重违法违纪问题。会议决定给予王铁云行政开除处分，自4月1日起生效。(5) 6月12日召开第三十三次主席会议。会议传达天津市第一中级人民法院对周永康的依法宣判；学习贯彻落实省委书记罗保铭在省委统战工作会议上的讲话和会议精神、6月10日海口市委常委（扩大）会议精神；审议《政协海口市委员会关于选派民主监督员试行办法》及相关配套文件、试点工作方案，决定修改后提交7月下旬市政协常委会议通过后实施；审议《政协海口市委员会季度协商座谈会议制度（试行）》、市政协开展“走访服务委员企业”活动实施方案；审议并原则通过市政协2015年课题调研经费预算。(6) 7月13日召开第三十四次主席会议。会议传达学习贯彻落实孙新阳书记在市委理论中心组践行“三严三实”倡导“四种精神”争创一流业绩学习研讨会上讲话和会议精神；审议通过《市政协十三届二十二次常委会暨2015年第三季度“季协商”座谈会方案》及相关准备工作；审议确定科学编制“十三五”规划专题协商会重点发言人选；审议通过主席会议成员帮扶村高考生济困金发放，同意按去年标准执行；审议通过拨付市信息中心2016年市政协网络维护人员经费（与2015年拨付标准相同）。(7) 8月6日召开第三十五次会议。会议传达学习贯彻落实省委书记罗保铭、省长刘赐贵对海口市创建全国文明城市和创建国家卫生城市指示精神，以及省委常委、宣传部长许俊和省委常委、市委书记孙新阳在海口市“双创”工作动员大会上的讲话精神；审议并通过《关于组织市政协委员“我为‘双创’工作建言出力”活动方案》《市政协领导“双创”挂点工作总体方案》《关于组织“双创”硬件建设计划与“十三五”规划相衔接专项调研活动方案》；会议决定暂缓或暂不实施部分年初安排还未实施考察、视察、调研活动；审议通过《市政协办公厅关于增加工作车辆用油的方案》。(8) 10月23日召开第三十六次主席会议。会议学习传达全省政协工作会议、全省市县政协工作经验交流会和省委书记罗保铭、省政协主席于迅的讲话精神；研究部署下阶段主要工作。(9) 12月29日召开第三十七次主席会议。会议传达12月28日晚市委常委（扩大）会议及省委常委、市委书记孙新阳书记在会上讲话精神；研究市政协十三届常委会工作报告（讨论稿）及提案工作报告（讨论稿）；听取市政协十三届六次会议各筹备组汇报本组筹备情况，原则通过市政协十三届六次会议经费预算；审议原则通过市政协十三届二十四次常委会议方案；审议并原则通过市政协十三届六次会议有关文件草案；审议届中调整委员、常委等人事事项。

（陈建军）

（编辑：陈清海）

纪检监察

反腐倡廉

【党风廉政建设工作概况】2015年，海口市纪委监察局落实党风廉政建设监督责任，运用好监督执纪“四种形态”，严格监督执纪问责，坚持不懈反对“四风”，坚决遏制腐败蔓延势头，用铁的纪律打造过硬队伍，正风肃纪取得重大阶段性成果。全市纪检监察机关共受理信访举报1794件，初核544件，立案325件，比上年增长52.6%，结案327件。给予党纪政纪处分358人，其中处级干部23人，科级干部73人，挽回经济损失2006.3万元。查处“庸懒散奢贪”“四风”，以及违反中央八项规定、省委省政府二十条规定和市委二十一条规定问题109个，通报批评337人，诫勉谈话122人，组织处理58人，党政纪处分100人。市纪委获2014年度全省纪检监察系统绩效考核优秀等次。

【落实“两个责任”】“两个责任”即“党委主体责任、纪委监督责任”。2015年，海口市纪检监察机关组织全市各级党政主要负责人向市纪委全会述责述廉活动，全年随机抽取5名党政主要负责人公开述责述廉并当场接受质询评议。在此基础上，将这一做法拓展为向市委全会述责述廉，组织5名党政主要负责人首次在市委全会上公开述责述廉述作风。推动主体责任向基层延伸，美兰区出台《区委党风廉政建设主体责任清单》《区委领导班子成员党风廉政建设领导责任清单》《区纪委党风廉政建设监督责任清单》3个责任清单，琼山区深刻剖析区内发生的系列腐败案件，秀英区组织开展“作风纪律集中整顿月”活动，问责不干事、不担事问题11起32人，通报3起违反中央八项规定精神的典型案例，龙华区出台《党政“一把手”不直接分管干部人事、财务审批和物资采购工作暂行规定》《关于纪委委员履行职责的暂行规定》等系列制度。5月13日出台《海口市2015年落实党风廉政建设监督责任工作实施意见》，细化任务、明确责任、督促落实。出台《海口市纪委监察局“一案双查”工作暂行办法》，执行“一案双查”制度。6月6日，市纪委出台《海口市党风廉政建设责任制考核实施办法》，进一步规范考核内容、考核方法、结果运用和责任追究等重要内容，采取定性与定量分析相结合的方式，全面考核78个单位2014年党风廉政建设责任落实情况，约谈16个列为C档的单位主要领导。年内，查处市粮食局党组、市社保局局长陈勇帆、琼山区商务局党委副书记陈明云等3起履行全面从严

2015年12月11日，海南省纪委书记马勇霞（左二）到海口调研，并召开座谈会，海南省委常委、海口市委书记孙新阳（右二）等领导参加。 （市纪委 供稿）

治党主体责任不力的典型问题。准确把握运用监督执纪“四种形态”，全年针对苗头性、倾向性问题，约谈教育提醒165名党员干部；开展谈话提醒56人次。对个别领导干部和部门公车私用、公款吃喝、拖延办理国有土地使用权、违规发放商品房预售许可证等苗头、轻微违纪行为及时教育纠偏，开展谈话、函询28件次。协助调查处理11名省管干部、省直机关干部违规参与集资房分配及超占住房问题，责令退还超占住房、补缴差价。督促全市129名公职人员按要求整改从事或参与办企业问题。廉政审查228名拟任用干部，建议暂缓提拔5人。市廉政账户收到上交款项85笔共384.06万元。

【作风纪律检查】2015年，海口市纪委组织开展元旦、春节等重要节点明察暗访活动，发现并及时查处海口市各级机关、群团组织、派出机构、国有企事业等单位及其工作人员公款旅游、公款吃喝、公车私用、公款健身娱乐、公款购物（卡、券）送礼、借婚丧喜庆敛财等问题线索，重点是公款送礼（礼金、礼品、土特产）和公款吃喝问题。明察暗访分3个阶段，每个阶段安排2~3次在18时30分至20时30分时间段，对宾馆酒楼、农家乐、大型超市、购物中心等场所开展暗访；元旦、春节假日时间安排1~2次，对高档健身娱乐馆、旅游景点、公园等场所进行暗访。查阅相关账目，查阅被检查单位“三公”经费开支账目和办公室负责人、采购员、报账员等相关人员的公务卡消费记录，了解掌握被检查单位“三公”经费预算、开支情况。9月10日起，市纪委牵头，组织市直机关工委、地税、国税、教育、公安等部门成立明察暗访小组，集中开展为期1个月的明察暗访活动，重点发现、查处中秋节、国庆节期间违规收送月饼节礼、违规吃喝、公款旅游、公车私用等问题。在明察暗访对象方面，涵盖全市各级机关、群团组织、派出机构、国有企事业等单位及其工作人员，重点是国有企事业单位及其领导干部。在明察暗访的主要任务方面，重点发现、查处违规收送月饼节礼、违规公款吃喝、公款旅游、公车私用，违规发放津补贴，超标准使用办公用房等问题；重点发现、查处违规设立“小金库”、以虚报会议和培训班，以及利用报销办公用品、差旅费、咨询费、会议费等名义，违规套取资金用于签单消费、公款吃喝或提取现金他用等隐性“四风”问题。全年共检查餐饮旅游娱乐场所386个，核查票据2500多张，严肃查处公车私用、公款购买购物卡、虚开发票套取资金等问题5起，问责80人次，点名道姓通报曝光14个单位、33人违反中央八项规定精神典型问题。组织开展“全覆盖”式作风纪律检查，对上班迟到、缺岗、玩游戏等“小事”零容忍，问责处理100人。组织落实中央八项规定精神情况、整治“庸懒散奢贪”工作监督检查181次，查处问题109个，通报批评337人，诫勉谈话122人，组织处理58人，党政纪处分100人。拓宽评价渠道，强化社会监督，深入开展党风政风行风建设社会评价活动，让来自各界的群众代表为获奖单位颁奖，更好地吸收民意、倾听民声。实现《椰城纠风热线》由纠行风到正作风的转型，播出130期，受理解决群众咨询、投诉1320件。持续深入开展不干事、不担事等整治活动，查处公职人员在新埠岛供水项目施工进展缓慢、金沙湾片区非法采砂、海秀快速路建设效率低等问题中的不作为、慢作为。着力打造新型问政品牌栏目《亮见》，围绕市委、市政府中心工作，持续问政不担当、不作为的相关部门和责任人，4期节目共问责处理131名相关责任人，曝光的21个问题全部得到解决。紧盯“双创”、违法建筑整治三年攻坚行动、重点项目建设等中心工作，问责工作推诿、拖延、推进不力等党员干部347名，增长218%。

【纪律审查】2015年，海口市纪检监察机关完善反腐败工作机制，进一步明确纪检、审判、检察、公安机关之间需要通报、移送案件线索的范围和工作机制，不断强化协作配合。健全协查通报机制，建立执纪审查工作通报制度，每月通报一次纪检监察组织各项执纪审查重要指标进展情况，对全市执纪审查工作进行实时跟踪督办，确保各项指标稳步推进。市反腐败协调领导小组成员单位相互移送线索53件，增长152%。改进执纪审查方式，转变以抓大案要案为主的思维惯性和政绩观，克服以法代纪的思维定势，把握监督执纪“四种形态”。全年党纪轻处分256人，党纪重处分102人，移送司法机关18人，为93名反映不实的党员干部澄清是非。充分发挥执纪审查治本功能，形成案件剖析报告51份，发出建议整改通知45份，及时堵塞相关制度漏洞。强化问题线索管理，制定《市纪委在执纪审查中向市委报批备案程序》，进一步规范问题线索处置报告程序，执纪审查请示、报告、备案程序。进一步规范审理工作流程，发挥审理审核的把关和监督制约作用，保障执纪审查对象的控告、申诉等合法权利。突出执纪审查重点，坚持“老虎”“苍蝇”一起打，既严肃查办发生在领导机关和领导干部中买官卖官、徇私枉法、腐化堕落、失职渎职案件，又严肃查处发生在群众身边的“四风”和腐败问题。全年查处群众身边的“四风”和腐败问题107个351人，其中，党政纪处分88人次，问责263人次；通报和公开曝光典型问题25批233人次。严明审查纪律，制定《关于严格落实执纪审查安全工作的有关规定的通知》，明确安全责任、规范谈话以及“两规”“两指”安全工作等方面的具体要求。及时签订办案安全责任书、保证书，完善安全台账，筹备市纪委办案场所建设等，严格落实安全责任制，全年未发生执纪审查安全责任事故。

【深化“三转”工作】2015年，海口市纪检监察机关进一步精简收缩战线，再次明确将市纪委监察局列入议

2015年10月30日，海口市委常委、市纪委书记李湖（中）到海口新埠街道为基层党员干部上党课。（市纪委 供稿）

事协调机构的须事先征求意见，婉拒议事协调机构和工作任务58个，有效聚焦主业主责。开展镇（街）基层纪检监察组织建设年活动，推动基层“三转”（转职能、转方式、转作风），全市43个镇（街）纪检监察组织立案57件，比上年大幅增长，市纪委各纪检监察室到基层指导、协调、培训23次，市综合保税区、高新区纪工委实现执纪审查零突破。5月12日出台《海口市纪委监察局派驻机构工作暂行规定》，明确职责定位，严格落实派驻监督责任，市纪委5个派驻组全年立案21件，增长61.5%。加强管理监督，制定纪检监察干部监督工作规定，核查反映纪检监察干部的问题线索12件，严肃查处琼山区原纪委书记孙道静等5名纪检监察干部违纪行为，着力解决“灯下黑”问题。

【党风廉政宣传教育】2015年，海口市纪检监察机关组织各级党组织学习贯彻《中国共产党巡视工作条例》《中国共产党廉洁自律准则》和《中国共产党纪律处分条例》。在全市开展以“七个一”（研读一批读物、开展一次讨论交流、编辑一期宣传栏、重温一次入党誓词、观看一部警示教育片、接受一次廉政和警示现场教育、开展一次公开承诺）为主要内容的“守纪律、讲规矩”主题教育活动。完成椰城清风网、机关效能建设网、椰城纠风网“三网合一”工作，编报反腐倡廉信息856篇。组织编撰《党员领导干部违纪违法典型案例剖析读本》，拍摄警示系列片《警钟6》。开展廉洁文化进家庭、廉政文化进机关和廉政电影进农村活动。中秋、国庆节前联合市妇联向全市党员干部及家属发出争创廉洁家庭的倡议。在市政府第二办公区建设廉政文化长廊，在市纪委办公楼3楼安装廉政文化、社会主义核心价值观等内容的宣传画，协调、联系地税部门举办首届“海瑞杯”廉政书画摄影大赛暨作品展。利用户外大型廉政公益广告牌，刊登党风廉政宣传标语，并根据时节及时更换内容，共更换11幅有关“廉洁过年”“三严三实”“四个全面”“亮见”和“双创”等方面内容的宣传画。

行政监察与效能监察

【创新绩效考评工作】2015年，海口市创新年终封闭考核评分和统分模式，首次采取购买社会服务的方式，即从省内各大院校引进专家、教授组成“专家+行家”的评分模式。一改以往自己对自己打分的做法。在统分环节，首次授权委托第三方机构（市社情民意调查中心）负责对考评结果的数据进行统计和分析。启动绩效考评电子系统，实现历年绩效考评工作的存档、查阅、材料报送、监督检查和评分计分等工作电子化。市效能办还创新两种结果反馈方式：分组反馈，将考评结果按组别分组召开反馈会，面对面将绩效考评结果反馈给各参评单位，一对一地将考评结果通过电子监察系统发给81个参评单位；集中表彰、集体约谈，首次合并召开绩效考评结果表彰会和达标单位诫勉谈话会，现场对优秀单位颁发奖牌，对达标单位集体约谈。将绩效考评结果与单位的评先评优挂钩。3月30日，向全市各单位通报《海口市2014年绩效考评结果报告》。在合并召开的绩效考评结果表彰会和达标单位诫勉谈话会上，4家优秀等次单位交流发言，21家单位被评为优秀等次并颁发奖牌。同时，对15家达标等次的单位集体诫勉谈话。

【机关效能督查】2015年，海口市效能办加强机关效能督查，对市第二办公区38个单位开展明察暗访活动，检查发现上班违规上网看电影2人，玩游戏2人，炒股4人，微信聊天1人。同时，发挥海口市行政电子监察视频监控系统功能，实时不定期检查50个窗口服务单位，共发现上班违规玩游戏2人，炒股4人。此外，联合市作风办、市直机关工委、4个区纪委、区效能办在全市范围内开展为期半个月的干部作风检查，涵盖市、区所有党政部门 、54个乡镇街道、51个村居委会、30个服务窗口，共发现违纪人员77人，涉及70个单位。

【党风政风行风建设社会评价】2015年，海口市纠风办、市效能办牵头对全市26个市直属党群机关（Ⅰ类，含人大、政协、“两院”)、20个市直属经济管理部门(Ⅱ类)、20个市直属社会管理和综合协调部门(Ⅲ类)、9个双管单位(Ⅳ类)、4个区的党委政府和3个经济开发区(Ⅴ类)、68个设服务窗口的基层站所(Ⅵ类)、30个窗口行业(Ⅶ类),共7类180个单位进行社会评价,并于3月31日向全市各单位通报评价结果。评价结果显示,2014年群众对海口市党风政风行风建设满意度平均得分81.98分,较海南省2014年群众对党风政风行风建设满意度平均得分(82.71分)低0.73分,较省纪委关于海口市党风政风行风建设社会评价群众满意度得分(73.98分)高8分。在党群机关与人大、政协、“两院”满意度评价中,市纪委以87.49分位列第一,各部门总体满意度得分最高值(87.49分)与最低值(78.01分)相差9.48分。开展2015年党风政风行风建设社会评价工作。市效能办逐步开展自查自纠、公开承诺和明察暗访等阶段性工作。其中,通过椰城纠风热线节目及各被评价单位的门户网站向社会公众逐一公开83个被评价单位的公开承诺,更好吸收民意、倾听民声,强化社会监督。12月3日,海口市召开党风政风行风建设社会评价大会,153名评价代表及83名被评价单位主要负责人出席会议。

市纪委主要会议和重要活动

【市纪委十二届五次全会暨市政府第三次廉政工作会议】2015年2月26日召开。会议由市委常委、市纪委书记李湖主持,市委副书记、市长倪强出席会议并作重要讲话。市委常委,市人大常委会主任,市政协主席,市政府副市长,市中级人民法院院长、市人民检察院检察长、市纪委委员、全市机关各部门党政负责人、企事业单位负责人等307人参加会议。会议系统回顾2014年党风廉政建设和反腐败工作,全面部署2015年主要工作任务。全会审议表决通过李湖代表市纪委常委会所做的《严明纪律严守规矩,切实履行两个责任,全力以赴推进党风廉政建设和反腐败斗争》工作报告和全体会议决议。会上,美兰区区长吴树强等5名党政主要负责人向市纪委全会述责述廉,接受市纪委委员质询及测评。

2015年5月8日,海口市召开纪检监察系统学习贯彻海南省委书记罗保铭在全市领导干部大会上的重要讲话精神大会。(市纪委 供稿)

【海口市反腐败协调小组会议】2015年10月14日召开。会议由市委常委、市纪委书记李湖主持,市纪委、市委组织部、市委政法委、市中级人民法院、市检察院、市公安局和市国安局等相关领导及市反腐败协调小组成员等18人参加会议。会议传达学习《关于在查办党员和国家工作人员涉嫌违纪违法犯罪案件中加强协作配合的意见》,进一步明确纪检、审判、检察、公安机关之间需要通报、移送案件和案件线索的概念和范围;执纪审查各方协助配合的内容、要求以及相关的工作流程。会议强调,市反腐败协调小组各成员单位要从全面从严治党和落实党委主体责任的高度,认真组织学习传达《意见》精神,强化责任意识,抓好工作落实;各办案人员要将查证核实当事人的政治面貌和是否系国家工作人员等身份信息作为办案必经程序、必查内容;相关部门要做好线索统计和材料整理移送工作;分管领导要搞好统筹、协调、指导、沟通和督促,真正把《意见》落到实处。对个别认识不到位、责任不落实,造成协调不畅或对查办案件形成严重阻碍的,要严肃追责。

【“两个责任”落实情况检查考核工作全面开展】2015年1月7~20日,海口市派出8个考核组,对各区和市直各单位2014年度“两个责任”落实情况全面检查考核。本次检查考核工作从内容、方式、方法和结果认定等方面进行改革。其中,考核内容比往年突出落实党风廉政建设责任制党委(党组)的主体责任和纪委(纪检组)的监督责任;考核方式由定性分析为主改为定量评分为主,将平时检查情况、社会公开评价、民主测评、责任制考评指标等要素量化评分,并按权重比例计入总分;考核方法由对重点单位抽查改为全面检查;考核结果实行先分类、后定档、再排名,对在本类排名倒数第一的被考核单位的党政领导班子主要领导进行约谈。市党风廉政建设领导小组办公室成立考核评分组、考评监督组,对考核评分进行严格审核,对审核评分、定档、排名进行全程监督。

2015年1月5日，海口市委常委、市纪委书记李湖（左四）与龙泉镇美定村干部座谈。（市纪委 供稿）

【《海口市2015年落实党风廉政建设监督责任工作实施意见》出台】2015年5月13日印发。《意见》从全面从严治党，全面深化纪律检查体制改革，加强对落实党风廉政建设主体责任的监督，驰而不息纠正“四风”，推动作风建设常态化，坚持无禁区、全覆盖、零容忍惩治腐败，打造忠诚、干净、担当的纪检监察干部队伍等6个方面对全市各级纪检监察组织（机构）落实2015年党风廉政建设监督责任工作提出具体要求，细化任务、明确责任、确保落实。

【《海口市党风廉政建设责任制考核实施办法》出台】2015年6月6日印发，进一步规范考核内容、考核方法、结果运用和责任追究等重要内容，初步建立日常检查、专项督导、年度考核相结合的监督体系，增加平时检查、自办案件考核与社会评价等考核内容，不断强化全市各级党组织和纪检监察组织的责任担当，确保党风廉政建设主体责任和监督责任落实。《实施办法》有6个特点：考核对象更加广泛，由重点抽查改为全面考核；考核内容更加全面，在年终考核的基础上，增加社会评价和平时检查两个方面，设定共性目标和个性目标内容；考核标准更加具体，对平时检查中发现的作风问题、案件问题进行倒扣分，同时也对单位在作风问题、案件问题上自查自纠、自办案件的给予加分，使考核结果更全面地反映被考核单位党风廉政建设责任制执行情况；分值权重更加合理，按照社会评价得分和年终考核得分分别占综合得分的20%和80%、共性目标和个性目标分别占年终考核的70%和30%的分值权重评分；分类更加切合实际，按照党群部门与人大、政协机关、有下一级行政区划的各区、设有纪检监察组织的市级国家机关、未设纪检监察组织的市政府直属单位、双管单位等5个类别划分；结果比较更加科学，考核结果先分类后分档，分成A、B、C三个档次，三个档次分别占该类的20%、70%、10%，三个档次不跨类别作横向比较。

【“椰城清风网”正式改版上线】2015年，海口市纪委监察局将椰城清风网、椰城纠风网和海口市机关效能建设网整合升级，优化相应栏目。9月1日，改版升级的海口市纪委监察局网站——“椰城清风网”（www.ycqfw.net）正式上线。改版升级后的椰城清风网进一步突出主业主责，以全新姿态，继续服务公众：发布重要新闻，第一时间发布海口市党风廉政建设工作的部署、重要会议、重要通报及海口市纪检监察机关查办的重要案件等；展示工作成果，汇集全市乃至省内外、中央党风廉政建设和反腐败工作的最新动态、成果经验等，供学习借鉴；接受网络信访举报，在首页显著位置设置信访举报版块，开通《椰城纠风热线》实时直播，并收录各期节目，检索观看方便快捷。

（张此明 曲 琳 陈佳琳）

（编辑：赵华锋）

民主党派和工商联

民革海口市委

【民革市委概况】2015年，民革海口市委做好参政议政、组织发展和社会服务等工作，海口市“两会”期间，民革海口市委会及党员积极撰写提案和社情民意，共提交集体提案8件，个人提案36件，社情民意1件。全年共出民革简讯11期，发展9名新党员。至年底，共有党员315人。获“民革全国宣传思想理论工作先进集体”。

【民革市委组织建设】2015年，民革海口市委会以总支和支部领导班子建设为抓手，调动各基层组织的作用，以支部为单位开展活动。年内吸纳9位优秀人才为民革组织新党员。至2015年底，民革海口市委共有民革党员315人。重视后备力量的培养，多名党员在党政机关任职。如谢辉文任海口市统筹城乡发展（集团）有限公司董事长，专职副主委韩涛在秀英区挂职副区长，党员陈安妮任海口市商务局副局长。

【民革市委参政议政】2015年，民革海口市委在海口市“两会”期间，共提交集体提案8件，个人提案36件，社情民意1件。党员杨纯代表民革海口市委会作《理顺网格员归属，加强网格员职能培训改善网格员工资福利待遇》议政发言。其中，民革海口市委会集体提案《关于加快实施农村土地改革新政激发农业产业发展新活力的建议》被列为重点提案，杨顶建政协委员《关于设立海口智能公交服务的建议》被列为政协主席督办案，黎雅政协委员《关于促进农村土地有序流转和农业适度规模经营的建议》被列为市政府市长督办案。韩涛撰写的提案《关于兴建海南抗战纪念馆的建议》被民革海南省委会作为2015年海南“两会”提案。民革海口市委会组织美兰三支部深入海口、定安、琼中等市县，寻访抗战遗址，党员朱圣涛将遗址现状和建议撰写成提案《关于保护和利用海南重要抗战遗址的建议》，被推荐为2016年民革海南省委会参加海南“两会”提案素材。

【民革市委社会服务】2015年，民革海口市委会以总支、支部为单位，结合各基层情况开展“伸出博爱之手——民革基层组织牵手困难群众”各种形式活动，为困难党员和困难群众送去温暖。龙华总支三支部帮扶贫困学子王贻耀顺利完成学业后，又解决王贻耀就业问题；慰问贫困户柯华雄家和孤儿陈基典同学，献上爱心捐款6000元和米、油等慰问品。龙华三支部的助学帮困活动被《团结报》登入头版进行报道。全年，民革海口市委会及各基层组织共走访慰问民革老党员100多人次，爱心捐赠多批次慰问品和慰问金5万多元。

（陈丽雅）

民盟海口市委

【民盟市委概况】2015年，民盟海口市委在海口市“两会”期间共提交市政协个人提案26份、集体提案7份、社情民意3份，省政协个人提案1份，市人大建议案4份。全年发展新盟员32人，至年底市民盟盟员总数783人。被评为民盟海南省委2014~2015年度参政议政工作先进集体。

【民盟市委思想建设】2015年，海口民盟市委利用市盟网站、微信等多渠道组织各基层支部全体盟员在各自工作岗位上学习贯彻十二届全国人大三次会议和全国政协十二届三次会议精神。先后派员参加市委统战部召开的海口市2015年统一战线恳谈会及各民主党派负责人参加的干部大会。4月17日，在海南解放65周年之际，组员前往临高县解放军渡海登陆点进行革命传统教育。8月7日，举办民盟海口市委员会纪念抗战胜利七十周年座谈会暨市盟盟员、国家一级作家张品成《水巷口》赠书仪式，20名盟员参加。8月10日，组员前往海口市秀英区永兴镇美孝村开展追溯抗战历史、缅怀抗日英雄调研活动。

【民盟市委组织建设】2015年1月26日，民盟海口市委召开第五次委员扩大会，会上从22名候选人中推选8名后备干部。年内，先后派员参加骨干盟务工作培训班、海口市各民主党派骨干培训班、盟中央高级干部研修班、民主党派领导班子后备干部培训班。全年，民盟海口市委发展新盟员32人。至年底，盟员总数783人。

【民盟市委参政议政】2015年，民盟海口市委在海口“两会”期间，共提交市政协个人提案26份、集体提案7份、社情民意3份、市人大建议案4份，其中蔡铁委员提交12份。提交的集体提案《关于设立海口旅游专线的建议》被列为市政协副主席督办案，江玫提交的《关于对海口市行政审批制度改革的建议》被列为市政协主席督办案，纪峰提交的《关于结合国家“一带一路”发展战略，加强本市港口机场铁路等交通基础设施的建议》《关于在小学“品德”和中学“思品”课程中加强法律知识教育的建议》被列为市政协副主席督办案。吴天霁提交的调研课题《关于建立完善“新农村饮水安全工程运行管理机制”》获得民盟海南省委采纳将作为2016年的省盟政协提案提交。先后开展“如何挖掘海南本地文化”“双创”工作、“门前三包”“六小”行业专门课题调研，撰写的《关于在“双创”工作中如何整治“六小”行业的建议》调研报告被《海口晚报》10月14日全文刊登。10月底至11月初，撰写《关于赴乐东学习在“双创”工作中创新城市管理方式和方法调查研究的报告》《关于在“双创”工作中创新城市管理的方法和措施的调研报告》。

【民盟市委社会服务】2015年6月13日，民盟海口市委组织法律专委会盟员参加海口市委统战部在明珠广场开展的“文明海口从我做起”宣传活动，为市民开展法律咨询并发放法律援助等方面的宣传资料。7月22日，市委统战部倡议全市统战系统为琼山区云龙镇断臂少女廖玉婷捐献爱心，市盟机关发动盟员捐款，共收到善款1.76万元。

（李　艳）

民建海口市委

【民建市委概况】2015年，民建海口市委在海口“两会”期间，共提交议案20件、提案36件、社情民意建议7件。全年发展会员12人，至年底，在册会员总数351人。

【民建市委参政议政】2015年海口“两会”期间，民建海口市委的人大代表、政协委员共提交议案20件、提案36件、社情民意建议7件。其中，列为副市长督办案2件，重点提案1件。民建海口市委提案《关于大力促进海口小微企业发展的建议》《关于深入开展海口城市容貌综合整治工作的建议》被定为市领导督办案，顾贫委员提交的《关于落实畜牧业设施和农业用地政策的建议》被确定为重点提案。参与市政府办公厅组织的关于民建海口市委提交的《关于大力促进海口小微企业发展的建议》和《关于大力深入开展海口城市容貌综合整治工作的建议》的协商督办活动。组织专委会和各总支骨干会员先后赴三亚、成都等地，就中小企业发展现状、镇域经济发展、骑楼老街开发经营、海绵城市建设等课题开展调研。“双创”工作调研报告《海口早夜市规范管理亟需纳入法治轨道》被《海口晚报》全文刊登。民建海口市委有省政协委员4名，市人大代表8名，市政协委员15名，市特邀监察员2名，市作风建设社会监督员3名，市12345政府服务热线监督员9名，市行风评议员2名，市投资环境监督员3名，其他特邀职务9名。会员中的各种监督员多次参加海口市委、市政府及有关部门召开的协商会、恳谈会、专题座谈会、通报会和视察活动，就海口市的政治、经济、文化生活中的重大问题坦诚建言，献计献策，充分履行民主监督职能。

【民建市委思想建设】2015年，民建海口市委会和各总支多次召开各种形式的座谈会，深入学习贯彻中共十八大和十八届三中、四中、五中全会精神，以及民建中央十届三中全会、民建中央参政议政工作会议精神，“三严三实”专题教育活动重要讲话精神，中共、海口市委十二届九次全会、统战工作会议及政协工作会议精神。年底，举办骨干会员及新会员培训班，邀请海南大学宋增伟教授专题解读中共十八届五中全会精神并对会员进行民建会的优良传统教育。全年共举办4期坚持和发展中国特色社会主义学习实践活动暨民建学堂讲座。邀请海南大学宋增伟教授和导师张兆仪、姚青山作中国传统文化讲座；邀请会员、海南大学罗晋京副教授在海口市未成年人法制教育中心作法律知识讲座。

【民建市委组织建设】2015年，民建海口市委共发展新会员12人，其中，博士1人，硕士3人，本科6人，大专2人；平均年龄42岁，截至年底，共有会员351名。市委会以“一站一刊一栏”为载体，全年出版2期《海口民建》。选派会员参加民建中央参政议政工作会议和社情民意工作会议及“2015年海南民建骨干会员培训班（建智学堂第二期）”，秀英总支主委符史师参加民建全国基层组织主委培训班，企业家会员参加民建中央企业家培训班。多次组织专题学习会，全年有200余人次参加学习培训。推荐党外后备干部任职，市委会专职副主委李爱国挂职美兰区副区长，龙华总支主委陆乙源任龙华区副区长。

【民建市委社会活动】2015年年初，民建海口市委领导先后走访慰问秀中社区和上宅村困难群众，给145位困难户送去价值7万余元的慰问品；民建会员书法家李运全、胡天波、许超现场为村民书写春联60多副。先后3次前往海口市未成年人法制教育中心举行慰问活动，向中心捐赠价值7万元的慰问品以及40多棵花木盆栽；为中心学员宿舍解决房屋渗漏问题并更换照明设备。组织会内法律专家参加“文明海口从我做起”宣传活动，在现场主要以法律宣传、咨询和服务为主，并为市民就子女抚养、青少年保护、民间借贷、劳资纠纷等问题进行详细解答。发动广大会员通过各种渠道为断臂少女廖玉婷安装义肢捐款3.69万元，发放秀中社区6名贫困学子爱心助学款2.35万元。

（梁丽芳）

民进海口市委

【民进市委概况】2015年，民进海口市委履行参政议政的职能，在海口“两会” 期间共提交提案28件。全年扶持教育、捐资助困共捐款、捐物总价值4.1万元。年内，新发展党员11人，转入1人，共有党员605人。

【民进市委思想建设】2015年5月5日，民进海口市委组织全体机关人员参加市委统战部举行的“三严三实”教育讲座。9月6日，组织会内政协委员参加海口市政协举行的赴廉政教育基地（海口海瑞墓园）参观学习。9月28日，组织会员参加海口市统战系统“助办双创”大型合唱活动。10月16日，组织民进海口市委委员集中学习省委书记罗保铭和海口市委书记孙新阳同志的讲话精神，传达民进海南省委2015年参政议政工作精神。10月17日，开展课堂授课、户外拓展的骨干会员培训活动，加强会员思想建设，参加人员63人次。

【民进市委参政议政】2015年初，民进海口市委在海口“两会”期间共提交提案28件。林杰撰写的提案《关于推进棚户区改造的建议》被列为2015年市政协主席督办案，吴玉转撰写的民进集体提案《建议逐步实现社会化养老》被列为2015年市政协重点提案。在民进海南省委参政议政工作会上，民进海口市委会员提交民进海南省委提案共8件，均被省政协采纳，其中，刘心红主委撰写的提案《在国家自贸区战略中抓住机遇进一步深化海口开放改革》和会员吴玉转撰写的《关于将海口申报为“海南自由贸易区”的主要试点》提案被列为民进海南省委上送中共海南省委书记罗保铭关于“一带一路”的研究工作的重点材料之一，同时，该两件提案均被列为2015年海口市政协主席督办提案。

【民进市委社会服务】2015年1月31日，民进海口市委配合民进海南省委开展“书香彩虹”行动，为贵州省金沙县送去价值2万元的书籍。6月2日高考前夕，民进海口市委副主委史玉敏带领机关专干等到海口实验中学、琼山中学慰问高三年级老师，为老师们送去价值2万元的板蓝根、藿香正气口服液、薄荷膏等药品和水果。9月8日，举行教师节、中秋节、国庆节慰问活动。10月19日重阳节前夕，组织老会员及书画界文艺界会员前往海南省托老所进行慰问，并送去一批会员书画作品。

（吴玉转）

农工党海口市委

【农工党市委概况】2015年，农工党海口市委履行参政议政、民主监督职责，在海口“两会”期间，共上交市人大议案5件，市政协十三届五次会议集体提案3件，个人提案15件，政协议政会发言稿2件。全年派出基层骨干党员、机关专干参加省、市举办的有关培训班，以及中央、省、市社院举办的党外干部培训班5期，参加人数130多人次。全年新发展11名党员，至年底共有党员363人。

【农工党市委思想建设】2015年，农工党海口市委组织骨干党员到海口监狱廉政教育基地开展干部廉政教育，为纪念中国农工民主党成立85周年，推动广大党员特别是基层组织的中青年党员深入学习统一战线和多党合作制度理论，在农工党海南省委举办的“学精神、学党章、学党史”知识竞赛中，农工党海口市委组织琼山、美兰、市医院总支参赛，获得一个二等奖，两个三等奖。

【农工党市委参政议政】2015年，农工党海口市委共上交市人大议案4件，市政协十三届五次会议集体提案3件，个人提案15件及4件政协议政会发言稿。派员参加市政协组织的“经济新常态下海口加快旅游特区建设调查研究”课题调研，形成《经济新常态下海口加快旅游特区建设》调查研究报告。

【农工党市委社会服务】2015年“5·12”国际护士节，农工党海口市委、市医疗保健局、市老干局联合邀请市医院保健科农工党员、主任医生蒙碧波为近100名老党员、老领导举办健康知识讲座。7月，联合海口市老干局开展主题为“展示阳光心态，体验美好生活，畅谈发展变化”的大型义诊和健康宣传的社区服务活动，先后到滨海社区、琼山区老干部活动中心、美舍社区开展义诊活动和在金鼎社区为社区老年人开展心理咨询、健康饮食、测量血压、常见慢性病等服务。11月，开展“2015中国环境与健康宣传周”活动。11月8～15日到长流镇开展第二十七届中国“国际科学与和平周”送医送药义诊等系列活动，受益群众500多人。年内，捐助8000元修缮中共琼崖“一大”旧址，为残疾少女廖玉婷捐款近万元。

（王　芽）

致公党海口市委

【致公党市委概况】2015年海口市“两会”期间，致公党海口市委以集体名义和个人名义提交的议案、提案和社情民意信息共34件。全年共接待“三胞”25人次，接待各国华侨256人次；新发展党员6人，至年底，共有党员264人。

【致公党市委参政议政】2015年，致公党海口市委有省级人大代表1人、市级人大代表7人、区级人大代表7人，省级政协委员1人，市级政协委员9人。在2015年海口市“两会”上，以集体名义和个人名义提交的议案、提案和社情民意信息共34件。其中郭李君代表提交的《关于盘活用好海口市人民大会堂的建议》被定为2015年市人大常委会重点督办案；孙永望委员提交的《关于加快我市两港建设的建议》被定为市政协主席督办案。致公党海口市委会领导、特邀“四员”多次参加中共海口市委、市政府举办的民主生活会、协商会、意见征求会、座谈会、通报会、研讨会和民主监督会等。

【致公党市委联络联谊】2015年，致公党海口市委发挥致公党“侨”“海”特色，加强与海口市“五侨”单位的联系，做好华裔新生代、新兴主要侨社的领军人物、传统侨团新一代接班人、侨胞中的精英人士和往来于国内和海外之间的创业人士、留学人员和投资者的联谊、联络和服务工作。全年，致公党海口市委共接待“三胞”25人次，接待各国华侨256人次。

【致公党市委社会活动】2015年，致公党海口市委在琼山区府城镇铁桥社区为社区100多名居民及网格员开展急救知识培训活动，现场免费发放价值3万多元的解暑防感冒、计生等药品。参加“文明海口从我做起”活动，向市民发放青少年法制教育读本、控烟知识和预防艾滋病等居民健康知识手册、环保知识手册、社会保险法、劳动法等方面的宣传资料1000多份。端午节，与55名来自翰香小学、国扬小学、新联小学的留守儿童共度佳节，并送上粽子、水果、香囊等慰问品；组织慰问组到龙华区城西镇头铺村委会，与村里的老党员开展交流活动，为80多名老人送上粽子、水果、防感冒药品等慰问品。7月，为长流中学高三学生肖中斌捐款2.37万元。8月，为残疾少女廖玉婷捐款1.29万元。

（陈在民）

九三学社海口市委

【九三学社市委概况】2015年海口市“两会”期间，九三学社海口市委的人大代表和政协委员共提交提案28份。发展新社员7人，至年底，共有社员212人。九三学社海口市委被社中央评为“2014－2015年度参政议政工作先进集体”。

【九三学社市委组织建设】2015年，九三学社海口市委共发展新社员7人，其中高级职称2人，中级职称3人。全年组织社员74人次参加社省委举办的骨干和新社员培训活动。至年底，全市共有九三学社社员212人。

【九三学社市委参政议政】在2015年海口市“两会”上，九三学社海口市委的人大代表和政协委员共提交提案28份，其中集体提案6份、个人提案22份，人大建议案3份，社情民意9份。政协委员林银燕的《全面开展“小环境”治理的建议》和政协委员王俊刚的《关于城市生活垃圾分类投放收集的建议》，分别受到2月3日《海口晚报》和2月4日南海网的关注。社员王伟的《关于发展我省生物质经济的建议》被社省委作为省政协大会书面发言，王俊刚的《统筹空间规划体系，加快实现“多规衔接”》、刘芳芳的《破解“垃圾围城”，从垃圾分类做起》等提案和王雷的《关于在海口市禁止燃放烟花爆竹的建议》、林银燕的《关于加强对美舍河带状公园进行管理的建议》、覃碧霞的《关于加大公共场所禁烟力度的建议》及《关于制定我省房屋建筑工程护栏最低保修期限的规定的建议》等反映社情民意提案被社省委采用。覃碧霞的提案《关于加强二次供水卫生管理的建议》、社情民意《海口学生家庭旅馆安全隐患及改善建议》被省政协采用。

【九三学社市委社会服务】2015年7月，九三学社海口市委发动社员为琼山区云龙镇残疾少女廖玉婷捐助9950元。11月，联合九三学社海南省委妇女工作与对外联络工作委员会医疗专家，利用该专委会中的“女医生巡讲团”医疗资源，为白龙街道干部职工开展健康讲座2次。11月14日，组织医疗专家深入九三学社海口市委医疗专家服务基地琼山区甲子镇卫生院，为甲子镇群众开展送医送药义诊活动，共接诊200多人次，免费发放药品价值2000多元。

（邝红梅）

台盟海口市委

【台盟市委概况】2015年“两会”期间，台盟海口市委提交政协提案12件（集体提案3件），参加多项课题调研。选派骨干盟员参加省政协、省委统战部、台盟省委、市委统战部举办的各类培训班近20人次，全年为扶贫和救灾工作共投入资金1.5万元，为台商提供各类咨询服务3人次，组织协助台商投资考察5人次，走访慰问台商10人次。至年底，共有盟员64人。

【台盟市委参政议政】2015年，台盟海口市委员会共有省政协委员2名，市政协委员4名，市人大代表1名，区人大代表2名。海口“两会”期间，台盟海口市委提交提案12件

（集体提案3件），内容涉及文化、教育、城市建设等市民、台商关注的内容，如《关于加快海口观赏鱼产业发展的建议》《关于推动把海口列入第五批大陆居民赴台“个人游”试点城市的建议》《关于把海口全力打造成中国亚热带迈阿密式国际邮轮母港的建议》《关于公交优先可持续发展，打造区域交通枢纽的建议》等。其中《关于把海口全力打造成中国亚热带迈阿密式国际邮轮母港的建议》被列为重点提案。

【台盟市委社会服务】2015年，台盟海口市委联合中共美兰区委统战部、台盟美兰区支部“六一”慰问美兰金色儿童智障（自闭症）康复训练中心调研并看望慰问智障儿童，为40多名智障儿童赠送价值5000多元的文体用具及生活用品。联合九三学社市委、中共美兰区委统战部深入大致坡镇大榕村慰问残疾群众。

【台盟市委联络工作】2015年，台盟海口市委员会利用台资企业协会平台，对海口的台商进行走访，配合市委统战部做好联谊、招商、引资工作。全年接待台湾来访客8人次，为台商提供各类咨询服务3人次，组织协助台商投资考察5人次，走访慰问台商10人次。

（陈　雯）

市工商联（总商会）

【市工商联工作概况】2015年，海口市工商联（总商会）着眼促进海口市非公经济 “两个健康”发展（非公经济健康发展，非公经济人士健康成长），做好全市非公经济人士的教育、培训、引导，融资、维权、联谊等各项服务工作。海口市“两会”期间，市工商联会员企业中的政协会员提交提案63件；先后协调解决海南辰达国际会展有限公司等10家企业反映的问题，为6家企业维权，争取合法权益。走访会员单位136家，发展新会员104家，成立2个专委会，指导成立1个行业协会和4家异地商会。组织企业经营者培训5场次，受训人员1000多人次。

【市工商联参政议政】2015年，海口市“两会”期间，海口市工商界的政协委员共提交提案63件，其中市工商联提交的团体提案6件，被列为重点督办的提案3件。向市政府提交《2014年度非公经济发展调研报告》和《从海口市走出去企业的发展现状看海口市招商引资的差距》2篇质量较高的调研报告，尤其是《2014年度非公经济发展调研报告》受到市委领导的高度重视并做出批示。

【光彩事业】2015年5月，海口市工商联会通过微信发动全体企业会员为长流中学高三学生肖中斌捐款16.5万元。6月1日，市工商联主席叶茂牵头成立海南省乡村教育促进会，至11月20日，共筹善款70多万元，招聘10名支教老师支教乡村学校。投入40万元为党建帮扶联系点—琼山区云龙镇长泰村委会后坡村修路、建文化室，产业投入34万元。全年，全市非公企业通过各种方式积极参与社会慈善事业，向社会慈善事业捐款帮扶济困、支持新农村建设近1000万元。

【会员队伍建设】2015年，海口市工商联会共走访会员企业136家，吸收新会员企业104家。3月25日，在海南军区迎宾馆一楼召开海口市工商联（总商会）第十四届五次执委会，增补7名副会长、1名秘书长、19名常委、8名执委，符玲当选海口市总商会秘书长。先后指导海口市工商联（总商会）女企业家工作委员会、海口市工商联（总商会）互联网专委会、海口市养生旅游协会和海口隆商联合会、海口邵阳县商会、海口市福建泉港商会、海口湖北荆州商会异地商会组织的建设成立。

【企业维权服务】2015年，海口市工商联会编印《小微企业优惠政策汇编》500册发放给企业。协调解决海南辰达国际会展有限公司等10家企业反映的问题，为6家企业维权，争取合法权益。年初，与云南省工商联联手，帮助云南高深橡胶有限公司协调解决一起标的数千万元的经济纠纷案件。创新维权工作思路和方式，与市公安局、市检察院、市法院等单位联合发文，建立双方工作联系机制，在服务企业上扩大服务范围，加大服务力度。

【市工商联联谊与交流】2015年，海口市工商联会先后组织50多家企业近100名企业人员参加在海南金鹿工业园区召开的“企业家理想信念教育暨现代标准化场房建设”观摩会，22家企业负责人到海南赛诺国际有限公司观摩学习企业的技术研发中心和企业的现代化的管理经验与制度，20家会员企业管理人员到海南华健药业有限公司观摩学习华健药业公司的现代药品自动分检及药口分流配送新技术与新理念。先后派员赴云南玉溪、湖南怀化、安徽滁州、浙江宁波等地考察学习，派员参加海南房地产业发展高峰论坛2015年会、“黔南州走进海南以商招商项目推介会暨项目签约仪式”“联合国海陆丝绸之路城市联盟工商理事会成立大会暨第一届理事会议”（在泉州由泉州市政府举办）。率领18家会员企业负责人组成的考察团赴云南玉溪考察学习，并与玉溪高新区签署战略合作协议，与玉溪工商联签署友好商会协议，在考察活动中美亚电缆、椰牛食品2家会员企业与玉溪高新区签订合作意向协议。

【非公企业党建】 2015年3月，海口市工商联会牵头将中共海南现代集团党支部、中共海南力神咖啡党支部、中共齐鲁制药（海南）有限公司党支部、中共海南椰树集团党支部组成中共海口市总商会联合党支部。11月10～12日，与澄迈县工商联及琼山区工商联共同举办“非公企业党支部书记培训班”，有69名党建工作代表参加培训。海口市非公企业党建工作做法和经验被海南省非公有制经济组织党工委以“突出五抓五促、夯实党建基础”为题向全省工商联系统介绍。

（龚晓明）

（编辑：李达文）

群众团体

市总工会

【市总工会概况】2015年，海口市总工会推进“基层工会建设年”、农民工集中入会等重点工作。有会员总数59.3万人、基层工会组织8034个。12月，海口市人民医院工会委员会、海口市龙华区金贸街道总工会、中国邮政储蓄银行工会海口市分行委员会获得中华全国总工会授予的“全国模范职工之家”称号；海南港航控股有限公司海口港务分公司秀英客渡工会获得中华全国总工会授予的“全国模范职工小家”称号；李文祥、李东安被评为全国优秀工会工作者。市总工会2015年5月被海口市机关效能建设办公室评为“2014年度海口市绩效考核优秀单位”；11月，获得中华全国总工会授予的“全国工会经审工作先进集体”；12月，获得海南省总工会经费审查委员会授予的“2014年度全省工会经费审查工作规范化建设考核评比一等奖”。

【基层工会建设】截至2015年年底，海口市工会会员总数59.3万人、基层工会组织数8034个，工会组织覆盖法人单位2万多家，建会率90.74%。开展农民工集中入会行动，发展农民工会员31万余人，超额完成省总工会下达的目标任务。制定《2015年海口工会服务农民工活动方案》，共培训农民工700余名，帮助112名农民工维权，追讨欠薪约2000万元。全年新增服务农民工的基层工会组织77家，向214家镇街乡级工会拨款107万元。开展“基层工会建设年”活动，用于支持基层工会开展各项活动的经费1375万元，比上年增长43.7%。全年共完成法人资格登记142家，其中新登记的97家，办理变更的45家。

2015年10月1日，海南省委常委、海口市委书记孙新阳（左）带领市四套班子领导和市“双创”工作指挥部负责人，看望慰问节日坚守岗位的海口广大干部职工和奋战在重点项目一线的建设者。（黄一冰 摄）

【职工帮扶解困】2015年元旦、春节期间，海口市总工会筹集慰问金285万元，慰问困难企事业单位32家，慰问困难职工、农民工、劳动模范4969人次（困难职工、农民工4781人次，劳模188人次），建档困难职工帮扶实现全覆盖。春节前夕，为农民工“平安返乡”购买车票出资1.74万元，运送农民工返乡172人次。开展“送清凉”活动，将清凉饮料、防暑降温劳保用品送到奋战在海口市重点工程生产一线的职工手上。筹资515万元，资助困难大学生1085人，“金秋助学”活动成为工会系统打造温暖海口的品牌。开展困难女职工“关爱行动”，投入慰问金14万元，慰问873人次。实施职工医疗互助活动，全市共292家基层工会的4万余名职工参加，缴交互助金646.59万元，截至10月底，职工互助1481人次，支出补助金108.89万元。年底，发放帮扶金134.2万元再次帮助在档2684户困难职工。全年共支出困难职工帮扶资金1065万元，为1213名特殊行业职工开展预防职业病健康体检活动。

【职工权益维护】2015年，海口市总工会开展集体合同执行情况督导检查，深入各区总工会、各基层工会指导、抽查集体合同签订情况及履约情况，促进各区、各系统年内辖区（系统）建会企业工资集体协商建制率80%以上；与市人社局、国资委、工商联、企业家协会沟通协作，推动三方五家联合下发《推进实施集体合同制度攻坚计划工作方案》；组织160名基层工会干部和工资集体协商指导员参加海口市劳动关系三方五家联合召开的2015年工资集体协商工作推进会和工资集体协商工作骨干培训班，推动基层工会完成年度签订任务，完善协商工作考核机制；与市协调劳动关系的三方五家成员单位就如何推进新型和谐劳动关系，大力开展工资集体协商机制进行沟通协调，为下一步全市开展集体协调工作奠定基础。至年底，签订集体合同覆盖企业1.99万家，涵盖职工28.5万人。推行厂务公开民主管理，至年底，全市推行厂务公开民主管理制度的单位有6571家，覆盖企业1.99万家，建制率86%以上。成立法律援助律师服务团，每周二、四上午免费为职工提供法律服务；开展送法律进企业活动，发放《海南省企业民主管理条例》《农民工维权手册》《劳动合同法》《劳务派遣暂行规定》等法律法规宣传资料，增强职工维权意识；协同政府有关部门开展农民工工资支付专项检查工作；与有关部门协作开展安全生产专项检查工作；联合市劳动监察支队对18家劳务派遣机构进行用工检查；联合市商务局对职业培训机构进行检查验收；及时处理职工信访，加强“12351”职工维权热线制度建设，完善专人值班、领导带班制度。全年，“12351”累计接待职工来信来访案件338宗，其中集体上访25宗，接听热线电话1800多个，98%以上信访来电得到妥善处理。

【劳模管理】2015年，海南港航控股公司的潘琅、新月公司的吴妡梅、金盘电气公司的李辉、市公安局的蔡建家分别被评为全国劳动模范和先进工作者，齐鲁制药（海南）有限公司获海南省五一劳动奖状，侯亨浪、陈清琪、刘汉惜获海南省五一劳动奖章，海南民生管道燃气有限公司海口市110联动燃气抢险队、海口威立雅水务有限公司客户呼叫中心获海南省工人先锋号称号。“五一”劳动节前，市总工会与《海口晚报》《海口广播电视台》两家媒体合作，组织策划开辟《劳动最光荣·我们身边的劳模》专栏，每期用大篇幅版面、黄金时段、全媒体手法专题报道来自海口市各行各业的劳模事迹，全面展示海口市劳模在平凡岗位上创造不平凡业绩。与《海口晚报》《海口广播电视台》联合开设《讲文明、树新风、做好事——温暖海口》专栏。市总工会实行劳模“动态管理”，采用召开专题座谈会、登门拜访等形式，全面了解海口市各级劳模的生产生活情况，为全市劳模建立动态档案。全年共慰问劳模512人次，发放慰问金127万元；“五一”期间组织112名劳模和先进工作者进京观光；组织37名劳模赴北戴河和三亚疗休养；为396名劳模健康体检。

【职工文化建设】2015年春节前夕，海口市总工会组织有书法技艺特长的职工在主要街道举办5场“送春联惠职工”活动，为市民送出春联5000多副。5月，举办首届海口市“工会杯”职工羽毛球赛，全市有62个代表队、694名职工参加。10月，组队参加海南省总工会举办的“中国梦·劳动美”海南省职工法律知识竞赛，市总工会获得优秀组织奖。同月，组织市教育系统职工参加省教育系统篮球比赛，并夺得冠军。11月，开展女职工健康知识、心理关爱和预防艾滋病知识讲座70场次。6月，举办“工会佳缘”单身青年职工联谊交友活动，350名单身职工参加。开展送电影下基层活动，全年共免费送出30场热门大片和经典影片到企业、社区供职工群众观看。11月，开展“观巨变·拓视野·促双创”现场体验活动，1000多名职工零距离感受海口开展“双创”工作以来的喜人变化和海口优美的自然风光，并亲身参加美化环境活动。

【劳动竞赛】2015年，海口市总工会与市安监局联合开展2015年度“安康杯”安全知识竞赛活动，全市181家（涵盖2462家法人单位）规模较大的企业参加。举办2015年“工会杯”琼北旅游服务技能大赛，来自琼北地区的55支代表队共301名选手参加，推送海口明光国际大酒店代表队参加全国比赛并获优秀奖。秀英区总工会组织开展“火山口美食厨艺大比拼”活动，高新区总工会组织施工企业开展劳动竞赛，海南港航控股公司组织机械行业劳动竞赛。

【职工培训】2015年，海口市总工会组织62名各级工会骨干在南开大学举办综合素质提升研讨班；组织210名来自工会各条战线上的新人在琼海开办干部上岗资格培训班；组织160名基层工会干部就工资集体协商的内容、要求、操作程序、工作技巧等进行专题研讨、交流、培训；组织150余名基层工会经审、财务干部进行财务专题业务培训。

【工会“双创”工作】2015年，海口市总工会在全市职工中启动“双创”公益日行动，将每月的最后一个星期六定为“双创”公益日，在“公益日”当天，市总工会组织动员各级工会、全市职工开展主题鲜明、形式多样的职工志愿者服务活动。至12月底，开展争当“文明使者，工会在行动”“全市职工绿化宝岛大行动”“文明美洁过新年”等全市性职工志愿服务行动5次，参加职工总数4万人次以上。共支持260万元用于包点单位长流镇“双创”工作。

（潘　雨）

共青团海口市委员会

【团海口市委工作概况】2015年，共青团海口市委新发展团员1.1万人。至年底，全市共有团组织5224个（机关事业单位团组织263个、学校团组织2659个、国有企业团组织260个、非公企业团组织746个、社会组织团组织604个、城市社区团组织217个、农村团组织475个），团员9.09万人。在由团省委组织的各市县共青团工作年度考核中位列全省第一。

【团组织建设】2015年1月，共青团海口市委出台《海口市基层服务型团组织建设实施方案》，要求全市各级团组织经过3至5年的努力，建成一大批“五有”基层服务型团组织。2月下旬，启动街道区域化团建示范创建活动，并联合市邮政管理局动员29家快递公司、联合会计师协会组织40家会计师事务所积极参与，形成统筹推进区域化团建工作的合力。组织各市直属团组织、团干部深入到街道、社区开展“七个一”（即承办1次街道团的活动、推动1项街道工作品牌、帮助建设1个团属青少年活动阵地、与社区党政负责人就团的工作进行1次深入沟通、每个季度至少联系社区团组织并指导或帮助1次、形成调研报告1篇、帮扶1名贫困青少年）工作，将团的组织网络向社区延伸、资源向街道倾斜。开展农村区域化团建“百县千乡”分类示范创建活动，选出秀英区西秀镇、龙华区新坡镇、琼山区云龙镇、美兰区演丰镇等作为市级农村基层团建示范镇。加强非公企业团组织的直接联系管理，由团市委机关干部担任团建工作指导员进驻70家非公企业团组织，指导其有序推进各项工作任务。集中开展“守望家乡·青春建功”2015共青团联系服务农村青年月活动，举办6场“守望家乡·青春建功”乡村好青年新春分享会，共有257名农村青年致富带头人、返乡大学生、外出务工青年、大学生村干部参加。全年，新建非公企业团组织40个、农村合作社团组织18个。

【青少年思想道德建设】2015年，共青团海口市委深入推进社会主义核心价值观教育，开展“我心中的社会主义核心价值观”“我为核心价值观代言——最美学生代言人”“清朗网络·青年力量”“团委书记与中学生面对面”等为主题的“社会主义核心价值观宣传月”活动和“美丽童年童谣相伴——读童谣，讲故事，争当美德小达人”活动。6月16日，开展团中央“向上向善好青年”分享团走进海口活动。广泛开展“清明祭英烈共铸中华魂”宣传教育、“与人生对话——我的中国梦”成人主题教育、“彩虹人生——奋斗的青春最美丽”分享活动、“红领巾相约中国梦——关注少代会，当好小主人”庆“六一”主题活动、“弘扬国粹，传承经典”优秀传统文化进校园、中国人民抗日战争暨世界反法西斯战争胜利70周年纪念活动、“我们是共产主义接班人”建队66周年纪念活动等，引导广大青少年从小树立正确的价值取向，为早日实现中国梦努力奋斗。

【少先队基础建设】2015年6月23日，中共海口市委印发《关于进一步加强少年儿童和少先队工作的实施意见》。7月，共青团海口市委联合市教育局印发《关于加强少先队活动课程建设的通知》，要求各中小学全面加强少先队活动课程建设，把社会主义核心价值观融入教育全过程。8月，联合市财政局印发《关于落实少年儿童和少先队工作经费的通知》，明确部署少年儿童和少先队工作经费事宜。加强少先队辅导员队伍建设，重点面向大队辅导员就少先队活动课程和鼓号技能等方面进行业务培训，全年共举行少先队辅导员3次业务培训班，培训300人次。

【团员发展】2015年，共青团海口市委注重在中学生、生产科技一线青年、城乡青年中发展团员，实现团员队伍的协调发展。全年新发展团员1.1万人。至年底，全市共有团组织5224个，团员9.09万人。

【青年就业创业服务】2015年，共青团海口市委加强与市创业小额贷款担保中心合作，发放青年创业小额贷款245笔、2006万元。举办“三农”政策大讲堂4期、青年创业就业技能培训班20期、SYB培训班5期、青年创业就业沙龙26期，培训青年4355人次。推进就业见习工作，保有见习基地26家，提供见习岗位312个。在海口桂林洋大学城青年创业创新中心、江东电子商务产业园、海南工商创业孵化基地等地打造“海口市青年创业平台”。成立“海口市青年电商创业学苑”，举办“青春同路人”海口青年创业电商培训班2期，为358名青年提供免费培训。组建海口市青年创业导师团，成立海口市青年创业就业促进会，以社会化动员的方式促进青年创业。举办“青春向上”青年专场招聘会2场、“职业规划进校园”活动13场。以农村青年致富带头人、返乡大学生等群体为重点，选拔推荐240名农村青年列入“领头雁”培养计划，举办农村青年致富带头人培训班，挂牌成立3家“海口市农村青年创业致富示范基地”，示范基地带动更多农村青年创业致富。

【青少年志愿者行动】2015年，团海口市委（海口市青年志愿者协会）在2015年海南省志愿服务项目大赛中，海口市推报的10个项目获2金3银4铜，获奖比例90%，获金奖数占全省总量的40%，位居全省前列。5月开始推出“志愿集市”项目，每月第二个周日上午走进不同社区，为群众提供义诊、免费理发、法律咨询、禁毒防艾宣传等服务，推动志愿服务常态化发展。实施“关爱失独家庭”“关爱农民工子女”“关爱失足青少年”等民生志愿服务项目，帮助弱势

2015年10月25日，为助力海口市“双创”工作，海口市青年志愿者协会在海口大同街道义龙社区开展“志愿集市”便民利民志愿服务活动。（欧阳资 摄）

群体解决实际困难，合力打造公益海口、温暖海口。8~12月，在“双创”攻坚、生态环保、文明劝导等领域推出“千名青年志愿者环境卫生整治大行动”“垃圾分一分，海口美十分”“平安春运”等一系列品牌项目。通过向社工机构购买服务和吸引志愿者参与相结合的“社工+志愿者”模式，在市未成年人法制教育中心、秀英区秀英街道向荣村、海口汽车西站等地试点新建一批有固定场所设备、有专兼职管理人员、有稳定志愿者队伍、有常态化服务活动、有规范管理制度、有必要经费保障、有活动服务记录的“七有”服务阵地，改变志愿服务“打一枪换一个地方”的零散不稳定状态，让青年志愿者和服务项目真正有了家。结合海口地域特色，以拟人化的椰子为原型，设计发布“蓝椰青”“红椰青”志愿者卡通形象，并通过赠送卡通钥匙扣、扫码赠送照片等方式，吸引广大青年加入志愿者行列。充分调动电视、广播、报纸和网站、微博、微信等各类媒体的积极性，承办全省志愿服务交流会主题沙龙，广泛宣传志愿服务品牌项目和优秀志愿者典型，推动志愿服务理念深入人心。经过广泛宣传发动，截至年末，全市注册团员志愿者总数6.77万人，是年初注册人数的近3倍。

【关爱青少年成长】2015年，共青团海口市委开展“领巾飞扬 欢乐一夏”暑期夏令营、航模科技普及与辅导、“激扬青春 快乐健康”海口赛区足球邀请赛等。开展中小学校园周边环境问题整改，对城西中学、琼山华侨中学等相关学校的校园安全教育和校园周边道路交通秩序、食品安全、文化市场管理、治安管理等情况进行实地督导。联合市工商局开展为期1周的校园周边“三无”产品（无生产日期、无质量合格证、无生产厂家）专项整治活动，并查处扣押一批“三无”产品。启动2015年团中央关爱青少年彩虹行动示范项目和“同在阳光下 青春共成长”关爱失足青少年项目试点工作，选定秀英区检察院未成年人观护站、秀英区阳光服务基地、海口市未成年人法制教育中心等单位和机构作为项目示范基地，从中挑选机关干部、教官、心理咨询师、社工和志愿者组建导师团队，定向结对100名重点青少年，为其提供心理、就业、法律援助等多项服务，帮助他们重新塑造自我、顺利回归社会。面向全市各级团队组织，加大《未成年人保护法》和《海南省未成年人保护若干规定》宣传普及、执法检查和督导调研力度；面向全市广大青少年启动“远离毒品 健康成长”禁毒宣传教育活动，组建青年禁毒志愿服务队伍，组织开展“童心画禁毒”漫画大赛、中学生禁毒知识竞赛、禁毒宣传教育“六进”活动、重点青少年群体教育引导等活动。开展“阳光伞”青少年自护教育活动，发放青少年自护手册《新三字经》，联合市120急救中心一同走进海南华侨中学、海口实验中学等多所学校为师生讲解创伤、溺水、触电、气道异物阻塞等急救方法。为未成年人提供专业、便捷、放心的心理健康辅导服务，切实服务青少年健康成长。联合省人防办、市民防局面向海口市50所中小学校试点开展“民防知识进万

2015年7月6日，共青团海口市委组织开展“领巾飞扬 欢乐一夏”关爱海口留守儿童公益夏令营活动。（万里丹 摄）

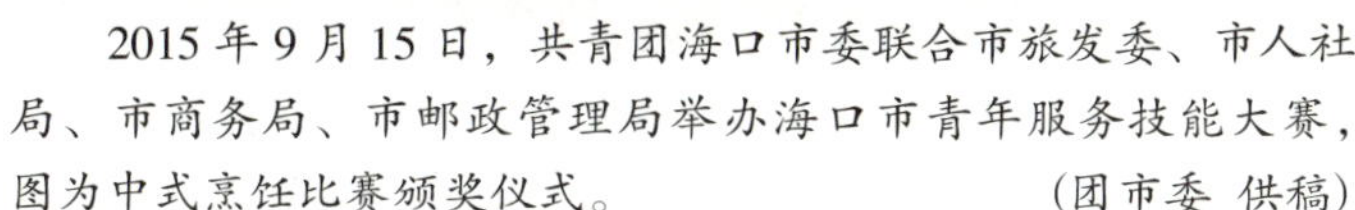
2015 年 9 月 15 日，共青团海口市委联合市旅发委、市人社局、市商务局、市邮政管理局举办海口市青年服务技能大赛，图为中式烹饪比赛颁奖仪式。（团市委 供稿）

2015 年 11 月 22 日，共青团海口市委在市青少年活动中心举办海口第八届青少年文化艺术节群舞比赛。（万里丹 摄）

家 防灾减灾保平安”主题进校园活动，全面普及人民防空和防灾减灾知识，增强青少年的防空意识和国防观念。

【青年技能服务大赛】 2015 年 9 月，共青团海口市委联合市旅发委、市人社局、市商务局、市邮政管理局举办海口市青年服务技能大赛，全市 37 家企事业单位、258 名青年员工参加出租车驾驶、电子商务师、景区讲解员、快递业务员、中式烹饪 5 个类别的职业竞赛，并在全省总决赛上取得中式烹饪项目冠亚军、客房服务项目亚军、快递业务员项目亚军、景区讲解员项目季军，以及“优秀组织奖”。

【海南（海口）青少年活动中心】 2015 年 5 月，海口市青少年宫更名为“海南（海口）青少年活动中心”。海南（海口）青少年活动中心以服务海口市青少年为宗旨，坚持公益先行、素质主导原则，积极发展以校外德育为主的青少年教育实践与培训活动，全年组织开展青少年公益特色主题活动（如海口市第八届青少年文化艺术节）、参演参赛以及学期教学展示活动 60 多项，年参与活动学员 3 万多人次。同时，规范培训教学管理，健全培训工作机制，充分发挥校外教育阵地在青少年教育中的育人作用。2015 年，开设书法、绘画、棋艺、声乐、器乐、舞蹈等 30 多种类型 100 多个兴趣特长班，培训学员 7000 多人次，其中青少年心理咨询、航模科技学习体验等公益兴趣项目常年免费面向全市广大青少年开放。

【举办共青团与人大代表、政协委员面对面活动】 2015 年 1 月 27 日，共青团海口市委在海口市青少年活动中心举办 2015 年“共青团与人大代表、政协委员面对面”座谈会，主题为“青少年事务社会工作与社区教育”。海口市部分市人大代表、政协委员与党政职能部门负责人、专家学者、社工机构代表、基层团干部、社区工作者共 30 余人应邀参加座谈会，为在海口市“两会”上集中发出“青年好声音”搜集采纳 5 条社情民意。

【海口市第八届青少年文化艺术节】 2015 年 5 月，由团海口市委联合市教育局、市文体局举办。活动设棋类（含象棋、围棋、国际象棋）、钢琴、舞蹈（含单双三人舞、群舞）、歌手、主持人、西洋器乐、民族器乐、书法、绘画、征文等 10 大项比赛，共有 3000 余名青少年报名参加。此次艺术节中，棋赛获奖选手 264 人（第一名 31 人；第二名 31 人；第三名 31 人；第四至第八名，各名次 31 人；第九至第十六名，各名次 2 人；海口市第八小学、海南省农垦直属第二小学、海南华侨中学均分别荣获象棋、

2015 年 3 月 6 日，共青团海口市秀英区委员会开展“践行核心价值观 志愿服务我先行”便民利民志愿服务活动。（欧阳资 摄）

国际象棋团体奖)；其余9项赛事获奖选手887人（一等奖133人；二等奖175人；三等奖225人；优秀奖354人)；获奖教师238人。此外，为鼓励更多的孩子，本届艺术节为获奖群舞队伍里的每个孩子都颁发证书。

【共青团网络舆论引导】2015年，共青团海口市委提升微博、微信、门户网站等团属新媒体平台的建设力度、推送频度和内容质量，不断优化网络宣传力量的队伍规模、人员结构和综合素质，努力打造青年“微传播”项目集群。“海口共青团”微信公众号5月中旬取得《中国青年报》全国地市（含副省级市、直辖市所属区）级团组织微信公众号综合影响力第18名、单篇文章影响力第5名的成绩。由团海口市委编辑的《抗战胜利70年，指尖护卫大阅兵》《我们是共产主义接班人，祝伟大祖国生日快乐!》的微信文章连续两次被共青团中央微信公众号采用并推送。4个区团委新媒体工作围绕中心、服务青年，策划推出“双创”系列宣传，取得较好成效，其中“美兰共青团头条号”在全国最有影响力共青团头条号位居第二。

（周　吉）

市妇联

【妇女组织概况】2015年底，海口市有妇女组织5582个。其中区妇联4个，镇妇联22个，街道妇联21个，社区居委会妇代会164个，村妇代会248个，机关、事业单位妇委会76个，妇女小组16个，建立女职工委员会5031个，市属高校妇女组织3个，其他领域妇女组织16个。

【妇女之家建设】2015年，海口市创建“妇女之家”示范点4个。至年底，共创建“妇女之家”431所，实现村、社区“妇女之家”建设全覆盖。依托妇女之家的资源优势，开展“最美家庭”“平安家庭”等创建活动，成立心理咨询师、妇女禁毒会、妈妈训教团、文艺健身队、医疗服务队、法律援助队等志愿者队伍，增强服务力量。

【妇女干部培训】2015年4月，海口市妇联在复旦大学举办海口市女干部培训班，9月举办海口市妇女干部能力提升培训班。市妇儿工委6月举办浙江大学业务交流培训班等多期培训班。全年共有400多名城乡妇女干部参加培训。

【推进实施“创业创新巾帼行动”】2015年，海口市妇联在城乡妇女中推进实施“创业创新巾帼行动”，利用“科技月”“妇女培训班”等平台，通过宣传栏、现场答疑、入户宣传等途径宣传小额担保贷款财政贴息政策，全市1930名农村妇女获得贷款，贷款金额6823.1万元，贴息29.24万元。5月中下旬，在秀英区东山镇、龙华区新坡镇、琼山区龙塘镇分别举办兰花、瓜菜、养羊种养殖培训班8期，培训800多名妇女群众。扶持创建海南博大兰花科技有限公司为巾帼现代农业科技示范基地。联合市人社局等单位组织专场招聘会3场次，先后发放宣传资料超过3万份，为800余人提供政策咨询，为近百人次开展免费岗位培训；举办女性专场招聘会，有近160余家企业招聘，提供岗位近3000个，现场应聘人数超过4300人，达成用工意向1516人。联合清华职业技能培训学校举办女大学生就业技能培训班；7月，在龙泉技工学校建立海口市妇女就业培训基地；与市人社局等单位联合举办“助力双创 服务万家”海口市家政服务知识与技能电视大奖赛。

【妇儿权益保障】2015年，海口市妇联建立《家庭暴力告诫制度》和《海口市妇联妇女儿童合法权益侵害应急预案》，畅通维权途径。充分发挥12338妇女维权热线、维护妇女儿童合法权益律师志愿者服务中心和心理咨询师队伍的作用，市、区妇联共受理来电、来信、来访189人次，均妥善予以解决处理。利用各种节日和纪念日契机，组织律师、心理咨询师志愿者开展法律咨询及宣传活动，通过多种群众喜闻乐见的形式为广大妇女送知识、送服务。市妇联领导班子成员多次做客椰城纠风热线和12345政府热线，为广大群众解答婚姻、家庭暴力、劳动权益等问题。

【关爱妇女儿童】2015年，海口市妇联先后举办“情系粉红丝带—关爱伟大母亲公益活动”、关爱贫困母亲“暖冬行动”“文明城·粉红爱—关爱‘两癌’贫困母亲”等活动，共向642户贫困家庭送去23.2万元的慰问金和慰问品，动员5105名妇女进行乳腺癌筛查、1.12万名妇女进行宫颈癌筛查。为127名“两癌”贫困患者争取救助资金74.9万元。开展关爱自闭症儿童、留守及流动儿童活动，“爱心汇集·圆梦六一”活动，组织留守儿童参观东山野生动植物园等系列活动，帮助412名贫困孤残等特殊儿童圆梦，向255名流动儿童赠送文体用品，组织志愿者参加2015年“恒爱行动”，为新疆和海南省的贫困、孤残儿童编织爱心毛衣和围巾。全年，4个区共投入220万元，市妇联投入23万元新建 43所儿童之家。至年底，海口市拥有90所留守儿童书屋、儿童之家。

【妇儿工委工作】至2015年底，《海口市妇女发展规划（2011—2020年)》中期目标达标率90.14%，《海口市儿童发展规划（2011—2020年)》中期目标达标率88.33%。海口市妇儿工委办认真做好两个规划实施项目的协调督促服务工作，牵头开展2011-2015年规划实施情况督导检查。对4个区等18个主要责任单位进行中期督导检查。全面推动两个规划各项指标任务的实施进展，完成省检各项工作任务，加紧督促43个成员单位进行整改，为迎接2016年国家中期评估检查做好准备。

2015年3月4日，海口市妇联表彰一批“三八红旗手标兵”。

（市妇联 供稿）

【妇女儿童节庆活动】2015年3月6日，海口市妇联在秀英区石山镇施茶村举办海口市庆“三八”第五届农家巾帼展英姿健身舞比赛，12支队伍参加比赛，近1000人观看。3月4日，在海口公园举办老年妇女门球赛等纪念“三八”活动。5月9日，在望海国际大酒店举办“情系粉红丝带——关爱伟大母亲”公益活动、2015海口市时代新女性大讲堂（第一期）暨“关注母亲健康，让爱温馨绽放”母亲节健康沙龙活动，200多人参加。4月下旬至5月底，在全市举办“爱心汇集·圆梦六一”关爱特殊儿童活动、5月30日举办“六一”幼儿文艺演出暨爱心圆梦活动，筛选来自全市4个区13个幼儿园的13支幼儿文艺代表队成为演出队伍，参演儿童261名，近1000名观众观看。9月24日，在骑楼老街以“诵读中华经典，弘扬华夏文明”为主题开展“海口之恋”中秋诗会暨椰城“时代新女性”大讲堂2015第2期活动，省、市领导及市妇联十三届执委近100人参加活动。

【典型榜样评选】2015年，海口市妇联持续开展三八红旗手和三八红旗集体等一系列先进典型推选和表彰活动，郑秋英获“全国三八红旗手”称号，海口市公安局美兰分局办证中心、中国银行海口海甸支行营业部获“全国三八红旗集体”称号，市疾病预防控制中心病媒消杀科等20个单位获“海口市三八红旗集体”称号，孙瑞锦等10人获“海口市三八红旗手”称号。先后开展寻找海口最美妈妈、海口最美婆媳等活动，推荐评选出“海口十佳最美妈妈”“海口十佳最美婆媳”及100户平安家庭示范户。

（苏岐勇）

市科协

【市科协工作概况】2015年，海口市科协组织召开海口市全民科学素质工作领导小组第八次会议，成功举办第十一届海口市青少年科技创新大赛、海口市中小学台风科普讲座，积极组织开展2015年“基层科普行动计划”项目，组织参加科技“三下乡”活动。举办农业实用技术培训班20期，开展科技流动咨询站下乡服务40次。开展各种各样的学术交流活动22次，扶持专业协会，为科技工作者服务。

【第十一届海口市青少年科技创新大赛】2015年1月20日，由海口市科协、市教育局联合举办。大赛共收到作品1100件，共评出发明创造项目一等奖15项、二等奖38项、三等奖37项；科学论文一等奖19篇、二等奖30篇、三等奖40篇；少儿科学幻想绘画一等奖25幅、二等奖85幅、三等奖156幅；优秀科技实践活动1项；优秀辅导员创新项目5项；优秀科技辅导员5名；优秀组织奖3个。同时，选送159个项目参加4月25～27日在海南大学举办的第27届海南省青少年科技创新大赛，获得青少年科技创新成果奖：一等奖19项、二等奖36项、三等奖55项；少儿优秀科幻绘画作品奖:一等奖8幅，二等奖9幅，三等奖12幅；科技辅导员创新成果奖：一等奖3项，二等奖2项；优秀科技实践活动奖：二等奖1项；优秀科学DV作品奖：一等奖2项，二等奖4项，三等奖5项；科技创意奖：二等奖4项，三等奖5项，优秀组织单位2个；优秀科技辅导员1名；海南省科协主席奖1项。同时，两个项目入选第30届全国青少年科技创新大赛。

【基层科普行动计划】2015年11月，海口市科协、市财政局联合实施“基层科普行动计划”项目。经过推荐、评选，最终评选出农村专业技术协会2个，农村科普示范基地5个，农村科普带头人4名，科普示范社区2个。

【科普下乡】2015年2月，海口市科协先后在美兰区灵山镇、龙华区龙桥镇、琼山区甲子镇、秀英区石山镇以科普图片展、播放种植养殖知识宣传片、发放科普知识资料、发放环保袋、农村实用技术培训等形式开展科技下乡活动。给农民们送去新春科普挂历、科普资料、科普书籍和各类农技知识手册共1万多本（册），展出科普展板100多张。全年开展科技流动咨询站下乡服务40次，发放各类科普书籍和资料3万多册，解答咨询农民群众1000多人次。

【“全国科技月”活动】2015年5月（全国科技月），海口市科协围绕“节约能源资源、保护生态环境、保障安全健康”主题，协同全市各单位开展科普大集市、科普讲座、报告会、科普咨询培训、参观科普场馆、基地、图片展、赠送科普书籍等活动。全市科协系统共组织开展各个层面的重点科普活动40多次，组织送科技下乡40场次，科普大篷车进校园10多场次，社区科普宣传活动20场次，举办科普展览50余场，大手拉小手科普报告会10场次。参与的科技工作者、科普工作者、科普志愿者5000余人。

【科普培训】2015年7月19日，海口市科协组织海口市二十五小、二十六小、海口中学等10所学校的10名教师参加2015年海南省青少年航空模型车辆模型和电子制作教育竞赛科技辅导员培训班。

【科普讲座】2015年3月20日，海口市科协特邀中国工程院院士、大气科学家，现任中国气象科学研究院研究员、博士生导师陈联寿院士，在海口市教育局电教中心作题为《台风及其灾害防御》的讲座。讲座由海南省气象学会、海口市教育局等单位联合主办，全市中小学教师200多人参加。8月13日，市科协联合市委组织部邀请国务院参事刘燕华在海口举办一场新常态下的科技创新专题讲座，全市正科级干部约800人参加。

【学术交流】2015年，海口市科协指导由各行业协会（学会）单独或联合开展学术交流活动15次，主要议题都是关于各行业科技创新的热点问题。其中椰树集团科协3次、力神咖啡协会2次、市建筑业协会3次、市机械工程学会2次、市护理学会2次、市营养学会3次。5月30日举办“海口市2015年餐饮文化沙龙”，83人参加；8月14日举办“海口市淮山种植新技术沙龙”，100多人参加。全年开展全国级、地区级、市级、行业协会内部的学术交流22次。

【全国部分城市科协多边合作联席会议】2015年11月16~17日，全国部分城市科协多边合作联席会议暨2015年科技咨询合作与发展论坛在海口市国商海航商务酒店召开。会议由海口市科协主办，海口市科技协作中心承办。中国科协企业创新服务中心，吉林、新疆、河南、湖南、广东、海南6个省级科技咨询中心和部分省级科协的代表以及青岛、广州、西安、成都、南宁、郑州、长沙、南昌、昆明、合肥、攀枝花、四平、宝鸡、海口14个市级科技咨询中心和部分市级科协的代表共71人出席会议。会议开幕式由海口市科协党组书记、主席高树生主持。会议及论坛围绕“改革、创新、发展”为主题，深入交流开展全民科学素质行动、搭建企业科技创新与经济发展、推动科学普及与资源整合、推动科技咨询创新与拓展、开展群众性创新方法活动联盟及平台建设等方面内容的思路、做法和经验。各城市科协及科技咨询服务中心负责人先后在大会上发言。

（王润鹏）

市文联

【市文联工作概况】2015年，海口市文联出版文学专著12部，发表文学作品300余篇（首），创作和展出书画摄影作品1200余幅，支持各文艺家协会举办演出近200场。开展近百项文艺活动，其中重大系列文艺活动3项。海口市文联被海南省文联评选为2014~2015年度海南省文艺志愿服务先进集体。

【文艺下乡】2015年，海口市文联组织大规模文艺下乡10次，为村民义务书写春联1万余副，义务惠民文艺演出5场。其中，1月30~31日，组织书协、音协、舞协等文艺家进玉沙社区践行社会主义核心价值观活动，书写春联送春联1000多副，并进行“践行核心价值观 携手共筑中国梦”文艺演出。2月5~9日，组织书法家40余人次到灵山镇、龙桥镇、甲子镇、石山镇践行社会主义核心价值观活动，书写春联近1万副。6月26日，以“深入生活、扎根人民”为主题在长流镇美德村文化广场举办文艺志愿服务演出晚会。组织市剧协会员先后到文昌、万宁、琼海、定安、澄迈、陵水、保亭等市县乡村和农场，演出《夜明珠》《双珠凤》《打金枝》《桃李梅》《五女拜寿》《闪亮师魂》《浴血英魂》等经典剧目120场，其中送戏下乡110场，观众6万多人次；组织书协会员深入农村、社区开展送书法下乡156人次；组织摄协会员“送欢乐下基层”摄影惠民服务活动1次。

2015年6月25日，海口市文联、琼中县文联“友好文联签约仪式”暨海口各文艺家协会创作基地授牌仪式举行。（市文联 供稿）

【文艺培训与交流】2015年，海口市文联举办综合文艺培训4场次（含创作与采风），培训文艺人才360人次；举办文艺交流活动10次（含对外交流演出）。其中，1月26～31日，开展"观澜湖艺术写生计划第八季"活动，邀请天津美院院长邓国源、四川美院副院长张杰、贵州美协主席李昂等19位各大美术院著名画家、教授与海口画家共同交流写生，对海口青年画家进行一对一培训。4月22日，市文联主席陈素珍带领60名戏剧家出访香港，交流演出《辽宫月》《林秋娘》《五女拜寿》《桃李梅》4场经典琼剧剧目。6月24～26日，市文联组织下辖8个协会、琼山区文联等60多位文艺家深入琼中县、屯昌县、海口市秀英区长流镇，开展以"深入生活、扎根人民"为主题的纪念毛泽东同志《在延安文艺座谈会上的讲话》发表73周年系列文艺采风培训交流活动。10月27日，市剧协会员吴叙勇、阮丹青、王佳、刘修修4人前往澳大利亚参加世界海南乡团联谊大会，并在悉尼歌剧院进行琼剧表演。

【文艺赛事】2015年1月，海口市文联举办第五届中国少年儿童艺术节声乐、舞蹈、语言表演赛海南分赛区选拔大赛，从120个参赛节目中评出金奖22名，银奖35名，铜奖37名，辅导教师奖23名，组织奖7名，从中选拔出19个节目赴上海参加2月举办的全国总决赛，获得特等奖1名、金奖6名、银奖8名、铜奖4名。5月，举办欢乐有约舞动椰城—海南原创广场舞比赛，有上百支来自各区街道、乡镇、社区、农村舞蹈队报名参赛，并于5月23日晚在万绿园进行决赛，评选出20支优秀参赛队。9月，举办"骑楼杯"2015第二届市戏曲票友大赛，剧种涵盖琼剧、京剧、黄梅戏、豫剧、越剧等。来自全省和岛外的140多名选手经过比拼，决出金奖2名、银奖4名、铜奖6名、新苗奖7名、优秀奖23名。

2015年6月26日，海口市文联在长流镇进行文艺志愿服务惠民演出。（王　宇 摄）

【纪念海南解放65周年文艺活动】2015年4月29日至5月5日，海口市文联在市群众艺术馆开展纪念海南解放65周年海口老干部书画摄影作品展，展出全市68位离退休老干部作品95件，其中书法作品36件、美术作品28件、摄影作品31件。4月30日至6月30日在市博物馆举办"美丽家园"纪念海南解放65周年美术作品展，展出50位海南艺术家及旅琼艺术家的50幅作品，并出版《美丽家园纪念海南解放65周年美术作品展作品集》。

【纪念抗日战争暨世界反法西斯战争胜利70周年文艺活动】2015年8月10～15日，海口市文联在中山路骑楼老街举办"历史的痕迹——海口市纪念抗战胜利70周年档案摄影图片展"，展出摄影图片资料130余幅。8月15日下午，在市人民大会堂举办"纪念中国人民抗日战争暨世界反法西斯战争胜利70周年——海口群众演唱会"，来自海口10多个群众文艺团体约500名演员，以大合唱、表演唱、舞蹈、女声小组唱等形式表演15个经典抗日歌舞节目。8月31日至9月5日，在市群众艺术馆举办

2015年9月1日，海口《椰城》杂志社纪念抗日战争胜利70周年编辑、作者、读者笔会举行。（袁　宇 摄）

“纪念中国人民抗日战争暨世界反法西斯战争胜利70周年书法作品展”，展出90余幅与抗战相关的精品书法作品。8月31日，在市文联会议室召开“纪念抗日战争胜利70周年编辑、作者、读者笔会”，有编辑、作者、读者等市知名代表20余人参与座谈交流。举办“纪念抗日战争胜利70周年诗词楹联大奖赛”，大赛征集到上百件群众作品，于8月底评选出65件优秀作品，陆续在《椰城》杂志和《海南诗文学报》刊出。

【海南本土文化系列作品展】2015年7月7~30日，海口市文联在市博物馆举办观澜湖艺术写生计划第八季，共绘南海——中国油画名家海南写生展，展出来自中央美院、天津美院、中国美院、四川美院等9省市的28名国内油画家在海南的写生作品44幅。11月20~26日在市新埠岛点测光摄影工作室展厅举办慢生活——“爱在深秋”海口摄影家采风创作摄影作品展，展出摄影家协会会员创作的百余幅摄影精品。11月25~29日，在省博物馆三号展厅举办“从心灵走来——杨毅书画展”，展出百余幅作品，都是市书协名誉主席杨毅近年来创作的精品，有书法、国画、油画、篆刻等种类，题材来源于海南的风土人情，所有作品被编辑出版成《杨毅书画集》。

【《椰城》杂志】2015年，《椰城》杂志根据自身的定位和特点，从封面设计、内文版式、栏目设置、内容提供上进行全面改版，每期封面彩页刊登“讲文明树新风”“图说我们的价值观”“纪念中国人民抗日战争暨世界反法西斯战争胜利70周年”等各类公益广告，开设《“双创”活动》《社会主义核心价值观》《纪念抗战胜利70周年》专栏，将第230期设置为社会主义核心价值观专刊，刊登小说、散文、诗歌，快板、小品、琼剧等作品。全年共出刊12期，以本岛乡土作品和本地作者文章为主，发表各类作品500多篇。

（沈音钊）

市侨联

【市侨联思想建设】2015年3月，海口市侨联组织侨联委员、侨社团干部和机关干部职工学习中央《关于加强和改进党的群团工作的意见》《关于加强和改进新形势下侨联工作的意见》精神。5月，推进“三严三实”专题教育，多次召开党组理论中心组学习研讨会，深化“三严三实”专题教育。6月，市侨联与琼山区侨联、秀英区侨联、龙华区侨联联合主办的“侨之声”爱国主义教育报告会分别在琼山四小、海秀中心小学、海口市第九小学和海南侨中初中部举行。8月，在全市侨界中广泛开展纪念中国人民抗日战争暨世界反法西斯战争胜利70周年群众性主题教育活动。9月9日，组织召开海口市侨联纪念中国人民抗日战争暨世界反法西斯战争胜利70周年座谈会，各区侨联、各侨社团、部分侨联委员及机关全体干部职工共同深入学习习近平总书记在中国人民抗日战争暨世界反法西斯战争胜利70周年纪念大会上的重要讲话精神。

【市侨联参政议政】2015年1月，海口市侨联组织召开市侨界人大代表、政协委员座谈会，对2014年的参政议政工作进行总结，并部署侨联界别人大代表、政协委员做好2015年度提提案的工作，发动侨界人大代表、政协委员撰写提案、建议、议案10份，市侨联机关撰写2篇政协集体提案。

【慰问侨眷】2015年春节前夕，海口市侨联开展全市特困归侨侨眷的慰问活动，与市“五侨”单位联合慰问全市离退休老归侨92人，与各区侨联共同组织慰问困难归侨侨眷80户、侨联会退休老干部遗孀2户，慰问帮扶村秀英区石山镇玉喜村困难户21户。与海南省侨联领导一起陪同中国侨联领导到琼山区红旗镇走访慰问2户特困归侨，送上慰问金2000元和价值600元慰问品。

【维护侨益】至2015年11月10日，海口市侨联共接待来电或来信咨询涉侨法律的归侨侨眷40多人。2~3月和8~9月，组织侨界政协委员和各区侨联主席到侨资企业开展调研，了解企业生产经营过程中存在的困难，向有关方面反映实际情况，努力发挥侨联组织在服务侨资侨属企业发展中的作用。

【华侨海内外联谊】2015年，海口市侨联共接待新加坡、马来西亚、泰国和中国香港、澳门、台湾地区等回乡探亲、寻根问祖、侨情交流的侨社团和侨领20多人次。参与国内姓氏宗亲联谊活动200多人次，在传统重大节日向海外侨社团、侨领发送贺年卡100余份。6月，参加在广州召开的全国省会、副省级城市侨联工作经验交流会；11月，接待浙江省舟山市侨联，并与之缔结友好城市侨联。12月20日，与市旅游委、市文体局一起协助海南省华商联谊会和海南省科技企业联合会在海口观澜湖举办“一带一路”、华商责任2015年世界华商海口会议和“魅力海口、圆梦中华”2015年世界华裔小姐总决赛活动。

【市侨联社会服务】2015年3月，海口市侨联组织全市中、小学生参加由中国侨联和人民日报社海外版联合举办的“第十六届世界华人学生作文大赛”。共选119篇作文参赛，有29名中小学生获奖，其中二等奖7名，三等奖22名，海口市侨联和琼山区侨联获组织奖。5月，与琼山区侨联配合海南省侨联在琼山区大坡镇重点侨乡白水塘村——侨友文化活动广场开展“送科技、送文化、送法律、送医药”四下乡活动，邀请农技专家为村民进行胡椒种植技术培训；联合海口市人民医院为村民进行义诊和送药服务；为白水塘村赠送一批文化、科技、法律等书籍；开展涉侨法律宣传和咨询服务活动。8月，海口市侨联同省侨联《南华时刊》杂志社联合编辑出版《侨乡海口》特刊一书，向海内外华侨集中展示侨乡海口在国际旅游岛建设中取得的巨大成就和滨海旅游城市的独特魅力，展示市侨联成立60年来的光辉历程和广大侨胞爱国爱乡、积极参与海口市社会公益事业和国际旅游岛建设的风采。

（陈德壮）

市社科联

【市社科联工作概况】2015年，海口市社科联完成重点课题研究3项、规划课题研究52项，组织文明礼仪宣讲78场，开办《海口人文大学堂》广播版360余期、《海口人文大学堂》报刊版42期、“四种精神”理论专版1期，编辑出版7本社科类书籍。指导6个单位参加海南省社会科学普及示范基地申报命名，新增加社科社团组织5个，新设立社科研究普及基地2个，组织社团开展专题活动3次。参加全国性学术交流及工作会议1次、海南省社会科学学术交流2次、与其他省市社科联开展学术交流3次，承办海南省社科普及月活动开幕式和海南省第二届（2015）社会科学学术年会海口分论坛。2015年海口市社科联、海口知青联谊会、海口市冼夫人文化学会获全国先进社科组织称号。

【社科课题研究】2015年，社科规划课题研究首次确定为海口市委常委会2015年一项重要工作，收到海南大学、海口经济学院和海口市环保局等28个单位申报课题140项，涵盖经济建设、政治建设、文化建设、生态文明、社会管理、法治建设6个类别，申报单位和申报课题数量均比上年增加一倍。根据2015年申报课题数量多、申报单位类别多的情况，首次将社科规划课题划分为学术型和实用型两个方向。3～12月，海口市社科联动员组织社科专家、社科工作者围绕海口重点难点问题展开研究，完成规划课题研究52项。2～5月，组织19名社科专家实地调研海口市琼山区旧州古城遗址、澄迈县文化古迹和古村落，挖掘海口地域文化和历史、民俗文化，梳理海口与周边市县文化传承和接续脉络，为重点课题研究积累大量资料，形成《围绕海口发展目标 全面提升城市文明程度》研究成果。7月，召集社科专家展开“四种精神”理论研究，形成系列研究成果。10月，完成《创新发展乡贤文化》研究，首次开启全市挖掘、利用乡贤文化促进乡村社会管理的序幕，填补海口市乡贤文化研究的空白。11月，组织社科专家完成《深入践行“三严三实”，积极探索“双创模式”》研究成果，系统总结海口“双创”以来的成功经验，探索“双创模式”的特点以及符合海口新常态下党政工作新机制、新方法。

【市第四届社会科学优秀成果表彰奖励大会】2015年3月10日，海口市社科联举办海口市第四届社会科学优秀成果表彰奖励大会。部分社科专家、学者、科研人员、获奖作者和社科工作者共70多人参加会议。大会表彰奖励2011年1月1日至2013年12月31日的50项社科优秀成果，其中，《明代海南文化研究》等4项获专著奖，《旅游商品论丛》等9项获编著奖，《法务会计与政府管理研究》等37项获论文（研究报告）奖。

【社科知识普及】2015年1～12月，海口市社科联组织文明礼仪宣讲78场，听课人数累计1.3万人，涵盖市直机关单位公务员，政务中心工作人员、学校师生、出租车、公交车司乘人员，网格员、医疗服务人员、社区居民、农村群众等服务一线部门和行业。在FM101.8新闻综合广播频率开办《海口人文大学堂》广播节目360余期，覆盖全省11个市县500多万人口，向市民群众讲述社会主义核心价值观、红色文化、文明礼仪、海口人文历史、地理、非物质文化遗产等多方面的社会科学知识。利用《海口晚报》开办报刊版《海口人文大学堂》42期，围绕“文脉书香满椰城”“海口学习型社会建设”“晒家风、传家训”“乡贤文化”等主题开展人文宣传，刊发《普及人文知识 传递文化力量》《品读朱子家训》《传承

2015年12月6日，“海南省第二届（2015）社会科学普及月”大型义务咨询活动在海口明珠广场举行。

（林凤娣 摄）

先贤家风 舒展城市风度》《赢得群众才能赢得“双创”》《用“乡贤文化”滋养社会主义核心价值观》等文章30余篇。开办“四种精神”理论专版1期，刊发《为什么要提倡“5+2、白+黑”精神？》《“马上就办”应成为各级政府的“座右铭”》等理论研讨文章6篇。组织社科专家编辑出版《凝聚智慧的力量》《创新思索与文化担当》《点击社科》《收藏使生活更精彩》《军坡节》《冼夫人传说故事与颂联》《海南冼庙大观》7本社科类书籍，其中《点击社科》填补海南系统普及社科知识的空白；《海南冼庙大观》搜集、整理了海南岛冼夫人庙宇的基本状况和历史文化等内容，成为研究冼夫人文化的权威工具书，填补了海南空白。

【“海口收藏文化与收藏产业建设研究”专题研讨会】2015年10月29日召开，由海南省社科联、海南省社科院主办，海口市社科联、海口收藏协会承办。海南省社科联专职副主席（省社科院副院长）韩江帆、市文联、市文体局、市文物局以及省、市收藏文化理论学者与资深收藏家，部分论文作者及收藏协会理事和收藏艺术产业经营者、民间博物馆主共100余人参加会议。12位专家、学者及论文作者分别就收藏文化理论和收藏文化产业发展进行演讲与交流。研讨会共征集各类收藏文章120余篇，评选出优秀论文15篇，公开出版发行《收藏使生活更精彩—收藏文化研究理论文集》一书。该书成为海南建省以来第一部正式出版、公开发行的收藏文化理论文集。

【社科社团管理】2015年5月，海口市社科联采取查阅资料、电话咨询、实地调研等多种形式，对全市社科类社团进行调查摸底，将原有完全不开展活动，近两年均未年审、办公场所和人员不落实的社团按程序注销，由市社科联作为业务主管单位的社科类社团共19个。研究提出“细化分类、动态管理、自然淘汰”的管理模式构想，依据社团开展活动、日常管理、所做贡献等考察指标，制定社团等级评定方法和标准，每两年组织一次社团评定，评选出一、二、三类社团组织。一类社团给予重点支持，二类社团给予扶持、督促，三类社团严格监管、适情淘汰。7月，经过筛选，推荐海口图书馆、海口经济学院图书馆、海口市收藏协会、海口市冼夫人文化学会、海口南洋骑楼老街研究会、海口知青联谊会6个单位参加海南省社会科学普及示范基地申报命名。年内，海口市经济发展研究会、海口市吴贤秀文化研究会、海口市候鸟族文化研究会、海口市龙文化研究会、海口比干文化研究会5个社会团体先后申报登记成立。8~11月，海口市社科联与海口经济学院、海口市冼夫人文化学会共同筹建海口人文与经济研究基地、海口（东南亚）冼夫人文化研究普及基地2个市级社科研究普及机构，拓展社科知识普及平台。

（孟国杰）

2015年10月29日，海南省第二届（2015）社会科学学术年会海口收藏文化理论研讨会在海口召开。图为为获奖作者颁发证书。（孟国杰 摄）

市残联

【残疾人服务体系建设】2015年9月，海口市残疾人康复中心大楼建设启动，项目位于琼山区滨江一横路2号残疾人综合服务中心院内，属残疾人二级康复中心，总建筑面积3926.97平方米，总投资额1464.42万元。12月，启动海口市残疾人就业服务中心基础设施工程建设，项目位于龙华区盐灶一横路118号，改造总建筑面积2720平方米，项目总投资额323.54万元。全年市残联培训基层残疾人工作者120人。指导残疾人专门协会根据残疾人特点组织多种多样活动，如聋协组织聋人进行汉语运用学习，并组织老师到各大专院校为助残志愿者传授手语；智亲协会组织开展“六一亲子游园”活动和“心智障碍儿童母亲心灵成长及喘息夏令营”等；各专门协会在“肢残人日”“聋人节”“盲人节”“六一儿童节”等节日组织各类残疾人开展丰富多彩的残疾人活动。全年海口市注册志愿者到康复机构、残疾人家庭开展助残服务85次，参与人数300人。1月1日，开始开展海口市残疾人基本服务状况和需求调查工作。至3月30日，入户调查的登记、系统数据录入、复查工作全部保质保量完成。入户调查共1.62万人，入户调查率97.72%；电话调查379人，电话调查率2.28%。截至12月31日，共办理4918本残疾人证，新增办证人员4538人，办证率26%，比上年底提高5%。

【残疾人维权】2015年，海口市组建海口市残疾人法律援助中心，并进行规范化建设，做到各项规章制度上墙，配置办公桌椅，制作各类业务表格，正常接待残疾人的法律援助请求。做好残疾人来访接待、临时救助等工作。全年接待来访残疾人246人次，临时救助153人次。

【扶残助残】2015年，海口市有9285名残疾人纳入最低生活保障范围，其中，城市低保1488人，农村低保7797人，占低保总人数的25.6%。2655名残疾人参加城乡养老保险，2819名残疾人参加城镇居民医疗保险。为4862名残疾人发放重度残疾人生活补助金共1779.49万元。对50户贫困残疾人家庭进行无障碍改造，共补助资金42.5万元。为1153名残疾人发放机动轮椅车燃油补贴，共29.28万元。为1200名重度智力、精神、视力和肢体残疾人提供居家托养服务，每名残疾人资助1800元，共资助216万元；为83名重度智力、精神、视力和肢体残疾人提供集中托养服务，每名残疾人资助5000元，共资助41.5万元。共扶持260户农村贫困残疾人发展生产和46户城镇残疾人个体从业，每户扶持5000元，扶持资金共153万元。扶持盲人按摩店37家，扶持资金88万元。与市慈善总会共同开展“慈善携手残疾·共享和谐发展——‘一户多残’特困家庭资助活动”，为海口市200户“一户多残”特困残疾人家庭发放资助金，每户资助3000元。在春节、中秋节等传统节日和全国助残日期间慰问近5000名贫困残疾人，慰问资金250余万元。

【残联“阳光助学”工程】2015年，海口市残联开展“阳光助学”工程，对2014~2015、2015~2016学年的学前残疾儿童、义务教育阶段和高中教育阶段的残疾学生及残疾人子女学生分别进行每人每年2000元、750元和3000元的资助。2014~2015学年共1962人得到资助，资助金额256.23万元。2015~2016学年共有3331人得到资助，资助金额429.6万元。对2015年参加全国统一高考被录取的残疾人大学生和残疾人子女大学生进行一次性奖励，共为82名大学新生发放助学金19.55万元。配合省残联基金会，对全市2015年中考、高考被录取的残疾学生及贫困残疾人家庭子女学生进行资助，共资助204人。

【残疾人康复】2015年，海口市残联共为200名贫困白内障患者免费实施复明手术；对120名贫困精神病患者进行免费住院救助，每人救助金额最高4000元；为340名贫困精神病患者进行免费服药救助；102名智力、脑瘫、孤独症儿童免费进行康复训练；12人免费进行假肢装配。配发512件残疾人辅助器具、120部“电子手写屏”和130部聋人震动闹钟。

【残疾人技能培训和劳动就业】2015年，海口市残联共为270多家单位办理残疾人就业年审，按比例安置残疾人近600人。通过海口广播电视台，循环播放《残保金征收公益宣传片》300次。全年共向用人单位征收保障金1300多万元，其中企业缴款1200多万元，市区两级机关事业单位缴款100多万元。举办莲雾、花卉、蜜柚等农村经济作物种植培训班，共培训残疾人501人。完成残疾人职业培训与就业实名制统计工作各项基本信息录入1000多条，做到信息的“及时录入”和“动态管理”。联合市就业局举办残疾人专场招聘会2场，提供各类工作岗位400余个，帮助20余名残疾人就业。开展以“就业帮扶、真情相助”为主题的就业援助月活动，举办“就业援助”现场咨询，并对就业困难残疾人开展慰问。实施残疾人按比例就业公示工作，通过在《海口晚报》《海南日报》等主流媒体发布对残疾人按比例单位的工作动态及信息，有效就业维护残疾人合法就业权益，扩大按比例安排残疾人就业的政策知晓率。

【残疾人机动轮椅车管理】2015年8~9月，海口市残联组织开展残疾人机动轮椅车调查摸底。在调查摸底的基础上，市残联会研究起草《2015年海口市残疾人机动轮椅车置换工作方案》《海口市残疾人联合会关于2015年残疾人机动车主转岗帮扶工作实施方案》，给残疾人安全文明出行提供保障，并从根本上解决残疾人家庭失去生活来源的问题。起草《海口市残疾人机动轮椅车管理办法》，从源头上解决“三车”问题。

【残疾人法律法规政策知识暨“双创”知识电视竞赛】2015年12月2日，海口市残联联合海口广播电视台举办《海口市残疾人法律法规政策知识暨双创知识电视竞赛》。参赛人员21人次。此次活动大力宣传保障残疾人权益法律法规政策，进一步营造关心关爱支持残疾人事业发展的社会氛围。市国资委代表队、市直机关工委代表队、海南（海口）特殊教育学校代表队分别获此次竞赛一、二、三等奖。

（曾定良）

市台联

【市台联工作概况】2015年，海口市台联在2015年海口“两会”期间提交集体提案3件，个人提案4件。共登记发放全市60岁以上老台胞生活补贴金15人次，2250元。慰问台胞47人次，发放慰问品和慰问金价值1.4万元。派员参加赴台交流和全国台联系统青年骨干培训班。

【市台联参政议政】2015年，海口市台联在海口市第十五届人大四次会议、政协海口市第十三届四次会议上提交集体提案3件，个人提案4件。组织台联系统中人大代表和政协委员走访台商，进行课题调研，做好台情研究。

【服务台胞】2015年，海口市台联在元旦、春节以及中秋、国庆期间对秀英区东山、琼山区旧州、龙塘和美兰区大致坡等镇的第一代老台胞、老台胞遗孀和部分特困、特殊台胞群体进行登门慰问，发放慰问品和慰问金，共慰问 47 人次，发放慰问品和慰问金价值 1.4 万元。共登记发放 60 岁以上老台胞生活补贴金 15 人次，发放金额 2250 元。

（市台联办公室）

市红十字会

【人道救助】2015 年 5 月中旬，海口市红十字会向车祸受伤的长流中学高三学生肖中斌捐款 3 万元，并在《海口晚报》上发起为长流中学高三学生肖中斌的捐款倡议。“六一”儿童节期间，市红十字会购买 6000 元物资慰问海口市福利院的全体孤儿和龙华区龙泉镇的特困儿童。7 月 1 日，购买 7500 元物资慰问琼山区凤翔街道红星村 50 户老党员和贫困家庭。8 月 1 日，购买 5000 元物资对海口市红岛边防派出所 34 名官兵进行“八一”拥军慰问。9 月中旬，市红十字会帮助 3 名白血病贫困儿童申请 9 万元“小天使基金”。9 月 23 日，市红十字会筹集 2 万多元物资对 100 名家庭困难而工作表现优秀的“双创”一线环卫工人进行中秋慰问。筹集 3 万元对周克龙、洪亚容、郑秋霜、廖玉婷、朱江沅、李香、王广富等贫困病患者进行人道救助和慰问。1～9 月，登记 5 例器官捐献。10 月底，慰问因“彩虹”台风受灾环卫工 65 人。12 月初，市红十字会筹集资金 3 万元慰问“双创”包点街道 223 名环卫工人和城管队员，12 月底筹集资金 5 万元慰问 300 名“双创”一线市政维修和管养工人。

【卫生救护知识培训】2015 年，海口市红十字会聘请多名专业老师先后对海南省特殊教育学校、海南省戒毒局、海南国兴中学等单位及部分高危行业从业人员进行 21 课时救护培训和普及知识讲座，参加人数 9500 人次。培训重点为掌握救护新概念、现场救护原则和徒手心肺复苏、气道异物梗塞急救法、创伤四项技术（止血、包扎、固定、搬运）的技能操作为主，同时学习急性冠脉综合征、猝死、脑血管意外、糖尿病急症等现场救护知识及意外伤害中的触电、溺水、常见急性中毒、烧烫伤、毒蛇咬伤、狂犬伤等的现场急救知识等。

【“小手拉大手，健康一起走”项目】2014 年 12 月 29 日，海口市红十字会承接中国红十字总会的“小手拉大手，健康一起走”项目（又称红十字生命健康安全教育项目）。2015 年 5 月，海口市红十字会为海口市滨海九小西海岸校区四、五年级举办 1 场 960 人的亲子讲座，为《海口晚报》小记者约 110 人举办亲子教育。6 月 10 日，为城西小学 21 个班级近 1200 人开展群众应急性演练和学校安全教育与体验活动。7 月，组织海口市滨海九小西海岸校区的 2 个家庭参加中国红十字总会举办的亲子夏令营。9 月，先后为海口市委老干部局近 100 位离退休老同志开展 2 次急救知识的讲座。10 月，组织海口市滨海九小西海岸校区的 1 个家庭参加中国红十字总会举办的亲子训练营，安排海南省医学院 1 名教师前往北京参加中国红十字总会组织的师资强化班学习。11 月，为海口市滨海九小西海岸校区四年级学生、家长开展一场 750 人

2015 年 12 月 1 日，海口市红十字会志愿者在明珠广场开展防治艾滋病宣传活动。图为参加活动志愿者合影。

（市红十字会 供稿）

的亲子教育及校园安全讲座。全年完成注册、培训颁证的救护员1382人(507人为海南省医学院培训；297人为社会志愿者、其他团体培训；587人为海南省政法职业学院培训)。至年底，完成培训救护员1200人、群众应急性演练1000人、学校安全教育与体验活动、亲子讲座1600人和主题宣传4场次等5个子项目的“红十字生命健康安全教育项目”任务。

【无偿献血宣传】2015年6月初，海口市红十字志愿服务队协助海南省红十字会前往三亚参与造血干细胞宣传工作。8月8日，海口市红十字志愿者服务大队一行70多人身披“无偿献血和捐献造血干细胞”为主题的相关标语，手持宣传纸扇，徒步从万绿园出发，途经京华城、国贸、疏港大道等地，最后到达海口港，行程约10千米，一路向市民散发宣传资料2000多份。全年全市参加无偿献血活动公民1570人次。

【艾滋病预防】2015年6月下旬，海口市红十字会举办为期2天的艾滋病知识普及培训讲座，培训人数150人。8月，开展艾滋病宣传讲座2场，约130人参加。11月，联合府城中学开展预防艾滋病及应急救护知识进校园宣传活动。“12·1”世界艾滋病日宣传活动，市红十字会印制一批预防艾滋病宣传资料，组织志愿者队伍深入到明珠广场周围发放资料。

(市红十字会办公室)

(编辑：李达文)

政　法

政法综述

【政法工作概况】2015年，海口市政法部门全力抓好维护国家安全和社会稳定工作，深化司法体制改革，深入推进平安海口、法治海口、过硬队伍建设。加强反腐倡廉教育，针对执法司法中的关键环节可能出现的各种廉政风险，认真制定和落实防控措施，以零容忍的态度惩治腐败，共立案查处11件，查处18人。全市政法系统受全国表彰的先进集体3个、先进个人7名；受省表彰的先进集体15个、先进个人22名。市中级人民法院连续4年被最高人民法院评为"在司法理论宣传工作中做出突出成绩的中级人民法院"，市公安局大致坡派出所副所长李观连被评为"全国特级优秀人民警察"，市联防队员林健被评为"2015年感动海南十大新闻人物"。市防范办被国务院防范办、人社部评为"全国防范系统先进集体"，市社会管理综合工作在全省综治考核中名列第一名，被省综治委评为优秀等次。

【平安创建工作】2015年，全市各级综治委（办）、综治委成员单位在全市着重开展平安镇（街）、平安社区（村）、平安小区、平安家庭、平安景区、平安渔船、平安医院、平安校园、平安企业等系列平安创建活动，推进各类行业性平安创建活动扎实深入，各类平安创建覆盖面100%，达标率85%以上。美兰区被民政部授予"全国和谐社区建设"示范区荣誉称号。同时，加强综治工作和平安建设宣传活动，广泛开展群众性法治文化建设，营造人人参与平安建设的良好氛围。

【社会治安防控体系建设】2015年，海口市委办公厅、市政府办公厅联合印发《关于加强社会治安防控体系建设的实施意见》，对当前和今后一个时期海口市社会治安防控体系建设进行全面部署，提出62项工作任务，并明确责任单位。在全市推进以出租屋门禁系统、社区治安视频监控系统、"五个一"（一间警务室、一名专职民警、一支护村队、一张视频监控网、一本流动人口登记簿）社区警务建设"三项"任务为重点，以科技手段为支撑，点、线、面防控相结合的新型社区治安防控体系建设，取得明显成效。全市投入1000多万元，在131个社区建立社区巷道视频监控探头5699个、社区警务室107间，全市社区巷道视频监控系统建设覆盖率81%，社区警务室覆盖率67%。据统计，已建立巷道视频监控系统和社区警务室的社区刑事案件均呈下降趋势，有的社区下降40%。美兰区将综治工作和"双创"工作有效结合，通过整合社区视频监控资源，在全区9个街道搭建数字城管视频监控平台，实现视频监控信息资源共享。

【社会矛盾纠纷调处】2015年，海口市各级各部门推进矛盾纠纷"大调

2015年1月7日，海口市委副书记、政法委书记刘庆声（左四）到海口市秀英区秀英街道向荣社区调研基层政法综治工作。（市委政法委 供稿）

解”16项运行机制改革创新，进一步加强行业性、专业性矛盾纠纷调处，相继建立和完善交通事故人民调解中心、旅游纠纷快速反应调解工作机制、医患纠纷独立第三方调解工作机制、网上医疗纠纷法庭、轻微刑事案件和情节较轻治安案件委托人民调解机制、诉前委托人民调解机制、劳动纠纷人民调解机制等，行业性专业性矛盾纠纷排查调处工作得到进一步加强。市信访局建立引入第三方介入调处信访问题工作机制，积极引导“两代表一委员”、律师、新闻媒体等第三方力量参与到信访问题化解中来，形成多元化调解格局。美兰区建立集维稳、信访、法援“三位一体”大调解平台，受理处置来信来访，效果明显。进一步加强镇（街）、村（居）综治工作中心（站）、矛盾纠纷排查调处中心（站）建设，85%以上的矛盾纠纷能够在基层得到解决。落实市、区、镇（街）三级矛盾排查调处矛盾纠纷工作协调会议制度，推动重大矛盾纠纷排查化解，全年共排查分析重大矛盾纠纷11宗，协调化解9宗。2015年，全市共排查调处各类矛盾纠纷8114宗，成功调处7915宗，调处成功率97.3%。

【见义勇为工作】2015年，海口市不断加大见义勇为工作力度，对见义勇为行为予以公开表彰奖励。涌现出联防队员林健、陈昌凯，女记者李松梅、法制局干部符盛和冯锦川等见义勇为先进分子。8月25日，海口市召开第八次见义勇为人员表彰大会。30名来自全国各地，从事社会各行各业的见义勇为英雄受到表彰。其中，15人被授予“海口市见义勇为先进分子”荣誉称号，11人被授予“海口市见义勇为积极分子”荣誉称号，4个群体被授予“海口市见义勇为先进群体”荣誉称号。海南省中商物流中心综合楼工地仓库管理员邱裕新被追授“海口市见义勇为先进分子”荣誉称号，颁发一次性奖金8万元；授予林健和李传华等14位同志“海口市见义勇为先进分子”荣誉称号，分别颁发奖金3万元和2万元；授予吴淑誉等11名同志“海口市见义勇为积极分子”荣誉称号，各颁发奖金1万元；授予庄多良等4名同志“海口市见义勇为先进群体”荣誉称号，各颁发奖金1万元。年内，全市有40人次被授予省、市“见义勇为先进分子、积极分子”和“见义勇为先进群体”等称号。至2015年，海口市涌现出261名见义勇为英雄模范人物，有6名英雄壮烈牺牲，60多名见义勇为人员负伤致残。

【特殊人群管理】2015年，海口市综治系统深入推进“感化、康复、关爱”三项工程，进一步健全完善刑满释放人员、社区矫正人员、肇事肇祸等严重精神障碍患者、吸毒人员、艾滋病患者等五类特殊人群的关怀帮扶体系，落实衔接管理、帮教安置、教育矫治等政策措施。全面推行社区矫正人员监控管理，实现市、区、镇（街）三级社区矫正人员信息系统互联互通和共建共享，社区矫正智能化、信息化建设水平显著提高。全市接收社区矫正人员3186人，累计解除2347人，在册839人，社区矫正人员再犯罪率控制在0.2%以下。加强社区戒毒康复工作，积极推进戒毒康复场所建设，在原有6个美沙酮社区药物维持治疗点的基础上新建2个。投入近3000万元，完成市公安局强制戒毒所、市公安监管医院建设。收戒吸毒人员1516人，累计收治病残吸毒人员256人。

【重点青少年服务管理帮教体系建设】2015年，海口市综治系统加强重点青少年群体服务管理，贯彻落实市委《关于进一步加强和改进未成年人思想道德建设的若干意见》，坚持把加强和改进未成年人思想道德建设工作作为“双创”工作的前置条件，重新设置重点青少年服务帮教工作“五大体系”（集中矫治体系、社区帮教体系、校园帮教体系、执法诉讼领域帮教体系和社会帮助体系）和17个服务管理项目。10月26日，市“双创”工作指挥部第19次指挥长会议讨论通过《关于建立重点青少年帮教体系的实施方案》并付印实施。市少年法庭坚持“教育为主、惩罚为辅”原则和“教育、感化、挽救”方针，注重保障未成年人被告合法权益。秀英区在向荣村委会建立阳光服务基地，探索非监禁刑未成年人犯帮教体系，有16名非监禁刑未成年人犯受到回访帮教和心理疏导，取得良好成效。市未成人法制教育中心深入推进传统文化、心理辅导、法律课等课堂教育和“六个三”教育模式，问题少年教育矫治质量不断提高，累计接收学员1573名，结业1523名。大力加强学校兼职法制副校长队伍建设，印发《进一步加强学校兼职法制副校长考核管理通知》等4个文件，完成190名学校兼职法制副校长选聘和续聘工作，并进行专业知识培训和考核评估，有力地促进全市中小学校法制宣传教育活动健康发展。

【综治信息化建设】2015年，海口市综治系统贯彻中央综治办《关于加强社会管理信息化建设的若干意见》精神和“一个网络（国家电子政务外网）、一套系统（9+X），一套标准（全国标准）”的综治信息系统建设要求，按照市委《关于改革和创新城市社区管理体制的决定》，结合海口实际，完成海口市社会治安综合治理信息管理系统的建设任务，系统包括实有人口服务管理、特殊人群服务管理、重点青少年服务管理、“两新组织”服务、治安管理整治、矛盾纠纷排查调处、机构队伍建设、校园及周边治安综合治理、护路护线联防工作、出租屋管理、公众安全感调查、法制副校长管理、社会稳定风险评估13大模块和基础信息系统、地理信息系统、通讯视频系统、综治培训系统、综合考评系统、文件资料系统、公文系统7大系统。10月29日，通过专家组验收，并实现与中央、省和区、镇（街）、村（居）五级综治信息化管理平台对接，推动综治信息系统与综治业务应用系统互联互通，推进基础信息采集与日常服务管理一体运作，确保基础信息鲜活、准确、全面，确保综治信息资源共享。

【执法监督协调】2015年，海口市委政法委充分发挥执法监督协调职能，开展专项执法检查，对全市涉法涉诉信访工作、社区矫正执法工作、政法部门执法办案涉案财物清理工作开展执法检查，规范政法部门执法行为。加大执法司法活动协调，增进执法配合协作，支持政法部门执法工作。全年，协调执行死刑公判执法活动4次，重大疑难案件1件，党政机关作为被执行人案件11件，协调公安、检察、法院、司法部门开展特赦工作，特赦97名符合特赦条件的服刑罪犯，率先在全省完成特赦工作任务。

【涉法涉诉信访接待】2015年，海口市政法部门按照改革目标的要求，理顺涉法涉诉信访工作，引导群众依法按程序表达诉求，不断推进处理信访问题法治化建设。全市政法部门共受理群众来信来访1325件次，全部导入法律程序依法处理；积极开展国家司法救助，发放国家司法救助资金64万元，帮助部分涉案困难群众解决生活困难，有效化解涉法涉诉信访问题。

【司法体制改革】2015年，轻微刑事案件快速办理试点工作进一步深入推进，海口市、区政法部门按照快速办理机制要求办理轻微刑事案件共2059件。市区两级法院、检察院按步骤完成司法体制改革阶段目标。法院、检察院完成法官、检察官选任改革工作，通过资格考试考核、转岗调整、岗前培训等选任工作，271名法官、168名检察官进入员额制，选任法官助理233人，检察官助理150人；落实司法责任制，法官、检察官执法办案责任实行终身负责；法院、检察院人、财、物统一管理模式初步形成。

（付　良）

政府法制

【政府法制工作概况】2015年，海口市法制局立足政府法制职能，以规范、质量、效率为主线，服务市委市政府中心工作，各项工作取得显著成效。获全市保密工作目标管理先进单位、全市政务信息工作先进单位、学习型党组织建设先进单位、全市依法行政工作先进单位、先进基层党组织、“青春携手 爱心圆梦”捐资助学“爱心单位”、最佳党日活动先进单位、绩效考评优秀等多项荣誉。办理市政协提案10件，全部在规定时间内办结，办结率100%。

【政府立法】2015年，海口市法制局编制《海口市人民政府2015年度制度建设（立法）计划》，安排21件制度建设（立法）计划项目（含调研）。以城市管理、民生保障、社会管理、生态环境保护等方面的管理需求为立法重点，将《海口市房屋租赁管理条例》《海口市城市黄线管理办法》《海口市电梯安全管理若干规定》《海口市餐厨废弃物管理办法》《海口市停车场管理若干规定》等项目列入立法计划管理。出台《海口市防控和处置违法建筑若干规定》《海口市房屋租赁管理条例》《海口市电动自行车管理办法（修改）》地方性法规3件，《海口市餐厨废弃物管理办法》政府规章1件。

【依法行政】2015年，海口市法制局印发《海口市2015年依法行政工作要点》，部署9大项38个具体工作。深入分析海口市近年来依法行政考核工作成效和做法，针对依法行政考核中考核体系不科学、重点不突出等问题，结合十八届四中全会关于建设法治政府和依法治市的新要求，重新修订依法行政考核评分体系，将考核对象划分为区政府和市政府直属部门两大类，明确6大类考核内容和市政府直属部门32项、区政府31项考核项目，进一步勾勒依法行政、建设法治政府的工作重点，突出考核体系分类设定、考核标准容易操作的目的，有效发挥考核的导向作用。12月2～23日，市法制局牵头组成2个小组对4个区、海口综合保税区、海口高新区、桂林洋开发区以及全市38家单位的依法行政情况进行全面考核，并将考核结果上报市效能办作为绩效考核依据之一。海口市在2015年的全省依法行政考核中取得92.23分，居全省18个市县榜首，实现依法行政考核“七连冠”。编印《海口市人民政府依法行政工作》彩印本，呈送市委、市人大、市政府和市政协四套领导班子，并分送给市内各单位。

【规范性文件审查备案】2015年，海口市法制局审查各类文件353件次；办理市政府规范性文件向省政府报备21件，报备率100%；各区、各部门规范性文件向市政府备案28件。率先在全省出台并贯彻落实专门的政府文件《海口市人民政府关于加强规范性文件管理的若干意见》，以实现对规范性文件的有效监管。率先在全省完成规范性文件有效期清理工作，7月10日正式公布《海口市人民政府关于废止保留调整政府规范性文件的决定》（政府令第101号），废止政府规范性文件125件，保留政府规范性文件142件，调整为政府内部文件100件，通过清理实现所有规范性文件有效期全覆盖。率先在全省开展规范性文件有效期预警工作，共对全市39个部门起草的25件以市政府名义制发的规范性文件进行有效期预警。

【行政应诉】2015年，海口市各级行政机关办理各类一审行政应诉284件，经复议后应诉的案件有28件，占案件总数的9.86%；未经复议直接应诉的案件有256件，占案件总数的90.14%。在办理的行政应诉案件284件一审行政应诉案件中，结案件202件，未结案件82件。其中，胜诉154件（确认合法或有效11件，驳回诉讼请求67件，驳回起诉46件，撤诉27件，调解2件，移送1件），胜诉率76.24%；败诉48件（撤销29件，确认违法或无效18件，赔偿1件），败诉率23.76%。

【行政复议】2015年，海口市法制局受理行政复议申请案件117件，涉及国土、住建、环保等多个领域。审结案件117件，其中维持41件，撤销5件，终止52件，驳回2件，确认违法1件，中止16件，结案率100%。办理以市政府为被申请人的省政府行政复议案件答复3件，办结率100%。

【行政执法监督】2015年，海口市法制局受理投诉案件2件，办结2件。开展行政执法专项检查，对市政府直属重点执法单位进行行政执法检查，检查内容主要包括行政执法责任制和重大执法决定法律审核制度等执行情况、行政执法案卷的规范情况和行政处罚自由裁量权的规范行使情况等。重点对各单位行政处罚、行政许可等类别约800件行政执法案卷进行检查，发出行政执法监督通知书12份，督促有关单位对存在问题进行整改。

【政府法律事务】2015年，海口市法制局对269件政府合同、市政府重大决策及各部门提请市政府审议的涉法事项进行合法性审核，有效防范行政决策的法律风险。全程参与重大项目合同起草、修改、签订及监督履行，全方位全程为市环卫综合一体化PPP项目、海秀快速路建设项目等省市重点项目提供法律服务，确保项目顺利推进。同时，针对长影环球100项目、美安物流园项目在项目招拍挂过程中出现的问题，组织法律顾问团队及时提出法律意见供领导决策参考，为项目的顺利推进提供法制保障。

【服务重点领域改革】2015年，海口市法制局加快推进简政放权，对各单位200多项简政放权“五砍”（再砍掉一批审批事项，再砍掉一批审批中介事项，再砍掉一批审批过程中的繁文缛节，再砍掉一批企业登记注册和办事的关卡，再砍掉一批不合法不合规不合理的收费）事项整理汇总，查找法律依据、核定事项属性。10月19日，市政府第103号令《海口市人民政府关于进一步下放行政管理事项的决定》发布，明确下放行政管理事项6大类37项，自11月20日起施行。对市发改委等8个试点单位权力清单进行法律审核，按时完成8个试点单位权力清单的法律审核工作，共提出2000余条修改意见，并向相关单位反馈。对31家政府职能部门的“三定”规定进行合法性审查，为加快推进全市重点领域改革提供法律支持。

（李　倩）

2015年海口市公布法规规章与规范性文件目录

序号	法规名称及公布日期
1	《海口市防控和处置违法建筑若干规定》（海口市人大常委会第32号公告 2015年5月29日）
2	《海口市房屋租赁管理条例》（海口市人大常委会第37号公告 2015年10月8日）
3	《海口市电动自行车管理办法》（海口市人大常委会第39号公告 2015年12月1日）

序号	政府规章名称及公布日期
1	《海口市人民政府关于废止<海口市城市户外设置物管理办法>的决定》（海口市人民政府令第100号发布 2015年4月30日）
2	《海口市人民政府关于废止保留调整政府规范性文件的决定》（海口市人民政府令第101号发布 2015年7月10日）
3	《海口市人民政府关于取消和调整非行政许可审批事项的决定》（海口市人民政府令第102号发布 2015年7月20日）
4	《海口市人民政府关于进一步下放行政管理事项的决定》（海口市人民政府令第103号发布 2015年10月19日）
5	《海口市餐厨废弃物管理办法》（海口市人民政府令第104号发布 2015年12月25日）

序号	政府规范性文件名称及公布日期
1	《海口市人民政府办公厅关于印发我市居民家庭经济状况核对暂行办法的通知》（海府办〔2015〕15号 2015年2月6日）
2	《海口市人民政府关于印发我市气象灾害防御管理办法的通知》（海府〔2015〕26号 2015年3月25日）
3	《海口市人民政府关于印发我市蓝线规划的通知》（海府〔2015〕27号 2015年3月19日）
4	《海口市人民政府办公厅关于印发我市行政审批制度改革第三批便民服务措施的通知》（海府办〔2015〕112号 2015年5月8日）
5	《海口市人民政府关于我市进一步规范购房入户条件的实施意见》（海府〔2015〕49号 2015年6月30日）
6	《海口市人民政府关于印发我市房屋征收补偿安置暂行办法的通知》（海府〔2015〕54号 2015年7月13日）
7	《海口市人民政府关于印发我市促进互联网产业发展若干措施的通知》（海府〔2015〕56号 2015年7月14日）
8	《海口市人民政府关于印发我市促进和服务金融业发展若干措施的通知》（海府〔2015〕57号 2015年7月14日）
9	《海口市人民政府办公厅关于印发我市"门前三包"责任制管理办法的通知》（海府办〔2015〕183号 2015年7月15日）
10	《海口市人民政府关于印发我市公共用地地下空间开发利用管理办法的通知》（海府〔2015〕64号 2015年8月4日）
11	《海口市人民政府办公厅关于印发我市主城区个人住宅规划建设管理办法的通知》（海府办〔2015〕220号 2015年9月1日）
12	《海口市人民政府办公厅关于印发我市市级储备粮轮换管理暂行办法的通知》（海府办〔2015〕257号 2015年10月27日）
13	《海口市人民政府关于印发我市促进互联网产业发展若干措施的实施细则的通知》（海府〔2015〕98号 2015年11月4日）
14	《海口市人民政府关于我市出租住宅房屋人均租住建筑面积标准的通告》（海府〔2015〕108号 2015年12月1日）
15	《海口市人民政府关于新建海南西环铁路海口段安全保护区有关事项的通告》（海府〔2015〕123号 2015年11月25日）
16	《海口市人民政府办公厅关于印发我市政府购买服务管理暂行办法的通知》（海府办〔2015〕258号 2015年11月26日）
17	《海口市人民政府办公厅关于印发我市政府购买棚户区改造服务管理暂行办法的通知》（海府办〔2015〕259号 2015年11月26日）
18	《海口市人民政府关于印发我市促进电子商务发展扶持若干措施（试行）的通知》（海府〔2015〕132号 2016年1月9日）
19	《海口市人民政府关于促进我市房地产业稳增长的实施意见》（海府〔2015〕143号 2015年12月23日）
20	《海口市人民政府办公厅关于印发我市气象灾害应急准备评定管理办法的通知》（海府办〔2015〕283号 2015年12月28日）
21	《海口市人民政府办公厅关于推进分级诊疗制度建设的实施意见》（海府办〔2015〕353号 2015年12月21日）

公安工作

【公安工作概况】 2015年，海口市公安机关积极适应新常态，围绕维护国家安全和社会稳定中心任务，严厉打击违法犯罪活动，整顿突出治安问题，大力整治道路交通秩序，有力保障全市"双创"工作，全力服务全市经济发展，较好地履行维护社会大局稳定、保障社会公平正义、保障群众安居乐业的职责使命，在推进平安海口、法治海口、和谐海口建设和过硬队伍建设上取得一定成效。全年共妥善处置群体性上访事件296起8984人次；破获刑事案件4867起，抓获犯罪嫌疑人4665人；查处治安案件2.24万起，抓获违法人员1.11万人。全年共为1个集体、5名民警申报二等功，有8个集体、145名民警立三等功，1个集体、70名民警获嘉奖，并评选出海口市公安局首届"十佳辅警"和30名"优秀辅警"。

【打击刑事犯罪】 2015年，海口市公安机关深化"既破大案又破小案"的理念，共破各类刑事案件4867起，查处治安案件2.24万起，抓获违法犯罪嫌疑人1.58万人。深化"两抢一盗"专项打击行动，立"两抢"案件813起，下降6%，日均发案2.2起。立盗窃案件9953起，上升17.6%，破获1518起，下降22.9%，其中立入室盗窃案件2599起，下降9.9%；破获344起，下降28.9%。深化"命案必破"工作，39起现行命案全部侦破，破案率100%。

【禁毒工作】 2015年，海口市公安机关深入开展"飓风"禁毒专项行动，破获毒品案件1094起（其中部督9起），抓获犯罪嫌疑人1260人，缴获各类毒品231.9千克，强制戒毒1516人。5月30日，市公安局破获一起特大贩毒案，抓获犯罪嫌疑人4人，缴获冰毒70千克、左轮手枪1支，是

2015 年 1 月 19 日，海南省委副书记、省长刘赐贵（中）到海口市公安局视察工作，海口市长倪强（左）等市领导陪同。（市公安局 供稿）

全市单次缴获毒品数量最多的一次。

【打击经济犯罪】2015 年，海口市公安机关破获经济案件 288 起，上升 211.1%。打击知识产权领域犯罪，侦破销售假冒注册商标商品案、制售假酒案、销售假冒车灯案等一批大案要案。打击组织领导传销犯罪，打掉组织传销犯罪团伙 1 个，捣毁传销窝点 4 个。深入推进“猎狐 2015”专项行动，5 月 5 日，1 名潜逃境外 14 年的犯罪嫌疑人被成功劝返归案，获得省公安厅通报表扬。

【公共治安管理】2015 年，海口市公安机关共查处治安案件 2.24 万起，下降 5.3%，抓获违法人员 1.11 万人，下降 2.7%。深化涉黄专项整治工作，检查歌舞娱乐场所 298 家次、中小旅馆 989 家次、洗浴中心 126 家次，查处卖淫嫖娼案件 61 起，抓获涉黄人员 129 名，治安支队被评为全国扫黄打非先进集体。深化铁腕禁赌行动，先后组织开展集中打击赌博违法犯罪活动专项行动 6 次，查获赌博案件 1307 起，抓获涉赌人员 2124 人，缴获赌资 300 余万元，捣毁各类赌博器具 380 余部。深化打击食品药品违法犯罪专项行动，查获食品、药品案件 10 余起，抓获犯罪嫌疑人 4 人，刑事拘留 4 人，扣押涉案车辆 2 辆，假酒成品 2283 箱及假药一批。协助食药监部门查处行政案件 78 起，核查外省、市食品药品案件 32 起。深化缉枪治爆专项行动，检查爆炸物品从业单位 198 家次、枪支弹药从业单位 35 家，发现并提出整改安全隐患 14 处，查扣违法运输的烟花爆竹 24 车，没收 5534 箱（件）超标违规烟花爆竹，扣押黑火药 3 吨，收缴各类枪支 65 支、子弹 656 发、仿真枪 2 支、管制刀具 473 把、废旧炮弹 50 余发。破涉枪案件 23 起，收缴各类枪支 65 支，抓获公安部督办的 5 名涉枪犯罪在逃人员。深化“三电”设施安全防范工作，全市共发“三电”案件 60 起，下降 84.4%，破案 1 起，刑事拘留涉案人员 7 名。

【道路交通管理】2015 年，海口市公安机关加大交通服务管理工作力度，全年共办理机动车登记等业务 55.72 万起，办理机动车驾驶人业务 16.89 万起，办理电动车登记上牌 10.53 万辆；接处交通警情 6.50 万起，适用普通程序事故 585 起，死亡案件 153 起，死亡 165 人、受伤 668 人，直接经济损失 69.93 万元；交通事故巡回法庭受理案件 9180 宗，人民调解中心接待群众咨询 113 起，法律援助中心接受群众咨询 310 起。在“双创”工作中，以“保秩序、保畅通、防事故”为核心，开展交通秩序综合整治行动，设 303 个纠违点，发放 220 多万张交规教育卡、60 多万张交规提示贴，教育规劝 64 万余人次，共查处 18.5 万起交通违法行为，其中查

2015 年 9 月 5 日，公安部在西藏拉萨召开“全国公安机关东西合作素质强警行动计划总结暨深化素质强警交流合作”会议。海口市公安局被评为 2010~2012 年全国公安机关东西合作素质强警行动计划“成绩突出单位”。（市公安局 供稿）

扣违章违法汽车2588辆次、摩托车2.47万辆次、三轮车3330辆次、电动车2.66万辆次、农用车362辆次，确保全市道路交通环境安全畅通有序。深入开展道路交通安全隐患排查，对390条道路、1.2万块交通标志、12万平方米标线进行排查，及时整改360处安全隐患，完成15条主要道路1.01万米交通标线补划工作。深入开展停车场专项整治，整治1079家停车场，对710个停车场实行统一编号管理，并新增3500个免费临时停车泊位，选址拟建4个永久性停车场，缓解医院、学校等场所停车难问题；采取“远端控制、中端分流、近端管理”等应急疏导措施，缓解恶劣天气、节假日和高峰期的交通拥堵现象。深入开展飙车行为整治，在白沙门、侨中隧道、碧海大道、滨海大道等经常出现飙车行为的路段设卡，查扣车辆47辆，打击处理60余人，治安拘留3人；配合开展超载超限运输车辆整治，在全市进出城路口以及各港口、物流园区、郊区采砂场等出口或必经路段设立临时整治卡点、临时检查站13个，开展24小时不间断执勤，坚持“逢车必检、凡超必卸”，共查处“三超”（超速、超员、超载超限）货车4487辆次、“三车”3093辆次；加强基础设施建设，建成甲子镇违规车辆停车场，解决违规车辆停放空间有限的问题，增设郊区交警工作站，联合派出所建立1镇1站的专管模式，并继续推进交警综合服务中心二期升级改造项目。

【户政服务管理】2015年，海口市公安机关积极推进为民办实事，完成全市未落户人员摸底，免费为困难家庭的2000名未落户子女进行亲子鉴定办理户口登记，健全和完善接待礼仪、信息公开、首问责任、限时办结、上门服务预约、急事急办、信访专员、咨询电话彩铃服务等16项户政便民服务措施，全年共办理居民身份证15.09万张、户口登记业务15.88万人次、市内“一站式”迁移服务1.90万人次，其中农村派出所办理居民身份证7.04万张、户口登记6.58万人次；清理疑似重人重相2.3万人、无人像信息处理1.3万人；跨省身份证重号纠正60人，100%完成工作任务；审核高考考生及监护人户籍资料信息2.8万份、征兵青年户籍资料信息2080份；为各部门及群众提供户籍信息查询服务5.6万人次。户政处接待群众来访156人次、来电咨询3700多人次，解答12345热线169人次、网络咨询44人次，办结督办案件5件，解决户口信访疑难问题11人。

2015年11月9日，公安部督导检查组到海口市公安局检查指导“秉公执法、人民公安为人民”主题教育活动开展情况。（市公安局 供稿）

【出入境管理】2015年，海口市公安机关启用按照省级文明窗口单位标准建设的新出入境接待大厅，实行中国公民申请出入境证件“三表合一”，下放电子往来港澳通行证再次签注制作权，启动海口户籍人员赴台个人旅游业务，重启海口—越南边境邮轮旅游异地办证业务。推行“网上预约办证”、节假日预约服务直通车、本省户籍居民就近办理出入境证件“全省通”、电子制证照片年内一次采集可重复使用等一系列便民服务措施，并在市内新增7个便民取证点。全年共受理、审批公民出国（境）证件22.84万份，增长20.74%。制作英、俄、韩三语种宣传册《外国人在海口须知》，通过口岸、高校、旅业和派出所发放给来琼外国人，核查登记境外人员住宿信息11.44万条，查处外国人违反住宿登记类案件62起、外国人“三非”案件127起。

【监所管理】2015年，海口市公安机关积极推进看守所“五化建设”和拘留所“三项重点工作”，严格入所前“五项检查”，对不适宜关押人员，及时建议变更强制措施；严把“治疗关”，规范对在押人员的体检、坐诊、巡诊、跟踪治疗、危重处置、卫生防疫程序，做到小病及时治，重急病送医院治，全年所内就医5.93万人次，出所诊治564人次，住院治疗78人次；监管医院于1月26日揭牌，6月18日正式收治病残违法犯罪人；完善对社会开放机制，主动接受社会各界监督，严格落实“看守所被监管人员约见驻所检察官工作制度”，共举办恳谈会、座谈会21场次，对社会开放27场次，确保全局监所管理工作安全顺利开展，实现无非正常死亡、无自杀、无脱逃、无集体中毒、无疫情传播的安全工作目标。治安拘

2015 年 11 月 26 日，海口市委常委、市公安局局长李向明（右五）检查指导反恐防恐工作。（市公安局 供稿）

留所、第二看守所、强制隔离戒毒所被评为全国一级监管场所，第二看守所被评为全国标兵看守所。

【网络安全管理】 2015 年，海口市公安机关加强净化网络环境工作，严密网站登记备案、接入服务等基础资源管理，严格规范域名和 IP 地址，完成网站备案 2075 份。开展无线上网公共服务场所摸底调查工作，完成 760 家酒店和 5 家大中专院校审计系统安装工作，做到底数清、情况明、台账齐。深入开展打击涉网违法犯罪活动，及时发现并处置本地涉网违法有害信息 4.94 万条，重点整治违法违规的提供互联网信息服务单位 76 家，破获涉网案件 39 起，深挖犯罪团伙 13 个，抓获涉网犯罪嫌疑人 131 名，抓获网上逃犯 11 名。

【警卫安保】 2015 年，海口市公安机关先后保障了全国、省、市"两会"、博鳌亚洲论坛、环岛自行车赛、全国旅游工作会议年会、富力海口马拉松赛、第 12 届海南国际汽车工业展览会、2015 年第十届环海南岛国际公路自行车赛、府城换花节等大中型安保 416 批次和警卫任务 71 批次，做到大问题没出、小问题也没出，确保党和国家领导人、外国政要在海口期间的绝对安全，各项活动万无一失。

【公安基层基础工作】 2015 年，海口市公安机关围绕"底数清、情况明"的目标，扎实推进基础信息采集工作，开展全市流动人员住宿登记管理"百日会战"，共登记和重新核签流动人口 63.86 万人，出租屋等住宿场所 23.48 万处，全市 1140 家旅馆全部安装使用旅馆业治安管理信息系统。开展门楼牌编制管理工作，采集楼（栋）牌信息 2.98 万条，单位牌信息 7.26 万条，户室牌信息 56.58 万个，编制、安装门楼牌 37.29 万个，完成建成区的门楼牌编制工作，并开发海口市门楼牌管理系统，建立标准地名地址库。结合海口市社区管理改革创新工作，推进社区警务工作改革，出台《海口市公安局网格化社区警务工作实施意见》，推广蓝天派出所塔光社区警务室"五个一"（即一间警务室、一名专职民警、一支护村队、一张视频监控网、一本流动人口登记簿）工作模式。对全市治安重点保卫单位实行分级动态监管，督促落实内部安全防范措施；对全市出租车和公交车的司乘人员进行安全教育培训和应急疏导演练；对 1632 家新社会组织进行备案。加速"天网"工程视频监控建设，起草完成《海口市"天网"二期项目 PPP 模式实施方案》，并进入招投标阶段。

【全警参与"双创"】 2015 年，海口市公安机关以学习乐东经验为契机，以整治交通乱象为切入点，将"三严三实"专题教育活动和"双创"工作有机结合起来同步开展，以办公区和民警住宅小区为重点，抓好单位内部卫生整顿；定期组织民警、职工到假日海滩、万绿园等风景区开展清理卫生死角志愿活动。联合市供销合作联社，分批组织 7500 人次帮助国兴街道整治环境卫生、治理交通乱象，投

2015 年 12 月 1 日，海口市副市长朱永盛（左五）到海口市公安局保税区分局调研业务技术用房建设情况。（市公安局 供稿）

入170万元帮扶资金安装街道视频监控、交通护栏等设施。市公安局在市直属单位"双创"工作考评中排名第二。在"双创"工作中，采取"公安+城管"的执法新模式，不间断地开展巡查工作，及时发现问题，纠正违规行为，查处违法活动。主动联系综治、教育、文体、工商、城管等部门联合开展打击整治校园及周边环境工作，排查出治安隐患133处，组织整改115处。

（程友章 张 伟 彭禄红）

检察工作

【检察工作概况】2015年，海口市人民检察院坚持以法治为引领，以司改为契机，以队伍建设为抓手，以司法办案为中心，以提升司法公信力为目标，深入推进平安海口、法治海口和过硬队伍建设，全市检察工作取得新进展、新成绩，有39个单位和集体、180名干警获得市级以上表彰。

2015年海口市职务犯罪涉案金额示意图

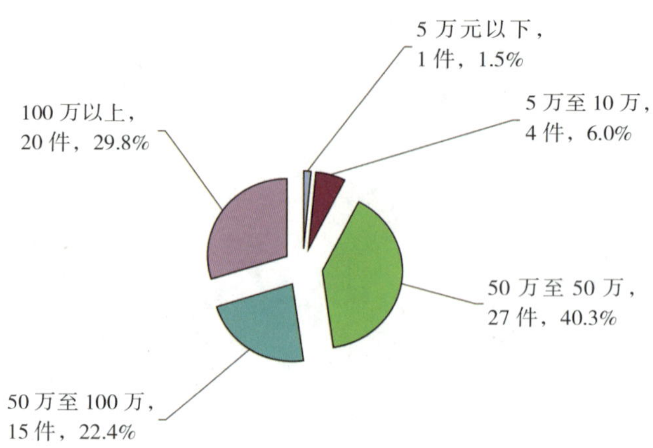

2015年海口市职务犯罪涉案人员身份的意图

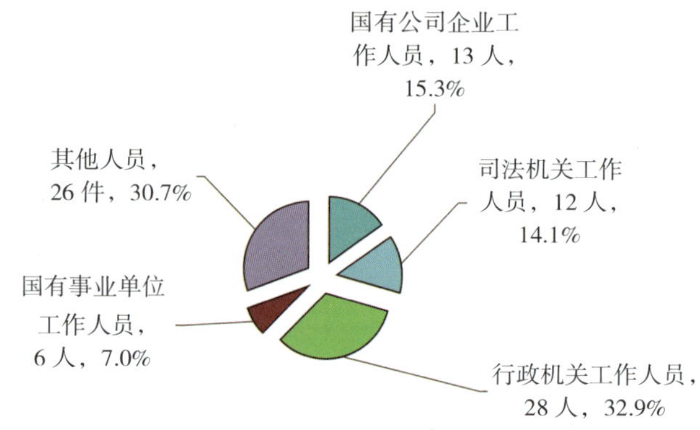

【惩治职务犯罪】2015年，海口市检察机关共立案侦查贪污贿赂、渎职侵权案件74件85人，为国家挽回直接经济损失3000余万元。突出查办大案要案，立案查处重特大案件68件，比上年上升21%；处级以上干部要案30人，上升50%，办理省文体厅原副厅长杨某涉嫌受贿1130万元、省粮食局原局长杨某涉嫌受贿1000万元、琼山区原区委书记王某涉嫌受贿860万元等一批有影响、有震动的大案要案。积极参与海口整治违法建筑3年攻坚行动，深挖征地拆迁、旧城改造背后的职务犯罪，立案查处琼山区政府原调研员何某涉嫌受贿460万元等贪污贿赂案件14件14人。充分发挥侦查一体化优势，整合全市侦查力量，在查办窝案、串案上下功夫，依法查办消防系统贪污贿赂案件6件6人、粮油系统贪污贿赂案件10件10人，实现"查办一案、深挖一串、治理一方"的办案效果。积极开展职务犯罪追逃追赃专项行动，成功劝返潜逃境外17年的省农业机械厂原财务负责人云昌杰回国到美兰区检察院投案自首。

【预防职务犯罪】2015年，海口市检察机关深化职务犯罪预防工作。建立和完善纵横联动、上下一体、成果共享的预防"一体化"工作模式。整合检察内部资源，建立典型案例数据

2015年12月24日，海南省检察院检察长李思阳（左二）到海口美兰国际机场二期扩建工程现场开展职务犯罪专项预防活动。（市检察院 供稿）

库，形成反贪、反渎、预防、公诉、监所等部门协调配合、优势互补的预防工作机制，进一步增强预防职务犯罪的整体效能。强化市区两级检察院预防部门的协同作战，增强预防纵向合力，集中力量开展农林水利、文化教育、医疗卫生等重点领域、重点环节的专项预防，提高预防工作的针对性和实效性。加强检察机关专业预防与社会预防的协作配合，发挥法制宣传和警示教育、预防调查、预防检察建议、行贿犯罪档案查询等措施的功能和作用，构建以社会化预防为基础的“大预防”工作格局。与市发改、农业等部门组成联合调查组，对31个涉农项目进行预防调查，跟踪监督项目运作情况，追回不当发放的补贴资金232万元。

【批捕起诉】2015年，海口市检察机关履行批捕、起诉等检察职责，依法批捕各类刑事犯罪嫌疑人2574人，起诉2999人。坚决打击严重暴力犯罪、涉毒涉黑犯罪、涉众型经济犯罪和影响群众安全感的多发性侵财犯罪，依法办理海口市泰特典当有限责任公司法定代表人沈某涉嫌集资诈骗数亿元、吴某涉嫌故意杀害一家三口、李某等人涉嫌贩卖冰毒21千克等一批具有重大社会影响的案件。

【刑事诉讼监督】2015年，海口市检察机关加大案件审查力度，严防冤假错案。坚决排除非法证据，对事实不清、证据不足案件，依法不批捕255人、不起诉52人。加强刑事立案和侦查活动监督，对侦查机关应当立案而不立案的，监督立案28件，对不应当立案而立案的，监督撤案5件；纠正漏捕15人，纠正漏诉6人；纠正违法侦查活动45件。充分发挥量刑建议的监督功能，对2622人提出量刑建议，法院采纳率90%。对确有错误的刑事裁判提出抗诉20件34人，支持抗诉10件13人。市检察院支持抗诉的林道清等人生产、销售有毒、有害食品一案获得法院改判，其中主犯林道清由有期徒刑1年改判为有期徒刑10年。

【刑事执行监督】2015年，海口市检察机关与监狱机关共同开发减刑、假释网上协同办案系统，实现对减刑、假释案件的同步监督，共审查罪犯减刑、假释等案件2239件，提出监督纠正意见103件。针对群众反映强烈的“以权赎身”“提钱出狱”等问题，准确把握“三类罪犯”（职务犯罪、金融犯罪、涉黑犯罪）减刑、假释、暂予监外执行的适用条件，确保刑罚执行的公平公正。年内有29名“三类罪犯”因不履行财产刑被取消减刑资格；5名暂予监外执行的“三类罪犯”被依法收监。完善市、区、乡镇（街道）三级社区矫正检察监督工作机制，建立“两级派驻、一级巡回”（市、区两级检察院分别向市、区司法局社区矫正执法机构实施派驻检察，并由区检察院派驻乡镇检察室对辖区司法所的执法活动实施巡回检察）和社会化帮扶工作模式，被最高人民检察院编入刑事执行业务培训教程予以推广。

【民事行政检察监督】2015年，海口市检察机关综合运用多种监督手段，监督纠正诉讼违法和裁判不公问题，促进人民法院公正审判，共对民事行政生效裁判、调解提出抗诉3件、提请抗诉13件。严厉打击虚假诉讼，集中办理一批有影响的虚假诉讼监督案件，其中有2宗案件被最高人民检察院评选为典型案例。积极应对修改后行政诉讼法的新要求，探索对诉讼外行政违法行为监督工作，针对住建部门违规办理房屋过户手续、卫生部门对下属医院监管不力等问题发出检察建议，相关单位均予以采纳，及时整改。

【化解社会矛盾】2015年，海口市检察机关坚持惩戒和教育并重，减少社会对抗，对轻微刑事犯罪不批捕115人，不起诉55人，变更强制措施12人，建议法院依法从轻改判11人；市检察院在秀英区检察院成立的未成年人观护站帮助47名“观护对象”（无逮捕必要而取保候审、附条件不起诉，考察期限在1年以下的涉罪未成年人）改过自新、回归社会。积极推进轻微刑事案件快速办理机制试点工作，快速办理424件轻微刑事犯罪案件。出台《关于深入推进社会矛盾化解工作的实施意见》，建立律师参与化解和代理信访案件机制，畅通群众诉求渠道，加大对信访案件的矛盾化解力度。

2015年4月23日，海口市检察院举办主题为“规范司法行为”检察开放日活动。
（市检察院 供稿）

【乡镇检察室建设】2015年，海口市检察机关进一步拓展职能，充分发挥乡镇检察室推进基层法律监督的触角作用。全市乡镇检察室深入乡村走访400多次，开展法治宣传42场次，化解矛盾纠纷113件，发现和收集涉农职务犯罪线索44件，立案查处11人。在秀英区永兴派出所设立检察官办公室，搭建与公安警务综合平台互通信息网络，对基层派出所的刑事执法与行政处罚实行同步监督，监督立案16件，纠正违法行为21件。适应司法改革新形势，建立检察官办案组，率先在全国尝试由乡镇检察室检察官出庭支持公诉，监督基层法院巡回法庭审理轻微刑事案件8件。该创新举措得到全国人大内司委调研组的充分肯定。

【司法责任制改革】2015年6月始，海口市检察机关稳妥推进司法责任制改革，准确把握司法改革的方向和目标，集中力量，攻坚克难。按照省检察院确定的员额比例，采取考试、考核相结合的办法，进行检察官员额制选拔，择优选任检察官165人、检察官助理149人。坚持以司法办案为中心，增加业务部门的检察官配备，实行独任检察官和检察官办案组相结合的办案模式。建立健全办案质量终身负责制和错案责任追究制，明确划分检察长、检察官、检委会之间的职责权限，依法赋予检察官相对独立的办案决定权，做到“谁办案谁负责，谁决定谁负责”。4个区检察院实施大部制改革，将原内设部门整合为五局一部，分为业务和综合两大类。司法责任制推行以来，检察官的主体责任进一步强化，初步形成权责明晰、制约有力、规范高效的检察权运行机制。全年全市自侦案件数量创历史新高，立案人数上升12%；公诉案件结案率96.7%，上升7.6百分点。

（林晓梅）

地方审判

【审判工作概况】2015年，海口市各级法院受理各类案件4.78万件，比上年增加1.15万件；结案4.59万件，增加1.18万件，结案率96.04%。其中市中院受理各类案件8939件，增加1826件；结案8632件，增加1766件，结案率96.57%。秀英法院少年法庭蝉联省级“青年文明号”，市中院民三庭获“全国‘扫黄打非’先进集体”称号，民一庭副庭长傅海燕被评为“全国三八红旗手”，民三庭法官陈立夫获“全国‘查处侵权盗版案件有功个人’二等奖”；龙华法院获“全省优秀法院”称号。中院获全省法院新闻宣传集体一等奖，龙华法院、美兰法院获集体二等奖。市中院第4次被最高法院表彰为“在司法理论宣传中做出突出成绩的人民法院”。2项全省法院重点调研课题顺利通过省高院验收。

2015年4月22日，海南省高级法院党组书记、院长董治良（后右三）一行莅临海口市中级法院调研司法改革试点情况。（市中级法院 供稿）

【刑事审判】2015年，海口市各级法院共受理刑事案件3535件，审结3477件，结案率98.36%；判处罪犯3188人，其中判处5年有期徒刑以上刑罚369人。其中市中院受理刑事案件872件，审结851件，结案率97.59%；判处罪犯1077人，其中判处10年有期徒刑以上刑罚159人；审结杀人、抢劫、绑架等严重危害社会安全案件268件354人，毒品犯罪案件416件531人，成功审理程守林故意杀人案、吴多胜等人贩卖、运输毒品案等多起具有重大社会影响的大要案和敏感案件。美兰法院成功审结三江镇群体性事件，13名被告人聚众扰乱社会秩序、妨害公务案。审结贪污、受贿等职务犯罪案件40件49人。审结破坏市场经济秩序类案件91件190人。成功审理社会高度关注的原省工商联副主席沈桂林集资诈骗案，有效维护市场经济秩序。充分发挥保护生态环境的刑事审判职能，琼山法院在判处被告人冼某某刑罚的同时判令其补种树苗确保成活，系省内首例以法院判决形式促进生态环境修复的案件；龙华法院成功审结海南省首例污染环境案件，有力震慑环境违法行为。加强未成年人案件审理，审结未成年人案件130件164人，适用非监禁刑60人。秀英少年法庭与辖区街道办设立“阳光服务基地”，启动“阳光护送刑释未成年犯回家工程”，助力失足青少年回归社会。全市法院适用量刑规范化标准审理案件2136件，占结案的61.43%。积极开

2015 年 5 月 13 日，德国巴伐利亚州法官代表团一行到海口市中级法院访问。
（市中级法院 供稿）

展轻微刑事案件快速办理机制试点，受理轻刑快办案件 1455 件，结案率 100%。

【民商事审判】2015 年，海口市各级法院共受理民商事案件 2.90 万件，审结 2.80 万件，结案率 96.56%。其中市中院受理民商事案件 3756 件，审结 3581 件，结案率 95.34%，结案标的额 19.46 亿元。全市法院审理婚姻家庭案件 1814 件、劳动争议案件 2796 件、医疗纠纷案件 122 件、道路交通事故纠纷案件 9212 件、房地产纠纷案件 1243 件、金融证券和保险合同案件 98 件、破产清算案件 27 件，试行审理涉铁路运输纠纷案件 3 件，妥善审理房屋拆迁及土地补偿纠纷案件 177 件；受理知识产权一审刑事案件 10 件，行政案件 1 件，成功审理王勤松等 35 人销售伪劣产品、假冒注册商标商品案。支持政府开展南渡江河道清障整治，市中院成为最高法院首批环境资源司法实践基地。全市法院调撤民商事案件 1.40 万件，调撤率 49.79%；全市人民法庭调撤民商事案件 7998 件，调撤率84.60%。集中开展虚假诉讼案件自查清理，清查案件 7705 件。

【行政审判】2015 年，海口市各级法院共受理行政、国家赔偿案件 592 件，审结 573 件，结案率 96.79%；审查行政非诉执行案件 455 件，办结 455 件。其中市中院受理行政、国家赔偿案件 302 件，审结 293 件，结案率 97.02%；依法审理涉及土地、拆迁等行政案件 166 件，其中涉及市政重点工程和项目 48 件，涉案金额 8.5 亿元，涉及房屋和土地 75 万平方米，有力支持政府重点工作。发挥审判职能，服务海口“双创”，市中院指导龙华法院成立城市管理巡回法庭，依法简便审理涉及整治违法建筑等类型的城市管理行政案件，缩短诉讼周期；落实司法与行政良性互动机制，与国土等行政机关交流并邀请其工作人员旁听庭审，促进行政机关提高依法行政意识。

【案件执行】2015 年，海口市各级法院共受理执行案件 1.05 万件，执结 9694 件，执结率 92.38%，执结标的额 22.6 亿元。其中市中院受理执行案件 1030 件，执结 930 件，执结率 90.29%，执结标的额 10.49 亿元。市中院启动联动机制，加大惩戒力度，将 205 个被执行人列入失信人员名单，将 85 个被执行单位法定代表人信息报送海口美兰机场，对 8 个被执行人采取限制出境措施；清理涉党政机关、涉民生和金融债权执行案件，清理涉党政机关执行案件 11 件，涉案标的 1266.94 万元；对 2014 年 6 月 30 日前立案的 68 件涉民生案件、15 件涉金融案件及 1432 件立案一年以上未结执行案件进行清理；加大执行信息化建设，开通两级法院“全国执行网络查控系统”，实现在全国 18 家银行存款进行查询、冻结，完成 1645 个被执行人的组织机构代码及 217 个被执行人的自然人身份信息的查找和录入。

【审判监督】2015 年，海口市各级法院共受理再审和申请再审案件 285 件，审结 266 件，结案率 93.33%。其中，驳回再审申请 133 件，决定再审 35 件，发回重审 17 件，依法改判 21 件，维持 15 件，撤诉 11 件，其他 34 件。市中院受理再审和申请再审案件 199 件，审结 192 件，结案率 96.48%，其中，驳回再审申请 113 件，决定再审 19 件，发回重审 17 件，依法改判 18 件，维持 3 件，撤诉 6 件，其他 16 件；受理行政申诉复查案件 18 件，审结 18 件。其中，驳回申诉 14 件，其他 4 件。加强与监狱、检察机关沟通，完善减刑、假释案件阳光审判机制，做好裁前公示，到监狱公开开庭审理，共审结减刑、假释案件 1998 件，暂予监外执行案件 8 件，撤销缓刑 3 件，结案率均为 100%。认真审理特赦案件，依法高质高效准确办结四类特赦案件，圆满完成特赦重大政治任务；听取检察建议和抗诉意见，检察长列席审判委员会 8 次，参与讨论案件 11 件；加强审判与诉讼监督良性互动，邀请检察机关参与协调或调解抗诉案件，审结抗诉案件 8 件，依法改判 4 件；发挥人民陪审员作用，人民陪审员参与基层法院审理案件 4293 件，占一审案件的 15.71%。适时召开新闻发布会，邀请新闻媒体旁听和报道重大、典型案件，主动接受舆论对法院工作的监督；加强法院自身案件质量监督。市中院被上级法院改判案件 55 件，发回重审 26 件，一审案件改

2015 年 12 月 27 日，“2015 年全国法院出版工作座谈会”在海口召开。
（市中级法院 供稿）

判发回重审率 17.53%。

【涉诉信访】 2015 年，海口市各级法院处理来信 588 件，接待来访 458 人（次）。其中市中院处理来信 477 件，接待来访 183 人（次）。积极推进立案信访大厅和诉讼服务中心建设，提供更加便捷高效的司法服务。认真办理网上立案预约等工作，确保诉讼服务平台顺利运行。落实信访司法化要求，取消法院集中“大接访”和法院领导定期接访活动，将涉诉信访纳入法制化轨道。提高涉诉信访工作信息化水平，接收网上信访件 32 件，受理 23 件，办结 22 件。开展司法救助，为 87 件案件当事人减、缓、免诉讼费 43.07 万元，发放司法救助金 32.6 万元，救助 22 人。

【司法改革稳步推进】 2015 年，按照海南省法院的总体部署，海口市区两级法院以法官员额制入手，以考试加考核、全员参与、全程公开的形式，稳步推进司法改革。全市法院精选 271 名法官进入员额，减少 112 名法官并合理转岗，调整配备 92 人。其中市中级法院精选 88 名法官进入员额，减少 44 名法官并合理转岗，调整配备 30 人。举行员额法官任命暨向宪法宣誓仪式，增强法官职业尊荣感和使命感。组织全市法官及法官助理共 504 人参加岗前培训，为司法改革后的审判和执行工作做足准备。落实司法责任制和配套制定的审委会改革，成立“法官会议”和“法官考评委员会”，建立“类案参考”制度，努力实现“让审理者裁判、由裁判者负责”。建立领导干部不得干预案件和内部人员不得打听案情制度，保障法官依法公正司法。积极推动海口法院人、财、物的管理改革，两级法院的人、财、物于7 月 1 日顺利上交省一级管理，法官职务套改如期完成。推行立案登记制改革。5 月 1 日起，对符合条件的起诉、申请，当场登记立案。

【院、庭长办案制全面推行】 2015 年，海口市全面推行院、庭长办案制，让院、庭长作为资深法官的司法智慧直接体现在亲历的具体案件审理中。全年，全市法院院长、庭长办案 1.30 万件，占收案总数 28.33%，其中市中院院长、庭长办案 773 件，占收案总数 9.55%，较好地发挥院、庭长在审判工作中的示范指导作用。

【审判队伍建设】 2015 年，海口市各级法院加强审判队伍建设，提高司法能力。编辑出版《海口法院优秀裁判文书精选（一）》，供法官参考借鉴，确保司法尺度和裁判标准的统一。组建法官讲师团，定期举办导师大讲堂，以资深法官为导师向青年法官传授审判经验、技巧和方法。组织院领导、庭长为市、区两级法院青年干警授课 4 次，不断提高法官司法能力。针对审判、执行和司法政务权力运行过程中 9 个关键环节可能出现的 83 种廉政风险情形，制定防控措施 43 条。转发省高院、市纪委编印的反面典型案例 7 次，不断敲响反腐败警钟。受理信访投诉案件 94 件，办结 90 件，办结率 95.74% 。严肃查处害群之马，以零容忍的态度惩治腐败。

2015 年 9 月 10 日，海口市中级法院举行入额法官宣誓仪式。（市中级法院 供稿）

全市法院处理违纪违法人员2名，均给予警告处分。注重抓苗头、除隐患，对55名干警进行提醒谈话，将问题阻断在萌芽状态。

【司法公开】2015年，海口市中院加强门户网站“椰城法律网”的改版与升级。构建网站、微博、微信“三位一体”的网络大宣传格局，全年通过官方网站、微博、微信发表信息6000余篇，并利用微博互动平台积极化解舆情危机5次。积极落实裁判文书上网制度，在椰城法律网、天涯法律网、中国裁判文书网发布生效裁判文书1.33万篇，同步上网率100%，继续名列全省中级法院之首；微博庭审直播案件，创新司法公开方式，4月13日上午，通过微博实时视频直播庭审李某某受贿案，成为全国首个通过微博实时视频直播庭审的中级人民法院。连续4年在中国社科院法学研究所发布《法治蓝皮书——中国法治发展报告》中的司法透明度指数测评中名列前茅。

【法院信息化建设】2015年，海口市中级法院开启服务“扫码时代”，通过审判系统功能升级，在裁判文书上打印二维码。建立电子阅卷系统。研发全国法院当前最先进的“执行案款管理系统”并投入使用。建成微博庭审直播系统，启动科技法庭全面覆盖工程，数字审委会投入使用，引入审判信息管理等软件系统，形成“一个中心”“四大网络”“二十七系统”的信息架构体系，为法官提供法规智能查询、文书智能纠错等智力支持，全面提升法官办案效率。

【沈桂林非法集资案】2009年至2013年12月，被告人沈桂林明知其公司经营状况每况愈下，还通过本人招揽等方式，以其个人名义，并以泰特典当等关联公司做担保，承诺支付月息1.5%至4%不等利息，与社会上多人签订《借款协议》，向210人非法集资金额8亿余元，造成被害人损失4亿余元。市中级法院成功审理该案。该案被害人人数众多，社会反响强烈，媒体广泛关注，为海南建省以来涉案集资金额最大的案件。

（黄 勇）

司法行政

【司法行政工作概况】2015年，海口市司法局全面贯彻“创新、协调、绿色、开放、共享”发展理念，充分发挥司法行政职能优势，为推动经济发展、维护公平正义、保障改善民生，为服务海口“双创”工作和维护社会平安稳定做出积极的贡献。全市共有44个基层司法所，其中秀英区8个，龙华区11个，琼山区11个，美兰区13个以及派出机构桂林洋司法所。

【法律服务】2015年，海口市司法局创新搭建服务平台，组织律师事务所、公证处等专业法律机构发挥职能优势，服务经济建设，以适应经济新常态对法律服务的需求，为608家政府机关、企事业单位担任法律顾问，积极为政府决策、依法行政、依法治理提供优质法律服务。大力实施“法惠百姓 服务万家”专项主题活动，在全省率先构建“所所联合”法律服务新平台，采取政府购买服务的形式，将直管39家律师事务所下沉基层司法所，开启法律服务向基层一线延伸新模式，贴近社区居民、乡村群众的日常法律实际需求，开展法制宣传，提供法律咨询，举办以案释法普法讲座。优化法律援助工作，将法律援助经济困难审查标准由1120元放宽至1270元，使法律援助对象扩大13.4%；开通网上受理、在线咨询便民通道，使偏远地区、行动不便的困难群众足不出户就可以申请法律援助，积极打通法律服务联系群众“最后一公里”。全年共受理法律援助案件9024件，完成2015年法律援助为民办实事项目工作任务113%，9024名困难群众享受免费法律服务，为困难群众挽回经济损失和取得经济利益1.8亿元。

【人民调解】2015年，海口市司法局大力深化和完善社会矛盾纠纷调处研判机制，每季度定期梳理、分析矛盾纠纷的现状、产生的原因及有效的解决措施，努力实现矛盾纠纷发现得早、预防得早、化解得早的目标。制定《海口市“法惠百姓 服务万家”调解示范会程序》，筛选典型的人民调解案例，组织律师开展“以案释法”示范调解大会，解答群众关心的涉法问题。大力实施“四定”（定时、定人、定点、定责）社会矛盾纠纷调处模式，深入开展矛盾纠纷大排查、大调处专项活动，有效发挥人民调解在维护社会稳定“第一道防线”中的作用。全年开展社会矛盾纠纷排查2179次，排查出各类矛盾纠纷隐患1814宗；调处各类矛盾纠纷8114宗，调处成功率97.5%，7915件社会矛盾纠纷得到成功化解，21起群体性事件得到及时有效防止，涉及1092人次。

【律师公证事务管理】2015年，海口市司法局组建海口市律师“双创”服务团和“双创”志愿团，为“双创”工作中有关涉法涉诉问题提供法律服务。全年，市直管39家律师事务所共注册562名执业律师，担任法律顾问755家，代理案件6698件，代写法律文书954件，解答法律咨询2635人次；市直管公证处2家，公证员12人，全年共办理公证1.17万件，其中国内民事公证8148件、国内经济合同公证825件、涉外民事公证2588件、涉港澳台公证169件。

【司法考试】2015年，国家司法考试海口考区单设海口市第一中学高中部考点，开设80个考室，承办2341名报名考生的考试工作。海口考区首次启用考点安全管理系统进行人脸识别入场检查，首次实行考生“裸考”制度，打击替考作弊，高科技作弊，首次投入专项资金加固升级考场考卷存放保密室。

【强制隔离戒毒】2015年，海口市司法局以“严明纪律 严格履职”专项整治活动以及“违禁品 违规品”专项清查活动为契机，以场所安全稳定为首要任务，扎实推进强制隔离戒毒各项工作，确保场所持续安全稳定。全年，强制隔离戒毒所共收治536人，解除强制隔离戒毒161人，在所在册582人，连续13年实现“六无”（无学员逃跑，无非正常死亡、无所内案发、无重大安全事故、无传染病、无毒源）工作目标。

【社区矫正】2015年，海口市司法局深入贯彻落实《社区矫正实施办法》，启动全市社区矫正人员GPS手机定位管理工作，全市社区矫正人员得到实时有效监控和服务；长流、城西等13个司法所社区矫正宣告室投入使用。全年，共接收377人、解除516人，在册689人。至2015年底，累计接收3480人，累计解除2719人。

【安置帮教】2015年，海口市司法局签订《海口市司法行政系统2015年刑满释放人员安置帮教工作目标管理责任书》，重点做好“三无”（无亲可投、无家可归、无业可就）和重点回归人员的帮教安置工作。依托“曙光之家”过渡性安置帮教基地深化就业帮扶培训工作。全年共接收刑满释放人员777名，安置680名，安置率87.5%，帮教率100%，衔接率100%。

【未成年人法制教育】2015年，海口市未成年法制教育中心在继续开展传统文化、军训、心理辅导、法律课、音乐课、电脑教育课等基础上，新加入思想品德课、急救知识课、社会爱心人士授课，提高问题少年教育矫治质量。年内，中央电视台、海口有线电视台、《海南日报》《海口晚报》等媒体采访，公安部三局、团省委、省民主建国会、团市委、儋州市司法局等6批人员到法制中心考察，充分肯定中心建设、管理和教育思路。至年底，中心累计共接收学员1637人（含2015年接收129人），结业1598人，114名学员顺利结业，结业合格率100%。

【司法服务“双创”】2015年，海口市司法部门主动围绕“双创”工作，聚焦“双创”法律服务，整合全市司法行政资源，成立海口市“双创”工作法律服务保障团，设立“双创”工作律师服务团、法治宣传服务团、法律援助服务团和人民调解服务团，联合海口市电视台，开设《律师“聊双创”》、“双创”普法小斗士等专题栏目；组建“律师以案释法”宣传团，深入开展“‘双创’我参与、学法我受益—做文明守法好市民”主题法治宣传教育活动、“法治讲堂·律师以案释法”宣讲、“‘双创’法治影视进村”集中巡映等主题活动，精准对涉法涉诉问题提供优质法律服务，宣传“双创”工作的内涵和重要意义，以及市容市貌、公共环境卫生、交通安全、生态环境保护、“门前三包”制度等法律法规，为“双创”工作营造良好的法治氛围。组建海口市司法局“双创”办公室，组织全局干部职工参与秀英街道卫生整治、市场整治等“双创”行动300多人次，开展“双创”夜巡文明劝导1000多人次。

【法治宣传】2015年，海口市司法局坚持以法治宣传教育为基础，以“法治海口”建设为主线，以加强法治文化阵地建设为载体，以宪法为核心，以社会主义法治精神为内容，以传统模式（宣传资料、横幅标语）+新媒体模式（微信、微博、微电影），多方位、全立体实施法治宣传教育活动。“六五”普法期间，共组织开展“法律六进”300多场次，发放法治宣传资料200多万份；组织法治文艺演出200多场次；实施法治宣传“三进一上一融入”（进网络、进影院、进公园，上普法公益广告，融入戏曲），在全省率先建立“法治海口”普法微信公众平台、“椰城普法”新浪微博，制作全省首部普法微电影《我叫刘学好》，微动漫《诚信守法》《法律援助》《人民调解》和“‘双创’我参与 学法我受益”为主题的法治动漫教育片；建设全省首个法治文化广场—美兰区法治文化广场，自编普法话剧《为了明天》和折子剧《法所不容》等法治宣传载体；创新实施“法惠百姓，服务万家”主题活动，有效整合和下沉全市法律服务资源，有效解决法律服务群众“最后一公里”问题，将法治知识送到群众手里和家门口，实现全覆盖、全方位、立体化的精准普法格局。“六五”普法工作成效显著，得到省“六五”普法总结验收组及省人大“六五”普法检查调研组的充分肯定。

（邱海珊）

（编辑：姚　锐）

海口警备区

【警备工作概况】2015年，海口警备区确立“聚焦打仗、夯实基础、提质增效、确保稳定”工作思路，扎实开展思想政治教育，周密组织重大演训任务，突出抓好民兵训练和基层人武部正规化建设，积极协调驻军参加海口市“双创”工作。海口警备区纠察连被省军区评为标兵连级单位；龙华区人武部政工科长刘谋柏、琼山区人武部后勤科长姚远清分别被海南省军区评为新闻宣传工作先进单位和先进个人；警备纠察连战士吕添发、韩群群参加纪念抗战胜利70周年阅兵受到省军区表彰；警备区参加省军区“强军杯”篮球赛获得第二名。

【警备区思想政治建设】2015年，海口警备区在参加省军区理论培训的同时，完成党委中心组带全区干部4个专题的理论学习。广泛开展“读好书、做好事、当好兵”活动，引导官兵深刻把握“四个全面”战略布局和强军兴军战略部署，将习主席提出的“钉钉子”精神贯穿整风整改各领域、全过程，提升部队作风建设质量效果。警备区常委参加党小组会，带头查摆问题，接受互评点评、接受群众监督；召开常委会，列出问题清单，进行互查互纠。围绕11个方面进行专项整治任务，着重对行业风气、训风演风、财务工作、干部工作进行清查、整改。

【战备训练】2015年，海口警备区坚持按纲施训，按照年度训练计划，先后组织开训动员、手榴弹实投、机关带保障分队演练、轻武器射击训练、游泳训练等。突出干部训练，5月、9月份集中组织干部军事训练，并于6月、12月份组织考核。抓好训练保障，全年共领取教材50套、训练资料560本，购置训练设备器材1万多件，进一步完善训练设施和软件资料建设。

【民兵训练】2015年，海口警备区突出抓好民兵训练和基层人武部建设。从3月上旬开始，组织民兵、专武干部进行队列、轻武器射击、手榴弹投掷、刺杀操等课目训练；5月中旬，组织全市民兵应急分队点验和队列会操，检验训练效果；6月初，组织民兵应急分队骨干进行防风抗洪集训，抓好冲锋舟驾驶，水上打捞与救援等课目训练，提高了抢险救灾能力。10月，编印《民兵政治教育教案》，为民兵开展思想政治教育提供了依据。全面推进基层人武部正规化建设，着力解决办公无场所、工作无经费、应急无器材等问题。截至12月31日，海口市22个镇、21个街道人武部机构制度健全、软件资料翔实、库室器材齐备、民兵队伍稳定，正规化建设达标率100%，达标优秀率86%。

【兵役工作】2015年，海口市征兵工作按照“依法征兵、科学征兵、质量征兵、廉洁征兵”工作思路，落实“重点在基层、关键在发动、出路在创新、落实在责任”的要求，周密部署、尽早展开、军地协作、全力推进，圆满完成年度征兵任务，大学生征兵比例37%。9月25日，海口市政府、海口警备区联合组织召开海口市2015年征兵工作总结研讨座谈会，市、区两级征兵工作领导小组领导、两级征兵办，宣传、教育、民政、财政、人社、编办等部门领导，以及辖区10所高校领导，基层武装部和高中学校代表共52人参加。会议主要围绕海口市2015年征兵工作开展情况，研判形势、总结经验、剖析存在问题、研究对策措施，为下步市委市政府出台相关征兵政策提供决策参考，打牢征兵工作基础。

【警备区部队管理】2015年，海口警备区始终把安全稳定工作当作保底工程，抓条令法规落实，突出隐患排查整治，强化重大活动管控，保持安全发展的良好势头。坚持把依法治军、从严治军作为根本遵循，注重深学、真用、严守，严密组织“尊法学法守法用法”活动和“迎大考·争百分”创建平安军营活动。深入领会习主席和军委首长重要批示精神，吸取天津“8·12”特大爆炸事故教训，在警备区展开安全隐患排查整治，完成装备燃爆危险品清理清查，查找整改4类22个问题。

【城市警备纠察】2015年，海口警备区每天安排人员在军事敏感地区、市区繁华路段、车站码头、风景区检查，实现警备纠察常态化。全年派出警备执勤兵力6194人次，车辆3023台次，圆满完成上级交待的保障任务，遏制军警民纠纷，有力地维护驻军良好形象。

【国防动员重点项目潜力统计调查】2015年，海口警备区完成国防动员重点潜力统计调查试点任务。海口警备区动员办根据海口市承接省国动委“国防动员重点项目潜力统计调查”试点任务的实际，主要完成以下几项工作：（1）分解细化任务。海口警备区根据市国动委各成员单位职能分工，将任务细化分解到各区国动委、市委宣传部、市发改委、市民防局、市科工信局、市交通港航局、市卫生局、市食品药品监督管理局、市公安局、市海洋和渔业局、市水务局、市国土资源局、市统计局、市气象局和警备区机关各部、各区人武部等27个成员单位。（2）部署工作任务。3月10日，海口市召开全市国防后备力量组织整顿暨国防动员潜力统计调查任务部署会，并在会上专门部署该项任务。（3）组织开展统计调查。3月11日至6月14日，组织各任务单位对潜力数据进行统计填报。（4）全程督导推进。4月28日，市政府办公厅组织召开统计调查情况汇总暨工作推动协调会，当面协调解决面临的困难和矛盾，推进工作落实。（5）组织数据会审。6月15~20日，组织市国动委有关单位24人，在民兵训练基地集中进行国防动员信息系统操作集训及潜力数据会审，并协调省国动委业务参谋进行授课指导。（6）梳理存在问题。9月16日，省国动委综合办工作组在警备区召开试点情况反馈座谈会，现场指导试点工作。（7）总结试点情况。11月19日，省国动委综合办在海口警备区召开试点工作总结和试点成果评审会议，对试点工作情况进行总结，对2016年动员潜力统计工作提出明确要求。

【“国防之星”参评】2015年3~4月，根据广州军区和省军区通知要求，海口警备区组织各区委、区政府主要领导参加军区“国防之星”评选。按照各区推荐、市委和警备区联合考察、省委省军区审定的程序向广州军区上报候选人，海口市琼山区区长田丽霞获评2015年广州军区“国防之星”。

【警备区综合保障】2015年，海口警备区围绕“清查治理”工作，突出战备建设、强化后勤管理、精心组织保障，较好完成年度各项保障任务。6月初，组织司机复补训，强化司机队伍驾驶技能和纪律意识；10月，参加省军区司机技能鉴定考核，选送的两名同志均取得良好以上成绩。结合岗位任务抓好炊事班训练，提高炊事技能和自我保障能力。积极抓好营区配套、维修建设，投入50多万元，完成对连队宿舍、营门、公寓房等项目的改造；投入100多万元，完善民兵训练基地体育馆配套设施、购置民兵楼空调、整修干部楼餐厅及宿舍。全年共保障大小集训6个、人员2550人次。

【警备区双拥共建】2015年，海口警备区以军民共同提高为思路大力开展国防教育、助民劳动、扶贫帮困、共建互助等活动。积极协调地方有关部门，利用广播、电视、网络和手机报、公众微信等传媒，向驻地群众宣讲革命故事、展播红色影视，用红色文化扩大教育覆盖面和影响力。区常委、人武部领导为地方公务员、高校教职员工、中小学生进行国防教育形成常态，全年共举办讲座50余场次。8月，海口市“双创”工作全面铺开后，海口警备区成立驻市军警部队“双创”协调领导小组，积极协调驻市军队单位参与“双创”工作，每月编印《“双创”简报》通报各单位工作开展情况，取得良好效果。按照军警民“区片联创”共建模式，结对扶贫琼山区红旗镇美雅村，对口帮建农垦西岭社区，逢节假日集中为贫困群众送去米、面、粮油和生活用品，把扶贫工作落到实处。围绕随军家属就业、军人子女入托入学等问题积极展开协调，全年安置随军家属5人，协调子女入托入学67人。协调地方政府加大退役士兵安置补贴力度，退役义务兵优待金由过去的占居民可支配收入的26%提高到45%，达1.2万元，排在全省乃至中南五省的前列。积极发挥桥梁纽带作用，协调地方政府解决三沙警备区随军家属落户海口问题。

（王思纯）

武警海口市支队

【武警支队思想政治建设】2015年，武警海口市支队各级以习近平总书记系列重要讲话精神为指导，坚持用强军目标凝聚意志力量，认真贯彻总队、支队党委部署要求，深入开展主题教育、新一代革命军人样子大讨论，配合教育开展“支队精神”讨论和强军故事会等文化活动，扎实做好意识形态工作、经常性思想工作和任务中政治工作，加强先进军事文化建设，激发强军动力，参加总队“四会”政治教员和“强军故事会”比赛获得优异成绩。

【武警支队勤务工作】2015年，武警海口市支队坚持战斗力唯一根本标准，着力把战备向备战转变，把训练向实战延伸，把力量向体系优化，实兵实装实动参加“卫士-15”演习，“一把尺子量长短”进行遂行任务能力评估和军事训练考评，稳步推进“四防一体化”和AB门建设任务，严密组织分勤务类别开展执勤检查调研，优化配置充实执勤力量，确保30处固定目标安全稳固，706起临时勤务万无一失，圆满完成“维稳三场战役”，支队连续21年执勤安全无事故。

【武警支队综合保障】2015年，武警海口市支队紧贴任务加强应急保障能力建设，严格经费物资管理，压减接待和行政开支，对工程建设和经费管理使用进行自查自纠，提高综合保障效益。着力提高资源配置效能，投入523万元完善基层设施，重点推进十七中队、琼海市中队、澄迈县中队、屯昌县中队等单位建设，官兵生活条件不断改善；圆满完成伙食标准、卫生能力建设等试点工作，“三个服务”的导向更加鲜明。

【武警支队基层建设】2015年，武警海口市支队始终把提升基层干部素质能力作为着眼点紧抓不放，把考察帮建作为必修课做精做实，把制度规范落实当作抓手认真对待，把为兵服务“两个到一线”落实到位，抓软件强内涵，盯问题治隐患，立标准领发展，十四中队继续保持标兵荣誉，十一中队、十九中队和临高县中队3个连续5年以上未进先进的中队跨入先进行列，十九中队闫明金被解放军四总部评为士官优秀人才一等奖。

【城市应急处突】2015年，武警海口市支队圆满完成城市应急处突任务，确保海口地区社会稳定。1月29日，十七中队巡逻分队成功处置一起因拖欠工资而引发的群体性闹事事件；2月11日晚（省“两会”期间）十七中队处置因拖欠农民工工资引发的群体性闹事事件；4月29日，二中队成功处置一起疑似精神病人员持刀自杀威胁上访事件；5月1日，十七中队巡逻分队处置因租地房产纠纷而引发的群体性闹事事件。

（项　卫）

省海警总队海警一支队

【海警一支队概况】2015年，海警一支队突出抓好党委班子建设，强化政治建警，努力构建“大安全”工作格局，抓好部队管理、教育、训练和保障等工作，圆满完成博鳌亚洲论坛年会安保、西沙海域常态化巡逻管控和冬季海上安全警卫任务，确保海上辖区和部队内部高度安全稳定。全年有12个集体，93人受到上级通报表彰。

【海警一支队党委班子建设】2015年，海警一支队党委先后有6名班子成员调整任命到位。海警一支队坚持党委带头学习，扎实开展“三严三实”专题教育活动和党风廉政教育，开展党委理论中心组集中学习10次，撰写调研文章17篇。坚持党委统一集体领导下的首长分工负责制，军政主官通力合作，在“三重一大”事项上充分发扬民主，先后2次对副团级领导干部后备人选推荐、营级领导干部提名、连级建制单位主官提拔实行票决，确保干部任免规范有序。班子成员利用下基层联系点、带队出海等时机，带头转变机关工作作风，大兴调研之风，向基层官兵征求党委为基层办实事和减负增效工作方面的意见建议37条，并落实2015年党委为基层办10件实事。

【海上综合执法】2015年，海警一支队围绕维权与维稳两条主线，加大对西沙海域、琼州海峡、北部湾海域的维权执法力度和治安管控力度，全年派遣舰艇出航345艘次，航时2229.9小时，航程2.38万海里，驱离侵权侵渔外籍船只102艘，实施海上救助4起，成功救助5人。3月26~29日，派出舰艇6艘，投入执勤警力213人，驱赶劝离各类船只24艘，打捞海上漂浮物17件，圆满完成博鳌亚洲论坛2015年年会安保任务。加强辖区治安管控，部署开展涉外渔业执法、伏季休渔期执法、打击非法采砂、打击走私等专项行动，全年共查获走私案件4宗，抓获涉案人员90人，查扣涉案船舶5艘、柴油240吨、冻品550吨，截获走私物品总价值1424万元；办理行政（治安）案件73起、行政处罚294人次、处罚金38.29万元；协助海口市公安局抓获涉恐人员2名，及时消除重大治安隐患。

【海警一支队部队安全管理】2015年，海警一支队贯彻落实中国海警局、总队筹备组安全工作部署，加强海警改制期间的部队安全管理工作，制定完善《安全工作规定（试行）》《预防犯罪工作规定》及应急处置预案等规章制度5类18项，部署开展安全教育整顿、夏季安全防事故、车辆安全管理、“四反”（反渗透、反窃密、反策反、反心战）等专题教育活动，提升官兵安全意识。认真部署开展迎接中国海警局安全大排查工作，针对舰艇、枪弹、车辆、油库等重点方面共排查出安全隐患106个；加强对营区、码头和舰艇的安全防

2015年6月25日，海警一支队在辖区海域查获违法采砂船只。（海警一支队 供稿）

2015 年 3 月 24 日，海警一支队在琼州海峡成功救助一名重伤渔民。

（海警一支队 供稿）

范，开展应急处突演练 24 次，全面提升部队安全防范水平。在防抗第 22 号强台风“彩虹”过程中，海警 46105 舰严格落实安全防范措施，确保舰艇和人员的绝对安全。

【海警一支队宣传教育工作】2015 年，海警一支队扎实开展“学习践行强警目标 做忠诚海警卫士”主题教育活动，通过参观见学、专家授课、组织宣誓和祭奠先烈和活动，进一步坚定官兵理想信念，增强官兵主权意识和献身使命的责任感和使命感。完善文化硬件设施建设，重新设计规划营区文化场所设置，购置文体器材、修缮宣传栏、改造营区广播系统，充分发挥文化育警效能；加强与各级新闻媒体的沟通交流，拓宽新闻宣传渠道，全年在各级新闻媒体上刊播稿件 312 篇，其中中央级 40 篇，省（市）级 272 篇。以学习“全国我最喜爱的人民警察”韦汉忠同志先进事迹为牵引，制定培养树立典型的方案，加强培养树立典型的力度，推动创先争优。

2015 年 7 月 27 日，海警一支队走进美兰区捕捞村开展社区义务服务活动。

（海警一支队 供稿）

【海警一支队后勤综合保障】2015 年，海警一支队科学编制和调整年度经费预算，向基层准时足额下拨维持性经费 60 余万元；严格执行党委理财制度，严把审批报销关；加强与海口市财政局、海口市发改委、洋浦财政局等单位的沟通协调，争取预算外收入 458 万元。顺利完成临高金牌港执勤点征地选址工作，拟用地面积 1.31 万平方米；启动支队营区“美化、绿化、亮化”改造，协调海口市政府做好环岛路二期 B 段道路拆迁及营门围墙修建工程。推行后勤社会化保障，聘请地方物业公司做好营区、食堂卫生管理。强化卫勤保障，建立健全官兵个人健康档案，推行被装“一人一袋一卡”发放模式。严格落实军械和装备车辆使用管理制度，加强车辆、油料和伙食管理，全年安全行车 10 万多千米。

（蔡 菁）

海口市公安消防支队

【市公安消防支队工作概况】2015 年，海口市公安消防支队立足于岛屿消防工作实际和火灾规律特点，深入推进劳动密集型企业专项整治、夏季消防安全大检查和冬春季节火灾防控等专项行动；成功处置“3·15”嘉陵大厦高层建筑火灾和台风“彩虹”等灾害事故和抢险救援任务；圆满完成“9·3”纪念抗战胜利 70 周年大阅兵和博鳌亚洲论坛年会等安保任务，确保全市火灾形势和部队管理“两个稳定”。深入开展定点扶贫帮困工作，筹措资金 35 万元为美兰区梅坡村修建环村路、消防服务站、平整耕地，引导村民引进种植“三红蜜柚”。支队先后有 20 人荣立三等功，190 人被嘉奖，支队金盘中队中队长助理郭如业被评为第五届“海南省道德模范”、支队金融中队中队长助理梁业福荣获公安消防部队士官优秀人才奖二等奖、支队秀英中队装备技师冯振勇荣获公安消防部队士官优秀人才奖三等奖，5个中队被评为全省先进基层单位，金融中队被评为“全省五四青年奖章集体”“省级青年文明号”，特勤一中队被评为“省级青年文明号”。

【公安消防部队管理】2015年，海口市公安消防支队以琼山大队、金盘中队为试点，安排130余万元专项经费，完成所属基层大、中队营区建筑外观标志的建设工作，规范哨兵交接及突发事件处置程序和警用装备配备，不断提升部队正规化建设水平。同时，深入开展队伍形势分析研判活动，规定官兵思想情况、安全管理形势等6个必须分析的内容，进一步建立健全风险分析、预警、防范和处置体系。2015年是新兵役法实施后的首个两选两退年（一年内有两次选取士官和退役），为确保退役工作的顺利实施，支队制定详尽的士兵选退工作实施方案，组织到期士兵开展职业技能鉴定考核，圆满完成142名到期士兵选退工作。

【消防体系与安全环境建设】2015年，海口市政府出台《海口市关于加强和改进消防工作的实施意见》，明确各级政府、职能部门的责任。市政府与4个区政府及26个职能部门签订《消防工作目标责任书》；将公共消防安全纳入海口市社会经济发展规划、城乡规划等范畴，主城区和16个建制镇100%完成消防规划编制、修编。同时，结合海口市城市黄线专项规划的修编，制定《海口市城市黄线专项规划》，将已建或待建的46座消防站列入黄线保护范围，为公共消防设施的建设预留约18.56公顷建设用地。市公安消防支队制定《海口市公安消防支队“十三五”重点建设项目规划》，提请市政府计划投入8.2亿元用于建设14个消防站（基地）。11月17日，市“双创”工作指挥部下发《海口市“双创”消防工作方案(2015–2017年)》，计划安排专项经费5465.19万元用于市政消火栓建设、城市消防站建设和社会消防宣传。

【社会消防管理】2015年，海口市公安消防支队主动参与海口市投资项目“百日大会战”，积极推进行政审批制度改革，压缩审批时间，实现联合审批消防设计缩短至12个工作日；消防验收压缩至15个工作日，联合验收项目在7个工作日审批办结；公众聚集场所投入使用、营业前消防安全检查缩减为7个工作日。对符合绿色通道的项目实行提前受理，提前审查，提速审批；对超大、大型工程或者复杂项目的消防设计审核、消防验收实行提前介入，为企业消防安全把好安全关和质量关。因工作成绩突出，支队在2015年省重点项目、投资项目“百日大会战”、违法建筑综合整治目标责任考核中被市政府评为先进集体，1人被评为先进个人。

【火灾防控】2015年，海口市公安消防支队结合夏季消防检查和冬春火灾防控专项行动，联合民政、住建、商务、卫计、教育等职能部门，开展社会福利机构、医院、学校及群租楼等10项专项整治行动，对全市57家社会福利机构、43家农贸市场、165家劳动密集型企业、147家易燃易爆场所、1086家学校进行全面的排查整治；利用市“双创”开展的打违控违、小街小巷改造、市政道路维修等系列战役，在首批858条小街小巷的改造项目中，推动更换老化的电线，安装消火栓、配置灭火器，并试点安装1678个独立式感烟火灾探测报警器和1010个简易喷淋喷头；拆除、取缔各类占用消防车道的115个疏导点和66个马路市场，拆除存在严重火患的违法建筑3311栋，总计155万平方米。支队全年共检查单位1.15万家，督促整改火灾隐患和违法行为1.65万处，下发责令整改通知书8649份，处罚274家，临时查封48家，责令“三停”（停产、停业、停止施工）66家，罚款422.25万元。

【灭火救援】2015年，海口市公安消防支队共接警出动956起，出动车辆2057辆，出动警力1.12万人，抢救被困人员390人，疏散被困人员2275人，抢救财产价值1397.5万元。其中火灾412起，死亡1人，受伤5人，直接经济损失579.89万元。

【嘉陵大厦高层建筑火灾处置】2015年3月15日20时56分，龙华区国贸大道36号嘉陵大厦发生火灾。海口市公安消防支队指挥中心接到报警后，立即启动高层建筑火灾扑救应急

2015年8月21日，海口市公安消防支队在秀英气源厂举行消防演练。（何宏国 摄）

预案，先后调集6个消防中队、1个战勤保障大队，共25辆消防车、135名官兵赶赴现场处置。海南省消防总队、海口市委市政府、市公安局和龙华区委区政府等单位领导相继到达现场指挥灭火战斗。23时35分现场明火基本扑灭，16日6时20分大楼内阴燃余火全部扑灭。此次灭火战斗，海口市公安消防支队共派出4批28个攻坚小组，逐层开展人员疏散、搜救、排烟和火灾扑救，成功搜救遇险人员2名，及时疏散涉险群众156名。此次火灾导致嘉陵大厦7～28层电缆井电缆全部烧毁，部分楼层吊顶及装饰材料被烧，多数楼层受烟熏严重，过火面积约500平方米，造成直接经济损失44.62万元。火灾原因为嘉陵大厦弱电井内中国联通3GRRU设备供电线路发生电气故障引燃弱电井可燃物所致。

【消防装备及基础设施建设】2015年，海口市公安消防支队以贯彻落实“省财政厅2567号文件”为抓手推动经费落实，保证100%落实地方消防经费基本支出保障标准。根据新修订的《城市消防站建设标准》，支队投入2952.1万元采购车辆器材装备，其中投入1080万元采购5辆消防车，投入1872.1万元采购1.38万件套器材装备；新增到位消防车22辆，器材8986件。同时，根据基层官兵物质文化生活需求，先后投入972万元用于台风“威马逊”灾后的机关本级及所属基层营房修缮；投入160余万元新建特勤一中队训练塔；投入286万元启动支队队史馆、红门3D影院建设，调配更新所有基层中队的文体器材，配套开展“魅力文化警营”等活动，改善官兵的工作训练及生活环境。

【市政消防设施建设和维护】2015年，海口市公安消防支队加强市政消防设施建设和维护保养。全年新增市政消火栓132个。6月和11月分别组织官兵对全市现有的2152个市政消火栓进行全面的摸底排查，登记在册、建立台账，并配合市水务集团对海口市所有主干道的消火栓进行维护保养，对其中328个消火栓进行维修和更换。

【消防执勤训练】2015年，海口市公安消防支队全面加强部队实战化训练工作，制定出台灭火救援力量编成等级调度和灭火救援现场秩序两个规定，开设消防业务大讲堂，开展士兵职业技能鉴定，组织实战化操法训练400余次、装备测试20余次、支队级随机拉动演练30余次、制定熟悉演练卡片1000余份、修订灭火救援预案300余份。

【“119”服务】2015年，海口市公安消防支队“119”指挥中心积极推进“互联网+”背景下的消防服务创新，进一步做强海口消防网平台和支队官方微博、微信，拓展消防宣传和为民办实事新渠道，使消防服务从传统阵地向网络媒介延伸。同时，支队立足消防警力实际，规范力量编成和等级调派。制定《火警和应急救援分级规定》和《灭火救援力量编成等级调度规定》，严格落实等级力量编成调派规定，针对不同类型灾害事故特点规律，科学划定灾情分级，明确响应机制，实现定性定量、准确调度。投入96万元购置一辆海口消防通信指挥车，投入70多万元购置防水防爆对讲机、车载台，新（扩）建一套高清视频会议系统和3个固定基站，扩大消防通信讯号覆盖，信号覆盖全市80%以上行政区。

【消防宣传】2015年，海口市公安消防支队开展多渠道、全民化的消防宣传培训。支队联合人社、住建、教育等相关部门，将消防安全知识纳入公务员任前培训、物业服务企业管理人员岗前培训和中、小学寒暑期作业及开学第一课；在5家大影院电影放映前、168家宾馆酒店、71家歌舞娱乐场所开机前播放消防安全公益宣传片；利用消防宣传车深入社区、农村开展海南话广播提示宣传，制作3万多份电动车火灾警示光碟发放给全市2340个社区、村委会，组织3.24万人参观消防科普教育基地。11月8日，市消防安全委员会在海口市京华城购物广场举行“119”消防宣传月启动仪式，评选表彰15名“社区宣传大使”、10名“海口市十佳社区消防网格员”。全年共发放消防常识资料25万份，利用微信、微博等各类媒介播放消防知识1220万条，组织506次各类培训，共137万人受到培训教育。

【消防队伍建设】2015年，海口市公

2015年10月16日，海口市消防支队官兵参加海口市植树活动。（何宏国 摄）

安消防支队深入开展“端正执法思想”专题教育活动，组织支队全体干部赴省反腐倡廉教育基地海口监狱实地接受警示教育，增强干部队伍廉洁从警意识，筑牢拒腐防变的思想防线；按照“从哪来退哪去”的原则，开展消防监督执法腐败问题集中整治和违规收受钱物清退活动；对团以上领导干部办公用房及个人住房情况进行公示，清理和规范个人办公用房9间，清退办公用房面积355.45平方米；取消相对固定使用的公车21辆，封存超编超标车7辆，将1辆超标丰田霸道越野车改为火场指挥用车，将7辆排量为2.0的丰田凯美瑞轿车改为消防监督用车；规范消防窗口工作秩序，坚决杜绝消防公司、消防职业中介代办手续现象。

（吴健宇）

2015年12月26日，海南省委常委、政法委书记陈志荣（中）一行到海口边防支队长堤边防派出所调研。

（武警海口边防支队 供稿）

武警海口边防支队

【武警海口边防支队工作概况】2015年，海口边防支队党委坚持以习总书记系列讲话精神为指导，深入贯彻落实部局、总队党委决策部署，紧紧围绕维护边防辖区社会治安和政治稳定的总任务，实现班子团结有力、队伍纯洁稳定、基层基础跨越发展的总目标，部队各项建设取得长足发展，连续3年保持安全无事故，实现辖区、部队“双稳定”的良好局面。全年，支队共有16人荣立三等功、130人被嘉奖，支队政治处被公安部政治部表彰为“公安现役部队先进政治机关”，支队被部局评为“2015年度安全工作标兵单位”，1名同志被部局评为“执法标兵”，1名同志被部局评为“爱民固边先进个人”，2个单位被授予“海南省青年文明号”称号，支队党委被总队评为“先进支队级党委”，2个单位被总队党委评为“先进党支部”，2名同志被评为“优秀支队级主官”，3名同志被评为“优秀团职领导干部”，8名同志被总队表彰为“优秀共产党员”“优秀党务工作者”，1名同志当选海南公安边防总队第三届“十大边防卫士”。

【武警边防执勤管理】2015年，武警海口边防支队以缉枪治爆、打击黄赌毒等专项行动为引领，突出重点维护社会秩序，与时俱进构建和谐边防辖区。年内共破获刑事案件252起，查处行政案件963起，成功打掉各类违法犯罪团伙7个，抓获各类违法犯罪人员467人。破获贩毒案65起，缴获海洛因、K粉、冰毒共288克，缴获毒资1.9万元；查处吸毒案件230起，抓获吸毒人员252人。特别是成功破获江南城小区“2·14”盗窃案、水岸兰亭小区“5·23”杀人案、龙华区“2015·5·8”系列盗窃案等重大案件。

【武警边防四项建设】2015年，武警海口边防支队合力推进基础信息化、警务实战化、执法规范化、队伍正规化建设，进一步提升部队全面建设的能力和水平。以长堤、新埠边防派出所为试点，力促派出所执法规范化和基层基础建设提档升级。扎实推进警务实战化建设，建成勤务指挥室，将辖区社会面及自建的952个监控摄像头和市公安局“天网”工程的1368个摄像头全部接入，为执勤车辆和民警配备3G车载系统以及单兵图传设备。扎实推进基础信息化建设，协调市局授权使用警用地理信息平台，真正做到精确用警、扁平化指挥。扎实推进执法规范化建设，在长堤边防派出所建立执法实践基地，分批次安排新入警学员进行轮训；制定出台12项执法制度，编印2本执法工作手册。扎实推进队伍正规化建设，支队结合当前部队正规化管理实际，制定出台《海口边防支队正规化管理细则》，重点对值班备勤、请销假、会议秩序、内务设置标准等相关规定进行修改。

【武警边防安保维稳】2015年，武警海口边防支队为维护辖区稳定，支队每日派出2个武装巡逻队在万绿园、白沙门公园开展武装巡逻，严防景区发生各类暴恐事件。同时面向实战，研究制定反暴恐处突预案，科学设置突发事件处置预案，组织官兵开展一系列警务实战技能军事训练。共开展教官团巡回教学2次，营区防袭击演练15次，紧急拉练25次。年内，共出动警力5816余人次、船艇240艘次，先后圆满完成各级“两会”、博鳌亚洲论坛年会、十八届五中全会、

2015年10月26日，海南省副省长、公安厅厅长李富林（中）一行到海口长堤、新埠边防派出所调研，并看望慰问基层官兵。（武警海口市支队 供稿）

第十二届东盟博览会、第十届环岛自行车赛、“九·三”安保、冬季安保等多个大型安保任务。

【武警边防爱民固边】2015年，武警海口边防支队深化“三访四见”（即访贫问苦、访疾问难、访外问弱，从而达到人民群众对边防官兵“看见、敢见、愿见、想见”效果）和“谈感受、讲故事、给点赞”爱民固边成果宣传等活动，创新服务和主动服务的效能有较大提升。支队13个派出所主官均进入所在乡镇（街道）班子，民警村干部覆盖率100%，爱民固边模范村创建比例51.85%。海口边防支队三江边防派出所联合爱心人士资助贫困大学生，携手中粮集团开展扶贫慰问活动；海口边防支队龙华边防大队、水上边防派出所联合边防医院开展“送健康到渔家大型义诊活动”，得到辖区群众一致赞赏，收到群众送来的锦旗15面。同时，加大对新型警民沟通模式的探索力度，红岛边防派出所在全省公安机关范围内首创利用微信加强警民沟通的“警务微信平台”，该工作经验被省公安厅刊发简报向全省推广。

【武警边防后勤保障】2015年，武警海口边防支队党委主动向市委市政府和市财政局、市发改委等部门沟通，汇报部队发展建设计划和需求，争取经费支持，为支队各项工作提供全方位保障。年内，各边防派出所基层文化建设大部分建成并投入使用；三江、演丰镇10.67千米“爱民固边”海防执勤道路正施工建设；红岛、桂林洋、三江边防派出所改扩建工程正在施工；西海岸、塔市边防派出所改扩建工程设计方案获总队批复，正进行施工图绘制和编制预算等准备工作；长堤、新埠边防派出所完成总队执法规范化暨基层基础试点建设，彻底改变2所营房面积不足、功能不全、信息化设备落后的局面，得到总后勤部营房调研组、部局、省厅和总队领导的高度肯定。

（李泊宏）

（编辑：张纯龙）

城乡建设与管理

城乡规划

【城乡规划概况】2015年，海口市规划局进一步完善规划编制体系，审批项目凸显滨海特色，认真做好片区控规编制和修编工作；进一步推进审批制度改革，加大审批服务力度，下放私宅和临建项目审批权项；完成“百日大会战”等重点项目规划审查、审批工作；在全省率先开展“多规合一”工作，搭建“城乡规划综合管理信息平台”；完成全国“地下综合管廊”试点城市申报工作。开展江东组团片、大英山新城市中心区、海甸溪北岸、海甸岛片、南渡江西岸片、西海岸新区南片、长流起步区、核心滨海区、城西片、滨江新城片10项控规中18个建设项目用地的动态维护工作及成果验收报备工作。规范个人住宅建设行为，8月31日印发施行《海口市城镇个人住宅规划建设管理办法》。全年共完成建筑类项目批建面积1217.93万平方米，完成专项规划12个，承办人大建议、政协提案111件。市规划局获全省“百日大会战”先进集体称号，2人获先进个人称号。

【控规编制】2015年，海口市规划局认真做好片区控规编制和修编工作，其中海口港秀英片区控规2月通过市规委会审议，大英山控规修编和灵山东、西片区控规分别于7月和8月获市政府批准实施；完成“两个人工岛”控规编制，如意岛控规和南海明珠人工岛控规分别通过专家评审和市规委会第十七次会议审议。此外，还开展金牛岭片、金沙湾片、长秀片、南部生态绿带、旧城片、南部生态绿带、新埠岛控规（修改）、火山口公园、东寨港旅游区（东区）和江东组团控规的修编和调整工作。

【城市设计】2015年，海口市规划局启动《海口市总体城市设计》暨南渡江西岸区段设计编制工作，确定海口市总体风貌特色，确定各类空间、不同组团、重点地段的城市风貌特色要求和管控内容，并开展招标工作。《江东组团绿色基础设施规划暨东海岸、南渡江东岸和琼山大道城市设计》已向市政府专题汇报并修改完善。

【专项规划】2015年，海口市规划局开展《主城区立体人行过街设施规划》《海口市地下空间开发利用规划》《海口市加油加气站布点专项规划》《海口市交通状况年度报告（白皮书）》《海口市“十三五”期间道路交通基础设施建设规划》《海口市公共停车场专项规划》《海口府城传统建筑历史文化街区保护规划》《海口市地下综合管廊总体规划》《G15沈海高速（海口段）规划研究》《海口市海秀快速路东延交通规划研究》《海口市南渡江两岸空间控规规划》和《海口市新型城镇化背景下城镇体系专项研究》12个专项规划和专项研究的编制工作。

【村镇规划】2015年，海口市规划局继续指导各区做好镇总规修编、控规和村庄整治建设规划的编制工作。全年对永兴、龙桥、遵谭、红旗、大致坡5个镇总规修编、三江等5个镇区（墟镇、片区）控规、175个村庄环境综合整治建设规划提出规划技术审查意见。年内批复主城区外8个镇总规修编、3个镇区控规，以及185个行政村、1742个自然村规划。

【“多规合一”改革工作】2015年6月，中央全面深化改革领导小组第十三次会议同意海南省为“多规合一”改革试点省份，海口在全省率先开展“多规合一”工作。4月23日，印发《海口市“多规合一”工作实施方案》；6月18日，成立市“多规合一”工作领导小组，下设办公室（设在海口市规划局）。市规划局牵头组织拟定《海口市“多规合一”改革设施方案》《海口市规划委员会组建方案》《“多规合一”下市级行政审批改革实施方案》《海口市“多规合一”总体方案》，组织编制《海澄文区域基础设施一体化规划》《海口市“多规合一”总体规划（2015—2030）》，召开4次工作领导小组会议、省市工作对接会9次、市领导专题会议14次、部门协调会议30余次，印发4期工作简报。

【新型城镇化规划研究】2015年，海口市规划局编制完成《海口市城乡规划管理体制机制改革研究报告》，并征求相关部门意见；开展《海口市卫星城、生态乐居小镇、新型农村社区基础设施和公共服务设施管理配置标准的研究报告》，组织召开专家评审会并修改完善；启动新型城镇化规划战略研究，相继开展编制经费核定、编制单位招标等工作。

【风情小镇建设】2015年，海口市规划局制定《海口市特色风情小镇和美丽乡村建设工作方案》并经市政府印发实施。按照省住建厅要求，组织各区申报2015年风情小镇和美丽乡村建设项目试点工作，其中桂林洋被列入省重点建设风情小镇项目。初步建成云龙镇、演丰镇特色风情小镇，以及瑶城村、东坡湖村、塔昌村、美社村、冯塘村、龙门村、龙鳞村、龙马村、大水村、斌腾村等20多个美丽乡村（自然村）。

【乡镇规划师】2015年，海口市规划局继续健全区镇两级规划管理机构，输送专业人才，加强技术指导，积极协调省、市具备资质的设计单位推荐5名业务骨干作为村镇发展规划师推荐给各区选聘。其中琼山区云龙镇配备2名，秀英区石山镇、龙华区龙桥镇、美兰区演丰镇各配备1名。

【私宅和临建规划审批权项下放】2015年，海口市规划局先后2次对各区住建局37名工作人员进行培训，内容涵盖法律法规、技术规范、实务操作和案例分析等。同时，与各区住建局签订《委托协议书》，明确委托事项及权限、委托期限、双方权利和义务、法律责任等内容，并移交私宅和临建2个下放权项的“行政审批专用章”。11月20日起，各区正式开展相关下放权项的审批工作。

【规划审批服务】2015年，海口市规划局共向市国土资源局提供用地规划意见130份；核发方案预审通知书490宗（建筑类224宗、市政类176宗、私宅类90宗）；核发《建设项目选址意见书》68宗，用地面积762.74公顷；核发《建设用地规划许可证》59宗，用地面积700.91公顷；核发建筑类《建设工程规划许可证》209宗，批建面积1217.93万平方米，批建量再创历史新高，批建项目征收配套费突破12亿元；核发私宅类《建设工程规划许可证》82宗，批建面积4.28万平方米；核发市政类《建设工程规划许可证》160宗，道路管线总长度359.07千米；核发《临时建设工程规划许可证》64宗，批建面积28.49万平方米；快速高效办理即办件，核发规划许可证更名确认书61份（建设单位更名31宗，建设项目更名30宗），延期确认书167份。

【重点项目规划审批服务】2015年，海口市规划局积极推进重点项目建设服务，一律按“绿色通道”方式办理规划审批，力促重点项目顺利落地。(1) 保质保量、高速高效地完成64宗“百日大会战”重点项目的规划审查、审批工作，海口港新海港区汽车客货运滚装码头（一期）供水管道工程、海口万达广场等60宗（4宗项目业主未申报工程许可）“百日大会战”项目的选址意见书、建设工程规划许可证均在3个工作日内核发，其中近20个项目当天申报当天办结。(2) 落实民生工程项目。核发美景苑、海糖小区二期、和风家园等11宗保障房建设工程规划许可证，批建面积111.05万平方米。(3) 加快推进旧城改造，做好棚改策划方案的审查和审批工作。核发五源河片区、灵山西片区、海秀片、流水坡等12宗旧改项目的建设工程规划许可证，批建面积138.51万平方米。(4) 保障基础设施建设。完成长兴路中段、长滨路中段、长流十号路、粤海一路、国兴中学南门规划路等新建、改建市政项目的规划审批工作。

【规划批后管理】2015年，海口市规划局严格执行规划批后管理制度，从放线、±0.0验线、主体工程封顶、竣工测量和规划总体验收5个环节对建设项目进行监督管理，确保建设项目按批准的规划实施。全年共完成放线253宗，验线254宗，竣工测量224宗；核发《建设工程规划核实意见书》136宗，验收面积地上375.53万平方米、地下96.8万平方米。

【规划制度建设】2015年，海口市规划局继续推行专家评审咨询机制，邀请省内外知名专家对各层次规划项目设计方案和大型建筑设计方案进行评审论证，其中专项规划评审2项、建设项目专家评审会18项、咨询会7项，控规修改专家论证会17项，为规划决策提供科学参考；认真执行规划公示制度，凡批建项目均在建设现场悬挂公示牌公布批建内容，凡涉及规划调整的项目均在新闻媒体、规划网站和建设现场进行批前公示，增强公众对规划的知情权、参与权和监督权，全年共有404个项目进行批前公示，192个项目进行批后公布。

【市规委会会议】2015年2月14日，海口市规划局提请召开市规委会第十六次会议，对《海口港秀英片区控制性详细规划（修改）》《海口市灵山东片区控制性详细规划》《海口大英山新城市中心区控制性详细规划深化调整（修改）》等3项规划进行审议，3项规划均获原则通过。10月22日，市规划局提请召开市规委会第十七次会议，对《海口市地下空间开发利用规划》《海口市电力专项规划》《海口市加油加气站布点专项规划》《海口市城市黄线专项规划》《海口市西海岸南海明珠人工岛控制性详细规划》5项规划进行审议，5项规划均获原则通过。

【《大英山新城市中心区控制性详细规划深化调整（修改）》】2015年7月27日市政府批准实施。规划范围东起海府路，西至龙昆南路，南起红城湖路，北至蓝天路、西沙路，总用地面积562.79公顷，核心区用地面积234.11公顷，居住人口容量13万人。片区功能定位为以商务办公、商业休闲、旅游服务、居住生活为主要功能的绿色休闲商务区，省级行政文化中心。

【《海口市灵山东片区控制性详细规划》】2015年8月6日市政府批准实施。规划范围为东以海文高速公路为界，西以海榆大道为界，北至昌萝村，南至美兰机场以及绕城高速公路，规划区总面积1151.25公顷。片区功能定位为海南旅游第一站，以发展空港物流产业、文化创意产业、特色休闲娱乐产业为主导产业，以临港服务、旅游风情小镇风貌为特色的综合性城市片区。

【《海口市灵山西片区控制性详细规划》】2015年8月6日市政府批准实施。规划范围为南渡江东岸、灵山镇的西部，即规划区东北临琼州大道，西临南渡江，南至东环高速铁路，总面积为372公顷。片区功能定位为以滨水景观为主要特征，环境优美、配套设施完善的居住度假型城市综合社区。

【《海口市美安生态科技新城一期控制性详细规划》】2015年6月1日市政府批准实施。规划范围北起南海大道，南至美安四横路（规划），西抵海口市行政边界、粤海铁路线和美安一纵路（规划），东抵粤海大道（一字岭路段除外），总用地面积1674公顷。规划区总人口7万人。片区功能定位为海口市创新产业发展先行区，美安生态科技新城建设起步区和示范区，集高新技术产业、现代物流、科技研发和生活配套为一体的综合型产业新城。

【《海口世纪公园修建性详细规划》】2015年6月25日市政府批准实施。海口世纪公园位于海口市中心城区核心滨海地带，世纪大桥桥下，东临世纪公园路，南临世纪公园二横路，西北面临海，规划用地面积41公顷。规划定位为以大众休闲健身、观光游乐为主题的市级开放性体育休闲公园。规划结构为以世纪大桥为空间主轴，结合公园用地功能布局，形成“一带、两轴、六区”，即一带：沿滨海分布并贯穿整个海口湾滨海地带的带状休闲慢行道；两轴：贯穿用地南北的世纪大桥空间景观主轴和由主入口横向延伸至海边的空间次轴；六区：文化休闲活动区、滨海休闲观光区、游乐活动区、景观泳池健身区、体育运动健身区、公共服务及室内场馆区。

【主城区地下综合管线补充普查】2015年，海口市规划局牵头开展城市地下管线普查工作，先后开展综合管线资料报送、全市综合管线补充普查的外业探测和数据入库、管线隐患排查及入库、综合管线信息系统软件开发等工作。

【《海口地下综合管廊总体发展规划》编制完成】2015年1月，海口市规划局根据地下综合管廊试点城市试点要求，编制完成《海口地下综合管廊总体发展研究报告》《西海岸南片区地下综合管廊专项规划》。2月9日，市政府批准实施《西海岸南片区地下综合管廊专项规划》。按照“能进皆进、干支结合、区域成网”的原则，综合管廊建设在新区与开发同步，在老城区结合棚户区和道路改造实施，逐步实现网络化、层次化。年内完成全市综合管线普查，建立动态的信息化平台，编制示范区专项规划。本次示范项目位于西海岸新区和美安科技新城，规划范围1.09万公顷，示范项目总长43.24千米，占区内规划主干道路长度的27%，总投资约38亿元，其中中央财政支持12亿元，计划3年建成。在设计标准上，设计使用年限为100年，分双舱和单舱两大类，6种断面型式设计，最大断面面积39平方米，预留检修车通道；设计上充分预留发展空间，配套完善的附属设施。原则上所有管线全部入廊，其中燃气和重力流排水管道已规划考虑，待国家规范出台后，逐步纳入实施。

【城乡规划综合管理信息平台搭建】2015年，海口市规划局牵头组织搭建城乡规划综合管理信息平台，将国民经济和社会发展规划、城市总体规划、土地利用总体规划、生态保护规划等发展类、禁止类、各层级、各部门规划进行叠图，形成多规合一“一张蓝图”，实现部门间信息共享、数据交换，极大提高行政审批和决策效率。

【涉规建议提案办理】2015年，海口市规划局共承办市人大建议、政协提案111件，其中主办件38件（人大12件，政协26件）、协办件73件（人大22件，政协51）。至8月底，所有人大建议、政协提案均在规定时限内答复人大代表和政协委员，按时办结率100%。主办件中所提问题已经解决的17件，采纳列入计划逐步解决的21件。共收到代表、委员反馈的征询意见表38件，对承办工作态度满意36件、基本满意2件，满意率100%；对办理结果满意31件、基本满意7件，满意率100%。

（李　蔚）

市政建设

【市政建设概况】2015年，海口市计划安排路网建设项目39个，总投资58.23亿元。在加快推进海秀快速路、江东大道一期等重点市政项目建设的同时，进一步完善城区路网，打通断头路，完成改造主次干道路61条、小街小巷1576条。

【市政工程项目建设】2015年，海口市住建局共核发市政工程施工许可证54个，合同造价67.44亿元。海甸五西路应急维修工程、环岛路二期B段道路工程、海彤路整治工程、海垦中路市政工程、青年路（民安小区段）道路改造工程、海榆中线拓宽工程、红棉西路贯通工程、金牛路北段贯通工程、通华小区路网工程、长滨路延

2015 年海口市市政工程施工许可统计表

序号	项目名称	建设规模	参建单位	合同价格(万元)	许可证编号	合同工期
1	海口市交警综合服务中心二期升级改造项目	科目二考试场地改扩建、违章停车场建设、办公用电扩增容改造、服务中心附属（给排水、照明）项目。	建设单位：海口市公安局交通警察支队 勘察单位：海南有色工程勘察设计院 设计单位：海南省建筑设计院 施工单位：望建（集团）有限公司 监理单位：海南航达工程建设监理有限公司	1205.89	460100201502020118	120 日历天
2	海甸五西路应急维修工程	该项目东起人民大道，西至世纪大桥，全长约 1950 米，红线宽 70 米（含 15 米宽排洪沟）	建设单位：海口市市政管理局 勘察单位：海南水文地质工程地质勘察院 设计单位：海口市市政工程设计研究院 施工单位：海南第二建设工程有限公司 监理单位：河南建基工程管理有限公司	4790.36	460100201502160118	120 日历天
3	海南省国道海榆西线(G225) 海口过境段——海秀快速路（一期）施工一标	桩号为 K0+078–K4+081，不含 K0+786–K4+081 下部结构	建设单位：海口市城建集团有限公司（BT 方：北京新颐华卓投资有限公司） 勘察单位：海南有色工程勘察设计院 设计单位：上海市政工程设计研究总院（集团）有限公司 施工单位：中国葛洲坝集团股份有限公司 监理单位：海口市工程监理公司、海南君诚工程监理有限公司、华铁工程咨询有限责任公司	93005	460100201502160218	730 日历天
4	海口市大英山新城市中心区路网大英四街（东段）	该项目西接五指山南路，东至大英八路，全长 987.62 米，红线宽度为 20 米	建设单位：海口新城区建设开发有限公司 勘察单位：海南有色工程勘察设计院 设计单位：海南华北市政工程设计有限公司 施工单位：海南第一建设工程有限公司 监理单位：深圳市恒浩建工程项目管理有限公司	1121.46	460100201503170118	365 日历天
5	海口市大英山新城市中心区路网大英八路（南段）	道路全长 192 米，红线宽度为 30 米	建设单位：海口新城区建设开发有限公司 勘察单位：海南有色工程勘察设计院 设计单位：海南华北市政工程设计有限公司 施工单位：海南第一建设工程有限公司 监理单位：深圳市恒浩建工程项目管理有限公司	1008.73	460100201503170218	365 日历天

续表

序号	项目名称	建设规模	参建单位	合同价格（万元）	许可证编号	合同工期
6	海口市海府立交桥第八匝道改扩建工程	建设 D 匝道长 485.01 米，宽 17 米；d 匝道长 267.83 米，宽 8.5 米	建设单位：海口市路桥建设投资有限公司 勘察单位：海南有色工程勘察设计院 设计单位：海口市市政工程设计研究院 施工单位：海口市市政建设工程公司 监理单位：海南佳磊工程监理有限公司	1874.92	460100201503180118	150 日历天
7	海口美丽沙 17－19 地块市政道路工程（二期）	道路工程（6 号、1 号路）总长度 863.4 米，规划红线控制宽度为 10 米	建设单位：新世界中国地产（海口）有限公司 勘察单位：深圳市勘察测绘院海南分院 设计单位：中国市政工程中南设计研究总院有限公司 施工单位：中铁建工集团有限公司 监理单位：济南市建设监理有限公司	3876.16	460100201503240118	365 日历天
8	海口美祥人行天桥工程	包括 1 号桥和 2 号桥，其中，1 号桥长度为 37.1 米，宽为 3.72 米；2 号桥长度为 31.1 米，宽为 3.6 米	建设单位：海口辉邦项目管理有限公司 勘察单位：海南地质综合勘察设计院 设计单位：中国瑞林工程技术有限公司 施工单位：海南地矿建设有限公司 监理单位：武汉华立建设监理有限公司	854	460100201504070118	250 日历天
9	海口市长滨一路延长线市政工程	南起南海大道，北至长兴路中段，道路工程长度为 754.8 米，规划红线控制宽度为 32 米	建设单位：海南辉邦项目管理有限公司 勘察单位：海南有色工程勘察设计院 设计单位：海口市市政工程设计研究院 施工单位：中王帝印建筑工程集团有限公司 监理单位：武汉华立建设监理有限公司	2980.94	460100201504140118	365 日历天
10	海口美丽沙综合发展项目 17－19 号地块工程	新建 1、2、6 号道路，总长 2089.04 米，路宽 23~25 米；污水管道长 1388.96 米，管径 DN315-500，雨水管道长 1453.52 米，管径 DN300-1200/W*H=1200*1400	建设单位：新世界中国地产（海口）有限公司 勘察单位：深圳市勘察测绘院海南分院 设计单位：中国市政工程中南设计研究总院有限公司 施工单位：海南建设工程股份有限公司 监理单位：济南市建设监理有限公司	5450.9	460100201504150118	623 日历天

续表

序号	项目名称	建设规模	参建单位	合同价格（万元）	许可证编号	合同工期
11	海南省国道海榆西线（G225）海口过境段——海秀快速路（一期）施工三标	本标段工程里程桩号 K8+150 至 K14+830，长 6680 米，宽 25.5 米（本次许可不含 K8+150 至 K13+190 下部结构）	建设单位：海口市城建集团有限公司（BT 方：北京新颐华卓投资有限公司） 勘察单位：海南有色工程勘察设计院 设计单位：上海市政工程设计研究总院（集团）有限公司 施工单位：中铁二局股份有限公司 监理单位：浙江江南工程管理股份有限公司、海南君诚工程监理有限公司、海口市工程监理公司	160000	460100201504170118	730 日历天
12	国兴大道美舍河桥桥梁改造工程	桥梁全长 45 米，宽 60 米，双向六车道，主要建设内容包括 T 梁底部、腹部、横隔板部位采用粘接钢板补强，桥梁砼缺陷采用环氧砼（砂浆）修复等工程	建设单位：海口市城建集团有限公司 勘察单位：// 设计单位：江苏省交通科学研究院股份有限公司 施工单位：海南万泰建筑工程有限公司 监理单位：海口市工程监理公司	458.34	460100201504300118	90 日历天
13	海南省国道海榆西线（G225）海口过境段——海秀快速路（一期）施工二标	本标段工程里程桩号 K4+081 至 K8+150，长 4069 米，宽分别为 25.5 米、63 米（本次许可不含 K4+878 至 K8+150 下部结构）	建设单位：海口市城建集团有限公司（BT 方：北京新颐华卓投资有限公司） 勘察单位：海南有色工程勘察设计院 设计单位：上海市政工程设计研究总院（集团）有限公司 施工单位：中铁一局集团有限公司 监理单位：北京铁城建设监理有限责任公司、海南君诚工程监理有限公司、海口市工程监理公司	80000	460100201505060118	730 日历天
14	美安科技新城区外（椰海大道）供水管线	供水规模为 1.5 万立方米 / 日，给水管道长度为 8223 米，管径规格为 DN600–1000，管位在路南距路中 28 米处	建设单位：海口永庄水务有限公司 勘察单位：海南有色工程勘察设计院 设计单位：中国市政工程中南设计研究总院有限公司 施工单位：广西华南建设集团有限公司 监理单位：海南时利和建设项目管理有限公司	2583.48	460100201505120118	170 日历天
15	西海岸南片区一期土地开发市政基础设施项目四标段（二次）工程	本标段包括 4 条路：1、长滨东八街，次干路，红线宽度 32/21 米，道路长度 732.39/238.03 米；2、长滨西八街，次干路，红线宽度 32 米，道路长度 740.36 米；3、长滨东九街，次干路，红线宽度 21 米，道路长度 675.84 米；4、长滨西九街，支路，红线宽度 21 米，道路长度 153.70 米	建设单位：海口首创投资建设有限公司 勘察单位：海南长勘勘察设计有限公司 设计单位：上海市政工程设计研究总院（集团）有限公司 施工单位：海南万泰建筑工程有限公司 监理单位：北京四方工程建设监理有限责任公司	6272.3	460100201505210102	300 日历天

续表

序号	项目名称	建设规模	参建单位	合同价格（万元）	许可证编号	合同工期
16	镇海村旧城改造工程项目（邱浚墓修缮市政配套道路工程）	道路长 505.55 米，规划红线 22 米，雨水管道工程长 729 米，污水管道工程长 640 米	建设单位：海口保税区开发建设总公司 勘察单位：海口市城市规划设计研究院 设计单位：郑州市市政工程勘测设计研究院海南分院 施工单位：广西华南建设集团有限公司 监理单位：广州穗科建设监理有限公司	819.52	460100201505250102	180 日历天
17	夏瑶村片区棚改项目美舍河国丰桥桥梁工程项目	总长度 60 米，桥宽 18 米，距离路面、水面净空高度 1.02 米，共 3 跨、最大单跨 20 米	建设单位：海口丰鹏实业有限公司 勘察单位：海南有色工程勘察设计院 设计单位：海口市市政工程设计研究院 施工单位：海南万泰建筑工程有限公司 监理单位：湖南大福项目管理有限公司	800.16	460100201506030102	100 日历天
18	海甸五西路雨水排涝工程	新建一座雨水排涝泵站，地上建筑面积 590.60 平方米，排涝标准重现期 2 年，排出口高潮位按 50 年一遇设计，设计雨水排涝泵站规模为 28.54 米 / 秒，建设内容包括泵房、配电间、防潮闸、雨水渠道及相关配套工程等	建设单位：海口市供排水管理处（代建单位：海口市路桥建设投资有限公司） 勘察单位：海南水文地质工程地质勘察院 设计单位：中国市政工程中南设计研究总院有限公司 施工单位：惠州市水电建筑公司有限公司 监理单位：河南卓越工程管理有限公司	4638.71	460100201506150118	180 日历天
19	美丽沙项目 2# 污水提升泵站	1 幢 1/2 层，总建筑面积 391.16（151.53/239.63）平方米	建设单位：新世界中国地产（海口）有限公司 勘察单位：深圳市勘察测绘院海南分院 设计单位：海口市市政工程设计研究院 施工单位：上海建工集团股份有限公司 监理单位：海口百佳兴工程监理有限公司	192	460100201506170102	90 日历天
20	海彤路整治工程	道路工程长度 1295.77 米，宽度 20 米；雨水管道工程长度 676 米；污水管道工程长度 668 米；桥梁工程长度 34.2 米，宽度 20.5 米	建设单位：海口市路桥建设投资有限公司 勘察单位：深圳市勘察测绘院海南分院 设计单位：海口市市政工程设计研究院 施工单位：海口市市政建设工程公司 监理单位：海口市工程监理公司	2829.77	460100201507020102	120 日历天
21	海口市电力村 30 米明沟截污工程（一期）	雨水改建工程长度为 491 米，管径规格为 DN1000–1200，污水新建工程长度为 1133 米，管径规格为 DN400	建设单位：北控水务集团（海南）有限公司 勘察单位：海口市城市规划设计研究院 设计单位：海口市城市规划设计研究院 施工单位：海南省水利水电建筑安装公司 监理单位：海南佳磊工程监理有限公司	1019.7	460100201507090102	180 日历天

续表

序号	项目名称	建设规模	参建单位	合同价格（万元）	许可证编号	合同工期
22	椰海大道C段（原琼山大道延长线）2标段	桩号K2+980-K5+028范围内道路长2048.13米的道路工程、排水工程、涵洞工程、桥梁工程	建设单位：海口市城建集团有限公司 勘察单位：海南水文地质工程地质勘察院 设计单位：海口市市政工程设计研究院 施工单位：海南第二建设工程有限公司 监理单位：海南辰光项目管理有限公司	15738.24	460100201507090102	360日历天
23	海口市美丽沙项目1#污水提升泵站工程	1幢1/2层，总建筑面积391.16（151.53/239.63）平方米	建设单位：新世界中国地产（海口）有限公司 勘察单位：深圳市勘察测绘院海南分院 设计单位：海口市市政工程设计研究院 施工单位：汕头市建筑工程总公司 监理单位：湖南顺天工程项目管理有限公司	195.06	460100201507150102	270日历天
24	新外滩路污水管道工程	污水管道工程长度为1316米，管径规格为de300-de400，管位在道路北侧距路中10米处	建设单位：北控水务集团（海南）有限公司 勘察单位：海南宏生勘测设计有限公司 设计单位：北京市市政工程设计研究总院有限公司 施工单位：海南省水利水电建筑安装公司 监理单位：海南柏鑫项目管理咨询有限公司	477.57	460100201507160102	180日历天
25	新港路污水管道工程	污水管道工程长度为608米，管径规格为de300-de600，管位在道路东侧距路中6米处	建设单位：北控水务集团（海南）有限公司 勘察单位：海南宏生勘测设计有限公司 设计单位：北京市市政工程设计研究总院有限公司 施工单位：海南祺商建设工程有限公司 监理单位：海南柏鑫项目管理咨询有限公司	275.08	460100201507160202	180日历天
26	海甸岛环岛路（二期）B段	该项目起于环岛路二期C段，终点接海甸三西路，道路全长约1185米，其中约396米为现状路加宽改造段范围，道路宽度分别为17米、19米；789米为新建路段范围，道路宽度为15.5米属城市支路	建设单位：北控水务集团（海南）有限公司 勘察单位：海南宏生勘测设计有限公司 设计单位：北京市市政工程设计研究总院有限公司 施工单位：海南祺商建设工程有限公司 监理单位：海南柏鑫项目管理咨询有限公司	1895.14	460100201507310102	150日历天

续表

序号	项目名称	建设规模	参建单位	合同价格（万元）	许可证编号	合同工期
27	海口市西海岸南片区一期土地一级开发市政基础设施项目三标段工程	本标段含6条路：1.长滨东十街，次干路，红线宽度42米，道路长度1034.41米；2.长滨西十街，次干路，红线宽度42米，道路长度781.51米；3.长滨西十一街，支路，红线宽度21米，道路长度220.53米；4.长滨西十二街，支路，红线宽度21米，道路长度220.53米；5.长滨十二路，支路，红线宽度21米，道路长度802.00米；6.长滨南十四路，支路，红线宽度21米，道路长度471.90米	建设单位：海口首创投资建设有限公司 勘察单位：海南长勘勘察设计有限公司 设计单位：上海市政工程设计研究总院（集团）有限公司 施工单位：金中天集团港航有限公司 监理单位：北京四方工程建设监理有限责任公司	8624.44	460100201508050102	300日历天
28	海口市西海岸南片区一期土地一级开发市政基础设施项目五标段工程	本标段含9条路：1.长滨八路，支路，红线宽度21米，道路长度387.00米；2.长滨南九路，支路，红线宽度21米，道路长度499.00米；3.长滨南十路，支路，红线宽度21米，道路长度754.752米；4.长滨北十路，支路，红线宽度21米，道路长度553.00米；5.长滨十一路，支路，红线宽度21米，道路长度620.00米；6.长滨东十二街，支路，红线宽度21米，道路长度248.50米；7.长滨东十四街，支路，红线宽度21米，道路长度360.25米；8.长滨东十五街，支路，红线宽度21米，道路长度190米	建设单位：海口首创投资建设有限公司 勘察单位：海南长勘勘察设计有限公司 设计单位：上海市政工程设计研究总院（集团）有限公司 施工单位：南宁市政工程集团有限公司 监理单位：北京四方工程建设监理有限责任公司	5806.83	460100201508050202	300日历天
29	海口市幸福路	道路红线宽度为16米，长度为524.671米，雨水管道工程长度为595米，污水管道工程长度为553米	建设单位：海口辉邦项目管理有限公司 勘察单位：海南水文地质工程地质勘察院 设计单位：海南佳风工程设计有限公司 施工单位：海南泰盛建筑工程有限公司 监理单位：河南卓越工程管理有限公司	794.25	460100201508050302	365日历天

续表

序号	项目名称	建设规模	参建单位	合同价格（万元）	许可证编号	合同工期
30	海口市美红线 K8+914 滨丰桥	桥梁工程总长度为 46.04 米，桥面宽度为 24.50 米。	建设单位：海口市统筹城乡发展（集团）有限公司 勘察单位：海口市城市规划设计研究院 设计单位：珠海市规划设计研究院 施工单位：海南盛达建设工程集团有限公司 监理单位：海南航达工程建设监理有限公司	514.41	460100201508240102	120 日历天
31	疏港污水提升泵站除臭改造工程	对疏港污水提升泵站中产生的氨气、硫化氢气、甲硫醚等污染恶臭物质进行处理	建设单位：海口市供排水管理处 勘察单位：// 设计单位：中国市政工程中南设计研究总院有限公司 施工单位：海南祺商建筑工程有限公司 监理单位：广州穗科建设监理有限公司	130.23	460100201509180102	180 日历天
32	大英山东三街西段、东一路北段市政道路工程	大英山东三街西段道路全长约 443.7 米，红线宽度为 20 米；东一路北段剩余未施工部分长 300 米，红线宽度为 20 米	建设单位：海南海航国瑞投资开发有限公司 勘察单位：海口市城市规划设计研究院 设计单位：海口市城市规划设计研究院 施工单位：中铁建设集团有限公司 监理单位：海南省建设工程顾问监理有限公司	681.06	460100201509210102	100 日历天
33	海口市新埠岛西北片区市政道路工程七号路、十号路、六号路二标段、八号路二标段	七号路长度 1154.80 米，宽度为 20 米；十号路长度 1557 米，宽度为 20 米；六号路二标段长 825.291 米，宽度为 20 米；八号路二标段长度为 1790.63 米，宽度为 14 米	建设单位：海南金海晟投资有限公司 勘察单位：海南地质综合勘察设计院 设计单位：海南省建设项目规划设计研究院 施工单位：中国建筑第四工程局有限公司 监理单位：海南君诚工程监理有限公司	4877.61	460100201509280102	690 日历天
34	滨涯村（海瑞墓）片区市政道路配套工程	包括 6 条市政道路，总长度约 3276.549 米。15 米宽路面长约 1070 米，20 米宽路面长约 1447 米，40 米宽路面长约 607 米	建设单位：海口市龙华区人民政府 勘察单位：海南水文地质工程地质勘察院 设计单位：深圳市西伦土木结构有限公司 施工单位：海南第五建设工程有限公司 监理单位：海南建弘项目管理有限公司	7200.44	460100201509300102	365 日历天
35	海口市粤海片区天翔路、新海中路、长椰路工程－天翔路	道路工程长度为 919 米，规划红线宽度为 40 米；雨水管道工程长度为 2077 米；污水管道工程长度为 1836 米。	建设单位：海南港航控股有限公司 勘察单位：海南地质综合勘察设计院 设计单位：海口市市政工程设计研究院 施工单位：中交第四航务工程局有限公司 监理单位：海南肯特工程顾问有限公司	4785.75	460100201510100102	240 日历天

续表

序号	项目名称	建设规模	参建单位	合同价格（万元）	许可证编号	合同工期
36	海口市江东大道一期工程	道路全长约 3418 米（其中含大桥一座，桥长 278 米，宽 38 米），红线宽度 40 米，起于新东大桥东岸，向东与琼山大道相交	建设单位：海口市城建集团有限公司（代建单位：海南如意岛旅游度假投资有限公司） 勘察单位：海南水文地质工程地质勘察院 设计单位：中铁第四勘察设计院集团有限公司 施工单位：中铁港航局集团有限公司 监理单位：海南肯特工程顾问有限公司	30956.61	460100201510130102	240 日历天
37	海口市大同沟、东西湖周边污水管道分流工程	污水管道工程龙华路段长度为 1073 米，大同路段长度为 409 米；管径规格为 d1000	建设单位：海口市供排水管理处 勘察单位：海南水文地质工程地质勘察院 设计单位：中国市政工程中南设计研究总院有限公司 施工单位：海南第五建设工程有限公司 监理单位：广东城建项目管理有限公司	1623.87	460100201510190102	240 日历天
38	新埠岛三号路三标段	道路长 752.453 米，宽 40 米	建设单位：海口市新埠岛开发建设总公司 勘察单位：海南地质综合勘察设计院 设计单位：海南省建设项目规划设计研究院 施工单位：海南泰盛建筑工程有限公司 监理单位：海南航达工程建设监理有限公司	3956.4	460100201511120102	400 日历天
39	海口市秀英沟部队营区污水截流工程	海口市秀英沟部队营区	建设单位：海口市供排水管理处 勘察单位：// 设计单位：中国市政工程中南设计研究总院有限公司 施工单位：海南宏远建筑工程有限公司 监理单位：珠海市城市开发监理有限公司	90.6	460100201511160102	60 日历天
40	羊山路网一期主干道南段工程	道路长 580 米，宽 30 米	建设单位：海口辉邦项目管理有限公司 勘察单位：海南水文地质工程地质勘察院 设计单位：中交第一公路勘察设计研究院有限公司 施工单位：中王帝印建筑工程集团有限公司 监理单位：甘肃西北信诚工程建设监理公司	1295	460100201511170102	60 日历天
41	海口市地下综合管廊试点工程（2015-2016）长滨路等六条综合管廊	海口市西海岸	建设单位：海口市地下综合管廊投资管理有限公司 勘察单位：海南有色工程勘察设计院 设计单位：上海市政工程设计研究总院（集团）有限公司 施工单位：中铁四局集团有限公司 监理单位：建研凯博建设工程咨询有限公司、海南航达工程建设监理有限公司	70051.84	460100201511190102	330 日历天

续表

序号	项目名称	建设规模	参建单位	合同价格（万元）	许可证编号	合同工期
42	海口市长兴路中段市政工程	道路工程长度 201.31 米，宽度为 42 米	建设单位：海口辉邦项目管理有限公司 勘察单位：海南有色工程勘察设计院 设计单位：海口市市政工程设计研究院 施工单位：湖北隆海建筑工程有限公司 监理单位：甘肃西北信诚工程建设监理公司	939	460100201511250102	240 日历天
43	世纪大桥维修防护工程	桥全长 2663 米，其中主桥长 636.6 米，跨径 147+340+147 米。南侧主塔增设钢漂护舷工程、斜拉索主桥日常检测车增设工程及主塔侧向支座维修工程等	建设单位：海口市桥梁管理有限公司 勘察单位：// 设计单位：中交第一公路勘察设计研究院有限公司 施工单位：福建省同源建设工程有限公司 监理单位：海口市工程监理公司	766.49	460100201512010102	120 日历天
44	粤海一街项目	道路工程长度为 333.258 米，宽度为 25 米；雨水管道长度为 400 米，污水管道长度为 285 米	建设单位：海口辉邦项目管理有限公司 勘察单位：武汉地质工程勘察院 设计单位：长春市市政设计研究院 施工单位：海南楚商建设工程有限公司 监理单位：甘肃西北信诚工程建设监理公司	572.9	460100201512030102	240 日历天
45	长流十号路项目	全长 1544 米，规划宽 42 米	建设单位：海口市路桥建设投资有限公司 勘察单位：海南儒艺交通规划勘察设计有限公司 设计单位：海口市市政工程设计研究院 施工单位：海南第一建设工程有限公司 监理单位：海南辰光项目管理有限公司	9752.16	460100201512040102	240 日历天
46	海口市龙华区新坡基础设施项目之冼夫人大道改造工程项目	道路总长 1405.622 米，红线宽度 25 米	建设单位：海口辉邦项目管理有限公司 勘察单位：海南水文地质工程地质勘察院 设计单位：海南佳风工程设计有限公司 施工单位：海南第五建设工程有限公司 监理单位：武汉华立建设项目管理有限公司	3361.96	460100201512080102	365 日历天
47	江东大道（二期）	道路工程长度为 15096.3 米，宽度为 40 米；其中桥梁（4 座）总长度为 757 米，桥面宽度为 40 米；雨水管道长度为 3.91 万米，污水管道长度为 1.54 万米	建设单位：海口市城建集团有限公司 勘察单位：海南有色工程勘察设计院 设计单位：中国华西工程设计建设有限公司 施工单位：中铁港航局集团有限公司 监理单位：广东建设工程监理有限公司	105705.95	460100201512110102	670 日历天

续表

序号	项目名称	建设规模	参建单位	合同价格（万元）	许可证编号	合同工期
48	粤海片区粤海一路	道路总长 480.76 米，宽度 25 米；雨水管道长度 560 米，污水管道长 406 米	建设单位：海口辉邦项目管理有限公司 勘察单位：武汉地质工程勘察院 设计单位：长春市市政工程设计研究院 施工单位：海南建设工程机械施工有限公司 监理单位：武汉华立建设项目管理有限公司	1109.95	460100201512180102	240 日历天
49	龙华菜市场桥涵新建工程	新建桥涵长 50 米，宽约 11.4~20.6 米	建设单位：海口市城建集团有限公司 勘察单位：海口市城市规划设计研究院 设计单位：海口市市政工程设计研究院 施工单位：海口市市政建设工程公司 监理单位：海口市工程监理公司	464.84	460100201512180202	180 日历天
50	海口市滨水区环境综合整治三期配套设施工程	包括改造世纪公园道路贯通和泰华路路面工程，其中世纪公园道路贯通工程全长 260.73 米，宽 32 米；泰华路路面整治全长 827.23 米，宽 17 米	建设单位：海口市路桥建设投资有限公司 勘察单位：海口市城市规划设计研究院 设计单位：海口市市政工程设计研究院 施工单位：海口市市政建设工程公司 监理单位：海口市工程监理公司	1393.89	460100201512280102	90 日历天
51	长兴路西段市政工程	道路工程长 615 米，宽 42 米；雨水管道长 1204 米，管位在距路中 7 米处；污水管道长 1120 米，管位在距路中 10 米处	建设单位：海口辉邦项目管理有限公司 勘察单位：海南有色工程勘察设计院 设计单位：长春市市政工程设计研究院 施工单位：中工帝印建筑工程集团有限公司 监理单位：上海容基工程项目管理有限公司	3110.02	460100201512310102	240 日历天
52	海涛东路（南海大道至椰海大道段）市政工程	道路长度 1815.23 米，宽 42 米；雨水管道长 2550 米；污水管道长 2194 米；其中桥梁工程总长度 26 米，桥面宽 42 米	建设单位：海口辉邦项目管理有限公司 勘察单位：海南有色工程勘察设计院 设计单位：海南佳风工程设计有限公司 施工单位：海南第五建设工程有限公司 监理单位：上海容基工程项目管理有限公司	8934.78	460100201512310102	365 日历天
53	山高南路市政道路工程	道路长度 629.33 米，宽 30 米（4+22+4）；雨水管道长度 1694 米；污水管道长度 797 米	建设单位：海口成邦项目管理咨询有限公司 勘察单位：海南水文地质工程地质勘察院 设计单位：海南佳风工程设计有限公司 施工单位：湖北隆海建筑工程有限公司 监理单位：武汉华立建设项目管理有限公司	1712.97	460100201512310302	140 日历天
54	金沙湾片区及海口港新海港区汽车客货运滚装码头（一期）供水管道工程	供水管道工程长度 4971.3 米，管径规格为 DN400、DN500	建设单位：海口永庄水务有限公司 勘察单位：// 设计单位：海口市水务集团海口永圣设计有限公司 施工单位：海口市水务集团海口永顺工程有限公司 监理单位：河南卓越工程管理有限公司	889.96	460100201512310402	60 日历天
				674467.64		

长线工程、西海岸金沙湾片区市政一期工程、永秀花园保障性住房周边配套道路工程、民安小区廉租房周边规划路市政工程、羊山路网一期工程主干道北段、东环铁路新海口站站前广场及周边配套设施项目路网工程、海口市绿色长廊二期、文锦路贯通工程、海甸溪北岸旧城区市政及配套工程、友谊路市政道路工程、海甸岛路网二期市政工程、英才小学等学校周边道路续建工程（德利路、和邦路）、向荣路、环岛路二期（A段-1）、金鼎路市政工程、万恒路北段市政道路工程、市永万东路（南海大道-货运大道）市政工程、安民路北段市政工程、国际汽车园周边规划路等40个项目顺利通过竣工总验收。

【为民办实事市政道路项目】2015年，列为海口市政府为民办实事市政项目有：海甸五西路应急维修工程、环岛路二期B段道路工程、海彤路整治工程。⑴海彤路整治工程。项目位于海甸岛，南起海甸二东路，北接海甸五东路，全长1295.77米，红线宽度20米。建设内容：道路工程、交通工程、桥梁工程、排水工程、照明工程和绿化工程等。7月3日开工，12月25日建成通车。⑵海甸岛环岛路（二期）B段道路工程。项目位于海甸岛，起于环岛路二期C段，终点接海甸三西路，全长1185米，其中396米为现状路加宽改造段范围，道路宽度分别为17米、19米；789米为新建路段范围，宽度15.5米。主要建设内容有道路工程、交通工程、排水工程、排洪工程、照明工程和绿化工程等。7月23日开工，12月31日建成通车。⑶海甸五西路应急维修工程。项目东起人民大道，西至世纪大道，全长约1954.38米，红线宽70米。工程完工后将提升该路段雨季排水功能，进一步优化道路的通行能力，减少机动车停留时间，改善该片区道路通行环境。1月3日开工，9月30日完工通车。

【海秀快速路（一期）项目】海秀快速路（一期）自长滨路起（K0+786），沿长滨东十七街东延伸及海榆西线线位向东，经过绿色长廊后至永万西路，再沿海盛路、海秀路，经过永万东路、秀英大道、丘海大道、侨中路，最终于龙昆路东侧与现状国兴大道（K14+930）相接。主线为全高架桥，双向六车道，标准段桥梁宽25.5米；10对平行匝道，匝道宽8米；4处互通立交桥，分别设在与龙昆南、丘海大道、永万路、长滨路交叉口；地面包括：道路、排水、交通（含监控）、照明、绿化景观及附属工程。本项目规划红线用地63米。设计行车速度：主线80千米/小时；地面辅道50千米/小时；平行匝道出入口40千米/小时；立交匝道30千米/小时~40千米/小时。至2015年底，道路桥梁：累计完成桩基4250根，占84%；墩台436个，占53%；箱梁4358米，占33%。管线迁移：地方通信及军光、电力及燃气等管线迁移工程全部完成，给水管线完成7080米，占98.3%，剩余约120米用户支管在逐步驳接。征地拆迁：征地拆迁工作8月底基本提交施工工作面，完成签约424户，签订面积约10.57万平方米，完成约99.8%。

正在建设中的海秀快速路龙昆南立交匝道。摄于2015年12月。

【海口进入全国首批地下综合管廊建设试点城市】2015年4月，海口市成功进入全国首批10个地下管廊建设试点城市。根据财政部、住建部批准的《海口市地下综合管廊实施计划》的目标任务和国务院办公厅《关于推进城市地下综合管廊建设的指导意见》的工作部署，海口市地下综合管廊建设试点项目计划分3年实施（2015~2017年），试点项目总长43.24千米，总投资38.47亿元。其中西海岸南片区21.53千米，美安科技新城4.6千米，新海港棚户改造区5.88千米，博义、盐灶、八灶棚改区1.13千米，椰海大道10.1千米。7月10日，省财政厅、住建厅下达4亿元中央财政城市管网专项资金，用于海口市地下综合管廊试点建设工作。

链接：地下综合管廊又称共同沟，是实施统一规划、设计、施工和维护，建于城市地下、用于敷设市政公用管线的市政公用设施。地下综合管廊其实就是“城市地下管道综合走廊”，就像一只大口袋，把供水、热力、电力、通讯、广播电视、燃气、排水等诸多管线集中收纳，统一管理。

【地下综合管廊试点工程建设】2015年11月26日，海口地下综合管廊试点项目现场推进会在长秀大道举行，标志着海口市地下综合管廊试点项目全面动工。（1）工程概况。长滨路、海涛西路、长秀大道、长滨十

2015 年海口市地下综合管廊试点工程表

管廊所处位置			管廊类型	管廊断面	收纳管线		
所在片区	所属道路	长度			综合舱	燃气舱	高压舱
西海岸南片区	长属道路	210（千米）	干支混合型	两舱	电力、电信、给水、中水	燃气管	
	长滨路	2.28（千米）	干支混合型	三舱	电力、电信、给水、	燃气管	高压电缆
	海秀路	1.73（千米）	干支混合型	两舱	电力、电信、给水、中水		高压电缆
	海涛西路	1.77（千米）	支线型	单舱	电力、电信、给水、中水		
	长秀大道（西段）	2.38（千米）	支线型	单舱	电力、电信、给水、中水		
新海港片区	天翔路	0.85（千米）	干支混合型	单舱	电力、电信、给水、中水	燃气管	

七街、海秀路及天翔路 6 条地下综合管廊为海口市地下综合管廊试点工程，总长 11.1 千米。管廊为钢筋混凝土结构，采用明挖法施工。管廊标准断面顶板覆土 2.5 米，标准断面埋深约 6 ~ 7 米。项目合同价 7 亿元，合同工期 330 天。主要工程项目有：基坑围护工程：SMW 工法桩、FSP-IV 型拉森钢板桩、钻孔桩 + 高压旋喷桩、挂网喷射混凝土、土钉、深层水泥搅拌桩、钢支撑、钢筋混凝土支撑、基底注浆加密；管廊主体结构：沟槽挖土石方、管廊主体、沟槽回填、排管工程、设备安装工程等。(2) 项目进展。2015 年底，累计完成投资额 5694 万元。①长滨路：围护结构：钻孔桩设计 1874 根，开累完成 865 根，完成 46.2%；高压旋喷桩设计 2796 根，开累完成 950 根，完成 34%；工法桩设计 722 根，开累完成 315 根，完成 43.6%；挂网喷射混凝土设计 1054 米，开累完成 300 米，完成 28.5%。主体工程：土石方开挖设计 25 万立方米，开累完成 6.8 万立方米，完成 27.2%；管廊主体设计 2280 米，开累完成 10 米，完成 0.44%。②海涛西路。围护结构：挂网喷射混凝土设计 823 米，开累完成 100 米，完成 12.2%。主体工程：土石方开挖设计 5.5 万立方米，开累完成 1.8 万立方米，完成 32.7%；管廊主体设计 1770 米，开累完成 15 米，完成 0.85%。③天翔路。围护结构：钻孔桩设计 858 根，开累完成 739 根，完成 86.1%；高压旋喷桩设计 4189 根，开累完成 3388 根，完成 80.9%；拉森钢板桩设计 1949 吨，开累完成 1949 吨，完成 100%；地基注浆设计 1.56 万立方米，开累完成 0.58 万立方米，完成 37.2%。④长秀大道、长滨十七街、海秀路 2015 年底正进行清理表面及便道施工。

（王　健）

【市政项目房屋征收】 2015 年，海口市房屋征收局共完成 14 个项目的房屋征收工作。其中，完成审批市政贯通工程项目：海榆中线永兴至枫木公路（海口段）、海甸岛海彤整治工程道路项目、幸福路工程项目、椰海大道 C 段（原琼山大道延长线）道路项目、海甸岛环岛路二期 B 段项目、省府北路、江东大道（二期）、秀英大道与秀华路匝道口、长滨一路延长线项目，项目涉及征收建筑物总面积 7.89 万平方米，补偿总经费 6.34 亿元；完成其他项目审批：华闻传媒公司、东西环铁路联络线工程项目、秀英区土地储备（招商引资万达）项目、户外休闲运动中心项目、逸龙广场，项目涉及征收建筑物总面积 8.34 万平方米，补偿总经费 4.38 亿元；全年完成 14 个房屋征收项目，方案上报资金 10.72 亿元，审定资金总数 6.93 亿元，核减资金总数 3.79 亿元。

（黄　蕾）

棚户区改造

【棚户区改造概况】 2015 年，海口市加快推进棚改工作，启动新海村、博义盐灶八灶、滨江西路南段、滨江新城二期等 12 个连片棚户区（城中村）改造，涉及棚户区居民约 2.38 万户、8.58 万人，计划征收土地 363.42 公顷、房屋 436.66 万平方米。全年完成城市棚户区改造 11423 户 / 套，完成省下达给海口市城市棚户区改造任务 8950 户（套）的 127%。

【棚改项目】 2015 年，海口市棚户区改造启动新海村、博义盐灶八灶、滨江西路南段、滨江新城二期、红城湖片区、演丰镇墟、白沙坊一期、中山北片区、下洋瓦灶片区、新琼片区、滨江西路北段（流水坡二期）、炳庄片区 12 个连片棚户区（城中村）改造，涉及棚户区居民约 2.38 万户、8.58 万人，计划征收土地 363.42 公顷、房屋 436.66 万平方米。全年海口市改造城市棚户区 11423 户 / 套，超额完成省下达海口市城市棚户区改造任务。

【安置房建设】 2015 年，海口市正在实施建设安置房项目共 6 个，分别是上贤村、灵山镇、滨涯村、椰岛片区、五源河片区、流水坡。除椰岛片区以外的 5 个安置房项目已封顶，区政府已组织被征收户对上贤村、灵山镇、滨涯村、流水坡的安置房进行选房工作。

【棚户区（城中村）改造项目房屋征收】 2015 年，海口市新海村、博义盐灶八灶、滨江西路南段、滨江新城二期、红城湖片区、演丰镇墟、白沙坊一期、中山北片区、下洋瓦灶片

2015 年海口市棚改项目表(政府投资)

序号	辖区	项目名称	征收土地面积（公顷）	房屋面积（万平方米）	户数（户）	人数（人）
1	秀英区	新海村	85.18	58.26	2200	5385
2	龙华区	博义盐灶八灶	31.51	63.98	4494	17795
3		中山北片区	3.76	7.05	929	2600
4	琼山区	红城湖片区（北官米铺道客村）	64.17	125.27	6866	24031
5		滨江新城二期	17.93	12.43	631	2876
6		滨江西路南段	4.64	3.74	161	433
7	美兰区	演丰镇墟	36.39	19.03	1570	5850
8		下洋瓦灶片区	26.87	52.18	1668	7920
9		白沙坊片区	23.02	39.07	2058	8869
10		新琼片区	43.29	41.12	2481	7443
11		滨江西路北段（流水坡二期）	7.52	8.64	362	1488
12	桂林洋	炳庄棚户区	19.15	5.89	407	1129
合计			363.43	436.66	23827	85819

备注：以概算表为准

2015 年 4 月 20 日，海南省委副书记、省长刘赐贵（中）调研海口市流水坡棚改项目，副省长王路（右）、海口市副市长任清华（前右）陪同。（美兰区 供稿）

区、新琼片区、滨江西路北段（流水坡二期）、炳庄片区 12 个连片棚户区（城中村）改造项目房屋征收工作全部启动。其中演丰镇墟、流水坡二期、滨江西路南段、盐灶博义、白沙坊一期 5 个项目基本完成征收，其余 7 个项目正在按计划有序进行中。

【棚改资金管理】2015 年，海口市房屋征收局根据海口市棚改工作的实际情况，在融资模式、资金筹措、使用管理等方面深入研究和探讨，出台《海口市棚户区（城中村）改造项目资金使用管理暂行办法》《海口市政府购买棚改服务管理暂行办法》等相关规范性文件，进一步简化资金的拨付流程和提款手续，规范棚改资金的使用和管理。按照海口市 2015 年度棚户区改造计划，组织编制年度资金需求计划，积极与国开行、市发改委、市财政局、市国土局和各区政府进行协调沟通，做到及时融资、及时拨付。全年累计拨付棚改资金 113.8 亿元，其中，流水坡片区 13.2 亿元，演丰片区 6.7 亿元，盐灶博义片区 7.1 亿元，白沙坊片区一期 8.6 亿元，灵山片区 25.4 亿元，新海片区一期 21.6 亿元，八灶片区 4.08 亿元。

（黄　蕾　陈文军　叶建君）

市政市容管理

【市政市容管理概况】2015 年，海口市城管系统围绕创建国家卫生城市和全国文明城市等中心工作任务，年内先后出台《海口市“门前三包”责任制管理办法》《海口市市政道路占用挖掘管理联动制度》《海口市市容秩序整治工作实施方案》《海口市防控和处置违法建筑若干规定》等文件，理顺城管体制机制，初步实现城市管理走向城市治理转变，促进城市运行高效有序，市容市貌明显改善。全年共出动68万人次，整治占道经营13万宗次；拆除违法建筑4516宗，面积366.36万平方米；拆除户外广告牌、招牌1292块，面积2.47万平方米；清理乱张贴小广告5026处，查处乱发小广告行为26宗。

【市政设施养护】 至2015年底，海口市管市政道路共275条，长度417.86千米，总面积1672.25万平方米；涵洞106座，路灯249条（2.21万杆，3.84万盏），排水管养道长度1525千米（其中，雨水管道长822千米，污水管道长534千米，合流管道长151千米，边沟长度18千米），窨井8.32万座，拍门65座，闸门50座，阀门12座。全年共维修道路路面29.93万平方米，维修人行道7.36万平方米，检修路灯1.47万盏，涵洞106座；清理下水道820千米、窨井5.18万座，清理淤泥3243立方米。

【主城区68.48千米省管养公路移交海口】 随着海口市城区面积的逐步扩大，城镇化进程的加快，原属省公路局管养的部分国省干线等公路已完全市区化、市政化。2015年4月，省公路管理局将海口市城市主城区7段总里程68.48千米省养公路移交海口市市政管理局管养。此次移交的线路包括：海榆东线（G223）海口市三角池至绕城高速17.35千米、海榆中线（G224）秀英高架桥至绕城高速8千米、海榆西线（G225）海口市三角池至粤海大道（含粤海大道）20千米、快速干道（S100）军康桥至澄迈分界点3.8千米、海港路（S101）海军424医院至港务局6.6千米、龙昆南路（S102）府城立交至中国城4.73千米、海文连接线（S111）琼州大桥至桂林洋立交（未含桂林洋立交）8千米等。

【市政桥梁维修养护】 至2015年底，海口市管桥梁共111座（其中新接管25座），全年完成桥梁安全巡检日间1.47万座次、夜间564座次，安全排查3次，桥梁巡检日报335份/座；桥梁BCI评定工作完成102座次，发现沉降裂缝25座，观测398测点，共发现和处理桥梁病害及突发情况360余件。

【市政设施管理】 2015年，海口市市政市容委为加强城市道路挖掘管理，严格控制占用挖掘道路行为，保障城市道路修复质量，根据《海南省城市道路占用挖掘收费管理暂行办法》，调整城市道路挖掘修复保证金按之前四倍收取，5月1日起实行；制定《海口市市政道路占用挖掘管理联动制度》，于5月15日召开管线单位及企业座谈会宣布正式开始实施，同时加大对重点单位的监管力度、督察力度和问责力度。

【占道经营整治】 （1）市容秩序整治。2015年，海口市市政市容委根据《海口市市容秩序整治工作实施方案》，确定市容秩序重点整治明珠广场、海南大学周边、国贸片区等19个重点区域和110条城市主干道。各区对重点路段、重点片区进行全天候、全时段的整治，每天分早上、中午、下午、晚上4个时段开展集中整治，其余时间每半小时巡查一次，确保无缝衔接和路面的全面管控。全年共出动近68万人次，整治占道经营13万宗次。（2）校园周边环境整治。针对海口市学校周边“五毛食品”泛滥成灾的现象，为加强全市校园及其周边食品安全监管工作，下发《关于开展学校周边环境专项整治的通知》，要求市城管支队、各区城管局结合“六治一管”的工作要求，对本辖区内的学校，特别是对中小学校周边200米内出店经营、占道经营和流动摊贩进行整治。（3）农贸市场（大型商场）周边环境整治。整治农贸市场（大型商场）周边的占道经营现象，对农贸市场（大型商场）周边的乱搭乱建进行拆除，在农贸市场（大型商场）周边实施定人、定岗、不定期巡查等执法方式，对占道经营现象开展巡防工作。全年取缔66个马路市场。（4）汽车（二手车）占道经营整治。根据市交通联席办的要求，9月初，市市政市容委制定《海口市违规占道销售经营汽车及其他乱摆乱卖等行为专项整治工作方案》，并以市交通联席办的名义印发执行。9月11日，召开海口市汽车（二手车）商家占道经营清理整治部署会，重点整治南海大道、丘海大道、丘海大道延长线、琼山大道、滨海大道、椰海大道、龙昆南延长线等路段，自有用地（广场）内的暂不整治。至12月31日，秀英区在南海大道、丘海大道等路段整治违规停放车辆278辆，发放16份整改通知书，处罚4家，处罚金额1300元；龙华区在迎宾大道、城南路等路段整治违规停放车辆56辆，处罚1家，处罚金额500元；美兰区主要整治在琼山大道路段违规停放车辆47辆，拖车3辆，已整改到位。园林局破除水泥硬化面积0.76公顷，清运建筑垃圾96车次，完成丘海大道15米绿化控制红线范围内的种植绿墙工作，种植三角梅3573株、金钱榕3615株；完成丘海大道（南海大道至椰海大道水头村口段）黄土露天补植工作，补植绿化面积0.37公顷；在丘海大道、南海大道等道路加设镀锌钢管绿化护栏1.2万米。市政局修复南海大道受损人行道150平方米、滨海大道受损人行道150平方米、丘海大道受损人行道250平方米、椰海大道受损人行道95平方米、龙昆南路受损人行道250平方米。

【便民疏导点管理】 2015年6月，海口市政市容委委托第三方海南大学对全市的疏导点进行评估，8月底评估工作完成，并经市“双创”工作领导小组会议通过，要求各区完成全市163个疏导点的拆除和整改。经多轮整治，至年底，共拆除118个疏导点（其中秀英区23个，龙华区30个，琼山区48个，美兰区17个），保留45个便民疏导点（其中秀英区5个、龙华区20个、琼山区2个、美兰区18个）。45个疏导点均做到挂牌经营，统一经营时间和经营设施，不得擅自变更经营地点和超出范围、超时经营，同时配备一定数量的管理人员。区级相关部门严格落实环境卫生检查考核制度，定期对45个疏导点进行考核。

【打击违法建筑】2015年6月1日，海口市启动违法建筑整治3年攻坚行动，成立城管队伍督查办公室，对各区各部门打违工作进行明察暗访，对工作不力或不到位的进行曝光和督查督办。先后出台《海口市防控和处置违法建筑若干规定》《海口市违法建筑分类处置办法》《海口市防控和查处违法建筑责任追究暂行办法》等法规和规范性文件。通过2012~2015年的海口市卫星图片，对建筑物变化情况进行图斑比对，筛选出新增和有变化的图斑进行核查，8月底完成图斑比对核查工作，经核查、分类、登记入库后，进一步完善海口市违法建筑数据库，明晰违建信息，全面掌握违建基本情况。9月，开始开展“两清查、两规划、一办证”工作。主要清查村民建房底数，清查村民户数及人口；制定辖区村庄建设用地规划、村集体建设用地规划；制定村民建房报建办法，对村民宅基地进行确权，引导村民依法建房，对已建成的符合“一户一宅”标准的村民住宅补办证。11月1日，向媒体公布市长受理违法建筑举报投诉短信号、微信号及市打违指挥部受理违法建筑举报投诉短信号、微信号，同时在媒体上公布市区违法建筑投诉热线、投诉信箱和信访通讯地址，畅通违法建筑举报投诉渠道。针对重点部位开展集中整治，其中开展门户路段整治，对东环铁路沿线、门户道路周边的违建进行巡查，并调用无人机进行航拍；开展海岸线违法建筑的排查和处置工作。严格落实“六个不准”（不准顶风抢建违法建筑；不准谎报、瞒报自身涉及违法建筑情况；不准干扰、阻挠或煽动他人干扰、阻挠执法部门依法拆除违法建筑；不准为实施违建者说情、打招呼、“开绿灯”、充当“保护伞”并借以搞利益输送、谋取私利；不准弄虚作假，骗取违法建筑项目审批手续；不准实施其他妨害违法建筑整治工作的行为），组织开展对全市党员领导干部和其他公职人员及亲属参与违法建筑的行为进行登记调查，对违反“六个不准”情形的，一经发现，给予相应的组织处理或党纪政纪处分，涉嫌犯罪的，移送司法机关依法处理。严格防控新增违建，各区成立违法建筑快速处置队伍，对新发现的违建做到快速发现、快速处置，半小时赶到现场进行处置；各区建立巡查督办队伍，对发现的每宗新增违建，启动“责任倒查”，并启动问责；严格落实“零报告”制度。至2015年底，海口市共防违控违3258宗67.2万平方米，拆除违法建筑4516宗、366.36万平方米，其中，秀英区拆除976宗、86.81万平方米，龙华区拆除985宗、102.84万平方米，琼山区拆除898宗、75.28万平方米，美兰区拆除1607宗、100.41万平方米，桂林洋拆除50宗、1.02万平方米。

【“数字城管”建设】2015年，在原数字城管系统的基础上进行拓展升级，建成海口市城市管理信息监控系统，建立集“市政设施管理、园林绿化管理、环境卫生管理、城管执法”为一体，能扁平化处理、能联动协同处置的城市管理信息系统。该系统由15个子系统构成，其中“违法建筑监控子系统”“指挥调度子系统”“业务管理子系统”“环卫监控子系统”“语音告知子系统”“公众微信子系统”和“视频监控子系统”投入使用，“绩效考评子系统”和“行政执法监控子系统”正在建设和测试中。12月5日，美兰区数字城管指挥监督中心设立（副科级机构）并正式运行，成为海口市首家区级数字化城市管理指挥监督中心。至年底，“数字城管”指挥中心共受理有效办件15.44万宗，结案14.63万宗，结案率94.71%；巡查员现场处理非法张贴小广告、道路不洁和劝导流动摊贩占道经营等问题5.84万宗。

【“门前三包”新规实施】2015年7月，海口市政府印发《海口市“门前三包”责任制管理办法》。市市政市容委通过动员、宣传发动、集中培训、上门签订责任书、上图入库、检查考评等工作，落实“门前三包”新规。其中，印发宣传资料30多万份，集中培训人员3000多人，签订“门前三包”责任书4.41万个，签订率100%。各区“门前三包”管理责任人和管理对象的基本信息按要求在数字化城市管理信息系统上录入完整，4万多店铺在数字城管中进行监控，对不落实“门前三包”的店铺信息及时报送工商部门，纳入工商局不良诚信平台。9月开始，海口市数字化指挥中心对海口市“门前三包”责任制管理情况进行考评。至年底，在数字化平台显示、市级监管和社会投诉中不落实“门前三包”共2.39万件，办理结案2.37万件，处罚不落实“门前三包”责任单位2万多家，30多家纳入海口市工商局不良记录诚信平台。在开展“门前三包”工作的同时，通过开展店铺门前固定和伸缩篷整治巩固“门前三包”工作成果。全市共拆除伸缩遮阳篷6358宗，面积10.2万平方米。“门前三包”日常监管机制进入常态运行。

【“插花地”城管执法范围划定】2015年，海口市市政市容委汇总各区上报插花地管理情况，全市存在城管、交警、环卫、园林、派出所管辖插花地涉及5个区域、12条道路，管理难度比较大，为便于管理和协调，市市政市容委结合各区建议提出调整城管管辖区域，在根据城管管辖原则，明确同一条道路由同一区的相关职能部门管辖的相关建议，明确插花地管辖单位，方便管理及协调各辖区、各部门插花地的管理。9月26日起，按照新调整的管辖区域范围执行城管执法管理权。白水塘路由秀英区城管局管理。秀英区与高新区分界处“插花地”城管管辖范围：秀英区：永万东路（向荣路至南海大道东侧）、科技大道（兴海路路口至南海大道东侧）、向荣路（永万东路至科技大道南侧）、港澳开发区（开发区规划红线内未征用土地）、药谷二期（开发区规划红线内未征用土地）、美安科技新城（开发区规划红线内未征用土地）；高新区：南海大道（永万东路至永万西路）、永万东路（向荣路至南海大道西侧）、科技大道（兴海路路口至南海大道西侧）、向荣路（永万东路至科技大道北侧）、狮子岭开发区（开发区规划红线内）、港澳开发区（开发区规划红线内除未征用土地以外）、金鹿开发区（开发区规划红线内）、药谷二期（开发区规划红线内除未征用土地以外）、美安科技新城（开发区规划红线内除未征用土地）。坡博路原琼山区城管局管辖区域，现由龙华区城管局管理。南海大道原琼山区城管管辖区域，现由龙华区城管局管理。丘海大道海瑞桥桥面、城南路、海秀东路南大桥桥下由龙华区城管局负责管理。博爱路原龙华区城管管辖区域，现由美兰区城管管理。其他道路按照现状进行管理。

【广告招牌管理】2015年，海口市市政市容委根据省、市关于简政放权的工作精神，制定《海口市户外招牌设置细则及工作规程》《海口市户外广告设施设置导则》和《海口市街巷招牌设置临时导则》，对海口市广告招牌进行规范管理。市市政市容委对全市破损广告招牌、落地牌及显亮功能不全的霓虹灯开展整治，并3次进行通报和督办。此外，明确整治期间市、区广告招牌执法管理责任，确保完成任务。至年底，全市落地牌、破损广告招牌及显亮功能不全霓虹灯共整改1.27万宗，10.89万平方米，其中秀英区完成673宗，2638平方米；龙华区完成8635宗，5.18万平方米；琼山区完成640宗，2.29万平方米；美兰区完成1493宗，6837平方米；海口市城市管理督察支队对龙昆南路、国兴大道、海府路、凤翔路、海甸五西路、龙华路、大同路、义龙路等路段违章广告招牌进行集中治理，共拆除1292块广告、招牌，面积2.47万平方米；联合省公路局开展广告牌整治工作，拆除东线高速龙桥互通路段的高立柱广告牌。

【小广告专项整治】2015年，海口市市政市容委为打击重点区域和窗口单位散发和乱张贴小广告的行为，春节、博鳌论坛年会、“五一”和端午节期间，联合工商、交警、公安、城管支队和各区城管等部门开展治理散发小广告行为专项整治，共出动7566人，车辆572车次，教育放行1032人，查扣非法小广告8.55万张，查扣广告牌237块，共清理乱张贴小广告5026处，治安拘留2人，查处乱散发小广告行为26宗。春节前启动“数字化城管语音告知系统”，对小广告上的电话进行执法语音告知和取消呼叫转移功能，阻止小广告发挥作用，至年底共呼叫980宗，其中252宗接受处罚。

【中心城区积水点改造】2015年，海口市实施8处积水点改造，分别为龙昆南路山高小学段积水点改造工程、龙昆南路与面前坡路交叉口积水点改造工程、泰华南路积水点改造工程、琼州大道与建国路交叉口积水点改造工程、海秀东路（南宝路－大英街段）积水点改造工程、和平北路合流方沟清淤改造工程、海甸三东路积水点改造工程、海运路积水点改造，总投资1095.36万元，城区积水问题得到进一步改善。

【市容管理视频监控】2015年，海口市市政市容委在共享公安“平安城市”的500个视频监控的基础上，对城市管理重点区域安装15个市容环境监控视频，并对接市政道路积水点视频进行实时监控，建立一套视频监控工作流程，对路面发现的问题进行及时监控和督办，区和镇（街）数字城管监控中心可同时共享市级平台的视频信息资源，对本区管辖区域进行实时监控。另外，美兰区数字化城市管理指挥监督中心对34个社区警务室近1700个治安监控探头进行整合，并与区数字城管中心联网，同时在海甸街道率先建成海口市第一个以街道为中心的市容管理视频监控中心。年底，美兰区9个街道均完成各自街道数字城管监控平台的建设工作。

【城市管理综合执法体制改革实施】2015年8月20日，中共海口市第十二届委员会第九次全体（扩大）会议审议通过《海口市城市管理综合执法改革实施方案》，深入推进城市管理综合执法改革：推行“公安＋城管”模式，提高执法效率；在原由城市管理执法部门集中行使的市容环境卫生、城乡规划、建筑市场、城市绿化、市政管理、燃气管理、环境保护、工商行政管理等8个方面178项行政处罚权的基础上，增加食药监、水务、住建、爱卫等部门的部分行政处罚权，采取联合执法的方式实施；下沉综合执法权，做强做实镇街综合执法职能。11月25日，中共海口市委办公厅、海口市人民政府办公厅印发《海口市公安城管联合执法工作实施方案》。9月，秀英区率先完成300名协管员的招聘工作，并将新招聘的300名协管员连同相应的执法车辆及装备等全部分配至各镇（街）。11月23日，秀英区再次把剩余城管执法队员（编制人员）下沉至各镇（街），同时将此次城市管理综合执法范围确定的处罚权，以及相关的监督检查、行政强制职能，也全部下放各镇（街），在全市4个区中率先实施城市管理综合执法体制改革。

【市政市容事项行政许可审批】2015年，海口市市政市容委审批办受理审批办件1690件，其中园林处478件，户外处490件，市政处592件，环卫处130件。全年审批办件办结1682件，其中园林处474件，户外处486件，市政处592件，环卫处130件；办结的办件中批准1136件，其中园林处287件，户外处276件，市政处452件，环卫处121件；不批准的办件535件，其中园林处185件，市政处140件，户外处210件；退档办件11件，其中园林处2件，环卫处9件。

（潘家虹　刘学祝）

建筑业

【建筑业概况】2015年，海口市住建局突出工作重点，加强对重点项目的监督和服务，进一步优化监督模式，建筑工程监管工作量再创历史新高。全年监督在建建筑工程项目715个，建筑面积2840万平方米，其中新报监项目271个，建筑面积907万平方米；监督建筑工程的竣工验收150项，建筑面积430万平方米，工程合格率为100%。监督在建市政工程项目70个，面积339万平方米，造价50.4亿元，其中新报监项目63个，面积389.3万平方米，造价50.4亿元；监督市政工程竣工验收项目55项，面积273.6万平方米，总投资16.7亿元，竣工工程合格率100%。年内有9个项目获得“绿岛杯”省优质样板工程；19个项目获得“椰城杯”市优质样板工程。

【落实五方主体项目负责人质量终身制】2015年，海口市住建局按照住建部《工程质量治理两年行动方案》的要求，贯彻落实五方主体项目负责人质量终身制和竣工后永久性标牌制度，加强对全市在建工程项目各方主体建筑市场行为的检查。全年完成263个新报监项目的责任书签订工作、完成270个在建项目补签责任书工作、完工项目均设置永久性标牌等。按照《海口市工程治理两年行动实施方案》的要求，从2014年9月至2015年10月对在建的项目陆续开展两年行动治理专项检查，在企业自查的基础上进行抽查，前后陆续抽查23次，检查项目412个，检查建设单位、施工企业、监理单位707家，对存在问题的项目下发整改通知书，共782份。按照《建筑工程施工转包违法分包等违法行为认定查处管理办法（试行）》等相关法律法规规定，由市监督站准确认定并上报建设单位的违法发包行为，施工单位的转包、违法分包、挂靠等违法行为，同时检查项目的基本建设程序履行情况，检查项目现场管理技术人员持有岗位证书、注册证书情况及项目经理、总监到岗履职情况。对检查发现的违法行为依法进行处理，逐一限期整改，对整改不到位或情节严重的，依法从严惩处。2014年9月初至2015年9月底，上报各类违法违规行为的文件共619个，涉及工程质量方面的企业违法违规行为共301例，其中关于违法发包、转包、违法分包方面的企业违法违规行为为7例。通过工程质量治理行动，打击依法查处违法发包、肢解发包、转包、违法分包和挂靠等违法违规行为，全面维护建筑市场秩序。

【实施工程实体质量监管】2015年，海口市住建局按监督工作部署、各项目监督计划，加强对工程项目质量的日常监督工作，特别是加强保障性住房工程项目的抽查、检查工作。全年，组织3次保障房的质量检查，下发整改通知书48份，整改意见173条，对常见的质量问题进行重点监督检查，提高工程质量水平。结合质量月活动，举办海口市建筑施工质量安全标准化现场观摩会；10月，指导中国（海南）改革发展研究院（二期）国际会议中心项目部和海南省人民医院门诊楼、内科楼及地下室工程举办2015年海口市建筑施工质量安全标准化暨海口“双创”现场观摩会，促进各项目质量、安全、文明施工工作达到国家标准。

【建筑业安全生产检查】2015年，海口市住建局针对建筑业安全生产主要开展五次大检查：（1）根据《住房和城乡建设部关于开展建筑施工安全生产大检查切实维护建筑工人权益的紧急通知》要求，检查工地项目160个，发出138份整改通知书，提出存在问题744条，下发8份局部停工通知书，上报违法违规10例。（2）根据省安委会的《海南省2015年“安全生产月”活动方案》《海口市人民政府办公厅关于立即开展消防安全大检查的通知》的要求，市住建局下发《关于开展海口市房屋市政工程施工安全专项整治工作的通知》及《关于印发2015年建设领域“安全生产月”活动方案的通知》，共检查173个项目，下发整改通知书162份，下发16份局部停工通知书，对30个项目进行行政处罚。（3）根据《安全生产法》《消防法》《海南省消防安全委员会关于印发夏季消防安全大检查工作方案的通知》及《海口市人民政府办公厅关于立即开展消防安全大检查的通知》等相关通知要求、工作指示及安排，共检查36个项目，下发整改通知书14份，整改意见15条，组织8个项目放映安全生产教育片活动，2个项目开展灭火演习及灭火器使用演练。（4）根据《国务院安委会办公室关于开展建设工程落实施工方案专访行动的通知》和海南省住房和城乡建设厅《关于印发＜海南省开展建设工程落实施工方案专项行动的实施方案＞的通知》要求，组织有关人员抽查4次，抽查96个项目，下发整改通知书96份，存在问题186条，发出通报4次，责令11个项目停工整改。（5）根据《关于开展2015年海口市建设工程安全生产专项检查的实施方案》的要求，组成13个检查小组，检查在建项目219个，下发整改通知书199份，对“双创”工作达不到要求的2个项目上报行政处罚，对1个无正当理由不按建设主管部门要求报送资料的项目记不良行为记录，对“双创”工作不达标、现场存在大量易燃垃圾未及时清理的2个项目责令停工整改。全年分4个季度，在元旦、春节，博鳌论坛年会期间，“安全生产月”，中秋、国庆这4个明确时间段，结合日常监督，突出现场、深入一线。检查涉及的深基坑项目38个，高支模项目32个，超过一定规模外脚手架项目89个，建筑起重机构设备台，包括塔吊362台，施工电梯195部；下达整改通知书124份，提出整改意见968条。对深基坑方案未经专家论证就实施施工的5个项目，上报违法违规，并责令停工2个；对高大模项目未经专家论证就实施施工的2个项目，上报违法违规，并责令局部停工整改；对大型机械设备（塔吊、施工电梯）未及时办理告知、检测和使用登记的81个项目，上报违法违规，进行处罚。

【招投标管理】2015年，海口市住建部门完成招投标备案311项，交易金额310.28亿元。其中公开招标126项（26.93亿元），邀请招标172项(283.26亿元)，直接发包13项（0.09亿元）。完成海口市在省综合评标专家库的注册、办理用户名、密码、验证码等远程登录系统的开发工作，实行诚信公示制度，处理招投标投诉11宗。

【建筑节能监管】2015年5月25～28日，海口市住建局在全市范围内组织开展建筑节能和太阳能热水系统应用工作专项检查。在各在建项目自查自纠的基础上，采取抽查方式，对16个在建项目进行现场检查，对检查发现的问题下发整改通知书13份，提出整改问题约64条。10月28日至11月18日，对监管的部分项目开展建筑节能和太阳能热水系统应用工作专项检查。对全市范围内具备建筑节能检查条件（外围护结构墙体开始施工）的74个项目进行检查，其中公共建筑39个，居住项目35个，保障房项目12个，有太阳能系统的项目6个。共发41份整改通知书，提出建筑节能问题约128条，并督促各参建单位对存在问题进行整改。12月11～12日，住房和城乡建设部第二检查组对海口市项目建筑节能与绿色建筑行动实施情况专项检查，检查组共检查3个在建项目的建筑节能及3个绿色建筑（1个完工项目，2个在建项目），对海口市建筑节能与绿色建筑行动实施情况给予肯定。

【可再生能源建筑应用】2015年，海口市报建的太阳能热水系统建筑应用项目共83个，建筑应用面积160.4万平方米，集热器面积3.9万平方米，完成省里下达海口市2015年太阳能热水系统建筑应用160万平方米计划任务；对太阳能热水系统建筑应用面积补偿，至10月27日，共确定“铭德·美景苑（原美苑小区）”等65个项目为海口市太阳能热水系统建筑应用面积补偿示范项目，65个项目共补偿面积5.51万平方米；对太阳能热水系统建筑应用财政补贴，年内市住建局、市财政局共确定“职工住宅楼（A1、A2、A4）栋”等10个项目为海口市2015年太阳能热水系统建筑应用财政补助示范项目并公示完毕，10个项目示范面积38.84万平方米，集热器面积0.97万平方米，共补助资金465.8万元。

【建筑抗震监管】2015年，海口市施工图设计文件审查中心对建筑施工图设计阶段，严格把关，保证设计文件100%符合国家及地方的抗震规范要求；项目结构实体结构实施，由市监督站严格控制，监督参建各方责任主体按图施工，严把质量关，确保施工质量符合抗震设计规范及施工规范的要求，结构实体合格率100%。组织全市参建各方的项目负责人及相关技术人员1000人次，参加抗震规范学习2次，组织大型的抗震、隔震新技术、新材料讲座1次。

【绿色建筑应用推广】2015年，为完成“十二五”省下达海口市的绿色建筑工作任务，海口市政府出台绿色建筑行动计划，市住建局制定绿色建筑推广示范实施方案。在规划报建阶段，按《海南省绿色建筑行动方案》及琼建科函〔2014〕26号等文件精神要求，严格执行绿色建筑标准相关规定。至11月30日，完成新建绿色建筑施工报建45个，总建筑225.9万平方米，完成目标任务170万平方米的133%。获得二星级绿色建筑设计评价标识5个，完成目标任务6个的83%。年底已建绿色农房示范项目240套，完成目标任务240套的100%。

【海口市建筑施工质量安全标准化现场观摩会】2015年4月17日在海口市海南电网公司18#综合住宅楼施工现场召开。本次观摩会由市住建局主办，海口市建设工程质量安全监督站协办，海南省建设集团有限公司、海南第二建设工程有限公司等承办，这也是近年来本土企业第一次在海口市承办此类大型的现场观摩会，为本土企业打造精品，争创优质品牌起到良好的推进作用。海口市各在建项目的建设单位代表、项目经理和总监共有300多人参加此次观摩会。

【海口市建筑施工质量安全标准化暨“双创”现场观摩会】2015年10月21日举办，由市住建局主办，市监督站协办。分设在中国（海南）改革发展研究院（二期）国际会议中心项目和海南省人民医院门诊楼、内科楼及地下室工程项目2个现场地点召开。本次观摩活动旨在进一步推进海口市建筑施工质量安全标准化工作，提高海口市建筑施工企业质量安全标准化管理意识，促进质量安全标准化水平的提高，同时作为海口市“双创”工作的一项重要内容，提供一个建筑工地环境卫生标准化工地做样板观摩。全市在建建筑工程项目的建设单位项目负责人，项目经理、总监理工程师共600多人参加观摩会。与会人员分别观摩2个项目的创鲁班奖样板、示范区，项目实体质量，安全体验区，项目现场安全文明施工情况。现场亲临体验项目绿色施工、“双创”工作具体实施情况及学习抗震新技术、新工艺、新材料的应用。

房地产业

【房地产开发与调控】2015年，海口市房地产市场与往年相比保持平稳增长态势，房地产开发投资和房地产项目施工报建面积均增幅提升。商品房销售面积与去年同期相比平稳上涨，销售势头保持良好。全年商品房实际销售面积373.35万平方米，比上年增长10.75%；其中商品住房销售330.23万平方米，增长11.16%。商品房实际销售额296.74亿元，增长11.31%。商品房均价8593.42元/平方米，增长1.77%（扣除团购后商品房均价为9272.8元/平方米，下降2.03%）。登记销售的商品房中，岛外购房面积163.73万平方米，占总销售面积的43.85%。共批准预售商品房531.57万平方米，下降0.6%；其中商品住房批准预售面积378.66万平方米，增长7.32%。房地产项目施工报建面积1045.25万平方米，增长69.67%。建设项目规划报建面积1217.93万平方米，增长18.44%。全市房地产施工报建计划开发投资301.65亿元，增长145.7%。固定资产投资建安完成投资额606.03亿元，增长13%；建筑业增加值88.9亿元，增长8.03%。全年房地产税收53.26亿元，占比为33.5%；建筑业总产值179.8亿元，下降3.6%；建筑营业税8.94亿元，增长1%。房地产业占国内生产总值比重为7.85%。全年共办理商品房注销、变更1320宗；办理预售延期327项。年内，海口继续执行2012年在全国率先出台的《海口市产权式酒店管理暂行办法》、2014年出台的《海口市人民政府关于促进房地产市场健康发展的若干意见》及2015年6月17日出台的《关于进一步规范购房入户条件的实施意见》、12月18日出台的《关于促进我市房地产业稳增长的实施意见》等相关政策，促进房地产健康平稳发展。12月1日起施行《海口市房屋租赁管理条例》，为规范房屋租赁行为提供依据。合理制定完善房地产发展规划，引导房地产业发展的类型、规模和速度，优化房地产结构调整和科学布局，形成整体发展优势，增强海口市房地产可持续发展后劲。

2015年10月5日，海南省委常委、海口市委书记孙新阳（左二）深入海口部分房地产项目调研，了解房地产市场运行、项目建设等情况。海口市委常委、秘书长林海宁（右），副市长任清华（右二）陪同。（黄一冰 摄）

【商品房市场监管】2015年，海口市住建局重点对商品房预售中的违法违规行为、买卖合同管理、信息公开、房地产销售代理和房地产经纪等秩序进行监管。继续实行商品房质量与办证等履约担保制度，采取预扣5%的预售面积作为质量担保，项目竣工验收后才能解除担保，督促开发商履行开发义务，对规范房地产开发秩序起到积极的推动作用。先后处理永升华府、东林小区、阳光巴洛克、昌茂朝庭、昌茂翰林西苑等项目业主信访事件，采取召开协调会议、现场解决实际困难、督办解决等形式，集中精力解决好群体性信访事件；处理局长信箱、12345热线、网络问政投诉信件等140余次。全年共为公、检、法等单位开具证明材料170余份，为91家房地产开发企业开具销售证明，为2600余人提供合同查询服务。

【房地产推介展销】2015年，海口市充分利用全国大中城市的房展平台，组织房地产开发企业参加岛外房地产展销活动，整体推介海口市城市形象和楼盘品质，吸引岛外需求。市住建局先后组织海口市房地产企业参加4次岛外和1次岛内房展会（北京春秋两季房展、郑州的春季房展及海南三亚春季房博会），参展房企130家，现场售房61套，现场成交面积5455.05平方米，现场成交金额5410.6万元，意向登记客户人数480人，投放资料7.62万份，提高商品房销量，并增强海口市后续售房能力，房产推介效果明显。同时加大开展省外房地产促销活动，拓宽海口市房地产宣传促销的深度和广度，同时通过加强与搜房网、我房网等知名专业房地产网站合作与链接，提高点击量，进一步充实完善《海口房地产展销网》，网络展销作用已经凸现，海口市预售项目入网展销率100%。

【进一步放宽购房入户条件】2015年6月17日，海口市出台《关于进一步规范购房入户条件的实施意见》，有效期一年。《意见》公布后，凡在海口行政区域内购买新建商品房（含产权式酒店），购房合同已备案的本省籍购房人，可在所购住房所在地申请登记本人，以及户籍在本省的配偶及其共同居住生活的父母和符合计划生育的未成年子女的户口。申请登记入户为未成年人的必须有一个指定监护人随迁。购买新建商品房面积在60～90平方米的可入户不超过2人，面积在90～120平方米的入户不超过3人，面积在120平方米以上入户不超过5人。但购买新建的产权式酒店套内面积在35～50平方米的入户不超过2人，套内面积在50～90平方米的入户不超过4人，套内面积在90平方米以上入户不超过6人。购买西海岸片区（自秀英大道西侧起往西海岸方向）、江东片区的新建商品房面积在60～90平方米的入户不超过3人，面积在90～120平方米的入户不超过4人，面积在120平方米以上入户不超过6人。此次《意见》是根据住建部第一季度房地产市场座谈会有关精神，将相关内容做相关调整。除细化购买产权式酒店的入户面积和入户人数划分，还增加"共同居住生活的父母和符合计划生育的未成年子女购房入户资格"，增加购买西海岸片区和江东片区的购房入户人数。至12月底，海口办理2554户5145人商品房购房入户手续。

【一年连发三次购房落户政策】2014年5月至2015年6月间，海口市购房落户政策自出台经历3次变化，第一次为2014年5月底，海口市出台《关于促进房地产市场健康发展的实施意见》，重启"购房入户"，明确本省户籍居民购单套房120平方米以上可落户5人，自2014年6月1日起实施，2015年6月30日截止。2014年8月出台《海口市人民政府关于稳增长促发展的实施意见》放宽本省户籍居民"购房入户"条件，实行"梯度"购房入户，购买60～90平方米的新房最多可入户2人，购买90～120平方米的新房最多可入户3人，购买120平方米以上新房最多可入户5人，2014年8月25日起实施，2015年6月30日截止。2015年6月17日，出台《关于进一步规范购房入户条件的实施意见》，有效期一年。本次购房落户政策为2014年8月出台的购房落户政策的升级版。相较于以前细化了购买产权式酒店落户的具体要求，对江东和西海岸片区落户给予更多的政策倾斜，增加不同面积段落户人数。

【保障房建设管理】2015年，海南省下达海口市新开工保障性安居工程垦区棚户区改造安置房290套(户)。至10月底，海口市新开工保障性安居工程垦区棚户区改造安置住房290套(户)，完成省下达新开工任务计划的100%。年内，基本建立健全保障性安居工程9个项目共19174套保障房源信息，并全部导入住房保障信息系统。完成单位自建保障房销售合同网签备案管理项目6个，备案合同1785份，完成政府统建经适房销售合同网签备案105份。年初，由市保障中心对2015年计划内项目实施进度进行全面的巡查和督导。解决政府统建的已竣工交付4个廉租房小区（盐灶、民安、岭下、美舍河）的房屋产权总证办理问题。6月8日至9月15日，市住保中心展开廉租房小区入住情况全面排查，共入户调查住户1382户，收取调查问卷135份，督促入住16户，清退违规骗取保障房对象7户（经适房3户，公租房4户），督促落实整改市教育局凤翔花园经适房违规转租借住住户6户。全年共受理各类政府统建的保障房申请1350户，审核通过1072户，审核通过率79.4%；组织7次经适房摇号活动，摇出房号169户，平均每月17户（其中南江花园12套，永秀花园157套），经适房签约142户，限价房签约347户。全市发放廉租住房货币补贴家庭3459户，金额1674.3万元。12月8日十五届市政府第50次常务会议通过《海口市公共租赁住房经济适用住房 限价商品住房保障标准》，进一步规范对海口市住房保障准入的管理。

【农村危房改造】2015年，海南省分3批下达海口市农村危房改造任务4300户，第一批1500户、第二批2000户、第三批800户。海口市将任务分解下达各区，至11月27日，海口市农村危房改造补助对象4300户，到位资金1.15亿元，其中：中央补助资金3225万元，省级补助资金3225万元，市财政配套5031万元，已全部拨付各区。至12月6日，各区全部完成第一至第三批改造任务，全市4300户改造任务开工率100%，竣工率100%。

【房屋权属（档案）登记】2015年，海口市房屋产权交易登记中心共办理房屋登记27.55万件，发证24.74万本，涉及房屋面积2972.79万平方米，占市政务服务中心总办件量的49%。市遗留办完成历史遗留办证1203户，面积20.7万平方米，提前

2015年海口市农村危房改造补助资金分配表

	户数（户）	农村危房改造补助资金（万元）			
		中央	省	市	小计
秀英区	780	585	585	912.6	2082.6
龙华区	500	375	375	585	1335
琼山区	2320	1740	1740	2714.4	6194.4
美兰区	700	525	525	819	1869
总计	4300	3225	3225	5031	11481

完成市政府下达的15万平方米房产办证任务。对外提供房产登记信息查询20.7万宗次，增长59%；共为13.2万人（或单位）出具房产情况说明8.79万份，增长100%；档案数字化下架清分整理15.2万宗，档案数字化验收上架16.1万宗。完成房屋面积审核517宗，面积1090.28万平方米，其中实测采信402宗，面积414.33万平方米；预售测绘备案115宗，面积675.95万平方米。完成云龙、演丰两镇农村房屋产权登记工作。云龙镇完成测绘面积80万平方米，发证3500份；演丰镇完成房屋测绘面积2327间，16.8万平方米，发房产证1062份。落实涉及房产办证上的信访案件，化解矛盾，年底办结16件。推进原琼山市29宗停缓建工程处置任务，主动加大各方协调力度，年底批准复工3项。

【房屋安全管理】2015年1月起，《海口市房屋安全管理条例》实施。结合住建部开展全国老楼危楼安全隐患排查工作部署，市住建局牵头开展老楼危楼排查统计工作，共排查各类房屋建筑18.88万栋，面积8479.08万平方米，排查中发现疑似危楼1.71万栋，面积217.05万平方米，约占排查房屋面积总量的2%：主城区疑似危房3293栋、面积115.98万平方米，农村疑似危房1.38万栋、面积101.07万平方米；排查中主城区经鉴定为危房553栋，面积8.97万平方米。其中主城区排查发现的危险房屋（疑似危房）较多分布在博爱、海甸、人民、中山、国兴、府城、大同、海秀、秀英街道的老主城区域，以及城西镇等城中村集中片区。海口市危险房屋结构类型主要为砖木结构、砖混结构及极少数20世纪90年代初的框架结构，形成原因主要包括未经设计、施工监管等先天性原因，擅自改变结构、违章改建或增层等不安全使用原因，以及装修及周边施工影响，和各种自然灾害的破坏、房屋超龄服役、缺少养护等多种原因。

【房屋白蚁防治监管】2015年，海口市住建局完成在海口市备案的21家白蚁防治从业单位重新核查；完成白蚁备案50宗，面积294.52万平方米，完成竣工备案21宗，面积99.41万平方米。

【住宅小区专项维修资金管理】2015年4月18日，海口市维修资金综合管理系统正式上线运行，维修资金交存专户银行由1家增至3家。2015年度，海口市商品房维修资金交存1.51亿元，交存套数2.16万套，完成年度职能目标251%。同时，尽力做好维修资金的保值增值工作，通过招标，实现海口市维修资金增值达到同期银行一年定期存款利率上浮76.89%，极大地保障业主的利益。11月17日，市住建局印发《关于我市住宅小区二次供水设施设备维修紧急使用住宅专项维修资金的通知》，对申请范围、办理程序、申报材料和申报时间等做出具体规定，启用紧急使用住宅专项维修资金模式维修、更新和改造住宅小区的二次供水设施设备，彻底解决海口市在城区二次供水安全方面存在的建设不规范、设备老化和蓄水池清洗不达标等隐患问题，有效保障海口市二次供水安全。年内，市住建局落实《住房城乡建设部办公厅 财政部办公厅关于进一步发挥住宅专项维修资金在老旧小区和电梯更新改造中支持作用的通知》的有关规定，进一步加强对老旧小区申请使用维修资金的支持力度，创造条件解决海口市部分住宅小区空置率高无法达到“双三分之二”业主表决同意使用维修资金的现实困难，提高维修资金的使用效率，维护维修资金所有者的合法权益。全年拨付住宅小区使用维修资金670余万元。

【物业管理】2015年，海口市住建局结合海口市“双创”工作，开展物业管理市场专项整治工作，取缔无物业管理资质，违法、违规行为物业管理单位12家，组织从业人员培训，持证上岗率从73%提高到100%。海口市现有取得资质的物业管理公司628家，其中一级资质9家，二级资质46家，三级资质577家，外地企业资质13家，从业人员约6万多人，年营业额7亿元。已实施物业管理的各类商品房住宅区（包括大厦和工业区）1700多个，总建筑面积约3000万多平方米。已成立业主委员会的小区408家，约占全市住宅小区的24%，与国内其他城市成立率持平。

（王　健）

水　务

【水务概况】2015年，海口市水务局围绕全年重点工作及“百日大会战”等专项工作，完成年度各项目标任务。全年完成城市供水2.21亿吨，城市排水2.55亿立方米，水土保持420公顷，打击非法采砂巡查、执法175次；农村饮水安全项目36宗，总投资6881万元；农田水利基本建设投资5060万元，项目110宗。市水务局先后获得海南省2014年度农田水利基本建设三等奖、海南省水务厅2015年“百日大会战”项目推进工作先进单位、海口市2015年省重点项目推进先进责任单位二等奖、第四批全国节水型社会建设示范日、海南省2014年度实行最严格水资源管理制度考核优秀等成绩。

【水务发展规划】2015年，海口市水务局启动《海口市水系规划》《海口市水务发展“十三五”规划》《海口市水网规划》《海口市水资源综合规划》《海口市地表水功能区划》《海口市镇区排水市政专项规划》等编制工作。市政府批复2014年编制的《海口市蓝线规划》《海口市沙坡水库——白水塘森林湿地公园水系规划》和《海口市江东组团防洪排涝专项规划》。

【水环境综合整治】2015年，海口市

水务局编制完成《海口市水域综合整治工作方案（2015—2017年）》《海口市中心城区水环境综合整治实施方案》《美舍河专项整治方案》等水环境整治方案，推进城区污水截流并网项目，对主城区沟河湖进行清淤；启动城市雨污分流工程，积极探索恢复水体自净能力有效途径；优化和修正中心城区水网动力补水方案；规范排水行为，确保违章排水行为得到有效遏制；提高污水收集，启动中心城区水体治理和运营管理PPP项目，推行环境污染第三方治理。通过整治，海口市城区地表水体水质有所提升，大部分水体水质指标有所好转。南渡江龙塘段、永庄水库等城市集中式饮用水源地水质达标率100%；国控的水质监测断面水质达标率100%；近岸海域海水水质达标率100%。

【中心城区水网动力补水】2015年，海口市水务局通过不断加强维护补水设备设施和监测水质等措施，进一步优化和修正水网动力补水方案。河口泵站补水：每天保持开2台泵补水，市区下雨时暂停补水，雨停恢复补水。红城湖补水：依据潮汐表生产，当潮位高于150厘米时停止补水，当潮水低于或等于150厘米时开泵补水，每天补水16小时，当潮位时间段不足16小时启动2台泵生产，下雨时停泵，雨停恢复补水。东风桥泵站：每天补水24小时，保持1台水泵运行，下雨时停泵，雨停恢复补水。河口路泵站从南渡江往红城路和美舍河补水。东风桥泵站从美舍河往东西湖补水。全年累计生态补水近1.4亿立方米，较好地改善中心城区水系水体的流动性。

【白沙河水体原位净化试点】海口市海甸四东路的白沙河是断头浜，该河段自身流动贯通性极差，利用潮水补换水能力有限，几乎呈死水状态。2015年5月，市水务局选择白沙河上游约245米长的河段（面积6267.4平方米），利用围堰等设施将河道分成白沙河A段（海德堡幼儿园－老干所）、白沙河B段（老干所－海达路）两个试验段，利用不同的生态修复技术开展水体净化试点工作，探索恢复水体自净能力有效途径。其中，北京佳业佳境环保科技有限公司在白沙河A段采用其专利设备在水体中培养庞大的微生物种群，利用微生物净化水中的污染物；上海水生环境工程有限公司在白沙河B段构建生物基网、种植耐盐挺水植物拦截带和耐盐沉水植物群，利用水生植物吸附吸收水中的营养物质、净化水质。经过半年的试验治理，海口市白沙河两个试验段水体原位净化试点均获得成功。白沙河两个试验段实施后水质明显改观，达到试验预期目的。试预测点工作完成后，为海口市下一步水体治理采用先进技术提供宝贵的经验及具有较强的指导作用。

【旧城区雨污分流管网改造】2015年，海口市水务局完成新港路、新外滩路污水管道工程，有效解决新外滩路和新港路污水排放问题，避免污水直排入海。电力村30米明渠截污工程（一期）完工，实现为丘海一横路、秀华路、滨涯新村花园、水头村范围内的截污，避免丘海大道西侧的污水混入雨水排入大海产生的水体污染。东西湖及大同沟污水管道分流工程，该项目为大同路、龙华路雨污水分流改造，主要建设内容包括DN800-1000钢筋混凝土管顶管1482米，Di400拖拉管施工230米，DN300-400HDPE双壁波纹管直槽施工480米，沿线各类井93座；破除恢复路面1421平方米等，年内建设完成投资约200万元。

【水质监管】2015年，海口市水务局外出采集水质样品945次，采集样品2633个，取得检测数据3.28万个，占年计划目标2.2万个的149%。海口市供排水水质监测站参加2015年度国家“生活饮用水中苯、汞、硼、COD（锰法）的检测”能力验证，4个项目均取得满意结果。

【城市供水】2015年，海口市城市供水总量2.21亿吨，出厂水水质综合合格率100%，管网水综合合格率99.4%以上，两次进行原水管突发性漏水抢修，并在最短时间内恢复市区供水。统筹协调补水，保证水库原水供给顺畅，永庄水库从松涛水库补水3857万立方米，完成向永庄水厂供给原水3726万立方米。做好用水计划，保证灌区正常用水，松涛灌区完成供补水量为7500万立方米，确保了灌区的农业生产用水、生活用水、生态用水的正常。开展二次供水卫生管理工作，通过配合制定《海口市生活饮用水卫生专项工作实施方案》，举办二次供水设施清洗消毒培训班，组建二次供水管理队伍，开展二次供水卫生管理工作专项检查、生活饮用水卫生管理宣传等工作，对全市1844家小区进行摸底检查工作，并对其中1481家小区下达二次供水卫生管理整改通知函，确保海口市二次供水安全。

【城市排水】2015年，海口市水务局对海甸、疏港、美舍河等11座污水泵站共提升输送污水2.55亿立方米，增加3652万立方米，增幅16.7%。向东西湖、红城湖等市内湖沟输送清水1.59亿立方米，增加944万立方米。17座泵站共清理栅渣垃圾1498立方米。建设白水塘至丘海大道延长线河道整治工程，位于金鼎路与椰海大道交叉口至丘海大道延长线，长约2千米，主要建设内容为雨水排涝泵站、直挡墙明渠等，年内基本完工。海甸五西路雨水排涝工程，建设内容：在环岛路西侧海甸五西路排水渠出口处西侧空地新建一座面积962平方米的雨水排涝泵站，排涝标准重现期2年，排出口高潮位按50年一遇设计，设计雨水排涝泵站规模为28.54立方米/秒，包括雨水提升泵房、配电间、防洪闸和雨水渠道及相关配套工程等，至年底基本完工。

【污水处理】至2015年底，海口市主城区的污水主干管、次干管及支管管网骨架基本形成，构建城区污水“全收集、全处理”的架构，可保证城区绝大部分污水进入污水处理厂接受处理，基本解决污水直接排入城市水体的问题。全市建成白沙门污水处理厂一期、白沙门污水处理厂二期、长流污水处理厂、桂林洋污水处理厂、狮子岭污水处理厂一期、狮子岭污水处理厂二期、龙塘污水处理厂、云龙污水处理厂9座污水处理厂及金牛湖污水处理站，污水处理能力59.07万吨/天。建成17座泵站，其中，污水提升泵站11座，补水泵站2座，排涝泵站4座。敷设雨水管道842.18千米，污水管道637.28千米，合流排水管道123.23千米。海口市水务局加强对污水处理厂日常的运营监管，全面开展对污水处理厂的水质水量监测工作，为城市排水管理提供有关监测数据和资料，及时妥善处理污水处理厂出现的各种问题。全年污水处理厂共处理污水1.83亿吨，日均50万吨，运行负荷率85%，出水水质基本达标排放。

【城镇污水处理费征收】2015年，海口市污水处理费征收工作按照规范化管理的要求征收，推进污水处理费征收的顺利开展。全年实征收污水处理费1.19亿元（含追回欠款），增加252万元，收费回笼率89%，完成年计划任务9500万元的125%。

【供水工程建设】2015年，海口市水务局建设海口市原水输水管道改造工程、海口市琼山大道及周边给水管道工程（一期）及美安科技新城区外（椰海大道）供水管线工程等一批供水工程，扩大供水规模，保障城区生活、生产用水。至年底，海口市原水输水管道改造工程完成立项批复，正在开展可研文本与PPP方案编制工作；海口市琼山大道及周边给水管道工程（一期）项目完成项目总形象进度73%；美安科技新城区外（椰海大道）供水管线工程于11月完工。

【农村饮水安全】2015年，海口市完成36宗农村饮水工程建设项目，总投资6881万元，其中提质增效集中式供水工程2宗，完成投资5638万元；市预算内资金安排6宗饮水工程，分别为：香水村饮水工程、儒谭村饮水工程、圆尾村饮水工程、大吉村饮水工程、潭堀村饮水工程和档黎村饮水工程，完成投资300万元。农田基本建设中安排28宗完成投资943万元，供水总人口3.87万人，供水总量约0.58万吨/天。此外，完成2015年海南省下达海口市农村饮水安全工程第二批投资任务，即购置水质检测仪器设备费15.3万元。

【水土保持】2015年，海口市完成生产建设水土保持方案审批120宗，有效预防水土流失责任面积420公顷，减少水土流失量6.2万吨，投入水土保持投资3.2亿元。开展生产建设项目水土保持设施竣工验收工作45宗，征收水土保持补偿费720万元。完成《海口市水土流失调查》和《海口市水土保持规划》，正在逐级报批。

【水政监察执法】2015年，海口市水务局开展南渡江打击非法采砂巡查、执法175次，出动人员1092人次、车辆253台次、执法艇58艘次，开展法制教育48次，走访村民调查了解情况10次，共取缔抽砂平台20个、非法采砂船16艘、装载车5辆、运输车28辆，扣押运砂车29辆、装载机19台，立案4宗，罚款5.5万元。全市原有44家采砂场，139艘“三无”船只，年内取缔35家非法采砂场（占80%），清理“三无”船只97艘（占70%），非法采砂现象在一定程度上得到遏制。年内完成海口市河道采砂点的确定和现场勘测工作，完成《海南省南渡江海口河道测量》和《南渡江海口市河道采砂规划》（修编）的编制工作。

【节水管理】2015年，海口市征收水资源费370万元。新批1口地下井，封闭22口地下井。3～8月开展市主城区地下水调查，对2364个小区、单位进行调查，共记录到海口市主城区地下水井783口。《海口市地下水保护规划》完成编制单位政府采购工作。全年完成节水建设项目规划报建127宗，施工备案56宗，竣工验收26宗，推广节水卫生洁具11万套；拟定《海口市计划用水节约用水暂行办法》（草稿）；开展节水型企业、单位申报评选工作，对14家企业、35家单位、20家小区进行表彰，推进海口节水型城市建设。规范高尔夫球场用水管理工作。对涉河、水库的13个高尔夫球场供水方式和对地下水的影响情况进行调查，对已建好的11个球场完成取水许可和节水规划报建审批工作。加强水源巡查管理，每日对水源一二级保护区环境进行巡查，防止企业排污和上游水体污染造成水库水源受污染；及时安排人员打捞清理库区水面漂浮的杂物，从源头上避免漂浮杂物对水库水体产生二次污染，有效保障水库水质稳定和安全，全年水库区域内未发生一起重大水源污染事件。开展龙塘水源地达标正规化建设，实施龙塘饮用水源保护区护岸整治工程，建立南渡江龙塘饮用水水源保护区长效管理机制，落实饮用水水源保护区巡查制度，共拆除龙塘饮用水源保护区违法建筑物3宗，查处个体餐饮店8家；拆除永庄水库上游汇水区域违法建筑14550平方米。

【农田水利基本建设】2015年，海口市水务局完成海口市农田水利基本建设投资5060万元，实施项目110宗，工程完工后，可新增蓄水能力10万立方米，新增节水能力110万立方米，新增、恢复灌溉面积3800公顷，改善灌溉面积4000公顷，改造中低产田933.33公顷，新增、改善除涝面积3133.33公顷，新增旱涝保收面积333.33公顷，新增节水灌溉面积3066.67公顷，治理水土流失面积3.46平方千米，解决农村饮水不安全人口3.26万人。开展海口市琼山区2015年度小型农田水利重点县建设项目，投资3475.14万元，共布置防渗渠道长37.8千米，配套沿渠建筑物453宗，新建高效节水灌溉工程1宗及铺设输配水管道33.31千米；10月13日开工，至年底完成工程进度95%。根据省财政厅《关于拨付2014年小型农田水利设施建设补助专项资金（第五批）的通知》下达的运行管护费271万元，制定维修养护经费计划，并下达各区及相关单位实施，年底维修养护渠道586.7千米，管护高效节水灌溉面积1249.4公顷。

【江海堤防建设与管理】2015年，海口市实施南渡江海口市综合治理新坡至东山段防洪工程、南渡江海口市综合治理龙泉至新坡段防洪工程、桂林洋防潮堤加固工程、三江镇防潮堤加固工程、演丰镇防潮堤加固工程等一批江海堤防的建设与管理，保护区域内村庄、耕地、养殖场及海边道路、海边别墅的安全，提高防灾减灾能力。（1）桂林洋防潮堤加固工程。东起桂林洋滨海浴场，西至山湖港，与现状老堤相接。设计防潮标准为10年一遇，防潮堤工程级别5级，防潮堤长度3507.34米，堤防沿线配套布置防潮闸1座、排水涵4座、布置步级7座、错车道6座，概算总投资6399.54万元。4月开工建设，至12月31日，累计完成投资4262万元，占工程总投资66.6%。（2）新坡至东山段防洪工程。工程起点为龙华区新坡镇东山仔村、终点为秀英区东山镇官仓村，设计防洪标准为20年一遇，排涝标准采用10年一遇24小时暴雨一日排干。防洪堤总长18.60千米、河道整治6.78千米、4座排水闸、新建排涝泵站1座，总投资6.62亿元。2012年10月开工建设，至2015年12月31日，累计完成投资4.88亿元，占工程总投资73.8%。（3）南渡江左岸片区农田排涝工程。工程新建溪头沟、马坡沟和苍原沟、塘柳塘等4座排涝泵站，设计排涝标准为10年一遇24小时暴雨一日排干，河道整治5.12千米。总投资4.36亿元。2014年11月开工建设，至2015年12月31日，累计完成投资1.85亿元，占工程总投资42.4%。（4）南渡江龙泉至新坡段防洪工程。位于龙华区龙泉镇和新坡镇，防洪标准采用20年一遇，排涝标准采用10年一遇24小时暴雨一日排干。防洪堤总长4.59千米，新建排涝泵站2座，总投资1.93亿元，分两期实施：一期工程投资1.04亿元，二期工程投资8914.76万元。2014年3月一期工程开工建设，建设防洪堤总长2.5千米，新建排涝泵站1座，至2015年12月31日，一期工程全部完工。（5）三江镇防潮堤加固工程。位于美兰区三江镇，设计防潮标准为10年一遇，防潮堤全长2.04千米，新建挡潮闸6座，改建挡潮闸7座，其中：赤土村段防潮堤长0.49千米、溪头村段防潮堤长0.23千米、博才村段防潮堤长1.32千米，总投资1469.82万元。2013年4月开工建设，由于防潮堤占用部分红树林保护区林地，工程无法全部实施，只进行博才村段部分防潮堤的施工：背海侧累计浇筑砼挡墙1303米、临海侧浇筑砼挡墙600米、建设4座防潮闸，至2015年12月31日，累计完成投资633.72万元，占工程总投资43.1%。（6）演丰镇防潮堤加固工程。位于演丰镇和东营镇境内，设计防潮标准为10年一遇，防潮堤全长2千米，改建防潮闸9座，其中：演丰镇苍头前防潮闸改建工程（防潮闸4座）、石路村防潮堤加固工程（防潮堤0.85千米，防潮闸3座）、博潭村防潮堤加固工程（防潮堤0.74千米，防潮闸2座）和东营上洋村防潮堤加固工程（防潮堤0.41千米），概算批复总投资1543.16万元。2013年4月开工建设，由于防潮堤占用部分红树林保护区林地，工程无法全部实施，只进行东营上洋村段防潮堤和演丰苍头前段4座防潮闸、石路村段5#闸及6#闸的建设，至2015年12月31日，累计完成投资827.28万元，占工程总投资53.6%。

【重点水利项目建设】2015年，海口市中央水利建设投资项目有5项，计划投资5.94亿元。至2015年底，到位5.40亿元，完成投资3.32亿元，投资完成率56%。承办的2015年省重点项目有5项，总投资为48.07亿元，2015年内控目标为4.89亿元，至年底，累计完成投资4.73亿元。市水务局在全省开展投资项目“百日大会战”中有5个项目，分别为海口市南渡江引水工程、秀英沟部队营区段污水截留工程、海口市琼山区2015年度小型农田水利重点县建设项目、大同沟东西湖周边污水管道分流工程、海口市大坡镇高明供水工程。项目总投资4.27亿元，大会战期间计划投资2.50亿元。至11月30日，所有项目全部实现开工，开工率100%。至12月31日，完成大会战期间投资4.58亿元，超出计划任务

2015年11月26日，水利部专家调研海口南渡江引水工程。（市水务局 供稿）

的83%。

【海口南渡江引水工程】 2015年11月18日开工，是国家172个节水供水重大水利工程项目之一，也是海南省海口市2015年重点中央投资的水利项目，总投资36.2亿元，总工期48个月，为海口市乃至海南省首个签约的大型基础设施PPP项目，葛洲坝集团为项目的中标方。工程建设内容主要包括东山取水首部枢纽、水源提水泵站、分水泵站、灌溉泵站、输配水工程、五源河综合整治工程及水库连通工程等。工程供水线路总长50.34千米，五源河综合整治工程河段长12.57千米，永庄水库至沙坡水库连通工程全长3.02千米，灌溉工程新建灌区配套泵站10座，灌溉总干管长5.93千米。工程实施后，通过调节河道径流，可有效缓解海口城市生活和工业缺水矛盾，解决羊山地区农业灌溉用水问题，改善五源河防洪排涝条件，进一步提高海口市供水保障能力。至12月31日，累计完成投资4.54亿元，其中中央投资完成2亿元，完成率100%，实现完成中央投资计划完成率90%的目标；地方配套投资及其他投资完成2.54亿元。

【防洪楼项目建设】 为2015年海口市政府为民办实事项目。7月底开工，在三江农场的港头、明堂、上山、梅坡、竹山、岐山头、演州、滨海和桂林洋经济开发区的振家、永卫、传忠完成11栋设计为3层、高15米的防洪楼主体建设。建设面积6405.99平方米，建成后最大可同时转移5124人。至12月31日，全部完成主体建设。

【抗旱防风防汛工作】 2015年，海口市水务局通过召开全市三防工作会议、开展安全大检查、完善各类应急预案、落实防汛抢险队伍、制订水库汛期调度运用计划、开展抗洪抢险演练增加防汛物资储备等方式加强日常工作监管力度。完成《海口市防御强台风应急总预案》《海口市防风防洪应急预案》《海口市抗旱预案》等3个预案和各区的防风防洪应急预案及各中小型水库的抢险应急预案修订工作，明确中型水库防汛抢险队伍10支1115人，小（一）型水库防汛抢险队伍25支1481人，小（二）型水库防汛抢险队伍91支1996人，海口警备区按照分区负责、就近用兵的原则，组织辖区内的军警部队和民兵预备役成立应急抢险队，人员共5890人。投资56万元购买编织袋、土工布和土工膜救生衣等防汛抢险物资一批。全年共召开防风工作会议10次以上，启动《海口市防风防洪应急预案》Ⅳ级应急响应2次，Ⅲ级应急响应2次，Ⅱ级应急响应1次，Ⅰ级应急响应1次。在防御台风“彩虹”期间发布预警信息400份，发布预警广播200次，发布温馨提示短信150万条，其中针对游客的温馨提示达20万条。采取有力措施开展抗旱工作。年内做好水库用水、蓄水、补水工作，协调松涛水库向永庄水库补水2000多万立方米，科学做好水库蓄水工作，确保农业生产用水，保证人畜饮水安全。

【城市水体划界立桩】 2015年，海口市、区水务部门根据《海口市蓝线规划》完成对属地管理的南渡江、市区内主要河道蓝线管理范围及控制界线的划界立桩工作。按照《落实〈海口市蓝线规划〉之城市水体划界立桩实施方案》工作部署的要求，在水库、河道、湖泊、湿地、渠道、原水管道等城市水体蓝线管理范围内划界立桩工作分2015年和2016年两个年度进行。2015年工作任务主要对南渡江和市区内河道、水库等主要水体进行划界立桩，并根据市财政局安排的划界立桩经费（2015年安排100万元）情况予以实施。全年蓝线划界立桩工作共完成9条河流、2条渠道、9个水库，立桩1723个，立公示牌15个。其中，美兰区完成海甸溪、横沟河、外沙河、鸭尾溪、美舍河的蓝线划界立桩工作；琼山区完成云龙湖水库、响水河、龙塘水、河口溪的蓝线划界立桩工作；龙华区完成沙坡水库和羊山水库的蓝线划界立桩工作；秀英区完成岭北水库、玉凤水库、东城水库、东寨水库和那卜水库的蓝线划界立桩工作；市堤防工程建设管理中心完成南渡江右岸堤防的划界立桩工作；市南渡江引水枢纽工程管理处完成灵山总干渠的划界立桩工作；市松涛灌区水利工程管理处完成白莲东干渠的划界立桩工作；市永庄水库管理所完成永庄水库的划界立桩工作。

【松涛灌区海口水利工程管理】 2015年，海口市松涛灌区水利工程管理处完成12次渠道维护工作，完成白莲东干渠至永庄水库5.5千米、一支渠5千米、黄竹分干至羊山水库35.5千米和长流二支渠5千米的清淤、清杂等工作，确保次年春耕生产用水正常。全年完成供补水量7720万立方；合理调度灌区补水用水，其中农业用水2100万立方米，永庄水库生活用水3720万立方米，羊山和沙坡水库的生态用水1900万立方米，确保灌区的农业生产用水、生活用水、生态用水的正常。

【南渡江引水枢纽工程管理】 2015年，海口市南渡江引水枢纽工程管理处帮助灌区大部分农田解决缺水干旱等问题，保证灌区的农业生产。农业灌溉用水858.5万立方米。其中，灵山镇456.7万立方米，桂林洋农场401.8万立方米。组织检修人员对新旧沟排灌站的机组进行全面的检修。较好地完成了新旧沟田洋旱造生产的排涝和灌溉任务。

【永庄水库管理】 2015年，海口市永庄水库管理所从松涛水库补水3857万立方米，完成向永庄水厂供给原水3726万立方米。针对海南旱情严重、全省面临用水紧张的困境，积极应对做好水库蓄水工作，有效组织协调从松涛水库补水，保障水库蓄水量，确保永庄水厂正常生产用水需求，为海口市西片区居民生活和工农业用水提供稳定保障。

【水务行政审批】2015年，海口市水务局积极开展各项审批业务，做好简政放权工作，完成权力清单和责任清单试点工作；加强对下放事项的管理，承接好省水务厅下放事项，精简投资和建设项目审批材料，对市水务局涉及建设项目的3项行政审批事项（取水许可审批、水土保持方案审批、水土保持设施竣工验收）材料由12份精简为9份。开通重点项目的绿色通道，全力推进重点项目的开展。全年办理城市排水许可业务事项69件，其中城市排水竣工验收60件，历史遗留问题9件；协调组织节水设施项目审批办件办结364件；协调组织水土保持项目审批办件办结232件。市水务局行政审批制度改革考核全市排名第一。

（王少玲　黎莹莹）

城乡供电

【城乡供电概况】2015年，海口地区电网保持安全稳定运行。海口供电局全年化解电网风险25项、设备风险140项，未发生电网事故、较大及以上设备事故，设备事故和障碍总数比上年下降39.22%。电网建设稳步推进，全年电网建设投入8.64亿元，电力设施被盗发案数比上年下降68.58%，外力破坏导致的主、配网线路跳闸分别下降36.84%和上升30.4%。是年，由于夏季历史性高温天气，海口电网负荷屡创新高，最高达122万千瓦。全年完成售电量64.70亿千瓦时，增长6.80%，比计划指标高3.64亿千瓦时；综合线损率4.50%，降低0.08百分点，约节电518万千瓦时，相当于少耗标煤637吨，减排二氧化碳约5156吨。电费回收率99.98%，提高0.05百分点；城市供电可靠率99.97%，提高0.0099百分点；农村供电可靠率99.94%，提高0.0460百分点；百万客户投诉率27次/百万户，比计划指标低15次/百万户；客户平均停电时间12.25小时，降低1.39小时。海口供电局先后获全国“模范职工之家”、海南省2014年度“A级纳税信用等级”、海口市2014年度“安全生产工作先进企业”、中国南方电网有限责任公司2014年“节能环保先进集体”“新闻宣传工作先进集体”，海南电网有限责任公司2014年度“先进单位”“法律工作先进单位”“信息化工作先进单位”等10余项市级以上荣誉，并在市委、市政府主办的30类窗口行业党风、政风、行风建设社会评价中排名第一。

【电网建设和改造】2015年，海口供电局修编完成《海口市“十三五”配电网规划》《海口电网跨越式发展规划》。年内，《海口市电力专项规划》通过市规委会审议，实现电网规划和市政各类规划无缝对接。全年完成375个项目的可研编制工作，其中173个项目在2015年“稳增长”投资中安排，其余202个项目纳入2016年投资计划中，进一步夯实项目储备库。工程建设全过程管控取得成效，开工计划完成率、进度计划完成率和结算计划完成率均达100%。完成基建和技改工程结算134项，金额4.88亿元，创历史最好水平。供电部门与海口市政府紧密沟通协调，有效解决项目青苗赔偿阻工问题，龙泉、江东及永玉II回等项目顺利推进，全年完成固定资产投资8.64亿元，提升42.52%。

【供电安全生产】2015年，海口供电局采用安全生产风险管理体系理念落实771项风险防控措施责任，闭环管控123项电网风险，全年发生电力安全事件7起，下降53%。设备管理进步明显，全年变电设备故障停运5起，下降28%；输电线路跳闸29次，下降43.13%，其中主网输电线路连续两年树障零跳闸；配网线路跳闸92条次，下降54.23%，石山、龙桥、三门坡、旧州、红旗供电所零跳闸；配网线路跳闸率2.77次/百千米·年，下降55.09%，其中因客户设备故障原因引起的跳闸次数下降17.24%。海口电网在全省率先完成第一、第二批防风加固工程，有效提升电网抗风能力，抗击台风“鲸鱼”“彩虹”期间主网零跳闸、小区配电房无一因进水导致停电。

【电力供应与保障】2015年，海口供电局科学应对海口市高达23万千瓦的电力缺口和持续高温叠加影响导致的严重缺电形势，创新建立有序用电四级微信群，协调政府、客户、媒体和有关各方共克时艰，坚持做到“六个100%”，限电176天期间争取到社

2015年海口供电局各供电所售电量情况表

单位：万千瓦时

供电所	售电量	供电所	售电量
龙华所	180247	演丰所	19733
秀英所	131990	石山所	35737
美兰所	88159	灵山所	25734
琼山所	56252	东山所	3707
长流所	66194	大坡所	1369
云龙所	4150	新坡所	1704
龙桥所	10364	大致坡所	3774
旧州所	2060	三门坡所	7169
红旗所	1655	三江所	6988

会的广泛理解，最大程度减少缺电影响。想尽办法挖掘供电潜力，110千伏美丽沙输变电工程按时投运，缓解海甸岛地区“卡脖子”问题，通过转移负荷、新增布点等措施有效缓解110千伏凤翔站、35千伏灵山站和20条10千伏线路、70个公变台区的重过载问题。全力配合省、市政府“百日大会战”活动，为海秀快速路等重点项目建设靠前服务优先保障，省、市重点项目全部按期或提前供电。圆满完成博鳌亚洲论坛年会、抗战胜利70周年纪念活动、文昌航天城第一阶段合练任务等重要会议及活动保电408天次、共130次保电工作任务，出动发电车56次，保供电工作做到万无一失。

【行业用电】2015年，海口辖区完成售电量64.7亿千瓦时，增长6.8%。客户总数34.48万户。其中：第一产业，客户数6185户，用电量1.18亿千瓦时，占全部售电量的1.82%，增长10.24%。第二产业，客户数1.03万户，用电量17.84亿千瓦时，占全部售电量的27.57%，减少1.45%。第三产业，客户数3.07万户，用电量33.51亿千瓦时，占全部售电量的51.79%，增长9.18%。居民生活用电，客户数29.76万户，用电量12.17亿千瓦时，占全部售电量的18.82%，增长13.58%。其中，城镇居民19.34万户，用电量8.23亿千瓦时，增长13.1%；乡村居民10.42万户，用电量3.94亿千瓦时，增长14.61%。

【电力营销及管理】2015年，海口供电局电费回收工作创历史最好成绩，全局回收率上升0.05百分点，非现金缴费率完成99.63%，上升13.84百分点；年内撤销11个营业站，设立268个邮政便民缴费点，有17家供电所实现零柜台现金缴费。加强线损过程管控，做到指标分解、预控、分析与考核，推进线损竞标，综合线损率完成4.50%，在省会供电局中处于领先水平。电动汽车换电站布点和设施进一步完善，完成龙华充换电站2层主控楼及停车场报建审批工作，世纪大桥下方新增1个布点的工作进入项目前期阶段。

【供电科技创新】2015年，海口供电局以技能培训、技术攻关、成果应用等为重点拓展科技创新模式，劳模工作室创建工作初见成效，其中“贝嘉鹏”创新工作室获得实用新型专利5项、软件著作权1项及上级单位创新成果表彰10余次。“液压弹簧操作机构清洗及真空注油装置”“环网柜电缆T型头测温试验系统”和“新型不倒安全围栏”等一批创新成果应用于工作中，进一步提高工作效率和质量；“10千伏加长型热缩电缆中间头制作应用”缩短电缆线路抢修复电时间近1个小时，为客户和供电企业创造良好的经济效益和社会效益。

2015年海口供电局各供电所电费回收完成情况表

单位名称	电费回收率	单位名称	电费回收率
龙华所	99.99%	大坡所	100.00%
秀英所	99.99%	旧州所	100.00%
美兰所	99.99%	红旗所	100.00%
琼山所	100.00%	大致坡所	100.00%
长流所	99.96%	云龙所	100.00%
灵山所	99.65%	新坡所	100.00%
石山所	100.00%	三门坡所	100.00%
演丰所	100.00%	东山所	100.00%
三江所	100.00%	龙桥所	100.00%

【小区抄表到户】2015年，海口供电局小区抄表到户工作稳步推进取得阶段性成效。配套收费政策《海口市新建住宅小区抄表收费到户供配电设施建设及维护收费标准》3月20日实施。全年共有19个新建小区缴纳供配电设施工程配套建设费用1617万元，接收客户资产6765万元。

【有序用电】2015年5～8月，受海南相关电厂投产推迟、燃气供应不足、发电机组脱硝改造、500千伏海底电缆停电检修等造成发电出力不足和海口地区持续高温叠加影响，海口地区出现历史罕见的严重缺电形势，最大电力缺口39万千瓦，占总需求的30.2%，属于I级“特别严重”缺电级别。为应对夏季极为紧张的电力供需矛盾，供电局与市政府密切沟通，编制出台《海口市2015年有序用电方案》，同时，组织各相关单位、企业全力参与有序用电工作，优先保障重点单位、重要企业和居民生产生活用电，对商业用户、一般工业用户及其他企业实行错避峰限电措施。通过微信群向市政府和客户及时发布每月、每周的限电计划，对于超标的供电所、客户随时进行通报，并督促限电执行到位。7月1～4日，海口供电局累计接到报修工单近600条，全局组织380余人的专业抢修队伍和400余名外援抢修人员24小时值班，随时投入故障停电抢修作业。急修人员日夜抢修连续作战，对部分有条件的线路，采取带电作业，尽力保障居民正常生活用电。实现“限电不拉路，错峰不减产，电量稳增长，客户零投诉”的承诺。

（李建明　王庭军）

民生供气

【管道燃气管网建设】2015年，海南民生管道燃气公司完成海口地区新增燃气干支管铺设总长度56千米，比上年减少5%。主要有美安工业园区、金沙湾北片区、西海岸片区、新东大桥、新埠岛四号路、江东大道等。至2015年，海南民生管道燃气公司在海口管道天然气管网及配套工程上累计投资9.08亿元，其中管网资产8.67亿元，管网总里程约1500千米。燃气管网覆盖东抵桂林洋高校区、西达粤海大道、南至云龙产业园、北至海甸岛碧海大道的海口市90%的主城区。年底，天然气供应能力2.2亿标准立方米/年；居民用户合同签约户数突破40万户，工商用户超过2000户。

【管道天然气供应】2015年，海南民生管道燃气公司管道燃气销售量1.13亿立方米，增长5%，发展居民用户3.78万户，增长11.3%。全年公司实现主营业务收入4.06亿元，利润4368万元。

【气源供应】2015年，海南民生管道燃气公司海口管道燃气气源构成主要为：中海油东方及乐东天然气、中石油福山管输天然气及其他非管输高气源。全年供气量约1.15亿标准立方米，其中东方天然气及乐东天然气供气量7923万标准立方米，减少7%，占气源供应的69%；福山天然气供气量2663万标准立方米，增长86%，占气源供应的23%；高价气源（液化石油气、液化天然气、压缩天然气）供气量543万标准立方米，减少16%，占气源供应的8%。

【实施阶梯气价】2015年，为保障居民基本生活用气需求，引导居民节约用气，促进天然气市场持续健康发展，8月31日，海口市举行居民生活用气阶梯价听证会。经省物价局批复，11月1日起，实行阶梯气价。第一档用气量为户年用气量0～277（含）立方米按3.15元/立方米收费；第二档用气量为户年用气量278～421（含）立方米按3.78元/立方米收费；第三档用气量为户年用气量422立方米以上按3.96元/立方米收费。

【燃气管网安全运营管理】2015年，随着供气规模的扩大，管线的延长以及管网设施的自然老化，管网运营压力增大。海南民生管道燃气公司采取一系列措施保障管网的安全运行。(1)创新安检手段，不断完善安检质量。全年共完成安检13.25万户，增长5%；发现隐患1.24万户次，处理8666户次，未处理的隐患中胶管老化问题有3000余户次；处理6起燃气泄漏爆燃事故。实行候鸟用户定期专项安检制度，针对海口候鸟用户比例高、居住时间短且集中的特点，每年12月至次年3月集中人力对候鸟型小区进行地毯式安检排查。(2)落实管网全面检验工作。共完成56千米埋地燃气管道的全面检验工作，包括宏观检查、防腐层检测、阴极保护电位检测和开挖坑检等检测项目；完成燃气管网GIS主要干管、调压箱等的数据核对工作。(3)加强管网巡检维护工作力度。公司从管理流程、人力配置、监督检查等方面入手，加强管线巡检、维护工作力度。完成2129个阀门井、2797个调压箱的维护保养工作；按计划完成22条道路的管线定位工作，增补1024个燃气标志，提高燃气管道的安全性。(4)配合做好市政道路改造及施工监护。公司推行开挖（占压）三级协调管理制度，强化现场交涉和监护力度。年内完成丘海大道与南海大道交界处临时疏导点移动板房、海秀中路农垦移动板房、阳光巴洛克金棕榈小区等26处燃气管道的占压清除及整改工作。同时，为确保管网安全运行，对影响较大的施工工地采取班组责任制，确保管道附近开挖施工工地有专人现场监护。(5)实施1078个小区的立管、天面管普查工作，并根据普查情况完成76个小区的8883米天面管、6.5万米立管防腐工作，确保燃气供应的安全性。(6)推行分片分级抢险管理，实行24小时专人值班，提高抢险响应能力和抢险时效。全年发生管网破坏事故11件，管网维护处理6168件，开挖、占压管道2132件，开挖监护3132次，值班抢修或抢险7174件。

【用气安全监管】2015年，海口市市政市容委委托海口市燃气协会组织编制海口市行政区域内瓶装液化石油气充装站和燃气汽车加气站两部分的燃气设施保护范围，10月编制完成《海口市燃气设施保护范围专篇》，通过专家评审并报市市政市容委通过成果验收。委托省燃气协会修订《海口市燃气管理条例》，按程序上报市政府和市人大常委会。为推动海口市液化天然气应急保障体系建设，与市能源办考察广东省的建设情况，通过借鉴该省的先进经验，完成《海口市液化天然气（LNG）应急保障体系建设方案》并上报市政府。11月6～8日，在民生燃气公司举办海口市燃气经营三级网点员工上岗培训班，205名学员经理论考试和实际操作考试合格后发上岗证。6月、11月，市市政市容委牵头市安监局、市消防局、市政管理局、市质监局、市工商局、各区城管大队、省燃气协会等单位开展2015年两次燃气安全联合大检查，对全市气源厂、二级气站进行安全检查，指导协调各区开展对三级分销网点的安全检查工作，两次联合行动共检查2家气源厂、20家液化石油气充装站、21家CNG和LNG汽车加气站，取缔无证经营点2家。

（潘家虹　刘学祝）

国土资源管理

【国土资源管理概况】2015年，海口市国土资源局坚持保障发展和保护资源，加强土地利用管理服务工作。开

2015年10月19日，国土资源部党组成员、国家土地专职副总督察、总规划师严之尧（中）到海口调研。（市国土资源局 供稿）

展土地征收工作，落实被征地农民社保问题，全年征地补偿方案报批70宗，涉及面积766.26公顷，申请落实社保的项目6个，面积9.62公顷；稳步推进土地供应，实际收取土地出让金72.55亿元；扎实推进土地储备，收储入库土地面积666.67公顷，土储项目融资27.133亿元；组织农用地转用报批，完成2013年、2014年和2015年城市建设用地农转用及土地征收方案报批工作；全年处置闲置土地52宗，面积138.93公顷；立案查处土地违法案件87宗，涉及土地面积122.08公顷。海口市不动产登记局挂牌成立，全市不动产统一登记工作全面启动。

【土地规划】 2015年，海口市国土资源局结合“多规合一”制度，组织编制《海口市土地利用总体规划调整完善方案》。完成红旗、云龙、旧州和龙塘4个镇的土地规划调整工作；启动龙桥、甲子、龙泉、遵谭、新坡、永兴和三江7个镇的土地规划评估工作。

【土地储备】 2015年，海口市国土资源局收储入库土地面积666.67公顷，完成全年工作目标；办理土地出库面积421.2公顷。处理解决储备地界线重叠、储备地补偿、储备地纠纷、征地遗留问题等31宗；完成政府储备地道路、绿化部分划拨手续866.67公顷。在土地运营方面，将抵押在国开行的储备地按照不同项目包装，设立最高额抵押担保模式，有效释放存量抵押物的价值量，缓解抵押物不足的被动局面。年内共释放出68亿元的提款，保障棚改项目的用款需求。全年为政府投资项目新增融资19.37亿元，土储项目融资27.13亿元，共提供224.81公顷抵押储备地，价值90.51亿元。

【土地交易】 2015年，海口市共签订各类用地出让合同（含划拨决定书）63宗、面积269.78公顷，其中一级市场供应土地57宗、面积256.42公顷，划拨用地6宗、面积13.36公顷。土地二级市场共办理土地转让业务227宗，面积49.67公顷；办理抵押登记379宗，面积2985.77公顷，抵押金额748.77亿元。完成国有土地招拍挂52宗、面积308.9公顷，成交金额78.89亿元，实际收取土地出让金72.55亿元，完成年度目标任务。

【土地评估】 2015年，海口市土地共评估备案517宗，其中一级市场拟挂牌出让宗数181宗，按时完成土地挂牌评估及重点项目评估工作；市国土资源局做好土地评估业务数据建库工作，整理完成2010~2014年12月共1137宗评估宗地资料。

【地籍管理】 2015年，海口市国土资源局协调完成2014年度4423个图斑土地变更调查工作，及时更新数据成果。全面铺开全市共有宗地确权登记发证工作，制定《海口市农村土地共有宗分割确权登记发证工作中期考核方案》，组织有关专家对4个区中期工作成果进行考核检查。全市完成地籍测量面积2.54万公顷，权属调查

2015年1月8日，国土资源报社社长一行莅临海口市国土资源局并授予海口市国土资源局2014年度“新闻宣传全国先进单位”锦旗。（市国土资源局 供稿）

面积2.34公顷，审核宗地面积7644.33公顷。成立海口市不动产统一登记工作领导小组，印发《海口市不动产统一登记工作方案》，全面加快推进统一登记工作。根据《海口市五类土地核查工作方案》，完成南渡江大桥以南、龙塘饮用水取水点以北、海口市蓝线规划范围内及向外延伸500米范围内的土地权属情况、土地利用总体规划情况及土地现状情况核查工作，核查范围内土地总面积2016.33公顷。根据海南省海岸带保护与开发专项检查工作要求，牵头完成海口市自平均大潮高潮线起向陆地延伸200米范围内及向陆地延伸200米外、300米范围内土地开发利用情况调查工作，及时汇总相关基础数据，促进海岸带保护与开发。

【耕地保护】2015年，海口市根据国土资源部下发的海口市城市周边永久基本农田初步任务数据和海口市“多规合一”方案编制要求，结合土地利用总体规划调整完善工作，市国土资源局组织开展永久基本农田调整划定工作，基本上完成调整划定任务。全市初步调整划定基本农田5.79万公顷，超出全市基本农田保护目标1822.86公顷，其中保留原基本农田4.71万公顷，补充划定基本农田1.08万公顷，所有调整划定图斑均为耕地。调整划定的基本农田布局更加合理，基本上消除基本农田与其他规划的矛盾，切实加强耕地保护。

【土地开发整理】2015年，海口市加强土地开发与整理，保护土地资源。省级土地整治项目方面，在建项目4个，整治规模2903.62公顷，总投资7501.91万元；新建项目3个，整治规模1471.02公顷，总投资7287.6万元。市级土地整治项目方面，新建基本农田整治类项目1个，整治规模75.16公顷，总投资131.94万元；耕地占补类项目建设13个，整治规模1311公顷，总投资1.35亿元，新增耕地698公顷。

【土地征收】2015年，海口市征地补偿方案报批83宗，涉及面积937.19公顷，已签订协议面积1027.25公顷（含2014年部分征地公告）。积极做好被征地农民参加社保工作。经核实，需落实社保项目13个，涉及征地总面积49.77公顷，享受社保的面积96.59公顷，涉及参保户数1911户5047人；应落实的资金总费用3358.73万元，申请落实的项目6个，面积9.62公顷，费用394.38万元。移交储备入库土地14宗，面积383.99公顷，其中东环铁路项目面积143.67公顷。对2013年以来土地大收储项目进行清理，将已征土地上图，面积3133.57公顷。

【建设用地管理】2015年，海口市国土资源局完成2013年度城市建设用地农用地转用和土地征收实施方案上报工作，涉及用地总规模334.58公顷，包括海秀快速路一期，东西环联络线、省儿童医院、江东污水处理厂等省市重点项目；完成2014年度城市建设用地农转用和土地征收实施方案3个批次上报工作，涉及新增建设用地90.78公顷。主要安排长影环球100、灵山绿地修改项目、演丰城乡统筹示范镇项目、万达综合体项目等；完成2015年城市建设用地农转用及土地征收方案报批工作，国务院批准新增建设用地248.67公顷。

【重点项目用地服务】2015年，海口市国土资源局调整用地规划，保障重点项目落地。完成海口市土地利用总体规划中心城区建设用地规模边界调整审查并报国土资源部获批，落实长影海南国际影视产业基地项目和海南师范大学桂林洋校区项目；完成南渡江引水工程项目、海南省红岭灌区工程项目等8个国家（省）重点项目的用地规划局部调整；向省国土厅申请开展南海明珠人工岛等7个“百日大会战”项目的土地规划局部调整工作。组织项目用地供应。加快推进灵山棚改、五源河棚改、长影环球100、新海物流园、荣丰红旗旧改等挂牌项目用地的整改工作，各项目中具备条件的地块均实施出让；组织实施嘉华国际汽车园、镇海村、观澜湖项目、南海明珠项目、万达城市商业综合体项目等用地供应工作。组织观澜湖项目4期31个地块38.87公顷，价款4.08亿元供地方案编制报批工作。

【不动产登记制度改革】2015年10月，海口市不动产统一登记工作领导小组成立，由市政府主要领导任组长，分管领导任副组长，政府办公厅、国土、编办、财政、住建、林业、农业、海洋渔业、法制、公安、税务、各区政府的主要负责人为小组成员。10月30日市政府印发实施《海口市不动产统一登记工作方案》，全面加快推进统一登记工作。由市编办会同市国土局等部门，成立不动产统一登记机构课题调研组，考察学习徐州、青岛、贵阳等城市的做法和经验，根据《不动产登记暂行条例》等文件和有关通知要求，配合人事处进一步厘清海口市不动产产权登记现状及各部门人员编制情况，对海口市不动产登记职责和机构整合提出可行性建议。12月30日，海口市不动产登记局在海口市国土资源局地籍管理处挂牌成立，全市不动产统一登记工作全面启动。

【南渡江流域土地整治】2015年，海口市南渡江流域土地整治重大工程落实建设资金13.41亿元，其中安排用于土地整治资金12.55亿元。由市国土资源局组织实施的11个示范项目完工9个，组织竣工验收6个；移交区实施的11个一般项目全部完成移交工作，其中4个开工，4个正在组织招投标工作。竣工的马坡、新彩项目以及龙泉、雄丰等项目，通过土地整理带动农业产业发展，取得很大的成效。全省土地整治工作现场会选定重大工程马坡项目为观摩点，展示海口市重大工程土地整治工作成果。

【土地测绘】2015年，海口市国土资源局推进“数字海口”项目建设；对

2015年3月30日，海口市副市长鞠磊（左三）调研南渡江土地整治项目。
（市国土资源局 供稿）

在海口市承揽测绘项目的省外测绘单位开展检查，并要求相关单位对测绘项目进行备案，有7家单位共9个项目进行备案，保障海口市基础测绘有序发展。完成地籍调查业务714宗，其中美兰区236宗、秀英区70宗、龙华区148宗、琼山区260宗；日常宗地测量及放桩2838宗，其中美兰区850宗、秀英区571宗、龙华区582宗、琼山区835宗；完成2014年度土地变更调查图斑及批而未用图斑共4423个、2014年度卫片执法检查图斑2252个内外业核查工作和海岸线200米范围内及南渡江500米范围内专项清查违法建筑的测量与制图工作；完成海口桂林洋经济开发区41平方千米基础地理数据测绘工作；完成海口市共有宗地、基本农田、储备地、四类、五类土地地块，以及“百日大会战”项目用地农转用和土地征收等各类图件的制作。

【土地纠纷调处】2015年，海口市财政局拨付45万元专门用于跨区土地权属纠纷和历史遗留问题的调处工作，土地纠纷调处工作经费落实。市国土资源局完成海口市非林地土地纠纷排查工作，将排查出的5宗非林地土地纠纷案件上报省国土资源厅；稳步推进桂林洋农场与周边村庄土地历史遗留问题调处工作，桂林洋农场与演丰镇塔市村委会大塘、桃兰、云门村民小组3宗插花地的土地权属争议问题，经多次组织协调，双方初步达成共识，同意桂林洋农场以每亩13.5万元补偿给各村民小组并签订补偿协议；3宗争议案件涉及林地移交市林业局处理。

【矿产资源管理】2015年，海口市国土资源局落实联合国教科文组织公园网络执行局对世界地质公园海口园区再评估提出的整改意见，进一步完善公园软硬件建设与管理机制；组织修编世界地质公园海口园区规划。完成挂牌出让建筑用玄武岩采矿权1宗，收取采矿权价款205万元。会同水务部门完成秀英区东山镇2宗建筑用砂矿的前期勘查及评估工作，进行挂牌出让。完成2014年度采矿权年度检查工作和2014年度海口市地质环境年报工作，全面启动2015年度矿山储量动态监测工作。抓好矿山企业生态环境恢复治理，对已注销的采石场进行全面检查，督促其按照治理方案的要求做好矿山生态环境恢复工作。做好2015年度地质灾害防治工作，制定《海口市2015年度汛期地质灾害防治方案》，开展地质灾害隐患点排查，制定应急预案，保障经费，在各废弃矿坑设立安全警示石牌80块，落实措施做好地质灾害防治工作。

【地质公园管理】2015年，海口市国土资源局认真落实联合国教科文组织公园网络执行局对2014年公园再评估提出的整改意见，进一步完善公园软硬件建设与管理机制。会同湛江湖光岩管理局赴北京分别与中国世界地质公园网络中心、国土资源部汇报，了解公园边界调整有关问题；会同湛江湖光岩管理局组织有关专家实地考察公园各地质遗迹点及周边的土地资源情况，为公园边界调整和划定提供可靠依据；根据联合国教科文组织公园网络执行局对2014年公园再评估提出的整改意见，组织召开工作研讨会并制定《雷琼世界地质公园再评估迎检工作方案》，明确整改工作具体事项；与湛江园区共同研究边界调整方案提交执行局审查，就公园边界调整方案分别征求发改、规划、建设、旅游、林业、海洋等部门及秀英区政府的意见；会同湛江园区编制《雷琼世界地质公园申报书》，经市政府同意后上报省政府批准并提交世界地质公园网络执行局，市机构编制委员会于11月26日批复设立石山火山群地质公园管理处，核定财政预算事业编制8名。启动《海口石山火山群国家地质公园规划》修编工作，委托南京大地旅游资源策划研究有限公司承担公园规划修编工作，年内完成有关资料收集、基础图件制作、地质遗迹点及其保护现状的实地调查研究和定位，并完成《海口石山火山群国家地质公园边界调整方案图》和《海口石山火山群国家地质公园地质遗迹保护规划图》。向市政府上报《关于海口石山火山群国家地质公园规划修编公园边界调整的请示》，并经市政府同意后上报省国土资源厅；完成雷琼世界地质公园总体规划环评编制工作并报环保部审查通过。

【闲置土地清理处置】2015年，海口

市国土资源局共处置闲置土地52宗，面积138.93万平方米；征缴土地闲置费20宗，面积46.47万平方米，征缴3627.14万元；经报市政府批准办理延期开发手续的30宗，面积78.22万平方米，已全部签订《国有建设用地限期开发协议》，重新约定项目用地的开、竣工日期。

【共有宗地确权登记发证】2015年，海口市国土资源局全面铺开全市共有宗地确权登记发证工作，并按照省、市工作部署，于年底前完成95%工作任务。制定《海口市农村土地共有宗分割确权登记发证工作中期考核方案》并印发各区。6月17~19日，组织有关专家对4个区中期工作成果进行考核检查。海口市农村土地共有宗地分割确权登记发证工作任务面积3.68万公顷，至12月31日，完成地籍测量面积2.88万公顷，占比78%；完成权属调查面积2.42公顷，占比65.8%；完成审核宗地面积9960.71公顷，占比27.1%；完成制证面积69.1公顷，占比0.18%，未能按期完成95%工作任务。

【委托管护四类土地】2015年，海口市国土资源局将全市储备地、闲置地、街（村）边空地、废弃矿坑等"四类土地"委托给4个区政府管护，10月16日出台《海口市四类土地（储备地、闲置地、街［村］边空地、废弃矿坑）委托管护方案》，督促指导各区加强管护，"四类土地"充分用于"双创"的临时安置、停车场及城管、环卫、园林等工作，提高"四类土地"利用效率。经市国土资源局摸底调查，海口市4个区共有"四类土地"1227宗，面积8252.13公顷。其中，储备地778宗，面积6611.68公顷；闲置地328宗，面积1424.32公顷；街（村）边空地86宗，面积22.40公顷；废弃矿坑35宗，面积193.73公顷。市国土资源局将全市储备地进行套图作业，明确所有储备地的位置，并落实到影像图上。年内，秀英区完成闲置地、储备地分布图，龙华区完成储备地影像图，美兰区完成闲置地及废弃矿坑权属意见图、分布图。

【土地执法监察】2015年，海口市国土资源局开展土地案件的查处工作，全年立案查处的土地违法案件87宗，涉及土地面积122.08公顷，需拆除违法构建物面积41.03万平方米，没收违法构建物面积34.26万平方米，罚款5526.03万元，已缴罚款1038.45万元；建立海口市土地执法共同责任机制，拟定《海口市土地执法共同责任机制》；推进高尔夫球场整改工作，对高尔夫球场的违法用地进行处罚，追缴罚款1206万元，并督促各球场对不符合规划的耕地进行复垦，涉及面积3.2公顷；对秀英区5家涉嫌无证采石现场进行查处，对全市非法采砂点实施一个半月的打击整治，共取缔非法砂场24家，立案查处的矿产违法案件36宗，下达行政处罚决定书36宗，罚没款95.5万元，已缴款83万元。

【土地资源信息化】2015年，海口市国土资源局主要完成执法监察信息管理系统、人事管理系统、公文归档流程的开发。同时，对建设用地报批系统、新档案管理系统、土地供应系统等17个业务系统进行升级改版，使业务办理更加方便和高效。在数据建库方面，完成储备地建库档案、执法监察系统建库、土地供应图形属性对应坐标、土地评估备案系统建库等数据录入4516宗；配合进行执法监察、土地征收、土地供应等坐标转换及上图，处理"百日大会战"数据处理上图约400条，充分利用信息系统，提高工作效率。

【国土事项行政审批制度改革】2015年，海口市国土资源局以"报件最精、环节最简、流程最优、时限最短"为目标，推进行政审批制度改革。清理非行政许可审批事项，保留非行政许可审批事项3大项15小项；规范抵押登记收费，5月初实施新的土地抵押登记收费；下放4项行政审批事项；制定市国土资源局权力清单，包括行政许可清单、行政管理服务清单、行政处罚清单、行政征收清单，共55大项31小项；清理行政审批前置中介服务范围；精简行政审批和行政审批前置条件；理顺分局深化行政审批制度业务。全年受理各类审批项目1.03万件，办结9710件，按时办结9470件，按时办结率97.58%；提前办结1934件，提前办件率19.93%，共节省2.13万个工作日。

【国土事项信访维稳】2015年，海口市国土资源局高度重视信访问题，全力做好领导信访包案工作，每个案件明确一个责任单位、落实一名责任领导、组建专门工作班子、制定工作方案予以解决。全年受理信访投诉件485件，其中办结454件，办结率94%。其中受理上级转办、群众来信来访110件，办结89件，办结率81%；12345热线转办345件，办结338件，办结率98%；网络问政来件30件，办结27件，办结率90%；接待来访群众86批次，210人次。信访工作获评为全国国土资源系统先进单位。

（梅攀峰）

海洋管理

【海洋管理概况】2015年，海口市海洋和渔业局贯彻落实海南省委省政府加快建设海洋强省的决定，全面贯彻实施市委提出的"北拓"战略思想，全力推动区域用海项目建设，保障重点项目用海需求；强化海洋综合管理，开展海域岸线领域突出问题专项治理，加大海洋执法力度，提升海洋环境监测能力，为海洋经济发展保驾护航。全年海域申请18宗，批准海域使用面积418.06公顷；海洋执法检查65次，立案18宗，收缴罚款68万元；征收海域征用金3.2亿元。全

2015年6月7日，国家海洋局局长王宏（左四）现场调研海口万绿园至印象剧场段海岸线设施灾后应急修复工程项目，海南省委常委、海口市委书记孙新阳（左五）陪同。（张　峰　摄）

2015年6月16日，国家海洋局第三海洋研究所所长余兴光（左三）考察、指导海口市海岸线修复工作。（市海洋渔业局　供稿）

市海洋产业生产总值250.07亿元，比上年增长23.97%。

【海洋环境保护】2015年，海口市海洋和渔业局组织海域使用论证会1次、海洋环境影响评价论证会2次、海洋环境影响报告书核准听证会1次。根据国家海洋局《关于报送国家级海洋保护区总体规划有关事宜的通知》的要求，市海洋和渔业局委托国家海洋局第三海洋研究所编制《海口国家级海洋公园选划论证报告》和《海口国家级海洋公园总体规划》，经海口市政府同意并上报海南省政府。7月，根据市政府关于假日海滩环境综合整治工作的部署要求，市海洋和渔业局制定《海口市海洋和渔业局假日海滩环境综合整治工作方案》，向假日海滩开发管理有限公司下达《关于对海口假日海滩浴场粪大肠菌群含量超标进行整改的函》，要求做好假日海滩海域、海边烧烤园、公共厕所、游乐场所等公共场所的卫生保洁工作，严禁未经处理的生活污水、液体废弃物等直接排入海中，严禁向海里便溺和乱扔瓜皮果核、包装物及其他废弃物，严格控制船（艇）油污，制定出租船（艇）漏油的应对措施；制定《2015年海口市假日海滩海水水质监测方案》，在假日海滩海域增加1个监测站位，即假日海滩海域共设4个监测站位。8～12月，对假日海滩海域海水水质进行9次监测。监测结果显示，假日海滩浴场海水水质为一类海水，海水水质满足其海域功能要求。

【海洋环境监测】2015年，海口市海洋和渔业局制定并印发实施《2015年海口市海洋环境监测工作方案》，分别在4月、5月、8月对全市近岸海域各海洋功能区域、重点入海排污口邻近海域、主要在建围填海工程及重点海水养殖区等14个功能区域的56个站位实施3个航次的监测，编写并发布海洋环境监测通报38期。同时，制定并实施《东寨港红树林自然保护区水质监测实施方案》，分别于4月、8月组织人员对东寨港港区及东寨港红树林自然保护区周边的塔市排污口、朱溪入海口、演丰西河入海口、演丰东河入海口、三江河入海口6个调查区域的35个站位各实施2个航次采样监测，编写发布12期调查监测通报。此外，根据海南省海洋与渔业厅关于近岸海水质量趋势性监测及重点海湾水质状况控制性监测任务的分工要求，5月和8月对海口近岸及海口湾实施2个航次采样监测，并将2个航次的监测分析结果上

2015年6月6日，海口市海洋和渔业局在西海岸举办“2015世界海洋日暨全国海洋宣传日净滩徒步公益行”活动。（市海洋渔业局　供稿）

报省海洋环境监测预报中心。针对3月3日海口美源贵族游艇俱乐部码头邻近海域发生赤潮，及时组织人员前往事发海域观察并实施采样监测，增强海洋水质环境应急监测。

【海域管理】2015年，海口市海洋和渔业局主动服务项目用海，受理项目海域使用权申请18宗，批准海域使用面积448.06公顷，其中海口市本级批准38.03公顷，报经海南省政府批准410.03公顷（南海明珠二期13个项目），颁发海域使用权证书5宗。依法办理海口丹娜国际游艇都会项目游艇码头工程海域使用权变更、组织海口千禧酒店填海项目竣工验收。全年征收海域使用金3.2亿元，增长111.7%。与中国石化海南石油分公司协调秀英5000吨级石油码头拆除事宜。对海口市如意岛、南海明珠二期、海口丹娜国际游艇都会项目游艇码头、海口港新海港区客货滚装码头等在建重点围填海项目进行地面跟踪监视监测15期，实现海域使用监管动态化。

【海洋开发利用】（1）如意岛填海项目。位于海南省海口市江东片区北侧海域，铺前湾白沙浅滩内，距离陆地岸线约为4.4千米，距美兰机场约17千米，距海口市中心约14千米。项目总投资约150亿元。2015年3月12日，海口市如意岛一、二期项目开始围填海施工，至12月31日完成投资36亿元，完成海上挤密砂桩施工约8万根，沉箱预制完成约50个。（2）南海明珠填海项目。位于海口湾湾口西侧，新国宾馆前方外海水域直线距离约2千米。项目总投资90亿元。2015年9月28日至10月15日，南海明珠二期13个项目410公顷海域使用权在海南产权交易所成功挂牌出让7.79亿元；11月19日取得13个项目海域使用权证书，至12月31日，13个项目陆域的吹填工程全部完工，累计完成投资40.7亿元。（3）新海港用海项目。位于粤海铁路轮渡南港的东侧，项目总投资38亿元，分两期建设，总泊位17个，总体通过能力可达270万辆车次、1800万人次。新海港区一期工程于2015年11月27日试运行。

【海岸线修复】海口市世纪公园至假日海滩海岸线设施受2014年台风“威马逊”和“海鸥”影响，许多地段损毁严重。2015年，海口市海洋和渔业局委托海南省海洋与渔业科学院编制完成《海南省琼北（海口市）海岸带修复整治项目工作实施方案》，向国家海洋局申请资金9146.56万元。海口市政府与国家海洋局海洋生态环境保护司对接，邀请国内外知名专家提出海口岸线生态保护的措施，并按此措施对海口岸线进行整治。12月30日，省财政厅下达海口市2015年海岛和海域保护资金预算（第二批）9000万元，占本批下达全省海岛和海域保护资金预算总额（2.3亿元）的39.13%，该资金主要用于海南岛北部海岸整治修复项目（海口岸段工程），建设内容包括海口市3个岸段的修复工程：⑴海口市世纪公园段海岸线灾后应急修复工程。投资总额938万元（其中中央资金770万元，地方财政资金168万元），建设单位为海口市城建集团有限公司，4月开工，7月底竣工。建设内容包括世纪大桥桥底下的渔港码头段和世纪广场高尔夫球场段堤防修复长218米；市政附属设施修复工程包括建设1600米人行道及骑游道修复建设，330米原有砼路表面处理，590米原有连锁砖道路段修复建设，原有190米砼护栏修复建设，1600米花岗石栏杆修复建设，0.8公顷绿化修复建设，以及其他配套水电设施建设。⑵海口市万绿园至印象剧场段海岸线灾后应急修复工程。投资总额7058万元（其中中央资金5785万元，地方财政资金1273万元），建设单位为海口市城市建设投资有限公司，4月开工，7月底竣工。修复西海岸防潮堤2744米，修复景观步级3座，下堤步级3座，新建桥涵2座；万绿园挡墙护面维修加固长945米；修复万绿园段防潮堤、人行步道长750米，修复海口湾段防潮堤、栏杆、花坛、水泥路面及路灯，主题景观构筑等设施，长2.2千米（不包含游艇码头范围），修复观海台段防潮堤、人行步道、护坡、栏杆栈道等设施，长4.5千米。⑶假日海滩及印象剧场海岸线灾后应急修复工程。投资总额

超强台风“威马逊”后修复的万绿园至印象剧场段护坡和护栏。图为印象剧场段，摄于2015年12月23日。（张　峰　摄）

2980万元（其中中央资金2445万元，地方财政资金535万元），建设单位为海口市旅游文化投资控股集团有限公司，4月开工，7月底竣工。修建堤防工程长1.3千米，其中墙式护岸长739米，坡式护岸长564米；海堤上设一条全长1143米、宽7米的滨海景观步道；排水工程、交通工程、配套照明系统和环境效果灯光工程、园林景观工程等配套工程。

【海口通过海岸带综合管理认证】2015年10月26～28日，东亚海计划资源部（PEMSEA）办公室、中国-PEMSEA海岸带可持续管理合作中心在青岛市召开东亚海计划海岸带综合管理认证第一阶段审核会议。乐亭、东营、连云港、泉州、海口、厦门、防城港7个示范区参加会议。海口市根据认证相关要求，顺利通过PEMSEA审查，成为全国6个首批通过海岸带综合管理认证的平行示范区之一。此次通过海岸带综合管理认证标志着海口市海洋管理工作从此走上国际交流与合作的舞台，将进一步促进海口市海岸带的健康可持续发展。11月19日，联合国东亚海项目地区办公室和国家海洋局在越南岘港共同举办的年会上，双方为连云港、厦门、海口、泉州、东营、防城港6个中国示范区颁发海岸带综合管理标准第一阶段认证证书。

链接：海岸带综合管理标准认证证书由GEF（全球环境基金）、UNDP（联合国开发技术署）、PEMSEA（东亚海环境管理伙伴关系计划）联合颁发，该标准体系认证是PEMSEA提升地方政府海岸带综合管理实施水平和能力的一项创新机制，是地方政府海岸带管理水平的体现。PEMSEA组织办公室设在菲律宾的马尼拉，成员国包括中国、日本、韩国、朝鲜、菲律宾、印度尼西亚、新加坡、柬埔寨、越南和东帝汶等国家。该组织领导的项目由全球环境基金资助，联合国开发技术署协调，旨在通过政府间、机构间、部门间的伙伴关系，保护维持人类生存的海洋生态系统、促进海洋和海岸带资源的持续利用和综合管理，从而实现东亚海可持续发展战略。至2015年，该计划项目已完成3期。经过20年的不懈努力，东亚海计划有效推动了各成员国开展海洋和海岸带综合管理的实践活动，促进各成员国的相互交流合作，积累和形成从污染控制到环境保护伙伴关系构建，到推进东亚海可持续发展的管理经验。

【海洋执法】2015年，海口市海洋和渔业局开展海洋执法检查65次，监督跟踪检查各类涉海项目8个，用海项目检查覆盖率100%，立案18宗，结案18宗，收缴罚款68万元，结案率100%。每季度开展海岛巡查一批次，海岛登岛检查覆盖率100%。

（李仕平）

2015年12月24日，海口市海洋和渔业局执法人员查处一起非法运输珊瑚礁行为。

（市海洋和渔业局 供稿）

环境保护

【环保概况】2015年，海口市环境保护局围绕绿色发展大局，集中力量抓好“强法治、促改革、守底线、治污染、固基础”环保五大任务，环境质量稳中有升，各项考核成绩优异。10月23日成立海口市生态环境保护委员会，初步建立政府在环境保护方面的宏观决策和引导机制，推动海口市各级政府和职能部门加强环保履职，“大环保”管理模式初步成型。海口市空气质量继续保持优良，在全国74个重点环保城市中排名第一；可吸入颗粒物（PM10）和细颗粒物（PM2.5）浓度较2013年考核基准年浓度分别下降14.9%和18.8%，超额完成2015年省政府下达的空气质量改善目标任务。海口市环境保护工作取得显著成绩，在生态省建设工作考核、全省环保目标责任制考核等多项省级考核中均被评定为优秀。海口市环境保护局先后被评为“省重点项目推进先进职能部门”“海口市政务信息工作先进单位”等。

【“十二五”期间海口环境质量持续保持一流】“十二五”期间，海口树立“生态立市，环保优先”的绿色发展理念，水环境质量良好，区域环境噪声昼间平均等效声级、交通干线噪声昼间平均等效声级连续5年均符合国家标准。坚持以资源环境承载能力为基础，完善环保规划体系，发挥规划引领作用，先后制定《生态城市建设规划》《水系规划》《循环经济发展规划》等多项规划，进一步强化生态环境保护体制机制。环保部门还编制环保专项规划，报市政府批准出台《海口市环境保护三年行动计划》《海口市南渡江流域土地整治重大工程项目环境保护不开发区域规划》。

调整工业布局，全市执行工业向园区集中，园区向西部转移发展布局，严格限制高物耗、高能耗和高污染项目上马，将环评作为新建项目备案、开工建设的前置条件，明确建设项目环保审批红线，“十二五”期间共审批建设项目5304个，否决不符合环保要求的项目173个。强力推进规划环评，开展美安科技工业园、东寨港旅游区等15个规划的环境影响评价工作，推动区域发展方式转变和产业结构优化。强化对自然保护区、重要湿地、水源保护区、森林等禁止开发区域的生态保护，出台《城镇内河（湖）水污染治理三年行动工作方案》及26个子方案，启动18条河流治理，海口纳入省财政生态转移支付范畴。加大海岸线整治力度，实施南渡江河道采砂综合治理，国家重点监控断面水质、近岸海域海水水质和城市集中式饮用水源地水质达标率、城镇生活垃圾无害化处理率均为100%。强化环境监管执法，打击环境违法行为。每年开展“整治违法排污企业保障群众健康”环保专项行动，开展环境综合整治，持续提升城市环境质量；开通环保微博、微信，实时方便群众环保咨询和投诉，快速查处损害群众环境权益的违法行为；出台《海口市网格化环境监管执法体系建设工作实施方案》，在全市范围内划分市、区、镇（街道）、村（社区）四级网格化环境监管执法体系。建成长达85千米的绿色休闲慢行系统，建成区绿化覆盖率42.7%，高于全国平均水平。

【大气环境质量优良】2015年，海口市环境空气质量状况以优良为主，AQI指数达到国家一级标准（AQI≤50）的天数272天、国家二级标准（50<AQI≤100）的天数77天、国家三级标准（100<AQI≤150）的天数5天、国家四级标准（150<AQI≤200）的天数1天，优良率98.3%，一级优占比76.6%，AQI指数范围为19～155。SO_2年均浓度5微克/立方米，比上年下降16.7%；NO_2年均浓度14微克/立方米，下降12.5%；PM10年均浓度40微克/立方米，下降4.8%；PM2.5年均浓度22微克/立方米，下降8.3%；CO日均值第95百分位数浓度0.9毫克/立方米，下降10.0%；O_3日最大8小时平均值第90百分位数浓度103微克/立方米，上升1.0%。

【水环境质量总体良好】2015年，海口市城市集中式饮用水水源地水质、国家控制的水质监测断面水质和近岸海域海水水质达标率均为100%。17条河流中，有11条河流水质达标，其中南渡江、白石溪、昌旺溪、铁炉溪、三十六曲溪、演州河、演丰东河、演丰西河等8条河流水质达到或优于《地表水环境质量标准》（GB 3838-2002）Ⅲ类标准，适宜游泳；鸭程溪、罗雅河、荣山河、芙蓉河、美舍河、五源河等6条河流水质不达标。建成区4个湖泊水质均超标，超标因子主要为总氮、总磷和氨氮。

【声环境质量总体水平较好】2015年，海口市功能区环境噪声昼间等效声级均值符合《声环境质量标准》（GB 3096-2008）；区域声环境昼间等效声级均值为55.0分贝，达到《环境噪声监测技术规范－城市声环境常规监测》（HJ 640-2012）二级（较好）；道路交通声环境昼间等效声

2015年4月28日，环保部华南督查中心副主任韩保新（左三）一行指导海口市环保综合督查工作。（市环保局 供稿）

2015年5月23日，环境保护部2015年联合国生物多样性十年中国行动之“六个一”宣传活动在海口市东寨港红树林自然保护区举行，海口市副市长孙世文（左四）出席活动。（市环保局 供稿）

级均值为68.3分贝，达到《环境噪声监测技术规范－城市声环境常规监测》（HJ 640-2012）二级（较好）。

【环境规划】2015年，海口市环境保护局初步完成《海口市环境总体规划》编制工作，将海口市划分为重点生态功能区、生态农业发展区、生态城镇建设区3个区，根据各环境功能区的区域特征、环境压力和问题，从环境功能目标、环境管理措施和发展引导方面提出针对性的分区管控要求；开展专项规划编制工作，初步完成《海口市环境保护“十三五”规划》《海口市畜禽养殖污染防治规划》《海口市生物多样性保护战略与行动计划》规划文本。

【生态保护红线划定】2015年，海口市环境保护局根据《海口市“多规合一”改革实施方案》要求，牵头开展海口市生态红线划定工作，将水源、自然保护区等生态极敏感、脆弱或生态服务功能极重要区域纳入红线区予以保护，初步划定陆域生态红线区面积515.57平方千米，占海口市国土面积2289平方千米的22.52%，其中禁止生态保护红线区113.55平方千米，占4.96%；限制生态保护红线区402.02平方千米，占17.56%。制定负面清单，对生物多样性保护、水源涵养等限制红线区提出分类管控要求；草拟《海口市生态保护红线管理办法》，对生态保护红线的划定、调整、保护、监督管理、绩效评估、生态补偿以及生态保护红线范围内土地利用、开发建设等活动作出具体规定。

【环境影响评价】2015年，海口市环境保护局推进产业园区、镇域规划环评，金鹿工业园、龙桥镇等6个区域规划环境影响评价通过审查，全年通过环评审批项目896个，通过竣工环保验收项目427个，否决不符合环保要求的项目10个；下放审批权项，将辖区内建设项目环境影响登记表、部分建设项目环境影响报告表的审批及其相应环境管理权限下放至区环保局；简化审批流程，取消建设项目试生产许可。

【生态海口建设】2015年，海口市制定《海口市贯彻落实2015年度海南省生态文明建设工作要点实施方案》，通过加强生态保护与建设，优化产业结构，发展生态产业，实施节能减排工程，开展国家级、省级生态示范创建和推进低碳试点建设，强化生态环境保护宣传教育，建立生态文明建设制度，全力营造生态文明建设氛围。海口市生态省建设工作考核成绩优秀，被评为“2015年生态省建设优秀市县”；2010~2015年海口市在生态省建设工作考核中连续6年考核成绩优秀。

【环境监测】2015年，海口市生态环境保护局开展水、气、声、土壤等环境要素和各类污染源的监测，为环境管理提供科学、准确的监测数据。全年共编制各类监测报告961份，获取各类监测有效数据11.6万个。分别通过省生态环境保护厅的标准化建设达标验收、省质量技术监督局的计量认证复查换证以及扩项评审，检测项目扩项至15大类，基本涵盖全市经济发展中的所有环境要素。年内，海口市大气预报预警系统正式投入使用，该系统的建成对广大市民的日常生活和出行提供空气质量的实时监控结果及预报预警信息，为市政府大气污染防治管理部门掌握空气质量和污染发展态势提供科学依据。海口市永庄水库水质自动监测站建成，实现对海口永庄水库水质环境的各项指标进行常规连续监测，对可能发生的生态破坏性灾害及时发布预报、警报，确保城市饮水安全。与南开大学合作开展的《海口市大气颗粒物来源解析工作成果报告》通过国家级专家论证。对符合条件的小、微企业（含个体工商户）实行免征环境监测行政事业性收费，全年共对符合条件的144家企业实行免征政策，降低小、微企业的经营成本，提高环境监测服务质量。

【试点环保权责清单编制】2015年6月，海口市环境保护局为海口市首批试点权责清单编制单位。为进一步理清各项行政权力和部门责任，加快形成权责清晰、分工合理、权责一致、运转高效、法治保障的政府职能体系，海口市环境保护局全面开展梳理工作职权、清理调整职权、明确行使权力责任、审核确认权责事项、优化权力运行流程等各项工作。共清理出行政权力事项103项（其中：行政许可事项共5项、行政处罚共76项、行政强制13项、行政征收1项、行政检查2项、行政确认2项、行政奖励2项、其他权力2项）；责任事项103项（其中：55项、与相关部门职责边界20项、事中事后监管制度18项、公共服务事项登记表10项）。通过对权责清单的清理，建立了权界清晰、分工合理、权责一致、运转高效的环保职能体系，确保环保行政职权事项的准确性、规范性、合法性及权威性，为全市环保事业发展提供有力的法治保障。

【污染物排放】2015年，海口市化学需氧量排放总量1.1万吨，氨氮排放总量3477吨，二氧化硫排放总量1580吨，氮氧化物排放总量9991吨，均控制在省下达的总量减排目标内（即化学需氧量1.45万吨，氨氮4350吨，二氧化硫1600吨，氮氧化物1万吨）。

【主要污染物总量减排】2015年，海口市环境保护局制定年度减排计划，加强组织领导，健全沟通协调、督查督办等工作机制，落实好各项年度减排任务。促进结构减排。严格环境准入，禁止上马高能耗、高排放项目，全年否决不符合环保要求的项目10个；实施清洁能源政策，调整公交和出租车辆燃油结构，全市有节能和新能源公交车1410辆，出租车731辆，主城区公交车和出租车清洁能源使用率分别达到82%和90%以上。推进工程减排。督促完成白沙门污水处理厂一期中控系统安装和深度处理减排目标工作；加强工业减排项目建设，完成12家工业企业脱硫设施在线监控设备的安装和联网工作，淘汰非法砖瓦窑和炭窑18家；推进畜禽养殖减排工程建设，完成海南罗牛山红明原种猪场、乌良鸡场等5家规模化畜禽养殖场的雨污分流和养殖废弃物综合利用工程。加强管理减排。实施机动车环保标准管理制度，累计发放黄绿标74.97万个；强化机动车环保定期检验和监督管理，对各机动车环保定期检验机构开展4次专项检查；推进黄标车淘汰，市政府印发《海口市淘汰黄标车专项实施方案》《海口市2015年黄标车淘汰工作计划》和《海口市提前淘汰黄标车财政补贴工作方案》，全年淘汰1.71万辆黄标车和老旧机动车，目标任务完成率128.26%，超额完成省下达的淘汰任务。

【环保综合督查】2015年，环境保护部将海口市选定为环保综合督查城市，并委托华南环境保护督查中心对海口市开展环保综合督查。检查范围全面覆盖海口市所有水和大气、重金属在线监测国控重点企业、部分省控市控重点企业、减排重点项目和农业源项目、群众集中投诉的部分重点信访案件，以及医药、化工、汽车配件、食品饮料等海口市重点行业，同时还对海口市的垃圾焚烧厂、医疗废物处置中心等环保基础设施和主要工业园区以及农村环境综合整治等情况进行现场检查，并组织开展两次大型调研和多次座谈交流，全面查找海口市生态环境保护体制机制存在的问题，并向海口市政府反馈《海口市环境保护综合督查报告》。海口市以此次环保综合督查为契机，坚持以问题为导向，深化各项整改工作，成立海口市生态环境保护委员会，建立政府在环境保护方面的宏观决策和引导机制，稳步推进"多规合一"，大力开展生态环境综合整治。通过环保综合督查，海口市环境基础设施进一步完善，绿色产业定位进一步明确，环境监管能力逐步加强，生态环境质量总体稳定，全市的生态环境保护工作取得积极进展。

【环保目标责任制考核】2015年，海口市环境保护局不断健全完善环境保护体制机制，着力解决影响群众健康的突出环境问题，进一步巩固和发展国家环保模范城市的创建成果，认真落实各项环境保护工作任务，全力做好2014年度环境保护目标责任制考核工作。环境保护目标责任制考核含四大项，共16项指标，经测评，2014年度海口市环境保护目标责任制考核指标的得分率98.33%，其中环境质量指标得分40分（满分），污染控制指标得分35分（满分），环境建设指标得分19分（满分），环境管理指标得分4.33分。各项环境保护指标达到或优于目标责任制的要求，完成与省政府签订的环境保护目标责任状中的各项内容。经省生态环境保护厅考核，2014年度海口市环境保护目标责任制考核再次获得全省优秀等次。

【环境保护大检查】2015年3月，海口市环境保护局在全市范围内开展环境保护大检查，通过全面深入排查环境风险隐患，依法严厉打击环境违法行为。共检查企业1830家，发现违法建设项目企业160家，违法排污企业75家，责令停止建设企业20家，责令停产企业46家，责令限期改正或限期治理企业167家，关停取缔企业2家，罚款企业89家，处罚金额234.11万元。

【大气污染防治】2015年，海口市环境保护局通过强化日巡查、周通报、月评比等工作机制，采取控车、降尘、禁烧（燃）、限烤、治企、增绿等6大措施，全面开展大气环境综合治理。加大工业废气治理力度，完成海南中地煤昌砖厂等15家煤矸石砖厂烟气治理工程，拆除富力盈溪谷小区周边新建3家不符合产业指导目录的砖厂生产线，完成位于城区的力神咖啡厂和白水塘益丰达医疗废物处置中心的搬迁工作；强化机动车污染防控，新增4个机动车环保标志核发点，累计发放黄绿标73.34万个，加快推进黄标车淘汰力度；加大城市扬尘整治，督促相关职能部门加强建筑施工工地文明施工管理，市政施工绿色施工，清理道路扬尘等措施，控制和减少城市扬尘；抓好社会面源污染，加强露天焚烧垃圾、秸秆监管力度，全市环境空气质量进一步巩固和提高。

2015年12月9日，环保部华南督查中心会同海南省生态环保厅召开海口市环保综合督查反馈会。

（市环保局 供稿）

【水污染防治】2015年，海口市环境保护局贯彻落实国务院《水污染防治计划》，制定《海口市贯彻落实国务院水污染防治行动计划实施方案》，提出对水环境质量、黑臭水体整治和饮用水水源达标方面的要求，以解决市域突出水环境问题为主线，推进海口市水环境污染防治工作；编制《海口市城镇内河（湖）水污染治理三年行动方案》等方案，计划用3年（2015-2018年）时间重点整治中心城区黑臭河渠。建立“河长制”，任命18条河的18个河长，明确各牵头部门的工作职责，设定治理工作时间节点，为推进全市城镇内河（湖）水污染治理起到指导统筹作用；编制完成《海口市城镇内河（湖）水污染治理三年行动水质监测和信息发布方案》，对全市43个城镇内河（湖）水体，包括纳入海口“双创”治理范围的12个水体开展水环境例行监测。年内，市环境保护局针对水体环境存在的问题，积极开展水环境综合整治工作。统筹指导海口市水环境污染防治，制定并报政府印发《海口市水污染防治行动计划实施方案》《海口市城镇内河（湖）水污染治理三年行动方案》；开展集中式饮用水水源地专项检查，列出问题清单，分别去函相关责任单位督促整改；完成饮用水源地界碑界桩缺失状况调查，开展界碑界桩修复工作；牵头开展专项水污染整治，制定并报政府印发《海口市河道综合整治工作方案》等方案，对存在水污染物超浓度、超总量排放、偷排及不正常使用水污染治理设施等问题的企业进行专项整治。

【医疗及危险废弃物处理】2015年，海口市环境保护局加强对全市医疗废弃物监管工作力度，指导全市医疗卫生机构依法对医疗废物进行收集和处置。全年医疗危险废物产生量为1721吨，集中处置量1721吨，医疗危险废物无害化处置率100%。开展2015年度危险废物规范化管理检查专项行动，严格危险废物产生、贮存、处置企业的环境监管，对海口市范围内重点危险废物产生单位和危险废物经营单位进行检查，主要检查危险废物申报登记制度和转移联单制度等规范化管理情况，共抽查危险废物产生和经营单位33家，督促企业完善制度，落实规范管理的要求。

【核与辐射安全监管】2015年，海口市环境保护局建立并完善辐射环境管理机制，不断规范核与辐射安全管理工作，有效保障海口市环境安全。全年受理投诉件29宗，对海口市核技术应用单位下达行政处罚告知书6家、限期整改1家，出动执法人员120余人次，检查单位56家，进一步掌握涉源单位的辐射安全管理情况，责令部分环保手续不齐全和管理不规范的企业进行整改。

【饮用水源地保护】2015年，海口市加强饮用水源保护区土地管控，完成永庄水库饮用水水源一级保护区土地征收，龙塘饮用水水源一级保护区52%土地征收协议的签订。搬迁拆除水源保护区及周边的违法建筑和排污项目，共强制拆除列入永庄、沙坡、龙塘水库拆除范围内的违法建筑171宗，面积达7.93万平方米。完成龙塘镇污水收集管网系统的疏通，实现龙塘镇墟区污水全收集全处理。严厉打击非法采砂行为，就地沉船保存船只4艘，捣毁非法采砂船22艘，吊离河道采砂船只6艘。开展城乡生活饮用水安全监测工作，监测合格率均为100%。围绕饮用水水源地保护工作开展应急演练，规范应急事件的处理程序和方法，提高对突发环境污染事件的应急处置能力。

【绿色创建】2015年，海口市环境保护局以绿色社区创建为载体，以改善环境质量为重点，以提高生态文明建设水平为目标，深入开展绿色创建工作，取得明显效果。琼山区佳元·江畔人家、龙华区都市森林住宅小区、美兰区滨海华庭住宅小区和秀英区菩提树小区等4家社区（小区）被评为海口市绿色社区。开展小康环保示范村创建活动，秀英区石山镇施茶村委会官良村、秀英区永兴镇永秀村委会博昌村、秀英区永兴镇建群村委会美梅村、琼山区大坡镇石桥村、琼山区红旗镇龙前村、琼山区三门坡镇美南村、美兰区大致坡镇咸来村委会桃园村等7个村庄被命名为“海南省小康环保示范村”。

【环保监察执法】2015年11月18日，海口市政府出台《海口市网格化环境监管执法体系建设工作实施方案》，初步建立市、区、镇（街）、村（居）四级网格化环境监管执法格局，形成横向到边，纵向到底的环境监管体系。市环境保护局通过加强队伍建

2015年5月23日，海口市环保局举办纪念“5·22”国际生物多样性日主题讲座。
（市环保局 供稿）

2015 年 9 月 17 日，海口市环保局邀请海南省环境科学院固体废物管理中心专家为学生传授臭氧层方面的环保知识，纪念第 21 个“国际臭氧层保护日”。

(市环保局 供稿)

设，规范监察管理，严格环境执法，积极调处环境纠纷，集中开展海口市环境保护大检查、打击典型水环境违法行为、大气污染整治等环保专项行动，对环境违法问题进行集中整治，依法查处一批典型违法案件。全年共检查企业 3283 家次，出动执法人员 7639 人次；立案处罚 147 宗，罚款 971.63 万元；申请法院强制执行案件 54 宗；移送公安机关行政拘留 4 宗，行政拘留 4 人；受理各类群众投诉信访件 1689 件次，查处 1655 宗，处理率 98%。

【环保宣传教育】 2015 年，海口市环境保护局开展“世界环境日”“联合国生物多样性十年中国行动”“国际臭氧层保护日”等宣传活动 13 项 23 场次，发放环保知识手册、法律法规等共 10 万余册，宣传挂图 1700 余条，刊发宣传专版 6 个。利用电视、报纸、政府网站、微博、微信等新旧媒体，全面公开公众关注的环境质量、环评审批、环境监管等环境信息。编报环保信息，发表信息 392 篇次，编辑 46 期《海口市环境保护简报》和 9 期《环保大检查简报》。在环保门户网站、官方微博及官方微信发布信息 2716 条，处理咨询、投诉信息 200 余条。

【整治环境污染事件选介】 (1) 海南泰丰源实业有限公司非法排污案。2015 年 5 月 21 日，海口市环保局执法人员对海南泰丰源实业有限公司进行检查时，发现该公司通过私设暗管的方式超标排放污染物，执法人员立即对该公司立案查处，责令该公司停产整治；立即拆除暗管（暗沟），封堵私设排放口，停止通过暗管（暗沟）违法排放污染物的违法行为。6 月 24 日，海口市环境监察局下达《行政处罚决定书》，该公司一位负责人被依法处以行政拘留 5 日的处罚，企业被罚款 8 万元。按程序移送公安机关行政拘留，并向社会公示。(2) 海口金东升钢化玻璃有限公司非法排污案。2015 年 10 月 28 日，海口市环保局执法人员对海口金东升钢化玻璃有限公司的玻璃加工车间进行检查时，发现该公司将清洗生产车间和循环储存池中的废水通过车间外的雨水沟（明沟）向外环境排放，实施通过地上的临时排污管道逃避监管的方式违法排放污染物（属于通过暗管逃避监管的方式违法排放污染物的情形）的行为。执法人员当天对该公司进行立案查处。12 月 31 日，海口市环境监察局下达《行政处罚决定书》，该公司一位负责人被依法处以行政拘留 5 日的处罚，企业被罚款 5 万元。按程序移送公安机关执行行政拘留，并向社会公示。

(谢荣文)

园林绿化

【园林绿化概况】 2015 年，海口市城市园林绿化工作围绕市委、市政府提出 3 年海口城市风貌大变样建设和“创建国家生态园林城市”的目标，坚持绿色发展理念，统筹推进园林重点工程建设、园林精细管理、生态环境改善，实现园林绿化总体水平大提升，城市园林景观大变样，取得阶段性重要成果。重点工程稳步推进，全力推进“七路两互通一节点”和绿色长廊、长彤路 2 条道路和 6 个绕城高速互通等绿化景观提升改造工程建设；加快推进滨江西带状公园（南渡江公园）景观提升工程建设，年度 8 个为民办实事小游园绿化工程项目全面完成；城市绿化养护管理力度加大，推进园林养护市场化，以精细化养护为抓手，重点抓 207 条道路、30 块街边绿地的补植补齐、提档升级和整改落实工作，园林养护管理水平明显提升；开展全市园林绿化专项整治提升行动，重点实施“双创”绿化改造提升工程、市管道路裸露地绿化补绿补缺、古树名木复壮、植物病虫防治等专项工作。组织开展“3·12”“绿化宝岛”春季、“双创”秋季群众性义务植树、园林法规宣传咨询和志愿者服务等系列活动，实施“双创”整治“毁绿占绿”攻坚行动；完成节假日栽花摆花营造气氛任务。全市共新增绿地面积 129 公顷，其中新增市政绿地 69 公顷，单位附属绿地 60 公顷；升级改造市政绿地 116 公顷。至 12 月底，全市建城区绿地面积 5806 公顷，绿地率 38.1%，绿化覆盖面积 6538 公顷，绿化覆盖率 42.9%，公园绿地面积 2109 公顷，人均公共绿地面积12.8 平方米。市园林局在 2015 年市委、市政府窗口行业群众满意度测评中，风景园林行业满意度为 91.74%，排名第二。

【“七路两互通一节点”工程】 2015 年，为迎接博鳌论坛年会，迅速提升道路景观效果，海口市园林局组织实施“七路两互通一节点”绿化景观提升改造工程建设，总投资1.55亿元，面积58.83万平方米，实现了城市主要道路及重要节点园林绿化景观的全面提升。“七路”工程即海榆大道、新大洲大道、琼山大道、国兴大道、滨海大道、滨江西路、龙昆路(含迎宾路）园林景观改造提升工程项目，为海口市遭受超强台风灾后恢复重建及景观提升工程，于2月7日进场施工，3月20日前全部实施完成，工程总绿化面积41.7公顷，总投资1.16亿元。“二互通”工程即美兰机场互通、那梅互通绿化改造工程项目，2月7日进场施工，3月20日前全部实施完成，共种植乔灌木538株、片栽草坪1.49公顷、花架廊亭5座、景观湖1200平方米、园路广场1808平方米、园灯17盏、垃圾箱17个、拱桥1座，总改造面积2.33公顷，总投资692.06万元。建成后的2个互通从简单的道路附属绿地提升配套设施、增添功能的街边小游园，成为一处备受欢迎的室外公共休闲活动场所。“一节点”工程即火车东站周边绿地园林景观改造提升工程项目，由恒大集团海南公司投资兴建，按照企业投资（PPP）新模式，引进社会资金参与城市园林绿化建设，项目总投资3179万元，绿化面积14.8公顷，其中，新增面积8.3万平方米，改造面积6.5公顷，种植火山榕等苗木50多种，近2万株，高低层次及乔、灌木搭配合理，形成良好的景观效果和社会效应。

【景观提升工程】2015年，海口市园林局负责实施滨江西路（南渡江公园）景观提升工程，建设面积128.16公顷，工程投资规模估算额3.5亿元。8月6日工程项目立项，至12月底，完成项目规划选址、用地手续、环评合同及地形测量、设计方案审查、概算报批及编制施工图、工程量清单、施工招标等前期工作。采取PPP模式，市园林局协调碧桂园集团公司推进绿色长廊等道路及节点互通景观提升工程建设，该工程项目为长彤路、绿色长廊、火山口互通、狮子岭互通、丘海大道互通、观澜湖互通、龙昆南互通、龙桥互通等2条道路及6个互通的绿化景观提升改造，总绿化面积86.67公顷，项目总投资估算约3亿元。10月10日施工，至12月底，绿色长廊、火山口互通全部完成，长彤路景观提升项目完成总进度99%，狮子岭互通景观提升项目完成总进度85%，观澜湖互通景观提升项目完成总进度80%，龙昆南互通完成总进度40%，丘海互通完成总进度25%。

【天桥绿化美化工程】2015年，海口市园林局实施海师天桥、道客天桥、面前坡天桥、侨中隧道天桥、文明东天桥、新港天桥等6座人行天桥绿化美化工程，桥体绿化长3086米，种植勒杜鹃球、三角梅3万多盆。博鳌亚洲论坛年会前完成海师、道客、面前坡、侨中隧道4座人行天桥的绿化美化，把冰冷的“灰”桥变成“花桥”“绿桥”，美化城市环境，为市民提供方便舒适的过街通道。

【新建及改建8个小游园】2015年11月30日，海口市园林局承担新建及改建8个小游园民办实事项目全部完工，向市民开放，满足市民活动休闲空间不足的问题。完成杜鹃路小游园、粤海—滨海交叉口东南角小游园、南海—丘海交叉口西北角小游园、龙昆园改造小游园、水岸听涛安置区小游园、滨江新城安置区小游园和钟楼园景观恢复与改造工程、龙珠湾绿地改造工程8个小游园建设，新增绿化面积7.08公顷，总投资764.30万元。

【万绿园内湖景观护栏工程】2015年，海口市园林完成万绿园内湖景观护栏工程建设，共安装建设花岗岩护栏约2700米，总投资747万元。4月1日进场开工建设，6月30日全部建设完成。景观护栏的建成为万绿园增添一道临湖观赏提供安全保障，为市民和游客提供安全舒适的游园环境。

【园林法规建设】为加强海口市园林绿化建设工程的施工质量管理和规范绿化养护标准管理，提高城市绿化管理水平，2015年，海口市园林局依据《海口市城镇园林绿化条例》及行业标准，组织编制完成《海口市城镇园林绿化苗木质量分级标准》《海口市城镇园林绿地养护管理标准》《海口市城市园林绿地养护管理考核办法》《海口市园林绿化工程施工及验收规范》等规范标准，于10月1日发布。

【道路裸露地缺株补植】2015年，海口市园林局结合裸露绿地扬尘污染防治工作，实施绿化增量，对中心城区万绿园、金牛岭公园、人民公园等公园以及国兴西、兴丹路等81条道路和海甸二东路绿地、和平桥底绿地等16个绿地、小游园等市政绿地的黄土露天补植、补齐，拓展绿化空间，共补植黄土露天绿地16.6公顷。

【绿化养护管理】2015年，海口市园林局完善园林体制改革管理，推进园林养护市场化，以精细化养护为抓手，重点抓提档升级和整改落实，园林养护管理水平明显提升。推进全市公共绿化养护作业市场化，加大园林体制市场改革管理力度。加强对管养单位监督管理，实行考核制度，管养合同一年一签，提高绿化养护精细化、科学化的管理水平；将粤海大道、丘海大道及其延长线、凤翔路、绿色长廊、椰海大道、南海大道、海港路、龙昆南路、红城湖路、新大洲大道、白驹大道、桂林洋大学城路网、碧海大道、挺秀公园、美兰机场出入口及东侧绿地、丘海大道路侧20米绿化带在内的33条道路绿化及公共绿地共面积255公顷绿地的绿化养护，以及美舍河带状公园、华海花园、挺秀公园、钟楼园、金马广场、环岛路、滨江西带状公园等10个公园、小游园及道路绿地共101公顷的绿化巡查继续签订绿化养护及巡查管理合同。深化体制创新，绿化保洁重心下移。从7月1日开始，正式将园林绿化垃圾按照属地管理原则全部交由区环卫局负责管理，即原由市园林局和各区园林局负责的道路隔离带、路侧绿化带、街边绿地、小游园及没有管理机构的公园绿地的清扫保洁全部移交给区环卫局，共移交绿地卫生管理面积826公顷；将206条小街小巷及绿地明确下发到各区园林局管理，绿化面积共5.42公顷，乔木1.67万株，解决小街小巷无人管养历史遗留问题；将新接管的20米以下道路直接与辖区园林局交接，完成春华路、海达北路以及东环铁路站前广场绿地的移交。道路下放到各区工作超额完成年度目标任务，解决以往市、区绿化管养职责不清问题。全年，对滨海大道、省会展中心、世纪大桥绿地、海垦路、滨江西路等道路棕榈科植物进行喷药约58万株次，并首次尝试请专家对椰心叶甲进行评估，取得良好的效果；对海府路、滨海大道、南海大道等108条道路行道树修剪整形19万株次株，对市区道路畅通工程树木修剪2万株，对39条道路及25个小游园的椰子树、大王棕等棕榈类植物枯枝、垂枝和坚果清理13.5万株次，树木修剪覆盖市区行道树，修剪率50%以上。同时，加大常态化、精细管理管养力度，对道路绿地及小游园全面施肥800多吨、浇水约150万吨、清理杂草约63公顷、绿化带草坪修剪221.5公顷，石灰水粉刷树木16.5万株，树木护桩1.57万株。

【园林绿化专项整治】 2015年，海口市园林局牵头成立园林绿化专项整治工作领导小组，召开领导小组工作会议，制定园林绿化整治分类标准，指导各区开展园林绿化整治。做好毁绿占绿整治，对丘海大道及其延长线店铺占用绿化带的水泥路面、路口进行破除，共破除水泥硬化面积7636平方米，清运建筑垃圾96车次；对丘海大道、南海大道等店铺、汽车乱占用绿化带加设镀锌钢管绿化护栏8977米；对丘海大道20米绿化控制红线种植绿篱，其中种植三角梅4306株、金钱榕4306株。做好成绿化设施安装、维护维修。完成龙昆南、南海大道、秀英大道等道路129米绿化护栏的修复，完成碧海大道563米绿化钢管护栏的安装及美舍河五公祠段98盏景观灯的修复任务。

【节庆鲜花栽摆】 2015年元旦、春节、国庆等节假日及博鳌论坛年会期间，海口市园林局在分别在美兰机场出口处、海秀东路、三角池、省委门口、省政府门口、国兴大道中间隔离带、粤海火车站广场、长滨路与滨海西路交叉口、滨海西观海台、龙华路一中转盘、世纪大桥与五西路红绿灯交叉口、滨海大道、海秀东路、龙昆北和西海岸等景观道路及万绿园、金牛岭公园、人民公园等各大公园景点摆放鲜花布景，全年共摆放鲜花及地栽鲜花160万盆，为节日营造浓厚气氛。

【植树活动】 2015年，为配合“3·12”义务植树活动，海口市园林局拓展全民义务植树尽责形式，在社区、公园、农村等组织开展“3·12绿化咨询宣传植树护绿”等活动，投放园林宣传广告灯箱30个、宣传海报40板次，发放宣传资料约5.5万份，提供法规咨询6000多人次。组织2次“绿化宝岛”春季群众性义务植树活动，3月12日组织3500名机关和企事业单位的干部职工、社会志愿者，在海南会展中心西侧绿地、美舍河带状公园、白沙门公园、金牛岭公园、和平桥绿地、市社会福利院、南港路、新坡镇群益村委会先村、三门坡廉政基地和三江镇等10个植树区开展“低碳绿色，美丽海口”为主题的“3·12”植树节群众性义务植树活动，完成“碳汇林”“3·12植树节”“公益林”“绿化宝岛”等一批纪念林的植树任务，种植椰子、小叶榄仁、秋枫、凤凰木、罗汉松、花旗木等各种乔木2400余株，完成绿化面积1.91公顷。3月20日，为纪念市政协委员会成立60周年，协助市政协组织100余名政协委员在滨江西带状公园开展“海口市政协2015年‘绿化宝岛’义务植树活动”，种植紫薇等乔木300余株，完成绿化面积0.54公顷。组织海口“双创”暨秋季群众性义务植树活动，10月16日省、市四套班子和省军区领导及800余市直机关干部、驻市部队官兵、青年志愿者分别参加在桂林洋大道、秀英区石山镇昌道村2个植树区的义务植树活动，种植乔木1060株，绿化面积2.46公顷。全年累计完成义务植树5373株，增绿面积7.91公顷。

【古树名木保护】 2015年，海口市园林局严格执行《海口市古树名木保护管理规定》，加大城区古树名木的保护力度，在新技术引进和应用推广等工作保护管理古树名木方面走在全省前列。开展古树名木健康评估和抢救复壮工作，掌握古树生长动态，在全省首创使用先进的PTCUS检测仪器为195株存在健康安全隐患的古树名木进行健康安全评估；组织实施海口人民公园2株降香黄檀名木抢救、复壮工作。落实主城区古树名木保护管理责任制度，与各责任单位和责任人签订《古树名木养护管理责任书》，完成率100%。实施二维码信息化管理，率先在省内运用二维码电子系统开展古树名木管理工作，建立健全古树名木及古树后续资源巡查报告制度，明确古树名木责任人及责任单位的保护义务；注重古树名木后续资源挖掘与保护，通过“3·12”植树节设点宣传古树名木资源的不可再生性及古树保护的重要性，在日常巡查中，对古树名木周边居民宣传《海南省古树名木保护管理规定》和《海口市古树名木保护管理规定》。

【第十届中国（武汉）国际园林博览会“海口园”建设】 2015年9月25日，中国国际园林博览会（以下称园博会）在武汉市举办第十届中国（武汉）国际园林花卉博览会开幕。海口市园林局承担并全面完成园博会“海口园”建设和布展任务，4月26日开工建设，7月25日全部完工，总建设面积3200平方米，园路及铺装800平方米，绿化种植0.21公顷，投资477万元。以火山喷发为主题，通过两座景墙、1个凉亭、1个涌泉、3个水池，1个根雕广场特色景观，营造“火山奇观”“海上森林”和“温泉海岸”三大自然景观，象征生命的起源，展现海口热带滨海风貌特色以及以生生不息精神，受到园博会组委会和八方游客的好评。

【园内里社区“双创”包点工作】2015年，海口市园林局包点中山街道办园内里社区“双创”工作，组织党员干部20次深入社区开展 “双创”志愿活动600余人次，投入资金约40多万元，改造社区小巷立面3240平方米，建宣传栏10个。补绿植绿、摆放鲜花1000余株（盆），新建改造花池26个，改造绿化面积500多平方米，园内里社区示范小街小巷改造的成功经验和成果，多次被省、市电视台、报刊等主流媒体宣传报道，被“全国创卫专家培训班”列入观摩点；在海口市小街小巷改造示范点现场会上，进行经验介绍和现场观摩。

（梁定军）

环境卫生管理

【环境卫生管理概况】2015年，海口市环卫系统以创建全国文明城市和国家卫生城市为目标，开展环境卫生综合整治工作。进一步理顺市区环卫部门的工作职能，推进农村环境卫生整治工作，不断加大环卫工作监督检查力度，推进环卫PPP综合管养一体化试点改革，着力增强环卫事业发展活力，城市环境卫生管理水平显著提高，圆满完成全年工作任务。年内，全市环卫系统干部职工共1.05万人，其中市环卫局491人、各区环卫局5531人、承包企业1775人、乡镇2367人，桂林洋、三江农场、高新区、保税区共302人。承担全市3918万平方米的道路清扫保洁任务，日清运和处理生活垃圾约1700吨，城区生活垃圾无害化处理率100%，超过国家卫生城市80%的标准。征收生活垃圾处理费4799万元，超额完成年度征收任务。有各种环卫作业车辆415辆，水域垃圾打捞船34艘，大型垃圾转运站1座，中型垃圾转运站1座，市区小型垃圾收集站41座，市区公共厕所358座（含45座移动公厕）。2015年，中国城市环境卫生协会组织开展“环卫管理创优表彰”“关爱环卫人物与机构表彰”系列评选，海口市环境卫生管理局下属基层单位海口市渣土管理所获“争优创新先进单位”，所长邝飞获“争优创新杰出人物”称号。

【环卫设施建设】2015年，海口市财政投入912.6万元，购置垃圾转运车3辆、垃圾转运容器10套、小型高压清洗车16辆、移动环保公厕16座、果皮箱100个，环卫基础设施得到进一步完善。投资近3000万元，完成长流中型生活垃圾转运站和三江农场、美丽沙小型转运站建设任务，缓解海口市垃圾收运压力。

【道路清扫保洁】2015年，海口市环境卫生管理局制定出台《海口市道路清扫保洁质量标准》，进一步明确道路清扫保洁的质量标准和要求，保障全市清扫保洁的市政道路907条、总面积3389万平方米及小街小巷2677条、总面积295万平方米环境卫生干净整洁。对主要道路、夜市繁华路段全部实行24小时无缝对接清扫保洁制度。落实“主要干道垃圾存留时间不能超过15分钟，其他道路垃圾落地20分钟内清理”的管理要求。加大城区道路冲洗作业，主要干道每天高压冲洗2次，进一步提高道路洁净度。同时，增加夜间保洁班次，延长保洁时间，从晚上23时至次日凌晨3时对重点商业街区、繁华地段和小街小巷进行保洁，解决夜间道路卫生管理不到位的问题。

【公厕建设管理】2015年，按照《海口市环境卫生作业质量标准及考核办法》，进一步明确公厕管理的质量标准和要求，落实对公厕管理实行专人管理，24小时免费开放，持牌服务，公开监督，使公厕管理全面达到“六无、四净、三通”（无污泥、无积水、无蚊蝇、无恶臭、无尿碱、无粪便溢满；地面、蹲位、挡墙、便器周围干净利落；水通、电通、排污管道通管理）的管理标准，公开监督，派员检查督促，同时，加强对环保移动公厕检修及维护。对全市范围内的72座环保移动公厕设施、设备及使用情况开展检查巡查工作，累计出动人员188人次，更换、维修门拉锁25个、水龙头38个、灯泡25个、水龙头软管19条、排气扇18台。指导龙华区环卫局完成对16座公厕的升级改造工作。

【生活垃圾转运和终端处理】2015年，海口市集中转运生活垃圾共78.19万吨，垃圾焚烧量45.33万吨，填埋垃圾量32.86万吨，发电量1.22亿千瓦，飞灰处理量1.3万吨，渗滤液处理量19.39万吨，沼气发电量800万度，无害化处理率100%。

【建筑垃圾管理】2015年，海口市环境卫生管理局为加大对建筑垃圾治理和管控力度，规范建筑垃圾处置行为，按照《建筑垃圾消纳场建设标准》的相关规定，指导各区建成4个建筑垃圾临时消纳场，减轻全市建筑渣土的处置压力。全市共出动1695人次，清理垃圾2.7万吨，平整处置6.01万平方米；清理卫生死角1362宗；出动6312人次、设备3156台次，用水3.16万吨，对路面洒水压尘及清洗面积1823.7万平方米。发现各类违规处置建筑垃圾情况321宗。

【环卫综合整治】2015年，海口市环境卫生管理局先后组织7次，近2万人次参加的环境卫生整治，清理卫生死角 1362 处、生活垃圾 3 万多吨、建筑垃圾 1.68 万吨；对城区主要道路进行洒水降尘及污染的道路进行清洗，出动 730 人次、设备 365 台次，用水 3650 吨，清洗污染路面 1497 万平方米。加强垃圾收运工作，基本实现了垃圾日产日清。推行“桶车直运”垃圾收运模式和“摊前一个桶”活动，换置和发放塑料密闭垃圾桶 4000 余个。同时强化夜间垃圾的管理和收运，减少夜间垃圾积压和暴露现象。

【“三无”小区环境卫生管理】2015 年，海口市有“三无小区”（无物业管理单位、无卫生保洁人员、无垃圾收集设施）299 个，其中老旧小区 129 个、安置小区 7 个、城中村 76 个、倒闭企业 87 个，人口规模 9.3 万人。为有效解决“三无小区”卫生无人打扫、垃圾无人清运的问题，各区环卫部门多方筹措资金，加大对“三无小区”环卫基础设施和配套投入，不断完善收运体系。其中秀英区政府为 13 个“三无小区”配备保洁员，保洁员 800 元 / 月生活补贴标准列入区财政年度预算，常态化管理；同时加大投入力度，重点打造示范点建设，秀英区环卫部门协同街道办、社区居委会对金滩路省储运公司、丘海一横路冷冻厂进行整治，建成标点单位；龙华区环卫部门为全区 109 个“三无小区”配备密闭垃圾桶，并安排人员定时上门清扫和收运垃圾；琼山区环卫部门对全区 66 个“三无”小区全部设置垃圾桶、手推车等垃圾收集设施，协调落实配备保洁员 110 人从事日常的清扫保洁和垃圾清运工作，从而改变“三无小区”环境卫生脏乱差的局面；美兰区环卫部门对现有的 111 个“三无小区”的生活垃圾全部实现正常收集、清运，其中 38 个道路条件允许的小区采取“桶车清运”的方式，44 个清运车辆无法进出的居民小区则采用电动车进行清运，确保登记在册的“三无小区”垃圾清运实现全覆盖。

【农村垃圾治理工作成绩显著】海口市大力开展农村生活垃圾治理工作，至 2015 年，镇、村生活垃圾无害化处理和环卫基础设施建设等方面都取得显著成绩，农村人居环境得到进一步改善，有力促进城乡环卫一体化建设的协调发展。开展农村存量垃圾清理工作，2014~2015 年，各区、镇政府出动近 5 万多人次、车辆 1400 台次，投入经费 5000 多万元，共清理积存生活垃圾 4.8 万吨，建筑垃圾 6 万多吨。实施垃圾收运工程建设项目，农村生活垃圾收运体系初步建立。2013 年开始实施农村生活垃圾收运工程项目建设，共投入资金 8675.2 万元，至 2015 年，为镇、村修建小型垃圾收集站 30 座，购置垃圾运输车辆 125 台、垃圾桶 1.37 万个等一批垃圾收集设备分发到各镇、村，解决农村生活垃圾收集、运输难问题，初步建立起户投、村集、镇运、市处理的农村生活垃圾收运体系，农村生活垃圾清运率、无害化处理率 75%以上。建立农村环境卫生长效管理机制。以每个行政村每 500 人口配 1 名保洁人员的标准配备保洁员人员。至 2015 年，共配备清扫保洁人员 1996 名，基本实现村庄环境卫生清扫保洁全覆盖，镇有环卫队伍，村有保洁人员的环卫长效管理机制初步形成。

【农村生活垃圾收运工程（二期）】2015 年，海口市继续推进农村生活垃圾收运工程（二期）的农村生活垃圾收运体系建设项目，总投资 2370.14 万元。共采购压缩式垃圾运输车 33 辆，连体移动式垃圾压缩箱 7 台，拉臂车 7 辆，桶装垃圾运输车 16 辆，推桶车 231 辆，电动保洁车 65 辆，手推保洁车 507 辆，垃圾桶 4808 个，除尘除臭系统 4 套，配备给东山、龙桥、遵谭、红旗、大坡、旧州、甲子 7 个镇，全面完成海口市 22 个镇的农村生活垃圾收运体系建设。

【颜春岭垃圾场渗滤液处理厂改扩建工程建成】颜春岭垃圾场渗滤液处理厂改扩建工程位于澄迈县老城开发区颜春岭垃圾填埋场北侧，在原有渗滤液处理厂上进行改扩建。占地面积 3.73 公顷，总投资 4472 万元，处理规模为 500 立方米 / 日，采用“预处理 + 生化处理 + 膜分离深度处理组合工艺”，处理后出水水质执行《生活垃圾填埋场污染控制标准》（GB16889-2008）的标准。2015 年 8

2015 年 6 月 30 日，海南省委副书记、省长刘赐贵（中）到颜春岭垃圾场调研，海南省委常委、海口市委书记孙新阳（左二），副省长王路（左），海口市委常委、副市长巴特尔（右）陪同。
（市环卫局 供稿）

月完成设备安装，8月中旬进行设备调试和试运行，9月底满负荷运转，处理垃圾渗滤液500立方米/日，经检测各项出水指标符合设计标准，达标排放。

【长流中型生活垃圾转运站项目】长流中型生活垃圾转运站位于秀英区南海大道与长滨路交叉处，由市政府投资2400万元（不含征地拆迁费）建设。占地面积1公顷，设计日转运垃圾150吨～300吨（转运车间按300吨/日建设，车辆按150吨/日配备）。6月开工建设，至年底，项目进入收尾阶段。

【推行环卫一体化PPP模式】2015年，海口市环境卫生管理局结合海口市环卫现状和发展需求，推行环卫一体化PPP综合管养模式试点工作，引入社会资本参与公共服务，全面提升全市环境卫生作业水平。11月3日，市市政市容委、琼山区政府与北京环卫集团在海口市举行环卫综合一体化PPP项目（琼山区试点）签约仪式，由北京环卫集团具体负责琼山区的城区道路、小街小巷清扫保洁、垃圾收集、运输和白水塘、江东两个转运站运营维护环卫业务，标志着海口市环卫体制改革迈出实质性的一步。年底，龙华区、秀英区完成招标及签约工作，各项交接工作顺利完成，美兰区正在积极推进环卫PPP项目的各项工作。实行环卫PPP一体化管理，将有效解决困扰海口市多年的环卫作业机械化程度低、垃圾处理不达标等问题，提升本市环境卫生管理水平。

（郑馨凝）

气象事业

【气象事业概况】2015年，海口地区气温较常年偏高，极端最高气温超过35℃的高温天数达57天，突破1951年有气象记录以来的历史极值。降水量正常、年日照时数偏多。全年受3个热带气旋影响，有13天的大雾天气，分别出现在1月、2月、10月、11月、12月。主要气象灾害有台风、大雾、高温、干旱、冰雹等灾害性天气。年内，市气象局全力做好气象监测、预报、预警和服务工作，在气象保障服务、“三农”专项服务、气象现代化和党风廉政建设等方面取得明显成效。年内，市气象局启动直属事业单位机构改革工作，在保持直属单位数量不变的基础上，将原海口市地面站调整为海口市综合气象观测站，海口市高空站调整为海口市气象局机关服务中心。市气象局先后被授予“2014年度重大气象服务先进集体”“政务服务先进进驻行政审批办公室”等称号。

2015年4月27日，中国气象局局长郑国光（左二）到海口市综合气象观测站调研，海南省副省长陈志荣（前右一）陪同。（冯增丽 摄）

【2015年海口气候特点】2015年，海口年平均气温偏高，年降水量正常、年日照时数偏多。年平均气温为24.8℃，比常年偏高0.4℃，属偏暖年份，各乡镇平均气温在24.7℃～26.1℃之间，呈西高东低的分布型。年降水量1640.2毫米，较常年偏少3.3%，属正常年份。降水时间分布不均，与常年同期相比正常月份占33%。各乡镇年降水量1078.1毫米～1696.8毫米，北部沿海及南部乡镇年总降水量最大。年日照时数为2406.7小时，较常年偏多452小时（23.1%），属偏多年份。全年受3个热带气旋影响，影响个数偏少，影响程度偏轻，主要是以降水为主，分别为“鲸鱼”（6月20～24日）、“环高”（9月13～16日）和“彩虹”（10月3～4日）。主要气象灾害有台风、大雾、高温、干旱、冰雹等灾害性天气。

【热带气旋】2015年，影响海口市的热带气旋有3个。（1）第8号台风“鲸鱼”（强热带风暴级）于6月21日18时50分登陆海南万宁和乐镇，登陆时中心附近最大风力10级（25米/秒），中心最低气压982百帕。受其影响，20日20时至24日8时，海口市出现不同程度降水，平均降水量为42.4毫米，7个乡镇累积降水量超过50毫米，其中大致坡和云龙镇累积降水量超过80毫米。全市普遍出现6～8级大风，其中灵山镇阵风9级（22.8米/秒）。（2）第19号台风“环高”9月13日14时生成，14日3时加强为今年第19号台风“环高”（热带风暴级），14日21时50分在越南广南省沿海登陆，登陆时中心附近最大风力有8级（20米/秒）。13日8时至16日16时，受“环高”

和冷空气共同影响，全市各监测点累计降水量均超过100毫米，强降水中心位于市区。市区最大累计降水量482.1毫米（海甸岛），其次315.9毫米（海府路－蓝天街道）；10个乡镇累计降水量超过200毫米，最大282.3毫米（灵山镇）。（3）第22号台风“彩虹”10月1日在菲律宾近海海面生成，3日23时加强为强台风，4日14时10分在湛江市坡头区沿海地区登陆，登陆时中心附近最大风力15级（50米/秒）。受其影响，3日8时至4日22时，全市出现大范围降水，平均降水量为68.3毫米，过程累积降水量均超过50毫米，强降水中心位于海口东部和北部，最大过程降水量为137.4毫米（大致坡镇），其次是97.8毫米（西海岸观测台）。同时，全市伴有6～7级大风，阵风8～9级，其中最大为9级（23.2米/秒），出现在灵山镇。

【高温】2015年4～8月，海口极端最高气温超过35℃的高温天数达57天，突破1951年有气象记录以来的历史极值。5～6月，受强盛西南气流和副高影响，高温日数异常偏多，共出现高温日数39天，其中5月20天，突破历史极值（2005年5月19天）；6月19天，8月6天，均位居1951年以来历史同期第二位。

【干旱】2015年1～6月，海口市总降水量383.5毫米，与常年同期相比偏少36.4%，属于明显偏少，特别是2～3月总降水量仅10.6毫米，期间降水日数只有9天，降水量异常偏少88%。全市各地出现不同程度的旱情，5～8月出现异常高温，同时，6月降水偏少，旱情加重，海口市出现中度气象干旱。

【强对流天气】2015年，强对流天气主要出现在2、4、5、7月，以雷阵雨、短时强降水和大风为主。2月24日16时，海口美兰区灵山镇出现冰雹和短时强降水天气，影响美兰机场航班正常起落，并造成东线高速交通拥堵。4月21日早晨6时，海口美兰区大致坡镇咸来墟区域出现冰雹和雷电伴随着阵雨，冰雹持续10多分钟。7月20日15～16时海口基准站累积降水量128.7毫米。

【气象业务】2015年，海口市气象业务质量稳步上升。预报质量对比去年提高0.8%，农业气象观测、发报、报表错情率0.0‰，各台站均完成业务考核指标。1月1日至6月15日，根据海南省气象局的部署，海口市高空站开展华南季风强降水外场试验高空气象加密观测。

【气象防灾减灾】2015年，针对灾害性天气，海口市气象局全力以赴做好气象监测、预报、预警和服务工作，先后启动热带气旋、暴雨、干旱等应急响应10次，及时向市领导及市三防、旅游、海洋渔业等部门发送服务材料328份、发布《重要气象信息快报》45期、《重要气象信息专报》16期、春运专报17期，旬月报48期，《农业气象专报》49期、气象预警信号153期，发送手机短信100多万条。

【气象服务】2015年，海口市气象局积极为海南国际旅游岛欢乐节、环岛自行车赛、南海明珠项目、铺前跨海大桥工程等重大活动、工程提供天气趋势预报和逐日滚动预报，并认真做好春运、高考、国庆等专项气象服务工作。与市公安交警支队合作，开展短临定量降水预报服务，从9月30日开始，建立交通气象服务平台，逐3小时发布未来3小时市区降水量预报。

【人工增雨】受强厄尔尼诺影响，2015年5～6月，海口市高温日数异常偏多，6月、8月降水明显偏少，出现中度气象干旱。期间，市气象局发布高温预警信号7期，气象服务专报7期，决策短信3万多条，在全市范围内开展人工增雨作业，投入人力300多人次，出动增雨作业车100多辆次，开展人工增雨作业22次，发射炮弹54枚，作业地点周边乡镇出现大到暴雨的降水过程，在抗旱工作中发挥了积极作用。

【灾害监测预警平台建设】2015年，海口市气象局完成大坡中学等4个自动气象站搬迁，南港、演丰中学自动气象站风塔改造、官仓水文站防护堤加固和水电解制氢设备大修工作；综合观测业务实时监控平台试运行；海

2015年7月13日，海口市气象局在三门坡镇发射人工增雨火箭。

（凌耀楠 摄）

口风廓线雷达、莲雾小气候监测站等通过验收投入使用；橡胶业务平台建成投入试运行；市民防、农业、卫生、三防等11个部门接入海口市国家突发事件预警信息发布系统。1月1日起，琼山等11个国家级地面气象站正式启用新型自动气象站，使用最新的地面综合观测业务软件（ISOS）进行正式业务化运行，原自动气象站作为备份站并行观测。同时启用大型蒸发自动观测，停止小型蒸发人工观测工作。

【气象服务“三农”】2015年，海口市气象局继续推进以“两个体系”建设（农业气象服务体系和农村气象灾害防御体系）为重点的“三农”专项建设。建成莲雾小气候监测站1个，12月31日美兰区演丰新和蔬菜基地的3个大棚温室小气候监测站投入使用，并与市农业局联合举办荔枝、冬季瓜菜种植和管理技术培训班2期，以提高农民利用气象信息安排农业生产活动，防御气象灾害的能力。

【气象社会管理】2015年，海口市气象局加强对气象立法、气象行政审批、气象行政执法及气象科普宣传等工作。市政府印发《海口市气象灾害防御管理办法》《海口市气象灾害应急准备评定管理办法》、修订印发《海口市气象灾害应急预案》，并制定《交通气象应急处置预案》。加强易燃易爆场所防雷设施安全检查和施放气球执法巡查，开展防雷专项检查4次；积极协调争取将网格员纳入气象信息员管理，举办气象信息员培训班4期；深入社区、学校、农村开展气象法制和科普宣传9次；建立北港岛气象信息服务站1个，在米铺等社区设立气象科普宣传专栏10个。所有审批事项工作时限由52个法定工作日压缩到11个工作日，较法定时限缩减79%，同时开展行政审批中介服务事项清理等工作。按时审批和办结率100%，全部审批件实现零差错、零投诉。4月，被市政府授予2014年度政府服务进驻行政审批办公室“三等奖”。

（钟文婷）

防震减灾

【防震减灾机构概况】2015年12月3日，根据《中共海口市委 海口市人民政府关于印发〈海口市人民政府职能转变和机构改革方案〉的通知》，设置海口市民防局，挂海口市人民防空办公室、海口市地震局牌子，内设4个正科级职能机构，下辖市人防（民防）信息保障中心、市地震设防中心、市地震监测中心3个财政全额拨款的事业单位。年内，市民防局先后获得全国、全省、全市先进奖项11个，其中被中国地震局评为2015年度全国地市级防震减灾工作综合考核先进单位，被省地震局评为海南省农村民居地震安全工程试点建设优秀单位，编写的《海南岛及其邻区2016年度地震趋势会商意见》被省地震局评为三等奖。

【震灾防御体系建设】2015年，海口市民防局成立海口市防震减灾“十三五”规划编写领导小组，多次召开专题研究会议，制定《海口市防震减灾“十三五”规划实施方案》，与中国地震灾害防御中心共同完成编制防震减灾“十三五”规划。完成对4个区政府进行2015年防震减灾工作考核。配合海南省地震局对滨海新天地、火车东站国际商业广场、海口杧果社等15个项目的地震钻孔的安评现场进行勘察，保障重大建设工程和可能发生严重次生灾害的建设工程的安全。与国家测绘地理信息局第七地形测量队合作，在原有建立的海口市地震沉降综合管理系统的基础上建立海口市建设工程抗震设防要求技术服务平台，为海口市建设工程开展建筑场地地震安全性评价工作提供技术服务。建立海口市主城区地震小区划数据库，为城市开发建设提供科学准确的抗震设防要求；完成海口市地震数据接收中心建设工作，为市政府的地震应急救援工作提供及时、准确、可靠的第一手资料。

【地震监测】2015年，海口市民防局完成海口市地震监测数据接收中心建设，实现与全国、全省地震速报信息的共享，进一步提高海口市地震监测能力；完成向荣村地下流体综合观测台、龙华区政府强震台网、金盘地震观测台和演丰地震观测台观测资料的接收、处理、分析、上报和归档工作。

【应急管理】2015年，海口市民防局进一步做好应急值守、信息报送、综合协调、应急演练工作，积极配合市相关部门做好应急处置工作。春节、国庆节期间，海口市南港码头出现春运客流返程高峰，市民防局立即启动部门应急预案，派出应急小分队实行24小时3班倒制度，将人防移动升降警报车开到南港码头进行广播宣传疏导，把市政府的应急预案等相关信息及时告知过海车辆及旅客，加大旅客、车辆引导力度，确保返程高峰平稳有序。

【防震防空演练】2015年，海口市民防局全力做好广州军区人防办对海口市人防军事斗争准备情况检验评估工作，成立迎检小组，制定迎检方案，组织静态检查各项资料搜集、物资贮备和“一中心三部门”要素室硬件软件建设，3次组织相关处室人员参加省人防办组织“琼人防－2015”省市两级人防指挥部异地同步网上合练，取得预期效果。12月18日，“琼人防－2015”防空演练由海南省本级带海口、三亚异地同步进行，此次演练是广州军区人防军事斗争准备检验评估动态检查的重点内容。演习总指挥由副省长王路担任，海口人防指挥部指挥长由副市长任清华担任，市委、市政府相关职能部门近100多人参与此次演练。演练分组织筹划阶段和行动实施阶段两个阶段进行，共演练了情况导入、受领任务理解意图、确定行动构想、定下行动决心、消除空袭后果等15个科目。年内顺利完成“9·18”“10·29”防空警报试鸣活动。同时，市民防局派出专家深入美兰区十六小学、市三十三小学、灵山学校、市七中、市四中，秀英区秀英子弟学校、永兴中学，龙华区义龙中学、玉沙实验学校、琼山区琼山三小学、五小学等11所中小学校开展防震减灾知识讲座并指导开展地震模拟活动，有3万多名中小学师生接受防震减灾知识培训和参加地震应急疏散演练。通过培训增长广大师生的防震减灾知识，提升中小学生逃生自救的能力。

【地震小区划工作】2015年，海口市民防局完成海口市地震小区划规划工作，收集、整理海口市长流片区、江东、新埠岛、狮子岭、建成区第一阶段、第二阶段以及西海岸（金沙湾片区、南片区）共223平方千米的地震小区划报告资料，进行地震小区划成果数据统计，地震小区划成果汇总；完成主城区地震小区划成果填图，利用海口市建设工程抗震设防要求技术平台，把海口市地震地质资料和地震小区划数据进行整合，建立海口市主城区地震小区划数据库，为海口市的城市开发建设提供科学准确的抗震设防要求。

【农村民居地震安全工程】2015年，海口市民防局实施农村民居地震安全工程建设，要求农村民居示范户在建造房屋时按8度抗震设防要求建造，并向示范户提供每户7000元的资金补助；派出专业技术人员深入区镇300多户农居工程现场进行抗震技术指导和推广，确保农居工程建设符合标准。全年完成320户典型示范户指标建设和1200户推广户指标建设。

【民防工程建设】2015年，海口市民防局跟踪服务椰树门广场人防工程及广场体育场改造项目建设，年底工程项目完成投资额1.41亿元；推进海口人防疏散基地（综合性应急避难场所）建设，完成可行性研究报告和项目施工图纸设计工作，并于8月交由海口警备区组织项目施工，年底基本竣工；海口市地震数据接收中心项目建成并投入使用；市人防指挥所第二电源建设进展顺利，年底项目已竣工交付使用；完成市人防指挥所军用光缆建设，实现地下、地面指挥所视讯会议系统与海口警备区的互联互通。

【防震防空宣传教育】2015年，海口市组织部分中小学师生观看《我在震中》防震减灾电影6场，受教育师生2万多人。“5·12”全国防灾减灾日宣传周活动期间，邀请市电影公司进社区、进农村播放防震减灾故事片《今天·明天》、科普宣传片《守护生命》、公益广告片《撑起一片天》共100场，受教育面覆盖近10万人。深入开展“9·18”“10·29”防空警报试鸣宣传活动，在省内主要媒体《海南日报》《海口日报》宣传人防科普知识。与团市委联合在海口市50所中小学试点开展“四个一”人防知识教育活动，组织学生“阅读一本安全自护手册、观看一集安全自护视频 、开展一次防空减灾演练、进行一次爱国主义教育”，提升广大学生的公共安全和自我保护意识。与市公交集团公司联合在全市公交车、公交车站张贴人防知识挂图300多份，营造良好的社会宣传氛围。

（叶　超）

（编辑：吴坤涛）

工业综述

【工业概况】2015年，在出口、内销两个市场需求持续不振和生产限电的影响下，海口市工业经济运行的总体态势依然偏弱，下行压力依然较大。全市规模以上工业经济上半年虽保持正增长，但增速却持续下滑；三季度在负增长区域小幅震荡筑底；随着工业生产回暖，工业总产值累计增速自四季度起企稳回升。从主要经济指标看，工业总产值、工业增加值的累计增速加快；销售产值、出口交货值的累计增速均有所反弹；因海口市大部分医药企业于2012~2014年集中实施的新版GMP改造扩产建设基本完成，新投资的工业项目较少，制造业固定资产投资降幅仍然较大。从主要行业运行走势看，医药制造业、水电气供应业、化工制品业保持良好的发展势头；机电设备金属制品业、印刷包装业由负转正；新能源、汽车运输设备制造业景气度有所回升；食品及农副产品加工业、新材料行业、矿业和建材行业增速降幅略有加大。全年全市完成工业总产值537.67亿元，比上年增长0.8%，其中规模以上工业：总产值501.43亿元，增长0.4%，占全省比重约26.5%（全省规上工业总产值1891.83亿元，增长5.7%）；实现工业增加值124.52亿元，增长3.7%，占全省比重约27.7%（全省规上工业增加值448.95亿元，增长5.1%）；完成工业销售产值496.75亿元，下降0.1%；出口交货值29.86亿元，下降7.9%；产销率98.5%，增长0.9%；全市工业环节入库税收完成57.70亿元，增长3.8%，约占全市入库税收288.68亿元的20%；制造业固定资产投资17.05亿元，下降47.7%，占全市固定资产投资1012.05亿元的1.7%。

【工业主要行业监测】2015年，海口

2015年海口市工业经济主要指标表

单位：万元

指标名称	12月	1～12月累计	比去年同期增减%	
			本月	累计
一、全部工业总产值	–	5376670	–	0.8
二、全部工业增加值		135.11		4
三、规模以上工业总产值	555730	5014319	4.8	0.4
1. 按轻重工业分				
轻工业	272727	2751914	–2.3	6.1
重工业	283003	2262405	12.0	–7.3
2. 按经济类型分				
国有工业	72988	513802	61.2	12.5
集体工业	0.0	0.0	0.0	0.0
股份制工业	400729	4500517	0.6	–2.0

续表

指标名称	12月	1～12月累计	比去年同期增减%	
			本月	累计
外商及港澳台投资工业	82013	808436	-4.6	1.6
其他经济类型工业	0.0	0.0	0.0	0.0
在总计中：国有控股工业	129069	1033148	28.6	10.7
大中型工业	439599	4076274	6.9	1.6
四、规模以上工业销售产值	582642	4967507	4.1	-0.1
#出口交货值	30821	298573	8.0	-7.9
五、规模以上工业销售率（%）	104.8	98.5	0.8	0.9
六、规模以上工业增加值	142912	1245166	4.6	3.7

注：1.本表绝对数按当年价格计算，增长速度按可比价格计算； 2.规模以上工业为年主营业务收入2000万元及以上工业企业。（本表由市统计局统计报表提供）

2015年海口市工业主要产品产量表

（规模以上工业）

指标名称	单位	2015年累计	累计比去年同期增减%	指标名称	单位	2015年累计	累计比去年同期增减%
1. 售电量	亿千瓦时	64.60	6.8	7. 化学纤维	万吨	0.00	0.0
2. 配混合饲料	万吨	84.44	-6.0	8. 聚酯切片	万吨	0.00	0.0
3. 罐头	万吨	24.26	-1.4	9. 塑料制品	万吨	1.75	-17.3
4. 啤酒	万吨	6.19	-13.3	10. 汽车	辆	69800	-22.5
5. 软饮料	万吨	52.15	4.8	#轿车	辆	50665	-17.5
6. 卷烟	亿支	122.50	0.0	11. 变压器	万千伏安	1109.56	12.7

（本表由市统计局统计报表提供）

2015年海口市规模以上工业企业经济效益指标

指标名称	单位	1~12月累计	上年同期	比上年同期增减%
1. 企业单位数	户	151	154	-1.95
# 亏损企业数	户	29	28	3.57
2. 亏损面	%	19.21	18.18	5.67
3. 产品销售收入	万元	4967507	4872691	1.95
4. 利税总额	万元	729094	703587	3.63
# 利润总额	万元	331119	328085	0.92
5. 应收账款	万元	705609	774955	-8.95
6. 产成品库存	万元	584974	616490	-5.11
7. 从业人员平均人数	人	51804	51266	1.05

注：本表中的企业单位数（户）是有主营业务收入的企业总数。

2015 年海口市主要行业工业总产值增减表
（监测的 142 家工业企业）

主要行业	监测重点企业数（家）	2015 年累计总产值（亿元）	2014 年同期总产值（亿元）	累计增速（%）	占规上企业比重（%）	对规上增速的影响（%）
汽车运输设备制造业	22	68.79	92.19	−25.4	13.7	−4.7
食品及农副产品加工业	39	115.98	121.67	−4.7	23.1	−1.1
医药制造业	40	141.91	120.36	17.9	28.3	4.3
机电设备金属制品业	12	67.67	66.11	2.4	13.5	0.3
新能源产业	1	23.22	24.97	−7.0	4.6	−0.4
水电气供应业	6	52.22	48.92	6.7	10.4	0.7
新材料制造业	2	5.94	6.84	−13.2	1.2	−0.2
矿业和建材行业	8	5.48	5.57	−1.6	1.1	−0.02
印刷包装业	7	4.97	4.85	2.5	1.0	0.02
化工制品业	4	3.36	2.97	13.0	0.8	0.08
木材加工及木、竹、藤、棕、草制品业	1	1.28	2.54	−49.8	0.3	−0.3
合计	142	490.82	496.99	−1.2	97.8	−1.2

（本表为市科工信局运行监测数据统计）

工业主要有汽车制造、食品饮料及农副产品加工、医药制造、机电设备及金属制品业、新能源产业、化工制品、新材料制造业、印刷包装业、矿业和建材物制品、水电气供应、木材加工制品业 11 个主要行业。11 个行业中，从重点监测的 142 家重点工业企业上看，完成工业总产值 490.82 亿元，占全市工业总产值的 91.29%，占全市规模以上工业总产值的 97.88%。其中汽车制造、食品饮料及农副产品加工、医药制造、机电制造、新能源产业、水电气供应 6 个行业仍是海口工业的最主要行业，6 个行业总产值共占全市规模以上工业总产值的 94.5%。从 11 个主要行业运行走势看，医药制造业、水电气供应业、机电设备金属制品业、化工制品业、印刷包装业这 5 个行业是拉动工业增长的动力，特别是医药制造业仍然延续 2014 年强劲增长势头，表现最为突出。

【工业发展专项资金】 2015 年，海口市科工信局继续实施政策引导企业转型升级和产业结构调整，落实《海口市人民政府关于加快工业发展的若干规定》的工业扶持政策，全年共落实 1.31 亿元专项资金对企业扶持，其中对 62 家企业申报 8 项工业政策资金核实扶持 8463.94 万元；对 103 家企业落实稳增长和灾后恢复生产贷款贴息等刺激政策扶持资金 4658.73 万元。在政策实施引导下，产业结构优化调整成效明显，同时激励企业积极克服经济下行压力及电力紧缺对生产的影响，确保工业经济稳定增长。年内，海口市 10 家医药企业获省政府增长突出贡献奖励专项资金 2000 万元。

【中小企业扶持】 2015 年，海口市科工信局为全市中小企业完善融资平台，不断拓宽中小企业融资渠道，落实各级中小企业扶持资金，支持企业自主创新和技术改造并提供资金保障。修改《海口市中小企业发展专项资金管理办法》，专项资金重点扶持贷款贴息项目；落实专项资金 300 万元支持担保公司、信用中介机构等融资平台建设，组织担保公司、信用中介机构为中小企业融资贷款扶持 18.76 亿元。落实 2013 年国家中小企业发展专项资金 2247 万元；组织申报 2015 年海南省工业和信息产业发展项目专项资金，立项项目 33 个，落实资金 3740.54 万元；组织申报海南省中小企业发展专项资金保费补助和贷款贴息，落实资金 5784.81 万元；组织申报 2015 年海口市中小企业发展专项资金项目 53 个，安排资助项目 33 个，落实扶持资金 788 万元。

【工业招商引资】 2015 年，海口市科工信局围绕海口市产业发展重点开展招商引资，共签约项目 5 个，投资金额 40.1 亿元。分别为：厦门鸿基伟业复合材料纯电动公交车生产项目，总投资 6.7 亿元；海南英格地效翼船制造有限公司英格地效翼船制造项目，总投资 20 亿元；天涯社区网络科技股份有限公司演丰小镇开发项目，总投资 10 亿元；海南青创投资有限公司海南乡镇电子政务系统建设项目，总投资1.8亿元；海南航众信息科技有限公司智能高速图像与视频处理技术及芯片产业化项目，总投资1.6亿元。

【工业科技创新】2015年，海口市工业企业有38个在研和新立项的科技创新项目，共获得国家和市政府各类科技研发经费支持6166.1万元，其中9个列入国家863计划、科技支撑计划、科技型中小企业技术创新基金计划的续研项目，共获科技部支持经费4327万元，获市级财政配套支持249.1万元；16个新立项项目获得市政府立项的应用技术研究与开发经费支持共1200万元（其中：6个医药产业项目获扶持经费485万元，3个汽车制造项目获扶持经费145万元，3个机电和机械设备项目获扶持经费420万元，2个新材料技术项目获扶持经费90万元，2个其他项目获扶持经费60万元）；13个新立项的科技型中小企业技术创新资金项目获市政府扶持资金共390万元（其中：汽车制造创新项目1个，农药研制项目1个，防水隔热新材料项目1个，新型全自动投料压包机研发项目1个，海产珠蚌提取物护眼化妆品研发项目1个，医药创新项目7个，螺旋藻生物技术开发创新项目1个），每个项目均获30万元扶持。

【重点工业项目建设】2015年，海口市无新开工工业项目，续建扩建和技改项目共11个，项目总投资44.5亿元，全年计划投资7.5亿元，实际累计完成投资6.7亿元，完成计划的89%。年内，海药单克隆抗体中试车间等3个项目建成投产。

【节能降耗】2015年，海口市科工信局落实《海口市2014-2015年节能减排低碳发展行动方案》，全面推进各领域的节能工作。全年办理节能登记项目51个（制造业11个、制药业9个、信息业2个、食品业2个、物流业1个、公共设施21个、技改1个、环保1个、其他1个），总投资35.9亿元，总耗能1.46万吨标准煤。完成对26家市重点用能单位（工业企业20家，服务行业6家）和市政府第二办公区开展2014年度能源审计；对36家省级重点用能单位进行2014年度节能目标考核。开展对全市201家单位239台注册在用承压锅炉（设计燃煤锅炉201台；设计油、气锅炉31台；电加热锅炉6台；余热锅炉1台）进行摸底调查，调查结果为：仍在使用锅炉213台，停用锅炉26台；201台设计燃煤锅炉中仍使用燃煤的32台，改用木柴的142台，改用液化气的3台，其余24台已停用。深入开展节能专项监察工作，对海口市11家重点用能单位在用高耗能落后机电设备（产品）整改情况进行专项监察，经监察劝导，共淘汰高耗能落后机电设备82台，更新69台；对海口市46家宾馆酒店能耗限额标准执行情况和高耗能落后机电设备（产品）淘汰情况进行专项监察，其中：符合单位面积综合能耗限额标准的44家，超限额1倍以内2家；符合单位面积电耗标准的43家，超限额1倍以内3家。完成17家重点用能单位能源管理体系评价材料初审工作，按照企业能源管理体系建设开展计划，计划通过体系认证的有10家，申请能源管理体系建设效果评价的7家。2015年底，通过体系认证并提交认证证书的有8家，提交评价资料并通过初审的有5家。开展节能培训，组织36家省重点用能单位参加“海南省节能监察暂行办法宣贯和万家企业能源管理体系建设”培训会。组织有关企业申报省节能专项资金备选项目2个。4月，省政府对海口市进行2014年度目标考核，考核结果是海口市节能目标任务在全省处于先进水平。2015年，全市能源消费总量480.92万吨标准煤，增长6.74%，其中工业能源消费总量64.24万吨标煤，占全市能源消费总量的13.36%，增长1.09%；全市万元GDP能耗0.55吨标准煤，下降2.21%，完成年度目标任务，其中单位工业增加值能耗为0.185吨标准煤，下降5.34%，工业单位能耗仅为全市单位能耗的1／3，工业万元增加值（GDP）能耗相对于全市其他产业为最低。

【工业安全生产】2015年，海口市科工信局根据国家、省、市安全生产管理新要求，组织全市企业主管安全生产工作人员139人参加省、市举办的新《安全生产法》的学习，并督促全业组织员工宣传贯彻新《安全生产法》；组织企业139人参加安全主任和安全督导员培训、29人参加职业卫生培训；组织企业开展“安全生产月”“安全生产咨询日”活动，动员工业企业组织参加2015年“安康杯”竞赛、“安全生产月”摄影展和书画展活动。加强重大节日和重要时期的安全检查，重点对粉尘企业和企业的隐患排查，全年共排查一般隐患1489个，并全部整改。继续督促指导工业企业开展安全标准化三级企业创建工作，新增10家规模以上企业通过安全标准化三级企业评审，全市通过安全生产标准化三级标准的工业企业总数上升到49家。落实长输油气管道安全保护监督管理工作的职能，10月27日出台实施《海口市关于加强石油天然气管道保护工作实施意见》，同时加强对油气管道企业落实安全保护主体责任的督促，促进企业加强安全巡查和隐患排查。2015年，全市工业系统安全工作无发生责任事故，保持全市工业安全生产和油气管道安全运行的良好态势。

运输设备制造业

【运输设备制造业概况】2015年，海口市运输设备制造业共有规模以上企业22家，较上年减少3家。其中21家为汽车制造企业，1家为农用拖拉机制造企业。2015年随着全国进口、合资汽车品牌产品价格下探至中低端市场，国内品牌依靠低价形成的性价

2015年度国家科技部项目经费海口配套资金汇总表

单位：万元

序号	科技部支持项目类型	企业名称	项目名称	科技部总支持经费	科技部已到位经费情况		2015年市级财政配套经费（按2014年下达经费30%计）
					科技部已下达经费	其中科技部2014年下达经费	
1	国家863计划	海南立昇净水科技实业有限公司	高通量纳滤膜材料的规模化制备技术	2475	2475	1064	78.2
2	国家科技支撑计划	一汽海马汽车有限公司	生物燃气净化提纯技术装备及城市公交系统应用研究	562	562	152	26.1
3	国家科技支撑计划	海南思坦德生物科技股份有限公司	解毒代谢功能调节生物活性物质制备关键技术、活性评价及其应用	795	596	199	32
4	科技型中小企业技术创新基金	海南海医药物安全性评价研究有限责任公司	海南医药技术工程化公共技术服务平台	200	200	200	60
5	科技型中小企业技术创新基金	海南德泽药物研究有限公司	抗2型糖尿病创新药物DZCY01	50	50	15	4.5
6	科技型中小企业技术创新基金	海南康虹医药科技开发有限公司	三类新药伊潘立酮及片的研究和开发	54	54	54	16.2
7	科技型中小企业技术创新基金	海南康虹医药科技开发有限公司	一类药左旋米那普仑的研究开发	50	50	15	4.5
8	科技型中小企业技术创新基金	海南正邦信息科技有限公司	海南省中小企业信息系统安全检测公共技术服务	71	71	71	21.3
9	科技型中小企业技术创新基金	海南森瑞谱生命科学药业股份有限公司	防治宫颈癌国家1类新药宫露宁临床前研究	70	70	21	6.3
合计				4327	4128	1791	249.1

2015年海口市工业科技创新研究与开发项目立项表

单位：万元

序号	项目编号	项目名称	政府支持经费	项目单位自筹经费	承担单位
1	2015-001	甲磺酸伊马替尼片的研制及产业化	200	3600	齐鲁制药（海南）有限公司
2	2015-002	国家五类新药氯氮平口腔崩解片的产业化研究	100	100	海南中化联合制药工业股份有限公司
3	2015-003	太阳能双分裂式电力变压器研发与应用	200	1008.45	海南威特电气集团有限公司
4	2015-004	气体绝缘封闭式开关控制设备研发及产业化	200	890	海南金盘电气有限公司
5	2015-005	一种奥沙利铂结晶化合物成果产业化开发	50	168	海南锦瑞制药有限公司
6	2015-006	盐酸普拉克索及其缓释片的应用技术研究与开发	50	200	海南康虹医药科技开发有限公司
7	2015-007	苯磺酸氨氯地平口腔速溶膜	45	105	万特制药（海南）有限公司
8	2015-008	盐酸依匹斯汀颗粒研究与开发	40	260	海南康芝药业股份有限公司
9	2015-009	纯电动汽车动力控制系统（PCU）集成技术研究	50	150	一汽海马汽车有限公司
10	2015-010	喷雾推进通风冷却塔	30	270	海南金航信诺制冷科技有限公司
11	2015-011	低压无功功率自动补偿装置产业化开发	50	150	海南泰新电气成套设备工程有限公司
12	2015-012	车用发动机连续可变气门升程技术研究	45	243	一汽海马动力有限公司
13	2015-013	智能温控配电柜	20	58	海南海新机电设备厂
14	2015-014	高强度节能散热电缆桥架研究	30	70	海南庞洪实业有限公司
15	2015-015	一种高光泽阻隔型丙烯酸酯聚合物乳液的研制与产业化	50	283.4	海南必凯水性涂料有限公司
16	2015-016	潮盾防潮树脂涂料	40	110	海南红杉科创实业有限公司
合计			1200	7665.85	

2015年度海口市工业科技型中小企业技术创新项目资金安排表

序号	项目名称	申报单位	拟支持经费（万元）
1	汽车内饰件环保、轻量化及声学研发	海南华福汽车零部件制造有限公司	30
2	一种新型农药助剂的研制及应用	海南江河农药化工厂有限公司	30
3	可部分替代饲用抗生素的含有乳酸菌的微生物制剂的研究与开发	海南泓缘生物科技股份有限公司	30
4	夏热冬暖地区防水隔热一体化屋面系统	海南红杉科创实业有限公司	30
5	种新型全自动投料压包机的研发与产业化项目	海南信荣橡胶机械有限公司	30
6	一种海产珠蚌提取物护眼化妆品研发与产业化	海南海润生物科技股份有限公司	30
7	黎草妇康抑菌洗液的研发与推广	海南黎药堂生物科技开发有限公司	30
8	复方布洛肾素那敏片产业化项目	海口世康药物研究有限公司	30
9	血液透析机消毒液的研制	海南朗腾医疗设备有限公司	30
10	马来酸匹杉琼原料及冻干粉针的研制生产	海南通用康力制药有限公司	30
11	布洛那敏肾素片的研制与开发	海南高升医药科技开发有限公司	30
12	吸入用硫酸沙丁胺醇溶液	海南利能康泰制药有限公司	30
13	螺旋藻综合高产技术开发与示范推广	海南蓝宝生物科技有限公司	30
合 计			390

2015年海口市工业新建及技术改造重点项目建设情况表

投资额单位：万元

序号	项目名称	建设规模和内容	项目建设单位	所属行业	建设地点	用地面积（公顷）	总投资额	已累计投资	2015年计划投资	2015年已投资	开工时间	计划竣工时间	计划投产时间	工程进展情况
1	复方甘草酸苷国产化项目	药厂建设	海南益尔药业有限公司	医药	药谷	4.27	10800	9000	6000	5000	2011.06	2014.11	2015.02	续建项目：厂房主体已完工，但因资金问题目前停工，无法按计划完成
2	热封型聚偏二氯乙烯涂布薄膜研制与产业化	项目在保持原PVDC涂布薄膜高阻隔性能的前提下，提高其热封性能,解决传统PVDC涂布薄膜热封强度低的问题，减少传统PVDC涂布薄膜必须与未拉伸聚丙烯薄膜等其它热封材料复合，满足包装材料热封性能工艺。项目完成时达到年产1000~1500吨的规模	海南赛诺有限公司	包装	狮子岭		524	500	394	394	2013.01	2014.12	2015.01	已投产
3	奇力制药生产基地	新药厂建设	海口奇力制药股份有限公司	医药	药谷	4.27	13800	7434	4000	4000	2011.08	2014.12	2016.12	续建项目：2014年有2个车间投产，2015年有2个车间投产
4	椰树第二个8万吨椰子汁扩产项目	建设年产8万吨椰子汁生产线	椰树集团有限公司	饮料	海盛路111号	2.0	37000	20300	5000	6100	2014.11	2016.10	2016.12	续建项目：已经完成厂房第4层建设，按计划推进
5	工业升级转型新版GMP技术改造二期项目	在厂区原预留区域改建三条口服固体制剂生产线、一条口服液生产线、两条外用药制剂生产线以及两条原料药（普通原料药、抗肿瘤原料药）生产线以及采购相关生产设备及检测检验仪器	海南全星制药有限公司	医药	保税区	1.0	10000	1051	10000	10000	2014.01	2015.12	2015.12	已投产
6	椰国科技成果转化中心项目	建设建筑面积1.9万平方米的科技成果转化研发中心、椰果发酵生产线一条、椰果深加工生产线一条	海南椰国食品有限公司	食品	药谷	1.47	5327	5000	5000	3500	2012.12	2016.11	2016.12	续建项目：进行内部装饰施工

续表

序号	项目名称	建设规模和内容	项目建设单位	所属行业	建设地点	用地面积（公顷）	总投资额	已累计投资	2015年计划投资	2015年已投资	开工时间	计划竣工时间	计划投产时间	工程进展情况
7	海南金芦荟现代产业园	种植80公顷，加工厂6.67公顷	海南金芦荟生物工程有限公司	保健品	琼山区旧州镇	6.67	65800	3700	5000	2000	2014.01	2016.12	2016.12	续建项目：因土地规划调规，厂房尚未动工
8	海药生物医药产业园建设项目－（单克隆抗体中试车间）建设项目	建设中试试验室（40升规模），符合GMP生产车间（500升规模），配套质量检验室，微生物室，原辅包及成品仓库等	海口市制药厂有限公司	医药	海药工业园		8500	510	8500	8500	2014.04	2015.02	2015	已投产
9	万特二期工程	建设分装车间、原料库、冻干口崩制剂车间、脂质体靶向剂车间、中试车间1、综合制剂车间二、成品仓库、试验中心、中试车间	万特制药（海南）有限公司	医药	药谷	9.07	30000	2400	6000	2400	2012.11	2015.12	2016.12	续建项目：由于“威马逊”超强台风损坏，重新设计，已完成环评
10	威特电气工业产业园项目	建设内容为厂房、变压器生产、电缆生产、成套开关生产等设备，定位为国内一流的集电气设备制造、安装、科研及维护、电力工程设计施工及咨询为一体的现代化企业集团	海南威特电气集团有限公司	电气	美安科技城	27.67	140000	645	7000	7000	2014.03	2017.12	2017.12	续建项目：进行现场勘察设计、进场土坪施工
11	金鹿工业园区标准化厂房建设项目	项目建筑面积786106平方米（其中中试车间21600平方米、周转楼43776平方米、标准化厂房711450平方米、设备用房280平方米、地下车库9000平方米）	海南金鹿投资集团有限公司	标准化厂房	海榆中线199号	30.67	123200	12000	18000	18000	2014.06	2020.06		续建项目：一期工程已完成，二期按计划推进

比优势难以竞争，加之排放、安全、油耗等法规标准加速提高，技术储备相对薄弱的自主品牌面临的压力倍增，海口市汽车行业经济下行压力不断加大。除一季度实现正增长外，全年连续9个月负增长，其中三季度下降幅度最大。在国家颁布汽车购置税减半的政策以及10月底海马第四代福美来促销降价的刺激下，80%的上游零部件配套公司全年工业总产值累计增速降幅虽然逐月小幅收窄，但行业增速四季度触底止稳、稍有反弹。总体上行业全年仍延续2014年度负增长态势，严重影响全年增长预期目标。行业22家重点企业全年累计完成产值68.79亿元，下降25.4%，占规模以上工业总产值比重约13.7%，拉低规模以上工业经济增速约4.7个百分点；完成销售产值69.90亿元，下降23.1%；产销率101.6%。

【一汽海马汽车有限公司】 2015年，公司虽然采取对第四代福美来产品进行促销降价的销售策略，但受全国整体行业竞争和自身产品技术及品牌市场认可度等因素影响，公司产销仍未扭转2014年以来的下降态势，严重影响整个行业的增长。5月，1.5T第四代福美来、1.8T新海马、S7双T动力上市；12月，海马汽车普力马纯电动车上市。全年汽车产量6.98万辆，下降22.5%；工业总产值47.32亿元，下降26.6%；共销售汽车7.06万辆（其中第四代福美来销量2.82万辆，S7双T动力车型销量5219辆），下降19.4%；销售产值48.09亿元，下降24.3%；产销率101.6%；出口交货值0.31亿元，下降56.0%。

【海马公司技术创新】 2015年，一汽海马公司实现多项技术创新。其中纯电动汽车整车控制器（VCU）通过自主设计，实现从整车控制策略到硬件进行自主设计能力；对VCU硬件的设计、测试等领域进行研究，实现软硬件联合调试及测试。“纯电动汽车动力控制系统（PCU）集成技术”研究，实现将电机控制器模块、DC/DC变换器模块、绝缘监测模块和高压配电模块等的功能进行集成化设计；同时开展结构集成和冷却散热技术研究，突破产品结构集成和电磁兼容技术瓶颈，形成纯电动汽车动力控制单元（PCU）产品，为电动汽车示范运行提供技术支撑及经验积累。EMS标定技术的研究与应用，建立数据检查和分析标准文件。基于CFD技术的发动机舱热管理，对一维发动机冷却系统仿真分析流程、三维发动机热平衡分析流程、整车热管理开发流程、整车热管理仿真目标分解表的研究成功应用于研发项目继续优化。年内在研的483Q-TI（1.8L）/383Q-TI（1.4L）是海马响应国家节能减排政策而开发的新平台发动机。在研484Q-TH混动发动机，去除传统发电机，增加时间控制的电子辅助水泵系统、双质量飞轮系统，配合搭载插电式混动汽车。6月，省科技厅组织专家对海马承担的国家科技支撑计划项目——“海南国际旅游岛生态环境保护关键技术及示范”中的子课题二“生物燃气净化提纯技术装备及城市公交系统应用研究”进行验收。该项目由一汽海马公司牵头，联合湖南大学等产学研机构进行技术攻关，重点开展生物燃气净化提纯技术及其装备研究，研发离子液体+碱液和椰壳活性炭固载离子液体等提纯技术，发动机结构优化和整车匹配适应性等方面的研究。该项目发表学术论文17篇，申请发明专利6项。年内，一汽海马公司发明的“汽车”专利（专利号：ZL201330282450.0）获中国专利奖外观设计优秀奖，海南省知识产权局获第十七届中国专利优秀组织奖；“纯电动汽车的前机舱组件及安装支架”发明专利获2015年度海口市专利金奖；海马M5整车外观设计专利荣获第十七届中国专利奖外观设计优秀奖，“VB00系列乘用车开发项目”获2015年省高新技术项目称号。

【汽车零部件配套企业】 2015年，海口市规模以上汽车零部件配套企业共20家，受国内自主品牌乘用车市场占有率下滑及一汽海马汽车有限公司整车产销下降的影响，除海南明芳机械有限公司、海南宇龙汽车部件有限公司两家配套企业产值分别增长15.3%和17.4%外，其余18家配套企业产值均下降。

【海南金鹿农机发展股份有限公司】 2015年，海南金鹿农机发展股份有限公司受取消对企业生产的拖拉机产品的补贴政策和拖拉机产品市场需求减少的影响，全年生产小型农用拖拉机1201辆，下降4.1%；总产值3554.6万元，下降10.8%；销售产值4415万元，下降2.1%。

2015年海口市运输设备制造业规模以上企业生产情况表

单位：万元

序号	企业名称	主要生产	工业总产值			工业销售产值			累计产销率%
			2015年累计	2014年累计	累计同比%	2015年累计	2014年累计	累计同比%	
	汽车运输设备制造业 累计		687855.2	921855.7	-25.4	699011.3	908497.8	-23.1	101.6
1	一汽海马汽车有限公司	海马系列整车	473179.7	644885.7	-26.6	480871.5	635053.2	-24.3	101.6
2	一汽海马动力有限公司	发动机	50517.7	67828.0	-25.5	50517.7	67828.0	-25.5	100.0
3	浙江万向系统有限公司海南分公司	海马系列配件	28261.7	39211.9	-27.9	29591.3	36627.7	-19.2	104.7
4	海南钧达汽车饰件股份有限公司	海马系列配件	20938.5	23079.3	-9.3	18572.6	20094.5	-7.6	88.7
5	全兴工业（海南）有限公司	海马系列配件	9586.3	14959.7	-35.9	12023.0	14790.0	-18.7	125.4
6	海南元创机械有限公司	海马系列配件	5466.7	8453.6	-35.3	5798.0	8064.8	-28.1	106.1
7	六和机械工业（海南）有限公司	海马系列配件	9155.5	12383.2	-26.1	9228.1	12350.7	-25.3	100.8
8	海南宇傲汽车配件有限公司	海马系列配件	7390.2	10281.7	-28.1	7626.3	10783.2	-29.3	103.2
9	海南瑞利工业有限公司	海马系列配件	8822.7	11727.7	-24.8	9390.6	12530.5	-25.1	106.4
10	海南威昌汽车配件有限公司	海马系列配件	9220.6	11617.7	-20.6	8754.9	10336.8	-15.3	94.9
11	海南华福汽车零部件制造有限公司	海马系列配件	5015.0	9763.0	-48.6	5266.1	9775.6	-46.1	105.0
12	海南金鹿农机发展股份有限公司	海马系列配件	3554.6	3983.7	-10.8	4415.0	4511.6	-2.1	124.2
13	海南明芳机械有限公司	海马系列配件	14438.6	12523.2	15.3	13895.2	11937.0	16.4	96.2
14	海南宇龙汽车部件有限公司	海马系列配件	9200.0	7839.5	17.4	9000.0	7839.5	14.8	97.8
15	海口通达排气系统有限公司	海马系列配件	3001.0	7150.9	-58.0	2987.5	7086.3	-57.8	99.6
16	海南超力电器有限公司	海马系列配件	6100.0	7130.0	-14.4	5930.0	6880.0	-13.8	97.2
17	海口全盛汽车配件有限公司	海马系列配件	4264.2	6052.0	-29.5	4264.2	6052.0	-29.5	100.0
18	海南瑞德夏工业有限公司	海马系列配件	3120.3	3669.7	-15.0	3679.1	4281.6	-14.1	117.9
19	海南瑞应鑫汽车配件有限公司	海马系列配件	4342.6	4679.7	-7.2	4400.1	5108.5	-13.9	101.3
20	海南联顺金属工业有限公司	海马系列配件	4311.9	5253.9	-17.9	4832.7	7303.6	-33.8	112.1
21	海南誉球汽车部件有限公司	海马系列配件	4981.6	5928.6	-16.0	4981.6	5809.7	-14.3	100.0
22	海南台丰交通器材有限公司	海马系列配件	2985.8	3453.0	-13.5	2985.8	3453.0	-13.5	100.0

食品及农副产品加工业

【食品及农副产品加工业概况】 2015年，海口食品及农副产品加工业共有规模以上企业39家，增加3家企业。受消费倾向下降制约和市场竞争加剧等多重因素影响，食品及农副产品加工业整体处于弱势震荡的负增长态势，下行压力较大。全年行业39家重点企业完成产值115.98亿元，下降4.7%，占规模以上工业总产值比重约23.1%，拉低规模以上工业经济增长约1.1个百分点；销售产值118.91亿元，下降2.3%，降幅有所扩大；累计产销率102.5%。在整个食品及农副产品加工业中，烟草加工业产销情况良好，市场稳定，产、销量均呈现出持续增长态势。酒和饮料制造业13家规上企业中，产、销值增速较上年同期呈现不同程度下降的企业5家，处于去库存阶段的企业6家。

【酒和饮料制造业】 2015年，海口市酒和饮料制造业有椰树集团海南椰汁饮料有限公司、海南椰岛酒业发展有限公司、喜力酿酒（海南）有限公司（原海南亚太酿酒）、海南中粮可口可乐饮料有限公司、海口椰树矿泉水有限公司、海南红牛饮料有限公司、海南海航饮品有限公司、海南金盘饮料有限公司、海口力神咖啡饮品有限公司、海南椰岛食品饮料有限公司、海南艾森乳业有限公司等规模以上企业11家。11家规上企业中，产销值增速较上年同期呈现不同程度下降的企业5家，处于去库存阶段的企业6家。四季度虽然在椰岛酒业发展有限公司改变和加强销售策略，其白酒销售市场回暖明显反弹，累计增速由前三季度的-21.4%大幅上扬至-5.3%，但因整体行业受消费倾向下降制约和市场竞争的影响，全年产值累计增速较前三季度的-0.7%进一步扩大到-3.4%。全年行业完成总产值31.7亿元，下降3.4%；销售产值31.77亿元，下降5.6%。

【食品制造业】 2015年，海口市食品制造业有椰树集团海口罐头厂有限公司、海南椰国食品有限公司、海口椰园食品有限公司、海南南国食品实业有限公司、海南迪爱生微藻有限公司、海南佳宁娜食品有限公司、海南国威隆实业有限公司、海口欣奇食品有限公司、海南晶辉盐业有限公司、海南康美食品有限公司、海口富利食品有限公司等规模以上企业11家，增加2家。其中，海南椰国食品有限公司受资金影响，总产值下降51.2%；海口椰园食品有限公司受市场竞争影响，总产值下降18.8%。全行业完成总产值17.74亿元，下降3.3%；完成销售产值18.33亿元，增长0.7%。

【农副食品加工业】 2015年，海口市农副食品加工行业有海口双胞胎饲料有限公司、海南恒兴饲料实业有限公司、海南裕泰科技饲料有限公司、海南青牧原实业有限公司、海口富康达饲料有限公司、海南华星饲料有限公司、海南照丰水产有限公司、海南蔚蓝海洋食品有限公司、海南泉溢食品有限公司、海南华绿食品冷冻有限公司、海南东洋水产有限公司、海南昌之茂食品有限公司、海南佳德信食品有限公司、海口盛泰热带作物有限公司、海南罗牛山肉类食品有限公司、海南港翔农牧有限公司等规模以上企业16家，增加2家（2015年新增3家：海南港翔农牧有限公司、海南佳德信食品有限公司、海南昌之茂食品有限公司；减少1家：海口清郁工贸有限公司搬迁至澄迈老城）。16家企业完成总产值37.7亿元，下降12.4%；销售产值39.09亿元，下降9.1%。其中，水产品加工业受上年高基数及2015年出口景气度明显下降的影响，7家龙头企业全年产值下降4.3%，但降幅较前三季度的增速（-19.3%）反弹15.3个百分点；涉及出口的6家企业出口交货值下降11.8%，降幅较前三季度的增速（-27.4%）反弹15.6个百分点。主要原因是照丰水产公司改变主要以出口为主的营销策略，转向主攻国内超市及星级酒店供货，有力地扭亏为盈，全年产、销值增速分别增长38.7%和33.1%；昌之茂食品公司没有出口业务，全年保持较高增长速度，产、销值增速分别为18.5%和20.0%。饲料生产行业在养殖业转型和环保压力驱动下，饲料生产进入低速增长期。饲料业7家重点企业全年饲料总产量下降约3.9%；行业产值增速下降13.9%，降幅逐步加大。除华星、港翔等规模较小的饲料企业以外，龙头企业基本呈较大的负增长态势，对整个农副食品加工业增速产生较大影响。同时整个农副食品加工业中，海南罗牛山肉类食品有限公司搬迁到罗牛山农产品加工产业园生产后，其搬迁后的产值未上报统计，产值出现较大的降幅，亦造成对整个农副食品加工业增速产生较大影响。

【烟草加工业】 2015年，海口市烟草加工业只有海南红塔卷烟有限责任公司1家规模以上企业。公司全年卷烟产量与上年持平，完成产值28.85亿元，增长5.0%；销售产值29.72亿元，增长10.8%，且绝对值大于总产值8733.7万元。产品结构同比提升：三类以上卷烟产量占比89.73%、销量占比89.80%，分别增长9.64%、9.86%；库存同比减少。

2015 年海口市食品饮料及农副产品加工企业生产情况表

单位：万元

序号	企业名称	主要产品	工业总产值			销售产值			累计产销率%
			本年累计	上年累计	累计同比%	本年累计	上年累计	累计同比%	
	累计		1159841.4	1216717.4	–4.7	1189143.5	1216696.9	–2.3	102.5
1	海南红塔卷烟有限责任公司	卷烟	288450.6	274599.1	5.0	297184.3	268158.8	10.8	103.0
2	椰树集团海南椰汁饮料有限公司	椰子汁、热带水果饮料	214721.1	223067.4	–3.7	205788.4	224170.8	–8.2	95.8
3	椰树集团海口罐头厂有限公司	饮料、果酱食品、椰子糖等	126340.8	125182.8	0.9	127005.0	125047.7	1.6	100.5
4	海南椰岛酒业发展有限公司	白酒、保健酒	16481.1	17410.3	–5.3	16479.9	17336.8	–4.9	100.0
5	喜力酿酒（海南）有限公司	啤酒	24836.4	30096.9	–17.5	26350.0	32565.9	–19.1	106.1
6	海南中粮可口可乐饮料有限公司	可口可乐、雪碧、芬达、美汁源果粒橙等	23846.9	23074.8	3.3	30889.8	27200.9	13.6	129.5
7	海口椰树矿泉水有限公司	纯净水	5266.7	3208.0	64.2	5877.8	3844.1	52.9	111.6
8	海南红牛饮料有限公司	红牛饮料	11236.7	11086.4	1.4	11743.0	10550.2	11.3	104.5
9	海南海航饮品有限公司	椰子汁、菠萝汁等	3479.2	3261.7	6.7	3338.7	3037.9	9.9	96.0
10	海南金盘饮料有限公司	纯净水	4582.8	4388.3	4.4	4355.8	4261.8	2.2	95.0
11	海口力神咖啡饮品有限公司	咖啡、椰子粉、咖啡饮料、椰子汁、生咖啡豆等	5039.8	4101.8	22.9	4736.3	3879.6	22.1	94.0
12	海南椰岛食品饮料有限公司	椰子糖、咖啡糖、椰子粉、咖啡粉、饮料、饼干等	3523.5	4293.6	–17.9	4240.4	5276.8	–19.6	120.3
13	海南艾森乳业有限公司	巴氏鲜牛奶、特纯酸奶、传统型酸奶、妙客餐饮乳、苹果醋等	4014.4	4324.8	–7.2	3972.0	4480.5	–11.3	98.9
14	海口富利食品有限公司	纯净水与饮料	4759.5	4470.5	6.5	4692.9	4481.8	4.7	98.6
15	海南椰国食品有限公司	椰果、糖化椰果、乳制品专用椰果、冷饮专用椰果等	8570.8	17546.5	–51.2	13782.1	15235.2	–9.5	160.8
16	海口椰园食品有限公司	椰汁、椰子糖果等	3467.1	4269.3	–18.8	3462.7	4033.5	–14.2	99.9
17	海南康美食品有限公司		430.9	441.0	–2.3	416.1	461.5	–9.8	96.6
18	海南迪爱生微藻有限公司	螺旋藻制品	1872.9	1844.6	1.5	2687.7	2206.1	21.8	143.5
19	海口双胞胎饲料有限公司	鸡料、鱼料、猪料	82827.6	90642.8	–8.6	80714.6	90404.9	–10.7	97.4

续表

序号	企业名称	主要产品	工业总产值			销售产值			累计产销率%
			本年累计	上年累计	累计同比%	本年累计	上年累计	累计同比%	
20	海南恒兴饲料实业有限公司	禽畜饲料、水产饲料	87711.3	92918.5	–5.6	92356.2	93899.8	–1.6	105.3
21	海南裕泰科技饲料有限公司	禽畜饲料、水产饲料	60878.8	76233.3	–20.1	60591.5	75894.6	–20.2	99.5
22	海南青牧原实业有限公司	禽畜饲料	18101.5	24347.8	–25.7	17993.6	24520.9	–26.6	99.4
23	海口富康达饲料有限公司	禽畜饲料、水产饲料	3503.5	11822.1	–70.4	3503.5	11822.1	–70.4	100.0
24	海南华星饲料有限公司	禽畜饲料、水产饲料	5997.7	5994.3	0.1	5917.3	5977.7	–1.0	98.7
25	海南港翔农牧有限公司	禽畜饲料	3819.2	3414.7	11.8	3990.0	3460.0	15.3	104.5
26	海南照丰水产有限公司	虾仁、罗非鱼、带鱼、鱿鱼、海鳗、红鼓鱼、蟹、贝类、食品罐头等	32704.3	23579.3	38.7	27972.3	21010.0	33.1	85.5
27	海南蔚蓝海洋食品有限公司	单冻虾仁、带头虾、生块冻虾、裹粉裹浆虾仁、冻鱼、鱼片等	15834.6	20145.7	–21.4	17218.7	21217.8	–18.8	108.7
28	海南泉溢食品有限公司	罗非鱼加工、蝴蝶面包虾、凤尾面包虾等	8452.9	16008.6	–47.2	11541.0	13548.9	–14.8	136.5
29	海南华绿食品冷冻有限公司	海鳗鱼片、马头鱼片、墨鱼片、凤尾虾、去头虾、寿司虾，带鱼，罗非鱼、鱿鱼、马头鱼、马面鱼和金线鱼	9409.9	11777.2	–20.1	9571.2	11442.3	–16.4	101.7
30	海南东洋水产有限公司	水产品与农产品深加工	6863.3	7604.6	–9.7	6845.5	8071.9	–15.2	99.7
31	海南佳德信食品有限公司	水产品深加工	15672.7	16034.7	–2.3	21921.4	19399.4	13.0	139.9
32	海南昌之茂食品有限公司	水产品深加工	11299.6	9538.4	18.5	11113.8	9259.3	20.0	98.4
33	海口盛泰热带作物有限公司	椰肉	13706.9	7217.5	89.9	13706.9	7217.5	89.9	100.0
34	海南南国食品实业有限公司	咖啡饮品、椰子糖果等	14230.0	13003.0	9.4	14543.4	13826.4	5.2	102.2
35	海南佳宁娜食品有限公司	月饼	6623.9	6120.0	8.2	6623.9	6120.0	8.2	100.0
36	海口欣奇食品有限公司	蛋糕、月饼	1780.6	1520.0	17.1	1765.0	1484.5	18.9	99.1
37	海南罗牛山肉类食品有限公司	冷鲜分割猪肉、冻猪分割肉、冻（鲜）猪副产品、冻（鲜）骨头类、冻（鲜）油脂类等	221.1	13079.8	–98.3	5900.5	12707.3	–53.6	2668.7
38	海南国威隆实业有限公司	大米加工	5475.7	5068.8	8.0	4637.8	5395.0	–14.0	84.7
39	海南晶辉盐业有限公司	碘盐、多品种食用盐、保健用盐、洗涤用盐、医疗用盐	3805.1	3978.5	–4.4	3712.5	3786.7	–2.0	97.6

医药制造业

【医药制造业概况】2015年，海口市有药品生产企业75家（占全省93.8%），有62家企业取得GMP（药品生产质量管理规范）证书，其中规模以上生产企业40家，新增1家。年产值亿元以上企业30家。全市医药工业从业人数1.42万人。总产值145.52亿元，占全省医药产业产值的97%。共有药品批准文号3065个，新增7个（化药3.3类1个，化药5类1个，化药6类5个）。2015年，国家落实医改政策，持续增加医疗卫生领域的投入，逐步实施扩容后的2012年版国家基本药物目录，直接或间接促进医药市场增长；海口市新版GMP改造完成，软硬件全面升级，技术水平、生产能力和质量保障能力不断提高，企业内部管理逐渐完善。在行业整体中，海口市制药厂、海灵、中和、通用三洋、葫芦娃制药、皇隆、通用康力、锦瑞、合瑞、新世通等制药企业具品牌优势的拳头产品产销两旺，基本保持11.4%以上的增速，拉动行业产销值保持高速增长。但也存在部分企业订单减少、生产放缓的现象，加上个别企业生产调整或设备检修，产值负增长的企业占比35%。海口市制药厂的注射用头孢西丁钠、紫杉醇（抗肿瘤药物）、肠胃康颗粒、氨曲南、美罗培南、注射用维生素C和头孢克洛系列产销两旺；海灵化学制药有限公司主要产品注射用头孢他啶、注射用拉氧头孢钠及其原料药的市场需求旺盛、销售走俏。40家规模以上企业完成产值141.91亿元，增长17.9%，占规上工业总产值比重约28.3%，拉动规上工业经济增长约4.3百分点，是拉动全市工业经济增长的主要引擎；完成销售产值134.54亿元，增长21.4%；累计产销率94.8%。

【医药产业科技创新与资金支持】2015年，海口市医药制造业有海口奇力制药、海口市制药厂等5家企业的5个新版GMP技术升级药厂项目和技术改造项目建设，均为2014年度续建项目。海药生物医药产业园建设一个单个项目——“单克隆抗体中试车间”和海南全星制药有限公司的工业升级转型新版GMP技术改造二期项目建成投产。全市医药制造业在研和新立项的科技创新项目共19个，占全市38个在研和新立项的科技创新项目的50%，获国家和市政府各类科技研发经费支持1302.8万元，其中6个获得国家科技型中小企业技术创新基金支持495万元，占国家支持全市工业该类项目基金总经费4327万元的11.44%，市级财政配套支持112.8万元，占全市配套支持该类项目基金总经费249.1万元的45.3%；6个新立项项目获得市政府应用技术研究与开发经费支持共485万元，占总全市支持该类项目基金总经费1200万元的40.4%；7个新立项项目的科技型中小企业技术创新项目获得市政府扶持210万元，占总全市支持该类项目基金总经费390万元的53.8%。

2015年海口市制药工业各项经济指标

单位：亿元

指标	全年累计	同比增长%	占全市工业比重%
全部工业增加值	62.13	23.03	46
全部工业总产值	145.52	22.9	29
全部工业销售产值	140.52	21.9	28.3
规上企业总产值	141.91	17.9	28.3
规上企业销售产值	134.54	21.4	27.2
利税总额	27.95	5.1	43
其中：利润	18.34	12.52	62
应交税	10.86	1.0	18.8

2015年海口市医药制造业规模以上企业生产情况表

单位：万元

序号	企业名称	主要产品	总产值			销售产值			累计产销率%
			本年累计	上年累计	累计同比%	本年累计	上年累计	累计同比%	
			1419098.0	1203575.6	17.9	1345388.2	1108136.9	21.4	94.8
1	海口市制药厂有限公司	头孢克洛胶囊、阿莫西林胶囊、头孢拉定针剂、头孢唑啉钠针剂、头孢哌酮钠针剂、头孢曲松钠针剂、头孢唑肟钠针剂、肠胃康冲剂、红宝太圣胶囊等	350009.7	229665.4	52.4	344375.8	191420.2	79.9	98.4
2	海南海灵化学制药有限公司	冻干粉针剂、粉针剂、乳膏剂、原料药、无菌原料药、片剂、胶囊剂、颗粒剂、干混悬剂、小容量注射剂；无菌原料药等	161961.1	106221.2	52.5	169589.7	94777.6	78.9	104.7
3	海口奇力制药股份有限公司	阿洛西林钠、阿莫西林钠克拉维酸钾、氨苄西林钠氯唑西林钠、利巴韦林、庆大霉素普鲁卡因维B12、盐酸左氧氟沙星胶囊0.2g转1、用更昔洛韦、用美洛西林钠、用培内酯、果糖二磷酸钠等	101084.4	91535.8	10.4	100199.8	85684.2	16.9	99.1
4	海南惠普森医药生物技术有限公司	注射用奥扎格雷钠、盐酸格拉司琼注射液、硫普罗宁肠溶胶囊、罗红霉素分散片、头孢克洛分散片（希诺）、萘普生钠伪麻黄碱缓释片（普森欧克）、穿心莲内酯片、克拉霉素胶囊（福可星）、克拉霉素颗粒剂（福可星）、注射用盐酸丁咯地尔（世多泰）、盐酸丁咯地尔注射液（世多泰）、盐酸丁咯地尔片（世多泰）、天麻素注射液、注射用维生素B6（中凯能）、头孢氨苄胶囊、注射用奥美拉唑钠、注射用布美他尼等	12888.9	17793.7	–27.6	12470.1	15313.6	–18.6	96.8
5	海南通用三洋药业有限公司	片剂、胶囊剂、颗粒剂、散剂、糖浆剂、凝胶剂、软膏剂、栓剂、伏立康唑、盐酸安非他酮、利鲁唑、氯雷他定、佐米曲普坦、阿达帕林、西洛他唑、盐酸洛哌丁胺、富马酸比索洛尔、非那雄胺、盐酸非索非那定、地氯雷他定、二氯醋酸二异丙胺、瑞格列奈、盐酸特比萘芬、盐酸曲美他嗪、拉西地平等	34363.0	28121.0	22.2	33209.0	28694.0	15.7	96.6
6	海南皇隆制药股份有限公司	冻干粉针剂、粉针剂、片剂、颗粒剂、胶囊剂、干混悬剂、软胶囊剂、溶液剂（外用）、洗剂、软膏剂、搽剂、乳膏剂、凝胶剂、喷雾剂、无菌原料药、原料药、药用辅料等	60092.1	51590.7	16.5	46576.3	45060.9	3.4	77.5

续表

序号	企业名称	主要产品	总产值			销售产值			累计产销率%
			本年累计	上年累计	累计同比%	本年累计	上年累计	累计同比%	
			1419098.0	1203575.6	17.9	1345388.2	1108136.9	21.4	94.8
7	先声药业有限公司	咳喘宁、阿莫西林干糖浆、阿莫西林克拉维酸钾片、法能、英太青凝胶、阿莫西林胶囊、再克、再奇、注射用阿莫西林钠、注射用阿莫西林钠克拉维酸钾、阿莫西林分散片、盐酸曲马多分散片、富马酸氯马斯汀胶囊、利巴韦林分散片等	50546.2	47929.3	5.5	49177.0	45200.9	8.8	97.3
8	海南碧凯药业有限公司	冻干粉针剂、小容量注射剂、片剂、胶囊剂、颗粒剂；软胶囊剂、栓剂、软膏剂、乳膏剂、洗剂、原料药、原料药等	54134.6	43614.1	24.1	47651.2	43766.6	8.9	88.0
9	齐鲁制药（海南）有限公司	冻干粉针剂、小容量注射剂、小容量注射剂；片剂、胶囊剂、颗粒剂（均含抗肿瘤类）	110468.8	105997.8	4.2	104382.1	103495.9	0.9	94.5
10	海南养生堂药业有限公司	片剂、胶囊剂、溶液剂、喷雾剂、原料药、软膏剂、涂膜剂等	48714.9	57872.1	−15.8	45951.4	56733.0	−19.0	94.3
11	海南灵康制药有限公司	冻干粉针剂（含头孢类）、小容量注射剂、粉针剂（含头孢类）、原料药等	34960.9	35053.1	−0.3	30143.0	30224.4	−0.3	86.2
12	海南中化联合制药工业股份有限公司	冻干粉针剂、小容量注射剂；粉针剂；片剂、胶囊剂、颗粒剂、滴丸剂、散剂、酒剂、大容量注射剂、安吖啶、盐酸利托君、生长抑素、尼角麦林、异环磷酰胺、吗替麦考酚酯、胸腺五肽、盐酸伐昔洛韦、酮咯酸氨丁三醇、卡络磺钠、单磷酸阿糖腺苷、布美他尼、葡萄糖酸依诺沙星、维生素E烟酸酯、泛影酸、葡甲胺、乙酰螺旋霉素、舒必利、小容量注射剂、粉针剂（头孢菌素类）、无菌原料药、原料药、药用辅料等	22436.8	25543.8	−12.2	20909.1	21965.3	−4.8	93.2
13	万特制药（海南）有限公司	片剂、胶囊剂、颗粒剂、散剂；糖浆剂、凝胶剂、软膏剂、栓剂、伏立康唑、盐酸安非他酮、利鲁唑、氯雷他定、佐米曲普坦、阿达帕林、西洛他唑、盐酸洛哌丁胺、富马酸比索洛尔、非那雄胺、盐酸非索非那定、地氯雷他定、二氯醋酸二异丙胺、瑞格列奈、盐酸特比萘芬、盐酸曲美他嗪、拉西地平、来曲唑、盐酸氟西汀等	5453.7	27954.0	−80.5	6838.7	23343.2	−70.7	125.4

续表

序号	企业名称	主要产品	总产值			销售产值			累计产销率%
			本年累计	上年累计	累计同比%	本年累计	上年累计	累计同比%	
			1419098.0	1203575.6	17.9	1345388.2	1108136.9	21.4	94.8
14	海南通用同盟药业有限公司	冻干粉针剂、片剂、胶囊剂、软胶囊剂、小容量注射剂、生物工程产品、赖氨匹林、甲硝唑磷酸二钠、依西美坦、菠萝蛋白酶、枸橼酸苹果酸钙、低分子量肝素钙、去氧氟尿苷、更昔洛韦、卡络磺钠、盐酸尼莫司汀、乙胺硫脲、炎琥宁、盐酸特比萘芬、葡萄糖酸依诺沙星、夫西地酸钠、盐酸托烷司琼、维生素A（棕榈酸酯、酒石酸长春瑞滨、D-泛酸）	24642.5	21359.9	15.4	22936.9	21012.7	9.2	93.1
15	海南长安国际制药有限公司	冻干粉针剂、粉针剂；大容量注射剂；片剂、胶囊剂、颗粒剂；原料药（果糖二磷酸钠、洛铂、盐酸丙帕他莫、异环磷酰胺）	35131.7	33563.0	4.7	31108.7	31767.6	-2.1	88.5
16	海南葫芦娃制药有限公司	粉针剂、冻干粉针剂、片剂、胶囊剂、颗粒剂、干混悬剂、散剂、软胶囊剂、盐酸甲氯芬酯、头孢匹胺钠）、头孢米诺钠、硫酸头孢匹罗、头孢硫脒、头孢孟多酯钠、头孢克肟、赖氨匹林、氨曲南、精氨酸阿司匹林、新鱼腥草素钠、硫普罗宁、氨甲环酸、葡萄糖酸依诺沙星、更昔洛韦、炎琥宁、奥扎格雷、盐酸雷莫司琼、卡络磺钠、氟马西尼、尼麦角林、盐酸伐昔洛韦、甘草酸二铵、甲磺酸左氧氟沙星、盐酸尼莫司汀、葡萄糖酸钠、单磷酸阿糖腺苷、兰索拉唑、磷酸依托泊苷、帕米膦等	30891.0	23661.3	30.6	23715.3	21282.6	11.4	76.8
17	海南双成药业股份有限公司	冻干粉针剂、片剂、胶囊剂、颗粒剂、原料药、胸腺五肽、胸腺法新、生长抑素等	19469.7	17406.3	11.9	19514.2	15917.9	22.6	100.2
18	海南澳美华制药有限公司	片剂、胶囊剂、颗粒剂、干混悬剂、丸剂等	13704.8	15804.6	-13.3	14904.2	12728.6	17.1	108.8
19	海南通用康力制药有限公司	冻干粉针剂、粉针剂、小容量注射剂、片剂、胶囊剂、颗粒剂、干混悬剂、阿洛西林钠、原料药等	16679.9	14593.1	14.3	16016.6	14200.6	12.8	96.0
20	海南全星制药有限公司	片剂、胶囊剂、颗粒剂、干混悬剂、滴丸剂、软膏剂、乳膏剂、凝胶剂、栓剂；冻干粉针剂、小容量注射剂、粉针剂（含头孢菌素类）、扎来普隆口腔崩解片、异环磷酰胺、卡络磺钠、盐酸甲氯芬酯等	15191.0	14394.0	5.5	13450.9	13959.7	-3.6	88.5

续表

序号	企业名称	主要产品	总产值			销售产值			累计产销率%
			本年累计	上年累计	累计同比%	本年累计	上年累计	累计同比%	
			1419098.0	1203575.6	17.9	1345388.2	1108136.9	21.4	94.8
21	海南海力制药有限公司	片剂、胶囊剂、散剂、丸剂、胶囊剂、颗粒剂、干混悬剂、软膏剂、凝胶剂、乳膏剂、栓剂等	18742.6	19019.7	-1.5	15987.2	18234.6	-12.3	85.3
22	海南亚洲制药股份有限公司	片剂、胶囊剂、颗粒剂等	12573.8	13584.4	-7.4	12585.8	13330.6	-5.6	100.1
23	海南康芝药业股份有限公司	片剂、散剂＊片剂、胶囊剂、颗粒剂、干混悬剂、散剂、粉针剂、冻干粉针剂；糖浆剂、合剂、口服溶液剂、混悬剂、口服液等	12043.6	10896.9	10.5	11777.5	11452.8	2.8	97.8
24	海南爱科制药有限公司	大容量注射剂（含软袋包装）	11484.3	11340.9	1.3	11139.4	11652.8	-4.4	97.0
25	海南赞邦制药有限公司	片剂、颗粒剂等	13128.4	11111.8	18.1	12463.9	11665.8	6.8	94.9
26	海南中和药业有限公司	冻干粉针剂、小容量注射剂、片剂、胶囊剂；小容量注射剂、胸腺五肽、生长抑素、胸腺法新、醋酸去氨加压素、醋酸奥曲肽、炎琥宁、更昔洛韦、奥扎格雷、甲磺酸左氧氟沙星、阿仑膦酸钠、氨力农、新鱼腥草素钠、蒿甲醚、兰索拉唑、甘草酸二铵、恩替卡韦等	40878.2	20333.7	101.0	34218.5	19627.6	74.3	83.7
27	海南普利制药股份有限公司	冻干粉针剂、小容量注射剂；片剂、胶囊剂、颗粒剂、干混悬剂、散剂、软膏剂、萘普生、卡托普利、曲匹布通、地氯雷他定、富马酸酮替芬、马来酸曲美布汀、盐酸多巴酚丁胺、盐酸酚氟拉明、L—半胱氨酸、氢氧化镁、更昔洛韦、尼麦角林、微晶纤维素丸芯、蔗糖丸芯、淀粉丸芯等	21246.2	20061.5	5.9	16227.0	14402.2	12.7	76.4
28	海南天煌制药有限公司	粉针剂、大容量注射剂、小容量注射剂、盐酸头孢甲肟、头孢西丁钠、头孢尼西钠、片剂等	15259.0	18568.1	-17.8	9944.4	20307.5	-51.0	65.2
29	海南三叶制药厂有限公司	片剂、胶囊剂、颗粒剂、干混悬剂、口服液、糖浆剂、软膏剂、乳膏剂、冻干粉针剂等	6901.5	7664.4	-10.0	6567.0	7632.7	-14.0	95.2

续表

序号	企业名称	主要产品	总产值			销售产值			累计产销率%
			本年累计	上年累计	累计同比%	本年累计	上年累计	累计同比%	
			1419098.0	1203575.6	17.9	1345388.2	1108136.9	21.4	94.8
30	海南海神同洲制药有限公司	片剂、胶囊剂、软胶囊剂、颗粒剂、干混悬剂、散剂、乳膏剂、软膏剂、凝胶剂、栓剂、氯雷他定、萘磺酸钠、硝酸舍他康唑、奥扎格雷、葛根素、阿仑膦酸钠、盐酸克林霉素棕榈酸酯、甲磺酸帕珠沙星等	12282.8	10523.1	16.7	11050.3	11550.5	-4.3	90.0
31	海南新世通制药有限公司	片剂、胶囊剂、颗粒剂、粉针剂（头孢菌素类）、冻干粉针剂、小容量注射剂、片剂、胶囊剂、颗粒剂、葡萄糖酸依诺沙星、新鱼腥草素钠、硫普罗宁、右泛醇、甲磺酸左氧氟沙星、头孢孟多酯钠、头孢米诺钠、氨曲南、炎琥宁等	5780.6	4676.8	23.6	5915.3	4676.8	26.5	102.3
32	海南美好西林生物制药有限公司	冻干粉针剂（青霉素类）、粉针剂（含头孢菌素类、青霉素类）、美洛西林钠等	3424.3	3896.1	-12.1	3684.5	4111.5	-10.4	107.6
33	海南锦瑞制药有限公司	冻干粉针剂、小容量注射剂、片剂、胶囊剂、颗粒剂、丸剂、干混悬剂、散剂、原料药等	8717.4	4261.5	104.6	8603.9	4065.0	111.7	98.7
34	海南利能康泰制药有限公司	片剂、胶囊剂、颗粒剂冻干粉针剂、小容量注射剂、原料药等	1703.4	1667.9	2.1	1494.1	1609.0	-7.1	87.7
35	海南赛立克药业有限公司	冻干粉针剂（青霉素类）、粉针剂（含头孢菌素类、青霉素类）、美洛西林钠等	3213.1	3126.3	2.8	3008.0	3115.7	-3.5	93.6
36	海南省金岛制药厂	片剂、胶囊剂、颗粒剂（均含青霉素类、头孢菌素类）、干混悬剂（头孢菌素类）	1390.5	1718.7	-19.1	1289.5	2034.9	-36.6	92.7
37	海南合瑞制药股份有限公司	冻干粉针剂、冻干粉针剂（激素类）、小容量注射剂、粉针剂、片剂、胶囊剂、颗粒剂、干混悬剂、原料药等	8260.6	6641.9	24.4	7455.7	6068.9	22.9	90.3
38	海南九芝堂药业有限公司	片剂、胶囊剂、栓剂等	3589.5	8371.7	-57.1	3225.8	9533.4	-66.2	89.9
39	海南林恒制药有限公司	螺旋藻钙胶囊、螺旋藻胶囊、快苏达复方感冒灵片、保肾康片等	3431.2	2956.2	16.1	3409.1	3035.3	12.3	99.4
40	海南伊顺药业有限公司	板蓝根滴丸、注射用维生素C、注射用盐酸林可霉素、盐酸克林霉素注射液、紫杉醇注射液、注射用亮菌甲素等	12221.3	13479.8	-9.3	12221.3	13479.8	-9.3	100.0

机电设备及金属制造业

【机电设备及金属制造业概况】2015年，海口市机电设备及金属制造业有12家规模以上企业，新增海南美亚电缆厂有限公司、海南建航废旧金属加工配送有限公司。上半年，行业处于宽幅震荡态势，2～5月增速持续下挫，6月触底反弹后平稳至11月，12月强劲翘尾、扭负为盈。金盘电气、威特电气、美亚电缆、宝通实业保持增长，尤其金盘电气、美亚电缆、宝通实业3家企业增长较大；海宇锡板、康宁（海南）光通信、椰树制罐、正红科技、清华显示器等企业产值均出现大幅下滑，拉低行业增长。12家规上企业完成产值67.67亿元，增长2.4%，占规模以上工业总产值比重约13.5%，拉动规模以上工业生产增速约0.3个百分点；完成销售产值64.33亿元，增长0.5%；累计产销率95.1%。

【电气设备制造业】2015年，海口电气设备制造业有金盘电气公司、威特电气公司、美亚电缆厂3家规模以上企业，新增海南美亚电缆厂有限公司，总产值35.02亿元，增长8.4%。金盘电气公司主要产品干式变压器产量增长10.1%，因拓展新市场、研发的新产品得到市场认可，总产值和销售产值均为17.82亿元，增长14.9%；出口交货值增长86.6%，各项指标虽从年初73.3%的增长高位逐渐趋缓，但仍然对拉动整个机电设备金属制造业增长做出较大贡献。威特电气公司的电力变压器、电力电缆和开关板产量增速分别是11.5%、8.2%和-14%；由于年内国家电网和南方电网的订单集中在12月交货，12月的产值增速较1～11月的累计增速-12.6%提高13.3个百分点，12月的销售产值较1～11月提高7.6个百分点。美亚电缆厂于2015年列入规模以上企业统计，实现总产值1.07亿元，增长41.5%，为整个机电设备金属制造业增长拉升0.5个百分点。

【金属制品业】2015年，海口市金属制品业有海宇锡板公司、椰树制罐公司、海南通安实业公司、海南建航废旧金属加工配送公司等4家规模以上企业，新增海南建航废旧金属加工配送有限公司。受产品市场和价格的影响，全年总产值19.27亿元，下降12.9%；销售产值19.6亿元，下降11.7%。累计产销率101.7%。4家规上企业中有3家产值增速分别不同程度下降，其中龙头企业海宇锡板公司主要产品镀锡板全年产量下降13.2%，年均产品出厂价格下降17.4%，累计产、销值分别下降18.5%和16.9%，是造成金属制品业增速下降较大的最主要原因，同时也是拉低整个机电设备金属制造业增长的主要因素之一。

【信息通信制造业】2015年，海口市信息通信制造业有康宁（海南）光通信公司（原三星（海南）光通信公司）、海南正红科技公司、海南宝通实业公司、海南清华显示器科技公司4家规模以上企业。康宁（海南）光通信公司采用新工艺加大光纤的生产，产量增长87.1%，但由于原三星（海南）光通信公司在年内被美国康宁收购控股更名为康宁（海南）光通信有限公司，因市场对其更名后产品认知度的因素影响，在总产值中占比较大的主要产品——光缆的产销量下降32.9%，进而影响全年产、销值均下降8.4%，出口交货值下降33.7%。宝通实业公司属于军工生产企业，由于计划任务增加，产销值也大幅增长56.8%。正红科技公司、清华显示器科技公司由于技术和市场的竞争及环保因素制约，产值大幅下降。全行业在宝通实业公司增长的拉动下，全年完成产值13.2亿元，增长15.8%；销售产值12.24亿元，增长3.2%；累计产销率94%。

【机械制造业】2015年，海口机械制造业只有海口高新区宏邦机械有限公司1家规模以上企业，受市场因素影响，全年完成产销值3458.9万元，下降17.2%，累计产销率100%。

【机电设备制造业科技创新】2015年，海口市机电设备制造业有海南金盘电气有限公司、海南泰新电气成套设备工程有限公司、海南海新机电设备、海南庞洪实业有限公司4家企业的4个项目获市政府立项扶持300万元，企业自筹投入1168万元开展科技创新研发。其中海南金盘电气有限公司"气体绝缘封闭式开关控制设备研发及产业化"的研发与制造项目，自筹投入资金890万元，获市政府200万元研发经费扶持。

2015 年海口市机电设备及金属制造业规模以上企业生产情况表

单位：万元

序号	企业名称	主要产品	总产值			销售产值			累计产销率%
			2015 年累计	2014 年累计	累计同比%	2015 年累计	2014 年累计	累计同比%	
1	海南金盘电气有限公司	干式变压器、电抗器、开关成套设备、中压充气环网柜、C-GIS、SVG 动态无功补偿系统等	178200	155158.4	14.9	178200	155158.4	14.9	100
2	海南威特电气集团有限公司	高低压开关柜、组合箱式变电站、油浸式变压器、干式变压器、变电站自动化设备、高、低压电缆	161367.3	160260.5	0.7	132059	11796.5	1.7	81.8
3	海南美亚电缆厂有限公司	高压电缆、低压电缆	10668.4	7540.2	41.5	11039.4	10123	9.1	103.5
4	海南海宇锡板工业有限公司	镀锡板、涂漆板、印刷板	122466.2	150236.1	－18.5	125515	150968.7	－16.9	102.5
5	海南椰树制罐工业有限公司	椰子汁、芒果汁等包装空罐	65983.4	66867.9	－1.3	65927.2	66889.2	－1.4	99.9
6	海南通安实业有限公司	各种机动车、非机动车号牌、交通标志、印刷、照相彩扩	1659.1	1822.8	－9.0	1951	1806.9	8.0	117.6
7	海南建航废旧金属加工配送有限公司		2690	2515	7.0	2690	2515	7.0	100
8	康宁（海南）光通信有限公司	光纤、光缆	46971.4	51278.7	－8.4	46971.4	51278.7	－8.4	100
9	海南宝通实业公司	短波通信设备、超短波通信设备、多波段通信设备、城市移动通信系统等系列产品	76596.2	48843.7	56.8	68761.9	54923.5	25.2	89.8
10	海南正红科技发展有限公司	精密多层印刷电路板	5270	9580	－45	5270	9580	－45	100
11	海南清华显示器科技开发有限公司	液晶显示器	1407.5	2777.5	－49.3	1407.5	2777.5	－49.3	100
12	海口高新区宏邦机械有限公司	工程机械	3458.9	4179.8	－17.2	3458.9	4179.8	－17.2	100
总计			676738.4	661060.6	2.4	643251.3	640012.9	0.5	95.1

其他工业行业

【化工制品业】2015年，海口市化工制品业有重点企业4家，全年完成产值3.36亿元，增长13%，占规上工业总产值比重约0.8%；销售产值3.19亿元，增长15.51%；累计产销率95%。行业总产值虽然增长13%，但由于行业产值小，对全市工业增长拉动较小。

2015年海口市规模以上化工制品企业生产情况表

单位：万元

序号	企业名称	主要产品名称	2015年总产值	2014年总产值	比上年增减（%）	2015年销售产值	2014年销售产值	比上年增减（%）	产销率%
1	海南云海民爆有限责任公司	炸药产品	8984.6	9076.7	–1	8992.8	9309.2	–3.4	100.1
2	海南京润珍珠生物技术股份有限公司	珍珠化妆品、美容保健品	18405	14491	27	16747.9	12183.2	37.5	91
3	海口中南瓶胚有限公司		2695.3	2657	1.4	2674.6	2628.4	1.8	99
4	海口成兴塑胶有限公司		3531.3	3522.9	0.2	3516	3522.9	–0.2	99.6
总计			33616.2	29747.8	13	31931.3	27643.7	15.51	95

【光伏（新能源）产品制造业】2015年，海口市光伏（新能源）产品制造业有海南英利新能源有限公司和海南汉能公司2家企业。因海南汉能公司一期项目自2013年3月建成后，由于产品市场不佳，尚未达到规模以上企业的产值标准，未列入统计，主要是以海南英利公司产值为主。受宏观环境和市场因素等影响，上半年，在国家产业政策及出口带动等利好因素的刺激下，海南英利的产销形势逐步好转，加上2015年设备升级改造带来产量的整体提升，但受市场不稳定因素影响，单月产成品销售均价及整体运行走势均呈现倒“U”形。下半年，产成品销售均价较为稳定，大致保持3.20元/瓦；产值运行走势先抑后扬，呈浅“U”形。海南英利公司全年太阳能电池组件产量817.05兆瓦，增长19.2%；全年平均单价3.66元/瓦，下降17.8%。完成总产值23.22亿元，下降7.0%，占规模以上工业总产值比重约4.6%，拉低规模以上工业经济增长约0.4个百分点；销售产值22.54亿元，下降13.7%；累计产销率97.1%；完成出口交货值13.80亿元，下降3.1%。主要原因是海南英利公司之前的市场主要在于澳大利亚、美国、南美、欧洲、中东等地，但新兴市场如日本等亚洲地区对组件太阳能电池板需求量大，以及内销供需加大，平均单价低于欧美市场价格；同时由于2015年汇率走势降低，致使销售平均单价下降，进而导致总产值下降。

【新材料制造业】2015年，海口市新材料制造行业有海南赛诺实业有限公司、海南立昇净水科技实业有限公司2家规模以上企业。2013年海南立昇净水科技实业有限公司投资2.5亿元在云龙工业园建设的“膜分离科技产业化基地工程项目”被列为海南省重点项目，并列入国家“863计划”，获国家资金2475万元的支持；2014年项目所有建筑主体工程及装修全部竣工，至2015年仍未实现投产。全行业完成工业总产值5.94亿元，下降13.2%，占规模以上工业总产值比重约1.2%，拉低规模以上工业经济增长约0.2个百分点；销售产值5.92亿元，下降13.2%，累计产销率99.7%。赛诺实业公司的BOPP薄膜全年产量、总产值、销售产值均同比下降19.5%，主要原因是原贴牌产品从公司剥离到公司下属贸易公司，不再列入公司产值计算。立昇净水公司产品市场销售较好，累计总产值增长12.2%。

【印刷包装业】2015年，海口市印刷包装业有7家规模以上企业，新增4家（海南宝岛实业有限公司、海南现代彩印包装有限公司、海南广鑫印务股份有限公司、海南锋达彩印有限公司）企业。7家重点企业全年完成工业总产值4.97亿元，增长2.5%，占规模以上工业总产值比重约1.0%；销售产值5.10亿元，增长5.7%，累计产销率102.6%。昱华纸品公司、广鑫印务公司、宝岛实业公司和华森实业公司的产、销值同比增速均保持正增长，增速范围12.0%～16.6%。万达包装公司、现代彩印公司、锋达彩印公司为负增长，产值增速分别为–7.1%、–12.6%、–73.1%。

【木材加工等制品业】2015年，海口市木材加工及木、竹、藤、棕、草制品业仍只有海南农垦林产集团股份有限公司1家规模以上企业，因房地产市场因素导致产品市场需求减少。全年完成总产值1.28亿元，下降49.8%，占规上工业总产值比重约

2015年海口市规模以上新材料制造业企业生产情况表

单位：万元

序号	企业名称	主要产品名称	2015年总产值	2014年总产值	比上年增减（%）	2015年销售产值	2014年销售产值	比上年增减（%）	产销率%
1	海南赛诺实业有限公司	PVDC/AC/PVOH涂布膜、离型涂布、激光防伪膜、BOPP烟膜、BOPP基材膜	44194.5	54900.3	-19.5	44194.5	54900.3	-19.5	100
2	海南立昇净水科技实业有限公司	超滤膜	15190.9	13540.6	12.2	14993	13275.1	12.9	98.7
总计			59385.4	68440.9	-13.2	59187.5	68175.4	-13.2	99.7

2015年海口市规模以上印刷包装业企业生产情况表

单位：万元

序号	企业名称	主要产品名称	2015年总产值	2014年总产值	比上年增减（%）	2015年销售产值	2014年销售产值	比上年增减（%）	产销率%
1	海南万达包装制造有限公司	包装产品生产	4288.4	4618.6	-7.1	4138.8	4749.3	-12.9	96.5
2	海南华森实业公司	发票印刷、人民币小币种印刷	21775.0	19441.0	12	23487.5	19441.0	20.8	107.9
3	海南昱华纸品科技有限公司	包装产品生产	9196.6	7884.0	16.6	9196.6	7884.0	16.6	100
4	海南宝岛实业有限公司	包装产品生产印刷	2878.8	2497.5	15.3	2865.7	2448.7	17	99.5
5	海南现代彩印包装有限公司	包装产品生产	2679.6	3064.4	-12.6	2679.6	3002.8	-10.8	100
6	海南广鑫印务股份有限公司	包装产品、书本印刷	7735.9	6693.3	15.6	7489.5	6435.2	16.4	96.8
7	海南锋达彩印有限公司	包装产品生产印刷	1151.5	4279.6	-73.1	1151.5	4279.6	-73.1	100
总计			49705.8	48478.4	2.5	51009.2	48240.6	5.7	102.6

0.3%；销售产值1.24亿元，下降46.8%；累计产销率97.3%。

【建材行业】2015年，海口市建材行业有8家规模以上企业，新增1家（海南广胜新型建材有限公司），行业因受房地产市场因素影响，全年完成工业总产值5.48亿元，下降1.6%，增速逐月递减，占规上工业总产值比重约1.1%；销售产值5.50亿元，下降3.0%；产销率100.5%。

【水电气供应业】2015年，海口市水电气供应业有6家规模以上企业，新增1家（中海油管道燃料化学（海南）有限公司）。行业平稳增长，总体供需平衡。6家重点企业全年完成工业总产值52.22亿元，增长6.7%，占规上工业总产值比重约10.4%，拉动全市规上工业经济增长约0.7个百分点；销售产值51.98亿元，增长6.9%。民生管道燃气售气量增长3.7%，海口供电局售电量增长1.9%。3家供水龙头企业的自来水供应总和增长4.3%。

工业园区

【工业园区概况】2015年，海口高新区和海口综合保税区有规模以上工业企业78家，新增9家，占全市149家规模以上工业企业数的52%；完成工业总产值274.3亿元，下降6.1%，占全市规模以上工业总产值55%；销售产值271.2亿元，下降5.1%，占全市规模以上工业销售产值的55%；完成出口交货值20.7亿元，下降6.3%，占全市规模以上工业出口交货值69%。

2015 年海口市规模以上建材行业企业生产情况表

单位：万元

序号	企业名称	主要产品名称	2015 年总产值	2014 年总产值	比上年增减（%）	2015 年销售产值	2014 年销售产值	比上年增减（%）	产销率%
1	海南瑞泽新型建材股份有限公司海口分公司	商品混凝土生产与配送、新型墙体材料生产与配送	10151.3	8174.6	24.2	10151.3	8174.6	24.2	100.0
2	海南盛亨混凝土有限公司	预拌混凝土生产及销售	8320.2	9505.8	–12.5	8320.2	9505.8	–12.5	100.0
3	海南智海混凝土有限公司	预拌混凝土，混凝土机械施工	9367.4	8633.6	8.5	9367.4	8633.6	8.5	100.0
4	海南兆诚混凝土有限公司	各类商品混凝土及混凝土预购件	6066.6	5235.2	15.9	6066.6	5235.2	15.9	100.0
5	海南广胜新型建材有限公司	墙体环保砖	2207.4	3056.1	–27.8	2374.4	4078.0	–41.8	107.6
6	海南莱仕普卫浴有限公司	从事不锈钢丝编织管、塑料卫浴软管等研发	2429.1	3267.1	–25.6	2510.7	3287.2	–23.6	103.4
7	共享钢构有限责任公司	钢结构材料加工安装	12585.1	13055.4	–3.6	12585.1	13055.4	–3.6	100.0
8	海南海玻工程玻璃有限公司	生产高档建筑节能玻璃	3654.8	4756.7	–23.2	3654.8	4756.7	–23.2	100.0
总计			54781.9	55684.5	–1.6	55030.5	56726.5	–3	100.5

2015 年海口市规模以上水电气供应业企业生产情况表

单位：万元

序号	企业名称	主要产品名称	2015 年总产值	2014 年总产值	比上年增减（%）	2015 年销售产值	2014 年销售产值	比上年增减（%）	产销率（%）
1	海南电网有限责任公司海口供电局	供电	414663.3	393753.3	5.3	414663.3	393753.3	5.3	100.0
2	海南民生管道燃气有限公司	供气	38673.1	37309.1	3.7	36287.0	34519.9	5.1	93.8
3	中海油管道燃料化学（海南）有限公司	供气	33374.5	29822.8	11.9	33374.5	29822.8	11.9	100.0
4	海口威立雅水务有限公司	供水	23143.1	18706.2	23.7	23143.1	18706.2	23.7	100.0
5	海口开源水务资产管理有限公司	供水	6280.8	4930.8	27.4	6280.8	4930.8	27.4	100.0
6	海口永庄水务有限公司	供水	6040.6	4668.1	29.4	6040.6	4668.1	29.4	100.0
总计			522175.4	489190.3	6.7	519789.3	486401.1	6.9	99.5

【海口国家高新区工业】 海口国家高新技术产业开发区管委会管辖的产业园范围包括：药谷工业园（港澳开发区和国科园）、狮子岭工业园、云龙产业园、海马第二汽车工业园、开发建设中的美安园区和国际创意港，主要产业有电子信息、汽车配件、生物制药、光伏组件制造、印刷包装、新材料等产业。2015年有规模以上企业55家，完成工业总产值173.69亿元，增长1.6%；工业销售产值170.84亿元，增长2.5%，总产值、销售产值均占全市规模以上工业总产值、销售产值的34.6%。

【药谷工业园区】 海口药谷工业园包括药谷一期、二期和国科园及港澳开发区。2015年有50家工业企业，其中规模以上企业35家（一期8家、二期15家，港澳开发区12家）。主要产业有制药、医疗器械、印刷包装、酒生产、化妆品生产等。是海口市医药生产企业聚集区，也是全省医药生产企业聚集区。2014~2015年，海口奇力制药、海南皇隆制药、海南碧凯药业、海南灵康制药、海南中化联合制药、海南澳美华制药、海南海神同洲制药、海南新世通制药等主要制药企业搬迁到该园并扩大产能建设。2015年，有规模以上医药生产企业21家，占全市规模以上制药企业的52%；工业总产值89.8亿元，增加29.6亿元，主要是上述企业从保税区等园区迁入建设，产值列入该区所导致。

【海马汽车工业园】 海口海马汽车零部件配套生产企业产业园，分为一期园区和二期园区。2015年有规模以上零部件配套生产企业18家，由于受一汽海马整车生产影响，完成总产值15.14亿元，下降23.3%；销售产值15.42亿元，下降20.2%。其中一期园区由海口综合保税区管理11家，完成总产值14.28亿元，下降19.8%；销售产值11.63亿元，下降16.3%。二期园区由海口高新区管理7家，完成总产值3.68亿元，下降32.4%；销售产值3.79亿元，下降30.2%。

【狮子岭工业园】 2015年，海口狮子岭工业园主要产业有以海南英利新能源有限公司为代表的太阳能光伏产业、以海南赛诺实业有限公司为代表的包装新材料产业、以海南恒兴饲料实业有限公司为代表的饲料加工产业等。园区以发展太阳能光伏产业为重点。有29家工业企业，其中规模以上7家，完成总产值46.33亿元，销售产值45.98亿元。

【云龙产业园工业】 2015年，海口云龙产业园有6家企业，其中只有海南共享钢构有限责任公司、海南红塔卷烟有限责任公司2企业投入生产，海南立昇净水科技实业有限公司2013年开始建设的“膜分离科技产业化基

2015年海口国家高新区规模以上工业生产与销售总量

单位：万元

指标名称	企业单位数（个）	本年实际累计产值	累计同比增减%
总计（工业总产值为现行价格）	55	1736933	1.6
在总计中：轻工业	36	1352837	3.6
重工业	19	384095	-9.2
在总计中：国有企业	1	23172	20.5
集体企业	0	0	0.0
股份合作企业	0	0	0.0
股份制企业	38	1307867	-0.7
外商及港澳台商投资企业	16	405893	8.9
其他经济类型企业	0	0	0.0
在总计中：国有控股企业	4	332108	7.4
在总计中：大中型工业企业	22	1355111	6.3
其中：国有企业	1	23172	20.5
工业销售产值总计（现行价格）	55	1708462	2.5
在总计中：出口交货值	9	151175	-3.8

（此数据包括：药谷一、二期，国科园，海马二期，狮子岭，港澳工业园区）

（市统计局统计报表提供）

2015年海口药谷工业园区企业生产情况表

单位：万元

序号	企业名称	地址	2015年总产值	2014年总产值	比上年增减（%）	2015年销售产值	2014年销售产值	比上年增减（%）	产销率（%）
一	食品及农副产品加工业类		102266.3	126798.4	-19.3	106243.8	124229.8		103.9
1	海南椰岛酒业发展有限公司	药谷二期	16481.1	17410.3	-5.3	16479.9	17336.8		100.0
2	海南椰国食品有限公司	药谷二期	8570.8	17546.5	-51.2	13782.1	15235.2		160.8
3	海南康美食品有限公司	港澳开发区	430.9	441.0	-2.3	416.1	461.5		96.6
4	海南裕泰科技饲料有限公司	港澳开发区	60878.8	76233.3	-20.1	60591.5	75894.6		99.5
5	海南佳宁娜食品有限公司	港澳开发区	6623.9	6120.0	8.2	6623.9	6120.0		100.0
6	海南国威隆实业有限公司	港澳开发区	5475.7	5068.8	8.0	4637.8	5395.0		84.7
7	海南晶辉盐业有限公司	港澳开发区	3805.1	3978.5	-4.4	3712.5	3786.7		97.6
二	医药制造业类		734742.7	657769.8	11.7	696070.9	612425.4		94.7
8	海南海灵化学制药有限公司	药谷一期	161961.1	106221.2	52.5	169589.7	94777.6		104.7
9	海口奇力制药股份有限公司	药谷二期	101084.4	91535.8	10.4	100199.8	85684.2		99.1
10	海南皇隆制药股份有限公司	药谷二期	60092.1	51590.7	16.5	46576.3	45060.9		77.5
11	海南碧凯药业有限公司	药谷二期	54134.6	43614.1	24.1	47651.2	43766.6		88.0
12	齐鲁制药（海南）有限公司	药谷一期	110468.8	105997.8	4.2	104382.1	103495.9		94.5
13	海南灵康制药有限公司	药谷二期	34960.9	35053.1	-0.3	30143.0	30224.4		86.2
14	海南中化联合制药工业股份有限公司	药谷二期	22436.8	25543.8	-12.2	20909.1	21965.3		93.2
15	万特制药（海南）有限公司	药谷一期	5453.7	27954.0	-80.5	6838.7	23343.2		125.4
16	海南长安国际制药有限公司	港澳开发区	35131.7	33563.0	4.7	31108.7	31767.6		88.5
17	海南葫芦娃制药有限公司	药谷一期	30891.0	23661.3	30.6	23715.3	21282.6		76.8
18	海南双成药业股份有限公司	药谷一期	19469.7	17406.3	11.9	19514.2	15917.9		100.2
19	海南澳美华制药有限公司	药谷二期	13704.8	15804.6	-13.3	14904.2	12728.6		108.8

续表

序号	企业名称	地址	2015年总产值	2014年总产值	比上年增减（%）	2015年销售产值	2014年销售产值	比上年增减（%）	产销率（%）
20	海南通用康力制药有限公司	药谷一期	16679.9	14593.1	14.3	16016.6	14200.6		96.0
21	海南康芝药业股份有限公司	药谷二期	12043.6	10896.9	10.5	11777.5	11452.8		97.8
22	海南爱科制药有限公司	药谷一期	11484.3	11340.9	1.3	11139.4	11652.8		97.0
23	海南赞邦制药有限公司	港澳开发区	13128.4	11111.8	18.1	12463.9	11665.8		94.9
24	海南海神同洲制药有限公司	药谷二期	12282.8	10523.1	16.7	11050.3	11550.5		90.0
25	海南新世通制药有限公司	药谷二期	5780.6	4676.8	23.6	5915.3	4676.8		102.3
26	海南利能康泰制药有限公司	药谷一期	1703.4	1667.9	2.1	1494.1	1609.0		87.7
27	海南合瑞制药股份有限公司	药谷二期	8260.6	6641.9	24.4	7455.7	6068.9		90.3
28	海南九芝堂药业有限公司	港澳开发区	3589.5	8371.7	-57.1	3225.8	9533.4		89.9
三	机电设备金属制品业		10136.4	16537.3	-38.7	10136.4	16537.3	-38.7	100.0
29	海南正红科技发展有限公司（港澳）	港澳开发区	5270.0	9580.0	-45.0	5270.0	9580.0	-45.0	100.0
30	海南清华显示器科技开发有限公司（港澳）	港澳开发区	1407.5	2777.5	-49.3	1407.5	2777.5	-49.3	100.0
31	海口高新区宏邦机械有限公司（港澳）	港澳开发区	3458.9	4179.8	-17.2	3458.9	4179.8	-17.2	100.0
四	印刷包装业		32123.1	31604.6	1.6	33835.6	31604.6	7.1	105.3
32	海南华森实业公司	药谷二期	21775.0	19441.0	12.0	23487.5	19441.0	20.8	107.9
33	海南昱华纸品科技有限公司	港澳开发区	9196.6	7884.0	16.6	9196.6	7884.0	16.6	100.0
34	海南锋达彩印有限公司	港澳开发区	1151.5	4279.6	-73.1	1151.5	4279.6	-73.1	100.0
五	化工制品业		18405.0	14491.2	27.0	16747.9	12183.2	37.5	91.0
35	海南京润珍珠生物技术股份有限公司	药谷二期	18405.0	14491.2	27.0	16747.9	12183.2	37.5	91.0

2015年海口海马汽车工业园企业生产情况表

单位：万元

序号	企业名称	地址	2015年总产值	2014年总产值	比上年增减（%）	2015年销售产值	2014年销售产值	比上年增减（%）	产销率（%）
一	一期园区合计		114563.1	142839.8	-19.8	116336.7	139016.8	-16.3	101.5
1	浙江万向系统有限公司海南分公司	保税区内	28261.7	39211.9	-27.9	29591.3	36627.7	-19.2	104.7
2	海南钧达汽车饰件股份有限公司	保税区内	20938.5	23079.3	-9.3	18572.6	20094.5	-7.6	88.7
3	全兴工业（海南）有限公司	保税区内	9586.3	14959.7	-35.9	12023.0	14790.0	-18.7	125.4
4	海南宇傲汽车配件有限公司	保税区内	7390.2	10281.7	-28.1	7626.3	10783.2	-29.3	103.2
5	海南瑞利工业有限公司	保税区内	8822.7	11727.7	-24.8	9390.6	12530.5	-25.1	106.4
6	海南威昌汽车配件有限公司	保税区内	9220.6	11617.7	-20.6	8754.9	10336.8	-15.3	94.9
7	海南明芳机械有限公司	保税区内	14438.6	12523.2	15.3	13895.2	11937.0	16.4	96.2
8	海口全盛汽车配件有限公司	保税区内	4264.2	6052.0	-29.5	4264.2	6052.0	-29.5	100.0
9	海南瑞应鑫汽车配件有限公司	保税区内	4342.6	4679.7	-7.2	4400.1	5108.5	-13.9	101.3
10	海南联顺金属工业有限公司	保税区内	4311.9	5253.9	-17.9	4832.7	7303.6	-33.8	112.1
11	海南台丰交通器材有限公司	保税区内	2985.8	3453.0	-13.5	2985.8	3453.0	-13.5	100.0
二	二期园区合计		36840.1	54479.0	-32.4	37870.4	54248.7	-30.2	102.8
12	海南元创机械有限公司	海汽工业园	5466.7	8453.6	-35.3	5798.0	8064.8	-28.1	106.1
13	六和机械工业（海南）有限公司	海汽工业园	9155.5	12383.2	-26.1	9228.1	12350.7	-25.3	100.8
14	海南华福汽车零部件制造有限公司	海汽工业园	5015.0	9763.0	-48.6	5266.1	9775.6	-46.1	105.0
15	海口通达排气系统有限公司	海汽工业园	3001.0	7150.9	-58.0	2987.5	7086.3	-57.8	99.6
16	海南超力电器有限公司	海汽工业园	6100.0	7130.0	-14.4	5930.0	6880.0	-13.8	97.2
17	海南瑞德夏工业有限公司	海汽工业园	3120.3	3669.7	-15.0	3679.1	4281.6	-14.1	117.9
18	海南誉球汽车部件有限公司	海汽工业园	4981.6	5928.6	-16.0	4981.6	5809.7	-14.3	100.0
总计			151403.2	197318.8	-23.3	154207.1	193265.5	-20.2	101.9

2015年海口狮子岭工业园规模以上工业企业生产情况表

单位：万元

序号	企业名称	主要产品	2015年总产值	2014年总产值	比上年增减（%）	2015年销售产值	2014年销售产值	比上年增减（%）	产销率（%）
一	汽车运输设备制造业类		12754.6	11823.2	7.9	13415.0	12351.1	8.6	105.2
1	海南金鹿农机发展股份有限公司	农用拖拉机	3554.6	3983.7	-10.8	4415.0	4511.6	-2.1	124.2
2	海南宇龙汽车部件有限公司	汽车零部件	9200.0	7839.5	17.4	9000.0	7839.5	14.8	97.8
二	农副产品加工业类		170538.9	183561.3	-7.1	173070.8	184304.7	-6.1	101.5
3	海口双胞胎饲料有限公司	饲料加工	82827.6	90642.8	-8.6	80714.6	90404.9	-10.7	97.4
4	海南恒兴饲料实业有限公司	饲料加工	87711.3	92918.5	-5.6	92356.2	93899.8	-1.6	105.3
三	新能源产业类		232185.4	249744.1	-7.0	225421.2	261165.2	-13.7	97.1
5	海南英利新能源有限公司	光伏太阳能产品	232185.4	249744.1	-7.0	225421.2	261165.2	-13.7	97.1
四	新材料制造业		44194.5	54900.3	-19.5	44194.5	54900.3	-19.5	100.0
6	海南赛诺实业有限公司	膜材料	44194.5	54900.3	-19.5	44194.5	54900.3	-19.5	100.0
五	建材行业类		3654.8	4756.7	-23.2	3654.8	4756.7	-23.2	100.0
7	海南海玻工程玻璃有限公司	玻璃加工	3654.8	4756.7	-23.2	3654.8	4756.7	-23.2	100.0

地工程项目”尚未投产。2家规模以上企业完成总产值30.1亿元，增长4.6%；销售产值30.97亿元，增长10%。其中，海南红塔卷烟有限责任公司完成产值28.85亿元，增长5%；销售产值29.72亿元，增长10.8%，产销率103%。海南共享钢构有限责任公司产值及销售产值均为1.26亿元，下降3.6%，产销率100%。

【海口综合保税区工业】海口综合保税区工业（包括美国工业村）主要产业有汽车制造业、医药制造业和机电设备制品业。2015年有规模以上工业企业24家，完成工业总产值101.54亿元，下降15.6%，占全市规模以上工业总产值的20.2%；工业销售产值101.28亿元，下降14.5%，占全市规模以上工业销售产值的20.5%。年度产销值降幅较大的原因是原属于海口综合保税区的海口奇力制药、海南皇隆制药、海南碧凯药业、海南灵康制药、海南中化联合制药、海南澳美华制药、海南海神同洲制药、海南新世通制药等8家企业产值列入海口高新区统计。

【永桂开发区工业】2015年，海口永桂开发区内有海南通用三洋药业、海南通用同盟药业、海南海力制药等3家规模以上工业企业，完成工业总产值7.77亿元，增长13.5%，占全市规模以上工业总产值的1.5%；销售产值7.21亿元，增长6.2%，占全市规模以上工业总产值的1.5%；累计产销率92.8%。

【金盘开发区工业】2015年，海口金盘工业区有规模以上工业企业4家，完成总产值1.65亿元，增长4.2%，占全市规模以上工业总产值的0.3%；销售产值1.61亿元，增长4.2%。

【桂林洋开发区工业】海口桂林洋经济开发区主要工业产业有食品和水产品加工、医药制造等产业。2015年有10家规模以上工业，新增5家，完成工业总产值11.99亿元，占全市规模以上工业总产值的2.3%，比2014年统计9.16亿元增加2.83亿元，但总产值下降11.64%。总产值增加的原因主要是2014年罗牛山农产品加工产业园项目建成后，海口力神咖啡饮品有限公司、海南罗牛山肉类食品有限公司迁入生产和海南华绿食品公司从秀英区迁入该区及新增海南昌之茂食品、海南伊顺药业为规上企业所产生，而总产值下降11.65%的原因是海南罗牛山肉类食品有限公司搬迁后的产值没有上报统计所导致。

2015年海口综合保税区规模以上工业企业生产情况表

单位：万元

序号	企业名称	地址	2015年总产值	2014年总产值	比上年增减（%）	2015年销售产值	2014年销售产值	比上年增减（%）	产销率（%）
总计（亿元）			101.54	120.35	-15.6	101.28	118.47	-14.5	
一	汽车制造业类		638260.5	855553.5	-25.4	647725.9	841898.0	-23.1	101.5
1	一汽海马汽车有限公司	原保税区内	473179.7	644885.7	-26.6	480871.5	635053.2	-24.3	101.6
2	一汽海马动力有限公司	原保税区内	50517.7	67828.0	-25.5	50517.7	67828.0	-25.5	100.0
3	浙江万向系统有限公司海南分公司	原保税区内	28261.7	39211.9	-27.9	29591.3	36627.7	-19.2	104.7
4	海南钧达汽车饰件股份有限公司	原保税区内	20938.5	23079.3	-9.3	18572.6	20094.5	-7.6	88.7
5	全兴工业（海南）有限公司	原保税区内	9586.3	14959.7	-35.9	12023.0	14790.0	-18.7	125.4
6	海南宇傲汽车配件有限公司	原保税区内	7390.2	10281.7	-28.1	7626.3	10783.2	-29.3	103.2
7	海南瑞利工业有限公司	原保税区内	8822.7	11727.7	-24.8	9390.6	12530.5	-25.1	106.4
8	海南威昌汽车配件有限公司	原保税区内	9220.6	11617.7	-20.6	8754.9	10336.8	-15.3	94.9
9	海南明芳机械有限公司	原保税区内	14438.6	12523.2	15.3	13895.2	11937.0	16.4	96.2
10	海口全盛汽车配件有限公司	原保税区内	4264.2	6052.0	-29.5	4264.2	6052.0	-29.5	100.0
11	海南瑞应鑫汽车配件有限公司	原保税区内	4342.6	4679.7	-7.2	4400.1	5108.5	-13.9	101.3
12	海南联顺金属工业有限公司	原保税区内	4311.9	5253.9	-17.9	4832.7	7303.6	-33.8	112.1
13	海南台丰交通器材有限公司	原保税区内	2985.8	3453.0	-13.5	2985.8	3453.0	-13.5	100.0
二	医药制造业类		149296.9	138860.0	7.5	137256.7	133697.5	2.7	91.9
14	海南惠普森医药生物技术有限公司	原保税区内	12888.9	17793.7	-27.6	12470.1	15313.6	-18.6	96.8
15	海南养生堂药业有限公司	美国工业村	48714.9	57872.1	-15.8	45951.4	56733.0	-19.0	94.3
16	海南全星制药有限公司	原保税区内	15191.0	14394.0	5.5	13450.9	13959.7	-3.6	88.5
17	海南亚洲制药股份有限公司	美国工业村	12573.8	13584.4	-7.4	12585.8	13330.6	-5.6	100.1
18	海南中和药业有限公司	原保税区内	40878.2	20333.7	101.0	34218.5	19627.6	74.3	83.7
19	海南三叶制药厂有限公司	美国工业村	6901.5	7664.4	-10.0	6567.0	7632.7	-14.0	95.2
20	海南锦瑞制药有限公司	原保税区内	8717.4	4261.5	104.6	8603.9	4065.0	111.7	98.7

续表

序号	企业名称	地址	2015年总产值	2014年总产值	比上年增减（%）	2015年销售产值	2014年销售产值	比上年增减（%）	产销率（%）
21	海南林恒制药有限公司	原保税区内	3431.2	2956.2	16.1	3409.1	3035.3	12.3	99.4
三	机电设备制造业		225171.4	206437.1	9.1	225171.4	206437.1	9.1	100.0
22	海南金盘电气有限公司	原保税区内	178200.0	155158.4	14.9	178200.0	155158.4	14.9	100.0
23	康宁（海南）光通信有限公司	原保税区内	46971.4	51278.7	-8.4	46971.4	51278.7	-8.4	100.0
四	化工制品业类		2695.3	2657.0	1.4	2674.6	2628.4	1.8	99.2
24	海口中南瓶胚有限公司	美国工业村	2695.3	2657.0	1.4	2674.6	2628.4	1.8	99.2

2015年海口金盘工业区规模以上工业企业生产情况表

单位：万元

序号	企业名称	主要产品	2015年总产值	2014年总产值	比上年增减（%）	2015年销售产值	2014年销售产值	比上年增减（%）	产销率（%）
	总计		16528.4	15868.7	4.2	16121	15468.7	4.2	
一	食品及水产品加工类		6363.4	5908.3	7.7	6120.8	5746.3	6.5	96.2
1	海南金盘饮料有限公司	矿泉水	4582.8	4388.3	4.4	4355.8	4261.8	2.2	95.0
2	海口欣奇食品有限公司	糕点面包	1780.6	1520.0	17.1	1765.0	1484.5	18.9	99.1
二	建材行业		2429.1	3267.1	-25.6	2510.7	3287.2	-23.6	103.4
4	海南莱仕普卫浴有限公司	塑料卫浴软管	2429.1	3267.1	-25.6	2510.7	3287.2	-23.6	103.4
三	印刷包装业		7735.9	6693.3	15.6	7489.5	6435.2	16.4	96.8
5	海南广鑫印务股份有限公司	包装产品印刷	7735.9	6693.3	15.6	7489.5	6435.2	16.4	96.8

2015年海口桂林洋开发区规模以上工业企业生产情况表

单位：万元

序号	企业名称	主要产品	2015年总产值	2014年总产值	比上年增减（%）	2015年销售产值	2014年销售产值	比上年增减（%）	产销率（%）
	总计		119854	135668.2	-11.7	120186.6	125058.7	-3.9	
一	食品及水产品加工类		82962.2	98230.8	-15.5	88053.8	93065.2	-5.4	106.1
1	海口力神咖啡饮品有限公司	咖啡饮料生产	5039.8	4101.8	22.9	4736.3	3879.6	22.1	94.0
2	海南照丰水产有限公司	水产品加工	32704.3	23579.3	38.7	27972.3	21010.0	33.1	85.5
3	海南蔚蓝海洋食品有限公司	水产品加工	15834.6	20145.7	-21.4	17218.7	21217.8	-18.8	108.7
4	海南泉溢食品有限公司	水产品加工	8452.9	16008.6	-47.2	11541.0	13548.9	-14.8	136.5
5	海南华绿食品冷冻有限公司	水产品加工	9409.9	11777.2	-20.1	9571.2	11442.3	-16.4	101.7
6	海南昌之茂食品有限公司	水产品加工	11299.6	9538.4	18.5	11113.8	9259.3	20.0	98.4
7	海南罗牛山肉类食品有限公司	肉类加工	221.1	13079.8	-98.3	5900.5	12707.3	-53.6	2668.7
二	医药制造业类		36891.8	37437.4	-1.5	32132.8	31993.5	0.4	87.1
8	海南普利制药股份有限公司	制药	21246.2	20061.5	5.9	16227.0	14402.2	12.7	76.4
9	海南美好西林生物制药有限公司	制药	3424.3	3896.1	-12.1	3684.5	4111.5	-10.4	107.6
10	海南伊顺药业有限公司	制药	12221.3	13479.8	-9.3	12221.3	13479.8	-9.3	100.0

2015年海口江东开发区规模以上工业企业生产情况表

单位：万元

序号	企业名称	主要生产	2015年总产值	2014年总产值	比上年增减（%）	2015年销售产值	2014年销售产值	比上年增减（%）	产销率（%）
	总计		81667.2	88620.5	-7.8	82403.8	94445	-12.8	
一	食品及水产品加工类		48004.2	53385.5	-10.1	54458.4	57746.7	-5.7	113.4
1	海南青牧原实业有限公司		18101.5	24347.8	-25.7	17993.6	24520.9	-26.6	99.4
2	海南佳德信食品有限公司		15672.7	16034.7	-2.3	21921.4	19399.4	13.0	139.9
3	海南南国食品实业有限公司		14230.0	13003.0	9.4	14543.4	13826.4	5.2	102.2
二	医药制造业类		18472.1	21694.4	-14.9	12952.4	23423.2	-44.7	70.1
4	海南天煌制药有限公司		15259.0	18568.1	-17.8	9944.4	20307.5	-51.0	65.2
5	海南赛立克药业有限公司		3213.1	3126.3	2.8	3008.0	3115.7	-3.5	93.6
二	新材料制造业类		15190.9	13540.6	12.2	14993.0	13275.1	12.9	98.7
6	海南立昇净水科技实业有限公司		15190.9	13540.6	12.2	14993.0	13275.1	12.9	98.7

【江东开发区工业】2015年，海口江东开发区有7家规模以上工业企业。除海南新大食品有限公司外，其余6家规模以上工业企业完成工业总产值8.17亿元，下降7.8%，占全市规模以上工业总产值的1.6%；完成销售产值8.24亿元，下降12.75%，占全市规模以上工业销售产值的1.7%。

（翁旋奇）

（编辑：吴坤涛）

农业综述

【农业概况】2015年，海口市贯彻中央一号文件和中央、省农业农村工作会议精神，全面深化农村改革，转变农业生产发展方式，加快农业结构调整，优化农业产业布局，推进规模化、标准化、品牌化，促进农业增效和农民增收。全年农林牧渔业完成总产值93.2亿元，比上年增长1.2%。其中，种植业产值41.35亿元，增长2.2%；畜牧业产值30.78亿元，下降5.87%。农村常住居民人均可支配收入1.16万元，增长9.5%。粮食总产量16.53万吨，下降1.5%；蔬菜产量56.61万吨，增长5.2%。

2015年11月13日，海口市农村土地承包经营权确权登记颁证暨冬季瓜菜现场会在琼山区红旗镇召开，海口市副市长蒙国海（右三）出席会议。　（林德韶　摄）

【农村土地承包经营权确权登记】至2015年底，海口市（不含试点镇，下同）共完成土地测量面积5.07万公顷，占计划测量耕地面积5.09万公顷的99.61%，比二轮承包面积4.19万公顷增加0.88万公顷，增加21%；完成审核公示面积4.9万公顷；已签订合同2.90万份，涉及面积1.57万公顷；颁发农村土地承包经营权证8631本，涉及面积5640公顷。全市共投入工作经费4708.39万元，其中市级资金3310万元，区级资金1398.39万元；参加确权工作的人员9134人；发放《宣传手册》5.9万册、《致农民朋友的一封信》11.9万封；举办培训班452期，培训工作人员7506人次；调处各类土地纠纷444宗，涉及面积385.2公顷；清理农村土地承包“期限过长、面积过大、租金过低”的“三过”问题415宗，完成率98.1%，每年为农民增收400多万元。

【强农惠农政策】2015年10月，中国人民财产保险股份有限公司配合海口市政府开办鸡、羊养殖保险产品，市政府将这两个产品纳入地方财政补贴范围，给予投保人60%的保费补贴。年内，市农业局加大落实农业补贴工作力度，确保农业补贴政策有效落实。（1）农资综合直补和粮食直补。2015年，海口市农资综合直补和粮食直补面积2.31万公顷，减少164.2公顷。省财政厅下达补贴资金5274万元（农资综合直补5018万元，粮食直补256万元），平均每公顷补贴2287.5元，由市财政局通过“一卡通”拨付给农民。（2）农业保险工作。水稻（早、晚造）实际投保种植面积2.20万公顷，任务目标投保面积1.07万公顷，完成率205.9%；保险费715.98万元，其中财政补贴715.98万元（农户自缴部分由市级财政补贴）。能繁母猪任务目标投保数量8000头，实际投保1.1万头，完成率126.16%；保险费60.56万元，其中财政补贴48.45万元。育肥猪任务目标投保数量10万头，实际投保22.69万头，完成率226.9%；保险费726.06万元，其中财政补贴580.86万元。橡胶树任务目标投保面积800公顷，实际投保 89.59 公顷，完成率 11.2%；甘蔗种植实际投保 59 公顷，甘蔗种植没有下达任务目标；香蕉种植任务目标投保面积 66.67 公顷，实际投保 329.63 公顷，完成率 494.45%；大棚瓜菜任务目标投保面积 26.67 公顷，实际投保 131.29 公顷，完成率 492.31%。(3) 生猪良种补贴，畜牧品种改良项目资金 302 万元。(4) 良种补贴。兑现良种补贴 789.29 万元，面积 3.51 万公顷，补贴户数 17.45 万户次，水稻良种覆盖率 100%。

【农产品质量安全监管】2015 年，海口市农产品质量安全状况明显改善，实现质量安全事故零发生。⑴构建农产品质量安全监管检测体系。市农业局为各区配备农产品流动检测车，加强区级的检测工作；全面建设镇级农产品质量安全监管站 21 个，全市共配备镇级农产品质量安全监测员 80 名；新建 243 个村、2 个国有农场和 1 个常年蔬菜生产示范基地农产品质量安全检测站，均配备农产品质量快速检测仪器和 2 名农产品质量安全监测员，提高基层的检测能力。初步构建以市农产品质量检测中心为龙头，以区、镇、村、生产基地、生产企业质量安全检测站点为基础的农产品质量安全监管检测体系，实施属地管理责任制、例行监测巡查监督制、台账追溯制、投诉举报制、品牌认定制 6 大监管长效机制，实现农产品质量安全全程监控。⑵建立质量安全追溯示范点。市农业局安排 17.5 万元，利用农业部农垦局水果质量追溯监管平台建设瓜果菜质量追溯监管系统示范点 5 个，建立质量可追溯农产品从农田到零售终端的直接配送方式，减少农产品流通环节，降低流通成本，实现“生产有记录、流向可追踪、质量可追溯、责任可界定”，辐射带动周边瓜果菜基地 1000 公顷规模化农产品质量安全监管。至年底，全市已建立质量安全追溯示范点 26 个。(3) 农产品质量安全例行抽样。配合农业部检测部门对海口市 35 家单位的农产品质量安全例行抽样工作，并且按要求配合有关人员做好制样工作。(4) 农产品质量安全知识宣传。充分利用在生产基地抽样的同时，分别在统历岭基地、咸谅坡、苍东村、老村坡、龙头洋等常年蔬菜生产基地先后接受 400 多人次的种植技术咨询，指导农户开展病虫害防治，及时宣传如何安全、科学的使用农药，向农户发放《海南省农产品质量安全条例》，引导种植户使用高效、低残留的生物农药。

【农业科技创新与推广】“十二五”期间，海口市不断加强农业结构调整，热带农业加快朝特色化、规模化、品牌化发展。2015 年，海口市引进优质、高产的莲雾、柚子水果新品种和药材类植物石斛，推广种植 200 公顷，特色农业不断壮大。全市荔枝种植面积 5926.67 公顷、淮山 386.67 公顷，均位居全省首位。云龙淮山、永兴红荔枝取得国家地理标志名牌产品。(1) 开展海口市水稻高产创建项目工作。在红旗镇中低产田实施水稻万亩高产创建项目。期间培训农技员及技术骨干 350 人，发放水稻配方专用肥 33 吨。组织农户观摩会 3 次。在龙榜村委会福地洋建立 6.75 公顷机械插秧、无人机统防统治示范点，水稻长势喜人。6 月 4 日，省农业厅组织专家组对示范片进行实割测产，产量：特优 329 产量 477.3 千克／亩，特优 128 组合平均产量 411.4 千克／亩，特优 009 组合平均产量 396.50 千克／亩，9 个田块平均亩产 415.3 千克。6 月 18 日，省农业厅在海口市召开海南省农作物高产创建技术观摩现场会，海口市被指定作为唯一典型发言。(2) 开展甘蔗万亩高产创建项目。根据省农业厅的部署，市农业局选定在石山镇实施甘蔗万亩高产创建项目，确定道育村等村 33.33 公顷甘蔗地作为示范片核心区。在甘蔗分蘖期、伸长期等关键农时举办田头培训班 3 期，培训蔗农 263 人次，编印、发放技术资料 2000 多份(册)。与海南施尔丰化肥有限公司合作生产甘蔗配方专用肥 30 吨，全部免费发放给农户。在石山镇开展一次甘蔗高产栽培技术咨询，发放甘蔗种植实用技术等资料 280 册，接受蔗农咨询 33 人次。(2) 开展海口市 2015 年示范推广生物全降解农膜项目。市农业局派出技术人员深入各镇开展调查摸底，确定在云龙、红旗、旧州、三江、新坡、龙泉、东山镇实施，并制定实施方案；举办培训班 1 期，培训市区镇农技人员 150 人；落实实施田洋和面积。

【冷链物流体系建设】截至 2015 年 12 月底，海口市历年（2007 年–2015 年）累计建设农产品冷藏保鲜库 39 家，总库容量 7.01 万吨。其中，2015 年新（扩）建冷库 2 家，冷库容量 3625 吨。通过加快冷库建设，促进全市种植业和农产品“两进两出”的发展，为社会提供 1200 多个季节性的就业岗位，带动万余农户年均增收 1.3 万元。

【新型职业农民培育】2015 年，海口市农业局积极探索新形势下培育新型职业农民的有效路径，切实从环境、制度、政策等层面引导和培育新型职业农民，提高其综合素质，加快海口市新型职业农民培训工作步伐。全年培训新型职业农民 1431 人，其中生产经营型农民 847 人，专业技能型农民 542 人，休闲农业从业人员 42 人，完成全年计划 143%。

【生态低碳循环农业】2015 年，海口市建设户用沼气 420 户，农村沼气乡村服务网点 3 个，大中型沼气建设任务 2 个，养殖小区沼气工程 6 个，联户沼气 15 个。至 12 月 20 日全部完工并投入使用。全市生态循环农业面积 9200 公顷。

（洪章海）

【2015 年冬交会】2015 年 12 月 12 日，第 18 届中国（海南）国际热带农产品冬季交易会在海南国际会展中心开幕。本届冬交会国际化、市场

化、品牌化、专业化的办会方向尤为突出。国内26个省区市的农业和供销部门及境外23个国家和地区共1680家企业参展，参展人数3600多人，超出预期参展人数170%，其中台湾农会及农协首次组团参展，参展企业178家，参展人数约450人。共设34个展馆展区，其中室内展馆32个，室外展区2个，总面积8万平方米，展位1650个。除设置市县馆、全国馆、国际馆以及农业装备展销、美食文化街等传统项目外，还在迎宾大厅特别设置“互联网+农业小镇”“农业金融服务”“生态循环农业”等专业性展馆，旨在展示发展成就的同时，普及农业新技术和社会化服务。在以往备受欢迎的国际馆与台湾馆的基础上，增设“一带一路”主题，让参会观众能够在购买“一带一路”沿线国家的特色产品的同时，还能体验异域风情。海口展馆有41家农产品加工企业参加布展的产品，有椰子系列、咖啡系列、胡椒系列、辣椒系列、芦荟系列、灵芝系列、蜂蜜系列、水产品系列、茶系列、畜产品系列及其他系列产品上百种加工农产品，以及展示海口出产的豇豆、木瓜、圆椒、泡椒、尖椒、香蕉、莲雾等40多个冬季瓜果菜特色农产品。12日上午，在冬交会农业金融服务馆，30家农企集体挂牌海南股权交易中心。至此，海南股权交易中心注册会员共89家，挂牌企业304家，挂牌企业实现传统融资6610万元，成功发行212只产品，金融资产交易已挂牌产品金额超31亿元。12日下午，海口举行农产品订单和农业招商项目集体签约暨冬季瓜果菜优秀运销商表彰大会。会上，海口筛选15个有代表性的农产品购销协议进行集体签约，金额17.21亿元；筛选5个有代表性的农业招商项目进行集体签约，金额13.14亿元。会上还表彰2014~2015年度优秀运销商，海南健汇热带农产品农超对接专业合作社联合社理事长颜建全等17人获表彰。会前举行海口农产品农超对接洽谈签约仪式，现场签订冬季瓜菜、热带水果和特产类产品订单8宗，购销数量6.67万吨，金额5.45亿元。15日在“海南一带一路农展馆项目招商推介会”上，海口市秀英区政府推介“海南一带一路农展馆”项目，项目占地面积8.13公顷，首期建设8万平方米，64个展区，投资约60亿元。

12月15日本届冬交会闭幕。(1)订单签约创历史新高。举办采购洽谈签约暨重点市场海南农产品质量安全恳谈会，现场20个重点订单进行集体签约，签约额45.8亿元。全省共完成冬季瓜菜、热带水果、畜牧业、渔业、林业等农产品订单4019份，金额394亿元。其中，合同订单2839份，金额231.12亿元；意向订单1180份，金额153.91亿元。海南省供销合作联社积极推介洽谈合同订单，全国供销系统共落实合同订单139宗，数量83.6万吨，金额29.36亿元，数量及金额分别增长2.6%和7.6%。(2)招商引资成果显著。举办百家现代农业示范基地项目招商对接会，策划推介农业招商项目153个，涉及种植业、畜牧业、农产品加工业、休闲农业及海洋渔业、林业等领域，投资总额487.14亿元。其中：已签订合作协议63个，总投资额84.51亿元；现场签约的农业招商项目22个，总投资金额46.54亿元，其中上亿元项目7个；桂林洋国家热带农业公园项目规划面积1105公顷，项目总投资约130亿元；推出7个招商项目，仅在现场就有5个项目签约，金额17.78亿元。(3)电商促销成果显著。“互联网+农业小镇”展馆成2015年“冬交会”交易的主力军，重点推介海口市石山镇、文昌市会文镇、澄迈县福山镇等知名互联网农业小镇，联合淘宝、海航“供销大集”、微商城等多个电商平台，以线上线下相结合的方式同步推广，互联网上交易额突破76亿元，增长145%。(4)国际化程度显著提升。来自意大利、荷兰、日本、马来西亚、乌克兰、蒙古国等国外客商慕名前来参加招商，其中：海南永基文昌鸡有限公司与马来西亚穆达美瓦食品私人有限公司签订合作协议，共同建设900公顷的海南紫贝源生态乡村旅游观光园项目，总投资额5.5亿元；海南润达现代农业股份有限公司与荷兰卓越农业联盟签署中荷设施农业示范区项目合作协议，总投资9500万元。(5)首次设置农业金融服务馆。现场海南省农信社为21家农业企业授信签约，授信金额30.36亿元，还有7家海南省农村信用社银商伙伴电子商务平台签约企业。(6)现场交易活跃。冬交会4天现场总销售金额8100.67万元，农业特产馆排第一，销售1265万元。民众参观采购踊跃，4天人流量30万多人次。冬交会所参展的品牌农产品包装精美、质量优良，加贴二维码“身份证”入场，实现产品质量可溯源，彰显海南农业品牌化建设的丰硕成果，也引导海南农业生产和农产品消费向多样化、品牌化方向发展。

（杜惠珍）

农业产业化

【农业产业化概况】2015年，海口市农业局以重点项目带动特色农业向标准化、规模化、产业化发展，全面推进海口现代农业示范区建设，促进海口农业绿色崛起。2015年，建成休闲农业园区57家，其中省级休闲农业示范点24家，在休闲农业景点直接从业的人员3000余人，从事与休闲农业相关的二、三产业从业人员约6000人；新成立农民合作社150家；有省级以上农业龙头企业46家，涉农知名商标109个。

【农业专业合作社】2015年，海口市农业局通过加强培训促进合作社的规范化管理，并做好省级示范社的监测和申报工作。加强对合作社理事长和财务人员培训，市农业局会同省农业厅、市财政局举办4期培训班，培训合作社管理人员280人。创建合作社

2015年海口市省级以上农业龙头企业一览表

序号	企业名称	认定时间	企业注册类型	经营产业类型	公司地址	总资产(万元)	固定资产(万元)	销售收入(万元)	税后利润总额(万元)	上缴税金(万元)	带动农户数(户)	备注
1	海南南国食品实业有限公司	2006	股份有限公司	农产品加工业	海口市南海大道博巷路3号	17060	6574	19252	2050	338	4540	国家级龙头企业
2	海南新大食品有限公司	2007	有限责任公司	农产品加工业	海口市美兰区顺达路1号	6721	3200	5200	1963	128	1000	
3	海南兆涛科技发展有限公司	2004	有限责任公司	农产品加工业	海口市玉沙路5号国贸中心20C	7660	2385	5303	766	76	3628	
4	海南金芦荟生物工程有限公司	2010	有限责任公司	农产品加工业	海口市港澳大道26号	3000	500	1200	13	24	1000	
5	海南康美食品有限公司	2009	有限责任公司	农产品加工业	海口市港澳大道21号	1936	936	5100	167	48	800	
6	海南永基畜牧股份有限公司	2009	有限责任公司	畜牧养殖	海口市文华路18号文华大酒店601室	27488	9335	16669	3158	13	7571	国家级龙头企业
7	海南椰国食品有限公司	2010	有限责任公司	农产品加工业	海口市秀英区白水塘扶贫开发区	7209	518	10622	594	551	825	
8	海南思坦德生物科技有限公司	2010	有限责任公司	农产品加工业	海口市高新技术产业开发区科技大道裕科大厦一楼	3569	1217	1481	218	28	500	
9	海南立平野菜营养食品有限公司	2011	有限责任公司	农产品加工业	海口市龙昆南路2号兴海大厦二楼	1250	656	1320	264	132	768	
10	海南海航饮品有限公司	2011	有限责任公司	农产品加工业	海口美兰国际机场进场路	14682	6394	2592	112	162	1780	
11	海南椰益食品有限公司	2011	有限责任公司	农产品加工业	海口市龙昆北路30号宏源证券证券大厦9楼	3045	515	5115	41	63	500	
12	海南天然橡胶产业集团股份有限公司	2014	有限责任公司	农产品加工业	滨海大道财富大厦	1419536	157062	566123			3000	国家级龙头企业
13	海南泓缘生物科技有限公司	2009	有限责任公司	畜牧业	海口市保税区七号厂房二楼203室	5215	2298	5002	1320		800	

续表

序号	企业名称	认定时间	企业注册类型	经营产业类型	公司地址	总资产（万元）	固定资产（万元）	销售收入（万元）	税后利润总额（万元）	上缴税金（万元）	带动农户数（户）	备注
14	海南金港生物科技股份有限公司	2008	股份有限公司	畜牧业	海口市府城镇那央新潭	22014	6619	2506	186	232	1438	
15	海南（潭牛）文昌鸡股份有限公司	2010	有限责任公司	畜牧业	海口市罗牛山农业综合开发区	5000	3000	6000	3000	100	1000	
16	海南卓津蜂业有限公司	2011	有限责任公司	畜牧业	海口市永兴镇海榆中线16公里处	1200	530	1300	9	3	2000	
17	海南豪远黑熊养殖有限公司	2010	有限责任公司	种植业	海口市府城镇新大洲大道三公里北侧	7511	3565	2869	331	83	1230	
18	海南绿川种苗有限公司	2010	有限责任公司	种植业	海口市流芳路9号金岛楼101室	1186	546	618	69	2	800	
19	海南省农业生产资料有限公司	2010	有限责任公司	生产与经营	海口市龙昆北路15号中航大厦4楼	5206	1728	2276	140	8	8000	
20	海南钟龙实业开发有限公司	1993	有限责任公司	农产品运销流通	海口市中山南路南北水果市场	21132	6238	11879	562	138	5700	
21	海口伟德牧业有限公司	2012	有限责任公司	畜禽养殖	海口市国贸路48号港澳发展大厦10楼A1	1853	1180	2500	38		520	
22	海南罗牛山农业科技有限公司	2012	有限责任公司	种植业	海口市珠江广场帝豪大厦908	2530	762	1259	103		560	
23	海南金田农业科技有限公司	2012	有限责任公司	养殖业	海口市秀英区东山镇东升村委会	1877	583	4829			600	
24	海口力神咖啡饮品有限公司	2012	有限责任公司	农产品加工业	海口市滨河路3号	2863	526	3033	156	139	550	
25	海南泓茂农业开发有限公司	2013	有限责任公司	畜禽养殖	海口市华海路	1389	1158	2318	111	免	560	
26	海南罗牛山调味品有限公司	2013	有限责任公司	农产品加工业	海口市人民大道50号	5553	1060	2051	73	免	510	
27	海南广地农业科技有限公司	2013	有限责任公司	种植业	海口市紫荆花园	6569	4599	1200		免	1000	
28	海南芭芭乐食品有限公司	2013	有限责任公司	农产品加工业	龙昆南路89号	1230	680	1150			524	
29	海南博大兰花科技有限公司	2013	有限责任公司	种植业	秀英区金福路3号	8300	822	1104		免	520	

续表

序号	企业名称	认定时间	企业注册类型	经营产业类型	公司地址	总资产（万元）	固定资产（万元）	销售收入（万元）	税后利润总额（万元）	上缴税金（万元）	带动农户数（户）	备注
30	海南金德丰农业开发有限公司	2013	有限责任公司	种植业	琼山区云龙镇	1996	802	1977		免	662	
31	海南思香源食品有限公司	2013	有限责任公司	农产品加工业	桂林洋经济开发区	1550	759	1503			526	
32	海南天兆畜牧科技有限公司	2013	有限责任公司	畜禽养殖	龙昆南路76号	4467	1378	5035		免	1200	
33	海南力合泰食品有限公司	2014	有限责任公司	农产品加工业	秀英区狮子岭工业园	4179	2184	2511	55	36	558	
34	海南农垦畜牧集团股份有限公司	2014	有限责任公司	畜牧养殖	金垦路	153215	82345	10534			2500	
35	海南航空食品有限公司	2014	有限责任公司	农产品加工业	美兰国际机场海航基地8号楼	17599	2798	8044	1143	163	510	
36	海南建一水产股份有限公司	2014	有限责任公司	水产养殖	美兰区大致坡镇园林西街	9610	1500	18288	288	2	1188	
37	海南天际食品有限公司	2014	有限责任公司	农产品加工业	南海大道168号保税区乙号路							
38	海南恒兆橡胶有限公司	2014	有限责任公司	农产品加工业	琼山区云龙镇岭脚热作场橡胶厂	1510	806	13420	59	61	2000	
39	海南裕泰科技饲料有限公司	2010	有限责任公司	农产品加工业	海南省海口市港澳大道6-1号	35899	7161	90121	2007	352	8500	国家级龙头企业
40	海南金鹿农机发展股份有限公司	2014	有限责任公司	农业机械制造	秀英区海榆中线	268791	57942	26782			3650	
41	海南海岛和牛生物科技有限公司	2014	有限责任公司	农产品加工业	国贸大道56号北京大厦26楼A座							
42	海南海垦农资有限责任公司	2014	有限责任公司	农资产品运销流通业	海南省海口市海垦路13号绿海大厦3楼	26666	141	27611	56	100	1800	

续表

序号	企业名称	认定时间	企业注册类型	经营产业类型	公司地址	总资产（万元）	固定资产（万元）	销售收入（万元）	税后利润总额（万元）	上缴税金（万元）	带动农户数（户）	备注
43	海南亚蔬高科技农业开发有限公司	2010	有限责任公司	种植业	秀英区南海大道旁	2001	1431	1213	2	0	1050	
44	海南富汇达农业开发有限公司	2012	有限责任公司	农林渔牧	海口市琼山区凤翔东路天鹅花园A栋1165号	1695	727	2001	2	0	2512	
45	海南神农大丰种业科技股份有限公司	2014	股份有限公司	农业种植业	紫荆路2－1号信息公寓							国家级龙头企业
46	海口农工贸（罗牛山）股份有限公司	2007	股份有限公司	种养殖业	海口市滨海大道珠江广场帝豪大厦9楼	291147	103736	51184	4438	2438	7480	国家级龙头企业
	合计					2434109	488028	952095	23493	5421	86360	

示范社，加大示范社的引领和带动作用，新增150个农民专业合作社，至2015年底，累计成立1891个合作社；新增9个市级示范社，累计培育国家、省、市级示范社49家。

【农业龙头企业】2015年，海口市不断加大对农业龙头企业等新型农业经营主体的扶持力度，大力发展标准化、规模化经营，促进农业增效、农民增收。全市有省级以上农业龙头企业46家，其中国家级农业龙头企业6家，形成以畜禽养殖加工、果蔬加工、热带农作物种植为主的农业龙头企业。

【农产品品牌建设】2015年，海口市农业局制定品牌农业发展规划，大力实施品牌农业发展战略，推进农业区域化布局、标准化生产、产业化经营、品牌化运作，加快建设海口现代农业示范区，全面提升海口市现代农业整体发展水平和效益。加快无公害产地认定和产品认证。全年新增无公害产地认定面积225.23公顷，完成年度计划112.6%；新增无公害农产品11个，完成年度计划220%。申报永兴荔枝、永兴黄皮、云龙淮山3个国家地理标志农产品登记和商标注册，云龙淮山获得国家地理标志农产品商标注册。新增省著名商标、省名牌产品、省名牌农产品18个，完成年度计划180%。全市无公害农产品基地认定面积3333.33公顷，“三品一标”（无公害产品、绿色食品、有机食品，农产品地理标志）农产品111个；涉农知名商标109个，其中国家地理标志农产品保护和商标注册2个，中国驰名商标5个，省著名商标64个，省名牌产品32个，省名牌农产品6个，知名农业品牌持有量约占全省40%。2015年，海口市获得省品牌农业发展资金1506万元，约占全省25.5%，连续两年居全省各市县第一名。

【现代农业示范基地】2015年，海口市有海南潭牛文昌鸡产业示范基地、海口柏盈兰花产业园、海南罗牛山农产品加工产业园、海口市万亩蔬菜产业示范园（马坡洋广地示范基地、新发地示范基地）、海南荣丰热带花卉高新技术产业园、海口市莲雾标准化示范园（云龙金德丰示范基地、三江豪福江示范基地）6个示范基地（园区）被省政府确定为首批省级现代农业示范基地，占首批省级现代农业示范基地43%。

【罗牛山农产品加工产业园建设】罗牛山农产品加工产业园项目总用地面积66.67公顷，项目总建筑面积50万平方米，项目总投资23亿元。主要由生猪屠宰项目、肉类食品加工项目、调味品项目、咖啡生产项目、餐饮（中央厨房）项目、冷链物流项目等6个子项目组成。至2015年，累计完成投资18.86亿元，其中2015年完成投资2.90亿元，完成生猪屠宰项目、肉类食品加工项目、调味品项目、咖啡生产项目，餐饮（中央厨房）项目、冷链物流项目正在建设。

农村扶贫

【农村扶贫工作概况】2015年，海口市扶贫开发工作继续以扶贫开发项目为抓手，以贫困人口为主攻对象，以改善贫困群众生产生活条件和群众增收为目标，取得显著成效：完成锁定贫困户717户2968人，比指标任务多68人；扎实推进道美村委会、金堆村委会2个贫困行政村的整村推进工作，共整合资金1401万元，完成37个项目的建设；145个村的结对帮扶工作成效显著，至2015年底，145个贫困村农民人均可支配收入5256.2元，全部达到脱贫标准。开展教育培训和劳动力转移工作，共举办劳动力转移培训班6期，培训人数429人；举办农民实用技术培训班14期，培训人数1005人；举办村干部（致富带头人）培训班1期，培训人数11人。

【“十二五”时期扶贫工作成效显著】（1）贫困人口极大减少。根据全省重新开展建档立卡入户调查工作结果显示，至“十二五”期末，海口市仍未脱贫的贫困人口8243人，与“十二五”期间确定的贫困人口2.31万人相比，共有1.48万人实现脱贫，脱贫率64.2%。（2）贫困村庄全部脱贫。“十二五”期末，实现145个贫困村的农民年人均平均可支配收入5256.2元，超过海口市3000元的贫困村庄标准线，达到全部脱贫的标准，其中人均年纯收入6000元以上的有40个村，人均年纯收入在5999元～4000元之间的有87个村，人均年纯收入在3999元～3000元之间的有18个村。（3）基础设施不断完善。“十二五”期间，全市145个贫困村庄基础设施建设快速发展，资金投入2.70亿元，特别是在村道建设、文体设施、环境卫生整治及安全饮水工程等方面投入巨大，村庄面貌有显著变化，大大改善贫困村庄的生活条件，丰富了农民群众的文娱生活，提高村民生活质量。（4）产业发展不断加强。“十二五”期间，帮扶单位结合各贫困村实际情况，因地制宜发展产业。在产业发展扶贫方面，投入资金3.41亿元，从不同渠道为农民增加收入。通过扶持化肥、种苗等生产资料和补助建造瓜菜大棚等措施发展种植业，通过扶持建设羊舍、牛舍、标准化鸡舍，发展鸡、羊、猪、黄牛等养殖业。此外，引入社会资金投入贫困村的发展建设，特别是在旅游扶贫方面也取得新的进展，如秀英区永兴镇美梅村的乡村旅游建设和东山镇岭尾村农业旅游观光项目均已跨出实质性的步伐。（5）劳动力转移工作向好。引导农村富余劳动力外出打工，扶持贫困地区农民自主创业，拓宽收入渠道，千方百计增加农民收入。据统计，“十二五”期间，海口市实施贫困劳动力转移技能培训45期，培训人数约6000人次；开展“雨露计划”共输送367人进入中专学校学习；开展扶贫创业培训4期，培养农村致富带头人，培训45人次；组织开展农村实用技术培训105期，培训农民约9560人次。通过多种形式的培训，提高贫困地区群众科技致富本领，成功转移劳动力3510人次。

【扶贫开发】（1）减贫工作。2015年，海口市在减贫工作中，共开发18个项目，其中基础设施类项目8个，生产发展类项目9个，培训类项目1个。为确保每户都有致富项目，海口市按照4000元每户的标准（龙华区财政额外拨付每户1000元），对海口市锁定的贫困村民进行帮扶。至年底，超额完成脱贫任务，脱贫总人数2968人（717户），其中美兰区锁定116人、28户，比计划超出16人；秀英区锁定1196人、274户，比计划超出16人；龙华区锁定270人、79户，比计划超出20人；琼山区锁定1386人、336户，比计划超出16人。（2）整村推进村工作。2015年，海口市有2个贫困村整村推进村，分别是琼山区旧州镇道美村委会和美兰区大致坡镇金堆村委会。2个村整合资金1401万元，其中2015年中央财政专项资金（第一批）安排242万元、整合行业资金和社会资金720万元、市地方财政计划安排439万元。共建设37个项目，其中基础设施类建设投入788.7万元，建设21个项目；产业发展类投入191万元，建设11个项目；培训投入4万元，组织3次培训。至年底，37个项目全部顺利完成，2个村达到“十项标准”（道路建设、饮水安全、通电情况、危房改造、掌握1～2项技术、义务教育巩固率、卫生室建设、信息化建设、班子建设、人均纯收入）水平。

【定点扶贫建设】2015年，海口市共投入334万元用于定点扶贫工作，其中市财政安排150万元用于五指山市南定村委会南天村、送祖村、白章村3个村的饮水项目；美兰区安排15万元，帮扶乐东县万冲镇卡发村发展养蜜蜂项目；秀英区安排帮扶资金15万元，用于白沙县金波乡白打村发展产业；龙华区安排50万元帮扶临高县南宝镇博廉村基础设施、产业发展及村容整治；琼山区安排30万元，主要用于五指山市南圣镇毛祥村购买蜜蜂412箱、种猪苗261只、鸡苗1685只。此外，琼山区通过协调各单位共投入74万元用于建村小组文化室1间、村委会办公楼1间，扶持农户发展茶叶种植、进行农民实用技术培训等。

【老区建设】2015年，海口市共投入建设老区的中央财政专项资金1188万元，建设23个项目，主要是基础设施建设和饮水安全建设。第一批资金928万元，建设18个项目，在18个老区村庄硬化村道15.48千米，打井120米，建水塔总容量100吨，拉水管5100米，修复红色古井1口，建1间120平方米的文化室；建设宣传栏，设置农家乐灯光、修建文化室挡土墙及农家乐挡土墙等。第二批资金260万元，建设5个项目，在5个老区村村庄硬化村道3.7千米，建蓄水100吨和30吨的水塔各1个及相应的饮水配套。

【农村扶贫资金分配与使用监管】（1）资金分配。2015年，海口市中央财政专项扶贫资金1091万元（第一批600万元，第二批346万元，第三批75万元，第四批70万元），资金直接下拨4个区扶贫办（琼山区426万元、美兰区279万元、秀英区270万元、龙华区116万元），由4个区扶贫办负责资金的计划安排和实施工作，市扶贫办负责监督检查项目资金计划的执行情况。年内，用于基础设施建设项目的资金366.4万元，用于产业发展资金638.5万元，其他资金86.1万元。⑵使用监管。项目资金计划由4个区扶贫办拟定并报区政府审批，施工队伍经招投标确定；项目实施期间由监理单位和项目受益村的项目管理小组负责日常监督，海口市扶贫办不定期进行现场检查。

【结对帮扶贫困村】2015年，海口市有105个帮扶单位在基础设施方面投入超过100万元，有45个帮扶单位投入超过200万元，极大的改善帮扶村的村容村貌；有66个帮扶单位在产业发展方面投入超过100万元，18个帮扶单位投入超过200万元，实现由“输血式”帮扶向“造血式”帮扶的转变，为村民实现可持续收入提供平台，极大降低返贫率。国家统计局海口调查队的组织调查结果显示，海口市145个贫困村已全部脱贫，农民人均可支配收入5256.2元，人均收入水平分布区间为3088.2元～7972.4元。海口市加大对结对帮扶工作的督查力度，采取“季度督查，半年检查，年终考核”的方针，从督查结果看，大部分单位在组织领导、基础设施建设、产业发展、培训、贫困村脱贫等方面都做很多工作，在基础设施建设、产业发展方面投入资金安排且计划齐全。

【扶贫培训】2015年，海口市加大扶贫培训工作，在“雨露计划”招生方面，有7人符合“雨露计划”招生的条件。其中，琼山区1人、美兰区2人、秀英区2人、龙华区2人。开展教育培训和劳动力转移工作，举办劳动力转移培训班6期，培训人数为429人；举办农民实用技术培训班14期，培训人数1005人；举办村干部（致富带头人）培训班1期，培训人数11人。

农业机械化

【农业机械化概况】2015年，海口市基本形成市、区、镇三级服务网络，建立农机监理服务窗口、流动巡回服务车、农机办证电脑管理。年内，全市农机总动力55万千瓦，农机合作社7个，农机手1.81万人，机耕水平77%，机收水平79%，农机作业综合水平52%。

【农机购置补贴】2015年，海南省农

业厅安排农机购置补贴中央资金700万元，农机购置补贴省级资金140万元，2014年中央资金结余762.07万元，省级资金结余110万元，共1712.07万元。通过宣传引导，海口市农机补贴完成补贴指标确认书数156份，受益户数129户、机具数量158台，补贴资金162.67万元。

【农机教育培训】2015年，海口市农业机械学校共开展培训班19期，培训学员1465名。其中：农机驾驶员培训7期，培训学员555名；农机保养和安全知识培训10期，培训学员812名；农机修理工培训2期，培训学员98名。

【农机专业合作社】2015年，海口市有7个农机合作社，分别是红旗镇农机作业专业合作社、海口琼南农业机械专业合作社、海口金宇农机服务专业合作社、海口益民农机作业服务合作社、海口云阁收割机服务专业合作社、海口云岭农机服务专业合作社、海口应民农机专业合作社。合作社从业人数96人，机具数量149台，全年完成机耕面积3104.2公顷，机收面积1647.9公顷。政府部门对农机合作社有农机购置补贴优先照顾、农机技术培训免费等政策。

【农机安全管理】2015年，海口市围绕优质服务、平安农机示范创建、农机安全宣传与管理、农机安全专项治理等开展农机安全管理工作。共核发拖拉机、联合收割机行驶证64本，行驶证过户502本；核发驾驶证538本，拖拉机、联合收割机年检4529辆。重点开展拖拉机违法入市专项整治、拖拉机"打非治违"、安全生产暗查抽查及重大节日安全生产检查。结合安全专项整治、6月"安全生产宣传月"、信息平台开展农机安全宣传教育，开展集中宣传教育活动35场，参加机手3016人。

【农机质量监管】2015年，海口市有19个农机维修网点，均取得相应等级的《农业机械维修技术合格证》，从业人员45人，均办理相应的执业资格证书。开展"3·15"农资打假活动，共出动2辆执法车，7人次开展检查，检查现代绿野公司等13个农机经销商、农机产品1268件。

种植业

【种植业概况】2015年，海口市以促进农业增产、农民增收为目的，抓好种植业产业结构调整，加快发展热带果蔬产业，积极发展无公害生产，提高果蔬产品质量，取得显著成效。全年种植业产值41.35亿元，比上年增长2.2%。建成常年瓜菜基地3400公顷，瓜菜设施大棚140公顷。瓜菜种植面积2.9万公顷，产量57.88万吨，分别增长8.21%和4.93%。农作物种植面积8.05万公顷。水果种植面积1.81万公顷，产量20.82万吨，下降24.3%。新增无公害农产品产地8个，面积225.23公顷。

【粮食生产】2015年，海口市粮食作物播种面积3.84万公顷，总产量16.53万吨，分别下降6.3%和1.5%。其中：早稻种植面积1.61万公顷，产量7.71万吨，分别下降1.9%和12.2%；晚稻种植面积1.52万公顷，产量6.14万吨，分别下降2.3%和增长25.3%；薯类种植面积6710公顷，产量2.65万吨，分别下降20.2%和11.8%；豆类种植面积347.67公顷，产量298.94吨，分别增长0.9%和30.1%。

【热带作物及经济作物生产】2015年，海口市共申请国家橡胶良种补贴面积66.67公顷，全市橡胶良种覆盖率95%以上。同时，加强作物病虫害防治工作，通过田间调查和定点监测（在三江、三门坡、永兴镇设3个点）等方式，对热带作物病虫害进行全面监测，对可能发生危害的病虫害进行预测预报。全年，热带作物、经济作物种植面积1.94万公顷，其中新种面积316公顷，收获面积7559公顷。橡胶种植面积1.25万公顷，收获面积3018公顷，产量1740吨，下降79.45%。槟榔种植面积2196公顷，收获面积857公顷，产量2350吨，下降21.8%。胡椒种植面积2981公顷，收获面积2437公顷，产量3128吨，下降17.47%。椰子收获980.72万个。

【蔬菜生产】2015年，海口市常年瓜菜基地面积3400公顷，其中瓜菜设施大棚面积251公顷。常年蔬菜基地生产蔬菜29.1万吨，蔬菜市场自给率74%。投资780万元改造两个冬种瓜菜基地，总面积260公顷。种植冬种瓜菜面积1.36万公顷，产量26.5万吨。全年瓜菜种植面积2.9万公顷（含复种），总产量56.61万吨。

【菜篮子基地建设】2015年，海口市通过加强冬种瓜菜基地改造，推进昆上洋、北庄洋2个冬季瓜菜基地建设，总面积260公顷，总投资780万元；建设3个田头综合服务站，总投资135万元。主要建设内容：改善田间水利设施，修建田间道路，配套农业设施；新建田头综合服务站3个，每个建筑面积不低于140平方米，配套检测试验室、培训室及办公设备等，提高冬季瓜菜生产水平。

【蔬菜大棚建设】至2015年底，海口市累计投入2.3亿元，建成蔬菜大棚面积266.67公顷。其中，2015年投入7998.5万元，扶持新建蔬菜大棚面积210.67公顷。至年底，新建成93.3公顷蔬菜大棚。

【育种基地】2015年，海口市建设新发地蔬果产业园集约化育苗中心，占地面积0.33公顷，总投资300万元。主要建设内容为育苗大棚、苗床、库房，购置育苗设备等。年内，全市共有5个育种基地，面积1.65公顷，年产量4000万株。

2015年海口市水稻病虫害发生、防治及损失情况表

		发生面积（万亩次）	防治面积（万亩次）	挽回损失（吨）	实际损失（吨）	发生程度
水稻	病虫害合计	35.08	34.61	8740	1373	
	病害小计	12.4	11.83	2000	373	
	稻瘟病	6.9	6.7	1050	190	1
	其中：穗颈瘟	3.5	2.7	320	80	1
	水稻纹枯病	3.1	3	610	110	1
	水稻白叶枯病	0.4	0.38	30	5	1
	水稻稻曲病	0.06	0.05	28	6	1
	水稻恶苗病					
	水稻病毒病	0.6	0.48	90	28	1
	水稻线虫病					
	水稻赤枯病					
	水稻粒黑粉病					
	水稻胡麻叶斑病					
	其他病害	1.34	1.22	192	34	1
	虫害小计	22.68	22.78	6740	1000	
	二化螟					
	三化螟	6.6	6.7	1030	190	1
	稻纵卷叶螟	6	6.1	990	340	1
	稻飞虱	8.2	8.1	4400	420	
	其中：褐飞虱	0.9	0.6	900	90	1
	白背飞虱	7.3	7.5	3500	330	2
	灰飞虱					
	大螟					
	稻苞虫					
	稻螨					
	稻叶蝉					
	稻赤斑黑沫蝉					
	稻蓟马					
	稻象甲					
	稻负泥虫					
	稻瘿蚊					
	稻秆潜蝇					
	稻螟蛉					
	稻水蝇					
	稻摇蚊					
	稻蝗					
	黏虫					
	其他虫害	1.88	1.88	320	50	1

2015年海口市蔬菜病虫害发生、防治及损失情况

		发生面积（万亩次）	防治面积（万亩次）	挽回损失（吨）	实际损失（吨）	发生程度
蔬菜	病虫害合计	57	75	24600	3630	
	病害小计	11	12	4200	130	
	白菜霜霉病	0.6	0.65	310	6	1
	白菜软腐病	0.3	0.25	160	13	1
	白菜病毒病					
	白菜灰霉病					
	白菜菌核病					
	番茄早疫病	0.5	0.6	170	5	1
	番茄晚疫病	0.52	0.5	200	7	1
	番茄灰霉病	0.5	0.6	250	6	1
	番茄叶霉病					
	番茄白粉病					
	番茄菌核病					
	番茄青枯病					
	番茄病毒病					
	番茄疫霉根腐病					
	辣椒炭疽病	1.65	1.7	780	13	1
	辣椒病毒病	0.18	0.2	60	6	1
	辣椒疫病	1.8	1.9	650	17	1
	辣椒白粉病	1.5	1.7	620	14	1
	辣椒青枯病	0.06	0.04	30	3	1
	瓜类白粉病	0.85	0.95	420	16	1
	瓜类霜霉病	0.85	0.9	300	5	1
	其中：黄瓜霜霉病	0.75	0.8	280	3	1
	瓜类炭疽病	0.8	0.9	85	5	1
	其中：黄瓜炭疽病					
	瓜类枯萎病	0.25	0.3	43	3	1
	瓜类菌核病					
	瓜类蔓枯病	0.21	0.26	45	4	1
	瓜类疫病	0.23	0.25	42	4	1
	瓜类细菌性角斑病	0.2	0.3	35	3	1
	其他病害					
	虫害小计	46	63	20400	3500	
	菜蚜	5	5.8	1700	160	1
	菜青虫	1.3	1.7	480	40	1
	小菜蛾	5	5.5	1500	300	1
	黄曲条跳甲	7.2	11	3900	720	1
	斜纹夜蛾	8	12	4000	750	1

续表

		发生面积（万亩次）	防治面积（万亩次）	挽回损失（吨）	实际损失（吨）	发生程度
蔬菜	甜菜夜蛾	7.8	11	3950	740	1
	甘蓝夜蛾					
	美洲斑潜蝇	2.4	2.8	850	110	1
	南美斑潜蝇					
	豌豆潜叶蝇					
	白粉虱					
	烟粉虱					
	瓜蓟马	1.4	1.6	430	35	1
	菜螟					
	瓜绢螟	0.2	0.3	80	10	1
	豆荚螟	0.22	0.35	40	4	1
	黄守瓜					
	根蛆					
	韭蛆					
	棉铃虫	0.51	0.6	720	35	1
	烟青虫	0.45	0.6	680	36	1
	茶黄螨					
	蔬菜红蜘蛛					
	地下害虫	0.2	0.22	98	15	
	蛴螬					
	蝼蛄					
	金针虫					
	地老虎	0.2	0.22	98	15	1
	其他					
	其他虫害	6.32	9.53	1972	545	

【水果种植】2015年，海口市水果种植面积1.81万公顷，其中新种面积681公顷，总产量20.82万吨。荔枝种植面积6307.53公顷，产量2.83万吨，分别增长6.44%和下降34.91%。香蕉种植面积2992.53公顷，产量7.03万吨，分别下降29.59%和30.34%。菠萝种植面积2003.8公顷，产量4.96万吨，分别下降18.84%和增长0.65%。龙眼种植面积741.73公顷，产量2252.4吨，分别下降5.13%和44.66%。

2015年12月，全国人大常委会委员、全国人大农业与农村委员会副主任委员陈光国（前排右2）到云龙镇办内种养合作社调研，海口市人大常委副主任郑国建（前排左3）、海口市副市长蒙国海（前排左1）陪同。 （喻仁良 摄）

【农作物病虫害防治】2015年，海口

市农业技术中心通过进行现场指导、提供防控药物等手段，陆续在三江、东山、新坡、三门坡、云龙、红旗、甲子、灵山、旧州等镇开展水稻、橡胶、瓜菜等作物的统防统治工作，防治面积4000公顷。

【农药管理】 2015年，海口市农业部门出动执法车辆172台次、执法人员746人次，检查农药经销单位和物流仓库1170家次，立案查处1起，查获违禁农药、肥料19.2吨。

畜牧业

【畜牧业概况】 2015年，海口市围绕增畜牧总量、增农民收入，确保猪肉稳定供给，提高畜产品质量的工作目标，科学规划，促进畜牧业向高产、高效、优质、生态、安全发展，实现畜禽产品提质增量，畜牧业取得健康发展。全年生猪出栏78.2万头，比上年下降9.46%；禽类出栏1219.62万只，增长8.25%；牛出栏2.32万只，羊出栏9.96万只；禽蛋产量0.86万吨，增长45.7%；生牛奶产量0.15万吨；肉类总产量9.24万吨，下降0.78%。畜牧业总产值30.78亿元，占农业总产值的33.03%。

【养殖业结构调整】 2015年，海口市畜牧业主要围绕环保和市场两条主线抓调整，以发展食草家畜为重点，调整优化畜禽品种结构，稳定生猪生产，同时加快禽类、蛋禽、肉牛、肉羊生产。针对海口牛、羊等草食动物肉产品自给率低的现状，通过政府引导、政策扶持、项目带动、产业化经营等措施，重点发展草食动物，推动肉牛、肉羊生产的发展，提高牛肉、羊肉产量的比重。畜禽养殖方式正由粗放型、单一型的传统畜牧业向品种良种化、饲养规模化、生产标准化、管理规范化、防疫程序化、排污达标化为特点的现代畜牧业转变。

【畜牧品种改良】 2015年，海口市继续贯彻落实国家扶持畜牧业发展政策的要求，结合畜牧良种补贴项目，加大品种改良政策扶持、示范引导力度，坚持把畜牧品种改良作为调整优化畜牧业结构，建立“供精单位－良补猪精配服务站（点）－农户”的供精链，发放畜牧良种补贴263万元。强化良种意识，进一步健全、完善各级繁育体系，推广杂交改良技术，同时，大力推广普及先进实用的科学饲养技术和疫病防治技术，实行良种良法配套。全市拥有种猪场22个，种鸡场3个，种鹅场2个。

【家禽养殖】 海口市家禽养殖以鸭、鹅、文昌鸡等为主。家禽业是海口畜牧产业中发展速度快、规模比重大、产业化水平高的产业。2015年，海口家禽出栏1219.62万只，年末存栏407.13只。年存栏2000只以上的禽场258个，存栏10万只以上的禽场7个；存栏蛋鸡5万只以上规模场7个。以海南（潭牛）文昌鸡股份有限公司、海南牧榕农业开发有限公司、海南永基文昌鸡有限公司为主的文昌鸡产业化龙头企业和以海口伟德牧业有限公司、海南（潭牛）文昌鸡股份有限公司、海口昌鸿远养殖有限公司、海南美稼农业发展有限公司为主的蛋鸡产业化龙头企业，生产规模不断扩大，产品竞争力日益增强；家禽产业向标准化、规模化、产业化、自动化养殖方向发展态势。

【文昌鸡养殖与基地建设】 文昌鸡产业优势区域主要在美兰区的演丰、三江、大致坡镇和琼山区的三门坡、红旗、大坡镇及周边地区。2015年，海口大力发展文昌鸡集约化生产，加快建设文昌鸡地方优良品种主产区，大力发展以散养为主的生态养殖。以海南（潭牛）文昌鸡股份有限公司、海南牧榕农业开发有限公司等企业为依托，加强文昌鸡加工的开发与研究，拉长产业链条，提升产业层次。实施品牌战略，加快培育名牌产品，增加品牌优势，提高市场竞争力。全市文昌鸡年出栏10万只以上规模场10个，其中海南（潭牛）文昌鸡股份有限公司（排山文昌鸡场）和海南牧榕农业开发有限公司年出栏100万只以上。年内，全市文昌鸡出栏942.02万只，年末存栏225.21万只；出岛133.5万只，供应香港4.75万只。

【标准化养殖小区建设】 2015年，海口市政府投入624.73万元，扶持建成畜禽养殖小区21个，新增生产规模存栏羊1.34万只，禽类9万只。通过标准化畜禽养殖小区建设，推进畜牧产业结构调整，改变海口市传统畜禽养殖方式，提高畜牧业规模化、标准化、产业化水平，改善农村人居环境，促进畜牧业增效、农民增收。

【猪养殖】 2015年，海口市加快推进罗牛山10万头现代化猪场异地技改重点项目的建设，投入190万元完成3个规模养猪场的标准化项目建设。全市年存栏量200头以上规模养猪场660个，存栏3000头以上的大型规模养猪场20个。全市出栏生猪78.2万头，下降9.46%。期末存栏生猪40.2万头，其中能繁母猪存栏5.76万头。

【罗牛山十万头现代养猪场】 2015年计划投资2.58亿元，至12月30日，项目累计完成投资2.97亿元，超额完成投资3839.31万元，占项目总投资的85%。项目主体工程基本完工，国家级临时隔离场建设完成，具备引种条件，待国家级临时隔离场审批完成后即可引种。

【食用牛养殖】 海口市饲养牛的品种主要是当地海南黄牛和海南水牛。由于海口市农村城市化进程加快，草场减少，使得牛养殖规模扩大缓慢。2015年，全市出栏肉牛2.32万头，下降10%；期末存栏牛6.44万头，下降1.7%。

【羊养殖】 海口主要饲养当地海南黑山羊（东山羊）。2015年大力推广种植牧草进行舍饲养殖，以“公司＋合作社＋农户”模式，发展规模化、标准化养殖，投入450万元建成19个肉羊养殖小区，增加存栏规模1.34万只。全年共出栏肉羊9.96万头，期末存栏羊5.6万头。

【特种动物饲养】海口市饲养的特种动物主要有鸽子、肉兔、鹌鹑、蜜蜂等。2015年，全市养鸽存栏3万羽以上的规模养殖场有5家，出栏肉鸽101.73万羽；饲养蜜蜂约3万群，蜂蜜产量600吨。肉兔、鹌鹑农户饲养不多，饲养量少，产品主要依靠岛外供应。

无规定动物疫病区建设

【无规定动物疫病区建设概况】2015年，海口市以实现“重大动物疫情零发生，确保无疫区安全”为目标，继续深化兽医体系队伍和能力建设，推进体制机制理顺和创新，依法行政，切实保障畜禽养殖业生产安全，促进无疫区健康发展。全年完成对应免猪98.86万头、牛7.21万头、羊10.54万头、禽767.52万羽进行强制免疫，畜禽强制应免率均100%，实现全年无重大动物疫情发生。

【动物疫病防控】2015年，海口市推进春秋两季重大动物疫病强制免疫和常年补免工作，无重大动物疫情发生，应免疫畜禽“免疫率、挂标率、出证率、建档率”均达100%，免疫抗体合格率全年保持在70%以上，定点检疫率100%。组织开展1次以发生小反刍兽兽疫为背景的重大动物疫情应急演练，切实提高市、区、镇、村各级队伍实战能力和加强各级部门联防协控能力。

【兽医兽药管理】2015年，海口市推进医政工作，确认官方兽医资格94人，督促执业兽医师注册10人，执业助理兽医师备案1人，乡村兽医登记32人。开展药政监管，确保畜产品质量安全。全市有5家兽药经营企业申请建设迎欧盟检查示范点，并通过省农业厅、省商务厅联合验收。全年检查兽药生产企业3家/次，兽药经营企业19家/次，蛋鸡养殖企业17家/次；抽检兽药样品22份，鸡蛋兽药残留样品8份；调查宠物经营企业18家，并对其中的6家动物诊疗机构执法检查。印发《兽药管理条例》《动物诊疗机构管理办法》和《执业兽医管理办法》等法律法规50余份。

【屠宰监管】⑴完成生猪屠宰监管职能移交。按照海口市人民政府办公厅《海口市生猪屠宰管理职责移交方案》文件精神及《海南省商务厅和海南省农业厅生猪屠宰管理职能交接备忘录》，2015年1月1日，海口市生猪屠宰监督管理职能从商务部门正式移交至农业部门，原在市商务局内设处室市场秩序处挂牌的“市畜禽屠宰管理办公室”改为在市农业局内设机构市畜牧兽医局挂牌。⑵夯实生猪屠宰管理基础。按照《生猪屠宰管理条例》《海南省生猪定点屠宰企业屠宰生产规范》等要求，加强屠宰日常监管，重点要求屠宰厂落实屠宰管理制度、屠宰生产操作规范和建立规章制度等；对涉及严重污染响水溪的海口琼山食品肉联厂，责令停业整顿，引导生猪屠宰户到有资质的生猪定点屠宰厂进行屠宰，保障府城地区的肉品供应；统计全市每月屠宰量。⑶申报生猪无害化处理补贴费用。要求全市生猪屠宰厂（场、点）做到病害猪必须进行无害化处理，认真申报病害猪损失及无害化处理费用。2015年，全市生猪定点屠宰厂（场）共检出病害猪2378头，病害猪损失补贴及无害化处理补贴资金209万元。⑷专项整治。2015年，海口市共有生猪屠宰厂（场、点）30家，其中生猪定点屠宰证、动物防疫条件合格证、排污许可证“三证”不全，条件不符合要求的生猪屠宰场（点）29家。对“三证”不全、条件不符合要求的开展全面整治，对通过整治仍达不到标准的，取消其生猪定点屠宰厂（场）资格并予以关闭。年内已关闭、停止生猪屠宰行为的有美兰区的演丰食品站、演丰食品站美兰分站、海口桂林洋社区服务有限公司，琼山区的东昌农场，秀英区的永兴食品站；琼山区的海口琼山食品肉联厂停产整治。

【重大动物疫情应急演练】2015年11月28日，海口市农业局联合秀英区农林局，在秀英区永兴镇。以模拟发生小反刍兽疫疫情为背景，成功举办一场重大动物疫情应急演练。市动检站、各区农林局、各镇防疫员组成的养殖组、疫情巡查报告组等8支参演队伍在演练现场对重大动物疫情处置迅速、果断，各部门配合默契，于规定时间内圆满完成演练内容。这次演练充分检验从市级职能部门到区、镇、村防控队伍对突发重大动物疫情处置的应变能力，进一步加强各级防控应急队伍成员的组织协调与合作。省农业厅党组成员、总畜牧师李万有和秀英区政府副区长吉军及各级成员单位领导、各市县畜牧兽医相关部门领导、农垦系统等300余人观摩演练。

（洪章海）

林　业

【林业概况】2015年，海口市林业局紧密联系工作实际，开展创建全国文明城市和创建国家卫生城市、绿化宝岛建设、森林资源经营管理、投资项目“百日大会战”、发展林业产业、林业行政执法、森林防火、森林病虫害防治检疫、红树林保护等各项工作，较好的完成全年各项工作任务。全市林业经济总产值52.30亿元，比上年增长7%。

【森林资源管理】2015年，海口市林

业局全面加强森林资源管理工作。(1) 落实建设项目征占用林地占补平衡。按照省林业厅的要求，建设项目征占用林地申报应提交“县级以上人民政府征占用林地占补平衡方案”等材料。为此，市林业局积极与市国土资源局等有关部门协调沟通，理顺占补平衡工作职责。4月30日，市政府办公厅印发《关于落实建设项目征占用林地占补平衡工作的通知》，有效保障建设项目的顺利推进。(2) 严格审核征占用林地。在优先保证重点项目使用林地的基础上，严格审核征占用林地，共审核24宗项目征占用林地，面积161.52公顷。(3) 合理分配采伐限额指标。严格审查林木采伐，全市共审批采伐林木422宗，面积782.67公顷，蓄积量3.18万立方米，出材量2.03万立方米，均控制在省下达的采伐限额指标以内。同时，完成市“十三五”期间森林采伐限额编制工作。(4) 加强陆生野生动物驯养繁殖和经营利用管理。共审核野生动物驯养繁殖许可10宗、经营许可7宗。(5) 加强重点公益林管理。全年共下拨森林生态效益补偿基金262.52万元给各区及东寨港保护区，用于补偿性支出和公共管护支出。同时，下拨2014年受灾公益林理赔资金450万元。(6) 做好有关规划编制工作。市林业局成立 “十三五”规划编制工作领导小组，具体负责“十三五”规划编制工作。

【林下经济】 2015年，海口市林业局大力发展以林下种花、林下养禽、林下养蜂、林下繁殖驯养野生动物、林产品采集加工、森林旅游等为主的林下经济，年产值6.7亿元。(1) 林下种植。主要有林果模式、林粮模式、林菜模式、林花模式等。主要种植品种有散尾葵、巴西铁、鱼尾葵、菠萝、番薯类、蔬菜、砂姜等。全市有600多户林农从事林下种植，面积约1800公顷，其中：林下种植鲜切叶1533.33公顷，套种菠萝、砂姜等266.67公顷，主要集中在云龙、大坡、龙泉、演丰、三门坡、红旗、旧州等镇。全市林下种植业年产值近2亿元。(2) 林下养殖。养殖主要以林禽、林蜂、林畜模式以及林下野生动物驯养繁殖等。全市林下养殖蜜蜂1600多户，主要分布在秀英区石山、永兴镇（羊山地区），蜜蜂产业年产值9000万元；野生动物驯养企业与农户共100余家，其中上规模的野生动物驯养繁殖企业28家，养殖主要品种有果子狸、椰子猫、虎纹蛙、牛蛙、龟、鳖、鳄、猴、鹿、蛇及鸟类等，林下野生动物养殖和经营行业产值1.2亿元；同时林农利用林下养鸡、养兔等产值5000万元。全市林下养殖总产值2.6亿元，成为海口极具发展潜力的特色产业。(3) 林产品采集加工业。海口市有林地面积8.73万公顷，经济林种植面积约4.73万公顷，其中：橡胶林种植面积约2.8万公顷，热带水果1万公顷，其他经济林9333.33公顷。发展并培育具有海南特色的林产品加工业体系，全市有木材经营加工企业100余家，木材加工的成品及半成品主要有家具、工艺品、农具、用具、地板、外壳包装、木炭、根雕、建材等，产品行销国内外市场，年产值约1.58亿元。⑷森林旅游业。海口市有优良的气候环境、美丽的港口海湾、珍稀的红树林群落、奇异的火山熔岩地质及生物群落、独特的滨海热带田园风光，生态旅游资源丰富。2015年，全市森林旅游人数76.39万人次，直接实现产值约0.52亿元。

【植树造林】 (1) 东海岸沿海防护林灾后恢复造林工作。2015年，海口市林业局及时对东海岸沿海防护林进行航拍，编制《海口市东海岸沿海防护林超强台风“威马逊”灾后恢复造林作业设计》。动员11家东海岸沿海防护林周边用地企业进行认捐认建沿海防护林。通过公开招投标，组织专业造林队伍恢复造林，完成东海岸沿海防护林灾后恢复造林面积233.22公顷。(2) 全面完成“绿化宝岛大行动”各项任务。全市共完成造林绿化面积2960.48公顷，占任务计划（2000公顷）的148%。其中，海防林面积142.6公顷，河流水库绿化面积265.24公顷，生态经济兼用林面积1937.61公顷，通道绿化面积212.85公顷，城镇绿化面积182.93公顷，村庄绿化面积219.25公顷。“十二五”期间，全市共完成植树造林面积7834.67公顷，占任务的181%。其中海防林建设363.07公顷，河流水库绿化696.42公顷，生态经济兼用林3491.77公顷，通道绿化613.83公顷，城镇绿化1379.24公顷，村庄绿化1290.33公顷。(3) 台风重灾区损毁林地生态修复。海防林、经济林、城乡绿化等造林修复面积共292.56公顷。

【林业产业示范基地】 2015年，海口市林业局发动全市林业生产企业积极申报省级现代农业示范基地，并按照推荐条件规范申报材料。经省农业

海口市桂林洋段人造海防林。摄于2015年9月12日。（张贞辉　摄）

厅、省海洋与渔业厅、省林业厅组织专家评审，海口兰花产业园、海南荣丰热带花卉高新技术产业园被评选为2015年海南省级现代农业示范基地。全年，海口兰花产业园种植蝴蝶兰、文心兰等热带兰花400多万株，年产值7000万元，销售100多万株，销售收入2000多万元，为当地500多名村民提供就业，就业人员人均年收入2.5万元以上。海南荣丰花卉产业园共投入1.5亿元，租赁土地154.87公顷，建设荫棚设施32公顷，温室大棚面积1.5万平方米，形成有效种植面积133.33公顷，其中：苗木种植面积37.33公顷，睡莲种植面积40公顷，切枝切叶种植面积30公顷，小盆栽母树种植面积20公顷，具有年生产100万盆标准化小盆栽的生产能力。产业园有入园农业企业5个、农民合作社2个、家庭农场10个、专业大户6户，并带动园区18个经济社和556户农户参与花卉生产。至2015年，全市有花卉类的省级现代农业示范基地2个（海口兰花产业园基地，海南荣丰花卉产业园基地）；林下养殖类的省级林下经济示范基地4个，即海口苍东正标种养专业合作社（林下养果子狸）、海南卓津蜂业有限公司（林下养蜂）、海口泓旺农业养殖有限公司（林下养龟）、海口其斌动物养殖有限公司（林下养蛇）。4家海南省林下经济示范基地申报2015年度品牌林业发展资金，每个林下示范基地获得奖励资金25万元。

【涉林违法案件执法】2015年，海口市林业执法支队受理执法检查、市民举报及上级交办的各类涉林违法行政案件345宗，其中立案查处144宗，行政处罚110.05万元。共查获非法运输绿化苗木45株；没收桉原木380立方米，其他木材62立方米；查扣或接收陆生野生动物905只（条）。海口市森林公安局组织实施“六个专项行动”，适时开展“破案百日大会战”，全年共出动警力4320人次，车辆1440辆次，查处各类案件138宗。其中刑事案件立案52宗，侦破43宗，完成年度任务的119%；查处行政案件95宗，完成年度任务的123%。依法打击处理违法犯罪嫌疑人149人次，其中采取刑事强制措施56人次（刑事拘留30人，逮捕11人，取保候审15人）；行政处罚93人。查获原木14.62立方米风景树647株，野生动物1067条（只）。

【苗圃育苗】2015年，海口市有2754处苗圃，育苗面积836.73公顷，苗木产量2446万株，品种有油茶、木麻黄、马占相思、花梨、沉香、菠罗蜜、黄皮、三角梅、台湾相思、柠檬、狐尾椰子、辣木、小叶桉、小叶榄仁等。

【花卉产业】至2015年底，海口市花卉种植面积4433.33公顷，占全省花卉生产面积的53%，花卉产值8.01亿元。全市花卉产销专业合作社55家，花卉市场11个，花卉企业339家，花卉从业人员2.78万人，花农年人均收入超过1.5万元。种植规模超过6.67公顷的花卉企业或种植农户58家，33.33公顷以上的10家，初步形成一批规模较大的专业化花卉生产基地，如东山林业产业示范基地、新坡兰花基地、演丰切叶基地、旧州发财树基地、演丰一品红基地等，培育了博大兰花、柏盈兰花、海南荣丰花卉、海南大信园林、海南金棕榈园林等多家龙头企业。

【林业科技】（1）加强农民技术培训。2015年，海口市林业局因势利导，把林下养蜂当作深化农村综合改革，增强农村发展活力的工作来抓，为提升蜂农的养蜂技术与管理水平，委托海南省农业产业化龙头企业海南卓津蜂业有限公司，连续进行3期林下养蜂技术培训，参训农民190多人。（2）开展科研活动。2015年，东寨港红树林保护区管理局与国内外科研院校和机构进行科学研究和课题合作。与厦门大学合作开展保护区鱼类和软体动物的调查；与海南大学合作开展保护区昆虫调查；与中国林科院热带科学研究所共同开展的“红树林快速恢复与重建技术研究”项目获得中国林业科学研究科技二等奖及广东省林业科技一等奖。在国际合作方面，与GEF项目办合作在保护区内开展昆虫、鱼类、鸟类等监测；建立保护区资源数据库系统，对保护区资源科学化管理，年底已完成数据库平台的搭建。编制处保护区社区公管计划，为保护区社区公管奠定基础。⑶加强东寨港红树林生态修复。在菠萝岛外围及山尾村至香梦园一带的滩涂地插种修复，扦插红树林种子3.15万公斤，移栽角果木大苗1万株。

东寨港管理局培育的各类红树林苗木。摄于2015年4月16日。

（市林业局 供稿）

【红树林快速恢复与重建技术研究】2015年，由中国林科院热带科学研究所廖宝文研究员与其研究团队及东寨港保护区科研人员共同完成。是红树林科技研究方面的重点攻关项目，研究成果获得中国林业科学研究科技二等奖及广东省科学技术一等奖。主要研究内容包括红树林恢复的适宜生境条件、真红树和半红树的育苗造林技术、优良造林树种的引种、红树林病虫害的防治技术及恢复红树林生态的新办法等。项目研究成果为国内红树林的恢复提供理论基础和技术支持，对华南沿海各地的红树林湿地生态保护与恢复工作具有重要的指导意义。

【森林防火】（1）开展森林防火宣传。2015年，海口市共出动防火宣传车53台次，出动宣传人员156人次，悬挂宣传横幅440条，散发森林防火宣传单6300张，印制、发放新制定的《森林防火条例》8600本，张贴通告440张，接受群众咨询198人次。委托海口广播电视台（FM101.8海口新闻广播）于3月15日至4月15日进行为期30天共180次的森林防火提示宣传。⑵加大巡护密度，严格火源管控。针对群众农事生产用火规律，不断加大巡护密度，做好野外火源管控工作。各区、镇对群众农事生产用火密集区也专门进行布防、重点防范。同时，通过采取增派巡查车辆、调整护林员巡查时段以及设立临时检查点等方式，进一步强化巡查工作力度。（3）加强应急处置，落实值班备勤。结合气象条件，及时制定和完善专项扑救应急预案，并组织专业森林消防队伍开展专项训练。2015年，全市发生一般森林火灾1宗，过火总面积0.35公顷，受害面积0.25公顷，森林受害面积控制在0.3‰以下；受害树种为桉树，无森林受害；火灾扑灭率100%，未发生重大森林火灾和人员伤亡事故。

【森林病虫害防治检疫】2015年，海口市先后制定《椰心叶甲防治实施方案》《椰子织蛾防治实施方案》《薇甘菊防控实施方案》《古树名木防治实施方案》等方案，有计划、有组织开展林业有害生物防治工作。全年完成椰心叶甲寄生蜂繁殖及野外释放8000万头（其中姬小蜂7500万头，啮小蜂500万头），在全市414个防治点释放防治，喷药防治椰子树2.90万株，防治薇甘菊86.67公顷，防治名木古树及后续资源病虫害防治755株，防治花卉苗圃红火蚁疫情97.97公顷。加强红树林病虫害防治，组织业内专家开展团水虱防治，对症下药，红树长出新根，萌发嫩芽，染病红树枯死现象得以遏制；鱼类、螃蟹等底栖动物明显增多；河流水质得到改善，河水变得清澈。

2015年5月13日，海口市森防站组织省、市专家普查海口市椰心叶甲疫情。（林宏利 摄）

【林业有害生物普查】2015年，为全面掌握全市林业有害生物种类、分布、危害等方面的基本情况，及时有效地开展预防和治理，保护森林资源

2015年10月9日，海口市林业局工作人员对秀英区石山镇建新村昌道村民组古树名木（加布树）进行病虫害防治。（林宏利 摄）

和国土生态安全，海口市林业局根据国家林业局《关于开展全国林业有害生物普查工作的通知》《海南省林业有害生物普查实施方案》精神，开展林业有害生物普查。聘请10名中国热带农业科学院森防专家，对普查工作进行技术指导。全市共设调查线路98条，代表面积1.53万公顷；调查样地84个，代表面积1666.67公顷；调查苗圃34个，调查面积433.33公顷；调查木材加工厂26个，调查木材2600立方米。

【野生动物保护】 2015年，海口市采取多种举措加强陆生野生动物的保护与管理。3月，举办“爱鸟周”活动和野生动物保护宣传月活动，通过鸟类摄影图片展、鸟类实物展、观鸟活动、鸟类放生、少儿鸟类绘画、发放宣传材料及发出倡议书等系列宣传活动，向社会各界广泛宣传普及鸟类知识和野生动植物法律法规知识。借助市政府热线12345和林业执法24小时热线66777042申诉举报平台，进一步加强森林资源保护和破坏森林资源违法行为的举报受理和办理工作，受理热线举报野生动物救助事务62宗。开展野生动物经营单位专项检查行动，共外出检查130车次，510人次（联合执勤），检查市场、宾馆、酒家、招待所、大排档、收购点、车站码头、飞机场、流动商贩等野生动物经营单位及个人115户（次），处罚违法贩卖野生动物35起，罚款1.72万元；查扣野生动物905只（条），经专业鉴定、检疫救护后放归大自然的野生动物176只（条），无公害处理129条（只），处理给有资质养殖经营户600只（条）。

（胡忠辉）

海南东寨港国家级自然保护区

【东寨港保护区概况】 海南东寨港国家级自然保护区总面积5240公顷，其中红树林面积2002公顷，滩涂及水域面积32.38平方千米；区内拥有红树林植物19科35种，占全国红树林植物树种的97%，记录的鸟类204种、软体动物115种、鱼类119种、蟹类70多种、虾类40多种，是物种的基因和资源的宝库，也是迄今为止中国红树林自然保护区中连片面积最大、保育最好、资源最丰富、树种最多的自然保护区。1992年被列入国际重要湿地名录，2006年被国家林业局评定为全国示范保护区；2005年被《中国国家地理》杂志评为中国最美八大海湾之一；2012年被《森林与人类》杂志评为中国最美20处森林之一。2015年，海南东寨港国家级自然保护区管理局在保护区内大力开展红树林苗木培育和苗圃基地建设，严管资源，整治周边环境，开展红树林植树造林和生态修复，发展生态旅游产业，扩大宣传，加大影响，举办各种大型宣传和生态公益活动，提高公众生态环保意识，构建和谐社区，凸显生态文明建设成效，使保护区生态资源持续健康良性发展。保护区通过宣传报道获评阿里公益天天正能量二等奖，保护区老职工王式军坚持35载培育红榄李，被评为2015感动海南十大年度人物。

【红树林苗木培育】 2015年，海南东寨港国家级自然保护区管理局在保护区内培育各类红树林苗木37万株；新建塔市博度红树林苗圃，面积3.33公顷，年可生木200万株；在成功引种培育出200多株珍稀濒危红树红榄李幼苗的基础上，加强对苗木管护，并把这些幼苗移植到保护区道学站开展野外种植试验。

【东寨港红树林资源管理】 2015年，海南东寨港国家级自然保护区管理局因对保护区内资源保护措施得力，各项建设管理规范，被国家林业局评为保护森林和野生动植物资源先进集体。（1）加大巡护监测力度。全年

东寨港管理局老职工王式军（中）被评为2015感动海南十大年度人物。图为颁奖仪式。

（陈 望 摄）

2015年9月28日，执法人员拆除东寨港红树林保护区内违建码头和吊装“三无”船只现场。

2015年11月6日，海南（东寨港）第三届观鸟节活动举行，鸟类专家马敬能博士（左二）参与观鸟活动。

巡护人次3540次，对保护区红树林生长因子、河流水质、禽流感等实施动态监测，全年监测次数2250人次。（2）开展红树林植树造林。移栽各类大小红树林苗木5万多株，扦插红树林种子3万多千克；在菠萝岛外滩造林27.07公顷。（3）生态修复。采取清理死树、开沟排水、修建堤坝、起垄围堰、移苗造林等方式加大生态修复和灾后补种补植力度，利用生蚝壳开展护岸修复，长度700多米。（4）清理红树林伴生植物。清理三叶鱼藤163.33公顷，减少伴生植物对红树林生长造成破坏。（5）开展周边环境整治。清理取缔景区“三无”（无捕捞许可证、无船舶检验证、无船舶登记证）船只；拆除东寨港红树林景区内群众非法搭建的营运码头5个，查扣景区航道内群众利用自家渔船改装成旅游船并进行非法载客船只6艘，红树林景区内52艘“三无”船只全部被取缔或撤离景区。

【东寨港保护区宣教活动】2015年，海南东寨港国家级自然保护区管理局组织开展“湿地日”“爱鸟周”“环境与健康宣传周”、红树林法律法规等大型等宣传活动，发放宣传海报和资料5000多份，参与人数3000多人。组织开展红树林种认养活动，海口香格里拉大酒店捐赠10万元在保护区试验区开展生态修复工作，开创保护区与企业合作修复生态的先河。举办海南（东寨港）第三届观鸟节活动，省内外26支观鸟队伍参赛，开展红树林知识展板、观鸟讲座、湿地、红树、鸟类摄影展、游园会等活动，观测到113种鸟类，其中新增鸟类4种。

（黄育春）

渔　业

【渔业概况】2015年，海口市海洋和渔业局以渔业增效、渔民增收为目标，落实各项工作措施，促进渔业稳定健康发展。全市有涉渔镇（街道办事处）6个，涉渔村92个，渔业人口3.09万人，渔业从业人员1.75万人（其中专业从业人员1.13万人），渔民人均纯收入8834元，比上年增长33%；国家一级渔港1个（海口渔港），群众性三级渔港8个。全市水产养殖总面积6522公顷，水产品总产量6.88万吨，增长11.1%；渔业经济增加值7.11亿元，减少8.7%。

【海洋捕捞】2015年，海口市有海洋捕捞渔船2529艘，总功率3.24万千瓦。全年海洋捕捞产量2.15万吨，增长5.6%。海洋捕捞作业方式主要以流刺网、张网、拖网为主，捕捞产量分别为9322吨、6811吨、2148吨，占海洋捕捞总产量的43.4%、31.7%、10%；兼顾围网、钓具、其他渔具，捕捞产量分别为1283吨、714吨、1216吨，三者约占海洋捕捞总产量的15%。海洋捕捞产品40多种。其中，鱼类26种，产量1.49万吨，约占捕捞总产量的69.1%，其中带鱼、鲻鱼、鲳鱼、石斑鱼、金线鱼、大黄鱼、小黄鱼、鲷鱼等8个品种产量8708吨，约占捕捞鱼类产量58.6%；甲壳类7种，产量2741吨，约占捕捞总产量的12.8%；头足类3种，产量1507吨，约占捕捞总产量的7%；贝类、藻类及其他种类，产量2388吨，约占捕捞总产量的11.1%。此外，海洋捕捞产量中优质鱼产量884吨，约占海洋捕捞总产量的4.1%。

【海水养殖】2015年，海口市海水养殖面积2834公顷，增长35.6%。海水养殖产量1.9万吨，增长18.4%。主要养殖方式有7种。其中，高位池养殖690.21公顷，产量4913吨；低位池养殖784.4公顷，产量1.23万吨；深水网箱养殖水体27万立方米，产量300吨；普通网箱养殖8006平方米，产量14吨；工厂化养殖水体6.65万立方米，产量80吨。主要养殖品种有11种。其中，鱼类4种，即石斑鱼、军曹鱼、河鲀、美国红鱼，养殖面积1156.5公顷，产量537吨，分别占海水养殖面积和产量的40.8%和2.8%；虾类2种，即南美白对虾、斑节对虾，养殖面积1095.86公顷，产量10363吨，分别占海水养殖面积和产量的38.7%和54.5%；蟹类1种，即青蟹，养殖面积29.75公顷，产量30吨，分别占海水养殖面积和产量的1%和0.2%；贝类3种，即牡蛎、蚶、鲍，养殖面积347.26公顷，产量740吨，分别占海水养殖面积和产量的12.3%和3.9%；藻类1种，即江蓠，养殖面积205公顷，产量7334吨，分别占海水养殖面积和产量的7.2%和38.6%。

【淡水养殖】2015年，海口市淡水养殖面积3688公顷，减少17.33%；产量2.68万吨，增长10.7%。主要养殖品种有罗非鱼、四大家鱼（青鱼、草鱼、鲢鱼、鳙鱼）、鲶鱼、鲤鱼、泥鳅、黄鳝、鳗鲡、南美白对虾、螺旋藻、龟、鳖、蛙、珍珠、观赏鱼17种，其中罗非鱼养殖面积3362.06公顷，产量1.51万吨，分别占淡水养殖面积和产量的79.6%和56.4%。

【水产种苗基地】2015年，海口市建有海口市灵山水产良种繁育场、海南海康水产限公司2家水产苗种场，均为淡水鱼类（罗非鱼），总占地面积22公顷，养殖水面积13公顷（其中亲本池4.4公顷，苗种池3.67公顷），全年生产罗非鱼苗1.4亿尾。水产苗种场由上年的7家减至2家，其中，海南吉富水产品有限公司搬离海口，海口市秀英海湾鲍鱼育苗场受台风“威马逊”影响破产，海南碧锐渔业开发有限公司转为成品鱼生产，海口曲辰实业有限公司、海口美兰高山罗非鱼繁育场因涉及征地停产。

【水产品质量安全管理】2015年，海口市海洋和渔业局全面加强水产品质量安全监管，确保全市水产品质量安全。（1）建立健全水产品安全监管机制。完善海口市水产养殖场和苗种场数字库。与4个区、桂林洋经济开发区和三江农场渔业主管部门签订《2015年海口市水产品安全责任书》，明确水产品质量安全监管责任。制定《供港水产品质量突发事件应急预案》，提高海口市供港水产品质量突发事件应急处置能力。（2）举办水产品质量安全培训班。5月12日，在桂林洋经济开发区举办海口市海水养殖技术与质量安全培训班，参训人员50多人，并发放《食品动物禁用的兽药及其他化合物清单》。6月2日，在海口市海洋和渔业监察支队会议室举办水产品安全知识及法律法规培训班，有25名水产品质量安全执法与监管人员参加培训。⑶开展水产品质量安全抽检工作。配合农业部水产品质量监测中心（武汉），对海口市的农贸市场、超市、水产品批发市场进行水产品质量安全抽样检测4次，抽取样品80个；配合农业部渔业环境及水产品质量安全监督检验测试中心（浙江），对海口市2家水产种苗企业进行水产苗种质量安全监督抽样检测，合格率100%。5次组织海口市水产技术推广站对海口市部分罗非鱼、对虾和罗非鱼苗等51个样品进行氯霉素、孔雀石绿、硝基呋喃方面的快速检测，合格率100%。⑷开展节假日期间水产品质量安全专项执法检查。开展元旦、春节、“五一”等节假日期间水产品质量安全专项执法检查，出动执法人员65人次、车辆12车次，督查水产养殖场75家和水产苗种场2家。⑸开展无公害农产品和地理标志农产品标志使用专项检查。出动车辆3辆次、执法人员12人次，检查无公害基地2个，农贸市场、超市等重点水产品交易场所4家，重点检查用标产品是否具备有效的无公害农产品证书或农产品地理标志使用协议证明，用标产品与无公害农产品标志信息是否相符，是否伪造、冒用无公害农产品标志等。⑹开展罗非鱼磺胺类药物残留专项整治。制定《2015年海口市罗非鱼磺胺类药物残留专项整治工作方案》，建立“海口市罗非鱼出口备案养殖场及加工企业名单”，督查8家养殖场，与企业签订《水产品质量承诺书》。9月，海南省海洋和渔业厅对海口市4家出口备案基地进行抽检，合格率100%。⑺继续开展鲶鱼养殖场专项整治。针对海口市部分鲶鱼养殖场管理不规范的问题，海口市海洋和渔业局先后3次组织海口市海洋和渔业监察支队及各区渔业行政主管部门对海口市鲶鱼养殖塘进行督查，辖区内不规范的鲶鱼养殖场得到有效遏制。

【支渔惠渔】2015年，海口市推进池塘标准化改造工作，年内，海南新海洋水产业有限公司完成三江湾40公顷罗非鱼池塘标准化改造工作，按照500元/亩的标准，向省海洋与渔业厅申请补助资金30万元。为海南富圆投资公司、海口市江彬养殖专业合作社、海口茄南旺胜水产养殖专业合作社3家单位申报农业部2015年“畜禽标准化养殖项目”渔业专项项目，其中海口市江彬养殖专业合作社申请项目扶持资金50万元，建设项目通过省海洋与渔业厅的评审验收。为海南新海洋水产有限公司申报2015年品牌农业（渔业）发展资金渔业标准化建设项目，申请品牌发展资金20万元。协助海口林诗山养虾专业合作社申请海口市财政冬季大棚对虾养殖建设项目扶持资金50万元。向海南省海洋与渔业厅申请2014年渔业油价补助资金（第一批）1526.48万元。

【渔业资源保护】2015年，海口市海洋和渔业局大力加强伏季休渔管理工作和增殖放流工作，确保渔业资源得到有效保护。（1）伏季休渔管理。5月16日至8月1日，为南海伏季休渔期。海口市休渔渔船1587艘，总功率1.96万千瓦。其中大中型渔船18艘（拖网8艘，总功率3344千瓦；围网3艘，总功率536千瓦；围网兼刺网4艘，总功率852千瓦；笼捕3艘，总功率521千瓦），小型渔船1569艘，总功率1.43万千瓦（多层刺网1038艘，总功率达8263千瓦；定置网渔船531艘，总功率6053千瓦）。海口市采取北斗系统、“渔信通”监控、指挥平台发布通知信息及执法船海上现场监管等措施执行伏季休渔制度。同时，渔政部门加强与公安、海事等部门的协作，积极推进渔业联合执法，确保1587艘应休渔船按时全部进港休渔。休渔期间，共组织开展陆地渔港码头检查6次，海上执法活动30航次，派出执法艇30艘次，执法车辆12辆次，执法工作人员200人次，查处违反休渔规定的渔船29艘，罚款4.5万元。⑵增殖放流。严把苗种采购、苗种质量、放流操作等关口，严格确保增殖放流补助资金108万元全部用于增殖放流工作，共采购规格为体长5厘米以上的红鳍笛鲷33万尾、青石斑鱼33万尾、紫红笛鲷33万尾，规格为体长4厘米以上的斑节对虾38万尾用于增殖放流。为确保苗种质量，海口市海洋和渔业局与海南省海洋与渔业科学院签订渔业资源增殖放流委托协议书，委托该院负责放流品种的检验检疫、增殖放流跟踪调查及效果评价等技术指导工作，多次深入演丰镇曲口港、秀英区镇海渔港等海域实地选址，调研海域选定工作；督促做好放流品种的运输、验收、现场公证及投放工作；于8月21日、9月11日分两次在海口市秀英区镇海村渔港海域完成鱼、虾苗的投放工作。

【渔业技术推广和服务】2015年，海口市海洋和渔业局分别在琼山区红旗镇、美兰区三江镇、秀英区西秀镇和桂林洋开发区举办水产养殖技术培训班共4期，培训养殖专业户200多名；在海口市海洋和渔业监察支队举办水产品质量安全监管工作培训班1期，邀请省、市水产技术专家为养殖户和渔业执法及管理人员进行授课，现场解答养殖技术难题和疑问，并向养殖户发放《罗非鱼养殖病害防治与安全用药手册》《对虾白斑综合征和肝胰腺坏死症生态防控技术》《海水养殖疾病防治》等相关水产养殖技术资料；多次组织水产技术骨干和专家下乡为养殖户解决疑难问题，并提出解决措施和建议，提供渔业技术咨询服务12次；继续对罗非鱼和南美白对虾两个品种的水产养殖病害情况进行跟踪监测，发布水产养殖病害测报情况通报7期。

【渔船渔政管理】2015年，海口市海洋和渔业局工作人员分成两个小组从4月1日至7月到全市57个渔村渔港一线开展渔船年审工作。全年共完成2031艘（海洋小型渔船2012艘，大中型渔船19艘）渔业船舶核查年审工作，占渔船年审计划数2123艘的95.6%。此外，根据《海南省清理取缔涉渔“三无”船舶专项行动方案》的要求，海口市制定并印发实施《海口市集中开展清理取缔涉渔“三无”船舶专项整治行动方案》，12月1日起在全市范围内开展清理取缔涉渔“三无”（无船名船号、无船舶证书、无船籍港）船舶专项整治行动。由市海洋渔业局牵头，市委宣传部、公安、边防、工商、海事、法制等部门配合，各区政府、桂林洋开发区、三江农场具体实施，对全市普查工作中确定的涉渔“三无”船舶162艘进行清理取缔。12月7日，海口市海洋渔业局在《海口日报》刊登《海口市海洋和渔业局关于清理取缔涉渔“三无”船舶的通告》，各区政府、桂林洋开发区、三江农场对辖区内小型涉渔“三无”船舶基本情况进行调查摸底，为下一步下达处罚没收通知书并启动拆解法律程序打下基础。

【渔业安全生产监管】2015年，海口市海洋和渔业局多举措加强渔业安全生产监管。（1）落实渔业安全生产责任制。市海洋和渔业局领导与市海洋和渔业监察支队、各区渔业行政主管部门主要负责人签订渔业安全生产责任书5份，市海洋和渔业监察支队负责人与全部大中型渔船签订渔业安全生产责任书，区、镇（街道办）逐级签订渔业安全生产责任书，做到一级抓一级，层层抓落实。（2）开展渔业安全生产宣传教育与培训。开展“渔业安全生产月”活动，投入7.2万元在海口电视台及海口新闻综合广播FM101.8频道播放渔业安全动漫宣传片和渔业安全生产宣传知识。全年共举办安全生产培训班5期，其中小型渔船船员安全生产培训班2期，大型渔船船东船长安全管理培训班3期，培训渔民220人。（3）开展渔业安全生产大检查。2015年元旦、春节、博鳌亚洲论坛2015年年会、“五一”和国庆期间，分别组织开展4次渔业安全生产大检查，共出海执法159航次，出动执法车辆50次、执法人员1100人次，检查渔船2200艘，排除安全隐患431艘次，查处违规渔船40艘，罚款7.2万元。（4）严格落实电台值班制度。保证渔业无线电台24小时值班制度的落实，确保渔业安全生产信息上传下达。全年发布预警信息29.04万条，处理报警事件34宗。（5）严把渔船进出港签证关，防止“带病出海”。办理渔船进出港签证466艘次，对“三无”和“三证不齐”（渔业船舶检验证书、渔业船舶登记证书、海洋捕捞许可证书）渔船、未按规定配足职务船员和配备消防、救生设施的渔船、超过规定作业人数渔船以及在危险天气情况下要求离港的渔船，一律不予签证，严禁出海作业。（6）加强渔业互保工作。办理渔民意外伤害险2115份，参保渔民4906名，参保（财产险）渔船49艘，收取保费294.13万元，接受渔民保险理赔报案19宗，办结14宗，理赔金额36.34万元。（7）开展渔港环境整治。制定《水产码头环境整治工作方案》，按规定分批次下发《告知函》《强制拆除通知书》等200多份，在《海口晚报》发布《关于清理渔业港区码头内报废汽车（车厢）、废弃物及违章搭建（构建）物的公告》；联合海口交警、长堤边防派出所、龙华城管、滨海街道办和水产码头供销公司等部门，出动93人、拖车1辆、消防车1辆，清理水产码头内21辆废旧车辆、车厢，9处违章搭建铁皮棚120平方米，清运垃圾10余吨。派出执法人员30人次，出动执法船艇17航次，开展龙珠湾渔船停泊点环境整治，指挥调度200艘渔船有序停靠，清理打捞无主破损渔船54艘，拆除海上违规搭建烧烤平台1个。

【海岸带水产养殖普查】 2015年，根据海南省海洋与渔业厅《关于开展海岸带水产养殖情况及水产污染源普查的通知》要求，海口市海洋和渔业局组织对海口市高潮线以下滩涂及海上养殖、海岸带200米范围内和海岸带200米～300米范围内三类水产养殖情况进行调查统计，摸清海口市海岸带水产养殖情况：全市高潮线以下滩涂及海上养殖159户，面积472.84公顷；海岸带200米内水产养殖471户，面积466.91公顷；海岸带200米～300米内水产养殖355户，面积165.20公顷。绘制出“三线”（高潮线、海岸带200米线、海岸带200米～300米）范围内水产养殖水域卫星遥感影像矢量化及成图7幅。

（张德利 李仕平）

（编辑：杜惠珍）

交通运输业综述

【交通运输业概况】 2015年，海口市交通运输完成旅客运输量7079万人次，比上年增长2.63%；旅客周转量514亿人公里，增长10.17%；货物运输量1.13亿吨，下降8.41%；货物周转量708.73亿吨公里，下降24.4%。其中公路旅客运输量2170万人次，增长3.32%；旅客周转量31.41亿人公里，增长3.87%；完成货物运输3558万吨，增长2.99%；货物周转量16.89亿吨公里，增长3.11%。水路完成旅客运输929万人次，下降10.08%；旅客周转量2.95亿人公里，下降0.67%；完成货物运输6929万吨，下降9.72%；货物周转量668亿吨公里，下降19.06%。

【交通基础设施建设】 2015年，海口市按计划推进新海客货滚装码头建设，一期按时试投产。至11月，累计完成工程形象投资10.2亿元，占总投资（13.5亿元）的75.56%，并于11月27日开港试投产。完成三江农场农村公路建设的路基建设10.08千米，级配10.08千米，水泥混凝土路面10.08千米，形象进度100%。全年新建61座公交候车亭。

【智能公交示范城市建设】 2015年，为实现海口市公共交通智能化建设工作目标，建设海口市公交运行监管与综合信息服务平台，实现智能公交运营调度、地面公交运行监测、公共交通考核评价、公共交通综合信息服务等功能，提高公交运营效率，使公众出行更加方便、快捷。年内，完成海口市公共交通智能化应用示范工程行业监管项目和出行服务平台招标工作，2015年12月启动项目建设。

【海口港与马来西亚巴生港缔结为友好港】 2015年11月11日，海口市交通运输和港航管理局与马来西亚巴生港务局签署合作谅解备忘录，双方正式缔结友好港。这是巴生港与中国沿海港口签订的第8个友好港口，也是海口市落实“一带一路”战略首个签约的“海上丝绸之路”沿线国际友好港。巴生港务局管辖的巴生港位于马六甲海峡，是马来西亚最大的港口，是远东至欧洲贸易航线的主要停靠港之一，在中国推进21世纪海上丝绸之路战略中占有重要地位。根据备忘录协定，巴生港与海口港将在港口研究、员工培训、信息交流、技术协助和双方运输往来、提升服务水平等方面开展多种形式的交流与合作，促进共同繁荣发展。

交通监管

【汽车驾驶员培训管理】 2015年，海口市有驾校22家，其中一级驾校6家、二级驾校16家，有驾培教练员2094人，各类驾培教学车辆1827辆，年培训能力约10万人。市交通港航管理局在对机动车驾驶员培训管理中，推广落实国家标准化管理委员会发布的《机动车驾驶员培训机构资格条件》和《机动车驾驶员培训教练场技术要求》做好驾校基础建设；制定机动车驾驶员培训监督管理的量化考核标准，建立机动车驾驶员培训机构质量信誉考评体系；制定教练员计分考核办法，同时加强教练员的职业道德教育和驾驶新知识、新技术的再教育；对教练员每年进行至少一周的脱岗培训，提高教练员的职业素质；落实机动车驾驶员培训机构与学员签订培训合同。重点整治驾培行业非法设立训练点、异地培训等严重违法违规培训行为，联合城管部门取缔多起私设训练点从事培训行为。注重驾培学员举报和投诉处理。至12月底，驾驶员道路运输从业资格共培训1.02万人。其中，普货运输6649人，旅客运输821人，危险品运输350人，出租车运输1842人，机动车检测维修502人；客、货从业资格驾驶人员继续教育培训人员1万人次。从业资格证到期换证1.47万人，机动车驾驶员学员C1科目一培训结业4.77万人。

【机动车维修管理】 2015年，海口市共有维修企业655家，其中一类企业33家、二类企业141家、三类企业481家。依据2015新国标的开业标准，273家申请开业、年审的企业全部通过批准开业及年审；依据交通部机动车维修质量纠纷调解办法（暂行）共处理投诉8起。对全市一、二类机动车维修企业2015年度的从业人员素质、安全生产、维修质量、服务质量、遵纪守法方面进行全面的质量信誉考核，其中考核等级为AAA级企业28家、AA级企业87家、A级企业15家。

【交通运输运营秩序整治】2015年，海口市交通管理部门扎实抓好运输市场整治，推进建立海口运输市场新秩序。（1）开展超载超限运输车辆专项整治。根据海口市城市道路交通协调联席会议办公室的工作要求，制定《海口市交通运输和港航管理局开展超载超限运输车辆专项整治工作方案》，从6月11日起，通过联合执法和常态执法，同时协调省公路局开展超载超限专项整治工作，重拳打击超载超限运输行为。截至12月15日，查处超载超限车辆1546辆次。在联合执法中，市交通部门安排15名执法人员和5辆执法车辆，市交警安排15名执法人员，组建郊区联合整治小组5个，每组6人，根据前期排查情况，重点在郊区采砂场出口或必经路段设置卡点、检查站，对超载超限砂石运输车辆及工程车进行查处和处罚。期间，联合海口公路局开展综合治理3次，海口公路局派5名执法人员参与联合执法。截至8月31日，共查处超载超限砂到运输车辆725辆（不含交警开罚单车辆）。在常态执法中，市交通港航执法支队、市公路站、市公路二站结合日常勤务，将运砂车、工程车、重型货车超载超限等整治作为2015年下半年路面整治和管理的重点，加强路面执法力度。截至12月15日，共查处超载超限运输车辆821辆。（2）开展公交车、出租车等运营车辆专项治理。组织开展公交、出租车运营秩序专项整治工作，从4月至7月，组织开展为期4个月专项整治工作：市交通管理部门联合公交企业管理人员现场执法，对重点公交站点公交车不规范行为等方式开展整治工作；重点查处交通枢纽区域出租车强行拼客或不使用计价器等违规经营行为；从5月开始启动夜间打击异地出租车驻点违规经营行动。加强道路客运市场监管。加强班线车管理，特别是加强省际班线车和乡镇班线车不进站、不按线路及站外揽客违规经营行为查处，规范其经营行为；在美兰机场和码头加强旅游和包车客运管理；多次配合交警部门对寰岛小学、二十七小学等学校使用不规范校车接送学生监管，查处非法营运行为。加强道路货运市场监管。特别是加强危险品运输车辆的管理，在加大路面检查力度的同时，多次配合港务公安部门在码头查处违法从事危险品运输行为。另外，根据市安委会《全面开展安全生产大检查深化打非治违和专项整治工作方案》要求，组织执法力量，重点对交通枢纽、主要路段和区域开展运输市场安全隐患排查和整治工作。全年共查处违法违规案件9956宗，其中“黑车”非法营运446宗、电动车4507宗、异地出租车424宗、公交出租车违规经营969宗、超限2993宗，其他617宗。开展春运期间运输保障和运输市场专项整治。从2月4日至3月15日，共出动3900多人次，在春运期间集中执法力量加强汽车客运站、火车东站、码头、美兰机场等旅客集散地周边运输市场监管，规范运输秩序，重点查处客运车辆超员和站外揽客等违规经营行为，打击非法营运“黑车”。

公路、桥梁建设管理

【桥梁建设】2015年11月，海口市开工建设农村公路大中桥危桥改造项目，项目包括东昌桥、坡栋中桥和龙井桥，计划投资1500万元，其中70%来源于申请资金补助，30%为地方配套资金。东昌桥位于秀英区东山镇，上部结构采用2～20米预应力混凝土空心板桥，全长44.84米，桥梁全宽采用约7.5米，净宽约6.5米，下部结构采用桩基接盖梁桥台，柱式桥墩，桩基础，计划投资293万元。坡栋中桥位于龙华区新坡镇，上部结构采用3～16米预应力混凝土空心板桥，全长约62.04米，桥梁全宽采用约7.5米，净宽约6.5米，下部结构采用U型桥台，柱式桥墩，扩大基础，计划工期300日历天，计划投资417万元。龙井桥位于琼山区甲子镇龙井村内，按5～20米预应力混凝土空心板桥进行改建，桥面布置为净宽8.5米，桥涵结构设计基础准期为100年，桥涵结构设计安全等级为二级，桥梁抗震设防措施等级为8级，桥梁设计为不通航，计划投资754万元，计划工期300日历天。

【农村公路建设】根据《海口市2015年农村公路建设项目实施方案》，10月，2015年海口市农村公路建设项目开工，项目包括秀英区26条44.7千米、龙华区36条48.85千米、美兰区40条41千米、琼山区42条85.45千米，共144条公路、总长220千米，计划总投资1.21亿元。项目资金来源于2013年、2014年省车购税资金1130万元，市级投资1.10亿元，4个区自筹投资约1100万元。

【市县道砂土路改建工程】2015年，海口市县道砂土路改建工程分两批实施：第一批项目共7条，里程68.17千米，分别是：X143云美线（云龙至美兰公路）、8.14千米，X150文长线（文岭至长昌公路）、14千米，X149铁新线（铁桥至新坡公路）、11.44千米，X153涤永线（涤纶厂至永兴线公路）、2.29千米，X142浮美线（火山口地质公园至美安中学公路）、14.03千米，X146红眼线（红旗村至眼镜塘公路）、17.31千米，X147灵东线（灵山至东营公路）、0.97千米。概算投资1.88亿元（其中：省级资金8862.36万元，市级资金9903.20万元），该批项目于2013年5月开工，至2015年底，全部完工。第二批项目共4条，里程25.7千米，分别是：X158高椰线（高坡村至椰子头村公路）、9.8千米，X154大中线（大坡至中税小学公路）、6.7千米，X152甲文线（甲子至文长线公路）、4.08千米，X140美红线（美兰至红树林公路）、5.14千米；概算投资7420.38万元（其中：省级资金3342.82万元，市级资金4077.56万元），该批项目于2014年3月开工，至2015年底，完成形象进度85%。

【公路管理养护】2015年，海口市管养的公路总里程2509.48千米，其中县道124.21千米，乡道456.77千米，村道1918.52千米。养护经费标准：县道7000元/千米·年，乡道3500元/千米·年，村道1000元/千米·年。

公路运输

【公路运输概况】2015年，海口市有货运企业22251家，其中单位企业1229家，个体业户21022家。有营运货车2.52万辆，总吨位5.92万吨，其中单位企业4593辆，总吨位3.01万吨；个体业户2.06万辆，总吨位2.91万吨。普通货车2.32万辆（不含危货及专用车辆），总吨位3.62万吨，其中小型车（2吨以下）2.14万辆，中型车（2吨至4吨）754辆，大型车（4吨至8吨）1065辆。危险货物运输企业21家，其中运输油品类4家，气体类6家，民用爆炸品类5家，杂项类6家；有车辆354辆（不含牵引车），总吨位3936吨。

【春运】2015年春运于2月4日开始，至3月15日结束。港口运输：进出港航次5599次，同比增长5.3%；进出港旅客279.04万人次，同比增长3.1%（其中出港旅客149.72万人次，同比增长6%；进港旅客129.32万人次，同比增长1%）；进出车辆47.41万辆，同比增长25.3%（其中出港车辆23.99万辆，同比增长22%；进港车辆23.42万辆，同比增长19%）。道路运输：旅客总客运量356.81万人/次，同比减少9%。其中，班线客运总班次5.56万个，同比减少2.19%，总客运量117.41万人次，同比减少10.45%（其中省际班次3795个，同比增长1.88%，省际客运量12.72万人，同比减少8.29%）；旅游客运总出团量4.26万辆次，同比减少19.19%，总运送客流量129.2万人次，同比减少15.23%；市内区间乡镇旅客110.2万人次，同比减少6.8%。铁路运输：粤海铁路发送旅客21.5万人次，减少3.4万人，减幅13.65%；东环线开行动车组1277对，增加122.5对，发送旅客215万人，增加11.6万人，增幅5.7%。美兰机场：旅客吞吐量276.66万人次，起降航班1.94万架次，货邮行吞吐量4.17万吨。

【场站建设管理】2015年，海口市交通运输和港航管理局组织“文明志愿者”到五公祠、海口火车东站等30个主要公交场站开展文明劝导服务活动。加强督查督导，8月起，成立督查小组，每周三组织一次督查督改，促使场站建设深入开展“双创”工作。加强客运车辆车容车貌日常化检查，维护客运行业的良好形象，并加强乡镇班车（含公交）发车排班秩序管理，严禁车辆在发车点乱停乱放。在城市公共交通“双创”工作上，加大督查督导力度，公交、出租车车容车貌与驾驶员仪表仪容得到较大改观，公交调度室、公交场站周边环境整治效果良好。严格按照交通运输部的相关要求，进一步加强规范汽车客运站营运客车安全例行检查和出站检查工作，建立完善乡镇班车进站安检的管理制度。

【落实道路运输扶持政策】2015年，根据《海口市扶持道路货物运输行业管理办法》精神，2014年度有15家道路货运企业符合《办法》补贴要求。经市运管处、市交通港航局、市财政局对道路货运企业申报扶持补贴资金材料的审核和复审，共补贴金额505万元。其中，新注册货运企业1家，按照《办法》第六条第二款新注册企业给予补贴50万元；14家企业共更新购置牵引车71台、半挂车114台，按照牵引车4万元/台，半挂车1.5万元/台计算，补贴金额455万元。

【绿色通道管理】2015年，根据海南省交通厅绿色通道管理办公室的指导和部署，海口市在南港、秀英港及罗牛山南北通停车场设置3个绿色通道工作站。工作站主要职责是为绿色通道过海车辆核发《鲜活农产品道路运输证》。凡领证车辆享受优先购票、优先上船、优先过海“三优惠”服务。全年出岛瓜果菜运输车辆30.75万辆次，总吨位766.93万吨。

城市公共交通

【城市公共交通概况】2015年，海口市有公交企业7家，公交车辆1699辆，公交线路96条，其中，常规公交线路74条，区域短途公交7条，快速公交6条，旅游公交7条，夜间公交2条，公交线路总长度1946千米，公交站点500米服务半径覆盖率90%以上。有出租汽车企业15家，出租车保有量2947辆，其中电召出租车200辆。

【新开通线路及公交线路优化调整】2015年，海口市交通运输和港航管理局根据道路交通改造及群众出行需求，优化调整5路、31路、36路、54路、70路、302线、快速公交1号线、旅3共8条公交线路，新开通快速公交3号线、4号线、5号线、6号线、旅7共5条公交线路。进一步优化完善常规公交线网，填补公交盲区，提高公交覆盖范围。

【新能源公交出租车更新投放】2015年，海口市更新投放公交车237辆。

其中，柴油公交车20辆，插电式油电混合公交车117辆，纯电动公交车100辆。至此，节能与新能源公交车占全市公交车总量的84.3%。等量更新出租汽车700辆，全市共有出租车2947辆，其中油气双燃料出租车2496辆，纯电动出租车226辆，节能与新能源车辆占总数92.3%，节能与新能源出租车使用率位列全国省会城市前列。

【公交候车亭建设】 2015年，海口市计划建设61座公交候车亭，至年底，按照调研规划的布点格局完成建设任务，61座新建公交候车亭全部投入使用。截至2015年，全市共有788座公交候车亭建成并投入使用（含桂林洋高校区26座，农村候车亭7座）。

【公交场站建设】 2015年12月底，海口东站公交枢纽站投入营运，为8条公交线路提供调度、发班和换乘服务，满足60辆公交大巴车、431辆社会车辆停放功能。8月，文华东首末站通过竣工验收，10月完成公交调度室装修，并将公交功能部分租赁给市公交集团一分公司使用，为4路公交车调度、发车和停泊服务，满足20辆公交大巴车停放功能。

水上运输

【水上运输概况】 2015年，海口市在册航运企业59家。其中水运企业22家，水运辅助企业37家。共有79艘营运船舶，78.41万总吨、92.30万载重吨、3406标箱、1248个车位，2.43万客位。全年完成水路货物运输6929万吨，货物周转量668亿吨公里，水路客运量929万人次；旅客周转量2.95亿人公里；集装箱吞吐量127.5万标箱。

【新海港开港】 新海港一期工程于2015年11月27日试运行，12月25日开港营运。海口港新海港区是琼州海峡客货滚装运输的专业化、规模化、集约化、现代化港区。新海港区位于粤海铁路轮渡南港北侧，新海港码头工程分为一、二期，分别建设10个和7个万吨级滚装泊位，码头岸线总长1225米，年设计通过能力合计为车辆270万辆次、旅客1800万人次，投资额24亿元。一期工程陆域面积49万平方米，建设10个1万吨级客货滚装泊位，设计年通过能力170万辆、旅客1200万人次，总投资13.5亿元，2012年3月开工建设。新海港区汽车客货滚装码头一期的开港，不仅能够满足秀英港区客滚运输功能转移的需要，也将有效缓解港城矛盾，同时还将扭转海口港现有客滚码头专业化程度低、服务功能单一和通行能力不足等局面，全面提升港口承载能力和接待服务水平。

【新海港二期工程开工建设】 2015年12月25日开工建设。二期工程位于一期工程防波堤内侧，建设5个1万吨级客货滚装船泊位，2个1万吨级滚装泊位、4个调配泊位及相应配套设施，总投资24.5亿元，设计年通过能力汽车100万辆。

【海口港马村港区三期工程开工建设】 2015年12月26日开工建设。工程总投资约32亿元，项目分为一个集装箱码头工程和一个散货码头工程。马村三期散货码头工程是承接秀英港区散杂货搬迁的重点项目，建设地点位于华能电厂码头及新兴港码头之间，建设规模为1个3.5万吨级散货泊位，码头岸线长度248米，港区陆域总面积为10.4万平方米，年设计吞吐量185万吨，总投资估算为5.4亿元。项目建成投产后能有效解决马村港区粉尘性、污染性货种的运输问题，满足秀英港区该类业务搬迁的需要，使马村港区码头功能划分更加细化、专业化。马村三期集装箱码头工程拟建设2个5万吨级集装箱泊位（结构按可靠泊7万吨级集装箱船设计）、1个1万吨级集装箱泊位，工作船码头一座及相关的配套设施，码头陆域总面积约69.37万平方米，设计年通过能力为95万标准箱，项目总投资约26.5亿元。该项目建成将有利于马村港区东部岸线资源整合，提升区域港口发展集约化水平，增强海南港口群的整体实力和区域竞争力。

【海口－厦门集装箱班轮快线开航】 2015年9月12日，首航正式启动。由海口港、厦门港、厦门港务海运有限公司两地三方共同开辟，总投资2.5亿元。快线由厦门港务海运有限公司“拓远”号船舶负责运营，“拓远”号载集装箱箱量480标准箱，使得此集装箱快线运力规模大大提升，船舶周转速度明显加快，班期逐渐加密。航线开通后，海南和福建两省之间物流配送能力得到进一步提高，两地间的贸易成本实现一定幅度的降低。至年底，该航线运营103航次，共26757标准箱。

【水运市场监管】 2015年，海口市交通运输和港航管理局为保护水运经营者的合法权益，维护水路运输市场秩序，打击非法营运，海口市运政执法人员加强对到港的各类运输船舶进行日常运政检查。查处证件不齐、无货运单据及“三无”营运船舶。对违章行为进行法规宣传教育外，还按照法律法规的规定给予处罚。全年共出动执法人员1080余人次，检查船舶246艘次。

【水运企业年度检查】 2015年，海口市共有60家企业参加年度核查。其中，水运企业23家，水运辅助企业37家。水运企业有2家因运力规模和企业类型不符合规定被责令限期整改，其余21家企业年度核查被评定为合格。水运辅助企业包括经营国内船舶管理业4家，经营国内船舶代理和货物运输代理业33家，经核查无违法、违规经营行为，年度核查被评为合格。

【航运补贴】 根据《海口市扶持航运业发展办法》，经企业申请，港航控股有限公司、市交通港航局、财政局审核，报市政府批准，2015年全市共有16家水运企业获得航运奖励补贴，共3357.75万元。

（王　宇）

粤海联运

【粤海联运机构及工作概况】 2015年12月30日，粤海铁路有限责任公司正式接管运营海南西环快速铁路（现称海南环岛高铁西段）。公司设行政管理职能部门18个，党群部门1个，附属机构8个，单列机构3个，生产车间39个，生产班组276个。总人数5392人。其中，职工3706人、其他从业人员1686人；在职专业技术人员628人，其中高级17人，中级196人，初级422人。年末，公司资产78亿元，净资产45亿元，负债累计33亿元；连续实现无责任一般C类及以上铁路交通事故485天，劳动安全无责任铁路交通事故1176天，无责任行船小事故及以上事故4701天，东环高铁连续实现行车安全1827天。年内，公司荣获海南省西环高铁建设先进集体；公司工会荣获“全路模范职工之家”称号；北港管理所客运班组荣获全国五一巾帼标兵岗；八所线路车间石碌线路工区荣获海南省“工人先锋号”荣誉称号；工务管理部工程师李朝汤、海口供电监管车间副主任陈高飞荣获海南省西环高铁建设先进个人荣誉称号；李业伟荣获全国劳模称号；海口机务运用车间指导司机李畅雄荣获度全国铁路劳模称号；三亚站崖州站站长刘声远、海口机务运用车间司机杨志勇荣获“全路技术能手”称号。

【铁路行车设备及线路】 2015年，粤海铁路有限责任公司在海口境内有普速铁路、高速铁路和琼州海峡铁路轮渡，铁路正线里程共83千米。其中，普速铁路正线里程14千米；高速铁路：环岛高铁东段正线里程60.3千米、西段正线里程10千米，东西段联络线正线里程2.7千米，共计正线里程73千米；铁路轮渡海口境内有铁路南港及“粤海铁1、2、3、4号”4艘客滚船，负责琼州海峡火车过海运输和普通旅客（散客）、汽车过海运输。海口地区设海口、海口东、美兰3个客运火车站，设1个货运站，即海口南火车站。其中海口站为高铁、普铁综合站，开办旅客和行包直通运输业务，开行三亚—北京、海口—上海、海口—长沙、海口—西安、海口—郑州、海口—哈尔滨6对旅客列车；海口南火车站与全国铁路开办货物直通运输业务，可办理整车、零担、集装箱和快运货物的发送和到达业务，实行一票到底，不需换装，直运到站。

【环岛高铁西段建成投入运营】 2015年12月30日开通运营。海南环岛高铁西段北起海口市，沿海南岛西部沿海，经过澄迈、临高、儋州、昌江、东方、乐东6个市县，南至三亚市，分别在既有的海口站和三亚站与东环铁路接轨形成闭环，全长345千米，按Ⅰ级、双线、200千米/小时建设，全线设海口、老城镇、福山镇、临高南、银滩、白马井、海头（暂缓开通）、棋子湾、东方、新月湾（暂缓开通）、尖峰、黄流、乐东、崖州、凤凰机场、三亚16个车站。项目投资估算271亿元。海口至凤凰机场段2013年9月开工建设，西环高铁海口段总长3.897千米，总用地面积14.88公顷，征地涉及秀英区西秀镇7个村委会及村民小组。正线范围内房屋征收拆迁面积3.07万平方米。东西环高铁海口联络线是海南环岛高铁的重要配套工程，总长4.33千米，项目也全部在西秀镇辖区，总用地面积7.62公顷，征地涉及西秀镇荣山村、丰仍墟村、美楠村、儒宗村、福永村等5个村。秀英区在保障西环高铁海口段及东西环海口联络线项目中，实现零投诉、零出警、零上访的征地拆迁成绩。

【环岛高铁东段运输】 2015年，粤海铁路有限责任公司优化高铁旅客列车开行方案，动车组日开行27～33对。推行互联网订票、电话订票、代售点售票、窗口售票、自动售票机等多种方式，年内投入250万元购置22台互联网取票机，方便旅客购票。完善客运服务设施，投入26.9万元对环岛高铁（东段）车站安全、引导标识进行更新完善；投入68万元在东环各站加装2.2米玻璃隔挡，防止旅客未经安检进入车站；投入15万元为东环车站及动车组列车配齐反恐防暴设施。做好各级专运的组织保障工作，全年完成专运任务22批次，其中，一级6批次、二级8批次，三级8批次，省部级领导乘车服务196人次。特别是圆满完成博鳌亚洲论坛年会的运输组织保障工作。全年累计环岛高铁东段发送旅客1473.1万人，增长6.1%，日均发送4.0万人，最高日发送7.1万人（2月22日）。

【海口火车站旅客运输】 2015年，粤海铁路有限责任公司结合7月1日调图实际，开行海口－郑州K457/458次旅客列车，岛内通往内地跨海旅客列车共6对，日发送动车组列车6对，并对列车运行时间进行优化调整，方便出行。针对环岛高铁（西段）建成开通后高铁客流骤增的实际，对海口站站场进行扩能改造，车站站台从3个增至9个，客运线从3条增至9条；投入200万元对海口站客运设备设施进行改造，进一步优化车站进出站流线，扩大旅客候车室面积，增装2台直梯和2台手扶电梯。全年累计车站发送旅客116万人次，下降15%。

【海口火车站货物运输】 2015年，粤海铁路有限责任公司对海口站场进行扩能改造，车站股道从15条增到19条；加大货运营销力度，深入厂矿企业，运用运价下浮政策，新增海口南出岛袋装水泥、海口南发且午站废钢铁等货运项目。建立大宗商品服务平台，在95306网站注册714家企业，店面展示 130 家。强化装卸组织管理，进一步优化海口站 19 道卸车组织，明确装卸作业流程，确保集装箱班列、制枕线钢轨装卸作业安全有序；加强海口南站积压重车的卸车组织，督促货主及时提货，提高仓库利用率，并加强与集团调度所沟通，合理安排重、空车过海，减少管内重车积压。全年累计车站发送货物 20.67 万吨，下降 9%。

【过海轮渡运输】 2015 年，粤海铁路有限责任公司过海轮渡运输基本实现常态化日开行 14 对航班。在港口、船舶上配备急救药箱，按规定配备一定数量的药品和器械。通过广播、网络、报纸、显示屏等多种渠道和方式，加强每日航班信息发布，及时向社会发布正晚点等信息，正确引导旅客出行。在售票窗口、待渡场及进港路口设立告示牌。推进南港客运楼改造项目、南港综合物流基地项目及南北两港码头扩建项目。加强大货车和大巴车团队及出岛果蔬车辆的轮渡运输组织和营销，对完成营销任务的车间给予重奖，极大提高大货车和大巴车的比例。全年累计南港发送散客 152.06 万人次，下降 10.4%；运送汽车过海 32.34 万辆，增长 3%。

【铁路运输经营管理】 2015 年，粤海铁路有限责任公司通过全力拓展客货市场、提高轮渡运输效率、完善经营考核机制、严格成本预算管理等挖潜增效措施，完成董事会确定的盈亏目标，实现连续第 5 年盈利。全年共发送旅客 1691 万人，比上年增长 7.5%；发送货物 792 万吨，其中熟料运输增长 2.2%。轮渡运送散客 309 万人；运送汽车 65.8 万辆，增长 3.8%。全面强化预算制管理，全年非生产性成本支出下降 8.6%；严格落实中央“八项规定”，全年业务接待费下降 89%；加大债权债务清理，累计清理 218 笔共 5.39 亿元。积极向海南省政府争取政策支持，年内获得省政府给予船舶燃油补贴 1026 万元。

【粤海联运安全生产管理】 2015 年，粤海铁路有限责任公司坚持以安全风险管理为主线，以落实“三化”建设为重点，主抓安全基础管理、过程控制和责任落实，进一步提高安全保障能力。进一步调整优化生产力布局，调整车间 10 个，新成立车间 5 个、班组 56 个。全年修订完善规章制度文件 329 个。组织开展施工安全、防洪安全、雾天行船、两港调车、货运装卸、劳动安全等专项整治，整治各类安全问题 4523 个，管理人员安全问责 73 人。投入 1.2 亿元，突出解决行车行船设备关键问题，设备故障下降 9.7%。强化员工业务素质培训，全年完成资格性培训 836 人次，各类适应性培训 4.96 万人次。加强反恐防爆，投入 400 万元补齐补强各站、港安保防范设施。加强路外安全防控能力建设，投入 7000 万元对海南环岛高铁（东段）栅栏进行整治，至年底，完成工程总进度的 8%；修复西环货线破损栅栏 42 千米，路外伤亡事故和伤亡人数分别下降 11%。全年消灭行车一般 D 类及以上责任事故。

【铁路车船检修维护】 2015 年，粤海铁路有限责任公司严格执行机车、车辆、船舶设备的记名查、修、验制度，对检查发现的问题，建立问题库，按照定整改期限、定整改措施、定责任部门、定责任人、定督办领导的“五定原则”逐条逐项进行整改。同时，加大行车行船设备质量整治的投入力度。船舶方面：年内安排“粤海铁 2 号”“粤海铁 4 号”到湛江船厂坞修；投入 49.9 万元对“粤海铁 1 号”“粤海铁 2 号”的可调桨和单手柄（自动驾驶）控制系统进行升级改造；投入 60 万元对南港铁路栈桥电控系统更新改造；投入 108 万元对“粤海铁 2 号”的旅客垂直撤离逃生系统更新改造。机车方面：年内投入 854 万元安排机车大修 2 台、中修 7 台，日常小辅修机车 129 台次、临修 53 台次、整治 341 台次。车辆方面：年内安排货车车辆段修 30 辆、辅修 37 辆、临修 121 辆；技检始发货车 15.92 万辆，到达货车 3.88 万辆；库检旅客列车 5.4 万辆。

【海口－郑州跨海旅客列车开行】 2015 年 7 月 1 日，海口－郑州 K457/458 次跨海旅客列车正式开行，标志着海南省会与河南省会首次打通铁路直达运输的通道。K458 次海口至郑州列车 13：10 开，次日 22：47 抵达，全程运行时间为 33 小时 37 分；郑州至海口 K457 次列车 10：47 开，次日 18：57 抵达海口，全程运行时间 32 小时 12 分。

（黄永良）

民航运输

【机场运营】 2015 年，海口美兰国际机场始发航线 211 条（其中低于 10 架次的临时、备降航线 16 条），其中国内 194 条、国际 13 条、地区 4 条；新开航线共 57 条，其中新开国内航线 50 条，新开地区航线 1 条，新开国际航线 6 条。完成旅客吞吐量 1616.7 万人次，比上年（1385.39 万人次）增长 16.7%。其中，国内旅客吞吐量完成 1562.01 万人次，增长 17.38%；国际及地区旅客吞吐量完成 54.69 万人次。累计完成运输 11.68 万架次，增长 14.33%。其中，国内 11.19 万架次，增长 15.53%；国际及地区 4889 架次。年内，在海口运营航空公司共 46 家，其中国内 26 家，国际 6 家，地区 4 家，其余执行备降及临时航班国内外航空公司 10 家。同年，随着美兰机场旅客吞吐量突破 1500 万大关，机场安全管理工作也进入新的转折点。

【机场安全管理】 （1）运行管理。2015 年，海口美兰机场以“还欠账、练内功、促提升”为主体思路，以落实安全责任、提升安全效能为抓手，辅以安全绩效、空防安全、应急处置及安全文化建设为支撑，多措并举，夯实安全管理基础，有效提升整体安全运行品质；以修订后的《安全生产法》为指导，完善《美兰机场安全生产责任制度》，对法人责任、分管责任、直接责任及监管责任予以明确和界定，形成完整的安全生产责任体系；以“平安民航”建设规划为指导，着力加强社会面治安防控，完善航空安保管理体系（SeMS），建设围界安防报警系统等硬件基础设施，顺利通过局方第二轮航空安保审计；以不断健全与提升业务培训管理水平为抓手，专门成立公司级“业务培训管理中心”，完善培训管控机制，严把从业资质关口；以具备仪式感的安全活动为契机，通过“安全生产月”“安全大检查”“空港拍拍看”等活动，营造浓厚的安全文化氛围，连续两年获得国务院颁发的“全国安全生产月活动先进单位”称号，为海南省唯一一家上榜企业，安全工作成效显著。此外，通过安全宣传、设备运行检查、品质控制管理、锂电池专项管等安全活动，构筑美兰安全防线。⑵运行保障。海口美兰机场对6月11日虎航TR2934航班起飞后轮胎破损事件的应急响应及统筹处置能力得到省、市及行业监管单位的高度认可，并获得民航中南地区管理局通报表彰；同时，美兰机场出色完成春运保障、国庆黄金周等重大保障工作，为广大进出港旅客提供“安全、祥和、顺畅”的出行环境，实现年度运行生产平稳有序。

【机场基础设施建设】2015年，美兰机场一期基建项目、二期扩建项目施工规模162.5万平方米，项目投资额20.32亿元，其中一期基建工程投资约6.2亿元，二期扩建工程投资约14.12亿元。⑴美兰机场一期基建工程。西站坪工程、西远机位停机坪工程、海航代建站坪工程、西指廊扩建工程、原国际区域改造工程、国内头等舱装修工程、老航站楼改造工程第一阶段等工程项目顺利竣工并通过验收投入使用，大幅减缓美兰机场运行压力，满足航空业务高速增长的需求。其中西指廊扩建工程建设面积2.96万平方米，与东指廊对称，新增近机位11个（7C、3D、1E），总投资5.38亿元，西指廊扩建工程顺利完工，扩大美兰机场商业运营规模，提升旅客服务品质，为美兰机场年旅客吞吐量突破1500万人次及SKYTRAX五星机场评审奠定硬件基础。⑵美兰机场二期扩建工程。美兰机场二期扩建新建飞行区等级指标为4F，新建一条长3600米的跑道、2条平行滑行道及联络道系统；新建29.6万平方米的T2航站楼、59个机位的各类站坪。建设目标为2025年满足年旅客吞吐量3500万人次、年货邮吞吐量40万吨。自2015年6月2日获得国家发展和改革委《关于美兰二期扩建工程可行性研究报告的批复》后，获取民航基建及财政资金12.84亿元，同时获得专项基金10亿元，海南省政府出资12.84亿元。11月18日举行美兰机场二期扩建工程奠基仪式，至年底完成部分土地清表及平整工作；飞行区、航站区及功能区均完成初步设计工作，且飞行区通过初步设计评审；协调配合政府征地拆迁工作。完成签订土地协议458.47公顷，完成总规划用地的84%。

【机场品牌创建】2015年2月，海口美兰机场安全检查站消防护卫队获得中华全国总工会授予全国“安康杯”竞赛优胜班组荣誉称号；中央文明建设指导委员会办公室授予海口美兰机场连续四届荣获“全国文明单位”荣誉称号。3月，美兰机场的服务质量接受世界权威航空公司及机场评级机构SKYTRAX的检查并获得肯定，荣获SKYTRAX中国区最佳员工奖。4月，海口美兰机场蝉联“ASQ全球最佳机场奖”、500万～1500万旅客吞吐量规模组世界第一名。9月，海南省企业联合会授予海口美兰国际机场荣获“2015海南省企业100强”第23位称号。12月，“2015年全国实施用户满意工程推进大会”在深圳召开。海航基础股份有限公司荣获2015年全国实施用户满意工程先进单位；中国质量协会授予海口美兰机场2014~2015年度“全国质量文化建设示范单位”荣誉称号；海南省质量协会授予海口美兰机场“海南省服务质量标杆单位”荣誉称号。至12月，美兰机场国际航站楼通过五星复审，新投入使用的美兰机场西指廊获评“SKYTRAX五星认证”证书，标志着美兰机场整体五星创建工作取得重大进展。

【机场运营节能减排】2015年，海口美兰机场重点以提高能源利用率为核心，以节能降耗为目标，开展桥载电源设备替代机载APU供电、中央空调更新改造及中水回用3个亮点项目实施工作，总计每年可为机场整体增收效益约674万元，节约成本861.6万元，为航空公司节约航空燃料600万升以上，减少废弃物排放约1.1万吨。（1）桥载电源设备替换机载APU供电。利用桥载电源设备替代机载APU为停场准备飞机供电，至2015年12月，完成32套旅客登机桥桥载电源、飞机地面空调及其配套用电设备设施的安装工作并投入正式运营。经测算，每年可为机场增加利润约630万元，为航空公司节约费用约865万元，节约燃料600万升以上，减少废弃物排放约1.1万吨，同时，降低辅助发动机APU噪音污染。（2）中央空调更新改造。美兰机场一期中央空调系统自通航以来，长期处于不间断运行，设备设施的损耗及维修成本逐年加大；同时，制冷效果也呈下降的趋势。为此，运行保障部自2015年以来，着手于研究和解决中央空调系统的升级和改造。至年底，运保部技术改造小组顺利完成该项工作，通过对风柜、空气循环控制及冷却塔3个关键组成部分入手，在控制投入成本的同时，确保中央空调系统升级改造达到预期效果，极大提高中央空调设备的服务保障能力和候机楼环境品质；同时，节省约670万元的投资费用和每年约74.6万元运行费用。（3）中水回用项目。2015年，美兰机场中水回用项目竣工，实现水资源循环利用，在减少机场绿化、地面冲洗、景观用水的同时，减轻城市防洪压力，减少机场周边河道排放量、减轻环境污染。按照美兰机场深井取水成本对比，项目年收益44万元，效益回收期为3年；按照自来水费收费标准对比，项目年收益117万元，效益回收期为1.3年。

（陈丝丝）

【海南航空股份有限公司】 2015年，海南航空股份有限公司（以下简称“海南航空公司”）实现主营业务收入330.77亿元，比上年增长2.04%。其中，航空客运收入320.67亿元，占主营业务收入96.95%；货邮及逾重行李收入9.71亿元，占主营业务收入2.93%；其他收入0.39亿元，占主营业务收入0.12%。全年实现归属上市公司股东净利润30.03亿元。2015年，公司实现总周转量68.2亿吨公里，增长11.63%；旅客运输量3860万人，增长8.43%；平均客座率88.19%，增长1.39百分点。全年共引进运力39架，退出6架，至年底有运营飞机202架。

新航线开通　2015年，海南航空公司新开重庆至罗马，北京至圣和塞、伯明翰、布拉格，上海至西雅图、波士顿，西安至罗马、悉尼共8条洲际航线，新开航线数量接近前十年总和。完成国际第二枢纽西安的网络构建，其中西安至罗马开航被录入国家“一带一路”建设音像纪录片档案。拓展以日本为主的亚太市场，新开海口至曼谷、澳门，北京/西安至东京共4条窄体机航线。国际航点通达欧洲、北美、大洋洲和亚洲共14个国家20个城市和台北、澳门2个地区，成为国内首家同时执行北京、上海两个枢纽至美国本土航线的航空公司。

安全运营　2015年，海南航空公司开展内部系统自审，以“零不符合项”通过E-IOSA审核。开展各类专项检查，严格按章操作以及纪律作风建设；落实安全整顿及安全大检查工作，并制定相关措施进行整改。至年底，累计安全飞行超500万小时，保持安全运行22年的优秀记录，荣获中国民用航空局颁发的“安全飞行五星奖”。德国航空事故数据评估中心（JACDEC）公布的2015年度全球最安全航空公司前十五名榜单中，海南航空荣获第五名，成为中国内地唯一进入前五名的航空公司。

旅客服务与运行品质　2015年，海南航空公司拓宽旅客投诉信息监控渠道，启动“旅客满意度调研平台”VOC项目，开展服务提升专项整顿工作，设立AOC服务指挥席，民航局公示投诉处理质量排名位居各航空公司前列。同时，围绕旅客体验，以市场营销和服务提升为着手点，完善服务软硬件建设，持续创新空中服务产品，打造特色品牌餐食、丰富机上WiFi应用等产品。在运行能力方面，积极推进境外备降场考察、境外备降突击演练、境内备降能力评估等工作，成为国内首家获得美国二类盲降运行资格的航空公司。稳步推进国际航路签派放行优选、大西洋航路实施等项目，并首次实现太平洋编组航路运行。增强型情报性能服务系统（NAPS）正式上线，成为全球第一家提供完整国际标准化的ARINC424全球导航数据服务的公司。运行风险管控（HORCS）系统V2.0上线，以图形化和集中化显示航班运行风险，提升运行风险管控能力。公司整体正常率同比提升9.32%，获得OAG正点率全球进步最快第四名。

品牌建设　2015年，海南航空公司第五次蝉联SKYTRAX的五星航空公司荣誉；一举获得“世界最佳商务舱”“世界最佳客舱服务奖”“亚洲最佳商务舱”“亚洲卓越客舱服务奖”“亚洲最佳商务舱空服人员奖”五项年度世界旅游大奖（World Travel Award，简称WTA）；在国际知名商旅杂志《Global Traveler》《Premier Traveler》评选中荣获“中国最佳航空公司”奖项。积极履行企业社会责任，持续拓展创新公益参与方式，推进“Change for Good”机上筹款活动，关爱儿童健康成长；开展“绿途Green Tour”项目，从地面到空中整个服务链输入绿色出行理念，倡导节能环保，健康生活，提升海南航空企业社会责任品牌形象。海航公益项目获得社会广泛认同，荣获全球契约中国网络“中国企业十大绿色行动”、明善公益榜“上市公司年度最佳公益实践”“2015第十一届中国优秀企业公民年会”之“2015中国优秀企业公民”和“2015中国企业优秀公益项目”等奖项。

节能减排　2015年3月21日，海南航空公司与中石化、波音公司进行三方合作，于HU7604航班（上海虹桥－北京）顺利执行中国首次生物燃油商业飞行。全年总节油5.1万吨，占总指标5万吨的102%，比上年的4.5万吨提高13.3%。2008~2015年，累计节油25.1万吨，降低二氧化碳排放约79万吨，相当于2000公顷森林一年的二氧化碳吸收量。

（海南航空人资行政部）

（编辑：陈　发）

邮电·信息

邮　政

【邮政概况】2015年，海口市邮政管理局围绕“稳中求进、持续求进、创新求进、实干求进”总基调，把握“增强依法行政能力，持续提升为民服务水平”两个重点，扎实有效地推进业务工作，优质高效地完成各项目标任务。引导快递企业加入市商务局2015年城市共同配送试点项目，中国邮政集团公司海口市分公司（以下简称“市邮政公司”）、EMS、顺丰、申通、天天、苏宁、联邦等邮政快递企业纳入申报海口市城市共同配送试点项目范围，初审合格。向省邮政管理局和市发改委申报将新建的海口邮件处理中心列入国家2015年物流业重大开工项目，争取到中央补助250万元。全年全市邮政企业和快递服务企业业务收入（不包括邮政储蓄银行直接营业收入）6.66亿元，比上年增长27.06%；业务总量5.63亿元，增长19.10%。全市邮路总长度（单程）9.09万千米。全市邮政农村投递路线54条，农村投递路线长度（单程）4617千米；邮政城市投递路线184条，城市投递路线长度（单程）5408千米；快递服务网路条数327条，快递服务网路长度（单程）10.74万千米。

（严宇霞）

2015年海南省海口市邮政管理局辖区邮政行业发展情况表

指标名称	单位	2015年12月		占全省比重（%）		比去年同期增长（%）	
		累计	当月	累计	当月	累计	当月
一、邮政行业务收入	亿元	6.66	0.72	43.90	47.46	27.06	28.64
其中：快递业务收入	亿元	3.88	0.43	61.27	60.39	40.19	28.72
二、邮政行业业务总量	亿元	5.63	0.57	44.65	47.26	19.10	20.26
其中：快递业务量（收寄量）	亿元	1983.30	217.81	67.16	67.08	22.83	31.68

注：1. 2015年邮政行业业务总量计算使用2010年不变单价。

2. 邮政行业业务收入中未包括邮政储蓄银行直接营业收入。

2013~2015年海口市邮政全行业业务发展情况

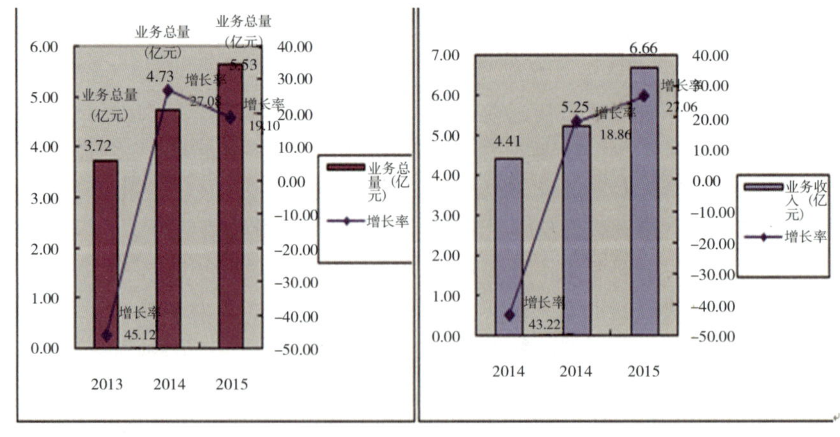

注：各年邮政行业业务总量均按2010年不变价格调整计算。

【通信建设】2015年，海口市有邮政网点64处，其中代理金融网点39处，邮政营业网点16处（含集邮专卖店1处），社会代办网点9处。设有7个投递部，共有185个投递段道，投递服务实行大客户、精品和普邮投递。

【邮政业务】2015年，海口邮政各项业务实现平稳发展。函件业务总数374.52万件，增长112.08%，其中国内函件完成372.64万件。邮资明信片制作完成87.18万件，增长223.59%。汇票完成13.17万件，下降25.08%。包件完成19.24万件，增长 29.36%。机要文件完成 5.12 万件，下降 23.04。特快专递完成 20.51 万件，下降 15.21%。订阅报纸累计完成 3951.21 万份，增长 2.25%。邮储平均余额 76.89 亿元，增长 5.82%。集邮业务完成 455.08 万枚，增长 40.71%。累计开发便民服务站 300 家，村邮站 248 家，其中邮掌柜安装 62 家。全年邮政业务量 2.05 亿元，增长 10.56%。

（吉　喆）

【快递业务】2015 年，海口市快递业务收入增长较快。全年快递服务企业业务量（收寄量）完成 1983.30 万件，增长 22.83%；快递业务收入完成 3.88 亿元，增长 40.19%。其中，同城快递业务大幅上升，业务量完成 430.39 万件，增长 125.54%，业务收入 0.29 亿元，增长 104.72%；异地业务量完成 1548.27 万件，上升 9.15%，业务收入 2.73 亿元，增长 31.83%；国际及港澳台业务量小幅下降，业务量完成 4.64 万件，下降 12.54%，业务收入 0.11 亿元，增长 12.89%；其他快递业务收入 0.76 亿元。

2013~2015 年海口市快递业务发展情况

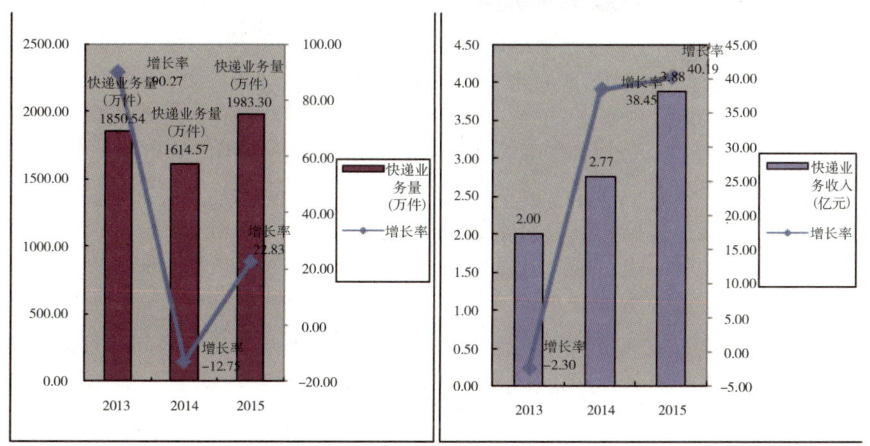

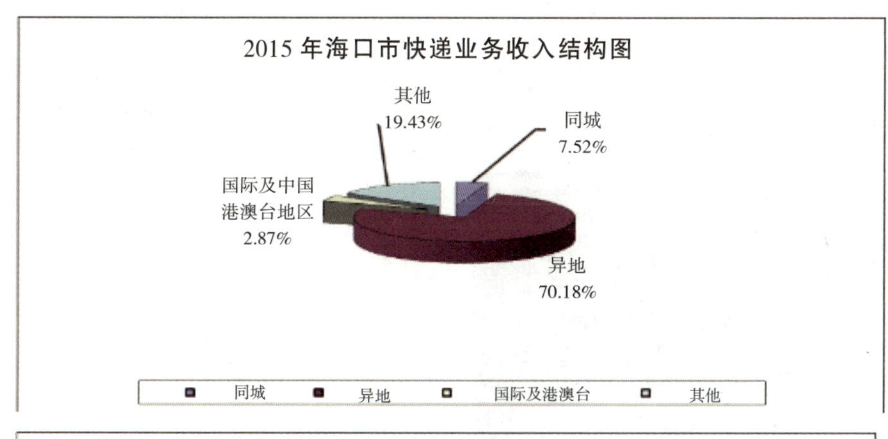
2015 年海口市快递业务收入结构图

2015 年海口市快递业务量结构图

【邮政普遍服务监管】2015 年，海口市邮政管理局对海口市邮政普遍服务营业场所、法定业务开办情况、机要通信监督、信报箱设置、邮票发行监督等实施监督检查，共出动 179 人次，检查 43 个邮政普遍服务营业场，下达整改通知书 4 份，行政决定书 2 份，受理用户投诉 4 起。采取企业自查和实地检查形式对全市乡镇邮政普遍服务网点覆盖情况进行检查，随机抽取 14 个乡镇邮政普遍服务网点，22 个乡镇邮政普遍服务网点设置率 100%，办齐 4 项法定业务，营业时间达标。全面开展投递服务调查，对全市 28 个邮政投递服务场所开展投递服务调查，在企业报送相关资料基础上，开展实地调查，对各投递场所的投递段道图、投递路线图进行现场采集和核实，并按要求将 28 个投递处理场所、投递段道基本信息和相关图片资料录入"邮政基础设施管理信息系统"。开展信报箱设置检查，随机抽查 6 个住宅小区信报箱（智能包裹箱）设置情况，住宅总户数 1.02 万户，安装信报箱（智能包裹箱）9081 户（格口），其设置规格基本符合国家标准。完成 58 个邮政普遍服务营业网点基础数据信息更新、248 个村邮站基础信息更新工作。组织人员并邀请部分邮政社会监督员到南宝路、海秀中路、海府路、海甸三东路、解放路等营业网点的专卖店、营业厅，对《乙未年》《北京申办 2022 年冬奥会成功纪念》《中国人民抗日战争暨世界反法西斯战争胜利七十周年》《新疆维吾尔自治区成立六十周年》等重点题材和邮票发行、销售及服务环境、服务态度等情况进行检查，加强邮票发行监督管理。

【村邮站运行管理】2015 年，海口市村邮站运行管理健康有序。全市 248 家村邮站共投送报纸 556 万份，各类信函邮件 167 万件；53 家村邮站安装电商机具；30 家开始代收代缴费用，共代收代缴 3.87 万笔，509.98 万元。为推动快递下乡和农村快递电商协同发展，市财政拨付 35.05 万元，

2015年6月5日，国家邮政局副局长王梅（右二）视察海口市石塔村邮站便民服务点。（严宇霞 摄）

用于开展快递下乡进村，推动村邮站开展电子商务试点。为发挥先进典型示范作用，市政府办公厅于8月7日印发《海口市开展村邮站运行管理先进评选工作方案》，在全市开展村邮站运行管理先进评选活动，对组织有力、运行有序、服务有效的区镇政府、村邮站和村邮员进行表彰。

【寄递渠道邮件快件安全管理】 为贯彻落实中央综治办等9部门和省综治办9部门关于加强邮件快件寄递渠道安全管理，2015年7月，由市综治办牵头成立由市公安、国安、邮政管理等8部门为成员单位的海口市寄递渠道安全管理领导小组，加大邮件快件寄递渠道安全管理力度。全年，市邮政管理局共检查快递市场、集邮市场以及邮政用品用具市场138次，检查人员346人次，开展包括海口市邮政业“扫黄打非·清源”“2015·固边”“2015·净网”“2015·护苗”“2015·秋风”五项专项行动、“双11”寄递行业旺季服务专项检查、服务质量、琼州海峡堵截毒品专项行动、危爆品等专项检查行动，实现专项行动期间零事故。为发挥市场监管作用，分别于7月、9月对海口市快递市场进行全面调研，了解企业发展现状，要求企业做好自身管理，规范经营。为规范快递市场经营秩序，加大清理力度，采取现场调查取证，行政询问企业当事人、法人，查阅相关材料等方法，并联合市公安、国安等多部门开展市场监管，检查企业安全设备配置规范落实工作，下达责令整改通知书10份，下达行政处罚决定书2份。至年底，完成整改10个，缴纳罚款并结案的案件2个，收缴罚款5.5万元，完成执法系统录入工作。

【邮政两项行政审批业务办理】 根据省邮政管理局2015年3月24日印发的《关于下放邮政普遍服务两项审批事项邮管工作的通知》工作要求，海口市邮政管理局依据《邮政企业设置和撤销邮政营业场所管理规定》《邮政企业停止办理或者限制办理邮政普遍服务业务和特殊服务业务管理规定》开展“两项审批”工作，坚持总量控制原则，确保总量不减、服务不降。全年市邮政分公司申请撤销邮政普遍服务营业场所1处，申请暂时停止办理邮政普遍服务业务和特殊服务业务的营业场所1处，市邮政管理局作出行政审批决定2个，准予撤销龙华区龙华路邮政所，准予秀英区海南医院邮政所暂时停止办理邮政普遍服务业务和特殊服务业务1年。

【邮政快递许可备案】 2015年，海口市邮政管理局落实省邮政管理局于6月30日印发的《海南省快递业务经营许可工作优化方案》，切实做好许可备案工作。全年办理许可注销委托核查4例，许可申请委托核查3例，分支机构设立、变更协查19例，分支机构备案受理33例；海口新增许可企业3家，新设立分支机构24家，变更分支机构11家，分支机构备案50家。依法受理并登记市邮政公司提交备案材料5份，包括：灵山邮政

2015年8月27日，海口市委副书记、政法委书记刘庆声（左二）视察海南顺丰速运有限公司分拨中心寄递安全情况。（严宇霞 摄）

2015年5月10日，推动海口市邮政快递纳入城市共同配送试点项目座谈会召开。 （熊健华 摄）

支局报备暂时停办邮政普遍服务业务和特殊服务业务6个月；大同路邮政所、滨海大道邮政支局、国贸邮政支局和海甸三东路邮政营业部报备邮政普遍服务营业场所营业时间变更。至2015年，全市许可、备案邮政、快递企业37家，邮政普遍服务网点58家、村邮站248个，备案快递企业分支机构154家，乡镇快递网点覆盖率100%。

（严宇霞）

【包裹业务改革】2015年，海口市邮政公司推进包裹业务改革。整合优化资源，完成7处投递作业的场地改造工作和2个投递部的整合优化工作，新增设1个城乡结合部投递部。加大生产终端、作业场地监控、车辆等投递生产设备投入力度。优化作业流程，根据省分公司《省内互寄邮件"次日递"实施方案》的要求，对投递作业组织进行调整，城区内增加小夜班投递，在原有的2个投递频次基础上增加到3个投递频次，部分乡镇由1个投递频次增加到2个频次；完成秀英投递部搬迁改造工作，以确保投递服务时限。扩大渠道，通过发展社会代办揽收人员、便民站、发行站等代揽渠道，补足自身揽收能力不足之处。开展劳务承揽工作。推行投递内部作业流程简化，将白坡投递作为改革样板，通过采用PDA扫描设备、投放爬坡机及信息处理流程优化等措施，提高工作效率。

【邮政公司业务管理】2015年，海口市邮政公司在邮政业务转型上，从注重政务市场向政务、商务、中小企业和个人消费市场并重转变，积极开拓文化传媒市场，开展主题营销活动。在代理金融业务上，在第一批集团等级及第二批省级示范网点转型的基础上，深入推进所有代理金融网点转型的模型导入及固化工作，优化销售流程，逐步健全客户管理体系，增强营销能力，加大ATM机、CRS机的布放力度。根据集团公司和省分公司的部署，全面推进"子改分"工作（子公司改分公司，即把母子分公司制调整为"总分公司制"）；完成南航西邮政所等5处场地的装修改造、省委信报箱群维修和全市50处室外邮筒的更新以及灵山支局、演丰支局拆迁补偿及网点迁址等工作；加快推进南沙所等4个网点的装修工作。建立风险报告监测制度；完成5个储蓄网点农村业务库异地值守工作。全年未发现盗取、挪用客户和储汇资金等现象。

（吉　喆）

通信

电信

【电信业务经营】2015年，海口电信局紧随"互联网+"时代步伐，紧跟科技趋势与消费需求，抓住手机4G上网、光纤互联网、信息化行业应用等新的业务增长点，通过改革自身运营模式，激发市场销售活力，有效扩张手机、宽带业务规模，促进手机和宽带用户规模达到历史高点，移动互联网流量较上年翻一番，全年业务收入11亿元，超额完成全年目标任务。全年新增营业厅店26家，共有136家。有宽带用户52万户，手机户数61万户。

【电信基础设施建设】2015年，海口电信局整体投入1.8亿元用于基础网络的建设，主要包括全光网络、移动4G基站的建设。全年实现城区光纤FTTH占比达60.5%，宽带中百兆宽带从年初的0.14万户提高至21.7万户；新增开通4G基站256个，进一步提升城乡无线4G信号，保障全市市民无阻通信。

【电信信息化建设】2015年，海口电信局深入到全民众和各行业，把握民众和行业对信息化的需求，研究开发各类信息化应用产品，并予以广泛应用，得到充分肯定和高度评价。面向公众，深入推广电信电视，集点播、回放、录放等功能于一体，并加载琼剧等当地百姓喜闻乐见的个性化节目，得到社会广泛认可。面向各行业，提供了网络考勤、调度、监控、办公、统计等系列信息化应用产品，签约大型项目13个。

（黄丽颖）

移动通信

【移动通信概况】2015年，中国移动通信集团海南有限公司海口分公司（以下简称“海口移动”）适应经济发展新常态，全面构筑4G领先优势，加快创业布局和创新发展，着力转型突破，促进管理提升、降本增效，保持较好的发展态势。至年底，海口移动建成全省规模最大、客户数量最多的4G网络。有遍布全市城乡的各类营业服务网点300余家，结合10086热线、网上营业厅、微博/微信等互联网新型服务渠道，搭建立体化的营业服务网络。

2015年3月25日，海口移动与琼山区云龙镇人民政府签订“智慧云龙”战略合作框架协议。（海口移动 供稿）

【移动通信网络建设】2015年，海口移动全面落实国家“宽带中国”和省市政府“互联网+”发展战略，支持省市清网排障一、二阶段专项行动，加快TD-LTE发展，构建新一代信息通信基础设施，进一步优化网络质量和覆盖，加快普及4G服务，海口区域网络质量明显改善。年内，无线建设方面，累计4G宏站开通量数千个，主城区4G覆盖率近99%；传输建设方面，推动存量综合业务区优化和新建，缩短市区光交密度、接入距离，提升传输效率。高起点部署全光纤宽带，推进“铜改光”，有线宽带新增覆盖商业小区、写字楼、铜改光小区、城中村，所有镇区及部分千人以上行政村实现宽带覆盖，助力打造“无线演丰”“智慧云龙”、石山“互联网+”小镇，累计端口数和移动宽带用户创新高。

【“智慧云龙”战略合作框架协议签订】2015年3月25日，海口移动与海口市琼山区云龙镇人民政府“智慧云龙”战略合作框架协议签订仪式在云龙镇政府三楼会议室举行。“智慧云龙”是海南移动继“无线演丰”后在全省的又一个“无线乡镇”合作项目，公司计划在“十三五”规划期内投入2700多万元用于“智慧云龙”建设，综合运用各种先进技术，助推云龙打造智慧城镇建设示范点。根据协议，海口移动将发挥自身4G网络和移动信息专家优势，围绕“规划先行、产业支撑、项目带动”的思路，遵循海口统筹城乡“1年内项目可看，2~3年内经验可总结，模式可推广”的发展目标，结合云龙镇统筹城乡发展需求，全面整合资源、市场和技术要素，加快推进“智慧云龙”网络基础设施建设，以及旅游、生态农业、高新技术产业等产业信息化应用，聚焦乡镇居民生活服务和农业信息化管理，积极推进云龙智慧政府管理与服务信息化应用，为云龙镇的社会经济发展和信息化建设贡献力量。云龙镇政府也将TD-LTE发展纳入云龙镇政府建设发展规划，协调基站选址和建设，推进公共场所WLAN建设工作，对公共开放场所、重点区域提供服务民生的无线WiFi接入服务给予支持。

（周强强）

联通通信

【联通通信概况】2015年，中国联合网络通信有限公司海口市分公司（以下简称海口联通）下辖22个部门。海口联通紧紧围绕年度经营目标，扎实抓好生产经营，加强关键能力建设，积极开展管理改革，各项工作稳步推进，取得新进展。全年主营业务收入比上年增长3.6%。公司提供服务的用户总数86.9万户，增长2.6%。其中，移动电话用户67.1万户，固定电话用户9.9万户，固定互联网宽带接入用户9.9万户。

【联通通信客户服务】2015年，海口联通全面推进渠道拓建和产能提升，持续强化客户触点的容量和能力。新建营业厅8家，专营店26家，发展便民服务点1002家，完成68家营业厅及专营店的体验式改造。落实“为民服务创先争优”“营业服务提升”和行风评议活动，实施服务承诺和消费提醒，积极推动窗口服务水平的提升。开展大服务体系建设，加强服务质量管控，实施服务保障计划，提升服务水平和客户满意度。

【联通通信网络建设】2015年，海口联通推进4G精品网络和以FTTH为主的光纤接入网络建设，启动分组传送网建设，进一步增强网络覆盖水平和承载能力。4G网络覆盖海口整个城区、所有高校、绕城高速、4A级以上景区、所有五星级酒店、22个镇的主城区和72个行政村；3G网络覆盖海口市全部22个镇和247个行政村。积极响应国家信息建设要求，开展城区光改工作，经1年的建设，实现市区80%的宽带网络覆盖及4个镇的宽带接入。

（邱昌吉）

（编辑：陈　发）

信息化建设

【信息化建设概况】2015年，海口市以“互联网+”为抓手，不断优化信息产业发展环境、完善信息基础设施建设、提升各领域信息化应用水平，促进信息产业稳步发展，海口市信息化建设进入全面发展的新阶段。年内，市科工信局制定《海口市加快推进信息基础设施建设工作方案》，与阿里云公司、海南电信于10月30日签订《南海云及大数据中心项目建设三方协议》，新建8个电子农务服务点，海口城区4G网络覆盖率达到99.3%。海口市先后获得全省“百日大会战”考核评比信息基础设施建设优秀奖、“2015年海南省信息化发展水平评价”第一名。全年注册的信息业类企业1029家，软件和信息技术服务业760家。信息产业产值196.59亿元。市信息传输、计算机服务和软件业固定资产投资31亿元，比上年增长60%。完成邮电业务总量70.57亿元，增长6.42%。年末固定电话用户63.71万户，减少15.1%；移动电话用户371.7万户，减少12.7%；互联网宽带用户总数60.7万户，增长6.5%。

【信息基础设施建设】2015年，根据省政府《海南光网智能岛项目建设工作方案》《海南省信息基础设施建设三年专项行动实施方案》文件精神，为全面推进海口市信息基础设施建设，市科工信局制定《海口市加快推进信息基础设施建设工作方案》。在城市光网覆盖率、城市4G信号覆盖率、宽带用户平均接入速率、重点公共区域无线WiFi覆盖率等几个重要指标上都达到或超过省里提出的要求，并获得省信息基础设施建设专项行动考核优秀奖。建设指标：城市光网小区覆盖率91.13%（省任务目标72%）；城市光网小区建设数650个（省任务目标570个）；行政村光网宽带覆盖率77.42%（省任务目标42%）；光网行政村建设数143个（省任务目标137个）；城市4G信号覆盖率99.3%（省任务目标99%）；城市4G基站建设数1106个（省任务目标1001个）；农村4G信号覆盖率85%（省任务目标85%）；农村4G基站建设数347个（省任务目标314个）；移动基站铁塔数445个（省任务目标445个）。有线双向网改光节点率91%（省任务目标91%）；有线双向网改光节点数3250个（省任务目标3250个）。发展指标：光纤到户（FTTH）用户数27.9万户（省任务目标23.23万户）；光纤宽带用户占比53%（省任务目标47%）；宽带用户平均接入速率25M（省任务目标20M）；4G用户数96.3万户（省任务目标80.54万户）；4G用户占比33.75%（省任务目标26%）；IPTV用户数14.8万户（省任务目标13.97万户）；高清IPTV用户4.4万户（省任务目标3.74万户）。高清互动电视用户18万户（省任务目标14万户）。

【加快4G网络覆盖普及】2015年，海口市科工信局协调三大运营商全面推进重点区域4G网络信号覆盖工作。至年底，海口市实现党政办公区、宾馆、酒店、商场、高校、工厂、高档住宅小区、互联网小镇和互联网街区等区域的全覆盖，电信、移动、联通分别完成全市主要城区铜缆用户光纤化改造任务，实现对全部现网用户无条件免费提速。海口无线免费WiFi已覆盖市政府第二办公区、市政府服务中心、市公共图书馆、4个区政府以及办证中心；开通演丰小镇、复兴城、石山镇重点区域等互联网集聚地和云龙产业园的免费WiFi。省工信厅下达的由海口市负责的重点公共场所WiFi网络覆盖率完成80%任务目标。超额完成2015年信息基础设施建设任务，并超额完成城区住宅小区光纤覆盖率等19个指标。海口城区4G网络覆盖率99.3%，其中电信99.3%，移动99.3%，联通99.27%；主要交通干道（东环高铁、海口绕城高速等）4G网络覆盖率95.3%（目标为95%），其中电信74.29%，移动95.3%，联通86.6%；主要景点（假日海滩、火山口公园等）4G网络覆盖率98.5%（目标为98%），其中电信94.66%，移动98.5%，联通98.2%；公共区域（含机场、火车站、会展中心、博物馆、图书馆、政府办公地、主要工业园区等）4G网络覆盖率100%（目标为98%），其中电信96.6%，移动98.8%，联通100%。

【电子政务】2015年10月10日，海口市政府与阿里巴巴集团签订的框架战略合作协议，与阿里巴巴选择的基础平台合作伙伴在海口市共同建设符合国家统一标准的南海云及大数据平台，实现数据统一与集中，为海口市的政务服务、公共数据开放以及数据开放后带动的大数据示范应用、创新创业产业发展提供全面支持。10月30日，市科工信局与阿里云公司、海南电信签订《南海云及大数据中心项目建设三方协议》；12月25日完成设备安装，并开始推进信息系统迁移上云工作。

【电子农务】2015年，海口市科工信局积极推进农业科技“110”服务体系建设，抓好电子农务服务点和示范基地建设。年内新建8个电子农务服务点，分别是永兴镇永乐村服务点、东山镇东城村服务点、遵谭镇美霞坡服务点、云龙镇云阁服务点、红旗镇龙源南畴湖服务点、甲子镇红岭服务点、演丰镇瑶城服务点、三江镇上方服务点；新建11个电子农务示范基地，分别是羊山地区热带水果栽培产学研示范推广，荔枝、黄皮标准化技术示范推广及林下立体种植金银花技术示范项目，火山岩地区荔枝、黄皮园节水灌溉与水肥一体化技术研究与示范，以及沼肥在热带水果生产中的推广应用与示范，海口果桑综合开发示范基地、海口信科园综合种养科技示范基地、海口兴绿生红鸭养殖科技示范基地、海口常菁地毯草种植科技示范基地、三红蜜柚新品种引进种植科技示范基地、海口巴依伊拉兔养殖科技示范基地、海口市来合力养鸽科技示范基地。至年底，海口市共投入300万元专项资金用于电子农务建设，有效利用信息化手段提升农业科技服务水平，促进农民增收致富。全市已建设电子农务信息综合服务平台、5个电子农务指挥中心、23个电子农务服务站，以及60多个服务点和30个示范基地，培养200名电子农务信息员。

【信息技术应用】 2015年，海口市科工信局开展工业企业两化融合评估及调研工作，完成77家规模以上工业企业两化融合评估，涵盖汽车制造、新材料、制药、电子信息、食品饮料等行业，经过评估各行业两化融合平均水平不高，业内两化融合深度不一，参差不齐，整体处于单项覆盖阶段后期，但各行业基本上都有领军企业。依据评估结果开展“两化融合”试点示范工作，选定民生燃气、金盘电器、海灵制药和海药等企业作为首批市级试点示范企业。同时，海灵制药、金盘电器等2家企业入选工信部500家贯标企业，以贯标企业为示范开展两化融合试点示范工作，促使企业信息化水平整体提升。

（符骏斌）

（编辑：吴坤涛）

商贸服务业

商贸服务业综述

【商贸业概况】2015年，海口市商品市场供应充足，货源丰富，海口市社会消费品零售呈现平稳上涨的态势。全市社会消费品零售总额595.53亿元，比上年增长6.6%。年内，批发业销售额1905.39亿元，下降5%；零售业销售额661.8亿元，增长6.9%；住宿业营业额36.52亿元，增长8.9%；餐饮业营业额63.2亿元，增长11.5%。在限额以上商品零售类值中，化妆品类增长25.2%、烟酒类增长18.0%、粮油食品类增长1.6%、金银珠宝类增长13.2%、服装鞋帽针纺织品类增长14.0%、汽车类增长1.2%；家用电器和音响器材类下降0.3%、石油及制品类下降15.6%、文化办公用品类下降4.2%。全年招商引资到位资金852.18亿元，落地率61%；实际利用外资2.9亿美元，下降11.7%。

2015年海口市社会商贸零售情况表

单位：万元

指标名称	2015年	2014年	比上年同期增减%
社会消费品零售总额	5955307	5584703	6.6
（一）按经营地分			
城镇	5310856	4967835	6.9
乡村	644450	616868	4.5
（二）按消费形态分			
餐饮收入	777359	657851	18.2
商品零售	5177947	4926852	5.1
# 限上企业（单位）商品零售值	3304397	3416482	-3.3
1. 粮油、食品类	139783	137529	1.6
# 粮油类	61485	63730	-3.5
肉禽蛋类	12471	11810	5.6
2. 饮料类	19070	17032	12.0
3. 烟酒类	59817	50678	18.0
4. 服装鞋帽、针、纺织品类	184963	162275	14.0
# 服装类	136451	115745	17.9

指标名称	2015 年	2014 年	比上年同期增减%
5. 化妆品类	80224	64052	25.2
6. 金银珠宝类	47221	41728	13.2
7. 日用品类	126278	112256	12.5
8. 体育、娱乐用品类	13605	13420	1.4
9. 书报杂志类	9148	9111	0.4
10. 家用电器和音像器材类	188646	189278	-0.3
11. 中西药品类	34529	48152	-28.3
12. 文化办公用品类	31925	33315	-4.2
13. 家具类	6307	6901	-8.6
14. 通讯器材类	21387	19287	10.9
15. 石油及制品类	1006584	1192096	-15.6
16. 建筑及装潢材料类	3407	5168	-34.1
17. 汽车类	1276238	1260837	1.2
18. 其他	55266	53367	3.6

（备注：“# ”表示为大类中线上的一小类）

2015 年 10 月 30 日，海口市委副书记、市长倪强调研林安物流项目建设情况。

2015 年 9 月 30 日，海口市委副书记、市长倪强，副市长孙世文调研南北蔬菜批发市场。

【商业网点建设】2015年，海口商贸业发展逐步加快。服务功能得到提升，空间布局不断优化，辐射带动作用日益增强。商业网点建设逐步形成商圈效应，主要集中在海秀东、解放西、金贸商圈、秀英商圈、府城商圈、海甸商圈、国兴商圈。商场、超市、连锁店、专卖店、汽车4S店、银行、酒店等业态功能齐全，形成中心商业区、商圈、特色商业街和社区便民店组成的零售网络。随着城市建设的发展，长流组团、江东组团等新的商圈逐渐显现。完成《云龙镇商业网点规划》《海口市商业网点规划修编纲要》和《海口市农贸市场“十三五”发展规划（2016-2020）》（初稿）的编制工作，商业网点规划按照集聚发展、结构优化、产业融合的战略思路，建立分级配置体系，在主城区完善市级商业中心、片区级商业中心和社区商业中心三级商贸服务体系，合理分布商业街、大型零售网点、专业（批发）市场、物流基地等大型商业设施，构建多中心、多层次、均衡发布、相互补充的商业网点布局，构建功能强大、管理先进、种类齐全的商业新业态。商业网点建设整体布局逐步趋于合理，业态功能日趋完善。海秀东路中心商业功能区，商场、超市、连锁店、酒店、银行、交易所美容美发中心等应有尽有，功能齐全，聚集了第一百货商场、明珠广场、DC城、万福隆超市、乐普生商厦、南宝电脑城、金世纪商城、和友海鲜城、肯德基快餐、龙泉花园酒店等250家具有一定规模，知名度和代表性的现代商业企业，龙头作用显现。另外，拥有望海国际广场、万国大都会、海南明珠广场、宜欣广场、上邦百汇城、玉沙京华城、南亚广场、友谊商业广场等一批具有规模的购物中心，大润发、家乐福、华润万家等大型超市。特色商业街建设取得迅速发展，拥有骑楼小吃街、得胜沙服装批发步行商业街、新华南电器一条街、南海大道汽车市场一条街等20多条商业功能齐全的特色街，功能品位和档次不断提升。

【市场秩序监管】2015年，海口市商务部门从5个方面加强市场秩序监管工作。（1）深入全市34家典当、46家拍卖企业开展风险排查，未发现非法集资吸储、违规发放贷款等问题，未发现股东、高级管理人员和员工参与非法集资活动。（2）开展全市104家加油站专项整治车用燃油工作，依法打击非法经营窝点5家，查处无证经营成品油加油站点6家，立案查处3家，罚款5.3万元。（3）开展19家商业预付卡发卡企业单用途预付卡专项执法检查，规范预付卡备案登记管理。积极开展单用途商业预付卡备案品牌企业、违规发卡企业检查，检查疑似发卡但未备案规模发卡企业16家，责令限期改正16家，完成备案登记3家企业。（4）开展商贸领域打击侵权假冒活动，配合工商、质检、农业等部门开展农村和城乡结合部市场假冒伪劣、车用燃油、互联网领域、清风行动计划等专项行动，有效地规范了市场秩序。（5）推进商务领域诚信建设工作，开展商贸流通服务行业“百城万店讲诚信”活动。9月18日，组织全市商贸流通服务行业企业代表300人参加全省“百城万店讲诚信”活动电视电话会议，现场签订商贸流通服务行业诚信经营承诺书300多份。

国内贸易

【农贸市场升级改造】2015年，海口市有农贸市场71家，其中城区43家，乡镇28家；总面积16万平方米，其中城区10.6万平方米，乡镇5.4万平方米；总摊位1.6万个，其中城区1.2万个，乡镇0.4万个。按农贸市场权属性质分，国有企业29家（已承包私人经营），民营企业29家，村集体经济社所有13家。年初，按照省《农贸市场建设与管理规范》标准，海口市完成11家农贸市场升级改造工作任务，改造面积3.08平方米，改造摊位0.4万个，投入改造资金3800万元。7月，为达到创建“全国文明城市”和“国家卫生城市”总体目标，海口市启动列入“双创”考评的26个镇街及桂林洋开发区范围内的46家市场升级改造。46家农贸市场（4家列入旧城改造同步实施）分别是秀英区7家，龙华区14家，琼山区11家，美兰区14家，市场改造总面积13.97万平方米，改造摊位1.2万个，计划投入资金1.61亿元。为全面达到“双创”标准，相继印发《海口市农贸市场升级改造工作实施方案》《海口市农贸市场设计导则》《海口市农贸市场升级改造补贴资金使用管理规定》等系列文件，为农贸市场升级改造工作提供制度保障。至年底，39家农贸市场启动改造工作。

【便利店建设】2015年，海口市便利店建设发展迅速。大大小小的便利店如雨后春笋，遍布大街小巷，主要有易买24小时连锁便利店、生活超市59家，K5便利店29家。便利店主要建设在社区出入口、中心广场等便于群众购买的位置，以满足居民便利性需求为目的，主要经营日用品、小包装粮油等日常生活必需品。

【农产品直供直销配送体系】2015年，海口市积极推进鲜活农产品直供直销配送体系建设试点项目建设，加快形成环节少、效率高、质量有保障的鲜活农产品直供直销配送体系，发展“基地+公司+直销渠道”等模式，缩短流通链条，切实提高政府保供稳价的调控能力。市商务局推荐2个直供直销试点项目，分别是海南特色农产品直销公司承建的1个配送中心和海南泓缘生物科技股份有限公司承建的1个配送中心及2家直销店。试点项目完成冷库建设116吨，集散配送区及仓储加工区738.25平方米，2家门店91.25平方米；完成投资973.18万元，拟获上级扶持资金135.62万元，待省商务厅组织专家对项目进行验收。

【海口市肉菜流通追溯体系项目建设】海口市肉类蔬菜流通追溯体系建设项目是商务部确定的全国第二批10个肉菜追溯体系建设试点城市之一。2012年8月开始建设，项目建设分两个阶段进行，第一阶段建设工作完成，2014年4月顺利实现与商务部中央平台的对接，实现海口市肉菜追溯信息与中央平台的数据传输和信息上传，2015年4月通过第三方机构的中期评估，进入系统测试和试运行阶段，从试运行情况来看，追溯系统各环节衔接顺畅，追溯数据上传正常，追溯系统运行平稳。第二阶段建设工作2013年8月启动并稳步推进，2015年针对项目第一阶段实施过程中发现的问题及海口市实际情况，完成第二阶段招标文件的论证修改定稿。

【生活必需品市场监测】2015年，海口市商务局为有效应对生活必需品市场异常波动，加强生活必需品市场监测，选取具有代表性的企业报送相关数据至商务部平台，节假日期间要求生活必需品市场监测企业每日报送数据，及时了解市场供需情况。全年纳入商务部生活必需品市场监测系统的企业有28家，重要生产资料市场监测企业8家，商贸流通业统计监测企业41家，其他服务业监测企业38家。

【再生资源回收管理】2015年，海口市再生资源持证（营业执照及备案登记证）的经营户295家，其中回收网点285个，具备规模的企业有10家。10家规模企业主要分布在椰海大道、海榆中线的城郊结合部，项目投资规模均1000万元，占地面积3.33公顷至6.67公顷不等，设立的分拣中心19个及集散市场2个，总占地面积69.04公顷。其中，废旧钢铁分拣中心9个，废旧塑胶类3个，废旧电子电器1个，报废汽车回收1个，废旧玻璃1个，废纸2个，综合类2个。全年，全市再生资源回收金属量（包含废钢、铁、有色金属等）约30万吨、玻璃类回收量约30万吨、纸类回收量约50万吨、塑料类回收量约30万吨、电子电器类回收量约50万台、报废汽车回收量约1万辆；再生资源年产值约20亿元，年上缴税收约4500万元，解决就业约1万人。2009年海口市被国家商务部列入第二批再生资源试点城市，主要任务是完善再生资源回收体系三级网络项目建设及加强资金监管。2015年，按照试点城市建设相关要求，海口市加大对再生资源行业的规范化建设管理和投资项目建设，在国家资金的扶持下，吸引社会资本加大投资力度，规范与群众生活、社会生产密切相关的报废汽车回收分解、家电回收分解、废旧金属回收分拣等项目建设，培育和壮大绿保、兴业、百盛、铭鑫等一批龙头骨干企业，带动整个再生资源行业向规模化方向发展。年内，试点项目建设全部建成投入使用，有回收网点259个、分拣中心3个、集散中心2个和报废汽车升级改造项目1个，共回收利用废旧物资21万吨，实现交易额3.1亿元，带动就业877人，增加税收约1085万元。

【餐饮业】2015年，海口市有餐饮企业9000多家，从业人数约30万人，餐饮业呈现平稳上涨态势，全年营业总额63.2亿元，增长11.5%。从消费形态看，随着高端餐饮业向大众消费转型，大众消费推动餐饮收入增长海口餐饮各种菜系一应俱全，京、川、湘、鲁、粤、徽、淮、扬风味特色的美食店应有尽有。著名的餐饮店有：琼菜的和友海鲜馆、海南龙泉渔村、海口东郊椰林海鲜城，粤菜的广东酒家，湘菜的毛家庄饭店，西北菜的山西老面馆、九毛九等。餐饮企业迎合市场逐步调整经营结构，满足刚需型、大众化消费需求，同时在市商务局的指导下，餐饮企业积极参与海口市商务局牵头联合市科工信局、市文化广电出版体育局、市旅发委、市会展局主办的海口市2015年“互联网+餐饮”系列活动，带动餐饮业持续回暖。

【典当业】2015年，海口市正常营业典当企业有49家，总资产5.87亿元，负债总额2733.85万元，从业人员301人；典当总额2.83亿元，典当余额2.21亿元。海口市商务局对49家正常营业的企业进行年审，并根据《海南省商务厅关于开展典当行业风险检查的通知》要求，聘请海南华宇会计师事务所有限公司对全市典当行业进行检查。

【拍卖业】2015年，海口市正常营业的拍卖企业有72家，拍卖专业从业人员580人，其中拍卖师138人，拍卖成交场次约370次，成交额182亿元。

【开展“消费促进月”活动】2015年，海口市商务局按照省商务厅《转发商务部办公厅关于做好2015年扩大消费工作的通知》要求和商务部商办运函（2015）97号文件精神，组织商贸企业自4月1日至5月4日，在全市开展“消费促进月”活动。市商务局立足企业经营层次，围绕“4月促进消费月”“五一”两大主题，组织策划丰富多彩的促销专题活动。海口美兰机场免税店推出“春季‘瘦身’计划活动”和“夏季缤纷，免税乐游”活动，共完成销售额1.06亿元，同比增长41.9%；望海国际广场推出“律动4月 惠享生活”“4月·婚礼季，遇见钜惠”和“明媚五月，迷醉时尚”的“五一”特别活动，销售收入8211.36万元，同比增长17.3%；生生百货开展“生生婚庆季，执手·共天涯”和“五一慢生活”主题促销活动，完成销售额3556.7万元；4月1～4日举办的“2015第12届海南国际汽车展”，销售汽车3050辆，成交金额3亿多元，观展人数15万人次以上。“消费促进月”中，家电、金银珠宝、品牌服饰、日用品等依然是消费热点，市场需求旺盛。据统计，美都电器开展“空调节”“电视节”“五一·狂降”的促销，信兴电器公司开展“2015空调节”“信兴电器国贸店10周年大庆”“低价大礼抽奖爆五一”等活动，均吸引不少消费者，共完成家电销售收入 7231.54 万元。望海国际、生生百货的金银珠宝类商品累计销售 1123.4 万元，望海国际、生生百货、佳心百货、玉沙京华城的服装类商品累计销售 4893.3 万元，望海国际、生生百货、家乐福（南亚店）、大润发（国贸店）、旺佳旺超市、华润万家超市的日用品类商品累计销售 2014.36 万元。

电子商务

【电子商务概况】2015 年，海口市电子商务交易额 920 亿元（包括网上购买、网上销售、电子商务第三方平台服务收益、电子商务在线增值服务收益），比上年增长 14%。海口市互联网和电子商务企业有 1126 家，其中第三方旅游电子商务企业 500 家，在淘宝、天猫、京东上卖家注册超过 2000 家。农产品电商发展迅速，有农产品电子商铺约 1000 家，销售额约 38 亿元。电子商务相关就业人数超过 6 万人。海口市高度重视电子商务工作，成立海口市电子商务领导小组，设立专门分管电子商务的业务处室，出台促进电子商务产业发展的扶持政策。这些制度或政策的制定出台，为推进电子商务发展提供有力的制度保障。

【扶持电子商务发展政策出台】2015 年 12 月 7 日，海口市政府出台《海口市促进电子商务发展扶持若干措施（试行）》，以发挥财政资金的导向作用，进一步优化电子商务发展环境，加快推进海口电子商务发展。《措施》提出，要积极培育电子商务经营主体，增值税等首次达到百万元有奖励；大力扶持新办电商企业和平台，新办电商企业有补贴或奖励；支持完善电子商务配套支撑体系，电商建设仓储用地有补助；着力营造电子商务发展环境，获得国家、省级政府部门认定的电子商务示范基地、示范企业或开发项目有奖励，办电商活动最高补贴 10 万元。

【创业村·江东电子商务产业园】2015 年，园区组织中小企业和产业发展扶持政策解读会 4 次，服务企业 300 多家；开展创业村头脑风暴 30 期，600 多家次企业负责人参加；组织开展项目融资路演活动 8 次，参演企业项目 89 个；开展琥珀汇创业论坛、农业触网专家论坛及创新创业与投资发展论坛等活动 12 次，服务覆盖企业 1000 余家次；分别组织专场人才对接会和电商培训活动各 2 场，服务创业就业人员 500 多人，对接企业 80 余家。至年底，江东电商园累计入驻企业 106 家，累计新增园区注册企业 165 家。园区企业共申请专利及知识产权 60 余件，全园在孵企业总体线上线下交易流水近 20 亿元。同时，在孵企业中培育了如小二租车、诺塞克西海数据、云智联科技、资木堂电商、可可电商、文福庄园、触点网商等多家省内知名创业企业，诞生有海南美合泰生物科技有限公司、华美科技、海口旅盟科技、威盛华泰等多家成长型企业。在孵企业中有 2 家企业正在登陆新三板，3 家企业正在筹备新三板上市，10 余家企业在区域性股权交易市场挂牌。在电商产业带动方面，园区孵化企业聚金科技和博旅游业分别荣获国家级电子商务示范企业，对于海口市乃至海南省的电商创业发展起到很好的示范作用。园区分获“海口市互联网创新创业示范基地”和“海南省科技企业孵化器”荣誉认定。

【“双十一”在线交易】2015 年“双十一”期间，海口商家参与天猫商城网店数 146 个，销售额 1395.45 万元；在淘宝网参与网店 4335 个，销售额 772.54 万元。“双十一”网购狂欢节的 24 小时里，海口市淘宝交易额 2.5 亿元。在行业分布方面，“双十一”期间，海口商家在天猫商城销售中，食品、运动户外、图书音像类排名前 3 位，其中食品类网店 40 家；在淘宝网上卖出的 772.54 万元中，文化玩乐、母婴产品、美食特产类销售额排名前 3 位，其中文化玩乐类网店 1132 家。

【“互联网 + 消费”活动】2015 年 9 月 5 日启动，活动时间为 2015 年 9 月至 2016 年 2 月，共分为三大板块，即“互联网 + 美食餐饮”“互联网 + 休闲购物”和“互联网 + 主题（拍卖）展销”活动。由海口市商务局牵头联合市文体局、市旅发委、市会展局、市科工信局共同主办。以互联网为载体、线上线下互动的新兴消费，线上营销宣传推广、下单、支付与线下实体体验消费相结合；活动涉及美食餐饮、电子信息、特色农副产品、装饰材料、百货、旅游文化、会展展销、房地产等多个产业领域，覆盖面广。市商务局发动组织 3200 家零售商业、餐饮、拍卖典当和电子商务等企业参与本次活动，其中餐饮企业 610 家、大型商场 17 家、大型超市及连锁便利店 14 家。海口市商务局通过 12 家媒体对全市商贸企业的折扣促销进行免费宣传，为商家节省宣传费约 610 万元。据不完全统计，从 9 月 25 日至 10 月 7 日全市参加海口市 2015 年“互联网 +”消费活动的人流量 60 万人次，同比上年中秋、国庆期间人流量上涨 8.11%，特别是房地产实际交易额超 9510 万元，同比增长 403%，“双十一”期间我房网实际交易额 1.2 亿元，同比增长 400%。为加大活动力度，市商务局紧抓中秋、国庆、元旦、春节等传统节日及第十六届海南国际旅游岛欢乐节，把握“双十一”“双十二”、圣诞节等网络购物节的消费契机，将活动集中安排在 2015 年 10 月至 2016 年 1 月。从 2015 年 10 月开始海口市社会消费品零售总额和零售业销售额止跌回升，住宿业和餐饮业同比上年稳步上涨。

现代物流

【物流业发展概况】2015 年，海口市合理规划以物流园区为城市商贸物流集散中心，若干配送服务站为次级节点，各生产商为物流起点、各商业网点为终端的现代物流体系；在物流业标准化、优化、精细化、量化、智能化、一体化的“六化”建设方面进行积极尝试。尝试从托盘使用、仓储、信息平台标准化建设、试点行业标准化推广4个方面着手推进标准化建设工作。年内，部分企业经营压力较大，城市配送成本上升，进城难问题依然存在；农产品物流企业小而散，组织化集约化程度低。全年，商贸物流发展态势平稳，全市物流总额109.14亿元，比上年增长1.7%，占GDP比重9.3%，占第三产业增加值12.4%。货运总量1.13亿吨；货物周转量708.72亿吨公里；港口货物吞吐量0.77亿吨，增长2.9%；港口集装箱吞吐量126.62万标箱，下降6.0%。全市有物流企业约600家，包括运输、仓储、包装、搬运装卸、流通加工、配送以及相关的物流信息等分工，其中企业500余家，个体经营户100余家。其中有全国A级以上物流企业15家，占全省A级物流企业（24家）的62.5%。涉及物流企业评级的主要有仓储、运输和综合服务型3种。其中有运输型物流企业近100家，仓储型物流企业30多家，综合型和服务型物流企业近100家，其他物流代理公司300家。

【物流业发展布局】至2015年，在海口主城区的西部、南部、东部、中部分别按照物流业发展规划，改造建设西部城市综合配送中心、南部现代城市配送中心、东部桂林洋城市配送物流中心和中部丘海大道延长线园区。东部形成“桂林洋城市配送物流园”，占地面积53.33公顷，低温物流仓储中心面积8万平方米，家电仓储10万平方米，建成服务全市，辐射全岛的生鲜分拨配送中心、家电用品分拨配送中心；南部形成现代城市配送中心，一期13万平方米建设以及配套设施建设，二期建设7万平方米的仓储分拨中心建设，建设实现电子交易、数据交换、物流和信息流多功能为一体的“智慧园区”；西部形成“城市综合配送中心”，城市配送公共服务交易大厅5000平方米，综合仓储面积12万平方米，提供城市共同配送的线下和线上交易的融合，以及汽车金融、竞价体系和专业化的物流仓储分拨配送中心建设；中部形成“丘海大道延长线园区”，占地面积33.33公顷。

【物流业发展规划】2015年5月，商务部等10部门联合印发《全国流通节点城市布局规划（2015-2020年)》，明确划分国家级、区域级和地区级流通节点城市，海口正式成为国家级流通节点城市。随着城市的快速发展，2009年市发改委编制的《海口市物流业发展规划》，已和城市发展状况不相符，2015年，海口市《物流业发展十三五规划》初稿编撰完成，正在征求意见修改过程中，规划出台后将对海口市物流仓储项目规划进行重新布局。

【物流园区建设】2015年，海口正在建设和规划报建的重点综合物流园区有临空物流园区、马村港保税物流园区、新海港港口物流园、美安科技新城物流园区、新海物流园区、林安智慧物流商贸城、罗牛山农产品加工物流园、新南北通货运综合物流园、三顺物流园共9个。（1）海口林安智慧物流商城。位于椰海大道金牛路南段，占地面积21.13公顷。建设内容包括物流信息交易中心、农副产品信息交易中心、物流金融与电商网购中心、第三物流总部经济中心、名优特产品及旅游产品（电商）展贸中心，以及商务酒店、写字楼、商业及公寓等等生活配套。项目总建筑面积约60万平方米，计划总投资30亿元，建设期为6年，分两期建设完成。（2）新海物流园区。规划用地233.33公顷，使用自动化设备，建设完善的生活、办公、商品展示等配套设施，为全省提供仓储配送、集装箱中转、专业批发等现代物流服务。（3）海口新南北通货运综合物流园。位于秀英区椰海大道南侧，拟新建1幢地上3层，地下1层的综合服务楼、新建12幢地上2层的物流公司及管理用房和新建10幢地上2层的汽配及禽蛋配送区。（4）罗牛山农产品加工物流园。项目总投资15.96亿元（不含综合配套项目），用地规模50.73公顷，总建设面积约50万平方米。2015年土建完成，10月中旬进行预冷。（5）美兰机场北侧临空物流园区。建设内容以立体仓库为主，逐步使用自动化设备，建立先进的指挥调度与监控系统和公共物流信息网络平台。（6）马村港保税物流园区。建设内容以生产区、保税仓库、铁路运转区、查验区商品展示展销区、国际贸易区及辅助设施，建立先进的指挥调度与监控系统和公共物流信息网络平台。（7）新海港港口物流园。统筹粤海铁路南港和新海滚装码头一体化发展，最大限度实现资源共享，将新海港区打造成一个现代化客流、车流的集散地。新海港区建设项目包括新海港区汽车客货滚装码头一、二期工程、配套客运综合枢纽站工程以及粤海片区天翔路、长椰路、新海中路工程。新海港区码头项目投资概算约38亿元，一期工程建设10个1万GT客货滚装泊位，设计年吞吐量170万辆汽车、1200万人次，总投资约13.5亿元。至2015年累计完成工程形象投资7.39亿元。11月27日建成投入试生产。新海滚装码头二期工程建设7个1万GT客货滚装泊位，设计年吞吐量100万辆汽车、600万人次，总投资约8.9亿元。9月开工建设。（8）美安科技新城物流园区。建成专业物流作业区及仓储设施，物流服务功能明显增强，货物配载、中转、集散功能更加完善。突出中转物流、产业物流、城乡配送物流三大重点领域。（9）三顺物流园。总投资100万元，主要建设立体货仓2000平方米，物流运作平台4000平方米等。采用10米高自动化立体货架仓库、AGV机器人、搬运/码垛机器人、高精度堆垛机、条码/RFID识别、信息系统等先进技术。

【城市共同配送试点建设】2015年，海口市继续加强城市共同配送试点项目建设。截至12月，2013年下达4000万元中央资金，已完成拨付2223万元，安排支持本地快消品、生鲜食品、家电3个行业，共13家企业的8大类30个项目。项目承担单位为海南罗牛山加工产业园开发有限公司、海口新海物流园开发有限公司、海口三顺物流股份有限公司、海南八百里物流股份有限公司、海南南方海岸科技有限公司等15家企业。项目类型包括综合物流园区2个（海口新海物流园、罗牛山农产品加工产业园）、配送中心7个、末端网点4个群、数据信息对接共享3个、配送标准化5个、公共服务平台1个、试点示范2个、创新优化4个。

【物流标准化建设】2015年，海口市落实已出台的《海口市城市共同配送综合服务物流园区规划与建设规范》《海口市城市共同配送公共配送中心建设与改造规范》等6项地方规范及标准并在试点企业中率先推广，提高城市配送物流服务水平。鼓励行业龙头企业进行标准化建设，已有海南苏宁云商集团，以LES为基本信息平台、物流网络为物流运作实体、运输监控平台为服务监控管理平台，尝试仓储5S标准化、仓库WMS系统标准化、SCS系统预约标准化及托盘标准化；促进城市物流配送服务标准化体系建设；促进运输车辆、货架、托盘、笼车、周转箱、分拣配送等相关设施设备的标准化改造，组建一支标准化、专业化配送车队；推动城市配送物流全流程标准化，标准货架的相关设施普及率进一步提高。

【尝试实现互联网与物流业融合发展】2015年，海口市依托新建的海南首个电子商务产业园——江东电子商务产业园，尝试实现互联网与物流业的融合发展。同时充分利用海口市现有的网络平台资源，开展物联网建设。通过整合物流行业信息，实现物流市场供需快速对接，解决“货找车、车找货”难题。由海南南方海岸科技有限公司开发的公共信息服务平台建设项目进入试运行阶段。

经济合作

【经济合作概况】2015年，海口市组织参加省内外各类大型经贸活动20余场次，以长三角、珠三角、环渤海湾为重点区域，借助大型经贸活动平台推介海口市投资环境和重点产业投资方向，签约项目协议投资金额820.07亿元。在经贸合作方面，海口市不断深化与国内各省市区域合作，进一步加强与泛珠三角区域、环北部湾、环勃海地区及北部湾经济合作组织的经济合作与交流，组织代表团参加第十一届泛珠三角区域省会城市市长联席会议、组织企业参加第二十二届中国天津投资贸易洽谈会、第十九届西洽会、第23届广州博览会、第十二届中国—东盟博览会等10多个经贸活动。做好驻海口的异地商会、商贸行业协会的联络和管理工作，全市异地驻海口市商务局商会有19家。

【招商引资】2015年，海口市充分发挥区位、资源、产业、政策等优势，制定《2015年海口招商引资工作实施方案》，对全年招商引资工作进行统筹安排，明确招商产业方向，提高招商引资实效。全年主要参加生态文明贵阳国际论坛2015年年会海南主宾省活动、北京综合招商活动、2015厦门国际投资贸易洽谈会、第十二届天津投资贸易洽谈会、第十九届中国东西部合作与投资贸易洽谈会、第十七届福州海峡两岸经贸交易会等20余场经贸招商活动，签约52个项目，总协议投资金额820.07亿元，涵盖旅游、热带特色高效农业、互联网、会展和物流等产业。其中，2015厦门国际投资贸易洽谈会是海口市近年来参会规格最高、组团规模最大、成效最显著的一次招商活动。本次活动以倪强市长为团长，蒙国海、鞠磊、孙世文、任清华副市长为副团长，17个部门23名成员组成的政府代表团参会，签约项目35个，协议总投资额425.87亿元，取得签约项目数及协议投资总额均列全省第一的丰硕成果。全年招商引资到位资金852.18亿元，落地率61%。

【区域经济合作】2015年，海口市与厦门开通集装箱海上快线，与泉州签订物流《合作框架协议》，开拓海南至东南亚国家的综合集装箱物流市场。海口海关全面融入“泛珠”四省海关区域通关一体化。积极推动海澄文一体化综合经济圈建设，深化与澄迈、文昌、屯昌等琼北市县合作，定海大桥、铺前大桥等交通互联互通工程稳步推进。9月24～26日，副市长孙世文带队参加在福州举行的第十一届泛珠三角区域省会城市市长联席会并作主旨发言。5月15～19日，海口市组织10多家绿色农产品、特色旅游工艺品企业随省政府参加在天津举行的中国天津第二十二届国际贸易投资洽谈会，参展的热带水果、饮料食品、海产品等产品成交金额200多万元。9月18～21日，第十二届中国—东盟博览会在广西南宁国际会展中心举行。海口市组织椰树集团、海南新大食品有限公司等企业参展，参展的产品有饮料食品、旅游工艺品、木制品等200多个品种，总成交额200多万元。

【经贸交流】2015年，海口市共组织椰树集团、海航食品公司、海南新大食品有限公司、海南鸿豪实业公司等几十家企业参加第二十二届中国天津投资贸易洽谈会、第十九届中国东西部合作与投资贸易洽谈会、2015年第十届东亚国际食品交易博览会、第十七届中国国际高新技术成果交易会、2015年东亚国际食品交易博览会、第八届中国绿色食品博览会、第23届广州博览会、第十二届中国—东盟博览会等10多个各类经贸交流会、博览会。参展产品1000多种，协议成交金额6000多万元。

2015 年 11 月 21～24 日，海口组团参加在江西南昌举办的第八届中国绿色食品博览会。

【行业协会商会】2015 年，海口市继续加大培育发展新兴行业协会、商会的力度，打造新型行业协会的品牌。年内，市商务局新培育成立 3 家商协会。全市商贸行业协会有 13 家，其中新培育 4 家新型行业协会。异地驻市商会共 24 家，其中市商务局为业务主管部门培育成立的有 19 家。

【贵阳国际论坛海口签约 8 项目】2015 年 6 月 26～28 日，海口市市长倪强率海口市经贸代表团参加在贵州省贵阳市举行的生态文明贵阳国际论坛 2015 年年会。在 27 日举行的生态文明贵阳国际论坛 2015 年年会“蓝色国土·生态海南”主宾省专场活动中，海口市签约项目 8 个，协议投资额 196.53 亿元。（1）秀英区政府与福建省南安市瑞达石业有限公司签约海南金盛达建材商城（二期）项目。该项目集大批发、大流通、大展厅及现代电子商务为一体，同时综合产品研发、仓储、物流、配送、金融、科教文化、餐饮、休闲、旅游、购物等服务，实行“实体＋虚拟，互联网＋四流合一”的经营思路，协议投资额 60 亿元。（2）秀英区政府与上海红林投资集团签约海南中泰文化旅游度假区项目。该项目以泰国精品旅游项目、文化交流、康体保健、全民健身体育休闲公园、温泉度假酒店、火山科考、火山村落风情为特色，协议投资额 60 亿元。（3）美兰区政府与湖南山河新型城镇发展有限公司签约创业村·互联网创新科技园项目。该项目以互联网企业孵化、软件服务外包、高新技术研发、龙头企业总部办公、跨境电子商务、现代仓储物流、IT 人才培训、互联网金融及商务中心、线下产品体验展览为特色，协议投资额 7.5 亿元。（4）美兰区政府与深圳市大生农业集团有限公司签约海口农副产品综合批发市场项目，该项目以农产品展示交易、农产品加工包装、冷库保鲜、物流配送区、综合信息管理、配套服务为特色，协议投资额 15 亿元。（5）龙华区政府与观澜湖集团签约海口市观澜湖水世界项目。该项目主要建设水上运动、水上娱乐和水上项目赛事，协议投资额 5 亿元。（6）琼山区政府与海南荣丰控股有限公司、云南斗南花卉产业集团签约中国热带花卉高新技术产业园项目。项目总体规划用地 2000 公顷，首期核心示范面积 400 公顷，规划建设“国家级斗南花卉市场海南分中心”“中国热带花卉创业孵化基地”“中国热带小微盆景创意基地”等核心示范项目，协议投资额 30 亿元。（7）海口国家高新区和北京恩源科技有限公司签约中国热带旅游产品（海口）电子商务总部基地项目。该项目将建设电子商务总部基地，协议投资额 18 亿元。(8)桂林洋开发区管委会与深圳东方南泰科技有限公司签约昆仑科技园项目。该项目以清洁能源、环保绿色、观光工厂为目标，厂区建设规模分为原料储备区、生产区、成品区、生活区、办公区和成品展示区，协议投资额 1.03 亿元。

【海口 7 项目北京签约 128 亿元】2015 年 8 月 7～9 日，海口市市长倪强率海口市经贸代表团参加在北京举行的 2015 海南·北京综合招商活动，海口签约项目 7 个，签约金额 128 亿元。桂林洋经济开发区管委会与海南英格地效翼船制造有限公司签约建设

2015 年 6 月 27 日，在贵阳市举行的生态文明贵阳国际论坛 2015 年年会“蓝色国土 生态海南”招商活动中，海口市签约项目 8 个，协议投资 196.53 亿元。

2015年8月7~9日，海口市经贸代表团参加在北京举行的2015海南·北京综合招商活动，签约项目7个，签约金额128亿元。图为合作项目签约仪式。

大规模的地效翼船园区、船员培训基地；复兴城滨海互联网创新创业园与用车科技（北京）有限公司签约，建设UCAR－复兴城互联网共享电动汽车合作项目；省科技厅、海口国家高新区管委会签约北京云研社科技有限公司，建设云研社创新研发管理网络平台；美兰区政府与北京博泰集团签约海口国际能源矿业合作园区项目；复兴城滨海互联网创新创业园与北京合观投资管理有限公司签约，建设北京市合观众筹－复兴城互联网创业园项目；海口国家高新区管委会与麦沃客商务管理股份有限公司签约海南MYWORK国际创客总部基地项目（一期）；复兴城滨海互联网创新创业园与阿里云计算有限公司签约，建设阿里云创客－复兴城互联网创业园项目。

【海口厦洽会签约426亿元】2015年9月7~9日，海口市市长倪强率海口市经贸代表团参加在福建厦门举行的2015厦门国际投资贸易洽谈会。会上，海口签约项目总35个，协议总投资额425.87亿元，涵盖旅游、热带特色高效农业、互联网、会展和物流等产业。其中，旅游产业项目7个，协议投资额141亿元；热带特色高效农业项目1个，协议投资额6.8亿元；互联网产业项目13个，协议投资额55亿元；会展产业项目7个，协议投资额0.57亿元；物流产业项目4个，协议投资额17.2亿元；其他产业项目3个，协议投资额205.3亿元。其中互联网产业签约项目数量和协议投资额分别占全省的62%和50.9%，会展产业签约项目数和协议投资额分别占全省的32%和42.8%。

2015年9月7~9日，2015厦门国际投资贸易洽谈会在厦门举行。在8日举行的海南省招商活动签约仪式上，海口签约项目35个，协议投资总额425.8亿元。

对外经济

【对外经济概况】2015年，海口市外贸进出口43.40亿美元，比上年增长27.59%。其中，出口9.63亿美元，下降21.81%，进口33.77亿美元，增长55.64%。海口市实际利用外资2.91亿美元，下降11.7%。美国为海口市最大进口来源地，日本为海口市最大的出口市场。与美国双边贸易总值19.08亿美元；出口日本总额1.8亿美元，增长104.39%。

【出口贸易】（1）一般贸易进出口占主导。2015年，海口市加工贸易出口3.41亿美元，增长13.34%，占同期出口总值的35.44%。一般贸易出口6.04亿美元，下降34.52%，占同期出口总值的62.72%，降幅稍有减小。（3）民营企业为出口主力军。民营企业出口6.8亿美元，下降17.4%，占同期出口70.4%；外商投资企业出口2.6亿美元，下降27.8%。（3）出口商品以机电产品为主。机电产品出口3.79亿美元，下降8.93%，占同期出口39.36%；高新技术产品出口2.92亿美元，下降11.11%；受美联储加息、国际大宗商品价格下降、国际油价不稳定等因素影响，海口市天然气出口0.89亿美元，下降42.61%；水海产品受饲料涨价、鱼价下跌等原因影响，出口1.78亿美元，下降15.20%，降幅稍有减小；农产品出口2.40亿美元，下降10.33%，持续下降形势缓解；纺织品出口0.57亿美元，下降53.11%。

【进口贸易】2015年，海口市最大进口来源地为美国。海口市对美国进口贸易17.86亿美元，增长100.4%；与美国双边贸易总值19.08亿美元，增长84.88%。进口商品方面，进口机电产品29.29亿美元，增长89.84%，占同期进口总额的67.49%；进口高新技术产品27.84亿美元，增长93.52%。海南航空股份有限公司为响应“一带一路”政策，大力度、全方位布局海上丝绸之路，积极参与和推进海南临空产业经济建设，全年进口飞机45架，共23.36亿美元，增长112.64%。其中12月进口飞机12架，共6.91亿美元，同比增长968.26%。

【利用外资】2015年，海口市实际利用外资2.91亿美元，下降11.7%。其中，第二产业2852.3万美元，其中医药制造业1428.3万美元，制造业1373.9万美元；第三产业2.54亿美元，其中批发零售1.34亿美元，房地产1.02亿美元。来自亚洲地区投资1.42亿美元，其中中国香港地区投资1.31亿美元，为主要外资投资领域；拉美洲开曼群岛投资1.39亿美元；其他地区投资1045.9万美元。新批设立外资企业及合同外资均大幅增长，新批设立外资企业35家，增长6%。其中外商企业19家，占54.3%；中外合资企业13家，占37.1%；中外合作企业3家，占8.6%。合同外资3.2亿美元，增长230倍，其中合同外资1000万美元以上的大型外企有2家，合同外资100万美元以上的外企有8家。新设企业各产业投产分别为：第一产业2家，投资总额93万美元，占0.1%；第二产业1家，投资总额2500万美元，占1.9%；第三产业32家，投资总额12.44亿美元，占98%。

【多举措扶持外贸企业发展】2015年，海口市商务局多措并举扶持外贸企业发展，推进实施7项工作。(1)支持出口信用保险保费补助等外贸报账类项目以及公共项目。5月底启动外经贸区域协调发展促进资金统筹项目申报工作，11月底省厅下达资金计划通知外经贸区域协调发展促进资金贸易融资类项目资金581.45万元。其中9家企业获2015年出口贸易融资贴息资金436.5万元，2家企业获2015年进口贸易融资贴息资金65.52万元，5家企业获2015年出口信用保险保费扶持资金79.43万元。(2)扶持中小企业开拓国际市场，促使中小外贸企业快速成长。市商务局审核通过第一批21个项目单位所申报的110个资金项目材料，同意拨付资金项目358.11万元，项目资金经市财政批准正在拨付中。第二批107个项目的审核工作正在进行。(3)落实扶持外贸发展政策，提振企业信心。出台《海口市促进电子商务发展扶持若干措施（试行)》，对符合条件的电子商务企业、新建第三方交易平台、电子商务示范基地示范企业等给予扶持。(4)提高审批效率。市商务局审批办进一步优化流程、精简申报材料、压缩时限、规范标准资料和提高即办率，继续实行预约服务、限时办结等制度，不断强化服务意识、提高服务质量。2015年受理审批业务27项，办理审批业务452件。其中：加工贸易业务142件；对外贸易经营者备案登记业务211件；成品油审批业务（初审）59件；外资审批业务36件；预付卡4件。行政审批服务办件时间压缩到法定时限的22%，精简后需要申报材料131项，是原需要申报材料209项的62.7%，精简率37.3%。(5)涉外部门形成合力，积极推进外贸便利化工作。开通海口—港口内外贸同船集装箱航线（延伸海口—胡志明市外贸集装箱航线)，促进海口市与东盟国家贸易往来；推进湛江—海安—海口“水运中转”，借助“湛江—海安—香港”新航线，促进“三地七方”大通关；海口海关与泛珠四省11个海关区域通关一体化改革取得成功；海南检验检疫局全面推行“三通”（通报、通检、通放）和“两直”（进口直通、出口直放）检验检疫通关模式，极大地提高通关速度，降低成本。(6)抓好服务，协调解决外贸企业发展困难。9月举办海口市外贸企业通关业务培训会，现场解决企业在报关、通关、检验检疫过程中实际遇到的困难和问题；走访外贸龙头企业，与企业商议采取积极措施应对外贸下行压力；帮助外贸企业协调“函调”（税务部门向外贸企业的关联业务往来企业发函调查企业是否真实进货）及“分类管理”问题，推动加快出口退税进度。(7)扩大进口，做大外贸盘子。成功协调海航异地进口回流，海口综合保税区开展飞机融资租赁试点，共进口飞机及其他航空器45架，价值164.6亿元，成为拉动海口市外贸进口和进出口总值上升的关键因素；离岛免税政策升级，海口保税国际商品直营中心开业，很大程度上扩大消费品进口，扩展海口市外贸体量。

【外商投资企业经济运行情况】至2015年底，来自近40个国家和地区的客商累计在海口市投资108.81亿美元。全市有外资企业35家。截至2014年底产业分布：第一产业69家，占14%；第二产业92家，占19%；第三产业327家，占67%。(1)销售及营业收入。第一产业4亿元，增长22.8%；第二产业95亿元，下降6.1%；第三产业805亿元，增长9.3%。一、二、三产业收入所占比率分别为：0.49%、10.5%和89.01%。收入10亿元以上的行业有：第二产业中的制造业95亿元，占10.5%；第三产业中的交通运输业736亿元，占81.42%；批发和零售业44亿元，占4.91%；房地产业8.4亿元，占0.93%。(2)纳税。第一产业0.2亿元，增长46%；第二产业8.8亿元，下降26.3%；第三产业32.1亿元，增长31.1%。一、二、三产业纳税所占比率分别为：0.06%、21.34%和78.6%。纳税较多的行业主要是：第二产业中的制造业8.8亿元，占21.34%；第三产业中的交通

2015 年海口市贸易主要出口国家与地区

（数据来源于海口海关）

产终国或地区	美元值（万元）	美元值同比（%）	人民币（万元）	人民币同比（%）
日本	18,225.72	104.3911	113,476.32	106.9655
欧盟	13,406.49	-57.2254	82,841.42	-57.0775
美国	12,266.02	-13.0336	76,444.33	-11.7552
东盟	11,688.75	-5.5781	72,609.86	-4.5326
中国香港地区	11,005.36	-53.9742	68,112.93	-53.5959

2015 年海口市贸易主要进口国家与地区

（数据来源于海口海关）

产终国或地区	美元值（万元）	美元值同比（%）	人民币（万元）	人民币同比（%）
美国	178,616.11	100.4182	1,107,591.27	102.1144
欧盟	105,467.33	51.5408	665,859.92	55.5685
法国	88,577.06	70.9462	560,531.87	75.8871
东盟	15,378.75	-22.1018	95,335.69	-21.3504
日本	10,837.99	-37.1577	67,054.75	-36.6614

运输业 22.3 亿元，占 54.25%；住宿餐饮业 3.9 亿元，占 9.64%。

（周　琦）

会展服务

【会展服务概况】2015 年，海口市会展局进一步整合会展资源，培育壮大市场主体，扶持品牌会展项目，优化会展发展环境，提升会展业核心竞争力，在会展经济规模、拉动作用、产业知名度等方面均取得显著成绩。品牌展会的虹吸效应和孵化能力在增强；动漫、汽车、文化艺术等展会，促进相关产业的发展和市场的形成。全年举办会展活动 223 场，超额完成全年任务的 11.5%，比上年增长 7.2%；展览活动 61 场，展出面积 65.8 万平方米。会展活动涵盖汽车、房地产等 20 多个行业领域，对相关产业的带动作用 1∶6 以上。2015年，海口连续第四年荣获“中国会展名城”称号，捧回“年度金五星优秀会展城市奖”；市会展局被授予“年度全国会展工作先进单位”“年度中国会展经济产业贡献奖”“海口市文明单位”“先进基层党组织”等殊荣。

【会展经济运行】2015 年，海口市大力发展以会议和展览企业为龙头，以交通、物流、通信、金融、旅游、餐饮、住宿等为支撑，策划、广告、印刷、设计、安装、租赁、现场服务等为配套的会展产业集群，增强产业链上下游企业协同能力，带动各类会展服务企业发展壮大。全年共举办上规模会议和展览活动 223 场，超过 200 场的年度目标。观展参会人数 176.2 万人次，达成贸易成交额 38.6 亿元，意向成交 126.8 亿元，全年会展业综合收入近 100 亿元。2015 年会展活动呈现四大亮点：（1）推进提质升级，运行质量持续向好。以“一会两展三节”重大品牌会展活动为抓手，促进会展产业提质升级。全年，举办展览 61 个，1 万平方米以上展览会 28 场，展览总面积 65.8 万平方米；规模以上会议 162 场，1000 人以上会议 7 场。品牌展会的虹吸效应和孵化能力增强，成为海口市扩大内需、拉动消费、优化产业结构、开拓贸易投资新市场的有效渠道，对于促进海口现代服务业提质增效发挥积极的作用。（2）加强招会引展，大力引进品牌展会。用好用活会展业扶持政策，积极引导和鼓励会展企业招会引展、创办新展。举办的论坛、会议和展览的规格、规模、专业化程度，以及节庆赛事活动影响力持续提升。全年岛外开展招会引展活动 12 场，引进 2 个国际性、4 个国家级大型品牌会展项目落地海口。第 12 届中国医疗卫生产业发展论坛、全球华人生物材料大会、2015 中国纸张装备博览会暨 2015 全国纸张订货会、海南省黄氏宗亲总会海口世界江夏黄氏恳亲大会等，参会人数均在 1000 人以上。成功引进举办的第 11 届中国国际会展文化节，有来自会展业界的 1000 多名代表参加；中华商标协会主办的 2015 中国国际商标品牌节，进场观众 3000 人次。2015 东亚峰会清洁能源论坛、中英建筑论坛、2015 年中国生物材料大会、第五届中美植物病理学术研讨会、深海能源大会等国际性或学术性专业会议陆续落户海口举办，扩大海口在国内外的影响。（3）

培育市场主体，打造自主品牌项目。以“政府引导、市场运作、各方参与”的原则，积极培育本地会展企业；围绕海南特色优势产业，着力培育自主品牌会展项目；引进知名会展公司快速孵化和打造自主品牌会展项目。2015年，市会展局引进 “中国文化第一展”深圳文博会承办方——深圳国际文化产业博览交易会有限公司，联手打造具有海南特色和元素的自主品牌展会——中国（海南）海上丝绸之路文化产业博览会（海文会）。通过打造类似的自主品牌项目，为海口培育更多的办会办展的市场主体。(4) 优化发展环境，提升行业服务水平。由海口市会展业协调领导小组、会展局、各职能部门、会展行业协会组成的“四位一体”的重大会展活动服务保障体系，以及由会展局牵头，公安、消防、卫生、食药监、质监、工商、交通、通信等部门联合保障服务的“一站式”服务机制，全年成功对中国国际商标品牌节、海文会等15个重大会展活动提供服务保障工作。

【商业展览】2015年，海口市成功地举办第12届海南国际汽车工业展览会、世界游艇盛典、广告四新及LED城市景观照明展览会、2015华南（海南）农资暨种业渔业博览会、海南国际老龄产业博览会、2015海南国际海洋旅游博览会等，全年共举办商业展览30场，为国内外游客和海口广大市民的消费需求提供良好的平台。

【大型会议】2015年，在海口举办各类会议的规格、规模普遍提高。第12届中国医疗卫生产业发展论坛、中国国际商标品牌节、中国国际会展文化节、全球华人生物材料大会、中国植物病理学会、海南省黄氏宗亲总会海口世界江夏黄氏恳亲大会等大型论坛和会议先后在海口举行。7月21日，中国植物病理学会2015年学术年会暨第五届中美植物病理学术研讨会，来自全国31个省、区、市、自治州等地区1200多人参会，参会单位涉及153个高校、科研院所，其中院校级领导、长江学者、杰出青年基金获得者21位。11月21日在海南国际会展中心举行的世界江夏黄氏恳亲大会，来自世界各地5000多名黄氏宗亲代表参加会议。

【招会引展】2015年，海口市会展局以引进国际化、国家级、专业化会展项目为目标，主动与全国性行业协会、国内外知名会展公司联系洽谈，重点引进和扶持一批具有生命力、符合海口市产业发展的展会。全年成功引进举办第11届中国国际会展文化节、中国国际商标品牌节、2015中国造纸装备博览会暨2015全国纸张订货会、华南农资展等全国或华南地区有影响力的展会。由中华商标协会和海口市人民政府共同主办的2015中国国际商标品牌节于在10月16～19日在海南国际会展中心隆重举行，这是国内规格最高、规模最大、影响最广的商标品牌盛会。市会展局在继续加强与国内相关部门、行业协会的合作的同时，进一步加强与国内会展界的合作，派员参加北京、昆明、西安、沈阳等地的展会，加大海口会展营销力度，借助国内大型品牌会展活动开展会展项目招商工作。在2015年厦门投洽会上共签约7个展览项目。

【公益展览】2015年，由海口市委宣传部主办、保利地产公司承办的“2015年海南爱国主义国防兵器展”，展出中国歼10战斗机、武直10武装直升机等15种重型武器，搭建了一个民众和强大国防力量交流的桥梁。由省青联会、省青年摄影家协会共同主办“2015年海南省青年摄影精品展”在骑楼老街举行。海南省博物馆全年先后举办“清代宫廷服饰与织绣精品展”“海南国际旅游岛全国书法作品邀请展”“海南解放65周年图片展”“海南马来西亚油画作品交流展”“探月工程展”“百名将军书画作品展”“海上丝绸之路七省文物精品展”等公益性展览。海口市博物馆展出“中国油画名家海南写生展”“日军投降签署书等文物展”，进一步丰富海口市民的文化生活。

【会展业管理服务】2015年，海口市会展局积极推行会展项目备案登记工作，切实履行对会展业管理、服务等职能。多次协调会展企业，整合重复办展，避免恶性竞争，合理安排全年会展项目计划、档期；对全年申报的展会进行跟踪、服务，指导展会筹办；继续完善鼓励会展业发展专项资金的申报、审核、评估、监督和发放制度，严格按照程序全年对65个会展项目提出的资金扶持和补贴申请进行审核，市财政局审批安排专项资金1500多万元。进一步完善“一站式”工作机制，对不同规模和档次的展会开展贴心服务。由市会展业协调领导小组、市会展局、各职能部门、会展行业协会组成的“四位一体”的重大会展活动服务保障体系，以及由市会展局牵头、公安、消防、卫生、食药监、质监、工商、交通、通信等部门联合保障服务的“一站式”服务机制，相继成功保障冬交会、中国国际商标品牌节等重大会展活动的顺利进行。

【海南国际会展中心】2015年，海南国际会展中心有限责任公司承接会展活动42场，其中会议19场，展览23场。在第十一届中国国际会展文化节上，海南国际会议展览中心荣获“2014年至2015年度中国会展最佳场馆”殊荣。

【中国国际商标品牌节】2015年10月17～19日在海南国际会展中心举行，是国内规格最高、规模最大、影响最广的商标品牌盛会。由中华商标协会和市政府主办，以“实施商标战略，发展品牌经济”为主题，由2015中国商标年会、中华品牌博览会和系列主题活动构成，内容丰富、形式多样。参展参会人数超过3000人。本届商标品牌节共举办15场论坛，来自全国商标品牌领域的专家、学者，世界各知识产权组织的负责人等共聚海口，围绕“互联网品牌保护和发展”“知识产权服务创新”“互联网金融创新”“国际商标法律动态”“中国商标保护”“企业商标品牌国际化战略”等重点议题展开研究与讨论。

【海南国际房车露营休闲旅游博览会】2015年11月27～29日在海南国际会展中心举行。由海口市会展局和北京露营之家体育文化传播有限公司主办，海南露营之家会展服务有限公司和海南红帆会展服务有限公司共同承办。展览面积2.1万平方米。全国30个省市和自治区共70余家露营车友俱乐部、营地及体育休闲旅游企业参展参会，国内外200家企业在博览会上展出露营设备、品牌房车、生态木屋等用品，全国各地200部房车800名房车车友以美丽海南自驾房车海岛行的方式参加露博会3天的展览。展会期间，汽车租赁公司集团采购和销售100余辆房车；景区木屋、旅游厕所及营地设施装备现场交易2000多万元。露营企业、投资机构、营地设计建设俱乐部等合作意向涉及金额近30亿元，其中海南落地项目涉及资金5亿元。27日，举行中国露营产业发展论坛，来自各平台的电商和露营产业就打造互联网+露营产业孵化器、率先走进“互联网+”露营产业发展的成功模式、互联网思维下海南乡村旅游业的未来发展展开讨论。

【第二届东亚峰会清洁能源论坛】2015年11月18～19日在海南国际会展中心举行。由中国国家能源局和东盟能源中心主办，海口市人民政府、水电水利规划设计总院、中国南方电网公司、中国核能行业协会、中国电力企业联合会、全国工商联新能源商会协会共同承办。来自东盟十国、南亚部分国家、中国、美国、澳大利亚等近20个国家和地区的能源主管部门官员，国际能源机构、金融机构、科研机构、行业组织和企业近400人参加会议。本届论坛以“共建绿色能源网络，服务经济社会发展”为主题，有区域能源合作、金融领域合作与支持2个主论坛以及核能、电力电网、光伏、智慧能源城镇等4个分论坛。

【第十一届中国国际会展文化节】2015年8月14～18日在海南国际会展中心举行。由海口市人民政府和中国会展杂志社联合主办。来自全国各地的城市及有关部门领导、海内外专家学者、组展商及服务企业在内的千余名会展行业精英聚会椰城，围绕“一带一路与会展文化”主题进行探讨。全国政协原副秘书长国际展览局名誉主席吴建民、外经贸部原副部长博鳌亚洲论坛原秘书长龙永图、商务部原副部长中国商业联合会会长张志刚、商务部原副部长中国国际经济交流中心副理事长魏建国、国务院发展中心原副主任中国广告主协会会长侯云春在内的5位部级领导出席并作主旨演讲。本届文化节举办了中国会展业高端论道以及中国会展青年论坛、中国会展组展商合作论坛、中国会展场馆CEO论坛、中国会展搭建服务企业创新发展论坛、移动互联网与会展业发展论坛、海口会展业发展对话会等论坛，举行第十四届中国会展海豚大奖颁奖典礼。海口市万豪酒店荣获“2014年度中国最佳会议会展酒店（中心）”，海南国际会议展览中心荣获“2014年至2015年度中国会展最佳场馆”，海口市荣获“2014年至2015年中国会展名城”等殊荣。文化节上发布《2014年度中国规模以上调研分析报告》及《中国会展指数报告》。

【2015海南医疗健康论坛】2015年11月22日在海口观澜湖度假区开幕。本届论坛以“发展·创新”为主题，由海口市政府、省科学技术厅、省工业和信息化厅、省卫生和计划生育委员会、省食品药品监督管理局主办，海口国家高新区、市会展局承办。来自国家及省市行业主管部门、社团组织、国内外医药和医疗器械产业界知名人士及企业家共400余人参会。中国工程院院士、中南大学临床病理学研究所长周宏灏，前卫生部副部长、中国医师协会名誉会长殷大奎，国家食药监总局药品化妆品注册管理司副司长李金菊等与会，并围绕新形势下海南医疗健康产业发展的新机遇、医疗器械国产化带来的新机遇、移动医疗产业的发展趋势、海南“新药谷”的规划和发展路径研讨等为主题展开讨论。论坛开幕式上，省市两级政府相关领导共同为新规划的海口国家高新区美安科技新城“新药谷”揭牌。当天，海口国家高新区与海口南陆医药科技有限公司签约的南海新药研发服务平台有限公司，与海南医学院签约合作的海南医学院安评中心项目，与朗腾医院管理有限公司签约合作的血液透析连锁中心项目，与朗腾智能科技有限公司签约合作的移动医疗、健康云端数据管理项目等15个产业合作项目签约落地。

【2015深海能源大会】2015年12月3～4日在海口召开。由海口市人民政府、中国产业海外发展协会和中国海洋石油总公司共同主办，是国内首创的深海领域能源行业大会。大会以“开发深海能源，建设海洋强国”为主题，设3个分论坛，中国工程院曾恒一、邱爱慈、林忠钦等院士，以及来自深海领域近300位专家学者，就深海能源开发中涉及的电网系统、大型装备、前沿技术等课题发表主旨演。

（潘乃明）

粮食流通

【粮食流通概况】2015年，海口市粮食局不断完善粮食宏观调控机制，加强储备粮管理，强化军粮保障供应，抓好粮食流通监管和粮食行业管理，全面加强自身建设，促进粮食各项工作有效开展，实现全市粮食供求平衡和粮食市场供应及价格基本稳定。全市粮食年消费总量171.04万吨，其中城乡居民年消费口粮45.63万吨，粮食年供给缺口228.67万吨，所缺口粮食主要从省外产粮区购进；食用油年消费量4.5万吨，其中城乡居民口油年消费量2.87万吨，工业用油年1.62万吨，食用油年缺口2.87万吨，所缺食用油主要从省外购进。2015年社会粮食总供给数量305.59万吨。

【粮食流通监管】2015年，海口市粮食局全年开展粮食综合检查1次，专项检查1次，出动检查人员12人次，检查涉粮企业36家，督促落实社会粮食统计制度、粮食收购许可制度，为加强粮食调控，营造良好的粮食流通秩序。对全市纳入粮食统计范围的118家粮食经营企业的最低最高库存量标准进行核定，核定粮食最低库存量3.78万吨，核定食用植物油最低库存383吨；核定粮食最高库存量11.39万吨，核定食用植物油最高库存量960吨。为加强各粮食经营企业执行最低最高库存量情况，市粮食局组织人员对各社会粮食经营企业进行监督检查。通过检查，全市执行国家最低最高库存量义务的粮食经营企业，全部达到国家规定的库存量标准。

【粮食调控】2015年，海口市粮食局加强粮食调控，做好保供稳价工作。⑴完善市场应急机制。加强对粮食生产、消费、库存、价格变动情况的监测和分析预测，提高监测工作的针对性和准确性，全面掌握市场供求变化情况；修订完善《海口市突发公共事件粮食市场应急预案》，推进粮食应急加工供应网络建设，全市建立粮食市场应急加工点7家，应急销售网点63家，组织核定应急供应加工企业粮食生产、库存等情况，确保应急时能调得动、用得上。⑵开展社会粮食流通统计。加强对104家从事粮食经营加工、销售企业的跟踪调研和统计业务指导，提高统计质量，按时做好粮食销售月报、季报、年报统计工作，及时掌握保供稳价措施的贯彻落实情况。

【粮食储备】2015年，海口市国有粮食企业有粮食仓库52座，其中有效仓库48座，报废仓库4座，有效仓容量3.24万吨。储备粮食库区9个。其中，市区3个，分别为金牛岭储备库区和白水塘储备库区；市郊区6个，分别为三江、红旗、云龙、甲子、旧州、龙发、咸来粮食储备库区。年内，海口市落实省、市级储备原粮4.06万吨，市级储备成品粮9000吨的储备计划，其中落实省级储备稻谷1.06万吨，市级储备稻谷3万吨，成品粮9000吨。市粮食局实施储备粮适时轮换，确保全市市级储备粮保持常量库存，提高粮食安全系数；强化安全生产管理，全面落实安全生产责任制，开展“安全生产单位”创建和安全生产月活动，实现全系统无事故工作目标，确保储备粮安全储存。

【乡村居民户存粮专项调查】2015年5月初，海口市粮食局组成调查组对农户储粮情况进行调查，至5月底全面完成调查任务。按要求调查农户65户，主要分布在7个乡镇。截止调查时点，海口市乡村居民户粮食产量20.76万吨，其中早籼稻12.87万吨，中晚籼稻7.89万吨；售出量6.23万吨，其中早籼稻4.48万吨，中晚籼稻1.74万吨；期末库存3.55万吨，其中早籼稻1.31万吨，中晚籼稻2.23万吨。存粮结构主要是早籼稻和中晚籼稻。

【粮食基础设施建设】2015年，海口市粮食局落实财政仓储建设维修改造资金233.5万元，维修改造仓储面积超过4000平方米；利用财政专项资金约170万元，对海口市粮油产品质量监测站检验室进行维修改造，提升粮油质量检测能力。

（龙颖琪）

供销合作

【供销合作概况】2015年，海口市供销社坚持为农服务宗旨，按照《中共中央国务院关于深化供销合作社综合改革的决定》文件精神，履行公益性职能和经营性服务职能，全面推进各项工作的深入开展。年内，全系统农副产品购销总额11.17亿元，比上年增长8.3%；利润总额253万元，增长9.5%；所有者权益504万元，下降8.2%。协助市政府组织召开好2015年冬交会，多次随团赴主销地考察，与市场对接，邀请客商，抓好订单工作落实，邀请省外客商46人，完成各项农产品订单任务。荣获2015全省供销系统综合业绩考核一等奖、新网工程建设奖。

【社有资产经营管理】2015年，海口市供销系统有基层供销社30家，社属企业11家。社党委对各基层社按照“一社一策”的政策盘活资产，恢复经营，通过范例建设，实现典型引路，最终重塑供销社社会形象。将三门坡供销社作为全市供销系统社务公开、资产处置改革试点单位；东山社作为全市供销系统领导班子选拔试点单位，已完成方案编制；云龙供销社作为市供销社服务统筹城乡发展改革试点单位，已完成参与扶贫，领办三联合种养专业合作社模式的建立；长流供销社作为全市供销系统解决社保金拖欠问题改革试点单位，通过项目改造，筹集资金300万元，基本解决企业社保金拖欠问题。旧州供销社危房改造项目，兴建一栋占地面积709.5平方米的商住楼，总建筑面积3865平方米，总投资额约480万元，9月动工。龙塘供销社危房改建项目，兴建两栋占地面积分别为438平方米和214平方米的商住楼，总建筑面积4564平方米，12月动工兴建。

【农副产品购销】2015年，海口市供销系统积极对接有条件的农业专业合作社或成型瓜菜生产基地和电子商务平台，拟通过本地生产、本地直销的方式介入“菜篮子”建设和出岛冬季瓜菜运销，发挥供销社的流通经营服务作用，多种形式满足市民生活需求。年内，市供销社和周边5个瓜菜基地签订意向收购协议，与海南农博网签订战略合作书，正在对接农业、商务等政府职能部门，为下一步介入市“菜篮子”建设做好前期准备工作。全年农副产品购进1.16亿元，确保完成中国（海南）国际热带农产品冬季交易会订单任务的同时，组织推动冬季瓜菜出岛运销，促进农民增收。

【烟花爆竹经营管理】2015年，海口市供销系统继续规范供销系统内部烟花爆竹经营管理，确保全市供销系统每年约150万元的管理费维持运转。同时，按照省安监局规范软硬件建设的意见，在三江镇筹资兴建一座占地面积3.33公顷的烟花爆竹仓库，6月兴建完成。全年，全市供销系统未发生烟花爆竹经营管理安全事故。

【供销社农民合作经济组织建设】2015年，海口市供销社结合扶贫点南山村实际，与云龙镇委、镇政府联手共建，云龙供销社领办设立“供销社出资＋村支部参股＋全体农户持股”的三方联合种养专业合作社，利用闲置的东红小学校址改建为狸舍，支持和培育扶贫村果子狸养殖产业，饲养果子狸200只，已产崽30多只。弥补传统扶贫工作单打独斗、缺乏可持续平台支撑的短板。全年新成立合作社8家，分别为：海口永茂发种养专业合作社、海口万代红种养专业合作社、海口林之源种养专业合作社、海口道绕种养专业合作社、海口裕振丰种养专业合作社、海口誉琼种养专业合作社、海口武进种养产销专业合作社、海口三角民意种养专业合作社。评选农民专业合作社示范社2家，分别为：海口群绿种养专业合作社、海口田心乐生态农业专业合作社。

【龙华供销五一田洋农业科技服务中心】2015年，海口市供销社在原有庄稼医院、农资服务、农技培训的基础上，主动对接省市有关部门，争取多方支持，不断完善和充实该中心服务功能。全年，中心聘请有关专家举办各类技术培训现场会，培训农民600人次，发展农技会员近300人，建立示范户27户，试验田0.2公顷供农户借鉴。省供销社下文要求各市县供销社复制推广该中心服务模式。世界粮农组织经组织专家考察，选定“五一田洋”作为海口地区的苦瓜、豇豆示范种植点，推广“海南省冬季瓜菜安全高产栽培技术实践研究和培训”示范项目，由该中心具体实施。

【灵山供销社旧改征收任务完成】至2015年，灵山供销社是全市规模最大的基层供销社，遗留问题多，职工内部矛盾突出，下岗职工占半数以上，职工社保费拖欠800多万元。自7月灵山片区棚户区（城中村）改造项目启动以来，市供销社党委服务征收大局，第一时间成立征收工作推进协调组，先后召开各类会议27场次，多措并举化解矛盾焦点，平稳和谐完成100户职工私产和1.67万平方米集体资产征收任务。

（陈树福）

烟草专卖

【烟草专卖概况】2015年，海口市烟草专卖局（公司）坚持稳中求进总基调，主动适应经济发展新常态，着力在稳增长、转作风、强管理、抓协调、促改革、谋发展上下功夫，圆满完成各项目标任务。全年实现销售收入65.27亿元（含税），比上年增长10.96%；单箱销售收入3.26万元（含税），增长8.71%；实现税利10.75亿元，增长48.07%，其中税金8.7亿元，增长73.96%。海口公司被海南省国家税务局、海南省地方税务局评为“2014年度纳税信用A级纳税人”。

【烟草市场监管】（1）卷烟打假。2015年，海口市烟草专卖局（公司）进一步完善“政府领导、部门联合、多方参与、密切协作”打假打私机制，加强与公检法及毗邻地区烟草部门的联合协作，部署开展“百日风暴”等专项行动，突出查处运输物流环节网络案件，继续保持打假破网高压态势。全年全片区查处案值5万元以上假烟案件22宗，破获符合国家局、公安部网络标准案件2宗，查获“三烟”1323.54万支，刑事拘留42人，逮捕24人。（2）市场监管。大力推广应用“APCD”工作法〔“分析（Analysis）”“计划（Plan）”“检查（Check）”和“处理（Deal with）”4个环节〕，强化许可证管理，大力开展市场专项清理整顿，加大对互联网涉烟非法经营案件查处，维护卷烟市场良好秩序。以海口市局（公司）下辖的临高县局为试点，积极推动行政许可审批改革，全面完成零售户合理化布局及听证会工作。年内，全片区除文昌市局外，其余4个市县局已全部进驻地方政府政务服务中心，基本实现“一口办理、限时办理、规范办理、透明办理、网上办理”。（3）内部监管。针对货源分配、许可证办理、定点取货户异常等关键点，积极开展专项监督检查，逐步完善卷烟购销存内控制度，有效预防不规范行为的发生；每月定期召开“3+1”（专卖监督管理科、营销中心、配送中心＋财务管理科）专销互动工作联席会议，及时解决卷烟营销活动中存在的问题，实现对许可证的全方位监管；修订和完善内管检查工作方案、考核办法和责任追究规定，密切关注真品卷烟动向，分析违规真品卷烟串码深层次原因，大力加强卷烟非法流通治理。至年底，共查处真烟非渠道流通案件644宗，查处违法卷烟905.81万支，货值793.50万元。

【卷烟网络建设】2015年，海口市烟草专卖局（公司）聚焦高端低焦油品牌卷烟，建立紧俏、顺销、新品和高价位品牌的分类投放策略，重点加大对海南红塔公司品牌的扶持和培育力度，“椰王”销量6320.92箱，增长25.22%；6毫克以下低焦油卷烟销售1772.36箱，增长31.51%；细支烟销售1761.5箱，增长211.32%。积极推进省级卷烟营销平台试点工作，实施统一客户分档与货源分配管理，实现卷烟订单集成整合和信息共享。持续抓好零售终端建设，累计建成现代零售终端720家，发展终端扫码720户。进一步完善物流非法人实体化运行机制，完成资产清查、台账管理和机构设置工作，全面推进卷烟物流配送中心由部门管理向非法人实体化运作管理转型。同时，积极开展同城卷烟托盘联运和烟箱循环利用工作，全年完成卷烟纸箱回收27.96万只，回收比率96.94%，超额完成80%的目标任务。

【卷烟销售】2015年，海口市烟草专卖局（公司）执行卷烟提税顺价政策，积极组织“三员”（客户经理、专卖稽查员、物流配送员）帮助零售户做好新零售指导价的调整和价格标签的更换等一系列工作，密切关注市场价格，维护良好的市场状态，确保价格秩序正常稳定。全片区共销售卷烟19.81万箱，增长2.1%，完成年度计划100.04%。卷烟结构持续提升，一、二类烟销量分别增长12.65%、18.18%，三、四类烟分别下降4.15%、22.24%，五类烟增长21.31%。完成全国性卷烟重点品牌销售17.91万箱，增长2.26%，占总销量的90.39%；完成省行业重点品牌（十大品牌+椰王）17.3万箱，增长2.68%，占总销量的87.35%。

【烟草企业基础管理】（1）财务管理严格规范。2015年，海口市烟草专卖局（公司）按照“八项规定”有关要求，制定会议费、业务招待费定额标准，着力抓好重点费用管控工作，规范预算流程，严格执行预算。三项费用率3.24%，同比减少0.23百分点，降幅为6.63%；业务招待费下降56.73%，物流车辆运行费下降5.49%，行政、专卖车辆运行费下降17.79%。（2）资金运营管理不断加强。通过省（公司）优化存款组合，进一步提高货币资金收益水平。全年利息收入2000万元，增加400万元。（3）规范管理深入推进。坚持“办事公开、民主管理”同业务工作深度融合，着重在健全完善保障机制、工作流程、严格程序上下功夫，建立健全31项规章制度、11个操作规程，全面打造阳光烟草。全年实施的公开招标采购项目81个，涉及金额3732.16万元，项目占比82.65%，金额占比95.65%；抓审计监督，积极开展工程项目、物资采购等专项审计和日常审计监督，严格落实全面审计整改，全年共审计监督大额资金118笔，审计金额1222万元，完成整改事项2个。（4）精益管理全面推进。开展精益管理宣传贯彻与知识培训，组织实施精益课题研究与QC小组活动，全年实施24个课题并验收合格，其中6个项目在全省系统精益管理优秀课题评审中荣获1个一等奖、2个二等奖、1个三等奖以及优胜奖2名，精益改善成果突出。（5）信息化建设水平持续提升。扎实推进网络安全技术防护体系、终端安全管理系统、信息安全等级保护系统、安防监控即时查询平台等项目的建设及升级改造，为企业经营管理提供技术支持和保障。（6）法治建设持续深化。认真开展普法教育和“三创三征”（“法治烟草”讲堂创建活动、“法治烟草”专版专栏创建活动、“依法行政示范单位”和“诚信守法示范企业”创建活动，“百案鉴评”专卖执法典型案例征集活动、“百案鉴评”涉法涉诉典型案例征集活动、“百案鉴评”法治烟草主题征文活动）活动，完成法律风险识别清单，落实法律审查监督职责，全年完成案件审查948宗，合同审查161宗，规范性文件审查12件，顺利通过全省行业“六五”普法终期验收。（7）安全基础持续巩固。严格落实安全生产责任制，认真开展安全生产月活动，扎实开展安全大检查、隐患治理排查和应急演练，强化安全制度建设和教育培训，实现全年无安全事故的目标。

（陈少阳）

食盐专卖

【食盐专卖概况】2015年，海南省的盐业体制改革正处于过渡期阶段，各项工作都面临着严峻考验。海南省盐务局海口分局（分公司）围绕年初确定的工作重点和工作目标，落实责任，全面推进，稳定全局。加强对食盐储备管理，做到按计划管理、按计划供应，及时轮换；加大食盐市场的监管力度；加强与当地政府建立信息平台，与各职能部门明确责任，充分发挥部门职能作用。全年，海口分公司食盐销量1.49万吨，完成年计划1.59万吨的94%。其中，销售一级小包装食盐9088吨，完成年计划9029吨的100.6%；销售多品种盐1615吨，完成年计划896吨的180%；销售腌制盐579吨，完成年计划1427吨的40.6%；销售其他用盐3356吨，完成年计划4594吨的73%。销区碘盐普及率95%以上。年内，受政策性因素的影响，销区大部分原饲料加工用盐单位经农业部门批准，购进饲料添加剂氯化钠产品代替盐产品，致分公司50千克装其他用盐的销量下降明显。

【拓宽多品种盐市场】2015年，海南省盐务局海口分局（分公司）在保证主营业务有序开展的同时，通过多层次、多方位、多渠道的积极宣传推销多品种盐活动，加大多品种盐的销售吨数。（1）运用现有的食盐专营政策优势、配送网络优势和管理人才的优势，深入到各超市、商行，做多品种盐推广、宣传。（2）合理规划区块和配送路线，逐步完善最便捷、最经济、最高效的物流配送网络。(3)利用“3·15”消费者权益保障日、“5·15”消除碘缺乏日、“12·4”法制宣传日等纪念活动日，面向社会开展食盐专营、食盐加碘消除碘缺乏危害、食用碘盐知识和食用多品种盐的好处等宣传活动。最大限度地教育当事人遵守涉盐法律法规，减少抵触、消除对抗、促进和谐，努力提升盐业的形象。2015年，销售多品种盐1615吨，超额完成多品种盐销售计划。

【盐政执法】2015年，海南省盐务局海口分局（分公司）坚持日常巡查与重点检查相结合，专项打击和宣传教育相结合，积极开展整顿和净化食盐市场工作，确保销区食盐市场秩序的稳定和食盐卫生安全。(1) 在抓好日常市场检查工作的同时，大力开展专项检查行动。除组织开展好省盐务局统一部署的联合执法行动外，还先后组织开展元旦、春节、“五一”、端午、中秋、国庆等节日食盐安全检查和边界市场、饮食行业、食品加工行业等一系列专项检查行动。(2) 联合当地政府各职能部门集中整顿。海口分局在工商、食药监、卫生等部门的协助下，重点检查糕点、面包、(腌) 肉制品、乳制品、冷冻饮品、鱼丸、糖果、豆制品、调味料品、咖啡（椰粉）、酱腌菜等的食品加工用盐单位208家，保证广大群众盐罐子的安全。(3) 执法同时进行现场宣传教育。海口分局执法人员在进行私盐罚没、罚款的同时，对围观的群众进行宣传私盐对健康的危害和私自贩运、销售私盐的违法犯罪行为的社会危害性，不断增进群众抵制私盐的自觉性。全年，累计出动检查车辆380辆次、执法人员760人次，检查海口市及销区（定安、屯昌、琼中）40个乡镇（农场）的农贸市场70家、60家食品加工用盐企业，批发零售商店1080家，餐饮店780家，17个国有农场及560个自然村的小卖部，查处违法盐产品约9吨。但由于盐场生产的腌制盐不及时或缺货，导致农村咸菜腌制小作坊、农贸市场鱼摊主等从违法分子处购进私盐，增加盐政执法的难度。

【“防治碘缺乏病日”宣传】2015年，海南省盐务局海口分局（分公司）扎实做好防治碘缺乏宣传工作。在5月15日第22个“防治碘缺乏病日”，联合各销区当地卫生部门，多地同时在繁华地段设立宣传咨询点，开展以“科学补碘，重在生命最初1000天”为主题的宣传活动：(1) 在辖区设立7个碘盐宣传咨询点（其中在定安、屯昌、琼中县分别设立1个宣传咨询点，在海口市设立4个宣传咨询点），通过咨询台、展板、横幅标语、发放宣传单、折页及赠送碘盐等方式，开展防治碘缺乏病日宣传活动。向群众讲解合格碘盐的标识、与非碘盐区别及私盐的危害，提高群众对碘缺乏危害和防治知识。(2) 在辖区各市县分别出动一辆宣传车，深入碘盐覆盖率较低的乡镇散发宣传资料。(3) 邀请当地政府领导与有关工作部门负责同志及电视广播、报纸网站等媒体一起参加公益宣传活动。(4) 向海口福利院免费赠送合格碘盐100包（0.5千克/包）。据不完全统计，宣传活动期间，销区联合政府各职能部门宣传共出动355人次、宣传车辆82车次，设立宣传咨询点27个，发放碘缺乏病宣传资料5万张、低钠盐宣传单4万张，悬挂宣传横幅80条，发放普通食用碘盐4吨，低钠盐2吨，摆放宣传知识栏60个，现场解答群众咨询3万多人次。

【食盐质量安全管理】2015年，海南省盐务局海口分局（分公司）加强食盐质量管理，确保生产合格的碘盐。按照《海南省食盐质量监督管理规定》每月对本公司仓库碘盐进行2次的碘含量质量检测，并对化验过程原始记录及化验结果报告等资料保留3年以上。落实食盐质量安全管理制度，从购进、储存、流通、销售全过程加强监控，建立每批次食盐必检制度，完善质量跟踪监管和责任追究体系，规范不合格产品召回机制，保证食盐质量安全稳定。

（海南省盐业总公司海口分公司）

（编辑：杜惠珍）

旅游业

旅游业综述

【旅游业概况】2015年，海口市提出建设“幸福美丽海口”的新思路，推动旅游岛往更深层次发展的目标，把创建全国文明城市和国家卫生城市作为实现旅游城市向城市旅游跨越的重要抓手，形成现代化滨海花园城市的发展新格局。指导举办复兴城中国香街周末香市开市、2015年中国休闲旅游与度假村发展高峰论坛、丽星邮轮“天秤星”号首航仪式、第十六届海南国际旅游岛欢乐节等系列活动，拉动文化旅游消费增长。全市有232家旅行社，占全省旅行社总数的61.2%，是全省旅行社的总部所在地；在册导游4712名，占全省导游总人数的44%；旅游饭店和社会旅馆1326家，总客房7.69万间，总床位9.61万张，酒店与旅馆的年接待设计能力超3500万人次。星级饭店43家，开业及在建酒店涵盖香格里拉、喜来登、万豪、希尔顿、丽思卡尔顿、万丽、威斯汀、朗廷、索菲特和洲际等国际高端连锁酒店品牌。国家A级旅游景区10家。建成海口湾、新埠岛两个游艇专用码头，全国首家游艇交易所坐落海口。拥有18个风格各异的球场、9个高尔夫球会。具有接待能力的乡村旅游点共21个，年接待能力100万人次，其中9家被评为全省乡村旅游示范点创建单位，6家获得海南省椰级等级评定。全市接待国内外过夜游客1225.2万人次，比上年增长8.4%。旅游总收入160.06亿元，增长12.7%。一日游人数314.97万人次，增长19.5%。

【旅游配套设施建设】2015年，海口市为落实国家旅游局及省政府指示精神，有效推进旅游厕所革命，把旅游厕所建设管理作为“双创”工作重要内容来抓，下发《海口市旅游厕所建设与管理提升工程实施方案》，出台制定《海口市旅游厕所奖补方案》；加大推进力度，按照国家旅游局《旅游厕所建设管理指南》和《城市公共厕所设计标准》（CJJ 14-2005，J 476-2005）要求，将旅游厕所建设要求进行量化，编制《海口市旅游厕所检查评定标准》，全市启动118座旅游厕所的新建和改建工作，新建观澜湖新城、龙桥加油站及骑楼老街等处36座厕所，改建秀英港及假日海滩等重要游客集散地29座厕所，累计投资2287万元，累计完成投资比率152%。旅游咨询服务中心项目是海南国际旅游岛开局之年10个重要建设项目之一，于2010年12月底开始筹建，一期4个旅游咨询服务中心（站）点以及旅游咨询服务中心官方网站由市政府投资建设；二期7个旅游咨询服务中心（站）点，2015年完成包括观澜湖新城、海口火车东站、海口火车站、明珠广场站和绿地城站点的5个站点的选址工作，并与酷秀集团就咨询服务中心的运营达成委托协议。

【旅游项目建设】2015年，海口市推进建设旅游项目15项，完成投资额17.8亿元。其中，冯小刚电影公社南洋街开街，丹娜国际游艇都会一期华邑酒店正式营业。

【旅游服务标准化建设】2015年年初，海口市旅游标准化建设委员会办公室遴选确定第三批旅游标准化试点企业75家，经督导及评估验收，评出28家旅游标准化示范单位，并给予每家5万元奖励。其间组织12次旅游标准化工作专题培训班，培训人数2000多人次。7～9月，组织编制海口《商业洗涤服务质量规范》地方标准。为推动海口市旅游景区安全监控及流量监测系统建设，督促旅游景区加快完善安全监控系统，确保景区出入口、景区停车场、景区收银台、事故易发点等涉及公共安全区域监控的全覆盖，全市11家景区共安装监控探头1956个。抓好景区及乡村旅游点标识牌导向系统建设，对火山口、观澜湖、复兴城中国香街、琼山区及秀英区乡村旅游点古村落等进行实地调研工作，制作景区及乡村旅游点标识牌78块。

旅游经营

【旅游经营概况】2015年，海口市在国内市场，创新推出“客源互动”“旅游＋网络、会展、房产”“现场嘉年华促销”“微信直播”等促销新模式和新方式，以北上广为中心，

2015年海口市重点旅游项目建设情况表

名称	地点	总投资额（万元）	至年底累计完成（万元）	项目进展
海口观澜湖项目	龙华区观澜湖大道1号	1260000	184660	兰桂坊正在进行商场装修工程；丽思卡尔顿、万丽酒店内装修工程60%，硬石酒店完成正负零工程，国际学校进行地下室施工，国际企业家园内装修50%，SOHO中心进行园林绿化工程70%，海口观澜湖免税店装修20%，电影南洋街外立面工程100%，园林景观完成70%，摄影棚竣工。
海口中国城新濠酒店项目	龙昆南路以西，南海大道以南	130000	13900	1. 项目一期（中国城）已完成拆除；整体改造完成报建:外立面、公共部分等设计已完成，目前进入基础、机电、钢构、水电、管网等前期施工，同步招商工作已开展。2. 项目二期（icar花园公寓）于2015年9月完成控规修改及公示，完成规划报建初审。规划设计方案于12月18日通过专家论证会，正处于项目规划报建待审阶段。
海口湾灯塔酒店项目	海口湾	1100000	10800	主体项目规划方案在做进一步的深化，单体建筑的设计。
海口棕榈广场项目	滨海大道107号棕榈公寓旁	108000	27000	1. A栋酒店部分进行外立面幕墙的施工。 2. B栋写字楼部分正进行内部装修。
海口中环国际广场项目	龙华区滨海大道77号	128000	36000	进行土建施工、装饰工程、机电工程、玻璃幕墙施工。
海口航空科技体育文化旅游项目	琼山区甲子镇	55000	2969	1. 海口基地园林式服务中心园区第一批苗木已完成种植，其余的准备继续进场种植。2. 海口基地园林式服务中心木屋已完成外立面结构工作，内结构装饰工程正在进行中。3. 海口基地园林式服务中心园区乔木种植已基本完成，正在进行小灌木种植及草坪铺设，同步进行园区的道路铺垫、硬化。4. 海口基地跑道工程正在进行第一层土方铺垫、压实，跑道的护坡工作已开始初步工作准备。
海口港航酒店项目	秀英区滨海大道161-8号	113012	7980	1. 整体土方开挖完成。2. 底板防水施工完成。3. 底板白蚁防治施工完成。4. 消防电梯底坑结构施工完成。5. 底板钢筋绑扎完成约75%。6. 基坑降排水正常启用。
海口美洲假日花园项目	迎宾大道东侧	250000	5600	1. 清表清坟。2. 营销中心。
海口美孝火山石古村落旅游开发项目	秀英区永兴镇	53000	1300	1. 美孝项目控规已通过秀英区政府批复。2. 项目土规方案调整已完成，正在走申报审批流程。林地使用规划调整已经开始受理。
海口红树林乡村旅游开发项目	美兰区演丰镇	130000	12300	1. 栈道售、检票亭的修建及栈道配套设施的进一步完善。 2. 野菠萝岛的生态修复工程。
海口孔雀山养生度假项目	龙华区梧桐路1号	250000	18700	体验中心完工投入使用，项目一期一二三组团封顶，四五六组团主体施工，样板房装修完成。
海口丹娜游艇都会项目	美兰区海甸岛碧海大道	180000	44282	一期酒店各项验收、竣工验收及试营业前准备；二期游艇码头填海完成，护岸沉箱已完成施工。
海口秀英港旅游综合体项目	秀英区丽晶路南北侧	1750000	142820	3#楼施工至结构10层，4#楼、9#楼已结构封顶，8#楼施工至结构18层，10#楼施工至结构17层。
海口红树林湿地森林小镇项目	美兰区演丰镇	230000	960	正进行前期工作。
长影环球100生态修复工程	秀英区长流组团	3800000	152000	征地完成98%；工矿企业补偿方案已获批，地上物拆迁工作正式启动；椰海大道一侧围挡已完成；南海大道一侧围挡已正式启动；4月16日成功召开长影海南“环球100”暨生态修复项目现场推进会。2014年9月5日《海口市西海岸新区南片区控制性详细规划E06地块图则细化方案》（长影海南“环球100”项目地块）已编制完成，结束公示。

"走出去"营销覆盖华中、华南、东南、西南、西北、华西地区共8个主要客源区域。海口市全年接待国内外过夜游客825.79万人次，增长9.3%；旅游总收入103.72亿元，增长12.9%。从年度目标完成情况看，接待过夜人数完成年度目标的67.7%；旅游总收入完成年度目标的65.2%。从在全省的占比情况来看，海口国内外过夜游客接待量和旅游总收入分别占全省的26.7%和29.7%。旅游总收入相当于GDP的12.5%，相当于第三产业增加值的16.4%。在境外市场，采取"委托制"和"扶持补贴政策"相结合方式，紧扣大型旅游展和航线开通城市，全年共接待入境游客8.46万人次，下降11.2%，占全省入境游客20%；其中，接待港澳台同胞4.37万人次，下降8%；外国人4.08万人次，下降14.5%。

【旅游营销】2015年，海口市按照"巩固成熟市场，开辟冷市场，捂热小市场，渗透和开拓境外市场"原则，围绕产品包装、市场开发和营销渠道"三位一体"开展旅游营销。在国内市场，创新推出"客源互动""旅游+网络、会展、房产""现场嘉年华促销""微信直播"等促销新模式和新方式，以北上广为中心，"走出去"营销覆盖华中、华南、东南、西南、西北、华西地区共8个主要客源区域16场次，涵盖北京、武汉、成都、西安、厦门、洛阳、许昌、龙岩、婺源等目标城市。其中，9月底组织的西北市场国庆促销，以"海口邀约赶海去"实行微信直播互动促销，单场最高峰互动人数超2万余人。在境外市场，采取"委托制"和"扶持补贴政策"相结合方式，紧扣大型旅游展和航线开通城市，在韩国（首尔、济州岛）、马来西亚（吉隆坡）、印尼（雅加达）、泰国（曼谷）和中国香港、中国台湾（台北、高雄）地区组织11场次旅游推介及企业面对面供销信息沟通活动，维持东南亚、港澳台地区、日韩等主要境外区域市场开发热度。

【旅游客源市场】2015年，自驾游和自由行游客成为海口旅游客源主体。国内市场以北上广为中心，华中、华南、东南、西南、西北、华西地区共8个主要客源区域，完成16场次的旅游促销活动；境外市场以中国港澳台地区、东南亚、韩国、日本等2小时航程为重点，完成11场次旅游推介及企业面对面供销信息沟通活动，维持港澳台地区、东南亚、日韩等主要境外区域市场开发热度。全年共完成27场旅游营销推介会，接待国内外游客1225.2万人次，增长8.4%，其中入境游客12.2万人次，下降10.9%，入境游客和国内游客比例为1∶100。

【旅游节庆活动】2015年，海口市在提升休闲旅游、红色旅游、文化旅游、演艺旅游、观光旅游、节庆旅游、商务旅游、创意旅游等传统旅游的同时，开辟出新的旅游业态。先后举办第十三届中国（海口）国际旅游商品交易会、第十六届海南国际旅游岛欢乐节、丽星邮轮"天秤星"号首航仪式、海口市2016年夏秋季航空市场推介会、2015年中国休闲旅游与度假村发展高峰论坛、海口复兴城中国香街周末香市开市等活动。这些品牌已经成为海口的名片，成为国内外游客旅游体验的新选择。

【旅游区域合作】2015年，为推进旅游区域一体化建设及旅游融合，海口市组织琼北8市县联合捆绑营销，除"琼北过大年"品牌营销外，先后在厦门、北京、安庆举办专场推介会，率先采用"互联网+"模式向岛外主要客源地推介琼北旅游资源，全面发挥琼北旅游品牌效应；坚持联席会议

2015年海口国内游客源地前十名

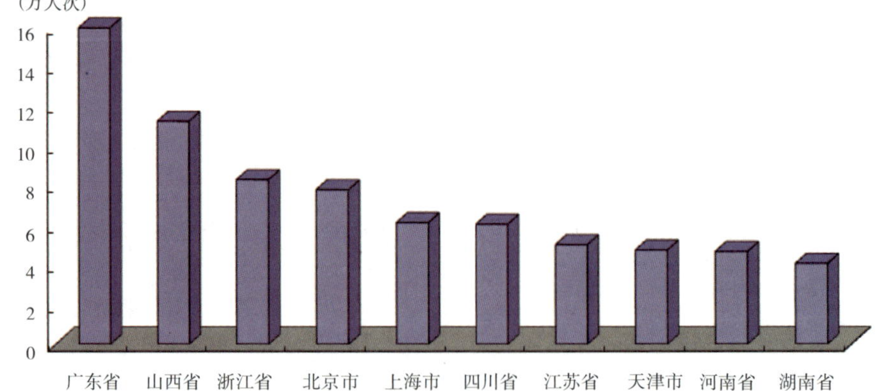

2015年海口市入境客源市场分布图
（占入境总数的百分比%）

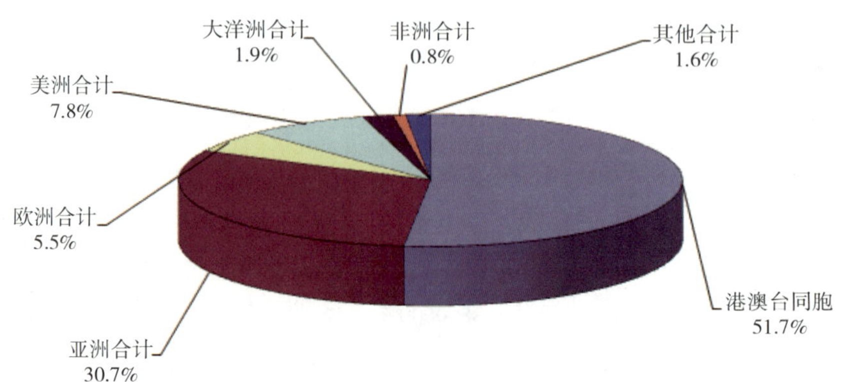

制度，使之成为琼北旅游融合的工作抓手，分别在厦门、海口和北京召开琼北旅游联席会议，协调解决琼北旅游工作出现的问题；牵头组织有关专家、媒体、企业分别走访琼北 8 市县以及琼中、昌江县，对各市县的旅游资源踩线调研，并召开产品线路评估会和新闻发布会，出版《琼北旅游画册》《琼北旅游手绘地图》和投放推广，协助文昌成功举办省会经济圈 2015 年度论坛。

【旅游宣传】 2015 年，海口市紧扣新闻聚焦动态，策划“邀请您到海南琼北过大年”“不是夸海口，来了不想走”“海口婺源交换春天”“海口邀约赶海去”“海丝与陆丝互动”等营销主题概念，一方面通过权威媒体覆盖合作、多点多阵地传播平台建设及正面导向供稿等宣传模式，实现发酵性传播海口旅游美誉度；另一方面，加强“互联网 +”旅游产品整合营销合作，推出在线旅游专题促销活动和微信在线直播，实现网络眼球聚焦；此外，做精做实做活海口旅游公共产品资料，大范围发布发放，刺激游客到海口旅游的消费动力和消费信心。全年报纸、网络、电视、新媒体在内的国内外关于海口旅游的原创报道 3402 篇（条），转载超 290 万条；微信专题 30 个，琼北旅游专版 15 个，旅游公共产品投放超 21 万册（张），新增一批“海口旅游”的关联搜索热词（见附表）。其中，微信“海口旅游闹端午 ‘爸’气十足”单条浏览量达 25 万人次。

【1.67 亿元奖 72 家航空公司旅行社】 2015 年 8 月 11 日，“海口市 2014 年航空旅行社奖励金兑现暨海口旅行社直销基地授牌仪式”在海口复兴城举行，海口市政府对积极开拓旅游客源的 72 家企业进行奖励，奖金总额 1.67 亿元，其中航空公司 39 家、旅行社 33 家。受到奖励的单位中，航空公司奖励总额 1.6 亿余元，旅行社奖励总额 692 万元。海南航空股份有限公司以 5498.5 万元居榜首，中国南方航空股份有限公司海南分公司 3120.5 万元、海南美兰国际机场股份有限公司 1100 万元分列第二和第三；旅行社方面，海南华锦集团旗下企业海南同行天下旅行社有限公司和海南康泰国际旅行社有限公司分别获得 163.14 万元和 67.55 万元位居第一和第三，海南海世界旅行社有限公司以 83.39 万元获得第二名。

2015 年 8 月 11 日，海口市 2014 年航空旅行社奖励金兑现暨海口旅行社直销基地授牌仪式在海口复兴城举行。（市旅发委 供稿）

【海口复兴城中国香街周末香市开市】 2015 年 10 月 17 日，海南首家以沉香、黄花梨、降真香“海南三香”为主打特色，囊括菩提、陶瓷、水晶等为辅的文创产品交易市场——中国香街周末香市在复兴城举行开市仪式。自 10 月 17 日起，香市于每周六、周日 7：00～21：30 开市，这不仅标志着海口文化旅游与特色购物再添新去处，也是复兴城中国香街商旅文多元化产业结构的再提升。香市一期规划摊位 400 个，摊位统一排序编号，挂牌经营。开市仪式上约 200 家商户签字承诺诚信经营，打造“诚信香市卖场”。

【第十三届中国（海口）国际旅游商品交易会】 2015 年 11 月 27～30 日在海口复兴城广场举行，由海口市旅游发展委员会、海南省旅游商品企业协会、海口市旅游商品协会联合举办。共设 230 个国际标准展位，展览面积 6000 多平方米。划分为国内国际旅游商品综合展区、国内特色旅游商品展区、海南龙头企业及特色旅游商品展区、旅游装备展区（酒店配套）和海南沉香花梨展销区等五大展区。220 多家企业参展，聚集来自韩国、巴基斯坦、越南、缅甸、马来西亚、印尼、中国香港地区、中国台湾地区等 15 个国家和地区的参展商，国内旅游商品展区分别来自山东、云南、重庆、河北、四川、广东、贵州、广西等多个省（市）自治区。参展商品涵盖珠宝、贝壳工艺品、沉香、古玩、咖啡、名酒、旅游用品和装备等商品。东南亚国家参展商参展的商品除著名的缅甸玉石珠宝外，还有越南、印尼的沉香、马来西亚的钓具、泰国的特色食品等。海口综合保税区国际商品展示交易中心的展位展销来自海口综合保税区的进口商品。交易会一改以往展会传统，增设联动会场，以复兴城主会场为中心，联动万绿园风情街展区和鼎臻古玩城花梨交易会，三者互为犄角，互为联动，融合发展打造海口“北部湾”特色街区旅游消费带。开幕式上，为期 2 个多月的海口“百年香店”追踪活动落下帷幕，“一线香农（官香阁）”被评选为首家海口“百年香店”并获得授牌。同时，韩国JS&F公司与海口复兴城海南佳贸实业有限公司签约，泰迪熊海口直销店落户海口复兴城；海口复兴城中国香街首家沉香企业海南香树沉香产业股份有限公司也在开幕式上宣布，在新三板成功上市，成为中国首家沉香产业上市公司。交易会期间，复兴城主会场以及两个联动展区（万绿园风情街美食展区和鼎臻古玩城花梨节展区）接待人数21万人；交易额3270万元，创历史新高。

【第十六届海南国际旅游岛欢乐节】 2015年11月28日在海南国际会展中心开幕，省委常委、市委书记孙新阳，省人大常委会副主任符跃兰，副省长何西庆，省政协副主席史贻云，省政府秘书长陆志远出席开幕式；韩国济州道知事元喜龙、马来西亚槟城州立法议会会长拿督刘子健、马来西亚国家旅游局主席黄朱强、柬埔寨驻华大使凯·西索达、菲律宾驻华大使艾尔琳达·巴西里奥、全国友协副会长户思社和国家旅游局、国家海洋局相关负责人，以及来自15个国家、国内16个省区市的300多名嘉宾参加开幕式。欢乐节从2015年开始由中国海南岛欢乐节正式更名为海南国际旅游岛欢乐节。本届欢乐节以“狂欢海南 韵动天涯”为主题，由海口主会场活动、定安分会场活动和全省欢乐主题旅游月三大版块构成，由海南省旅游发展委员会主办，海口市人民政府和定安县人民政府承办。海口市遵循“以节促旅、以旅促消费”原则，从娱乐与消费两个方面，多部门联动策划12项海口主会场活动。其中，第二届“海口打折季”品牌活动，发动领域涵盖海口主要的旅游景区、购物商城、餐饮点、文体休闲场所、农家乐和特色街区等，拉开一场海口命名的消费狂欢季。欢乐节期间海口推出两条囊括“康体养生”元素的精品旅游线路。本届欢乐节展现4大特色：体现国际元素，举办第65届世界小姐总决赛、2015年中韩人文交流主题省道“济州日”活动、德国手风琴专场音乐会等具有国际特色的活动；展示海南特色，举办海南之夜旅游推介会、海口特色街区文化主题活动、海南琼剧展等文化旅游活动；将节庆与产业相结合，促进旅游消费升级，举办2015海南国际海洋旅游博览会、2015海南首届国际房车露营博览会、2015海南国际美食博览会等三大展会；营造全民共欢乐的气氛，全省同时举办多项特色活动，让全民参与欢乐、体验欢乐、传播欢乐、分享欢乐。12月3日，欢乐节落幕。共接待市民游客43万人，交易额2.1亿元。海口市通过专业媒体团报道、专业买家客商邀约实地体验、城市节庆氛围营造、旅游产品线路广告推介等渠道，多角度、广层面营销推广海口旅游形象，增加本岛居民形象认同感和客源地城市关注度，形成“名城名节”现象。

【2015世界游艇盛典在海口举办】 2015年12月1～5日在海口豪生大酒店及新埠岛国际游艇会举办。主题是“中国游艇产业大众消费市场的发展模式”。盛典活动共设三大板块：世界游艇经济论坛、中国国际游艇产业投资贸易洽谈会、中国海钓盛典暨休闲海钓生活方式展示会。世界游艇盛典是国际游艇联合会（ICOMIA）在中国唯一支持的国际化产业促进商务活动。自2013年以来，已连续举办两届。有近30个国家游艇行业协会领袖、100多位国际游艇制造企业CEO、20多个中国各省市游艇行业协会负责人、20多个城市政府代表团、500多家中国游艇企业负责人、2000多位嘉宾与会参展。

旅游服务

【旅游服务概况】 2015年，海口市有旅游景区业企业16家，A级景区10家：海南热带野生动植物园、中国雷琼海口石山火山群世界地质公园（雷琼世界地质公园海口园区）、海口骑楼小吃风情街、海口市五公祠、海口琼洲文化风情街、海口假日海滩、白沙门公园、海口市海瑞墓、海口观澜湖旅游度假区、海口骑楼老街，其中，4A级4家，3A级5家，2A级1家，占全省的17.9%；旅游参观点78处。有旅游行业企业1586家，其中，星级饭店43家（五星级7家；四星级14家；三星级18家；二星级4家），社会旅馆989家，家庭旅馆294家，总客房7.69万间，总床位9.61万张；旅行社业企业235家，其中经营出境旅游业务旅行社有31家，经营入境和国内旅游业务的旅行社204家，旅行社分社21家（另有旅游服务网点140家）；高尔夫球行业企业8家，其中18洞国际标准场6家，27洞国际标准场2家；导游服务管理企业1家，有注册导游员2647人，另有旅行社专职导游员2065人。

【旅游产品开发】 2015年，海口市有以会展中心和酒店集群形成的商务会展旅游、婚庆相亲与换花节形成节庆旅游、骑楼小吃街和中国香街为代表的饮食购物旅游、新农村建设和绿道为代表的乡村旅游、冯白驹故居红军改编旧址为代表的红色旅游，骑楼老街、五公祠、海瑞墓为代表的历史文化旅游，红树林和火山口为代表的生态旅游，以三沙旅游和邮轮游艇旅游为代表的海上旅游，观澜湖成为时尚休闲旅游的代表。正在开发的有：环球100影视主题公园、五源河文体中心、如意岛、南海明珠、海南野生动植物园新区、海上驿站、演丰风情小镇、青龙湖水上旅游度假区、红树林湿地森林小镇、海口美孝火山石古村落、海口孔雀山养生度假区等重大旅游项目以及中环国际广场、海口棕榈广场、海口湾灯塔大酒店、港航酒店、海口美洲假日花园、海口中国城新濠酒店等酒店项目。此外，为了活跃市场，增强旅游产品新颖吸引力，共策划包装推出“2015年又邀请您到海南琼北过大年”“不是夸海口，来了不想走”“夏天到海口打盹”“椰城深呼吸”等以特色街区、富硒生态美食与创意、养生为主题的系列旅游产品。同时，紧紧抓住旅游产品销售的两大重点渠道——互联网预定平台及新型旅行社组团门店，联合海南酷秀及百事通，打造5条落地产品线路，成为海口旅游在客源市场的新卖点。

【乡村旅游】2015年1月9日，琼山区田心生态农庄举行“中国最美休闲农庄揭牌仪式”，为全国28个现代型最美休闲乡村之一，成海南省唯一一个现代型的最美休闲乡村。至2015年底，海口具有接待能力的特色乡村旅游点共27个，年接待游客突破100万人次，旅游收入超过7000万元，为农民转产增收提供新的途径。其中，海口有4个村、18个农家乐、2人分别荣获国家级“中国乡村旅游模范村”“中国乡村旅游金牌农家乐”和“中国乡村旅游致富带头人”称号，9家乡村旅游点荣获海南省乡村旅游示范点创建单位，6家单位通过“椰级”等级评定，其中：5椰级1家，是海南首家5椰级乡村旅游点，4椰级1家，3椰级4家。

【旅游购物】2015年，海口市旅游商品协会有68家会员单位，海口市白沙门公园市民驿站分布28家工艺品单位，海口市绿园路民俗风情街分布16家工艺品单位；在明珠广场、金鹿古玩城、万国大都会、国际创意港有24家经营单位。全年销售收入5610.58万元，接待游客13.02万人。主要经营黎锦、花梨、沉香、椰雕、贝雕、珍珠、玉石和菩提子等具有海南本土特色的工艺品，同时还有海南粉、抱罗粉、五谷杂粮和咖啡等海南各市县风味小吃及饮品。

【中国香街】位于海口市复兴城，由复兴城投资方和海口市旅游商品协会共同打造，占地面积5.33公顷，建筑面积6万平方米，其中香街占地面积2万平方米。整个香街将以高端沉香打造专业交易市场，通过沉香上下游产业链产品，以富有文化内涵的姿态面向国内外游客。海口复兴城中国香街旨在打造沉香文化，在对沉香文化进行深层次研发挖掘的基础上，将旅游、养生、鉴赏、收藏、表演、科技、市场有机结合起来，开发各类文化旅游产品，形成高效益的文化旅游产业链，打造旅游新名片与品牌。在中国香街，不仅可以购买到各类沉香制品，还能够观看香道表演，品尝沉香美食。中国香街汇聚来自海南、广东、福建、广西以及东南亚等地40余家沉香品牌旗舰店，全国75%知名沉香店汇聚于此，形成形式丰富的旅游文化业态。2015年10月17日，中国香街周末香市正式开市。

【旅游商品研发】2015年，海口市旅游商品协会会员单位新研发旅游商品283款，其中黎锦人纹图案14款、椰子吊坠和挂包67款、贝壳雕刻和邮票58款、手工木雕（以沉香和花梨木为主）47款、沉香制作工艺品18款、海南岛服饰和装饰79款，获得市场认可，消费者普遍好评。

【旅游免税商店】海口美兰机场免税店由海南省免税品有限公司与海航集团共同投资组建，位于海口美兰机场国内候机楼隔离区内。2015年3月，经国家批准，海口美兰机场免税店总批复面积1.25万平方米。以离岛顾客为销售对象，经营国家批准的38类免税商品，涵盖300余项国际知名品牌，主要以化妆品、香水、手表、箱包、服装服饰、糖果、婴儿配方奶粉、尿不湿等产品为主。以低于国内商场10%～35%的免税价格，提供“即买即提”的一站式免税购物新体验。为提高旅客购物体验，海口美兰机场免税店开设网上商城免税易购，线上、线下商品均由海关全程监控，旅客登录网上商城即可轻松进行线上商品预订及支付，海口、三亚两地机场均可提货。

【低空飞行旅游】海口亚龙基地位于龙华区观海路65号，海口湾游艇码头旁。项目内容以空中游览的飞行为主，提供海口东海岸线和西海岸线的空中观光服务和海口到海安的摆渡飞行服务。游客乘坐飞机通常所采用的是罗宾逊R44机型，每架次最多可搭载3名乘客。2015年飞行2648架次，接待旅客5288人次。

【筹备“海上丝路体验游”】2015年，海口市旅发委借助国家建设“一带一路”重大机遇，协助港航控股集团，以海口为节点，开展海上环岛旅游、夜游海口项目。筹备启动海上驿站海上游和西沙旅游海口始发事宜。同时，指导和协助海南启程海上丝路游船有限公司进行海口滨海游船项目立项审批及规划编制、环境评估、海域和航线申请等工作。至年底，定制用于海口滨海游船项目的6艘船有2艘交付使用。

【海口骑楼老街开街】2015年1月9日，海口骑楼老街博爱北、水巷口街景街廓整治工程完工并举行开街仪式。至此，包括第一期工程中山路的整治，骑楼老街三条街区修复完成，“原汁原味”的老海口开始呈现给市民和游客。2014年8月，骑楼老街博爱北、水巷口街景街廓整治工程开工，工程包括博爱北路、水巷口南侧部分建筑，施工内容包括骑楼建筑立面修缮、“老字号”挖掘，沿街景观、街道设施完善等方面。在设计上，同济大学建筑系主任常青设计团队负责总体定位、建筑色彩以及修复材料等方面，海南华磊建筑设计院负责施工图设计。对中山路、博爱北路修缮分别代表国际上在修缮实践当中的两个倾向：中山路模式倾向于“整旧如初”，是最初色彩的一种尝试，试图恢复到骑楼出现之初呈现的形态；博爱北路倾向于“整旧如旧”：是骑楼上一次修缮后的形态，以此体现历史的变化，展现沧桑感。骑楼街景街廓整治注重保护传统业态，包括道路两旁原有的乐器店、手工业品店、家居用品店及凉茶店等业态全部保留。在整个骑楼老街的修复施工中，“老字号”挖掘和保护是重点之一。自2014年7月博爱北路“老字号”挖掘工作开始至2015年底，陆续挖掘出60多个“老字号”，“正兴选铺”“德兴布厂”“会文书局”等“老字号”重见天日。中山路修复时，复原了“大亚酒店”“泰昌隆”等80多个知名老商号。至2015年，骑楼历史街区的“老字号”共挖掘出近150个。

【旅游信息化建设】2015年，海口市推动全省域游客集中地免费WiFi，完成所有海口旅游热门景点和交通枢纽的建设勘察，计划放置的AP数211个；全市四星级以上旅游饭店实现大堂、客房基本全部覆盖。借助平台，改善旅游管理和服务，全年完成9大专题和微信平台建设。推动“互联网+旅游”营销战略。共建平台酷秀，创新营销模式，2015年平台实现全国旅游票务成交额超15亿元。

【丽星邮轮“天秤星”号首航】2015年11月4日，丽星邮轮“天秤星”号在海口正式首航，开启为期5个月的以海口为母港的越南下龙湾、岘港、顺化海上豪华邮轮之旅。丽星邮轮以海口为母港，逢每周三、五、日出航，提供3天2晚及4天3晚短途航线，至2016年3月30日止。截至2015年12月31日，共航行45航次(往返)，接待旅客3.54万人次。

旅游管理

【旅游饭店管理】2015年，为规范管理，提升服务质量，科学引导旅游饭店转型升级。海口市旅发委重点对旅游饭店的必备项目、设施设备、饭店运营质量、节能环保、安全和应急管理、培训7个方面进行监管督查。(1)严格落实国家星级标准，积极开展旅游饭店星级复核和暗访工作。2015年撤销2家星级饭店，2家星级饭店限期整改。(2)加快海口市旅游饭店星级评定工作，提升酒店接待质量。全市共有300多名星级饭店内审员，市级特邀星评员50名。(3)创新行业管理方法，积极推进“四制”工作。即问责制、行业公示制、窗口服务办理制、旅游服务质量暗访制。(4)联合酒店协会，积极开展旅游饭店服务技能比赛，提升服务水平。先后举办旅游饭店服务技能大赛、行业风采展示赛、行业运动会等。(5)开展标准化培训，增强品牌意识。开展法律法规、国家标准和行业标准、酒店营销等培训25场次，共培训1200多名酒店从业人员。

【导游管理】2015年，海口市旅发委严格落实《旅游法》，强化导游管理。(1)导游专项检查。重点检查导游人员是否持证上岗、是否未经委派从事旅游服务，是否擅自改变行程，减少浏览项目或增加购物等。共查处违规导游2人。(2)导游培训。主要培训法律法规、职业道德、技能技巧、服务规范等内容，共15期7300多人。(3)导游年审。共年审导游4771人，其中通过年审导游4214人，暂缓通过年审导游423人，整改导游19人，建议取消导游资格134人。

【旅游市场监管】2015年，海口市旅游质监所开展市场检查行动97次，联合公安、交通、消防、食药监、文体、工商、物价等部门综合执法8次，共出动检查人员530人次，检查旅游饭店87家、社会旅馆55家、景区（点）9个、旅行社66家。劝告、驱赶街头非法诱导和散发小广告人员170多人。接听24小时旅游咨询投诉833起，其中咨询460起，电话投诉373起，出现场调解32起。收到书面投诉4件，结案4件，满意率100%，为游客挽回经济损失27.82万元，所查处的案件均无行政复议，游客满意率和案件办结率100%。与省旅游质监局赴琼海、万宁、三亚进行不合理低价经营和“一日游”乱象专项市场联合执法检查，并与三亚旅游质监局签订质监执法互动合作协议。确保节假日旅游市场平稳，按照国家旅游局关于对不合理低价、虚假广告宣传、购物摊点违法经营等行为开展综合治理检查，市旅游质监所联合各区成员单位与省旅游质监局对全市各主要旅游购物街、海鲜排档、水果批发市场是否存在未明码标价、缺斤少两、质价不符等行为进行检查；对旅行社服务网点未悬挂证照、涉嫌超范围经营、虚假广告进行查处，提出限期整改。

【旅游安全管理】2015年，海口市旅发委健全“党政同责”“一岗双责”“行业管理管安全”责任体系，开展安全生产“暗查抽查”“八打八治”“打非治违”等专项活动。重点抓旅馆业、A级旅游景区和旅行社的安全生产监管，突出抓好消防安全、食品卫生的监管，集中打击整治擅自使用渔船接待游客，承揽海上捕鱼、垂钓、探险等当前表现突出的非法违规旅游行为。联合市安监、海洋渔业、公安、交通、海事、食药监、工商、消防等部门深入开展地毯式排查，出动执法人员588人次，检查旅游企业722余家次，排查事故隐患200多起，责令2家旅馆整改。海口市旅游行业全年未发生安全生产责任事故。

【旅游教育培训】2015年，海口市旅发委组织开展旅游人才培训4大类、16期，培训学员1.22万人次。(1)导游类培训。共举办导游类培训4期，培训导游5735人次。主要有：海口市导游员旅游安全教育培训班1期800人次；导游年审现场培训2期4875人次；导游职业技能培训1期60人次。(2)政策法规类培训。共举办政策法规类培训7期，培训985人次。包括：旅游执法人员依法行政培训班1期30人次；旅游法规推广教育培训班2期650人次；旅游标准化工作培训班4期305人次。(3)新业态及其他培训。共举办新业态及其他培训5期，培训人数610人次。包括：“互联网+旅游”高级培训班2期400人次；2015年旅游产业发展专项资金扶持项目申报暨旅游厕所建设与管理提升工程培训班1期100人次；观澜湖景区内导及从业人员培训班1期80人次；海口市景区内导培训班1期30人次。（4）远程教育培训。4月，海口市旅发委面向全市导游人员开放海口市导游人员学习培训系统4个月，培训内容主要有：导游人员职业道德素质、旅游政策法规、导游人员服务技能技巧、海口旅游标准化知识和琼北旅游知识等。培训人员4875人次。

【海口市航空旅游协会成立】 2015年6月，海口美兰机场牵头，联合航空公司、旅行社、包机公司等航空旅游企业成立航空旅游协会，美兰机场为会长单位，共有会员单位41家。成立以来配合海口市民航办公室顺利完成2015~2016年冬春季航空旅游信息沟通会、2015年冬春换季座谈会、海口市2015年上半年航空奖励情况通报会暨2016年第1季度航空旅游信息沟通会等活动。

2015年海口经营中国公民境外旅游业务旅行社名单

序号	许可证号	旅行社名称	联系电话
1	L-HAN-CJ00001	海南旅总国际旅行社有限公司	31371696
2	L-HAN-CJ00002	海南省中国旅行社	66790022
3	L-HAN-CJ00003	海南省中国国际旅行社	65231523
4	L-HAN-CJ00004	海南珠江国际旅行社有限公司	66702642
5	L-HAN-CJ00005	海南新国旅国际旅行社有限公司	66718578
6	L-HAN-CJ00006	海南海王国际旅行社有限公司	66722728
7	L-HAN-CJ00007	海南辰达国际旅行社有限公司	66295050
8	L-HAN-CJ00008	海南豪阳国际旅行社有限公司	66568918
9	L-HAN-CJ00009	海南特区国际旅行社有限公司	66526883
10	L-HAN-CJ00010	海南康辉国际旅行社有限责任公司	68558801
11	L-HAN-CJ00011	海南康泰国际旅行社有限公司	66551600
12	L-HAN-CJ00013	海南春秋国际旅行社有限公司	68558378
13	L-HAN-CJ00014	中国国旅（海南）国际旅行社有限公司	31982737
14	L-HAN-CJ00015	海南上航假期国际旅行社有限公司	36687756
15	L-HAN-CJ00016	海南亲和力国际旅行社有限公司	36625668
16	L-HAN-CJ00017	海南海之缘国际旅行社有限公司	65399999
17	L-HAN-CJ00019	海南远通国际旅行社有限公司	65305205
18	L-HAN-CJ00021	海南东方国际旅行社有限公司	36366766
19	L-HAN-CJ00023	海南惠众国际旅行社有限责任公司	65228888
20	L-HAN-CJ00024	海南航空国际旅行社	66296003
21	L-HAN-CJ00026	海南嘉博青年国际旅行社有限公司	66773311
22	L-HAN-CJ00027	海南拍拍手国际旅行社有限公司	68517090
23	L-HAN-CJ00028	海南海方圆国际旅行社有限公司	66288218
24	L-HAN-CJ00029	海南沙洲旅游百事通国际旅行社有限公司	66265609
25	L-HAN-CJ00031	海南南湖国际旅行社有限公司	68558328
26	L-HAN-CJ00032	海南星海假期国际旅行社有限公司	66755000
27	L-HAN-CJ00033	海南浪花商务旅行社有限公司	66784444
28	L-HAN-CJ00034	海南海天假期旅行社有限公司	66745997
29	L-HAN-CJ00036	海南热岛风情国际旅行社有限公司	66676688
30	L-HAN-WZ00001	秀之旅（海南）国际旅行社有限公司	36683609

2015年海口市四星级以上旅游饭店名录

序号	星牌编号	酒店名称	星级	联系电话
1	4650006	海南君华海逸酒店	五星	68548888
2	4650012	海南新国宾馆	五星	68715666
3	4650014	海南皇冠滨海温泉酒店	五星	65966888
4	4650018	海口喜来登温泉度假酒店	五星	68708888
5	4650019	海口天佑大酒店	五星	31688855
6	4650075	海口明光海航大酒店	五星	36638888
7	4650030	海口观澜湖度假酒店	五星	68683888
8	4640001	海南宝华海景大酒店	四星	68536699
9	4640004	海航国际商务酒店	四星	66796999
10	4640005	海口黄金海景大酒店	四星	68537718
11	4640006	海南金银岛大酒店	四星	66763388
12	4640021	海南鑫源温泉大酒店	四星	66735111
13	4640026	海南太阳城大酒店	四星	66206666
14	4640031	海南椰海大酒店	四星	68598888
15	4640032	海南凯威大酒店	四星	68628288
16	4640043	海南和亿华天酒店	四星	66799988
17	4640055	海南万利隆商务酒店	四星	68569666
18	4640056	海南新奥斯罗克酒店	四星	66530666
19	4640060	海南赛仑吉地大酒店	四星	66778888
20	4640061	海南鸿运大酒店	四星	36669988
21	4640062	海南宝驹大酒店	四星	36618999

（朱子斐）

（编辑：姚　锐）

非公经济发展

【非公经济发展概况】2015年，海口市全面深化改革、扩大开放，优化民间投资和企业经营发展环境，加快经济提质增效升级，全市经济社会平稳发展。年内，随着国家“大众创业、万众创新”“一照一码”商事制度改革等政策的推进，非公经济市场主体稳健发展。据工商部门统计，截至2015年底，全市企业7.23万户，其中非公企业6.94万户（其中私营企业6.88万户，港澳侨台资企业157户），占96.03%。年内新增非公企业注册数量1.59万户，占全市企业新增总数的99.24%，再次创下历史新高。其中，私营企业增加8917户，比上年增长14.9%。全市有个体工商户12.56万户，增加1.36万家，增长12.17%。全市企业注册资金2810.6亿元，其中非公企业注册资金2701.14亿元（其中私营企业2639.51亿元），占93.91%。新增企业注册资金745.08亿元，其中非公企业740.99亿元，占99.36%。新增企业继续向服务业倾斜，第三产业新登记企业占大多数，信息技术、文化体育、教育行业的新注册企业增速较高。

【非公经济纳税总量提高】2015年，海口市实现税收288.68亿元，其中非公经济贡献248.36亿元，占全市税收的85.15%，比重与上年基本持平，但总量增加23.61亿元。年内，非公经济国税收入115.19亿元，增长16.12%，占全市国税总额的88.92%。受税收政策改革带来的影响，私营企业、个体工商业纳税第2年持续减少，企业负担一定程度得到减轻；非公经济地税收入133.17亿元，占全市地税收入83.69%，个体与私营企业增速均超过10%。

【非公经济民间投资加快】2015年，在全国民间投资增速下降的背景下，海口市投资领域拓宽，打破行业准入限制，启动公共服务供给侧改革，通过运用PPP模式引导民间资本参与基础设施建设管理，推动民间投资实现连续12个月增长。全市完成固定资产投资1012.05亿元，增长22.7%。其中民间固定资产投资796.42亿元，占78.7%，比增长32.3%，增幅高于全市固定资产投资9.1百分点。

【非公经济就业贡献突出】2015年，海口市城镇新增就业5.67万人，完成年任务的103.02%；转移农村富余劳动力就业8730人，完成年任务8000人的109.12%。市担保贷款中心发放创业小额贷款5214万元，帮扶615人创业。据工商部门数据显示，非公经济提供全市超过九成的新增岗位，就业人数近70万人，约占全市就业总人数的七成。

【非公经济产业规模偏小】2015年，海口市在非公经济产业布局上缺乏整体综合规划和长远战略布局，非公经济结构性矛盾突出，三次产业结构仍不合理，大多数非公企业还处在发展的初级阶段，传统产业升级改造任务艰巨，粗放的发展方式没有得到根本转变，相当一部分抗风险能力较差的非公企业生产经营困难逐步加剧。截至年底，海口市拥有注册资金超过500万元的企业4053家，其中非公企业4046家（2015年新增826家），小微企业比重超过90%。与发达地区相比，经济总量明显偏低，基础薄弱、发展滞后，产业结构单一，产业规模小，产业链很短，如互联网行业，应用主要集中在旅游和农产品营销，专业市场的互联网发展参差不齐，特别是互联网与制造业的融合与创新方面短板现象严重，配套服务发展明显滞后。

非公经济服务

【促进民间投资政策出台】2015年，海口出台涉及电子商务、工业、金融、互联网、旅游等领域的系列产业政策，引导民间资本向重点产业聚集。同时陆续颁布会展、航运、影视等一系列鼓励政策。此外，贯彻落实《海口市关于扶持批发业发展的暂行规定》《海口市人民政府关于稳增长促发展的实施意见(试行)》等政策，引导民间投资健康发展，促进民间投资政策更好落地。

【扶持非公经济发展资金落实】2015

年，海口市政府注资1.2亿元作为政府担保资金，撬动多家银行放贷12.32亿元，担保机构发放担保贷款约18亿元，市工信部门发放中小企业发展资金和担保资金1100万元，奖励新增互联网企业逾千万元；落实工业发展资金2.14亿元，稳增长和灾后恢复生产贷款贴息等刺激政策资金4.66亿元，帮助海口市中小企业申报并获得国家及省、市各类扶持资金8.3亿元。市商务部门给予批发企业地方税收返还扶持1107万元；向批发、零售、住宿、餐饮企业兑现奖励272万元，给予8家电子商务企业奖励220万元，累计近7000家企业获益。加速融资，召开政金企座谈会，推动22家金融机构与32家企业签订合作协议，签约金额348亿元。

【省国税局与海口联合农商银行携手"税银互动"】 2015年11月10日，省国税局与海口联合农商银行携手合作的"税银互动—快鱼税融"签约仪式在海口举行，进一步扩大税务机关与金融机构的税银互动合作，也为小微企业构建更好的融资平台，使小微企业通过诚信纳税来换取低成本的融资机会，培育小微企业的诚信纳税和依法经营意识，实现税、银、企三方共赢。"快鱼税融"是基于大数据产品设计理念，根据不同的区域、税种、客户纳税信用等级，对按时足额纳税的小微企业发放的，用于短期生产经营周转的可循环的人民币信用贷款业务。通过与省国税局共同合作的"快鱼税融"，有利于为诚信纳税的小微企业提供更好的融资渠道，降低小微企业融资成本。仪式上，联合农商行还与"快鱼税融"的首位授信客户——海南中冠实业发展有限公司签订授信协议。

【政府扶持小微企业助保金贷款模式推出】 2015年，为鼓励金融机构加大对小微企业的信贷支持，缓解小微企业融资困难，海口市在借鉴其他地区小微企业助保金信贷模式的基础上，创新融合五星企业评级模式，推出具有海口特色的政府扶持小微企业助保金贷款模式（简称"政保贷"），1月上线运行。并同时出台《海口市政府扶持小微企业助保金贷款金融微刺激实施方案》及《海口市政府扶持小微企业助保金管理办法》。政府先后注入的1.2亿元风险补偿金，通过金融机构放大10~15倍后，已向市内204家中小微企业提供贷款授信12.35亿元（其中160家企业涉及海南省12个重点产业）。

【中小企业融资服务】 2015年初，海口市工商联会与中行海南省分行签署长期合作协议，为海口市中小企业提供不低于100亿元的意向授信。举办5场银企对接会、融资服务沙龙。5月30日，与海南省创新创业研究院联合主办"首届中国（海南）创新创业与天使投资高峰论坛"，400多名企业代表参加活动，为创业者搭建融资平台。配合做好海口市中小企业发展资金管理使用工作，使35家企业得到政府780万元资金支持。全年，市工商联会会员企业通过天使投资项目和众筹、私募等意向签资金约1.2亿元。

（肖颂华）

（编辑：杜惠珍）

金融综述

【金融业概况】2015年，海口市银行业金融机构总数444个，从业人员1.15万人。银行机构26家，其中，政策性银行分行3家，国有银行分行5家，股份制商业银行分行7家，地方股份制商业银行1家，外资银行分行1家，邮政储蓄银行分行1家，农村信用社1家，农村商业银行2家，村镇银行1家，农村资金互助社1家，法人财务公司2家，财务公司分公司1家。证券交易营业部30家，保险公司24家，小额贷款公司28家，资产管理公司分公司4家。全市金融机构本外币各项存款余额3962.82亿元，比上年增长23.3%。全市金融机构各项贷款余额3656.03亿元，增长0.2%。全市银行业金融机构税后利润85.40亿元，增长1.81%，增速较上年下降14.85百分点；不良贷款余额19.04亿元，比年初增加3.41亿元；不良贷款率0.42%，上升0.08百分点。年末，金融业实现增加值137.77亿元，增长21.3%，对全市经济增长的贡献率30.2%，占全市经济总量的11.9%，占第三产业增加值的15.67%，金融业已成为海口市经济新的增长点，成为第三产业的支柱产业。9月，海南银行挂牌运营，填补了海南省无独立省级地方法人商业银行的空白。11月，华夏银行海口分行揭牌开业。

（刘　扬）

2015年6月1日，海南省委副书记、省长刘赐贵（中）视察海口金融企业。

（黄一冰　摄）

【存款加速增长】2015年末，海口市金融机构本外币各项存款余额3962.82亿元，增长23.3%，增速上升17.9百分点，占全省各项存款余额的53.29%，占比上升3.29个百分点。从存款增长结构看，住户存款与非金融企业存款加速增长，政府存款增速大幅下降。全市金融机构住户存款余额1262.06亿元，增长7.08%，增速上升2.49百分点；非金融企业存款余额1660.51亿元，增长27.11%，增速上升12.54百分点；广义政府存款余额776.76亿元，下降8.61%，增速下降55.84百分点。分机构看，大型银行存款占比下降，中小银行存款占比上升。国有大型商业银行存款占比63.2%，下降5.96百分点；中小银行存款占比21.84%，上升6.47百分点。其中，工行、农行、中行、建行存款占比分别为12.53%、8.22%、15.12%和10.51%，农村信用社仅占3.33%。

【贷款投放增速】2015年末，海口市金融机构各项贷款余额3656.03亿元，增长0.2%，增速上升11.51百分点。从期限结构看，短期贷款和中长期贷款加速增长。年末，金融机构短期贷款余额561.46亿元，增长29.97%，增速上升35.26百分点。中长期贷款余额2904.41亿元，增长20.95%，增速上升9.25百分点。票据融资余额131.09亿元，增长18.39%。从行业投向看，主要投向交通运输、仓储和邮政业。年末，水利、环境和公共设施贷款余额594.61

亿元，占贷款总额的16.26%；交通运输、仓储和邮政业贷款余额737.75亿元，占贷款总额的20.18%；房地产行业贷款余额435.67亿元，占贷款总额的11.92%。

（于　明）

【扶持金融业发展】2015年5月，海口市政府出台《海口市促进和服务金融业发展若干措施》，至年底，对金融机构发放补贴奖励资金1305.33万元，对企业上市融资给予奖励。通过举办政金企座谈会，召开一对一项目推介会等，加强信息沟通，项目对接，解决重点项目和中小企业融资问题。设立海口城乡统筹发展基金，总规模400亿元，首期80亿元，发挥股权基金作用，多渠道金融创新。

【创新涉农信贷产品】2015年，海口各家金融机构创新推出“一抵通循环贷”“一小通循环贷”“一小通顺贷”、年审贷等贷款产品服务“三农”，并采用续贷等方式切实帮助农户渡过难关、实现融资方式多样化。海南农信社对能够提供“有效、足值、易变现”担保的中小微企业和自然人客户推出“一抵通循环贷”，贷款期限可长至10年，同时融入互联网思维，对“一小通”贷款模式进行创新，重点开发“一小通”小额信贷系列产品、土地经营权抵押贷款、林权抵押贷款、渔船抵押贷款、新农村建设贷款等农村创新金融产品。农户在满足“四有四无”（有当地户口、有固定住所、有明确用途、有还款能力；无吸毒、无赌博、无其他违法记录、无不良信用记录）的条件下均可获得“一小通”循环贷款。年末，全市林权抵押贷款余额0.97亿元，农村小微企业贷款110.21亿元。

【中小企业集合债发行】2015年，海口市启动中小企业集合债基金“绿色环保2号”项目。截至12月23日，绿色环保2号中小企业集合债发行4510万元，完成年任务的150%，为9家中小微企业募集资金4510万元。

（刘　杨）

中国人民银行海口中心支行

【金融监管】2015年，中国人民银行海口中心支行加强金融风险监测分析，及时防范化解金融风险对金融市场的影响及风险隐患。加强对农信系统票据兑付后续监测考核工作，适时提示农信社系统金融机构加强资产风险管理；开展金融稳定评估工作。集合多部门力量研究建立科学、合理的网络安全评估体系，开展辖区金融业网络安全评估，准确、全面掌握辖区金融机构网络安全整体情况，防范化解辖区金融业信息安全隐患。加大对金融不法行为的打击力度，有效维护辖区金融秩序。

【金融服务】2015年，中国人民银行海口中心支行完成辖区二代支付系统推广任务，大力拓展非现金支付工具，推动移动金融服务创新。人民币净化工程成效明显，全省流通中人民币整洁度显著提升。国库管理实现地方税收征管数据集中处理以及纳税信息多部门共享，推广国库集中支付电子化管理，有效提升国库资金使用效率与资金安全。加快推进企业信用体系建设，大力推动农村信用体系试验区建设。组织银行业金融机构开展金融产品、金融机构、区域金融消费权益保护环境三项评估工作。

【信贷管理】2015年，中国人民银行海口中心支行引导金融机构加大对实体经济的支持力度，及时实施存款准备金调整政策，超额完成全年信贷增长目标。加大对薄弱领域的信贷支持力度，通过优先办理涉农涉小微企业票据再贴现、发放支农支小再贷款、信贷政策导向效果评估等方式，引导金融机构加大对“三农”、小微企业的信贷支持。有效发挥市场利率自律机制作用，推动设立市场利率定价自律机制，规范辖区利率定价秩序，引导市场利率逐步降低，有效缓解企业融资成本压力。拓宽企业融资渠道，加大辖区法人机构准入辅导工作力度，推动企业通过银行间债券市场融资，优化债务结构，降低融资成本。

【外汇管理】2015年，中国人民银行海口中心支行推动简政放权，深入推进服务贸易、外商直接投资、境外直接投资等外汇管理改革，实现直接投资项下基本可兑换，辖区跨境投融资便利化水平明显提升。指导商业银行开展外汇融资业务创新，稳妥推进跨境外汇支付业务试点工作。开展跨境人民币业务，新增卢森堡、菲律宾、新西兰、克罗地亚、萨摩亚5家境外结算国家，会展、邮轮、免税品采购等高端旅游业跨境贸易增长迅猛。

（于　明）

驻海口商业银行选介

【国家开发银行海南分行】2015年末，国家开发银行海南分行设有一家二级分行——三亚分行，全行员工178人。累计发放贷款817亿元，新增贷款197亿元，引导社会融资总量470亿元，贷款余额2232亿元，全省占比34%，本外币贷款余额、非个人中长期贷款余额、外汇贷款余额持续保持全省市场份额第一，持续保持主力银行地位。全年缴纳税收6.6亿元，占全省银行业税收收入22.7亿元的29%；金融业增加值45.33亿元，占全省金融业增加值近25%。共发放重点项目贷款114亿元，主要支持海口市棚户区改造及配套（三期）、（四期）和（五期）项目，美兰国际机场航站楼扩建工程项目、海秀快速路（一期）项目和美兰机场扩建（二期）工程项目等。共发放涉及“百日大会战”项目贷款和专项基金61亿元。全年发放棚改贷款129亿元，其中海口市发放83亿元，超出总行原定发放计划73亿元。顺利推进海口棚户区改造（七）期项目233亿元授信。同时，设立“海口城乡发展基金”，总规模400亿元，首期80亿元，到位40亿元。累计向海口贫困学生发放助学贷款6394万元，帮助4890名贫困学生圆大学梦。

【工商银行海口分行】截至2015年末，共有营业网点55家，从业人员1614人。全年海口地区改造网点8家，新增离行式自助银行7家，新增投放各类自助设备132台，新增智能化服务网点5家。累计投放各类贷款228.55亿元，贷款余额365.26亿元，比年初增加6亿元，不良贷款率1.48%。1月成立小企业金融业务部，对小微企业实施专业化管理，并在海口、三亚等重点地区成立“小微企业中心”。相继推出“政保贷”“助保贷”“政银保”等支持小微企业财税优惠支持政策创新产品，有效解决小微企业融资难的问题。截至年末，海口地区小微企业贷款余额56.44亿元，共为439户小微企业、个体工商户、小微企业主提供贷款、票据贴现等融资服务。海口地区有3家网点获评中国银行业文明规范服务5星级网点。

【农业银行海口分行】2015年，农业银行海口分行在海口地区共有营业网点63个，其中城区54个，郊区和乡镇9个。从业人员1670人。年末，海口辖区行本外币各项贷款余额217.48亿元，比年初增加14.29亿元，增长7.03%。全年审查小微企业信贷业务95户，涉及金额9.99亿元；审批小微企业信贷业务75户，涉及授信金额7.65亿元。投放小微企业贷款1.73亿元，直营贷款余额1.41亿元。

【中国银行海口分行】2015年，中国银行海口分行在岗员工1392人，网点40家（含4家海口城区管辖支行、1家分行营业部）。年末，人民币贷款余额330.6亿元，比上年新增76.94亿元，增幅30.3%；占四大行市场份额25.51%，比上年提升1.77%，排名当地四大行第二。存款余额（含表内理财）650.7亿元，比上年提升112.9亿元，增幅21%，市场份额34.19%，比上年提升3.33%，新增占比70.39%，存款持续保持同业第一。全年投放公司贷款92.45亿元，重点支持海南航空、西环高铁、海口市土储、中交等省重点企业和项目，以及恒大、观澜湖、绿地、广物等房地产龙头企业。与卢森堡、哈萨克中行联动，为洲际油气叙作4.3亿美元海外并购贷款，促成海南省内首笔跨境并购银团贷款；成为公司债券新政改革后全国首单上市公司私募债——洲际油气13亿元债券的资金托管银行，并叙作中行系统内首笔理财资金投资上市公司非公开发行债券业务；与巴黎、法兰克福、中国香港分行联动，为海航集团叙作20亿元外保内贷、3.7亿欧元内保外贷、2.5亿美元中期票据，均创省内该类业务单笔金额新纪录。支持中小微企业发展，先后与省国税、地税局签订战略合作协议，推广“税贷通宝”“政保贷”等业务新模式，创新“养殖贷”“槟榔贷”等热带农业特色信贷产品。全年完成海口地区小微企业贷款余额25.91亿元，贷款客户251户，小微企业申贷率94.88%。深化与恒大、碧桂园、富力、红树林、保利、广物等优质开发商的合作，创新大型楼盘按揭的FAST作业法，开展“没有冬季的海岛”中行客户海南购房专享季活动，批量发展个人住房贷款，全年累计发放个人贷款26.62亿元。以“车易购”为重点推动分期付款业务，开展“中银海淘”等多项营销活动促进境内外刷卡消费增长。

【交通银行海口分行】截至2015年末，有营业网点22家（海口地区16家，三亚地区3家，文昌、儋州、琼海各1家），员工577人。全年投放贷款总额121.38亿元。累计发放小微贷款593笔，金额17.83亿元。小微企业贷款比上年净增5.84亿元，增速19.18%，高于该行各项贷款增速11.05百分点，增幅和增量位于海南省同业及系统前列。银监口径的小微贷款客户共650户，比上年末净增63户，小微申贷率88.83%，比上年同期提升22.79百分点。全年联合政府主管部门、商会协会及开发园区等机构共同举办31场产品推介和银企融资对接活动。推出“税融通”“新三板股权质押贷”及与联通公司联合推出“沃易贷”等信用贷款创新产品，解决部分信用良好但缺乏抵质押物的小微企业融资难问题。

【海南银行】股份制城市商业银行，海南唯一的省级法人商业银行。2015年1月13日，中国银监会批准筹建海南银行。8月14日，海南银监局批复海南银行开业，并颁发金融许可证。同日，海南银行完成工商注册登记，正式成立。9月1日，在海口揭牌并开始试营业。海南银行总股本30亿股，注册资本30亿元，由海南鹿回头旅业投资有限公司（海南省发展控股有限公司全资子公司）作为主发起人，交通银行作为战略投资者，海马财务有限公司、上海华信国际集团有限公司、海南省农垦集团有限公司、海航国际旅游岛开发建设（集团）有限公司、海南港航控股有限公司等12家股东出资40.8亿元发起设立。截至年末，有营业网点1家，从业人员232人，贷款41.86亿元。

【光大银行海口分行】2015年，下辖18家分支机构（海口市11个营业网点、三亚市5个营业网点、琼海市1

个营业网点和儋州市1个营业网点），10家社区支行，112家自助银行。年末，资产总额308.1亿元，一般存款余额279.5亿元，同比增长10.2%。个人贷款余额54.31亿元，其中传统个贷余额28.69亿元，零售小微贷款余额25.62亿元。小微贷款余额46.66亿元，较年初新增11.46亿元，完成全年计划的176.31%，小微贷款增速32.56%。小微贷款客户数2876户，较上年增长2055户。小微贷款申贷获得率93.91%，高于上年的73.92%。

【平安银行海口分行】2015年，有从业人员365人。各项存款余额184亿元，较年初增加36亿元，增幅24%。各项贷款余额136亿元，较年初增加57亿元，增幅71%。表外融资余额28.43亿元。全年实现内部考核利润5.58亿元，增长24%。

【招商银行海口分行】2015年，有正式员工221人，派遣员工22人。先后设立综合支行6家、零售专业支行1家、小微支行3家（均开业）；先后在一些人员流量大商场或住宅区设立15家自助银行（1家筹建中，开业4家）和4台单台自助设备。在2015年中国银行业协会“星级网点”评选工作中，获海南“五星网点”第一名。年末，各项贷款余额71.11亿元，较年初新增11.37亿元；对公贷款55.95亿元，较年初新增4.69亿元，其中中小企业贷款余额1.53亿元；个人贷款15.16亿元，较年初新增6.67亿元，其中小微贷款3.18亿元，较年初减少0.91亿元。

【兴业银行海口分行】2015年，本外币资产总额181.7亿元。其中传统贷款余额50亿元，类信贷余额27亿元，全口径信贷投放余额77亿元；地方政府债券投资余额19亿元；本外币全口径存款余额163.8亿元。净运营收入2.93亿元，实现考核利润1.24亿元。对公基础客户334户，较年初新增174户，完成总行任务580%；折算后对公基础客户741户，较年初新增475户，完成总行任务791.67%。零售核心客户数1710户，较年初新增659户，增幅62.70%；零售考评核心客户20027户，较年初新增12285户，增幅159%。新增外汇存款余额3.71亿美元，占分行全年新增存款42%以上。轻资产重点产品实现落地，黄金租借业务累计发生额3.76亿元，资产流转类产品（票据福费廷、信用证福费廷）累计发生额2亿元，按权责发生制可实现中间业务收入超过300万元。授信40亿元与国开行合作设立海口市城乡发展基金，首笔10亿元于12月放款，实现对政府产业基金业务的重大突破。年初总行审批同意给予海航集团统筹授信额度50亿元，其中风险敞口20亿元。随后，海南航空两期BSP票款债权资产支持专项计划合计7亿元顺利落地，大新华航空10亿元并购夹层基金业务实现投放。成功为中城建第六工程局集团发行10.5亿元公司债，实现日均3亿元的沉淀存款。

【中信银行海口分行】2015年，总资产余额255.57亿元，一般性存款余额238.49亿元，有分支行网点7个、自助银行13个，员工总数296人。国际业务收付汇量11.54亿美元，市场份额排名股份制银行第一名。全年表内外信贷投放108.62亿元，成功发放5.1亿元银团贷款、5亿元私募债、25亿元永续债。先后取得海南省住房公积金贷款、政府债券承销资格与海口市财政非税收入收缴代理银行资格。在海南市场上陆续推出薪金煲、房抵贷、出国金融、信用卡、保管箱、家族信托等独具中信特色零售产品。截至年底，个人贷款余额5.58亿元。

【海口农商银行】2015年末，各项存款余额208.67亿元，较年初增加35.62亿元，增长20.59%。储蓄存款余额112亿元，比年初增加34.61亿元，增幅44.72%，与上年同期增加12.2亿元，相比多增22.41亿元。各项贷款余额150.71亿元，较年初增加29.47亿元。500万元（含）以下贷款累放2418笔，8.56亿元，增量4.13亿元，完成省联社全年任务2.38亿元的173.5%；基层社50万元（含）以下小额贷款增量1.92亿元，完成省联社全年任务1.17亿元的164.5%。全年总收入27.91亿元，比上年增加3.59亿元，增幅14.76%。资本充足率13.75%，核心资本充足率12.90%；不良率1.89%；贷款拨备覆盖率248.65%；拨贷比4.69%。贷款增量29.46亿元，不超过贷款合意增量的15%。提交10个商标注册申请。

【海口苏南村镇银行】2015年末，资产总额12.48亿元，比年初减少1.95亿元，主要是存放央行准备金较年初减少6154万元，以及存放同业较年初下降1822万元；贷款较年初减少10496万元。各项存款时点为78652万元，较年初减少27001万元，总存款日均70421万元，较年初下降23237万元。

（刘　杨）

证券期货

【证券概况】2015年底，海南省有沪深证券交易所上市公司27家，挂牌交易的股票30只（A股27只，B股3只），总股本352.96亿股，总市值3551.45亿元。在27家上市公司中，主板上市22家，中小板3家，创业板2家。根据上市公司2015年年报显示，27家沪深证券交易所上市公司总资产2438.04亿元，净资产938.35亿元；全年营业收入824.29亿元，净利润26.78亿元，20家公司盈利，7家公司亏损。全年共有13家公司在全国中小企业股份转让系统挂牌，全省共有全国中小企业股份转让系统挂牌公司16家，总股本17.07亿股。根据挂牌公司2015年年报显示，16家挂牌公司总资产99.55亿元，净资产38.80亿元；全年营业收入30.28亿元，净利润2.25亿元，12家公司盈利，4家公司亏损。海南的企业在境内证券市场累计筹资141亿元。其中：4家上市公司实现股权再融资，筹资23.04亿元；9家挂牌公司非公开定向发行股票，融资5.76亿元；1家上市公司发行资产证券化产品，筹资41亿元；4家公司发行公司债券，筹资65.50亿元； 2家公司发行中小企业私募债券，筹资5.7亿元。

【证券公司增资扩业】2015年，金元证券股份有限公司（以下简称金元证券）实现增资5000万元，注册资本增至32.11亿元。万和证券有限责任公司（以下简称万和证券）实现增资2.87亿元，注册资本增至10亿元。证券公司业务范围进一步拓宽，金元证券开通股票期权经纪业务交易权限，万和证券取得融资融券、资产管理、证券承销、代销金融产品等业务资格。

【证券经营机构】2015年，海口辖区内新增证券公司分公司6家，为国信证券股份有限公司海南分公司、安信证券股份有限公司海南分公司、广发证券股份有限公司海南分公司、世纪证券有限责任公司海南分公司、九州证券有限公司海南分公司、华融证券股份有限公司海南分公司；新增证券营业部5家，2家证券营业部转为分公司，净增证券营业部2家。新增的5家证券营业部分别为东方证券股份有限公司海口金龙路证券营业部、大通证券股份有限公司海口海垦路证券营业部、华福证券有限责任公司海口金龙路证券营业部、日信证券有限责任公司海口国贸大道证券营业部、华融证券股份有限公司海口市世贸北路证券营业部。转为证券分公司的2家证券营业部分别为国信证券股份有限公司海口世贸北路证券营业部、安信证券股份有限公司海口滨海大道证券营业部。至年底，海口辖区内有证券公司2家（金元证券股份有限公司、万和证券有限责任公司），证券公司分公司10家，证券营业部43家。金元证券公司获批新增证券分支机构7家，万和证券公司获批新增证券分支机构14家。

【期货经营机构】2015年，海南金海岸期货经纪有限公司因净资本持续低于监管标准被中国证监会撤销期货业务资格，中银国际期货有限责任公司迁址上海，新增中银国际期货有限责任公司海南分公司，海证期货有限公司海口营业部撤销。至年底，海口辖区内有金元期货有限公司、华融期货有限责任公司2家期货公司，中银国际期货有限责任公司海南分公司1家期货分公司，期货营业部15家。年内，金元期货有限公司新增分支机构1家，华融期货有限责任公司新增分支机构3家。

【证券期货服务机构】2015年，海南省具有证券投资咨询业务资格的机构有3家，其中专营证券投资咨询机构1家（海南港澳资讯产业股份有限公司），兼营证券投资咨询机构2家(金元证券股份有限公司、万和证券有限责任公司)。具有证券期货从业资格的会计师事务所分所6家，即立信会计师事务所（特殊普通合伙）海南分所、中审众环会计师事务所(特殊普通合伙）海南分所、中审亚太会计师事务所（特殊普通合伙）海南分所、中兴财光华会计师事务所(特殊普通合伙）海南分所、大华会计师事务所（特殊普通合伙）海南分所、致同会计师事务所（特殊普通合伙）海南分所。具有证券期货从业资格的资产评估机构分公司7家，即北京亚超资产评估有限公司海南分公司、北京北方亚事资产评估有限责任公司海南分公司、中威正信（北京）资产评估有限公司海南分公司、中水致远资产评估有限公司海南分公司、北京卓信大华资产评估有限公司海南分公司、银信资产评估有限公司海南分公司、正衡资产评估有限责任公司海南分公司。

【私募机构】2015年底，海口辖区内有海南在中国证券基金业协会完成备案的私募基金管理人37家。其中，证券投资基金12家；股权投资基金20家；创业投资基金5家。

【证券市场业务】2015年，海南省内2家证券公司为投资者开立资金账户57.29万户，开立证券账户82.61万户，分别增长20.7%、29.7%；客户托管资产总额1191.18亿元，增长61.8%。全年代理买卖证券总额22858.40亿元，增长163.2%；营业收入19.53亿元，增长68.9%；净利润6.66亿元，增长104.9%。海南省证券公司分支机构全年为投资者开立资金账户86.36万户、证券账户124.51万户、基金账户16.46万户，分别增长21.5%、31.6%、158.4%；客户托管资产总额1336.32亿元，增长23.6%；代理买卖证券总额20545.11亿元，增长167.2%；营业收入18.60亿元，增长163.5%；净利润10.06亿元，增长215.4%。

【期货市场业务】2015年底，海南省期货公司客户权益总额15.71亿元。期货公司全年代理成交量15029.54万手，增长68.7%；代理交易额102199.35亿元，增长63.5%。2家期货公司营业收入1.50亿元，增长36.8%；净利润 3655.46万元，增长58.4%。全省期货公司分支机构客户权益总额6.79亿元。期货公司分支机构全年代理成交量922.86万手，下降2.2%；代理交易额12158.00亿元，增长31.3%；营业收入3126.09万元，增长0.8%；净利润26.34万元，实现扭亏为盈。年内，华融期货有限责任公司成功发行次级债2亿元，资本实力得到增强。

【稳定股市】2015年6～7月，海南证监局履行监管职责，针对中国股票市场出现异常波动，全力维护市场稳定，要求省内上市公司加强投资者关系管理，重视信息披露和舆情应对，采取措施维护公司股价稳定。指导海南上市公司协会组织省内27家上市公司在4大证券报发布维护股票市场稳定倡议书。及时排查股价下跌引起的股权质押风险。要求各证券期货经营机构全力维护市场稳定，切实保护投资者合法权益。每日分析省内证券经营机构融资融券业务和风险客户情况，及时排查融资融券客户风险。指导营业部做好客户安抚和维稳工作，妥善处理投资者诉求。

【查办非法证券活动】2015年，海南证监局严厉打击非法证券期货活动，共查办案件14起，其中3起案件被列入中国证监会的“2015年证监法网专项行动”，办结案件13起。审理案件1起，对3人作出行政处罚，罚没款61.73万元。

【证券信息披露监管】2015年，海南证监局以信息披露为中心加强上市公司监管，督导上市公司做好证券发行、重大资产重组、上市公司收购等重大事项的信息披露。全面审核27家上市公司年报，针对审核发现的问题对上市公司开展现场检查。开展规范上市公司财务会计基础专项活动，推动省内上市公司提高财务信息披露质量。督导保荐机构切实履行保荐人职责，规范拟上市公司发行上市行为。

【证券期货机构监管】2015年，海南证监局以合规和风险控制为重点加强证券期货机构监管。加强证券期货公司融资融券、资产管理等新业务的监管，对新业务开展现场检查，促进证券期货公司规范发展新业务。规范证券期货公司外部信息接入管理。妥善处置证券期货公司信息安全事件。加强流动性风险管理，及时跟踪证券期货机构风险控制指标变动；督导证券期货机构做好行业统一情景压力测试，关注新业务发展可能产生的流动性风险。督促证券期货公司加强新设分支机构的合规风控管理。适时通报行业的各类风险和隐患，督促机构加强防范。

【保护证券投资者】2015年，海南证监局开展“公平在身边”投资者保护专项活动。督导证券期货经营机构扎实开展投资者保护工作。召开机构座谈会，交流投资者保护工作经验。调研机构投资者保护工作，督促机构切实做好投资风险揭示和投资者适当性管理。对机构投资者保护工作进行现场检查，关注投资者适当性管理、客户回访和客户投诉处理情况。加大对机构产品和服务销售的管理，保障投资者的知情权、决策权和救济权等合法权益。督促上市公司加强投资者关系管理。关注上市公司投资者关系管理工作计划披露情况并进行检查。联合上海证券交易所举办“我是股东——走进上市公司活动”，组织近百名投资者走进海南航空、海南橡胶2家上市公司，推动上市公司与投资者互信共赢。举办省内上市公司年度业绩网上集体说明会，加强投资者与上市公司的互动。对省内上市公司咨询电话畅通情况和交易所投资者互动交流平台互动情况进行调研。结合年报监管，加强对上市公司现金分红、承诺履行的监管。畅通投资者合法权益救济渠道。进一步优化投资者诉求处理工作流程，妥善处理投资者诉求。指导协会开展证券纠纷调解工作，引导投资者通过调解的方式解决证券期货纠纷。多渠道宣传证监会投资者保护工作政策。开展打击非法集资宣传月活动。组织省内市场主体积极申报首批国家级投资者教育基地。

（熊　文）

保　险

【保险业概况】2015年，海南省新增华夏人寿保险股份有限公司海南分公司。全省24家保险公司省级分公司均在海口市设有分支机构，其中财产险公司省分公司12家，人身险公司省分公司12家，共有员工2332人，保险营销员10848人。全年保费收入66.62亿元，比上年增长33.82%，增速创近5年新高。按公司口径统计，财产险公司保费收入22.01亿元，增长7.61%；人身险公司保费收入44.61亿元，增长52.1%。“十二五”期间保费年均增速20.16%。年末，保险公司总资产160.32亿元，是“十二五”初期的2.65倍。保险深度、密度达到5.74%、2996.71元/人，分别比上年提高1.18百分点和734.69元。全年各保险公司赔付支出21.46亿元，增长1.02%。其中财产险公司赔付支出13.99亿元，减少10.44%；人身险公司赔付支出7.47亿元，增长32.86%。截至年底，保险资金在海南开展项目投资96.75亿元，后续将投资25.68亿元。全省累计提供风险保障3.28万亿元，增长20.32%。

【财产险市场】2015年海口财产险业务保费收入21.18亿元，增长5.83%。其中车险业务实现保费收入11.74亿元，增长3.89%；非车险业务保费收入9.44亿元，增长8.35%。财产险赔付支出13.59亿元，下降12.34%。其中车险赔付支出8.09亿元，下降9.55%；非车险赔付支出5.49亿元，下降16.16%。

【人身险市场】2015年，海口人身险业务保费收入45.43亿元（含财产险公司短期健康险及意外险业务），增长52.64%，其中寿险保费收入37.85亿元，增长49.41%；健康险保费收入5.68亿元，增长91.81%；意外险保费收入1.9亿元，增长29.48%。人身险业务赔付支出7.87亿元，增长37.1%，其中寿险赔付支出6.22亿元，增长26.4%；健康险赔付支出1.37亿元，增长115.03%；意外险赔付支出0.28亿元，增长53.13%。退保金6.18亿元，增长33.86%。

【农业保险】2015年，海南农业保险承保87.47万户次，增长17.73%，提供风险保障346.28亿元，增长16.87%。年内，推出杧果产量保险、圣女果种植保险、绿叶菜目标价格指数保险、橡胶树风灾指数保险、水产养殖保险等特色农险产品，新设10家“三农”营销服务部，累计建成“三农”营销服务部69个、“三农”保险服务站点2194个，初步建立起覆盖全省乡镇、村的“三农”保险服务网络。开拓车险、拖拉机保险、责任险等涉农保险业务，实现涉农保险保费收入3327.63万元，占保费总收入的39.34%。新增农业保险险种9个，开办险种增至24个，是海南2007年开办政策性农险以来新增险种最多的一年。同时，民营橡胶、大棚瓜菜保险等险种承保面积大幅提高，分别增长1018.03%、532.67%。

【民生保险】 2015年，海南保监局推动城乡居民大病保险政策全省覆盖，全年大病保险政策覆盖全省19个市县的696.98万人口，累计补偿1.39万人，总补偿金额9665.54万元。与财政、税务部门共同研究制定海南省税优型商业健康保险试点方案，督促保险公司做好相关保险产品的培训管理、政策宣传等准备工作。配合政府向特定群体提供人身安全保障服务，政府出资为全省3.24万名老人、2.3万名独生子女购买意外伤害综合保险，为入琼团队游客提供人均10万元的人身意外伤害保障。

【责任保险】 2015年，海南保监局进一步扩大食品安全责任险试点范围，试点地区食责险为55家企业提供风险保障12.65亿元。扩大医疗责任险保障范围，医责险责任范围扩大至医务人员和救护车，并推出医疗意外险。与海南省卫计委等有关厅局联合下发《海南省医师多点执业管理办法》，支持多点执业医师购买医师执业责任险。全年医责险共提供风险保障37.56亿元，支付赔款2373.53万元，成功化解医疗纠纷418件、“医闹”事件31件。优化校方责任险保障方案，校方责任险覆盖范围由公办普通中小学调整扩大至全省各级各类学校，全年累计赔款321.58万元。拓展责任保险服务新领域，创新推出诉讼财产保全责任险，承保150笔业务，提供风险保障11.27亿元。海口市财政出资325.66万元，为全市217万常住居民投保自然灾害责任险，常住居民因台风、暴雨、雷击、滑坡等自然灾害造成人身伤亡，每人可获最高10万元的风险补偿。

【“政银保”合作】 2015年，海南保监局贯彻落实省政府《关于印发海南省进一步增强小微企业融资能力构建政银保合作新机制方案（试行）的通知》，成立由辖内9家保险公司组成的小微企业小额贷款保证保险共保体，全年与银行合作向中小企业贷款1400万元。

【保险资金投资】 截至2015年底，保险资金在海南开展项目投资96.75亿元，后续还将投资25.68亿元。其中，投资养老不动产20.4亿元，后续将投资10.68亿元。

【保险机构检查】 2015年，海南保监局对辖内保险机构共开展现场检查17家次。开展“两个加强、两个遏制”专项检查，通过现场调研、召开督导工作会议等方式，对所有保险公司进行全覆盖督导，对各公司提交的自查报告进行抽查和核实，对2家保险公司以及2家保险专业中介机构开展专项检查。

【保险中介市场改革】 2015年，海南保监局配合保监会做好第三阶段深化中介市场改革工作，取消和调整有关行政审批事项，贯彻落实保险中介从业人员管理新要求。引导和鼓励市场主体创新销售渠道和模式，积极探索EA门店销售模式，鼓励专业中介机构设立保险超市，走综合化营销道路。开展保险中介市场清理整顿后续和风险排查工作。

驻市部分保险公司

【中国人民财产保险股份有限公司海南省分公司】 2015年，累计设立并开业的营销服务部71个，有员工823人。保费收入14.71亿元，增长25.09%，市场份额居全省第一。赔付支出9.85亿元，下降2.4%。全年为农业生产提供风险保障62.8亿元。在已开展的省内橡胶树风灾保险、水稻种植保险、香蕉树风灾保险等14个险种的基础上增加鸡、羊、圣女果3个新险种，共17个险种。

【中国人寿保险股份有限公司海南省分公司】 2015年，下辖22家分支公司，95家营销服务部，共有员工390人，在海口市设有5家城区专业化支公司、1家综合类支公司。至年底，共有销售人员2995人，其中个险渠道在册人员2579人，银保渠道销售人员332人（其中理财规划师215人），团险渠道有效人员84人。保费收入14.12亿元，增长21.08%，占市场份额20.62%，继续保持海南市场份额第一的地位。赔付支出2.74亿元，增长14.15%。新单犹豫期内回访成功率99.2%，同比提高2百分点；智能理赔系统操作短险案件4350件，占全部理赔平台操作短险案件量的72%；“两个加强、两个遏制”风险核查率100%。

【中国平安财产保险股份有限公司海南分公司】 2015年，有员工476人。车险业务全球首推电话直赔服务。全年保费收入13.43亿元，增长27.48%，年计划达成率103.33%；赔付支出5.43亿元，下降9.72%；承保利润1.38亿元。综合成本率86.10%，已决赔款5.48亿元。

【中国平安人寿保险股份有限公司海南分公司】 2015年，在海南省17个市县设立分支机构，有内勤人员近400人，营销员6000余人。保费收入

13.77亿元。其中个人代理渠道总保费和人力的市场份额居海南市场首位。累计赔付支出1.91亿元。截至12月底，APP用户量突破16.69万人。首推“三免服务”（预约服务免等待、理赔免填单、免往返），并持续升级理赔服务举措，率先推出“重疾先赔、特案预赔”服务。向海南省希望学校捐赠“爱心实验室”，并与中国宋庆龄基金会共同举办“传承奥运精神，用爱成就梦想”冠军进校园活动。获海南省国家税务局、海南省地方税务局联合评定的2014年度“纳税信用等级A级企业”，海南省质量协会、海南省总工会等单位联合颁发的“海南省用户满意之星单位”称号。

【富德生命人寿保险股份有限公司海南分公司】 2015年，下辖海口、三亚中心支公司，秀英、澄迈、琼海、儋州、乐东、陵水、万宁支公司等9家机构。有营销队伍1312人，银代客户经理83人。原保险保费收入9.63亿元，增长378%；保户投资款本年新增交费3.05亿元，增长67%。个人代理渠道保费收入1.24亿元，渠道占比12.9%，保费同比增长30%；银邮代理渠道8.11亿元，渠道占比84.2%，保费同比增长835%。赔付支出5919.77亿元，增长81.52%。

【中国太平洋财产保险股份有限公司海南分公司】 2015年，有员工446人，下辖三亚、洋浦两家中心支公司和琼海等17家分支机构，服务网络遍布海南省各个县市。保费收入8.82亿元，下降4.78%，其中，车险业务保费收入6.02亿元，非车险业务保费收入2.80亿元；赔付支出约6.10亿元，下降16.10%，其中完成台风“彩虹”“鲸鱼”的案件赔付。成功开发杧果险、白对虾养殖保险等新产品，参与海南省政府主导的互联网金融小镇项目，成为政府指定的唯一保险公司；拓展新业务领域，成功介入国内常规井挖险，实现中国海油井挖险业务破冰。获海南省“百强企业”和海南省优秀企业称号。

（张晓芳）

（编辑：吴钟宝）

财 政

【市地方财政概况】2015年，海口市地方一般公共预算总收入224.85亿元，比上年增长25.25%。全市地方一般公共预算总支出215.78亿元，增长26.3%。收支相抵，结余结转9.07亿元。

【财政收入】2015年，海口市地方一般公共预算总收入224.85亿元，增收45.33亿元，增长25.25%。其中：全市地方一般公共预算收入111.5亿元，省级补助57.28亿元，债券转贷收入31.54亿元，上年结余结转16.22亿元，调入预算稳定调节基金2.48亿元，调入资金5.84亿元。全市政府性基金总收入121.42亿元。其中：地方政府性基金收入63.47亿元，省级补助收入14.85亿元，上年结余11.1亿元，债券转贷收入31.31亿元，调入资金0.69亿元。

【财政支出】2015年，海口市地方一般公共预算总支出215.78亿元，增支44.98亿元，增长26.3%。其中：全市地方一般公共预算支出170.93亿元，上解省支出9.30亿元，转贷还本支出31.11亿元。全市地方一般公共预算总收入与地方一般公共预算总支出相抵，年终结余9.07亿元(其中市本级结余8.36亿元)，其中结转下年支出9.07亿元。全市政府性基金总支出104.68亿元。其中：政府性基金支出70.71亿元，债务还本支出29.7亿元，上解省支出2.11亿元。收支相抵，年终结余16.32亿元。

【预算管理】2015年，海口市财政局细化年初预算，提高项目支出预算年初到位率。部门项目支出预算，原则上须将70%以上的资金细化到具体的使用单位和项目，并明确预算支出级次。对实质上由下属单位或区级承担的项目支出，编入下属单位预算或市对区补助预算，不列入本级预算；推行按经济分类编制部门预算，所有市直部门按经济分类编制基本支出和项目支出预算；根据相关专项资金管理办法规定，因需要履行申报、评审、公示、报批、下达等程序，造成资金分配周期长，且支出进度慢的项目以及据实结算项目，原则上采取“后推一年安排预算”的方式，即当年预算安排上年度支出，提高项目预算编制的准确性，切实加快项目支出进度；完善公用经费预算，强化基本支出预算管理，适当调高工作午餐费保障标准，扩大工会费和培训费计提基数，统一规范体检经费预算安排；加快推进政府购买服务改革，改进预算管理模式，凡属政府的事务性管理工作，原则上逐步通过政府购买服务的方式解决。政府购买服务所需资金列入财政预算，从部门预算经费或经批准的专项资金等既有预算中统筹安排。

【保障和改善民生支出】2015年，海口市财政部门重视民生投入工作，全市民生支出累计完成127.51亿元，增长18.01%，占地方一般公共预算支出的74.6%。（1）教育支出33.71亿元。主要用于新建、改扩建学校10所，新增学位5050个；改善学校基本办学条件，整合城区“麻雀学校”，扩大职业教育免学费范围，向大学生发放助学贷款，保障小学、初高中公用经费，免除义务教育阶段22万多名中小学生学杂费、课本费和作业本费；加快中小学校教育信息化建设，全面铺开首批140所学校“千兆进校园”工程。琼山区顺利通过义务教育发展基本均衡区的国家评估认定。（2）社会保障和就业支出21.49亿元。主要用于为城乡居民提供最低生活保障和补助城乡居民参加养老保险。城乡居民养老保险参保31.23万人，参保率97.6%；将城市低保标准从450元/人·月提高到520元/人·月，农村低保标准从360元/人·月提高到460元/人·月，为全市约3.6万名80岁以上高龄老年人发放补贴6090万元；提高城乡居民养老保险基础养老金标准，11家农村老年人日间照料中心和27个村（居）社区活动中心投入使用；发放就业社保补贴、公益性岗位（含社保）补贴，帮助落实创业小额贷款，帮扶创业，落实退役士兵安置服务和改革举措，完成农村危房改造任务。（3）医疗卫生支出18.86亿元。城镇居民医保参保56.5万人，完善和巩固基本医药制度改革，提高基本药物使用率；在公立医院中全面铺开“先看病后付费”诊疗新机制；将新型农村合作医疗和城镇居民基本医疗财政补助标准提高到380元/人·年。

【财政支持“三农”发展】2015年，海口市安排农林水支出14.55亿元。基本完成全市农村土地确权外业测量工作，流转土地247.4公顷；改造标准化菜田1000公顷，新增叶菜地13.33公顷；145个贫困村全部脱贫；罗牛山10万头现代化养猪场完工；6家农业产业园获评省级首批现代农业示范基地（园区）；农牧产品抽样检查合格率达98%。主要措施：⑴推动农业产业化发展。扶持农业龙头企业，发展蔬菜大棚生产，新建肉蛋鸡、黑山羊等标准化畜禽养殖小区21个；新认证无公害农产品11个，云龙淮山、永兴荔枝获“国家地理标志产品”；拨付9800万元，加快推进全市农村综合改革示范试点工作，将农业产业发展和新型城镇化建设有机结合。⑵落实扶贫惠农政策。拨付各级资金1.48亿元，加强农村基础设施建设，加快村级公益事业发展，大力推进特色风情小镇和美丽乡村建设；充分发挥补贴资金的政策引导和激励作用，落实各项惠农补贴6365万元，农资综合直补和粮食直补面积2.31万公顷，良种补贴面积3.51万公顷；全年培训农民1.5万人（次），为现代农业发展提供有力的知识和科技支撑。

【城市建设资金保障】2015年，海口市累计拆除违法建筑366.36万平方米；启动46家农贸市场升级改造；8个街边小游园绿化工程全部完成；植树造林2400公顷；城市集中式饮用水源地水质达标率、国家重点监控断面水质达标率100%，空气质量在全国74个重点城市中排名第一。拨付4.8亿元，完成858条小街小巷改造、52条道路修复；拨付1.52亿元，全力加快棚户区改造步伐，超额完成省下达海口市棚户区改造任务；拨付7100万元，加大打击违法违规建筑力度，启动建设城市管理信息监控系统；拨付9953万元，重点解决交通不文明问题，加强道路设施管理。拨付1.1亿元，做好市政道路、桥梁等维护管养工作，完成8个积水点改造，解决群众出行问题。拨付9681万元，提升园林绿化管理，扎实推进“绿化宝岛大行动”，完成91条道路和12个小游园绿化工作；拨付6874万元，加强饮用水源地保护，大力整治水污染；投入1.57亿元，开展垃圾清运、分类回收，实现城市垃圾综合治理；拨付1.53亿元，处理污水1.83万立方米，供水出厂水质合格率100%，管网水综合合格率达99.6%以上。

【公务支出管理】2015年，海口市财政局全面贯彻落实中央八项规定和省、市有关厉行节约规范公务消费管理的各项规定，进一步规范财政资金的使用。在年初预算时严格执行《海口市市级会议费管理办法》《海口市机关事业单位差旅费管理办法》和《海口市公务接待暂行规定》等规定，严格会议费、培训费预算管理，严格控制会议、培训规模，建立年度会议计划、培训计划编报和审批制度。进一步强化“三公”经费预算管理，“三公”经费分项预算原则上零增长，总量严格实行零增长，严控“三公”经费预算追加；一律不安排一般公务用车购置费，从严从紧控制执法执勤用车购置经费。加大部门预决算的公开力度，有效控制公务消费支出。全年，全市“三公”经费支出1.32亿元，下降14.5%。其中：因公出国（境）支出432.4万元，增长30.3%；公务用车购置及运行维护费1.23亿元，下降15.7%；公务接待费415.5万元，下降9.3%。会议费支出1436.1万元，下降20.5%；培训费6045万元，增长12.4%。

【国库监管】2015年，海口市财政局深化国库集中支付改革，在全市390个预算单位中剔除部队等定额补助单位及仍需拨付部分经费的省垂管单位，基本实现预算单位及财政性资金双覆盖。海口市自2012年起作为权责发生制政府综合财务报告编制试点城市，经过3年的试编工作，进展顺利，至2015年基本编制出一套全面、客观反映政府资产和负债的报告。继续推行预算单位实有账户资金统筹管理改革，全年归集预算单位实体账户410个，统筹资金11.71亿元，获得利息收入2493万元。支出方面，坚持“保工资、保运转、保稳定”的原则，严控“三公”经费，全市“三公”经费支出1.32亿元，下降14.5%。

【国有资产收益】2015年，海口市国有资本经营预算收入1561万元，完成预算的147.26%，收入全部为企业净利润。全市国有资本经营预算支出1096万元，完成预算的103.3%。按支出性质分类，资本性支出840万元，占支出总额的53.8%；费用性支出722万元，占支出总额的46.2%。至年底，有58家单位将经营性资产移交市国资公司集中管理，涉及土地9.63万平方米，房产22万平方米，移交资产租金收入2209万元；大部分已移交资产此前签订的租赁合同均未到期，市国资公司继续履行原合同；对个别已满租期的资产，委托海南产权交易所进行公开竞价招租，通过公开挂牌招租，租金增长210%。

【会计管理】2015年，海口市财政局加强会计从业资格管理、会计人员技术资格管理和会计人员继续教育工作。完成会计从业资格1.26万人次报名和考试，办理会计从业资格证书1678人次，会计从业资格人员调入1076人次，会计从业资格人员调出246人次，会计人员技术资格2910人次报名与考试。完成全市农村和农业合作社1073人次财务人员继续教育培训工作。办理165家单位建账登记合格证书，494家单位建账年检复核。办理9家代理记账机构审批，完成3个学会（协会）日常管理工作。

【存量资金盘活】2015年，海口市财政局在“保工资、保运转、保稳定”

的基本原则上，为解决“双创”“多规合一”等重大改革及机关事业单位养老保险改革等刚性支出和棚改等重大基础设施建设支出需求，继续从市直各部门（单位）实有账户统筹盘活存量资金2.7亿元，编入2016年部门预算，保障市委市政府各项中心工作。提高财政资金使用效益。

【PPP模式推广运用】2015年，海口市财政局筛选组建PPP项目库，积极推广运用PPP模式。在7月向各预算部门征集潜在PPP项目的工作基础上，从项目性质、建设内容、投资金额、前期准备工作的完备程度等方面对所征集到的项目进行重新筛选整理，并分级建库。年内，有44个项目纳入项目库进行管理，项目主要分布在供水、垃圾处理、污水处理、地下综合管廊、交通、医疗、园区、旅游、殡仪和网络信息等社会公共领域，预计总投资额716亿元。其中完成项目立项且PPP模式运作条件较为成熟的一级库项目13个，预计投资额98亿元；立项且基本具备PPP模式运作条件的二级库项目8个，预计投资额36亿元；未立项但基本符合PPP模式运作条件的三级库项目23个，预计投资额582亿元。市财政局向财政部申报全国第二批PPP示范项目。至12月，海南省有9个项目入选财政部第二批示范项目名单，其中海口市有南渡江引水工程、综合环卫一体化和餐厨垃圾处理项目3个项目入选。市财政局与项目主管部门、项目实施单位、咨询服务机构、金融机构等各项目关联方沟通协调，切实解决PPP项目推进过程中存在的工作环节衔接、商务条款评审、融资等问题。至12月，市财政局引导推进6个PPP项目，分别是：环卫综合一体化项目（琼山区试点）、南渡江引水工程、“天网”二期建设工程、桂林洋现代农业公园、肿瘤医院原址资产盘活、高速路口园林绿化景观提升工程。其中，环卫综合一体化项目（琼山区试点）投资概算2.04亿元，中标社会资本为北京环境卫生工程集团有限公司，该项目既是海口市第一个签约落地的PPP项目，同时也是海南省第一个签约落地的全国示范项目；南渡江引水工程是2015年全国27项重大水利工程之一，已完成社会资本招标工作，项目投资概算36.2亿元，中标社会资本为中国葛洲坝集团股份有限公司。

链接： PPP即Public—Private—Partnership的字母缩写，通常译为“公共私营合作制”，是指政府与私人组织之间，为了合作建设城市基础设施项目，或是为了提供某种公共物品和服务，以特许权协议为基础，彼此之间形成一种伙伴式的合作关系，并通过签署合同来明确双方的权利和义务，以确保合作的顺利完成，最终使合作各方达到比预期单独行动更为有利的结果。PPP是一种新型的项目融资模式，PPP融资模式可以使民营资本更多地参与到项目中，以提高效率，降低风险。

【海口市PPP管理中心成立】2015年7月，海口市财政局启动海口市PPP管理中心申报设立工作；10月市编办批复设立PPP管理中心，10月12日挂牌成立，为市财政局下属的事业单位。中心工作人员从市财政局各业务处室抽调，有5人。管理中心建立PPP项目咨询机构库，由市财政局制定筛选条件，分综合、财务、法务3个类别向全国范围征集优秀PPP项目咨询服务机构并建库管理，是海南省第一个专为推动PPP项目而建立的咨询机构库。至12月，有53家咨询机构纳入海口市PPP项目咨询机构库，其中，投资、工程、评估等综合类咨询机构31家；财务类咨询机构13家；法务类咨询机构9家。

（陈有敏）

【政府投资基金设立】2015年，海口市财政局为贯彻落实国家转变政府融资模式，拓宽融资渠道，引导社会资本投入城市建设，海口市与国开行海南分行发起成立城乡发展股权投资基金。11月18日，母基金“海口市城乡发展股权投资基金”注册成立，基金总规模400亿元，其中市政府出资40亿元（占比10%），国开行海南分行募资360亿元（占比90%）。基金实行承诺出资、分期到位机制，即基金单次出资金额根据项目投资需求，分期到位；基金采取1+N（母子基金）运营模式，根据投资业务板块设立若干专项子基金；基金存续期限为8年，其中投资期5年，退出期3年。首期发行规模80亿元。为海南省首支以市场化方式募集的政府投资基金。11月20日，两支子基金“海口市棚户区建设股权投资基金”和“海口市基础设施建设股权投资基金”注册成立，首笔基金40亿元（其中政府出资8亿元，国开行海南分行募资72亿元）于12月8日募集到位，其中，海口市棚户区建设股权投资基金20亿元，投向海口市棚户区改造及配套项目；海口市基础设施建设股权投资基金20亿元，投向海口市重点基础设施建设项目。

【海口投资管理有限公司成立】2015年10月19日经市政府批准成立，并授权市财政局为出资人，为国有独资有限责任公司。代政府履行出资人的权利和义务，首期注册资本10亿元。公司定位为促进政府与社会资本合作，引导社会资本投入城市建设，推动政府对产业的引导扶持，实现各类资本融合。公司的职能主要为政府战略决策的投融资工作的承接者，负责城市建设和产业发展的投融资、资本运营、政策协调等工作，有效实现政府资源整合，提高财政投入绩效，促进海口市经济社会和产业健康发展。2015年通过采取“母+子”基金运营模式，成功募集首笔基金40亿元。

（林　凡）

政府采购

【政府采购概况】2015年，海口市政府采购金额9.71亿元，节约资金4709万元。其中，市本级政府采购金额6.84亿元，节约资金3701万元。市本级协议供货采购金额3786万元，占市本级政府采购支出5.53%。采购规模与上年相比，总量扩大较快。货物类采购实际金额6.32亿元，增加1亿元，增长18.98%，占采购资金总额的65.09%；工程类采购实际金额9224万元，增加2609万元，增长39.44%，占采购资金总额的9.5%；服务类采购实际金额2.46亿元，增加4726万元，增长23.78%，占采购资金总额的25.33%。政府采购由自身需要扩大到社会公共产品和服务领域，日益增多的民生项目也成为政府采购活动的新亮点，如海口市肉类蔬菜流通追溯体系建设项目、渔业资源增殖放流项目、优抚对象体检等项目。年内，集中采购代理机构市政府采购中心有工作人员24人，有意向在海口市开展政府采购活动的社会代理机构57个，从业人员468人。

【公务机票购买管理改革实施】2015年，海口市财政局为贯彻落实《党政机关厉行节约反对浪费条例》，规范公务机票购买行为，自10月1日起，实施公务机票购买管理改革，公务人员国内出差、因公临时出国购买机票，按照厉行节约支持本国航空公司发展原则，优先购买通过政府采购方式确定的国内航空公司航班优惠机票。政府采购机票的价格在“随行就市”的基础上实行“折上折”，对于市场折扣机票，各航空公司按国内、国际机票各航班舱位折扣票给予9.5折优惠，市场全价票则给予8.8折、8.5折优惠。

【政府采购管理】（1）出台政府采购管理办法。2015年，海口市财政局出台《海口市预算单位变更政府采购方式审批管理办法》，明确达到公开招标数额以上的货物、服务项目，采用非招标方式采购审批管理规范。（2）重新梳理采购计划申报及管理流程。将原来的审批制调整为备案制，实行放管结合的采购监督管理机制，提高政府采购效率。（3）抓好政府采购合同公告工作。按照《政府采购法实施条例》的要求，采购人自政府采购合同签订之日起2个工作日内，将政府采购合同在指定媒体上公告。自6月起，要求采购人在备案政府采购合同时，必须提供合同公告截图，至12月31日，共完成102个项目的政府采购合同公告。（4）强化政府采购监督管理。规范政府采购代理机构行为，成立采购代理机构监督检查工作领导小组，对10家采购代理机构2014年组织市本级政府采购项目进行监督检查，全市共完成59个项目的检查。2015年受理政府采购投诉4起，查处围标串标供应商2家，并做出列入不良记录、禁止两年内参加政府采购活动行政处罚。（5）加强政府采购队伍建设。6月举办面向全市预算单位、各区财政局、政府采购代理机构业务人员的业务培训会，邀请省财政厅政府采购专家对《政府采购法实施条例》《政府采购非招标采购方式管理办法》进行详细解读，提高采购人、采购代理机构专业化水平。

（陈有敏）

2013~2015年海口市政府采购情况表

单位：万元

年度＼类别	货物类	服务类	工程类	总计
2013	37055	7847	2100	47002
2014	53139	19876	6615	79630
2015	63226	24602	9224	97052

国家税收

【国家税收概况】2015年，海口市国税局继续坚持“依法征税、应收尽收、坚决不收过头税”的组织收入原则，统筹推进组织收入、纳税服务、依法治税等各项工作，全年组织国内税收收入114.69亿元，比上年增长17.6%，税收收入首次突破百亿元。其中，市级税收收入22.82亿元，增收4.73亿元，增幅26.1%。

【非居民税收和反避税工作】2015年，海口市国家税务局通过强化跨境股权监控、阻止欠税人出境、建立部门协作和开展反避税调查等措施大力加强非居民税收征管，全年组织非居民税收收入5.9亿元（其中征收跨境股权转让非居民企业所得税2.3亿元），增收2.73亿元，增长86%。圆满完成3户反避税案件的立案和结案工作，成为全省国税系统2015年反避税工作唯一有结案的单位。

【国税发票管理】2015年，海口市国家税务局首次在全省国税系统公开发布《发票违法违章户公告》，曝光54户虚开发票纳税户的违法违章行为，并将其纳入海口市企业诚信“黑榜”名单，实施“信用惩戒”，利用舆论力量主动出击应对税收违法违章行为；将个体双定户核定的发票票种种类与定税额挂钩，规定未达起征点的个体双定户原则上限领用定额发票；运用大数据分析，将初次票量核定由200份减少至50份。将起征点以上户数占比由7.9%提高至9.3%，有效遏制发票虚开等违法行为，促进税收收入增长。

【欠税清理】2015年，海口市国家税

2014 年、2015 年海口市国税局“两税”（增值税和消费税）收入对比

单位：万元

项　目	一月	二月	三月	四月	五月	六月	七月	八月	九月	十月	十一月	十二月
2015 年“两税”收入	94391	70357	51751	58028	59579	61211	52116	59853	58479	71229	58112	72431
2014 年“两税”收入	62191	66596	41506	49348	56512	47554	51166	60071	49242	61033	51146	63660

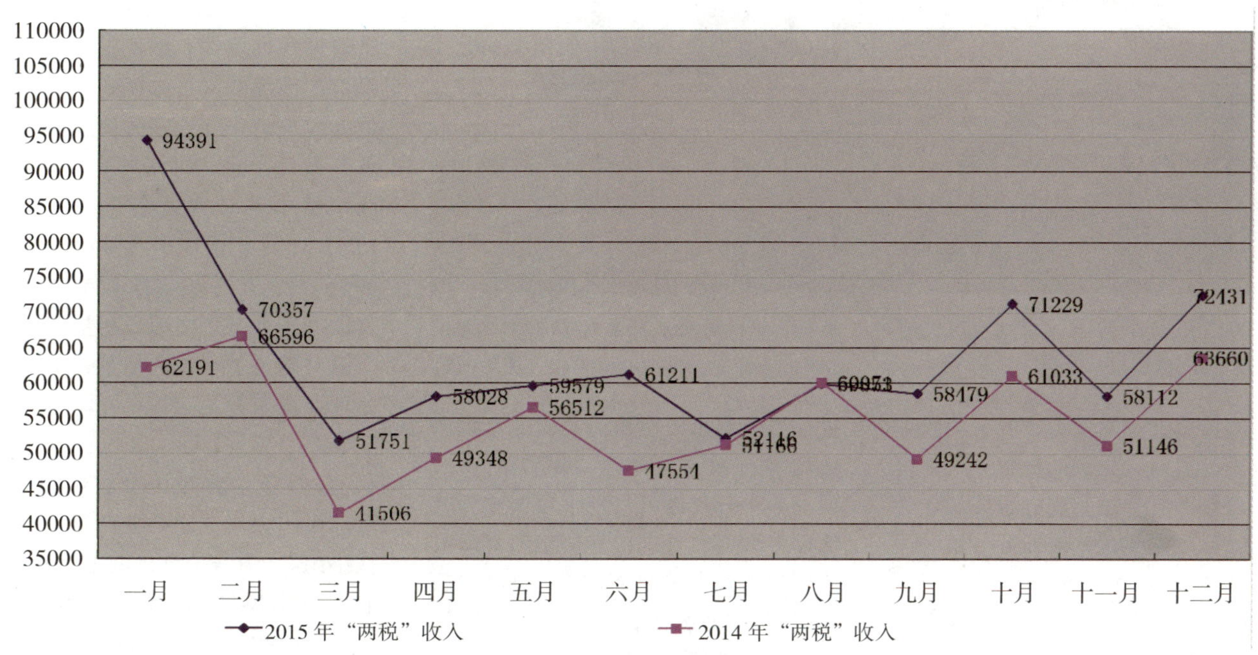

2014~2015 年海口市国税主体税种收入同比增长情况

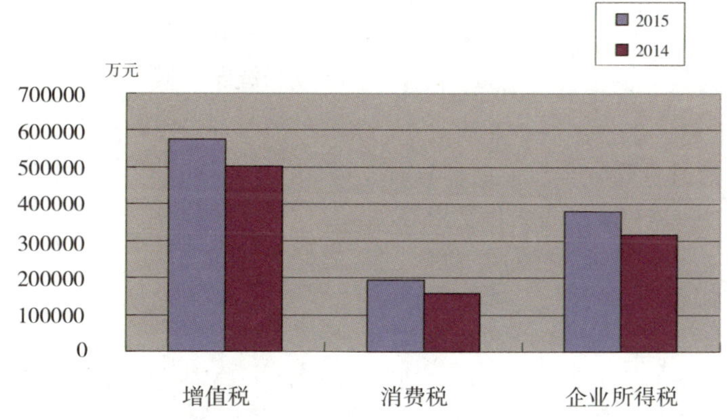

务局加强日常管理，采取阻止欠税人出境、移交稽查部门移送公安等有针对性的清欠措施，提高清欠成效，全年清理欠税 3.81 亿元（含抵缴），比上年多清理 1.16 亿元。

【国税税务审计】2015 年，海口市国家税务局开展风险应对，大力推进税务审计标准化建设，严格税收执法，有效防范税收执法风险，全年办结税务审计案件 865 件，查补入库税款 1.5 亿元，移送稽查案件 9 件，涉及虚开发票金额 20 亿元。

【探索国税征管新模式】2015 年，海口市国家税务局在完善以票控税的基础上，探索以电控税模式，采取实地调研、第三方数据采集、行业协会座谈等方式，收集整理重点行业企业用电量和生产设备功率等基础信息，运用数据测算及分析等方法，为下一步运用投入产出耗电配比数据，采取有针对性的征管措施打好基础。

【国税纳税服务】2015 年，海口市国家税务局坚持问题导向，以贯彻落实《全国县级税务机关纳税服务规范》为抓手全面整改，办税服务类投诉数量下降 49.74%，在 2015 年全国纳税人满意度调查中排名提升 8 个位次。（1）做好存量户增值税发票系统升级。通过大力宣传、设置多个“一站式”办理点、优化流程、分期分批妥善统筹安排纳税人等措施，成功为 8104 户一般纳税人和 2.28 万户小规模纳税人进行发票升级。（2）启用新企业所得税报表。通过开展多期分类培训，组织企业试填发现问题，设置表间勾稽关系监控防止错填等措施，确保 4 万多户纳税人依时顺利平稳启用新企业所得税报表。（3）推进办税服务厅标准化建设。采取专业导税，分区办税的方式分流纳税人，在少于 20 个窗口的办税服务厅试行全职能受理窗口，并将部分需要纳税

2015 年 4 月 19 日，海口市国税局组织青年干部利用周末业余时间开展“便民办税春风行动”。（夏昊 摄）

人多次排队办理的业务设置为关联业务，通过窗口优先级的设置，科学统筹窗口业务，合理利用办税资源，各办税服务厅均实现一般业务等候时间少于30 分钟，简单业务等候时间少于 15 分钟。对滨海、海甸办税服务厅进行装修改造，联合市地税局共同筹建办税服务厅。（4）加强内部管理。邀请专业团队编写纳税服务规范指引，组织开展多层次、有针对性的业务培训，增强办税人员全能全岗服务能力，引入“培训机构督导巡查”模式定期督导整改，巩固培训成果。（5）开展“便民办税春风行动”。继续办好纳税人税务学堂等品牌服务项目，2015 年共举办 13 期“纳税人税务学堂”。（6）积极宣传、引导纳税人关注“海口国税为您服务”微信公众号，开通办税服务厅窗口排队情况查询功能，方便纳税人办税。

【深化税务改革】2015 年，海口市国税局深化税务行政审批制度改革。公开行政审批事项目录，规范审批行为，对外公布许可条件、所需资料、许可程序、办理时限等内容；对取消的非行政许可审批事项，正确处理好放管结合的问题，切实将税务管理重点和方法从事前审批转入到事中监控和事后监管上来，杜绝清单外违规审批行为。全市国税机关实施的审批事项均为行政许可事项，共 7 项；21 项税务非行政许可审批事项调整为其他权力事项，且这些事项将随着简政放权和依法行政的推进进一步规范；其他 47 项非行政许可审批事项全部取消审批管理。抓好“三证合一”登记制度改革。密切与工商局、质监等部门的工作联系，合力做好宣传引导、业务衔接、技术保障等工作，确保“三证合一”登记制度改革 10 月 1 日全面实行。落实小微企业税收优惠政策。通过专题宣传、上门辅导、跟踪服务等方式确保纳税人用足用好税收政策，小微企业受惠面 100%，共减免增值税 5426 万元，减免企业所得税 704 万元，对 14 户不具备福利企业退税条件的企业进行资格取消和终止其减免税备案。

【税收信息化建设】2015 年海口市国税局加强信息化建设工程。（1）“金税三期”工程顺利上线。10 月 8 日，海南省税务系统“金税三期”工程在市国税局正式上线运行，滨海办税服务厅工作人员通过“金税三期”系统为纳税人开出第一张完税凭证。同时，首次通过“金税三期”系统为纳税人发售增值税专用发票。“金税三期”工程上线后，建立信息共享系统，为部门之间的数据交换、业务联动提供平台；实现全国税收数据大集中，搭建起统一的纳税服务平台。（2）建设“互联网 + 税务”。海口市国税局紧跟省、市关于“互联网 +”产业发展的战略部署，打造新型电子税务局，初步实现“微信平台推送信息、网络平台办理业务、24 小时网络受理咨询反馈”纳税服务信息化体系。在传统的网络办税基础上不断增加办税渠道，开通“海口国税为您服务”微信平台、网络邮寄发票业务、网络清卡和全省通办等业务。截至 12 月 31 日，微信平台月信息推送量 40 条，全省通办业务 165 项，网络自助办理业务 137 项，初步实现纳税人随时随地了解税务信息，足不出户办理涉税业务。

【税务服务地方经济发展】2015 年，海口市国税局成立“重点产业税务帮扶小组”，为帮扶海口市 12 个重点产业发展出谋划策；树立“税收经济观”，注重将经济运行数据与税收数据结合分析，密切关注房地产、混凝土、砂石砖等重点行业的经济运行动态，积极开展税收经济分析，为服务地方经济发展提供决策参考和财力支持；撰写的《国税收入与海口经济关联分析》《浅析海口城市发展中的税收效应》等税收研究论文得到市领导的高度认可。

（夏　昊）

地方税收

【地方税收概况】2015 年，海口市地税局全面推进依法治税、全面深化税收改革、全面优化纳税服务、全面落实从严治党的工作要求，抓住组织收入中心工作不放松，推进税收工作再上新台阶。全年组织税费收入 257.79 亿元，比上年增长 8.6%，增收 20.35 亿元。地方税收收入 159.13 亿元，增长 6.3%，比全省地方税收增幅多 1.3 百分点，增收 9.48 亿元，占海口市一般公共预算收入的59.3%，其中：中央级收入27.29亿元，下降5.7%，减收1.64亿元；省级收入65.68亿元，增长10.2%，增收6.09亿元；市级收入66.15亿元，增长8.2%，增收5.02亿元。社会保险费收入90.04亿元，增长12.5%，增收10.02亿元；教育费附加收入3.89亿元，增长11.7%，增收4099万元；地方教育附加收入2.59亿元，增长11.5%，增收2678万元；文化事业建设费收入451万元，下降57.7%，减收616万元。工会经费收入1.37亿元，增长8.8%，增收1111万元；残疾人就业保障金收入6342万元，增长25.3%，增收1281万元。民声东路办税服务厅被评为全国文明单位；世贸东路办税服务厅被市总工会授予“工人先锋号”光荣称号；美俗路办税服务厅被市妇女联合会授予“巾帼文明岗”光荣称号；党风政风行风建设社会评价获得海口市行政执法与司法机关类第二名。

【税收征管】2015年，海口市地税局面对经济增速放缓、房地产市场低迷、结构性减税以及“营改增”试点范围扩大等严峻的经济税收形势，深化税收征管改革，改变过去过度依赖大税源，对小税源、小税种重视不够的习惯，落实各项税收要求，向政策、管理、科技、作风、服务要税收；对组织收入工作实行项目管理，成立专门组织收入工作组，成立土地增值税清算、企业所得税核查、欠税清理、建安行业清理、未入库税款追缴、纳税评估、房产税土地使用税清理等7个组织收入工作组；联合稽查部门共同组织收入，加大征管力度，税收征管进一步强化。

【社保规费征管】2015年，海口市地税局进一步优化缴费服务质量，提高“三方协议”签订率和网上申报缴费率，签订“三方协议”及变更协议3000多份。海口市城镇居民医疗保险参保人数45.66万人，入库居民医

2015年海口市地方税收三级次占税收收入比重示意图

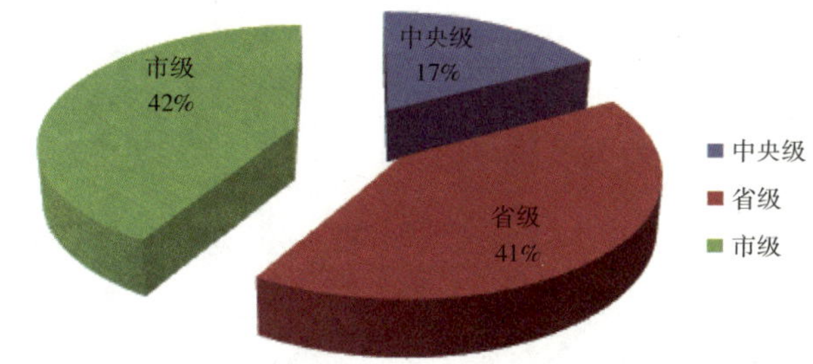

2015年海口市地方税收收入分月统计示意图

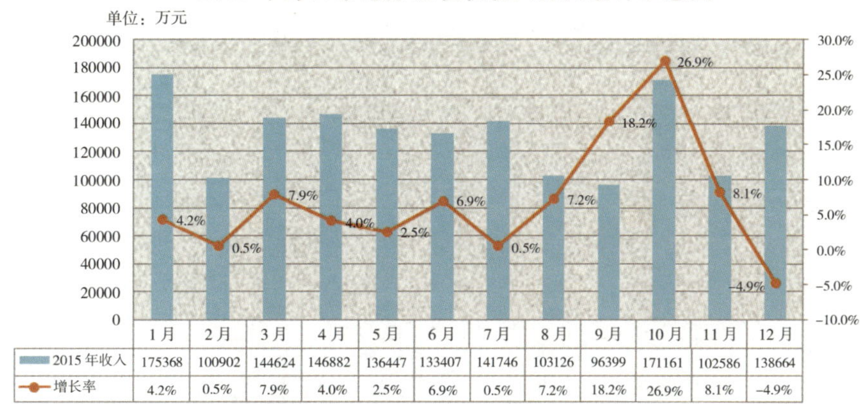

	1月	2月	3月	4月	5月	6月	7月	8月	9月	10月	11月	12月
2015年收入	175368	100902	144624	146882	136447	133407	141746	103126	96399	171161	102586	138664
增长率	4.2%	0.5%	7.9%	4.0%	2.5%	6.9%	0.5%	7.2%	18.2%	26.9%	8.1%	-4.9%

2015年海口地税各税种收入示意图

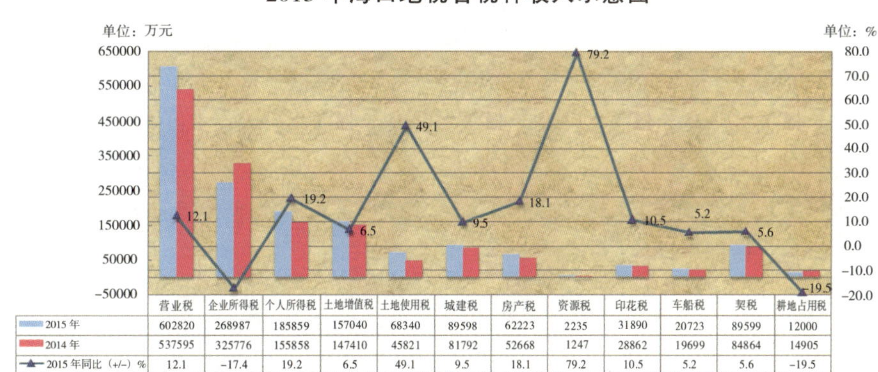

	营业税	企业所得税	个人所得税	土地增值税	土地使用税	城建税	房产税	资源税	印花税	车船税	契税	耕地占用税
2015年	602820	268987	185859	157040	68340	89598	62223	2235	31890	20723	89599	12000
2014年	537595	325776	155858	147410	45821	81792	52668	1247	28862	19699	84864	14905
2015年同比（+/-）%	12.1	-17.4	19.2	6.5	49.1	9.5	18.1	79.2	10.5	5.2	5.6	-19.5

2015年海口市地税各税收入占税收收入示意图

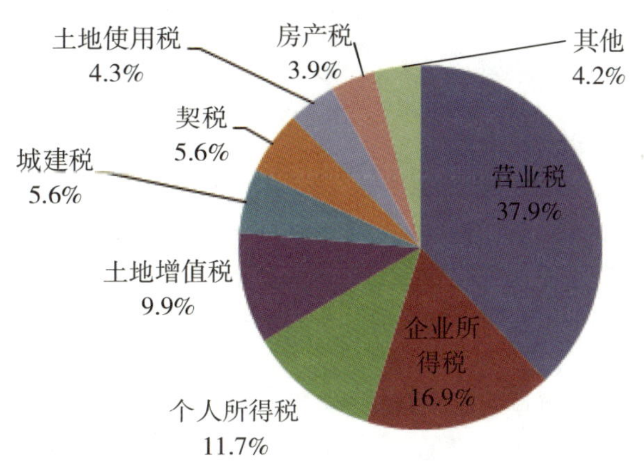

2015 年海口地税各行业占比图

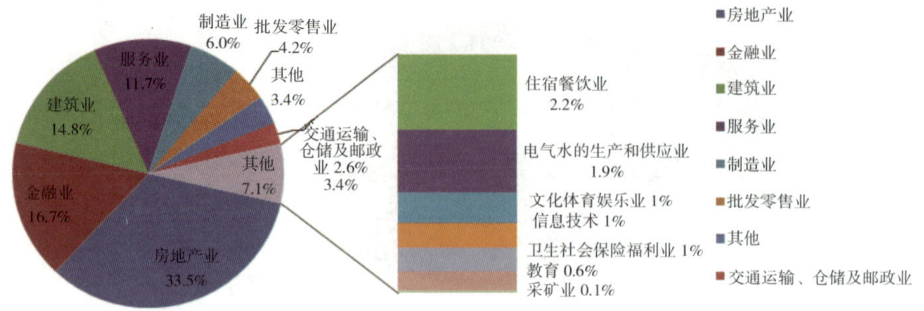

2012~2015 年海口市亿元以上纳税大户缴税情况示意图

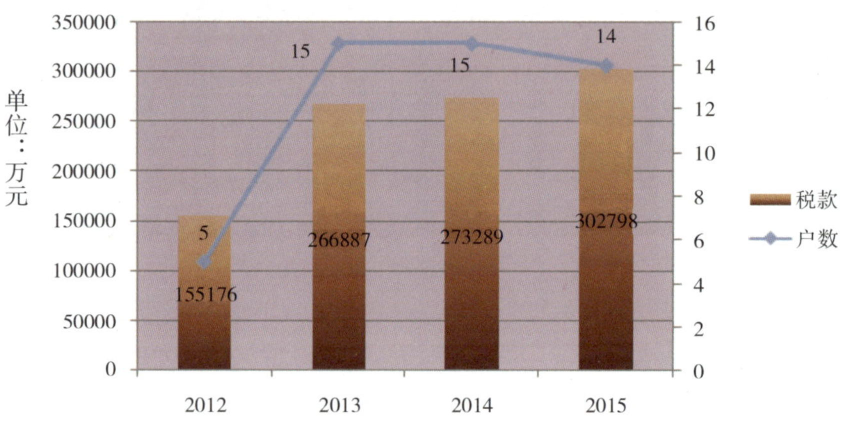

保费 5161.01 万元。

【纳税评估】2015 年，海口市地税局加强风险应对，有效发挥以评促收，以评促管和以评促评作用。上报评估案例 271 个，评估应补税款 3.63 亿元，评估入库税款 3.39 亿元，税款入库率 93%，评估入库税款占年度评估任务的 142%。

【税收风险管理】2015 年，海口市地税局以开展风险平台试点工作为契机，开展为期 2 年的税收风险管理年活动，通过数据清理、户籍清查、规范征管基础资料等，摸清摸准征管工作底数，确保各类数据真实、准确、规范、完整；建立健全征管监控指标清查常态化机制和征管基础规范管理长效机制，切实加强征收管理力度。

【欠税追缴】2015 年，海口市地税局加大欠税追缴力度，清缴欠税户 1.54 万户，查询欠税纳税人银行账户开户信息 264 户，查封银行账户 172 个，协助办理阻止欠税企业法定代表人出境 50 人；发布欠税公告 14 期，公告 129 户，追缴税款 5.36 亿元。

【税收清缴清算】2015 年，海口市地税局抓好 2014 年度企业所得税汇算清缴工作，2014 年度应汇算清缴 2.85 万户，已汇算清缴企业 2.81 万户，汇算清缴率 98.75%。加强土地增值税清算工作，完成清算项目 51 个，清算应缴土地增值税 7.14 亿元，清算补缴税款 1.34 亿元，清算退税 6066 万元。

【年所得 12 万元以上个人所得税自行申报】2015 年，海口市地税局抓好年所得 12 万元以上个人所得税自行申报工作，共受理 2014 年度年所得 12 万元以上自行纳税申报 1.72 万人，申报 1.74 万人，比 2013 年自行申报的 1.24 万人增加 4768 人，增长 38.37%；申报年所得额 86.53 亿元，应纳税额 5.97 亿元，应补税额 261 万元，人均应补税 56.05 元。

【小微企业所得税优惠】2015 年，海口市地税局抓好小微企业所得税优惠政策落实工作，在 2014 年度企业所得税汇算清缴中，应享小微企业所得税优惠企业 2320 户，通过申报享受优惠 2319 户，享受税额减免 1080 万元，受惠面 99.96%，超过国家税务总局要求的 97%的目标。

【税收执法规范】2015 年，海口市地税局严格执行省地税局税收执法文书范本和执法风险防控手册，大力宣传税务行政处罚权力清单和权力运行流程图，提高依法履职水平；以税收征管改革和征管法修订为契机，进一步规范欠税追缴管理，严格执行欠税追缴程序及追缴环节、工作时限、税务文书使用等规定，落实好各项税收保全和强制执行措施；充分利用门户网站、举报信箱、举报投诉电话，12345、12366 服务热线等渠道，及时回应和妥善处理纳税人投诉举报，共受理举报案件 13 起，调查核实 10 起，依法处理 5 人，问责 4 人。

【税务登记管理】2015 年，海口市地税局理顺管户职责，统筹协调及调整管户 2071 户次；开展非正常户清理，公告非正常户 7165 户，公告税务登记证失效 5387 户；清理漏征漏管户，以全市停车场综合整治工作为契机，下户核查停车场 501 家，督促办理税务登记 344 户。联合工商等部门推行登记制度改革，发放“三证合一”1.39 万户，其中设立 6257 户，变更、换证 7616 户。

【地税发票管理】2015 年，海口市地税局开展打击发票违法犯罪活动，做好发票协查工作，接收、办理省地税局稽查局、举报中心和外单位转办发票协查案件 30 余件；做好营改增纳税人发票核查工作，缴销 10 家企业 7069.97 万份发票；销毁企业超出保管期限的自印发票存根联，依企业申请，对海南宝岛通科技股份有限公司、中国移动通信集团海南有限公司等4家企业的发票存根联等进行销毁。

【金税三期系统上线】2015年10月1日，金税三期系统正式上线运行，海口市地税局成立由局长林川为组长的金税三期省级应用集中优化版推广工作领导小组，下设业务组、技术组和综合保障组，统筹协调金税三期系统上线各阶段工作；扎实做好基础环境准备工作，认真组织上线前培训，组建运维团队，建立运维保障机制和应急预案，做好应急演练，切实做到网络不断、系统不停、数据不丢。金税三期系统统一国税、地税核心征管应用系统版本，构建覆盖所有税种、覆盖税收主要工作环节、覆盖各级国地税机关的全国税收管理信息化系统。该系统运用标准化、风险管理理念规划和设计，特别是通过国税、地税统一标准核心征管系统应用，有效实现风险分析、自动推送、纳税评估、税务稽查的有机运转。

【纳税服务】（1）推出办税服务新举措。2015年，海口市地税局推出25条便民办税服务新举措，对缩短办税时间、简化办税流程、规范纳税服务提出明确要求；完善办税导税服务制度，在办税服务厅增设导税前置岗和初审台，安排一名业务熟、素质高的业务骨干为纳税人预审涉税事项、解疑释惑等，有效提高窗口业务的即时受理率。（2）设置自助办税终端机。在民声东路、世贸东路、华信路及美俗路办税服务厅推出10台ATS自助办税终端机，有效分流办税服务厅人流，缓解办税服务厅纳税人排队等候时间长的压力。（3）健全网上办税服务功能。解决网上“零申报”办税问题，分流实体办税服务厅人流量，有效减少大厅压力；推进手机互联网“预约办税”系统建设，为纳税人提供办税流程指南、发票快速查验、位置导航服务、消息自动接收等服务功能。（4）推广网上申报和CA数字证书网上认证工作。2015年新增办理CA数字证书1.39万户，用户合计3.91万户。

2015年3月5日，海口市税务局开展“学雷锋便民服务”活动。

（市地税局 供稿）

【地税税务培训】2015年，海口市地税局巩固和拓展纳税人学堂教学模式，免费培训纳税人，根据不同行业或不同税种纳税人的培训需求，采取集中培训、专题讲座等形式，举办纳税人培训班46期，培训1.02万人，其中新开业培训班5期，专项课程培训41期。举办其他培训班159期，培训人员6259人次。

（朱万宪）

（编辑：李　敏）

经济监督管理

宏观调控

【海口经济发展概况】2015年，海口市经济运行呈现“稳中趋快、稳中向好”的良好态势，社会发展和谐稳定，实现“十二五”胜利收官。年末，海口市地区生产总值1161.96亿元，较上年增长7.5%。地方一般公共预算收入111.5亿元，增长11.1%。固定资产投资1012.05亿元，增长22.7%。社会消费品零售总额595.53亿元，增长6.6%。旅游总收入160.06亿元，增长12.7%；接待国内外过夜游客1225.2万人次，增长8.4%。常住居民人均可支配收入2.44万元，增长8%；城镇常住居民人均可支配收入2.85万元，增长7.6%；农村常住居民人均可支配收入1.16万元，增长9.5%。居民消费价格指数101.2%，较年度控制目标低2.8百分点。城镇登记失业率0.9%，控制在3%的年度目标内。

【产业结构调整】2015年，海口市坚持在做大总量中不断优化结构，先后出台金融、互联网、电子商务、旅游和房地产等系列产业引导政策，夯实实体经济发展基础。三次产业比例为4.9∶19.3∶75.8，产业结构总体向好，各产业内部提质升级。⑴现代服务业主体作用趋强。旅游、金融、会展、互联网等主要行业发展良好。金融业增加值占全市GDP的11.9%，成为现代服务业的支柱性产业。互联网产业加快发展，阿里巴巴等互联网龙头企业进驻海口，南海云及大数据服务中心运行。⑵新型工业发展态势良好。医药制造业产值增长21.5%，是工业增长的重要支柱。海马成功布局海外，在伊朗设厂。立昇公司以技术入股方式参与俄罗斯净水项目，实现产品输出到技术输出的大跨越。康迪10万辆电动汽车、光启科学临近空间产业园等项目落地。⑶现代农业规模化经营水平提升。建设蔬菜大棚210.67公顷，冬季瓜菜种植面积1.36万公顷，新建畜禽标准化生态养殖小区21个，建成罗牛山10万头现代化养猪基地，新增花卉种植面积100公顷，开工建设桂林洋国家热带农业公园、石斛基地等项目。云龙淮山、永兴荔枝获“国家地理标志产品”称号。此外，特色产业小镇建设加快推进。启动10个特色产业小镇建设。演丰镇成为国家新型城镇化综合试点，石山镇“互联网+农业”成效明显，永兴镇与乐视体育联手打造体育产业。

【经济预测与监测】2015年，海口市不断加强宏观经济运行监测，坚持抓细抓实，每月一次经济情况通报，每季度一次经济运行分析，远近兼顾，环环相扣，无缝连接。统筹推进经济稳增长“十项举措”和促进金融业发展等产业扶持政策措施，确保经济运行稳健向好。地区生产总值增速由一季度的5.7%上升到上半年的8.3%、前三季度的8.4%，全年完成1161.96亿元、增长7.5%，在全省的占比由上年28.7%提升到31.4%。

【“十三五”规划编制】2015年，编制完成《海口市国民经济和社会发展第十三个五年规划纲要》。⑴总体思路：以创新、协调、绿色、开放、共享发展为主线，以国际旅游岛建设为总抓手，充分发挥“生态环境、经济特区、国际旅游岛”三大优势，抢抓国家“一带一路”、海南省域“多规合一”和新一轮大规模推进棚户区改造三大机遇，秉持“生态底线、陆海统筹、历史文化”三大理念，以生态领规划、以项目保增长、以棚改促建设、以“双创”抓管理、以真心惠民生、以铁腕转作风，统筹推进经济建设、政治建设、文化建设、社会建设、生态文明建设和党的建设，努力打造“21世纪海上丝绸之路”战略支点城市、大南海开发区域中心城市、全国生态文明示范城市和海南“首善之城”，争创中国特色社会主义实践范例，谱写美丽中国海南篇章的海口章节。⑵主要指标规划目标：经济保持中高速增长，确保全面建成小康社会。未来5年经济保持中高速增长，到2020年，确保国内生产总值和城乡居民收入比2010年翻一番以上。拟定“十三五”经济发展目标为年均增长约8%，到2020年，地区生产总值约1706亿元（2015年价格）。人口规模250～260万人。人均地区生产总值约6.95万元，城镇常住居民人均可支配收入超过3.59万元、农村常住居民人均可支配收入超过1.71万元，力争跨入全国中上城市行列。生态环境指标保持全国领先，质量不下降。推动生产方式和生活方式向低碳、绿色方式转变，能源消耗总量、碳排放总量和主要污染物排放总量严格控制在省下达的计划目标之内。空气质量、水体水质和近海海域等生态环境质量继续保持全国领先水平。人民生活水平和质量明显提高，全面实现贫困人口脱贫。现行标准下的贫困人口2017年以前全部脱贫。就业、教育、文化、社保、医疗、住房等公共服务体系更加健全，基本公共服务均等化水平走在全省前列。

【“十二五”规划目标完成情况】“十二五”末，海口市地区生产总值1161.96亿元，较“十一五”末增长59.7%，按可比价计算，“十二五”期间年均增长9.6%；人均地区生产总值5.25万元，是“十一五”末的1.68倍，按可比价计算，“十二五”期间年均增长6.4%；全市地方一般公共预算收入111.5亿元，较“十一五”末增长121%，年均增长17.1%；全社会固定资产投资1012.05亿元，“十二五”时期累计完成3397.89亿元，是“十一五”时期的2.86倍，年均增长23.7%；城镇常住居民人均可支配收入2.85万元，比“十一五”时期提高0.1百分点，年均增长11.5%；农村常住居民人均可支配收入1.16万元，比“十一五”时期提高2.8百分点，年均增长12.8%。

【政府投资项目计划编制】2015年，海口市政府投资项目计划安排依照“确保项目延续、带动社会投资、冲刺十二五目标、谋划十三五项目”的工作思路，突出新型城镇化建设和向民生领域倾斜两个重点工作。在项目投向上侧重基础设施完善、产业结构优化、棚户区（城中村）改造、社会民生改善和已落地的招商项目；在项目资金来源上侧重通过配套资源撬动社会资本投入和积极向上级争取资金（含中央、省专项和地方债券资金），减轻政府直接投资压力、防范债务风险。2015年政府投资项目计划共158项（含续建项目70个、新建项目84个、小型项目政府投资计划等其他项目3项、尾款打包项目1个），年度总投资126亿元，完成投资112.02亿元。

【投资项目“百日大会战”】2015年8月31日，海南省政府召开专题会议决定在全省开展投资项目“百日大会战”，9月15日，海口市召开全市“百日大会战”推进工作动员大会，打响百日建设攻坚战。海口市政府成立由市长倪强任组长、各副市长为副组长的全市开展投资项目“百日大会战”工作领导小组，出台《海口市投资项目“百日大会战”新开工项目考核奖惩办法》，将投资项目责任落到实处。针对影响项目开工的弱点，制定6项措施：⑴做实项目前期。各区、各部门包括项目业主把更多的精力用到前期工作上，把项目论证做深做细，把用地规模、建设规划、资金概算等指标测算好。尤其是注意结合省域“多规合一”和“十三五”规划编制，做好涉及十二大产业、六类园区、五网基础设施建设等重大项目的前期工作。⑵项目审批限时。“百日大会战”项目受理环节一律取消预受理；事项审批时限原则上3个工作日内完成；联合审批窗口会同市重点办窗口组成“百日大会战”项目审批“绿色通道”。截至12月31日，54个“百日大会战”项目的157个事项进入“百日大会战”项目审批“绿色通道”办理，3个工作日内办结的有131项。审批事项总天数458天，平均办结天数2.92天。⑶征地拆迁提速。对完成选址的项目，各区在9月底前全面完成征地拆迁，提交工作面；已征收入库的土地，市国土局在30个工作日内完成供地。⑷闭合建设资金。对政府投资项目，市发改、财政等部门千方百计筹集资金，优化财政支出方向，进一步盘活财政存量资金。创新政府融资模式，抓紧与金融机构对接，完成棚改、城乡基础设施、产业发展3只基金的筹设，筛选一批好的项目开展PPP融资，撬动社会资本投入。对社会投资项目，抓住降准降息后融资成本降低的政策机遇，鼓励企业多方自主筹资，同时落实5月海口市32家企业与22家金融机构签订的授信协议。⑸明确时间节点。9月20日前，各区、各部门在会战期间把所有当年能够开工的项目排出时间表、画出“路线图”、落实责任人，逐个推进、梯次开工。⑹保证质量安全。市发改、审计、住建、安监等部门严格监管，认真执行项目监督的各项制度，确保项目建设规范运行。“百日大会战”期间，还成立专项督查组，每月根据倒排工期计划，分批次、有目的到各项目现场督查。海口市投资项目“百日大会战”项目237个，其中，中央投资项目58个，省重点项目9个，招商项目13个，其他类项目157个。截至12月31日，全市237个“百日大会战”项目开工233个，开工率98.31%，完成投资168.04亿元，完成“百日大会战”期间计划投资额的181%，占全省一半以上。中央投资项目开工58个，完成投资6.20亿元，占“百日大会战”中央投资类项目承诺投资额的182.89%；省重点项目开工8个，完成投资额23.17亿元，占“百日大会战”省重点项目承诺投资完成额的116.61%；招商签约项目开工13个，完成投资8.94亿元，占“百日大会战”招商项目承诺投资完成额的89.40%；其他项目开工154个，完成投资129.73亿元，占“百日大会战”期间其他项目承诺投资完成额的217.78%。在全省“百日大会战”考核评比中，海口市揽获7项大奖，取得历史性突破。其中综合特等奖、重点项目上台阶奖是全省唯一，招商签约、棚改、信息基础设施建设、项目储备和专项建设基金项目5个单项大奖也极有分量。

【投资管理】2015年，海口市把项目建设作为“促投资、调结构、稳增长”的主要抓手，强化“六个一”“一竿子插到底”的项目工作机制，建立重点项目并联审批制度，开展“重点项目服务月”“重点项目督查月”和“投资项目百日大会战”等活动，取得良好的成效。固定资产投资完成1012.05亿元，增长22.7%，较全省高12.8百分点，“十二五”累计完成投资3397.90亿元，比“十二五”规划目标多397.89亿元，连续8年保持20%以上的增长速度。67个省重点项目完成投资452亿元，占年度计划的138%。

【建设资金筹措与融资管理】 2015年，海口市多渠道筹措政府投资项目建设资金，组织申请中央预算内资金、专项建设基金、省专项资金、地方政府债券资金，加强与银行等金融机构沟通，全力保证建设资金的顺利到位。多模式探索项目融资，在现有融资平台、银行贷款的基础上，全面拓宽融资渠道，积极创新融资方式，加强政府和社会资本的合作，在原有BT、TOT、BOT的基础上，更多采用PPP模式引入社会资金，成立政府与社会资本合作管理中心，统管全市政府与社会资本合作项目；成立海口投资管理有限公司，由其牵头筹备组建海口市城乡发展基金，探索政府与社会资本合作新模式，鼓励和引导社会资本参与海口市基础设施和公共服务建设。

【项目审批管理】 2015年，海口市加强项目前期管理，做好项目立项、可研审查工作。严格项目投资规模审查。项目涉及面广且专业跨度较大，为确保项目前期工作质量，严格按照国家相关政策法规及行业技术规范，对项目的建设内容、规模、技术方案、投资等内容进行严格审查，全年共签署186个项目的代（理）建合同，审查立项70项，审查可研报告174项，委托可研评估164项。做好概预算审查和部门经费及其他费用的复（审）核工作，完成542项概预算、部门经费及其他费用的复核（审）核工作，报审费用112.37亿元，核减20.4亿元，核减率18.15%。市政府投资项目管理中心配合市发改委完成综合管廊项目、长影环球100等项目的前期策划、储备、规划及投资计划编制等工作。

【基础设施项目建设】 2015年，海口市城市基础设施建设项目53项，其中续建项目25项，新建项目28项。53个项目中，为继续完善交通路网，安排路网项目43项；为配合交通整治，安排交通优化项目8项；为完善片区功能，安排片区基础设施建设项目2项。累计完成投资265.11亿元。其中电力、燃气及水的生产和供应业完成投资6.38亿元，增长45.9%；交通运输、仓储和邮政业完成投资148.38亿元，增长12.6%；信息传输计算机输服务和软件业完成投资31亿元，增长60.1%；水利环境和公共设施管理业完成投资79.35亿元，下降13.6%。

【重大产业项目建设】 ⑴现代农业方面。2015年，海口市建成罗牛山10万头现代化养猪基地，开工建设桂林洋国家热带农业公园、石斛基地等项目。⑵新型工业方面。有序推进美安生态科技新城、云龙产业园基础设施建设，光启临近空间产业园和康迪电动汽车项目成功落户，为“十三五”高新技术产业发展奠定良好基础。⑶现代服务业方面。推进骑楼老街业态调整，加快火山口地质公园、观澜湖旅游度假区、长影环球100等一批旅游项目建设；打造复兴城、演丰镇两个互联网产业聚集区，启动演丰、石山、红旗等10个“互联网+”产业小镇建设；阿里巴巴等互联网龙头企业进驻海口，南海云及大数据服务中心运行；丹娜国际游艇都会一期、冯小刚电影公社南洋街开业运营；远大购物广场、万达城市综合体、吾悦国际广场等重大商贸项目加快建设。

（吴奕琏　李　锋　林佩羽　李　岩）

（编辑：杜惠珍）

口岸管理

【口岸概况】 海口市有两个国家一类开放口岸：海口美兰国际机场口岸和海口港口岸（秀英港区）。2015年，海口市口岸出入境旅客58.63万人次，比上年下降0.3%。其中，美兰机场口岸出入境旅客54.7万人次，增长0.03%；海口港口岸（秀英港区）出入境旅客3.94万人次，下降5.2%。出入境交通工具5210架/艘次，下降7.6%。其中，美兰机场口岸出入境飞机4889架次，下降7.6%；海口港口岸（秀英港区）出入境船舶321艘次，下降7.2%。出入境货物135.1万吨，下降2.7%。其中，美兰机场口岸出入境货物0.15万吨，增长0.6%；海口港口岸（秀英港区）出入境货物134.9万吨，下降2.8%。

【口岸开放】 （1）新开国际（地区）航线。2015年，美兰机场口岸新开国际（地区）航线7条：海口—釜山（停航1年以上复航航线）、海口—曼谷（停航1年以上复航航线）、海口—澳门（停航1年以上复航航线）、海口—南昌—大阪、海口—盐城—大阪、海口—盐城—静冈、海口—清州。11月4日始，香港丽星邮轮“天秤星”号以秀英港为始发港开通“海口－下龙湾”“海口－岘港－顺化”航线，3天2晚及4天3晚滚动式运营，周三、周五、周日各一班。（2）航空煤油保税业务。4月29日，海口市航空煤油保税业务正式启动，7月1日，首次为外航飞机加注保税油。全年共为外航飞机加注保税油1351.54吨，373架次，累计节约航煤成本约81万元。（3）水域开放。5月25日，交通运输部批复新埠岛沿海水域（东营海上景区）作为海上游览景区，获批临时对外开放期限延长至2016年1月15日。（4）汽车整车进口口岸。6月11日，海口港区汽车整车进口口岸通过国家验收并正式投入使用。全年共入境5批40台进口整车，其中路虎揽胜5台、霸道22台、巡洋舰3台、丰田商务10台。

【口岸监管】海口口岸现场查验机构有海口美兰机场海关、美兰出入境边防检查站、海口机场出入境检验检疫局、海口海事局、海口港海关、秀英出入境边防检查站、海南出入境检验检疫局海口港办事处、海口市公安局出入境管理支队。2015年5月1日，广州、深圳、拱北、汕头、黄埔、江门、湛江、南宁、福州、厦门和海口11个海关启动区域通关一体化，建立区域通关中心，构建统一的申报平台、风险防控平台、专业审单平台和现场接单平台，形成涵盖广东、广西、福建、海南四地海关通关全流程的一体化管理机制和运行模式，实现四地通关作业一体化。9月1日，海南口岸全面实现“三通”（通报、通检、通放）验放通关模式。“三通”创新检验检疫通关一体化协作机制，提高进出口货物验放通关速度近50%，降低进出口企业验放通关环节成本近30%。同月，包括海南口岸在内的泛珠4省区各口岸全面实施“两直”（进口直通、出口直放）验放通关模式。“两直”提高进出口货物验放通关速度50%以上，降低进出口企业验放通关环节成本50%以上。

【重大活动通关与服务】（1）2015年世界女子高尔夫锦标赛。3月12～15日，2015年世界女子高尔夫锦标赛在海口观澜湖举行，来自中国、韩国、马来西亚、瑞士、英国等20多个国家和地区的109名球手参加比赛，其中有18个国家的36名球手作为团队参赛。海口市空港口岸单位确保参加比赛的交通工具、人员及携带物品安全、便捷通关。（2）第六届环海南岛国际大帆船赛。3月21～28日，第六届环海南岛国际大帆船赛在海南省举行，海口海港口岸单位保障参加海口赛段的3艘香港籍帆船（海狼号、友宝号、赛凌号）和13名境外船员（香港3人、南非1人、德国1人、荷兰3人、美国2人、新加坡1人、澳大利亚2人）安全、便捷通关。（3）博鳌亚洲论坛2015年年会。3月26～29日，博鳌亚洲论坛2015年年会在海南博鳌举行，海口空港口岸共保障出入境嘉宾1479人次，专（包）70架次的安全、便捷通关。其中，年会专用通道办理出入境手续1254人次，启用专（包）机出入境手续28架次92人次，启用礼遇检察厅办理出入境手续39团133人次。

【邮轮到访】2015年，海口市海港口岸共接待“维多利亚”号、“银音”号、“阿尔巴之神”号、“天秤星”号4艘国际邮轮到访，共55航次，出入境旅客3.91万人次。“维多利亚”号：隶属于意大利歌诗达邮轮公司，船长253米，船宽32米，总吨位8.6万吨。1月24日，“维多利亚”号邮轮从香港到访海口港，9:00到港，16:00离港前往越南，进出境旅客2106人次，在海口市游玩路线为：火山口—海瑞墓—五公祠—文笔峰—秀英炮台、望海国际广场。“银音”号：巴哈马籍，船长182米，船宽25米，总吨位2.8万吨。2月21日，“银音”号邮轮从马来西亚到访海口港，8:30到港，14:00离港前往香港，进出境旅客400人次，在海口市游玩路线为：火山口—海瑞墓—五公祠—望海国际广场。“阿尔巴之神”号：巴哈马籍，船长205.5米，船宽25.2米，总吨位2.85万吨。3月15日，“阿尔巴之神”号邮轮从香港到访海口港，13:00到港，19:00离港前往越南，进出境旅客1492人次，在海口市游玩路线为：火山口—海瑞墓—五公祠—明珠广场。“天秤星”号：隶属于香港丽星邮轮公司，船长216米，船宽28米，总吨位4.2万吨；运营海口—下龙湾、海口—岘港—顺化2条航线，周三、周五、周日各一班；全年共运营49航次，出入境旅客3.58万人次。

【口岸建设】2015年10月，海口美兰国际机场二期扩建开工，总投资144.68亿元，设计能力2025年旅客吞吐量3500万人次（其中国内旅客3080万人次，国际420万人次；高峰小时国际旅客1473人次）、货邮吞吐量40万吨。国际厅区域面积4万平方米，其中出境厅面积1.53万平方米，入境厅面积1.15万平方米，免税店商铺、餐厅等零售摊位面积1.32万平方米。

（顾少兴）

（编辑：吴钟宝）

海关监管

【海口海关工作概况】2015年，海口海关深化各项改革，优化监管与服务，提升监管效能，防控税收风险，加强反走私综合治理。全年税款入库69.31亿元，监管进出口货运量3011.1万吨，监管进出口货值220.1亿美元，监管进出境人员110.8万人次。海口海关连续第三年获海南省党风政风行风建设社会评价活动“行政执法与司法机关”第一名，连续第四年被海南省直机关工委评为“党建目标管理考核先进单位”，海口海关机关、三亚海关、八所海关被中央文明委授予“全国文明单位”称号，海口海关驻海南省政务服务中心审批中心连续7年被评为“行政审批优质服务单位”。

【海关税收】2015年，海口海关加强综合治税，开展税收征管质量考核，专项整治税款超期入库、违规免担保等问题，确保量质效并举，全年税收入库69.31亿元。其中征收行邮税款1.85亿元，比上年增长35.78%，位居全国海关前列。

【海关通关监管】2015年，海口海关推进企业信用管理制度改革，以监管有效性和通关时效性为重点，全面开展对关区危化品专用码头、储罐和仓库等监管场所的清理核查，规范监管场所建设和管理，梳理通关作业流程，加快进出口货物通关时效，强化进出境旅客及行李物品监管，提高行邮现场打私缉毒能力，在邮递渠道查发毒品案件线索1条。落实“选查分离”要求，优化布控查验“双随机”，强化风险分析优化查验机制。全年监管进出口货运量3011万吨，增长12.5%；审结进出口报关单3.4万份，增长3%；监管进出境邮递物品4.3万件，增长41.1%；监管进出境邮政快件12.4万件，增长70.2%；监管进出境印刷和音像制品4.1万件，增长16.6%；监管进出境人员110.8万人次，减少10.6%。

【海关缉私】2015年，海口海关以“四个提高，一个突破”（即查发案件线索能力明显提高、现场查缉能力明显提高、执法办案能力明显提高、攻坚克难能力明显提高、实现关区反走私绩效新的突破）为打私工作思路，着力强化打私能力建设，与地方法院、检察院、食药监、海警等执法部门建立双边执法协作机制，推行“一警双权、一案到底”办案模式，开办缉私警察业余学校，推进“横向到边、纵向到底”的缉私情报能力建设。全年共立案侦办走私犯罪案件23宗，案值11.24亿元，涉税1.31亿元，增长2倍、6.8倍和11.3倍；行政立案128宗，增长117%，案值1089.2万元，有25名犯罪嫌疑人被检察机关批准逮捕，移送起诉8宗25人，有罪判决8宗34人。破获“2·26”走私进口越南无烟煤案，全案案值48亿元，系近年来全国海关侦办的最大一起走私煤案；查获走私进口冻海产品案，案值9110万元；查获“10·20”货运渠道伪报品名走私进口案，案值2750万元，涉案商品种类达4大类710种，是海口海关近年来在货运渠道查获的最大案值的走私案件。在行邮渠道查获各类案件94宗，增长5倍。其中在邮递渠道查获3起走私、贩卖毒品案，缴获冰毒193克；在旅检渠道查获2起走私烟酒案件和25起违规携带象牙制品、沉香、琥珀、砗磲、燕窝等行政案件。

【海关统计】2015年，海口海关统计工作着力提高进出口监测预警水平，与海南省相关部门建立常态化数据统计联系机制，为海南省19个市县提供“一对一”外贸监测预警服务，向海南省委省政府报送外贸及特色产品分析报告156篇。加强对虚假贸易行为监控，发现14家非海南注册企业涉嫌虚假贸易出口电子元件、玄武岩5.4亿元。年内，海口海关上报数据连续18年保持全国一等水平，全年统计分析文章被海关总署采用18篇次，被中办国办采用6篇次。

【海关通关作业改革】2015年，海口海关通关作业实现“泛珠”四省（广东、广西、福建、海南）区域通关一体化和区域通关一体化改革区区联动，与6个直属海关的9个进出口口岸开展一体化通关业务。海口海关深化关检“三个一”（一次申报、一次查验、一次放行）改革，制定关检联系配合办法，建立关检、省口岸办和港口企业四方合作机制，按时上线运行统一版“一次申报”客户端，配合支持省口岸办加快海南国际贸易“单一窗口”建设。深化自贸区第一批海关监管创新制度复制推广成效，启动第二批10项监管创新制度复制推广工作，实现海关特殊监管区域和保税监管场所区域通关一体化，深化通关无纸化改革，全年通关无纸化比例高达98.66%。

【海关行政审批】2015年，海口海关参与海南“多规合一”和行政审批改革，全面推行行政审批“一个窗口”集中受理模式，办件时效平均提速51%。公开“权力、责任、负面”三张清单，向社会公布79项业务执法权力及法律依据。海口海关被海南省评为“六五”普法中后期先进单位，海口海关驻省政务服务中心审批中心连续7年被评为“行政审批优质服务单位”。

【海关服务海南开放型经济发展】2015年，海口海关支持海南构建开放型经济新体制，配合海南申报建设自由贸易试验区，协调海关总署司局指导完善海南自贸区建设方案，系统梳理涉及海关工作事项28项；出台落实“一带一路”建设战略规划和支持海南三沙发展具体措施，成立海关驻三沙办事处，研究设立三沙保税油库和海洋型海关特殊监管区域；加快推进海关特殊监管区域整合优化，协助海南省政府制定具体实施意见，配合做好洋浦保税港区整改落实工作初见成效，洋浦保税港区（一期）土地利用率63.5%；推进海南博鳌乐城国际医疗旅游先行区建设；支持中石化（香港）公司成功在琼开展成品油转口业务，推动天津渤海租赁公司顺利落户海口综合保税区开展飞机融资租赁业务；支持海口综合保税区获批全国唯一钻石通关业务试点，推动海口港整车口岸通过验收并顺利运作。支持海南国际旅游岛重要政策效应放大，全力保障离岛免税调整政策顺利实施，新增17种离岛免税品，放宽10种热销免税品购买件数限制，完成“网上购物、机场提货”和“店内购物、邮寄送达”系统开发、调试等准备工作，全年共监管三亚、海口两店销售免税品55.4亿元，购物人数164万人次，销售离岛免税品649.2万件，分别增长28.3%、18%和21.9%。支持海南邮轮游艇产业发展。参与海南省邮轮码头口岸监管场所设施规划布局，研究探索开展邮轮“多点挂靠”等运营新模式，简化境外邮轮申报监管手续，在全国海关率先试点引入专业担保机构参与境外游艇海关税款总担保；支持推动国家口岸办批复同意境外游艇临时进出海南省8个海上游览景区，为海天盛筵、沃尔沃帆船赛等重要活动提供通关便利。全年共监管进出境邮轮116艘次，海南口岸进出口游艇67艘次、增长24.1%。支持海南省开展重点项目建设“百日大会战”，在全省范围内开展9次海关政策宣讲活动，引导企业用足用好优惠政策；落实国家各项优

2015 年海口海关主要业务情况统计表

类别	指标名称	单位	本年度累计数	同比增减%
监管	监管进出口货物	万吨	3011.1	12.5
	其中：进口	万吨	2500.7	11.8
	出口	万吨	510.4	16
	监管进出境运输工具	架（艘）次	12947	0.3
	其中：船舶（含邮轮）	艘次	5101	-11.9
	飞机	架次	7831	10.5
税　收	征收税款	亿元	69.3	-25.5
	其中：关税	亿元	8.3	14.4
	进口环节税	亿元	61	-28.9

惠政策和贸易协定，全年为海南企业审批减免税 18.28 亿美元，实际减免税 14.66 亿元，分别增长 37.73% 和 35.45%；各优惠贸易协定项下进口货物 6.42 亿美元，税款优惠金额 2.53 亿元。

（林　涛）

（编辑：李达文）

出入境检验检疫

【出入境检验检疫概况】 2015 年，海南出入境检验检疫局完成出入境货物检验检疫 1.55 万批、92.15 亿美元，货值比上年减少 30.76%；检疫查验出入境人员 1.09 万人次，减少 11.45%；交通工具检疫 10915 艘 / 架次，减少 6.33%；集装箱检疫 12.48 万个标箱，增长 4%；签发原产地证 8156 份、货值 7.4 亿美元，帮助企业减免关税约 2200 万美元。先后获科研立项 7 项、2015 年度国家质检总局“科技兴检奖”三等奖 3 项。

【口岸建设和疫病疫情防控】 2015 年，海南出入境检验检疫局推进口岸动植物检验检疫规范化建设，制定《海南口岸动植物检验检疫规范化建设三年规划（2015-2017）》《海南口岸进出境动植物检验检疫规范化建设工作方案》等规范性文件，选取海口美兰机场为示范口岸，成立口岸动植物检验检疫规范化建设工作小组及别动队，推进海南口岸动植物检验检疫规范化建设。筹建“质检系统热带虫媒传染病重点实验室”，构建全省“海空一体 + 区域联防”口岸传染病防控模式。印制《中东地区呼吸综合征疫情防控资料汇编》，应用 4G 移动单兵执法监控系统，联合省相关单位开展中东呼吸综合征、埃博拉出血热等疫情实战演练，处置海南口岸首例中东呼吸综合征可疑病例。全年出入境人员传染病监测发现病例 988 例。截获植物有害生物 1740 批次、329 种类、5022 种次，分别增长 31.42%、41.81% 和 83.55%。首次截获有害生物 53 种，其中 15 种为全国口岸首次截获。首次在进境斗牛中检出进境动物检疫一类和二类传染病。截获禁止进境邮寄物 592 批次、4756.31 千克，分别增长 4.19 倍和 18.1 倍。截获非法入境种苗 110 株、种子 131.31 千克。

【口岸通关检疫查验改革】 2015 年，海南出入境检验检疫局再造工作流程，缩短进口离岛免税商品等 11 项货物检验检疫周期约 50%，为企业节约验放时间 1 至 10 个工作日不等。深化关检合作“三个一”（一次申报、一次查验、一次放行）通关模式，与省口岸办、海口海关、海南港航公司建立关检合作“三个一”四方协调工作机制，帮助 57 家企业开通统一版“三个一”申报系统，657 批货物实现“一次申报、一次查验、一次放行”。实施无纸化报检、通关单无纸化及检验检疫通关一体化改革，9 月起全省和泛珠四省区实现“三通”（通报、通检、通放）“两直”（出口直放、进口直通），提高货物验放通关速度近 50%，降低企业验放通关环节成本近 30%。11 月 19 日，全国检验检疫通关一体化启动。

【推行检验检疫创新制度新闻发布会举行】 2015 年 10 月 28 日，海南出入境检验检疫局在海口举行新闻发布会，通报推行“三通”（通报、通检、通放）“两直”（出口直放、进口直通）检验检疫通关模式改革及复制推广上海自贸区八项检验检疫创新制度工作情况，宣布国家质检总局支持海南将“进口货物预检验制度”扩大到特殊监管区外的进口离岛免税工业产品中实施、将“动植物及其产品检疫审批负面清单制度”扩大到三沙市试行。海南省副省长李国梁出席并点赞检验检疫部门改革举措和成效，海南出入境检验检疫局局长钱葆龙、副局长杨祖江、副巡视员欧康成以及海南相关市县、口岸单位负责同志、

2015年海南出入境检验检疫主要业务情况

类别	项目	单位	数量	比上年增减%
货物	出入境货物	批次	1.55万	-4.96
	其中：出境	批次	7619	-9.3
	入境	批次	7881	-0.35
	出入境货物货值	亿美元	92.15	-30.76
	其中：出境	亿美元	25.13	-25.28
	入境	亿美元	67.02	-32.61
	不合格货物	批次	403	-12.39
	其中：出境	批次	13	-43.48
	入境	批次	390	-10.76
	不合格货物货值	万美元	8441.65	-53.53
	其中：出境	万美元	49.14	-79.9
	入境	万美元	8392.5	-53.17
交通工具	船舶	艘	4562	-11.26
	其中：出境	艘	2238	-11.89
	入境	艘	2324	-10.65
	飞机	架	6353	-2.43
	其中：出境	架	3156	-2.71
	入境	架	3197	-2.14
集装箱	出入境	标箱	124779	3.98
	其中：出境	标箱	63982	7.82
	入境	标箱	60797	0.23
邮寄物及旅客携带物	邮寄物	万件	64.6	-8.17
	其中：信件	万件	50.12	——
	包裹	万件	14.48	——
	携带物	件	20019	18.18
动植物疫情	种类	种类	329	41.81
	其中：出境	种类	——	——
	入境	种类	329	41.81
	种次	种次	5022	83.55
	其中：出境	种次	——	——
	入境	种次	5022	83.55
人员查验	出入境	人次	110.9万	-11.45
	其中：出境	人次	55.66	-11.26
	入境	人次	55.23	-11.63

续表

类 别	项 目	单 位	数 量	比上年增减%
健康检查及预防接种	健康检查	人次	4113	-16.77
	其中：出境	人次	1868	-25.04
	入境	人次	2245	-8.37
	艾滋病监测	人次	4105	-12.02
	其中：出境	人次	1855	-25.74
	入境	人次	2250	3.78
	发现病例	人次	988	-16.69
	其中：出境	人次	486	-27.57
	入境	人次	502	-2.52
	预防接种	人次	2783	-6.17
	其中：出境	人次	2778	-6.28
	入境	人次	5	150.00

2015 年 10 月 28 日，海南出入境检验检疫局推行“三通”“两直”检验检疫通关新闻发布会举行。海南省副省长李国梁出席并讲话。（符传涛 摄）

进出口企业负责人等 140 多人参加会议，中央、地方 20 多家新闻媒体到会采访报道，杨祖江主持会议。

【出台入境检验检疫促外贸发展支持措施】 2015 年，海南出入境检验检疫局出台多项促外贸稳增长支持措施。3 月，制定《全力促进外贸稳增长十项帮扶措施》；5 月，制定《支持海南出口水产品稳定增长七项措施》；6 月，制定上海自贸区 8 项检验检疫创新制度实施细则，并在海南口岸全面复制推广，海南外贸企业享受创新红利；9 月，质检总局批准将“进口货物预检验制度”和“动植物及其产品检疫审批负面清单制度”分别扩大到海南特殊监管区外的进口离岛免税工业产品和三沙市试行，进口离岛免税工业产品货物验放通关时间从 7 个工作日缩短到 2 个工作日，三沙相关产业建设发展得到检验检疫政策储备支持。

【支持离岛免税新政策实施】 2015 年 3 月 20 日，离岛免税品种类及件数限制进一步调整，17 种消费品纳入免税品销售范围，部分免税品单次购买数量放宽限制。海南出入境检验检疫局优化简化验放流程，实施到货前预检验制度，缩短通关时间 5 个工作日。运用无纸化通关、“三通两直”等验放措施，降低企业通关成本近 30%。购置 325 台仪器设备用于免税品专项检测，完成新增离岛免税进口产品 73 个项目的研发扩项，缩短检测周期 7 天。定期向省政府提供离岛免税商品质量分析报告，发布质量安全监管信息，推动建立离岛免税商品质量监管联动机制。承担节日期间免税商品质量安全监管总协调职责，联合相关部门实行节日免税商品巡检和日报告制度、值班值守工作机制，开展市场联合检查，扶持离岛免税新业态发展。全年完成检验检疫离岛免税进口商品 2838 批、货值 2.59 亿美元，同比分别增长 27.90% 和 29.73%。检

2015年12月29日，海南省省长刘赐贵（左三）、副省长李国梁（左四）在海南出入境检验检疫局听取工作汇报。（符传涛 摄）

出不合格商品264批、货值1504.50万美元，分别增长0.38%和250.48%。其中，完成检验检疫海免公司离岛免税进口商品1011批、货值6581.39万美元，批次同比减少1.75%，货值增加25.91%；检出不合格商品39批次、货值13.79万美元，分别减少74.68%和85.78%。

【检疫查验服务博鳌亚洲论坛】2015年，海南出入境检验检疫局为博鳌亚洲论坛2015年年会和“食品安全 国际共治”分论坛设立专用通道，给予专包机及与会贵宾通关礼遇。出动卫生监督人员324人次，在海口美兰机场和三亚凤凰机场开展口岸食品、饮用水和卫生安全专项检查，排查食品生产经营企业、供水单位、酒店、公共场所等重点部位，共监督企业70家次，完成7种会议用食品147个项目检测。年会期间，海口美兰机场口岸共检疫查验入出境专包机64架次、450人次，截获国家禁止携带进境物4.33千克，并按规定实施销毁处理。

【构建海南质检两局质量共治机制】2015年5月20日，海南出入境检验检疫局与省质监局在海口签署《关于建立海南质检两局质量共治互联互通工作机制框架方案》，在执法监管、信息化建设、实验室建设、质量基础合作、专项质量活动、文化技术交流等6大领域构建质量共治机制，建立起质检两局质量共治工作新秩序，实现两局质量工作互联互通、互动互助。

【“人-机-犬”三位一体综合查验模式建成】2015年3月中旬，海南出入境检验检疫局从公安部昆明警犬基地引进两只史宾格检疫犬“希蒙”与“沫沫”，并在昆明基地接受为期3个月的训练。6月11日，“希蒙”与“沫沫”从云南乘机抵达海口美兰机场。随后，按照《检疫犬的训练及使用规程》要求，在海口美兰机场进行上岗考核前相关专业科目训练。11月27日，通过由国家质检总局专家组组织考核，获得上岗资格，海南口岸“人-机-犬”三位一体综合查验模式建成。

【海南出入境检验检疫局海口地区办事处业务拓宽】2015年3月，海南出入境检验检疫局完成“管检分离”（综合管理和检验检疫）改革，口岸通关业务、进出口食品安全检验监管业务调整到海口地区办事处。随后，印发《关于强化“管检分离”工作提升管检效能的意见》。年底，开展调研评估验证改革效能，取得食品安全等8方面成效。全年海口地区办事处完成出入境货物检验检疫7330批、7.75亿美元，分别增长131.82%和40.44%；检疫查验出入境人员8.82万人次，增长6.27%。

【科技兴检】2015年，海南出入境检验检疫局投入千万元购置仪器设备60多台（套），技术中心认可检测资质范围扩大至66类检测对象、1643项检测项目、901个检测标准，检测

检疫犬在海口美兰国际机场现场查验入境行李。摄于2015年12月。（符传涛 摄）

2015年7月9日，在海口美兰机场首次使用真实飞机并应用4G移动单兵执法监控系统，开展疑似中东呼吸综合征疫情应急处置联合实战演练。　（符传涛 摄）

项目和检测标准同比增长22.1%和17.8%，“质检系统热带虫媒传染病重点实验室”、隔检中心“转基因产品检测区域性中心实验室（海口）”获国家质检总局批准筹建。

【智慧质检建设】 2015年，海南出入境检验检疫局构建质检两局共享的“12365”举报处置指挥系统等10余套行政和业务软件系统，推出适用于各类智能手机、平板电脑等主流设备接收的手机版网站（海南出入境检验检疫局公众信息网）和微信服务号（微信号：HI-CIQ），实施网站改版，全面升级后台管理软件、数据库、网页设计和栏目，规范发布格式，网站易用性提高，信息公开透明度增大。

【法治质检建设】 2015年，海南出入境检验检疫局编制含7大类49项行政权力的权力清单、责任清单，制定《海南出入境检验检疫局违法行为投诉举报管理办法（试行）》，继续开展规范性文件立改废，清理规范性文件301件，废止32件，保留216件，新制定63件，新修订22件。成立行政处罚案件审理委员会，审理案件8起12次。

（张　恒）

船级管理

【船级管理概况】 2015年，中国船级社海南分社全面落实总部系统工作会提出的10个方面部署38项重点工作任务要求。在新常态下把握机遇应对挑战，牢牢把握“一带一路”，南海战略发展和海洋强省带来的机遇，充分发挥海南“一省一检”优势，稳步推进分社检验业务发展。全年船舶检验994艘次，继续保持良好的安全质量形势，无因检验责任导致的重/特大恶性事故；实现港口国检查与船级有关的滞留率为零的指标和国内FSC检查的良好记录。

【船检管理】 2015年，中国船级社海南分社以新造船检验及客（滚）船、旅游船和乡镇渡船为重点，以游艇、三沙旅游船、旅游设施和海工设施为切入点，船舶营运检验管理工作有序开展，审核工作稳步进行。加强检验管理，抓好“六区一线”水域、“四类重点”客（滚）船检验管理工作；结合海南国际旅游岛建设及海洋强省、南海战略发展带来的机遇，保持与政府主管部门的有效沟通，继续抓好游艇入级检验业务的拓展和检验安全管理工作；特别是在对辖区内客滚船、游艇和乡镇渡船进行专项整改和复核工作，确保这些客运船舶的安全运行。全年船舶检验994艘次。其中，国内航行非入级船舶营运检验（含游艇）512艘次，国内入级（CSA和CSAD且含游艇）船舶营运检验217艘次，入级船舶营运检验33艘次，国内航行船舶建造检验24艘次，产品检验5个，船舶审核40艘次，乡镇渡船营运检验43艘次，乡镇渡船建造检验3艘次，游艇适航性检验7艘次，游艇初次检验75艘次（此数据分别已计入非入级和国内入级营运检验中），船舶图纸审核51个，其他110个。

【船舶安全生产】 2015年，中国船级社海南分社加强对船厂、产品厂的安全条件检查，督促落实各项检验安全条件措施，消除检验安全隐患，确保验船师的职业安全条件符合本社的相关要求。向验船师宣贯系统检验安全事故案例，重点强调交通安全、外锚地登轮安全、进入封闭场所、高空检验等检验安全条件的落实，定期对建造厂地（科达雅船厂、越海船厂和弘通船厂等）进行检验条件安全检查，做好春运、黄金周等重点时期对客滚船、油船、旅游船、乡镇船舶等船舶的安全检查。全年没有责任事故及伤（亡）人、财产损失事故情况发生。

【乡镇船舶安全服务】 2015年，中国船级社海南分社推动海南乡镇渡运升级改造，保障客运安全，让百姓乘上“平安渡、放心船”。配合海南海事局完成船舶所有权登记和船舶识别号授予的工作，将原独立的海南乡镇船舶发证管理工作纳入国内船舶检验发证工作中，实现检验管理统一，程序文件统一，发证系统统一。按交通运输部《关于实施〈内核渡口渡船安全管理规定〉有关事项的通知》及中国船级社总部《关于对内河渡船核定抗风等级的通知》的要求，重新对辖区内的乡镇渡船进行抗风能力核定。

（李伟军）

海事管理

【海事管理概况】2015年，海口海事局辖区全年进出港船舶6.37万艘次，其中进出港客滚船4.32万艘次，港口货物吞吐量8265万吨；征收规费、港建费7213万元；水上交通安全事故发生5起，直接经济损失439万元，事故造成沉船1艘，无人员伤亡，四项指标同比“两降一升一平”，辖区水上交通安全形势持续稳定。

【琼州海峡客滚船安全监管】2015年，海口海事局吸取“东方之星”客轮沉船事件教训，先后开展“六个一”（一份应对极端恶劣天气通知、一次船舶航运公司安全形势分析会议、一次客运船公司自查、一次全面安全大检查、一次安全专题研究、一次地方政府相关部门走访）专项活动、“琼州海峡安全文明示范船”创建活动、客滚船船员安全警示教育和违法集中培训和客滚船积载与绑扎系固、人车分离课题研究，完善《琼州海峡海事管理协调机制》、客滚船电子档案系统、客滚船安全巡航模式和客滚船安全检查制度，深入推进琼州海峡客滚船“舟·桥”品牌建设工作，全面推行“365”管理模式，客滚船运输安全链进一步扎牢。全年共保障1274万人次，237万辆车次的运输安全。

【渡口渡船管理】2015年，海口海事局建立全员参与渡口渡船巡查机制，探索渡口渡船分级分类管理，加强对辖区的渡工的安全知识培训。组织新埠岛游艇俱乐部、东寨港红树林旅游景区开展水上救生演习。联合地方政府对渡口、旅游点违法载客行为进行联合整治。开展红树林海事服务点建设，打造红树林海事安全服务品牌。全年共开展渡船、旅游船巡查158次，保障辖区渡船旅游船的航行安全。

【通航管理】2015年，海口海事局建立定期巡航、跨辖区巡航、跨海区联合巡航工作机制，建立海上巡航、电子巡航及现场巡查为整体的“三位一体”巡航模式，创新建立琼州海峡驻点巡航机制，有效提升对辖区通航环境的管控能力。探索实施海事动态监管网格化管理，开展VTS覆盖区零事故行动。联合港航、水务、海警、边防等单位开展内河船参与海上运输、南渡江“三无”采砂船等专项整治行动，严厉打击水上非法运输行为。与地方政府相关职能部门沟通，开展通航水域的渔排渔网清理工作。全年共开展水上巡航1151次，巡航时间3543小时，巡航里程2.6万海里，开展18次碍航渔网清理活动，对19艘次的水上非法运输船舶进行处罚。

【船舶防污及危险品管理】2015年，海口海事局吸取天津港“8·12”爆炸事故经验教训，开展水上危险品运输专项整治活动，召开危险货物安全管理现场经验交流会，培训危险货物申报员、集装箱装箱检查员和溢油应急操作人员，开发溢油应急指挥系统，提高辖区危防管理水平。全年辖区危险品船舶进出港1397艘次，危险货物吞吐量537.8万吨，辖区危险品运输安全稳定。

【水上应急救助】2015年，海口海事局组织举办海口港消防、溢油综合演习、客滚船搜救演习、海底电缆应急演练，宣传贯彻《海南省海上搜寻救助条例》，完善海上突发事件的搜救组织、协调、指挥和应急反应体系，做好防抗台风“鲸鱼”“莲花”和“彩虹”等极端恶劣天气工作。全年共组织处置海上险情22起，协调救助船舶32艘次，遇险人员83人，获救人员82人，搜救成功率98.8%。

【海事服务保障】2015年，海口海事局落实服务海南省“21世纪海上丝绸之路”建设12项举措，助力海南省参与“一带一路”战略实施。充分发挥大型海事船艇海巡21轮优势，多次执行南海水域维权执法及军事保障任务。圆满完成博鳌亚洲论坛、环海南岛国际大帆船赛和海南国际旅游岛帆板赛等重大水上活动的安保任务。支持港航企业，助推海口港功能区域调整，保证新海港区客货滚装码头如期投入营运、马村港三期工程如期开工。制定重点物资保障方案，保障琼北地区电煤、航空煤油、汽油、柴油、LNG等物资供应。全程服务，确保“天秤星”号大型邮轮航线顺利开通运营。保障琼州海峡跨海电缆的安全运行。服务海上油气勘探、南海明珠和如意岛等重点水工项目建设。推行政务服务标准化，开展政务窗口

2015年6月18日，海口海事局组织举行“2015年海口港消防、溢油综合演习”。

（海口海事局 供稿）

“五零”（服务沟通零距离、业务办理零等待、服务工作零差错、服务质量零投诉、廉政问题零容忍）“五心”（接待群众热心、解答咨询耐心、接受意见诚心、解决问题公心、工作认真细心）服务，推广行政许可网上申报审批系统。取消船舶港务费等7项事业性收费项目。通过官网、网上政务大厅、手机短信等方式及时更新发布政务公开信息。落实个人申办海员证服务举措，开展船员考试发证工作，全年举行各类船员适任考试23期，组织考试310人次，签发各类船员适任证书148本。

【海事宣传】2015年，海口海事局按照“品牌宣传一盘棋”的思路，统筹内部资源，争取社会力量，构建电视、微信、网站、短信、纸媒“五位一体”的宣传大格局，与海口电视台共同打造海南首档海事资讯类节目《平安南海》。全年共制作37期节目，在电视台、广播、客滚船、LED大屏幕等渠道播放；共有851篇海事新闻类稿件在各类新闻媒体刊播。

【《平安南海》节目】2014年12月10日成立《平安南海》工作室，2015年1月开播，是海口海事局与海口电视台共同打造的海南首档海事资讯类节目。《平安南海》节目以其及时的第一手通航信息、丰富的水上安全知识普及、深度的海事人物采访成为海口地区海事宣传的一面旗帜，节目内容共设“海口海事报道”“记者说海事”“海事周刊”“海事早知道”4个各具特色的栏目，全年共制作播出52期节目。

（李海珉）

统　计

【统计工作概况】2015年，海口市统计局抽查全市1435家联网直报“四上”企业（规模以上工业企业、资质等级建筑业企业、限额以上批零住餐企业、限额以上服务业企业）中290家和11个乡镇的统计建设情况，完成海口市1%人口抽样调查框的整理和登记工作，编印12期《统计月报》及《2014年海口市国民经济和社会发展统计公报》《海口市第三次全国经济普查年鉴》，在2015年度全省统计工作各专业考核评比中优良率95%。

【统计执法】2015年，海口市统计局成立“依法治统和推进改革创新”领导小组，先后制定《依法治统和推进改革创新年实施方案》《海口市2015年统计法治宣传工作方案》《海口市统计基础工作执法检查实施方案》。对企业送达统计催报法律文书25份，督促企业按时上报报表。截至11月底，全市1435家联网直报“四上”企业，经全部上报统计检查自查表，上报率100%。抽查290家以上企业和11个乡镇的统计建设情况。从抽查的情况看，“四上”企业绝大多数的都配备专职或兼职统计人员；按照规定设置统计台账，原始记录完整，统计台账电子化；统计资料的审核、签署、交接、归档制度完善；正常进行网上直报，统计数据真实、准确和完整。乡镇统计都保持和发展3年基层基础建设的成果，每个乡镇有统计站或统计办，配备和配置统计人员及设备，有相对完整的办公室；统计制度更加完善，统计数据资料来源记录完整，统计数据真实。全面实施和完善“企业一套表”制度，对“规下企业”的劳动工资统计实施联网直报。

【统计信息化】2015年，海口市统计局做好市级统计信息内外网络维护，及时做好主机设备维护、杀毒软件更新及安全规则升级等。做好海口市统计信息网网站的信息更新、信息公开工作。协助4个区做好网络安全升级和维护并提供技术支持。编制市统计信息系统安全等级测评整改方案的，并由市科学技术工业信息化局组织专家评审通过。做好“一套表”系统的属地管理，按要求完成定期报表数据采集和汇总工作。完成海口市第三次经济普查数据挖掘任务，协助各专业做好资料开发工作。

【统计抽样调查】2015年1月5日，海口市统计局根据海南省1%人口抽样调查领导办公室的统一部署，成立海口市1%人口抽样调查领导机构。组建各级1%人口抽样调查工作协调小组及办公室，选出调查指导员206名、调查员582名。全市共抽取291个调查小区，涉及全市4个区，47个镇、街道、场矿，291个村、居委会，常住人口约7.8万人。截至10月15日，完成1%人口抽样调查抽样框的整理，核实镇、街道、场矿、村（居）委会的名称和行政区划代码的变更情况，布置抽样框《社区基本情况表》的调查工作及1%人口抽样调查的登记等工作。11月20日，在全国1%人口抽样调查工作协调小组办公室组织的事后质量抽查中，美兰区人民路街道办事处捕捞社区016小区作为国家直接抽查的小区接受国家抽查组的严格检查，各项抽查指标质量均符合国家验收标准。

【统计调研】2015年，海口市统计局多次派员下基层开展统计调研经济增长情况。主要有：大致坡镇、三江镇、三门坡镇、大坡镇、东山镇、永兴镇、龙泉镇、新坡镇等农情调研；企业生产、能耗情况调研。同时，根据企业调研情况，每季度撰写工业经济运行情况分析，编写海口内参资料8篇。

【统计服务】2015年，海口市统计局完成近10年海口市纵向和横向资料整理。完成2015年月度和季度经济分析，撰写经济分析11篇。完成2015年各月在深圳统计交流网和石家庄统计交流网数据填报工作。编印12期《统计月报》及《2014年海口市国民经济和社会发展统计公报》《2015海口领导干部手册》《海口市第三次全国经济普查年鉴》。开发第三次全国经济普查资料，撰写第三次全国经济普查统计分析9篇。收集、整理海口市“十二五”主要经济指标资料。收集、汇总报送2015年海口市区绩效考评目标工作。撰写有针对性的分析报告3篇，其中有2篇分别获市委书记孙新阳和副市长袁光平的批示。配合部门、社会和公民对统计数据的咨询工作，协调和指导部门做好2015年度市县主要经济指标考核工作，并进行综合测算工作。

（唐佝德）

（编辑：吴钟宝）

审　计

【审计工作概况】2015年，海口市审计局完成各类审计项目208个，查出问题金额47.03亿元，其中违规金额0.88亿元，管理不规范金额46.15亿元，核减工程造价5.04亿元；发现问题239个，并提出审计整改建议；移送违法违纪案件线索5宗，移送处理人员9人，移送违法违纪金额8629.26万元。

【政策措施贯彻落实情况审计】2015年，海口市审计局对稳增长、促改革、调结构、惠民生、防风险政策措施情况开展跟踪审计，重点对权力下放改革、“多规合一”改革和2012~2014年科技扶持经费开展跟踪审计。对审计发现权力下放的下放事项未承接和下放后执法力度削弱等问题；“多规合一”部分改革受法律法规约束进展缓慢、预算资金配套不及时、项目编审与资金安排脱节等问题；科技扶持项目中部分企业单位涉嫌以虚假项目骗取财政资金、违规配套国家级项目资金等问题，及时提出整改建议。

【财政审计】2015年，海口市审计局以部门预算编制、批复和调整，预算内外资金使用、财政存量资金、税收征管等情况为审计主要内容，开展年度本级财政预算执行审计并延伸审计3个部门的预算执行情况。审计发现的预算编制不细化资金22.36亿元、预算指标超时分配或不分配3.90亿元。向市人大常委会报告财政存量资金较大、国有资本收益较差、部分民生资金使用效益低等方面共47个问题。市政府领导主持专题会议研究整改，市属70个单位对47个问题已进行整改或正在整改，通过整改上缴财政743.59万元，其他整改问题金额5.63亿元。

【固定资产投资审计】2015年，海口市审计局全面开展工程项目结算审计，采用“协审（中介）机构审核、市工程项目审计中心人员复核、政府投资审计处管理”的投资项目审计新模式，基本实现政府投资项目结算审计全覆盖。全年共完成投资项目竣工结算审计159个，送审金额47.7亿元，核减造价5.04亿元，核减率10.63%，提出处理意见176条。对24个重大政府投资工程、重点专项资金投资项目开展跟踪审计，及时发现建设程序、进度、质量、安全、设计变更、现场管理等方面存在的问题。共出具整改建议函37期，提出整改建议56条，建设单位采纳50条，整改43条。

【民生资金审计】2015年，海口市审计局以揭示和反映惠民政策落实以及资金管理、制度执行等方面的问题为主要内容开展民生审计，全年完成审计项目3个，查出救灾违规资金80万元，发现问题23个，提出整改建议12条。核实保障性安居工程完成开工任务1.32万套，基本建设成5076户，新增发放住房租赁补贴任务911户，移送违法违纪线索1宗5人。

【经济责任审计】2015年，海口市审计局以领导干部遵守有关法律法规和财经纪律、重大决策和内部控制制度的执行、遵守党风廉政建设有关规定的情况为主要内容开展领导干部经济责任审计。全年完成审计项目9个，审计金额94.16亿元，查出违规金额1.01亿元，管理不规范金额2.33亿元。发现问题78个，提出建议32条。

【国有企业审计】2015年，海口市审计局完成国有企业项目审行16个。对8家市属重点国有企业对外投资和资产、负债、损益情况进行审计调查，发现问题60个，提出整改建议28条，移送违纪违规线索3宗，要求被审单位对审计发现问题进行认真整改。对7家粮食企业审计发现内控制度不健全、监管失控等80个问题，提出整改建议26条。移送违法违纪线索1宗，移送金额1425.54万元，司法机关立案查处粮食系统27人。完成市公共交通集团有限公司2012~2014年公交运营收入成本情况等3个上级交办项目的审计。发现会计核算和财务管理等方面存在的8个问题，提出建议4条，要求被审单位整改。

（黎鹏霄）

工商行政管理

【工商行政管理概况】2015年，海口市工商局以“大众创业、万众创新”为指引，以营造“三个环境”、加强“三项建设”、抓好“三严三实”、助力海口“双创”为重点，扎实推进“三证合一、一照一码”工商登记制度改革，继续强化市场主体事中事后监管，强力开展行政执法和消费维权工作，市场经济秩序得到有效维护，各类市场主体快速发展。全年新增个体户2.55万户，比上年增长56.85%；新增各类企业1.37万户，增长11.29%，新增注册资本718.8亿元，增长24.01%。办理拍卖备案登记1256件，委托拍卖总金额51.72亿万元，成交拍卖合同831份，总金额13.3亿元。查处各类市场违法违规案件614宗，罚没款入库658.87万元。受理消费者投诉举报7445件，挽回经济损失1138.07万元。引导全市申请注册商标4521件，成功申领2515件，累计有效申请2.31万件，位居全省第一。市工商局荣获海口市政府服务一等奖。

【工商登记制度改革】 2015年，海口市工商局继续抓好先证后照改为先照后证、注册资本实缴制改为认缴制、放宽经营住所登记、放宽企业名称核准条件、试行企业名称核准自助登记、开展网上登记业务受理、实施注册官制度等政策的落实。特别是根据内资企业分支机构的实际情况，向省工商局建言，推行同城内资企业分支机构简易注销程序，同城内资企业分支机构的注销不再受区域限制，不必提交分支机构的税务注销证明，只需由总公司出具承诺书及其他规范材料，即可就近选择任一区局办理内资企业分支机构的注销登记，此举极大地方便了同城内资企业的经营管理，解除企业后顾之忧。

【实施“三证合一、一照一码”企业注册登记】 2015年，海口市工商局加强与质监、税务、公安等部门的会商沟通，全力推进企业“三证合一、一照一码”登记工作。出台《海口市“三证合一”“四证”并联登记制度改革试点工作实施办法（试行）》《海口市“三证合一、一照一码”登记制度改革工作实施方案》等文件，并于5月20日正式启动工商营业执照、组织机构代码证、税务登记证“三证合一”以及刻章许可证“四证”并联登记制度改革。该改革工作以“简化手续、缩短时限、便民利民、提高行政效能”为核心内容，将传统的工商、质监、国税、地税部门分别办理、各自发证（照）的登记制度，变为“一表申请、一门受理、联动审批、一窗发证”“一站式直通车”的登记模式，将工商营业执照、组织机构代码证和税务登记证合并为加载注册号、组织机构代码和纳税人识别号的营业执照，实现工作流程、申请表、审核表、证照合一。申请人只需向工商窗口一次性提交一套申请材料，极大便利申请人。同时，该登记模式最大化让利企业，工商、国税、地税、公安部门对新设立企业免除登记费用，质监部门对小微企业免除登记费用，最大限度降低创业成本。9月1日，市政府在新闻发布厅举行“三证合一、一照一码”新闻发布会暨营业执照颁发仪式，鞠磊副市长向海南农众达现代农业发展有限公司、海南荟生堂健康产业股份有限公司、海口好雅提咖啡馆等6家不同类型企业的负责人颁发加载有18位统一社会信用代码的营业执照，标志着海口市提前一个月实现国家工商总局提出的10月1日起实施企业“三证合一、一照一码”登记工作的改革目标，为全省全面实施“一照一码”做出表率。至年底，共发出“三证合一、一照一码”营业执照6375张。

【小额贷款公司直接申办工商登记注册】 海口市工商局为贯彻海南省政府《关于取消、下放和调整省级行政审批事项的决定》，持续推进商事制度改革，自2015年6月9日起，申办小额贷款公司企业无须再提交省金融办出具的前置批文，只要提交人民银行、公安部门、省商务厅的意见（证明）、验资报告以及公司设立所需的材料，就可直接向工商部门申请注册登记。同时，进一步降低小额贷款公司的注册资本门槛。有限责任公司的注册资本（金）由最低3000万元降至500万元，股份有限公司的注册资本（金）由最低5000万元降至1000万元；注册资本全部为实收货币资本，实行注册资本实缴制，由出资人或发起人一次性足额缴纳。此外，小额贷款公司的设立由前置审批制改为报备制，申请设立小额贷款公司的企业，只需在办理注册登记手续并领取营业执照后的5个工作日，向海口市金融办、海口市公安局报备。

【重点投资项目“个性化”登记服务】 2015年，海口市工商局贯彻省委省政府关于“多规合一”的改革部署和省工商局《服务“开展投资项目百日大会战”的十项举措》，开设“百日大会战”投资项目绿色通道，多措并举服务省市重点项目“百日大会战”工作，在海口复兴城互联网产业园、江东电子商务产业园等科技园区设立工商登记服务站，为重点项目企业提供预约办理、上门、延时等“个性化”登记服务。针对重点项目清单企业一时无法提交全部材料的情况，实行“容缺预审”，注册官先予以受理，

2015年10月30日，中央文明办调研组到海口市工商局检查指导诚信建设制度化工作。

（市工商局 供稿）

一次性告知容缺材料，允许企业在15个工作日内补齐，当天为其办理注册登记。先后为海口市水务投资有限公司、海南上实养老发展有限公司、海南海免观澜湖国际贸易有限公司、海口市龙华区投资控股有限公司、海南海高投资有限公司等15个投资项目提供"个性化"服务，一次性为入驻复兴城互联网创业园的8家企业办理名称预先核准等业务，激发企业的创业投资热情，确保重点招商项目按计划落地。

【助推小微企业发展】2015年，海口市工商局响应国务院“大众创业、万众创新”号召，贯彻落实省工商局《助力小微企业发展的十八条措施》，想方设法解决小微企业融资难问题，主动加强与工商银行沟通协调，联合工商银行在市政务中心工商办事窗口设立小微企业股权质押贷款并联审批快速通道，由工商和银行工作人员共同入驻，为小微企业提供股权质押、贷款需要的手续、条件、材料等方面业务咨询，企业与银行签订股权出质抵押贷款手续后，即可迅速办理工商股权出质登记手续，避免企业来回奔波于银行和工商部门，降低企业融资成本。全年共办理股权出质登记业务215笔。

2014年、2015年海口市工商局受理申诉、举报量及挽回经济损失比对图

(单位：件)

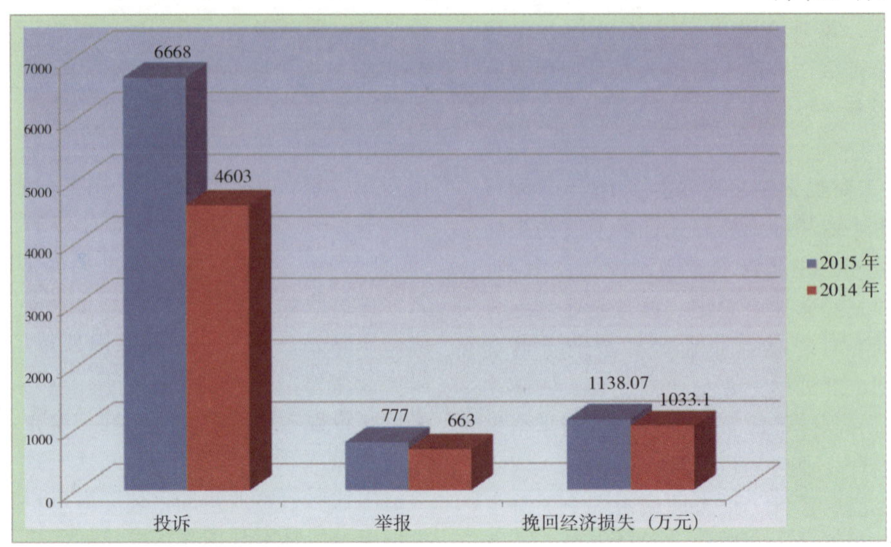

【市场主体年报工作】2015年，海口市工商局采取多种措施推进年报工作。⑴实行一把手负责制，落实工作责任，成立督查组开展年报专项督查工作。⑵充分利用纸媒、网站、短信、张贴公示、发放资料等途径加大宣传，开设工商官网和工商微信公众平台年报公告专栏。⑶举办年报业务培训，提高工作指导能力。⑷开辟年报绿色通道，安排专人驻守并配备专用电脑，向市场主体提供年度报告相关事项咨询、现场指导和信息录入“一条龙”服务。(5)首次启用“双随机”抽查机制，委托会计师事务所核查年报财务信息，指导各区局、工商所采取书面检查、实地核查、网络监测、邮寄专用信函等方式对企业的公示信息进行检查，随机抽查2976户企业年报。全市有近12万家市场主体报送2013年年报，14.67万家报送2014年年报，年报率分别为80.94%和81.63%。4.74万家未参加年报信息公示的市场主体被列入经营异常名录或被标记为经营异常状态。

【工商行业行政指导】2015年，海口市工商局行业行政指导有新举措。在春节、元旦、“五一”、端午、国庆节前召集旅游企业以及各行业协会代表约谈，提出针对性指导意见，并以重大欺客宰客案件作为反面事例，教育警示经营者珍惜信誉、诚信经营；利用工商官网和工商微信公众平台发布行业指导信息238条，在《海口日报》《海南日报》分3批发布守信失信企业红黑榜，公示望海国际商场、马牙古拜兰州牛肉面店等一批诚信企业，曝光50家不履行“门前三包”责任的商户和失信企业。打造府城忠介路“双创”示范街，为3000多商户免费提供统一规格的营业执照镜框。对47件网络问政信件一一答复，参加电视问政节目3场次，通过报纸等媒体向社会公众发布消费提示4

2015年10月19~20日，海口市工商局对市场监管队伍和农贸市场管理人员进行病媒生物防治知识培训。(王甲宝 摄)

2015 年海口市工商局受理投诉类案件热点图

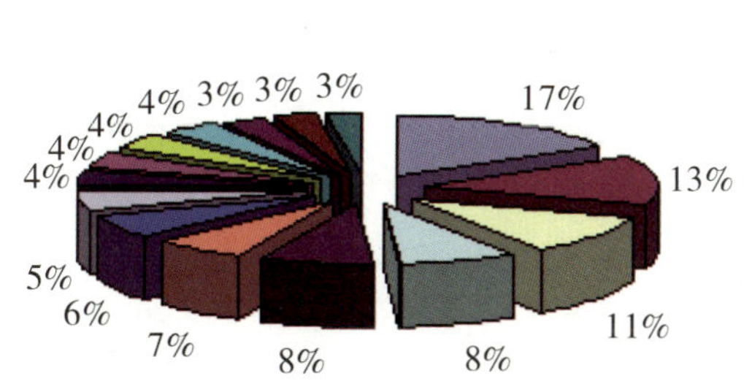

2015 年海口市工商局受理投诉居前十位的商品

（单位：件）

类别	2015 年投诉量	占申诉比重	2014 年投诉量	变化幅度
交通工具	947	21.13%	809	17.06%
通讯产品	750	16.73%	540	38.89%
服装、鞋帽	598	13.34%	449	33.18%
家居用品	473	10.55%	346	36.71%
家用电器	438	9.77%	261	67.82%
房屋	301	6.72%	154	95.45%
装修建材	238	5.31%	188	26.60%
计算机产品	165	3.68%	130	26.92%
食品	159	3.55%	112	41.96%
首饰	109	2.43%	68	60.29%

次，刊发企业年报、“一照一码”通知 5 次，制定《投资项目企业联系手册》向 248 家项目清单企业发送《工作联系函》。组织各类市场主体学习新《广告法》《消费者权益保护法》《合同法》等，9000 多人次参与。在农贸市场、大型商场、旅游景点、餐饮酒店张贴“12315 温馨消费提示”牌 1.6 万张，召集农贸市场管理人员开展病媒生物防制知识培训 50 余人次，在大润发超市、天茂百货、南北水果市场、白沙门公园等 16 处经营场所安装远程视频投诉调处终端，派出 687 人次参与“六小”门店专项整治，对 86 家无照业户下发预警整改通知书，与农贸市场开办者、经营者签订“双创”责任书和承诺书 6000 多份，发动 1800 余家商户利用 LED 屏滚动播放公益广告和工商宣传标语。

【企业信用信息公示平台】 2015 年，海口市工商局突出抓好市场主体事中事后监督，积极推进市场监管由传统手段监管、事前监管、单一行政监管向科技监管、信用约束、社会共治综合监管模式的转变，主动与市环保局、社保局、市政市容委、国土局等职能部门协调沟通，继续完善企业信用信息公示平台建设，实时更新系统数据，顺利通过国家工商总局的检查。按照《企业信息公示暂行条例》和《企业经营异常名录管理暂行办法》规定，全年在企业信用信息平台录入 20 余万家市场主体综合信息，公示企业经营异常名录信息 3.14 万条，企业行政处罚信息 578 条。

【维护消费者权益】 2015 年，海口市工商局以 12315 热线电话、视频调处终端、微信微博、现场调处为手段，率先在望海国际商城、金盛达建材商场、文华农贸市场等大型交易场所建立首问和赔偿先付制度，突出抓好“七天无理由退货”“退一赔三”等规定落实，全力维护消费者合法权益。全年受理投诉 6668 件，占受理总量 89.56%，办结 6622 件，办结率 99.31%；举报 777 件，占受理总量 10.44%，办结 761 件，办结率 97.94%。投诉中，商品类投诉 4482 件，占投诉总量的 67.22%，居前四位的分别为交通工具 947 件、通讯产品 750 件、服装鞋帽 598 件、家居用品 473 件；服务类投诉 2186 件，占投诉总量的 32.78%，居前四位的分别为制作保养修理 375 件、餐饮住宿 350 件、交通运输 251 件、美容美发洗浴 246 件。举报中，排名前五的为餐饮住宿服务类 131 件、食品 109 件、美容美发洗浴服务类 60 件、销售服务类 42 件、文化娱乐体育服务类 37 件。投诉举报总量上升 41.38%，总体呈现出投诉举报量呈大幅度攀升、售后服务跃居投诉榜首、商品质量问题引发的投诉仍是商品类投诉的重灾区、租赁服务纠纷增长明显、交通工具类行业服务意识和质量急待加强等特点。

【市场违法行为查处】 2015 年，海口市工商局围绕关系民生的重点领域加大反不正当竞争执法力度，严厉打击制售假冒伪劣商品、商业贿赂、商标侵权等违法行为，先后开展打击农村和城乡结合部市场假冒伪劣商品、打击销售超标电动自行车、整治汽车 4S 店销售及维修服务、车用燃油专

2015 年海口市工商局受理投诉居前十位的服务

（单位：件）

类别	2015 年投诉量	占申诉比重	2014 年投诉量	变化幅度
制作、保养和修理服务	375	17.15%	225	66.67%
餐饮和住宿服务	350	16.01%	239	46.44%
交通运输服务	251	11.48%	152	65.13%
美容、美发、洗浴服务	246	11.25%	153	60.78%
销售服务	235	10.75%	73	221.91%
文化、娱乐、体育服务	145	6.63%	68	113.24%
电信服务	98	4.48%	66	48.48%
专业技术服务	74	3.39%	62	19.35%
房屋装修服务	67	3.06%	25	168%
租赁服务	60	2.74%	18	233.33%

2015 年 8 月 5 日，海口市工商局为 4 支“双创”志愿服务小分队授旗。

（吴馥蕾 摄）

项治理、农资市场专项整顿、海洋野生动物保护、旅游市场整治、打击网上购物侵权、反不正当竞争等多项整治行动。全年办理商标广告类案件 79 宗，罚没款 126.39 万元；不正当竞争案件 45 宗，罚没款 205.22 万元；商业贿赂案件 26 宗，罚没款 167.23 万元；旅游案件 57 宗，罚没款 49.02 万元；农资案件 20 宗，罚没款 23 万元；合同案件 10 宗，罚没款 4.64 万元；电子产品案件 11 宗，罚没款 9 万元；电动自行车案件 17 宗，罚没款 10.16 万元；网络交易案件 21 宗，罚没款 25.39 万元；无照经营案件 82 宗，罚没款 46.26 万元；建材、“限塑”等其他案件 23 宗，罚没款 28.9 万元。核实传销直销举报线索 11 条，其中 5 宗涉嫌传销，配合警方打掉涉嫌传销诈骗团伙 1 个，抓获传销组织高层人员 4 名，遣散传销人员 13 人。查扣玳瑁制品 347 件，海龟标本 7 件，砗磲原贝 21 件、半成品 11 件，珊瑚 27 件，联合公安部门取缔贝壳加工厂 1 家，责令下架砗磲半成品 2.07 万件。查办大案要案工作成果显著，办理 5 万元以上的案件 25 宗、10 万元以上案件 11 宗。如琼山某建筑工程公司商业贿赂案罚没款 67 万元，美兰区工商局查处的“问题水泥”案件罚款 80.61 万元、没收不合格水泥 9320 包。年内，市工商局办案和罚没款数量较上年有大幅度下降。

【商标管理】 2015 年，海口市工商局采取宣传引导、上门服务、跟踪指导等方式，抓好商标知识宣传普及、商标注册和培育、商标专用权保护等重点工作。全市拥有有效的海南省著名商标 139 件，占全省总量 63.9%；中国驰名商标 18 件，占全省总量的 75%。“永兴荔枝”成功注册国家地理商标，实现海口市农产品国家地理标志“零”的突破。同时开展打击侵犯知识产权和制售假冒伪劣商品专项行动，重点组织海口市中国制造海外形象维护“清风行动”、打击假冒伪劣日用品、打击侵犯注册商标权专项行动等，共出动执法人员 1357 人次，车辆 137 台次，检查经营户 1578 户次，巡查网络经营主体 2540 家，查处侵犯商标权案件 19 宗，罚没 26.9 万元。

【广告监管】 2015 年，海口市广告企业（含省级）9646 户，占全省总数的 67.85%；广告经营额 35.8 亿元，占全省总数的 89.98%。海口市工商局加强广告监管力度，一方面积极为“双创”工作营造氛围，发动望海国际商场、DC 城、申鑫大厦等沿街商户在店外 LED 上滚动播放刊发公益广告 450 条，宣扬社会正能量。另一方面，与省工商局广告监测中心实行联动机制，开展广告专项整治行动，严厉打击虚假违法广告，整治海口迎宾大道、机场高速公路沿线及市内繁华地段等涉嫌违法户外广告，拆除电梯内违法广告牌 108 块，未发现赴西沙旅游虚假宣传广告及其他宣传品。全年查处广告案件 60 宗，罚没款 99.49 万元，其中，查处电视台利用虚假专家、医生作医疗机构违法广告和利用著名影星作保健食品广告案件，罚款6.2万元。

（谈学文）

（编辑：陈　发）

物价管理

【物价管理概况】 2015年，海口市物价局开展价格调控监管和价格服务工作，在国际大宗商品价格低位震荡下行、国内经济稳中趋缓和各项物价调控措施效果显现等因素影响下，海口市场物价水平保持平稳运行。全年海口市居民消费价格（CPI）同比上涨1.2%，涨幅较上年回落1百分点，为2010年以来同期最低，比最高的2011年（5.4%）低4.2百分点；比全国总水平（1.4%）低0.2百分点，比全省总水平（1%）高0.2百分点，创下近6年来海口CPI年度涨幅新低，远低于年初设定的物价调控目标。

【春节宾馆酒店客房价格调控】 2015年春节期间（2月18～24日）对海口主要旅游饭店标准间客房实行政府指导价管理，对93家旅游饭店按规定办理客房价格备案，并向社会公布。已备案的93家旅游饭店中有88家备案价格与上年持平；5家备案价格有所下浮，下浮幅度为5%～61%。全市旅游饭店标准间客房备案价格最高和最低每间分别为3888元和97元。

【县级公立试点医院医疗技术服务项目价格调整】 2015年1月1日起，海口市物价局对试点单位市妇幼保健院调整诊查费、部分床位费（双人间床位费已按省物价局规定45元收费，本次价格未调整，只调整多人间床位费）、治疗费、护理费、手术费、麻醉费等医疗服务项目价格。全年调价项目收入6858.40万元，调价后增加收入783.49万元。

【药品价格改革】 2015年，国家发展改革委、国家卫生计生委和人力资源社会保障部等7部门下发《关于印发推进药品价格改革意见的通知》，海南省物价局《转发国家发展改革委关于公布废止药品价格文件及有关事项的通知》《关于废止药品价格管理文件有关问题的通知》，海口市物价局对此前制定的医院制剂药品价格文件进行清理。自2015年6月1日起，《海口市公布废止的医院制剂药品价格文件目录》中所列文件一律废止。此前海口市有关药品价格管理政策规定，凡与国家发展改革委等7部门《关于印发推进药品价格改革意见的通知》规定不符的，同时废止。

【自来水价格管理】 2015年，根据海南省物价局、海南省财政厅、海南省水务厅《关于调整水资源费征收标准的通知》精神和海口市十五届人大常委会第二十五次会议审议通过的《海口市自来水价格调整方案》中关于“建立水资源费价格调整联动机制”的规定，海口市终端供水价格与全省水资源费调整实行价格联动，每立方米调整增加0.02元。水价联动调整自2015年11月1日起执行。

【新建住宅小区供配电设施建设维护费标准】 2015年，按照海口市人民政府印发《海口市新建住宅小区电力

2015年海口市医疗服务项目价格调整前后对比表

单位：万元

项　目	调价后收入	未调价收入	增加金额	增加比例
诊查费	553.31	242.84	310.47	128%
床位费	730.72	725.82	4.90	1%
护理费	557.17	488.75	68.42	14%
治疗费	2954.6	2737.6	217	8%
手术费	1347.55	1230.77	116.78	10%
麻醉费	715.05	649.13	65.92	10%
合　计	6858.40	6074.91	783.49	13%

2015年海口市公布废止的医院制剂药品价格文件目录

序号	文件名称	文件编号
1	海口市物价局关于“硫酸镁洗剂”等26个医院制剂品种最高零售价格的批复	市价字〔2011〕199号
2	海口市物价局关于海南省皮肤病医院“维生素E乳膏”等22个医院制剂药品最高零售价格的批复	市价字〔2011〕293号
3	海口市物价局关于海南省中医院“双莲解毒丸”等14个医院制剂药品最高零售价格的批复	市价字〔2012〕19号
4	海口市物价局关于海南省人民医院“硫酸镁洗剂”等医院制剂试行价格转为正式价格的批复	市价字〔2012〕196号
5	海口市物价局关于海南医学院附属医院“氯化钾口服溶液”等14个医院制剂药品最高零售价格的批复	海价〔2013〕233号
6	海口市物价局关于海南省皮肤病医院“维生素E乳膏”等医院制剂试行价格转为正式价格的批复	海价审〔2014〕12号
7	海口市物价局关于海南医学院附属医院“氯化钾口服溶液”等13个医院制剂试行价格转为正式价格的批复	海价审〔2014〕40号

抄表收费到户供配电设施建设及维护管理暂行办法》，海口市新建住宅小区供配电设施建设及维护费标准：新建住宅小区供配电设施建设维护费收费标准为每平方米计容建筑面积170元。新建住宅小区供配电设施建设维护费，供电部门应设立资金专户管理，实行专款专用，统筹用于全市新建居民住宅小区供配电设施的建设和维护，不得挪作他用。上述收费标准自2015年3月20日起试行2年。

【出租汽车燃料附加费征收】 2015年1月1日起，海口市开始对出租汽车征收燃料附加费，收取标准为每车次1元，不进入计价器内，燃料附加费通过运价外向乘客收取。此后，如车用压缩天然气价格下降，将依据降低幅度相应调整。

【液化石油气价格管理】 2015年，海口市根据《海南省物价局〈关于一级市场液化石油气每吨最高批发价格的调整〉》精神，相应对液化石油气二级市场最高批发价格和三级市场最高零售价格先后进行8次调整：二级市场液化石油气最高批发价格（15公斤标准瓶装，下同）每瓶先后调整为74元、80元、73元、67元、65元、73元、78元、74元；三级市场液化石油气最高零售价格每瓶先后调整为82元、88元、81元、85元、73元、81元、88元、84元。

【收费管理规范】 2015年，海口市物价局利用“全国收费动态监管系统”逐步推进收费单位收支状况信息化管理，开展2014年度行政事业性单位收费统计工作，完成对全市77个单位收费统计。全市收费项目336项，涉及行政事业性收费收入13.43亿元（行政性收费收入12.16亿元、事业性收费收入1.27亿元），比上年增加3.27亿元。

【价格与收费审批】 2015年，海口市物价局完成对19个公共服务项目的178个事项的价格审批和备案，共办理收费审批41家（教育29家、农贸市场7家、停车场3家、公墓2家），民办幼儿园收费备案106家，物业小区收费备案26家。

【收费许可证制度取消】 根据国家发展改革委、财政部《关于取消收费许可证制度加强事中事后监管的通知》和海南省物价局 海南省财政厅转发国家发展改革委 财政部《关于取消收费许可证制度加强事中事后监管的通知》精神，2015年1月1日起，海口市取消收费许可证及年审制度，停止核发收费许可证（已经核发的自动失效）。

【停车场乱收费整治】 2015年4月20日至9月7日，海口市物价局组织开展停车场乱收费整治，对全市501家停车场收费公示情况进行检查。其中，249家机动车停车场设置交警部门停车场标志和停车场收费公示栏，136家免费停车场，116处非机动车停放点（电动车停放点）因未经过交警部门审批备案而未设置停车收费公示栏。

【非保障性住房物业服务收费】 2015年6月1日起，海南省放开非保障性住房物业服务价格，实行市场调节价。非保障性住房的物业服务收费具体标准，由市场主体协商确定。现行收费标准需要调整的，须严格按照《海南经济特区物业管理条例》等有关规定的程序办理。保障性住房物业服务收费实行政府指导价，其收费标准授权所在地市县人民政府制定。海口市物价局停止办理普通住宅小区物业服务收费备案。

【涉企收费项目及标准清理】 2015年5月，海口市物价局会同市财政局开展全市涉企行政事业性、经营服务性收费项目及标准清理工作，拟定《海口市涉企行政事业性收费项目及标准目录清单》《海口市涉企行政事业性收费免征项目目录清单》《海口市实行政府定价、政府指导价涉企经营服务性收费目录清单》，6月11日，经市政府专题会议审议通过并公布执

2015年海口市城市供水价格联动调整表

序号	用水类别	价　格		
		现行水价（元／立方米）		实施联动机制后水价（元／立方米）
1	抄表到户居民生活用水终端价格	第一阶梯（每户每月用水量22吨及以下）	1.75	1.77
		第二阶梯（每户每月用水量23~33吨之间）	2.63	2.65
		第三阶梯（每户每月用水量34吨及以上）	5.25	5.27
2	非居民生活用水终端价格	工业用水	2.4	2.42
			3.2	3.22（2017年1月1日起执行）
		其　他	3.2	3.22
3	特种行业用水终端价格		10	10.02
4	合表居民生活用水终端价格		1.77	1.79
5	低收入困难家庭生活用水终端价格		1.00	1.02

备注：表中水价未含代收的0.02元／吨政府价格调节基金。

行。海口市涉企行政事业性收费项目共26项，免征项目共18项；实行政府定价、政府指导价管理的涉企经营服务性收费项目共20项。

【列管药品政府定价取消】 2015年6月1日起，海口市按国家发展改革委、国家卫生计生委等下发的《关于印发推进药品价格改革意见的通知》规定，除麻醉药品和第一类精神药品外，取消原政府制定的药品价格，停止受理有关列管药品价格申报，停止受理按医疗（药品）服务价格审批事项管辖的本市医疗机构和药品生产企业生产使用的医院制剂、《医保目录》所列的中药饮片的价格。

【公交票价审批】 2015年6月17日，海口市物价局对K3线快速公交专线（起点国兴大润发，终点观澜湖）票价进行批复：实行分段计价票制，全程往返站点中设置恒大文化旅游城、冯小刚电影公社两个分段点，分为3个计价段，一个计价段票价为1.00元/人，全程票价为3.00元/人，试行期一年。6月25日，对新开旅游公交游7专线（起点万绿园，终点观澜湖）票价进行批复：实行分段计价票制，全程往返站点中设置省医院留医部、市一中高中部、恒大文化旅游城、冯小刚电影公社4个分段点，分为5个计价段，一个计价段票价2.00元/人，全程票价为10.00元/人，试行期一年。

【农产品成本收益常规调查】 2015年，海口市物价局完成瓜菜、糖蔗、生猪、蛋鸡10个品种生产成本收益常规调查。从糖蔗种植9户调查户成本收益调查数据显示：调查户总种植面积较上年大幅减少，蔗农种蔗调查户总种蔗面积6.33公顷，较上年减少2.15公顷；糖蔗收购价格逐年下跌，从上年380元/吨降为360元/吨；亩产量较上年略有下降，从上年9户调查户平均亩产量3512.91千克降为3481.19千克，减少31.72千克。

【专题、专项预测物价调查与调研】 2015年，海口市物价局完成农户种植意向、农户购买农资情况、农户存粮和售粮情况调查，早晚稻、甘蔗成本预测调查，大规模生猪生产成本收益调查等工作。晚稻亩产量保持较为正常水平，晚稻平均亩产量为317.78千克，较上年晚稻（下同）亩产量279.61千克增加38.17千克，增幅13.65%。晚稻主产品产值平均每亩810.03元，较上年719.28元增加90.75元，增幅12.62%；产值合计平均每亩814.09元，较上年723.39元增加90.70元，增幅12.54%；每亩现金收益平均290.69元，较上年199.95元增加90.74元，增幅45.38%。晚稻每斤收购价格在1.25元~1.30元间波动，3个乡镇调查点价格有所不同，主要是种植品种差别的原因。据调查户数据显示，晚稻每50千克平均出售价格127.45元，较上年128.62元略降0.91%。近年农民出售稻谷价格较平稳，价格波动小。2012~2013年晚稻农民出售稻谷价格每50千克分别为129.78元和126.25元。晚稻种植总成本亩平均为995.24元，较上年932.38元增加62.86元，增幅6.74%。其中物质与服务费用平均每亩523.40元，较上年下降0.01%；人工成本平均每亩381.84元，较上年增加19.72%；土地成本与上年持平。影响总成本增加主要因素是：种子费、农药费、人工成本费。其中，种子费平均每亩103.42元，较上年91.08元增加12.34元，增幅13.55%；农药费平均每亩42.87元，较上年38.29元增加4.58元，增幅11.96%。人工成本上涨原因是劳动日工价提高影响，2015年晚稻劳动日工价为86元，较上年提高10.60元，增幅14.06%。

【价格监督检查】 2015年1月27日起，海口市物价局4个价格监督检查分局采取重点检查、节前节中反复巡查等方式，将巡查和重点检查覆盖到与节日消费相关的主要价格消费领域。全年组织开展交通、旅游景点、旅行社、涉企收费单位、客房、餐饮、停车场、商场、超市、集贸市场、临街商铺等行业价格检查。共检查4000多家（次）单位（店），提供价格法律法规手册等宣传资料4080份，先后向各有关经营者发放《提醒告诫书》4570份。有31家单位（店）因标价不规范等原因被责令改正，有12家被依法查处，实行经济制裁金额8.94万元。

【农贸市场明码标价】 海口市确定从2015年1月起至2016年12月底为明码标价推进年。海口市物价局在全市农贸市场开展明码标价工作，解决农贸市场明码标价空白或不规范等问题，陆续向各农贸市场免费发放《农贸市场商品标价牌》。农贸市场经营者都能按照规定，对所销售的各类商品实行明码标价。

【价格调节基金】 2015年起，政府价格调节基金征收使用纳入财政预算。海口市物价局严格执行基金征收政策，加强清欠工作，规范征缴工作秩序，征收基金1.54亿元，较上年增长9.21%，超额完成全年征收1.3亿元任务。海口市在运用价格调节基金调控市场、稳定物价和保障民生等方面发挥积极作用，全年使用价格调节基金1.74亿元，完成全年2.35亿元使用计划的74.04%，主要用于参照物价水平补贴、老龄老人生活补贴、蔬菜大棚项目建设、平价菜补贴及春节期间储备补贴等。

【市场价格监测预警】 2015年，海口市物价局对全市35个农贸市场进行重点监测，初步建立起“菜篮子”产品价格直采、直报机制，及时了解市场供应和价格情况。每周两次，特殊时期每天一次对菜、肉、禽、蛋等主要居民消费代表品价格进行监测分析、报告和预警，研究平抑价格应对措施，并向社会发布价格信息。全年完成每季度价格监测预警与分析4篇，半年价格监测预警与分析1篇，全年价格监测预警与分析1篇。组织实施政府平价蔬菜调控期间，每日完成1篇《海口市蔬菜价格情况日报》。

【扩大价格监测范围】 2015年，为掌握海南省主要市县蔬菜批发、零售价格，加强对蔬菜生产和价格走势的监测及预警，海口市物价局除在本市设价格监测点外，还在文昌、琼海、三亚、儋州、东方、澄迈6个市县主要农贸市场蔬菜摊位及蔬菜生产基地设立价格监测点。

【价格认证服务】 2015年，海口市物价局受理公安系统办理刑事案件委托涉案财物价格鉴证业务7961宗，价格鉴定金额4175.63万元；受理各级法院、检察院、海关及烟草执法机关委托涉案财物价格鉴证业务117宗，涉及金额4.38亿元；受理道路交通事故车辆及物品损失价格鉴定业务46宗，涉及评估金额194.62万元；受理478宗税务部门委托的涉税房产价格认定项目，涉及房产面积8.02万平方米，应税金额4.19亿元。

【管道燃气价格听证】 2015年8月31日，海口市物价局组织召开海口市居民生活用气阶梯价格听证会。通过听证会，拟定海口市居民生活用气阶梯价格方案，于11月1日起执行。方案将居民用气量分为三档，另外，对户籍人口5人的居民家庭用户，第一、二档年用气量均增加69立方米；低保户家庭用气继续实行价格优惠；学校、福利院、敬老院、养老院等执行居民气价的非居民用户，以及一"户"内常住人口6人（含）以上的居民用户，暂不实行阶梯气价，气价水平按居民第一档、第二档气价平均水平执行，用气价格为3.47元/立方米。

【价格举报投诉】 2015年，海口市物价局受理办结各类价格举报投诉案件3397宗。价格举报热点主要集中在停车收费（1463宗）、物业管理收费（901宗）等方面，多数单位因情节较轻或尚未开始收费被责令改正，处罚5家，处罚金额0.45万元；经济制裁10.38万元，清退金额6.25万元。

【海南首例网络电商价格欺诈案件】 2014年10月16日，根据举报，海口市物价局对海口海百纳电子商务有限公司销售"锂博士S5便携移动电源手机平板通用充电宝1万毫安锂电池"存在价格欺诈一案进行查处。2015年1月6日，对该公司虚构原价的价格违法行为处以罚款5万元的行政处罚。此案是海南省物价系统查处网络电商价格欺诈的首例案件。

【农副产品平价商店建设】 2015年，海口市新增平价商店（含专区）11家，超额完成年度新建10家任务。对2015年前已建成的平价商店进行考核，取消5家不合格平价商店。至年底，全市有正常营业平价商店（专区）50家。平价商店销售的农副产品价格普遍比市场均价低15%左右。

（吴　燕）

质量技术监督

【质量技术监督概况】 2015年，海口质量监督管理局发挥质监职能优势，在抓质量、保安全、促发展、惠民生等方面出实力、干实事。年内，完成企业纸质建档580家，指导14家企业申报省名牌产品，办理23家企业90个标准备案，开展设施安全检查专项整治，立案查处假冒伪劣案件16起。与海口高新区签订质量战略备忘录，助推海口国家高新区通过"全国黎药产业知名品牌示范区"审核验收。海口市获全省质量工作考核第一名。

【质量监管】 2015年，海口质量监督管理局完成2014~2015年度质量工作考核量化质量目标备案工作，开展产品质量合格率统计调查工作，指导协调做好省政府对市政府质量工作考核，配合省政府做好迎接国务院质量工作考核，获得国务院考核组的充分肯定。强化企业建档工作，完成企业纸质建档580家（历史建档483家，新建档97家），信息系统平台中企业原始电子档案765家，新增企业信息143家，累计建立企业电子档案908家，完成企业信息更新7033条。指导企业申报工业生产许可证，完成生产许可证发证审查7家，完成工业产品（含食品相关产品）企业生产许可证年度报告资料审查33家。

【名牌培育和名牌战略】 2015年，海口质量监督管理局引导和鼓励企业开展争创名牌活动，向省质监局及时报送《海口市2015年海南省名牌产品申报建议目录》，指导14家企业申报省名牌产品，其中9家企业11个产品通过省名牌产品认定。

【标准化监督管理】 2015年，海口质量监督管理局组织专家到海南省人民医院、海口民间旅行社、省法律援助中心3家服务标准化试点开展跟踪指导帮扶，完成三门坡甘薯标准体系建设，指导云龙淮山申报地理标志（已原则通过国家质检总局考核验收），研究永兴荔枝申报地理标志产品保护工作。指导服务市高新区申报国家级标准化示范园区，《实施方案》已通过市政府和省质监局审批上报国家质检总局。推荐海口市海南美亚电缆厂等3家企业为标准化良好行为企业试点项目企业。发放《海南省标准备案登记实施证书》23本，办理23家企业90个标准备案。

【特种设备安全监督管理】 2015年，海口质量监督管理局开展电梯安全监管大会战、液氨制冷行业专项整治、燃煤锅炉节能减排攻坚战、油气管道隐患整治、游乐设施安全检查、汛期特种设备安全检查、校园游乐设施安全检查等专项整治，排除隐患并督促

2015 年海口市获“海南省名牌产品”表

序号	单位	产品名称	注册商标	认定
1	海南天之然床垫有限公司	床 垫	天之然	首次认定
2	海南新艺宝家具有限公司	红木沙发	新艺宝	首次认定
		红木衣柜	新艺宝	首次认定
3	海南泓缘生物科技股份有限公司	泓缘鲜鸡蛋	泓 缘	首次认定
4	海南立昇净水科技实业有限公司	超滤水处理设备	立昇	再认定
5	海南英利新能源有限公司	晶体硅太阳电池组	英 利	再认定
6	海南威特电气集团有限公司	开关控制设备	威 特	再认定
		中低压塑料绝缘电线电	威 特	再认定
7	海南海航饮品有限公司	椰子汁	果 钦	再认定
8	海南新大食品有限公司	果肉椰子汁	椰 牛	再认定
9	海南卓津蜂业有限公司	蜂 蜜	卓 津	再认定

整改，共出动执法人员 992 人次，现场检查单位 496 家，设备 3032 台，下达特种设备安全监察指令书 271 份，查处隐患 804 项，落实整改 751 项，隐患整改率 93%，查封设备 51 台，立案处罚单位 14 家。落实特种设备行政许可制度，依法实施设备安装告知、注册登记工作，共受理新增设备告知 1873 台（套），办理注册登记 1525 台（套），认真做好特种设备作业人员资格认定工作，核发各类特种设备作业人员证 2708 个，办理复审 986 个。组织特种设备使用单位现场签定责任书，制定《海口市特种设备事故应急预案》，拍摄制作两部电梯安全宣传片，印制宣传册《电梯安全事故分析与预防》2 万本，电梯警示牌 8000 张、警示标识 2000 张，建立特种设备应急救援机构，组织中石化液化气充装站、白沙门游乐场游乐设施开展应急救援演练。出台实施《海口市电梯安全管理若干规定》，深化电梯安全监管改革，推进电梯授权使用管理和安全责任保险，推动海口市电梯应急救援平台建设。

【打击假冒伪劣产品】 2015 年，海口质量监督管理局组织开展“质监利剑”和“双打”行动，监督检查液化石油气、消防产品、煤矸石砖、净水器等重点产品，立案查处假冒伪劣案件 16 起，货值 28.7 万元，罚款 42 万元。依法办理咨询、举报和投诉 111 起，查办海南森美塑料制品加工有限公司涉嫌生产禁止、伪造厂名 360 环保碗塑料制品案，货值 4500 元。做好电动车目录管理，联合相关部门对电动自行车销售市场进行假冒伪劣执法检查。

【计量监督管理】 2015 年，海口质量监督管理局提高旅游市场重点经营单位计量器具受检率，开展 7 家大中型超市、10 家涉旅游大中型海鲜排挡（酒店）、42 家汽车加油（气）站计量执法检查。免费计量检定全市 78 家农贸市场、104 家基层卫生院和 13 家县级以上公益性医疗机构和 2482 辆出租车在用的贸易结算、医疗卫生约 2.3 万件计量器具。开展月饼、化妆品、保健品等 5 类定量包装商品过度包装抽查，电线电缆、大米、食用油、调味品等 13 类定量包装商品净含量监督检查，共抽查 60 家企业 148 件样品。计量监督检查 21 家机动车安检机构，重点监督检定人员是否经过培训并持证上岗、外检原始记录和出具的检验报告是否符合标准等 150 多项内容，督促和引导检测单位诚信计量，维护市场计量秩序。

（陈　岸）

安全生产监管

【安全生产概况】 2015 年，海口市安全生产监督局围绕安全生产工作目标和海口市中心工作，深入开展安全生产监督管理工作。全市发生各类生产经营性安全生产事故 102 起，死亡 38 人，受伤 22 人，直接经济损失 1531.1 万元。与上年相比，事故起数增加 22 起，上升 27.5%；死亡人数减少 3 人，下降 7.3%；受伤人数减少 8 人，下降 26.7%；直接经济损失增加 152.2 万元，上升 11%。四项指标呈“两升两降”态势，全年没有发生重特大安全生产事故。受理危险化学品行政许可审批和备案申请 67 家，审批 67 家，按时办结率 100%。海口市被评为全国安全生产月先进单位。

【安全生产监督体系建设】 2015 年，海口市委市政府制定《中共海口市委 海口市人民政府关于贯彻落实省委、省政府 < 关于安全生产“党政同责、一岗双责”的决定 > 的实施意见》。10 月 27 日，成立海口市安全生产执法监察大队。推进安全生产“党政同责”全覆盖、“一岗双责”全覆盖，管行业必须管安全、管业务必须管安全、管生产经营必须管安全全覆盖，“政府（行政）主要负责人担任安委会主任”全覆盖，“安全生产部门定期向本级纪检、组织部门报送安全生产情况”全覆盖，以及企业“五落实五到位”（“五落实”即明确企业董事长、党委书记、总经理对本单位安全生产同时担责；企业安委会主任由董事长或总经理担任；企业领导班子成员承担相应的安全生产工作职责，

2015 年海口市各类安全生产事故死亡人数比例图

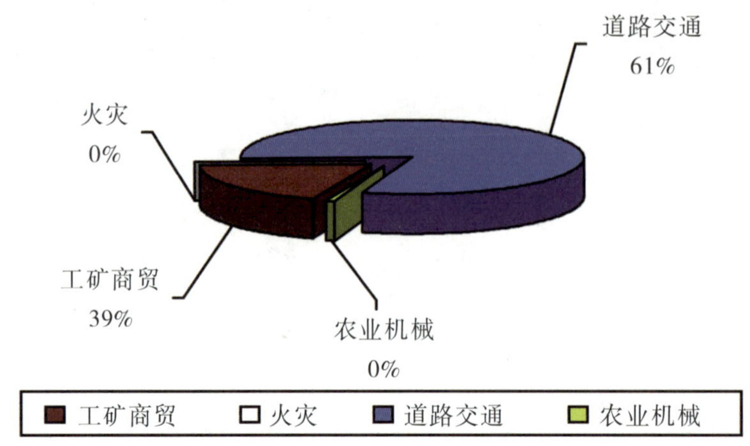

2015 年海口市各类生产经营性安全事故死亡人数（与 2014 年比较图）

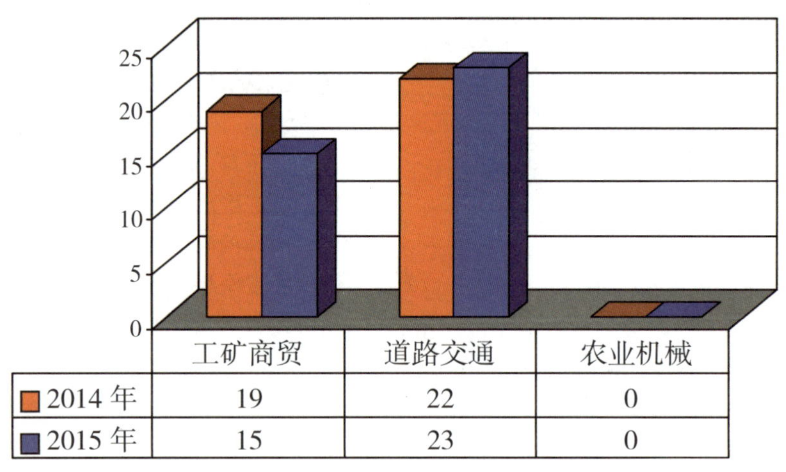

	工矿商贸	道路交通	农业机械
2014 年	19	22	0
2015 年	15	23	0

做到一岗双责；企业安全生产情况定期向董事会、业绩考核部门报告，向社会公示；企业内部配齐配强专门的安全生产机构和注册安全工程师等专业人员。“五到位”即安全责任到位，安全投入到位，安全培训到位，安全管理到位，应急救援到位）工作，全市 4 个区、43 个镇（街）、177 个村（居）“五级五覆盖”要求，及 412 家规模以上企业全部达到“五落实五到位”要求，覆盖率 100%。

【安全生产检查和专项治理】 2015 年，海口市安全生产监督局对非煤矿山、危险化学品、石油天然气开采、烟花爆竹、道路运输、公路养护施工、水上运输、建筑施工、学校、商场、市场等人员密集场所、水库、电力企业、农机行业、渔业、民爆器材生产等进行专项安全生产大检查，实际排查事故隐患生产经营单位 4.07 万家次，排查出一般事故隐患 1.5 万项，其中已整改 1.49 万项，整改率 99.62%，累计落实隐患治理资金 2096.9 万元。

【重大安全隐患整改】 2015 年，海口市安全生产监督局聘请国内专家对全市 18 家涉氨企业进行会诊，查出安全隐患 761 处，根据隐患的危害程度，停产停业整顿 8 家，限期整改 10 家。山东石大科技有限公司“7·16”和天津港“8·12”火灾爆炸事故发生后，海口市安全生产监督局分批次对全市所有油气生产、储存企业进行隐患排查安全专项整治，共排查出生产、储存企业隐患 17 处，经营企业 20 处，整改责任落实到各区政府和相关职能部门。开展危险化学品储罐区专项安全大检查，全市储罐区企业有 2 家，检查出隐患 7 处，已督促企业制定整改计划并落实。开展危险化学品领域本质安全水平专项行动，全年共检查危险化学品企业 185 家（次），发现隐患 827 处，除涉氨制冷企业隐患整改正在落实中外，其他企业隐患均整改完毕。联合 4 个区安监局在全市范围内开展烟花爆竹经营安全专项治理，要求经营企业对照“三严禁”和“六严禁”开展自查。重点打击非煤矿山企业无相关资质违法生产、整合或开采证过期场地清理期间非法组织生产等行为，全部关闭无证无照企业。

【重大危险源管理】 2015 年，海口市安全生产监督局加大重大危险源和高风险点数据采集录入工作，监管对象 200 家。各危险源企业根据实际情况，加强日常检查，并投入资金增加设施整改隐患，所监控的重大危险源企业没有发生任何伤亡事故和财产损失。

【小微企业安全生产标准化建设】 2015 年，海口市安全生产监督局指导各区做好小微工贸企业的标准化创建工作。截至年底，已有 219 家企业（工贸企业 159 家，交通运输企业 60 家）通过外部评审。4 个区积极开展小微企业安全生产标准化建设创建，已有 20 家小微企业通过外部评审。

【安全生产事故调查处理】 2015 年，海口市共发生工矿商贸行业安全生产事故 13 起，死亡 15 人，均按时上报统计资料，并立案调查，严肃查处。烟花爆竹、工矿商贸安全生产事故罚没款项 133 万元。

【安全生产应急管理和救援】 2015 年，海口市有应急救援队伍 4 支，应急救援车辆设备 1250 台（套）。年内重新修订和评估应急预案 56 个，各类企业共制定应急预案总数 6200 多个，市安全生产监督局指导参与各区各行业和企业进行相关应急演练 70

2015 年 1 月 23 日，由海口市安监局主办的“‘高新杯’新《安全生产法》海口电视知识大赛”在海口广播电视台一号演播厅举行。（宋文军 摄）

多次，总投入演练资金 12.5 万元。

【职业健康监督】 2015 年，海口市安全生产监督局贯彻落实《国家职业病防治规划（2009—2015 年）》《海南省职业病防治规划（2011—2015 年)》，推进 200 家规模以上用人单位职业卫生基础建设工作。经市区两级重点抽查，用人单位作业场所和工作岗位空气中有毒物质的浓度均符合国家职业卫生标准。全年职业健康检查共 7402 人。教育培训用人单位负责人和职业卫生管理人员，各用人单位负责人和职业卫生管理人员教育培训率均达到 90%以上，并通过考核均取得《企业主要负责人职业卫生培训合格证书》和《企业职业卫生管理人员培训合格证书》。全年海口市检查出疑似职业病 3 例、职业禁忌人员 7 人、矽肺病 1 例，没有发生重大职业病事故。

【安全生产宣教】 2015 年 6 月，海口市开展以“加强安全法治、保障安全生产”为主题“安全生产月”活动。活动月通过以主题招贴画、宣传标语、公益广告、安全文化精品创作和征集展映、应急预案演练、“安康杯”竞赛、安全警示教育片放映等活动，宣传安全生产知识及相关法律法规。其中 6 月 16 日，市安委办联合省安委办在明珠广场举行“安全生产咨询日”活动，全市 56 个部门设置 93 个安全生产咨询宣传点。组织各部门、各企业应急管理负责人、职业健康管理人员、标准化自评员、安全督导员、农民工进行安全生产培训，培训人数 2.6 万人。为宣传新《安全生产法》，联合海口电视台举办一期高新杯新《安全生产法》电视知识竞赛，制作 14 期《安全最重要》系列电视专题片，在海口晚报上开辟新《安全生产法》有奖知识竞答专栏，与海口广播电视台 101.8HZ 频道制作安全生产专题节目。

【市安全生产执法监察大队成立】 2015 年 10 月 27 日成立，为海口市安全生产监督管理局下属正科级公益一类事业单位，编制 10 人。单位领导职数 3 名，其中大队长和教导员各 1 名，副大队长 1 名。先期选调的 6 名事业编人员已到位。

（宋文军）

食品药品监管

【食品药品监管工作概况】 2015 年，海口市食品药品监督管理局坚持“发现问题、消灭问题”的工作主线，“底线思维、问题导向、清单管理、靶向治理”的工作思路，从源头着手，着力抓好食品药品专项整治和监督抽检、“三小”行业的规范治理及制假售劣等问题的严厉打击。全年共出动监督执法人员 4.84 万人次，巡查 6.78 万家次企业，组织开展农村食品市场、学校食堂、大桶水等 35 项食品药品专项整治。受理各类投诉举报 1638 起，举报投诉全部办结。立案 133 起，罚没款 180 多万元，其中移交公安部门 7 宗。全年海口市没有出现食品药品安全事故。

【市食品安全委员会成员调整】 2015 年，海口市食品安全委员会对其组成人员和单位进行调整，新一届市食品安全委员会主任由市委副书记、市政府市长担任，副主任由市委常委、市政府副市长担任，成员由各组成部门的主要领导担任。在原成员单位的基础上减少市盐务局，新增秀英区政府、龙华区政府、琼山区政府、美兰区政府、海口综合保税区、海口国家高新技术产业开发区、海口桂林洋经济开发区、海口三江农场 8 个部门，调整后市食品安全委员会组成部门为 32 个。

【食品生产安全监管】 2015 年，海口市食品药品监督管理局严控食品生产环节，巡查食品生产重点企业 87 家次，一般企业 476 家次，出动监管人员 1322 人次，下发责令整改通知书 17 份，追踪落实整改 17 家，对 11 家食品生产企业开展风险监测后处理工作。开展糖果及巧克力、标签标识、冷冻饮品、食用油、食用冰、食品添加剂、月饼、大桶水、肉制品等 9 项食品安全专项整治。在食品生产环节对食品抽样量 356 个，抽样总体合格率为 96.8%。累计出动监督执法人员 2202 人次、执法车辆 867 车次、检查食品生产企业 1752 家次，其中责令整改 17 家、立案查处 14 家企业。

【食品经营许可管理】 2015 年 7 月 20 日，海南省食品药品监督管理局印发《食品经营许可审查实施细则》（暂行），决定于10月26日全面启用“二证合一”许可系统。8月31日，国家公布《食品经营许可管理办法》。办法将食品流通许可与餐饮服务许可两个许可整合为《食品经营许可证》，原食品流通、餐饮服务许可证有效期未届满的继续有效，届满的予以注销并要求办理新证，新的食品经营许可证标识的经营范围更加具体全面，有效期限延长到5年。办法自10月1日起施行。10月26日，海口市龙华区食品药品监督管理局向海南和谐家政服务有限公司发出全国首张新食品经营许可证。

2015年9月30日，海口市委常委、副市长巴特尔（左二）带队检查国庆节前食品市场。（市食药监局 供稿）

【食品生产许可管理】 2015年10月1日，国家颁布新《食品生产许可管理办法》，为确保工作顺利衔接过渡，11月18日，海口市食品药品监督管理局为南国食品、喜力酿酒等12家食品生产企业在全省率先颁发新版食品生产许可证。新版许可将原有的按食品品种许可，调整为按照企业主体许可；将以前的一个企业多张证书，调整为一个企业一张证书；有效期延长至5年；取消委托加工备案、企业年检和年度报告制度，方便企业的生产经营管理。新的食品生产许可证编号是由字母“SC”（生产首字母）加上14位阿拉伯数字组成，增加企业法人、社会信用代码、企业信息二维码等。许可证首次打印签发人、日常监管机构、日常监管人在证书上。全年，共办理生产许可审查企业150宗，食品生产许可年审153宗，委托加工备案124宗。

【食品流通安全监管】 2015年，海口市食品药品监督管理局组织开展酒类监管、现制现售饮料、熟食和桶装水、食品冷（冻）库、燕窝等9项流通环节食品安全专项整治。共出动监督执法人员1.77万人次，检查食品经营户3.2万户次，检查各类市场2238个次，查处不符合食品安全标准的案件68件，受理和处理消费者食品类投诉569件。联合软件公司定制“QS检验”查询APP，方便获取假冒或无证生产食品的信息，利用软件对连锁超市、批发市场、学校周边食品店及小型超市进行全面摸底排查，对筛查出的涉嫌标示过期或伪造食品生产许可证号的17个省份的126种食品进行登记造册。

【蔬菜农药残留检测】 2015年，海口市食品药品监督管理局针对进岛瓜菜交易集中在晚上7点30分至凌晨1点之间，实行365天24小时轮班、假日无休工作制度，确保车车检验。全年抽检进岛瓜菜车辆1.47万辆，抽检蔬菜29.21万吨、3.68万批次，抽检合格率99.34%。在海口40家农贸市场、16家超市设置蔬菜农药残留快速免费检测点，免费提供农残快速检测，并在超市醒目位置公示当日果蔬的农残检测情况。全年，有4891人次的消费者参与免费农残检测，各免费检测点为百姓免费检测瓜果蔬菜1.53万批次，共举办农残免费检测培训班7期，培训各免费检测点的检测人员98人次。年内，全市5辆食品流动检测车对食品超市、农贸市场、单位和学校食堂等12类消费量大的食品进行采样检测，共抽检各类市场514个次，抽检食品1.08万批次，快检合格1.07万批次、不合格66批次，抽检合格率99.39%。

【餐饮服务食品安全监管】 2015年，海口市组织开展预防诺如病毒、旅游餐饮服务、集中消毒餐饮具等14项餐饮服务食品安全专项整顿，打击餐饮服务单位违法违规行为。全市共出动执法人员2.03万人次，检查餐饮服务单位2.96万家次，责令改正3081家。按照“四个优先”（旅游餐馆优先、大中型餐馆优先、主干道沿街餐馆优先、单位食堂优先）的原则，全面铺开所有餐饮单位的量化分级管理工作。对5884家餐饮服务单位进行量化分级，量化率96%，其中优秀等级85家，良好等级2484家，一般等级3315家。深入推进“明厨亮灶”试点工程建设，全市35家试点学校食堂的网络远程视频监控设备安装和调试工作全部完成。

【重大活动食品安全保障】 2015年，海口市食品药品监督管理局开展省市“两会”“冬交会”等30项重大活动的餐饮服务食品安全保障工作，对接待宾馆、酒店餐饮单位及集体用餐配送单位进行监督检查。监督检查中提出监督意见470条，审查菜单364份，更换不适宜食品159份，现场抽检食品样品3642份，其中不合格9批次，保障了重大活动期间6.18万人次的用餐食品安全。

【校园食品安全监管】2015年8月起，海口市食品药品监督管理局在全市开展为期1个月的学校（幼儿园）食堂食品安全专项整治，共出动监督人员3568人次，检查各类学校（幼儿园）食堂4283家次，提出整改意见2038条，警告责令改正114家，责令停业9家，立案查处20家，罚没8.45万元。中考高考期间排查考点重点区域，及时消除食品安全隐患，保障考生饮食安全。

【建筑工地食品安全监管】2015年7～9月，海口市食品药品监督管理局组织开展建筑工地食堂食品安全专项整治，共出动监督人员534人次、车辆136辆次，检查各类工地食堂152家次，提出整改意见256条，警告责令改正15家。

【食品安全事故应急演练】2015年11～12月，海口市食品药品监督管理局分别在4个区联合教育、卫生、公安、疾控等部门组织开展4次食品安全事故应急预案演练活动，演练采取情景模拟与实地演练相结合的方式，以实景设置、实人参演、实装操作等方法进行。共452人参加演练。

【保健食品化妆品监管】2015年，海口市食品药品监督管理局开展保健食品风险监测抽样39个批次，25个品种；化妆品风险监测抽样共51个批次，4大类品种。年内，开展虫草类、标识标签、保健食品生产标杆企业及安全风险评级活动、建立化妆品不良反应监测哨点等4次保健食品化妆品专项整治，首次开展保健食品生产企业标杆评定暨风险监测、GMP追踪管理检查；在10家医院（含6家三甲医院）内建立化妆品不良反应监测哨点。受理保健食品经营企业资格审查52家，审核52家，审结率100%，予以通过39家。受理保健食品广告64宗，审结率100%；予以审批60宗，不予审批4宗，广告审批建档60个，建档率100%。全年未出现审批广告投诉。

【药品生产监管】2015年，海口市食品药品监督管理局完成药品生产企业、医院制剂日常巡查，编制海口市非注射剂剂型药品生产企业风险清单。开展药品生产企业安全生产检查、药品生产企业质量管理体系运行有效性专项检查等7个药品生产专项检查，派出监督执法人员419人次，检查辖区内76家药品生产企业158家次，检查覆盖率100%，共发现辖区内企业GMP执行过程中存在的缺陷项470项，飞行检查药品生产企业3家。11月7～8日，与海南省医药行业协会联合举办海口市药品生产企业生产质量管理培训班，聘请国内知名专家授课，全市60家药品生产企业生产、质量管理人员和相关技术人员等360多人参加培训。

【药品（医疗器械）不良反应与药物滥用监测】2015年，海口市食品药品监督管理局收到海南省人民医院等40家监测单位上报的药品不良反应监测病例（ADR）报告1359份(全省报告数量5403份)，平均647份/每百万人口，占全省报告数量25.2%，完成2015年ADR监测工作任务量的129.4%，ADR报告总数与上年同期（1165份）比，增长16.7%；医疗器械不良事件（MDR）报告270份（全省MDR报告数量1081份），平均128份/每百万人口，占全省MDR报告数量30.0%，完成2015年MDR监测工作任务量的128.6%，MDR报告总数比上年同期（59份）增加357.6%。先后举办2015年海口市医疗机构药品不良反应监测工作培训班、合理用药不良反应培训班、2015年海口市医疗器械不良事件监测培训班3个，累计培训420人次。

【特殊药品监管】2015年，海口市食品药品监督管理局出动检查人员近100人次，重点检查各企业特殊药品的五专管理、仓储管理和各项防盗设施等情况，检查覆盖面100%。加强对麻醉药品和精神药品生产、流通的网上动态监控，全年依法监督销毁3家特药生产经营企业过效期特殊药品，包括易制毒化学品盐酸甲基麻黄碱原料153.69千克，麻醉药品美沙酮口服溶液18.53万毫升等。

【药品流通市场监管】2015年，海口市食品药品监督管理局制定药品流通市场日常监督巡查方案，并印发巡查记录本，出动执法人员3791人次，对药品流通市场进行走访检查，检查市、城区零售药店807家，检查覆盖率100%；乡镇及农村零售药店208家，检查覆盖率100%；各类医疗机构864家，检查覆盖率100%。

【GSP认证和药品经营许可证换证】2015年4月，海口市食品药品监督管理局启动海口市药品零售企业GSP（药品经营质量管理规范）认证和药品经营许可证换证工作。截至年底，共派出现场检查员3045人次对全市1015家药品零售企业（连锁门店785家，单体药店230家）进行现场检查，939家企业通过认证，76家需整改待复查，认证通过率92.5%，现场检查覆盖率100%。

【处方药管理专项检查】2015年2月，海口市食品药品监督管理局以规范处方药销售行为、合理用药宣传等内容为重点，在全市范围内开展处方药专项检查，共出动执法人员644人次，检查药品零售企业319家，对91家存在违规情况的药店限期责令改正，警告2家，对12家情节严重的予以处罚，罚款1.05万元。

【食品药品监督抽样】2015年，海口市食品药品监督管理局完成化妆品国抽12批次，保健食品国抽快速筛查20个批次，监督抽样4个批次。完成食品抽样81个批次，其中国抽49批次，日常监督抽样32批次。完成药品抽样155批次，其中专项抽样142批次，日常监督抽样6批次。

【医疗器械监管】2015年，海口市食品药品监督管理局组织开展定制式义齿、体外诊断试剂、装饰性彩色平光隐形眼镜、避孕套等医疗器械专项整治活动。共出动执法人员1560人次，检查医疗器械批发企业519家次、隐形眼镜销售店铺135家次、医疗器械使用机构（包括定制式义齿）410家次、医疗器械零售企业146家次，对65家企业（单位）做出责令改正决定，1人受行政处罚，罚没款5.78万元。

【药品管理信息化】2015年，海口市食品药品监督管理局召开3期海口市辖区内药品流通企业药品电子监管培训，面向全市1015家药品零售企业（含连锁门店），各企业负责药品电子监管核注核销人员1100多人参加培训。在进行GSP（药品经营质量管理规范）认证和药品经营许可证换证检查时，将药品流通企业加入中国药品电子监管网作为必备条件，至年底，海口市药品经营零售企业全部入网。

【打击食品药品违法违规行为】2015年，海口市食品药品监督管理局对食品药品违法违规行为立案133起，罚没款180万元，移送公安部门7宗；受理投诉举报1638起，受理外省市协查函件125件，复函125，复函率100%。主要案件：捣毁3处“牛栏山”假酒制售窝点，查获成品酒1126箱共6756瓶约14.5吨，总货值约20万元；开展两次酒类市场专项打假行动，共查处6家销售假冒伪劣酒品的经营户，依法扣押假冒茅台、五粮液、剑南春等共140瓶，总案值6.6万元；查处海口南北水果市场的“糖精枣”案件；查处海南刘智仁医院非法销售不符合食品安全标准的预包装食品“刘智仁生命还原液”案件，罚款77.28万元。其中中央电视台新闻频道和《焦点访谈》栏目分别对“糖精枣”案件进行正面报道。

【推行食品药品“承诺审批制”】2015年，海口市食品药品监督管理局选取《医疗器械经营许可证》变更经营场所、注册地址和《食品流通许可证》设立、变更、延续共2大类5项事项作为首批“承诺审批制”审批改革事项。此举使原来需10～20个工作日审批办结的事项缩短为1个工作日，大幅度提高审批效率。全年收到承诺审批制办件申请46件，办结率100%。

【食品生产经营单位“双创”工作】2015年7月开始，海口市食品药品监督管理局为支持海口市“双创”工作，针对海口市食品经营单位尤其是小餐饮店、小食品店“两小”行业存在数量多、分布广、历史欠账多、无证经营、卫生状况不达标、食品安全管理不规范的现象，通过制定食品经营单位“必做”“禁做”清单，向监管对象发放大量食品安全公示栏、食品安全档案、宣传海报、倡议信等宣传资料；责令4254家“两小”食品经营单位整改，警告134家“两小”食品经营单位，立案查处12家“两小”食品经营单位，取缔57家“两小”食品经营单位，对2612家“两小”食品经营单位发证。截至年底，全市小餐饮店持证率89%，小食品店持证率94%。

【食药品监管】2015年，海口市举办3期餐饮单位食品安全管理员业务培训班；检查督导5242家小餐饮店、2732家小食品店、405家小作坊，责令整改2574家小餐饮店、1547家小食品店、499家小作坊问题单位。经督导整改合格增发证食品行业957家，取缔不具备条件存在食品隐患127家。

（贺　昊）

（编辑：吴钟宝）

国有资产监管

【国有资产监管概况】至2015年12月末，海口市11户国有重点监管企业（不含托管企业）的资产总额1044.88亿元，比上年增长19.6%；负债总额814.47亿元，增长23.48%；所有者权益总额230.41亿元，增长7.7%；归属母公司的所有者权益总额215.32亿元，增长8.4%。新成立的6家监管企业，注册资本金4.82亿元。海口市委、市政府印发《海口市深化国有企业负责人薪酬制度改革工作方案》，开展市属国有企业负责人薪酬制度改革工作。年内，海口市国资委获海南省国有资产统计工作先进单位。市城投公司、市统发公司及市国资经营公司参股的新海物流园有限公司在海口市省重点项目考核中被评为省重点项目推进先进业主单位一等奖，市水务集团在海口市2015年投资项目“百日大会战”考核中被评为先进集体。

【“十二五”时期国有资产规模增长90%】“十二五”期间，海口市属国有经济综合实力与竞争力显著增强，国有资产规模增长90%，达1044.88亿元；5年来监管企业营业收入累计增长69.39%，均高于全市发展水平。海口市11户重点企业突出国有经济布局和结构调整，主业方向逐渐明晰，初步搭建港航物流、金融服务与产业投资、旅游与文化、城市建设和民生服务等五大产业平台。服务全市经济社会发展的能力不断增强，市属国有企业的经济增加值占全市GDP的4%左右，在城市经济社会发展中发挥较大作用。

【国资投资监管】2015年，海口市国资委审核企业投资项目22个，其中核准项目20个，投资总额36.19亿元，涉及股权和固定资产投资，暂不同意投资项目2个。对海南港航6艘滚装船项目和城投公司山海苑项目进行评价。经评价，海南港航6艘滚装船项目投资指标良好。城投公司山海苑项目，预计可实现利润3379.8万元，投资利润率31.64%，投资净利润率23.73%，销售利润率22.69%，项目的静态财务指标均好于预定目标。

【国企业绩考核】 2015年，海口市国资委根据2014年度经营业绩考核结果核定市城投公司、海南港航、市水务集团、市城建集团、海口保税区建设总公司、市担保公司、市国资公司7家企业为A级，市公交集团、市海旅集团、市公交场站公司3家企业为B级，市燃气集团为C级。根据监管企业2012~2014年企业负责人任期经营业绩考核结果，核定市担保公司、海口保税区开发建设总公司2家企业为A级，海南港航、市公交集团、市水务集团、市城投公司、市城建集团、市国资公司6家企业为B级，海旅集团、市燃气集团2家企业为C级。

【国有资产转让】 2015年，海口市国资委所出资11家重点国有企业中，有4家企业共7宗国有资产转让项目，总成交金额9544.38万元。其中：资产转让项目5宗，评估价值2824.34万元，成交价值2885万元，增值率2.15%；债权转让项目1宗，成交金额101.83万元；政府有偿收回土地使用权1宗，成交金额6557.55万元。除政府有偿收回一宗土地使用权外，其他6宗国有资产产权、债权的转让100%进场交易。

【国企重点项目建设推进】 2015年，海口市属国有企业承担省市重点项目96个，共完成投资78.35亿元。其中，8个海南省重点项目全年完成投资额38.86亿元，55个市政府重点项目全年完成投资额22.95亿元，23个其他项目全年完成投资额16.54亿元。

【国有资产监督管理制度体系建设】 2015年，海口市国资委加强国资监管制度建设，不断完善监管制度体系。3月5日印发执行《海口市市属国有企业领导人员选拔任用工作办法》，进一步加强和规范国有企业领导人员的选拔任用；修订《市属重点国有企业投资监督管理暂行办法》；12月29日印发《监管企业投融资管理暂行办法》，进一步规范所出资企业的投融资活动，提高投融资决策科学性和民主性，有效防范投资风险，确保国有资产保值增值；制定《海口市国资系统企业党风廉政建设责任制考核实施办法（试行）》，11月4日印发各企业党委执行。强化海口市国资系统各级党组织和纪检监察部门的责任担当，确保党风廉政建设主体责任和监督责任落实，扎实推进国资系统党风廉政建设和反腐败工作。

【监事会制度建设】 截至2015年12月，海口市11家市属重点监管企业有监事会主席4名，专职监事10名，职工监事11名。各企业监事会通过列席企业董事会、总经理办公会议等重大会议、查阅财务资料和有关文件、召开座谈会等形式，了解公司各方面情况以及公司所有重大提案及重要决策的形成过程，掌握公司经营状况和各项经济指标完成情况，达到对企业各方面工作的事前、事中监控。各企业全面开展2014年度监督检查工作，并汇总形成《2014年度重点监管企业监督检查汇总报告》上报海口市政府。统一开展“2014年度审计报告的保留意见事项及管理建议书披露存在问题的整改落实情况”的专项监督检查工作，并通过约谈企业主要负责人、下达整改通知书或提醒函、开展整改情况复查等方式积极督促企业整改，取得良好效果。实施监事会月度报告制度，及时报告企业当月的财务情况、重大事项、重要会议、监事会检查监督发现的问题及解决建议等，提高当期监督的灵敏性、时效性。

【新成立6家国资监管企业】 2015年，海口市国资委及所出资企业共成立6家新公司，注册资本金4.82亿元。⑴海口海锐工程造价咨询有限公司。海口市市政工程设计研究院控股子公司，8月5日成立，注册资本金100万元，其中海口市市政工程设计研究院出资40万元，持股40%，两自然人股东各出资30万元，各持股30%。经营范围：建设项目的可行性研究，项目投资估算的编制与审核，项目经济评价与初步设计评价，工程概算、预算、结算、决算、招标标底、投票报价、工程量清算的编制与审核，工程造价监控与工程项目管理，工程造价的审计与鉴定，建设项目后评价等业务。⑵海口市国运物流投资经营有限公司。海口市国有资产经营有限公司下属全资子公司，11月20日成立，注册资金3000万元。经营范围：商品展示服务，仓储服务（化学危险品除外），冷链物流，搬运装卸，普通货物公路运输，普通货物公路运输代理，快递服务（邮政企业专营业务除外），会展服务，物流方案策划及信息咨询，商务信息咨询，场地租赁，货物包装服务，预包装食品兼散装食品销售。⑶海口市京环城市环境服务有限公司。海口保税区开发建设总公司参股公司，11月6日成立，注册资本金2亿元。其中海口保税区开发建设总公司持股30%，北京环境卫生工程集团有限公司持股70%。经营范围：城乡生活垃圾的清运、转运，道路机械清扫保洁、冲刷、洗地、喷雾压尘、清除非法小广告；园林养护、保洁；河道、水域清理保洁、下水道清污；移动厕所、固定厕所服务、保洁、生活垃圾、餐厨垃圾、污泥、粪便、城镇固废的处理与处置；环卫设施的投资、建设和运营；废旧物质的回收与利用。⑷海南港航新海轮渡码头有限公司。海南港航控股有限公司全资子公司，11月18日成立，注册资本金100万元。经营范围：港口装卸、水上客货代理，为船舶提供岸电、燃物料、淡水和生活供应，代理人身意外险、货物运输险，产业租赁。（5）海口火山口公园投资有限公司。海口市城市建设投资有限公司控股公司，12月16日成立，注册资本金5000万元，其中海口市城市建设投资有限公司出资4950万元，持股99%，海南椰湾集团有限公司出资50万元，持股1%。经营范围：旅游项目投资开发和经营管理，旅游景区配套设施建设，景区游览服务，旅游宣传促销策划，旅游商品开发及销售，房地产开发，文化传播，园林绿化工程。（6）海口市地下综合管廊投资管理有限公司。9月9日成立，注册资本金2亿元，其中海口市政府国有资产监督管理委员会出资1.85亿元，持股92.6%；海口国家高新区发展控股有限公司出资500万元，持股2.5%；海南民生管道燃气有限公司出资500万元，持股2.5%；海口市水务集团有限公司出资480万元，持股2.4%。经营范围：地下综合管廊投资、建设、运营、管理、维护及相关配套资源的投资开发及综合运营等。

【国有企业履行社会责任】 2015年，海口市属重点企业积极履行社会责任，投入资金500多万元，用于46个农业及扶贫项目建设。海南港航公司引导农民大规模种植本地特色的黑果蔗；海旅集团启动台湾大叶莲雾、长豆角和辣椒种植；城建集团协助帮扶村建立经济合作社，规模化养殖石山羊；保税区建总公司支持专业户驯养繁殖野生动物；水务集团与有关企业签订协议，为村民提供养殖文昌鸡从种苗提供、技术支持到产品销售的“一揽子”服务。

（陆勇荣）

国资企业选介

【海南港航控股有限公司】 2015年，海南港航控股有限公司拥有海口秀英港区、海口新海港区、马村港区3个港区。12月25日，新海港区客货滚装码头正式开通运营，新海港二期工程同步开工，将有序迁移承接海口秀英港区的客滚装业务。12月26日，海口港马村港区三期工程开工。公司有员工2855人，资产总额79亿元。有各类生产性码头泊位41个（其中万吨级泊位16个，3000～5000吨级泊位7个，3000吨以下杂货泊位4个，客货滚装泊位11个），全年完成货物吞吐量6543.6万吨，比上年增加305万吨，增长4.9%，完成年度计划的101.7%。集装箱完成箱量127万标准箱，旅客输送794万人次，滚装车辆输送160万辆。有船舶27艘，其中椰香公主客货船1艘，海口湾1号游艇1艘，客滚船19艘（正常运营的客滚船共17艘，停航2艘），港作船6艘，各类主要生产机械设备319台，仓库面积7.39万平方米，堆场面积40.88万平方米。公司正常运行的国内航线有海口至海安、北海航线。国内集装箱直达航线有海口至上海、天津、秦皇岛、青岛、日照、营口、福州、宁波、广州、湛江、厦门、泉州、钦州、防城等，辐射全国沿海各港口。国际航线有海口至越南胡志明市国际航线，海口经香港中转至世界各地的集装箱航线。

（钟大鹏）

【海口市公共交通集团有限公司】 2015年，集团公司拥有公交车1111辆、出租车1507辆，公交线路68条，线路总长度1259千米。全年公交运营总里程5675万千米，比上年下降7.54%；出租运营总里程2.04亿千米，增长7.14%（其中：常规出租车运营总里程1.92亿千米，增长4%；电召出租车运营总里程1256万千米，增长98.73%）。全年营业总收入4.12亿元，利润总额-8571万元。

公交、出租投入及硬件设施建设　完成105辆油电混合动力公交大巴、25辆中巴、153辆常规出租车的增加与更新投放。新开辟4条快速公交专线和1条摆渡专线，无缝链接秀英港、新海港至各大汽车站、火车站，为到、离港旅客提供便利的出行条件。对31路、54路、70路等12条公交线路进行优化调整，覆盖红城湖延长线、丘海大道延长线、春华南路、药谷二期、云龙镇南国·威尼斯城等路段公交盲点。争取场站资源，共解决20条线路共176辆公交车路边调度、占道停车等问题。其中：1路调度点和公交车辆搬迁至美俗路国有储备用地；24路、64路调度点公交车辆搬迁至狮子岭公交场站；14路、27路、32路、50路、61路、夜1、夜2等7条调度点和公交车辆搬迁至世纪公园储备固定停车场；13路、41路及新增快速公交专线和码头摆渡线共5条调度点和公交车辆搬迁至海口港码头停车场用地；12路、53路、56路、59路、夜1、201线等6条搬迁至海口火车东站公交枢纽站。完成桂林洋校区26座候车亭灾后重建及二期改造项目等建设维护；完成海甸五西路8座候车亭拆除迁移工作，以及自建的8座候车亭、观澜湖的3座候车亭和火车站（含东站）2座候车亭的建设。

公交行业改革　完成21路、41路公交线路回购。制定海口市公交行业改革工作方案并市政府批准，安排评估机构对4家公交企业进行评估，改革整合工作正在推进。公司拟通过对龙华公交总站、白水塘南站用地进行开发，所得资金专项用于企业改制工作；成立专项工作小组，并修改完成改制工作方案、职工安置方案以及资金筹措方案等文件报市国资委。

驾驶员培训　通过校企合作模式为企业培养驾驶员，与省交通高级技工学校签订《公交驾驶员培养校企合作协议》，逐步解决驾驶员紧缺难题，拓宽集团技术人才培训培养渠道。9月，省交通高级技工学校开始招生，有140人报名参加驾驶员学习培训，约40名学员进入科目3培训阶段。

安全生产　完成各下属运营企业安全管理标准化、作业现场标准化和操作过程标准化，进一步规范运营服务行为，提升运营服务质量。创新安全培训模式，采取“听觉”转化“视觉”的方法，通过收集整理国内和本企业交通事故视频案例等进行培训，同时对频繁发生事故的驾驶员进行针对性的专项培训，并建立驾驶员培训档案。全年组织管理人员和驾驶员培训3次，人数400人次。重点加强安全隐患排查治理工作，共隐患排查5次，整改300多处隐患，整改率100%。年内公交车发生道路交通有责事故166宗，事故率2.8宗/百万千米，下降47%；伤人率0.32人/百万千米，下降70%；费用率3.12万元/百万千米，下降15%。出租车发生道路交通有责事故588宗，事故率2.9宗/百万千米，下降16%；伤人率0.2人/百万千米，下降20%；经损率1.23万元/百万千米，下降14%。被市国资委评为“安全生产优秀单位”。

（市公交集团办公室）

【海口市水务集团有限公司】 至2015年，集团总资产17亿元，净资产11亿元；年均销售水量1.59亿吨，年均处理污水量1.09亿吨，服务城区人口136万人。

项目建设 2015年，海口市水务集团完成市政府主导的南渡江引水工程的PPP招商工作，成为海南省首个大型PPP项目；完成海口市原水输水管道、镇域供水及污水PPP项目实施方案，并成功纳入海口市财政局PPP项目库。美安科技新城区外（椰海大道）供水管线工程累计完成总投资3251万元，完成工程形象进度100%。永庄水厂（含取水泵房）备用发电机组工程累计完成总投资352万元，完成工程形象进度100%。海口市大坡镇高明供水工程累计完成总投资935万元，完成工程形象进度100%。海口市江东大道（一期）给水管道工程累计完成总投资1388万元，完成工程形象进度100%。海口市农村饮水提质增效工程（集中式供水工程）三江农场饮水安全工程累计完成总投资1963万元，累计完成工程形象进度70%。琼山大道及周边给水管道工程（一期）累计完成总投资4297万元，累计完成工程形象进度约81%。海口市水务集团指挥调度及水质检测中心工程累计完成总投资3773万元，累计完成工程形象进度约90%。药谷二期加压泵站工程累计完成总投资约500万元，完成工程形象进度约100%。海口市南渡江引水工程完成工程项目11月18日正式开工，由葛洲坝（海口）引水工程投资有限公司承建，累计完成投资4.54亿元。中法合资企业的海口威立雅公司投入2亿元对白沙门污水处理厂（一期）进行升级改造。永庄水厂投入近百万元打造“花园式水厂”。

市场开拓 2015年，海口市水务集团先后对海口市东山、永兴、遵谭、龙泉、甲子和三江6个镇的供水情况进行调研摸底，整合镇域供水市场，推动海口城乡供水一体化发展。接管南国·威尼斯城至云龙产业园供水管道及泵站并实现安全供水。接管兰花和沉香基地、新坡镇管网延伸工程及金牛湖污水处理站。参股海口市地下综合管廊投资管理有限公司。完成白沙河原位净化试点工程项目、玉带河水体生态修复试点工程的水环境治理工作。

安全生产 2015年，海口市水务集团制定《海口市水务集团有限公司供水水质监督制度》，编制《高峰期供水保障方案》，制定《龙塘原水管蓝线定界立桩方案》保证供水安全。全年共排查治理影响安全生产的各类事故隐患1173余项，完成米铺水厂氯气消氯技改为次氯酸钠消毒改造。

（柳家盛）

【海口市城市建设投资有限公司】 2015年，海口市城市建设投资有限公司（以下简称“公司”）营业收入9.38亿元，利润总额4462万元，完成国资委考核利润指标3782万元的118%。完成融资额83亿元；累计签订银行贷款合同101个、494.15亿元，到位457亿元。地产项目销售额11.11亿元。引入国开发展基金、中国农发重点建设基金两家股东，增加公司实收资本，实收资本增至133.8亿元。公司获省重点项目推进先进业主单位，子公司海口辉邦项目管理公司获2015年投资项目“百日大会战”先进集体。

市政道路建设 2015年，公司共承建市政项目61个，其中，前期项目20个，在建项目22个，完工项目9个，建设里程35千米。其中，“百日大会战”项目粤海一路、粤海一街、羊山路网主干道一期南段、长兴路中段、长兴路西段、冼夫人大道改造工程、海涛东路、山高南路、美和路按建设时间节点开工；万绿园至印象剧场段海岸线设施灾后应急修复工程（重点水利项目）5月1日开工建设，7月27日全线完工，提前3天完工；环岛路二期B段12月31日完工通车；海口美祥人行天桥4月6日正式开工，9月30日全面完工通行；惠农路项目10月底基本完工；长流17号路B段、6号路B段项目1月完成砼路面施工，实现功能性通车；海口“双创”环岛路慢行系统应急修复工程11月8日进场施工，11月10日按时完工。

民生项目建设 2015年，销售各类保障性住房2287套，销售面积28万平方米；合同销售额12亿元，销售回款10.2亿元；完成项目建设投资6.5亿元；竣工各类保障房4006套，竣工面积约30万平方米。科教文卫项目代建15个，其中“百日大会战”项目3个，必保和国资委考核项目2个。其中，“百日大会战”项目海口市残疾人康复中心9月30日开工；海口市港湾实验小学（含幼儿园）8月21日交付使用；琼山华侨中学新校区体育活动及会议室6月30日完工，并通过竣工验收；琼山中学高中部学生宿舍扩建项目按时完工；市人民医院住院第二病区12月中旬完工；海钢小区安置房项目8月30日完工；旅游职业学校二期实训楼工程、市公安局特警支队营房收尾工程分别于12月18日及10月18日入场施工。

房地产经营 2015年，公司有房地产项目11个，除蓝城文化商业

广场及白沙坊项目外，紫园、城市海岸、蓝城一号、金龙城市广场、长信蓝郡、凤桐雅苑、向荣花苑等均处于开发销售阶段。房地产项目共完成销售额11.11亿元。

业务拓展 2015年8月10日，PPP项目管理部正式挂牌成立；12月16日，海口火山口公园投资有限公司正式挂牌成立。全年接手物业管理的楼盘达8个，物业经营管理面积约300万平方米。

安全生产 2015年，公司对在建项目共检查21项次，查出隐患57项，并跟踪督查整改情况，已整改57项，整改率100%。采取各子公司自查，安全检查组抽查的方式进行，对各子公司负责的项目进行安全大检查活动，各子公司自查共查出隐患59处，已整改59处。检查组抽查共检查出隐患32处，已整改32处，整改率100%。

（陈晓龄　王之杰）

【海口市城建集团有限公司】 2015年，公司营业收入3.24亿元，完成国资委考核目标103%；利润总额1841万元，完成国资委考核目标122%。代建项目累计完成建安投资7.2亿元。集团理旧代建完成目标的397.64%，并与农信社签订项目资金贷款，实现理财收益700余万元。全系统共引进人才103人，并首次尝试与专业人力资源管理公司合作。下属企业海口市市政工程设计研究院成为海南省行政审批改革中首批确定的具有一类资格的市政基础设施工程施工图审查机构，通过给排水专业甲级资质升级，其编制的《海口美安科技新城基础设施B区项目可行性研究报告》获全国优秀工程咨询成果三等奖，并申请6项实用新型专利。下属企业海口市城市规划设计研究院取得一类施工图审查机构资质和房屋建筑类施工图审查资质，其设计的儋州夏日广场项目、海口安基钻石珠宝加工展销中心获2015年全国人居经典建筑金奖。

代建政府项目 2015年，城建集团代建的省市重点建设项目海秀快速路累计完成投资37.49亿元，征地拆迁及管线迁移工作全面收尾；海彤路整治工程、世纪公园段海防堤项目、顺达路整治项目及港集路交通工程整治项目、海甸岛五西路雨水排涝工程完工；“三园一体”（万绿园、世纪公园、滨海公园整合为一个整体）项目启动项目景观工程部分及配套设施工程施工；五源河学校全部封顶；市人民医院、市妇幼保健医院进行桩基工程；“10+2”学校中的市三十一小学、灵山小学及琼山一小、二小、五小取得施工许可证并进场开工，琼山九小、市九中分校、海瑞学校、海景中学发布施工监理招标公告。桥管公司现管理海口市105座桥梁，年内圆满完成世纪大桥、滨海立交桥、南大立交桥等16座市内重点桥梁清洗，以及南渡江大桥、新埠大桥的美化亮化专项整治工作。与海南文昌碧桂园房地产开发有限公司共同出资成立项目公司，推进长彤路等路段绿化改造集团第一个PPP工程开工建设。

自营项目 2015年，桂林洋B1、C1地块可研方案获市发改委批复，320公顷前期工作开展顺利。海糖小区二期项目桩基工程完成100%，开始基坑支护施工。盛泰佳园项目完成投资2620万元，1#楼封顶，2#楼施工至13层主体结构。教师公寓项目8月完成招商，11月10日签订项目合作合同。世纪公园修建性详细规划正式落地，原天然草七人制足球场改造工程投入使用，园内设置桥下花市。

（姜黎立）

【海口旅游文化投资控股集团有限公司】 公司注册资本2.9亿元，截至2015年底，员工总数660人，辖12家下属公司，其中10家全资子公司（海口假日海滩开发管理有限公司、海口旅游景区物业服务有限公司、海南优拉彩票娱乐有限公司、海口市中国旅行社、海南旅投旅游咨询有限公司、海口国际会展中心经营管理有限公司、海口骑楼实业发展有限公司、海口戏院、海口会展中心建设有限公司、海口海旅文化体育发展有限公司）和2家参股公司（海南印象文化旅游发展有限公司、海南旅控会展开发有限公司）。结对帮扶三门坡镇谷桥村委会下坡村和乐来村委会文西村，每学期向村内在校大中小学生发放助学金、向农户赠送鸡苗和鸭苗，投入7万元种植线椒、进行种养殖技术集中培训，筹资7000元修建文西村水井、赠送有机肥等，2015年完

2015年8月8日，海口市副市长任清华（左二）到市城投公司海口火车东站国际商业广场调研。（唐晖晖　摄）

成人均年收入 8300 元的帮扶任务目标，其中下坡村人均收入 8380 元、文西村人均收入 8500 元。

下属公司经营情况　2015 年，假日海滩公司克服海岸线修复工程带来的不利影响，全力组织“威马逊”和“海鸥”两次台风灾后重建，先后投入资金修复景区供电、供水、排污系统及旅游基础设施。同时，不断加强产品促销和市场拓展，成功举办第六届“二月二龙抬头”祭海大典、海口市仲夏文艺季系列活动之 2015 年第六届沙滩狂欢季暨假日海滩 20 周年庆典活动，顺利完成年度各项经营任务。在海口市“双创”工作中，假日海滩为改善景区内烧烤园环境卫生，创新推出“保持炉位清洁，立减 20 元”的措施，烧烤园环境卫生显著改善。年内，公司荣获“海口市旅游标准化示范单位”和“海口市安全标准化二级企业”称号，假日海滩景区连续 3 年保持“文明单位”称号并被省工商局评为诚信度较好的单位，亲水乐园连续 4 年被评为 A 级泳馆。景区公司将工作重心放在白沙门公园绿化修复、加强园区管理和“双创”工作上，严格对照“双创”工作标准逐项整改落实，使得白沙门公园的形象和面貌得到较大提升，游客满意率升至 90%以上。优拉公司重新开张的 2 家门店经营业绩均实现稳步增长，超额完成年度经营指标。市中旅和咨询中心在积极配合国企改革工作的同时，大力拓展“特色定制游”和“门店咨询预订”业务，进一步改变经营策略、提升业务人员接待水平和服务品质，全年接待旅游考察游客 1.8 万人、咨询访问游客 7.5 万人次。会展公司围绕自办展和引进新展会，圆满举办“2015 中国国际商标品牌节暨 2015 中华品牌博览会”，获得由中华商标协会颁发的“2015 中国国际商标品牌节组织奖”金奖。骑楼公司完成中山路 21 家铺面的招商工作，成功申报“2015 年度文化金融合作项目库（信贷融资）”，顺利启动第一批 20 栋公房报建工作；积极推进街区业态调整，与中山路、博爱路 28 家五金机电户全部完成搬迁签约，11 月 15 日前完成搬迁；协助组织大 V 海口行、聚焦海口全国摄影大展暨海口老照片征集、第二届（骑楼杯）海口市戏曲票友大赛、第三届海口国际青年艺术节等一系列重大旅游文化活动。由骑楼公司联合策划出品的第二部微电影海口《骑楼之守望》成功开机；骑楼公司协拍的海航集团大型户外旅游体验真人秀《海航宝贝》在中山路拍摄。

项目建设　2015 年，骑楼历史文化街区保护与综合整治项目中 3 号地块集散广场、博爱北路街道整治工程通过竣工验收；配套电网改造工程完工并投入使用。帆船帆板训练基地项目取得《建设工程规划许可证》，施工许可证正在办理中；完成可研、初步设计和概算的编制及初步设计评审工作，正在进行初步设计修改。国家队和省市帆船队的搬迁以及原基地危房建筑物及构筑物的拆除、场地绿化植被的清移和土地平整、项目电力地下迁移及临时供电安装等施工前期准备工作完成。国家开发银行海南分行完成该项目申请 2015 年度第三批专项建设基金投资的评审工作，正按市政府批示落实资金到位的各项条件。海旅文体中心项目取得《建设工程规划许可证》，完成项目勘察、设计、临时用电工程施工、施工图审查等施工前期准备工作，正在办理施工、监理招标报建有关事宜。海口会展综合购物中心项目取得《建设工程规划许可证》，完成工程招标，施工许可证正在办理中。年内，招商完成 85%，扩建钢结构施工完成 80%，电力增容部分进入收尾阶段，中央空调主机和冷却塔安装到位。会展二期项目 1# 楼完成 12 层主体施工，2# 楼、3# 楼完成 5 层主体施工，售楼处整体完工。海口海关缉私及业务技术用房项目进入水电安装阶段，年内将完成集团代建责任范围内的全部工作。海口假日海滩及印象剧场海岸线设施灾后应急修复工程 7 月 30 日主体完工，正在等待市工程指挥部对工程进行总验收。

安全生产　2015 年，集团继续以定期体系运行检查和安全生产检查为手段，加强工作督查力度，认真落实安全生产责任制，全集团范围内未发生重大安全责任事故。1～10 月，集团范围内以周例检形式共开展内部审核 30 期，参加审核 138 人次，审核项 153 个，共发现不合格项 19 个，观察项 21 个，关闭不合格、观察项共 40 个，不合格复查率 100%，整改合格率 100%。截至 11 月 12 日，共开展 134 次安全生产隐患排查，675 人次参加，发现安全隐患共 194 个，限时完成隐患整改 194 个，整改率 100%；组织 105 次安全培训，共 2368 人次参加。

（赵　欣）

【海口市国有资产经营有限公司】 2015 年，公司注册资本 14.84 亿元，资产总额 67.9 亿元，负债总额 51.2 亿元，净资产 16.7 亿元。完成国有资本运营平台组建方案，积极参与省、市重点项目，以项目促转型，为打造海口市国有资本运营平台做好相关准备，主导和推动现代物流、财政专项投资、PPP 模式政府项目等，并取得一定成效；完成海南椰岛国有股权转让受让方征集、国有股份转让协议签订等工作，该转让事项已报国务院国资委并待审核中。稳步推进长影环球 100、玉龙泉湿地公园示范区、海南国际汽车园和红旗中心镇建设项目整改等工作，积极参与海口市第 3～6 期棚户区改造及配套项目，至年底，完成投资签约额 5.34 亿元。下属海口市创新产业投资有限公司、海口市房产开发经营公司、海口市财金投资管理有限公司、海口市城市建设开发总公司、海口市国运物流投资经营有限公司 5 家全资子公司。

国有资产运营管理　2015 年，公司委托海南省产权交易所通过向社会公开挂牌招租铺面房产面积 8343.34 平方米，通过公开挂牌招租实现租金收入增长 2.56 倍，全年出租收入 1600 多万元。办理完成 10 家行政事业单位经营性资产移交手续，

2015年8月4日，海南省委常委、海口市委书记孙新阳（左一）视察海口市国资公司，海口市委秘书长林海宁（右二）陪同。（陈川荣 摄）

移交资产数量16宗，涉及房产面积4.07万平方米。配合市财政局做好海口市政府驻广州办事处及所属经济实体国有资产清理和审计工作。清理改制企业土地资产，共承接15.47公顷土地作为公司储备。“天海居”“祥端”项目分别于7月和9月开工建设，“滨江名苑”项目稳步推进。基本完成海口市蔬菜基地公司、市农业机械公司改制关闭工作，以及海口市种子公司等3家企业事转企工作。下属房产公司筹集资金对海口市纺织品公司等7家改制企业生活区的危房及道路、照明、供水、排污等配套设施进行改造，改善改制企业生活区脏、乱、差等环境，保证下岗职工正常生活。基本完成原糖奶厂、新华粮油公司、市食品加工厂、市纺织品公司、市建材工业总公司、市啤酒厂等6家改制企业职工房改，办理原粮油系统6家改制企业土地确权、变更，包括清查、测量、确权等工作，并正在配合国土部门办理土地产权变更登记。

实施财政专项扶持资金投资　利用农业综合改革资金进行“拨改投”试点工作。2015年利用1500万元服务业专项扶持资金对三顺物流等4家企业进行投资，利用3000万元农业专项扶持资金对蘑菇种植基地等7个农业项目进行投资，有4个项目建成投产。通过土地流转方式租赁承包80公顷土地，与多个农民合作社建立良好合作关系。极力打造市级扶贫开发投融资平台，与农业发展银行对接，并委托中介机构制订建立市级扶贫开发投融资运作方案，在农业产业方面实施精准扶贫。

打造现代物流产业　积极参与美安综合物流园项目建设，参股海口新海物流开发有限公司，注册资本4.8亿元，公司持股25%。2015年新海公司通过拍卖方式取得美安物流园项目27宗地块，共141.55公顷，其中完成第一批次15宗57公顷（配套、仓储、批发用地），并办理土地使用权证。12月注册成立海口市国运物流投资经营有限公司，国运物流平台在开展与三顺物流合作的基础上，发展与国内有实力的物流企业的战略合作，采用“物流地产+物流运营”业务模式，重点发展商贸展示、流通加工、分拨中转、仓储服务、城市配送、冷链物流、供应链金融等现代物流服务。

海南省肿瘤医院进口设备过桥资金股权投资项目　海南省肿瘤医院项目总投资额约22亿元。市国有资产经营有限公司下属财金公司受市政府委托，对该项目实施3亿元进口设备过桥资金股权投资工作，以解决进口医疗设备资金缺口问题。2015年，财金公司完成项目调查、资产评估、可行性研究等前期工作，经市政府审批，与项目相关各方签订《投资合同书》，认缴海南省肿瘤医院有限公司新增注册资本金3亿元，完成投资后财金公司占股25%，年度固定收益率按投资总额的2.8%计算，资金来源于向海口市基础设施建设股权基金借款。海南省肿瘤医院于12月25日顺利开业。

（林怀宇）

【海口市燃气集团公司】2015年，公司按照市国资委将公司划入“商业类”企业的现状，确定坚持以市场化运作模式来做大做强公司规模，即通过抓经营、管理来盘活现有业务存量，提升企业效益，同时根据自身优劣势，明确公司今后以燃气为主业的发展方向。实行公司董事会与经营班子、经营班子与各子公司层层签订安全、生产经营目标管理等目标责任制管理，推行公司考核奖励机制。对重点专项工作采取目标责任制管理方式推进，由公司高管亲自主抓，年内儋州土地项目问题得到调解并收回投资款项、“海岸金城”项目房产办证工作完成、驾校场地租赁谈判已获得赔偿等。全年，公司总收入5630万元，利润总额1953万元，净利润1433万元。截至年末，公司资产总额6.84亿元，负债总额1.95亿元，净资产4.86亿元。

（钟生兵）

【海口保税区开发建设总公司】2015年，公司主营业务总收入8513.33万元；利润总额3320.2万元，比上年增长43.15%；工业厂房租赁、管理费等收入1033万元，增长7.7%。截至年末，公司资产总额3.52亿元，净资产1.93亿元，资本增值5.9倍。园区工业产值158.9亿元，税收10.5亿元。

政府工程代建　海口港区汽车整车进口口岸建设项目全部施工，基础设施和监管设施于6月11日通过海关总署、国家质检总局、国家发展和改革委员会、工业和信息化部、商务部等部委组成联合验收组的正式验收并封关运行。镇海村片区—镇海村旧城改造工程项目（丘浚墓修缮市政配套道路工程）总投资1042.3万元，12月30日主体完工。原海口保税区基础设施改造建设项目（区内电网改造工程）总投资1050.7万元，截至12月底，1#、2#开闭所完成改造并送电，3#开闭所完成土建工程及电气设备安装，并向供电部门申请验收合格并接火送电。

项目投资　投资参股企业“奇力制药”，累计获得分红702.38万元。与海南合甲房地产公司合作“南海·幸福城”房产项目，累计收到房产销售资金2.40亿元。投资建设“海口保税区研发服务配套中心”项目主体完工，总投资约2000万元，总建筑面积6352平方米。

市政环卫项目　2015年3月12日成立机械化清扫车队，启动市政道路机械化清扫工作。对滨海大道、龙昆路、海榆大道、新大洲大道、滨江路、国兴大道、海府路、海秀东路、机场路、绕城高速等市政主要干道机械化清扫任务。截至12月31日，机械化清扫车队共出车6256车次、7219人次，作业总里程19.82万千米。参与海口市环卫综合一体化PPP项目，与北京环卫集团合资，11月6日组建“海口市京环城市环境服务有限公司”，具体负责海口市琼山区城市道路、公共场所“墙到墙”范围内的清扫保洁及垃圾收集运输、公厕运营维护等业务，以及城区两座二级垃圾转运站的运营维护等环卫业务。

安全生产　全年开展安全生产检查52次，重点抓好保税区一、二号开闭所、六、七、八厂房配电房和驻厂房企业的隐患排查治理工作，共发现安全隐患82起，整改82起，整改率100%。与驻区企业签订《安全生产管理协议书》16份，组织3家企业开展消防灭火和应急疏散演练2次，下发各种安全生产宣传资料630份，安全管理员参加各种安全生产培训6次，员工参加5次，特种作业人员参加24次，全员培训率100%。

（詹琼琳）

【海口市担保投资有限公司】2015年，海口市担保公司新增业务量15.9亿元。其中，融资性担保主业10.6亿元。截至年末，公司本部累计业务总量90.1亿元，服务企业630家，其中贷款担保累计70.5亿元，担保责任余额11.96亿元，资本金担保放大倍数7.87倍；各平台累计业务总量合计129亿元，服务企业上千户。公司新增贷款为企业新增产值近50亿元，多创税收1亿多元，稳定和增加就业岗位2万个。累计为受保企业新增产值368亿元，为地方创造税收7亿多元，稳定和增加就业岗位10万多个。试点混合所有制改革，金控集团组建完成工商注册登记。

渠道建设　2015年，公司银行合作渠道进一步拓宽，新签约海南银行，公司合作金融机构19家，累计授信规模超过50亿元，有实质性业务合作的银行从上年的9家增加至12家。非融资担保业务正式获准海关总署批准的担保行业全国首批15家、海南唯一一家关税保函业务资格。

业务创新　2015年，中小企业集合债2期顺利发行，共为海南省9家中小微企业募集资金4510万元，累计金额过亿元。P2P网贷业务继“鹏金所”后，新增“开鑫贷”合作通道，全年完成P2P业务9530万元。诉讼保全担保年度业务量突破2亿元。与海口海关合作开展关税担保业务，并在游艇关税担保、平行汽车进口关税担保方面实现担保3027万元。创新担保业务模式，积极开展槟榔担保批量业务，商票贷、个人汽车担保贷、个人经营贷、个人自建房贷款担保等新产品正在推进中。

试点混合所有制改革　为完善海口市多层次金融体系，海口市担保公司积极试点混合所有制改革，金控集团组建在年内取得初步进展，完成工商注册登记工作。

（李　茜）

【海口市统筹城乡发展（集团）有限公司】2015年，公司完成演丰镇规划编制2项，土地整治与收储31.87公顷，项目融资4.5亿元，项目投资额4.83亿元，引进产业项目2个，竣工项目9个。同时，以“双创”工作为契机，突出抓好演丰示范镇建设工作，被市委市政府授予海口市2015年度省重点项目推进先进业主单位。

打造演丰互联网产业小镇　根据演丰互联网产业小镇要以“网络文化创意”“创新电子商务”“互联网金融”为三大核心的要求，突出企业的主体作用，大力扩展互联网与经济社会各领域融合的广度和深度，汇聚各类市场要素的创新力量，加快发展互联网+创业体系。编制完成《海口市演丰互联网产业小镇规划调整方案》和《海口市演丰示范镇镇区控制性详细规划》，使互联网产业与镇区规划互相链接和融合；引进海南省互联网龙头企业海南天涯社区互联网有限公司及中关村互联网金融服务中心等知名企业进驻演丰。

演丰镇基础设施建设　2015年，公司在建项目拟计划投资5.07亿元，完成投资4.83亿元，占全年计划投资的95.27%。演丰路网、河道整治、红树林生态恢复、公共服务中心、保障性住房、规划展览馆、供水管线、医院、敬（养）老院等9项工程已完工。演丰污水处理厂和新增项目演丰桥工程正在施工建设。

土地供应和收储　根据项目需求，开展演丰镇墟周边、演丰西河东侧、保障性安居工程（二期）备用地、演美路北侧等4个项目69.38公顷土地征收工作；完成博罗湖休闲农庄项目31.87公顷的土地收储；与海航公司合作开展海航临空经济产业园项目土地收储工作，其中已开展一期145.23公顷征地工作。为培育发展特色产业，促进绿色农业的发展，公司梳理海口市97个大收储项目征地情况，经过实地考察，筛选出东山镇储备地105.51公顷、永庄水库储备地26.13公顷及博大项目已征地块53.28公顷，合计 184.92公顷土地，为引进产业项目成功落地奠定良好的基础。

管好用活“拨改投”农业资金

公司探索政府财政投资产业扶持新模式，管好用活“拨改投”农业资金。在引进农业产业项目上，通过“公司+合作社+农户”模式，构筑合理的利益分配机制，兼顾做好企业、合作社、农户的利益。在实施过程中，重点抓好项目拓展、投资、落地实施等工作。引进金钗石斛产业项目，规划种植面积约80公顷，分两期完成，一期33.33公顷（已完成20公顷），二期46.67公顷，计划总投资4753.49万元。

（林方兴）

（编辑：文海川）

教育·科技

教育综述

【教育投入】2015年，海口市教育支出33.65亿元，较上年增加8.19亿元，增幅32.16%。进一步完善教育资金保障机制，拨付4.66亿元，全面改善学校基本办学条件，完成30所公办乡镇幼儿园建设及教学设施的购置，助推市公办幼儿园全覆盖；五源河学校项目和特殊教育学校职业教育实训楼等加快推进；拨付2582万元，以棚户区改造为契机，继续整合城区“麻雀学校”；拨付3426万元，扩大职业教育免学费范围，向超过2500名大学生发放助学贷款，帮助贫困学生顺利完成学业；累计拨付各级教育资金2.5亿元，分别按700元/生·年、900元/生·年和1200元/生·年标准，保障小学、初高中公用经费，免除义务教育阶段22万多名中小学生学杂费、课本费和作业本费。

【教学质量监测体系建设】2015年，海口市教育质量监测体系更加完善。市教育局与科大讯飞公司合作的“海口市基于大数据的发展性评价及教与学分析系统”在首批40所学校安装到位，近3万名学生接受测评。完善《海口市高考、中考质量增值评价实施方案（试行）》，小学学业质量监测加入英语听力测试，取消各学段期中测试，逐步建立起符合海口市实际的学业质量科学评价体系。

【教育督导】2015年，海口市教育局开展2015年春季学期开学工作的专项督导，向省政府教育督导室报送专项督导报告，并完成对全市职业教育的专项督导工作。通过区级初评、市级审查，确定17所学校作为省普通高中一级学校和省义务教育规范学校的创建计划并加强过程性督导。海口四中通过省普通高中一级学校评估；海口七中、琼山二中、琼山三小、琼山区甲子镇中心小学4所学校顺利通过省义务教育规范学校评估认定。加强对义务教育市级规范学校评估力度，对年内规划创建市规范学校的21所学校进行过程性督导。年内评估认定义务教育市规范学校7所，确保秀英区义务教育市级规范学校的比例达到90%以上，突破义务教育发展基本均衡县（市、区）的门槛指标。继续抓好学前教育督导评估工作。根据《关于规范幼儿教育督导评估全面开展幼儿园等级评定工作的通知》要求，完成幼儿园自评申报、区教育局初评、市督导室对申报材料审查工作，并对申报“市示范”和“市一级”的36所幼儿园开展过程性督导。年内完成17所幼儿园的督导评估工作，16所幼儿园被认定为市示范或市一级幼儿园。改革创新教育督导方式方法，完成建立第三方机构开展学校教育督导评估工作的方案制定和协议签订，并对（海口）海港学校和（海南）白驹学校2所市属学校的办学水平督导评估进行第三方机构的评估试点。

【义务教育均衡发展成效明显】2015年，海口市教育局加强对琼山区义务教育学校标准化建设和推进义务教育均衡发展工作的督查力度，年底，琼山区顺利通过义务教育发展基本均衡区的国家评估认定。协同省政府教育督导室对秀英区推进工作情况进行检查，重点帮助其查找问题，整理思路，规划好每一所学校的建设项目，加快推进工作进度。加快义务教育学校标准化建设步伐，督促并指导琼山区顺利通过学校标准化建设省级复核检查；安排资金帮助秀英区学校规划好建设项目，扎实推进各项工作。

【统筹优化城乡教育资源】2015年，海口市教育局继续统筹教育资源推动城乡学校均衡发展，形成《海口市教育局关于优化学校布局推进义务教育均衡发展的调研报告》。龙华区的学区制试点管理工作，通过充分发挥学区长学校的辐射、帮带作用，从教学管理、设施共享、教学活动、集体备课、教师培训、质量检测等方面加大对成员校的帮扶力度。

【“三免一补”工作】2015年，海口市拨付学前教育资助金163.88万元；拨付义务教育阶段公用经费及城市免杂费补贴1.63亿元，免费教科书资金3087.04万元，免作业本费补助资金479.59万元，农村贫困家庭寄宿生生活费补贴1084.36万元；拨付普通高中国家助学金674.40万元和中职国家助学金640.5万元及免学费项目5652.5万元；顺利完成2015年贫困大学新生资助活动（爱心助学活动和计生奖励项目），资助和奖励355名贫困大学新生，发放资助金162.6万元；完成生源地信用助学贷款办理工作，共向2515名大学生发放助学贷款1627.3万元。

【校车安全管理】2015年，海口市教育局牵头组织召开8次校车专项会议，会同市交警、交通等部门对校车使用许可申请进行集中审验。前后查验校车150多台，其中有58所学校的87台校车通过审核并首批在海口市取得校车标牌。对黑校车进行排查打击，查处5辆涉嫌非法营运黑校车。

【教育信息化建设】2015年，海口市加快中小学校教育信息化建设步伐。启动“海口市教育信息化建设项目”前期工作，完成“海口市教育信息化咨询设计”公开招标采购工作，与科大讯飞公司合作建设“海口市基于大数据的发展性评价及教与学分析系统”。举办教育技术装备管理系统应用暨2014年度中小学教育装备综合统计培训班和小学交互式电子白板教学应用培训班，分别培训300和500名教师。在华东师范大学举办两期海口市中小学校校长教育信息化高级研修班，中小学校长、教育信息化管理人员、教研人员共107名参加培训。在海南华侨中学初中部、海口市滨海九小、演丰中学、演丰中心小学、演海小学（教学点）、北港小学（教学点）进行中小学信息化同步课堂优先试点项目工作。

【义务教育阶段学校全面改薄】2015年，海口市面向农村中小学，全面改善基本办学条件。通过实施“全面改薄”（全面改善农村义务教育薄弱学校）工程，使海口市义务教育阶段薄弱学校教学和生活设施能够满足基本需要，区域和城乡教育基本达到均衡。海口市全面改薄总体规划（2014~2018年）资金需求共3.77亿元（中央及省级专项资金2.68亿元，市配套资金1.09亿元），项目涉及4个区225所学校。至9月，完成“全面改薄”规划中2014年、2015年中央及省级资金的申报、划拨工作，省教育厅下达项目资金1.97亿元。其中，2014年下达的中央及省级资金1.51亿元，2015年下达的省级资金4620万元。加上海口市2014年投入的配套资金7648.37万元，2015年海口市“全面改薄”规划项目总投入2.73亿元，占2014~2018年规划资金需求量的72.41%，并全部划拨到4个区。2015年，投入改薄资金1.97亿元，涉及土建类项目209个，用于购置教学设备的资金7282万元。截至2015年底，海口市改薄项目校舍类均开展前期报建工作；体育和附属设施类项目绝大部分竣工验收；设备购置类项目全部招标采购完毕，正在进行配送安装。

【城乡教育对口帮扶】2015年，海口市教育局以“问题解决”为中心，继续落实“蹲点教研”和“需求教研”制度。继续以长流中学、秀峰实验学校作为教研员开展教学研究和教研帮扶的基地，开展以“研”促“教”、以“导”推“行”、以“点”带“面”的教研指导和帮扶活动，寻找提高学校教学质量的突破口。继续倡导和实施“需求教研”制度，深入学校开展“主题引领式教研”，有针对性地解决学校教研教学需求问题。

【帮扶农村学校建设】2015年，海口市农村义务教育阶段公办学校有203所，在校学生5.90万人（小学4.31万人，初中1.59万人），其中教学点在校学生2788人；教师4987人，占全市义务教育阶段教师46.1%。市教育局加大对农村学校的支持和帮扶力度。引进北京师范大学的农村对口帮扶项目，将顶尖的专家团队引进海口市10所农村薄弱学校。出台相关政策，鼓励农村教师积极走出去学习和提升自我。全面落实校长和教师交流制度，提升农村学校的管理水平。探索建立农村学校目标管理、质量监控和奖惩机制，将教师的教学成果与绩效工资和职称评价挂钩，督促教师提升职业素养和责任意识。以学科带头人、省骨干教师、市骨干教师及青年教师成长助推站成员组成的专家团队共306人，到乡镇14所初级中学和46所中心校、教学点，帮扶农村中学教师近4000人。

【教师队伍建设】2015年，海口市教职工总人数3.30万人，其中专任教师2.54万人。专任教师中，具有正高级职称4人，副高级职称1841人，中级职称8314人，初级职称4501人。在教师队伍建设中，海口市继续加强师德师风建设，将每年9月定为师德师风建设活动月。培养认定930名中小学（幼儿园）市级骨干教师；推荐112名省级幼儿园骨干教师和17名省级幼儿园学科带头人；推荐4名海南省中等职业学校骨干教师；推荐210名教师加入海南省高级职称评审专家库，推荐400多名教师加入海南省教师资格考试面试考官专家库；推荐34名教师作为海南省中小学教科书选用委员会人选，推荐216名教师作为海南省教科书选用学科组人选。举办市直属学校中层干部华中师范大学高级研修班，有50人参加；举办华东师范大学2015年海口市中小学校长领导力提升主题研修班，海口市51名骨干校长参加；举办华东师范大学2015年海口市骨干教师“教师群体研修与专业发展”主题研修班，海口市60名优秀骨干教师参加；海口市优秀青年骨干教师成长助推站项目完成对海口市510名优秀青年骨干教师的中期培养计划；选派34名教师到“三区”（边疆民族地区、边远贫困地区、革命老区）支教；派出2名教师参加全省中西部人才智力扶持项目，接收安排8名市县教师到市重点学校跟班学习；选派2名省级骨干校长参加第七届内地与香港中小学校长交流研讨班；选派4名教师到香港参加内地与香港交流1年；选派5名教师赴美国作为汉语教

2015年9月10日，海口市庆祝第31个教师节活动在琼山区大坡中学举行，海南省委常委、海口市委书记孙新阳（中），海口市委副书记、市长倪强（左）等四套班子主要领导出席并慰问教师。（市教育局 供稿）

师志愿者；选派4名小学骨干教师到天津跟班培训。年内，共招聘26名免费师范毕业生（其中市直属学校15名），为海口市港湾幼儿园招聘7名幼儿教师，为海口市港湾小学选调10名教师。同时，指导海口市教育幼儿园自主公开招聘10名幼儿教师，指导海南（海口）特殊教育学校自主公开招聘5名教师。在职称评审中，2015年共有68人取得高级教师资格，82人取得一级教师资格，40人取得二级教师资格，10人取得三级教师资格。在第31个教师节期间，全市共有9人次获得国家和省级表彰。其中，海口市琼山第五小学叶丽敏被评为全国师德标兵；海口市第十一小学潘华莉和海口旅游职业学校赵金玲被评为海南省优秀校长；海口市第十中学蒙光伟和海口市第二十五小学邱淑慧被评为海南省优秀教师；海口市第十中学蒙光伟、海口市金盘实验学校王业俊、海口旅游职业学校洪涌被评为海南“最美教师”，海口市机关幼儿园羊陈花获海南“最美教师”提名。

【教育基础设施建设】2015年，海口市推进教育系统重点项目建设，改善办学环境。⑴推进公办幼儿园建设工程。完善第一个学前教育三年（2011~2013年）行动计划30所公办乡镇幼儿园的配套工程建设及教学配套设施的购置、安装工作，制定并加紧实施第二轮学前教育三年（2014~2016年）行动计划。有序推进2015年市港湾幼儿园、桂林洋中心幼儿园及东昌幼儿园3个新建幼儿园计划项目建设，至年底，市港湾幼儿园项目竣工，其他2个项目基本完成前期准备工作。⑵做好校安工程收尾工作。完成校安工程永久性标牌制作与安装，进一步规范校安工程信息资料，建立健全校安工程档案。市教育局协调市发改委、市财政局及市审计局等部门，研究拟定市校安工程项目结算资金拨付办法，待报市政府审定后执行。⑶加快重点项目及为民办实事项目建设。市二中改扩建工程、玉沙学校二期（初中部）、市港湾学校（含幼儿园）竣工，并于秋季学期正式招生，新增学位3000多个。五源河学校项目和特殊教育学校职业教育实训楼项目有序推进。50所学校校园监控系统完成招投标，年底全部完工。启动增加教育学位“10+2”项目（新建海景中学，改扩建市九中分校、海瑞学校、市三十一小、灵山中心小、琼山一小、琼山二小、琼山五小、琼山九小、市二十八小公办学校10所；海航集团新建2所民办学校），调整教育布局，增加学位供给，已完成项目前期代理、施工代理合同签订、立项可研等工作，年底前琼山一小、琼山二小、琼山五小、市三十一小、灵山中心小5所学校的项目开工建设。加快北师大合作项目及教育综合示范基地项目各项前期准备工作。⑷继续整合城区“麻雀学校”。海口旅职校白龙校区整体移交美兰区创办美兰实验小学，以棚户区改造为契机，完成美苑小学新建工作，两校于秋季学期开始全面招生。在青少年宫旧址改建的西湖学校于秋季学期开始部分招生。

【校园安全】2015年，海口市采取多举措保障校园安全。⑴广泛宣传教育。将交通、防溺水、消防、饮食、用电等安全教育列入课程，全市各级各类学校共组织消防疏散演练510多场次，累计参加师生36万人次。⑵提高安全防范。加强学校“技、物、人”三防建设，配齐校警，落实校园24小时值班制度，为97所学校安装校园监控系统并投入使用，定期对消防设施设备进行检查维护，全市中小学校方责任险覆盖面100%。以“平安校园”建设为抓手，规范学校安全管理，40所学校被评为2015年度平安校园创建工作先进单位。⑶增强应急能力。对城区420多名学校安全管理人员进行急救培训，对农村200多名学校安全管理人员进行安全通识培训，承办全国校园安全管理干部培训班。⑷净化校园周边。专项组召开8次协调会，召开1次现场会，开展督导检查58次，排查整治校园内部安全隐患50处和治安乱点21处。⑸做好防溺水工作。市教育局与8家单位建立联动机制，在《海南特区报》和《海口日报》刊登5期安全教育专栏。

海南省（海口市）教育科学“十二五”规划2015年度教育信息化和卓越校长、教师工作室课题一览表

序号	课题名称	申请人	所在单位	立项类别	课题编号
1	基于教师专业发展的校本教研制度建设	邢益宝	海口景山学校海甸分校	省教育科学规划卓越校长工作室一般课题	QJY12515119
2	国际旅游岛背景下校本课程开发与学校办学特色的研究	陈亚耀	海口市滨海第九小学	省教育科学规划卓越校长工作室一般课题	QJY12515120
3	依托精细化管理，提升学校办学品质的策略研究	蔡春菊	海口市第二十六小学	省教育科学规划卓越校长工作室一般课题	QJY12515121
4	小学全人教育课程体系构建的研究	钟经廷	海口市龙华小学	省教育科学规划卓越校长工作室一般课题	QJY12515122
5	点亮心灯，点亮教育——小学生养成教育研究	云文龙	海口市琼山第四小学	省教育科学规划卓越校长工作室一般课题	QJY12515123
6	小学学科“1+X”课程设置实践研究	谢立可	海口市英才小学	省教育科学规划卓越校长工作室一般课题	QJY12515124
7	加强学校文化建设，促进学校品质提升	叶丽敏	海口市琼山第五小学	省教育科学规划卓越校长工作室一般课题	QJY12515125
8	关注课堂教学细节，构建高效小语课堂	冉茂娟	海口市教育研究培训院	省教育科学规划卓越教师工作室一般课题	QJY12515130
9	小学数学信息化同步课堂教学模式探索与实践研究	王庄志	海口市滨海第九小学	省教育科学规划教育信息化专项课题	QJH12515162
10	小学起始年级优质学校音乐同步课堂教学模式探索与实践研究	杜文君	海口市滨海第九小学	省教育科学规划教育信息化专项课题	QJH12515163
11	小学起始年级乡镇学校数学信息同步课堂教学模式探索	陈文琴	海口市演丰镇中心小学	省教育科学规划教育信息化专项课题	QJH12515164
12	小学起始年级乡镇学校音乐信息同步课堂教学模式探索	李小芬	海口市演丰镇中心小学	省教育科学规划教育信息化专项课题	QJH12515165
13	信息化环境下“三环节”教学结构的运用研究	曾　桃	海口九中海甸分校	省教育科学规划教育信息化专项课题	QJH12515170
14	微课在初中化学中考复习中的应用研究	陈　翠	海口市第九中学	省教育科学规划教育信息化专项课题	QJH12515171
15	基于网络的初中思想品德试卷学生自主讲评课实验研究	陈丽梅	海口市第九中学	省教育科学规划教育信息化专项课题	QJH12515172
16	基于iPad的“一对一”数字化学习模式建构研究	王业俊	海口市金盘实验学校	省教育科学规划教育信息化专项课题	QJH12515173
17	海口市演丰中学信息化同步课堂教学模式探索与实践	黄　杨	海口市演丰中学	省教育科学规划教育信息化专项课题	QJH12515174
18	初中英语乡镇中学同步课堂教学模式探索与实践研究	林志壮	海口市演丰中学	省教育科学规划教育信息化专项课题	QJH12515175
19	初中数学乡镇中学同步课堂教学模式探索与实践	吴雯倩	海口市演丰中学	省教育科学规划教育信息化专项课题	QJH12515176
20	初中优质学校英语同步课堂教学模式探索与实践	郑　勤	海南华侨中学	省教育科学规划教育信息化专项课题	QJH12515177
21	海南省初中优质学校数学同步课堂教学模式探索与实践	叶　敏	海南华侨中学	省教育科学规划教育信息化专项课题	QJH12515178
22	互联网+初中美术“翻转课堂”微课程设计的研究	施琼英	海口市第十中学	省教育科学规划教育信息化专项课题	QJH12515180
23	初中信息化同步课堂教学模式探索与实践	陈　阳	海南华侨中学	省教育科学规划教育信息化专项课题	QJH12515181
24	微课在高中物理教学中的应用研究	张　华	海口市琼山中学	省教育科学规划教育信息化专项课题	QJH12515184

2015 年海口市教师队伍基本情况表

类别		全市			市直属			秀英区			龙华区			琼山区			美兰区		
		专任教师人数	其他岗位	合计	专任教师人数	其他岗位	小计	专任教师人数	其他岗位	小计	专任教师人数	其他岗位	小计	专任教师人数	其他岗位	小计	专任教师人数	其他岗位	小计
公办学校	中学	6253	534	6787	3257	353	3610	624	13	637	685	48	733	794	40	834	893	80	973
	小学	7771	228	7999	499	19	518	1426	30	1456	1861	72	1933	1993	40	2033	1992	67	2059
	幼儿园	890	655	1545	18	2	20	43	91	134	384	367	751	198	118	316	247	77	324
	职业教育	342	68	410	342	68	410	0	0	0	0	0	0	0	0	0	0	0	0
	特殊教育	130	24	154	130	24	154	0	0	0	0	0	0	0	0	0	0	0	0
公办合计		15386	1509	16895	4246	466	4712	2093	134	2227	2930	487	3417	2985	198	3183	3132	224	3356
民办学校	中小学	3789	561	4350	2181		2181	225	38	263	599	292	891	479	131	610	305	100	405
	幼儿园	5784	5336	11120	0	0	0	825	396	1221	1674	1538	3212	1615	2729	4344	1670	673	2343
	职业教育	419	231	650	419	231	650	0	0	0	0	0	0	0	0	0	0	0	0
民办合计		9992	6128	16120	2600	231	2831	1050	434	1484	2273	1830	4103	2094	2860	4954	1975	773	2748
总计		25378	7637	33015	6846	697	7543	3143	568	3711	5203	2317	7520	5079	3058	8137	5107	997	6104

【教育系统“双创”工作】2015年8月3日，海口市教育系统开展“双创”工作动员大会，拉开市教育系统开展“双创”工作序幕。9月1日，全市各中小学校以开学为契机，利用“开学第一堂课”平台再次进行全面动员。全市教育系统采取设立网上专栏、悬挂标语、制作橱窗、LED电子显示屏、创建微信群、设立宣传站、媒体宣传报道等形式广泛宣传“双创”工作，营造“双创”工作浓厚氛围。全年，各区教育局、直属单位（学校）通过微信平台发送“双创”工作信息（含文字和图片、电子简报）近2万条次，悬挂宣传条幅794条次，利用电子显示屏滚动播放“双创”宣传口号近3000小时，制作橱窗宣传栏235个，设立宣传站262个，开展活动676场次，参与人数近万人次，发放宣传资料14.6万份，全市教育系统师生“双创”知晓率100%，熟记率90%以上。开展形式多样的志愿服务活动，全市教育系统开展“爱我海口·美化家园”党员志愿服务活动近300次，参加人员4264人次；设立学生志愿服务队228个，开展志愿服务活动4780场次，参加志愿服务学生近万人次。切实抓好海秀镇包点单位“双创”工作，定期安排人员深入包点（村）开展巡查工作，及时发现存在的主要问题。经过调研共发现包点村存在的主要问题103个（永庄15个，周仁11个，新村11个，海榆东47个，业里19个），并制定整改措施197条，一些立即整改的工作已得到有效落实。

教学科研

【教学科研概况】2015年，海口市除承担管理国家级和省级交给的师资培训工作之外，还独自承担的各级各类师资培训项目11项，受训2.02万人次，培训管理总时间88天。组织全市骨干校长、骨干教研员及优秀骨干教师省外专项培训4项，受训188人次，受训时间24天。同时，在各级各类教师队伍中启动市培训工作的“造血功能”培育，在各项培训活动中大面积启动海口市骨干教师队伍。如送研送训下乡活动，此项工作持续时间长达32天，起用专家指导人数多达318人，受训乡村教师4000人次，教师评价的满意度100%，特别满意度80%。

【校本培训工作】2015年，海口市教育局进一步强化校本培训的管理和指导，校本培训以《教师专业标准》为指导，围绕基础教育新课程改革，立足于学校和教师发展实际，从学校和教师的实际需求出发，以解决学校和教师教育教学实践中所面临的具体问题为重点，以切实提高教师的专业素质和教育教学能力为落脚点。各学校制订具体详细符合教师实际发展需要的校本培训计划，根据计划采取有效措施组织和实施具有本校特色、形式多样、富有成效的校本培训活动。借助省学科带头人、省级骨干教师、市级骨干教师以及青年教师成长助推站的力量成立一支培训的专家团队，创设符合海口市教师成长规律的优秀培训课程体系，形成人才资源库和课程资源库“两库”的基本架构。在对海口各级各类学校进行教师培训、校长培训和校本培训需求专项调研的基础上，创新名师送研送训下乡模式，开展2015年送研送训下乡活动和学科组文化建设系列培训，团队专家与农村薄弱学校教师共开展磨课130节课次，农村薄弱学校教师课堂展示86节，优秀教师名师专家专题讲座课题86个，参训学员4023人，回收有效问卷3867份，学员受训满意度100%。海口市“两库”为送研送训下乡、岗前培训、市级骨干培训和市级全员培训输出大量的优质资源。同时，针对实际情况开展骨干校长园长和中层管理者、优秀骨干教师提高培训和骨干教师的全员培训、教师的全员培训分层培训等一系列校本培训。年内，开展的全员培训涵盖4个学段的教师培训，共设40个学科，其中：学前教育5大板块学科、小学10个学科、初中12个学科、高中13个学科，时间从11月开始至12月20日结束，培训人数1.10万人，专家由国家级、助推站及部分省级优秀学科带头人和骨干教师组成。全市完成对不同层次的老师的培训项目63个（中学18项、小学28项、幼儿园17项），受训教师3.60万人次（中学1.82万人次、小学1.31万人次、幼儿园4713人次）。在对优秀青年教师成长助推站的管理上，通过“阶段诊断与考核评估、深度调研与特色建设、课堂诊断与送研训的驱动、中期提升与发展”新思路的探索、参与国家名师博览和到华东师大的集中提升研修，让优秀骨干教师获得最快的成长速度。

【教学课题研究】2015年，海口市继续加强科研课题研究，建立课题网络动态管理机制，开展海口市教育科研专家评选工作，共评出56位市级课题指导专家，建立专家库，同时，积极开展课题研究培训工作。上半年，对全市2011年立项的规划课题进行结题评审鉴定工作。4月，开展教育科研骨干教师评选工作，共评出市级骨干74人。同时选拔参加海南省教育科研骨干评选，海口市共有27人获评海南省教育科研骨干教师。

【常规教研】2015年，海口市教育局根据学科特点，依托市教研活动和校本教研，通过开展学科专题讲座、主题教研、技能培训、课堂教学观摩课、课堂教学评比、研究课和名师展示课，网络在线研讨、沙龙教研、学科教研论坛、集体备课、送教送研、同课异构、职业教育大讲堂等形式，全市中小学28个学科共开展70多项专题教研活动。积极探索和构建有效教学课堂新模式，为教师和教师之间、学校与学校之间的交流互动搭建平台，引领教师的专业成长，推动学校的校本教研发展，使教研工作逐步

2015年海口市教育科研获奖情况

学科	类别	国家级			省级			
		一等奖	二等奖	三等奖	一等奖	二等奖	三等奖	
历史	教学论文				5	5	5	
	教学评比	1						
综合实践		3	3		2			
美术	教学评比	3			2	1		
	课件评比				6	4		
	艺术展作品评比				18	21	8	
体育	教学评比				2	1		
	教学技能评比				11	4		
初中数学	教学评比	2						
	教学论文				2	1	2	
幼儿教育	优秀教育活动评比				5	4	1	
	教学论文		5	5				
	优秀活动案例评比		3	3				
通用技术	教学评比				1			
教学论文						2	3	
信息技术	课题评比	1						
	教学评比					2		
	教学论文				1	1	2	
小学数学	教学评比	1			1	2		
物理	说课评比			1	1	1	2	
	教学论文							
生物	教学评比	1			2			
	教学论文	3	4					
高中语文	读写能力大赛				40	25	31	
初中语文	读写能力大赛				104	68	97	
职业教育	技能大赛		2	3	23	46	57	
音乐	教学评比	1						
	教学论文	2						
	说课评课				8	2		
高中英语	教学评比	2			2			

形成主题化、项目化和课题化特色，不断提高教研品位。以“一师一优课、一课一名师”活动为引领，通过慕课、微课和翻转课堂及青年骨干教师成长助推站，提高教师教学设计能力和教研水平。积极组织“优课”的评选工作，并组织专家对教师网上“晒课”进行点评，全市有5204人参与“晒课”，425人录制教学视频。实行“需求教研”服务制度，开展预约式教研活动。组织专家深入各学校开展“主题引领式教研”，有针对性的解决预约问题。为此，应秀峰实验学校、长流中学约请，开展“课堂教学诊断和问题解决”教研帮扶活动，提高课堂效率；应山高学校、景山海甸分校约请，开展“有效课堂教学模式建构”主题活动，建立适合学校特点的高效课堂模式；应海南侨中高中、初中部约请，开展“高考、中考教学质量诊断、分析”活动，帮助学校解决实际问题；应海秀中心学校约请，开展“数学口算训练，提高数学教学质量”项目帮扶活动。采取“中考区域联片”调研方式，指导一所，带动一批，有效地解决中考备考指导不全面、不到位、难覆盖的问题。加强学习培训，提高教研队伍专业水平。通过定期开展教研员内部交流学习，组织开展小专题讲座、“晒教研”活动，组织教研员开展“教研员职业素养提升”主题研修活动、学习现代化教育信息技术，既给教研员搭建交流和学习平台，也让教研员有机会“晒一晒”自己学科教研的特色和亮点。

【教研成果】2015年，海口市各学科在课堂教学评比、教学论文、课件制作、说课评比、案例评比、艺术作品评比中，20人获得国家级一等奖，二等奖17人，三等奖12人；69人获得省级一等奖，二等奖51人，三等奖23人。各学科教研员指导教师获得全国、全省课堂教学评比一等奖11人次，教研员获得优秀指导教师奖。部分教研员应邀到市外、省外讲课、讲学9人次。组织学生参加全国、全省语文读写大赛获得一等奖144人，二等奖93人，三等奖128人。职业教育组织参加全国职业院校技能大赛获得二等奖3人，三等奖3人。23人获得省级一等奖，二等奖46人，三等奖57人。

基础教育

【基础教育概况】2015年，海口市有学校（幼儿园）970所，其中高中22所，初中78所，小学200所（不含教学点），幼儿园670所。有在校生37.17万人，其中，高中3.26万人；初中6.99万人；小学17.95万人；幼儿园8.97万人。

【幼儿园建设】2015年，海口市完成公办幼儿园第一个三年（2011~2013年）行动计划建设任务，新建、改扩建公办幼儿园30所，总投资2.90亿元。2015年春季，30所幼儿园全部招生，增加公办学前教育学位1.03万个，实现每个乡镇有1所公办幼儿园的目标。实施公办幼儿园建设第二个三年（2014~2016年）行动计划，2014年投资4100多万元新建的港湾幼儿园、桂林洋开发区中心幼儿园、琼山区东昌幼儿园，截至2015年底，港湾幼儿园已完工，桂林洋中心幼儿园、东昌幼儿园开工建设。

【学前教育】2015年6月底前，海口市对全市注册备案的幼儿园进行年检。市政府召开教育、人社、编办、卫生、妇联等部门的专题会议，研究财政拨款公办幼儿园统一归口教育部门管理工作。市机构编制委员会于9月30日印发《关于调整市属公办幼儿园隶属关系的通知》，将原由市人力资源和社会保障局管理的市机关幼儿园、市卫生局管理的市卫生幼儿园、市妇联管理的市中心幼儿园和市金贸幼儿园统一划归到市教育局管理。11月18日，市教育局、市人社局、市编办、市卫生局、市妇联联合发文《关于印发海口市机关幼儿园等4所幼儿园接受工作方案的通知》，详细部署具体移交工作，确保幼儿园移交工作稳定有序开展。全市学前一年、三年毛入园率分别为90%和80%。整治幼儿园教育“小学化”倾向。编制完成第二期学前教育三年（2014—2016年）行动计划，完成《海口市教育局25所新建乡镇公办幼儿园保运转调研报告》。2015年，发放学前教育助学券1600万元，将省下达2994万元学前教育专项资金用于扶持引导普惠性园民办幼儿园发展。投入1342.5万元保障全市25所公办乡镇幼儿园正常运转。省下达871万元专项资金用于公办乡镇幼儿园发展。对园长、教师及后勤服务人员进行全员培训3000多人次。同时，对196名幼儿园骨干教师进行提高培训，并选拔出112名幼儿园省级骨干培养对象和7名省级学科带头人培养对象。全年用于学前教育培训经费108万元。对17所幼儿园开展市示范园和市一级园等级评估。下拨学前教育综合奖补类项目资金1117.52万元，其中扶持城市集体事业单位办幼儿园奖补资金65万元，扶持民办幼儿园发展奖补资金465.12万元，支持接收进城务工农民工子女奖补资金587.4万元。

【规范化学校建设】2015年12月16日，海口四中通过“省一级甲等学校”办学水平督导评估，海口市的优质学位进一步增加，教学质量也又上一个台阶。自此，海口市的省一级学校增添至5所，分别是海南华侨中学、海口市第一中学、海口市琼山中学、海口市实验中学和海口市第四中学。

【义务阶段教育】2015年，海口市小学适龄儿童入学率100%，初中入学率100%，义务教育巩固率99.3%。加强学籍管理，完成全市28.4万名中小学生学籍信息的录入工作，办理

2015 年海口市各级各类学校数和学生数统计表

类别		学校数（所）（含教学点）						学生数（人）					
		直属	秀英	龙华	琼山	美兰	小计	直属	秀英	龙华	琼山	美兰	小计
公办	中小学	16	71	66	75	75	303	60815	25757	49607	45438	48178	229795
	幼儿园	1	7	13	11	9	41	525	1413	3544	2084	3162	10728
	职业教育	5	0	0	0	0	5	8020	0	0	0	0	8020
	特殊教育	1	0	0	0	0	1	600	0	0	0	0	600
	小计	23	78	79	86	84	350	69960	27170	53151	47522	51340	249143
民办	职业教育	20	0	0	0	0	20	12744	0	0	0	0	12744
	中小学	12	10	16	19	10	67	25402	2995	9445	8010	6311	52163
	幼儿园	0	96	174	192	167	629	0	10839	25041	21913	21179	78972
	小计	32	106	190	211	177	716	38146	13834	34486	29923	27490	143879
合计		55	184	269	297	261	1066	108106	41004	87637	77445	78830	393022

2015 年海口市省级规范以上学校（含省普通高中一级学校）一览表

序号	学校名称	评估认定等级	评估认定时间
1	海南华侨中学	海南省普通高中一级甲等学校	2014 年复查通过
2	海口市第一中学	海南省普通高中一级甲等学校	2007 年复查通过
3	海口实验中学	海南省普通高中一级甲等学校	2014 年复查通过
4	琼山中学	海南省普通高中一级甲等学校	2013 年复查通过
5	海口市第四中学	海南省普通高中一级甲等学校	2015 年通过评估
6	海口市第九小学	海南省普通小学规范化学校	2009 年评估通过
7	海口市第二十五小学	海南省普通小学规范化学校	2009 年评估通过
8	海口市第二十七小学	海南省普通小学规范化学校	2009 年评估通过
9	海口市琼山二小	海南省普通小学规范化学校	2009 年评估通过
10	海口市英才小学	海南省普通小学规范化学校	2010 年评估通过
11	海口市琼山五小	海南省普通小学规范化学校	2010 年评估通过
12	海口市第十一小	海南省普通小学规范化学校	2011 年评估通过
13	海口市琼山一小	海南省普通小学规范化学校	2011 年评估通过
14	海口市石山中心小学	海南省普通小学规范化学校	2012 年评估通过
15	海口市玉沙学校	海南省普通小学规范化学校	2012 年评估通过
16	海南省农垦直属第三小学	海南省普通小学规范化学校	2012 年评估通过
17	海口市府城中学	海南省普通初中规范化学校	2013 年评估通过
18	海口市灵山中心小学	海南省普通小学规范化学校	2013 年评估通过
19	海口市长德学校	海南省义务教育规范化学校	2013 年评估通过
20	海口市海秀中心小学	海南省普通小学规范化学校	2013 年评估通过
21	海口市东山中心小学	海南省普通小学规范化学校	2013 年评估通过
22	海口市秀英东山中学	海南省普通初中规范化学校	2014 年评估通过
23	海口市旧州中心小学	海南省普通小学规范化学校	2014 年评估通过
24	海口市龙华小学	海南省普通小学规范化学校	2014 年评估通过
25	海口市海燕小学	海南省普通小学规范化学校	2014 年评估通过
26	海口市龙桥学校	海南省义务教育规范化学校	2014 年评估通过
27	海口市第九中学	海南省普通初中规范化学校	2014 年评估通过
28	海口市第三十一小	海南省普通小学规范化学校	2014 年评估通过
29	海口市桂林洋中心小	海南省普通小学规范化学校	2014 年评估通过
30	海口市琼山第二中学	海南省普通初中规范化学校	2015 年评估通过
31	海口市琼山第三小学	海南省普通小学规范化学校	2015 年评估通过
32	海口市甲子镇中心小学	海南省普通小学规范化学校	2015 年评估通过
33	海口市第七中学	海南省普通初中规范化学校	2015 年评估通过

4796名市属中小学校学生转学、休学、复学手续，组织审核2015年中考各类加分材料共1823份。共有2.44万名六年级毕业生参加小学学业质量监测，总合格率56.1%，总优秀率33.6%，总平均分210.9分，总低分率3.1%。小学学业质量监测的成绩基本上保持稳定，数学学科成绩有所提升，部分学校成绩优势明显。有2.08万人参加中考，比上年增加204人，报考率92.6%，优秀率25.34%，增长7.49%；及格率62.15%，增长3.6%；低分率11.82%，减少1.39%。中考成绩稳步提高。高分段（700分以上）考生人数占全省比例40%以上，其中750分以上考生人数占全省52.1%，高分段成绩优势明显。600分以上考生人数占全市参加考试总人数45.98%，考生整体学业水平较高。A、B段考生人数远高于全省平均水平。

【普通高中教育】2015年，海口市教育局批办大成高级实验中学。年底，海口市第四中学通过省一级甲等学校评估，全市省一级甲等学校有5所（海南华侨中学、海口市第一中学、海口实验中学、海口市琼山中学、海口市第四中学）。高中阶段教育毛入学率为90%，女性平等接受高中阶段教育。2015年高中基础会考，全市报名总人数1.48万人，其中报考物化生技4869人，政史地技9894人，设9个考点。全市有1.49万人报考高考，高考一本上线3742人，上线率35.5%，比上年提高3.5%；一、二本上线6861人，上线率65.05%，提高5.5%。一本上线人数，一本上线率及一、二本上线率均创历史新高。高考成绩在800分以上的有80人，比上年有所减少；700分以上的有1108人，增加36人。

【特殊教育与就业】2015年，海口市加快推进海南（海口）特殊教育学校建设，强化特殊学校教育教学管理，满足特殊学生的教育需求。开展好助残日系列活动，强化特教学校的教育教学管理。加强对民办学前特殊教育机构及特殊教育康复指导中心的指导，整合特殊教育资源，在抓好盲、聋哑、智障三类残疾学生“普九”巩固提高的基础上，加快发展残疾少年高中阶段职业技术教育。在2015年秋季招生工作中继续加大残疾儿童少年随班就读工作力度，健全随班就读的支持保障体系，保证残疾学生随班就读。海南（海口）特殊教育学校是海口市唯一的一所国有公办特殊教育学校，有600名学生（听障学生327人，智障学生213人，视障学生60人），教职员工189人（教师150人，职工39人）。此外，海口市有5所民间孤独症培训机构，有残障学生约500人；有2所由民政部门管理的社会福利院，有残疾孩子约400人；有2家省级医院儿童康复科，从事儿童自闭症、脑瘫的医疗康复治疗，有残障儿童近300人。年内，海南（海口）特殊教育学校各学科共举行校际公开课、观摩课、研讨课等163节；5月底，开展教学公开日活动，启聪部、启明部、启智部共推出教学观摩课37节，省内8所特殊教育学校（含民办）的教师和省研训院特教教研员及部分学生家长140余人参加听课；组织骨干教师赴文昌特校、乐东特校、澄迈特校、儋州特校、临高特校，开展送教下乡活动；6月，高中组部分教师参加海口市教育研究培训院开展的“椰城中职大讲堂”活动。同时组织8位教师参加广东教育学会特殊教育专业委员会开展的听（视）障教育课堂教学技能竞赛活动。24位教师参加省教培院组织的“师徒结对帮扶教学评比”，通过课堂教学观摩、评课等研讨活动，教师的专业技能明显提升。

【体育艺术教育成绩显著】2015年，海口市教育局完成全市2.29万名初中毕业生体育考试任务；组织36所中小学校申报全国和海南省校园足球特色学校项目，申报试点县（区）3个，市灵山中学、市滨海九小学、市二十五小学被遴选为全国青少年校园足球特色学校，美兰区被遴选为全国青少年校园足球特色县（区），市一中、四中、白驹学校、英才小学、白沙门小学等17所中小学被遴选为海南省青少年校；8月初，成功承办全省青少年校园足球公开赛及“谁是球王”青少年校园足球竞赛初中组海口夏令营暨全国半决赛活动；12月26日，举办2015~2016海口市校园足球联赛。海口市校园足球代表队赴湖南长沙市参加全国青少年校园足球“冠军杯”比赛，荣获初中组二等奖，小学组三等奖和公平竞赛奖；海口市琼山中学获得2015年世界中学生沙滩排球锦标赛女子组冠军、2015年全国体育传统项目学校排球联赛第二名；海口市灵山中学获得2015年“卓尔杯”全国中学生足球挑战赛第三名及南区比赛冠军；海口市体育学校选手吴冬梅和颜云肖组合夺得“中国体育彩票·内蒙古响沙湾杯2015年全国中学生沙滩排球锦标赛”冠军，海口体育学校选手李嘉伟获得2015年HTC杯第二十届全国青少年高尔夫球锦标赛E组亚军、张艺敷获得B组亚军。在市中小学推广普及第二套全国中小学校园集体舞，3月在海口一中高中部舞蹈室对全市中小学300名体育、艺术教师进行集体辅导培训；10月举办全市第二套全国中小学校园集体舞选拔赛，并选送获奖的学校代表海口市参加在琼海举行的全省第二套全国中小学校园集体舞决赛，市琼山中学、海口实验中学和城西中学分别获得高中组、初中组一等奖，海口市滨海第九小学、海口中学获小学组二等奖，海口市第十四中学获初中组三等奖。在海口市第一中学初中部举办海口市首届中小学生艺术展演开幕式暨第十六届“欢乐杯”中小学生美术书法大赛，有来自全市各中小学学生作品近千幅书画、摄影参加评比，共评出一、二、三等奖300幅进行展示，同时评出50名优秀指导教师；10月在文昌举行的海南省第八届中小学生艺术展演中，海口市选送参加展演的作品中：艺术作品一等奖21件；二等奖12件；三等奖2

件；艺术表演一等奖16个；二等奖9个；三等奖12个；“阳光下成长”征文一等奖6篇；二等奖4篇；三等奖2篇；艺术表演节目创作奖舞蹈类2个；展演结束后省教育厅推送市教育局作为全省优秀组织单位报送到全国第五届中小学生艺术展演参加评审。

【中小学招生】海口市作为省会城市，外来务工人员较多，随迁子女就学需求量大，招生工作存在城区学位紧缺、招生工作压力大等困难。2015年，海口市教育部门通过采取学校挖潜增加班数，适量扩大班额，统筹分流，跨区安排等措施，严格按照招生方案，把好“入口关”，全面顺利完成招生工作。2015年义务教育阶段学校秋季招生工作有较大调整，招生工作的调整体现在：⑴招生工作时间提前。招生工作启动时间由往年的7月份提前到5月份，提前2个月，这样的调整，一方面为不符合条件的外地家长、学生提供充足的时间返回原籍就学或联系就读民办学校，另一方面将招生工作提前到正常上课期间进行，大大减少学校、教师假期加班工作量。⑵学区划片更加科学。继续对义务教育阶段22所学校的招生范围进行微调，确保各学校的划片范围更加科学、合理。在招生过程中，严格遵循就近、划片的原则，收效良好。⑶招生过程更加透明。招生方案出台过程中，市教育部门召集教师代表、家长代表、校长代表、区教育局负责人、人大代表、政协委员等100多人召开9次调研会，对入学条件如何设定和指标到校是否继续开展进行征求意见，不断完善招生方案。招生过程中，主动召开6次媒体通气会。⑷招生操作更加规范。教育系统严格按照市委、市政府《关于进一步规范我市中小学招生管理工作的意见》，通过“招生方案公开、招生要求条件公开、学校工作程序公开、学校招生过程公开、招生结果公开”的“五公开”，确保整个招生工作的阳光透明。同时成立招生工作专项监督组，定期不定期地深入各学校明察暗访。全市小学一年级招收809个班3.54万人，比计划增加53个班4608人。初一年级招收497个班2.34万人。980个小升初指标到校名额全部分配到全市各小学。

【中招工作】2015年，海口市中考学科成绩以等级呈现，总分由各学科原始分相加。全市初中学校共2.08万人参加中考，报考率92.96%，比上年有所降低，优秀率（688.5分以上）25.34%，增加7.49%；及格率（486分以上）62.15%，增加3.6%；低分率（243分以下）11.82%，减少1.39%。中考成绩总体提高，700分以上高分段人数4512人，占全市考生人数的21.74%，占全省700分以上人数（1.02万人）的44.2%，高分段人数优势明显。600分以上人数9545人，占全市比例45.98%，500分以上人数1.25万人，占全市比例60.98%，而低分段人数则较少，整个成绩分布呈正态分布的合理态势。全市高一年级招收246个班1.17万人，比计划增加6个班751人。1651个省一级普通高中指标到校生名额全部分配到全市各初中学校。

【中小学德育教育】2015年，海口市中小学德育工作体系基本形成，德育内容和形式不断拓展，以“双创”活动为抓手，以“中国梦”及以社会主义核心价值观为主题，深入开展一系列德育活动，未成年人思想道德教育得到加强。继续开展“太平洋个性奖学金”评选活动，共评选100名品学兼优的中小学生为“太平洋个性奖学金”获得者，每人1万元，共100万元。开展评选省、市三好学生及优秀学生班干部工作，共评选出115名省三好学生、34名省优秀学生干部；1064名市三好学生、565名市优秀学生干部。

2014~2015年义务教育阶段学校非海口市户籍学生对比情况

行政区划	全市学生总数（人）		非海口市户籍就读学生数（人）		异地就读学生比例%		其中跨省就读情况（非本省户籍学生）				其中省内跨地市就读情况			
							学生数（人）		比例%		学生数（人）		比例%	
	2014年	2015年	2014年	2015年	2014年	2015年	2014年	2015年	2014年	2015年	2014年	2015年	2014年	2015年
海口市直属	55292	56666	21381	20849	38.67	36.79	9089	9493	16.43	16.75	12292	11356	22.23	20.04
秀英区	28066	28774	9887	10001	35.23	34.76	4395	4310	15.65	14.97	5492	5691	19.56	19.77
龙华区	55462	59115	27180	29935	49.01	50.64	10645	11281	19.19	19.08	16535	18654	29.81	31.55
琼山区	51755	52660	14304	15193	27.64	28.85	6042	5940	11.67	11.27	8262	9253	15.96	17.57
美兰区	50838	52399	21125	21660	41.55	41.34	8978	8953	17.66	17.08	12147	12707	23.89	24.25
合计	241413	249614	93877	97638	38.89	39.12	39149	39977	16.21	16.01	54728	57661	22.66	23.1

职业教育与成人教育

【职业教育概况】2015年，海口市有中等职业学校28所。按照办学主体划分，公办学校5所，民办学校20所。其中国家级重点职业学校3所，超过1000名学生的民办中职学校6所。全市中等职业学校在校生2.08万人。全市中等职业学校招生数约占高中阶段招生总数的41%，毕业生一次性就业率保持在95%以上。中等职业学校教师1270人，其中专任教师993人，“双师型”教师比例约为34%。全市各类中职学校开设专业55个，其中省级示范专业5个，市级示范专业20个；示范实训基地11个。全市中职学校校舍总面积25.2万平方米，教学、实验仪器设备资产1.35亿元，图书38.7万册，计算机2648台。

【中职学校办学条件不断改善】2015年，海口市中等职业教育投入不断加大，办学条件不断改善。投入1.78亿元建设海口旅职校白水塘校区，2.48亿元建设市高级技工学校秀英校区。全市中职学校（含技校）校舍总面积25.2万平方米，教学、实验仪器设备资产1.35亿元，图书38.7万册，计算机2648台。加强实习实训基地建设，投资1.34亿元，加强市一职中“信息化应用”建设，建设“手机数码维修实训室”，升级“计算机硬件维修实训室”“网络实训室”，更新教师办公用电脑，把校园网络提速到50兆，成立“学校信息化管理中心”等。投入1700多万元加强旅职校西餐烹饪实训室、智慧校园、二期工程建设等。投入160万元建成金盘中专汽车综合实训室。全市有示范实训基地11个。

【示范性中职学校与专业建设】截至2015年底，海口市有国家级重点中等职业学校3所，分别是海口旅游职业学校为“国家中等职业教育改革发展示范校”，海南省海口高级技师学院为“国家中等职业教育改革发展示范学校项目建设单位、国家级重点中等职业学校”，海口市第一职业中学为“国家级重点职业学校”。海口旅游职业学校开设航空服务（与VIP服务）、高星级饭店运营与管理、休闲服务（高尔夫）、中餐烹饪与营养膳食、西餐烹饪、旅游外语、游艇服务与管理、导游服务、会计、计算机应用、电子商务、美发与形象设计、商品经营等专业，学生3000余人。海口市第一职业中学开设计算机应用、计算机与数码产品维修、计算机网络技术、计算机平面设计市场营销、市场营销、会计电算化、电子商务高星级饭店运营与管理、旅游服务与管理、美术绘画等专业，学生2000余人，是海口市第四国家职业技能鉴定站，具有职称计算机、商品营业员、餐厅、客房服务员、营销员、茶艺师、会计从业人员等多种职业培训、鉴定资格。海口市高级技工学校设立药物制剂、化工制药、食品营养与检验、机电设备安装与维修、电气自动化设备安装与维修、电子产品安装与维修、计算机网络应用、计算机应用、计算机广告设计、计算机网络、汽车驾驶与维修、汽车商务与驾驶、高尔夫与旅游管理等专业，在校学生3000余人，承担海口市军地两用人才培训、海口市公务员电子政务培训、劳动预备制培训、下岗失业人员再就业再培训等，每年各专业工种培训约2500人，建成海南省电工电子实训基地、海南省高技能人才培训基地、汽修实训基地、海口创业培训基地。

【中职教育技能竞赛】2015年，海口市教育局组织全市中职学校代表队参加全国、全省职业技能大赛，取得全国技能大赛二等奖3个，三等奖3个；省级奖项126个，其中一等奖23个，二等奖46个，三等奖57个。海口旅游职业学校和海口市第一职业中学分别被评为全省职业院校技能大赛优秀组织奖和海南省技能大赛赛场组织奖。全市获奖总数位全省前列，获奖总数占全省奖项总数的18.2%。海南省海口高级技师学院2015年在全国技能大赛中获得“机电一体化组装与调试”项目三等奖。

【中职教学与研究】2015年，海口市中职学校共有职业技能鉴定资格工种22个，中职毕业生获得职业资格证比例78.9%，重点中职学校学生取得双证书比例均90%以上。制定计算机类、旅游类两个专业教学标准，规范各专业教学目标，保证专业的教学改革和教学建设，构建以能力为本位的理论和实践教学的课程体系的原则，推进2个专业教学标准的贯彻，探索创新有效教学模式，大力提高教学质量。中职学校素质教育成效明显。在全市首届中小学艺术展演“阳光下成长”艺术展演和征文比赛作品中，中职学校获一等奖3个、二等奖1个、三等奖7个、优秀指导奖2个。海南南方民族艺术学校代表队参加第十一届“情耀中华”全国艺术教育成果展演活动海南赛区比赛，荣获舞蹈集体项目青年组银奖；海南服装工艺美术学校服装设计专业方润、方汝两位同学共同作品《奥哩美》获“中国轻纺城杯”2015年中国国际时装创意设计大赛新锐设计师奖等奖项。全市各中职学校通过与企业、行会、科研机构紧密联系，形成“产学研训结合、校企行会互动”的合作模式，建立起适合行业特点的校企合作、工学结合运行机制，让企业全面参与学校教育教学的改革，共建实习就业基地的校企合作，集团化“三段式”的校企合作及校企“三双两证一合”模式合作。海口旅游职业学校加强教学教研常规的管理与落实，在“三本三查”、干部推门听课、集体备课制、参加省市教研活动、继续教育档案建立等方面抓实抓细，教学教研工作进入新常态；“三融课堂”教改全校推开，总结一批成果。海口市第一职业中学教育教学课堂常规继续推行教师专业标准制度（听课一个学期15节、一篇论文、一篇教学设计）和学生“教学教风评价”制度，实行推门听课评课的教学督导制度，完成各备课组教师“同课异构”。严格的常规管理，提高了教学质量，学生参加省职业院校技能大赛获7个一等奖、8个二等奖、9个三等奖，参加全国职业院校技能大赛获1个二等奖、2个三等奖，获奖人数和等级创历史新高；抓好三年级美术高考、二年级海南省高职院校对口单独招生考试，有271名学生参加2015年海南省高职院校对口单独招生考试，录取比例99%以上，分别被海南外经贸职业技术学院、海南软件职业技术学院等院校录取，录取成绩、人数在全省名列前茅。

【中职就业指导】2015年，海口市大力推行中职教育教学改革，实行订单培养、面向市场、双向选择、自主择业等学生培养模式，并通过构建新体制、运行新机制、搭建新平台，通过建设校园人才市场、拓展就业渠道、加强毕业生就业指导、加强就业工作信息化建设等措施服务毕业生就业。同时，利用网络、媒体和实地考察等，与用人单位接洽，向用人单位推荐毕业生，组织用人单位到学校面试。以就业工作新思路应对新的就业形势，中职毕业生一次性就业率保持在95%以上。海口旅游职业学校开拓就业市场，新拓展13家合作企业，由原来的“一专业一企业”提升到“一专业多企业”的校企合作格局，共有35家省内外知名企业参加校园实习招聘会，近千名实习生一次性全部应聘上岗，创历史最好。海口市第一职业中学收集各类招聘会信息，广泛挖掘就业市场资源，采集岗位信息，采取“走出去、请进来”等方式，积极与企业洽谈合作，拓宽就业市场；引进中国免税集团三亚免税品有限公司、海口美兰机场免税品有限公司、百丽集团海南滔搏商贸有限公司、海南电信、海南长城宽带网络服务有限公司等19家企业进校招聘，毕业生就业率在98%以上。

【成人教育】2015年，海口市落实好全民终身学习活动，切实指导做好农村实用技术培训、劳动力转移培训等教育工作。全年举办各类职业技能培训50多种，培训5.5万人次，农村劳动力转移培训和农村实用技术年培训1.7万人次，企业职工年培训22万人次。全市自学考试上半年报名总人数1.31万人，设7个考点；下半年报名总人数9251人，设6个考点。完成2015年自考考生申请毕业证的工作。成人高考报名总人数8518人，其中专升本3627人，高升本1177人，高升专3714人，设6个考点。

【海口市高级技工学校】创办于1970年，2014年10月经省政府批准，同意学校挂牌成立海南省海口技师学院，全称海南省海口技师学院(海口市高级技工学校)。 学院以培养中高级及预备技师等高技能型人才为目标，已建成“海南省电工电子实训基地”，被定为“国家职业指导教学训练实验基地”“全国计算机等级考试培训站”、（OSTA）全国计算机高新技术考试站、“海南省农民工重点培训基地”及“海口市创业培训基地”，是全国1000所国家改革与发展示范院校建设学校。被国家人力资源和社会保障部授予“国家技能人才培育突出贡献奖”。 学院有两个校区，原校区在海口市龙华路（海南医学院附属医院斜对面），新校区位于海口市西海岸，占地面积20.08万平方米。2015年9月6日，新校区（一期）正式启动办学，各职能处室及车辆工程系、机电工程系和电气工程系共1200多名师生入驻新校区。学院在开设机械、电工电子、计算机等传统品牌专业的同时，根据市场变化和需求调整设置机电设备安装与维修、电气自动化设备安装与维修、计算机网络运用、计算机应用、计算机广告设计、计算机网络、汽车驾驶与维修、汽车商务与驾驶、汽车商务与维修、电子产品安装与维修、食品营养与检验、药物制剂与营销、化工与制药、高尔夫与旅游管理等14个专业。2015年，招生752人，在校生2105人，毕业生760人；有教职工217名，专任教师93名，兼任教师37名，高级职称33名，中级职称22名。

【海口市第一职业中学】国家级重点中等职业学校，是中国西部教育顾问单位、海南省校本培训示范校、海南省信息技术职业教育集团龙头学校。学校以前店后校、工学结合、理实一体教学模式培养学生的职业综合素质和创业能力，通过建设校内学生工作室、校内创业基地，让学生在实景教学和企业实训中锻炼专业技能；通过“中高职衔接”为学生职业发展和继续教育提供平台，已成为一所职业教育和普通教育相融通的综合性名校。占地面积3.33万平方米，建筑面积3万多平方米，建有可容纳60多个教学班级的教学大楼、建筑面积9540平方米的学生实训楼、可容纳2000人食宿的学生公寓和食堂、可容纳1000人的报告厅和50多个实验技能操作室。设有综合高中部、电子信息专业部、商贸旅游专业部。2015年，开设专业13个，教学班65个，招生748人，在校生2231人，毕业生710人。有专任教师167人，高级讲师49人，省级市级“骨干教师”15人，专业课教师“双师型”比例70%，兼职行业专家30多人。2015年，学校以60多家实习基地为依托，实习就业一体化，形成以海南、珠江三角洲为主的实习就业网络，毕业生一次性就业率均在98%以上。

【海口旅游职业学校】由海口市教育局和北京市西城区教育局于1993年联合创办，是海口市直属公办的一所综合性中等职业学校，海南省一级示范校、首批国家级重点职业高中、全国百所德育示范校、首批教育信息化试点单位。占地面积15万平方米，建有40多间设备先进、配套齐全的专业实训室。开设有航空与VIP服务、高星级饭店运营与管理、休闲服务（高尔夫)、中餐烹饪与营养膳食、西餐烹饪、旅游外语、游艇服务与管理、导游服务、会计、计算机应用、电子商务、美发与形象设计、商品经营等13个专业。2015年在全省职业院校技能大赛中，职业英语技能（2人团体）项目连续3年蝉联全省冠军；晚宴化妆项目连续2年蝉联全省冠军；烹饪类中餐面点项目获全省状元，酒店服务类中餐宴会摆台、客房中式铺床两个项目均是全省状元，美容美发类女士短发修剪及新娘化妆·盘发造型两个项目均获得全省第一名。2015年，招生1350人，在校生3089人，毕业生1263人；有教职工220人，专任教师165人，兼任（管理岗）7人，其中高级职称83人，中级职称69人。

【海口市中医药学校】海南省政府批准设立公办全日制普通中专，系全省唯一的一所中医药学校。1959年建校。位于海甸二西路，占地面积6334平方米，建筑面积8970平方米。建有1个现代化的多媒体培训中心、14个多媒体教室，护理实训室、外护实训室、针灸推拿实训室、中药实训室、礼仪实训室、解剖实验室、生理实验室和化学实验室等8个实验（训）室，实验室设备总值160万元。挂牌成立“海口市农村卫生人员培训基地”等4个培训基地，截至2015年底，累计培训各类医疗卫生人员5100人次。2015年，有教职工39人，专、兼任教师30名，其中，高级职称6名，中级职称12名。在校生582人，毕业生250人。开设药剂、中药、护理、中医、农村医学、中医康复保健等专业，与广州中医药大学联合办学开设函授中药、护理、药学专业。

社会办学

【社会办学概况】2015年，海口市教育部门加强民办学校的管理，年检民办幼儿园629所，其中年检优秀幼儿园83所，年检合格幼儿园450所，年检不合格3所；新批办幼儿园66所，暂缓通过23所，停办幼儿园7所，暂停办学幼儿园3所。在园幼儿7.90万人。全市有民办中小学67所，在校生5.2万人，其中小学生3.1万人，初中生1.16万人，高中生0.94万人；民办职业技术学校20所，在校生1.27万人。

【社会办学管理】2015年，海口市教育局完善扶持民办教育发展政策，形成《海口市教育局关于义务教育阶段民办学校发展状态的调研报告》，起草《海口市人民政府关于进一步鼓励和引导民办教育发展实施意见（送审稿）》，经市长专题会议讨论，修改完善后提交市政府研究讨论。努力推进民办教育协会建设工作，研究并协调设立民办教育发展专项资金，建立民办教育政府奖励机制。

【海口中学】位于海口市滨海大道48号。校园占地面积8万平方米，建筑面积11万平方米，由教学区、运动区、生活区三大功能部分组成，可容纳8000名学生学习和生活。学校全面启动数字化校园建设工程，全力打造海南领先、全国有特色的集网络化、数字化、智能化、个性化为一体的数字化校园。2015年，有幼儿园、小学、初中、高中共164个教学班，学生7255人，其中属港澳台地区和外国籍学生93人。学校教职工775人，专任教师474人，其中中学生学科国际奥赛金牌教练2人，教授级学科研究员1人，特级教师6人，省级骨干教师7人，市级学科带头人7人，市级骨干教师9人，硕士研究生学历59人，高级教师33人，一级教师78人。

【海口华兴学校】位于海南大学院内，是集小学、初中、高中教育于一体的现代化教育的寄宿制民办12年制学校。建有4间电脑室，有250台电脑，一间能容纳500人的多媒体教室。学校实施“爱心教育”，教学模式上实验“学案导学”教学法。2015年12月，学校与西南政法大学签订“优秀生源基地校”协议书。2015年有在校学生3000余人，教职工238名，其中高级职称20余名，硕士研究生10余名。

【海南国科园实验学校】位于海口国家高新技术产业开发区内，为12年一贯制完全学校，实行寄宿制教育。有4栋教学楼、3栋学生宿舍楼和1栋综合楼，有物理、化学、生物、劳技实验室和历史、地理、计算机、多媒体、音乐、美术、形体等多功能教室超过100间。有标准塑胶田径运动场以及篮球场、排球场、乒乓球场、羽毛球馆等运动场地。注重素质教育，开设家政、形体礼仪两门特色课以及绘画、跆拳道、武术、乒乓球、围棋、国际象棋、手工、管乐、声乐、舞蹈、古今诗词朗诵等十余门选修课，并成立篮球队、跆拳道、管乐队、围棋班、文学社、美术班、合唱队等学生社团，定期开展社团活动，丰富学生课余文化生活。2015年有在校生3000人，教职工400余人。先后被上级教育主管部门授予“全国中小学整体改革实验基地学校”“海南省基础教育教学研究先进单位”“海南省先进民办学校” “海南省创办绿色学校活动先进学校” “第一届海南省民办教育十佳信用奖” “海南省一级一类幼儿园” “海口市民办学校免检单位” “海口市民办基础教育先进单位” “海口市民办普通中小学规范学校”等荣誉称号。

【华中师大海南附中】位于国兴大道兴丹路3号（原海口经济学院国兴校区），依傍省图书馆、省博物馆、省文化艺术中心、省体育中心，东临南渡江，西衔美舍河。占地面积7.7万平方米，校舍规划建筑面积15.78万平方米，总投资5亿元。依托华中师大第一附中的优势教育资源和管理经验，结合海南基础教育发展实际，确立“高品位、强特色、国际化、人文性、创新型”的办学目标和“关注差异、开发潜能、人文见长、多元发展”的教育理念。2015年有65个教学班，学生 2770人。学校教职工355人，专任教师225人。

（李之乔）

（编辑：杜惠珍）

科学技术

【科技工作概况】2015年，海口市科技工作大力实施创新驱动战略，加快创新型城市建设，充分发挥科技的支撑引领作用，推动企业成为技术创新主体，有效整合产学研力量，进一步深化科技体制改革，着力解决制约企业创新的突出问题，优化企业创新发展环境，充分发挥企业在技术创新决策、研发投入、科研组织和成果转化中的主体作用，加快构建以企业为主体、市场为导向、产学研相结合的技术创新体系，增强企业创新能力，促进海口市经济和社会的协调发展。全市科技经费投入3984.8万元；市本级科学技术支出3133万元，占当年市级地方公共财政预算的0.36%。高新技术企业169家；各企事业单位申报海口市各类科技计划项目129项；新建电子农务新技术新品种示范基地11个。

【科技扶持政策】2015年，海口市科技扶持政策主要包括应用技术研究与开发经费、高新技术产业发展专项资金和科技型中小企业技术创新资金等。应用技术研究与开发经费主要用于在海口市行政区域内登记注册的企事业单位，优先支持具有较强自主研发能力，具备较好科研条件和较为完善的财务管理制度的企业、研发机构和高等院校。高新技术产业发展专项资金主要用于支持高新技术企业及其项目，鼓励自主创新，培育具有自主知识产权的高新技术及其产品，促进高新技术成果产业化。科技型中小企业技术创新资金主要用于扶持在海口市行政区域内注册、研发、生产的科技型中小企业。全年安排海口市应用技术研究与开发经费2300万元对35家企业的45个科技计划项目给予扶持。投入高新技术项目“三税”扶持资金1300.7万元，奖励支持12家企业的24个高新技术项目。投入国家科技项目地方配套资金249.1万元，对8个企业的9个科技项目给予地方资金配套。安排科技型中小企业技术创新资金540万元对18家企业的18个技术创新项目给予扶持。

【科技计划与实施】2015年，海口市科工信局以科技计划项目实施为引导，推进企业自主创新能力建设。组织全市各企事业单位申报海口市各类科技计划项目129项，其中，重大科技创新项目8项、重点科技计划项目77项、产学研合作专项15项、社会事业发展专项29项。经市政府批准，共安排项目经费2300万元对4个重大科技创新项目、23个重点科技计划项目、12个社会事业发展专项和6个产学研合作专项给予立项支持。同时，做好科技项目的跟踪管理和验收工作，协调完善科技扶持政策，及时了解项目的进展情况，加强跟踪管理和服务。

【企业创新能力建设】2015年，海口市推进开展以各地自建、院地共建、院企共建的模式，建设一批科技创新平台，形成比较完善的区域科技创新体系。新增市级企业技术研发中心2家，市级创新型企业2家（海南威特电气集团有限公司、海南新境界软件有限公司）。至年底，有市级以上的工程（技术）研究中心55家、重点实验室52家、创新型（试点）企业49家。

【高新技术企业】2015年，海口市新认定高新技术企业26家，净增18家（原8家高新技术企业复审未通过被取消资格）。至年底，有高新技术企业127家，占全省高新技术企业的75%。其中57家属规模以上工业企业，占全市规模以上工业企业总数149家的38%，实现产值266.25亿元，占全市规模以上工业总产值501.86亿元的53.1%。全市高新技术企业总收入297亿元，增长10%，占全省比重为77.5%；工业总产值289.6亿元，增长9.35%，占全市工业总产值比重53.8%，占全省比重为78.7%；实现利润总额17.9亿元，增

2015年4月27日，海口市科工信局局长徐伟（中）带队调研鑫碧海玻璃公司情况。

（翁旋奇　摄）

长 3.67%；实际上缴税金 23 亿元，增长 21.32%；出口创汇总额 2.9 亿美元，增长 1.87%。从业人员 31534 人，增长 3.03%。当年拥有有效专利 1804 件，增长 22.89%；发明专利 863 件，增长 34%；软件著作权 404 件，增长 18.13%。

规模分布情况　2015 年，全市高新技术企业总收入 297 亿元，其中总收入超亿元的企业 45 家，实现总收入 275.9 亿元，占全市高新技术企业产值的 92.9%；产值在 1000 万元至 1 亿元的企业 53 家，总收入 19.6 亿元，占全市高新技术企业总收入的 6.6%；产值 1000 万元以下的企业 29 家，总收入 1.5 亿元，占全市高新技术企业总收入的 0.5%。

科技项目和经费支出情况　2015 年，海口市通过认定的省高新技术项目 908 个，按高技术制造业分布：医药制造业 485 个；航空、航天器及设备制造业 26 个；医疗仪器设备及仪器仪表制造 3 个；非高技术制造业 394 个。按高技术服务业分布：信息服务业 129 个；专业技术服务业的高技术服务 15 个；研发与设计服务业 30 个；科技成果转化服务业 7 个；非高技术服务业 727 个。全市 127 家高新技术企业全部科技项目经费内部支出 12.9 亿元，增长 0.16%。其中，总收入大于 1 亿元的全部科技项目经费内部支出 10.4 亿元；总收入 1000 万元至 1 亿元的全部科技项目经费内部支出 1.9 亿元；总收入 1000 万以下的全部科技项目经费内部支出 0.5 亿元。

发展特点　(1) 产业集群发展迅速，医药企业亮点突出。海口市高新技术企业逐步形成以生物与新医药、高新技术改造传统产业等为重点的高新技术和战略性新兴产业集群。医药企业集群发展迅速，主要集聚在海口国家高新区药谷工业园。2015 年，海口市有医药行业的高新技术企业 45 家，其中规模以上医药高企 36 家，实现产值 139.4 亿元，占全市医药企业的 95.8%，占全市规模以上医药企业的 98.2%，总产值上亿元医药高企 28 家。海口市制药厂有限公司完成产值 35 亿元，成为全省首家年产值超 30 亿元的医药企业，增长率 53%。海灵化学制药公司、海口奇力制药公司、齐鲁制药（海南）有限公司年产值超 10 亿元。齐鲁制药（海南）有限公司采取“各项工作向新产品开发倾斜”的政策，优先保证新产品开发所需资金，投入研发经费 4200 万元，实现产值超 11 亿元，为新产品开发提供强有力的保障。随着高新技术医药企业规模的不断壮大，产业地位和品种效应日益显现，龙头企业快速增长，已成为全市医药产业发展的领头羊。在高新技术改造传统产业方面，依托一汽海马汽车有限公司设立的“海口国家汽车电子高新技术产业化基地”，拥有 16 家企业，研发人员近千人，其中高新技术企业 8 家。一汽海马汽车有限公司承担的国家 863 计划项目“纯电动轿车研发与产业化技术攻关”通过验收，全新一代普力马纯电动轿车进入第三批“免征车辆购置税的新能源汽车车型目录”。智能电子、车联网技术等陆续推向市场。⑵企业技术创新活动活跃，成果转化突出。高新技术企业技术创新活动活跃，自主创新能力明显提升。海南立昇净水科技实业有限公司在 PVC 合金超滤膜技术、分散式低能耗复合膜生物反应器污水处理系统技术等领域取得丰硕科研成果。膜法安康工程在海南省各大小景区建设直饮水设施百余处，并在海口、澄迈、儋州等市县展开试点，利用超滤膜技术在全省 204 个乡镇建造或改造超滤水厂，受益人口超过 60 万人；同时在重庆、广西壮族自治区等地进行推广，技术输出到俄罗斯，与 Ecolos 集团公司建设总投资超 1 亿美元的膜技术净水设施。海南金盘电气有限公司设有海南省变压器工程技术研究中心，承担国家火炬计划产业化示范项目“非晶合金干式变压器研究与制造项目”、重大科技专项课题“光伏并网逆变系统研发与制造”等多项科技项目。光伏发电 500 千瓦逆变器顺利研发完成，通过认证；海上风电水冷变压器研发完成并交付客户使用。技术研发取得多项成果，累计获得有效专利 58 件，2015 年实现产值 17.8 亿元。⑶上市高新技术企业发展迅速，成为新亮点。截至 2015 年，海口市有 13 家高新技术企业成功挂牌为上市企业。其中，四板 6 家，中小板 1 家，新三板 3 家，国外上市 1 家，创业板 2 家。上市企业中有 7 家营业收入超亿元，如易建科技、皇隆制药、双成药业等企业营业收入分别增长 50.0%、36.6%、18.7%。上市挂牌成为高新技术企业经济结构调整的重要途径，同时资本市场也为这些企业的快速发展注入新的活力。

【科技示范点建设】2015 年，海口市新建电子农务新技术新品种示范基地 11 个：羊山地区热带水果栽培产学研示范推广、荔枝、黄皮标准化技术示范推广及林下立体种植金银花技术示范项目、火山岩地区荔枝、黄皮园节水灌溉与水肥一体化技术研究与示范、海口果桑综合开发示范基地、海口信科园综合种养科技示范基地、海口兴绿生红鸭养殖科技示范基地、海口常菁地毯草种植科技示范基地、沼肥在热带水果生产中的推广应用与示范、三红蜜柚新品种引进种植科技示范基地、海口巴依伊拉兔养殖科技示范基地、海口市来合力养鸽科技示范基地。推广省重大科技成果太阳能灭虫灯示范基地面积 400 公顷。建设海南省为民办实事项目——膜法饮水示范工程建设示范点 8 个：甲子高黄水厂、东山镇干尾村、东山镇高山村、东山镇东城村、西秀镇好俗村、西秀镇荣山村、石山镇文风村、海秀镇永庄村。

【科技下乡】2015 年，海口市科工信局开展文化科技卫生“三下乡”集中示范活动，在科技活动月、妇女活动月、农产品大比拼等活动中，组织专家开展各种形式的科技下乡活动。全年共开展大型科技下乡活动 8 次，田间地头咨询活动 20 余次，农业技术

2015年海口市重点实验室名单

序号	实验室名称	依托单位
1	海口市生物制药重点实验室	海口维瑅瑷生物研究院
2	海口市电气设备重点实验室	海南金盘电气有限公司
3	海口市动物基因工程重点实验室	海南大学农学院动物科学系
4	海口市生物医药重点实验室	海南全星药物研究院有限公司
5	海口市非人灵长类实验动物质量检测重点实验室	海南金港实验动物科技有限公司
6	海口市黎族医药重点实验室	海南医学院
7	海口市临床医学重点实验室	海口市人民医院
8	海口市功能薄膜重点实验室	海南赛诺实业有限公司
9	海口市电子农务重点实验室	海南大学信息科学技术学院
10	海南实验动物与动物实验综合服务平台	海南省实验动物中心
11	海口市实验动物中心建设	海口市人民医院
12	海口市海洋药物重点实验室	海南大学
13	海口市热带天然产物研究与利用重点实验室	热带生物技术研究所
14	生物活性物质与功能食品开发重点实验室	海南大学
15	创新药物与制药工艺重点实验室	海南省药物研究所
16	海南医学院创伤重点实验室	海南医学院附属医院
17	海口市人类遗传资源保藏重点实验室	海南医学院附属医院
18	海口市环境毒理学重点实验室	海南大学
19	信息安全综合技术创新实验室	海南大学
20	海口市固废物资源利用及环境保护重点实验室	海南大学
21	海口市热带农产品深加工技术重点实验室	海南大学
22	水环境污染防治重点实验室	海南师范大学
23	海口市香蕉生物学研究重点实验室	中国热带农业科学院海口实验站
24	海口市热带特色药食同源植物研究与开发	海南师范大学
25	海南省耐盐作物生物技术重点实验室	海南大学
26	海南省精细化工重点实验室	海南大学
27	海南省热带水生生物技术重点实验室	海南大学
28	海南省热带药用植物研究开发重点实验室	海南医学院
29	海南省热带海水养殖技术重点实验室	海南省水产研究所
30	海南省现代药物制剂研究开发重点实验室	海南全星医药业有限公司
31	海南省热带病重点实验室	海南医学院、省疾病预防控制中心
32	海南省南海气象防灾减灾重点实验室	海南省气象局
33	海南省农作物遗传育种重点实验室	海南省农科院

续表

序号	实验室名称	依托单位
34	海南省热带动植物生态学重点实验室	海南师范大学
35	海南省热带药用植物化学重点实验室	海南师范大学
36	海南省 Internet 信息检索重点实验室	海南大学
37	海南省黎药资源天然产物研究与利用重点实验室	中国热带农业科学研究院热带生物技术研究所
38	海南省药物质量研究重点实验室	海南省药品检验所
39	海南省药物临床前药理毒理学研究重点实验室	海南医学院
40	海南省硅锆钛资源综合开发与利用重点实验室	海南大学
41	海南省人类生殖与遗传重点实验室	海南医学院附属医院
42	海南省热带动物繁育与疫病研究重点实验室	海南大学、海南省农业科学院畜牧兽医研究所
43	海南省热带微生物资源重点实验室	中国热带农业科学院热带生物技术研究所
44	海南省香蕉遗传改良重点实验室	中国热带农业科学院海口实验室
45	海南省热带果蔬产品质量安全重点实验室	中国热带农业科学院分析测试中心
46	海南省肿瘤发生和干预重点实验室	海南医学院
47	海南省热带果树生物学重点实验室	海南省农业科学院热带果树研究所
48	海南省眼科学重点实验室	海南省眼科医院
49	海南省植物病虫害防控重点实验室	海南省农业科学院农业环境与植物保护研究所
50	海南省水环境污染治理与资源化重点实验室	海南师范大学
51	海南省特种玻璃重点实验室	海南大学、海南中航特玻材料有限公司
52	海南省创伤与灾难救援研究重点实验室	海南医学院附属医院

2015 年海口市高新技术企业名单

序号	技术领域	企业名称
1	电子信息 （29 家）	海南天涯社区网络科技股份有限公司
2		海南新境界软件有限公司
3		海南易建科技股份有限公司
4		科力电子信息有限公司
5		海南金财网络技术有限公司
6		海南弘远泰斯科技有限公司
7		海口鑫网计算机网络有限公司
8		海南科澜科技有限公司
9		海南图语地理信息技术有限公司
10		海南民航凯亚有限公司
11		海南鹰海网络技术有限公司
12		海南清华显示器科技开发有限公司
13		海南慧思计算机软件有限公司
14		海南新生信息技术有限公司
15		海南纽康信息系统有限公司
16		海口海迈科技有限公司
17		海南紫天星科技有限公司
18		海南新生中彩科技有限公司
19		海南维斯科技有限公司
20		海南海岛一卡通支付网络有限公司
21		海南思凡信息科技有限公司
22		海南常盛科技有限公司
23		海南东进航空科技有限公司
24		海南福源灏实业有限公司
25		海南联信网络工程有限公司
26		海南拍拍看网络科技有限公司
27		海南天标电子科技有限公司
28		海南港澳资讯产业股份有限公司
29		海口量子网络科技有限公司

续表

序号	技术领域	企业名称
30	生物与新医药（55家）	万特制药（海南）有限公司
31		海南皇隆制药股份有限公司
32		海南康芝药业股份有限公司
33		海南新世通制药有限公司
34		海南通用同盟药业有限公司
35		海南双成药业股份有限公司
36		海南中和药业有限公司
37		海南中化联合制药工业股份有限公司
38		海口奇力制药股份有限公司
39		海南碧凯药业有限公司
40		海南养生堂药业有限公司
41		海南椰国食品有限公司
42		海南神农大丰种业科技股份有限公司
43		海南通用三洋药业有限公司
44		齐鲁制药（海南）有限公司
45		海南天煌制药有限公司
46		海南普利制药股份有限公司
47		海南京润珍珠生物技术股份有限公司
48		海南海灵化学制药有限公司
49		海南惠普森医药生物技术有限公司
50		海南海神同洲制药有限公司
51		海南全星制药有限公司
52		海南爱科制药有限公司
53		海南葫芦娃制药有限公司
54		海南利能康泰制药有限公司
55		海南锦瑞制药股份有限公司
56		海南澳美华制药有限公司
57		先声药业有限公司
58		海南林恒制药有限公司
59		海南万维生物制药技术有限公司
60		海南思坦德生物科技有限公司
61		海南伊顺药业有限公司
62		海南和泽生物科技有限公司

续表

序号	技术领域	企业名称
63		海南华拓天涯制药有限公司
64		海南赛立克药业有限公司
65		海南亚洲制药有限公司
66		海南九芝堂药业有限公司
67		海南海力制药有限公司
68		海南森瑞谱生命科学药业股份有限公司
69		海南通用康力制药有限公司
70		海南华研胶原科技股份有限公司
71		海南长安国际制药有限公司
72		海南全星药业有限公司
73	生物与新医药（55家）	海南海之润生物工程有限公司
74		海南泓缘生物科技股份有限公司
75		海南合瑞制药股份有限公司
76		海口市制药厂有限公司
77		海南先通药业有限公司
78		海南益尔生物制药有限公司
79		海南科晶生物技术有限公司
80		海南一鸿实业发展有限公司
81		海南灵康制药有限公司
82		海南诺尼生物工程开发有限公司
83		海南石斛健康产业股份有限公司
84		海南朗腾医疗设备有限公司
85		海南赛诺实业有限公司
86		海南昆仑新材料科技股份有限公司
87	新材料（5家）	海南中科翔新材料科技有限公司
88		海南红杉科创实业有限公司
89		海南极风润滑油有限公司
90		海南立昇净水科技实业有限公司
91	资源与环境（4家）	海南甘泉实业有限公司
92		海南大湖桥园林股份有限公司
93		海南广胜新型建材有限公司
94		海南金盘电气有限公司
95	高新技术改造传统产业（16家）	一汽海马汽车有限公司
96		海南精瑞汽车零部件有限公司

续表

序号	技术领域	企业名称
97	高新技术改造传统产业（16家）	海南威特电气集团有限公司
98		海南钧达汽车饰件股份有限公司
99		一汽海马动力有限公司
100		海南宇傲汽车配件有限公司
101		海南宇龙汽车部件有限公司
102		海南华福汽车零部件制造有限公司
103		海口通达排气系统有限公司
104		海南元创机械有限公司
105		海口欣佳达机电有限公司
106		海南誉球汽车部件有限公司
107		海口高新区宏邦机械有限公司
108		共享钢构有限责任有限公司
109		海南美亚电缆厂有限公司
110	高技术服务业（13家）	海南盛科生命科学研究院
111		海口维瑅瑷生物研究院
112		海南亚元防伪科技有限公司
113		海南天鉴防伪科技有限公司
114		海南创先科技实业有限公司
115		海航航空技术有限公司
116		海南康虹医药科技开发有限公司
117		雅克设计有限公司
118		海南海医药物安全性评价研究有限责任公司
119		海南正瑞医药科技开发有限公司
120		海南高升医药科技开发有限公司
121		海南方瑞环境工程有限公司
122		海口南陆医药科技有限公司
123	新能源及节能技术（5家）	海南世银能源科技有限公司
124		海南英利新能源有限公司
125		海南汉能光伏有限公司
126		海南天能电力有限公司
127		海南昱隆科技开发有限公司

指导、培训、咨询人数1000人次，发放科技书籍5000多册；组织三大通讯运营商到农村开展手机电脑的使用、微博微信的运用、农业电子商务等知识培训。

【科技奖励】2015年4月，海口市发放获得2014年度科技奖项目奖金共120万元。2015年度海口市科技奖获奖项目23项，其中科技进步奖18项（一等奖项目4项、二等奖6项、三等奖8项），科技成果转化奖5项（一等奖2项、二等奖3项），拟发奖金81万元。

2015年度海口市科学技术奖获奖项目

序号	项目名称	完成单位	主要完成人
科技进步奖一等奖（4项）			
1	一体化智能型光伏发电升压并网及控制成套装置研发与产业化	海南金盘电气有限公司	杨雄、刘书华、黄有宝、符芳辉、陈锋
2	塑料薄膜涂布用水性聚氨酯底胶的研制与产业化	海南赛诺实业有限公司	朱清梅、黄宏存、宋军军、陈鹏
3	骨髓间充质干细胞移植对大鼠梗阻肾损伤的修复作用	海口市人民医院	白志明、刘振湘、程庆、李东辉、邓湘东、李金东、蔡勇、曹卉、尹先来
4	高弹减震天然橡胶开发	海南天然橡胶产业集团股份有限公司、海南天然橡胶产业集团股份有限公司金石橡胶加工分公司	白先权、丁爱武、贾笑英、罗海珍、林建海、陈名强、何琼青、谢兴怀、冉进
科技进步奖二等奖（6项）			
5	环保型聚氯乙烯电线电缆的研制与开发	海南威特电气集团有限公司	黎驹、吴源重、王尚彬、王泰雄、周启跃、周邦顺、陈定坚
6	丙烯酸酯类共聚乳液纸塑复合胶的研制与产业化	海南必凯水性涂料有限公司	王恩飞、洪景利、朱海
7	新疆哈萨克家族性HNPCC微卫星不稳定和错配修复基因突变规律研究	海口市人民医院	张剑权、符国珍、吴海红、周帅、齐芸、王绪麟、丁元升
8	海南地区类鼻疽伯克霍尔德菌流行病学及其耐药性研究	海口市人民医院	吴多荣、张应爱、张淑芳、黄会、韩小胜
9	种猪抗病毒精液稀释液及授精技术标准研究	海南职业技术学院	马乃祥、雷湘兰、沈振国、王兰、凌先峰、刘胜敏、谢红涛
10	翼状胬肉结构和微量元素的同步辐射研究	海口市人民医院	谢青、蔡枫、彭立、李爱国、杨科、王小琴
科技进步奖三等奖（8项）			
11	中国热带海岛地区水产品中铅和镉的污染与居民暴露评估	海口市疾病预防控制中心	叶海湄、周登仁、周劲松、欧阳述浩、寇彦巧
12	热应激对雏鸡小肠黏膜发育的损伤与GABA复方制剂保护作用的研究	海南师范大学	陈忠、谢佳、唐嘉、王博、陈良燕

续表

序号	项目名称	完成单位	主要完成人
13	社区治疗精神分裂症患者家属心理状况的相关性研究	海口市皮肤性病防治中心	王文伶、林展、秦运军、蔡亲奕、卢健宁
14	在脑功能区病变手术中联合应用电生理监测和B超的研究	海口市人民医院	陈晓东、夏鹰、曹作为、金虎、田毅
15	瑞芬太尼，舒芬太尼和芬太尼对心脏瓣膜置换术患者心肌损伤影响的比较	海口市人民医院	谭义文、田毅、田国刚、林赛娟、黄运佰
16	SC（B）H16型一级能效非晶合金铁心树脂浇注式变压器	海南威特电气集团有限公司	吴克智、许秘、符传俊、黄开根、陈人飞
17	一种可防治橡胶树主要叶部病害并具保护和增产作用的热雾剂的研制	海南江河农药化工厂有限公司	董李平、张宇、张学文、郑服丛、邬国良
18	病历信息系统的多维分析与数据挖掘的研究	海南医学院附属医院	伍强、伍鼎韡、符锡成、高炳玉、王丹妹
科技成果转化奖一等奖（2项）			
19	肠炎宁系列产业化	海南葫芦娃制药有限公司	刘全国、李培湖、吴至利、宋瑶平
20	单磷酸阿糖腺苷及其制剂产业化	海南中化联合制药工业股份有限公司	李强、魏雪纹、王莉、彭昌华、曾青钦
科技成果转化奖二等奖（3项）			
21	喷雾推进节能冷却塔	海南金航信诺制冷科技有限公司	史仲文、史栋、向辉、黄学平、邓长生、符圣师、陈真真
22	一种头孢孟多酯钠的新制法	海南灵康制药有限公司	陶灵刚
23	氟康唑分散片	海南皇隆制药股份有限公司	陈益智、姚振弘、叶华、何玉、郑朝武、任峰、周红霞

（潘汉新　王东龙　吉潇潇）

知识产权工作

【知识产权工作概况】2015年，海口市专利申请总量2308件，专利授权总量1388件；受理申请技术合同登记236件，合同成交金额1.49亿元，其中技术交易额1.42亿元。有4家企业专利权人获第十七届中国专利奖，分别为3个专利优秀奖，1个外观设计优秀奖。市科工信局被国家知识产权局授予“2015年全国知识产权系统人才工作先进集体”和“国家知识产权试点示范城市工作先进集体”。

【专利申请与授权】2015年，海口市专利申请总量2308件，其中发明922件，实用新型1147件，外观239件，同期申请总量增长51.4%，发明增长31%，实用新型增长74.1%，外观增长48.5%。专利授权总量1388件，其中发明297件，实用新型862件，外观229件，同期专利授权总量增长42.5%，发明增长10%，实用新型增长48%，外观增长95.7%。

【知识产权执法】2015年，海口市科工信局共出动专利执法人员200多人次，省、市、区联合执法6次，深入商品批发销售地，检查会展、商场等企业90多家次，排查各类商品万余件，共查处假冒专利案件17宗，侵权案2宗，结案率100%。同时，对群众投诉、举报的侵犯知识产权及涉及专利的诈骗行为进行查处。

【企业消除“零专利”】2015年，按照《海口市规模以上工业企业专利“消零”工作方案》，海口市针对规模以上80家工业企业开展专利“消零”行动，完成6家规模以上工业企业消除“零专利”年度工作目标任务。

【知识产权宣传】2015年，海口市知识产权局利用“4·26保护知识产权宣传周”、5月“科技活动月”和11月“专利交易周”等平台，进行知识产权的宣传和培训工作，开展知识产权进乡村、进企业、进学校、进机关、进社区等活动。4月21日、26日分别组织知识产权联席会议成员单位在名门广场和万国广场举办知识产权现场咨询活动，接受咨询人数1000人次；5月科技活动月期间，在琼山区三门坡镇开展知识产权进乡村宣传咨询活动，接受群众咨询300人

2015年4月26日，海口市知识产权局在万国大都会广场举行"4·26知识产权宣传日"活动。（陈思卉 摄）

次，发放各种宣传资料800份，制作宣传图片70幅。

【知识产权专利资助】根据《海口市专利资助管理办法》的规定，2015年，海口市知识产权局对24家实施专利技术转化项目，资助236万元；对5家获得海口市2015年专利金奖、优秀奖专利项目，奖励24万元；对2014年获得第十六届中国专利奖的4个项目（1个金奖，3个优秀奖），配套奖励经费28万元。

【4项专利获中国专利奖】2015年，海口市企业专利权人有4项专利获第十七届中国专利奖，其中海南皇隆制药股份有限公司的缬沙坦分散片及其制备方法、海南电力技术研究院、武汉三相电力科技有限公司的一种输电线路雷击与非雷击故障的辨识方法和海南灵康制药有限公司的一种头孢孟多酯钠的新制法获得中国专利优秀奖，一汽海马汽车有限公司的汽车获得中国专利外观设计优秀奖。

2015年海口市获第十七届中国专利奖项目

序号	专利号	专利名称	专利权人	获奖时间	奖别
1	ZL200610143011.0	缬沙坦分散片及其制备方法	海南皇隆制药股份有限公司	2015.12	专利优秀奖
2	ZL201110214109.1	一种输电线路雷击与非雷击故障的辨识方法	海南电力技术研究院、武汉三相电力科技有限公司	2015.12	专利优秀奖
3	ZL201110032273.0	一种头孢孟多酯钠的新制法	海南灵康制药有限公司	2015.12	专利优秀奖
4	ZL201330282450.0	汽车	一汽海马汽车有限公司	2015.12	外观设计优秀奖

2015年度海口市专利奖项目

序号	项目名称	专利号	专利权人
	金奖（2项）		
1	溶媒法制备高纯度头孢他美钠工艺及医药用途	ZL200510021319.3	海南伊顺药业有限公司
2	纯电动汽车的前机舱组件及安装支架	ZL201010549593.9	一汽海马汽车有限公司
	优秀奖（3项）		
3	一种克林霉素磷酸酯的药物组合物	ZL201210496855.9	海南锦瑞制药有限公司
4	一种硫普罗宁无菌粉针及其制剂与制备方法	ZL201210003568.X	海南全星制药有限公司
5	一种涂布用低温热封型丙烯酸乳液及其制备方法	ZL201210350072.X	海南必凯水性涂料有限公司

2015 年海口市专利申请量统计表

单位：件

月份	专利类型			合计	在三种专利申请中					合计
	发明	实用新型	外观设计		个人	大专院校	科研单位	工矿企业	机关团体	
1	80	47	17	144	36	26	11	70	1	144
2	65	56	33	154	40	33	16	65	0	154
3	56	68	14	138	39	30	12	51	6	138
4	88	76	60	224	68	41	13	90	12	224
5	91	96	23	210	62	65	21	61	1	210
6	98	116	13	227	44	90	32	54	7	227
7	82	143	16	241	58	92	14	69	8	241
8	58	104	7	169	41	56	11	60	1	169
9	73	83	17	173	30	35	24	81	3	173
10	64	71	5	140	33	24	23	59	1	140
11	84	93	19	196	36	34	24	98	4	196
12	83	194	15	292	101	50	38	101	2	292
合计	922	1147	239	2308	588	576	239	859	46	2308

2015 年海口市专利授权量统计表

单位：件

月份	专利类型			合计	在三种专利申请中					合计
	发明	实用新型	外观设计		个人	大专院校	科研单位	工矿企业	机关团体	
1	23	35	13	71	23	4	6	38	0	71
2	27	57	4	88	19	11	9	49	0	88
3	29	60	12	101	22	26	3	48	2	101
4	35	61	10	106	25	28	8	44	1	106
5	33	38	17	88	27	17	5	36	3	88
6	17	79	34	130	33	33	5	54	5	130
7	18	76	45	139	22	15	9	80	13	139
8	20	67	34	121	46	23	11	34	7	121
9	17	73	11	101	28	19	5	40	9	101
10	27	104	21	152	32	56	16	41	7	152
11	25	72	15	112	31	16	8	54	3	112
12	26	140	13	179	26	69	9	66	9	179
合计	297	862	229	1388	334	317	94	584	59	1388

（陈思卉）

（编辑：吴坤涛）

文化综述

【文化工作概况】2015年，海口市文化体育工作部门精心策划文艺活动和演出，全力打造品牌体育赛事，实施文化惠民工程，推进文化遗产保护，履行文娱市场监管职能，促进文化产业发展。全年开展海口市精品文艺演出31场次，送文艺演出下乡、送琼剧下乡等活动共57场次，完成40个行政村文化室建设任务。全市有艺术表演团体30个，文化馆3个，公共图书馆2个。

【公共文化基础设施建设】2015年，海口市结合“双创”工作，在三叶西路和滨湖路交界处建设“双创”文化广场，占地面积2.4公顷（政府储备地，价值7000万元），内设文化娱乐广场、美食和文化长廊、观景平台、健身体育设施、节庆舞、林下迷宫，使其达到文化性、趣味性、识别性、功能性等多层意义，方便市民开展健身、休闲和文化娱乐。各区文化馆建设也取得进展。4月，开工建设秀英区文化馆，年内完成馆舍主体工程。美兰区政府将区文化馆、图书馆、区文化科技档案和救灾救济物资储备仓库等公共服务用房建设项目进行合并立项。龙华区、琼山区文化馆正在进行土地选址阶段。

【文化产业发展】2015年，海口市委宣传部从建设社会主义核心价值体系、完善文化管理体制等5个方面深化文化体制改革，推动文化事业产业繁荣发展，提升海口文化软实力。《椰城》杂志顺利完成封面和版面改版。市琼剧演艺有限公司作品《浴血英魂》和市演艺有限公司作品《守望》在第二届海南艺术节上共获“文华奖”的12个奖项，其中《浴血英魂》获得艺术节最高奖项“文华大奖”并成为国家艺术基金首届资助的项目。市文化产业项目共获得中央、省和市级文化产业发展专项资金6405万元的扶持。观澜湖华谊冯小刚电影公社项目大型摄影棚投入使用，“1942”街获得“全球文化旅游产业范例”称号，“南洋街”建成开放。海南凯迪网络资讯有限公司成为国内首家登陆“新三板”的社区网站。海口市成功举办2次文化产业博览会及第三届中国（海南）动漫游戏博览会和21世纪海上丝绸之路电影节暨第四届海口金岛音乐节。《新青春之歌》完成在海南、北京等地的首映式，《鹦哥岭，最后一枪》和《爱情面对大海·不速食客》结束拍摄进入后期制作。

【文化产业项目建设】（1）长影海南国际影视产业基地项目。2015年，完成投资70亿元，除启动项目场地平整工作、道路建设外，开始景区项目一期工程建设。（2）海南电影公社文化产业园项目。2015年，海南电影公社文化产业园动画村项目选址在金沙湾片区，正委托设计院进行规划设计。（3）观澜湖华谊冯小刚电影公社项目。2015年底南洋风情街试营业，影视摄影棚基地完成2个摄影棚主体工程建设，社会主义风情街完成规划设计工作，正准备开工建设。

【文化经营企业】2015年，海口市登记在册（含备案）的文化经营单位共908家。其中印刷复制单位186家，书报刊、音像制品零售205家，网吧254家，歌舞娱乐场所115家，艺术表演团体28家，电子游艺89家（实际营业10家），电影放映单位9家，卫星电视广播地面接收22家。

【文化下乡】2015年，海口市开展送文艺演出下乡、送琼剧下乡等活动共57场次，较上年增长19%。结合“非遗”项目传承开展培训活动，在大致坡等3镇举办培训班7个，培训150人，实现海口市“变送文化到种文化”的阶段性工作目标。

【村文化室建设】2015年，海南省文体厅安排海口市40个行政村文化室建设任务，每个行政村文化室建设资金25万元，累计建设资金1000万元，具体分配到海口市4个区分别为：秀英区10个行政村文化室，建设资金250万元；龙华区9个行政村文化室，建设资金225万元；琼山区11行政村文化室，建设资金275万元；美兰区10个行政村文化室，建设资金250万元。年底，40个行政村文化室建设任务全部完成。

【品牌文化活动】2015年，海口市先后举办万春会、海南（21世纪海上丝绸之路）电影节暨第四届海口金岛音乐节、国际青年实验艺术节、第十四届冼夫人文化节、2015海口仲夏文艺季、第四届中国南方（海口）国际合唱艺术周等常态化国内国际文化品牌活动共8场，惠及市民100多万人次。

【第十届万春会】2015年2月19日至3月5日在海口万绿园举行，海口市人民政府主办。分为“暖居”“暖光”“暖煦”“暖景”“暖心”5个篇章，包括2015“挥春送福”春联窗花赠送公益活动等。（1）以地产项目推介和非遗项目展演方式，打造海口暖居环境。增加2015琼北地区最佳人居项目展，推广海口宜居环境，拉动地区地产消费。有“琼州情韵·民艺献春”海南传统民俗暨非遗项目展演，同时吸纳琼北地区其他优秀“非遗”项目参与，以演出形式呈现海口及周边地区的人文环境。（2）创意新春主题灯展，吸引市民参与，打造暖光视觉盛宴。举办“共筑中国梦·同建首善城”万绿园新春主题灯展，通过形、色、光、声、动相结合的灯光艺术，立体展示海口市产业发展成果、投资就业环境等。（3）传播中华香道文化，为市民搭建交流学习平台，打造初春暖煦文化。万春会期间，组委会分别在海口市复兴城香街、万绿园举办“香沉海南·冠绝天下”香道文化沙龙以及“和风暖煦·花漾新春”插花艺术沙龙，向市民及游客传播中华文化，让市民游客通过学习了解香文化、花意文化与海南本土文化的渊源。（4）借琼北旅游资源展，展现海口绿色生态，打造“绿色之城”暖景文化。推出“全家团圆·琼北过年”琼北旅游资源展暨海口各景区活动，整合琼北地区资源在万绿园区设置旅游线路、产品展示，将各目的地的春节活动设置为“万春会”分会场，集中进行推广传播。（5）通过百姓联欢大舞台节目选拔，弘扬和践行社会主义核心价值观，打造暖心文化。举办“万春会有我更精彩”百姓联欢大舞台节目选拔活动，面向市民游客征集表演节目，让群众成为舞台主角。举办“羔羊跪乳感恩深”孝文化主题活动，弘扬中华传统文化，培育和践行社会主义核心价值观。通过新春和民俗两个舞台展示，从农历正月初一至初五每天安排4场精品演出，共演出37场，融汇歌舞、非遗、语言、戏曲等多种演出形式，满足各类群体的欣赏需要。“家和万事兴”全家福公益拍摄活动吸引近200对家庭拍照留念。“图书捐赠暨爱心义卖”活动募集到图书500多册，义卖善款逾千元。万春会活动共吸引市民游客近百万人次。

【第十四届中国（海口）冼夫人文化节】2015年3月25～31日在龙华区新坡镇、城西镇、遵谭镇、中山街道4地举办。本届文化节遵循“还原民俗、安全有序”的宗旨，整个活动除保留传统仪式令旗舞、民间祭祀和庙会纪念活动等传统项目外，新坡镇当地的百姓还自发表演67个舞蹈，每天上演八音表演、公仔戏、琼剧等特色文化活动，另有来自全岛各地的原生态民歌、方言民谣等节目。

【2015海口仲夏文艺季】2015年6月1日至10月20日举行，历时4个多月。策划推出“国际文化”“精品及节庆文化”“群众文化”等三大主题板块。活动期间，共举办30多场国际文化活动、10多场精品文艺节庆演出、30多场惠民公共文化活动。

【2015海南（21世纪海上丝绸之路）电影节暨第四届海口金岛音乐节】2015年6月12～14日在海口市举办。由省委宣传部指导，省文体厅、海口市政府、北京电影学院主办。主要有“21世纪海上丝绸之路”电影合作与发展高峰论坛、电影节颁奖盛典、“21世纪海上丝绸之路”电影发行交易会、电影《鹦哥岭，最后一枪》媒体见面会、孙立军电影展映开幕影片《18岁18天》首映礼、电影《守信少年》新闻发布会、第四届海口金岛音乐节嘉年华等活动。吸引近百家电影出品机构、电视台等共300多位业界精英代表参会，其中140部电影作品参与推介，包括东南亚国家影片12部，交易额3亿元。6月13日，电影节颁奖盛典举行。陶红凭其在《天使——生命处方》中的精湛表演获得最佳女主角奖，吴京以《战狼》一片获最佳导演奖，八一厂的《天河》夺得最佳电影，中国演员牛犇、中国香港导演梁家仁获颁终身成就奖，男主角奖空缺。颁奖盛典还分别揭晓“前视觉奖”和海南2015十佳电影拍摄取景地等多个奖项。最佳技术奖、最佳表演奖、最佳创作奖、最佳影片和优秀影片五大类奖项一一产生，海口骑楼老街建筑历史文化街区、万宁东山岭旅游区、雷琼海口火山群世界地质公园、三亚大小洞天景区、呀诺达雨林文化旅游区、海南槟榔谷黎苗文化旅游区、海南七仙岭国家森林公园、吊罗山国家森林公园、海南尖峰岭国家森林公园、海南铜鼓岭国际生态旅游区10个景区分获“海南2015十大最佳电影拍摄取景地”奖项。本届海南电影节和海口金岛音乐节两者的融合，实现电影与音乐的激情碰撞。同时，海口借助海南（21世纪海上丝绸之路）电影节这一电影文化交流平台，抢抓“一带一路”重要战略机遇，增进与“海上丝绸之路”沿线国家友好关系，促进“海上丝绸之路”沿线国家的互联互通与合作共赢。

【第四届中国南方（海口）国际合唱艺术周】2015年12月5～8日在海口市举行。本届合唱艺术周以“相约海口、放歌椰城”为主题，举行开幕式暨海南民歌合唱音乐会、4场合唱比赛、高雅艺术进社区进校园、合唱艺术研讨会、闭幕式颁奖暨合唱音乐会等系列活动，来自全国各地的36个合唱团体、专家评委、企业界代表以及新闻记者参加活动。比赛设置中老年组、成人组、少儿组3个组别，分为混声合唱、男声合唱、女声合唱、童声合唱、声乐组合等多个类别。本届合唱比赛除分组设置金、银、铜等奖项外，还特设椰城奖、新作品奖、伴奏奖、指挥奖等奖项。

【"海之南地之北—中国大城市专业画院优秀作品联展（第五回）"】2015年11月4~8日在省博物馆和省图书馆举办。由海口市人民政府、中国大城市专业画院学术年会主办。展览邀请来自全国16家省会城市及副省会城市专业画院的著名艺术家参展，展出具有地域特色和人文精神的美术作品共210幅。此规模的书画类主题展览在海南建省以来尚属首次，被誉为全国大城市专业画院的"艺术奥林匹克"盛会。

【演艺队伍建设】2015年，海口市演艺有限公司（原市艺术团）和海口市琼剧演艺有限公司（原市琼剧团）继续深化改革，调整结构，不断加强文艺队伍的建设力度。市琼剧演艺有限公司采用竞岗考核的方式，公开招聘琼剧人才，选拔出5名优秀的琼剧表演和乐器演奏人才。在琼剧人才培养上，市琼剧演艺有限公司不定期邀请著名戏曲名家、导演如吴梅、道玉书、梅晓、李明玉等进行指导；在大型的剧目展演中，着重使用年轻演员，使其在表演中不断成长。其中，在《浴血英魂》参赛表演中，吴叙勇荣获第二届海南省艺术节文华优秀表演奖，阮丹青、刘玮玮荣获文华表演新人奖。海口市演艺有限公司改制后，工作人员约50人，除少数行政、财务后勤人员之外，队伍以年轻男女演员为主体，以确保演出的质量以及有年轻的血液来参与艺术的传承。在第二届省艺术节中，市演艺有限公司以原创黎族歌舞诗《守望》斩获"文华奖"优秀剧目奖、优秀表演奖等五大奖项。

【社区文化建设】2015年，海口市开展的社区文化活动有"欢乐海口"系列文化活动、"我们的节日"系列文化活动、海口市第十四届少儿"蒲公英"音乐、舞蹈、美术比赛，业余琼剧演唱比赛、老中青（业余）歌手演唱比赛等11个活动近1000场演出。

【重大文艺演出与交流】为庆祝香港回归祖国18周年，增进港、琼之间的文化艺术交流，应香港海南商会的盛情邀请，海口市琼剧演艺有限公司以董事长陈素珍为出访团团长的一行60人于2015年4月22~28日出访香港，演出《辽宫月》《林秋娘》《五女拜寿》《桃李梅》4场经典琼剧剧目。演出活动圆满结束，增强了琼籍同胞对家乡的感情，同时，还在一定程度上宣传海口，进一步扩大海口的城市影响力。10月27日，海口市琼剧演艺有限公司青年演员吴叙勇、阮丹青、王佳、刘修修在海南省委宣传部的组织下，前往澳大利亚参加世界海南乡团联谊大会，并在悉尼歌剧院进行琼剧表演，取得圆满成功，这是海南琼剧第一次走进悉尼歌剧院。

（徐　毅　陈文佳　林立恒　杜　嘉）

文化市场管理

【文化市场管理概况】2015年，海口市文化市场综合执法部门以加强市场监管为重点、推动市场净化为核心、强化市场安全为基础，依法行政，严格执法。全年市文化市场综合执法支队出动执法人员2154人次，执法车辆671车次，检查经营场所2037家次，共查处61家，其中立案51家、移交10家，收缴罚款10.6万元，无一起行政复议或行政诉讼案件。全市文化市场投诉率和违规率减少，市场规范化程度提升。市文化市场综合执法支队被评为海南省"扫黄打非"先进集体。

【出版物市场监管】2015年，海口市文化市场综合执法支队对全市185家印刷企业进行摸底检查，重点清查26家出版物印刷企业、29家包装装潢印刷企业，共检查印刷复制行业37家、音像店56家次和书报刊店（铺）103家，查处违规印刷企业28家，收缴非法图书3.61万册、私彩信息资料等印刷品6.6万多张。检查报刊经营单位47家次，收缴各类盗版教辅读物141本、盗版《新华字典》125本，杜绝盗版教材教辅图书进入学校。取缔无证照摊点22个，收缴非法出版物3.76万件，其中非法音像制品3.57万张、盗版图书972本、淫秽光碟911张，删除互联网和手机媒体淫秽色情信息1.8万条。同时，重点加强对校园周边出版物市场的治理，检查学校周边文化经营单位31家，收缴含淫秽、恐怖内容的"口袋本"图书、卡通画册315多册（张）。加强出版物市场管理工作宣传力度，全年共组织宣传活动6次，张挂宣传横幅185条，出版宣传栏5期，散发宣传资料6000余份。

【网络市场监管】2015年，海口市落实《文化部关于加大对网吧接纳未成年人违法行为处罚力度的通知》精神，加强对重点地区、重点部位和重点时段上网服务场所的巡查执法，查处违规接纳未成年人等严重违法行为，特别是针对网吧在节假日、寒暑假、放学后及晚上等时段容易接纳未成年人的问题进行重点检查、反复检查、错时检查或"零点行动"，加大对城乡结合部网吧的巡查力度，确保执法不留盲点、不留死角。针对顶风作案、屡教不改的网吧，实行顶格处罚，依法吊销《网络文化经营许可证》或停业整顿30天。全年共检查网吧1512家次，警告80家次，查处41家，其中立案32家、移交9家，停业整顿16家次，吊销《网络文化经营许可证》3家，罚款10.6万元。

【游艺娱乐场所监管】2015年，海口市对电子游戏、歌舞厅市场实行全日巡查监控和重点整治，重点打击无证照游艺娱乐场所经营活动，重点查处电子游戏场所和游艺娱乐场所的电子游戏区域在非国家法定节假日接纳未成年人以及游艺娱乐场所设置含有暴力、赌博等禁止内容的游戏游艺机型机种等违法违规行为；开展以打击赌博为重点的电子游艺场所专项整治行动，对全市电子游艺场所开展拉网式排查，对非准入机型机种限期撤离，对有涉赌经营行为的动漫城当场向“110”举报，有效遏制游艺娱乐市场违法经营行为。全年共检查电子娱乐场所39家次，责令整改3家次，暂扣涉嫌违法游戏软件14张；检查歌舞娱乐场所158家次，责令整改15家次，警告2家。

【卫星电视地面接收设施监管】2015年，海口市文化市场综合执法支队和公安、国安、工商等部门联合开展专项行动，对接收有线电视信号的宾馆酒店进行抽查，防止和杜绝非法插播，对接收卫星电视节目的三星级以上宾馆酒店进行逐一检查，重点检查传送境内外电视频道与实际播出内容是否相符、自播内容是否合法等。同时，对辖区内居民接收有线电视情况进行抽检，严厉打击私自安装卫星地面接收设施非法接收卫星电视信号的违法行为。全年共检查地面卫星接收设施79家次，立案查处15家，责令整改26家，没收违规接收设施51件。

【文体事项行政审批】2015年，海口市将“游艺娱乐场所审批”“三级运动员审批”“高危险性体育项目”3项行政审批事项下放至各区文旅局实施，将“演出经纪机构设立审批”行政审批事项交还省文体厅实施，保留行政审批服务事项17项，其中，广播电视类6项，版权类7项，文物类2项，体育类2项，全部事项进驻海口市政府政务服务大厅统一办理。全年共受理审批办件59件，按时办结率100%。

（孙　军　王淑扬　彭正军）

文学艺术

【文学艺术概况】2015年，海口市文学艺术创作成绩斐然，推出一批反映海口精神与发展的佳作。全年出版文学著作12部，发表文学作品300余篇（首），创作和展出书画摄影作品1200余幅，参加各类文艺演出人数3000余人次。市美协主席王锐被评选为海南省515人才工程第一层次人选，享受国务院特殊津贴。市剧协创作的古装琼剧《浴血英魂》成为海南省唯一入选国家艺术基金的项目，为国家艺术基金首届资助项目。市曲协主席战胜、副主席唐世江导演的微电影《真是不想出名》在第三届亚洲微电影艺术节上荣获三等奖。

【文学创作】（1）创作成果。2015年，海口市文学创作成果丰富。小说：张品成出版长篇小说《水巷口》，中篇小说《真》被翻译至日本刊物《彩虹图书室》并收入日本素人出版社出版的《中国战争儿童文学选集》；王丽莹出版长篇小说《舞蹈课》和短篇小说《告密者》。诗歌：蔡旭出版《蔡旭散文诗五十年选》，并在全国报刊上发表诗歌72首；王晓冰出版《飞梦集》收录个人诗词435首；乐冰在全国报刊上发表诗歌70首。其他文学创作：张品成、冯椿主编《梦的色彩——海口市作协会员优秀作品集》，该书四辑含57位作者117篇（首）作品，其中短篇小说12篇，散文随笔29篇，诗歌71首，报告文学5篇；冯所海、冯健英等人以冼夫人文化为主要研究对象，撰写《海南冼庙大观》《冼夫人传说故事与颂联》《军坡节》《冼夫人颂琼剧作品集》等118万字的文学作品；郑立坚编辑《万宁民俗》《古韵万州》等图书。（2）获奖情况。乐冰于1月获中国作协《诗刊》社等主办的“观音山杯”全国诗歌大赛优秀奖；4月获中国作协《诗刊》社等主办的“诗歌谷杯”全国诗歌大赛优秀奖；8月获海南省作协、三沙市委主办的“三沙梦，中国心”全国诗歌大赛一等奖；10月获白沙县委主办的“颂白沙，地税杯”全国征文摄影大赛诗歌类一等奖。（3）文学活动。4月23日（第20个世界读书日），海口市作家协会、海口市文化艺术传播研究中心和海口市图书馆在龙昆南路市文学艺术传播研究中心联合举办《梦的色彩——海口市作协会员优秀作品集》首发赠送仪式，并在首发式上现场给海南省新华书店赠送100本。11月25日，海口市文联、海口市作协、椰城杂志社、《海口晚报》共同举办《蔡旭散文诗五十年选》一书研讨会，蔡旭从19岁与散文诗结缘，迄今已出版散文诗集25部，该书是其整个创作历程的一次回顾展。12月12日，海南文昌市委宣传部、北师大科幻创意研究中心、中国科普作协科学文艺委员会、海口市作家协会、海口市文化艺术传播研究中心在文昌联合主办“中国当代科幻文学发展研讨会”。会上，作家们就科幻文学、科幻影视在中国目前的发展趋势，科幻与地方经济建设等方面的内容进行交流和讨论。

【音乐】2015年，海口市表彰18名市音乐家协会德艺双馨优秀会员。⑴创作与获奖作品。市音协主席裴英杰录制获奖歌曲集《海空雄鹰》18首歌曲集光碟。《想在海口安家》（刘建全词，黄远舫曲）荣获第一届海南省南海文艺奖。在第二届海南方言歌曲大赛中，蔡先民获得作品二等奖，黄远舫获得作品三等奖，陈晓妍获得演唱二等奖。12月，海口市音协开展征集双创优秀歌曲的活动，征集到2015年度海口“双创”作品36首。⑵培训与成果。市音协卢海曼少儿培训中心、陈海燕古筝培训中心、刘林钢琴培训中心、林奕钢琴培训中心、李豪萨克斯培训中心、羊基敏吉他培训中心共培训学员2600名。1月，市音协副主席熊玉娇指导的学生王怡凤荣获第十四届“百花迎春”中国青少年艺术人才评选活动全国总冠军。2月22日在第五届中国少年儿童艺术节上，由海口市文联、海口市音协推送的19个节目分别获特等奖1名、金奖6名、银奖8名、铜奖4名。6

月8日，市音协副秘书长陈海燕指导学生参加第四届海南省民族音乐大赛获古筝类一等奖3名、二等奖4名、三等奖5名。8月22日，陈海燕指导学生参加由香港中外文化艺术交流协会主办的第二届国际青少年古筝比赛获2银6铜。⑶监导与演出。市音协会员深入农村、社区、企业完成800多场次的为民、惠民演出、义演、企业团庆商演。市音协理事副秘书长张莹与中国歌剧舞剧院、国家一级演员李玉刚合作，制作大型舞台剧《昭君出塞》于4月在北京保利剧院进行世界首演。11～12月运营舞台剧《熊出没之缤纷王座》在海口人大会堂上演。

【美术】2015年，海口市美协创建定安写生创作基地、文昌写生创作基地，并组织会员前往写生。（1）创作展览。2015年，市美协开展多项美术展览：共绘南海——中国油画名家海南写生展，展出国内油画名家在海南的写生作品50幅并出版同名画册；美丽家园——纪念海南解放65周年美术作品展，展出作品50幅并出版同名画册；海口之美——第二届中国油画名家海口写生展；“画天刻地”——董旭版画艺术展；与省财贸公会共同举办“中国梦、劳动美、幸福路”——海南省产业职工美术书法摄影展；组织海口美术家作品参加“城市·印痕”——合肥与国内友好城市暨中部省会城市油画、水彩艺术联展等。（2）获奖作品。马琼颜出版国画艺术专刊《艺术时间》；姜旺油画《骑楼老街》入选“江山如画”第三届中国油画写生作品展；姜旺水彩《南洋遗风》入选第二届中国（青岛）水彩新人新作展；蒙美立版画作品《蕉女》荣获海南省第四届优秀美术作品展暨参加第十二届全国美展汇报展三等奖；丁孟芳参展油画作品《南海·祖宗海》被评选为第一届海南省南海文艺奖美术类二等奖，周铁利参展油画作品《乡村系列之一》被评选为第一届海南省南海文艺奖美术类三等奖。

【书法】（1）书展活动。2015年，海口市文联、海口市书协组织举办、联办的书展有9次，参展的作品近千件，其中重大的展览有：共筑中国梦——海口市群众书法大赛作品展；冼夫人颂楹联书法作品展，有近百副对联参展，展览作品由冼夫人各纪念馆长期展挂；纪念抗日战争胜利70周年书法作品展，讴歌和弘扬伟大的抗战精神；杨毅书法艺术作品展等。市书协发动会员创作精品，参与省书协举办的各类书展，有50位会员近百件作品入展。（2）获奖作品。9月，吴青山、王晓冰书法作品获第二届海南省群星奖；11月6日，李运全书法作品获第31届国际少年儿童书画大赛优秀园丁奖；王晓冰书法作品入展“丝路文化 最美酒泉全国书法名家作品邀请展”并被主办方收藏；海口市文联调研员邱运龙书法作品获“文艺复兴杯”全国书画摄影诗文艺大赛评审委员会颁发的“不能忘却的伟大胜利”纪念抗美援朝战争65周年全国中老年书画名家作品大赛金奖，被授予“中华爱国功勋艺术名家”荣誉称号，并入编书画作品集；邢益海的书法作品在中国老年书画研究会纪念中国人民抗日战争暨世界反法西斯战争胜利七十周年书画大赛中获三等奖。

【摄影】（1）摄影活动。2015年4月3日，海口市摄协在海口椰梦酒店举办《大地情怀》冯海龙摄影作品展；4月18日，在老街中山路协办《最初的绽放》中国摄影家协会函授学院2014（25）期海南分院基础专修班结业作品展；5月23日，举办“海口好照片”2015聚焦海口摄影大展暨海口老照片征集启动仪式；5月25日，在永兴镇博昌村举办火山荔枝摄影大赛启动仪式；举办海口市首届“我的生活我做主”手机摄影大赛；举办《历史的痕迹》——纪念抗战胜利70周年图片展览；主办慢生活——“爱在深秋”摄影作品展。（2）获奖作品。在“昌化江畔木棉红”第三届全国摄影大赛中，梅志强《雨林精灵（组照）》、许欢《昌化江畔木棉红》荣获二级收藏品，李运斌《喜洋洋（组照）》、韩茂清《杧果熟了（组照）》、黄一笑《木棉映像》、苏德超《山清水秀木棉红》、蒋聚荣《文化体育广场上的游人》荣获三级收藏品；在“美丽中国 海南之旅”中国摄影报“走进海口”影友擂台赛中，陈黄阶《喜获荔枝丰收》获一等奖，符传辉《欢乐的假日海滩》获三等奖；在2015年第四届“热带天堂杯”美丽梧桐花全国摄影大赛中，曾繁强《热带天堂星空》和潘正崖《霞光普照婚礼殿堂》（组照）获优秀奖；陈黄阶《菜市场》在第25届全国摄影艺术展览中获艺术类“优秀作品”；朱瑞珍作品《村里的武功小子》在2015年佳能第六届“共叙感动”全国EOS俱乐部摄影比赛中获纪实类三等奖。

【戏曲】（1）创作作品。2015年，海口市戏剧家协会以海口市已故道德楷模陈起贤为剧中一号人物原形，创作现代琼剧《闪亮师魂》，在海口市人大会堂首演3场，全年演出10场；创作古装琼剧《浴血英魂》，是海南省唯一入选国家艺术基金的项目，也是国家艺术基金首届资助的项目，剧目在第二届海南省艺术节中荣获戏曲类文华大奖：文华编剧奖（梅晓），文华导演奖（梅晓、张建雄），文华音乐创作奖（道玉书、吴梅），文华舞台美术奖（黎魏、方国良、陈庆文、陈昊桥），文华优秀表演奖（吴叙勇），文华表演新人奖（阮丹青、刘玮玮）；复排《江山美人》《红叶题诗》《红色娘子军》《青梅记》《秦香莲后传》《梁祝》《白蛇传》《汉文皇后》《昭君出塞》等多部经典琼剧片段。1月，战胜、唐世江、武福星、樊萍、吴文婕、王冠朝创作的《南海颂歌》音乐说唱荣获第一届海南省南海文艺奖。（2）演出交流。海口市剧协开展送戏下乡，演出《夜明珠》《双珠凤》《打金枝》《清风亭》《五女拜寿》《闪亮师魂》《浴血英魂》等经典剧目130多场；4月

22～28 日应香港海南商会的邀请，海口市剧协以陈素珍带队出访香港演出《辽宫月》《林秋娘》《五女拜寿》《桃李梅》4 场经典琼剧剧目；10 月 27 日，吴叙勇、阮丹青、王佳、刘修修在海南省委宣传部的组织下，前往澳大利亚参加世界海南乡团联谊大会，并在悉尼歌剧院进行琼剧表演。

【影视】（1）影视创作。2015 年，海口市作家协会主席张品成拍摄电影《绝不姑息》；故事影片《旋风少女》与中国儿童电影制片厂合作，已立项；筹拍《水巷口》反映海南抗战题材，展示海口五条老街风光；筹拍《白羽毛》反映海南环保题材，展示海口红树林、五条老街等风光；纪录片《长征地名考》完成前期创作。（2）获奖作品。海口市曲艺家协会主席战胜、副主席唐世江导演的微电影《定安爹》荣获由海南省文学艺术界联合会和定安县委举办的“最美定安”主题作品全国征集大赛一等奖；导演纪录片《家在定安》荣获由海南省文学艺术界联合会和定安县委举办的“最美定安”主题作品全国征集大赛优秀奖；8 月，导演微电影《感谢》荣获海南共青团微电影全国征集大赛海南本土微电影三等奖；10 月，导演微电影《真是不想出名》在第三届亚洲微电影艺术节上荣获三等奖。

【舞蹈】2015 年，海口市舞协组织一台以“德耀椰城·助力双创”为主题的文艺演出，走进海口 10 个社区，宣传海口市“双创”活动，并讲述涌现的道德模范的故事。年内，陈璐、梁文蕙编导的群舞《骑楼里的女人》和林翔、马晓磊编导的群舞《山兰酒》荣获第一届海南省南海文艺奖（不分等次）；海口市艺术团创作并演出舞蹈诗《守望》获得第二届海南省艺术节“文华优秀剧目奖”；蒙麓光获第二届海南省艺术节“文华导演奖”；梁文蕙、王友强、陈璐创编的舞蹈《黎寨之夜》获 2015 年海南省广场舞比赛暨第二届“海南省群星奖”广场舞比赛一等奖；梁文蕙、陈璐参与创编的舞蹈《椰林叮咚醉》、吴文婕、蒲慧珍创编的舞蹈《时间去哪了》、会员王友强创编的舞蹈《换情花》获得第二届“海南省群星奖”舞蹈比赛“群星奖”；吴文婕编创的健美操《魅力四射》参加“万宁杯”海南省文明生态村广场健身操（舞）大赛获二等奖。

（沈音钊）

电　影

【城市影院放映】2015 年，海口市有社会影院 9 家，国有影院 2 家，屏幕数 46 块，电影放映 10.46 万场次，票房收入 2.19 亿元，观影人数 587.75 万人次，上座率 38.6% 。其中，市电影公司放映电影 8834 场次，观众 250.57 万人次，总收入 670.25 万元。

【农村公益电影放映】2015 年，海口市电影公司配合“科技兴农”计划，按照“政府安排、农民点单、按需放映”的服务方式，进一步完善海口市农村电影公共文化服务体系，通过将科学种植、科学养殖、防灾教育、安全教育、法规国策、计生优育、禁毒宣传等科教电影以及陶冶情操的故事影片送进农村，实现全市农村电影放映“一村一月一场电影”的目标，提高农民的思想道德和科学文化素质，活跃农村文化生活，促进农村精神文明建设和经济社会全面发展。全年，市电影公司完成全市农村公益电影放映任务 4009 场次，观影人数 98.88 万人次。

【中小学生电影放映】2015 年，海口市中小学生电影放映教育基地以“铭记历史、珍惜和平、实现梦想”为主题，组织 448 所学校观影，学生观影 2287 场次，观影学生 87.1 万人次，全市学生观影率 79.1%，其中义务教育阶段公办学校学生观影率 99.4%，高中阶段公办学校学生观影率 41.9%，民办学校学生观影率 17%。放映的电影有：《有一天》《妈妈片警》《刘昌毅决战宿县》《太平轮》《激浪青青》《时光大战》《血战午城》等一批具有革命传统精神又具有现实意义的影片。为纪念中国人民抗日战争暨世界反法西斯战争胜利 70 周年，贯彻落实中共海口市委宣传部、海口市教育局、海口市文体局等部门《关于组织观看电影故事片＜百团大战＞的通知》的文件精神，到机关、学校、企事业单位进行《百团大战》电影的宣传发动工作，共组织 1290 人观看电影。

【电影惠民活动】2015 年，海口市电影公司利用商业操作或寻求政府支持，进行市场开发和文化服务，通过活动合作实现公益电影的推广，获得省、市相关政府机关和企事业单位支持。市电影公司还开展拥军爱军活动，把电影送至军营（海南陆军步兵师预备役部队）。全年承办公益惠民电影宣传放映 1879 场次，观众 63.95 万人次。

【国有影剧院经营】2015 年，海口市国有影院在保持稳定的前提下，以全面提升综合实力为总目标，通过加强企业管理，改革创新，促进企业发展，使得企业朝着持续、稳定、健康的方向发展。全年共放映电影 8834 场次，观众 250.57 万人次，其中农村公益电影放映 4009 场次，超额完成放映任务，观影人数 98.88 万人次；二级业务电影市场（惠民电影）放映 1879 场次，观众 63.95 万人次；中小学生电影放映教育基地共组织 448 所学校观影，放映 2287 场次，观影学生 87.1 万人次；一级电影市场总放映场数 636 场，观影 36.67 人。总收入 670.25 万元，其中主营业务收入 422.12 万元，其他业务收入 117.40 万元，营业外收入 130.73 万元。

（彭正军　梁碧华）

广播电视

【广播电视概况】2015年，海口广播电视台运营新闻综合、生活娱乐、城乡经济三个电视频道；广播有新闻综合广播FM101.8、旅游交通广播FM95.4、音乐广播FM91.6和生活广播FM104.4四套广播频率；网络传媒有海口广播电视台网站（海广网）。其中海口电视一台（新闻综合频道）全省覆盖。有从业人员615人，其中，事业在编人员258人（事业编制300名），企业编制31人，台聘326人。全台拥有专业技术职称员工306人，其中高级职称22人，中级职称91人，市拔尖人才6人，省优专家1人。电视年播出2万余小时，广播年播出2.9万小时。为配合市委市政府的中心工作，8月19日海口电视“双创”频道顺利开播，《直播海口双创》《双创夜新闻》作为“双创”频道的主打直播栏目。品牌栏目《海口新时空》《热带播报》《亮见》《椰城纠风热线》《公益海南》等优秀电视栏目及《直播12345》《椰城依家》《警方路况》《缤纷夜海口》等优秀广播节目在全省有较大影响力。在全国性奖项方面，《亮见》荣获“TV地标（2015）年度城市台优秀节目”奖；《不能忘却的记忆——坦赞铁路圆梦纪实》获得第四届全国历史题材创新创优评选电视专题一等奖；《江山如此多娇——少数民族春晚》荣获第六届全国春节电视文艺节目“十佳春晚”奖，海口广播电视台被评为“十佳春晚出品单位”。《超强台风“威马逊”即将登陆 海陆空信息权威发布》荣获2014年度中国交通广播创优评析奖路况信息类一等奖；《医者父母心》荣获公益广告类一等奖；电视片《南海文昌井深海船钓纪事》被评为创优长纪录片二等奖。广播专题《回来吧，海萍》及电视纪录片《铁桥记忆》均荣获第五届全国历史题材广播电视节目创优二等奖。由中国广播影视杂志社主办的“时代之声（2015）—全国广播业综合实力大型调研成果”，海口广播电视台（广播）荣获“全国最具成长性市级广播电台”，而全国仅有7家城市台入围此奖项。由国家新闻出版广电总局和中国广播影视杂志社联合举办的“TV地标（2015）中国电视媒体综合实力大型调研成果”中，海口广播电视台荣获“年度最具创新影响力城市台”荣誉称号，王忠云荣获“年度人物（城市台）”荣誉称号。

【广播电视节目】2015年，海口广播电视台围绕市委市政府的中心工作，接连不断推出各类专栏、系列报道，展现海口经济社会发展成果。“两会”期间，精心策划“新常态 新机遇 新征程”主题报道，如《新春走基层》《中国梦 我和海口的故事》专栏；配合并做好博鳌亚洲论坛年会相关报道；结合“三严三实”教育，推出《践行三严三实 强化作风建设》《曝光台》《回音壁》《亮见之后》等专栏；开设《新常态 新作为》《作风建设 永远在路上》《抓发展 抓管理 抓作风》《看贵阳走厦门“双创”学习考察行》《以双创抓管理》《马上就办见行动》《天大的小事》《促投资 保增长 大会战》《双创百日看海口》《双创说吧》《贯彻五中全会精神 推进“五个发展”》等专栏，通过消息、综述、系列报道、评论、人物访谈、微电影等方式，对双创工作提供舆论支持。为纪念中国人民抗日战争暨世界反法西斯战争胜利70周年，特别策划摄制6集系列片《琼岛抗日血与火》，与全国50余家城市电视台联合制作60集大型抗战系列片《血铸河山》；《热带播报》栏目策划《铭记——琼崖抗战岁月》《寻访——琼崖抗战足迹》系列报道；《海口新时空》推出《红色印记》《红树林里的抗战记忆》等报道，策划《铭记——琼崖抗战岁月》《寻访——琼崖抗战足迹》系列报道，同时在节目中播出抗战公益广告，以及每天在节目中播发抗战歌曲。5月20日，推出海口首档法制类电视专题普法专题栏目《看法》节目，每周3期，时长25分钟。8月19日开播“双创”频道，《直播海口双创》《双创夜新闻》为“双创”频道的主打直播栏目。11月9日，海口新闻广播“双创频率”FM101.8正式开播，双创频率全天4档大型“双创”栏目，使海口台广播、电视和新媒体全方位覆盖海口市的重大活动报道工作。

【“双创”频道开播】2015年8月19日开播。围绕海口“双创”主题，第一时间准确、全面展现海口“双创”工作。每天18个小时滚动直播“双创”新闻，《直播海口双创》《双创夜新闻》为“双创”频道的主打直播栏目。《双创夜新闻》于8月10日开播，至12月31日，《双创夜新闻》共播发稿件2000多条，访谈各岗位各行业嘉宾近50名，如曾经的流动摊贩老尤、带病工作的网格员吴静茹等新闻当事人，通过夜新闻的报道成为双创先锋，也得到市民的认可。《双创夜新闻》还特别注重栏目策划，《双创红黑榜》《双创主播基层行》《小手拉大手 双创进校园》等一系列栏目策划，进一步激发全市上下参与双创、践行双创的氛围。同期开设的《双创三人行》栏目，市民聊“双创”、专家聊“双创”、深度解读“双创”，共播出节目50多期，节目当中邀请海口各职能部门负责人、专家学者、海口市民、特约评论员参与到节目当中来，通过访谈互动的方式，集思广益，旁征博引，提出更多更好的对“双创”工作的建设性意见和新思路。同时对各职能部门在“双创”工作当中存在的问题，通过专家和百姓的视角加以解读分析，对在“双创”工作中凸显的好经验、好办法进行大力推广、点赞，增加全民互动和全民参与的热情。在直播连线中，第一现场4G、微波直播连线，最快曝光脏乱差现象，新闻力量助推“双创”。

【新媒体运用】2015年，海口广播电视台在新闻宣传中广泛运用新媒体。

"双创"频道微信推送及时到位，不断创新形式和内容。8月3日，新浪微博创建话题"全民'双创'我在行动"，截至年底共有134.8万阅读量。8月24日"海口广电双创频道"微信公众平台正式投入使用，截至年底《热带播报》以及"双创"频道微信公众号共制作微信推送1400余条，仅2015电视问政节目《亮见》二问的单条推送阅读量达10万次以上。"交通954"微信平台稳居全省第一，进入全国前四位，单条微信最高阅读量突破30万人次，国庆黄金周期间，总阅读量超过55万人次。FM95.4频率微信用户突破5万人。

【广播电视舆论监督报道】2015年，海口广播电视台以《海口新时空》《亮见》《椰城纠风热线》《热带播报》和《直播12345》构建的舆论监督平台在力度、广度、深度上均有较大提高。《椰城纠风热线》栏目全年播出节目139期，上线单位153个，上线人数2274人次，其中上线市领导8位，上线一把手154人次，接到咨询、投诉问题1440件，答复、办结1382件，其余58件正在办理当中，办结率95%，满意率93%以上。广播电视同步直播民生新闻栏目《直播12345》。《直播12345》节目或现场连线相关职能部门，或记者实地调查采访，全年共受理咨询、求助、投诉、建议等各类型诉求办件近2000件，督办办结1300多件。由海口市纪委监察局主办，海口广播电视台承办的电视问政大型直播节目《亮见》于9月20日正式开播。每期《亮见》直播，市四套班子主要领导，各分管副市长，各区、相关职能部门领导悉数到场，电视、广播、网络、微信、微博同步直播，场内场外互动的传播模式，显著提升了节目的影响力和关注度。截至年底，4场《亮见》节目共问政18个部门、18位一把手，问责131人。

【大型活动直播报道】2015年，海口广播电视台成功举办由海口和哈尔滨、西安、大连、青岛、洛阳6城市广播电视台和中国电视艺术家协会地面频道委员会联袂打造的"美丽城市梦飞扬"——2015年六城市电视春节文艺晚会；6月承办由海口市文明办和市教育局主办的纪念"七一"党的生日——2015年海口市"童心向党"歌咏活动；9月29日晚，承办由中共海口市委统战部主办、海口广播电视台协办的"团结奋进 一往无前"——为海口"双创"助力大型交响合唱晚会；10月承办由海口市口岸办主办的"聚力海口'双创'共建文明口岸"——2015海口口岸系统电视演讲比赛。举办2015"微观海口"市民评选第一季活动，在40个候选"城市靓点"中，评选出最整洁市场、最规范夜市等五大奖项；举办2015第五届海口道德模范评选活动及"道德模范在身边"基层巡讲、道德模范先进事迹巡回图片展；12月30日，全程执行中央文明办在海口成功举办"中国好人榜十二月入选名单发布仪式暨全国道德模范与身边好人现场交流活动"。

【安全播出和技术管理】2015年，海口广播电视台利用电视转播车，完成大型活动节目的录制、直播工作30多场次、4100多分钟。常态直播技术日臻成熟。直播栏目有《热带播报》《直播海口双创》《双创夜新闻》《直播12345》《椰城纠风热线》《亮见》等，每周直播节目时间40.5小时。完成日常自办栏目制作共4.21万分钟，包括新闻及非新闻类栏目；完成包装类节目制作共3080分钟。确保广播电视安全播出。针对广播电视播控系统设备老化状况，加强广播电视播控设备的检修、维护。3套自办电视节目播出总时间2.09万小时，5个无线发射电视频道完成无线信号发射总时间2.03万小时。广播频率FM101.8MHz、FM95.4MHz、FM91.6MHz、FM104.4MHz全年安全播出2.92万小时，均没有出现重大安全播出事故和重大事件，实现重要播出保障期"零事故""零停播"目标，

【广电基础设施建设】2015年，海口广播电视台投入2100万元购置设备，高清化改造稳步推进。第一个高清演播室（250平方米演播室）改造基本完成，年底投入使用。改造后的演播室有4个讯道，适用于各类节目的直播、录播，提供多视窗连线、背景大屏、触控点评、在线包装等一系列完整解决方案。购置一批高清采编设备，具备高清节目制作能力；利用4G设备和微波设备将现场信号实时传回演播室进行直播连线，保证每档直播都有至少2条现场连线。

（温莉华）

海口日报

【海口日报社概况】2015年12月9日，海口晚报社更名为海口日报社。2015年，海口日报社按照省委六届七次全会和市委十二届八次全会的部署，围绕市委市政府对报社工作提出的新要求，彰显市委机关报的功能，坚持正确的舆论导向，传播正能量。通过深化采编经营改革，突出创新驱动，加强报纸与新媒体融合发展转型，不断提高发展的质量与效益。为海口创建全国文明城市和国家卫生城市，打造"21世纪海上丝绸之路"战略支点城市和海南"首善之城"，创造良好的舆论氛围。2015年，《海口日报》有多篇新闻作品荣获海南新闻奖。《海口南渡江土地整治区首创河塘底泥应用 "人造沃土"变成现实》（记者光明、编辑许世立）荣获第二十五届海南新闻奖一等奖；《年轻医生留不住 年老医生退不了》《招个村医咋就那么难?》《赤脚医生年内有望成"公家人"》（记者李晶晶）荣获第二十五届海南新闻奖二等奖；《濒危红榄李 膝下无子嗣》（记者：陈延鹏、编辑张志红）、《百年灯塔子继父业坚持升国旗32年 一个人的升旗仪式》（记者余加亮、

编辑王浩宁)、《医生工资多少 患者打分决定》(记者宋亮亮、编辑张杨、王浩宁)、《骑豪华摩托到海南“吸氧”》(记者李云川、编辑羊位高)荣获第二十五届海南新闻奖三等奖。《今晚话题》(主创人员王伟、陈肖梅、谢舒、覃业伟)荣获第二十五届海南新闻奖网络新闻一等奖;《我为椰城灾区贫困学子筹学费》(主创人员陈新卫、杨雨霞、谢舒、覃业伟)荣获第二十五届海南新闻奖网络新闻三等奖;《浪尖上舞姿》(作者黄一冰)荣获第二十五届海南新闻奖新闻摄影三等奖。《海口晚报2014年1月8日13版》(编辑周琪)荣获第二十五届海南新闻奖报纸版面二等奖;《海口晚报2014年1月25日一版》(编辑许林)荣获第二十五届海南新闻奖报纸版面三等奖。

【《海口晚报》更名为《海口日报》】按照市委对报纸采编工作的新要求,2015年8月,海口晚报报社启动《海口晚报》更名、扩版、改版、出全彩印刷工作,成立由市委领导担任组长的工作领导小组,按时间节点要求完成好各项具体工作的落实。10月15日,国家新闻出版广电总局批准《海口晚报》更名为《海口日报》,定位为中共海口市委机关报。12月9日海口建市89周年纪念日,海口日报社举行《海口晚报》更名《海口日报》暨“海口发布”上线仪式,《海口日报》正式创刊,当天报纸出80个版。结合《海口日报》更改为781宽报和全彩印刷,报社启动新一轮改版工作,对原有的版面内容、版面形式、版面设置、字体字号进行重新调整,并对《海口日报》的宗旨定位、目标要求、办报思路、品牌特色、读者定位、经营策略等进行调整。办报宗旨定位为“为建设首善之城凝聚正能量”。报社采编部门实行采编分开的新采编机制,重新调配采编人员,并实行聘请第三方打分机制,调整采编流程,采编效率明显提高。

【重大主题宣传报道】2015年,为贯彻落实好海南省委书记罗保铭在海口市领导干部大会上的重要讲话精神和市委书记孙新阳在市委常委会(扩大)会议上的重要讲话精神,《海口日报》在头版和要闻版开辟“扛起省会责任担当,推动海口跨越发展”专栏,刊发系列评论。推出践行“三严三实”转作风树正气办实事专栏,对孙新阳给全市处级以上领导干部讲“三严三实”专题党课,从多方面进行报道。围绕市委市政府抢抓国家“一带一路”重大战略机遇中发挥省会城市责任担当的工作部署,以及海口市重点项目建设、六大专项整治、群众路线教育实践活动成果巩固、生态环境保护和学习贯彻党的十八届五中全会等主题开展好宣传报道。年内,海口日报社先后推出“引领新常态,海口再出发—2015年两会特别报道”专版、“大城崛起—海南国际旅游岛建设五周年”大型跨版报道、“海口前行”—博鳌论坛年会特刊、“不能忘却的纪念—寻访解放足迹”海南解放65周年纪念特刊等,全面展示市委市政府改革创新,真抓实干,主动适应经济新常态,着力稳增长、促改革、调结构、惠民生、强管理,经济社会发展持续向好等方面取得的成绩。

2015年12月9日,《海口晚报》更名《海口日报》暨“海口发布”正式上线仪式举行,海南省委常委、海口市委书记孙新阳出席仪式并讲话。(海口日报社 供稿)

【舆论监督报道】2015年,《海口日报》充分发挥媒体舆论监督作用,利用要闻版、社会版刊载一批稿件。刊载省、市、区党员干部被司法部门处罚案件的稿件,刊发《我省通报8起违反八项规定典型问题》《海南省通报8起“四风”和腐败典型问题》《整治庸懒散奢贪海口处分54人》等稿件。在对海口市“双创”工作的宣传报道中,开设“红黑榜”“曝光台”栏目,曝光“双创”不力的单位,刊出《187医院“双创”不给力》《“双创”在海口火车站有点冷》《海医附院“双创”不达标》等曝光稿件,对窗口单位进行监督,抓住典型,以点带面。开设“不文明行为曝光台”,对违反交通规定的人员进行真名实姓曝光,照片上报,起到警示作用,有效推进“双创”工作的开展。

【反映社情民意】2015年1月,海口日报社与市网络问政工作领导小组办公室联合开通报纸《问政海口》专栏,作为海口网《问政海口》的联动栏目,报网互动,促进政府部门与群众的沟通交流,做到“网上有声音,网下有行动”,成为海口推动民生建设的一个重要渠道,创新社会管理的有效途径。海口日报社运用各种新闻报道形式，全方位、多层次、多角度地报道好海口各界学习、宣传、培育和践行社会主义核心价值观的新闻。开设“最美海口人”“德耀椰城”等栏目，对先进人物进行报道，刊发《80后女孩林琳坚持志愿服务11年》《市慈善总会启动“爱心助孤圆梦工程”圆一位位孤儿“大学梦”》《画家王昌楷：用画给公益添彩》等稿件。此外，刊发“图说社会主义核心价值观”“德耀椰城”公益广告，以艺术形式宣传社会主义核心价值观的丰富内容。开辟“微海口”栏目，关注海口“双创”中的细节之处，呈现市民文明素质以及海口城市管理亮点、难点，让市民网友广泛参与。9月底，征集专家、市民、网民组成文明观察团，深入厦门、贵阳等城市取经，为海口“双创”贡献金点子。

【“双创”专题报道】2015年，海口日报社全力为海口市创建全国文明城市和国家卫生城市提供良好的舆论氛围。成立“双创”报道领导小组和“双创”专题报道部，通过报纸、网络、微博、微信等多种媒体形式，全力做好“双创”动态报道、深度报道和互动报道。在《海口日报》上开设《“双创”，让我们更幸福》专题版面，平均每天保持两个整版的报道规模，全方位报道全市的创建活动，全景式反映各区、各机关单位的整治市容市貌、环境卫生、交通整治、打违、菜市场整改等情况。开设“红黑榜”“不文明交通行为曝光台”，表彰“双创”先进，曝光各类不文明行为。至12月底，刊发“双创”稿件1495篇，图片1022张，相关版面499个。海口网及“无线海口”手机客户端推送“双创”稿件3050条，发布图片6860张，制作“海口文明双创总动员”等13个专题，开设“最美海口，你来找茬”等专栏4个。微博推送超过1500条“双创”新闻，微信每天推送2条“双创”新闻。公益广告方面，通过报纸刊登“讲文明树新风”、道德模范、关注未成年、文明交通等公益广告148幅，海口网首页长期悬挂“双创”公益广告8幅。

【报刊栏目创新】2015年，《海口日报》开设“绿色崛起海口前行”“春运直通车”“行走2015田坎走笔”“文明创建让我们更幸福——海南文明人行动”等专栏，刊发一批贴近社会生活、百姓生活的稿件。开设“践行‘三严三实’转作风、树正气、办实事”专栏，宣传海口市各区局委办、基层单位落实“三严三实”教育活动的情况。在“马上就办，马上就改，从我做起”专栏报道市区各职能部门服务百姓、推动重点项目建设、整治环境卫生、创建国家卫生城市和全国文明城市的新举措。“大众创业、万众创新、创业故事”专栏刊发百姓创业创新的案例和故事。按照市委、市政府的要求，加大创建全国文明城市、国家卫生城市的报道力度，在要闻版开设“你说我办——践行‘三严三实’、倡导‘四种精神’”“‘双创’，让我们更幸福”专题栏目，12月9日起开设“双创”新闻专版，全方位报道全市的创建活动，全景式反映各区、各机关单位的整治市容市貌、环境卫生、交通整治、打违、菜市场整改等情况。开设“检察官以案说法”“最美海口人”“温暖海口”“法惠百姓 服务万家”等栏目。

【报社经营管理】2015年，海口日报报社探索扩大经营业务范围，促进多元经营，效果显著。4月，成立教育事业部，全面整合报社所有涉及教育行业的采编与经营业务，并实行年度目标责任制管理，签订经营目标责任书。10月底，教育事业部超额完成年度经营目标，经营探索工作初战告捷。推进印刷厂转企改制，做好改制方案的报批及落实工作，抓好印刷厂人事改革、分配改革、经营改革，激活印刷厂的体制机制，促进印刷厂产业升级。在广告经营方面，发挥好文化传媒有限公司的作用，根据市场发展与客户需求，在户外、旅游、会展、金融等方面的资源优势，合作开发创收业务，增加广告经营收入。12月举办海南会生活展览季，3天观展3.7万人次，总成交额2.77亿元。举办2015年中国报商海口峰会，近百家媒体相聚一堂，围绕“百报新势力，共赢大未来”主题，共商改革创新大计，共谋携手创大业，扩大报社的影响力。12月底，广告、报纸发行、网站超额完成本年度目标任务。

【新印刷机开机印刷】2015年1月1日，海口市政府投资778.3万元为报社购置新印刷机正式启用，可印双面彩，每小时可印4.5万份。2014年海口日报社印刷厂引进一条高斯印刷生产线，机型为高斯Magnum4II无轴型，配置2个4Hi印刷塔、2个零速纸架，一次性可承印两张对开双面次彩色报纸（8个版面），印刷速度最高为4.5万份/小时，磨合期最高速度为3.5万份/小时，是海口日报社印刷厂的第一台塔式轮转印刷机。整个项目建设资金789.47万元。2014年12月5日，高斯生产线各部件开始拆封进入厂区，安装调试时间为23天，进行2天试印刷，2015年1月1日正式投产。2015年3月底完成博鳌专刊（32版全部彩报）的印刷任务。这是高斯机生产线试运行以来，第一次承印这么大的生产任务，也是海口日报社印刷厂自建厂以来第一次承印报纸全彩的生产任务。

【全媒体建设】2015年，海口日报社对报纸、海口网采编系统进行升级，并通过组织架构和制度建设、考评机制建设、硬件建设等工作，逐步建立起统一指挥调度，融合运用多种技术，适应多介质新闻生产的新型多功能一体化采编平台。5月起试行《全媒体采编流程》和《全媒体报网联动采编管理办法》，并将网络传输速度从10兆提升到100兆，购置不间断电源和新的采编设备，为实现新闻一次采集、多元生产、多次传播的生产方式，促进深度报网融合创造条件。

2015年博鳌亚洲论坛年会期间，推出全媒体的“微视博鳌”亮相纸媒版面，运用“微博、微信、无线海口客户端”，以融媒体形式报道年会，收到很好的传播效果。12月，根据中央网信办《网络传播》杂志社评选的“中国新闻网站传播力12月榜”显示，在全国城市网站中，海口网综合传播力跃居第14位，PC端传播力排至第6位，微博传播力居第4位。

（陈文婷）

图书馆

【海口图书馆概况】2015年，海口图书馆馆藏纸质文献37.9万册，其中线装古籍5802册，海南地方文献6706册；视听文献3010件；电子图书16.5万种，电子期刊8210种，超星视频点播800集，网上报告厅视频资料4000篇，数字资源总量15TB。此外，还接收各单位报送的政府信息公开资料3006份。全年购书经费28万元，定购报纸期刊436种，购置纸质图书5100册，购买电子图书4.69万种，视频资料4000篇，续购2014年、2015年维普中文科技期刊8200种。

【服务读者】2015年，海口图书馆接待读者29.6万人次。其中报刊阅览16.8万人次；一楼大厅举办《纪念抗战胜利70周年图片展》和《海口市道德模范先进事迹大型图片展》及一楼阅报栏、阅报机阅览6.42万人次；读者利用歌德电子书借阅机、博看期刊借阅机免费下载阅览3800人次；电子阅览室阅览2.1万人次；图书流通部接待读者3.82万余人次；多功能影视厅接待各种讲座、学术报告19场，接待读者800人次。图书外借7.62万册次，其中电话和网上办理续借图书6896册次。为读者办理借书证330个，办理集体借书证4个。读者查阅特藏文献书库文献资料1636册次。网络资讯部帮助读者网络下载编辑信息资源910人次，复印文献资料1129张。

（张文国　罗昌华）

群众艺术馆

【群众艺术馆工作概况】2015年，海口市群众艺术馆发挥文化馆公共文化服务主体作用，推行全民艺术普及，全年参与组织和承办各种文艺演出及赛事154场、美术摄影展览7次，开办免费公益艺术培训班43个，组织开展各项非物质文化遗产保护工作。市群众艺术馆在海南省第二届艺术节暨群星奖比赛中获群星奖比赛大满贯，获17个奖项。其中作品类：广场舞《黎家之夜》、合唱《斗牛调等》获“一等奖”；音乐《黎山情谣》、舞蹈《椰林叮咚醉》、小品《爸爸再爱我一次》、曲艺《周末时光》，国画《烽火岁月》、油画《红樱桃》，行草《世说新语》《说诗晬语》、草书《万泉行吟》，摄影《金色海湾》《骑车乡村美景》《农民运动会》均获“群星奖”；《冼夫人文化节》获“项目类群星奖”。市群艺馆梁文惠获“海南省群文之星”。市群众艺术馆顺利通过国家文化部第四次全国文化馆评估，继续保持“国家一级文化馆”称号。

【群众文化活动】2015年，海口市群众艺术馆参与组织、承办大型群众文化艺术活动154场次，主要有：2月7日至3月5日，组织承办海口市第十届万春会系列文艺演出活动，主会场设万绿园，复兴城及海口4个区设分会场，演出25场，参与市民游客近百万人次；3月4日，在市群艺馆举办“我们的节日·海口2015元宵戏曲”文艺晚会；3月23～27日，举办2015海口市“海南原创广场舞”培训班，推广“儋州调声舞”“文昌盅盘舞”“临高织网舞”“黎族织锦舞”“苗族平安舞”五类舞蹈；4月29日，在海口艺术馆举办“纪念海南解放65周年”海口老干部书画摄影

2015年4月27日，海口图书馆向市救助管理站赠书。（谢　婵　摄）

2015年12月29日，海口图书馆与海南省社科联在伊真馆举办“全民悦读·社会书屋”讲座。（陈　里　摄）

作品展，展览历时 7 天，展出书法作品 36 件、美术作品 28 件、摄影作品 31 件；5 月 9～29 日，在海口艺术馆举办第十四届海口少儿“蒲公英”音乐美术比赛，音乐类比赛 13 场、美术类比赛 7 场；5 月 23 日，在海口万绿园广场举办 2015 年海口市“和谐欢乐”首届广场舞大赛，参演队伍演员上千人，在场观众3000 人次；6 月 30 日至 7 月 2 日，在海口艺术馆举办 2015 年第六届老中青歌曲演唱比赛暨颁奖晚会，共 3 场，参赛选手 200 名，观众 5000 人；7 月 11～12 日，在海口艺术馆举办“心中的梦”海口市首届少儿朗诵大赛，参赛选手 55 名，在场观众近 100 名；8 月 11～21 日，前往内蒙古呼伦贝尔举办 2015“春雨工程”全国文化志愿者边疆行活动—海口民俗风情摄影展，展出 100 幅以海口骑楼老街和海口传统村落为素材摄影作品；9 月 8～23 日，在海口市各社区、街道广场举办 10 场 2015 年“德耀椰城，助力双创”海口市道德模范故事会文艺巡演；6~10 月期间，组织举办“我的生活我做主”手机摄影大赛；9 月 8 日至 12 月底，在海口艺术馆举办“德耀椰城 2015 年海口市道德模范先进事迹大型图片”巡回展。

【公共文化服务】2015 年，海口市群众艺术馆利用公共文化场馆设施资源优势，推出一系列免费开放文化惠民服务。“海口市非物质文化遗产保护成果展”长期对外免费开放。“周末群艺舞台”免费演出和“文化惠民”下乡演出，全年演出 64 场，其包括：福星社相声演出 18 场、文化惠民琼剧下乡演出 11 场、琼剧驻场演出 25 场、骑楼老街公仔戏驻场演出 10 场。3 月份起，书法培训基地在海口东山镇进行书法培训活动，培训学员 30 人。免费开放春季、暑期、秋季的公益性艺术培训班，共开设 43 个班，涉及摄影、国画、声乐、书法、钢琴、舞蹈、交谊舞等各项艺术门类，培训学员 2.66 万人次。

【海口市“和谐欢乐”首届广场舞大赛】2015 年 5 月 23 日，在海口万绿园广场举办。由海口市文化广电出版体育局主办，海口市群众艺术馆、海口市舞蹈家协会承办。活动分为“现场互动”和“舞艺比拼”两大版块，参赛队伍既要进行原创广场舞的编排表演，又要现场进行互动“视练”广场舞。24 支来自海口市四个区文旅局、街道办事处、乡镇综合文化站和各个社区的参赛队伍各显舞艺，表演的《儋州调声舞》《临高织网舞》《苗族平安舞》《黎族织锦舞》和《文昌盅盘舞》5 种海南原创广场舞本土特色浓郁、风格各异。经过 4 轮激烈角逐和现场评委集体评分，最终琼山区椰星舞蹈队的《文昌盅盘舞》和龙华区文化馆艺美舞蹈队的《招龙舞》获一等奖；琼山区滨江街道舞蹈队的《黎族织锦舞》、龙华区文化馆中老年健身队的《儋州调声舞》、龙华区文化馆精英艺术团的《我们苗家多美好》以及秀英区佳和俪轻歌曼舞队的《黎族织锦舞》获二等奖；美兰区夕阳红艺术团的《哩哩美—渔村欢歌》、琼山区玉湖健身队《欢乐苗家女》等 6 支参赛队获三等奖；龙华区金牛岭公园舞蹈队的《黎族织锦舞》、琼山区海露健身队的《苗族平安舞》等 12 支参赛队获优秀奖。此外，海口市龙华、美兰、琼山、秀英 4 个区分别获组织奖。此次大赛以省群艺馆推广的首批 5 个原创海南广场舞为内容，鼓励参赛队伍在保留舞蹈原有的动作元素及韵律风格的前提下，对其进行改编发展，从最初的“模仿”到“视练”，再到能够编排创作的跨越，使广场舞普及社会大众，实现由“送文化”到“众文化”的转变。

【非物质文化遗产传承保护】2015 年，海口市有国家级非遗项目 7 个：琼剧、海南八音器乐、海南公仔戏、海南椰雕、海南斋戏、海口天后祀奉(妈祖祭典)、冼夫人信俗；省级项目 8 个：鹿龟酒酿泡技艺、海南虎舞、海南麒麟舞、海南粉烹调技艺、海南龙塘雕刻艺术、府城元宵换花节、土法制糖工艺、海南黄花梨家具制作工艺；市级项目 3 个：海南龙舞、海南狮舞、琼式月饼制作技艺。海口市非物质文化遗产保护主要建设“特色文化的重点工程”，组织开展非物质文化遗产展览演出、项目申报、文化培训传承保护等各项工作。主要有：1 月 1～2 日，在海口人民天桥街心公园举办“公仔戏进社区‘文化惠民’”活动，演出 2 场；1 月 3 日，在海口遵谭镇儒周村文化广场举办“‘文化惠民’送戏下乡”公益性活动，几百

2015 年 5 月 23 日，“和谐·欢乐 2015 海口广场舞大赛”在海口万绿园广场举行，4 个区获“组织奖”。（市文体局 供稿）

2015年海口市非物质文化遗产项目名录

名称	项目类别	级别　批次	列入时间	保护单位
海南八音器乐 75 II-44	传统音乐	第一批国家级非遗扩展名录（十番音乐）	2008年6月7日	海口市美兰区文体局
海南公仔戏（三江公仔戏） 236IV-92	传统戏剧	第一批国家级非遗扩展名录（木偶戏）	2008年6月7日	海口市美兰区文体局
琼剧 731IV-130	传统戏剧	第二批国家级非遗名录	2008年6月7日	海南省琼剧院、海口市群众艺术馆
椰雕（海南椰雕） 836VII-60	传统美术	第二批国家级非遗名录	2008年6月7日	海口市龙华区文化馆
海南斋戏 1120IV-158	海南斋戏 1120IV-158	第三批国家级非遗名录	2011年5月23日	海口市群众艺术馆
海口天后祀奉 484X-54	民俗	第四批国家级非遗扩展名录（妈祖祭典）	2014年11月11日	海口市妈祖文化交流协会
冼夫人信俗（军坡节） 992X-85	民俗	第四批国家级非遗扩展名录（民间信俗）	2014年11月1日	海口市群众艺术馆、定安县、澄迈县文化馆
海南龙塘雕刻艺术 16VII-2	传统美术	第二批海南省级非遗名录	2007年7月23日	海口市琼山区文化馆
府城元宵换花节 26X-6	民俗	第二批海南省级非遗名录	2007年7月23日	海口市琼山区文化馆
海南虎舞 27III-10	传统舞蹈	第三批海南省级非遗项目名录	2012年11月27日	海口市群众艺术馆
海南麒麟舞 28III-11	传统舞蹈	第三批海南省级非遗项目名录	2012年11月27日	海口市群众艺术馆
海南黄花梨家具制作技艺 51VIII-13	传统技艺	第三批海南省级非遗项目名录	2012年11月27日	海口市群众艺术馆
土法制糖技艺 55V277-17	传统技艺	第三批海南省级非遗项目名录	2012年11月27日	海口市群众艺术馆
海南粉烹制技艺 58VIII-20	传统技艺	第三批海南省级非遗项目名录	2012年11月27日	海口市群众艺术馆
鹿龟酒酿泡技艺 59VIII-21	传统技艺	第三批海南省级非遗项目名录	2012年11月27日	海口市群众艺术馆
海南狮舞	传统舞蹈	第二批海口市非遗项目	2009年	海口市群众艺术馆
海口龙舞	传统舞蹈	第二批海口市非遗项目	2009年	海口市群众艺术馆
琼式月饼制作技艺	传统技艺	第三批海口市非遗项目	2012年	海口市群众艺术馆

名群众齐聚一堂，共同观看由海口琼剧艺术团演出的经典琼剧名段；2月14日，在海口大致坡镇中国戏剧家基地文化广场举办海口市迎新春琼剧演唱会；2月19～24日，组织非物质文化遗产项目文艺队参加第十届万春会系列文艺演出，上演海南八音器乐、海南公仔戏、海南麒麟舞、海南虎舞、海南狮舞等传统民俗节目；3～7月，举办海口大致坡镇中心小学少儿琼剧长期培训班，参加学员30多名，排演节目4个；6月11日至7月21日，在海口遵谭镇文化站举办海南斋戏长期培训班，有斋戏戏文、道士、长板、长调4种培训班，招收来自遵谭镇及附近乡镇学员70多人；6月13日，在海口观澜湖冯小刚电影公社举办第十个文化遗产日海口市宣传日系列活动，活动围绕“保护成果，全民共享”主题，分“项目展演”和“项目展示”两大版块内容，“海南琼剧”“海南公仔戏”“海南虎舞”“海南椰雕”“琼式月饼”等9项各级非遗项目进行现场巡演、项目展示，引导公众关注、参与文化遗产保护；6月19日起，在海口中山路骑楼老街每月定期举行海南公仔戏驻场展演，共演出10场；7月24日起，海口市琼剧团在海口艺术馆二楼琼剧剧场每周五定期举办琼剧惠民专场演出，共演出25场；8月5～7日，在海口艺术馆二楼琼剧剧场举办海口市第六届琼剧比赛，分老、中、青、少年、儿童5个组别进行，海口市近200名琼剧爱好者踊跃参加；8月11日，在海口大致坡镇举办常驻大致坡琼剧团展演活动，共演出5场；8月13～15日，在海口永兴镇倡儒村举办第三期海南麒麟舞培训班，30多人参加培训；9月8日，在海口遵谭镇文化站举行海南斋戏展演活动，来自遵谭镇、永兴镇、新坡镇的70多名道士及八音伴奏人员参加，表演斋戏节目12个。6月起，在海口遵谭镇文化站建设海南斋戏艺术长廊工程；完成海口遵谭镇土法制糖场地改造工作；制作《海南麒麟舞》《土法制糖工艺》宣传画册；录制海南麒麟舞伴奏音乐，方便舞台演出，增添演出效果。在民俗传统节日期间，共组织11场文化惠民琼剧驻场下乡演出活动。

（吴佩婷）

文博工作

【文博工作概况】海口文物古迹众多，经第三次全国文物普查登记的不可移动文物有1560处，占全省不可移动文物总量的三分之一（全省4274处）。2015年11月24日，海南省人民政府公布第三批省级文物保护单位。至此，海口市各级文物保护单位126处130个点，包括全国重点文物保护单位7处8点，海南省文物保护单位59处，海口市重点文物保护单位60处63点。2015年，海口市文物局将朱云路片区棚户区改造（五公祠修缮）项目、海瑞墓修缮及改扩建项目、五公祠陈列展览及景区改造、海瑞墓改扩建工程陈列布展项目、丘濬墓陈列馆建设项目、天后宫周边房屋征收和展陈、环境整治项目、秀英炮台展览馆修缮项目、西天庙修缮和陈列展览项目、府城鼓楼、起云塔、镇琼炮台、黄篪墓、邢氏祖祠修缮等14个项目列入2016年政府投资申报项目。同时，将包含海口市博物馆新建馆舍项目在内的近60个项目纳入文物事业“十三五”规划中，通过深度发掘文化内涵，创新展陈方式，擦亮城市文化名片，打造高品质文化城市。3月20日，《博物馆条例》正式实施，明确承认民办博物馆身份，并规定其享有在设立条件、管理监督、财税扶持政策等方面和国有博物馆同等待遇，充分调动民间力量参与到博物馆事业的建设中。同时，鼓励博物馆挖掘藏品内涵，与文化创意、旅游等产业相结合，开发衍生产品，补充博物馆发展资金，增强博物馆发展能力。年内，海口市辖区内的民办博物馆有海南佛光舍利博物馆、海南明清家具博物馆、海南锦绣织贝黎锦博物馆、海南省琼脂天下沉香博物馆、海南省珍宝博物馆和海南省琼脂沉香博物馆共6家。8月，海口市文物局配合海南省文物局对各个民办博物馆进行现场考察并提出整改意见，在加强国有博物馆主体地位的前提下，引导社会团体及个人创办博物馆，扶持民办博物馆的建设，发展具有地域文化特色的专题博物馆。

【文物保护与管理】2015年，海口市在加强历史文化名胜、文物古迹、传统古村落等文物保护工作上取得阶段性成果。（1）开展海口市各级文物保护单位设计方案编制工作。市文物局委托相关单位通过现场勘察、测绘、拍照等工作，先后完成省级文物保护单位镇琼炮台、许氏宗祠、珠崖郡治遗址（六神庙），市级文物保护单位三槐书院修缮保护设计方案的编制工作。（2）推进海口市文物保护项目实施工作。市文物局先后完成天后宫修缮工程项目、黄忠义公祠修复工程、许氏宗祠修缮工程、吴氏民居门楼修复项目、进士邦伯牌坊和梁肱墓等保护范围内环境整治项目。（3）贯彻落实各级文物保护单位巡查制度和古建筑的重大险情排查工作。市文物局对容易发生问题的近40处文物保护单位采取不定期巡查工作，发现问题及时进行整改。组织人员现场巡查，完成海口市古建筑类重点文物保护单位重大险情排查工作。（4）落实文物保护单位“四有”工作，即有保护范围、有标志说明、有记录档案、有专门机构或专人管理。

【五公祠修缮项目】2015年，海口市文物局完成朱云路片区棚户区改造（五公祠修缮）项目的前期报建工作，并将相关文件移交项目新建部分和园林景观部分的施工代建单位——市城投下属企业海口成邦项目管理咨询有限公司。8月完成施工监理招标，9月开工，至年底完成投资1100余万元。该项目文物修缮部分由海口市文物局担任施工代建单位，10月25日

2015年12月26日，海口市委副书记吴川祝（左三）调研五公祠修缮项目并召开项目协调会。
（市文物局 供稿）

开工，至年底完成搭建工棚、4栋单体及1廊1牌坊的修缮工作。

【海瑞墓修缮及改扩建项目】2015年，海口市文物局完成海瑞墓修缮及改扩建项目前期报建工作并移交项目业主单位龙华区政府和代建单位海口津冶华丰置业有限公司。该项目改扩建部分完成施工、监理招投标工作，9月动工，至12月底，海瑞墓各单体主体结构封顶，完成投资额2500万元。该项目文物修缮部分由海口市文物局担任施工代建单位，12月完成招投标工作。为确保海瑞墓修缮及改扩建项目后期陈列、布展工作不脱节，10月，市文物局将《“直言天下第一人”——海瑞生平事迹展（陈列内容设计书）》终稿报市政府审批。同时，为确保展品在土建工程竣工前到位，市文物局和市海瑞墓管理处等单位组成海瑞遗迹、文物及资料调研、征集组，分别于7月和10月分批到省外开展对相关资料的调查摸底、征集、复印、复制等工作。

【第二批历史建筑调查摸底】海口骑楼老街综合整治和保护规划项目是市重点项目，为更好地保护海口历史文化遗产，根据《海口市历史文化名城保护条例》相关规定，2015年下半年，海口市文物局组织工作人员在骑楼老街各个片区开展海口市第二批历史建筑调查摸底工作，经过认真核对、比较，从中挑选出保持相对完整、具有一定风貌特色的历史建筑共35处，对其复查后上报市政府审批。

【文物执法】续龙石桥位于海口市龙华区新坡镇光荣村委会月塘村，始建于清康熙年间，是海口市重点文物保护单位。2013年6月，四川红叶建设有限公司海南分公司在进行龙华区新坡镇月塘村附近河段排涝工程施工过程中，擅自拆除该石桥。2015年下半年，海口市文物局根据《中华人民共和国文物保护法》规定商请市文化稽查行政执法支队进行立案处理，并配合支队完成现场调查取证工作。同时，根据市政府会议纪要精神，委托相关设计单位完成续龙石桥复建方案。2015年5月18日，市文物局会同市文化执法支队、市博物馆、琼山公安分局大坡镇派出所相关人员多次动员，顺利完成窖藏宋代铜钱的收缴入库工作。

【博物馆工作】2015年，海口市博物馆先后推出《碗礁一号—沉船出水瓷器展》《美丽家园—纪念海南解放65周年美术作品展》《海上明月—浙海两派书画名家作品展》《孤悬七年、举岛抗战—海南抗战文物史料展》《德耀椰城》等9个展览，接待参观游客28万人次，其中未成年人1.5万人次。特别是在纪念抗日战争胜利70周年之际推出的《孤悬七年、举岛抗战—海南抗战文物史料展》，部分单位组织人员将观展作为一次群众路线教育活动，各大学校也组织学生到该展进行未成年人思想道德教育。该展览展出2个月时间，参观人数7万人次，其中未成年人9000人次。此外，市博物馆自主创作的《民国政要海南石刻遗墨展》在全国巡

2015年12月12日，百余名适龄青年在海瑞故居身着汉服进行传统成人礼仪式。
（市丘浚海瑞故居管理处 供稿）

2015 年 5 月 12 日，海南省第一次全国可移动文物普查阶段工作会议在海口召开。 （市文物局 供稿）

展，为海南省文博系统第一个在全国巡展的文物展。

【文物景区展览接待】2015 年，海口市文物局继续加强对各文物景区以及免费开放文物点展览接待工作的监督管理。各文博系统开放单位（含市博物馆）接待游客 112.36 万人次，其中免费参观人数 58.3 万人次。（1）五公祠。五公祠管理处在引进先进管理模式的基础上，不断加强景区的宣传促销，通过有效的营销，游客量稳中有升。2015 年游客总量 55 万人次，其中免费接待人数 6 万人次，经济效益社会效益有所提高。（2）海瑞墓。2015 年海瑞墓管理处负责人接受中央电视台 4 频道、海南广播电视台民生广播栏目的专访，很好地弘扬了海瑞精神。全年，海瑞墓管理处接待参观游客 5.9 万人次，免费接待人数 2.9 万人次，完成三级以上重要接待任务 9 批次。（3）中共琼崖一大旧址。作为海口市红色之旅景点，全年接待参观人数 10 万人次，其中免费接待未成年人参观人数 3 万人次。为中国海南站小记者培训班、海南歌舞团芭蕾舞蹈学校、团委组织暑期夏令营、海口第九小学、海口第一中学志愿者等团体讲解约 110 场次。此外，一大旧址还通过“走出去”方式，开展纪念海南解放 65 周年《琼崖曙光》中共琼崖第一次代表大会旧址史料展巡展活动，分别在海口第七中学、海口市美兰区灵山镇等 5 个单位举办巡展，受教育人数 2.5 万人次。（4）丘濬、海瑞故居。丘濬海瑞故居管理处配合市区纪委做好廉政教育的宣传工作，免费接待游客 9.3 万人次，其中未成年人 5000 人次。（5）丘濬墓。丘濬墓管理处在丘濬墓未正式开放的情况下，免费接待参观人数 1.8 万人次，其中未成年人 7000 人次。（6）秀英炮台。2015 年是市历史文化街区管理处管理秀英炮台的第二年，市文物局于 2015 年下半年促成市历史文化街区管理处和华人国际合作对秀英炮台进行运营管理，秀英炮台的日常管理及对外接待服务工作逐渐步入正轨。全年接待游客 2.36 万人次，其中免费参观人数 3000 人次。

2015 年 4 月 29 日，中共琼崖一大旧址管理处举行纪念海南解放 65 周年《琼崖曙光》中共琼崖一大旧址史料展巡展活动赠书仪式。 （市一大旧址管理处 供稿）

【教育基地建设】2015 年 1 月 24 日，中国民主建国会海南委员会在中共琼崖一大旧址举行“中国民主建国会海南委员会爱国主义教育基地”揭牌仪式。9 月 19 日，市委宣传部、海口警备区政治部、市文体局和市文物局领导为秀英炮台“海南省国防教育基地”揭牌。12 月 29 日，中共海南省委组织部、市委组织部在海瑞墓、海瑞故居举行“海南省党员干部教育培训示范基地”授牌仪式。上述教育基地将课堂教学和课外考察、理论学习和实际工作相结合，在海口市干部教育培训和青少年爱国主义教育工作中发挥重大作用。

（夏培丽）

（编辑：吕书萍）

2015年8月24日，海口市地方志编纂专题培训讲座举行。（张纯龙 摄）

2015年12月22日，《海口市志（1997-2010）》"地理卷与基础设施建设卷"初稿二稿专家评议会召开。（张纯龙 摄）

地方志工作

【地方志工作概况】2015年，海口市地方史志办公室聚焦主业，加快推进《海口市志（1997—2010）》《海口年鉴（2015）》编纂等各项工作。《海口市志（1997—2010）》形成初稿2稿；《琼山市志（1991—2002）》编纂有序推进。《海口年鉴（2015）》11月出版；区级志书和年鉴编纂进度加快。《海口粮食志》修改补充完善初稿，《海口公安志》完成初稿。指导编纂的《长流志》顺利出版。名镇志编修工作启动。在《海南史志》杂志发表两篇中国传统村落文章。完成2015年《市长工作纪事》编写工作和4篇有关地方志工作学术论文写作。

【志书编纂】2015年1月，海口市地方史志办公室组织召开《琼山市志（1991—2002）》编纂工作动员暨培训大会。5月，《海口市志（1997—2010）》形成初稿1稿；10～11月形成初稿2稿，共设4册6卷32篇约260万字，其中第一册《地理、基础设施建设卷》，第二册《政治卷》，第三册《经济卷》，第四册《文化、人物卷》；12月，召开初稿2稿第一册《地理、基础设施建设卷》评议会。年内，《海口市美兰区志》形成送审稿，《海口市琼山区志（2002—2010）》《海口市龙华区志》形成评议稿，《海口市秀英区志》形成初稿1稿；《海口粮食志》正在补充完善初稿，《海口公安志》基本形成初稿；《长流志》顺利出版；名镇志编修工作启动。

【年鉴编纂】2015年2月，海口市委、市政府启动《海口年鉴（2015）》编纂工作，11月，《海口年鉴（2015）》出版。全书共设要闻·大事、特载、总述等34个类目，收录160张专辑图片，约150万字。12月，《龙华年鉴（2015）》出版，《秀英年鉴（2015）》创刊号内部出版，《琼山年鉴》进入出版程序，《美兰年鉴》编纂加快。同时，完成2015年《中国城市年鉴》和《海南年鉴》"海口市"稿件编纂与图片提供任务。

【地方志开发利用】2015年，海口市地方史志办公室利用《海口年鉴》《海口市志》《琼山县志》及图书室收藏书籍等资料，先后为《海口晚报》更名、海口市编制"十三五"规划、建设"三大"湿地公园等重点项目建设提供地情资料，为海口市恢复重建海口大兴龙普明寺、海口晚报社开展"海口日报—海口沿边行新闻报道""科学发展绿色崛起"图片展提供地情资料与图片，为市委办、市委政研室、市人大常委办提供民国时期海口职官变动、海南岛形成等地方志记载和历史档案资料服务。上传《海口年鉴（2015）》至海口市政府门户网站，为社会各界读鉴、用鉴提供方便。

（赵华锋）

2015年3月30日，2015年《海口年鉴》编纂业务培训班举行。（张纯龙 摄）

档　案

【民间档案征集】2015年，海口市档案局征集到海口市摄影家陈达清摄影作品266件（幅）。该批作品时间跨度近半个世纪，内容涵盖海口经济发展、城市建设、社会生活、重大活动等方面，有较高的史料价值。向民间档案收藏者符气新征集档案1085件，图书资料206册，其中有古代钱币、明清时期的碗盘，民国时期的酒杯、油灯，20世纪60～80年代的粮油煤布票证等珍贵的实物档案。

【照片档案收集】2015年，海口市档案局收集到省、市领导调研，市四套班子领导的重要公务活动和政务活动以及市里重大活动等照片2920多张。主要照片有：海南省省长刘赐贵视察海口，副省长李国梁调研海口互联网产业；海口市长倪强的各种调研活动；海口市创建全国文明城市、国家卫生城市有关活动；海口市第十五届人民代表大会第六次会议。

【档案接收】2015年，海口市档案局共接收海口市物价局等单位26个全宗1987~2004年的文书档案458卷和587盒1.91万件并进行消毒。接收住房公积金贷款档案3484卷。整理、装盒市委组织部移交的491卷袋装已故人员档案并编制目录。

【档案信息化建设】2015年，海口市档案局对馆藏19个全宗的纸质档案进行全文扫描与数字化加工，共41卷9246页和4391件4.45万页，5.37万幅。截至11月中旬，全文数据库条目195万条，目录数据库条目92万条。11月，海口市档案馆将148个档案数据备份光盘（容量为650.5GB）送到银川市档案馆进行备份。此备份是为充分保障馆藏重要档案数据的完整与安全，防范各类自然灾害和突发事件对重要档案数据造成的危害，而进行重要档案数据的异地异质备份。

【档案利用】2015年，海口市档案馆以接待利用和开展档案咨询、函电代查、代复等多种形式，共接待档案利用者779人次，调阅档案资料3945卷（件）次，提供利用档案资料2403卷（件）次，复印、打印、摘录档案资料8557页。年内，为2015年第十届万春会系列图片展、《海口党委工作纪实（2014）》一书提供照片档案资料300余张。

【档案编撰】2015年，海口市档案局（馆）撰写3.69万字的2015年《海口大事记》，印制《倪强市长2014年工作画册》，完成编写《海口市档案馆指南》书稿，整理并装订2010~2013年《海南日报》《海口晚报》《中国档案报》共120册。

【档案信息资源开发】2015年，海口市档案局（馆）共接收海口市人民政府办公厅等55个单位的政府公开信息1.35万件纸件信息，1.67万条机读信息。共接待利用、查询政府主动公开信息的群众163人次，复印材料113份。编印2015年《海口市人民政府公报》12期。向社会公布市政府、市政府办公厅颁发的各种规章制度、决定、决议、通知、市有关人事任免事项、海口大事记等133篇761条51万字。

【基层档案归档指导】2015年，海口市档案局指导全市102个机关、事业单位进行文书档案归档，截至10月31日，98个单位完成文书档案归档任务，归档率96%。指导演丰镇、云龙镇、龙桥镇、红旗镇、海秀镇等试点单位完成立卷归档农户档案8000卷，文书档案32盒1125件，照片档案8册320张。

【档案宣传】2015年6月9日，海口市档案局与琼山区档案局在府城三角公园联合举办庆祝第三届“国际档案日”活动。通过现场咨询、档案展览、派发档案宣传资料等多种形式，面向社会各界和广大市民，积极宣传和解答“档案与你相伴”的理念和档案工作“记录历史、传承文明、服务社会、造福人民”的特殊作用。8月10~15日，市档案局与海口市摄影家协会在中山路联合举办“历史的痕迹——海口市纪念抗战胜利70周年图片展”。

【档案行政执法检查】2015年10月14日，国家档案局行政执法检查组对海口市2011年以来《档案法》实施情况开展行政执法检查。检查组先后对市档案馆、市国土档案室、美兰区档案局进行检查。指出档案馆（室）场所建设严重不足、档案管理队伍缺少且不稳定、档案收集不齐全、档案保管存在严重安全隐患等问题，并针对问题提出整改建议。

【档案工作目标管理达标定级考评】2015年4月，海口市档案局对海口市第一职业中学进行档案工作目标管理达标定级考评。通过考评，同意认定该校为海南省档案工作目标管理省二级单位。

【档案审批事项梳理】2015年7月，海口市人民政府发布第102号令：海口市人民政府决定调整管理方式的非行政许可审批重事项，“到期不宜开放的档案审批”（针对4个区档案馆）调整为内部审批事项，“专业性较强或须保密的档案延长移交期限审批”（针对党政机关、事业单位部分的管理按政府内部审批事项进行管理）调整为公共服务事项。海口市档案局对以上两项行政审批事项进行梳理。11月，向市审改办编报海口市档案局权力清单和责任清单。

（麦春鸣）

（编辑：吴钟宝）

卫生·体育

卫生综述

【卫生概况】2015年，海口市卫生局统筹城乡卫生事业发展，继续深化医药卫生体制改革，推进基本公共卫生服务均等化和重大疾病防控有序实施。全市有卫生机构1097个，卫生机构床位1.54万张，每万人拥有医院、卫生院床位数65.6张；卫生人员3.14万人，平均每万人拥有医生37.6人。市妇幼保健院获全国首批“母婴友好医院”称号，市中医医院获第五届海南省急救中心（站）急救技能大赛团体一等奖。

【医疗机构诊疗量】2015年，海口市医疗机构总门诊量1502.45万人次，总住院量40.16万人次，卫生机构实际床位1.54万张，病床使用率81.2%。其中，市人民医院门急诊诊疗人数88.46万人次，比上年增长8.66%，住院病人4.45万人次，增长3.19%，病床使用率120.66%，下降4.34%；市中医医院门诊诊疗量23.59万人次，减少7%，入院人数1.09万人次，减少1.4%，病床使用率57.8%，降低2.4%；市妇幼保健院门急诊诊疗人数46.90万人次，减少0.91%，入院人数2.38万人次，减少0.89%，病床使用率90.87%，减少1.42%；市第三人民医院门诊诊疗人数32.37万人次，增长8.05%，住院诊疗病人1.93万人次，增长8.34%；市第四人民医院门诊诊疗病人21.37万人次，住院诊疗病人1.31万人次。

【卫生基础设施建设】2015年6月3日，海南省口腔医学中心项目建成开业，总投资6533万元。10月6日，市委、市政府为民办实事项目海口市人民医院双回路电源改造项目完成，市财力及市人民医院投资1629万元。12月3日，市第四人民医院工伤康复中心（住院部）配套工程项目完成，市财力投资2917万元。12月6日，市人民医院传染科楼建设项目完成，市财力及市人民医院投资3980万元。12月23日，市委、市政府为民办实事项目市第三人民医院双回路电源改造项目完成，市财力及市第三人民医院投资419万元。12月25日，省委、省政府为民办实事项目海南省肿瘤医院建设项目完工并开业，总投资22亿元。年内，市人民医院综合保障楼项目建设总投资1.05亿元，其中中央投资1900万元、省级配套270万元、该院自筹8349万元，完成北楼桩基工程，南楼通过桩基分部验收和基础分部验收；市人民医院第二病区项目建设总投资5636万元，其中中央资金2900万元，完成主体封顶，进行室内装修；市妇幼保健院医疗保障大楼项目中央总投资2280万元，其中中央资金1100万元，正在进行基础施工；市疾控中心食品安全风险监测项目建设总投资500万元，其中中央预算内投资400万元，地方财政配套100万元，全部完成招标工

2015年5月4日，全国人大常委会委员、教科文卫委员会副主任吴恒（左三）到海口市调研。（市卫生局 供稿）

作。11月27日，中央投资110万元，市、区配套340万元的海口市秀英区长流镇卫生院公共卫生服务大楼项目开工。12月23日，市财力投资296万元的市委、市政府为民办实事项目海口市琼山区甲子镇卫生院新民分院门诊楼项目建设完成。

2015年12月31日，国务院发展研究中心公管所所长贡森（左）到海口市人民医院调研。

（市卫生局 供稿）

【卫生事项行政审批】2015年，海口市卫生局推进简政放权和行政审批制度改革，优化20项行政审批服务事项，增加2个即办件；承接省卫计委下放的执业医师资格认定工作；下放区卫生局三星级以上星级宾馆、酒店的公共场所卫生许可审批事项，完成21家三星级以上星级宾馆、酒店的档案移交工作。全年受理审批办件3999件（母婴保健技术服务执业许可30件，托幼机构卫生保健合格证审批18件，医疗机构设置审批5件，医疗机构执业登记许可16件，医疗机构执业变更39件、年审校验73件，麻醉药品和第一类精神药品印鉴卡审批14件，公共场所卫生许可178件，供水单位卫生许可108件，医师执业许可1338件，护士执业许可2165件，新农合定点医疗机构资质评审14件，外国医疗团体来海口市短期行医审批1件），按期办结率100%，无退档办件。“先审后验”网上申报办件614件，占总办件量15.4%，超额完成市审改办要求网上申报件应达到年办件量10%以上目标。

【卫生应急】2015年，海口市继续完善急救网络，形成以直属急救站为主、网络医院急救站为辅的站点布局，设置6个市内急救站，2个镇急救站，7家网络医院和2家绿色通道医院。组织开展中东呼吸综合征防控工作，制定《海口市中东呼吸综合征防控应急预案》《海口市中东呼吸综合征疫情卫生应急工作方案》，布置做好应急物资储备等准备工作。开展应急处置交通事故、社会安全事件、其他突发公共事件28起，抢救患者158人。应急处置传染病暴发疫情6起。其中，突发公共卫生事件1起，为海南中学高中部一起诺如病毒感染性腹泻暴发疫情，发病95人，无重症和死亡病例；流感1起、水痘1起和手足口病3起，累计发病121人，均为轻症病例。年内组建海口市人民防空救护9个专业队伍共430人；组建2支医疗救治、3支疾病控制、1支卫生监督应急队伍。组织开展“饮用水污染突发事件卫生应急处置演练”“疑似中东呼吸综合征疫情应急处置演练”“突发破坏性地震医疗救援应急演练”等实战应急处置演练5次。开展医疗卫生人防知识培训、卫生应急知识培训及其他各类卫生应急知识培训班71期，培训医疗卫生专业人员9512人次。完成2015年博鳌亚洲论坛、春运、万春会、第十届环海南岛国际公路自行车赛、帆船赛、庆祝抗战胜利70周年纪念活动、海南省第二届艺术节等70余项重要会议及重要活动的医疗卫生保障工作。

2015年10月20日，海口市卫生局到新农合定点医疗机构调研限费医疗运行情况。

（市卫生局 供稿）

2015年海口市卫生机构床位和人员情况表

机构分类	机构个数（个）	床位数（张）	在岗职工（人）											
			合计	小计	卫生技术人员							其他技术人员	管理人员	工勤技能人员
					执业(助理)医师	执业医师	注册护士	药师（士）	技师（士）	检验师	其他			
总　　计	1097	15373	31359	26055	8341	7640	13110	1369	1874	1213	1361	859	1629	2816
医院	97	12371	20910	17208	5320	5124	8710	968	1386	810	824	504	1121	2077
社区卫生服务中心（站）	109	909	2578	2361	721	470	1381	123	59	47	77	66	98	53
卫生院	27	689	1566	1321	504	368	526	109	56	40	126	33	35	177
村卫生室	228	0	341	341	163	131	178	0	0	0	0	0	0	0
门诊部	88	0	454	427	103	149	243	31	48	32	2	1	1	25
诊所.卫生所.医务室	513	0	1602	1591	643	566	920	18	5	5	5	0	0	11
疾病预防控制中心	7	0	657	401	231	209	39	7	108	104	16	40	99	117
专科疾病防治院（所、站）	7	70	657	506	153	137	211	34	69	65	39	9	52	90
妇幼保健院（所、站）	6	787	1451	1152	338	332	548	51	67	50	148	117	96	86
急救中心（站）	2	0	175	97	32	31	61	1	1	1	2	33	42	3
采供血机构	1	0	276	194	28	25	114	0	33	33	19	18	22	42
卫生监督所（中心）	5	0	101	75	0	0	0	0	0	0	75	0	22	4
计划生育技术服务机构	4	0	51	39	15	10	9	3	6	5	6	4	4	4
疗养院	2	547	524	336	90	88	170	24	30	21	22	29	33	126
临床检验中心（所、站）	1	0	16	6	0	0	0	0	6	0	0	5	4	1

注：机构个数不含部队医院。

2015年海口市各级医疗门诊住院费一览表

单位：元

级别	门诊病人次均诊疗费	其中				住院病人人均住院费	其中					出院者平均每日住院医疗费
		挂号费	药费	检查费	治疗费		床位费	药费	检查费	治疗费	手术费	
医院	296.3	2.2	140.7	57.3	34.0	13747.5	450.9	514.8	1111.1	1786.8	723.3	1286.5
综合医院	298.8	1.6	140.0	60.8	31.6	14659.9	447.1	610.9	1183.7	1785.0	707.3	1474.2
卫生院	50.5	0.2	32.1	1.7	2.6	1612.5	111.0	106.5	41.8	197.6	77.0	213.6

医药卫生体制改革

【国家基本药物制度】2015年，海口市相继在27家镇卫生院、228家行政村卫生室和109家社区卫生服务机构实施国家基本药物制度，实现基层全覆盖。镇卫生院基本药物使用率84.32%，非政府办的社区卫生服务机构基本药物使用率58.21%。

【基层医药卫生体制综合改革】2015年，海口市推进人事制度、分配制度、药品采购、基本药物配备使用和财政保障机制等方面的综合改革，实现省内率先完成政府举办的27家农村基层医疗卫生机构综合改革。巩固完善基层医疗卫生机构运行新机制，进一步扩大村卫生室、非政府办基层医疗卫生机构实施基本药物制度覆盖面并提升质量。启动实施社区卫生服务提升工程；完善乡村医生多渠道补偿政策，提高乡村医生收入；开展全科医生和家庭医生签约化服务；加快农场医院与乡镇卫生院整合，基本建成适应农村居民需求的镇村卫生服务体系框架。卫生体制改革实现从侧重医疗转变到综合提供基本医疗、预防、保健、康复等六位一体的卫生服务；从与大医院无序竞争转变到分级诊疗、分工协作的就医格局；从依赖专科服务转变到注重全科诊疗，适应基层居民健康需求；从坐堂行医转到上门服务，从主要依赖医疗和药品收入，转变为以财政补助为主、服务收费为辅的运行机制。

【基本公共卫生服务均等化】2015年，海口市人均基本公共卫生服务经费标准提高到40元（实际到位补助资金8802.8万元，人均40元），比上年提高5元。全面实施居民健康档案管理，健康教育，预防接种，0～6岁儿童健康管理，孕产妇健康管理，老年人健康管理，高血压、糖尿病患者健康管理，重性精神疾病患者管理，传染病及突发公共卫生事件报告与处理，卫生监督协管，中医药健康管理，结核病患者健康管理12项基本公共卫生服务，其中结核病患者健康管理为年内新增项目。

【公立医院取消药品加成试点工作】2015年，海口市实施取消药品加成改革，试点单位海口市妇幼保健院所有药品取消15%的加成比例，按照零差率销售药品5988.67万元，政府财政补偿314万元，让利老百姓药费898.30万元。

【“先看病后付费”诊疗服务模式全面实施】2015年6月1日起，海口市6家公立医院、政府举办的27家镇卫生院和14家社区卫生服务机构的住院病房实施“先看病后付费”诊疗服务模式，居民可凭有效证件享受这一便捷就医方式。全年，各医疗机构累计垫付住院费1.81亿元，受益病人3.52万人。

【推行限费医疗】2015年7月，海口市调研全市开展限费医疗试点工作的15家基层公立医院，收集各家医疗机构运行过程中存在的问题及建议，针对性出台《海口市新农合镇级医院住院“限费医疗”实施方案》，并在全市镇级医院全面推开“限费医疗”工作。年内，全市开展限费医疗镇级医院11家有住院记录，累计2795人次，比上年增长41.59%，从上级医院回流住院患者逐步增加，住院实际补偿比91.57%，农民住院受益率明显提高，平均住院次均费用下降20.5%。

【医疗联合体服务模式改革】2015年，海口市推进城乡医院一体化管理（医疗联合体）服务模式改革。海口市人民医院为市第四人民医院提供免费进修16人，组织安排专题讲座和查房46人次，接收市第四人民医院向上转诊病人156人次，下转病人16人次。市第四人民医院与新坡镇卫生院组成医疗联合体，共建内科住院部，有病床22张，收治住院的病人以支气管哮喘、肺部感染、慢性阻塞性肺疾病急性加重、腔隙性脑梗死、冠心病、高血压病等病人为主。市第三人民医院与云龙镇卫生院成立市第三人民医院云龙分院，共设立妇产科病房，内、儿科病房及云龙急救分站，选派63名医务人员到云龙卫生院对口帮扶。市中医医院与东山镇卫生院初步洽谈合作探索“联合办医”模式。市妇幼保健院与海口仁心医院签订《医疗联合体合作协议书》，同意协助参与仁心医院危重孕妇救治工作；与演丰卫生院初步达成合作意向。

【建立心理干预机制】2015年，海口市建立心理干预机制，在市人民医院成立心理门诊病房。心理门诊病房有6名心理医生，设有人格测验、抑郁自评量表、焦虑自评量表、症状90项清单、老年及其他评定量表等。心理门诊可对各种原因引起的失眠多梦等心理疾病采用不同的心理治疗方法和适当的药物进行治疗，诊断各类重性精神疾病（分裂症、偏执狂、躁狂症等）和巩固治疗恢复期病人，对各种心理问题、心理障碍、行为异常及人格障碍给予心理咨询服务，对各类儿童心理问题进行诊断治疗和行为异常的矫治。全年心理咨询治疗诊疗300人次。

【引导社会资本办医】2015年，海口市卫生局草拟《海口市关于促进社会办医健康发展若干扶持、服务措施》相关条款，代拟《海口市人民政府关于支持和引导社会资本办医的实施意见》发至全市4个区政府、市发改、财政、规划、国土、地税、工商、人社、民政、食药监、公安、商务、科工信等单位征求意见并进行修改呈报市政府，以进一步支持和引导海口市社会资本举办医疗机构，优化卫生资源配置，增加卫生资源供给，加快形成多元化办医格局，推动全市医疗健康产业发展。年内，同意设置5家医院（未含各区），并回复省卫计委同意设置19家医疗机构的意见。

疾病防控

【法定传染病疫情报告】2015年，海口市报告法定传染病21种2.67万例，发病率1229.98/10万，传染病报告率91.67%，漏报率8.33%，及时报告率98.76%，报告卡填写完整率89.82%，准确率87.98%，一致率88.39%。查看传染病报告网络信息系统统计结果，全市传染病报告卡及时审核率99.94%，重卡率“0”。

【传染病监控】2015年，海口市实时监控疫情，及时做好研判及风险评估工作，累计监测各种重点传染病样本5761份，超额完成重点传染病监测。

【免疫规划】2015年，海口市开展专项查漏补种、入托入学查验证、AFP主动监测工作及加强常规督导检查，督导约140家单位，派出督导员240人次，督导78天。全市冷链运转正常，免疫规划疫苗累计接种80万针次，国家免疫规划疫苗各苗接种率均98%以上。其中，“八苗”基础免疫接种率分别为乙肝疫苗99.91%、卡介苗99.99%、脊髓灰质炎减毒活疫苗99.89%、百白破疫苗99.89%、流脑A疫苗99.87%、乙脑疫苗99.90%、甲肝疫苗99.89%、麻类疫苗99.95%。加强免疫接种率分别为脊髓灰质炎减毒活疫苗99.90%、百白破99.88%、白破二联99.79%、麻疹类疫苗99.90%、乙脑99.86%、流脑A+C疫苗99.88%。免疫规划疫苗针对传染病发病率均控制在国家规定指标之内，连续22年无脊髓灰质炎野病毒病例发生，全年无暴发病情发生。开展人群免疫水平抗体监测，全市儿童的麻疹、白喉、乙脑、风疹抗体处于较高水平。监测各类疫苗接种后疑似异常反应报告病例434例，均得到规范及时处置。

【病媒生物监测】2015年，海口市病媒生物监测显示，鼠平均密度9.41%，优势鼠种为褐家鼠；苍蝇平均密度13.57只/笼，上升4.71%，优势蝇种为大头金蝇；蚊平均密度1.55只/小时，下降20.52%，致倦库蚊为优势蚊种；蟑螂平均密度1.33只/张，上升66.25%，德国小蠊为优势蟑螂种类。市卫生部门完成全市白纹伊蚊（幼虫）、德国小蠊和家蝇对常用杀虫药物的抗药性检测及分析。11月下旬，组织专家调查海口市病媒生物密度现状，了解和掌握全市病媒生物防制工作存在的问题和差距，提出多项可行性建议，为海口市创建国家卫生城市中的病媒生物防制工作提供科学依据。

【结核病防治】2015年，海口市发现和免费治疗活动性肺结核患者1011例。其中，菌阳肺结核患者269例。治疗新涂阳肺结核患者232例，治愈率69.4%；筛查涂阳肺结核患者密切接触者307人，筛查率100%。非结防机构网络直报本报本肺结核患者数1103例，应转诊患者972例，到位患者879例，总体到位率90.4%；转入患者7例，到位患者信息反馈7例，信息反馈率100%；筛查295例耐多药肺结核可疑患者，筛查率100%；提供艾滋病病毒筛查410例，筛查率40.6%。全年全市结核病防治所实验室开展痰结核分枝杆菌分离培养553例，药敏实验47例。

【职业病防治】2015年，海口市完成职业体检1.41万人，其中岗前、离岗职业性体检3753人，在岗期间职业性体检7045人，普通体检3348人，无职业病诊断病例。发现职业病禁忌症53例、疑似职业病4人。进行网络直报68家企业3429人。协助车管所完成4.5万人次机动车驾驶员职业体检。市卫生局完成12家医疗机构放射诊疗建设项目职业病危害（放射防护）预评价和控制效果评价工作，涉及X射线装置26台次，出具24份评价报告，放射诊疗单位委托完成率100%；完成45家医疗机构放射工作场所现场检测工作，检测X线设备52台次，出具52份放射工作场所日常检测报告，委托完成率100%；完成15家医院医用X射线装置技术性能指标检测工作，检测X线设备35台次，出具35份检测报告，委托完成率100%。完成辖区内医疗卫生机构的放射工作人员728名个人剂量监测。完成46家企业职业病危害因素日常检测工作。完成中石化2个加油库、22家加油站的基础条件建档工作。完成6个建设项目职业病危害评价工作，出具1份职业病危害

2015年3月24日，海口市卫生局开展“2015年世界防治结核病日”宣传活动。（市卫生局 供稿）

2015年4月29日，海口市卫生局举办2015年"强化的麻风病例发现"启动仪式暨工作业务培训班。（市卫生局 供稿）

控制效果评价报告和5份职业病危害现状评价报告。全年外派62人次参加学习培训，专业技术人员参训率100%，培训考核合格率100%。

【麻风病防治】2015年，海口市有麻风病人1173例，新发现2例，有9例现症病人，患病率0.44/10万，联合化疗率100%，历愈存活病人102人。在秀英区发现麻风病例可疑线索117条，经排查确诊无新发麻风病人。对病人家属检查150例，复核可疑线索416条，未发现新发麻风病人。

【精神病防治】2015年，海口市在册登记管理重性精神疾病病人9320例，新增3148例，重性精神病人检出率0.42%，规范管理率63%，治疗率65%，完成2015年省下达的工作任务。进行贫困重性精神病人住院补助63人次，居家抗精神病药免费治疗823人。

【性病防治】2015年，海口市报告5种性病4688例，报病数比上年上升19.5%。完成孕产妇梅毒监测2.07万例，确诊梅毒39例，检出率0.19%，并检测随访配偶及其婴儿。

【艾滋病防控】2015年，海口市发现HIV阳性263例，占全省新发病例57.2%，其中男236人，女27人，艾滋病病毒感染者201例，艾滋病病人62例，死亡44例。新发现HIV/AIDS完整并及时报告比例97.5%、流调率99.6%。全市所辖5个美沙酮门诊累计入组人数2956人，在门诊治疗1210人，年保持率83.7%；对服药人员进行HIV检测905人次，梅毒检测911人次，丙肝检测462人次，检测率均75%。干预娱乐场所服务小姐2.22万人，检测3790人次，检测率121 %，发放宣传资料3万份，发放安全套5.68万只；干预男男性行为人群9121人次，检测2656人，检测率183.3%，发放安全套和润滑剂2.17万只，发放宣传资料1.31万份；性病就诊者检测3941人，检测率95.7%。

【狂犬病防治】2015年，海口市监测到狂犬病暴露人群1.73万人次，暴露级别以Ⅱ、Ⅲ级为主。其中，城市暴露人群1.08万人，占62.56%；农村4476人，占25.91%；城乡结合地2045人，占11.84%。狂犬病暴露人群55.83%为犬所伤，66.06%的伤人动物为自家养及他养。暴露后仅83.16%人群全程接种人用狂犬病疫苗，Ⅲ级暴露者中仅9.7%注射狂犬病人用免疫球蛋白。全年全市未报告狂犬病病例。年内市疾病预防控制中心对狂犬病暴露预防处置门诊相关医务人员开展培训237人，督导全市58间次狂犬病暴露预防处置门诊检查。

2015年12月1日，海口市委常委、副市长巴特尔（中）参加2015年世界艾滋病日宣传活动。（市卫生局 供稿）

2015年7月9日，海口市卫生局组织开展美兰机场口岸入境疑似中东呼吸综合征疫情应急处理综合实战演练。（市卫生局 供稿）

【手足口病防治】2015年，海口市报告手足口病1.7万例，年发病率783.00/10万，比上年上升133.33%，报告重症90例，无死亡病例报告。报告暴发疫情3起，发病74人；报告聚集性疫情242起，发病674人。手足口病病例监测496份，完成率206.67%。实验室诊断病例193例，其中Cox A16型病毒感染43例，其他肠道病毒感染122例，EV71型病毒感染28例。市疾病预防控制中心分别于4月、5月、12月对学校及医疗机构相关医务人员开展手足口病防治技术培训，共培训492人次。分别于4月、9月与市教育局联合督导检查44家学校及托幼机构的手足口病防控工作。每月至少采集20例手足口病普通病例标本，及时分析病原学监测结果，提供可行性防控建议。

【地方病防治】2015年6月，海口市制定《海口市碘缺乏病防治规划(2014—2015)》。年内，全市完成监测居民户食用盐1200份、孕妇哺乳期妇女尿碘400份、8～10岁儿童碘营养800份，监测任务完成率100%。

【慢性非传染性疾病防治】2015年，海口市4个区均启动慢性病防控综合示范区创建（巩固）工作，其中美兰区示范区巩固工作自评达到国家级示范区标准，其他3个区示范区创建工作自评达到省级示范区标准。全市基本公共卫生服务累计建档高血压患者13.05万名，其中健康管理9.96万人，健康体检7.82万人，随访管理9.79万人；建档管理4.92万名糖尿病患者，其中健康管理4万人，健康体检3.1万人，随访管理3.98万人；建档管理16.47万名65岁以上老年人，其中健康管理9.19万人。开展基本公共卫生老年人健康、慢性病患者管理项目、死因监测综合督导4次，全覆盖考核1次。共督导基层单位124家，考核基本公共卫生服务项目实施单位131家。

【寄生虫病防治】2015年，海口市处置医疗机构报告的疑似疟疾疫情8起，其中确诊病例2例，医疗机构报告及时率、疾控部门处置及时率和有效率均100%。11月27日，海口市通过消除疟疾省级达标考核，如期实现消除疟疾目标。

【重点疾病监测】2015年，海口市完成霍乱监测外环境、腹泻病人、海水产品等标本1260份，完成率103.44%；鼠疫监测928份，完成率103.11%；手足口病监测496份，完成率206.67%；流感监测2185份，完成率103.07%；职业暴露人群高致病性禽流感监测220份，完成率100%；O157：H7大肠杆菌监测523份，完成率108.96%；登革热疑似病例监测36例，完成率102.86%；布病疑似病例监测12例，完成率150%；立克次体疑似病例监测24例，完成率120%；狂犬病暴露人群监测1.73万例；登革热媒介监测281个自然村/居委会，调查户数1.4万户，完成率106.44%。

【死因监测】2015年，海口市医疗机构死因监测网络覆盖率93.6%，总死亡人数4485例，粗死亡报告率206.39/10万。其中，男性2759例，男性死亡率242.36/10万，女性1726例，女性死亡率166.82/10万，儿童死亡率2.79/10万，孕产妇死亡率0.04/10万。海口市居民平均期望寿命86.36岁，男性期望寿命83.47岁，女性期望寿命89.78岁。

【健康教育】2015年，海口市健康教育机构网络覆盖全市5494家单位。市卫生管理部门开展控烟知识、禁毒知识、健康素养知识、计划免疫知识、食品安全知识、疟疾、碘缺乏病、高血压、糖尿病和艾滋病防治知识等健康宣传咨询活动。举办市、区两级健康教育业务培训班43期，共培训健康教育工作人员5600多人次。培训饮食服务、公共场所等行业从业人员3.5万人次。开展居民健康素养监测工作，完成2320份（含农村240份）问卷调查，结果显示全市居民（15～69岁城乡常住人口）健康素养水平15.04%，其中城区居民健康素养水平为15.53%。全市共印刷《中国公民健康素养——基本知识与技能》宣传册子69.6万本，健康教育宣传折页32.75万份，宣传海报7.3万份；健康素养66条及卫生防病知识宣传光盘9500张。全市医疗机构共印发健康教育处方212种171.96万张，举办健康教育讲座1239期，开展宣传咨询活动1044次，受益群众约44万人次。中小学校健康教育课开课率100%，开展健康教育进校园活动。全年共播出77期203条相关报道。市健教所与海南日报社、海口广播电视台等媒体单位签订合作协议，播放和刊登健康素养66条知识，登革热、艾滋病、手足口病、中东呼吸综合征等防治知识，以及疾控工作信息共422（篇）次。全市建成区公共场所设置的健康教育长廊和健康教育宣传墙共38处，固定的健康教育宣传栏4628块。新建“健康加油站”5个，健康步道12条，健康食堂9个，健康主题公园5个。全市建成区182个社区（村）委员会中，有159个社区（村）委员会建有体育健身设施，占87.36%；有注册体育指导员2192人，城镇户籍总人口每千人口有2.41名。开展工间操培训157期，培训工间操指导员3337人。406家单位被评为“无烟单位”，其中机关单位123家，医疗机构68家，学校215家。

【疾控能力建设】2015年，海口市疾病预防控制中心A类仪器设备达标率基本达到标准，106项水质检测项目从原来的43项增加到95项。市疾病预防控制中心实验室引进多项新技术新方法，开展登革热、诺如病毒感染和人禽流感等疾病病原体检测工作。其艾滋病确证实验室通过省级评审验收，媒介生物实验室承担中国疾控中心等单位多个项目的研究工作。

卫生监督

【卫生法治】2015年，海口市卫生局作为海口市8个“六五”普法教育试点单位之一，梳理出权力清单102条，责任清单181条，以期确保行政权力依法、规范、公开、透明、高效运行。6月11日和9月17日分别在明珠广场和人民公园举办打击非法行医大型宣传活动。先后举办《职业病防治法》宣传周、食品安全宣传周、精神卫生法宣传日、“12·4”法制宣传日等活动，组织专业人员向广大群众宣传、讲解相关法律知识，发放宣传资料，播放宣传视频。7月，市卫生局通过市政府“六五”普法教育验收。

【食品卫生监测】2015年，海口市监测食源性致病菌食品类别3类132份，监测食品化学性污染物和有害因素食品类别3类214份，监测哨点医院食源性病例483例。市卫生局组织督导检查海口市4个区疾病预防控制中心的食品安全风险监测工作，开展食源性疾病监测哨点医院和监测点医院的督查工作。全年发生7起食品安全事件，均及时进行流行病学调查和有效控制，及时处置率、报告率均100%。

【公共场所卫生监督】2015年，海口市组织市、区两级卫生监督机构积极开展公共场所卫生监督管理，自7月起结合开展“创建全国文明城市、创建国家卫生城市”活动，强化以住宿、沐浴、美容美发、文化娱乐场所为重点的“四小”场所发证率，至年底发证率从“创建国家卫生城市”前的43.68%提高到98.55%。持续推进公共场所卫生监督量化分级管理，住宿、游泳、美容美发三类场所量化率分别为100%、100%、98.6%。在海南省率先开展沐浴场所量化分级管理工作。组织开展夏季游泳场所卫生专项监督监测、重点公共场所卫生监督抽检、重大节假日公共场所专项卫生监督监测等系列专项监督行动。全年市级管辖公共场所305间，完成卫生监测442间次，监测覆盖率97.8%。其中，旅店业155间，合格率84.35%；文化娱乐场所25间，合格率56%；理发店、美容店91间，合格率94.5%；游泳场所92间，合格率64.1%；图书馆、博物馆、美术馆、展览馆4间，合格率100%；商城书店15间，合格率73.5%；公共交通候车室8间，合格率62.5%；餐饮业35间，合格率82.8%；公共浴室17间，合格率100%。市、区卫生监督机构出动公共场所卫生监督执法人员8645人次、监督车辆3201辆次、监督检查各类公共场所1.1万间次，年平均监督频率2.5次/户，监督覆盖率99.5%，监督合格率99.8%，下达卫生监督意见共5642份1.02万条。监督餐饮具集中消毒单位20间次，覆盖率100%。各类公共场所单位建档率100%，直接为顾客服务从业人员有效健康证持有率98.6%。

【传染病防治监督】2015年，海口市开展对各类医疗服务机构手足口病和登革热防治、消毒隔离管理、医疗废物（含医源性污水处理）管理等专项监督检查工作，加强医疗机构预检分诊、发热门诊和肠道门诊的监督检查力度。全年出动传染病防治卫生监督执法人员560次、监督车辆330辆次，监督检查医疗机构249家次，提出监督意见560条，追踪落实540条，立案查处传染病防治违法行为12宗，警告12家，罚款11家共2.35万元，下达不良行为记分通知书12份。

【职业卫生和放射卫生监督】2015年，海口市出动职业卫生和放射卫生监督执法人员162人次、监督车辆61辆次，监督检查放射诊疗机构61家次，监督覆盖率85%，下达卫生监督意见书54份，提出整改意见404条，完成放射卫生预防性卫生监督12项。新发放射诊疗许可证3家、换发证18家。行政处罚1宗。

【学校卫生监督】2015年，海口市出动学校卫生监督执法人员3062人次、监督车辆1312辆次，监督检查各类学校和幼儿园512间次，下达卫生监督意见书512份，提出整改意见1400多条，警告和责令整改111家。按照《2015年海南省公共卫生重点监督检查计划》要求，开展学校卫生综合监督评价监督检查，全市监督监测41家中小学校，抽查监督合格率91.2%、监测合格率96.6%。

【生活饮用水监督】2015年，海口市卫生局印发《创建国家卫生城市生活饮用水卫生专项整治方案》《海口市各类供水单位创建国家卫生城市工作指南》和《海口市各类供水单位基本卫生要求》，完善市、区卫生监督机构开展生活饮用水专项整治工作机制，对4个区进行分区分街道摸清生活饮用水的本底数，对200个国家级、省级的城市和农村饮用水监测点开展枯水期和丰水期监测工作，采集水样423份。其中，城市饮用水监测120份，水质合格率83.33%；农村饮水安全工程监测点198份，乡镇集中式供水监测105份，水质合格率58.09%。主动上门办证，生活饮用水的办证率从“创建国家卫生城市”前的9.82%提高到52.41%。举办卫生监督（协管）人员、供水单位负责人（从业人员）培训班10期，共1500多人参加。

【消毒产品卫生监督】2015年，海口市开展打击消毒产品冒充药品专项监督检查行动，对药品经营店、超市等经营的标注消字证号产品在包装、标签、说明书中宣称具有功能主治、适应症或者明示预防疾病、治疗功能的，以及消毒产品名称不符合相关规定的，一律按《消毒管理办法》严肃查处。5月，开展餐饮具集中消毒单位专项卫生监督检查工作，出动卫生监督人员60人次、车辆20辆次，监督单位20间次，监督覆盖率100%，下达卫生监督意见书20份，提出整改意见53条。全年全市出动卫生监督执法人员298人次、车辆65辆次，监督检查78家消毒产品经营单位，检查产品数356种，下达卫生监督意见书64份184条，责令改正单位数9家。

【临床用血卫生监督】2015年，海口市出动临床用血卫生监督人员151人次、车辆46辆次，专项监督检查全市24家开展临床用血的医疗卫生机构，监督检查覆盖率100%。未发现有违法临床用血的行为，提出整改意见41条，全部追踪落实。

【医疗机构监督】2015年，海口市出动医疗机构卫生监督执法人员3420人次、监督车辆1460辆次，监督检查各类医疗卫生机构1070家次，立案查处医疗机构各类违法案件76宗，没收违法所得2.9万元，罚款62.98万元，吊销《医疗机构执业许可证》2家、《医师执业证书》3人，移送公安机关8人，移交武警海南省总队案件1宗，移交工商行政管理部门案件6宗，移交食药监部门案件1宗，与临高卫生监督所协查案件1宗，配合琼海卫生监督所协查案件2宗。其中，查处并取缔无证“黑诊所”32家，监测医疗广告52条次，查处非法医疗广告案件7宗，下达医疗机构不良执业记分通知书33份。全市接到有关医疗机构违法行为的群众举报投诉案件33份（匿名举报8件），及时现场调查处理33起，核实违法事实立案查处22起，调查处理情况反馈25起。

【打击“两非”】2015年5月起，海口市卫生局牵头组织市计生、公安、食药监等部门开展为期8个月的整顿医疗秩序专项联合执法活动，打击全市非法行医和“两非”行为。共开展联合执法26次（不含各区），查处典型“两非”案件11宗，完成2015年海口市政府与海南省政府签订的打击“两非”案件8宗的任务，人口性别比从2014年的117.09下降到2015年的115.7，完成海口市与海南省政府签订的控制指标在116.8的任务。

妇幼保健

【妇幼保健工作概况】2015年，海口市妇幼保健机构围绕“一法两纲”，坚持“以保健为中心，以保障生殖健康为目的，面向基层，面向群体”的妇幼卫生工作方针，为全市妇女儿童提供系列保健服务，完成“两纲两规”各项群体保健指标，降低孕产妇和5岁以下儿童死亡率，保障全市妇女儿童身心健康。全年全市孕产妇住院分娩率100%、农村孕产妇住院分娩率100%；农村高危孕产妇住院分娩率100%；孕产妇保健覆盖率96.58%；孕产妇系统管理率85.87%；婴儿死亡率4.74‰；5岁以下儿童死亡率5.62‰；5岁以下儿童低体重率2.87%；开展新生儿遗传代谢病筛查1.89万人，筛查率92.51%，新生儿听力筛查1.84万人，筛查率90.30%；低出生体重发生率2.79%；6个月内母乳喂养率90.27%；孕产妇中、重度贫血患病率0.90%；妇科病普查普治率52.24%；出生缺陷发生率131.04/万；孕产妇死亡率9.77/10万；完成婚前检查1.55万人，婚检率58.58%。

【孕产妇及儿童保健】2015年，海口市早孕建册1.81万人，早孕建册率88.72%；产检1.97万人，产后访视1.77万人，产后访视率86.41%。0～6岁儿童接受健康管理15.52万人，管理率94.76%；3岁以下儿童系统管理5.77万人，系统管理率81.56%；新生儿访视1.78万人，访视率86.63%。利用“六一”儿童节为10.66万名7岁以下儿童进行健康体检。

【农村妇女“两癌”免费筛查】2015年，海口市在各乡镇组织开展“两癌”筛查工作，完成农村妇女宫颈癌筛查1.12万例（省目标1.1万例）、乳腺癌筛查5105例（省目标5000例）。

【艾滋病、梅毒和乙肝母婴阻断】2015年，海口市卫生部门与相关部门完善艾滋病、梅毒和乙肝母婴阻断项目的原始登记，在全市组织开展监测、追踪随访阳性病例，做好信息收集汇总和上报工作。全年孕产妇艾滋病检测3.86万人，检测率98.82%，感染艾滋病的孕产妇及所生儿童采取预防母婴传播干预措施比例100%；梅毒检测3.85万人，检测率98.57%，

2015年5月20日，海口市妇幼保健院迎接国家基本公共卫生妇（儿）保项目培训班在海口举办。（市卫生局 供稿）

采取预防干预措施100%；乙肝检测3.88万人，检测率99.25%，采取预防干预措施97.87%。

【妇幼保健基层培训】2015年，海口市举办的妇幼保健基层培训有：产科技术培训班、基本公共卫生项目孕产妇和0~6岁儿童健康管理项目培训班3期，母婴保健专项技术资格培训考核培训班，预防艾滋病、梅毒和乙肝母婴传播项目培训班2期，早产儿出院后管理培训班、托儿所幼儿园卫生保健人员培训班4期，妇产科常见病规范诊疗与交流培训班等13期。主要培训孕产妇和0~6岁儿童健康管理适宜技术、产科急救技术和新生儿复苏技术、母婴专项技术理论及操作、艾滋病梅毒和乙肝母婴传播防治技术、儿童保健适宜技术和托幼机构卫生保健管理技术、妇产科常见病诊疗技术等内容，培训基层妇幼保健人员2358人次。

医疗工作

【医政管理】2015年，海口市卫生局在全市各医院开展“医疗质量万里行”“三好一满意”（服务好、质量好、医德好、群众满意）、“创建人民满意医院”等系列活动，组织专家组综合考评市属5家二级以上医院开展创建人民满意医院系列活动情况和全市16家一级医院（含民营医院）医疗质量管理工作，并通报考评结果，发现问题督促整改。

【医疗技术创新】2015年，海口市人民医院申报登记3D腹腔镜下直肠癌根治术+脾门淋巴结清扫、3D腹腔镜下结肠癌根治术、Caredose低剂量一站式直接CT深静脉血管成像在肺动脉及下肢深静脉栓子中的应用、枕颈交界区韧带复合体结构的双源CT成像、胃转流手术治疗2型糖尿病新技术、新项目5项。市妇幼保健院开展新技术、新业务18项，其中通过采用各种器械（如导乐球）和非药物镇痛，减轻孕妇的宫缩痛，让临产孕妇自行选择不同的分娩体位，达到促进自然分娩的作用。市第三人民医院开展经尿道前列腺电切联合超声碎石在前列腺增生合并膀胱结石中的应用、宫腔镜镜检及电切、股骨头折切开复位内固定术、白内障超声乳化手术新技术8项。市第四人民医院申报《螨虫过敏原检测及舌下脱敏治疗》《血清铁蛋白》《糖类抗原-199》《糖化血红蛋白（HPLC）检测》新技术、新项目4项。

【医疗急救】2015年，市卫生局组织市属二级以上医院的急诊科及重症医学科（ICU）医护人员到市120急救中心开展院前急救工作，解决院前急救队伍人员不足的问题，提升急救医疗服务能力和水平。全年，海口市120急救中心接处警电话13.32万次，市120急救出车1.46万次，网络医院出车5580次，平均接处警时间67秒，呈逐年缩短趋势。接诊病人1.47万名，现场救治成功率98.38%。其中，危重症患者1352名、死亡病人682名，抢救成功率85%；心肺复苏成功11例。参与跨省长途转运4次，参与26起突发事件医疗救援、70余次重大活动和会议医疗保障。

【医疗机构药事管理】2015年，海口市卫生局开展抗菌药物临床应用专项整治活动，全面推进合理治疗、合理用药、合理检查。定期组织专家进行合理用药检查，每月进行处方点评，每月公示抗菌药物前十名的药物和医师名单，并根据用药动态情况和检查情况进行合理用药调整。5月21日，在市120急救中心举办麻醉药品和第一类精神药品培训班，253人参加培训，238人经考核合格给予发放培训合格证。

【医院感染管理】2015年，海口市卫生局健全医院感染控制管理组织，开展医院感染控制管理相关培训、医院感染监测与管控等工作，充分应用PDCA〔英语单词Plan（计划）、Do（执行）、Check（检查）和Action（行动）的第一个字母〕等质量管理工具。全年印制医疗废物警示标识9000份，向海口市直管和海南省直管医疗机构发放各类医疗废物警示标识840份。要求各医疗机构按规定设立并完善医疗废物、预检分诊、发热门诊、肠道门诊、污水处理消毒排放等管理和规范运作。省、市、区卫生行政部门审批管理的医疗机构均与医疗废物集中处置单位——益丰达公司签订协议，全年没有发现医疗机构自行处置医疗废物情况。制定印发《海口市医疗机构医疗废物处置方案》《海口市医疗机构医源性污水处理工作方案》，确定1家社区卫生服务机构和1家门诊部为示范单位，建设污水处理措施，要求各级各类医疗卫生机构建设相应的污水处理设施。全年废弃物处理量1721吨，处理率100%。

【护理安全管理】2015年，海口市贯彻落实《医院实施优质护理服务工作标准（试行）》，在全市卫生系统继续深入开展“优质护理服务示范工程”活动，各医院基本做到护理核心制度及护理常规、技术操作规程落实到位；落实护士绩效考核制度及护士岗位管理制度；二级以上医院实行护士分层培训计划，培训到位，护士能掌握培训内容；定期进行患者满意度调查，有反馈、整改及跟踪报告；临床护士根据患者护理分级情况，为患者提供全程、到位的护理服务，患者评价良好。市卫生局联合海口市护理学会举办2014年度全市卫生系统“市级优秀护士”评选活动，评选林白浪等31名同志为2014年度全市卫生系统“市级优秀护士”。

【疾病应急救助】2015年，海口市卫生局及市农村合作医疗管理办公室对21位住院患者的应急救助资料进行审核，并经疾病应急救助基金联合审批委员会审批，有符合海口市疾病应急救助申请条件的10位患者获得救助，拨付救助基金37.02万元。

【继续医学教育及科研工作】2015年，海口市落实5种市级重点学科、10个特色专科建设经费170万元，与实施单位签订协议加快推进建设。海口市卫生局通过海南省卫生计生科教项目管理系统审核，上报33项科研项目（省自然科学基金项目立项13项，省国际科技合作项目立项1项，省重点科技计划项目立项3项，省社会发展专项项目立项1项，省卫生厅科研立项3项，市科技计划项目立项12项），4个适宜技术推广项目。举办国家级继教项目5项，参加人数519人次；省级继教项目5项。完成全市继续医学教育审核工作，审核继续医学教育对象7754人，其中继续医学教育学分达标人数6276人，达标率74.55%。在各种期刊发表论文158篇，其中SCI（用中文名）6篇，中华级20篇，中文核心期刊53篇，普通期刊79篇。

【医学技术交流与合作】2015年，海口市人民医院安排对外交流活动10项，接待26人次，派送医护人员7人次赴国外进修学习。市中医医院选派临床教学骨干老师9人参加广州中医药大学举办的第十一期临床教学基地骨干教师培训班。市妇幼保健院派出6名医师到省外参加培训，邀请北京律师、省外专家、院内专家进行全院性业务授课20次，3000余人次参加业务学习。市第三人民医院选派114人次专业技术医务人员外出参加培训及学术会议。市第四人民医院派人参加省内学术交流58次，培训143人次；省外学术交流 1次，培训1人次，派出进修人员27名。市120急救中心联合中国医院协会急救中心（站）管理分会，为澳门消防局14位学员开展第二期ITLS学院培训班。

中医事业

【中医保健机构管理】2015年，海口市卫生局举办3期中医养生保健服务机构从业人员相关知识培训班，培训327人。9~12月，联合海口广播电视台特别策划《中医聊养生》，动态报道海口市中医药预防保健及康复能力相关建设，以及普及专题式的中医养生知识。

【中医医院建设】2015年，海口市中医医院面向社会公开招聘29名专业技术人员。完善电子病历管理，共有11个临床科室开展临床路径管理，单病种管理56个。纳入临床路径管理病例数6003例，入组数358例，入组率5.96%，完成率99.99%，变异率0.56%。10个临床路径、单病种管理专业、24个病种、10个临床科室。开展优质护理工程，开放病区11个，每个科室开展中医特色护理技术不少于3项。其中，优质护理示范病区11个，覆盖率100%。“先看病、后付费”服务模式推行至全部住院科室。

【中医科研与人才培训】2015年，海口市中医医院获2015年度海南省自然科学基金项目立项1项，海南省卫生计生行业科研项目4项。组织申报2016年度省自然科学基金项目5项。发表学术论文34篇，其中中文核心期刊6篇，统计源23篇，省级刊物4篇，学术年会论文汇编1篇。对海口市重点科技计划项目“手法推拿加腰椎牵引对腰椎间盘突出症突出物回纳的观察研究”结题验收。11月，参加由中华中医药学会组织的2015年海南省“第二届基层中医方歌背诵竞赛活动”，市中医医院杨孝军医师获个人三等奖。参加2015年海南省中医药知识竞赛，市中医医院获团体奖一等奖。全年市中医医院进行全院性学术讲座97次，约5000人次参加；组织举办继续教育4项，有627名院内外学员参加培训。

【扩大中医服务能力】2015年，海口市安排579万元配备镇卫生院、村卫生室基本中医药医疗设备；举办2期社区卫生服务机构和乡镇卫生院中医药健康管理培训班。指派5名中医师到无中医师的5家镇卫生院帮扶，对24家乡镇卫生院及社区卫生服务中心进行中医药综合服务区项目建设技术指导和项目督查。督查指导全市134家项目单位的中医药服务能力。27家乡镇卫生院、21家社区卫生服务中心、86家社区卫生服务站及228

家村卫生室，可提供中医药服务率分别为90.2%、90.5%、88.4%和95.7%，超过2015年省规定社区服务站、镇卫生院、村卫生室70%、70%、65%的目标要求。

基层卫生

【镇村卫生机构】2015年，海口市有镇卫生院及分院27家，其中秀英区7家、龙华区4家、美兰区7家、琼山区9家。根据“一村一室”原则，全市应建村卫生室数228家，已建村卫生室228家，其中秀英71家，龙华47家，琼山67家，美兰43家，覆盖率100%。全市镇卫生院有卫生人员1321人，村卫生室医务人员341人，其中获乡村医生证书232人，有执业（助理）医师49名。有7家镇卫生院通过省级标准化卫生院评估验收，6家社区卫生服务中心（站）通过省级社区卫生服务中心示范点考核验收。

【农村卫生室建设】2015年2月3日，海口市人民政府办公厅印发实施《关于我市镇村卫生服务一体化管理的实施意见》，对村卫生室的机构设置、规划建设、人员管理、业务管理、药品采购配送、绩效考核、财务核算、法律责任等方面做出具体、硬性的规定；要求每个村卫生室设立“三室一房”，每年提供财政补助2400元等；同时，规定一个行政村原则上设立一所村卫生室，人口少的邻近行政村可以联合设置卫生室。对实行镇村一体化的村卫生室核发《医疗机构执业许可证》，统一机构名称、统一制作机构标识牌、印章，所有纳入镇村一体化管理的村卫生室按要求统一设置。年内，海口市安排中央、省、市财政项目专项资金859.24万元用于提升基层中医药能力工程基础设施建设，206.1万元用于为村卫生室购置健康一体机和其他医疗设备，579万元用于镇卫生院、村卫生室标准化建设医疗设备购置。各卫生室建筑标准均达80平方米的村卫生室建设标准，设有独立的诊断室、治疗室、药房。每个卫生室配有听诊器、血压计、输液架、诊断床等医疗设备，以及一体机、电脑和打印机等，基本能满足农村基层医疗的基本需求。

【镇村医疗机构一体化】2015年2月3日，海口市制发《关于我市镇村卫生服务一体化管理的实施意见》，对村卫生室的机构设置、规划建设、人员管理、业务管理、药品采购配送、绩效考核、财务核算、法律责任等方面做出具体、硬性的规定。全市有196家村卫生室、281名村卫生室医务人员实施一体化管理，管理率分别为84.85%、82.4%。

【医疗下乡】2015年，海口市卫生局安排9家市属医疗机构在公共场所开展义诊活动及组织医护人员下基层开展巡回义诊活动，深入基层特别是边远乡镇为群众服务，共派出医师248人次，护士89人次，药（剂）师22人次，义诊2849人次，发放宣传材料3573份，免费发药价值1.63万元。确定市属5家二级以上医院对口帮扶全市所有镇卫生院，采取分片包干的方式，安排13批274名医护人员下乡开展对口帮扶工作。

【社区卫生服务】2015年，海口市积极开展社区卫生服务体系建设，进一步加强社区卫生服务规划布局调整，建立健全社区卫生服务机构的准入和退出管理机制，立足现有卫生资源，通过“巩固一批、调整一批、新建一批、淘汰一批”的方式调整规划社区卫生服务机构布局，以打造社区“15分钟服务圈”。至年底，共建成社区卫生服务中心（站）109家，基本实现城市社区卫生服务全覆盖。同时，组织开展社区卫生服务中心创建示范工作，全市有6家社区卫生服务中心（站）通过省级示范点考核验收。

【社区医生签约服务】2015年，海口市在首批12家社区卫生服务机构试点单位启动社区医生与居民签约服务工作基础上，将该项工作在全市27家镇卫生院及109家社区卫生服务机构逐步全面推广。全年社区医生与居民签约家庭户数1.70万户、6.40万人，人口签约率3.03%。

【新型农村合作医疗】2015年，出台《〈海口市新农合精神类疾病住院按疾病分类床日付费实施方案（试行）〉的医院付费标准进行调整的通知》，

2015年11月26日，国务院发展研究中心公管所到海口市人民医院调研。

（市卫生局 供稿）

对省安宁医院实施按床日付费改革。市农村合作医疗管理办公室配合中国人寿海南分公司大病医疗保险中心对2014年符合大病补偿的参合患者回溯补偿2754人次，补偿金额1634.18万元。全年新农合参合农民筹资标准470元，各级政府补助380元，其中中央财政补助216元，省级财政补助49元，市级财政补助66元，区级财政补助49元。全市参合人数60.68万人，参合率99.84%；127.83万人次享受新农合补偿，补偿金额2.53亿元。其中，住院补偿4.05万人次，补偿金额2.11亿元；门诊统筹补偿122.37万人次，补偿金额3352.03万元；正常分娩3495人次，补偿金额174.28万元；慢性病门诊补偿1.06万人次，补偿金额692.11万元。组织使用居民“健康卡”开展2016年参合征缴工作，促进农村居民健康信息管理工作。

【农村医学人才培养】2015年，海口市卫生局委托市中医药学校培养150名农村订单定向医学生，学制3年，成绩合格，颁发毕业证（中专学历），毕业后由区政府安排到村卫生室工作。学生毕业1年后可报名参加助理执业医师（乡村）考试。至9月，按计划完成100名农村订单定向医学生招生工作。在海口市中医医院举办4期392人次参加的“中医药健康管理培训班”和“乡村医生中医技能培训班”，在海口市中医药学校举办2期280人参加的乡村医生业务培训班。

（廖虹虹）

爱国卫生

【爱国卫生工作概况】2015年，海口市爱国卫生工作以创建全国文明城市和国家卫生城市（以下简称“双创”）为重点，拟定创建国家卫生城市（以下简称“创卫”）工作规划，制定实施方案，建立“创卫”组织机构，开展“创卫”宣传，分解职责分工，细化检查标准，健全考评体系，组织业务培训，建立示范试点，加强监督指导，以及组织模拟检查评估等各项工作。组织专家指导各区、各职能部门开展近3年“创卫”资料收集及规范建档，按要求基本完成9个“创卫”资料的收集、整理和规范存档工作。按计划做好农村改厕、病媒生物防制、卫生先进单位和卫生村创建工作，38个村庄被评为“海口市卫生村”，56个单位为“海口市卫生先进单位”；23个村庄为“海南省卫生村”，31个单位为“海南省卫生先进单位”。经委托市统计局进行民意调查，市民对卫生状况满意率91.56%。

【搭建“创卫”组织机构】2015年，海口市“双创”工作指挥部设第六组负责“创卫”工作，市爱卫办工作人员分别承担“创卫”各项工作，并从市其他部门抽调62人参加“创卫”工作。下设办公室，办公室内设组织协调组、督查考评组、信息化保障组、专家指导组。督查考评组内再分为6个小组，进一步将“创卫”任务进行细化，指定专人负责，将千头万绪的“创卫”工作任务逐步落实。

【“创卫”规划和方案制定】2015年，海口市爱卫办制定《海口市创建国家卫生城市规划（2015-2017年）》，完善《海口市创建国家卫生城市责任分工及考核分值》，制定饮食行业、农贸市场、病媒生物预防、“创卫”示范点等多个专项整治实施方案，报市“双创”工作指挥部审核印发，进一步将“创卫”标准细化，任务落实到各区、各职能部门，使“创卫”工作进入有章可循的轨道。

【“创卫”宣传】2015年，海口市通过海口晚报、海口广播电视台《亮见》《创卫黑榜》《“双创”新闻早茶》《卫生创建与健康教育》等多栏目、高频次刊登和播放“创卫”动态。先后印发《海口市创建国家卫生城市应知应会手册》5万册、《海口市创建国家卫生城市指南》4000册、《中国公民健康素养基本知识与技能》35万册、《海口市创建国家卫生城市行业卫生标准》5万册、《全国居民健康素养监测调查问卷》7万份，刻录《海口市创建国家卫生城市国家专家何爱华专题讲座》光盘300个，编印写真喷绘“创卫”海报5万张，通过《海口晚报》全文刊登各种“创卫”标准等宣传“创卫”工作。在海府立交桥、海瑞桥、海秀桥、海瑞大桥、南航天桥等处设置户外“创卫”广告，营造“创卫”社会氛围，普及“创卫”科普知识。

【“创卫”重难点调研】2015年，海口市组织专家调研城中村、城乡结合部、“六小”卫生管理农贸市场、建筑工地卫生等“创卫”重难点，制定社区、单位、城乡结合部、农贸市场、“六小”行业等12个行业和单位标准，为各单位、各行业的“创卫”工作提供标准依据。

【“创卫”业务培训】2015年，海口市先后邀请全国爱卫会专家委员会委员许立凡、何爱华、董言德等7人调研“创卫”工作，并由何爱华、董言德两位专家授课，分别举办全市性“创卫”和病媒生物防制专题培训班及专题讲座，市四套班子领导、区三套班子领导，各开发区、街道办、居（村）委会、近郊5个镇领导及各级干部共2000多人参加。邀请省、市“创卫”专家郑穗曾、病媒生物防制专家王传兴授课，分别对4个区、各职能部门、企事业单位进行《国家卫生城市标准》《海口市创建国家卫生城市行业卫生标准》对口培训，累计举办培训班60多场次，参加培训2万多人次。

【“创卫”信息化管理】2015年，海口市完成制作“双创”范围图，重点区域图，中山、国兴2个街道及海府路工作图，领导挂点图，以及各区道路插花式管理工作图。实现“创卫”城管系统线上运行，完成2015年计划整治道路实景影像采集，开发完成绩效考评系统功能。完成“创卫”新版考勤系统排班管理模块，进行“门前三包”专题模块得分统计报表功能模块开发及其分值类型的后台数据计算，加快“创卫”信息数据上图工作。

【“创卫”示范点建设】2015年，海口市国兴街道“创卫”示范点经海南省爱卫办组织专家检查评估，各项创卫指标基本达标。市爱卫办会同龙华区，选取龙华区中山街道办的居仁坊、园内里、人和坊、西门外作为连片创建示范点，因地制宜，开展老城区环境综合整治，主要修补破损路面，清理断垣残壁，粉刷旧墙体，见缝插绿，进行绿化，取缔占道经营，落实“门前三包”等，各项指标达到《海口市社区卫生标准》。建立12个农贸市场禽类存栏、宰杀、销售三区分离示范点，为农贸市场环境整治和升级改造树立典型示范。

【公共场所卫生督查】2015年，海口市整治公共场所单位3486家（“四小”场所2853家、其他633家）。其中，已发证单位2969家（“四小”场所2355家、其他场所614家）；新发证单位199家（“四小”场所198家），发证率85%（“四小”场所82%）。监督检查867家，责令整改单位272家，发放整改意见书434份，整改建议2232条。

【病媒生物防制】2015年，海口市制定《海口市病媒生物防制规划(2015–2017年)》《海口市病媒生物防制市场化运作方案》和《海口市病媒生物防制基础设施建设方案》，投放第二代抗凝血灭鼠毒饵8万千克，组织8支专业队伍120人采用磷化铝堵鼠洞强制灭鼠，堵鼠洞15万多个，鼠密度下降87%。组织开展灭蝇、灭蚊、灭蟑活动月专项活动，共投放药品1万千克和560箱（38.4万份），覆盖21个街道。

【健康教育与健康促进工作】2015年，海口市在广播电视、报刊分别设立健康教育栏目，在重点场所规范张贴禁烟标识，指导国兴街道办、美兰区检察院、道客社区、华中师范大学附属海口中学、海南工商学院5家单位建立健康教育资料样板，完成健康教育考评实施细则的制定，在8个社区上墙规范的健康教育专栏。发放全国居民健康素养调查问卷1188份，有效问卷1096份，及格问卷297份，不及格问卷799份，健康素养水平27.1%。完成4个区二级以上医疗机构、公共场所、学校、社区、机关、企事业等78家单位的第一轮健康教育和健康促进专项考评。

【环境卫生投诉督导】2015年8月，海口市“创卫”督导考评组设立环境卫生“脏乱差”投诉举报电话，建立“创卫”投诉举报平台。年内接到市民关于病媒生物防制、重点场所卫生、环境保护等各类投诉案件278件，处理结案235件，正在复核查处43件。

【建筑工地卫生整治】2015年，海口市组织检查建筑工地1600项，发现不文明施工数300余项，规范商品砼厂站数190项，下发整改通知单900份，报违法违规530宗，报不良行为记录37宗，停工整顿13家。对施工现场未按要求设置沉淀池以及工地食堂、办公区及生活区卫生不达标的工地下发整改通知书，责令其限期整改。

【饮用水安全和外环境水体管理】2015年，海口市完成检查979家居民小区二次供水单位，对其中837家小区下达二次供水卫生管理整改通知函；开展排查黑臭水体工作，组织市供排水水质监测站监测白沙河、鸭尾溪、龙珠沟、龙昆沟等27个水体。

【“创卫”模拟检查】2015年11月2～4日，由海口市“双创”工作指挥部创卫组牵头，邀请国家“创卫”专家组模拟检查市容环境卫生、环境保护、农贸市场、公共场所和生活饮用水、食品安全，病媒生物防制等6方面工作。模拟检查组以区为单位，采取推荐和随机抽查的方式，按项目要求检查足量的单位，并进行综合评分。11月5日，由市“双创”工作指挥部组织召开创建国家卫生城市模拟检查反馈会议，制定《模拟检查存在问题清单及整改责任分工方案》，将存在问题细化量化，逐项落实整改。

【农村改厕】2015年，海口市开展改厕技术进乡镇、进村庄活动，为4个区和22个镇分别配备27台农村改厕工作专用打印机，加强农村改厕信息化管理。全市建设三格化无害粪池卫生户厕8000户，完成年度任务100%。

（何荣真）

（编辑：赵华锋）

体育工作

【体育工作概况】2015年，海口市围绕“体育惠民、服务社会”的指导思想，深入贯彻落实《全民健身计划》，全面活跃群体活动，扎实推进健身设施、健身组织、健身活动“三大网络”向基层覆盖延伸。倡导“全民健身与奥运同行”，人民群众的体育意识进一步增强，经常参加体育锻炼的人数显著增加。体育场地设施不断增加，全市有各类体育场馆2697个，社会体育指导员超过1000人。中央、省文体厅在海口市安置23套217件全民健身路径。以推进全民健身为重点的“全民健身日”等活动，使群众体育科学化、组织化水平不断提高，全民健身活动蓬勃开展。

【群众体育】2015年，海口市先后举办30个869场次群众性体育活动，参加人数1.05万人次以上。举办海口市元宵农民排球邀请赛、第六届海口市农民趣味运动会、海口市农民男子九人排球赛等3个群众性体育活动，以及海口体育乡村行系列活动等2个送体育进农村活动，扶持村镇办

2015 年 5 月 9 日至 7 月 19 日，“城昭地产”杯 2015 海口市足球甲级超级联赛在海口世纪公园举行，共有 21 支球队参赛。（市文化广播出版体育局 供稿）

大坡镇美丽乡村“生态杯”男子九人排球邀请赛、演丰镇农民排球邀请赛、大坡镇“农民杯”男子排球邀请赛、遵谭镇五一男子排球邀请赛、龙泉镇端午节农民排球赛、琼山区和谐杯九人男子排球邀请赛、永兴镇男子篮球赛 7 个农民体育比赛；第五次组队参加第五届海南省农民男子九人排球赛；组织举办第六届海口市社区乒乓球赛、海口市迎春足球赛暨甲级联赛、第三届海口市自行车联赛、益骑中国·海口车友嘉年华活动、海口市足球联赛、海口市篮球联赛、海口市健身瑜伽大赛、海口体育嘉年华系列活动·彩色潮跑和体育游园等 9 个大众体育活动 209 场次，参与人数 5737 人。扶持 4 个区参加第五届海南省全民健身运动会。

【学校体育】2015 年，继续开展 2014~2015 年度海口市校园足球联赛下半程，以及涵括三人足球、三人篮球、街舞、滑板、自行车等 5 个项目的青少年暑期体育活动套餐的第六届海口市青少年街头体育季，举办全国国际象棋学校锦标赛、海口市第七届小学和幼儿园国际象棋联赛、第三届海口市少儿国际象棋冠军赛等共 8 个赛事 524 场次青少年参与的体育活动，参赛人数 3130 人；组织海口市33 个校园的足球小将们参加为期 6 天的全国青少年校园足球冠军杯赛长沙分区赛，与其他城市代表队切磋、交流。

【竞技体育】2015 年，海口市竞技体育工作围绕“打造品牌体育赛事，缔造城市名片”的中心工作，全面抓好队伍建设，抓好业余训练和基层训练网点工作。全年参加全国级比赛获得前八名的项目 49 个，其中金牌 5 枚、银牌 8 枚、铜牌 10 枚，参加省级比赛获得前八名的项目 301 个，其中金牌 93 枚、银牌 65 枚、铜牌 53 枚。在国际竞技体育上，海口市运动员蒙成代表中国队参加世界青年举重锦标赛（波兰）的男子举重56 公斤级比赛，以抓举 126 公斤，挺举 150 公斤，总成绩 276 公斤的成绩夺得该项目金牌，此外，还以 150 公斤的成绩获得挺举第一名，以 126 公斤的成绩获得抓举银牌。这是蒙成第一次获得世青赛 56 公斤级金牌，也是海南大力士近 3 年来取得的第 3 枚世青赛总成绩金牌。

【重大体育赛事组织】2015 年，海口市先后组织的重大体育赛事活动有：2015 年第六届环海南岛国际大帆船赛（海口赛段）、2015 世界女子高尔夫锦标赛、2015 第十届环海南岛国际公路自行车赛（海口赛段）、2015 海口国际沙滩马拉松赛、2015 年国际旅游岛帆板大奖赛和海南国际武术大赛。此外，还新引进全国国际象棋学校锦标赛、全国桥牌混合团体赛 2 个品牌体育赛事，再次成功举办常态化国内国际体育品牌赛事—海南国际武术大赛，首次成功举办富力海口马拉松暨首届商学院马拉松赛，共有 1.08 万名运动员参与上述 4 个赛事。

【第四届世界女子高尔夫球锦标赛】2015 年 3 月 12 ~ 15 日在海口观澜湖旅游度假区黑石球场举办。由国家体育总局、海南省文化广电出版体育厅

2015 年 5 月 5~7 日，“福兴医院杯”2015 海口市篮球联赛在市灯光球场举行。（市文化广电出版体育局 供稿）

主办，女子欧巡、女子中巡共同认证，中国高尔夫球协会、海口市人民政府、观澜湖集团承办。本届赛事总奖金60万美元，包括72洞个人比杆赛、72洞职业团队锦标赛以及72洞业余球手个人赛。包括世界排名第二的韩国球手朴仁妃、世界第五的挪威选手苏珊·佩特森、世界第八的韩国选手柳潇然，以及2014CLPGA年度奖金王中国球手林希妤等世界顶尖选手在内的108名选手参赛。最终，韩国选手柳潇然以总成绩279杆低于标准杆13杆夺得职业个人冠军；韩国组合朴仁妃、柳潇然以总成绩559杆领先15杆的绝对优势成功卫冕，获得职业团队冠军；13岁的中国球员叶雷以总成绩305杆赢得业余个人冠军。近300家媒体及6万名观众观看比赛。

【海口国际沙滩马拉松赛】 2015年11月28日在海口假日海滩举行。由中国田径协会、海南省文化广电出版体育厅、海口市政府联合主办，海南省田径协会、海口市文化广电出版体育局承办，北京中体经纪管理有限公司和北京欧迅体育文化股份有限公司联合运营。比赛设有2千米迷你跑、3千米女子团体沙滩跑及10.5千米全程跑3个项目。来自国内外的4000多名专业及业余运动员参加比赛。赛事得到海口市当地民众的广泛参与，其中男女迷你沙滩跑中有1000多名选手是海口市各部门政府机关工作人员及群众代表。经过激烈的角逐，肯尼亚队包揽男女组冠军。

【发展足球产业】 2015年，海口市根据国务院办公厅印发《中国足球改革总体方案》有关“新建2个国家足球训练基地，满足国家队不同季节的比赛和训练需要”的发展任务，创建中国足球（南方）训练基地。基地位于秀英区永兴镇，规划建设20片足球场，能够承办足球冬训、培训等训练基地。7月2日，中共海口市委常委会审议通过《海口市足球发展工作方案》和《海口市足球发展规划（2016—2020）编制方案》，把足球产业列入省政府提出的12项重大产业中的文化体育实体建设谋划。11月28日，2015首届中国民间足球发展论坛在海口举行。论坛从“中国民间足球发展要素的人、财、物”3个内容方面出发，从不同角度分析中国民间足球的现状及未来发展方向。年内，海口市灵山中学、市滨海九小学、市二十五小学被遴选为全国青少年校园足球特色学校，美兰区被遴选为全国青少年校园足球特色县（区）。

【“我爱足球”中国足球民间争霸赛总决赛】 2015年11月28日在海口落幕。由中国足协主办、海口市足协与北京体育之窗文化股份有限公司承办。总决赛历时3天，4支总冠军队伍全部产生：五人制娃娃组决赛，由湖北队对阵新疆队，新疆队获得冠军；五人制青少组决赛，湖北队4：3险胜新疆队；五人制社会组决赛，上海队4：1胜北京队摘得桂冠；社会组十一人制决赛，湖北队2：1击败福建队登顶。“我爱足球”中国足球民间争霸赛由中国足协主办，北京体育之窗文化股份有限公司承办，并联合全国32个省、自治区、直辖市、新疆生产建设兵团共同打造。本届赛事覆盖100多座城市，近15万名足球爱好者参与，成为规模最大、持续时间最长、覆盖人口最多的中国草根足球平台。赛事历时5个月，进行上万场比赛，在全国各地掀起草根足球热潮。

【体育队伍建设】 2015年，为加强高水平运动员管理，海口市按照《运动员技术等级管理办法》《运动员技术等级标准》的要求，共审批授予国家二级运动员荣誉称号的运动员69名和国家三级裁判员51名，其中篮球二级运动员31名，田径二级运动员10名，健美二级运动员1名，排球二级运动员3名，足球二级运动员19名，羽毛球二级运动员4名，乒乓球二级运动员1名，自行车三级裁判员51名。审批授予荣誉称号的运动员全部登记在案。同时，完成4期三级社会体育指导员培训，共718人参加培训，574人合格。年内新增三级社会体育指导员574名，海口市社会体育指导员总数2192人。

【体育社会团体】 2015年，海口市新发展单项体育协会1个、单项体育俱乐部1个。全市21个街道都成立老年人体育协会。22个镇都成立综合文化站，实现全覆盖。至年底，有市级单项体育协会19个、综合体育协会2个、单项体育俱乐部14个、青少年体育俱乐部11个、国家级社区体育健身俱乐部2个。

【市体育运动学校】 2015年10月12日，为推进海口市体育事业单位机构改革，优化资源配置，经市政府批准，原海口市体育场地管理站并入海口市体育运动学校。学校核定编制61人，学校在岗教职员工55人，教练员22人（中级教练13个；外聘教练3人），教师21人（高级教师7个；中级教师7个；外聘教师4人）。各运动项目注册运动员306人，在训运动员400多人；文化课教学班级6个，学生147人 。在全国赛事中，获得金牌4枚，银牌6枚，铜牌10枚。10月18日，海口体校沙排队代表海口市参加第一届全国青年运动会，获女子第二、六名及男子第七名。6名运动员获得体育健将等级。在2015年海南省青少年锦标赛上，获得6个团体第一，金牌92枚，银牌65枚，铜牌53枚，有6支队伍荣获体育道德风尚奖。主办2015年海口市少年儿童乒乓球季度联赛，举办足球、沙滩排球、田径、网球等项目夏令营活动，近400名少年儿童参加。

【市体育工作队】 海口市文化广电出版体育局直属的事业单位，正科级。2015年有运动员27名，其中：国家

2015年海口籍运动员体坛荣誉表

项目	姓名	性别	竞赛名称	赛项	成绩
举重	蒙　成	男	世界青年举重锦标赛	56公斤级比赛	以抓举126公斤，挺举150公斤，总成绩276公斤的成绩夺得该项目金牌；以150公斤的成绩获得挺举第一名，以126公斤的成绩获得抓举银牌。
举重	杨利金	女	世界青少年女子举重锦标赛	48公斤级	金牌
举重	蒙　成	男	第一届全国青年运动会	56公斤级	金牌
举重	俸林梅	女	第一届全国青年运动会	48公斤级	银牌
游泳	闫思宇		第一届全国青年运动会	800米自由泳	第四名
举重	陈日强	男	第一届全国青年运动会	85公斤级	第五名
举重	谷　峰	男	第一届全国青年运动会	105公斤级	第六名
举重	王　蕾	女	第一届全国青年运动会	48公斤级	第六名
游泳	闫思宇		2015全国马拉松游泳冠军赛		第二名
游泳	闫思宇		2015年“吉利博瑞杯”全国游泳冠军赛暨世锦赛选拔赛	800米自由泳	第七名

健将级运动员4名。参加第一届全国青年运动会，获得1枚金牌、3枚银牌，其中举重运动员蒙成获男子56公斤级金牌，俸林梅获女子48公斤级银牌，陈日强获男子85公斤级第五名，谷峰获得男子105公斤级第六名，王蕾获得女子48公斤级第六名；游泳运动员闫思宇获女子800米自由泳第四名。另外，6月在波兰举行的世界青年举重锦标赛中，蒙成为中国代表团夺得男子56公斤级挺举和总成绩两枚金牌、抓举一枚银牌；女子48公斤级运动员杨利金参加4月在秘鲁举行的世界青少年女子举重锦标赛中，为中国代表团夺得该级别的金牌；游泳运动员闫思宇参加6月在天津举行的2015全国马拉松游泳冠军赛中以2小时18分41.29秒的成绩获得第二名。

（徐　毅　阮召伍　杨　栋）

（编辑：吕书萍）

社会民生

公共就业服务与劳动关系管理

【公共就业服务与劳动关系管理概况】2015年，海口市加快推进城乡人力资源市场服务体系建设，不断健全城乡一体的就业管理制度，进一步完善保障城乡劳动者公平竞争、平等就业的制度环境，就业形势总体稳定。全市城镇新增就业5.67万人，完成年计划的103%。其中，城镇登记失业人员再就业1.05万人，完成年任务的105.43%；就业困难人员实现就业943人；城镇登记失业率0.9%；城镇零就业家庭实现动态清零；组织农村富余劳动力转移就业8730人，完成年计划的109.12%。

【高校毕业生就业】2015年6月，海口市就业部门全面铺开“2015年-2016年度海口市应届毕业大学生就业状况专项调研”活动；举办5场“走进校园”系列高校毕业生专场招聘会，累计489家单位进场招聘，提供岗位6114个，入场求职的高校毕业生人数7124人，面试人数5547人，达成工作意向人数1524人；组织“海口市招聘团”参加人社部举办的全国高校毕业生巡回（春季）招聘会，共接受各类就业咨询5600余次，发放《海口企业招聘专刊》6000份。新增高校毕业生就业见习基地17家，新增见习岗位282个。全市累计批准建立就业见习基地112家，可提供见习岗位1451个，可接纳1.20万人同时参加见习；共受理审核就业见习申报材料5批次，申报人数累计784人次，全年拨付就业见习补贴134万元；累计为应届高校毕业生提供创业培训3590人，技能培训513人。

【就业困难人员援助】2015年，海口市就业部门通过多种形式对城镇登记失业人员、零就业家庭成员、残疾登记失业人员、长期未就业的高校毕业生、完全失地农民和其他长期失业人员提供就业援助。开展“就业援助月”“暖冬援助月”“‘劳动至上’助残日”等活动，共帮助就业困难群体实现就业943人。“零就业”家庭实现动态清零。新增公益性岗位55个，开始启动征集100个“双创”公益性岗位。累计支付就业困难人员灵活就业社保补贴、公益性岗位（含社保）补贴、企业社保补贴等各项补贴1499.5万元，2.61万人次受益。

【农村富余劳动力转移就业】2015年，海口市就业部门加强乡镇公共就业服务信息发布平台建设，及时发布就业岗位和培训等信息，积极开展农民工走访和座谈活动，面向农村富余劳动力举办“春风行动”“走进乡镇”等专场招聘会4场，提供岗位6722个，达成用工意向3051人。与省内各市县形成农村富余劳动力转移战略合作联盟。11月20日，海口市人社局和屯昌县人社局联合举办“2015年屯昌县农村富余劳动力转移就业专场招聘会”，吸引1137人入场，提供岗位867个。全年组织农村富余劳动力转移就业8730人，完成年任务109.12%。

【创业服务】2015年，海口市人社局加强创业引导服务，积极推动大众创业。加强创业“示范点”“帮扶点”建设，设置驻点专家团，开展创业指导服务“进乡镇、进社区”活动；首次启动海口市创业节活动，出版《海口创业就业》杂志，举办“海口创业论坛”“第二届高校毕业生营销大赛”“创新南山2015‘创业之星’大赛海口分赛”“2015年海口市创新创业大赛”，以赛事推动大众创业。举办“高校毕业生创业项目推介会”“创业村头脑风暴”“琥珀汇创业服务”等活动，为创业群体提供多方位指导和服务。积极推进创业孵化基地建设，新增建立海南工商创业孵化基地、海口市青年创业孵化中心；江东电子商务产业园、新华信息产业孵化园新增进入企业项目57个，带动就业约800人。全年，市创业小贷中心共发放创业小额贷款5214万元，帮扶615人创业，带动1713人就业，完成年目标任务102.5%。

【人力资源市场建设管理】2015年，海口市以“统筹城乡就业保民生，服务规模企业用工保发展”为工作重点，开展优质岗位推荐等特色活动。市人力资源市场全年共举办“高端人才春季猎头大会”等各类现场招聘会108场，4242家单位提供就业岗位4.63万个（次），录用6287人。积极助力“双创”工作，为海口市各条“双创”战线提供一线“双创”人员、协管员1500余名，并根据岗位需求进行岗前技能培训。

【职业技能培训与鉴定】2015年，海口市人社部门结合产业发展需求，统筹利用区域内各类职业培训资源，组织各类劳动者参加职业技能和创业培训，加快培养急需的高技能人才。建立“互联网＋培训监管”工作模式，规范培训监管流程，强化培训机构管理，促进培训项目和培训对象广覆盖。为响应市委、市政府在“双创”工作上的要求，在市区成建制组织培训待业人员（含城镇登记失业人员、农村转移就业劳动者）1426人。其中，对有意着手或正在创业的人员开展创业培训462人，技能培训964人（含根据企业培训需求开展的定向式培训挖掘机110人，数控机床205人，叉车63人）。全年组织1.24万人参加职业技能培训或创业培训，圆满完成全年任务；积极开展需求较大的高级职业技能培训，举办3期高级月嫂培训班；组织8516人参加职业技能鉴定。9月6日，海南省海口技师学院秀英新校区启动办学，车辆工程系、机电工程系和电气工程系近1000名师生入驻新校区。

【劳动保障监察】2015年，海口市劳动保障监察部门在普遍开展常规劳动保障监察巡视检查的基础上，结合海口市实际，多部门联动，先后开展保障农民工工资支付大检查、用人单位遵守劳动用工和社会保险法律法规情况专项检查、“打击非法用工，构建和谐劳动关系”社会综合治理工作、“百日要约行动”等全市性规模较大的劳动保障监察专项行动。启动农民工劳动争议处理“绿色通道”，快立快审快结农民工劳动争议案件。全年执法检查各类用人单位2393家，涉及用工人数11.27万人；接受举报投诉立案数525件，结案数518件，结案率98.7%；参与处理突发事件341宗，涉及劳动者3.1万人；为1.95万名农民工追回工资2.71亿元；责令补签劳动合同918份；责令办理社会保险登记涉及劳动者4215人，涉及金额266.7万元；办理农民工工资保证金存入手续107笔共6683.9万元，退还226笔共8448.96万元；划支17宗802名农民工工资1196.54万元。全市企业劳动合同签订22.17万户，在岗职工59.74万人，签订劳动合同56.52万人，签订率93%；签订集体合同数量6874个，涉及企业9747家、职工17.44万人，已建工会的企业1.18万家，集体合同签订率83%；企业劳动合同备案587户，涉及职工5.69万人；解除或终止合同职工722人。为11名随军家属职工办理流动手续；为8名申请全国劳动模范、全国交通运输系统劳动模范、全国商贸流通服务业先进工作者、省五一劳动模范、市劳动模范等企业法人代表和2家申请全国商贸流通服务业先进集体企业办理诚信证明，对海航基础产业集团公司旗下5家企业出具诚信证明，协调省人社厅对38家省管辖企业出具诚信证明。市人事劳动监察部门加强“两网化”（劳动保障监察网格化、网络化）平台建设工作，升级海口市劳动保障监察系统，于8月初举办1期海口市劳动保障监察系统培训班。6月10日至9月20日，市人社局与市总工会、市工商联等部门联合在全市开展工资集体协商“百日要约行动”。10月20～21日，召开海口市工资集体协商工作推进会暨举办工资集体协商骨干培训班，148人参加培训。10月27～29日，举办海口市2015年建筑企业农民工工资支付培训班，共395家企业512人参加培训。

【人事劳动争议调解与仲裁】2015年，海口市人事劳动仲裁院成立14人的仲裁青年志愿者工作队，全年处理人事劳动争议案件420宗。其中，受理382宗，不予受理38宗；结案415宗（裁决264宗，调解113宗，其他形式结案38宗），期限内结案率98.2%，无本级或上级纠错案件，当事人投诉为零。通过办案，调解裁决用人单位向劳动者支付各类资金512万元。

社会保险

【社会保险概况】2015年，海口市不断完善城乡社会保险服务体系，推进城乡居民养老保险制度一体化建设，进一步提高企业退休人员基本养老金、城镇居民医保待遇等，依法开展社保经办工作，落实各项新制度、新政策，推进精细管理，做好各项社保的扩面征缴、待遇支付、基金管理以及社会保障卡的申领发放工作，深入实施被征地农民养老保险工作。全市新登记参保单位3687家，新增参保人数6.79万人。城镇从业人员基本养老、医疗、工伤、生育、失业五项社会保险参保人数（不含省本级）分别为53.18万人、31.91万人、27.23万人、26.72万人、46.81万人。五项社会保险基金总收入41.54亿元，总支出38.11亿元，累计结余21.32亿元。城乡居民养老保险参保率97.6%，城镇居民医保参保人数完成年计划110.9%。

【城镇从业人员养老保险】2015年，海口市新增城镇从业人员参保单位3399家，新增参保人员26964人次。城镇从业人员基本养老保险参保人数（不含省本级）53.18万人。共发放9.91万名离退休人员养老金28.9亿元。完成5751名达到法定退休年龄人员的退休材料审核及养老金计发。支付1798名死亡离退休人员丧葬费1932万元、一次性抚恤金7739万元。城镇从业人员养老保险基金收入26.51亿元，支出25.53亿元，累计结余8.80亿元。

【城镇从业人员医疗保险】2015年，

海口市新增城镇从业人员参保单位3417家，新增参保人员16856万人次。城镇从业人员医疗保险参保人数（不含省本级）40.6万人。医疗保险基金收入10.08亿元，支出8.72亿元，累计结余4.09亿元。职工医保的门诊特殊疾病病种由原来的14种扩大到24种，并提高定额标准待遇。

【失业保险】2015年，海口市失业保险参保人数46.81万人，在册领取失业金人员5783人。新增办理失业人员申领失业保险待遇5785人，累计发放失业保险金74987人次，发放金额8967万元。缴纳领取失业金人员基本医疗保险费2985万元。全年全市失业保险基金收入1.31亿元，支出1.29亿元，累计结余202.12万元。11月，市就业部门举办“2015年海口市失业监测企业业务培训班”，对23家监测企业相关工作人员进行失业监控能力及数据统计能力业务培训。

【工伤保险与劳动能力鉴定】2015年，海口市人社局启动“建筑业从业人员参加工伤保险”和“工伤保险政策”集中宣传月活动，促进建筑业参加工伤保险工作。全年全市城镇从业人员工伤保险参保人数27.23万人，工伤保险基金收入4546.12万元，支出2301万元，累计结余1.89亿元。市人社部门进行工伤认定689例，劳动能力鉴定192例。

【生育保险】2015年，海口市城镇从业人员生育保险参保人数26.72万人，1.33万人次享受生育保险待遇，支付各项生育保险待遇4625.2万元。其中，生育医疗待遇支出2095.7万元，其他待遇支出248.2万元，生育津贴支出1913.4万元。全年生育保险基金收入5010万元，支出4625.2万元，累计结余4337万元。

【城乡居民养老保险】2015年，海口市城乡居民基础养老金标准统一提高至每人每月145元，城乡居民养老保险参保32.67万人，参保率97.6%。7月23日，市政府审议通过《海口市城乡居民基本养老保险工作实施方案》，将原来按户籍划分的新农保和城镇居民养老保险2个制度进行合并，实施统一的城乡居民基本养老保险制度，解决原来险种过多和城乡差别的问题，广大农民和城镇非从业人员在城乡居民养老保险的缴费档次、待遇标准及公共服务等方面均实现统一。年内，城乡居民养老保险基金收入2.52亿元，支出1.74亿元，累计结余3.59亿元。

【被征地农民社会养老保险】2015年，海口市国土局下发的114个征地项目中，进入被征地农民参保程序的项目103个，落实参保缴费补贴1305人，缴费补贴金额2736.66万元，283人领取被征地农民养老金。

【城镇居民医疗保险】2015年，海口市城镇居民医保参保55.9万人，完成年任务106.2%；城镇居民医疗保险基金收入2.67亿元，支出1.88亿元，累计结余3.07亿元。11月，启动2016年度城镇居民医保征缴工作，年底前征缴人数45.71万人。完善定点医疗机构考核标准及办法，对29家居民医保定点一级医疗机构进行考核。

【机关事业单位养老保险制度改革启动】2015年7月，海口市启动市机关事业单位养老保险制度改革工作，市政府成立海口市机关事业单位养老保险制度改革和完善工资制度工作领导小组，积极开展相关业务培训，确定218家市本级参加机关事业单位养老保险改革单位。

【离退休人员管理】2015年，海口市有9.71万人通过“人脸识别”系统完成养老金领取资格认证，认证率98.44%。海口市企业退休人员基本养老金月人均增加181.29元，达1957.08元。

【社保卡发行】2015年，海口市启动城镇居民医保参保人和城镇从业人员社会保险参保人社会保障卡发放工作，建成64个社保卡服务网点，覆盖城区和每个乡镇。社区网格员上门协助发放社保卡工作，共下发社保卡登记表58.3万张，完成采集54.6万张，完成制发卡47.5万张，累计发卡73.4万张。

（冯　宁）

人口与计生服务

【人口与计生工作概况】2015年，海口市创新人口和计划生育工作机制，推动高层倡导，加强利益导向，注重全程服务，加大联合执法力度，不断提升人口计生工作科学管理和服务水平。全市人口出生率14.3‰，符合法定生育率91.3%，自然增长率9.98‰，出生人口性别比115.7。海口市获海南省2015年度人口和计划生育工作目标管理责任制考核成绩总分第一名。“十二五”期间，海口市出生人口性别比从2010年的126.15下降到115.7，达到出生人口性别比综合治理预期目标。

【流动人口计生服务管理】2015年，海口市有流动人口31万人，占全市总人口16.8%。市人口计生委与驻市43个省市职能部门签订目标管理责任书，与省内18个市县及外省26个市县（区）签订流动人口计划生育协作管理服务协议书，建立区域协作机制。工商、公安、住建、民政、人社、综治等部门实现信息共享率96%以上，流动人口计划生育技术服务覆盖率98.2%。探索推广出租屋门禁系统管理，美兰区在塔光社区、新埠社区等18个社区安装508套门禁系统。深化流动人口计划生育基本公共服务均等化工作，为流动人口育龄妇女提供免费“三查”服务1.74万人，宣传咨询71人次。琼山区在高登社区、府城社区等建立“五点学堂”，募集

2015年3月31日，2015年度海口市人口计生工作暨出生人口性别比偏高问题重点治理年会议召开。（陈珊珊　摄）

大学生志愿者参与学堂管理，解决外来流动人员子女放学后没人照顾的难题。

【住宅小区计生管理】2015年，根据《海口市住宅小区人口和计划生育服务管理若干规定》，住建部门对物业公司资质复核时，查验了876份辖区计生部门出具的证明，提高了区、镇（街）、物业的工作成效。加强住宅小区人口计生服务管理与社区“网格化”管理的融合和对接。人口计生补录信息3.2万条，建档率95%以上。管理手段和方法不断创新。创建美湖美舍、滨江绿都、永南苑等16个示范小区，在办证、优生优育咨询、卫生、教育、民政等方面为业主们提供全方位服务。创建美湖美舍、滨江绿都、永南苑等16个计生示范小区。

【人口计生技术服务】2015年，海口市做精市级人口计生服务站，拓宽“六语”（宝贝欢语、青春私语、孕前絮语、生育细语、金秋心语、夕阳话语）服务项目，指导好全市服务体系建设。做强区级服务站，安装服务管理系统，配备优良设备，提升区级服务站技术服务水平。美兰区投资800万元新建面积1500平方米的人口家庭和公共服务中心投入使用。琼山区对落实“四术”和孕优措施制定长效奖励机制，落实1例长效节育措施，奖励800元及每千米补助2元路程费，引导群众自觉落实长效节育措施。做实镇级服务所。石山、红旗、云龙、大致坡等9个镇级人口和家庭公共服务中心实现转型升级，新建甲子、三门坡、长昌煤矿人口和家庭公共服务中心；整合卫生资源，在遵谭、龙桥卫生院、蓝天社区卫生中心等建设9个人口和家庭公共服务中心，广泛开展宝贝欢语、生殖健康、“三查”、优生优育咨询、药具发放等服务。新建博昌村、土岭村等15家人口和家庭公共服务中心，开展优生优育咨询。全年全市已婚育龄妇女“三查”率96.56%，重点对象“三查”率99.81%，为41.11万名育龄妇女提供生殖健康检查服务，为6546对夫妇提供孕优检查。

【计生奖励优待政策】2015年，海口市落实计划生育奖励优待政策，奖励55～59岁农村“两户”（独生子女户、纯二女户）对象386人，城镇独生子女父母8106人，农村独生子女父母3348人。补助农村“两户”子女194人高中生活费9.7万元。向城镇特困户、农村特困户独生子女和特困二女结扎户子女大学新生共110人，发放助学金55万元。为计生家庭改厕191户，危房改造70户，对367户计生家庭在技术推广、种苗补

2015年6月11日，海南省卫计委主任韩英伟（右二）在海口市人口计生委主任的陪同下到龙华区人口和家庭公共服务中心调研指导工作。（王炜盛　摄）

2015年6月12日，海口市委常委、市政府副市长巴特尔（左一）到市人口和家庭公共服务中心调研人口计生工作。（陈珊珊　摄）

贴等方面给予优先优惠。

【综合治理人口性别比】2015年，海口市出生人口性别比综合治理工作取得明显成效，出生人口性别比下降至115.7。全年联合执法143次，专项检查全市20家大型公立医疗保健机构和民营医疗机构、122家超生诊断医疗机构，查处“两非”案件11宗，依法移送司法机关2宗3人，兑现举报奖励金额54.5万元，行政罚款40.3万元；约谈28位单位法人代表、17个综合治理部门相关人员、64名B超医生。

【人口计生村（居）民自治】2015年，海口市有计生村（居）民自治创建点243个，占全市村（居）总数59%。年内，海口市仙桃商会计划生育协会组建，府城街道巴中、城西镇晋江等流动人口计划生育协会成立。全市创建100个计生村（居）民自治规范化建设示范区，至年底建成100个示范点。美兰区灵山镇仲恺村委会等9个村（居）被中国计生协会授予“全国人口和计划生育基层群众自治示范村”称号。

【生育服务证制度改革启动】2015年6月15日，海南省生育服务证制度改革试点工作在美兰区正式启动，同时启用省卫生计生便民服务系统。从6月起，美兰区实施的生育服务证制度改革主要有6个事项：（1）夫妻双方均属初育的，不再要求必须办理一孩《生育服务证》，初婚初育夫妻可凭意愿在结婚登记时同时领取。（2）户籍地或现居住地皆可受理再生育申请。（3）实行多渠道核查认定制度，简化办证程序。（4）执行限时办结规定。初育夫妻领取一孩《生育服务证》及通过预审的夫妻申请办理再生育服务证时，受理单位应即时办结。对于其他情形申请办理再生育服务证的，办理时限不超过10个工作日（不含公示时间）；需要跨省（区、市）调查核实有关情况的，办理时限不超过20个工作日（不含公示时间）。（5）积极推进《生育服务证》全程网上办理、网上协查、短信服务，逐步实现《生育服务证》电子化。夫妻因特殊情况不能亲自办理的，可委托他人代为办理，也可委托村（居、作业区）计划生育工作人员代为办理。（6）受理单位在《生育服务证》办结后，可通过省卫生计生便民服务系统或以适当方式通知申请人携带本人有效身份证在省内任何镇（街）、开发区（农场）计生办免费领取《生育服务证》。9月起，该项改革在全市铺开。全年共为5866对夫妇同时发放《结婚证》和《一孩生育服务证》，核发《独生子女父母光荣证》4326本，受理审批城镇居民二孩申请2200对，其中单独二孩1582对。

【全国人口计生示范项目试点工作实施】2015年，海口市承担5个国家项目试点工作。（1）新家庭计划—新家庭发展能力建设试点。在美兰区万福社区开展，聘请7名专家对227户目标家庭成员进行有关家庭保健、科学育儿、养老照护、家庭文化等方面的知识培训。（2）在龙华区开展实施计划生育家庭养老照护服务、青少年健康发展等项试点。年内玉沙社区、滨海新村、盐灶三社区等5个养老照护服务站正常开展工作，养老照护心理疏导和家政服务覆盖10个镇（街）的96个社区，联系计生特殊家庭50户，提供服务240人次。（3）开展联合国人口基金第七周期青少年性与生殖健康项目。与人口和家庭公共服务中心实现资源共享，设置心理生殖健康咨询室；与现代妇婴医院合作，成立“少女意外怀孕救助中心”。（4）开展青少年健康发展试点项目。已建成“青春俱乐部”，并与卫生部门联合开展该项目，每天上午安排心理医生坐诊，为计生家庭青少年排解心理困难。（5）在秀英区开展科学育儿、计生家庭创业等项目试点。联合省、市优秀专家团队，在基层开展包括孕产期保健指导、婴幼儿护理、早期教育等知识的宣讲活动。

【人口计生队伍建设】2015年，海口市配备人口计生工作人员1527人，43个镇（街）计生办配备工作人员624名，落实2名以上公务员；配备村（居）计生员707名，每个村（居）至少配专职计生员1名，人口较多的村（居）按每3000人增配1名计生员。举办人口计生培训班218期，参加人员5628人次。落实村（居）例会制度，对村（居）计生员实行绩效考核管理，报酬达村（居）

2015年11月18日，国家卫计委基层指导司副司长胡志春(左五)带领督查组到海口市调研并听取出生人口性别比综合治理工作专题汇报。（陈珊珊 摄）

支部书记的80%。

【人口计生文化建设】 2015年，海口市人口计生委在19个生态文明村和休闲旅游景点打造人口文化园，万福社区、新利社区的人口文化长廊和人口文化园将“双创”、卫生健康、家教家风知识融合一起。建设万绿园大型人口文化园。建立塔昌村、博昌村等一批精致优美的人口文化园。与海口晚报社和海口广播电视台合作开设《人口计生》《椰城农家话计生》等专栏，在海口晚报要闻版开辟“以人为本·和谐计生”专栏，在全市各种媒体和网络中刊登稿件、计生广告近500篇次。为5932名对象免费发放“优育通”，在海南大学、海口四中等13所学校开展“青春讲堂”专题讲座活动。

（王仁祯）

城乡居民生活

【居民生活概况】 2015年，海口市城乡居民人均可支配收入2.44万元，比上年增长8.0%，比海南省人均收入高出5463元，名列全省第一；人均生活消费支出1.86万元，增长9.0%。从城乡居民收入水平看，海口市城镇常住居民人均可支配收入2.85万元，增长7.6%，人均生活消费支出2.18万元，增长8.5%；农村常住居民人均可支配收入1.16万元，增长9.5%，人均生活消费支出8428元，增长10.5%。

【城镇常住居民收入】 2015年，海口市城镇常住居民人均可支配收入2.85万元，增长7.6%，高出全省平均水平2179元，增幅与全省平均水平持平。分项收入“三增一降”。在城镇常住居民人均可支配收入中，工资性收入2.04万元，增长7.6%，占可支配收入71.6%；经营净收入1495元，下降4.5%，占总收入5.2%；财产净收入1906元，增长2.1%，占总收入6.7%；转移净收入4712元，增长14.5%，占总收入16.5%。工资性收入仍占主导地位，转移净收入比重逐年增加。城镇常住居民工资性收入、经营净收入、财产净收入、转移净收入4大项收入的比重呈“两升两降”变化态势。其中，工资性收入比重上升0.1个百分点，对可支配收入贡献率71.9%，拉动可支配收入增长5.5个百分点；转移净收入比重提升1个百分点，对可支配收入贡献率29.7%，拉动可支配收入增长2.26个百分点；财产净收入比重下降0.3个百分点，对可支配收入贡献率1.9%，拉动可支配收入增长0.15个百分点；经营净收入比重下降0.7个百分点，对可支配收入贡献率负3.5%，影响可支配收入下降0.31个百分点。以上说明城镇常住居民收入对工资性收入和转移净收入的依赖度依然很高，通过经营、财产等渠道创收能力不强，城乡居民收入结构还需优化。物价上涨冲减作用明显，增收下行压力较大。居民消费价格指数累计上涨1.2%，城镇常住居民收入扣除物价因素后，实际增长仅为6.3%，增幅比上年减少0.9个百分点，比2013年减少0.2个百分点，增速放缓。

2015年海口市城镇常住居民收入构成图

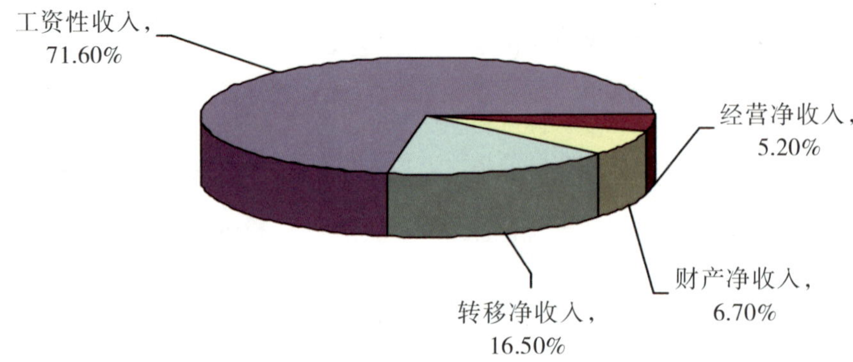

【城镇常住居民支出】 2015年，海口市城镇常住居民人均生活消费支出2.18万元，增长8.5%。城镇居民生活质量不断提高，消费潮流更加多元，八大项生活消费支出呈现“七升一降”的局面。医疗保健人均支出1116元，增长17.4%，增幅居八大项消费之首，拉动消费支出增长0.82个百分点。交通通信人均支出3356元，增长14.0%，拉动消费支出增长2.0个百分点，其中购买汽车等交通工具消费支出的大幅度增加是交通通信支出增长的主要原因。购买交通工具人均支出901元，增长41.7%。食品烟酒人均支出7609元，增长10.8%。在食品消费支出中，肉类消费增长19.26%。其中，羊肉和牛肉消费分别增长12.7%和40.7%；人均禽类、水产品、奶类支出分别增长12.1%、10.0%、9.9%，食品消费呈现营养化、多样化的趋势。

【农村常住居民收入】 2015年，海口市农村居民人均可支配收入1.16万元，增长9.5%，增幅较上年回落2.9个百分点，与全省平均增幅持平。打工收入依然是农民收入的主要来源，是农民增收的一大亮点。在农村居民收入的四项构成中，农民人均工资性收入5937元，增长12.8%，对可支配收入贡献率66.9%，拉动可支配收入增长6.4个百分点。经营性收入是农民收入的第二大来源和增收的重要补充。农民经营性收入4132元，增长5.4%，增长缓慢，对可支配的贡献率21.0%，拉动可支配收入增长2个百分点。农民人均财产性收入367元，增长14.0%，增幅显著，对可支

2015 年海口市农村常住居民收入构成图

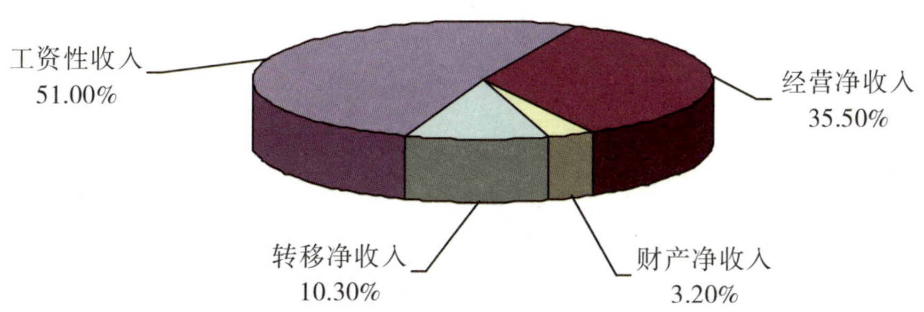

配收入贡献率仅 4.5%，拉动可支配收入增长 0.4 个百分点，对可支配收入贡献最小。农民人均转移性收入 1199 元，增长 6.9%，稳步增长，对可支配收入贡献率 7.7%，拉动可支配收入增长 0.7 个百分点，对可支配收入贡献有限。

【农村常住居民支出】2015 年，海口市农村居民人均生活消费支出 8428 元，增长 10.5%，农民消费仍以生活实用性消费为主。从消费支出类别看，食品烟酒类支出 3373 元，增长 12.9%，占消费总支出的比例较上年上升 0.8 个百分点，为 40%；衣着类支出 324 元，增长 6.6%，占消费总支出的比例较上年下降 0.2 个百分点，为 3.8%；居住类支出 1589 元，增长 4.1%，占消费总支出的比例较上年下降 1.1 个百分点，为 18.9%；生活用品及服务类支出 498 元，增长 4.8%，占消费总支出的比例较上年下降 0.3 个百分点，为 5.9%；交通通信类支出 868 元，增长 20.7%，占消费总支出的比例较上年上升 0.9 个百分点，为 10.3%；教育文化娱乐类支出 1099 元，增长 7.2%，占消费总支出的比例较上年下降 0.4 个百分点，为 13%；医疗保健类支出 545 元，增长 14.7%，占消费总支出的比例较上年上升 0.3 个百分点，为 6.5%；其他用品及服务类 132 元，增长 10.9%，占消费总支出的比例与上年持平，为 1.6%。食品烟酒类、衣着类、居住类消费支出占生活消费总支出 62.7%，仍以追求实用为主。

【居住条件】2015 年，海口市城镇常住居民人均住宅建筑面积 30.1 平方米，增长 0.4%；农村常住居民人均住宅建筑面积 32.2 平方米，增长 0.6%。

（唐　磊）

市场物价

【市场物价概况】2015 年，海口市居民消费价格平稳运行，全年指数（CPI）比上年上涨 1.2%，比全国总水平（1.4%）低 0.2 个百分点，创下近 6 年来海口 CPI 年度涨幅新低，远低于年初设定的物价调控目标。工业生产者价格持续下行，降幅较上年进一步扩大。在降息、降准、“330”二套房首付比例下调、公积金存贷款利率下调等利好政策影响下，海口商品房交易市场逐渐活跃，价格稳步回升。

【居民消费价格】2015 年，海口市居民消费价格上涨 1.2%，涨幅较上年回落 1 个百分点，为 2010 年以来同期最低，比最高的 2011 年（5.4%）低 4.2 个百分点。从分月同比指数看，涨幅步入“1”时代，各月指数波动幅度不大。1 月以全年次低涨幅开始，震荡上行至 6 月全年最高涨幅 1.7%，接着下行至 9 月全年最低涨幅 0.6%，随后在食品、居住等价格上涨带动下逐步回升。从分月环比指数看，全年呈“8 升 3 降 1 平”格局。其中，2 月受春节节日效应影响，环比上涨 1.4%；3 月则由于春节过后，部分食品和服务项目价格回落，环比下降 1.0%；其他月份涨跌幅在 -0.3% ~ 0.5%间小幅波动。总体看全年价格总水平变化趋势性不强，各月变动幅度较小，呈现正常的季节性变动。8 大类商品和服务价格呈“6 涨 2 降”格局。除交通和通信、居住外，其他 6 大类商品和服务价格与上年相比均有不同程度上涨。其中，衣着价格上涨 4.9%，涨幅居前；食品价格上涨 3.3%，仍是影响 CPI 指数上涨的第一推手。烟酒、衣着、医疗保健和个人用品、娱乐教育文化用品及服务同比价格涨幅高于上年，其余 4 大类涨幅低于上年。交通和通信价格跌幅扩大、居住类价格由涨转跌，是 CPI 同比涨幅回落的主要原因。全年指数低于全国平均水平，在 36 个大中城市中排名居后。2015 年，海口市居民消费价格水平比全国总水平（1.4%）低 0.2 个百分点，在 36 个大中城市中，排名第 28 位，位次比上年（第 16 位）后移 12 位。

【主要商品及服务价格变动特点】（1）食品价格涨价面较大，仍是推动 CPI 上涨的首要动力。2015 年，海口市食品价格上涨 3.3%，对 CPI 的影响超过物价总涨幅，但其涨势趋弱，涨幅低于上年（3.7%）。在食品 16 个小类中除油脂、蛋、液体乳及乳制品 3 个小类价格出现下降外，其他 13 个小类均有不同程度的上涨，涨价面 81.3%。（2）居住类价格由涨转跌，是 CPI 同比涨幅回落最主要的原因。受房地产市场持续低迷，自有住房、建房及装修材料需求不旺，价格分别下降 0.2%、3.1%及国际原油价格持续回落，进口液化石油气价格不断下跌，导致水、电、燃料类价格下降 4.1%的影响，海口居住价格下降 1.3%，为 5 年来首次下跌。（3）服务项目价格继续上涨。受居民需求增

社会民生

2015年海口市居民消费结构表

指标名称		本年水平（元）	上年水平（元）	比上年增减（%）	构成（%）	增长率（%）
全体居民	生活消费支出	18568	17040	1528	100	9.0
	（一）食品烟酒	6583	5914	669	35.5	11.3
	（二）衣着	845	853	-8	4.6	-0.9
	（三）居住	3896	3714	182	21.0	4.9
	（四）生活用品及服务	1115	1048	67	6.0	6.4
	（五）交通通信	2753	2399	354	14.8	14.8
	（六）教育文化娱乐	2054	1963	91	11.1	4.6
	（七）医疗保健	978	834	144	5.3	17.3
	（八）其他用品和服务	344	315	29	1.9	9.2
城镇居民	生活消费支出	21809	20097	1712	100	8.5
	（一）食品烟酒	7609	6865	744	34.9	10.8
	（二）衣着	1012	1032	-20	4.6	-1.9
	（三）居住	4633	4425	208	21.2	4.7
	（四）生活用品及服务	1312	1234	78	6.0	6.3
	（五）交通通信	3356	2944	412	15.4	14.0
	（六）教育文化娱乐	2359	2268	91	10.8	4.0
	（七）医疗保健	1116	951	165	5.1	17.4
	（八）其他用品和服务	412	378	34	1.9	9.0
农村居民	生活消费支出	8428	7629	799	100	10.5
	（一）食品烟酒	3373	2988	385	40.0	12.9
	（二）衣着	324	304	20	3.8	6.6
	（三）居住	1589	1526	63	18.9	4.1
	（四）生活用品及服务	498	475	23	5.9	4.8
	（五）交通通信	868	719	149	10.3	20.7
	（六）教育文化娱乐	1099	1025	74	13.0	7.2
	（七）医疗保健	545	475	70	6.5	14.7
	（八）其他用品和服务	132	119	13	1.6	10.9

2010~2015 年海口市居民消费价格指数

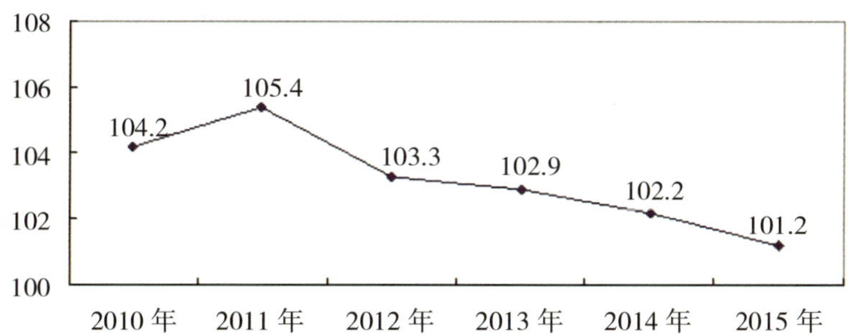

2015 年海口市居民消费价格分月指数

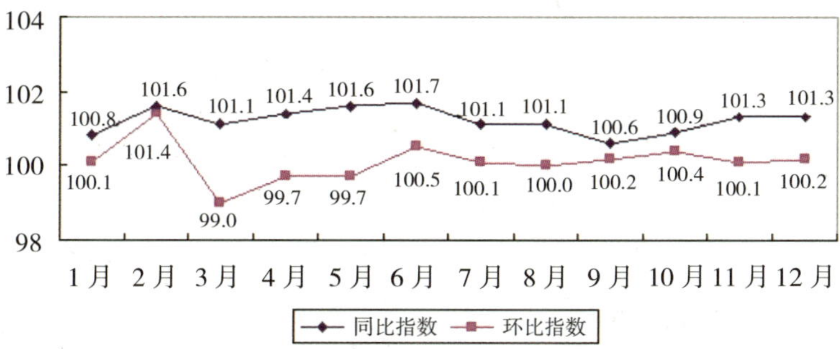

2015 年海口市八大类商品和服务价格同比涨跌幅对比

类　别	2015 年（%）	2014 年（%）	涨跌幅（百分点）
食品	3.3	3.7	–0.4
烟酒	1.9	–2.4	4.3
衣着	4.9	2.4	2.5
家庭设备用品及维修服务	0.7	0.8	–0.1
医疗保健和个人用品	2.3	2.1	0.2
交通和通信	–4.7	–0.7	–4.0
娱乐教育文化用品及服务	2.4	1.1	1.3
居住	–1.3	2.9	–4.2

2015 年海口与北京、上海、广州新建商品住宅价格同比指数走势对比

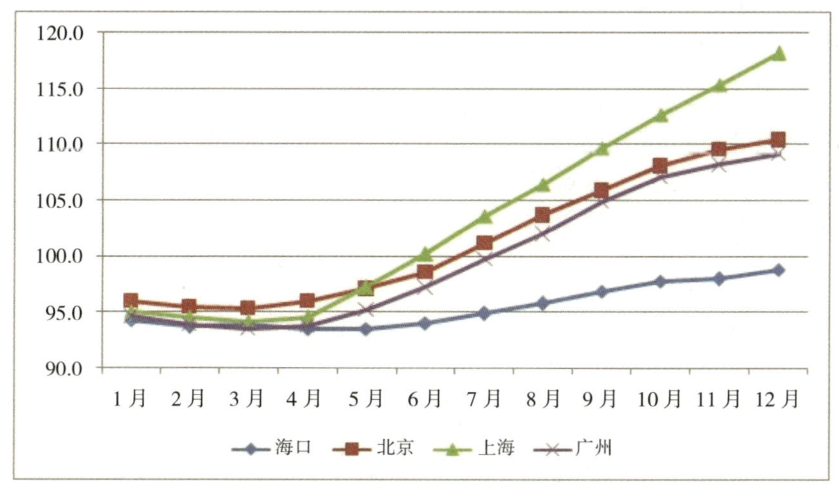

加、劳动力成本上升、经营成本增加以及相关政策性因素影响，服务项目价格延续上涨势头，海口市服务项目价格上涨 1.4%。调查的 58 类服务项目中，上涨面 34.5%。其中，涨幅较大的项目：服装清洗上涨 68.7%，停车费上涨 30.9%，缝纫上涨 16.0%，高等教育上涨 13.9%，家庭服务上涨 12.2%，加工维修服务上涨 8.7%。（4）工业消费品价格 5 年来首次下降。海口部分工业产品产能过剩、国际大宗商品价格低迷，抑制工业消费品价格上涨，工业消费品价格下降 1.2%，自 2011 年来首次下降。其中，成品油零售价格经历 7 次上调 12 次下调，综合全年看，汽油、柴油价格分别下降 16.2%、22.6%；受国际金价震荡下行影响，首饰价格下降 15.7%；由于行业竞争加剧和产品更新换代加快，交通工具价格下降 3.8%，通信工具价格下降 11.8%。

【房价】2015 年，海口市新建商品住宅同比价格始终处于下跌状态，4 月、5 月跌至全年最低水平，6 月起跌幅逐渐收窄，随后价格指数呈平缓上行趋势。与此同时，北上广一线城市新建商品住宅价格同比指数均于 3 月出现拐点回升，且分别于 6 月、7 月、8 月止跌上涨，涨势较为强劲。12 月，海口新建商品住宅同比价格指数为 98.8，北上广 3 个城市新建商品住宅同比价格指数分别为 110.4、118.2 和 109.2，且均为全年同比指数最高值。

8 月，海口新建商品住宅环比涨幅最大，指数达 100.4。经历 3 个月的下行后，12 月，环比指数又上升至 100.2。从指数运行情况来看，全年有两次较大波动，其中 8 月、9 月、12 月实现环比上涨。

海口新建商品住宅价格降幅最小的是 90 ~ 144 平方米住宅，4 月同比价格指数降至年内最低，降幅为 5.4%，但回调幅度相对较小，至 12 月，指数回升 4.1 个百分点；降幅较

2015 年海口新建商品住宅价格环比指数走势

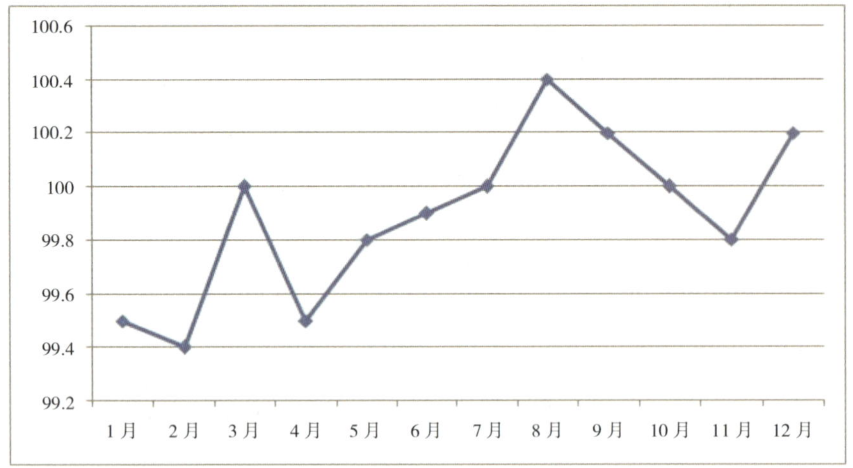

2015 年海口分面积类型新建商品住宅价格同比指数走势

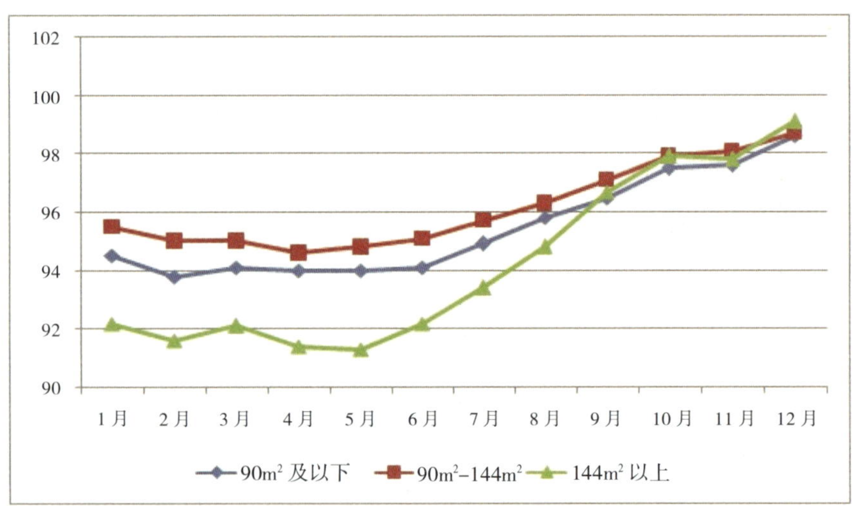

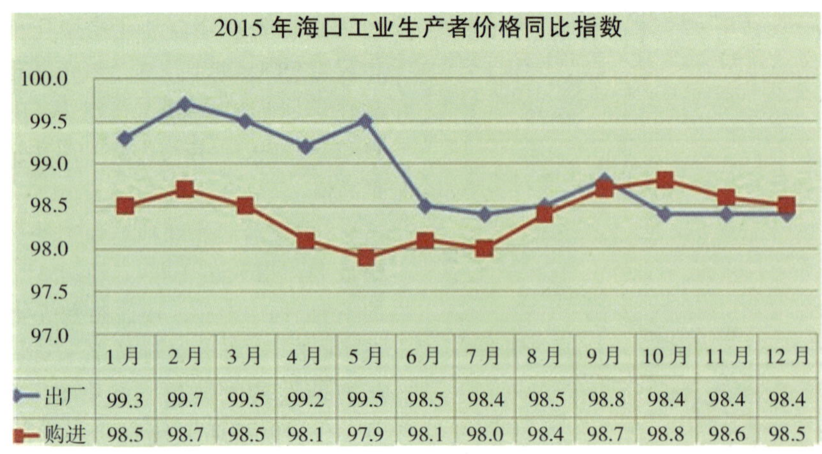
2015 年海口工业生产者价格同比指数

	1 月	2 月	3 月	4 月	5 月	6 月	7 月	8 月	9 月	10 月	11 月	12 月
出厂	99.3	99.7	99.5	99.2	99.5	98.5	98.4	98.5	98.8	98.4	98.4	98.4
购进	98.5	98.7	98.5	98.1	97.9	98.1	98.0	98.4	98.7	98.8	98.6	98.5

大的是 90 平方米以下的刚需住宅，4～5 月同比价格指数降至 94.0，为年内最低水平，至 12 月指数回升 4.6 个百分点；降幅最大的是 144 平方米以上的改善型住宅，5 月出现年内最大降幅 8.7%，但回调幅度相对较大，6 月起价格开始回升，至 12 月指数回调 7.8 个百分点。

【工业品价格】 2015 年，海口市工业生产者价格持续下行，降幅较上年进一步扩大，出厂价格累计下降 1.1%，降幅较上年扩大 1 个百分点；购进价格累计下降 1.6%，降幅较上年扩大 0.9 个百分点。

2015 年海口工业生产者出厂价格指数（PPI）震荡下行。一季度，出厂价格总指数在 99.5 上下小幅波动，二季度，价格指数小幅波动后呈下降态势，三季度降至全年最低，为 98.4，四季度保持在 98.4 的最低水平。购进价格指数（IPI）呈震荡态势，上半年降幅逐渐扩大，下半年小幅波动上涨后，同比涨幅略高于出厂价格。工业生产者出厂价格调查中的 28 个行业呈“5 涨 11 跌 12 平”态势。上涨行业由上年的 11 个降至 5 个，持平行业增加 6 个。下降的行业中，降幅最大的为有色金属矿采选业，累计下降 20.6%；其次为金属制品业，累计下降 11%。上涨的行业中，涨幅最大的是水的生产和供应业，累计上涨 33.4%。

工业生产者购进价格调查的 32 个行业中，有 19 个行业同比价格下降，较上年增加 1 个，6 个行业持平。降幅最大的是有色金属矿采选业，下降 16.9%，其次是农、林、牧、渔服务业和农副食品加工业，分别下降 12.5% 和 10.6%。上涨的 7 个行业中，涨幅最大的为水的生产和供应业，上涨 3.9%。

（钱　娇　林　乔　雷　蕾）

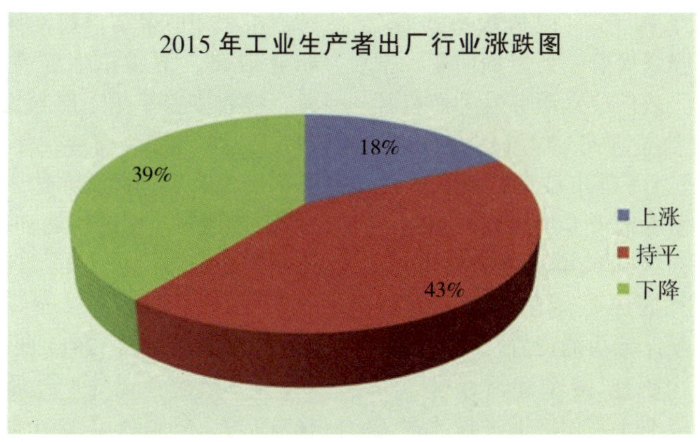

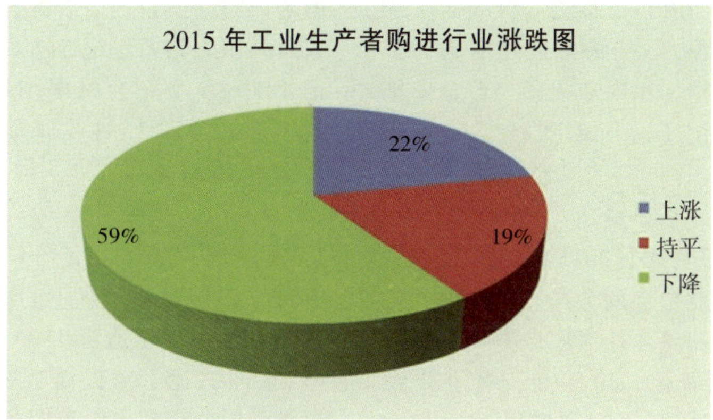

民政工作

【民政工作概况】 2015 年，海口市民政部门围绕市委、市政府中心工作，认真履行民政工作职责。在全省低保工作绩效考核中，海口市取得 81 分，排名第八，其中低保准确率 96.1%。首次在桂林洋经济开发区管委会（桂林洋青合社区）创建“全国防灾减灾示范社区”，在全省开创示范社区创建工作由城市社区向农村及城郊扩展的先例。全年累计发放城乡低保金 1.08 亿元。在海南省“双拥”检查考评中取得全省第一名。

【城乡低保】 2015 年 7 月 1 日起，海口市城市低保标准从上年的 450 元 / 人 / 月提高到 520 元 / 人 / 月，农村从 360 元 / 人 / 月提高到 460 元 / 人 / 月，分别增长 15.6% 和 27.8%，惠及城乡低保对象 1.49 万户 3.59 万人。全市累计增加低保对象 1168 户 2980 人，其中城市 339 户 735 人，农村 829 户 2245 人；累计退出低保对象 2165 户 5465 人，其中城市 870 户 1941 人，农村 1295 户 3524 人。组织开展低保自查自纠和专项低保资金检查活动，确保动态管理下的应保尽保、应退尽退和低保金以“一卡通”按时足额发放。全年城市低保对象 3784 户 7343 人，发放城市低保金 2859.82 万元，月人均补助 341 元；农村低保对象 1.11 万户 2.85 万人，发放农村低保金 7967.36 万元，月人均补助 281 元。发放农村五保供养金 2182.51 万元，惠及全市农村五保人数 3739 人。

【“救急难”试点工作】 2015 年，海口市“救急难”试点工作发挥作用，除对因突发紧急事件或意外事故致使生活陷入困境的群众实施救助外，对 2014 年因台风受灾的一些遗留问题也实施救助资金补发，特别是及时解决由媒体报道及市委、市政府主要领导批示的急难问题。全年发放“救急难”金额 1288 万元，实现对困难群体的兜底救助保障功能。

【灾害救助】 2015 年冬春期间，海口市下达中央自然灾害生活补助经费 3323 万元，发放棉被 3000 床、运动服 3000 套、毛毯 2000 床，及时救助受灾困难群众。市级救灾物资储备仓库主体工程全面竣工。示范社区创建工作由城市社区向农村及城郊扩展，在琼山区凤翔街道石塔村委会创建全市第一家“全国防灾减灾示范村”，首次在桂林洋经济开发区管委会（桂林洋青合社区）创建“全国防灾减灾示范社区”。全年共创建 5 家（龙华区大同街道龙昆上社区、美兰区海甸街道沿江社区、琼山区凤翔街道石塔村、秀英区秀英街道秀新社区、桂林洋青合社区）“全国防灾减灾示范社区”。

【社会捐赠】 2015 年，海口市慈善总会接受社会捐款 65.91 万元，“一张纸献爱心行动”捐赠款 9.21 万元。市社会福利院接受捐赠物资折合 100 万元。龙华区、琼山区、美兰区 3 家“慈善超市”经过 3 年多运行，共收到捐赠物品（食用油、大米、衣服、食品、书刊、水笔芯、生活用品等）3 万余件，折合 80.7 万元。

【社会养老服务体系建设】 2015 年，海口市坚持政府主导、社会参与，实施养老服务标准化管理、项目化推进、社会化运作。全年下拨试点单位（海口恭和苑健康服务有限公司）政策补贴 11.88 万元、贷款贴息 350 万元；向非营利性养老服务机构拨付床位和寄养补贴 69.78 万元。把农村幸福院建设纳入养老服务体系建设总体规划，下拨项目资金 90 万元。年内投入 1320 万元建设完成昌道、文明、福永、光荣、群益、仁里、云阁、云裕、后生、塔市、桂林洋开发区、三江农场 12 家日间照料中心，不断提升农村老年人的生活质量和幸福指数，为空巢老人、独居老人提供生活照料、保健康复、健身娱乐等日间服务。首次推行由政府资助为居家养老服务对象购买老年意外伤害险试点工作，惠及 1558 名居家养老服务对象。

继续扩大养老服务免费热线电话“12349”辐射范围，年内发放老年人专用手机3547部。全面落实老年优待政策，向3.52万名80岁以上高龄老年人发放补贴5151万元。

【慈善事业】2015年，海口市实施“贫寒学子成才工程”慈善助学项目，为98名学生发放助学金34.7万元。实施“圆梦图书室”项目，为琼山区龙潭镇潭口小学等4所小学捐建“圆梦图书室”，折合24万元。捐助100名驻市“三军四警”家庭困难现役士兵30万元。实施“阳光扶老”项目，发放全市3679名“五保”老人救助金36.79万元。资助200户“一户多残”特困家庭60万元。开展孤儿大学生圆梦助学项目，发放在校孤儿大学生每人每年5000元救助金。

【敬老院管理】2015年，海口市完成秀英区石山镇敬老院等15家敬老院活动场所基础设施建设，申请福彩公益金102万元拨付各区村镇敬老院用于维修维护。开展村镇敬老院消防安全排查，防止各类消防安全事故发生，确保供养老人生命财产安全。

【农村幸福院建设】2015年，海口市把农村幸福院建设纳入养老服务体系建设总体规划，坚持以村委会为单位，利用闲置的老年人活动中心、校舍、厂房等房产资源，采取改建、扩建或新建等方式分阶段实施。全年共投入90万元，完成18家（大致坡镇崇德村、大致坡镇美桐村、大致坡镇永群村、大致坡镇咸来村、西秀镇博养村、西秀镇新海村、西秀镇新和村、西秀镇荣山村委会西秀镇祥堂村、西秀镇龙头村、西秀镇荣山寮村、长流镇棠昌村、海秀镇业里村、海秀镇永庄村、海秀镇水头村、海秀镇儒益村、永兴镇美东村、永兴镇罗经村）农村幸福院建设。

【基层自治和社区建设】2015年，海口市印发《海口市社区网格员管理指导意见》，规范社区网格员管理。开展“一证、两卡”门边服务事项，解决服务群众最后一公里的问题，推出全市统一微信公众服务号“海口社区”和微信企业号“海口党政办公网”。完成《海口市城市社区居民委员会服务场所建设专项规划》编制工作。启动社区标识规范化管理工作，完成新安社区居委会等10个示范社区办公服务设施功能设置、统一社区标识。年内创建46个和谐社区，下拨创建经费138万元。推进村改居工作，印发《海口市推进“村改居”工作实施方案》。加快推进政府购买公共服务工作，年内从福彩公益金安排100万元用于政府购买社工服务项目。

【社会组织管理】2015年，海口市全面实现行业协会商会类、科技类、公益慈善类和城乡社区服务类4类社会组织直接登记，全年登记社会组织12家。完成属于海南省民政厅划定的有脱钩问题14家社会组织脱钩工作。开展社会组织孵化培育，推动成立一批直接服务社会的社会组织。全年完成社会组织核名83家，社会团体筹备登记30家，社会团体成立登记26家，社会团体变更登记16家，民非成立登记17家，民非变更登记28家的非营利组织免税资格认定审核工作。

【拥军优抚安置】2015年，海口市发放抚恤补助经费3940.4万元，惠及3793名优抚对象。义务兵家庭优待金标准由原海口市城镇居民可支配收入的26%标准调整为45%，达到每户1.19万元/年。下拨零散烈士纪念设施抢救保护经费955万元，有序推进解放海南岛战役烈士陵园配套设施项目建设。做好清明期间文明祭扫和9月30日烈士公祭工作。全年全市接收退役士兵737名，通过自主就业、政府安排工作、自谋职业3种方式妥善安置2011~2014年符合政府安置的退役士兵64名。采取编外聘用方式落实工作岗位，妥善安置2011~2013年符合政府安置的退役士兵遗留问题。组织400余名退役士兵参加各类职业培训。下拨军休经费7941.7万元，接收安置军休干部和无军籍职工71人，协调市政府解决军队离退休干部医疗补助问题，军休干部和军工“两个待遇”（生活待遇和政治待遇）落到实处。

【婚姻收养登记】2015年，海口市（含各乡镇的登记处）办理结婚登记16719对，离婚登记3201对；办理海南居民与港澳台地区居民、华侨、华人及外国人结婚登记512对，离婚登记105对。登记合格率100%，无有效投诉。办理37件收养登记，登记合格率100%。

【殡葬管理】2015年，海口市清明节实现“文明祭祀、平安清明”的工作目标。全市火化遗体1600具，火化率24.5%，比上年提高2.36%。市殡葬管理所办理基本殡葬服务费用减免手续26例，减免4万元。新（续）建灵山镇公墓等3个农村公益性公墓。

【地名及行政界线管理】2015年，海口市完成龙华区、秀英区、美兰区8个镇墟131条道路共278块路牌招标及设置安装，市区571条道路、街巷命名。完成海口与文昌、定安、澄迈行政区域界线联检。全年全市边界地区平安稳定，没有发生边界纠纷案件。

【救助管理】2015年，海口市深化困境未成年人教育矫治和源头防治，组织开展“多彩童年，翼起飞翔”夏令营活动。与海南省电台联合举办“寻找最需要帮助的未成年人”暨“寻找最美爱心家庭”启动仪式活动。开展“冬送温暖、夏送清凉”专项送温暖活动，确保生活无着流浪乞讨人员、困难务工不着等原因而陷入困境、居无定所及流浪街头生活无着人员得到及时有效救助服务，共劝导和救助各类流浪乞讨人员2.94万人次。

老龄工作

【老龄工作概况】2015年，海口市做好老年人优待、80岁以上高龄老人长寿补贴发放管理，组织开展“敬老月”系列活动，宣传贯彻老年法律法规。全年实现由政府出资购买居家养老服务对象1438人，超额完成任务指标。试点为1558名困难老年人购买意外伤害保险，每份30元/人。全年为3.52万名80岁以上高龄老年人发放长寿补贴5151万元。年内，秀英区海口港社区和龙华区滨濂社区日间照料中心投入试运营。

【老年人口状况】2015年，海口市60岁以上户籍老年人口22.32万人，占全市总人口10.04%。其中，80岁以上高龄老人3.5万人，占老年人口总数15.68%。100岁以上老人350人，其中男性46人，占13.1%；女性304人，占86.86%，年龄最大的114岁，每10万户籍人口中百岁老人20.9人，超过联合国规定的长寿之乡标准。

【老龄优待政策】2015年，海口市简化老年优待证制发程序，实现区、镇（街）现场办理和网格员上门代办，为老年人提供办证方便。年内，发证1.5万余张。65周岁以上不满70周岁的老人，持本省老年优待证乘坐城市公共交通汽车享受半价优惠，70周岁以上老年人乘坐免费，且免普通门诊挂号费等。“敬老月”期间，海口市老龄办会同中国人民解放军总医院海南分院，为全市350名百岁老人开展上门义诊活动，每人发放慰问金500元和赠送慰问品一份。海口市老龄委各成员单位在重大节日都开展老年文化演出、走访慰问离退休老干部及困难老年人活动。

（林　仍）

民族宗教事务

【民族宗教事务概况】2015年，海口市有少数民族47个，少数民族常住人口2.93万人，占全市常住人口1.32%。全市有佛教、道教、伊斯兰教、天主教、基督教五大宗教。宗教活动场所27处，其中佛教9处，道教1处，伊斯兰教1处，天主教1处，基督教15处。基督教聚会点14个，其中“以会带点”5个，“委托管理”9个。宗教团体2个，即海口市天主教“两会”和海口市基督教“两会”。有宗教教职人员和管理成员260多人，宗教信徒6.4万人。海口市民族宗教事务管理局被评为海南省第六次全省民族团结进步模范集体。

【城市民族团结进步创建】2015年，海口市继续做好城市民族团结进步创建试点工作。通过以民族政策讲座、民族舞蹈比赛和民族知识竞答等方式，在海南大学和南方艺术学校等院校里开展城市民族团结进步创建进学校活动。深入各少数民族企业调研，组织海南美裕营销有限公司、海口马大胡子多思迪餐饮有限公司等10多家企业举办海口市第三届城市民族团结进步展示会。在琼山区米铺社区开展城市民族团结进步创建进社区活动。通过发放宣传材料、张贴宣传画、开展民族文化活动等多种形式，开展民族团结进步宣传月活动。在《建设海南国际旅游岛政窗信息指南》和《新东方》等期刊上宣传报道海口市受表彰的海南省第六次全省民族团结进步模范集体和模范个人的主要事迹；在市级主要新闻媒体宣传报道“民族团结进步创建活动进学校、进企业、进社区”等工作。

【少数民族特色活动】2015年4月20日，海口市在美兰区举办2015年海南黎族苗族“三月三”海口分会场活动。8月5~19日，组织选派9人参加内蒙古鄂尔多斯第十届全国少数民族传统体育运动会男子毽球项目比赛，获三等奖。

【少数民族群众劳动技能培训】2015年，海口市举办少数民族人员技能培训班14期，每批次参训人数90人次以上。内容主要有黎陶技艺、观赏鱼养殖、珍珠项链加工和黎族鱼茶、清真食品及特色小吃制作等技能。

【宗教事务管理】2015年，海口市对符合设立条件的佛教海口慧善寺、海口龙泉寺和海口聚善堂进行登记发证，纳入管理范围；做好佛教普明堂地址变更和双袛寺更名的审批工作。认定备案佛教、道教、基督教、天主教、伊斯兰教主要教职人员8名，认定备案基督教教职人员11名。协调有关部门做好海口大兴普明寺易地重建申报工作，3月获省民宗委批复同意，筹备期3年。完成海口仁心寺新旧任方丈交接工作。发放海口市宗教界人士171人物价补贴11.27万元。开展基督教私设聚会点治理工作，实行“以会带点”管理的基督教聚会点5个，“委托管理”的基督教聚会点9个。举办各类宗教业务培训班8次，其中宗教教职人员认定备案培训1次、宗教活动场所消防培训5次、宗教活动场所财务管理培训1次和宗教界人士法律法规教育培训班1期。开展1次宗教活动场所消防安全专项检查，对检查出来的电线老化、设施配置不齐全等问题进行整改，并配备一批消防器材。与各宗教活动场所签订《2015-2016年消防目标工作责任书》。

【服务民族宗教界群众】2015年，海口市民宗系统接待来访群众20多起（次）80多人，及时协调有关部门调查处理，帮助解决少数民族同胞、信教群众工作生活中遇到的困难或矛盾纠纷，涉及的问题主要有子女上学、清真食品、殡葬、摆摊经营、管制刀具、民族成分更改、宗教用地等。全年办理变更民族成分33份和少数民族证明115份。

（竺玉贞）

（编辑：赵华锋）

保税区·开发区·农场

海口综合保税区

【海口综合保税区概况】2015年，海口综合保税区内产业由原生产汽车、药品、机电设备等制造业为主，发展成以大宗商品交易、进口商品展销、汽车整车进口、飞机保税融资租赁、保税仓储物流为主的现代商贸和金融服务业，进出口商品由2012年前的少量产品增加到1万多个单品，国际贸易涉及国家和地区由2012年前的20多个增加到60多个。全年商贸总额616.77亿元，占全市批发业的30%，成为海口市商贸批发业的主力军；税收15.9亿元，比上年增长5.25%。产业项目固定资产投资15.3亿元，增长175%。进出口货值3.41亿美元，增长44.47%。受海马汽车及其配套厂产值大幅下降的影响，完成工业总产值130.98亿元，下降10.65%。推动的汽车整车进口口岸、飞机保税融资租赁等业务，写进省、市政府工作报告和市委“十三五”规划建议报告，成为2015年省、市工作新亮点。年内新增企业61家，企业总数305家，其中规模以上企业

2015年海口综合保税区经济指标完成情况表

单位：万元

指标名称＼数量	保税区			海汽			含海汽合计			占全市比重%
	本月数	1~12月合计	同比增减%	本月数	1~12月合计	同比增减%	本月数	1~12月合计	同比增减%	
国民生产总值	12068.09	283093.10	22.32	12420.20	43196.50	-36.07	24488.29	326289.60	9.13	23.71
工业总产值	82913.64	836635.50	1.89	62834.00	473179.70	-26.63	145747.64	1309815.20	-10.65	28.05
工业销售产值	79178.94	801335.50	0.88	63258.00	480871.50	-24.28	142436.94	1282207.00	-10.30	29.16
产品销售收入	89216.20	843704.60	1.9	62836.60	433411.70	-29.61	152052.80	1277116.30	-11.54	28.57
工业增加值	12068.09	283093.10	22.32	12420.20	43196.50	-36.07	24488.29	326289.60	9.13	23.71
利润总额	5177.33	99507.70	10.97	764.80	-5994.10	-213.5	5942.13	93518.65	6.56	20.15
工商税收	11242.00	105935.00	17.41	4532.70	28049.20	-30.57	15774.70	105935.00	17.41	2.91
进出口总值（万美元）	780.00	29595.24	72.78	150.00	4507.86	-30.42	930.00	34103.10	44.46	1.93
高新技术企业产值	69422.80	683828.90	6.16	62834.00	473179.70	-26.63	132256.80	1164728.70	-9.64	
生物制药企业产值	38600.44	429843.80	10.64	0	0	0	38600.44	429843.80	10.64	
汽车制造企业产值	19102	169064.1	-23.63	62834.00	473179.70	-26.63	81936.00	642243.8	-25.86	
机电信息企业产值	24718	232280.4	12.8	0	0	0	24718.00	232280.4	12.80	
其他加工企业产值	493.2	5447.2	3.03	0	0	0	493.20	5447.2	3.03	
从业人员	11074	11140	1.79	2673	2673	-1.55	13747.00	13813	1.13	
商贸总收入（亿元）	62.10	616.77	5.47				62.10	616.77	5.47	31.74

37 家。

【海口综保区三大行业经济指标大幅度增长】 2015 年，海口综合保税区机电信息产业、生物制药业、贸易物流业经济指标大幅度增长。（1）机电信息产业。全年实现工业总产值 23.23 亿元，增长 12.8%，其中金盘电气公司增幅最大，增长 19.24%。主要原因是把大型设备和软件系统技术升级改造，并将必要的工作进行外包来降低人力成本提高工作效率。（2）生物制药业。全年实现工业产值 42.98 亿元，增长 10.64%。其中增幅最大的有中和药业公司增长101.04%，锦瑞制药公司增长 104.56%。增长的主要原因不仅是进行技改创新和生产设备升级，使时间成本和人力成本得到提升，同时瞄准本地和全国知名的科研院所，全方位开展产学研合作，充分利用院所的人才资源、成果资源、信息资源，通过专利转让、投入合作、委托开发、共建研发中心和实验室等多种形式，建立起政府与院所、行业部门与院所、企业与院所等不同层次的联合体来助力企业创新发展。（3）贸易物流业。全年实现贸易额 616.77 亿元，增长 5.47%。增长的主要原因是海口综合保税区管委会积极推动创新保税业务，以飞机租赁为突破口，有 3 架保税 SPV 租赁进口飞机抵达海口美兰国际机场，出租给海南航空公司和天津航空公司使用，总价值 26.7 亿元。不仅使贸易额增长，而且还使进出口值、工商税收和固定资产投资额大幅度提升。

【进口汽车贸易平台建设】 2015 年，海口综合保税区扎实推进整车进口各项工作。6 月 11 日，海口港区汽车整车进口口岸正式通过国家验收。全年完成 5 批次共 49 台整车进口，包括路虎揽胜、丰田赛纳、普拉多、酷路泽等车型。为充分发挥汽车口岸功能，海口综合保税区管委会制定扶持整车进口口岸发展的措施，积极协调海关、商检确保进口车辆高效率完成通关通检及相关工作。

【海口保税融资租赁业实现零突破】 2015 年 11 月 28 日，海口市首架保税 SPV 租赁进口的空客 A330 飞机抵达海口美兰国际机场，交付海南航空公司使用，标志着海口保税融资租赁业实现零的突破。该飞机由海口渤海租赁四号公司通过银行融资购买，出租给海南航空公司，飞机价值 1.67 亿美元，据测算，将产生 1.8 亿元的国、地税收。12 月 23 日，两架以保税 SPV 租赁进口的巴西 E195 客机抵达海口美兰国际机场，并交付海航旗下天津航空公司使用，总价值约 7500 万美元。此次海口保税融资租赁业实现“六个创新”：保税业务创新，突破现有保税区的政策和功能，开展融资租赁新业务；海关监管创新，海口海关积极取得海关总署加贸司支持，实施由综保区海关委托美兰机场海关实施现场监管模式；工商注册创新，借鉴天津自贸区的做法，不设最低注册资本金限制，注册在海口综合保税区的融资租赁公司或融资租赁项目子公司享受综合保税区政策；税收征缴方式创新，国税部门认定项目子公司为一般纳税人，参照母公司的税收政策，项目子公司在操作直租和回租业务时享受差额纳税；财政支持的创新，设立融资租赁业发展专项资金，用于推进融资租赁产业集聚，扶持落户融资租赁机构发展；外汇监管创新。海口综合保税区成为国内 4 个自贸区之外实现飞机保税融资租赁业务的首个保税区。

链 接：SPV（Special Purpose Vehicle 特殊目的机构 / 公司），一般是指进行中国单机单船融资租赁的公司，通俗地讲就是具有该项业务资格的公司融资从市场上买一架飞机或者轮船，然后租给需要的人或公司，该人或公司获得该飞机或轮船的使用权，但所有权仍然属于 SPV 公司，SPV 公司定期向该公司收取租金。

2015 年 2 月 5 日，海南省委常委、常务副省长毛超峰（中）到海口综合保税区考察工作，海口市委副书记、市长倪强（右三）陪同。（谢 询 摄）

【推动与上海钻石交易所开展通关一体化试点】 为加快发展钻石珠宝产业，海口综合保税区管委会主动作为，取得海口海关、上海钻石交易所、上海海关、海关总署的政策支持和突破，2015 年 1 月，海关总署批准在海口综保区与上海钻石交易所开展通关一体化试点。按照通关一体化试点要求，进驻园区的安基珠宝钻石加工展示中心，成功进行 3 次通关测试，为打造海南钻石珠宝产业基地创造条件。年内与中国香港地区、美国等的多家钻石珠宝企业洽谈。12 月 28 日，香港恒美珠宝公司进驻综保区安基钻石珠宝大楼开始试生产。

【保税区招商引资】 2015 年，海口综合保税区依托汽车整车进口口岸、国际商品展示交易、飞机租赁、钻石珠宝展销等重点项目和产业，新引进天津通达汽车、海南渤海租赁、尚品易购、大洲燕窝、惠农科技、安海通贸易等61家企业，引入资金5.38亿元。

（朱海莉）

海口国家高新区

【海口国家高新区概况】2015年，海口国家高新区总规划面积5737公顷，下辖美安生态科技新城、药谷工业园、狮子岭工业园、云龙产业园、海马工业园、海南国际创意港“一城五园”。至年底，园区注册企业近550家，已投产规模以上企业56家，高新技术企业56家。在制药产业、食品及农副产品加工产业、新材料和印刷包装等产业保持平稳增长的拉动下，园区产值等各项指标均实现较大增长。完成工业总产值179亿元，比上年增长26.1%，占全市工业总产值的33.3%；工业增加值64.1亿元，增长44.2%，占全市规模以上企业工业增加值的50%。公共财政收入29.2亿元，增长23.7%。

【高新区经济运行特点】⑴综合发展效益全面提高。2015年，海口国家高新区规模以上企业工业总产值占全市规模以上企业工业总产值的35%；园区规模以上企业工业增加值占全市规模以上企业工业增加值的50%，增加值占比比总产值占比高出15个百分点，表明园区2015年发展效益高出全市平均水平。(2)高新技术企业成为园区经济增长的主要动力。高新区有高新技术企业56家，已投产高新区技术企业35家，完成工业总产值110亿元，占园区工业总产值的62%，增长24.7%，对园区工业总产值增长的贡献率为59%，成为园区经济增长的主要动力。(3)医药产业发展迅猛。制药产业完成工业总产值74.5亿元，占园区工业总产值的42%，增长39.4%，对园区工业总产值增长的贡献率为57%。齐鲁制药、海灵药业、双成药业等多家医药企业顺利取得国际市场“通行证”，提高园区制药产业的国际化发展水平，其中华益泰康公司更是成为中国首家零缺陷通过FDA认证的企业。

【高新区产业发展】2015年，海口国家高新区各主要产业中，制药产业、食品及农副产品加工产业、新材料和印刷包装等产业保持平稳增长；新能源、汽车零配件、机电制造等产业受宏观环境、市场因素等影响出现下滑。制药产业完成工业总产值74.5亿元，增长39.4%。其中，海灵制药公司完成工业总产值16.2亿元，增长52.5%；齐鲁制药公司完成工业总产值11亿元，增长4.2%。食品及农副产品加工业完成工业总产值57亿元，增长44%。新材料和印刷包装业完成工业总产值10.5亿元，增长25.8%。新能源产业受国际光伏产业销售市场的影响，海南英利公司完成工业总产值23.2亿元，下降7%。汽车零配件产业受一汽海马公司市场销售及订单影响，完成工业总产值6亿元，下降20.4%。机电制造业完成工业总产值2.1亿元，下降32%。其中，美亚电缆公司受岛内电线电缆市场销售影响，清华显示器受国内销售市场影响，正红科技公司受国际柔性印刷版市场份额极度萎缩影响，产值均大幅下滑。

【高新区项目建设快速推进】2015年，海口国家高新区作为责任单位或者责任部门的2015年省重点项目有美安一期基础设施建设项目、美安综合物流园、威特电气产业园项目、英利单晶硅太阳能电池完整产业链项目、海口先声药业产业园项目、海南省食品检验检测中心、海口万特制药二期工程、金鹿工业园项目等共8个项目。完成投资33.63亿元，完成全年投资计划21.92亿元的153.42%，整体投资情况赶超年度投资目标。

【高新区招商引资】2015年，海口国家高新区探索创新招商引资模式和体制机制，采取多种形式加大招商引资力度。积极参与2015年博鳌大健康论坛、贵阳生态文明国际论坛、第十八届北京科博会、福州海峡两岸海上丝绸之路经贸会、厦洽会、泛珠会等大型活动进行招商推介，同时赴广东、福建、北京、深圳、贵阳、武汉等地区和城市对接企业。创新开展引品种、引税源的招商模式，不断新增医药企业产品品种，扩大医药产业发展规模，促进齐鲁制药和海灵制药等企业逐步做大，实现产值和产出效益双双大幅提升。全年共完成签约项目34个，合同投资额58.82亿元，其中美安科技新城、云龙产业园、药谷工业园完成海南拍拍看网络科技有限公司、森祺制药黎药胆木产业化基地、康迪电动汽车、光启临近空间等10个项目签约，合同投资额47.65亿元。

【高新区科技创新】2015年，海口国家高新区开展《海口国家绿色科技产业国际创新园优势产业导入规划》编制工作，建立对接渠道、平台、主体项目三位一体的实施路径，年内正在对接橡胶工业园智慧能源项目（亿利资源集团，中泰合作项目）、海南海绵城市产业示范基地、羲和精度导航城市服务系统开发项目（百度地图国家遥感中心）等。海口国家高新区创业孵化中心被认定为省级科技企业孵化器，苗圃－孵化器－加速器－产业园区全科技创新链条逐步完善。年内有在孵企业110多家，从业人员500余人，项目领域涉及生物医药、电子信息、新材料等；实现营业收入近4000万元，上缴税费300多万元；取得专利86项，在申请专利62项；有4家企业取得2015年度高新技术企业认定，3家企业获2015年度海南省创业大赛不同组别的冠军；海南股权交易中心高新区分中心实现揭牌运营，16家企业在海南股权交易中心挂牌。园区企事业单位设有市级及以上重点实验室、工程技术中心等创新平台30余个，新增国家级博士后科研工作站1个；高新区联合海医、省药物研究所、南陆医药等共同建设的“海南药物创新公共服务平台”，于2015年全面启动建设。推进国家知识产权试点园区建设，以专利“消零”活动为突破口，引入第三方服务机构开展园区知识产权服务工作，年内计划申请专利266件（发明专利23件、实用新型243件），获授权实用新型专利45件；开展国家知识产权贯标工作，为海南皇隆制药、海南康芝药业、海南灵康制药、齐鲁制药（海南）等企业提供知识产权贯标辅导服务。

【美安生态科技新城建设】2015年，美安生态科技新城计划投资10亿元，实际完成投资17亿元（工程9亿元，征地8亿元），累计完成投资45亿元；配合完成征地453.33公顷，累计配合完成征地1533.33公顷，完成一期土地征收任务的95%。营销中心、产业加速器、新海美邻中心、南区福邻中心等公建配套项目建设启动，总建筑面积30万平方米，预计总投资11亿元。正在推进的总部经济区、研发中心、商务金融中心、公园绿地、北大培文学校、医院等项目前期工作。美安综合物流园基础设施工程累计完成道路雨水、污水管网及路基施工里程约3千米，完成86.67公顷场地平整工程。入园的威特电气产业园项目、郎腾血液透析耗材生产基地项目、华研鱼胶原蛋白产业化基地项目、海口生物资源利用示范中心项目4个工业项目均于2015年下半年动工建设，项目计划总投资11.45亿元。

【云龙产业园基础设施建设】2015年，云龙产业园纵四路、横二路西段全部完工；横五路西段桥梁施工完成，完成道路软基处理；横四路西段桥梁完成工程量的90%，正进行人行道施工。计划投资784.55万元的云龙110KV电力线路迁改工程完成并实现通电。

【狮子岭工业园一期】2015年，狮子岭工业园一期东片区场地土方平整及电线迁移项目计划总投资3640万元，累计完成投资3465万元，土方工程完成163万平方米的土方挖运和回填，占总工程量的93%；10KV线路苍英1#线、苍英2#线和微波专线三条线路完成供电公司临检并通电，110KV线路完成全部15基塔位施工及立塔。

【自贸区申创】2015年，海口高新区2000公顷（美安生态科技新城一期1670公顷、药谷工业园330公顷）被纳入海南省发改委牵头拟定的海南自由贸易试验区建设的范围方案中。

2015年8月17日，海南省委副书记、省长刘赐贵（左）到海口国家高新区美安科技新城调研。
（市国家高新区 供稿）

【打造“新药谷”】为进一步加快推进医疗健康产业和医药产业的发展，2015年，海口国家高新区美安科技新城规划280公顷的“新药谷”，这是海口市继10年前建设“药谷”后的又一重大举措。11月22日，海口国家高新区美安科技新城“新药谷”揭牌，同时举行美安“新药谷”项目签约仪式。仪式上，海口国家高新区与海口南陆医药科技有限公司签约的南海新药研发服务平台有限公司，与海南医学院签约合作的海南医学院安评中心项目，与朗腾医院管理有限公司签约合作的血液透析连锁中心项目，与朗腾智能科技有限公司签约合作的移动医疗、健康云端数据管理项目等15个产业合作项目签约入驻。“新药谷”位于美安生态科技新城一期南部，分为4个区。生产制造区面积126.67公顷，已建成8万平方米标准厂房，重点打造生物医药、化学药新型制剂、高端医疗器械等具有竞争能力的产业基地；研发区面积33.33万平方米，海南医学院安评中心、中试车间等项目准备入驻；康复医疗区面积20万平方米，依托“医”和“药”两大产业资源，将整合医疗核心产业链中的诊断、非药物治疗、健康以及与之相关联的商业和休闲产业；综合配套区面积4万平方米。

【海南国际创意港】位于海口市龙华区人大会堂原址，产业定位为：产品创新、品牌创新、设计创新为核心的文化产业。2015年园区入园企业106家，就业人员1000人。园区重点企业有新浪网、人民网、米兰广告等。

（王　媛）

桂林洋经济开发区

【桂林洋经济开发区概况】2015年，桂林洋经济开发区（农场）有6个管区、12个社区居委会、73个自然村以及8所大中专院校，总人口约8.7万人。国内生产总值（GDP）17.31亿元（第一产业1.94亿元，第二产业6.34亿元，第三产业9.03亿元），比上年增长8.8%；公共财政收入1.24亿元，增长8%。居民人均可支配收入2.26万元，增长8.6%。

【桂林洋经济开发区重点项目建设】2015年，桂林洋经济开发区（农场）抓好国家热带农业公园项目落地工作，打造海南5A级景区。该项目总投资约130亿元，规划总面积11.56平方千米，分为产业区、体验区。项目定位为“立足海口、辐射海南、服务全国、对接国际”。成立海口市桂林洋国家热带农业公园推动工作总指挥部，制定《国家热带农业公园项目推进工作实施方案》，启动土地权属调查与征收工作。基本完成项目策划研究工作及PPP采购过程中涉及的《物有所值评价报告》《财务可承受能力评估报告》编写。12月30日开工建设。抓好特色风情小镇项目建设，计划总投资2.42亿元，建设包括兴洋三横路、桂松路、校际路的贯通排污、排水及路面工程，风情小镇街景立面改造工程等。年内完成项目建议书及可研报告编制、立项批复、初步策划设计等工作，正在实施临街立面改造工作。抓好海南农产品交易配备中心、开维生态城、桂松路、国际能源水城、昆仑科技园木塑环保复合材料等“百日大会战”重点项目建设。

2015年8月26日，海南省委副书记李军（右二）、海南省委常委、海口市委书记孙新阳（右三）到桂林洋开发区调研。（桂林洋开发区 供稿）

2015年10月9日，海南省委常委、海口市委书记孙新阳（左二）到桂林洋调研农业公园项目。（桂林洋开发区 供稿）

【桂林洋经济开发区民生工作】2015年，桂林洋经济开发区（农场）完善职工住宅小区功能配套，组织招投标4455平方米公办幼儿园建设，完成桂林洋敬老院选址和图纸设计，永卫社区老人照料中心项目竣工，投资539万元实施水利、道路、路灯及村容村貌建设等一事一议民生工程，抓好3栋防洪楼项目建设，利用区内重点项目帮助新增就业580人，完成一期4公顷公益性墓地建设任务，安装500盏太阳能路灯，基本实现开发区主要道路路灯全铺盖。

（林方泉）

农　场

【海口三江农场】2015年，海口三江农场对原有机构设置进行调整，将场部原有11个科室整合为10个部室，撤销原有的7个管区和12个生产队，参照居委会模式，按照人口、户数、土地面积等比例成立5个管理区，依规履行居委会的6项职能，组建56个村务工作小组，设立海口三江农场物业服务有限公司，将后勤职能划归物业公司。在岗职工179人。国内生产总值（GDP）1.32亿元，比上年增长15%；社会消费品零售总额715万元，增长 16%；农场人均纯收入 7130 元，增长 19%。

基础设施建设　2015 年，三江农场投资 2088 万元完成 290 户（含桂林洋开发区划转的 40 户）危房改造项目。由市政府投资 3600 多万元，从大致坡凤潭水库取水的自来水管线进村入巷。对机关大路进行修整并铺沥青 1487 平方米，硬化绿化美化小街小巷 17 条，安装路灯 16 条。第一期 8 幢防洪楼已全部竣工。建设老人日间照料中心 1 个及居委会办公楼 2 座。推进南洋湖水库东、西干渠防渗硬化改造工程，东干渠已完工，西干渠完成工程量的 85%。投资 550 万元硬化改造农场乡村公路 21 条约 10 千米。

（三江农场办公室）

【红明农场】2015 年，红明农场辖红旗、东山、云龙、工建 4 个居委会和晨光、龙盘、福坡 3 个农管区、基层居民点 103 个，人口 2.16 万人，在职职工 303 人。辖区土地面积 1.15 万公顷（农场代管 3 个农管区集体土地 1800 公顷，国有土地 9733.33 公顷），划转海胶分公司 2580 公顷，海口红明投资公司 866.67 公顷。全场荔枝总产量 1039 万公斤，产值 1.03 亿元。

项目合作　2015 年，占地面积 0.64 公顷、总投资约 2000 万元、建筑面积 9000 平方米的“红平休闲度假公寓”项目全部竣工。占地面积 532.67 公顷的海垦云龙现代农业产业园、93.33 公顷的红明荔枝风情小镇、153.33 公顷的平湖花溪旅游休闲度假中心、720 公顷的海南红明东湖农业休闲旅游度假基地、36.67 公顷的红明农副产品加工产业园 5 个项目招商。

民生工程建设　2015 年，红明农场全面完成职工 550 套危房改造和保障性住房建设任务，投入资金 120 万元修建生产队的安全饮水改造工程，使 61 队和 62 队 123 户职工群众喝上“放心水和健康水”。农场筹措扶贫资金、一事一议财政奖补资金和基础设施配套资金共 891 万元，兴建 38 队等 9 个基层单位 9.2 千米道路硬化工程以及创建修建路灯、挡土墙、排水沟、水塔等一批基础设施。

（红明农场办公室）

【东昌农场】2015 年，东昌农场生产总值 1.79 亿元，劳动力人均年收入 2.44 万元，人均年收入 1.22 万元。胡椒产量 860 吨，产值 7912 万元。完成“全国最大胡椒生产基地”品牌建设，农场通过 GAP 认证。胡椒厂完成 307 万元设备招投标。“三红蜜柚”产业完成 33.33 公顷种植任务。

农业用地使用清理试点工作　2015 年，东昌农场利用 GPS 定位技术及航拍地图到实地进行核查，经过一个多月时间完成全场农业用地测量核查工作，完成 5300 宗有异议农场职工自营宗地的测量任务。工作组完成土地承包合同扫描，并完成外业测量组矢量数据整理分析和录入工作，涉及土地 1.3 万宗、数据 20 多万个，形成比较完整的农场土地数据库；对 3073 份原有土地承包合同和 1.04 万宗未签合同的农业用地进行法律审核并提出审核意见，为下一步农场改革发展提供有效的依据。

基础建设　2015 年，东昌农场投入资金 735 万元完成职工保障性住房任务 70 套，总面积 4900 平方米。投入资金 25.88 万元对灾后道路修复维护。争取上级资金 35 万元建设农业生产标准化基地。投入资金 25.7 万元建设两个生态文明单位，筹措资金 639.88 万元完善 11 个居民点基础设施建设，惠及职工群众 3600 多人。投资 800 多万元完善农业基础设施建设，辐射面积约 100 公顷。

（东昌农场办 供稿）

2015 年 5 月 23 日，海南省委常委、海口市委书记孙新阳（左二）到东昌农场调研，琼山区区长田丽霞（右一）陪同。（东昌农场 供稿）

【海口中税热带作物场】2015 年，海口中税热带作物场全场人口 1658 人，在岗职工 411 人，干部 25 人，离退休人员 252 人。土地总面积 508.66 公顷，其中国有土地 375.33 公顷，集体所有制土地 133.33 公顷。主要经济作物有橡胶、胡椒、荔枝、槟榔、菠萝蜜、材木、花卉等。全年生产总值 961.5 万元，人均收入 5800 元。

【新民林场概况】2015 年，全场总人口 226 人，干部职工 104 人（含临时工），分 3 个生产分队（长昌分队、中堂分队、辽山分队）。全年造林

101.4公顷。有胡椒40公顷，橡胶66.7公顷，猪场用地17公顷，办公室和职工住房用地10公顷，农村占用林地100多公顷，林木覆盖率85%。抚育原造橡胶46.7公顷。全年胡椒收入76.6万元，卖树收入9.6万元，猪场收入31万元。

（新民林场办公室）

2015年海口中税热带作物场生产情况

作物名称	种植面积（公顷）	收获面积（公顷）	总收入（万元）
橡胶	120	80	16
胡椒	85	35	380
菠萝蜜	15	4	11
槟榔	20	5	10
荔枝	4.7	4	41
材木	60	10	13.5
花卉	30	25	210
其他	60		280
合　计	394.7	163	961.5

（陈文丰）

（编辑：李达文）

市辖区

秀英区

【中共秀英区委】

书　记　刘　蔚（8月免）
　　　　张　霁（9月任）
副书记　张　霁（9月免）
　　　　黄鸿儒（9月任）　王晓龙
常　委　刘小琴　陈　忠　梁同坤
　　　　王　浩　王心能（11月免）
　　　　刘立武（11月任）　毛卫平
　　　　杨树坤（挂职，12月免）
　　　　罗宗标（挂职）

【秀英区人大常委会】

主　任　何子平
副主任　冯清贵（12月免）
　　　　吉　军（12月任）　符仍辉
　　　　易　梅　张祖平

【秀英区人民政府】

区　长　张　霁（9月免）
　　　　黄鸿儒（11月任）
副区长　陈　忠　吉　军（12月免）
　　　　陈　雄（12月免）
　　　　杨树坤（挂职，12月任）
　　　　吴腾越　崔海萍　黄奕军
　　　　罗宗标（挂职）
　　　　李海璇（挂职）
　　　　周生忠（挂职，8月任）
　　　　韩　涛（挂职，8月任）
　　　　周庭山（挂职，8月任）
　　　　周湘平（挂职，9月任）
　　　　胡木春（挂职，11月任）

【秀英区概况】 秀英区位于海口市西北部，东起丘海大道，西邻澄迈县，南与定安县接壤，北临琼州海峡，总面积511.5平方千米，是海口市管辖的4个县级区之一。2015年，全区下辖6个镇（海秀、长流、西秀、石山、永兴、东山）和2个街道（秀英、海秀），70个村委会，24个居委会，326个自然村，564个村民小组，常驻人口37.7万人，其中农村人口13.91万人，城镇人口23.79万人，城镇化率63.1%。

秀英区位优势明显，区内拥有全国唯一的跨海铁路和全省最大的港口海口港，是海南连接岛外的门户；西线高速、中线高速、东环高铁、西环高铁起点都在秀英，是海口连接其他各市县的重要交通枢纽；随着海口“西扩”加快推进，市行政中心西移，秀英逐步向新的城市中心迈进。

秀英区自然条件得天独厚，北依延绵20多千米的黄金海岸线，南拥全市最高点马鞍岭等火山群，石山、永兴等羊山地区森林覆盖率高，生态保护完好。历史和文化底蕴浓厚，既有道教南宗五祖的白玉蟾故里，明朝著名政治家、学者、岭南四大儒之一的丘濬墓，荣山冼太夫人庙等历史文化遗迹，也有永兴麒麟舞、石山八音等传统非物质文化。旅游资源丰富，全市3家4A级景区（海南热带野生动植物园、海口火山口世界地质公园、假日海滩）均在秀英，有东山湖、西海岸、美视、观澜湖等高尔夫球场，万年火山、千年古村落、百年民居以及各具特色的生态文明村、休闲农庄催动城郊型乡村旅游发展，如美社村、绿枫庄园、火山泉休闲农庄、南海休闲农庄、开心农场、西海岸1号农庄及绿色休闲慢行道等。大力推进五源河休闲度假区等建设，发展具有秀英特色的文化旅游、商业旅游和乡村旅游。喜来登、新国宾馆、香格里拉等高档酒店坐落在风光秀美的西海岸带状公园，是具有山海特色的休闲度假旅游胜地。产业后发优势明显，永兴的荔枝、黄皮、佛手瓜，石山的青皮冬瓜，东山的大顶苦瓜和墨青丝瓜等特色瓜果品牌享誉岛内外。示范推广了“南岛无核、大丁香、紫娘喜、新球蜜荔”荔枝优良品种和“黄皮王、金黄皮、铭钤黄、无核”黄皮优良品种。建立在庄种养、花卉盆景、建国白鸽等3个特色鲜明、示范效果明显的农业科技示范基地。国家科技部“无核荔枝、黄皮王标准化高产种植技术示范推广”项目在永兴镇实施，西秀镇龙头下村是全国一类农业标准化示范区。药谷、狮子岭等工业园区以及建设中的美安科技新城均坐落在秀英，英利、汉能等光伏企业，海药、齐鲁等制药企业，威特、金鹿等机电产业快速发展，是海口的新型工业聚集区。依托海口港、火车南站等资源，发展临港加工、仓储、装卸、配送等相关产业，建成海南钢材交易市场、海南国际会展中心、中商农产品中心市场并投入使用，是海口临港经济中心区。

【秀英区经济发展】 2015年，秀英区经济社会发展继续保持平稳运行、稳中有进态势。全年地区生产总值完成169.48亿元，比上年增长8.9%；农业总产值25.73亿元，增长0.4%；工业总产值205.12亿元，增长9%；社会消费品零售总额198.63亿元，增长6.3%；固定资产投资总额274.81亿元，增长36.7%（不含秀英区辖区范围内的高新区、综保区数据）；地方一般公共预算收入6.68亿元，增长19.6%，城镇常住居民人均可支配收入2.6万元；增长7.7%；农村常住居民人均可支配收入1.18万元，增长9.3%。

农业　落实惠农补贴资金1653.89万元。依托马坡洋蔬菜产业园区效应，引进广地、罗牛山、加旺、大昭圣典、统历岭等专业公司、合作社落户，不断推进适度规模化经营，全区冬种瓜菜面积3640公顷。71.33公顷大棚建设、南蓝田洋200公顷冬季瓜菜生产基地、东山镇玉下洋和东溪洋2351.27公顷土地整治扎实推进。实施千家万户科技信息化大培训工程，开展各类种养科技信息培训112场次。农产品质量安全检测站、点实现全区蔬菜生产基地覆盖，豇豆、苦瓜等瓜菜100%持合格证出岛上市。永兴荔枝获“国家地理标志产品”，卓津系列蜂蜜产品获省名牌农产品称号。建成博泰养羊、大福星养鸡等4个养殖小区，有效促进农业循环经济发展。实施新一轮农民增收行动计划，各级部门投入636万元，带动社会投入6387.3万元扶持贫困村庄发展产业，2015年全区精准脱贫274户1196人，贫困人口下降12.94%。

工业　医药制造业在全市工业整体下行的态势下，仍保持28.7%的高位增长，海灵、齐鲁等医药企业的拳头产品产销两旺。美安科技新城基础设施累计完成投资近40亿元，威特电气产业园、华研鱼胶原蛋白产业化基地、海口生物资源利用示范中心等项目加速推进，积极推动康迪10万辆电动汽车项目落地开工。完成金鹿工业园项目一期12万平方米标准化厂房建设，苏琼防火、正生堂食品等企业入驻。8万吨椰汁、康芝药业新厂、万特制药二期、英利扩建工程等项目建设顺利。引导企业自主创新，获4项市科技进步奖。

现代服务业　海口港新海港区一期建成开港运营，海口货运综合物流、美安物流等项目建设顺利。海口秀英港旅游综合体、远大购物中心、万达广场等商业项目以及长影环球100、五源河休闲度假区、美孝火山石古村落旅游开发等文化旅游项目扎实推进。海口首个橄榄主题乡村公园冯塘绿园建成开放，石山火山国际房车营地、永兴房车营地旅游景区、荣堂村火凤凰房车营地等休闲旅游项目以及观澜湖国际足球训练基地正抓紧推进。开展2015年“走进羊山感受秀英生态美”乡村旅游月活动，通过民俗文化展演、环火山风情旅游带骑行、火山口古法美食厨艺大比拼、永兴荔枝大比拼、“美丽田园”采风推介、书画展等活动，促进旅游、文化、农业的深度融合。

2015年11月6日，海南省委常委、海口市委书记孙新阳（前右二）在长流镇堂善村调研。（李汉仁　摄）

项目建设　2015年落户秀英区的各类建设项目共168个，其中省重点项目34个，市重点项目57个，其他项目77个。完成征地协议签订的项目42个，土地征收795.58公顷，房屋等地上附属物拆迁45.49万平方米。西环铁路、省肿瘤医院、新海港区一期等项目投入使用，海秀快速路、万达、远大等项目进入投资高峰，地下综合管廊、新海港区二期等项目开工建设。南海明珠人工岛、天翔路等33个省重点项目完成投资167.36亿元，完成年度投资计划123.06亿元的135.9%。在重点项目建设上，继续按照“六个一”（一个项目、一个责任领导、一个责任单位、一个工作班子、一个倒排工期计划、一竿子抓到底）工作机制，相继开展“重点项目推进月”“重点项目督查月”“重点项目百日大会战”等活动，美安科技新城一期项目重点部署6次清表行动，海秀快速干道项目克服博抚村拆迁涉及祖宗屋多、遗留问题多、补偿价格争议大等诸多困难，东西环高铁海口联络线项目仅用两个月就完成房屋征收拆迁。区重点项目办、石山镇被授予“全省投资项目百日大会战先进集体”荣誉称号。

招商引资　组团参加生态文明贵阳国际论坛2015年年会、夏洽会等招商洽谈会，引进金盛达家居建材商城、儒益村片区棚改及生态恢复建设等项目，协议投资320亿元。共完成投资项目备案80个，总投资315.23亿元。全年共引进企业注册671家，注册资金45.85亿元。

【秀英区社会发展】2015年，秀英区继续加大对民生的投入力度，共投入14.21亿元，增长58.6%，占财政支出的75.5%。涉及秀英的省、市为民办实事以及区政府承诺的10件为民办实事事项全部兑现。

社会保障　秀英区基层就业和社会保障服务设施项目建设顺利推进，创建2个省级和5个市级充分就业社区。职业技能培训840人，发放创业担保贷款1040万元。新增就业人口1.01万人，转移农村劳动力2002人，城镇失业率严格控制在3%以下。农村合作医疗参合率99.9%，城镇居民基本医疗保险参保率99%以上，城乡居民社会养老保险参保率居全市第一。启动被征地农民参加社会养老保险项目29个，涉及缴费补贴1764万元。受理劳动保障案件124宗，追回农民工工资7360万元。投入300万元，建成文明村、福永村、昌道村等3个农村老年人日间照料中心，启动永兴镇社区居家养老购买服务工作。城市低保、农村低保标准分别提高到520元和460元，全年发放城乡低保资金4943.83万元，发放各项优抚经费1156.27万元，发放退役士兵和士官安置经费424.55万元。登记104家社会组织，为居民提供便捷服务。配租公共租赁房（含廉租房）1225户，发放廉租住房货币补贴1810人次369万元。完成市政府下达的780户危房改造任务。

社会事业　全年投入4.94亿元，实施助学工程、“三免一补”等教育惠民措施，开展城乡帮扶工作，农村学校的办学质量不断提高，实施校安工程、学前教育工程，扎实推进学校标准化建设。中、小考成绩均位列全市农村学校前茅，特别是海秀、长流中心校（片区）总平均分、总合格率和总优秀率分别位列全市农村学校第一、第二名。区公共卫生综合楼竣工使用，完成7家卫生院污水处理改造，投入78万元改造东山卫生院门诊楼，投入200万元更新卫生院医疗设备。基本公共卫生服务均等化水平明显提高，补助农村妇女住院分娩人

2015年12月22日，海口市委副书记吴川祝（左二）到长流镇长康路步行街调研。 （秀英区　供稿）

数2440人，完成2.08万名儿童健康体检，积极推进“两癌”筛查。各类慢性病、传染病得到有效防控，城乡居民健康建档率80%以上。人口计生指标完成情况良好，出生人口性别比控制在目标范围内。加大计生三级服务体系建设力度，为1739对夫妇开展国家免费孕前优生健康检查和地中海贫血筛查诊断。区文化馆主体封顶，积极推进区图书馆等公共文化设施建设。投入90万元为11个社区配套15套体育健身设施，安排234万元建设20个社区文化活动场所。

【秀英区城乡建设与管理】“双创”工作　通过“山海相约秀美英姿”微信公众平台、巡回演出、大型主题宣传以及首创“奖品+问卷”奖励机制等，动员广大群众积极参与“双创”。以整治“脏乱差”为突破口，先后打响环境卫生整治、市容市貌整治、交通秩序整治、小街小巷改造等九大战役，累计投入资金2亿元。升级城乡环卫设施，清理各类垃圾约9.2万吨，整治卫生死角680余处，“三无小区”得到有效整治。签订“门前三包”责任书8684份，实行数据上图入库管理。开展“六合一”（为配合“双创”工作开展，成立由属地街道、城管、公安、工商、食药监、联防等6单位组成的综合执法队）联合执法，累计处罚2251宗。9月成立汽车西站、海口火车站“驻点综合执法办公室”，市民和媒体反映强烈的海口火车站、汽车西站黑车非法营运现象得到遏制。出台《秀英区管控新增违建举报奖励暂行办法》，迅速启动石山镇作为全省第一批农村建房报建的试点工作，有序推进违法建筑分类处置，全年累计拆除违法建筑944宗，面积95.9万平方米。按照“双创”标准，提升改造秀英、港丰、业里、东山等农贸市场。启动金榆路、东升便民桥，金沙湾片区、西海岸南片区、粤海片区天翔路等市政道路的建设，向荣路市政工程二期、红棉西路、市一中高中部东侧规划路竣工验收。投入1亿元改造小街小巷122条，长康路建成海口首条乡镇步行街，秀英区小街小巷改造提升项目在市“双创”工作指挥部2015年12月工作考评单项得分第一名。完成火山口大道绿化、彩化改造，长秀片区、丘海大道—秀华路—滨海大道景观提升工程抓紧推进。建设30条农村道路及4条排水工程、2条照明工程进展顺利。开展“六小”门店（小餐馆、小理发馆、小洗浴、小店铺、小娱乐场所、小网吧）专项整治活动，整改258家餐饮单位，取得海口市4

个区中排名第一、全省排名第九的好成绩。加强“四害”等病媒生物防制，完成2000户农村改厕任务。投入705万元，创建石山镇昌道村、永兴镇儒林村、东山镇玉下村等文明生态村40个。涌现出一批道德模范和先进典型，洪庆芝获“感动海南”2015十大年度人物、海南“最美村官”称号，并与乡村医生吴永赞入选2015年“中国好人榜”。

棚户区（城中村）改造　综合施策、让利于民，新海村棚改项目完成签订协议2020户，2504宗房屋编号，占现状村民房屋总编号的98.7%，超额完成市政府下达的1239户的任务目标。启动五源河片区棚户区（城中村）改造项目调查复核工作和五源河学校先行征收工作，基本完成石山镇墟棚改项目入户调查，积极推进永兴镇墟、儒益村等棚改项目的前期工作。

生态环境保护　加强对永庄水库水源保护区环境综合治理，拆除永庄水库饮用水源二级保护区排污企业22家，停产3家。清理各个水库周边垃圾近900吨，清除秀英沟两侧养殖场和废品收购站35家。严厉打击南渡江、金沙湾非法采砂。针对群众多次反映和投诉的港澳开发区大气污染问题，拆除港澳片区废品收购站70家，养猪场30余家等。投入670万元试点实施长流镇堂善村污水整治工程和东山镇统历岭村污水整治工程，投入338.5万元建设8宗农村安全饮水工程，投入1595万元实施长流镇联昌田洋、射钗村抛石护岸工程等25宗水毁修复工程。排查并整治秀华路、美俗路、秀英时代广场等138家餐饮店的环保达标问题。植树造林333.33公顷，100%完成“绿化宝岛”任务。开展海防林等损毁森林资源生态修复工作，改造林地面积96.13公顷，完成沿湖植树造林13.33公顷。完成节能减排任务。石山镇官良村获“2015年度海南省小康环保示范村”。

2015年6月3日，由秀英区政府主办的永兴荔枝大比拼在永昌镇博昌村举行。图为获奖颁奖照　（秀英区　供稿）

农村综合改革　出台《海口市秀英区集体留用地管理实施暂行办法》。全面铺开土地承包经营权确权登记，累计发证1241份，面积6896.05公顷。完成农村集体土地、共有宗地分割确权外业地籍调查测量及内业整理建档2935宗，面积3000公顷。

城市综合管理　出台《秀英区城市管理综合执法体制改革实施方案》，深入推进城市管理综合执法改革，下放镇（街）综合行政执法职能，建立“公安＋城管”的城市管理联合执法工作模式。城乡环卫一体化改革稳步推进。

社区改革和创新　网格化管理继续推进，门边服务项目不断扩大，为居民提供5大类、11项门边服务。社区标准化建设不断提高，投入600万元升级改造海榆西、业里村、金鼎、永庄村、书场村、秀海、爱华等社区服务场所；投入500万元，建设儒益村、龙头村、道堂村、东星村、镇南等5个社区活动中心。社区志愿者服务标准化、规范化、常态化，和谐社区创建工作成效突出。

2015年12月10日，海口市秀英区石山镇向村民发放首批乡村建设规划许可证。　（秀英区　供稿）

【秀英区新农村建设】2015年，秀英区继续打造以火山口为中心的新片区

2015 年 6 月 13 日，火山口古法美食厨艺大比拼在秀英区火山口公园举行。

（秀英区　供稿）

和以美梅村帮扶示范点为中心创建永兴镇建群新片区，引导帮扶村民发展特色农产品种植和农家乐乡村游等生态经济，促进农民增收。整合安排 200 万元“一事一议”资金，从经济发展、路巷建设、环卫建设、文化建设、绿化工程、亮化工程 6 个方面 23 个项目对石山镇的昌道、儒洪，永兴镇的儒林、美秋和东山镇玉下 5 个巩固提高村庄进行升级改造，打造精品。开展 2015 年文明生态村农民使用技术“菜单式”培训，增强农民创业技能。开展“走进羊山·感受秀英生态美”旅游月系列活动，通过民俗文化展演、环火山风情旅游带骑行、羊山地区工艺品和特色农产品展销、火山口古法美食厨艺大比拼活动、古村探秘之旅以及“走进羊山·书画秀英生态美”书画展等，借力“互联网 +”打造火山特色品牌，促进羊山地区村庄发展生态农业、旅游业等，促进农民增收。结合农村环境卫生整治，健全“户分类—村收集—镇转运—市区处理”的生活垃圾处理收运模式，大力开展农村环境卫生整治。实施“万村绿化”工程，积极引导农民利用“四旁四地”种植黄花梨、沉香、黄皮、荔枝、莲雾等珍贵和优良乡村树种，推进创建村庄形成村庄林园化、庭院林果化、道路林荫化，推进完成 41 个村庄绿化。2015 年，统筹资金 745.45 万元（市下拨 215 万元，区下拨 190.2 万元，“一事一议”资金 200 万元，群众自筹 117.25 万元，其他 23 万元）开展文明生态村建设，共修建旅游便道 35 千米，硬化村巷道 13.2 千米，修建村道围墙 2.1 千米，硬化广场 21 个，建成休闲点 41 个、球场 14 个、戏台 4 个、宣传栏 32 个，新建和修缮文化室 9 间等。投入 1146 万元建设 10 条农村道路及照明工程，307 万元建设 5 宗农村安全饮水工程项目。全区创建文明生态村 40 个，其中新创建文明生态村 25 个，巩固提高点 5 个，文明生态村创建总数 279 个，占全区自然村总数 85%。

基层组织建设　2015 年，秀英区投入基层组织工作经费共 7908 万元。10 月开始，参照辖区常住人口数量，每个村“两委”班子每年工作经费从 9.7 万元提高到 30～40 万元，落实基层干部补贴待遇到位，不断提高在职和离任村干部月生活补贴。进一步改善村级组织办公条件，秀英区有 94 个村级组织活动场所，全区安排村级组织活动场所经费 1200 万元，分别新建 12 个村活动场所和建设改造 5 个社区服务场所。

基层党建工作　秀英区通过“四大举措”夯实基层基础，抓好农村党建工作，进一步加强基层党的组织建设。抓实基层党建示范点创建。加快石山镇施茶村基层党建示范基地建设，抓党建促发展，打造火山文化，发展特色产业，建设“互联网 + 农业”美丽乡村，充分发挥施茶村党建示范点的示范、引导、带动和辐射作用，全面提升秀英区农村基层党建工作整体水平。注重从大学生“村官”、毕业归乡大学生、致富能手、农民专业合作组织负责人、复员退伍军人中培养村级后备干部。全区有村级后备干部 151 名，发展农村党员 145 名。抓牢整顿软弱涣散基层组织。全面排

秀英区文明生态村永兴镇美梅村干净整洁的入村道路。摄于 2015 年 3 月 17 日。

（秀英区　供稿）

2015 年海口市秀英区行政区划

指标	单位	全区合计	区辖镇（街）							
			长流镇	西秀镇	海秀镇	石山镇	永兴镇	东山镇	秀英街道办事处	海秀街道办事处
土地面积	平方千米	511.5	48	68	19.75	120.74	108	124.51	16	6.5
人口	人	377000	43500	40200	39200	34400	30300	72300	61900	55200
人口密度	人 / 平方千米	737	906.3	591.2	1984.8	284.9	280.6	580.7	3868.8	8492.3
社区	个	24	4	2	2	1	1	2	5	7
建制村	个	70	12	10	6	11	8	21	2	0

2015 年海口市秀英区所辖镇、街道、建制村（社区）

区辖（街）	社区	建制村
长流镇	长流墟、镇海、长彤、长信	长东、康安、会南、长丰、美德、博新、长南、堂善、长流、堂昌、长北、美李
西秀镇	南港、长滨	博养、长德、龙头、祥堂、荣山、新和、丰盈、拨南、新海、荣山寮
海秀镇	海榆东、海榆西	新村、水头、业里、儒益、周仁、永庄
石山镇	石山墟	和平、扬佳、道堂、北铺、岭西、施茶、安仁、福安、建新、美岭、道育
永兴镇	永兴墟	永秀、永德、美东、建中、雷虎、建群、罗经、博强
东山镇	镇南、镇北	东星、儒万、永华、东山、东溪、光明、溪头、马坡、东苍、玉下、雅德、建丰、文塘、紫罗、前进、环湖、东升、溪南、射钗、东城、城西
秀英街道	秀华、秀海、秀中、秀新、高新	书场、向荣
海秀街道	海口港、东方洋、长秀、金鼎、十一支队、爱华、天海	

2015 年海口市秀英区主要经济社会发展指标完成情况

指标名称	单位	实际完成数		预期目标	
		绝对值	增长率	绝对值	增长率
一、地区生产总值	亿元	169.48	8.9%	–	8.5%
二、农业总产值	亿元	25.73	0.4%	–	–
三、工业总产值	亿元	205.12	9.0%	–	–
四、固定资产投资总额	亿元	274.81	36.7%	248	16%
五、社会消费品零售总额	亿元	198.63	6.3%	–	12%
六、地方一般公共预算收入	亿元	6.68	19.6%	–	12%
七、城镇常住居民人均可支配收入	元	26015	7.7%	–	9.5%
八、农村常住居民人均可支配收入	元	11773	9.3%	–	10%

注：固定资产投资总额不含秀英区辖区范围内高新区、综保区项目。

（张　珲）

查全区362个党组织，共排查出软弱涣散基层党组织15个，其中农村7个。对软弱涣散的基层党支部，按照“一支一策”的原则，继续采取区领导挂点、干部包点、机关部门结对、派驻工作组、选派第一书记、加强教育培训等方式，切实抓好软弱涣散基层党组织的整顿提高。组织开展系列形式多样活动，进一步加强农村基层党组织建设。如，开展“征集微心愿·温暖百姓家”志愿服务活动，共帮助困难群众实现“微心愿”230个；深入开展“联村联户”直接联系基层服务群众活动，每个区领导、区机关单位主要负责人、镇街领导联系1户贫困户、1户致富户、1户上访户、1户村（居）民代表、1户党代表、1户人大代表，每年为基层解决一个以上重点难点问题，为基层群众办一件以上好事实事，帮助一户贫困户或困难户脱贫解困。全区党员领导干部与困难群众共结成240个帮扶对子。

（张珲）

龙华区

【中共龙华区委】

书　记　王　东（11月免）
　　　　符　革（12月任）
副书记　符　革（12月免）凌　云
常　委　李会文　蒋海涛　冯永健
　　　　陈积卫　李　欣
　　　　何湛川（6月免）
　　　　周　威（挂职）
　　　　吴秋云（挂职，9月免）
　　　　吴　馨（挂职）
　　　　王　挺（挂职，9月任）
　　　　黎　斌（挂职，9月任）
　　　　朱少君（6月任）

【龙华区人大常委会】

主　任　苏长文
副主任　王达兴　黄世诚　郭登良
　　　　王惟雄

【龙华区人民政府】

区　长　符革（12月免）
副区长　陈积卫　刘芳芳（11月免）
　　　　陈正参　李美健
　　　　符锡安（11月免）　梁　悬
　　　　陆乙源（11月任）
　　　　周　威（挂职）
　　　　吴秋云（9月任）
　　　　吴　馨（挂职）

【龙华区概况】龙华区地处海口市中心繁华地带，是全市经济文化中心，被誉为“椰海明珠”。东接美兰区、琼山区，西与秀英区相邻，北临琼州海峡，南依定安县，面积300.6平方千米，其中陆地面积285.35平方千米，占总面积94.9%，水域面积15.25平方千米，占总面积5.1%。林地面积799.67公顷，林木覆盖率41%。2015年，下辖城西、龙桥、龙泉、新坡、遵谭5个镇和中山、大同、滨海、海垦、金宇、金贸6个街道，54个村委会，309个自然村，72个居委会。常住人口65.54万人，人口密度每平方千米2180人，其中农村人口8.47万人，城镇人口57.07万人，城镇化率87.07%。

矿藏及其他自然资源主要有玄武岩、河沙、沸石矿和膨润土矿等。金牛岭有沸石矿和膨润土矿。沸石矿探明储量3509.4万吨，居全国第十位；膨润土矿探明储量1376万吨，居全国第23位。海秀中路以南贮藏有天然矿泉水，已开发椰树、金盘、伊沙贝尔等矿泉水品牌。

辖区交通便利，公路网络覆盖全区，东线高速公路纵贯5镇，绕城高速公路横挂其腰，联通东线、西线、海文3条高速公路，东环轻轨铁路穿梭城区；有高铁东站、海口汽车南站、市公交汽车总站；有南大立交桥、滨海立交桥、世纪大桥等桥梁；海南东线高速公路经龙华区境内长24千米。

辖区内有国家历史文化名街海口骑楼街区，海口天后宫等名胜古迹。国家级重点文物保护单位有秀英炮台、中共琼崖一大会址、海瑞墓3处；省级文物保护单位有冯白驹将军雕像及纪念亭、冼夫人纪念馆、冯平同志纪念馆3处。爱国主义教育基地有中山纪念堂、中共琼崖一大会址、冯白驹将军雕像、解放海南岛战役烈士陵园等4个。旅游休闲公园有万绿园、海口公园、世纪公园、金牛岭公园等。有观澜湖度假区、冯小刚电影公社、珠崖郡遗址和海瑞清官文化园等文化旅游景区。2015年荣获全国社会管理综合治理工作最高奖项“长安杯”、海口12345市政府投诉热线工作二等奖。

【龙华区经济发展】2015年，龙华区地区生产总值521.67亿元，比上年增长7.8%；一般公共预算收入100.1亿元，增长1.4%；地方一般公共财政收入17.4亿元，增长6.9%；固定资产投资246.20亿元，增长33.8%；社会消费品零售总额197.79亿元，增长7.1%；常住居民人均可支配收入2.5万元，增长7.9%。城镇和农村常住居民可支配收入分别为2.94万元和1.15万元，分别增长7.4%和9.6%。

工业　辖区有海口保税区、金盘工业区等工业园区，形成以汽车制造、生物医药、食品饮料、机电制造等四大产业为支柱的工业经济体系，年产值2000万元以上的规模企业51家。按六大工业行业划分，主要龙头工业企业有汽车制造业类：一汽海马汽车有限公司、浙江万向系统有限公司海南分公司等；生物医药业：海口奇力制药股份有限公司、先声药业有限公司等；食品饮料业：椰树集团海南椰汁饮料有限公司、海南亚洲太平洋酿酒有限公司等；金属制造业：海南海宇锡板工业有限公司、海南椰树制罐工业有限公司等；电气机械和器材制造业：海南金盘电气有限公司、三星（海南）光通信技术有限公司等；电力业：海南电网海口供电局等知名企业。2015年工业总产值240.13亿元，下降6%。规模以上工业企业实施技改升级，海马首款民用新能源汽车成功上市，椰树集团新推出多款饮料，康宁光通信、海宇锡板、金盘电气等企业产品市场竞争力进一步提升。机电器材业产值增长13.5%，奇力制药、碧凯药业、先声药业等企业产销两旺，医药制造业产值增长11.4%。积极扶持中小微企业发展，新增企业15家。

农业　2015年，农业总产值8.99亿元，增长1.3%。粮食作物种植面积4747.67公顷，油料作物种植面积688公顷，甘蔗种植面积366.87公顷。抓住南渡江流域6666.67公顷土地整治的有利契机，引进龙头企业，以“龙头企业+专业合作社+农户”的模式，大力发展热带特色现代农业，农业产业上新台阶。新坡兰花产业园种植兰花500多万株、年产值8000万元，文山沉香产业园种植沉香10万株，石斛产业园建成20公顷原生态种植基地，大力洋万亩蔬果产业园建成投产，四大特色产业园区初具规模。大力发展“菜篮子”工程，全区瓜菜种植面积4266.67公顷，产量11万吨，其中冬季瓜菜种植面积3333.33公顷，常年叶菜类933.33公顷。着力发展品牌农业，创建盈兰、火山石斛等农业品牌11个。组团参加冬交会，成功签约光伏农业大棚等两个农业项目，农产品订单8万吨、交易金额4.92亿元。与惠农网合作，启动建设遵谭、新坡两镇蔬菜配送中心。

商贸　2015年，辖区第三产业增加值406.16亿元，增长9.8%。实施“腾笼换鸟”战略，文化旅游、商贸物流、“互联网+”等方面的新业态、新模式不断涌现。海南银行落户龙华，辖区有银行总部20家，占全省25家的80%；保险公司总部22家，占全省24家的92%，金融保险聚集效应凸显。是全省互联网产业聚集地，辖区内有信息传输、软件和信息技术服务企业300多家，包括中国电信海南公司、中国移动海南公司、中国联通海南公司等基础通信运营商，天涯社区等著名网站，新浪海南、网易海南、凤凰海南等国内各大门户网站也在龙华设置分支机构和运营机构。是全省企业总部聚集地，海航集团、恒大地产、中交集团、上海置地、香港骏豪、深圳灵狮公司等众多著名企业纷纷入驻龙华，设立分公司总部。冯小刚电影公社南洋街开街、老北京街奠基，复兴城香街荣获“中国商旅文产业发展创新街区”，骑楼老街业态调整获得实质进展，文化旅游产业加快融合。生生商务国际广场开业，金棕榈商业广场人气旺盛，国贸、大同、海垦、城西等传统商圈持续火爆。新城吾悦广场、现代美居生活广场、金盛达建材商城、林安智慧物流园等正在建设，椰海南部商圈初显规模。借助欢乐节、冼夫人文化节、海口马拉松赛等节庆赛事，积极开展旅游、房地产和农副产品等促销活动，进一步拓宽消费渠道。

招商引资　2015年，龙华区引进海口新城吾悦广场、海口林安现代商贸智慧物流城和阿里云创客等19个项目，落户项目19个，意向投资98.21亿元。科学谋划“十三五”，储备重点项目151个，估算总投资超过2400亿元。

固定资产投资　2015年，完成固定资产投资246.2亿元，增长33.8%。其中，第一产业完成投资7.16亿元，下降11.9%；第二产业完成投资4.56亿元，下降19.4%；第三产业完成投资234.48亿元，增长37.8%（房地产投资大幅增长，完成97.51亿元，增长68.4%）。三次产业投资结构比2.9∶1.9∶95.2。

重点项目　2015年，龙华区以重点项目“服务月”“督查月”“黄金施工周”和“棚改冲刺周”等活动为抓手，加快重点项目建设，实现建设进度和投资进度双提速。33个省重点项目完成投资130亿元，完成年度计划163%。海秀快速干道建设加快，南渡江饮水工程、美洲假日公园等30个项目顺利推进。“百日大会战”37个项目全部开工，完成投资29.88亿元，超额完成计划投资的213%。获得海口市重点项目建设一等奖、“百日大会战”优秀奖。

复兴城互联网创新创业园建设　2015年7月，海口复兴城互联网创新创业园启动建设，产业园将规划建成“5区2街1中心”。“5区”包括孵化区、加速区、引领区、配套区、多功能综合区，是产业园中的重要办公区及配套区，主要针对不同成长的企业进行区域规划，提供多种不同的办公环境需求及创客交流空间、孵化器；“2街”包括滨海产品展示体验街、中国香街创意文化商街，两街的建设主要是为互联网企业提供商业展示及交流体验的配套整合；“1中心”是互联网产业园服务中心，为入驻企业提供一站式服务，包括工商注册、税务、技术咨询、金融融资、法律援助等。12月16日，复兴城互联网创新创业园正式开园，阿里云创客+、光谷创业咖啡、微软创新中心、车库咖啡、清科集团、酷秀等60多家知名企业和创业团队入驻，推动了大众创业、万众创新，成为全省互联网产业新名片。园区已建立一站式服务站点，提供工商注册、会计税务咨询、法律咨询、园区服务等配套服务。已建成综合展厅，设备完善、功能齐全。

【龙华区社会发展】2015年，龙华区加大民生领域投入，民生支出13.87亿元，占地方财政预算支出的81%。涉及龙华的省、市为民办实事以及区政府承诺的17项民生实事全部完成。

社会事业　2015年，西湖实验学校正式开学，新增学位1500个；继续推进学区制管理，开展教师全员培训，实施乡镇教育帮扶工作；6所学校在全市公办小学学业质量监测排名前十，全区小学学业质量居全市首位。千方百计促进再就业，城镇登记失业人员再就业2974人，转移农村劳动力再就业2408人，城镇失业率控制在3%内。推进城乡居民养老保险、被征地农民养老保险和城镇居民医疗保险工作，城乡居民养老保险参保率95%，城镇居民医保征缴完成任务的102%。实施文化惠民工程，加强公共文化体育设施建设，新建文化室4个。积极开展送电影、送琼剧、送图书下乡活动，文化体育活动丰富多彩。农村低保金发放8793户、2.02

万人、1331.22万元；农村五保金发放2205户、2307人、306.11万元。全面推行卫生院住院先看病后付费诊疗服务模式，全年共有526人次享受此便民、惠民服务，卫生院累计垫付住院费用54.89万元。新坡、龙桥、龙泉镇3家卫生院规范开展中医服务，龙泉镇卫生院完成中医药综合示范区建设。完成19间村卫生室改造。

社会保障　在城市社区安装治安防控摄像头1041个。为公办幼儿园全部安装安全监控系统。在5镇6街各创建一个儿童之家示范点。完成创业培训1045人、技能培训659人。受理各类法律援助案件1239件，法律援助8000多人。发放精神障碍患者就医补贴64.96万元，惠及396人。完成270人精准减贫任务。

海口市龙华区文华菜市场设置共产党员摊位。摄于2015年10月25日。（黄一冰 摄）

【龙华区城市建设与管理】 2015年8月5日开启“双创”模式，大力推进“门前三包”、环境卫生、农贸市场、交通秩序、“六小”行业、病媒生物防制等专项治理。加强基础设施建设，改造提升背街小巷168条，国贸标准化市场建成营业，启动11家农贸市场升级改造；实施景观提升工程，建成西湖北岸文化休闲长廊和三叶西路“双创”文化广场，“三园合一”进展顺利，东环高铁、绕城高速（龙华段）沿线绿化彩化、美化亮化加快推进。创新体制机制，在全市率先组建城管、公安、联防、社区干部、志愿者“五位一体”联合执法队伍；在金贸街道、龙桥镇试点“公安+城管”联合执法工作，为全面实施城市管理综合执法改革打下基础。在全省率先成立区城市管理巡回法庭，实现案件“审执一站式”，快速裁决城市管理行政争议；在全省率先成立“乡贤协商会”，探索贤人治村等乡村治理新模式。坚持示范带动，打造解放西路、城南路、玉沙社区、文华市场、居仁坊、园内里和新坡镇等一批示范点，辐射带动“双创”工作高起点、全方位推进。实施整治违法建筑3年攻坚行动，加大打违控违力度，全年拆除违法建筑985宗102.84万平方米，防违控违798宗21.43万平方米，拆违、控违量均为全市第一。实施环卫一体化PPP项目，引进国内环卫龙头企业，推进环卫工作专业化、规范化、标准化，降低运行成本，有效提高环卫管理质量和水平。新建垃圾转运站5座，更换“三无”小区垃圾桶1500个。推进“三社联动”，通过政府购买服务，由社工进驻社区，健全社会组织服务体系，逐步推进社区服务多样化。开展“三事分流”试点工作，逐步实现政府治理与社会自我调节、居民自治的良性互动。推进社区服务场所建设，投入2500万元完成垦中、正义等15个社区服务场所标准化建设。

棚户区（城中村）改造　全面推进11个棚改项目，完成投资32.5亿元，改造土地19.26公顷，惠及2万户6.9万人，投资量、改造面积创历年最高，完成市下达棚改征收任务的171%，完成率全市第一。滨涯片区安置房完成选房，博义盐灶片区征收任务提前2个月完成，全市第一个自主改造的海织小区项目稳步实施，中山北片区按期启动，面前坡、坡博坡巷等片区前期工作扎实推进。

生态环境保护　全面开展水环境面源污染整治，加强对南渡江流域、金牛湖、美舍河、沙坡水库等周边的巡查，整治餐饮、洗车、养殖等场所93家。加大对农村4镇6个饮用水水源保护区巡查整治力度，全区饮用水水源水质达标率100%。全面开展海岸带保护与开发专项检查，组织拆除违建5宗。加大南渡江非法采砂整治力度，取缔和摧毁非法采砂堆沙点54个。深入开展“绿化宝岛”行动，植树造林160公顷；实施园林绿化工程，完成绿化面积5.3万平方米，建成区绿化覆盖率71.4%，人均公共绿地面积16.7平方米，达到国家创卫标准。开展大气污染专项整治，整治餐饮场所、建筑工地、石材加工等208处，否决不符合环保要求的建设项目3个，空气质量优良率99.4%，居全市第一。

【龙华区新农村建设】 2015年，龙华区投入550万元在5镇14个村庄实施农村安全饮水工程，建设水塔4个、深井2个、泵房2个，铺设水管4.55万米，项目建成解决1.5万人饮水安全问题。投入550万元加强全区农田水利建设，实施龙泉镇五一洋渠道修复工程、龙泉镇西江水塘加固工程、龙泉粟坡洋主渠道修复工程、新坡田头水利修复工程、龙桥玉符村灌渠工程、龙泉镇托村渠道修复工程，项目建成解决133.33公顷农田和常年蔬菜基地的生产用水问题。投入60万元在遵谭镇咸东村实施治坡工

2015年龙华区行政区划表

指标	单位	全区合计	区辖镇（街）										
			城西镇	龙桥镇	新坡镇	龙泉镇	遵谭镇	海垦街道	金宇街道	金贸街道	大同街道	滨海街道	中山街道
土地面积	平方千米	300.6	42	49.5	54.1	73.4	55.7	6.5	4.1	5.4	2.5	4.3	3.1
户籍总人口	万人	45.95	4.03	2.46	3.61	4.78	2.67	5.38	3.13	5.41	5.30	5.53	3.65
社区	个	72	7	0	0	1	0	14	10	9	10	10	11
建制村	个	54	9	8	13	17	7	0	0	0	0	0	无

2015年龙华区所辖镇、街道、建制村（社区）

区辖镇（街）	社区	建制村
城西镇	仁里北、仁里南、府西、四季华庭、金盘、金沙、金星	苍东、苍西、丁村、山高、高坡、头铺、薛村、沙坡、大样
龙桥镇	无	龙桥、龙洪、挺丰、三角园、永东、玉符、玉荣、道贡
新坡镇	无	文山、文丰、新、雄丰、农丰、群益、新彩、群丰、民丰、光荣、新坡、仁南、仁里
龙泉镇	东占	元平、永昌、市井、富伟、新联、扬亭、占符、国扬、美定、大叠、雅咏、仁新、美仁坡、椰子头、五一、新江、翰香
遵谭镇	无	新谭、东谭、遵谭、龙合、群力、咸东、咸谅
海垦街道	秀英村、滨濂南、滨濂北、滨涯、滨秀、金垦、金山、金牛岭、垦中、华垦、海秀、疏港、顺发、西岭	无
金宇街道	银湖、昌茂、面前坡、坡博西、坡巷、坡博东、南沙、金坡、海德、坡博南	无
金贸街道	金海、万绿园、世贸、国贸、珠江、龙华南、玉沙北、玉沙南、嘉华	无
大同街道	大同里、友谊、彩虹、龙昆上、龙昆下、华海、侨中、正义、义龙东、义龙西	无
滨海街道	滨海、盐灶一、盐灶二、盐灶三、八灶、滨海新村、龙华中、滨港、泰华、玉河	无
中山街道	竹林、永兴、长堤、富兴、西湖、义兴、得胜沙、西门外、人和坊、居仁坊、园内里	无

2015 年龙华区国民经济发展指标

指标名称	单位	2015 年	2014 年	增长%
一、地区生产总值	亿元	521.67	455.61	7.8
第一产业	亿元	5.73	5.73	1.3
第二产业	亿元	109.78	120.92	1.3
其中：工业	亿元	65.75	79.41	-3.0
建筑业	亿元	44.03	41.51	8.8
第三产业	亿元	406.16	328.96	9.8
二、农业总产值	亿元	8.99	9.25	1.3
三、工业总产值	亿元	240.13	263.49	-6.0
其中：规模以上工业总产值	亿元	231.43	253.97	-6.4
规模以下工业总产值	亿元	8.7	9.52	5.6
四、固定资产投资总额	亿元	246.2	184	33.8
其中：房地产开发投资	亿元	97.51	62.74	68.4
五、社会消费品零售总额	亿元	197.79	179.20	7.1
六、地方一般公共预算收入	亿元	17.4	16.3	6.9
七、城镇居民人均可支配收入	元	29366	27343	7.4
八、农村常住居民人均可支配收入	元	11539	10528	9.6

2015 年龙华区社会事业主要指标

指标名称	单位	2015 年绝对值	比上年增长%
一、教育事业财政投入	万元	64580	32.88
学校个数（不含民办）	所	39	7.14
其中：完全中学	所	—	—
普通中学	所	12	0
小学	所	27	10
高中就读学生	人	—	—
初中就读学生	人	10239	11.28
小学就读学生	人	38830	8.22
二、户籍总人口	万人	45.95	1.32
其中：非农业人口	万人	32.47	2.75
农业人口	万人	13.81	0.36
三、文化事业财政投入	万元	700	-70.57
四、医疗卫生事业财政投入	万元	24617	10.64
五、卫生机构数（不含诊所）	个	97	0
六、卫生机构病床数	张	111	-4.31
七、卫生技术人员	人	1286	-6.47
八、创建文明生态村	个	266	0
九、社会就业新增岗位	个	5382	16404
其中：再就业	人	2974	-18.03
转移农村富余劳力	人	2408	-20.17

程，新建一座100吨水塔、新打一眼深井，铺设管网近2000米，改善33.33公顷坡地生产用水条件。完成农村危房改造500户，面积4.43万平方米，已全部竣工。完成农村户厕改造2110户。改造儒吴村、莲塘村、丰隆村及太运村等4村庄道路1600米，安装托村、儒吴村、大叠村、定文村、儒王村及西江村路灯204盏。改造东线高速龙桥互通，修复路面、安装路灯及建设道路两侧绿化带，改造龙泉大道连接匝道口道路。大力推进文明生态村建设，新创建文明生态村庄10个，重点建设村庄5个，美丽乡村片区12个。

基层党建组织建设　2015年，龙华区辖区5个镇54个行政村，农村党支部54个，党员3852名。新坡镇率先成立全省首个“乡贤协商会”。建立“党建+”模式，集中打造党建示范点：龙泉镇美仁坡村和新坡镇仁里村打造“党建+产业”示范点，新坡镇文山村打造“党建+美丽乡村”示范点。优化组织设置，把党组织建在合作社上和重点项目上，带领群众共同致富，如在新发地蔬菜种植基地、南渡江流域土地整治、谷沙洋瓜菜基地等重点项目上建立6个党组织，促进重大项目建设任务全面完成。抓好农村（社区）“两委”干部队伍建设，制定绩效考核实施细则，提高基层组织和干部的工作经费、补贴待遇。加强农村党员教育管理，举办3期农村（社区）党支部书记培训班，增强带头致富和带领群众致富的能力。推进农村干部学历教育，选派35名优秀年轻农村干部参加海南广播电视大学大专函授教育，改善农村“两委”干部的学历结构。

（吴淑平）

琼山区

【中共琼山区委】

书　记　王　飞（5月止）
　　　　刘　蔚（8月任）
副书记　田丽霞（11月止）
　　　　刘　东（12月止）
常　委　陈　力　王康福
　　　　孙道静（5月止）
　　　　郑维利（10月任）　覃　俊
　　　　吴光亮（10月止）
　　　　李　坚（11月任）
　　　　刘立武（11月止）
　　　　陈大富（6月止）
　　　　仇志明（6月任）

【琼山区人大常委会】

主　任　陈国强
副主任　陈少华（5月退休）
　　　　李振明（10月退休）
　　　　方慧玲　蒙　莽

【琼山区人民政府】

区　长　田丽霞（11月止）
　　　　孙　芬（11月任）
副区长　陈　力　徐应新
　　　　林举兆（12月任）　陆宾林
　　　　李　坚（10月止）
　　　　史艳娟（9月止）
　　　　王　敏　胡余亨（12月任）

【琼山区概况】琼山区位于海口市南部，东部、北部与美兰区毗邻，南连文昌市和定安县，西与龙华区接壤。总面积939.9平方千米。其中，陆地面积810.7平方千米，占总面积86.3%；水面面积129.2平方千米，占总面积13.7%。森林覆盖率38.38%。2015年，辖龙塘、云龙、红旗、三门坡、大坡、甲子、旧州7个镇，国兴、府城、凤翔、滨江4个街道办事处，有34个社区和71个行政村。其中，云龙镇为海口市“计划单列镇”和“统筹城乡示范镇”；云龙镇、龙塘镇、红旗镇、三门坡镇、旧州镇列海口市10个中心镇范畴。辖区内有国营红明农场、国营东昌农场、省岭脚热带作物场、省长昌煤矿和区属新民林场、中税热作场。年底常住总人口50.18万人，其中城镇人口34.89万人，农村人口15.29万人，城镇化率69.53%。户籍人口38.31万人，其中男性19.91万人，女性18.4万人。

琼山历史悠久，人杰地灵，素有“琼台福地”之美称，是海口市“国家历史文化名城”核心区。辖区有丰富的旅游资源和自然资源，生态景观独特，植被茂盛苍翠，生态保持良好，环境优美秀丽。区内交通四通八达，十分便利，东线高速、绕城高速以及223国道等主要干线穿境而过，辖区内设有海口汽车东站、高铁东站，距美兰机场15千米。主要旅游景点有：五公祠、琼台福地、琼台书院、李硕勋纪念亭、琼崖红军改编旧址、琼崖纵队抗日第一枪纪念园、海瑞故居、丘濬故居、冯白驹将军故居、陈得平将军故居等。龙塘镇珠崖岭古城遗址被国务院列为全国第七批重点文物保护单位。境内有中信台达高尔夫球场、依必朗高尔夫球场及被文化部列为文化产业重点项目的海南花卉大世界琼州文化风情街。以龙鳞村、田心村、本立村、加乐湖村、多谷屯村、泮边村、堆插村等为代表的美丽乡村旅游业十分繁荣。境内发现的矿产资源主要有煤、玻璃砂、硅藻土、建筑材料玄武岩石矿等十多种。珍贵林木有沉香、花梨木、山竹子等。地方主要特产有南渡江麻鱼（蔓鱼）、鲤鱼、红旗乳鸽、大坡牧榕鸡、三门坡荔枝、红明荔枝、云龙淮山、旧州富硒水芹、甲子绿头鸭、羊山雍羊等。

【琼山区经济发展】2015年，琼山区地区生产总值111.02亿元，比上年增长80.2%；全社会固定资产投资79.24亿元，增长40.8%；社会消费品零售总额50.37亿元，增长6.6%；财政总收入36.25亿元，增长13%；财政支出22.35亿元，增长39.1%。

工业　全年工业总产值完成42.57亿元，增长2.5%。其中，规模以上工业总产值完成36.05亿元，增长1.8%；规模以下工业总产值完成6.52亿元，增长5.6%。卷烟制造业平稳发展，完成工业产值亿元，增长5.0%。投资推动工业转型发展，工业投资完成4.99亿元，增长6.3%。其中，海南立昇净水科技实业有限公司超滤膜基地投资2000万元；海南共享钢构有限责任公司钢构自动化生产车间技改投入1368万元，年产5万吨钢结构项目投资261万元；海南信荣橡胶设备制造厂技改扩建项目733万元；海口高新区发展控股有限公司云龙产业园基础设施及配套二期北区投资1077万元。年内，琼山区工业企业获得市工业发展专项资金2513.16万元，其中海南红塔卷烟有限责任公司2416.14万元，海南共享钢构有限责任公司97.02万元。

农业　全年农业总产值35.27亿元，增长6.5%。其中，农业产值15.1亿元，增长1.6%；畜牧业产值13.4亿元，增长22.3%；林业产值5.22亿元，减少8.7%；渔业产值1.55亿元，减少1.9%；农民人均可支配收入1.17万元，增长10.1%。全区投入农村农业基础设施项目资金1542万元，其中中央、省级专项扶贫资金200万元，市级专项扶贫资金1162万元，区级专项扶贫资金180万元。投入产业发展资金419万元，其中央及省级专项扶贫资金215万元，市级专项扶贫配套资金204万元。继续实施“商标富农”战略，新增注册农产品商标11件，云龙淮山成功获批国家地理标志。打造“琼山农品”形象logo并逐步推广应用至农产品品牌包装，“牧榕文昌鸡”荣获第十三届中国国际农产品交易会金奖。新成立农民合作社29家，全区农民合作社总数484家，培育家庭农场示范点2家。引进辣木在红旗、三门坡、旧州等镇种植133.33公顷。在三门坡镇瓦灶洋实施水稻新品种“特优明占、谷优明占”高产示范各6.67公顷，经组织专家进行实割测产验收，特优明占平均亩产573.6公斤，谷优明占平均亩产625.1公斤。在三门坡瓦灶洋实施海南省种子站安排的早、晚造水稻品种区域(生产)试验项目，其中早造试验品种12个，晚造试验品种共12个。全年水稻种植面积1.76公顷，总产量10.56万吨，增长1.5%。创办“琼淮1号淮山标准化高产示范基地”，亩产平均1986公斤。投入财政资金681.8万元，完成常年蔬菜基地土地流转80.64公顷，新增石塔常年蔬菜基地26.67公顷，新建蔬菜大棚建设31.33公顷，建设冬季瓜菜示范基地1个面积373.33公顷，冬季瓜菜种植面积4333.33公顷，产量16.3万吨。水果种植面积1.16万公顷。

商贸　全区社会消费品零售总额50.37亿元，增长6.6%。日月广场、海航学院一期项目进展顺利；甲子镇打造成低空旅游小镇。发展电子商务、电子农务等“互联网+”经济形态，促进服务业转型升级。大力支持海南易买公司线上线下销售，试点生鲜配送业务，在公益市场支持浪潮“菜筐子”网设定分拣中心，试点推动琼山区合作社开展网上售卖农产品，制定政策、资金引进“星农场”等农产品生鲜配送电商平台。加快推进朱云路新商圈建设，扩大府城消费热点；对府城现有商圈开展提档升级改造。推动文庄路、琼州大道、忠介路等商业网点改造，中山路、龙昆南、凤翔路、高登路等路段商贸餐饮业蓬勃发展，城镇商业网点不断增加，农村消费市场活跃。

招商引资　2015年，琼山区招商引资项目有4个：引进昆明斗南花卉产业集团和海南荣丰控股有限公司合作，共同投资30亿元，在红旗镇规划建设“中国热带花卉高新技术产业园”；香港国瑞置业有限公司和东莞骏豪房地产开发有限公司合作投资60亿元建设海口云龙湖国际度假区项目；新乡市长远实业集团绿色食品发展有限公司投资40亿元建设海南陶公山天鹅湖生态农业文化旅游度假区项目；广东莫伦歌生物科技有限公司在红旗镇投资6.8亿元进行辣木种植开发及辣木系列产品深加工项目。云龙湖项目通过控规，正在进行修规编制。

重点项目建设　2015年，琼山区内重点项目共24个。其中，省重点项目9个，区重点项目10个，云龙单列镇项目5个。项目总投资额296.81亿元。至12月底，累计完成投资33.94亿元。其中省重点项目累计完成投资22.68亿元，超额完成5.82亿元；云龙单列镇项目累计完成投资6.25亿元，超额完成0.3亿元。海口罗牛山十万头养猪基地、省博物馆二期、大坡镇种羊综合产业园等项目竣工投入使用。琼山区列入“百日大会战”的项目共23个，开工率100%，“百日大会战”计划投资额2.28亿元，累计完成投资9.34亿元，占会战投资额的410%。其中，甲子镇改造项目、饮水工程、小街小巷改造等项目已竣工，滨江西路南段棚户区改造项目征收工作基本完成，红城湖片区和滨江新城二期两个棚改项目扎实推进。在2015年省重点项目建设和投资项目“百日大会战”推动工作中，琼山区荣获海口市2015年省重点项目推进工作二等奖和投资项目“百日大会战”先进集体称号。

【琼山区社会发展】2015年，琼山区民生支出16.79亿元，增长38.7%，占地方一般公共预算支出的79.7%，比上年提高4.3个百分点，新增财力80%用于民生。较好地完成市政府部署的为民办实事任务和区政府承诺的10件为民办实事。

教育　实施义务教育均衡化发展，不断加大教育投入，教育支出比上年增加2.5亿元，增长73.9%。三门坡学校、三门坡中心、琼山三小、琼山二中、旧州中学、甲子中心等6所学校先后被评为省级规范化学校。年初，省政府教育督导室对琼山区义务教育标准化学校整改复核验收，辖区53所学校全部合格。5月，琼山区达到省级“义务教育发展基本均衡区”认定标准。年内全区有中小学校76所。其中，九年一贯制学校2所，初级中学9所，完全小学36所，教学点29个。全区专任教师2931人。其中，中学850人，小学2081人；省级学科带头人1人，省级骨干20人，市级骨干89人。幼儿园199所，其中公办幼儿园7所，民办幼儿园192

所。

科技　建成科技110指挥中心1个，省级龙头站1个，标准服务站6个，配备近300人的科技信息员与专业技术人员。在云龙镇、旧州镇试验示范的淮山浅生槽定向高产栽培技术，既解决黑皮病对淮山生长影响，又解决淮山采挖的人工成本问题。申报通过红旗道崇蜜柚生产示范基地等3个市级农业科技示范基地和云龙镇云阁村委会等3个电子农务服务点，并进入建设实施阶段。完成2014年3个区级农业科技示范基地建设实施及验收工作。加大科技成果转化和示范推广，引进新品种18个，推广新技术12项。全年共组织举办科技培训班80期，培训农民1万人次。

卫生　投入558万元建设的云龙镇卫生院门诊楼、谭文分院门诊楼和旧州镇卫生院公共卫生大楼竣工投入使用；投入66万元建设5家标准化村卫生室建设；成立海口市120急救中心云龙急救站。全区卫生院、社区卫生服务机构实施基本药物零差价销售，总收入1490.92万元。在区妇幼保健院和全区各乡镇卫生院推行“先诊疗后付费”和社区医生签约服务诊疗服务模式；在全区社区卫生服务机构启动社区医生签约诊疗服务模式。在卫生院、卫生室、社区卫生服务机构等21家医疗机构推广3～5项中医药适宜技术，为1.2万名儿童、老年人提供中医药健康指导。全年全区补偿参合农民31.22万余人次，产生医疗费用总额1.36亿元，新农合基金补偿7635.83万元，占年度基金总额91.72%。推进慢性病综合防控示范区创建，创建示范社区2家、示范单位2家、健康学校2家、健康步道3条、示范食堂2家、示范餐厅2家、健康自助检测小屋（检测点）10个。

文化体育　兴建行政村文化室11间，完成4个街道综合文化站、26个综合文化服务中心、4个街道各5个晨晚练点挂牌。打造大坡镇福昌村委会等5家农家书屋示范点；健全公共文化服务平台服务体系，全力推进新文化馆综合大楼建设项目前期各项准备工作。全区有专业琼剧表演团队（琼山琼剧演艺公司）1个、业余公仔戏团11个、八音队13支、社区（农村）文艺队30支、合唱团（琼山海韵合唱团）1个。落实中央和省20个自然村各6万元农民体育健身工程项目建设，扶持基层体育设施7套。组织开展群众体育活动14项次；组队参加省、市农民趣味运动会，其中“骑着马儿送公粮”项目凤翔街道红星村获第二名，三门坡镇文岭村获第三名；“鱼塘抓鱼”项目凤翔街道红星村获第二名。

社会保障　2015年，全区新增就业岗位1.29万个，下岗失业人员再就业2278人，劳动力转移就业1920人，落实就业登记2773人，失业登记398人，城镇失业登记率控制在3%以内。帮助78名创业者申请小额贷款，贷款金额635万元，拉动就业338人。组织10期面向农村转移劳动力的职业技能培训班，受训人数

2015年6月10~11日，海口市第六届农民趣味运动会在琼山区红旗镇岭门村举行，共32支代表队参加。　（市文件局　供稿）

2015年5月15日，琼山区法院特色法庭“荔枝法庭”首次现身海口市第五届荔枝节活动现场，为种植荔枝的农户提供上门服务现场及时处理纠纷和矛盾。

（琼山区　供稿）

540人。推进“一区四镇”就业和社会保障服务设施项目建设。概算总投资1350.51万元，9月21日陆续开工建设，2015年累计完成投资额612万元，占年度计划总投资540万元的113%。11月4日启动全区城镇居民医保征缴工作，至年底完成缴费人数8.11万人，占总任务数100.06%（目标要求100%）。全年参保缴费到账人数64972人，参保缴费率96.5%；老农保待遇领取人数2786人，发放养老金66.48万元。稳妥推进被征地农民养老保险，完成3个项目399户1032人申请缴费补贴资金工作。

【琼山区城乡建设与管理】2015年，是海口市开展“创建全国文明城市”和“创建国家卫生城市”工作的第一年。琼山区在“双创”工作中成绩突出，在全市第一次评比中获得第二名。全年查处占道经营3200宗，取缔1820宗；拆除户外广告牌1.44万平方米；依法拆除各种违法违章建筑物626宗，总面积60.01万平方米。签订“门前三包”责任书8096份，完成率100%；处罚4692宗，罚款99.1万元。原区行政执法大队改革后调整为区综合执法队，为正科级事业单位；区综合执法队下设府城、国兴、凤翔和滨江4个街道城管执法大队。8月完成城管队伍及车辆和执法装备下放到4个街道的任务。11月，琼山区环卫一体化改革PPP项目顺利实施，一线环卫业务工作移交给海口市京环城市环境服务有限公司，区环卫局的工作重心实现“管干分离”的职能转变。

琼山区旧城改造项目　至2015年12月28日，项目征收土地面积5.4万平方米，房屋面积8.99万平方米，签订协议705份，涉及金额8.38亿元。其中，红城湖片区已征收土地面积2万平方米，房屋面积5.25万平方米，签订协议146宗344份，涉及金额4.36亿元；滨江新城二期征收土地面积3622.92平方米，房屋面积6103.48平方米，签订协议62户62份，涉及金额4317.8万元；滨江西路南段征收土地面积3.03万平方米，房屋面积3.13万平方米，签订协议299户299份，涉及金额3.59亿元。

【琼山区中心镇建设】*云龙镇*　围绕建设“工贸小镇”发展目标，大力开展村镇基础设施建设，取得明显成效。投入560余万元对海榆东线云龙段8.6千米沿途花池翻修绿化升级改造，投入200多万元修建海榆东线路灯太阳能路灯110多盏。对云龙—灵山交界处、横五路口和镇中心三角池等6处景观节点进行升级改造，对镇墟沿街11处居民楼外墙立面进行彩绘装饰。联合市交警支队规范道路标线标牌，投入48万元增设交通护栏和两个主要路口的交通信号灯系统等硬件设施。结合“双创”活动，投入40万元对农贸市场进行硬化改造，投入9万元设立水果一条街和杂货一条街，投入20多万元硬化市政破损路面2300平方米。配合高新区启动产业园区横四路、横五路等路网建设。此外，还投入910万元完成10千米长的乡村道路硬化工程。

红旗镇　投入资金122.5万元开展镇墟路灯改造工程，新安装和更换路灯106盏（琼中红旗大道99盏、文明西路7盏）；投入资金31.8万元，改造小康一横路、兴旺路、白玉二横路、龙凤一横路等小街小巷四条，总长900多米。辖区内的海口国家侨务交流示范区项目完成地上建筑面积7000平方米。其中，华侨博物馆3#、6#楼完成主体结构工程；4#楼正在基础钢筋安装；中心宴会厅建至地上一层，正在钢筋安装；中心会议大厅完成基础底板安装。

三门坡镇　镇墟基础设施工程项目总投资1003.38万元，4月20日开工建设，年底完工。完成长780米三门街道路排水、绿化、人行道、路灯的改造和总长260米庆丰街、文明街的道路硬化、排水改造工程。

旧州镇　投资1900多万元，完善镇圩、双拥大道的道路拓宽、立面亮化改造工程以及市场北二街道路、爱民西路的拓宽道路硬化改造工程。通过招商引资投入500多万元对旧州供销社综合商场旧房进行改造。开展湖心公园建设计划及镇墟供水设施改善的筹划和实施的各项前期准备工作。完善村居托东路、文贡路、雅蔡村道、万年村道、仁让村道路、龙井村道硬化和雅黄村山塘改造、景观绿化工程等。境内的金芦荟产业园项目完成投资1700万元，种植芦荟80多公顷，各项设施建设正在稳步推进。南渡江流域土地整理项目阻水山体开挖，红卫荔枝产业园、田洋整治等基本完工。柏盈兰花基地核心区项目60.96公顷土地的青苗、坟墓、土地补偿款发放工作完成，园区内3344米道路全部开通。

龙塘镇　改造镇墟街道5920平方米，硬化中山路2400平方米，硬化龙文路700平方米；在镇墟街道和龙文路共安装7米高路灯57杆。

【琼山区精神文明建设】2015年，在红城湖路与海府路、龙昆南路与朱云路交叉处，印制社会主义核心价值观内容的长方体灯箱和立柱式扇形广告牌。在全区主要干道、社区小街小巷等设置社会主义核心价值观“24”字、德耀琼山善行义举榜、讲文明树新风等公益广告宣传牌。全年开展“百姓讲演台”活动23期，受教育群众2万多人。有5人获得海口市第五届道德模范称号，4人获得第五届海口市道德模范提名奖。全区创建生态文明村庄150个，其中新建村34个，巩固村116个。投入3000多万元硬化农村主道2.19万米、巷道1.88万米，修挡土墙3736米，美化绿化9215平方米。新建村文化室5间、球场2个、休闲点60个。

【琼山区基层党组织与村委会建设】2015年，琼山区有基层党组织549个，其中镇党委7个、街道工委4个。有党员1.45万名，其中，农村党员5459名，占37.7%；社区党员2435名，占16.8%。新中国成立前入党农村老党员19名。分级分类、分期分批组织实施党员教育培训，把农村（社区）“两委”干部列入2015年开展学习贯彻党的十八届四中全会精神宣讲活动的对象，并做出具体的计划安排。连线成片打造“云龙镇云岭村——红旗镇道崇村——三门坡镇龙马村——大坡镇树德村（塔昌村）”党建规范化建设示范点长廊。按照“2+3”模式（2即区委组织部和区民政局牵头协调，3即区、镇、村三级单位倾力支持、密切配合），解决村级组织活动场所“无、危、小”难题。区财政预算安排200万元村级场所建设资金，采取“2+3”模式，筹建云龙镇云裕村、凤翔街道那央村和旧州镇红卫村等4个村级组织办公场所。加大非公经济组织党的建设“两个覆盖”，在7个镇4个街道建立非公企业经济组织和新社会组织联合党支部，不断扩大党的工作覆盖率。全区建立党组织的非公有制经济组织和新社会组织28家，建立党组织65个。统筹安排57个区级部门的105个机关党支部，到全区34社区、71个行政村报到开展志愿服务，实现机关党员“全参与”、机关党员志愿服务“全覆盖”。印发《海口市琼山区整顿软弱涣散基层党组织工作方案》，指导全区开展软弱涣散基层党组织集中专项整顿。按照农村不低于10%、其他领域不低于5%的比例进行倒排，确定整顿对象，按照“一支一案”“一村（社区）一案”的要求，分别制定整顿工作方案。安排区三套班子党员领导10名，挂点联系指导村（社区）软弱涣散党支部整顿工作，选派区直机关、企事业单位党员干部5名担任软弱涣散基层党组织“第一书记”，整顿转化软弱涣散农村（社区）党组织10个。

（梁安瑞）

2015年琼山区行政区划表

镇、街道、农场名称	土地面积（平方千米）	社区（个）	行政村（个）
合计	939.9	34	71
国兴街道	4.85	7	
府城街道	6.6	8	
滨江街道	13.2	5	
凤翔街道	32.6	6	5
龙塘镇	39.06	1	10
云龙镇	96.00	1	7
#省岭脚热作场	6.79		
红旗镇	124.30	1	10
#国营红明农场	4.95		
三门坡镇	188.40	2	10
#国营红明农场	71.87		
大坡镇	152.17	1	5
#国营东昌农场	88.49		
甲子镇	156.41	1	14
#省长昌煤矿	1.83		
旧州镇	124.57	1	10

2015年琼山区所辖街道、镇、建制村（社区）情况表

单位：个

街道、镇	社区	行政村	自然村	村民小组个数	居民小组个数
琼山区合计	34	71	724	919	199
国兴街道	巴伦、攀丹、米铺、道客、文政、文坛、八一				9
府城街道	府城、北官、忠介、文庄、云露、甘蔗园、龙昆南、北胜				65
滨江街道	东门、城东、下坎、铁桥、博桂				42
凤翔街道	大园、三峰、高登、桂林、凤翔、洗马桥	五岳、那央、儒逢、红星、石塔	26	31	35
龙塘镇	龙塘	三桥、龙富、仁三、谭口、龙光、新民、龙新、文道、仁庄、三联	55	58	3
云龙镇	南区	云龙、云阁、云裕、云岭、云蛟、儒林、长泰	78	98	2
红旗镇	土桥	昌文、大山、龙榜、合群、道崇、龙源、龙发、墨桥、红旗、苏寻三	125	151	7
三门坡镇	庆丰、谭新	新德、文岭、美城、龙马、谭文、谷桥、乐来、清泉、友爱、文蛟	113	164	20
大坡镇	博坡	树德、福昌、中税、大坡、新瑞	76	92	4
甲子镇	甲新	甲子、群星、新昌、民兴、红岭、昌西、青云、民昌、琼新、琼星、益新、益民、大同、仙民	153	216	5
旧州镇	双拥	旧州、联丰、红卫、联星、池连、光明、岭南、道美、雅秀、文新	98	109	7

2015年琼山区国民经济和社会发展指标

指标名称	单位	2015年	2014年	增长%
一、地区生产总值	万元	1110182	994007	8.2
人均地区生产总值	元	22201	20040	7.3
二、农业总产值	万元	310676	303151	1.8
三、工业总产值	万元	425698	425878	2.5
其中：规模以上工业总产值	万元	360475	354495	1.8
规模以下工业总产值	万元	65223	71383	5.6
四、固定资产投资总额	万元	792412	562747	40.8
其中：房地产开发投资	万元	435498	349029	24.8

续表

指标名称	单位	2015年	2014年	增长%
五、社会消费品零售总额	万元	503660	472289	6.6
六、公共财政预算收入	万元	362541	320925	13.0
公共财政预算支出	万元	223513	160673	39.1
七、城乡居民人均可支配收入	元	23159	21450	8.0
城镇常住居民人均可支配收入	元	26850	24977	7.5
农村常住居民人均可支配收入	元	11610	10593	9.6
九、年底户籍总人口	人	383134	389850	-1.7
十、年底常住总人口	人	501800	498300	0.7

美兰区

【中共美兰区委】

书　记　孟　励

副书记　吴树强　冯　琳

常　委　朱宗英　李小云　李新亮　符　曜　郑作东　陈　新　杨　帆

【美兰区人大常委会】

主　任　张扬鸿

副主任　王　贵　林明雄　符朝阳　张秀颜　林志刚（9月任）　林小杨（9月任）

【美兰区人民政府】

区　长　吴树强

副区长　陈　新　熊延胜　刘慧义　林小杨（9月调离）　林志刚（9月调离）　杨柳芳　程守学（挂职）　武　欣（挂职）　李爱国（挂职）　于宝福（挂职）

【美兰区概况】 美兰区位于海口市东北部，东接文昌市，南靠琼山区，西邻龙华区，北临琼州海峡，南渡江、美舍河、海甸溪横穿城区注入大海，是海南的政治、经济和文化中心城区，总面积581平方千米。2015年，下辖白龙、白沙、博爱、海甸、蓝天、海府路、人民路、新埠、和平南9个街道办事处和灵山、演丰、三江、大致坡4个镇，共53个社区居民委员会、53个村民委员会。桂林洋、罗牛山、三江3个农场和冲坡岭热带作物场（区管）位于区内。总人口68.88万人。区位资源优势明显。有以海府大道和海秀大道为轴心的集旅游、购物、休闲、娱乐为一体的海口市旅游购物中央商贸区；有以国兴大道为新轴线的大英山开发片区；有海南大学、海南科技职业学院、中国（海南）改革发展研究院等多家教育和科研机构；有118千米黄金海岸线；有旅游开发价值很高，热带海岛资源、生物资源和景观资源丰富的海甸岛、新埠岛、司马坡岛和北港岛；有世界第三、亚洲第一的东寨港国家级红树林自然保护区和东寨港琼北地震遗址；有位于大致坡镇的中国戏剧家活动基地和国家文化事业示范基地；有中国十大空港之一的美兰国际机场；海文高速公路、东环铁路纵贯全境，辖区内交通网络四通八达，供水、供电、通信、医疗、旅游等设施较为完善，城市服务功能日臻完备，是海口重要的交通枢纽和信息、物流中心。美兰区种植的泰国黑金刚莲雾，是全国连片面积最大的莲雾种植基地，是国家农业部、海南省农业厅的重要热带水果示范基地。辖区内土特产品主要有演丰镇的咸水鸭、曲口海鲜，灵山镇的灵山粉。2015年，美兰区荣获国家和省市级各类奖项28项。

【美兰区经济发展】 2015年，美兰区地区生产总值282.7亿元，比上年增长7.8%；完成固定资产投资272.36亿元，增长25.4%；公共财政总收入65.51亿元，增长13.7%，其中地方公共财政预算收入14.24亿元，增长9.1%；社会消费品零售总额148.7亿元，增长6.5%。城乡常住居民人均可支配收入2.32万元，增长8.1%。其中，农村常住居民人均可支配收入1.16万元，增长9.5%；城镇常住居民人均可支配收入2.69万元，增长7.7%。

工业　立足加工产业优势，主动克服全市产业布局对辖区工业经济发展带来的制约。有的工业企业通过加快技术改造、提高生产效率、减少生产成本和增强产品竞争力等措施，实现工业经济持续增长，保持较好的发展势头。全年实现工业总产值50.3亿元，增长2.4%。

农业　农林牧渔业稳健发展，农

2015年6月4日，海南省委常委、海口市委书记孙新阳（中）到美兰区调研。

（黄一冰 摄）

业总产值25.8亿元，增长1.6%。瓜菜种植4066.67公顷、花卉3066.67公顷。水产养殖总面积2600公顷，总产值7.65亿元，增长9.32%。农业龙头企业35家，农民专业合作社312家，新型农业经营主体初具规模。推进三江200公顷生蚝养殖基地和全区180公顷鱼塘改造升级等农业重点项目建设，“三角宁地瓜”“三江莲雾”等农产品已成知名品牌，附加值大幅提高。

商贸业　现代服务业发展迅速。以机场为中心的临空物流产业快速发展，望海国际、大润发等大型卖场成为新业态的引领，大英山片区、海甸岛、新埠岛、盛达景都片区和琼山大道沿线逐步呈现商圈亮点，全区三级商贸体系日臻完善。互联网产业发展迅速，江东电子商务产业园有200家企业注册、75家电商企业入驻营业，电子商务等信息产业稳步扩容。生态休闲旅游产业渐显规模，新埠岛国际游艇会等一批高端旅游品牌逐步形成，以演丰统筹城乡示范镇、三江“鹤舞九湖”片区为主的乡村生态旅游业态已显雏形。

项目建设和招商引资　29个“百日大会战”投资项目全部开工，累计完成投资额46.5亿元，占会战投资任务214.44%。49个重点项目完成投资170.2亿元、占年度投资计划161.1%，其中省重点项目推进尤为突出，在8月底就提前完成全年投资计划，投资153.8亿元，占年度投资计划180.3%，超过“海口市重点项目推进先进辖区一等奖”的奖励标准。棚改工作成效显著，2015年续建和新建棚改项目7个，累计征收房屋面积115万平方米，土地面积146.67公顷。土地征收实现新突破，创造一系列“美兰速度”。全年启动征地项目49个，累计签订征地协议面积673.24公顷，为项目顺利实施提供重要保障。

【美兰区社会发展】2015年，美兰区用于民生支出18.9亿元，增长39.3%，占财政支出78.5%。落实为民办实事事项，基本完成城市道路交通等10类15件事项。

教育　巩固义务教育均衡发展工作成果，增加1286个学位，全面改善31个教学点基本办学条件，启动4所中小学创建“海南省省级规范化学校”和“海南省市级规范化学校”工作。

卫生、计生　全区卫生服务机构全部开展12项基本公共卫生服务项目，覆盖率100%；完成45家村级卫生室规范化建设；超额完成市下达新农合目标任务，参合率99.8%。基本医疗保障制度稳步发展，继续巩固和完善国家级慢性病综合防控示范区建设。强化计生服务管理工作，在全省率先推行生育服务证制度改革，稳妥实施“单独两孩”政策。连续5年被评为“海口市人口和计划生育工作先进区”，被省卫计委评为“省级计划生育优质服务先进单位”。

文化体育　完成人民路邦墩社区等13个社区（含乡镇）文体广场改造建设工作，建成大致坡镇美桐村委会等10个行政村文化室。

社会保障　新增城镇就业1.67万人；城乡居民基本养老保险参保

2015年2月6日，海口市美兰区人民街道拦海社区网格员上门为老人办理老年优待证。

（黄一冰 摄）

6.93万人、参保率98.2%；城镇居民医保缴费14.98万人，参保率108.56%。通过财政惠民补贴资金“一卡通”系统发放廉租住房货币补贴317.15万元。排查老楼危楼7.18万栋、面积2886万平方米，切实保障房屋使用安全和公众利益。

【美兰区城市管理和建设】2015年，美兰区完成265条小街小巷建设任务，建成龙舌路、朝霞路等示范街；全面启动振兴等13家农贸市场的升级改造工作；159家在册的“三无小区”实现垃圾清运全覆盖；全面下放城市管理综合执法权，4镇9街已顺利行使市容环境卫生管理等8个方面下放权项。通过推广“桶车直运”模式、强化夜间垃圾清运、实行“三队”合作，构建快清、快收、快转运的区级垃圾清运体系。积极推进园林、环卫作业市场化改革，实现区管道路绿化和公共绿地日常养护管理市场化，主城区环卫市场化作业率44%。新增绿地面积4.6万平方米；出台快速处置违法建筑工作方案，全年拆违1607宗、面积100.41万平方米，其中拆除框架结构违章建筑85.63万平方米，排名全市第一。妥善解决流动摊贩生计问题，通过设置便民疏导点、举办流动摊主转岗专场招聘会等方式，引导分流本地生活困难居民就业。

社区建设　社区管理服务水平明显提升。新打造新安等精品示范社区，新设立美丽沙社区，创建市级和谐社区12个；投入2100万元新建成9个社区场所、10个村委会场所。全区场所面积达到300平方米以上的社区27个、村委会35个。社区网格化管理向乡镇延伸，实现全区社区网格化管理全覆盖。

2015年美兰区行政区划表

指标	单位	全区合计	区辖镇（街）												
			灵山镇	演丰镇	三江镇	大致坡镇	新埠街道办事处	白龙街道办事处	蓝天街道办事处	和平南街道办事处	海府路街道办事处	博爱街道办事处	白沙街道办事处	海甸街道办事处	人民路街道办事处
土地面积	平方千米（航拍数据）	522	128.8	169.9	70.9	115.4	8.3	4.6	3	1.1	1.1	1.1	3.2	6.6	8
社区	个	53	1	1	1	3	4	5	4	5	6	7	4	6	6
建制村	个	53	22	13	8	10	0	0	0	0	0	0	0	0	0

2015年美兰区所辖镇、街道、建制村（社区）

区辖镇（街）	社区	建制村
灵山镇	灵山	晋文、群山、灵山、桥东、福玉、锦丰、红丰、大林、林昌、大昌、美庄、新岛、新琼、新市、新管、爱群、东头、东平、东营、仲恺、东湖、东和
演丰镇	演丰	北港、边海、演海、演东、演南、演西、演中、昌城、群庄、山尾、美兰、苏民、塔市
三江镇	三江	三江、眼镜塘、江源、上云、茄南、苏寻三、道学、茄芮
大致坡镇	民乐、椰林、咸来	大东、金堆、栽群、咸来、永群、美桐、美良、崇德、大榕、昌福
新埠街道办事处	新埠、三联、新东、土尾	
白龙街道办事处	美舍、五贤、千家、流水坡、振兴	
蓝天街道办事处	龙岐、万华、下洋、塔光	

续表

区辖镇（街）	社区	建制村
和平南街道办事处	君尧、上坡、文明、光阳、琼苑	
海府路街道办事处	东湖里、白坡里、龙舌坡、龙峰、南宝、大英	
博爱街道办事处	三亚、振龙、龙文、新风里、南联、联桂坊、红坎坡	
白沙街道办事处	岭下、锦山里、白沙坊、白龙	
海甸街道办事处	海达、新安、金甸、白沙门、福安、沿江	
人民路街道办事处	银甸、捕捞、邦墩、拦海、新利、万福	

2015 年美兰区国民经济主要指标

指　标	2015 年完成情况（绝对值）	比上年增减%
地区生产总值（GDP）	282.7 亿元	7.8
固定资产投资	272.36 亿元	25.4
社会商品销售总额	148.7 亿元	25.4
农民人均纯收入	11641 元	9.5
城镇居民人均可支配收入	26934 元	7.7

2015 年美兰区社会事业主要指标

指标	单位	2015 年绝对数
一、教育事业财政投入	万元	45316
学校个数（不含民办）	所	75
其中：完全中学	所	—
普通中学	所	10
小学	所	65
高中就读学生	人	—
初中就读学生	人	17000
小学就读学生	人	35000
二、户籍总户数	户	168443
三、户籍总人口	人	505915
其中：非农业人口	人	361132
四、文化事业财政投入	万元	1238
五、医疗卫生事业财政投入	万元	2553

（梁鸿鹏）

（编辑：吕书萍）

人物

新任市领导

孙新阳 陕西省富平县人，1964年6月出生，研究生学历，法学硕士、工商管理硕士学位，1984年7月毕业于西安交通大学，1988年9月加入中国共产党。1984年7月至1987年8月在陕西机械学院任教；1987年8月至1990年7月在西安交通大学管理学院经济法专业学习；1990年7月至2000年8月在海南省法制局（省体改办）工作，先后任主任科员、副处长、处长；2000年8月至2003年6月任海南省质量技术监督局副局长；2003年6月至2011年5月在海南省纪委任秘书长、纪委常委、纪委副书记（其间：2008年5月至2010年10月在长江商学院高级管理人员工商管理硕士班学习）；2011年2月至2012年5月先后任海南省纪委副书记，万宁市委书记，万宁市委书记（正厅级），海南省委常委、万宁市委书记；2012年5月~6月任海南省委常委、秘书长，省直属机关工委书记，万宁市委书记；2012年6月至2015年5月任海南省委常委、秘书长，省直属机关工委书记；2015年5月任海南省委常委、中共海口市委书记。

吴川祝 海南省海口市人，1961年12月出生，在职研究生学历，工商管理博士学位，1983年11月加入中国共产党。1985年7月毕业于华南师范大学，获学士学位。1985年7月至1987年6月在海口市罐头厂当技术员，先后任党委委员、党委办（厂办）副主任、厂团委副书记兼厂法律事务室主任（其间：1985年9月至1986年4月借调到海口市委整党办公室任联络员；1986年4月至1986年9月在广东省经济管理干部学院大中型企业党委书记政工干部研修班学习）；1987年6月至1997年10月在海口市委组织部先后任科员、副科长、科长兼市委组织部工会主席；1997年10月至2001年2月任海口市振东区委常委、组织部部长；2001年2月至2007年2月先后任海口市秀英区委副书记、区政府区长，区委书记；2007年2月至2008年2月任海口市政府党组成员、秘书长、办公厅党组书记、主任；2008年2月至2010年7月任海口市政府市长助理、市政府党组成员、美兰区委书记；2010年7月至2011年1月任海口市政府市长助理、市政府党组成员、琼山区委书记；2011年1~9月任海口市人大常委会副主任、党组成员；2011年9月至2012年3月任海口市委常委、市委秘书长、市委办公厅主任（兼）、市直机关工委书记（兼）；2012年3月至2013年11月任海口市委常委、市委秘书长、市委办公厅主任（兼）、市委农办主任（兼）、市直机关工委书记（兼）、市西海岸开发建设工委书记（兼）；2013年11月至2015年11月任海口市委常委、市委宣传部部长；2015年11月任中共海口市委副书记、市委宣传部部长、市委政法委书记（兼）、群工部部长（兼）、党校校长（兼）。

王艳萍 女，河北吴桥人，1964年4月出生，研究生学历，法学硕士学位，2002年6月加入中国共产党。1985年9月至1988年7月在西北政法学院经济法系经济法专业硕士研究生学习；1988年7月至1996年1月任西北政法学院经济法原理教研室教师；1996年1月至2011年9月先后任海南省财政厅副主任科员、主任科员、副处长、处长；2011年9月至2015年12月先后任海南住房公积金管理中心主任、党组书记，省住房和城乡建设厅党组成员、局长；2015年12月任中共海口市委委员、常委。

巴特尔 蒙古族，新疆和静人，1967年2月出生，1985年11月加入中国共产党，长春地质学院探矿工程专业毕业，大学工学学士，1987年7月参加工作。1987年7月至1988年4月在地矿部地质技术经济研究中心人事教育处工作；1988年4月至2000年6月任中国国土资源经济研究院高级工程师；2000年6月至2009年12月任国土资源部土地整理中心办公室干部、副主任、主任（兼任党办主任、人事处长）；2009年12月至2013年1月任国土资源部土地整理中心、土地整治中心副主任；2013年1月至2015年7月任海口市委常委、市政府副市长（挂职锻炼）；2015年7月任海口市委常委，市人民政府副市长，负责卫生、城市综合管理、人口、统筹城乡、应急管理、群众团体等方面工作，分管市卫生局、市市政市容委（市城管执法局）、市公共安全联动指挥中心、市应急管理办公室、市市政管理局、市园林局、市环卫局、市人口计生委、市残联、市红十字会、市爱卫办工作，联系市食药监局、市计生协会、市总工会、团市委、市妇联工作。

李向明 内蒙古呼和浩特市人，1964年3月出生，研究生学历，中国人民大学法律系诉讼法专业法学硕士学位，1985年6月加入中国共产党。1986年7月毕业于中国刑事警察学院，1986年9月至1989年7月在中国人民大学法律系诉讼法专业学习。1989年10月至1991年6月在海口市公安局刑侦处当技术员；1991年6月至1993年7月任海口市公安局振东分局刑警大队侦查员；1993年7月至1998年12月先后任海南省洋浦经济开发区公安局科员、副处长（正科级）、处长（副处级）；1998年12月至2010年11月先后任海口海关副处长、处长、走私犯罪侦查分局副局长（正处级），缉私局党组成员、副局长；2010年11月至2013年6月任海南省公安厅刑事警察总队刑事科学技术处处长、经济犯罪侦查总队总队长；2013年6~10月任三亚市公安局局长、党委书记、督察长，市政府党组成员（兼），市委政法委副书记（兼）；2013年10月至2015年10月任三亚市人民政府副市长、公安局局长、党委书记、督察长，市政府党组成员（兼），市委政法委副书记（兼）；2015年10月任中共海口市委委员、常委，市公安局党委书记、督察长（兼），市委政法委副书记（兼）。

先进人物

吴永赞 海口市长流镇人，1934年11月出生，海口市秀英区长流墟长生路皮肤病门诊医师。他是原海南省皮肤病医院皮肤科的副主任医师，诊疗皮肤病有丰富的临床经验，1995年4月退休后，被医院返聘工作7年。1995年1月12日曾荣获第六届马海德奖。退休后他回到家乡为十里八村的乡亲们看病，只收患者的成本药费，坚持不收老革命、家庭困难者费用，深受乡亲喜爱。他热心公益，长期坚持打扫街巷卫生，修剪绿化带上的花草树木，成为不要报酬的“园林工人”。2007年长流镇上建设老人活动场所缺少资金时，他带领一家人捐款30万元。2015年8月被评为第五届海口市敬业奉献道德模范，12月入选中央宣传部、中央文明办主办的“中国好人榜”以及“好人365”封面人物。

洪庆芝 海口市人，1961年10月出生，中共党员，海口市秀英区石山镇美岭村委会副主任。面对台风“海鸥”，洪庆芝冲在第一线，将80多岁的孤寡老人洪善周背到自己家里吃住安置；五保老人生病了，没钱打针，洪庆芝知道后自己掏腰包帮老人垫付医药费；村民找他办事，他说得最多的一句话就是“你在哪？我马上就到”。洪庆芝多年来为村民劳心劳力，把群众的事看得比自家的事还重。2015年5月被确诊患肝癌晚期后，仍然忘我工作，坚守岗位，不幸于2015年6月27日去世。“燃烧生命为百姓”，洪庆芝诠释了一名基层优秀党员的责任和担当。省委常委、海口市委书记孙新阳对他的事迹做出批示，市委追授他为“优秀共产党员”。2015被评为第五届海口市敬业奉献道德模范，并入选中央宣传部、中央文明办主办的“中国好人榜”以及“好人365”封面人物，同时被评为2015年“感动海南十大新闻人物”。

黄良辉 儋州市人，1965年出生，海口公交新月汽车有限公司驾驶员。在运营过程中，黄良辉多次捡到乘客落在车上的物品并及时交到公司寻找失主。2014年11月10日，黄良辉捡到客人遗落在车上的20万元现金，主动报告主管部门寻找失主。当失主李先生领回遗失的20万元巨款时感动不已，连连向他道谢。黄良辉用朴实的行动诠释了拾金不昧的高尚品德，为同行树立了先进榜样。2015年被评为第五届海口市诚实守信道德模范，并入选中央宣传部、中央文明办主办的“中国好人榜”以及“好人365”封面人物。

梁其生 海口市琼山区人，1963年10月出生，海口市公共交通总公司60路公交车司机。2014年4月18日上午，在海口市人民天桥公交站台处一男子持刀追砍一名女子，梁其生发现后立即停车报警，并下车赤手空拳与该男子搏斗，在路人的帮助下，行凶男子最终被制伏。梁师傅在行车途中勇斗嫌犯的行为获得市民的赞赏，先后获评为海口市见义勇为好人、海口市十大新闻人物，2014年12月被中华见义勇为基金会评为“第十一届昆仑奖全国见义勇为英雄司机”。2015年先后被评为第五届海口市助人为乐道德模范，海南省助人为乐道德模范。2015年7月被省综治办、省委宣传部、省公安厅、省总工会、共青团海南省委、省妇联、省见义勇为基金会联合授予“海南省见义勇为先进分子”荣誉称号。

（黄燕慈）

王才发 澄迈县人，1980年6月出生。初中文化程度。2009年1月在海航物业担任保安，负责海口市人民医院海港分院的安保工作。2013年12月21日凌晨5时左右，王才发在值班室监控录像中，发现有一男子行踪可疑，通过翻墙进入封闭式管理的医院行政楼。他立刻和另一值班同事将该男子截住，带到保安室询问。之后同事外出搜寻是否有同伙，歹徒突然挥拳打向王才发，企图逃脱。王才发紧紧揪住歹徒的衣服不放手，被歹徒在胸口捅了两刀，因伤到心脏，英勇殉职。直到生命最后一刻，王才发还死死揪住窃贼不放，像钉子一样钉守在自己的岗位上。之后，王才发相继被省委省政府追认为“中国共产党党员”“烈士”，被团省委、省青联追授予“海南青年五四奖章”荣誉称号，被澄迈县委、县政府追授予“澄迈县见义勇为先进分子”荣誉称号。2015年，省综治办、省委宣传部、省公安厅、海南省总工会、共青团海南省委、省妇联、省见义勇为基金会联合授予王才发“海南省见义勇为先进分子”荣誉称号。

李润富　海口市人，1985年1月出生，在海南亚新房地产开发有限公司工作。2013年5月10日14时许，李润富在海南省高级体育学校外佳欣便利店喝饮料，看到旁边一名工作人员下到下水道进行管道清理，大约过了5分钟，下水道内没有动静，李润富出于一名退伍消防兵的经验，意识到该工作人员可能存在危险，急忙走到下水道旁，朝内大声呼喊：“下面的人员是否安全？”连喊数声，没人回应。情急之下，李润富掏出手机交给店主要其立即报警救人。随即，他不顾个人安危，果断下去救援。不幸的是，由于李润富没有携带防毒设备，下到下水道后，立即被下水道释放的沼气、硫化氢等气体毒晕。大约15分钟后，消防官兵赶到，才将李润富及工作人员救出。李润富经医院抢救和治疗，由于脑神经受损严重，长期昏迷不醒。2015年7月被省综治办、省委宣传部、省公安厅、省总工会、共青团海南省委、省妇联、省见义勇为基金会联合授予“海南省见义勇为先进分子”荣誉称号。

邱裕新　海口市龙华区新坡镇日富村人，1955年7月出生，海南省中商物流中心综合楼工地（河南省第一建筑工程集团有限公司承建）仓库管理员。2014年4月17日下午6时30分在海口市粤海大道中商海南农产品中心市场（一期）综合楼工地上，已经下班的邱裕新仍然四处察看。当邱裕新走到堆放场地附近时，发现3名陌生男子正在往一辆黑色轿车上装钢材和脚手架扣件，心存疑虑的他疾步上前询问。其中一名男子回答：“是陈总让我们搬的。”对工地情况了如指掌的邱裕新感觉蹊跷而且发现这3名陌生男子神色慌张，越发察觉不对劲，判断是偷材料的。为阻止他们逃跑并拦住轿车，邱裕新趴到车头盖上并大声喊叫施工楼里的工地保安林尤和一起合力阻止，急于逃跑的盗贼发动汽车逃跑，邱裕新紧紧抓住轿车，盗贼完全不顾邱裕新的存在，反而加速向前，在被轿车强行拖拽大约100米之后，体力不支的邱裕新被甩下来，重重地摔在水泥地面上。受伤的邱裕新被送往医院，最终因抢救无效，壮烈牺牲，时年59岁。2015年7月被省综治办、省委宣传部、省公安厅、省总工会、共青团海南省委、省妇联、省见义勇为基金会联合授予“海南省见义勇为先进分子”荣誉称号。

张德存　黑龙江省佳木斯市人，1943年9月出生，海南省警盾保安公司保安。2012年10月2日上午9时，张德存在凤翔桥散步，突然发现桥南端美舍河河中心有两名落水儿童在挣扎，年龄较大的孩子自行游上岸边，另外一名年龄较小的孩子正在下沉。在这紧急关头，张德存立即跳入水中，迅速向河中心游去。这时河面上已看不到小孩子的影子，但他并没有放弃，几次潜下水去搜寻孩子，经过几次努力终于摸到落水孩子的一条腿，他顺势将孩子托起，把头托出水面，并奋力将孩子救上岸。2015年7月被省综治办、省委宣传部、省公安厅、省总工会、共青团海南省委、省妇联、省见义勇为基金会联合授予“海南省见义勇为先进分子”荣誉称号。

陆　庆　澄迈县人，1980年9月出生，海南泰龙房地产有限公司保安部副队长。2013年10月23日14时30分左右，大同二横路一小卖部发生一起盗窃案件，一名男子趁小卖部店主不注意，进入店内偷盗财物，被小卖部店主黄某发现，黄某抓住该男子的衣领要求其将所偷盗钱物交出，两人发生争吵，围观群众越聚越多。突然，该男子从随身携带的包里掏出一把仿真五四手枪，朝天开了一枪，威胁黄某并挣脱了黄某的控制，该男子一手拿枪指着店主，一边往后退。此时正在附近巡查的陆庆赶到，趁该男子倒退之时，冲上去左手从背后锁住该男子的脖子，右手抓住其持枪的右手，将手枪夺过来并将该男子放倒，闻讯赶到的民警将该男子抓捕。2015年7月被省综治办、省委宣传部、省公安厅、省总工会、共青团海南省委、省妇联、省见义勇为基金会联合授予“海南省见义勇为先进分子”荣誉称号。

林　健　海口市人，1991年9月出生，大专文化，美兰区治安联防队队员。2015年5月31日凌晨，4名社会人员在海口市东湖东升楼附近吃夜宵时，与邻桌两名男子因借凳子发生冲突，并用凳子、砖头殴打这两名男子，致使两名男子牙齿打脱落，脸部血流不止，此时刚下班路过此地的林健迅速冲上前去大喊：“住手，我是联防队员。”当林健准备掏出工作证时，即被歹徒从背后重重一击，林健不顾疼痛，奋力将一名歹徒死死抓住。此时，凳子和拳脚如雨点一般向林健袭来，但林健始终没有松手。这时，正在附近巡逻的一名治安联防队员赶到现场，两人合力将林健紧抓不放的歹徒制服。而后，两人又追捕另一名逃跑的歹徒，当追至附近一条小巷时，突然冲出8名手持凳子、砖头的歹徒，林健见情况危急，立即让队友先撤，请求增援，而自己却被歹徒团团围住殴打，林健与歹徒展开搏斗，直至增援的同事赶到，一起在现场抓获4名歹徒。而林健被打致神情恍惚、身上多处挫裂伤，头部被砸出3个口子，在海南医学附属医院缝合6针。2015年7月被省综治办、省委宣传部、省公安厅、省总工会、共青团海南省委、省妇联、省见义勇为基金会联合授予“海南省见义勇为先进分子”荣誉称号。

黄光跃、黄光祥、黄光振　海口市琼山区府城镇人。黄光跃，1988年7月出生；黄光祥，1983年11月出生；黄光振，1994年6月出生。2012年12月18日23时左右，琼山区府城镇桂林下路发生一起抢劫案。当时正在房间上网的黄光跃闻讯立即冲出门外，问明情况后与哥哥黄光祥、堂弟黄光振一起沿着小巷追赶两名抢匪。在琼州大道“魅力100KTV”

门口，黄光跃、黄光祥、黄光振3人追上2名抢匪，并与其展开搏斗，搏斗过程中，黄光跃侧腹部被抢匪用自制手枪开枪击中，但是他不顾疼痛紧紧抱住其中一名抢匪，并在黄光祥、黄光振及旁边群众的帮助下将其制服，缴获自制手枪一支。2015年7月，黄光跃、黄光祥、黄光振被省综治办、省委宣传部、省公安厅、省总工会、共青团海南省委、省妇联、省见义勇为基金会联合授予“海南省见义勇为先进群体”荣誉称号。

（王定平）

李　辉　辽宁省沈阳市法库县人，1972年6月出生，中共党员，大学本科学历。1995年参加工作，现任海南金盘电气有限公司副总经理、技术总监。2008年，李辉担任金盘电气技术总监职务，带领公司的技术团队实现多个技术突破，逐步打开地铁、光伏、风能、多晶硅等行业市场，其中非常具有技术含量的多晶硅还原炉变压器的市场占用率达80%以上。2008年，她带领团队成功拿下美国新世贸中心大楼招标项目，此后金盘电气的产品在美国的很多重点项目上取得突破，并成为GE、西门子、VESTAS等国际跨国公司的战略合作伙伴，使得金盘电气的技术实力得到广泛的认同。她工作近20年，没有休过一次年假，就连剖腹产下孩子仅休假50多天后就回到工作岗位上，她每天工作时间超过10个小时，带领金盘电气的技术团队向绿色能源产业发展。2014年12月被海南省人民政府授予“海南省劳动模范”称号。2015年4月被国务院评为“全国劳动模范”。

吴妳梅　海口市人，1969年8月出生，初中学历。1986年参加工作，现任海口公交新月汽车有限公司驾驶员。吴妳梅在多年的行车过程中，曾多次拾获客人遗落在车内的物品，总在第一时间与失主取得联系送还失主，从未接受乘客的任何一次酬谢。不论在运营或是生活中，遇到一些身体不适或身患残疾的弱势群体时，总是提供帮助。2001年吴妳梅在路上遇到一位摔倒在地的老人，在将老人扶起并了解了老人情况后，从此便开始每天给老人送去食物，逢年过节给老人添置衣服被褥。吴妳梅和丈夫两人工作要养活一家5口人，家庭并不富裕，这事却一直坚持了10多年。2012年被全国老龄办、民政部、教育部、国家广电总局、共青团中央、全国妇联和中国关工委等七部门评为“全国孝亲敬老之星”，2013年4月被市文明办评为海口市十大社区雷锋，2015年被国务院评为“全国劳动模范”。

潘　琅　定安县人，1966年10月出生，中共党员，大专学历，1991年3月参加工作。现任海南港航控股有限公司马村港管理分公司主任。2012年9月潘琅调任客渡公司作业区副主任后，改进作业流程，探索装卸工艺，首次实现了2005年三港重组以来扭亏为盈。2014年6月任马村港管理分公司主任职务，落实控股公司的建设海口港马村中心港区任务，成功实施装卸业务外包，坚守一线，统一指挥，沉着应对两次超强台风来袭；扎实开展安全质量管理工作，全年实现零死亡、零重大机损事故、零重伤责任事故、零轻伤责任事故、零货差的目标。积极开拓货源市场，港区吞吐量逆势上扬，全年完成货物吞吐量299.01万吨，完成年度计划180万吨的166.1%；累计实现利润2378.25万元，完成年计划1134万元的209.7%，开创了马村港区经济、安全双丰收的新局面，取得良好的效益。2015年4月被国务院评为“全国劳动模范”。

陈清琪　江苏盐城人，1962年5月出生，中共党员，大专学历。1980年1月参加工作，现任海口市排水管道养护所队长。他18年来一直拼搏在又脏又累的排水管养最基层一线，是大家公认的“拼命三郎”和“排水硬汉”。陈清琪所负责的秀英管养队管辖的区域排水设施量大、排水任务最重、距离中心城区最远。该区域积水点多，为确保管道畅通，他每天带领工人清理下水道同污泥臭水打交道，对辖区易积水路段做到早安排、早部署、早行动，每次都能出色地完成排水任务。在抗击“威马逊”超强台风中，他的感人事迹被中央和省、市级众多媒体广为报道，在社会上引起很大反响。2014年9月被省委、省政府授予“抗风救灾先进个人”，2015年被海南省总工会授予海南省“五一劳动奖章”。

侯亨浪　文昌市人，1957年7月出生，中共党员，大学本科学历。1977年7月参加工作，现任海口市公安局党委副书记。他先后组织指挥侦破各类重大刑事案件5000多起，打掉犯罪团伙500多个，抓获犯罪嫌疑人7000多人；特别是在侦破重特大暴力案件工作中，曾经6次在紧急关头冒着生命危险、身先士卒，组织破获一系列持枪暴力案件，抓获犯罪嫌疑人17名，依法当场击毙开枪拒捕犯罪嫌疑人3人，缴获各类手枪44支，AK47冲锋枪1支，子弹1000余发。先后组织化解、缓解不稳定因素1700多起，组织指挥处置各类较大群体性事件200多起，没有一起因为处置不当影响稳定，海口市群体性上访事件连续以每年10%的幅度下降。先后参与组织指挥各类商贸、赛事、文体大型活动安全保卫工作600余次，圆满完成博鳌亚洲论坛年会、中央第七巡视组接访活动、元宵节、全国和省市“两会”、全国规划工作会议、环岛自行车赛、观澜湖世界明星赛等一系列重大安保工作任务，做到“大事不出、小事也不出”。2010年被省政府记个人一等功1次，2015年被海南省总工会授予海南省“五一劳动奖章”。

（潘　雨）

郑秋英　女，海口市人，1969年9月出生，中共党员，大学专科学历，海口市秀英区秀英街道工委书记。在社区改创工作中，她多次下到较复杂网格中协调、指导和帮助解决工作推进过程中遇到的难题。推行“七种入户法”进行人口数据采集工作，提高了数据采集率，使该街道在全区第一个完成“人房两清”工作，为市区提供经验。她同区相关部门协调，整合辖区资源，通过租赁、划拨和改扩建的方式使秀中、高新、秀新居委会及书场、向荣村委会办公场所面积达到市里规定的标准，且均超过300平方米。建立“一站式”服务大厅，减少原来办事的环节，提高办理效率。2015年被评为“全国双学双比先进工作者”“全国妇女创先争优先进个人”。

（苏岐勇）

孙其标 乐东县人，1966年11月出生，中共党员，大学学历。1987年7月参加公安工作，2009年11月任禁毒警察支队支队长。孙其标带领支队民警和相关单位全力健全禁毒工作机制，建立DISA系统和堵源截流指挥系统，加强与省内外兄弟单位及铁路、港务、民航、邮政等口岸部门联合开展涉毒情报互通和缉毒协助；加强禁毒宣传教育、易制毒化学品药品管理、易涉毒娱乐场所监管和禁吸戒毒工作，实现漏管失控吸毒人员大幅减少、易制毒化学品药品“零非法流失”的工作目标；坚持“打毒枭、摧网络、破大案、缴毒资”，先后组织开展“惊雷”“猎鼠”“春风”“亮剑”“利剑”“百城禁毒会战”等禁毒专项行动，对毒品违法犯罪活动始终保持严打高压态势，每年超额完成省厅任务，共破获毒品案件5614起，抓获嫌疑人6275人，其中特大毒品案件107起抓获397人，重大毒品案件84起抓获102人，摧毁贩毒团伙73个抓获390人，缴获涉案枪支40支、子弹988发，缴获各类毒品424千克（毒品海洛因约46千克、冰毒约132千克、氯胺酮约210千克、其他各类毒品约36千克），易制毒化学品375千克，枪支8支、子弹276发，毒资917万多元，使全市禁毒创建工作稳步推进，无毒害阵地进一步巩固。2015年6月被国家禁毒委员会评为全国禁毒工作先进个人。

符明雄 东方市人，1988年3月出生，本科学历。2011年参加公安工作，任海口市公安局美兰分局刑警大队科员。先后参与破获“王某等人涉嫌非法持有枪支、贩卖毒品案”等400余起案件。2014年5月26日晚上，群众举报称在海口市三江镇琼江四海锯石场处有人持枪贩卖毒品，符明雄接报后，立即根据线索进行调查核实，并与其他同事赶赴现场蹲点守候，抓捕犯罪嫌疑人张某，根据审讯获得的线索，经过1个多月的摸排，敲定王某等嫌疑人身份后，成功将其抓获归案，并缴获火药枪、弹药等一批涉案物品。在审讯中，犯罪嫌疑人王某拒不交代其犯罪事实。符明雄作为该案件主审人员，及时调整审讯思路，终于攻破犯罪嫌疑人王某的心理防线，使其如实供认犯罪事实，并深挖了其他犯罪嫌疑人线索，乘胜追击，成功抓获最后一名嫌疑人。2015年被公安部评为“全国2014年度缉枪治爆专项行动先进个人”。

蔡建家 海口市人，1969年12月出生，中共党员，大专学历，1988年参加公安工作，2010年任市公安局交警支队龙华大队七中队中队长。2011年5月，蔡建家在执勤中遭遇超载货车强行冲卡，被货车撞倒并拖行20多米，造成左头颅破裂，开口达4厘米长，在医院躺了2个多月，还留下了每逢下雨阴天便会头痛的后遗症。每次发病后身体稍有好转，他又重新站在岗位上。凡遇到老人、小孩独自过马路的，一定会为其“保驾护航”；凡遇到外地游客问路的，都会热心指引；凡遇到违反交通规则的，都会上前进行教育。一天下午暴雨倾盆且正值下班高峰期，蔡建家执勤时发现一名中年妇女带着一位十五六岁的女孩拖着沉重的行李箱，经询问得知，母女俩要赶晚上7点50分的飞机，没有拦到出租车，如果误机将赶不上开学报名。蔡建家马上脱下雨衣披在母女身上并帮助她们拦到出租车，并叮嘱司机雨天路滑，安全行驶。母女俩打开车窗追问蔡建家姓名，蔡建家挥手微笑着说“我是交警，祝你们一路平安”！这一幕，被市民用手机拍了下来，并在热带播报微博里发表，很多网友转载、评论。海南多家媒体看到微博后，发起了寻找“爱心交警”活动。一位外地游客携家人自驾车游海南，回程途中与另一小轿车发生了交通事故，对方车主态度恶劣，威胁索要高额赔偿。蔡建家接警后迅速赶到现场，凭借多年事故处理的经验进行调解，成功地让双方就事故达成满意的赔偿协议。那位外地游客返乡后在互联网上发帖，赞扬海口交警“严格执法、热情服务”，并委托全国汽车之家海南网点的车友给蔡建家送一面写着“为难之时伸援手、尽职尽责传万家”的锦旗。2014年被全国总工会授予全国“五一劳动奖章”。2015年被国务院评为“全国先进工作者”。

（张　伟）

王式军 海口市人，1956年9月出生，中共党员，海南东寨港国家级自然保护区管理局老职工。在珍稀濒危红树植物红榄李的培育上克服各种困难，以愚公移山精神，坚守35年，加强监测和管理，不断尝试培育新方法，成功培育出了200多株红榄李。在妻子患癌、儿子高考的境况下，仍像照顾自己亲人和孩子一样照顾红榄李；在红榄李幼苗遭到台风摧残破坏的情况下，拿着棉签连续30天跪在苗圃地一片叶子一片叶子为红榄李幼苗洗去泥土，使红榄李得以继续成活成长，开出鲜艳花朵，扎根留存，为拯救珍稀濒危植物树种做出突出贡献，创造了奇迹。2015年10月23日，王式军获得阿里公益天天正能量二等奖，成为第一个登上报纸的正能量人物。

（黄育春）

2015 年海口市新增百岁以上老人名录

序号	姓名	性别	民族	出生年月	所属辖区	户籍登记机关（派出所）	所在基层组织名称（村 / 居）
1	宁桂和	女	汉	1914.12	美兰区	博爱街道	振龙居委会
2	黄连梅	女	汉	1914.04	美兰区	博爱街道	联桂坊居委会
3	李秋莲	女	汉	1914.07	美兰区	和平南街道	光阳居委会
4	美仁姩	女	汉	1914.07	美兰区	灵山镇	群山村委会
5	王月兰	女	汉	1914.09	美兰区	灵山镇	大林村委会
6	陈彩梅	女	汉	1914.09	美兰区	灵山镇	大林村委会
7	邢杏花	女	汉	1915.09	美兰区	大致坡镇派出所	永群村委会
8	蔡坤来	女	汉	1915.12	美兰区	和平南街道	君尧居委会
9	蒙奷二	女	汉	1915.05	美兰区	和平南街道	上坡居委会
10	林桂花	女	汉	1915.07	美兰区	演丰派出所	山尾村委会
11	王陈氏	女	汉	1915.09	美兰区	演丰派出所	演东村委会
12	林梅姑	女	汉	1915.02	美兰区	演丰派出所	演丰社区居委会
13	邓翠英	女	汉	1915.11	美兰区	博爱派出所	新风里社区
14	吴冰坚	女	汉	1915.06	美兰区	海府路派出所	白坡里居委会
15	吴桂花	女	汉	1915.06	美兰区	海府路派出所	大英居委会
16	陈奷二	女	汉	1915.08	美兰区	灵山镇派出所	东湖村委会
17	张奷英	女	汉	1915.07	美兰区	灵山镇派出所	东营村委会
18	蔡桂兰	女	汉	1915.12	美兰区	灵山镇派出所	福玉村委会
19	何金英	女	汉	1915.06	美兰区	灵山镇派出所	林昌村委会
20	吴奷凤	女	汉	1915.07	美兰区	灵山镇派出所	新琼村委会
21	余光母	女	汉	1915.05	美兰区	灵山镇派出所	福玉村委会
22	吴林氏	女	汉	1915.02	美兰区	灵山镇派出所	灵山居委会
23	柯奷换	女	汉	1915.04	美兰区	海甸派出所	沿江居委会
24	李桂凤	女	汉	1915.03	美兰区	桂林洋派出所	桂林洋第七社区
25	梁玉兰	女	汉	1915.10	美兰区	桂林洋派出所	桂林洋第六社区
26	冯林氏	女	汉	1915.02	美兰区	灵山镇派出所	灵山镇东头村委会

续表

序号	姓名	性别	民族	出生年月	所属辖区	户籍登记机关（派出所）	所在基层组织名称（村 / 居）
27	欧黄氏	女	汉	1915.11	美兰区	灵山镇派出所	爱群村委会
28	黄信太	男	汉	1915.03	美兰区	大致坡镇派出所	栽群村委会
29	韦爱玉	女	汉	1915.07	美兰区	大致坡镇派出所	栽群村委会
30	李云生	男	汉	1915.06	美兰区	灵山镇人民政府	东和村委会
31	林玉娟	女	汉	1915.03	美兰区	博爱派出所	联桂坊居委会
32	何元娘	女	汉	1915.04	美兰区	博爱派出所	振龙居委会
33	王李氏	女	汉	1914.09	龙华区	龙华分局	龙泉镇道斐村 15 号
34	黄桂英	女	汉	1914.11	龙华区	龙华分局	城西镇府西居委会
35	吴德昌	男	汉	1914.03	龙华区	龙华分局	滨海办盐灶居委会
36	黄爱金	女	汉	1914.11	龙华区	龙华分局	滨海办八灶居委会
37	罗桂花	女	汉	1914.07	龙华区	龙华分局	中山办西门外居委会
38	陈姀旧	女	汉	1914.07	龙华区	龙华分局	滨海办盐灶一居委会
39	王姀三	女	汉	1914.09	龙华区	龙华分局	龙桥镇玉符村委会
40	林洪道	男	汉	1914.10	龙华区	龙华分局	龙桥镇永东村委会
41	陈秀全	女	汉	1914.09	龙华区	龙华分局	新坡镇农丰村委会
42	吴琼娥	女	汉	1914.06	龙华区	龙华分局	新坡镇文丰村委会
43	吴玉英	女	汉	1914.09	龙华区	龙华分局	遵谭镇涌谭村委会
44	吴春英	女	汉	1914.08	龙华区	龙华分局	遵谭镇新谭村委会
45	王玉英	女	汉	1914.08	龙华区	龙华分局	遵谭镇东谭村委会
46	陈玉凤	女	汉	1914.02	龙华区	龙华分局	遵谭镇新谭村委会
47	李清美	男	汉	1915.08	龙华区	龙华分局	龙泉镇东占居委会
48	李治诚	男	汉	1915.07	龙华区	龙华分局	龙泉镇东占居委会
49	王爱姑	女	汉	1915.03	龙华区	龙华分局	龙泉镇国扬居委会
50	王金春	女	汉	1915.06	龙华区	龙华分局	龙泉镇扬亭村委会
51	黄姀尾	女	汉	1915.07	龙华区	龙华分局	龙泉镇占符村委会
52	吴长花	女	汉	1915.06	龙华区	龙华分局	龙泉镇新联村委会
53	吴玉莲	女	汉	1915.09	龙华区	龙华分局	龙桥镇挺丰村委会
54	泽香母	女	汉	1915.08	龙华区	龙华分局	龙桥镇龙桥村委会

续表

序号	姓名	性别	民族	出生年月	所属辖区	户籍登记机关（派出所）	所在基层组织名称（村/居）
55	陈才保	女	汉	1915.11	龙华区	龙华分局	金宇办坡博西居委会
56	曾月梅	女	汉	1915.11	龙华区	龙华分局	金宇办坡巷居委会
57	符德兴	男	汉	1914.11	琼山区	红明农场派出所	琼山区国营红明农场五十一队
58	冼妳二	女	汉	1908.02	琼山区	琼山区府城忠介派出所	琼山区府城北胜街63号
59	杜正亭	男	汉	1912.05	琼山区	琼山区龙塘镇派出所	琼山区龙塘镇仁庄村委会昌森村
60	蔡秀兰	女	汉	1914.07	琼山区	琼山区红旗镇派出所	琼山区红旗镇龙榜村委会龙逢村37号
61	符仙萍	女	汉	1914.08	琼山区	琼山区红旗镇派出所	琼山区红旗镇道崇村委会昌洽村一队
62	吴琼芳	女	汉	1914.05	琼山区	龙塘镇派出所	龙塘镇仁庄村委会儒昌村
63	周爱琼	女	汉	1914.07	琼山区	龙塘镇派出所	龙塘镇三桥村委会玉李村
64	李爱兰	女	汉	1915.02	琼山区	琼山区府城街道办事处	府城街道北管社区居委会北街队
65	邓春荣	女	汉	1915.05	琼山区	琼山区府城街道办事处	府城街道云露社区万寿亭25号
66	符爱芹	女	汉	1915.11	琼山区	三门坡镇谭文派出所	三门坡镇文蛟村委会文多村
67	王瑞金	女	汉	1915.07	琼山区	三门坡镇谭文派出所	三门坡镇文蛟村委会文多村
68	苏德雄	女	汉	1915.05	琼山区	三门坡镇谭文派出所	三门坡镇龙马村委会龙祖村
69	王金兰	女	汉	1915.12	琼山区	旧州镇派出所	旧州镇联丰村委会托东村
70	田金凤	女	汉	1915.11	琼山区	旧州镇派出所	旧州镇池连村委会高书村
71	龙爱花	女	汉	1915.04	琼山区	甲子镇派出所	甲子镇正街甲子供销社
72	戴月凤	女	汉	1915.07	琼山区	红明农场派出所	红明农场云龙分场五十八队
73	何月梅	女	汉	1915.07	琼山区	红明农场派出所	红明农场晨兴管区长坡村
74	黄玉花	女	汉	1915.04	琼山区	红旗镇派出所	红旗镇龙源村委会东龙村
75	刘彭氏	女	汉	1915.12	琼山区	龙塘镇派出所	龙塘镇龙光村委会美味村
76	冯丽英	女	汉	1915.10	琼山区	龙塘镇派出所	龙塘龙新村委会美焕村
77	占王氏	女	汉	1915.03	琼山区	龙塘镇派出所	龙塘镇龙塘财委会文彩村
78	符王氏	女	汉	1915.06	琼山区	龙塘镇派出所	龙塘镇三桥村委会玉李村
79	冼桂花	女	汉	1915.02	琼山区	龙塘镇派出所	龙塘镇龙光村委永罗村
80	范梅兰	女	汉	1915.05	琼山区	龙塘镇派出所	龙塘镇龙新村委心雅村
81	蒋林氏	女	汉	1915.07	琼山区	龙塘镇派出所	龙塘镇新民村委会玉里村

续表

序号	姓名	性别	民族	出生年月	所属辖区	户籍登记机关（派出所）	所在基层组织名称（村/居）
82	周家桂	男	汉	1915.09	琼山区	龙塘镇派出所	龙塘镇龙富村委会大力村
83	薛来荣	女	汉	1915.08	琼山区	云龙镇派出所	云龙镇云岭村委会迈宏村
84	吴玉雪	女	汉	1915.08	琼山区	甲子镇派出所	琼山甲子镇长昌海丰村委会杨梧村
85	陈玉琼	女	汉	1915.10	琼山区	甲子镇派出所	琼山甲子镇长昌村委会群望村
86	吴秀珍	女	汉	1915.12	琼山区	铁桥墩派出所	凤翔街道办那央村委会新潭村
87	梁邦修	男	汉	1915.11	琼山区	铁桥墩派出所	凤翔街道办那央村委会珠良村
88	肖春梅	女	汉	1914.03	秀英区	市公安局秀英分局	海秀镇业里村委会
89	吴妚二	女	汉	1915.10	秀英区	市公安局西秀派出所	西秀镇博养村委会
90	郑为美氏	女	汉	1915.06	秀英区	市公安局秀英分局	西秀镇长德村委会
91	叶妚三	女	汉	1915.09	秀英区	市公安局秀英分局	长流镇长东村居委会
92	吴妚四	女	汉	1915.09	秀英区	市公安局秀英分局	长流镇长东村居委会
93	吴兰运	女	汉	1915.03	秀英区	市公安局秀英分局	长流镇会南村委会
94	李妚转	女	汉	1915.08	秀英区	市公安局秀英分局	长流镇长北村委会
95	罗泽浦	男	汉	1915.10	秀英区	市公安局石山派出所	石山镇杨佳村委会
96	家培母	女	汉	1915.12	秀英区	市公安局石山派出所	石山镇和平村委会
97	王妚正	女	汉	1915.07	秀英区	市公安局石山派出所	石山镇施茶村委会
98	陈爱玉	女	汉	1915.04	秀英区	市公安局石山派出所	石山镇安仁村委会
99	宋丽英	女	汉	1915.10	秀英区	市公安局石山派出所	石山镇道育村委会
100	王桂梅	女	汉	1915.04	秀英区	市公安局秀英分局	永兴镇美东村委会
101	廖玉花	女	汉	1915.10	秀英区	市公安局秀英分局	永兴镇建群村委会
102	张玉华	女	汉	1915.10	秀英区	市公安局秀英分局	永兴镇罗经村委会
103	黄汉传	男	汉	1915.01	秀英区	市公安局秀英分局	东山镇东苍村委会
104	黄秀章	女	汉	1915.07	秀英区	市公安局秀英分局	东山镇东山村委会
105	覃荣三	女	汉	1915.06	秀英区	市公安局秀英分局	东山镇雅德村委会
106	黄月芳	女	汉	1915.11	秀英区	市公安局秀英分局	东山镇雅德村委会
107	黄秀桂	女	汉	1915.11	秀英区	市公安局秀英分局	东山镇文塘村委会
108	蔡家坤	女	汉	1915.02	秀英区	市公安局秀英分局	东山镇马坡村委会

（林　仍）

（编辑：吕书萍）

海口市防控和处置违法建筑若干规定

2015年4月16日海口市第十五届人民代表大会常务委员会第二十七次会议通过

2015年5月27日海南省第五届人民代表大会常务委员会第十五次会议批准

2015年5月29日海口市第十五届人民代表大会常务委员会公告第32号公布 自2015年8月1日起施行

第一条 为了规范对违法建筑的防控和处置工作，保障城乡规划有效实施，维护社会公共利益，根据《中华人民共和国城乡规划法》《海南省城乡规划条例》和《海南省查处违法建筑若干规定》等有关法律、法规的规定，结合本市实际，制定本规定。

第二条 本市行政区域内防控和处置违反城乡规划法律、法规的违法建筑，适用本规定。

违反土地管理、水利、交通运输等法律、法规的违法建筑，由土地等有关部门依照土地管理等法律、法规的规定防控和处置。

第三条 本规定所称违法建筑，是指违反城乡规划管理未依法取得建设工程规划许可证、临时建设工程规划许可证和乡村建设规划许可证、临时乡村建设规划许可证，或者未按照规划许可内容建设的建筑物、构筑物及设施，包括城镇违法建筑和乡村违法建筑。

城镇违法建筑是指本市主城区、主城区以外的镇以及特定地区规划区内的违法建筑。乡村违法建筑是指本市主城区以外的村庄规划区内的违法建筑。

前款所称特定地区，是指国有农（林）场，依法确定的重点景区、沿海重点区域，经国家、省或者市人民政府批准设置的旅游度假区、开发区、产业园区、成片开发区域，以及省或者市人民政府确定的其他区域。

第四条 防控和处置违法建筑，应当坚持统一领导、属地管理、防控为主、依法处置、综合治理的原则。

第五条 市人民政府统一领导本市行政区域内防控和处置违法建筑工作。区人民政府负责组织协调本辖区内防控和处置违法建筑工作。

特定地区管理机构在其职责范围内协助防控和处置城镇违法建筑。

主城区以外的镇人民政府，负责防控和处置乡村违法建筑。

市、区人民政府应当建立健全防控和处置违法建筑工作责任制、协调联动机制和行政问责制，并根据实际需要组织联合执法行动。

第六条 市、区城市管理综合执法部门（以下简称市、区城管执法部门）按照职责分工负责防控和处置城镇违法建筑。

规划、土地、住建部门应当依据各自职责，建立本部门防控和处置违法建筑的机制，配合城管执法部门、主城区以外的镇人民政府开展工作。规划部门负责协助认定违法建筑。土地部门负责协助查处基于违法用地进行建设的行为。住建部门负责建设工程施工许可审批后和竣工验收前的监督管理，防控商品混凝土生产销售企业为违法建筑供应混凝土，协助核实违法建筑施工报建情况，不得为违法建筑办理房产登记等手续。

公安、安监、工商、财政、水务、科工信、卫生、环保、食品药品监管、消防、文化广电、司法行政以及行政监察等部门按照各自职责协助实施本规定。

第七条 市、区人民政府应当统筹城乡规划和建设，采取有效措施解决居（村）民基于生活的合理住房需求。

规划、城管执法等部门应当加强城乡规划的宣传工作，健全城乡规划行政许可的实施和执法机制，完善城镇控制性详细规划和村庄规划的编制、实施与管理。

第八条 任何单位、个人都有权举报违法建筑。

市、区人民政府应当建立和完善违法建筑举报制度，向社会公布统一的举报电话、电子邮箱和网站，利用信息平台接受社会公众的举报。

城管执法部门、主城区以外的镇人民政府应当对举报及时调查处理，及时将处理情况反馈举报人，并为举报人保密。举报经查证属实的，对举报人给予奖励。

第九条 区人民政府建立违法建筑防控巡查和报告制度。

城管执法部门和主城区以外的镇

人民政府应当建立防控违法建筑地段责任制和日常巡查制度，实行网格化监控管理，明确责任主体、责任区域、巡查时段、巡查重点及相应的具体措施，及时发现违法建筑并依法予以查处。

第十条 街道办事处、居（村）民委员会、物业服务企业在本区域内发现违法建筑的，应当及时向城管执法部门或者主城区以外的镇人民政府报告，并协助防控和处置违法建筑。

第十一条 市、区人民政府应当建立违法建筑信息共享机制，利用违法建筑监控系统、城市网格化管理信息系统、城市管理视频监控、卫星遥感监测、电子政务网络、城市基础地理信息系统等技术手段和信息资源，实现部门之间的信息互通共享。

城管执法部门应当将立案的违法建筑及查处情况在本部门网站上公布。

规划部门应当及时公布经依法批准的城乡规划和规划许可信息，在放线、验线和规划核实等日常规划管理工作中发现违法建设行为的，应当于三个工作日内函告城管执法部门。

住建部门应当及时公布施工许可项目，发现不按照经审查合格的施工图设计文件进行施工的行为，应当于三个工作日内函告城管执法部门。

城管执法部门需要查询、复制与违法建筑有关的资料的，相关职能部门应当在三个工作日内无偿提供；在防控和处置违法建筑工作中需要相关职能部门提供专业认定意见的，相关职能部门应当自收到协助函件之日起七个工作日内出具明确的专业认定意见并附相关依据。情况复杂不能按时提供的，相关职能部门应当以书面形式说明理由并明确答复期限。

第十二条 下列部门和单位应当协助防控和处置违法建筑：

（一）工商、卫生、食品药品监管、文化广电、公安、消防等部门核发有关证照时，对无法提供有关建筑物、构筑物合法证明的，不得核发有关证照；

（二）供水、供电、供气、生产销售商品混凝土等企业接到城管执法部门要求协助防控和处置违法建筑的书面通知之日起，不得向未依法取得建设工程规划许可证或者乡村建设规划许可证的在建项目供水、供电、供气或者供应商品混凝土；

（三）建设工程设计单位不得为未依法取得建设工程规划许可证的建设项目出具正式的设计施工图纸；

（四）建筑施工单位不得承建未取得建设工程规划许可证或者乡村建设规划许可证的建设项目。

第十三条 建设单位或者个人应当于建设工程放线前，在施工现场设置符合规划部门要求的规划公示牌，公示牌应当载明该建设工程的许可证编号、建设项目名称、建设单位名称、建设位置、建设规模、规划强制性指标等内容。凡施工现场未设置建设工程规划公示牌的，城管执法部门和主城区以外的镇人民政府应当启动防控和查处机制。

第十四条 对于正在建设的城镇违法建筑，城管执法部门应当立即书面责令建设单位或者个人停止建设。建设单位或者个人拒不停止建设的，城管执法部门可以依法采取查封施工现场和设施等措施。

城管执法部门查封施工现场和设施时，应当通知违法建筑建设单位或者个人清理有关工具、物品，建设单位或者个人拒不清理的，可以一并查封有关工具、物品。建设单位或者个人仍然继续建设的，可以依法采取拆除继续加建部分等措施及时制止违法建设行为。

第十五条 城镇违法建筑有下列情形之一，可采取改正措施消除对规划实施影响的，城管执法部门应当责令停止建设，限期改正，处建设工程造价百分之五以上百分之十以下的罚款：

（一）未取得建设工程规划许可证，但已取得城乡规划主管部门的建设工程设计方案审查文件，且建设内容符合或者采取局部拆除等整改措施后符合审查文件要求的；

（二）取得建设工程规划许可证，但未按照许可证的规定进行建设，采取局部拆除或者改建等整改措施后能够符合建设工程规划许可证要求的。

属于前款第（一）项情形的，建设单位或者个人接受处罚后按照控制性详细规划要求和规划条件补办相关规划手续。

第十六条 城镇违法建筑有下列情形之一，无法采取改正措施消除规划实施影响的，由城管执法部门责令停止建设，限期拆除，不能拆除的，没收实物或者违法收入，可以并处建设工程造价百分之十以下的罚款：

（一）已经构成改变城市规划确定的土地使用性质的；

（二）侵占城市水源地或者对城市水源地构成污染威胁的；

（三）侵占现有的或者城市规划确定保留的城市公共绿地、文物保护区、市政基础用地和其他公共活动场所的；

（四）对城市风景旅游区的环境构成直接影响的；

（五）侵占经城市规划确定的城市道路控制红线或者直接影响城市道路交通的；

（六）对机场、铁路的正常运行构成直接影响的；

（七）对城市电讯广播通道构成直接影响的；

（八）对城市消防安全、防洪防汛等构成直接影响的；

（九）侵占城市高压供电走廊或者压占城市地下管线的；

（十）在近期建设规划确定的控制区范围和市、区人民政府确定的旧城改建区域内擅自进行建设的；

（十一）有其他违反城乡规划的情况，后果严重、不拆除难以补救的。

没收的建筑实物或者违法收入由财政等部门依法处理。

第十七条 城镇违法建筑有下列情形之一的，属于本规定第十六条所称不能拆除的城镇违法建筑：

（一）部分拆除影响建筑物、构筑物主体结构安全或者整体拆除影响相邻建筑物、构筑物主体结构安全的；

（二）现有拆除技术条件和地理环境无法实施拆除的；

（三）拆除将对公共利益造成重大损害或者其他严重后果的。

城管执法部门在认定不能拆除的城镇违法建筑时，应当会同规划、土地、住建等部门组织专家进行论证，并委托有相应资质的建设工程设计单位或者建设工程质量鉴定单位进行鉴定；案情重大、复杂的，还应当征求该违法建筑所在地的区人民政府的意见。

第十八条　城管执法部门作出强制拆除违法建筑决定前，应当事先催告建设单位或者个人履行限期拆除义务。经催告，建设单位或者个人逾期仍不履行限期拆除义务，且无正当理由的，城管执法部门可以作出强制拆除违法建筑决定。

第十九条　对城镇违法建筑依法需要强制拆除的，城管执法部门应当向市或者区人民政府报告，由市或者区人民政府组织强制拆除。城管执法部门应当提前五个工作日在现场予以公告，告知实施强制拆除的时间、相关依据、当事人的权利和义务等。

依法强制拆除城镇违法建筑时，违法建筑所在地的街道办事处、镇人民政府、居（村）民委员会、物业服务企业应当予以配合。

城管执法部门实施强制拆除，应当对违法建筑建设单位或者个人的合法财产依法予以保护。

第二十条　城镇违法建筑自行拆除后，违法建筑建设单位或者个人应当在十五个工作日内清理现场。逾期未清理的，由城管执法部门责令限期清理，逾期仍未清理的，由城管执法部门代履行或者委托没有利害关系的第三人代履行，费用按照清理成本合理确定，由违法建筑建设单位或者个人承担，并处二千元以上二万元以下的罚款；建筑垃圾造成严重环境污染或者严重堵塞交通等后果的，对建设单位处五千元以上五万元以下的罚款。

第二十一条　主城区以外的镇人民政府发现正在建设或者已经建成的乡村违法建筑后，应当立即书面责令正在建设的违法建筑停止建设，并作出如下处理：

（一）未取得规划许可但符合村庄规划的，责令补办有关规划手续；不符合村庄规划的，责令限期改正；逾期不改正的，限期拆除；

（二）已经取得规划许可，但违反规划许可内容进行建设的，责令限期改正，逾期不改正的，限期拆除。

乡村违法建筑当事人逾期不拆除的，由主城区以外的镇人民政府组织拆除，违法建筑所在地的村民委员会应当予以配合。

第二十二条　本规定施行前居（村）民基于生活的合理需求建设的住所以及其他特殊情形的违法建筑，可以暂缓拆除。暂缓拆除的具体条件和办法由市人民政府另行制定并向社会公布。

第二十三条　违法建筑无法确定建设单位或者个人的，城管执法部门或者主城区以外的镇人民政府应当通过在该违法建筑显著位置张贴公告并且在本地主要报刊、本部门网站发布公告等形式督促建设单位或者个人依法接受处理，公告期不得少于十五日。公告期满，仍无法确定建设单位或者个人的，由城管执法部门或者主城区以外的镇人民政府向公证机关办理证据保全手续后将违法建筑依照法律规定的程序予以拆除或者没收。

第二十四条　违法建筑建设单位或者个人或者其他相关人员有下列情形之一的，由公安机关依法查处：

（一）隐藏、转移、变卖或者损毁执法部门依法查封的财物的；

（二）阻碍或者组织、策划、教唆、煽动群众阻碍执法部门依法查处、查封、强制拆除违法建筑的；

（三）其他妨碍执法人员依法执行公务的。

第二十五条　城管执法部门在违法建筑处置结束后，应当将违法情节严重或者造成恶劣影响的违法建筑建设单位或者个人名单通过报纸、广播电视、网站等向社会公开。

第二十六条　供水、供电、供气、生产销售商品混凝土等企业违反本规定第十二条第（二）项规定对违法在建项目提供服务或者商品的，由城管执法部门责令停止提供服务或者商品，没收违法所得；拒不停止提供服务或者商品的，处五万元以上十万元以下的罚款。

建设工程设计、施工单位违反本规定第十二条第（三）、（四）项规定对违法建设项目提供服务或者施工的，由城管执法部门责令停止服务或者施工，没收违法所得；拒不停止服务或者施工的，处一万元以上五万元以下的罚款。

第二十七条　区、镇人民政府在防控和处置违法建筑中，不履行管理职责或者组织不力的，由上级人民政府对其主要负责人予以问责。

区、镇人民政府、街道办事处、特定地区管理机构和城管执法、规划、土地、住建等部门，以及其他负有协助防控和处置违法建筑职责的部门及工作人员在防控和处置违法建筑工作中，未履行规定职责或者滥用职权、玩忽职守、徇私舞弊的，由相关主管部门或者行政监察机关责令改正，通报批评；对其直接负责的主管人员和其他直接责任人员依法给予处分；构成犯罪的，依法追究刑事责任。

第二十八条　本规定所称建设工程造价，是指存在违反城乡规划事实的建筑物、构筑物单体造价。已经完成竣工结算的违法建筑，建设工程造价应当以竣工结算价计算；尚未完成竣工结算的违法建筑，可以根据工程已完工部分的施工合同价计算；未依法签订施工合同或者当事人提供的施工合同价明显低于市场价格的，由有资质的造价咨询机构评估确定。

本规定所称违法收入，按照违法建筑查处时当地相当等级商品房价格确定，商品房价格由有资质的评估机构进行评估；不能以商品房价格计算的，按照违法建筑工程造价确定。

第二十九条　本规定的具体应用问题由市人民政府负责解释。

第三十条 本规定自2015年8月1日起施行。

海口市房屋租赁管理条例

2015年8月27日海口市第十五届人民代表大会常务委员会第三十次会议通过‖2015年9月25日海南省第五届人民代表大会常务委员会第十七次会议批准‖2015年10月8日海口市第十五届人民代表大会常务委员会公告第37号公布，自2015年12月1日起施行

第一章 总 则

第一条 为了加强房屋租赁管理，规范房屋租赁行为，维护当事人的合法权益和社会公共利益，根据《中华人民共和国城市房地产管理法》等有关法律、法规，结合本市实际，制定本条例。

第二条 本市主城区范围内的房屋租赁及相关监督管理活动，适用本条例。

保障性住房租赁按照国家、本省、本市的有关规定执行。

第三条 本条例所称的房屋租赁，是指出租人将住宅、工商业用房、办公用房、仓库及其他用房交付承租人使用，由承租人向出租人支付租金的行为。

第四条 房屋租赁活动应当遵循自愿、公平和诚实信用原则。

房屋租赁管理坚持房屋管理与人口管理相结合、管理与服务相结合的原则，实行属地管理和分类管理。

第五条 市、区人民政府应当加强对房屋租赁管理工作的组织领导和协调，促进房屋租赁市场的健康发展。

第六条 市房屋行政管理部门是本市房屋租赁的主管部门，负责组织实施本条例。

区房屋行政管理部门按照职责分工负责本辖区内房屋租赁的监督管理工作，业务上接受市房屋行政管理部门的指导。

市、区房屋行政管理部门可以委托依法成立的具有管理公共事务职能的组织负责房屋租赁管理的具体工作。

公安、工商、人口计生、卫生、城管执法、规划、税务等行政管理部门应当按照各自职责，依法对房屋租赁实施监督管理。

第七条 镇人民政府、街道办事处协助区房屋行政管理部门在本辖区内开展房屋租赁管理的相关工作。

第八条 市房屋行政管理部门应当建立本市房屋租赁综合管理信息系统，与相关职能部门形成信息交换、共享机制，为单位和个人提供房屋租赁信息服务。

管理、使用房屋租赁信息的部门及其工作人员，应当对房屋租赁当事人信息保密，维护当事人的合法权益。

第二章 租赁规范

第九条 出租房屋的建筑结构和设备设施，应当符合建筑、消防、卫生等方面的安全条件，不得危及人身安全。

出租住宅房屋的，应当以原设计的房间为最小出租单位，人均租住建筑面积不得低于本市的最低标准。本市人均租住建筑面积的最低标准由市人民政府作出规定并向社会公布。

厨房、卫生间、阳台和地下储藏室不得出租供人员居住。

第十条 有下列情形之一的房屋不得出租：

（一）违法建筑；

（二）不符合安全、防灾等工程建设强制性标准的；

（三）违反法律、法规规定改变房屋使用性质的；

（四）法律、法规规定禁止出租的其他情形。

第十一条 租赁房屋的，出租人和承租人应当依法签订房屋租赁合同。合同内容由当事人约定，一般包括下列条款：

（一）当事人的姓名或者名称、住所、有效身份证件名称及号码；

（二）房屋位置、面积、结构及附属设施和设备状况；

（三）租赁房屋交付日期、租赁期限、用途和房屋使用要求；

（四）租金和押金数额及支付方式；

（五）物业服务费及水、电、燃气、通讯等公用事业费的承担；

（六）房屋修缮、安全、消防等责任；

（七）续租、互换、转租的约定；

（八）变更或者解除合同的条件；

（九）房屋被征收或者拆迁时的处理方法；

（十）违约责任及解决争议的方式；

（十一）当事人约定的其他事项。

租赁住宅房屋的，房屋租赁合同中应当明确实际居住人数。

市房屋行政管理部门应当会同市工商行政管理部门制定房屋租赁合同示范文本并在部门网站上予以公布，供当事人参照选用。

第十二条 房屋出租人在房屋租赁活动中应当遵守下列规定：

（一）向承租人出示出租房屋的合法权属证明，查验承租人的有效身份证件；

（二）按照合同约定或者法律、法规的相关规定定期检查和维护出租房屋与设施、设备的安全，及时发现和排除安全隐患，确保使用安全；

（三）不得损害公共利益或者妨碍他人正常工作、生活；

（四）如实申报租金，依法纳税；

（五）协助相关行政管理部门依法实施房屋租赁管理，配合做好房屋租赁信息采集工作；

（六）发现出租房屋内有涉嫌违法犯罪行为的，及时报告公安机关或者其他有关行政管理部门；

（七）法律、法规的其他相关规

定。

第十三条 房屋承租人在房屋租赁活动中应当遵守下列规定：

（一）向出租人出示有效身份证件；

（二）合理、安全使用房屋及设施、设备，不得擅自改变房屋使用性质、结构或者实施其他违法搭建行为，发现承租房屋有安全隐患的，及时告知出租人；

（三）不得损害公共利益或者妨碍他人正常工作、生活；

（四）将住宅房屋改变为经营性用房的，除遵守法律、法规以及管理规约外，应当经有利害关系的业主同意；

（五）配合相关部门工作人员的信息采集和检查工作，如实说明居住人员情况，属流动人口的，入住后按照规定申办暂（居）住证；属境外人员的，应当在入住房屋后二十四小时内持有效身份证件到房屋所在地公安派出所进行住宿登记；

（六）不得留宿无有效身份证明人员，发现租赁房屋内或者同住人员有涉嫌违法犯罪行为的，应当及时向公安机关或者其他有关行政管理部门报告；

（七）遵守计划生育和人口政策，属已婚育龄人员应当自觉接受居住地计划生育技术服务指导；

（八）利用承租房屋从事生产、经营的，应当符合安全生产、环境保护等相关规定，并依法办理相关手续；

（九）法律、法规的其他相关规定。

第十四条 房地产经纪机构和人员从事房屋租赁活动应当遵守国家、本省、本市有关房地产经纪管理和房屋租赁管理的相关规定，向租赁当事人宣传房屋租赁管理的法律、法规和相关政策，引导租赁当事人使用租赁合同示范文本。

第十五条 物业服务企业应当配合相关行政管理部门及其工作人员作好房屋租赁的信息采集工作，发现租赁当事人、房地产经纪机构或者人员有违法违规行为的，应当及时予以劝阻，并报告业主委员会和有关行政管理部门。

第十六条 集中出租房屋供他人居住，出租房间达到十二间以上或者出租房屋居住人员达到二十人以上的，治安防范设施、消防设施设备的设置应当符合国家、本省的有关要求。

出租人提供房屋供学生寄宿的，或者单位承租房屋作为集体宿舍供本单位职工居住的，出租人或者承租单位应当按照前款规定执行。

集中租房作为集体宿舍的不得影响他人正常生活，承租单位管理人员应当对影响他人正常生活的行为予以及时制止。

第三章 备案管理

第十七条 房屋出租人应当自房屋租赁合同签订、变更、终止之日起三十日内，自行或者委托他人到区房屋行政管理部门办理房屋租赁备案手续。

房屋承租人应当协助房屋出租人办理房屋租赁备案手续。

通过房地产经纪机构签订、变更、终止房屋租赁合同的，房地产经纪机构可以为房屋出租人办理房屋租赁备案手续提供便利。

区房屋行政管理部门应当逐步实行房屋租赁网上备案。

第十八条 房屋出租人办理房屋租赁备案应当提交下列证件和材料：

（一）房屋租赁当事人有效身份证件或者证明；

（二）房屋租赁合同；

（三）房屋权属证书或者房屋其他合法来源证明；

（四）出租共有房屋，应提交其他共有人同意出租的证明；出租受托代管的房屋，应提交房屋所有权人授权出租的证明；转租房屋的，转租人应当提交出租人同意转租的证明；

（五）法律、法规规定的其他证件或者材料。

第十九条 对符合下列要求的，区房屋行政管理部门应当自收到房屋租赁备案证件和材料之日起三个工作日内，完成办理备案手续，向房屋出租人开具房屋租赁备案证明，并将相关信息更新至房屋租赁综合管理信息系统：

（一）申请人提交的证件和材料齐全；

（二）房屋出租人与房屋权属证书或者房屋其他合法来源证明记载的主体一致；

（三）不属于本法第十条规定不得出租的房屋。

申请人提交的证件和材料不齐全的，区房屋行政管理部门应当一次性告知需要补正的全部内容。

第二十条 房屋租赁备案证明应当载明出租人和承租人的姓名或者名称、有效身份证件名称及号码，出租房屋的位置、租赁用途、租金数额、租赁期限等。

第二十一条 房屋租赁备案证明不得伪造、变造；房屋租赁备案证明遗失的，可以向原开具证明的房屋行政管理部门申请补发。

第二十二条 区房屋行政管理部门办理房屋租赁备案手续、为当事人提供服务，不得收取费用。

第四章 监督检查

第二十三条 居（村）民委员会协助区房屋行政管理部门采集和更新房屋租赁信息，并将房屋租赁信息录入社区服务信息化系统。

区房屋行政管理部门应对从社区服务信息化系统中获取的房屋租赁信息进行查验，经查验核实后将信息上传全市房屋租赁综合管理信息系统。

第二十四条 房屋租赁信息采集主要包括以下内容：

（一）房屋租赁双方当事人的姓名（名称）、有效身份证件名称及号码；

（二）出租房屋位置、租赁用途、租金数额、租赁期限；

（三）房屋权属证书或者房屋其他合法来源证明；

（四）本市规定的其他需要记载的内容。

第二十五条 区房屋行政管理部门应当建立巡查制度，对房屋租赁情况进行日常检查，并做好下列工作：

（一）发现房屋租赁和人口信息登记不实的，应及时进行信息更改；

（二）发现未进行房屋租赁备案的，告知房屋出租人及时办理；

（三）发现房屋存在安全隐患的，督促房屋出租人及时整改；

（四）发现违反治安、消防、计划生育、城市管理、规划、卫生等法律、法规的行为，及时告知有关行政管理部门。

第二十六条 公安、教育等行政管理部门在办理暂住户口登记和暂（居）住证、接受义务教育阶段入学申请及其他需要出示房屋租赁备案证明的事项时，发现未取得房屋租赁备案证明的，应当告知申请人依照本条例办理。

第二十七条 物业服务企业、房屋租赁当事人应当配合区房屋行政管理部门对房屋租赁进行监督检查，并提供房屋租赁有关的证件和材料。

第二十八条 房屋租赁行政管理部门的工作人员采集房屋租赁信息、巡查或者执法时，应当出示工作证件。

第五章 法律责任

第二十九条 违反本条例的行为，法律、法规已作出行政处罚规定的，从其规定。房屋租赁当事人不履行本条例规定的相关义务，给他人造成损失的，依法承担民事责任；构成犯罪的，依法追究刑事责任。

第三十条 违反本条例第九条第二款、第三款的规定，出租住宅房屋未以原设计的房间为最小出租单位，或者人均租住建筑面积低于本市规定的最低标准，或者将厨房、卫生间、阳台和地下储藏室出租供人员居住的，由房屋行政管理部门责令限期改正；逾期不改正的，处二千元以上一万元以下的罚款。

第三十一条 违反本条例第十条的规定，将禁止出租的房屋用于出租的，由房屋行政管理部门责令限期改正，没有违法所得的，处五千元以下的罚款；有违法所得的，处违法所得一倍以上三倍以下，但不超过三万元的罚款。

第三十二条 违反本条例第十七条的规定，不按规定办理房屋租赁备案手续的，由房屋行政管理部门责令限期改正；个人逾期不改正的，处一千元以下的罚款；单位逾期不改正的，处一千元以上五千元以下的罚款。

第三十三条 违反本条例第二十一条的规定，伪造、变造房屋租赁备案证明或者使用伪造、变造的房屋租赁备案证明的，由房屋行政管理部门责令改正，并处一千元以上五千元以下的罚款。

第三十四条 房屋租赁行政管理部门及其工作人员玩忽职守、滥用职权、徇私舞弊的，由其上级部门或者监察机关责令改正；情节严重的，对直接负责的主管人员和其他直接责任人员依法给予处分；构成犯罪的，依法追究刑事责任。

第六章 附则

第三十五条 本市主城区范围以外的房屋租赁管理，参照本条例执行。

第三十六条 本条例具体应用问题由市人民政府负责解释。

第三十七条 本条例自2015年12月1日起施行。1998年5月29日市人民代表大会常务委员会公布施行的《海口市房屋租赁管理办法》同时废止。

中共海口市委海口市人民政府关于印发《海口市人民政府职能转变和机构改革方案》的通知

各区委、区人民政府，市委各部门，市级国家机关各部门，各人民团体：

《海口市人民政府职能转变和机构改革方案》已经省委、省政府批准，现印发给你们，请认真组织实施。

中共海口市委
海口市人民政府
2015年9月22日

海口市人民政府职能转变和机构改革方案

根据《中共海南省委海南省人民政府关于市县政府职能转变和机构改革的意见》（琼发〔2014〕11号）文件精神，改革总的要求是：高举中国特色社会主义伟大旗帜，以邓小平理论、“三个代表”重要思想、科学发展观为指导，深入贯彻习近平总书记系列重要讲话精神，适应社会主义市场经济发展需要，围绕建立中国特色社会主义行政体制目标，与省政府职能转变和机构改革相衔接，坚持从实际出发，积极探索，勇于创新，以职能转变为核心，大力简政放权，优化机构设置，严控人员编制，提高行政效能，努力建设人民满意的法治政府和服务型政府。

一、加快政府职能转变

把政府职能转变放在更加突出的位置，处理好政府和市场、政府和社会、政府层级间的关系，把该放的权力放开放到位，把该管的事情管住管好，强化对行政权力的制约监督，推动政府职能向创造良好发展环境、提供优质公共服务、维护社会公平正义转变，切实提高政府管理科学化水平。

（一）深化行政审批制度改革，进一步简政放权

1. 进一步减少行政审批事项。把深化行政审批制度改革作为转变政府职能的重要抓手和突破口，减少微观事务管理，充分发挥市场在资源配置中的决定性作用，更好地发挥社会力量在管理社会事务中的作用，更好地发挥基层政府贴近群众、就近管理的优势。做好国务院、省政府取消和下放行政审批事项的承接工作，转给市场和社会的，市政府任何部门不得截留，可下放给区、镇的，要坚决下放。全面清理现有投资审批、生产经营活动审批、资质资格许可和认定、评比达标表彰、评估等事项。全面清理取消不符合法律法规、利用"红头文件"设定的非行政许可审批项目。直接面向基层和群众，由区、镇就近实施更为方便有效的审批事项，尽量交由区、镇组织实施。取消和下放的事项涉及修改地方性法规的，政府各部门要提出意见，报市行政审批制度改革工作领导小组统一研究，按法定程序办理。需要省政府部门进一步下放审批事项的，由市政府向省政府提出建议。2015 年年底前全市行政审批事项在 2013 年基础上减少三分之一以上。

2. 加强对行政审批事项的管理。进一步制定完善市级政府行政审批事项目录，没有纳入目录的一律不得实施。行政审批事项目录实行动态管理，及时依法更新。推进行政审批标准化管理，保留的行政审批事项，要明确管理层级，简化审批程序，优化跨层级、跨部门办理流程，最大限度减少预审和前置审批。创新审批方式，推行并联审批、网上审批。对每项行政审批事项编制办事指南和业务手册，明确审批依据、审批条件、审批期限、审批流程、申请材料、裁量准则等内容，接受社会监督。2015 年 12 月底前全面推行行政审批标准化管理。

3. 深化财税体制改革。按照事权和支出责任相适应的原则，调整完善专项转移支付制度，增加一般性转移支付规模和比例。建立健全政府非税收入管理制度，清理规范各类行政事业性收费和政府性基金项目，进一步完善收费公示、听证制度，合理确定征收标准，严格征收管理，把所有非税收入全部纳入预算管理。

4. 推动企业投资项目核准改革。按照省政府对企业投资项目核准改革的要求，企业投资项目，除关系国家安全和生态安全、涉及重大生产力布局、战略性资源开发和重大公共利益项目外，政府不再实行审批管理。今后属于备案管理的企业投资项目，由市政府投资主管部门负责实施，需要上报国家核准的项目，按有关规定程序上报。2015 年 12 月底前完成企业投资项目核准改革工作。

5. 加快培育发展社会组织。更好地发挥社会组织在管理社会事务中的积极作用，重点培养、优先发展行业协会商会类、科技类、公益慈善类、城乡社区服务类社会组织。成立这些社会组织可直接向民政部门依法申请登记，不再需要业务主管单位审查同意。逐步推进行业协会商会与行政机关脱钩，探索一业多会，强化行业自律，加强能力建设，使其真正成为提供服务、反映诉求、规范行为的主体。通过政府向社会组织购买服务等形式，培育和发展社会组织，支持社会组织承接政府职能转移。2015 年 12 月底前完成行业协会商会类、科技类、公益慈善类、城乡社区服务类社会组织与行政机关脱钩，实现一业多会。

（二）改善政府管理，加强事中事后监管

1. 转变监管方式。推进简政放权、减少和下放行政审批等事项后，市政府各部门要转变管理理念，完善监管制度，改进工作方式，加强事中事后监管，有效履行职责，避免管理缺位，防止"一放就乱"。严格执行国家和省有关法律法规、发展规划和产业政策，加强对投资活动中土地使用、能源消耗、污染排放等的管理。加强对市场主体和市场行为的监督管理，着力规范市场秩序。重点加强城市管理、生态环境保护、旅游市场、安全生产、劳动保障、海域海岛等重点领域基层执法力量。清理整顿和整合行政执法队伍，推进跨部门、跨行业综合执法，不能多层、多头执法。对以取消、转移、下放等形式调整变动的审批事项，有关部门要依法履行监管式监督责任，相应制定监管或监督制度并组织实施，防止监管缺位。

2. 优化政务服务。将市政府服务中心实体审批服务大厅和网上审批大厅有机结合，打造规范、优质、高效的政务服务实践范例。依托电子政务平台，构建统一的网上审批大厅，全面推行网上审批和信息公开，群众和企业通过电脑、手机、多媒体移动终端等可以办理各项审批服务，实现集信息公开、网上办事、便民服务、电子监察于一体的全天候网上审批服务。健全审批相关制度和制约监督机制，规范行政权力运行。2015 年 9 月底前，市级行政审批事项网上申报和办理率达 80%以上，全流程网上审批率达 40%以上。

3. 创新服务机制。加强基本公共服务保障功能，改进和创新公共服务提供方式，鼓励和公平对待社会力量提供公共服务。因地制宜、积极稳妥地推进政府向市场和社会力量购买服务工作，建立健全政府购买服务的标准、招投标和监督评估等制度，重点在财政、税收、金融等方面建立健全市场和社会主体参与社会管理和公共服务的支持、激励和保障制度，在公共事业发展资源配置领域引入竞争机制，充分调动各类市场和社会主体的积极性，加快形成提供公共服务新机制。

4. 规范社会组织管理。健全社会组织监管和自律制度，严格依法监管，推动社会组织完善内部治理结构，规范社会组织行为。推进社会信用体系建设，建立健全各类社会主体自律机制。

（三）坚持依法行政，规范行政权力运行

1. 加快法治政府建设。推动实施法治政府建设规划，完善依法行政各项制度，坚持用制度管权管事管人，提高政府公信力和执行力。梳理政府部门的行政职权，2015 年 12 月底前公布市政府各部门权力清单，细化和规范行政裁量权，明确责任主体和权力运行流程，严格依照法定权限和程序履行职责，规范行使权力。

2. 深化政务公开。严格执行政府信息公开条例，推进行政权力行使依据、过程和结果的公开，主动、及时、准确公开政府和各部门财政预决算、重大建设项目批准和实施、社会公益事业建设等领域的政府信息。各部门要逐步公开出国出境、出差、公务接待、公务用车、会议等经费支出，做好重大突发事件和群众关心的热点问题的公开，正确引导社会舆论。全面推行办事公开，主动接受群众监督，逐步实现政务公开规范化、标准化和法制化。

3. 完善决策监督机制。对涉及经济社会发展全局的重大决策及公众切身利益的重大事项，应履行公众参与、专家论证、风险评估、合法性审查和集体讨论等程序，并建立决策后评估和纠错制度。建立健全各项监督制度，拓宽群众监督渠道，让人民监督权力。强化对下级政府的督导督查，完善行政问责制度和绩效管理制度，严格责任追究，做到有令必行、有禁必止。

二、深化政府机构改革

按照精简统一效能的原则，完善大部门制，稳步推进机构和职责整合，规范机构设置，理顺权责关系，完善体制机制，加快形成精干高效的政府组织体系。

（一）优化政府组织结构，进一步推进机构和职责整合

1. 将市环境保护局更名为市生态环境保护局。重点加强生态环境保护方面职责，将相关部门生态环境规划、生态环境保护的职责整合划入市生态环境保护局。

2. 将市物价局由市发展和改革委员会管理机构调整为其内设机构，仍为副处级。市物价局的四个派出机构，即秀英、龙华、琼山、美兰物价监督检查分局分别连人带编整体移交给四个区，作为区政府工作部门。

3. 将市扶贫工作办公室（市老区建设促进会办公室）与市委农村工作领导小组办公室整合，在市委农村工作领导小组办公室（市统筹城乡协调办公室）加挂“市扶贫工作办公室”“市老区建设促进会办公室”牌子。

4. 市政府办公厅加挂“市应急管理办公室”牌子，将应急管理职责划入市政府办公厅。市民防局不再挂“市应急管理办公室”牌子，原市民防局内设的应急管理处室连人带编划入市政府办公厅。

5. 市政府办公厅加挂“市海防和口岸办公室”牌子，将海防、口岸管理和打击走私工作职责划入市政府办公厅。不再保留市口岸管理办公室。

6. 将市民族宗教事务局由市政府办公厅管理机构调整为其内设机构，仍为副处级。

市政府机构改革后，设置工作部门 31 个（详见附件）。

（二）理顺部门职责关系，规范设置其他形式机构

1. 全面清理解决部门间职责交叉和分散事项。整合分散在不同部门相同或相似的职责，坚持一件事由一个部门负责，确需多个部门负责的事项，明确牵头部门，分清主办和协办关系。建立健全部门间协调配合机制，理顺部门职责关系，形成工作合力。通过重新制订“三定”规定等，逐步理顺市政府部门在重点领域的职责交叉和分散问题。

2. 推进重点领域机构职责整合。从全市实际出发，在更大范围、更多领域综合设置机构，加强市场监管、农业农村管理、民族宗教事务、交通运输、城市规划建设和市政市容管理领域机构职责。根据中央和省的统一部署，逐步整合分散在环保、科技工业信息化、国土、农业、林业、水务、海洋渔业等部门的生态环境保护职责；整合房屋登记、林地登记、土地登记、海域登记等不动产登记职责；理顺社会保障管理和经办服务体系，整合农合办、农保局等机构，建立城乡一体化社保经办机构，逐步实现业务经办“五险合一”；整合工程建设项目招标投标、土地使用权和矿业权出让、国有资产产权交易、政府采购等平台，建立集中规范、上下衔接的公共资源交易市场。

3. 严格规范各类特殊形式机构设置。全面清理限额外自定行政机构。从严规范和管理合署办公机构、政府派出机构、开发区管理机构、挂牌机构、议事协调机构和临时机构。挂牌机构不得设为实体机构。议事协调机构不单设办事机构，具体工作由相关牵头单位承担。

（三）加强协调配套，统筹推进相关改革

市政府机构改革要与事业单位分类改革相协调，对承担行政职能的事业单位，逐步将其行政职能划归行政机构或转为行政机构，涉及机构编制调整的，不得突破政府机构限额和行政编制总额。深化镇行政体制改革，完善镇政府功能，为推进城镇化提供有力保障。

三、严格控制机构编制

按照财政供养人员只减不增的要求，加强机构编制管理创新，强化制度建设，严肃机构编制纪律，严格控制政府规模，努力降低行政成本，把更多的财力用于改善民生。

（一）严格控制人员编制

省核定的市行政编制总额和各类专项编制员额不得突破，市级党政机关要在核定的行政编制数额内配备人员。进一步规范事业单位机构编制管理，全市财政预算管理事业编制以省下的地总额为基数，实行总量控制，并在总量内有所减少。按照中央和省委有关要求研究制定有效的减编控编措施和工作方案，严格控制参照公务员法管理事业单位和经费自筹事业单位的机构编制，严格控制经费自理事业编制转为财政预算管理事业编制。减少领导职数，非领导职数严格按规

定配备。加大对因改革和政策性安置造成的超编、超职数配备人员的分流和消化力度。进一步对各部门现有机构和人员编制情况进行彻底核查，采取切实有效措施逐步清理编外人员。

（二）创新机构编制管理

按照严控总量、盘活存量、优化结构、增减平衡的要求，采取切实措施，核减职能减少、工作任务不饱和单位的人员编制，加强事关中心、全局工作和重大民生保障方面的人员力量，妥善解决严格控制人员编制与满足事业发展需要的矛盾。撤并整合职责相近、设置重复分散、规模过小的各类事业单位。结合简政放权、重心下移，推动机构编制资源向基层和一线倾斜，严禁挤占、挪用基层和一线人员编制。进一步完善机构编制和组织人事、财政等部门协调配合机制，全面实行机构编制实名制管理。加大政府购买服务力度，对可由市场提供、社会承担的公共服务，逐步通过政府购买服务或由政府设立公益岗位的方式完成。

（三）严肃机构编制纪律

任何组织、单位和个人都必须严格遵守机构编制各项法律、法规和政策，严禁行政编制和事业编制混用，严格执行干部退休制度，不得随意或变相降低退休年龄。要将机构编制政策规定执行情况纳入市委、市政府督查工作范围，健全机构编制监督检查协调机制。加大对机构编制违法行为的查处力度，对超限额设置机构或者变相增设机构，违反规定增加编制或者超出编制限额进人，擅自超职数配备领导干部，以及以虚报人数等方式占用编制并冒领财政资金等违规违纪行为的责任人员，要按照有关党纪政纪规定严肃处理，涉嫌犯罪的，移交司法机关依法处理，以维护机构编制管理的严肃性和权威性。

四、组织实施

市政府职能转变和机构改革工作由市委、市政府统一领导，各部门按照要求建立工作机制，制定配套措施，排出时间表，逐项抓好落实。2016 年 6 月底前基本完成政府机构改革。各有关部门要把政府职能转变和机构改革工作摆上重要议事日程，落实改革责任，作出总体安排，严明政治纪律，强化合作意识，形成改革合力。要重视研究改革中出现的新情况，解决新问题，正确引导舆论，扩大社会参与，增强改革动力。要加强干部队伍建设和资产管理，严明纪律，严禁突击提拔干部，严防国有资产流失，确保思想不散、队伍不乱，圆满完成改革任务。

五、时间安排

（一）机构调整工作安排

1. 动员部署。召开全市政府职能转变和机构改革动员大会，具体部署改革工作。（由市编委办牵头，相关部门配合，2015 年 9 月底前完成）

2. 涉及改革部门“三定”修订。制定市政府工作部门“三定”工作意见，指导各部门做好“三定”规定报批工作。涉及改革的各部门在认真清理本部门职责的基础上，结合审批制度改革，重新研究制定“三定”规定，按程序报市编委办、市法制局审核，经市编委同意后以市政府名义印发。（由涉及改革的各部门负责，2016 年 3 月底前完成）

3. 领导班子任命。按任免权限和报批程序，完成新组建或调整部门领导班子的任命工作。（由市委组织部负责，2016 年 5 月底前完成）

4. 调整组建机构。完成新组建或调整部门的机构组建、调整工作，确保领导班子、职能、机构、人员编制、资产、文书档案等各项工作到位、业务工作顺利交接、机构正常运转。（由市政府相关部门负责，2016 年 6 月底前完成）

（二）转变政府职能工作安排

1. 研究制定市政府职能转变实施方案，提出未来 3—5 年政府职能转变内容。（由市政府职能转变改革专项小组办公室牵头，市编委办、各区政府、各开发区、市政府各部门配合，2016 年 4 月底完成）

2. 做好行政审批事项的承接、清理和下放等工作。做好国务院、省政府取消、下放的行政审批事项的承接工作，继续清理市政府各部门的行政审批事项，公布取消、下放的行政审批事项目录。（由市政府服务中心牵头，各区政府、各开发区、市政府各部门配合，2015 年 12 月底前完成）

3. 完成市本级事业单位分类目录，出台事业单位分类改革指导性文件。（由市编委办牵头，市人社局、市财政局等部门配合，2015 年 9 月底前完成）

4. 梳理市政府各部门行政职权，公布第一批试点单位权力清单和责任清单。（由市行政审批制度改革工作领导小组办公室牵头，市政府各部门配合，2015 年 9 月底前完成）

5. 出台政府购买服务管理办法，清理规范机关、事业单位编外聘用人员。（由市财政局牵头，市编委办、市人社局配合，2015 年 12 月底前完成）

6. 研究制定行政机关与行业协会商会脱钩的有关规定，进一步规范社会组织行为。〔由市纪委（监察局）牵头，市政府办公厅、市民政局等部门配合，2015 年 12 月底前完成〕

（三）检查验收工作安排

1. 分批检查验收市政府各部门职能转变和机构改革落实情况。（由市编委办牵头，市人社局、市财政局等部门配合，2016 年 3 月底前完成）

2. 认真总结市政府职能转变和机构改革情况，分析存在问题，进一步完善机构设置，理顺职能关系，巩固改革成果。（由市编委办负责，2017 年 3 月底前完成）

附件：海口市人民政府机构设置表

信访局
国有资产监督管理委员会
安全生产监督管理局
统计局
人口和计划生育委员会
审计局
法制局
外事侨务办公室
旅游发展委员会
商务局

交通运输和港航管理局
民防局
市政市容管理委员会
住房和城乡建设局
规划局
生态环境保护局
国土资源局
水务局
海洋和渔业局
林业局
农业局
民政局
监察局
司法局
公安局
卫生局
文化广电出版体育局
教育局
人力资源和社会保障局
财政局
科学技术工业信息化局
发展和改革委员会
办公厅

说明：

海口市人民政府设置工作部门31个。监察局与纪律检查委员会机关、信访局与群众工作部合署办公，列入市政府工作部门序列，不计入政府机构个数。办公厅挂“应急管理办公室”“海防和口岸办公室”牌子；发展和改革委员会挂“国民经济动员办公室”牌子；科学技术工业信息化局挂“知识产权局”“科技信息动员办公室”牌子；卫生局挂“卫生应急办公室”“突发公共卫生应急事件指挥中心”牌子；市政市容管理委员会挂“城市管理行政执法局”牌子；交通运输和港航管理局挂“交通战备办公室”牌子；民防局挂“人民防空办公室”“地震局”牌子。

中共海口市委关于深化重点领域改革的决定

（2015年8月20日市委十二届九次全会通过）

为认真贯彻落实省委六届八次全会精神，进一步深化重点领域改革，理顺体制，强化基层，夯实基础，推动海口科学发展、绿色发展、跨越发展，特作如下决定。

一、充分认识深化重点领域改革的重要意义

（一）深化重点领域改革是贯彻落实省委六届八次全会精神的重大举措。省委六届八次全会是在海南全面深化改革、扩大开放的关键节点召开的一次重要会议，全会通过的《中共海南省委关于深化改革重点攻坚加快发展的决定》，明确了海南深化改革重点攻坚的指导思想、基本原则、具体目标、重点任务，是全省贯彻落实党的十八大和十八届三中、四中全会精神，深入贯彻习近平总书记系列重要讲话精神，主动适应经济新常态，协调推进“四个全面”战略布局，抢抓“一带一路”重大机遇，推动科学发展、绿色崛起、全面建设国际旅游岛的指导性文件。认真学习领会、坚决贯彻落实省委六届八次全会精神，是当前和今后一个时期全市上下一项重大的政治任务。

（二）深化重点领域改革是海口发展的现实需要。近年来，我市认真贯彻中央全面深化改革精神，按照省委的部署，有序推进各项改革，取得了阶段性成果。但是，改革的力度和效果与中央和省委的要求、群众的期盼、发展的需要还有相当差距。全市规划“一盘棋”的理念和运作机制没有真正确立，简政放权、提高效能、优化服务还需进一步加强，特别是在创建全国文明城市和国家卫生城市中，环境卫生、市容市貌、交通秩序、食品安全、违法建筑等方面问题突出，区、镇（街）城市管理的权责利不对等，制约基层活力迸发的体制机制性障碍仍然存在。当前，海口的发展正处于滚石上山、爬坡过坎的关键阶段，改革步入深水区、攻坚期，必须以更大勇气和智慧深化改革、重点攻坚，积极落实全省“多规合一”改革、司法体制改革、新一轮海南农垦改革发展、行政审批制度改革，下大力推进市、区、镇（街）行政管理体制改革和城市管理综合执法改革，为打造“21世纪海上丝绸之路”战略支点城市、大南海开发的区域中心城市和海南“首善之城”注入强劲动力和活力。

（三）深化重点领域改革的基本原则。必须坚持党的领导，始终把握深化改革的正确方向；必须坚持问题导向，从海口实际出发，找准症结，对症下药，精准发力；必须坚持体制创新，冲破思想观念障碍、打破利益固化藩篱，发挥市场配置资源的决定性作用，充分激发基层活力；必须坚持统筹协调，遵循改革规律，更加注重改革的系统性、整体性、协同性，把握好改革的力度、节奏；必须坚持以人为本，以增进民生福祉为出发点和落脚点，让人民群众有更多的获得感。

二、扎实推进“多规合一”改革

抢抓国家“一带一路”战略、棚户区改造新政、全省“多规合一”等重大机遇，探索规划编制、审查、审批、管理、监督新机制，突出规划的协调性、指导性、权威性和公开性，努力实现“两个示范”（“省市一体空间规划编制体系”示范和“‘多规合一’规划管理体制”示范）、“三个突破”（突破行政区划一体发展，突破部门壁垒开展生态保护和城乡建设两大板块综合管理，突破城乡建设用地认定标准）、“三个带动”（带动最优的空间资源配置，带动最优的城市品质，带动最优的民生事业和公共服务）。

（一）科学编制海口市“多规合一”总体规划。积极对接《海南省总体规划》，精心编制海口市“多规合

一”总体规划，统筹协调国民经济和社会发展规划、城市总体规划、土地利用总体规划、生态环保规划、林地保护利用规划、海洋功能区划等发展类规划、禁止类规划、专项规划和专业规划，划定城镇规模边界、城镇增长边界和生态红线，指导规范各区（开发区）、镇的规划，切实解决各类规划自成体系、内容冲突等问题，形成引领全市建设发展的“一张蓝图”。按照全省主体功能分区，统筹市域资源配置，完善带状组团式的城市空间布局；坚守生态环保底线，设定资源利用上限，最大限度保护生态环境质量，构建“城外田园空间＋城市海绵系统＋滨海滨江自然岸段”的生态空间格局；优先保障基础设施和公共服务设施的建设空间；提升和扩大产业空间，促进生产空间集约高效、生活空间宜居适度、生态空间山清水秀。

（二）加强规划体制机制创新。建立以数据共享、多规衔接、动态更新和信息应用为主要功能的数据库，搭建统一的空间规划信息管理平台。按照编制、审查、审批、管理、监督分离的原则，构建“多规合一”规划管控体系，加强规划委员会建设，分类分级审议不同规划，编制“多规合一”技术标准，出台“多规合一”管理办法，建立和完善规划监督检查、严格执法、信息公开、责任追究等制度。探索将规划实施情况纳入党政领导干部考核和离任审计，适时出台“多规合一”改革的相关地方性法规，对违反规划的行为要依法查处、严格追责，强化规划的刚性约束。

（三）建立“多规合一”项目生成和审批机制。通过“多规合一”的引领和管控，导出不同产业的准入空间，辅助项目选址落地，提高选址的科学性和实效性。对符合“多规合一”的基础设施、公共服务设施和产业项目，探索实行规划代立项，简化或取消选址意见书、林地预审、用地预审、地质灾害危险性评估、压覆矿产资源审批、环境影响评价审批、修建性详细规划审批等事项。以控规片区的专业评价、评估和审查取代一般项目的专业评价、评估和审查。建立“多规合一”的地块开发建设条件制度，符合条件的事项不重复审批。积极推进美安科技新城行政审批制度改革试点，最大限度地简化审批。

三、深化行政审批制度改革

协同推进简政放权、放管结合、优化服务，最大限度取消和下放行政审批事项，最大限度减少和规范行政审批自由裁量权，完善监管体系，提高行政效能，激发市场活力。

（一）继续精简行政审批事项和行政审批环节。按照国务院和省的部署，深入开展再砍掉一批审批事项、一批审批中介事项、一批审批过程中的繁文缛节、一批企业登记注册和办事的关卡、一批不合法不合规不合理收费等“五砍”工作，重点再砍一批投资和建设领域的审批环节。完善并及时公布政府部门权力清单和责任清单，加快制定市场准入负面清单，规范审批机关的自由裁量权限，推进行政审批标准化。

（二）推进中介机构和行业协会与行政机构脱钩。取消行政机关（包括下属事业单位）与中介机构、行业协会商会的主办、主管、联系和挂靠关系，剥离中介机构、行业协会商会现有的行政职能。放宽中介服务机构准入条件，培育一批实力强、信誉好、层级高的中介机构，重点培养、优先发展行业协会商会类、科技类、公益慈善类、城乡社区服务类社会组织。倡导中介服务机构进驻政府服务中心，实行集中统一监管。试行执业资格、中介从业资质黑名单及退出机制。

（三）提高行政审批服务效率。整合规范前置审批，对没有法律法规依据的初审、专家论证、检验检疫、现场勘察、评估认证等，一律取消。涉及多部门的前置审查，推行牵头单位征求意见方式内部流转，禁止转交当事人办理。切实简化项目建设用地、建设用地规划许可、工程规划许可、施工许可等相关报建手续。优化审批流程，完善网上审批、并联审批和上下联动审批。探索实行审批要素、指标公示承诺，建立行政机关、媒体、社会公众、利益相关方共同监管的格局。

（四）加快公共资源交易平台建设。按照“统一交易平台、统一规则流程、统一信息发布、统一专家管理、统一综合监管”的要求，整合工程建设项目招标投标、国有资产产权交易、政府采购等平台，建立公共资源交易信息系统，成立市公共资源交易中心。创新交易方式，强化交易监管，实行全流程透明化管理，促进公共资源交易规范化、法治化。

四、深化市、区、镇（街）行政管理体制改革

围绕激发基层活力，进一步下放权项、下沉资源，做实做强区级和镇（街）级，努力形成职权清晰、责任明确、权责对等的市、区、镇（街）行政管理体制。

（一）进一步向区、镇（街）下放权项。根据区、镇（街）承担的职责，赋予区、镇（街）相对等的权力，在经济建设与管理、城乡规划与建设、土地管理、城市管理、环保安监、文化旅游、民政计生、教育管理、干部管理等方面，向区、镇（街）大幅度下放行政管理权项。各区结合镇（街）实际需求，推进行政管理权项向镇（街）下沉，激发镇（街）工作的主动性和积极性。

（二）进一步向区、镇（街）下沉资源。按照人随事走、编随人走、财随事转的原则，推进人员、编制、财力及技术力量等资源下沉，做到权责划分和资源配置相匹配。根据市级下放至各区的行政管理权项情况，研究制定下放各区的人员和编制调整方案，充实区、镇（街）人员编制，以确保职权下放基层有编制支撑、有人员执行。按照财权与事权相统一的原则，完善市、区财政收入分配和支出责任划分机制，将各区承担市级下放事权所需经费划拨区财政，增加各区一般性转移支付，构建市与区之间利益共享、风险共担、运作高效的财税管理体制。结合区域、地缘和人口等因素，合理调整社区布局和社区规

模，加大向社区购买公共服务力度，充分发挥社区在城市管理中的基础作用。落实中央、国务院《关于县以下机关建立公务员职务与职级并行制度的意见》，提高镇（街）、村（居）基层工作人员待遇。

（三）加快推进政府机构改革。按照精简统一效能的原则，梳理整合部门间职责交叉和分散事项，规范机构设置、理顺权责关系，重新修订市、区两级政府工作部门“三定”规定。强化区级房屋征收和棚户区（城中村）改造、城市管理及综合执法的职能，相应机构适当升格，充实区文明办、爱卫办等与“双创”有关机构的力量。推动环卫保洁、园林绿化、市政维修等城管养护的运作市场化、作业精细化。在演丰、云龙等镇开展镇级行政管理体制改革试点，总结经验后逐步推广。

五、深入推进城市管理综合执法改革

强化区、镇（街）城市管理职责，整合优化城市管理综合执法相关职能，理顺体制机制，形成执法合力，提高执法效率，提升执法和服务水平。

（一）调整市、区两级城市管理综合执法职责。成立市城市管理委员会，负责对全市城市管理工作作出重大决策和部署，定期研究解决城市管理中的重大问题，统筹协调各相关单位开展城市管理联合执法。对市市政市容委（市城市管理行政执法局）及其所属的市城市管理行政执法支队的职能、机构进行调整、精简，其原则上不再承担城市管理具体执法，主要负责制定本市城市管理综合执法方面的规章制度、规划编制、组织指导、综合协调、监督考评以及全市性重大城市管理突发事件的应急处置等。强化区级城市管理的主体责任，除法律法规规章规定必须由市级承担的外，其余的城市管理行政审批权、管理权、执法权全部下放到区（开发区）。区市政市容委（或开发区综合管理局）承担市级下放的城市管理综合执法权，负责组织实施辖区内的城市管理综合执法工作。街道社会事务办公室加挂“城市管理办公室”牌子，镇（街）由区派驻城市管理综合行政执法中队，负责履行镇（街）域内的城市管理综合执法的具体职责，协助上级执法部门开展的执法活动，办理上级交办的事项。

（二）建立健全城市管理联勤联动机制。按照“公安+城管”的模式，对暂不能纳入综合执法范围的事项，采取联合执法的方式进行，区级公安和城管领导、派出所和镇（街）领导实行交叉任职，组建负责城市管理工作的警察支队并下设大队。强化公安和城管在镇（街）一线的联合执勤，整合充实警察、警辅人员、城管执法队员、城管协管员，组建巡逻执法队伍，提高路面见警率、见城管率。积极推动工商、食药监等垂直管理部门与区、镇（街）开展干部“双向”挂职，畅通联合执法渠道。各区建立城市管理协调机构，负责研究解决辖区内城市管理的重大问题以及辖区内城市管理联合执法工作的统筹协调、组织实施。各区负责城市管理工作的警察大队和城市管理综合行政执法中队共同派员组成巡逻执法队伍，负责镇（街）辖区范围内的联合执法工作。在机场、车站、码头、广场、商业中心等重要场所，设立联合执法工作站，派员驻点值守。

（三）切实增强城市管理综合执法实效。完善城市管理大数据库和协同运行平台，统筹推进市、区城市管理和综合执法信息化建设，为城市精细管理、监督评价、指挥调度提供科技支撑。完善公众参与工作机制，搭建公众微信、微博平台，实行有奖举报，充分调动村（居）、企业、学校、物业、行业组织和社会志愿者参与城市管理的积极性，形成部门协作、社会联动、群众参与的格局。建立和完善城市管理综合执法监督考核机制，引入第三方专业评估机构和人大代表、政协委员、群众参与考核，健全激励约束机制，将考核结果与单位、个人的评优评先、职务晋升等挂钩。

（四）加强城市管理综合执法保障。强化地方立法，尽快出台《海口市城市管理综合执法条例》及相关配套细则，加快制定《海口市爱国卫生条例》。健全行政执法和司法衔接机制，探索成立城市管理审判庭。加强综合执法队伍建设，增配综合执法人员和城管协管员，赋予镇（街）用人的充分自主权。加大对城市管理综合执法工作的经费投人，保障城市管理一线人员的合理待遇。

六、以过硬的作风保障改革深入推进

（一）把“三严三实”贯穿改革全过程。坚持从严管党治党，深入开展“三严三实”专题教育，引导广大党员干部特别是领导干部坚定改革决心和信心，大力弘扬实事求是、求真务实精神，做到理解改革要实、谋划改革要实、推进改革要实，变中求进、变中求新、变中突破，既当改革的促进派，又当改革的实干家。

（二）持续发扬“四种精神”。培育和弘扬社会主义核心价值观，大力倡导“5+2、白加黑”“钉钉子”“马上就办”“拍拍看”四种精神，鼓励干事创业，强化责任担当，切实增强开拓进取、敢为人先意识。坚持正确的用人导向，推进干部能上能下，加大对改革中不敢担当、不负责任、为官不为、庸懒散拖行为的问责力度。

（三）推动形成改革合力。各级各部门要牢固树立改革全局观，正确看待利益关系调整，只要对全局改革有利、对海口发展有利、对本系统本领域形成完善的体制机制有利，都要自觉服从和服务改革大局。各牵头单位要认真履职、负起责任，参与单位要积极配合、密切协作，营造鼓励改革、参与改革、支持改革的良好氛围。

中共海口市委办公厅 2015 年 8 月 28 日印发

海口市综合交通调查（节选）

一、工作情况

为进一步系统性地了解综合交通现状情况，2015 年，海口开展全市性的综合交通调查，涉及主城区 25 个街镇，动用 167 名社区干部和 1650 名网格员。调查由“基础设施、人员出行、车辆使用、系统运行”四大类、13 个分项调查组成，范围以中心城区和长流组团为重点，公交客流等专项调查覆盖到江东组团。通过调查，基本摸清了海口综合交通的基本情况，包括城市用地和人口等城市发展情况，市民（包括候鸟人群）出行习惯和特点，道路交通、公共交通、货运交通、对外交通运行特征及主要问题。此次调查是“双创”工作之一，成果已应用于新一轮总体规划修编、“十三五”综合交通规划编制，以及公共交通规划、道路网规划、枢纽规划、停车规划等专项规划中。同时，该项工作也是沪琼两地交通发展战略合作的重要工作之一。2016 年 5 月 6 日，海口市首次综合交通“体检报告”正式出炉。

二、调查主要成果

（一）关于用地、人口和交通

1. 建设用地

（1）用地面积。调查范围面积：330 平方千米，其中建设用地面积：136 平方千米（中心城区 105 平方千米，长流组团 31 平方千米）。

（2）用地构成。现状建设用地分布：居住用地占 35%，工业用地 18.4%，公共管理与公共服务用地 14.8%，商业服务业用地 13.6%，道路与交通设施用地偏少，仅占 5.8%（规范值：8% ~ 15%）。

2. 人口

根据《海口统计年鉴》，截至 2014 年年底全市常住人口 220 万人，较 2010 年“六普”调查常住人口增加 15 万人。经综合推算，本次调查范围内 2015 年常住人口为 160 万人，流动人口 19 万人。人口主要集中在中心区，及外围区的东部和海甸岛的南部地区。

3. 从业人员。

根据第三次经济普查和统计年鉴，2014 年年底调查范围内从业人员总量为 82.8 万人。二产从业人员 16.6 万，占 20%，主要分布在外围区；三产从业人员 66.2 万，占 80%，主要分布在中心区。

4. 交通需求特征

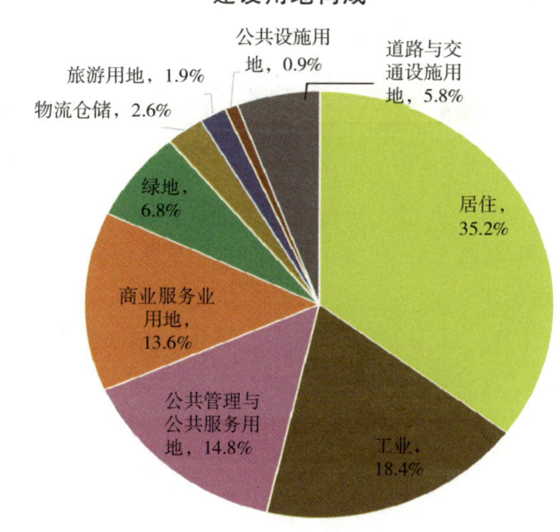

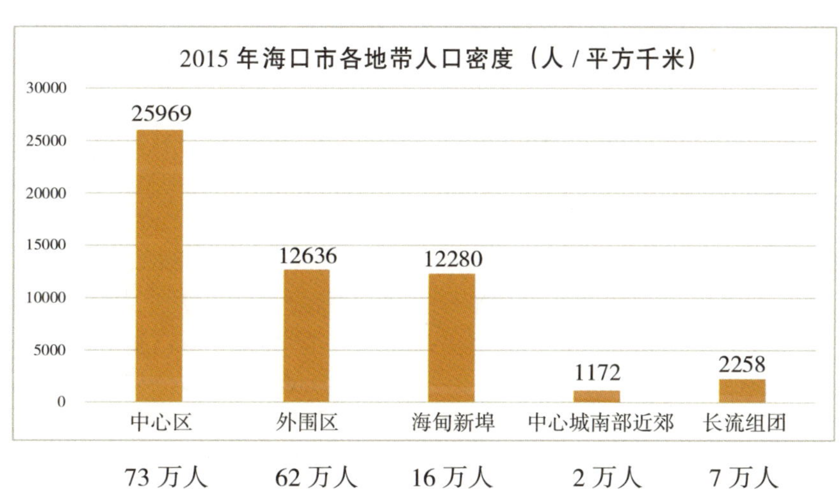

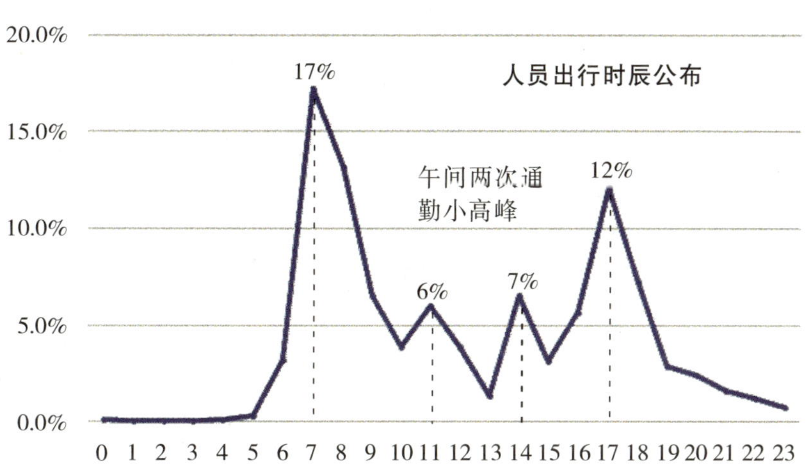

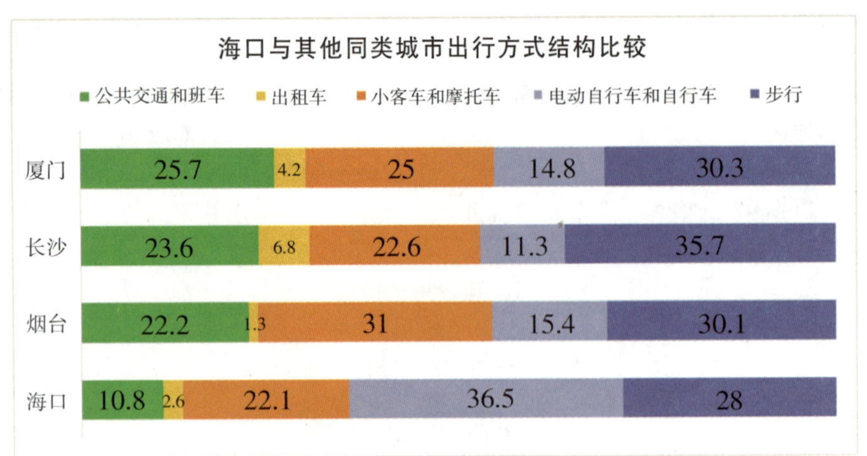

（1）出行率：常住人口人均每天出行2.69次，其中通勤次数为1.14次，非通勤次数为1.55次。

（2）出行总量：人员出行总量481万人次/日。其中常住人口出行总量为430万人次/日，流动人口出行总量为51万人次/日。

（3）常住人口出行方式结构。小客车、电动自行车和步行总占比达到85%，其中小客车占21.8%，电动自行车占34.9%，步行占28%。公交车占9.6%。与其他国内城市比较，海口市电动自行车出行比重偏高，公交出行比重偏低。

（4）出行分布。从人员出行分布来看，中心区出行为主占50%，其次外围区占36%。中心区与外围区出行联系最为紧密，占中心区对外出行的75%。

从分方式出行分布看，小客车跨区出行比重较高，公交和电动自行车出行以区内出行为主，跨区出行比重相对较低。通勤潮汐交通特征较为明显。早高峰海甸岛进出中心区道路流量比为2：1，长流组团与中心城区联系出城与进城方向流量比为2：1。

（5）出行距离和时耗。平均出行时耗为24分钟。平均出行距离为3.6千米。公交出行效率11千米/小时，电动自行车平均出行效率11千米/小时，小客车平均出行效率16.5千米/小时。小客车出行效率是公交车的1.5倍，公交车和电动自行车出行效率相当。

（6）候鸟人群出行特征。对美兰区海甸街道、人民街道，秀英区秀英街道、海秀街道共200户候鸟家庭做抽样调查。候鸟人群在海口停留时间大部分为3～7个月，大部分集中在10～12月到达海口，集中在3～5月离开海口。94%为50岁以上人群，两人户占73%，75%家庭自购房。出行目的以近距离的日常生活为主，出行方式以公交和步行为主。

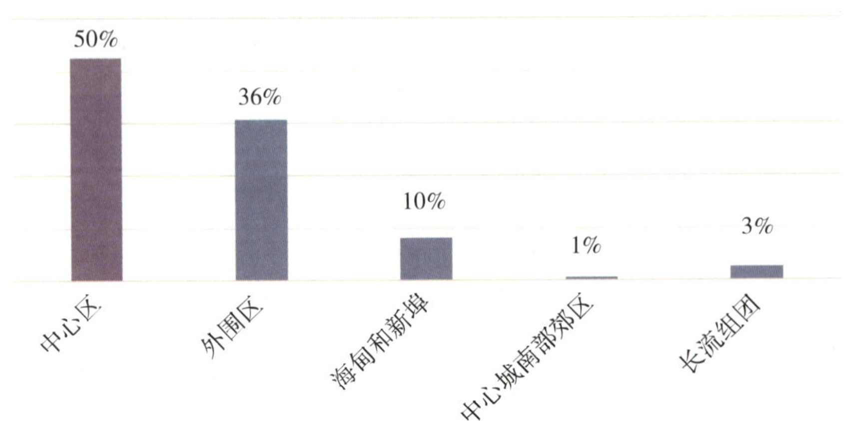

5. 相关建议

结合正在开展的新一轮总规修编，强化交通对城市空间布局的引导和支撑，从源头上减少交通需求，同时为交通的长远发展预留空间。

（1）城市总体规划和控详规划编制中，应强化交通和用地统筹发展，引导外围区和长流组团居住用地和岗位用地的综合协调发展，减少潮汐交通和长距离通勤交通。

（2）增加交通用地在建设用地中的比重。现状道路广场交通用地仅占5.8%（规范值8%～15%），在中心城区旧城和城中村改造中，应适度增加中心城区道路、公交场站等设施用地。

（3）落实并规范建设项目交通影响评价制度。中心城区建筑密度高，道路条件有限，交通矛盾突出，应将交通影响评价作为重大项目实施的前置性条件。

（二）关于道路交通

1. 总体情况

（1）道路设施。中心城区已经初步形成“四横十纵”的主干路网格局；调查范围内高速公路里程36千米，城市道路总长为703千米，其中主干路243千米，次干路144千米，支路316千米。非机动车道通行网络：在37%的道路上设置了机非隔离设施。中心区多为“一块板”形式道路，电动自行车出行量大，机非混行情况较为严重。

（2）小客车发展。截止2015年底，全市注册民用机动车61万辆，其中注册小客车为46万辆（其中私人小客车为42万辆），与2010年相比，注册小客车数量增长145%，年均增长20%。千人拥有率达到209辆/千人。经调查综合推算，调查范围内实际使用小客车为35万辆，其中本市牌照小客车32万辆，户均拥有0.6辆小客车，在国内同类城市中处于较高水平。

2010 年、2015 年海口市注册机动车构成（单位：辆）

年份	大客车	小客车	大货车	小货车	三轮车低速货车	摩托车	挂车	机动车合计
2010 年	8645	188680	5076	30878	4759	141038	9747	388823
2015 年	7177	462731	6858	54244	3581	76785	1008	612384
变化	-17%	145%	35%	76%	-25%	-46%	-90%	57%

2015 年海口与厦门、南昌注册小客车千人拥有率比较

城 市	全市人口（万人）	全市注册小客车（万辆）	千人拥有率（辆 / 千人）
海口	220	46	209
厦门	381	70	183
南昌	308	38	122

海口市不同区域路网平均车速时辰公布图

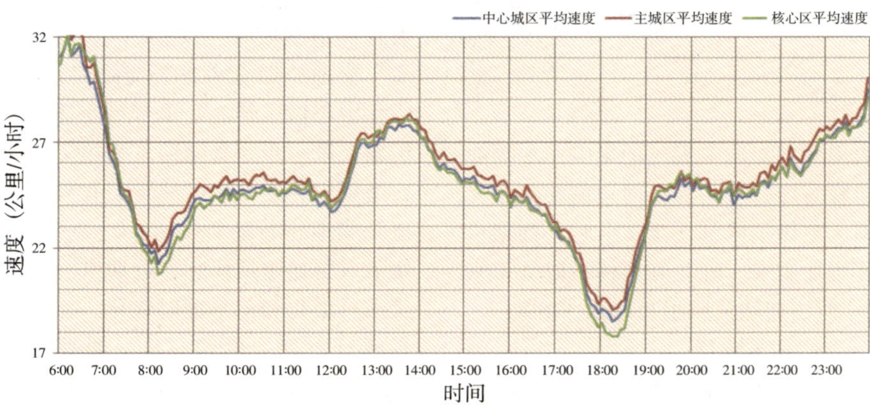

海口市不同等级道路平均车速时辰公布图

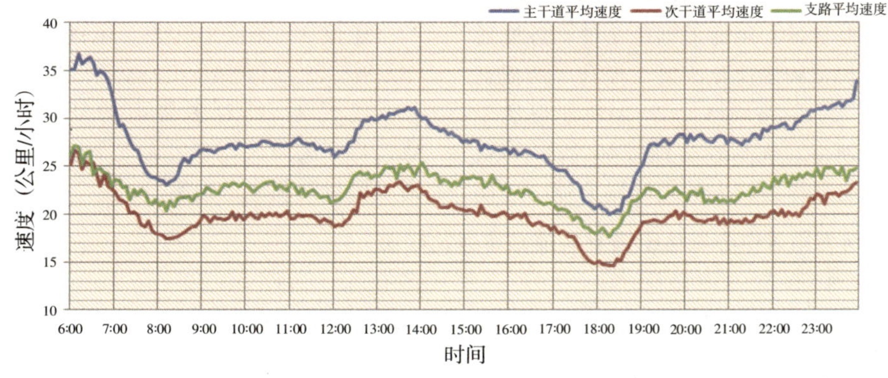

（3）电动自行车发展。截至 2015 年 11 月底，全市注册电动车为 52 万辆，近两年增速为 8 ~ 10 万辆 / 年。户均拥有 0.9 辆电动车。主要分布在海甸新埠、中心区以及外围镇区。

（4）道路交通量分布。小客车出行量为 77 万车次 / 日，产生道路流量 631 万车公里 / 日，70%的车流量主要集中于主干道。电动自行车出行量主要集中于中心区的主干道和次干道。

（5）道路车速。从路网平均车速看，晚高峰车速低于早高峰车速（中心区晚高峰车速为 18 千米）。从不同等级道路看，高峰时段次干路车速较低。

（6）拥堵区段。工作日晚高峰中心城区内主次干道拥堵里程比例为 18%左右。道路拥堵集中于机动车流和非机动车流均较大的路段和区域。跨区域联系通道（滨海大道、龙昆路、人民大道、海府大道、和平大道）和中心区局部地区主要交叉口拥堵较为严重。经初步排摸，世贸地区、解放西路地区、白龙片区、府城片区等七个片区，31 个节点常发拥堵。

2. 主要问题

（1）路网设施总体不足：道路网次支路网密度不足，级配不合理。次干道连通性较差，使车流过多的集中到主干道。路网密度不够：路网密度为 5 千米 / 平方千米，规范要求 5.4~7 千米 / 平方千米。路网级配不合理，次、支路偏少：主干路：次干路：支路 = 1 : 0.91 : 1.88（规范值 = 1 : 1.5 : 3.75）。

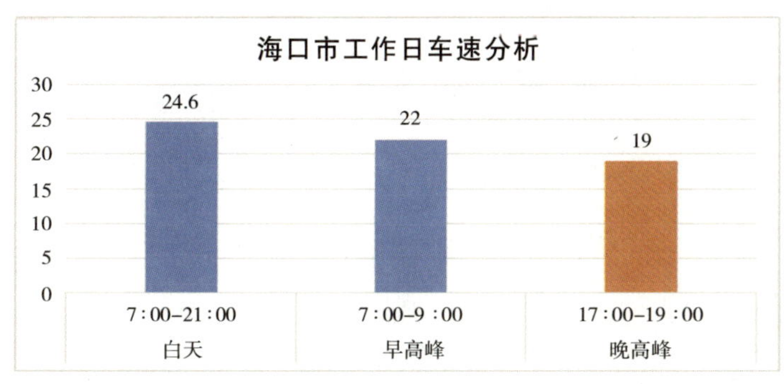

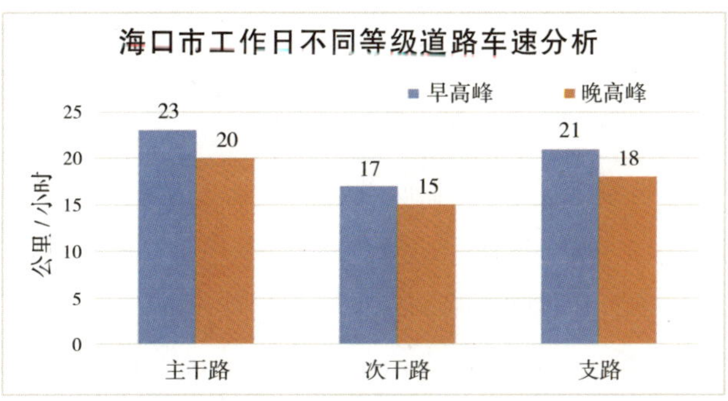

海口市各区域各等级道路网密度（Km/km²）

区域	主干路密度	次干路密度	支路密度	路网密度合计
中心城区小计	1.93	0.95	2.12	5.00
规范值	0.8~1.2	1.2~1.4	3~4	5.4~7

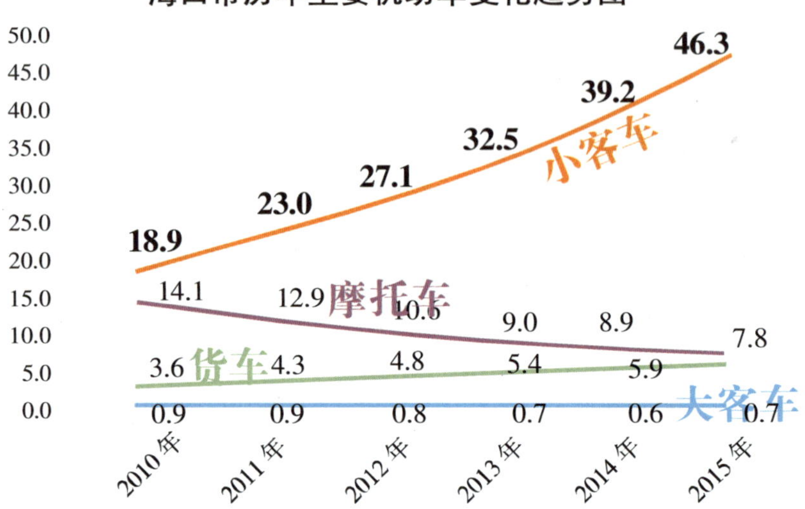

（2）小客车增速快，远远超过道路设施增长：处于小客车快速发展时期，年均增速从4万辆/年增长到7万辆/年，年均增幅为20%。道路设施增长有限，城市道路长度年均增幅为2%～3%。

（3）中心区干道机动车和电动自行车流量重叠：主要路口和路段机非交织冲突多，加大了道路交通组织管理难度。

（4）恶劣天气下道路交通运行极为脆弱。海口多雨：2015年全年有雨天气149天，占全年40%；大雨暴雨天气15天，平均每月至少有一天大雨暴雨。恶劣天气的影响：主要在早晚高峰，早高峰路网速度相对于无雨天整体下降4千米/小时，拥堵里程增加87%。晚高峰整体下降6千米/小时，拥堵道路里程增加136%。

3. 相关建议

建议1：编制道路网专项规划。① 提升主干路跨区交通性功能。逐步打造机动车专用网络，同时为实施疏港货运专用通道创造条件。近期通过拓宽和快速化改造、提升“两横五纵”主干路网络。② 加快建设次干道网络。规划连通性较好的次干路，为交通压力较大的主干路分流。近期通过打通断头路、梳理“三横两纵”次干路网络。③ 完善支路网络。在城中村改造过程中，打通支路，改善微循环。近期重点完善“一线五片”的微循环支路网络。④ 综合社会客车和公交车辆运行需求，改造畸形路口，同步进行交通组织优化。中心区畸形路口较多，部分畸形路口实行单向交通，优化了道路组织，同时也使公交线路绕行过多。近期应配套海秀路建设，改造畸形路口，为形成海秀路东西向公交快速通道创造条件。

建议2：进一步完善道路交通组织管理。①“面”：结合主干路交通功能提升和次支路疏通，优化交通组织，逐步分流主干路非机动车流。②“线”：着重优化干道信号系统，对有条件的道路实行“线控”，实现“绿波”交通；综合考虑公交线路设置，优化中心城区禁左、单行等交通管理措施；进一步完善道路工程施工期间交通组织管理办法，减少工程施工对道路交通运行的影响。③“点”：拥堵节点交通组织优化，近期进一步对交叉口渠化和信号配时优化，提高节点通行效率。梳理一批交通拥堵严重，运行秩序较差的节点，进行渠化改造，优化信号配时，提高节点通行效率。

建议3：关注小客车、电动自行车发展动态，研究储备相关政策和措施。

建议4：针对多暴雨的气候特点，建立大雨天等恶劣天气下道路交通预警机制和应急预案。

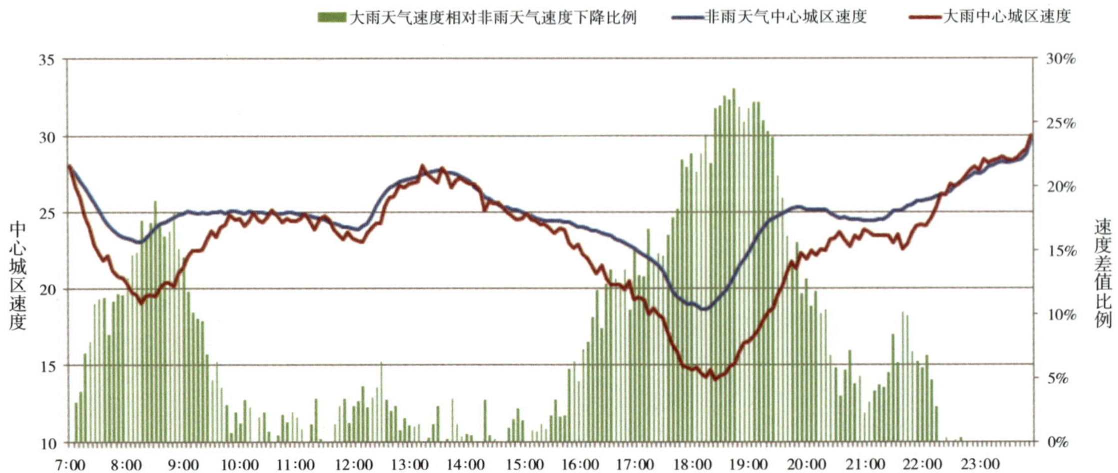

2015 年海口市公交企业经营情况

公交公司		性质	线路数量（条）	线路长度（公里）	车辆数（辆）	场站数（座）	日均客运量（万人次）
公交集团	公交总公司	国有	37	690.0	555	5	25.8
	公交二分公司	国有	23	479.5	402	1	25.0
	瑞华特	国企、民营合资	2	35.0	90	1	2.5
六龙		私企	12	265.5	250	2	5.9
耀兴		私企	4	81.0	55	–	2.2
海汽		国有	4	48.0	64	1	2.7
新美兰		私企	2	38.0	35	–	2.2
宏益		中外合资企业	1	22.0	20	–	0.4
海航休闲		私企	7	280.0	44	1	0.2
合计			92	1939	1515	11	66.9

2015 年海口市公交车万人拥有率与其他城市比较

城市	市区人口（万人）	公交车标台（标台）	公交车万人拥有率（标台 / 万人）
厦门	381	5647	15
烟台	182	2550	14
长沙	320	6033	19
海口	160	1768	11
标准规范			12

（三）关于公共交通

1. 总体情况

（1）经营企业情况。共有 7 家公交经营企业，部分企业规模较小，规模最小企业仅 1 条线路，20 辆车。国有企业运营 72%的线路，承担 84%的客运量。

（2）线路、车辆和场站。截至 2015 年 6 月，全市共有公交线路 92 条、公交车 1515 辆（合 1768 标台，车长 10～13 米的大型车占 62%）。新能源汽车比重高达 84%，包括混合动力电动汽车、纯电动汽车、LNG 和 CNG。截至 2015 年 8 月，海口市已规划建设公交场站 16 个，投入使用 11 个，面积约 13.5 万平方米。长滨五路、丘海一期等 5 个场站已竣工，但还未投入使用。

（3）公交客流量。根据 2015 年 8 月调查数据，92 条公交线路日均客流量为 55 万乘次。其中免费客流占 9%。人均公交乘次为 0.34 乘次 / 人，在同等城市中处于较低水平。根据公交集团统计数据，2015 年月均客流量较 2014 年下降 12%。

2015 年海口与国内城市人均公交乘次的比较

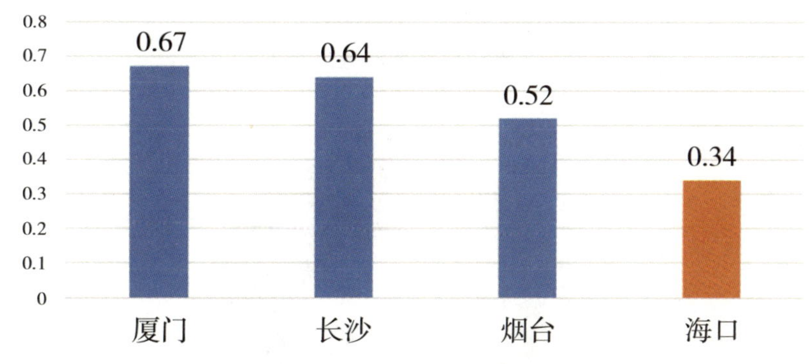

市区人口（万人）	381	320	183	160
公交客运量（万乘次 / 日）	254	204	95	55

(4) 市民满意度调查。六成乘客对公交服务较为满意：61%的调查乘客感到满意或比较满意；33%的乘客感到一般；6%的乘客不满意。乘客不满主要集中在以下方面：高峰期间车速慢（占比27%）；平峰期等车时间过长（占比23%）；线路绕行过多（占比17%）。

2. 主要问题

(1) 线网密度低，局部地区站点覆盖水平低于国标。中心城区线网密度为2.14千米/平方千米（规范：3~4千米/平方千米），外围区和海甸新埠公交站点500米覆盖率为86%。

(2) 线路过长、绕行过多。公交线路平均长度19.5千米。按照海口中心城区尺度，平均线路长度一般应控制在12~15千米为宜。87%的线路非直线系数大于1.4（规范值为小于1.4）。

(3) 客流过于集中。①客流过于集中在主干路上，海秀中路—海秀东路—海府路、龙华路、滨海大道、人民大道、龙昆北路—龙昆南路等为主要客运走廊。海秀路、滨海大道等主要客流走廊上公交线路重复系数均在10以上，海秀路最密集区段线路数达20。②客流过于集中在骨干线路上，近30%线路承担了近70%的客流，过半数线路仅承担10%客流。

(4) 公交客流走廊基本没有公交专用路权的保障。目前公交专用道仅设置在城市外围地区的道路，仅滨海大道（长天路以西）部分路段。中心城区主要客流走廊上缺少公交路权保障，与社会车辆行驶车速比较，主要客流通道早高峰公交车车速较社会车车速低30%~50%。

(5) 公交首末站和停保场设施严重不足。90%的公交线路首末站基本使用临时工棚。停车保养场站设施不足，平均每标台车场地面积76平方米（规范为150平方米/标台），半数车辆在路边过夜。

(6) 高峰发车间隔较长，服务水平偏低。60%以上线路高峰发车间隔在10分钟以上，仅3%的线路高峰发车间隔在5分钟以内。

3. 相关建议

2015年海口市各区域公交站点覆盖情况

区域	300米覆盖率	500米覆盖率
中心区	83%	97%
外围区	66%	86%
海甸新埠	67%	86%
规范值	50%	90%

海口市线路非直线系数

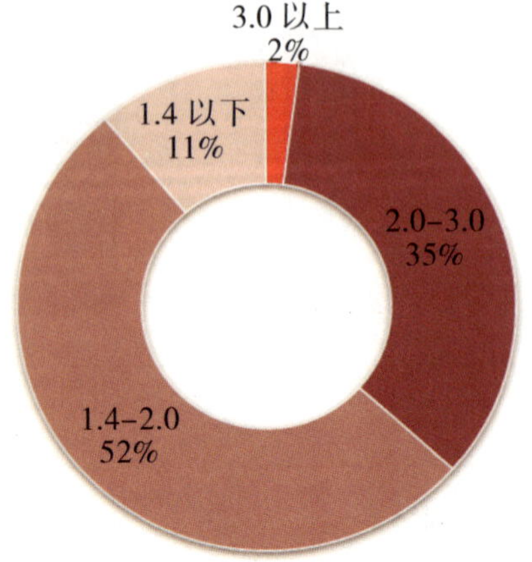

建议1：编制公共交通线网规划。(1) 优化调整公交线网：形成功能层次分明、线路长度合理的公交线网。(2) 规划建设公交专用道：公交客流走廊优先布设公交专用道。(3) 逐步增加运营车辆规模：现状公交车辆万人拥有率为11标台/万人，低于12标台/万人的国家标准，应逐步增加运力投入，缩短发车间隔，减少乘客等车时间。(4) 规划建设公交场站：目前车均场站用地为76平方米/标台（规范为150平方米/标台）。建议在总体规划和控详规划中预留控制好公共交通枢纽、首末站和停车保养场的用地，保障公交场站建设。

建议2：研究整合公交企业，建立"政府主导、国有为主、适度竞争"的经营格局。目前公交企业共7家，部分企业规模较小，建议研究整合公交企业，有利于实现规模化经营，同时有利于政府对公交企业运营服务质量进行监管。

建议3：推进公共交通信息化建设。目前IC卡的使用率仅占客运量的5%。公交集团以外其他公司基本未安装GPS系统，所有公交线路的运营调度主要依靠人工调度，已安装的GPS装置因缺乏信息平台，数据利用率较低。

建议4：建立以确保优质服务为目标的行业运营监管机制。依托信息化平台对公交企业服务进行有效监管，注重以优质服务为目标的考核体系。

建议5：研究优化票制体系。在推广公交IC卡的使用基础上，利用大数据进一步研究票制票价，如换乘优惠，常乘客优惠等。

（四）关于停车

1. 总体情况

(1) 停车位规模和构成。调查范围内停车位共28.8万个：其中居住停车位21.5万个，公建停车位5.2万，路内停车位2万，公共停车场车位0.1万个。停车位构成：居住建筑类占75%，公共建筑类占18%，路内占7%，公共0.3%。

（2）居住区夜间停车情况。中心城区居住小区夜间停车缺口较大：缺口占夜间停车需求的16%。龙华区和琼山区缺口较大分别为24%和25%。秀英区由于新建小区较多，部分小区存在入住率较低的现象，居住车位有剩余。1/3的停车需求由小区内空地和周边道路解决：车辆停放构成中，16%停在小区内部挖潜（内部通道、绿化带等无划线地区），17%停在小区外周边道路（6%车行道，11%人行道），56%停在居住小区内配建车位，10%停在非居建筑停车位。

（3）白天商业办公建筑停车情况。中心区商业、办公建筑停车矛盾突出：白天高峰缺口达26%。各行政区缺口比例都在20%以上，其中琼山区由于非居住配建较少，缺口比例高达41%。商业办公建筑停车需求近四成由周边道路解决：46%为停在配建车位，14%停在非居住类建筑地块内部挖潜（内部通道、绿化带等无划线地区），40%停在建筑周边道路（15%车行道，25%人行道）。

海口市夜间停车供需及缺口情况表

行政区	居住建筑及周边道路停车位（万个）	夜间停车需求（万辆）	缺口比例
秀英区	4.32	4.07	-6%
龙华区	7.84	10.34	24%
琼山区	4.04	5.39	25%
美兰区	7.28	8.2	11%
合计	23.48	28.0	16%

海口市商业办公等建筑停车供需及缺口情况表

行政区	非居建筑及周边道路车位	白天非居建筑停车需求	缺口比例
秀英区	0.84	1.08	22%
龙华区	3.08	4.14	26%
琼山区	0.88	1.50	41%
美兰区	2.38	2.94	20%
合计	7.17	9.66	26%

现状海口市各年代平均配建水平与配建标准比较

建筑类型	1997年前	1998~2008年	2009~2015年	配建标准	
				新区	旧区
居住配建（个/户）	0.24	0.41	0.66	0.9	0.7
办公配建（个/100平方米）	0.24	0.43	0.55	1.2–2.2	0.6–1.2
商业配建（个/100平方米）	0.23	0.41	0.5	≥1	≥0.6

海口市现行停车收费标准表

	小客车停车收费	
	临时位	固定位
露天停车场	3元/辆.次 5元/辆.夜	90元/辆.月
简易棚停车场	3元/辆.次 5元/辆.夜	120元/辆.月
架空（地面）停车库	3元/辆.次 5元/辆.夜	180元/辆.月
地下停车场	3元/辆.次 5~10元/辆.夜	210元/辆.月

2. 主要问题

（1）停车位总量不足。调查范围内停车位总计29万个，车辆与车位配置比例为1∶0.8（低于经验值1∶1.2～1∶1.3）小客车每年增长3万～5万，同期停车位增长1.5万～2万个，停车位的增量不到车辆增量的一半。配建标准2015年才开始实行，由于配建车位历史欠账多，现状的平均配建水平不足标准的一半。

（2）停车位结构不合理。路内停车位比重较高，配建车位和公共停车位比重偏低。路内停车位占7%（占5%较为合理）。公共停车位比重仅为0.3%（占10%较为合理）。

（3）停车价格没有成为调节停车需求的杠杆。停车收费标准没有体现区域差别化。路内停车和路外停车没有形成合理的比价关系。路内停车为记次收费，没有考虑按照占用车位的时耗收费。

（4）缺少相关的管理办法和标准。缺少停车场管理办法，停车场（库）日常经营、管理和监督检查缺少管理依据。缺少地方性路内车位设置标准，以指导路内车位合理设置。

3. 相关建议

建议1：严格执行停车配建标准。重视停车配建标准的执行，加强竣工验收力度，保障配建停车场建设。

建议2：推进公共停车场规划建设。在旧城改造中，在停车供需矛盾突出区域，适当规划公共停车场，缓解区域性停车矛盾。

建议3：完善停车价格。建议停车收费体现差别化，路内高于路外，中心区高于外围区，同时收费方式由按次收费调整为计时收费，使停车价格成为调节交通需求的杠杆。

建议4：制定相关管理办法和技术标准规范。制定停车场管理办法，规范停车场日常经营、管理和监督检查。尽快制定地方性路内停车位设置标准，规范路内停车设施的设置。

建议5：重点地区建立停车诱导系统。选择国贸地区、海秀路商业街、友谊路商城商业区等停车矛盾较为突出的区域建设停车诱导系统，提高停车设施利用率。

（五）关于出租车

1. 总体情况

运营企业：共15家公司，其中新月出租、昌导弘远公司、公家电召车辆拥有合计占60%以上。运营车辆：共2965辆出租车，万人拥有率为18.5辆。载客量：日均载客量为21万乘次/日，占出行总量的2.6%。里程利用率：工作日里程利用率为70%，高峰时段达75%。

2015年海口市出租车公司车辆规模

公司	所属车辆规模（辆）	车辆比重
新月出租	1203	40.6%
昌导弘远公司	448	15.1%
公交电召出租	209	7.0%
金鸿城出租	150	5.1%
琼信公司	144	4.9%
银建公司	134	4.5%
耀兴出租	130	4.4%
长河公司	129	4.4%
永利公司	113	3.8%
宝岛公司	100	3.4%
罗牛山出租	60	2.0%
公交常规出租	50	1.7%
椰城出租	50	1.7%
海汽出租	40	1.3%
合计	2965	100%

海口市主要客运枢纽集疏运方式结构

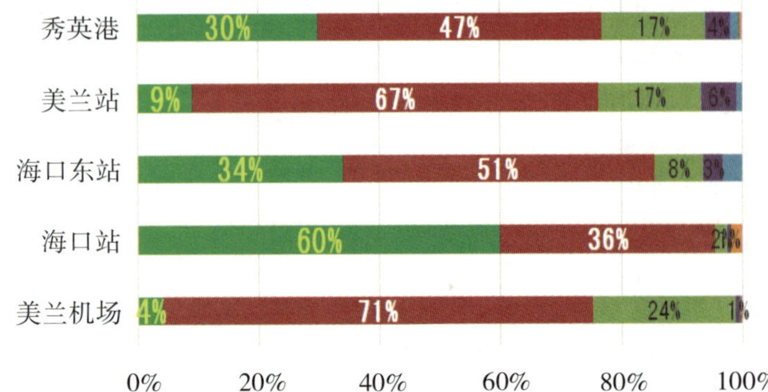

2. 主要问题

（1）出租车总量偏低，高峰运力偏紧。现状万人拥有率为18.5辆（低于规范值20辆/万人）。高峰里程利用率已经达到75%。

（2）出租车运价不尽合理。目前出租车运营中，由于价格体系不完善，缺少长途返空费和夜间附加费，长途和夜间运输中司机随意加价现象较为严重。

3. 相关建议

建议1：适度增加出租车规模。综合考虑道路交通承载能力和出租车出行需求，适当增加运力。按照规范值20辆/万人拥有率标准，到2020年，出租车规模应增加500~800辆。

建议2：优化价格体系，研究增加长途空返费和夜间附加费。运价调整方案需要根据出租车乘客出行运距和时间分布特征，综合评价对出租车公司、市民的影响。

（六）关于对外交通

1. 总体情况

（1）对外客运。有1个航空枢纽：美兰机场；3个铁路枢纽：海口站、海口东站、美兰站3个客运火车站；4个公路枢纽：港口汽车站、海口省际总站、海口汽车东站、海口汽车南站；2个港口：粤海南港、秀英港。对外客运总量：2015年，全市对外旅客运输量7079万人次，其中公路客运2170万人次，水路运输量929万人次，航空运输量2310万人次，铁路运输量1670万人次。

（2）对外货运。有1个航空枢纽：美兰机场；1个铁路枢纽：海口南站货场；2个港口：粤海南港，秀英港。对外货运总量：2015年全市对外货物输量1.13亿万吨，全市对外货运总量较2010年增长39.2%，但较2014年下降8.4%。其中公路客运3558万吨，水路运输量6929万吨，航空运输量30万吨，铁路运输量791万吨。

2. 主要问题

(1) 对外交通枢纽公共交通衔接不便。港口、机场、铁路站因缺乏公交停放场地，公交线路无法进入枢纽内部。途经海口铁路东站的18条公交线路中，仅有6条到达正厅大门，其他线路设站距离站厅仍有300多米。除公路客运站和海口铁路东站以外，其他对外枢纽的公交服务线路普遍偏少，发车班次间隔较大。

(2) 美兰国际机场集疏运交通问题。目前机场部分集疏运道路交通出现节点性拥堵，灵山镇国道G223区段常发拥堵。

(3) 黄金周节假日进出港口车辆排队问题。黄金周秀英港通过港口进出车辆排队时间长，同时引发周边道路交通拥堵。

(4) 疏港货运交通对城市交通运行干扰较大。目前对货车通行实行了区域时段性禁行措施，但秀英港周边道路由于大量大型货运车辆的行驶和停放，周边道路交通环境较差、道路通行压力依然较大。

3. 相关建议

建议1：加强机场、火车站等客运枢纽的公共交通配套枢纽建设。落实对外交通枢纽配套的公交站点用地，使站点与枢纽紧密衔接，公交运营时间与对外枢纽运营进一步协调，方便乘客换乘。

建议2：对机场集疏运交通体系进行规划研究。随着美兰机场二期建设，枢纽能力将提升一倍以上，2025年年旅客吞吐量将达到3500万人次，货邮吞吐量40万吨，需要对机场集疏运交通体系进行研究。

建议3：跟踪新海港周边道路交通运行情况，做好港口集疏运保障。新海港区客货滚装船码头投入运行后，需跟踪做好黄金周节假日港口集疏运保障工作，一是要提高港口内车辆进出港效率，二是优化港口外车辆的集疏运交通组织。

三、下一步工作建议

（一）尽快向公众发布本次调查的相关成果

本次调查反映的综合交通状况和发展趋势，要尽快向社会公众发布，取得市民对综合交通发展的理解和支持。

（二）尽快形成长效调查机制，加快建立综合交通模型

以本次调查为基础，形成长效综合交通调查机制，建立5~10年开展综合交通调查，年度小样本调查的机制，并定期对外发布权威交通数据。以本次调查收集的综合交通数据为基础，加快建立综合交通模型和综合交通数据库。进一步深入挖掘调查数据，服务政府综合交通决策需要。

（三）进一步发挥市交通科学研究所服务市政府科学决策的作用

根据国内城市的普遍的做法，由当地交通咨询机构承担调查数据的后续开发和应用工作，海口市城市交通科学研究所参加了本次调查实施，积累了一定经验。建议市政府进一步支持交通所能力建设，使其尽快承担后续大量数据库维护、模型开发、决策服务工作。

（海口市城市道路交通协调联席会议办公室提供）

统计资料

海口市国民经济主要指标

指　标	单　位	2011 年	2012 年	2013 年	2014 年	2015 年
一、人口						
年末常住人口	万人	209.73	214.13	217.11	220.07	222.30
年末户籍人口	万人	162.39	161.59	163.23	165.31	164.80
二、年底社会从业人员	万人	123.38	136.59	153.00	161.22	168.43
# 职工人数	万人	43.85	44.98	48.62	50.02	49.16
三、地区生产总值（含农垦）	亿元	761.76	858.49	989.49	1091.70	1161.96
四、工业总产值（当年价）	亿元	523.63	550.22	537.13	532.59	537.67
五、农业总产值（当年价）	亿元	87.18	91.14	92.08	92.99	93.20
六、运输邮电						
社会货物周转量	亿吨公里	594.91	665.66	839.76	963.54	708.73
社会旅客周转量	亿人公里	365.59	410.76	485.07	466.56	513.75
港口货物吞吐量	万吨	5520.60	6122.89	7421.39	7581.00	8209.90
邮电计费业务总量	亿元	42.88	48.01	50.99	66.31	70.57
七、固定资产投资总额	亿元	404.59	510.38	649.33	821.53	1012.05
基本建设	亿元	249.90	334.83	392.93	522.56	555.65
房地产开发	亿元	145.14	175.55	256.40	298.97	456.39
其他	亿元	9.55				
八、国内商业						
社会消费品零售总额	亿元	387.18	436.26	490.05	541.27	595.53

续表

指　标	单　位	2011 年	2012 年	2013 年	2014 年	2015 年
九、外经外贸						
1. 新签协议合同	宗	39	19	37	33	35
# 外商协议合同	宗	39	19	37	33	35
协议合同总投资	亿美元	0.97	0.37	3.37	1.83	12.70
# 外商合同投资	亿美元	0.60	0.20	1.22	0.95	3.16
实际利用外资	亿美元	4.07	4.53	5.12	3.30	2.91
# 外商直接投资	亿美元	4.07	4.53	5.12	3.30	2.91
2. 外贸进出口总值	亿美元	39.36	42.15	51.4	34.00	43.40
进口总值	亿美元	24.15	24.17	32.55	21.70	33.77
出口总值	亿美元	15.21	17.98	18.85	12.30	9.63
十、旅游						
接待国内外过夜旅游人数	万人次	845.84	952.9	1044.3	1130.68	1225.20
# 入境旅游者	万人次	14.68	17.97	15.66	13.69	12.20
旅游总收入	亿元	83.02	101.57	120.16	142.02	160.06
旅游外汇收入	万美元	3844.83	4473.75	4210.23	3753.61	4084.27
十一、财政						
财政收入	亿元	188.82	210.43	240.82	268.08	290.63
其中：上划中央、省收入	亿元	114.28	137.26	154.09	167.96	179.12
地方财政收入	亿元	60.93	73.17	86.73	100.12	111.50
地方财政支出	亿元	99.43	113.85	132	150.92	170.93
十二、金融（含外币）	亿元					
金融机构年末存款余额	亿元	2354.12	2637.7	2955.19	3213.55	3962.82
# 城乡居民年末储蓄存款余额	亿元	852.10	964.99	1074.06	1189.85	1262.06
金融机构年末贷款余额	亿元	2461.19	2924.43	3188.25	3649.27	3656.03
十三、职工工资						
在岗职工工资总额	亿元	164.53	182.1	220.79	253.36	282.26
# 国有单位	亿元	92.70	95.91	82.93	97.26	112.62

续表

指 标	单 位	2011年	2012年	2013年	2014年	2015年
在岗职工平均工资	元	38060	40805	46175	50608	57455
# 国有单位	元	38543	40307	55602	64926	74332
十四、人民生活						
城镇居民人均可支配收入	元	19730	22331	24461	26530	28535
城镇居民人均消费支出	元	14344	15760	16856	20097	21809
农民人均纯收入	元	7191	8134	9155	10290	——
农民人均生活消费支出	元	5175	5887	6740	7629	8428
十五、物价指数（以上年为100）						
商品零售价格指数	%	105.0	102.8	101.6	101.2	100.20
居民消费价格指数	%	105.4	103.3	102.9	102.2	101.20
十六、教育卫生文化						
普通高等学校在校学生数	人	107167	115496	146231	180565	150559
中等职业学校在校学生数	人	96402	93868	90143	82198	76547
普通中学学校在校学生数	万人	12.90	12.32	12.04	11.85	10.24
小学在校学生数	万人	17.02	16.67	16.80	17.36	17.94
图书出版量	亿册	0.73	0.78			0.98
杂志出版量	亿册					0.24
报纸出版量	亿印份					3.49
卫生机构病床数	张	10155	11121	12762	12772	15373
卫生技术人员数	人	16438	17501	18831	20432	26055
# 执业医师（助理医师）	人	5732	5912	6454	6883	8341

注：1. 农业总产值从2011年起含农垦数。
2. 邮电计费业务总量从2010年起按2010年不变价计算。
3. 地方财政收入和地方财政支出从2007年起不含基金口径。
4. 从2012年开始财政收入改为全口径公共财政预算收入。

海口市国民经济主要指标占全省比重

（2015 年）

指 标	单 位	全 省	海口市	海口市占全省比重 （%）
一、年末常住人口	万人	910.82	222.30	24.41
年末户籍人口	万人	907.67	164.80	18.16
# 非农业人口	万人	336.68	90.78	26.96
二、从业人员	万人	555.77	168.43	30.31
三、国内生产总值（当年价）	亿元	3702.76	1161.96	31.38
第一产业	亿元	854.72	57.09	6.68
第二产业	亿元	875.82	223.67	25.54
第三产业	亿元	1972.22	881.21	44.68
四、工农业总产值（当年价）				
工业总产值	亿元	2000.93	537.67	26.87
农业总产值	亿元	1323.91	93.20	7.04
五、运输邮电				
社会旅客周转量	亿人公里	602.10	513.75	85.33
港口货物吞吐量	万吨	15357	8209.90	53.46
邮电计费业务总量	亿元	183.00	70.57	38.56
固定电话数	万户	171.01	52.95	30.96
六、固定资产投资总额	亿元	3355.40	1012.05	30.16
# 房地产开发	亿元	1704.00	456.39	26.78
七、社会消费品零售总额	亿元	1325.14	595.53	44.94
八、外贸口岸进出口总值	亿美元	139.50	43.40	31.11
进口总值	亿美元	37.31	33.77	90.51
出口总值	亿美元	102.19	9.63	9.42
九、实际利用外资	亿美元	24.66	2.91	11.81
十、接待国内外过夜旅游人数	万人次	4492.95	1225.20	27.3
# 入境旅游者	万人次	60.84	12.20	20.0

续表

指 标	单 位	全 省	海口市	海口市占全省比重（%）
十一、地方财政收支				
地方一般预算收入	亿元	627.70	111.50	17.8
地方一般预算支出	亿元	1239.43	170.93	13.8
十二、人民生活				
职工工资总额	亿元	574.81	282.26	49.1
职工平均工资	元	58406	57455	98.4
城镇居民人均可支配收入	元	26356	28535	108.3
农民人均纯收入	元	10858	—	—
城乡居民储蓄存款余额	亿元	2974.54	1262.06	42.4
十三、物价				
零售物价指数	%	99.8	100.20	100.4
居民消费价格指数	%	101.0	101.20	100.2
十四、教育卫生				
在校生				
普通高等学校	万人	18.29	15.06	82.3
中等职业学校（含中师/技工学校）	万人	13.13	7.65	58.3
普通中学	万人	50.12	10.24	20.4
小学在校学生	万人	77.32	17.94	23.2
卫生机构数	个	5046	1097.00	21.7
#医院	个	500	97.00	19.4
卫生技术人员数	人	71237	26055.00	36.6
#执业医师	人	19001	8341.00	43.9
病床位	张	38653	15373.00	39.8

国内 35 个大中城市主要经济指标

(2015 年)

城市名称	生产总值（亿元）	规模以上工业增加值（亿元）	社会消费品零售总额（亿元）	进出口总额（亿美元）
北京	22968.59	—	10338.01	3195.91
上海	24964.99	—	10055.76	4517.33
天津	16538.19	—	5245.69	1143.47
重庆	15719.72	—	6424.02	749.37
大连	7731.64	—	3084.27	560.34
青岛	9300.07	—	3713.69	702.00
宁波	8011.50	2575.37	3349.60	1004.66
福州	5618.10	1927.90	3488.74	331.62
广州	18100.41	4840.42	7932.96	1338.70
深圳	17502.99	6785.01	5017.84	4425.58
厦门	3466.00	1254.06	1168.42	832.91
海口	1161.96	124.52	595.53	43.40
哈尔滨	5751.20	930.40	3394.50	47.80
沈阳	7280.50	—	3883.20	140.80
西安	5810.03	1174.67	3405.38	273.24
武汉	10905.60	—	5102.24	280.70
南京	9720.77	3043.50	4590.17	532.40
成都	10801.16	—	4946.19	395.94
长春	5530.00	2131.80	2409.30	139.90
杭州	10053.58	2903.30	4697.23	665.66
济南	6100.23	—	3410.30	99.10
南昌	4000.01	1451.84	1662.87	114.64
长沙	8510.13	3228.21	3690.59	129.48
合肥	5660.30	2255.65	2183.65	203.40
南宁	3410.09	969.55	1786.68	58.52
太原	2735.34	600.48	1540.80	106.77
郑州	7315.19	—	3294.71	570.30
乌鲁木齐	2680.00	576.87	1152.00	58.43
西宁	1131.62	—	461.94	18.32
银川	1480.73	487.81	477.63	32.67
贵阳	2891.16	711.60	1060.17	91.22
兰州	2095.99	515.00	1152.15	—
昆明	3970.00	—	2061.66	123.64
呼和浩特	3090.52	—	1353.53	20.72
石家庄	5440.60	2117.30	2680.90	121.40

注：各大中城市主要经济指标为快报数。

续表

城市名称	外商直接投资（亿美元）	固定资产投资额（亿元）	# 房地产开发投资（亿元）	城市居民人均可支配收入（元）	农村居民人均可支配收入（元）
北京	129.96	7990.94	4226.35	52859.00	20569.00
上海	184.59	6352.70	3468.94	52962.00	23205.00
天津	211.34	13065.86	1871.55	34101.00	18482.00
重庆	37.72	15480.33	3751.28	27239.00	10505.00
大连	27.03	4559.28	897.46	35889.00	14667.00
青岛	66.90	6555.70	1122.30	40370.00	16730.00
宁波	42.34	4506.58	1228.84	47852.00	26469.00
福州	16.79	4853.61	1381.12	34982.00	15203.00
广州	54.16	5405.95	2137.59	46734.60	19323.10
深圳	64.97	3298.31	1331.03	44633.30	—
厦门	20.94	1896.52	774.07	42607.00	17558.00
海口	2.91	1012.05	456.39	28535.00	11635.00
哈尔滨	29.90	4595.70	581.80	30977.00	13375.00
沈阳	10.60	5326.00	1337.70	36664.00	13498.00
西安	40.08	5165.98	1831.67	33188.00	14072.00
武汉	73.40	7680.89	2581.79	36436.00	17722.00
南京	33.35	5425.98	1429.02	46103.60	19482.90
成都	75.20	7007.00	2442.00	33476.00	17690.00
长春	12.00	4400.00	506.00	29089.70	11749.00
杭州	71.13	5556.32	2472.07	48316.00	25719.00
济南	15.80	3498.40	1014.14	39889.00	14232.00
南昌	26.17	4000.07	485.37	31942.00	13693.00
长沙	44.06	6363.29	996.60	39961.00	23601.00
合肥	25.07	5851.90	1259.14	31989.00	15733.00
南宁	7.01	3366.89	657.19	29106.00	9408.00
太原	8.50	2025.61	604.22	27727.00	13626.00
郑州	38.30	6288.00	2000.20	31099.00	17125.00
乌鲁木齐	1.94	1708.39	388.37	31500.00	15200.00
西宁	—	1295.95	280.43	25232.00	8865.00
银川	—	1540.88	409.17	28261.00	11148.00
贵阳	9.27	2804.45	1005.00	27241.00	11918.00
兰州	—	1803.75	339.01	27088.00	9621.00
昆明	—	3497.88	1451.31	33955.00	11444.00
呼和浩特	—	1618.64	509.00	37362.00	13491.00
石家庄	9.00	5689.90	986.30	28097.00	11609.00

续表

城市名称	地方财政一般预算收入（亿元）	金融机构存款余额（亿元）人民币	金融机构贷款余额（亿元）人民币	居民消费价格总指数（%）
北京	4723.86	123767.37	50559.52	101.8
上海	5519.50	98266.49	48090.75	102.4
天津	2666.99	27145.93	24500.91	101.7
重庆	2155.10	28904.37	22393.93	101.3
大连	579.90	13338.71	10696.06	101.6
青岛	1006.30	12533.00	10772.00	101.2
宁波	1006.40	15400.24	14966.92	101.8
福州	560.46	10875.62	10638.44	101.7
广州	1349.09	41574.49	26136.95	101.7
深圳	2727.06	53800.13	28223.74	102.2
厦门	606.06	8366.37	6714.66	101.7
海口	111.50	3962.82	3656.03	101.2
哈尔滨	407.70	9688.60	8492.30	101.4
沈阳	606.20	13867.90	11343.80	101.2
西安	650.91	17796.38	13714.02	100.7
武汉	1245.63	19057.17	16018.30	101.4
南京	1020.03	25887.77	18217.80	102.0
成都	1154.40	29474.92	21970.64	101.1
长春	388.20	9848.60	8935.10	101.3
杭州	1233.88	29003.07	22395.29	101.8
济南	614.30	13553.00	9674.20	101.9
南昌	389.22	—	—	101.6
长沙	718.95	—	—	101.1
合肥	571.54	10967.91	9636.57	101.6
南宁	297.05	8257.77	8228.66	101.9
太原	274.24	10593.91	9027.59	100.4
郑州	942.90	16936.27	12650.26	101.1
乌鲁木齐	368.67	6984.60	4957.43	100.7
西宁	94.79	3548.43	4095.93	102.5
银川	171.28	3017.77	3653.98	101.6
贵阳	374.15	8772.22	7875.58	102.3
兰州	185.58	7803.12	6892.02	101.3
昆明	502.22	11879.67	11976.49	102.4
呼和浩特	247.40	5364.66	6073.88	101.8
石家庄	375.00	9800.20	6121.10	101.0

海口市从业人员年末人数

单位：人

指　标	2011 年	2012 年	2013 年	2014 年	2015 年
一、就业人员	1233838	1365906	1530004	1612228	1684317
1. 城镇国有单位	243209	240968	151372	152477	153296
2. 城镇集体单位	12201	11397	10127	8776	7079
3. 城镇其他经济类型单位	186131	200398	332068	351512	331245
4. 城镇私营单位	362333	409110	474425	550471	611794
5. 城镇个体	128093	140594	210704	192016	194245
6. 乡村	301871	363439	351308	356976	373335
二、按三次产业分					
第一产业	274394	320566	242592	307738	301355
第二产业	220947	240103	272182	274800	283841
第三产业	738497	805237	1015230	1029690	1099121

备注：从 2011 年起职工、其他从业人员均含农垦单位数。

海口市各区按行业分组城镇非私营单位在岗职工工资总额和平均工资

（2015 年）

指　标	全　市	秀英区	龙华区	琼山区	美兰区
一、工资总额(万元)	2822584	484750	1269915	279194	788725
1. 农、林、牧、渔业	192780	842	182137	3367	6434
2. 采矿业	33		33		
3. 制造业	236019	96815	98902	16503	23799
4. 电力、热力、燃气及水生产和供应业	35272	1556	13324	2032	18360
5. 建筑业	158099	6924	71768	23711	55696
6. 批发和零售业	179238	43036	75733	12761	47708
7. 交通运输、仓储和邮政业	352929	126047	80653	3716	142513
8. 住宿和餐饮业	52720	7731	19790	4418	20781
9. 信息传输、软件和信息技术服务业	119874	7667	104755	855	6597
10. 金融业	222499	3292	183933	96	35178
11. 房地产业	178153	24203	87499	12165	54286
12. 租赁和商务服务业	57655	9604	19832	2306	25913
13. 科学研究、技术服务业	92591	6106	35811	14951	35723
14. 水利、环境和公共设施管理业	33100	3536	13175	4115	12274
15. 居民服务、修理和其他服务业	6338	1218	4277	339	504
16. 教育	323729	33356	78001	91273	121099
17. 卫生和社会工作	204018	48673	57942	41368	56035
18. 文化、体育和娱乐业	41078	1057	28111	5706	6204
19. 公共管理、社会保障和社会组织	336459	63087	114239	39512	119621

续表

指　标	全　市	秀英区	龙华区	琼山区	美兰区
二、平均工资(元)	57455	60296	53888	58678	61794
1. 农、林、牧、渔业	32564	40268	32625	23565	37062
2. 采矿业	30000		30000		
3. 制造业	46633	48605	44502	71689	38591
4. 电力、热力、燃气及水生产和供应业	75062	54782	74231	41377	86237
5. 建筑业	41587	37794	38288	40006	48376
6. 批发和零售业	46200	53971	43190	70853	41536
7. 交通运输、仓储和邮政业	76817	75288	75880	30234	82168
8. 住宿和餐饮业	31928	34176	31339	29378	32313
9. 信息传输、软件和信息技术服务业	89989	57008	98334	49727	57312
10. 金融业	106842	129591	105159	27314	115527
11. 房地产业	43626	47244	45426	31582	43087
12. 租赁和商务服务业	44694	46893	48667	37072	42102
13. 科学研究、技术服务业	62376	53281	62783	73287	59998
14. 水利、环境和公共设施管理业	37725	34506	31234	29080	58005
15. 居民服务、修理和其他服务业	29113	29132	28615	31664	32070
16. 教育	70807	61576	67762	70006	76869
17. 卫生和社会工作	79514	91096	73811	80124	76740
18. 文化、体育和娱乐业	61559	46135	66190	56782	52051
19. 公共管理、社会保障和社会组织	73540	71486	71084	72512	77641

海口农村基本情况

指　标	单 位	2011 年	2012 年	2013 年	2014 年	2015 年
农村乡镇	个	23	23	22	22	22
村民委员会	个	247	247	248	249	249
自然村	个	2204	2204	2205	2204	2203
村民小组	个	2737	2747	2754	2750	2757
乡村户数	户	167704	170000	167991	182320	182006
# 农业户	户	149143	151597	149323	150922	156419
乡村人口	人	715730	731272	724634	745953	772972
# 农业人口	人	634391	642625	638716	628839	661276
乡村实有劳动力合计	人	335871	397544	392366	401150	413096
按性别分						
男劳动力	人	174918	204491	201424	207926	214644
女劳动力	人	160953	193053	190942	193224	198452
按行业分						
农林牧渔业劳动力	人	209516	219302	210868	211203	215504
工业劳动力	人	26300	31259	30296	28079	33677
建筑业劳动力	人	26553	28067	28479	30050	31281
交通运输和邮电劳动力	人	11234	11943	11882	13367	12838
商业、饮食业劳动力	人	32600	36072	35266	35703	38303
其他劳动力	人	29668	34625	32184	35881	38442

注：2011 年及以后为含农垦数。

海口市耕地面积

单位：公顷

指　标	2011年	2012年	2013年	2014年	2015年
年末耕地面积	50548	49436	49241	49465	49159
水田	18966	19256	19100	19126	19296
旱田	6749	7637	6901	7277	7083
旱地	24833	22543	23240	23062	22780
年内增加的耕地面积	76	62	151	260	25
年内减少的耕地面积	219	524	252	273	209
# 国家基地占用	130	69	176	175	67

注：2011年及以后为含农垦数。

海口市农林牧渔业总产值

单位：万元

年　份	总　计	农　业	林　业	牧　业	渔　业	农林牧渔业服务业
2011	871788	330008	82838	338062	81936	38944
2012	911361	355080	70466	368382	75780	41653
2013	920755	373518	60751	356614	85272	44600
2014	929870	402154	56547	326956	93438	50775
2015	932000	413488	53082	307759	102007	55664

注：2011年及以后为含农垦数。

海口市主要农作物播种面积及农产品产量

指　标	2011 年	2012 年	2013 年	2014 年	2015 年
播种面积（公顷）	81178	82800	83004	82004	80548
一、粮食作物	39834	41863	40948	41010	38395
（一）按品种分					
稻谷	31166	33079	33247	32218	31334
早稻	16007	15976	16495	16436	16126
晚稻	15044	17046	16711	15782	15208
山兰坡稻	62	57	40		
旱粮	707	748	756	351	350
薯类	7961	8036	6945	8441	6710
（二）按季节分					
春收	3492	3298	3088	2913	2634
夏收	18742	18689	18946	18773	18091
秋（冬）收	17600	19876	18913	19324	17669
二、经济作物	7122	6507	5546	5729	4890
糖蔗	2835	2198	1983	1882	1458
果蔗	187	168	159	151	175
花生	2920	2917	2754	2900	2512
芝麻	1183	1224	650	796	745
三、其他作物	26948	26899	28012	26820	28818
蔬菜	26284	26329	27245	26388	28354
瓜类	644	570	767	432	464

续表

指 标	2011年	2012年	2013年	2014年	2015年
农产品产量（吨）					
一、粮食作物	140622	184636	181625	167839	165262
（一）按品种分					
稻谷	114934	156782	157051	137538	138559
早稻	78635	81466	85504	87880	77135
晚稻	35926	75155	71441	49655	61424
山兰坡稻	134	160	105		
旱粮	1332	1811	1863	305	304
薯类	24356	26043	22710	29996	26398
（二）按季节分					
春收	10274	10163	10201	9898	8923
夏收	87994	91339	94377	96193	84139
秋（冬）收	42354	83133	77047	61748	72200
二、经济作物					
糖蔗	119519	88096	76790	65386	57409
果蔗	8525	8288	7980	8099	11218
花生	5652	5235	4918	5042	6238
芝麻	1037	1191	907	1042	973
三、其他作物					
蔬菜	510222	530003	546169	538749	566051
瓜类	22199	16389	18407	12835	12761

海口市水果面积和产量

指标	年末面积（公顷）									总产量（吨）		
				#当年新种面积			#收获面积					
	2013年	2014年	2015年	2013年	2014年	2015年	2013年	2014年	2015年	2013年	2014年	2015年
水果合计	20606	19790	18058		501	681	15993	14323	11968	297414	275185	208233
#菠萝	2342	2469	2004		132	124	2105	1674	1595	57228	49256	49574
荔枝	6077	5926	6308		81	136	3883	4022	3974	39917	43493	28298
柑桔橙	704	841	745		36	41	426	412	294	5051	4848	3058
香蕉	5202	4250	2993		191	318	4833	3477	2306	130742	100126	70331
龙眼	837	782	742		3	12	320	263	265	2464	1557	2252
芒果	120	132	90				79	85	53	665	736	401

海口市热带作物面积和产量

指标	年末面积（公顷）									总产量（吨，椰子：百个）		
				#当年新种面积			#收获面积					
	2013年	2014年	2015年	2013年	2014年	2015年	2013年	2014年	2015年	2013年	2014年	2015年
合　计	25816	19952	19434	605	235	316	18971	18500	7559			
橡胶	18606	13832	12528	443	132	116	14398	14176	3018	19061	8468	1740
椰子	2392	1870	1728	16	6	13	1327	1360	1245	143648	126442	98072
槟榔	1614	1414	2196	74	32	98	833	720	857	3287	3005	2350
胡椒	3204	2836	2981	72	65	87	2413	2244	2437	4311	3790	3128

海口市牲畜头数及禽畜产品产量

指　标	单　位	2011年	2012年	2013年	2014年	2015年
一、牛年末存栏头数	头	67136	62786	62308	63332	64412
黄牛	头	28915	28162	27602	30949	31950
水牛	头	35967	34155	34200	31895	31900
奶牛	头	2254	469	506	488	562
二、生猪年末存栏头数	头	513787	568740	553740	496450	402049
#能繁殖母猪	头	64137	72995	69668	67517	57645
生猪全年饲养量	头	1387775	1521235	1533891	1360288	1184083
肉猪出栏头数	头	873988	952495	980151	863838	782034
三、山羊年末存栏头数	头	69997	82099	71246	68607	56099
山羊出栏头数	只	110149	105698	109174	111923	99647
四、家禽出栏量	万只	1034	1208	1243	1253	1219
五、肉类产量	吨	97926	110165	112747	100228	92360
猪肉产量	吨	73737	83626	85773	75301	67800
牛肉产量	吨	1960	2162	2368	2434	2297
羊肉产量	吨	1491	1448	1505	1515	1341
禽肉产量	吨	18314	20176	20666	18816	19625
六、牛奶产量	吨	1748	1342	1262	1442	1453
七、禽蛋产量	吨	7307	6308	6220	5821	8589

海口市水产品产量及养殖面积

指　标	单　位	2011 年	2012 年	2013 年	2014 年	2015 年
一、水产品产量	吨	45757	53742	59992	61944	68803
海水产品	吨	29875	25401	27742	36402	40495
#养殖	吨	11154	14600	16846	16043	19001
淡水产品	吨	15882	28341	32250	25542	28308
#养殖	吨	15045	27264	31202	24233	26819
二、水产养殖面积	公顷	4613	6496	6450	6551	6522
海水养殖面积	公顷	1332	2097	2146	2090	2834
淡水养殖面积	公顷	3281	4399	4304	4461	3688

海口市规模以上工业年主营业务收入2000万元及以上主要指标

（2015年）

单位：万元

指标	企业单位数（个）	#亏损企业	工业总产值（当年价）	工业销售产值（当年价）	出口交货值
总　计	151	29	5014319	4967507	298573
在总计中：国有控股企业	18	1	1033148	1032218	
在总计中：轻工业	98	18	2751914	2705282	76814
重工业	53	11	2262405	2262225	221759
在总计中：大型企业	7	2	1639079	1625691	141063
中型企业	49	6	2437195	2408428	129030
小型企业	95	21	938045	933388	28480
纯小型企业	90	18	928844	925026	28480
微型企业	5	3	9200	8362	
一、按登记注册类型分组：					
内资企业	112	21	4205883	4151810	196517
国有企业	4	1	513802	505028	
集体企业					
联营企业					
#国有联营企业					
国有与集体联营企业					
其他联营企业					
有限责任公司	78	18	3112580	3083334	172474
其他有限责任公司	76	18	3007666	2978512	172474
股份有限公司	12		414366	400431	58
私营企业	17	2	161656	159678	23985
#私营独资企业					
私营有限责任公司	16	2	140717	141106	23985
私营股份有限公司	1		20939	18572	
其他企业	1		3479	3339	
港、澳、台商投资企业	14	3	199954	191864	5064
合资经营企业（港或澳、台资）	7	2	141014	134949	106
港澳台商独资经营企业	6	1	37694	40114	4750
港澳台商投资股份有限公司	1		21246	16801	208
外商投资企业	25	5	608482	623834	96992
中外合资经营企业	7	1	195472	199024	32181
中外合作经营企业	1		178200	178200	25495
外资企业	17	4	234810	246610	39316

续表

指　标	资产合计	固定资产原价	利润总额	利税总额	全部从业人员年平均人数（人）
总　计	7003508	3284167	331119	729094	51804
在总计中：国有控股企业	1488886	1138253	101517	308428	7431
在总计中：轻工业	3602319	1420179	303645	619229	31937
重工业	3401189	1863988	27474	109865	19867
在总计中：大型企业	2410978	1515002	17845	97261	13917
中型企业	3215207	1262040	225222	500691	25183
小型企业	1377323	507125	88052	131142	12704
纯小型企业	1365579	506791	88504	131603	12474
微型企业	11744	334	–451	–461	230
一、按登记注册类型分组：					
内资企业	5747843	2794828	300171	653435	40707
国有企业	904803	769955	23346	42009	2684
集体企业					
联营企业					
# 国有联营企业					
国有与集体联营企业					
其他联营企业					
有限责任公司	3879363	1752873	190411	490632	30400
其他有限责任公司	3848530	1729009	180516	473613	30161
股份有限公司	701139	215776	75523	102860	4288
私营企业	250622	49006	10762	17386	3272
# 私营独资企业					
私营有限责任公司	192407	41028	8082	13672	3034
私营股份有限公司	58215	7978	2680	3714	238
其他企业	11916	7218	129	548	63
港、澳、台商投资企业	261155	137477	30236	46947	2633
合资经营企业（港或澳、台资）	119705	60330	22819	35234	1284
港澳台商独资经营企业	106261	64064	2632	5145	1174
港澳台商投资股份有限公司	35189	13083	4785	6568	175
外商投资企业	994510	351861	712	28712	8464
中外合资经营企业	296091	134702	–2528	1567	2130
中外合作经营企业	195960	21678	5733	10969	970
外资企业	502459	195481	–2493	16176	5364

海口市全社会固定资产投资基本情况

指　标	2011年	2012年	2013年	2014年	2015年
一、投资总额(万元)	4045866	5103833	6493348	8215298	10120455
1. 按报表种类分					
基本建设	2499043	3348326	3929323	5225573	5556506
更新改造					
房地产开发	1451365	1755507	2564025	2989725	4563949
其他投资合计	95458				
农村投资					
城镇私人					
农村私人	95458				
2. 按构成分					
建筑安装工程	2908742	3543820	4050239	5424331	6672334
设备、工器具购置	957746	1140459	1037265	1574803	1205799
其他费用	179378	419554	1405844	1216164	2242322
二、房屋建筑面积(平方米)					
房屋施工面积	18571259	22604563	18367818	25470043	29847286
#住宅	11478563	13628762	14350041	17057134	17925694
房屋竣工面积	1459161	3678214	1950092	3936635	2366070
#住宅	1309994	2864809	1476078	3261140	1767498
三、商品销售及空置					
商品房销售额（万元）	1500807	1816302	2510383	2665760	2967448
商品房销售面积（平方米）	2255523	2660744	3376774	3371164	3733498
商品房空置面积（平方米）	441625	682874	1491986	1885185	2424932
四、新增固定资产（万元）	1887288	3643977	2309469	3803820	2771743
基本建设	1574714	2122621	1447721	1865569	1407362
更新改造					
房地产开发	217116	1521356	861748	1938251	1364381
其他投资合计	95458				
#其他投资					
农村投资					
城镇私人					
农村私人	95458				

海口市民用车辆拥有量年报

（2015 年）

单位：辆

指　　标	总计				总　计			报废
		营运	非营运	校车	进口	个人	新注册	
合　计	612384	39472	572734	178	32789	547865	88969	14602
一、汽车	534591	38479	495934	178	32787	471584	87904	14597
载客汽车	469908	7370	462360	178	32653	420878	80674	10050
# 大型	4668	2585	1984	99	81	318	1056	222
中型	2509	391	2039	79	187	1017	120	235
小型	458497	4394	454103		32119	415631	79388	9480
微型	4234		4234		266	3912	110	113
# 轿车	330413	4272	326141		12657	304094	51544	5407
载货汽车	61102	29925	31177		37	48641	7021	4505
# 重型	2899	2424	475		3	852	491	120
中型	3959	3693	266			3308	347	247
轻型	54034	23680	30354		34	44283	6181	4136
微型	210	128	82			198	2	2
# 普通载货	30522	4437	26085		29	24360	3693	1896
其他汽车	3581	1184	2397		97	2065	209	42
# 三轮汽车	972	663	309			968		
低速货车	544	183	361			537		
二、电车								
无轨								
轻便								
三、摩托车	76785	8	76777		2	76217	857	
普通	76520	8	76512		2	75952	857	
轻便	265		265			265		
四、拖拉机								
五、挂车	1008	985	23			64	208	5
六、其他类型车								

补充资料：机动车驾驶员（29）634190 人，其中：汽车驾驶员（30）592193 人。

海口市旅客、货物运输量

指　标	2011年	2012年	2013年	2014年	2015年
一、旅客运输量（万人）	34889.8	40116.2	45538.1	6897.8	7079.0
公路	31532	36394	41180.0	2100.3	2170.0
水运	811	866	974.5	1006.8	929.0
民用航空	1481.2	1666.825	1961.3	2208.7	2310.2
铁路	1065.6	1189.4	1422.3	1582.0	1669.8
二、旅客周转量（万人公里）	3655897	4107561.5	4850661.8	4665585.0	5137533.6
公路	797913	921318	1040845.0	302406.5	314147.0
水运	28076	27813	27713.0	29738.0	29518.0
民用航空	2579455.5	2908122.88	3486016.0	4004945.5	4438872.9
铁路	250452.5	250307.6	296087.8	328495.0	354995.7
三、货物运输量（万吨）	9306.4	10412.7	12167.9	12346.0	11307.8
公路	3119	3655	4122.0	3447.8	3558.0
水运	5469	5981	7057.0	8001.0	6928.8
民用航空	22.5	23.135349	25.3	27.4	29.9
铁路	695.9	753.6	963.7	869.8	791.1
四、货物周转量（万吨公里）	5949087.5	6656566.1	8397564.5	9635366.2	7087300.8
公路	215192	254583	287152.0	163792.5	168927.0
水运	5554257	6219235	7888535.0	9246483.0	6684155.0
民用航空	58278	59572.57	64322.9	71485.2	82186.6
铁路	121360.5	123175.5	157554.6	153605.5	152032.2

注：公路为交通部门2013年抽样调查后调整数。

海口市邮政电信业务情况

指　标	单　位	2011 年	2012 年	2013 年	2014 年	2015 年
邮电局、所	处	109	63	58	58	58
邮路长度（单程）	公里	66849	77032	78033	87538	90921.8
# 航空邮路（单程）	公里	59060	72671	72671	80385	80385
长途电话电路	路					
农村投递路线总长度	公里	3745	4312	4389	4432	4617
邮电计费业务总量	万元	428830	480141	509861.829	663064	705669
函件	万件					
包裹	万件					
汇票	万张					
特快专递	万件					
邮政储蓄平均余额	万元					
市内电话用户	户	717450	692808	617500	569100	529500
# 住户电话	户	424700	388548	332000	309300	251100
公用电话	户	80100	36888	68400	58600	48719
无线寻呼用户	户					
移动短信业务量	亿条	24.719	60.10	26.19	43	15.65
移动电话用户	户	3244470	3680079	3856564	4253000	3219586
其中：3G 移动电话用户	户	521100	954340	1806372	2095500	961100
互联网宽带接入用户	户	477550	485733	528000	549500	556900
年末电话机总数	部					
年末电话交换机总数	门	1132800	918658			

注：1.2013 年国家报表制度不再有年末电话交换机总数指标。

2.邮电计费业务量从 2010 年起按 2010 年不变价计算。

海口市居民消费价格指数

（以上年价格为 100）　　　　单位：%

类 别 及 名 称	2012 年	2013 年	2014 年	2015 年
居民消费价格指数	103.3	102.9	102.2	101.2
食品类	105.5	103.6	103.7	103.3
# 粮食	104.2	102.0	103.5	101.9
油脂	104.4	102.5	95.1	92.9
肉禽及其制品	105.3	102.6	103.2	105.2
蛋	105.0	100.6	101.6	98.8
水产品	101.8	105.3	106.3	106.2
菜	117.3	110.2	102.5	100.2
# 鲜菜	119.6	111.0	102.0	99.8
烟酒类	101.6	101.1	97.6	101.9
衣着类	101.2	100.8	102.4	104.9
# 服装	101.0	100.6	102.5	105.1
衣着材料	113.4	104.3	105.8	99.9
鞋袜帽	99.5	101.0	101.0	100.2
家庭设备用品及维修服务类	103.8	101.4	100.8	100.7
医疗保健和个人用品类	101.8	101.3	102.1	102.3
交通和通信类	101.8	101.4	99.3	95.3
娱乐教育文化用品及服务	102.4	101.9	101.1	102.4
居住类	101.7	105.0	102.9	98.7

海口市城镇常住居民居住情况

（2015 年）

指　标	调查户数（户）
总　计	325
一、按使用面积分	
无房户	
4 平方米以下	6
4—8 平方米	19
8—12 平方米	18
12—16 平方米	28
16—20 平方米	32
20—24 平方米	31
24 平方米以上	191
二、按房屋产权分	
租赁公房	3
租赁私房	69
原有私房	52
房改私房	120
商品房	62
其他	19
三、按自来水使用情况分	
无自来水	3
独用自来水	319
公用自来水	3
四、按卫生设备拥有情况	
无卫生设备	1
有浴室厕所	309
有厕所无浴室	7
公用卫生设备	8

续表

指　标	调查户数（户）
五、按燃料使用情况分	
管道天然气	129
罐装液化石油气	163
煤	
其他	33
六、按电话拥有情况分	
无电话	
有电话	325
七、按住宅建设式样分	
家庭单栋配套楼房	68
单元式配套住宅	250
一居室	34
二居室	85
三居室	104
四居室及以上	27
普通楼房	7
其他住宅	

海口市农民家庭基本情况

（2015 年）

指　标	单　位	2011 年	2012 年	2013 年	2014 年	2015 年
调查户数	户	140	140	220	240	249
家庭常住人口	人	603	624	920	935.5	946
平均每户常住人口	人	4.31	4.46	4.18	3.9	3.8
家庭劳动力人数	人	377	354	554	561	594
期末生产性固定资产原值	元 / 人	812	694	2470	2731	2243
农业	元 / 人	155	308	96	690	454
住房面积	平方米 / 人	31.60	31.80	31.9	32	32.2
住房价值	元 / 平方米	985	1055	1054	1380	1498
居住条件						
住房有卫生设备的住户	户	100	121	182	196	205
使用安全饮用水的住户	户	140	140	220	229	231
燃料使用情况						
使用液化气的住户	户	51	84	81	96	100
使用柴草的住户	户	75	50	117	123	110
生活用电数量	度 / 户	647	941	950	1102	1203.8

海口市优抚、社会救济和福利事业情况

项　目	2015年
优抚事业	
优抚收养性事业单位数（个）	0
#编制登记	0
优抚收养性单位收养人数（人次）	0
优抚事业费用（万元）	0
社会救济	
社会救济总人数（人）	
城乡居民最低生活保障人数（人）	35855
城镇	7343
农村	28512
城乡居民最低生活保障家庭户数（户）	14785
城镇	3784
农村	11001
城乡居民最低生活保障金支出（万元）	10827
城镇	2860
农村	7967
社会救济福利事业费（万元）	
自然灾害救济费（万元）	2245
社会福利	
社会福利收养性事业单位数（个）	45
编制登记	2
工商登记	1
民政登记	14
未登记	28

续表

项　目	2014年
社会福利收养性事业单位收养人数	1104
编制登记	354
工商登记	
民政登记	750
未登记	
社会福利企业单位（个）	7
安排“四残”人员就业数（人）	409
编制登记	
工商登记	7
城乡基层社会保障	
农村建立社会保障网络乡镇数（个）	195
城镇社区服务设施数（个)	195
社区服务中心数	195
社区服务站数	
城镇社区服务设施数	195

海口市文化艺术、体育、广播电视事业情况

指 标	单 位	1987年	2009年	2010年	2011年	2012年	2013年	2014年	2015年
电影放映单位	个	39	11	8	8	8	11	11	11
# 电影院(场)	个	9	7	7	7	7	9	11	11
电影放映场次	场	16885	45477	51382	64982	57803	72830	100838	104646
电影观众	万人次	890.81	238.57	300.15	469.96	260.87	428	433.3	587.8
艺术表演团体	个	4	39	42	35	35			30
文化事业机构数	个		24						
文化馆	个	2	3	3	3	3	3	3	3
全国体育比赛获奖牌	枚	5	7	24	29	41		38	49
金牌	枚	1	4	15	16	13		11	5
银牌	枚	3	1	6	9	16		15	8
铜牌	枚	1	2	3	4	12		12	10
公共图书馆	个	2	2	2	2	2	2	2	2
公共图书馆总藏量	千册		431	440	451	460	573	510	2045
图书出版印数	亿册		0.66	0.72	0.73	0.78			0.98
杂志出版印数	亿册		0.1	0.11					0.24
报纸出版印数	亿印张	0.97	2.20	2.00					3.49
博物(纪念)馆	个	4	1	1	1	1		1	1
广播电台	座	2	1	1	1	1	1	1	1
电视台	座	1	1	1	1	1		1	1

索引

说 明

一、本索引采用内容分析法编制，按索引款目首字的汉语拼音字母（同音字按声调）顺序排列，同音同调按第二字母的音序排列，依次类推。

二、索引款目后的数字表示内容所在的页码，数字后的a、b、c分别表示该页码的左、中、右栏。

三、分目作款目用黑体字表明，其余款目用宋体字表明。

四、同一主题的内容在文中多处出现的，在其款目后用不同的页码标明。

五、特载、大事记、组织机构及负责人名录、统计资料、附录未做索引。

A

B

C

D

E

F

G

H

J

L

M

T

W

X

Y

Z